# Das Gewissen in Kultur und Religion

## Scham- und Schuldorientierung als empirisches Phänomen des Über-Ich / Ich-Ideal

### Lehrbuch Elenktik

**Klaus W. Müller**

Ein Projekt der
Forschungsstiftung Kultur und Religion
Biebertal/Gießen

VTR

**Bibliografische Information der Deutschen Nationalbibliothek**
Die Deutsche Nationalbibliothek verzeichnet diese Publikation in der Deutschen
Nationalbibliografie; detaillierte bibliografische Daten sind im Internet über
http://dnb.d-nb.de abrufbar.

ISBN 978-3-933372-05-5

1. Auflage

VTR (Verlag für Theologie und Religionswissenschaft)
Gogolstr. 33, 90475 Nürnberg, http://www.vtr-online.de

Umschlaggestaltung: VTR
Satz: Friedemann Knödler / VTR
Printed in the United Kingdom by Lightning Source UK Ltd.

**Für Prof. Dr. Lothar Käser**
**und seine Frau Gisela**

**Freunde aus der gemeinsamen Zeit in Mikronesien**

τὸ γὰρ ἀληθὲς οὐδέποτε ἐλέγχεται.
**… denn die Wahrheit kann nie widerlegt werden.**

Sokrates nach Platon, Gorgias 473b


Sokrates spricht von ἔλεγχος *elenchos* als einem Probierstein (Lydit),
den er an der Seele einer Person reibt, um ihre Qualtität zu testen.

(vgl. Gorgias 486d)

# Inhaltsverzeichnis

# Kapitel 5: Das Gewissen im sozialen Umfeld ................................283

# Grafikverzeichnis

# Vorwort

Kein Aspekt der menschlichen Persönlichkeit erscheint mir – nach jahrzehntelanger eigener Beschäftigung mit dem Thema – so vielfältig und reich an Teilstrukturen wie das, was man wissenschaftlich seit Sigmund Freud „Über-Ich", neuerlich „Ich-Ideal" und alltagssprachlich „Gewissen" nennt. Die meisten Menschen haben eher schlichte Vorstellungen davon. Sie beschränken Funktionen des Gewissens darauf, mit seiner Hilfe ihre Absichten und Handlungen als gut oder böse identifizieren zu können, was nichts weiter ist als eine Minimaldefinition. In Wirklichkeit bildet das individuelle Gewissen die Basis der emotionalen Intelligenz des Menschen. Ohne Mitwirken seines Gewissens im Lebensvollzug wäre er unfähig, „Mitmensch", oder genauer, ein soziales Wesen zu sein. Denn: Gewissen hat nicht nur etwas mit Moral und Sünde zu tun, sondern auch mit der Frage, was Menschen als Ehre und Schande empfinden.

Darüber hinaus ist den meisten Menschen weder bewusst, dass die Funktionen des Über-Ichs, Ich-Ideals oder Gewissens in elementarer Weise abhängig sind von der Entwicklung einer Persönlichkeit in den ersten Lebensjahren, noch dass diese Funktionen massiv von der sozialen bzw. kulturellen Umgebung beeinflusst werden, in der ein Individuum aufzuwachsen gezwungen ist. Die Unkenntnis dieser Bedingungen menschlichen Handelns hat nicht selten fatale Folgen, denn sie sind von elementarer Bedeutung für gelingende oder misslingende Interaktion von Menschen.

Es gibt inzwischen eine schwer zu überblickende Fülle an Literatur zum Thema „Elenktik", wie die – vom sokratischen Verständnis etwas abweichende – moderne Lehre vom Gewissen heißt. Klaus W. Müller legt mit diesem Band seinen Versuch einer umfassenden Synthese dieser Lehre vor. In jahrzehntelanger Arbeit, aus Erfahrungen im Umgang mit Menschen fremder Gesellschaftsordnungen auf fast allen Kontinenten, gerade auch als Seelsorger, vor allem aber im Zuge seiner Arbeit als Hochschullehrer hat er eine Theorie des Gewissens in einem umfassenden Sinne entworfen, die psychologische, soziologische, pädagogische, theologische und zahllose andere Gesichtspunkte einbezieht.

Wer ein Forschungsfeld in dieser Breite darzustellen versucht, wird weder Vollständigkeit erreichen, noch wird er allen wissenschaftlichen Meinungen gerecht werden können. Manche Argumentationskette ist angreifbar, zumindest gewöhnungsbedürftig. Die Fülle der Ideen, die hier zusammengetragen, gesichtet, verglichen und analysiert werden, sind gleichermaßen eine Fundgrube für Spezialisten wie interessierte Laien. Auf die Diskussion der Ausführungen des Autors in einer breiteren Öffentlichkeit darf man mit Recht gespannt sein.

Schallstadt, im Mai 2009
Prof. Dr. Lothar Käser

# Kapitel 1

# Einführung:
# Das Gewissen verstehen

Dieses Kapitel soll den Leser einführen in den Ursprung des Themas Elenktik, in die Geschichte des Begriffs, des daraus entstandenen neuen Wissenschaftszweigs über Gewissen und in die persönliche Betroffenheit des Autors. Eine kurze Diskussion wichtiger Literatur soll zeigen, dass dieses Lehrbuch das Thema nicht erfunden hat und auch nicht der Weisheit letzter Schluss sein kann, auch nicht den Anspruch erhebt, ohne Literatur anderer Disziplinen, ohne viele andere Forscher und Denker in Vergangenheit, Gegenwart und Zukunft auskommen zu können. Vielmehr möchte das Buch gehbare Pfade im Dschungel der wissenschaftlichen Disziplinen, wissenschaftlicher Vorverständnisse und Erkenntnisse und vor allem des Volkswissens und -empfindens über das Gewissen bahnen. Wichtig ist ebenso zu verstehen, dass sich der Autor nicht anmaßt, sich mit anderen wissenschaftlichen Disziplinen messen zu wollen. Vielmehr werden Ergebnisse der Forschung vor allem aus der Ethnologie, der Psychologie und Pädagogik verwendet und für die Missiologie auf der Basis der Theologie ausgewertet. Personen und Umstände, die zu diesem Lehrbuch beigetragen und zu dem Thema geführt haben, werden ebenso gewürdigt.

# 1. Skopus und Fokus

Mit diesem Thema setze ich mich zwischen alle Stühle.

Ich trete nicht in Konkurrenz zu anderen Disziplinen – und erhebe keinen Anspruch, diese korrekt zu verstehen oder sie richtig zu repräsentieren. Ich übernehme Ergebnisse, wobei ich versuche, den Zusammenhang soweit wie möglich zu erfassen – aber gerade dabei sind z.T. erhebliche Lücken möglich. Ich beanspruche nicht, alle angesprochenen Disziplinen zu beherrschen. Mein Gebiet, die Missiologie, bewegt sich in den Grenzgebieten; dort, wo sich die Erkenntnisse überlappen und wo das meist nicht wahrgenommen wird. Deshalb interpretiert jede Disziplin aus ihrem Zentrum heraus, mit ihren eigenen Schwerpunkten – und mit speziellen wissenschaftlichen Werkzeugen. Das ist der egozentrische „shortcut" jeder wissenschaftlichen Disziplin. Deshalb wird sich hier wahrscheinlich keine Disziplin adäquat repräsentiert sehen, die sich mit dem Thema „Gewissen" beschäftigt hat.

Ich versuche aus meiner Sicht eine Zusammenschau, die, wie ich meine, für dieses Thema vorher noch nicht in dieser Art und Weise versucht wurde. Deshalb kam bisher jede wissenschaftliche Disziplin zu anderen Ergebnissen, die für die jeweils andere wenig brauchbar waren bzw. angewendet wurden. Noch weniger wurde der Versuch unternommen, die Ergebnisse verschiedener Disziplinen für eine interkulturelle Anwendung auszuwerten; bestenfalls wurden sie dafür ignoriert, wenn nicht kategorisch abgelehnt: Sie passten nicht in das eigene Konzept. Die Zusammenschau der Ergebnisse ist jedoch wichtig, sie weitet den Horizont enorm und lässt Rückschlüsse zu, wofür jede Wissenschaft einen Beitrag leistet und sich gleichzeitig dadurch auch in Frage stellen muss, angefangen bei der Theologie. Sich von solchen Erkenntnissen in Frage stellen lassen, neue Denkansätze zulassen und sich gewissermaßen in einer „Außenschau" zu betrachten, kann schmerzhaft sein. Dabei braucht man seine eigenen Überzeugungen nicht aufgeben, sondern kann diese bereichern, erweitern, auch auf die Probe stellen: Dieser Disziplin habe ich mich unterzogen. Dieser neue Zusammenhang birgt Überraschungen, bei denen man zunächst dazu tendiert, dem jeweils anderen eine gewisse Inkompetenz zu unterstellen, um sich zu bestätigen und die andere Seite nicht akzeptieren zu sollen; dabei drängen sich Argumente auf, die wahrscheinlich aus dem eigenen Erfahrungsbereich stammen. – Ich mache Mut dazu, das nicht zu tun, sondern sich überraschen zu lassen.

Es geht um das eine Thema: *Gewissen* – in den Fachbegriffen *Über-Ich, Super-Ego* oder *Ich-Ideal* genannt. Bewusst bleibe ich durchgehend beim allgemeinen Begriff, der nach dem Gebrauch und den Definitionen im Volk breiter angelegt und mehr Vor- und Missverständnissen unterlegen ist, die hier korrigiert werden sollen. Spezielle Zusammenhänge, die nur für die einzelnen Disziplinen wichtig sind, bleiben unberücksichtigt. „Gewissen" soll im Kontext der Kultur erfassbar und die Rolle der Religion soll erkennbar werden, in denen es gebildet wurde.

Durch die bisherige Arbeit an diesem Thema hoffte ich, weitere gründliche Forschungen anzuregen, wobei sich mein Denkansatz und meine Modelle in ihrer Brauchbarkeit und Gültigkeit beweisen sollten. Das ist gelungen. Im Laufe der Jahre wurden dadurch auch viele Korrekturen integriert. Die Definitionen wurden schärfer, aber auch umfassender.

Ein Mensch verändert sich, seine Denk- und Verhaltensmuster, nachhaltig nur so weit, wie sich sein Gewissen ändert. Dadurch nimmt er Einfluss auf seine Umwelt und bewirkt eine gewisse Kulturveränderung. Aber der Mensch braucht dafür bestimmte Informationen, die er versteht und annimmt. Je mehr Elemente einer Information bewusst und willig gehört, verstanden, aufgenommen und abrufbereit gespeichert werden, um so eher wird das Gewissen davon geformt und geprägt. Neue Maßstäbe bilden sich, Wertsysteme ändern sich. Die Person lernt zunächst bewusst, dann zunehmend unbewusst darauf zu reagieren.

In der interkulturellen und interreligiösen Kommunikation und Zusammenarbeit verändert die Überzeugungsarbeit nicht den Inhalt der vermittelten Botschaft. Man kann eine Botschaft nicht vor Veränderung schützen, indem man sie nicht vermittelt. Jede Botschaft verändert – sich selbst oder jemand anderes – wenn nicht, ist es keine Botschaft. Dann hat sie nichts zu sagen und ist nicht wert, gesagt zu werden. Da man jedoch auch nicht *nicht* kommunizieren kann (Watzlawick), wird jede Botschaft durch sich selbst auf die Probe gestellt: Was wird auf welche Weise durch sie verändert – kommuniziert oder für sich behalten? Es geht immer um Menschen, die Situationen bestimmen. Menschen und Situationen sind immer kulturell und religiös bestimmt – bewusst oder unbewusst. Je mehr ein Element unterdrückt oder ignoriert werden soll oder muss, um so mehr gewinnt es unterschwellig an Bedeutung. Die Art und Weise der Vermittlung (verbal oder nonverbal, aufdringlich oder unterdrückt) entscheidet darüber, ob der Inhalt verstanden und ob das Gewissen angesprochen wird. Religiöse oder kulturelle Inhalte zu unterschlagen, um es dem Menschen und seinem Gewissen leichter zu machen, sich nach dem eigenen Willen zu verändern, macht den Inhalt der Botschaft obsolet, wertet Kultur und Religion ab – was deren im Gewissen verankerten Wert gerade entfacht. Nur so weit das Gewissen eines Menschen freiwillig verändert und geprägt ist, zum Beispiel in einem religiösen Paradigmenwechsel, zeigt sich dies durch einen neuen Lebensstil.

# 2.  Persönlicher Kontext für Elenktik

## 2.1  Lothar Käser: Mentor

Lothar Käser, damals als Gymnasiallehrer mit „Dienste in Übersee" kirchlicher Entwicklungshelfer in Mikronesien, hatte noch nicht lange die Leitung der Realschule der evangelischen Kirche auf der Insel Tol im westlichen Teil der Chuuk-Lagune in Mikronesien übernommen. Eines Tages fischte er aus dem Papierkorb der Bibliothek ein Buch heraus, das ihn nach wenigen Sätzen Lektüre faszinierte. Seither beschäftigt ihn das Thema „Über-Ich" – und mich hat er damit gründlich „infiziert". Bei gelegentlichen Besuchen bei ihm oder über Funk, diskutierten wir immer wieder Einzelphänomene, er zunächst noch in Theorie, ich aus der praktischen Erfahrung als junger Missionar, auf die ich mir noch keinen Reim machen konnte. Lothar Käser hatte Antworten und keine Fragen, ich hatte die Fragen und keine Antworten. Bei gelegentlichen Besuchen koordinierten wir in nächtlichen Diskussionen unseren Erkenntnisstand.

Anfang der 70er Jahre stellte Käser dann bei der jährlichen Mitarbeiterkonferenz auf Chuuk/Mikronesien ein Modell vor, das alle verblüffte. Bis dahin hatte er einige einschlägige Autoren gelesen und stellte uns die Ergebnisse seiner Überlegungen vor. Außerdem hatte er einige von uns gebeten, jeweils ein Kurzreferat zu halten über Themen rund ums Gewissen. Das war meine erste konkrete schriftliche Auseinandersetzung mit dem Thema. In den folgenden Jahren legte Lothar Käser durch die Ergebnisse seiner ethnologischen Forschungen über die Themen „Seelen- und Körpervorstellungen bei den Insulanern von Chuuk"[1] die Grundlage für das Verständnis, das für mich durchgreifend war.

Etwa 25 Jahre nach dieser ersten Herausforderung, am 25.7.1998, wir waren beide inzwischen Hochschullehrer, schenkte er mir Kittsteiner, *Die Entstehung des modernen Gewissens* und legte folgende Notiz bei: „Dieses Buch … halte [ich] für einen Ideenlieferanten ersten Ranges. Mit manchem wirst du nicht einverstanden sein, aber auch das liefert einem ja Ideen. … Also, lass Deinen Geist (=Intellekt) von der Kette und schreib eine Einführung in die Elenktik mit dem Ziel, dass man ohne Vorkenntnisse verstehen lernen

---

[1] Lothar Käser, „Der Begriff Seele bei den Insulanern von Truk". Dissertation, Unversität Freiburg, 1977. Lothar Käser, *Die Besiedlung Mikronesiens*. Habilitationsschrift, Berlin: Dietrich Reimer Verlag, 1990.

kann, was für ein faszinierendes Element das Gewissen innerhalb der menschlichen Gesamtexistenz ist."

1997 war Käsers opus magnum *Fremde Kulturen* erschienen. *Eine Einführung in die Ethnologie*. Es war schon mit der ersten Auflage zu einem Standardwerk geworden und hatte ein 40-seitiges Kapitel „Kultur und Über-Ich (Gewissen)". Darin hatte er die bis dahin erschienene Literatur verarbeitet, auch meine gelegentlichen Artikel.

Im Frühjahr 2008 schenkte ich Lothar Käser zu seinem 70. Geburtstag den ersten Entwurf zu vorliegendem Buch. Am 22.08.2008 erhielt ich von ihm einen „Zettelbrief", so hatten wir uns gegenseitig vor dem Zeitalter des Email und skype viele Jahre lang wichtige Informationen zugestellt. Beigelegt war ein Spiegel-Nachruf über Heinz Dieter Kittsteiner (65), in dem er so charakterisiert wurde: „scharfsinnig und unkonventionell – so könnte man die Forschung des in Hannover geborenen Historikers charakterisieren ...". Lothar Käser hat dann mein Manuskript gründlich gelesen und reichte es mir kapitelweise zurück: Ich hatte noch einige Hausaufgaben zu machen.

Ich bin ihm und seiner Frau Gisela überaus dankbar, dass der Impuls vor so vielen Jahren jetzt in eigenständiger Form vorliegen kann. Sie haben auch unzählige andere Menschen motiviert, sich mit den Hintergründen der Sprache und Kultur zu befassen, bevor jeder mit seiner eigentlichen Aufgabe beginnt. Er ist dafür verantwortlich, dass die Ethnologie in der deutschsprachigen Missiologie ihren festen Platz erhalten hat.

In den fast 40 Jahren unserer Freundschaft sind wir immer im Gespräch über dieses Thema geblieben; er arbeitete bei seinen ethnologischen Forschungen kontinuierlich daran weiter, ich wertete seine Ergebnisse und die meiner eigenen Forschungen für die Missiologie aus.

## 2.2    Elenktik: Lehrfach der Missiologie über das Gewissen

Das ursprüngliche Modell einer Gegenüberstellung der Entwicklung und Funktion des scham- vs. schuldorientierten Gewissens von Lothar Käser war der konkrete Ausgangspunkt meiner Gedanken gewesen. Heute ist es für mich nur noch sehr schwierig nachvollziehbar, welche Impulse von wem stammen. Vor allem die Standardliteratur ist uns beiden so geläufig geworden wie unsere eigenen Gedanken. Sie verschmolzen zu einer neuen Einheit, die natürlich starke Außenimpulse hat. Deshalb verzichte ich hier auf die Differenzierung der ursprünglichen und späteren Quellen, ebenso auf die Beweisführung der Thesen, die sich inzwischen erhärtet haben.

Schon beinahe 30 Jahre gebe ich meine Erkenntnisse vor allem an Missionare und Theologen weiter und unterrichte seit ca. 10 Jahren das Fach Elenktik systematisch. Für die AMG (Akademie für Mission und Gemeindebau) in Gießen erweiterte ich das Thema zu einem vollen Semesterkurs mit 30 Semesterstunden, auch hatte ich das Vorrecht, Vorträge über Einzelaspekte vor Fachleuten anderer Disziplinen zu halten. In diesen Jahren erhielt ich Feedback und Bestätigung von Theologen, Missionaren, Entwicklungshelfern, Gemeindemitarbeitern, Pädagogen, Soziologen und Psychologen. Sie bestätigten die Thesen und gaben durch ihre Erfahrungen neue Impulse. So wurden die Erkenntnisse vielfach in unterschiedlichen Kulturen und Religionen getestet.

Bei gezielten Forschungen und Vortragsreihen in verschiedenen Kontinenten und Ländern (Indien, Bosnien, Slowakei, Sudan, Paraguay, Argentinien, Brasilien, Mikronesien) erhärteten sich die Thesen weiter, sie wurden umfangreicher und schlossen immer mehr angrenzende Wissenschaftsgebiete ein.

Den ersten konkreten Versuch, das Thema zu bearbeiten, war meine M.A.-Thesis an der School of World Mission des Fuller Theological Seminary in USA gewesen: Dabei wurde mir bewusst, wie weitläufig das Thema ist, wenn man es wissenschaftlich behandeln will. *Elenctics* war zu weitläufig für eine Masters These. Zehn Jahr später stand das Thema für eine Dissertation wieder zur Diskussion: *Elenctics* oder Vicedom? Mein Doktorvater riet: „Wenn du fertig werden willst, nimm Vicedom!" Für Elenktik wäre ein zweites Kulturstudium zum Vergleich zu Mikronesien notwendig gewesen. Dann überholten mich unsere Studenten an der (damals) Freien Hochschule für Mission in Korntal, an der ich 17 Jahre mitarbeitete. Wichtige Bestätigungen erhielten Lothar und ich durch Studenten, Doktoranden und Kollegen, die das Thema aufgriffen und eigenständige Forschungsarbeiten schrieben.[2] Es gab auch Kollegen, die meinten, das Thema sei theologisch längst „ausgereizt" – ignorant, wie nur sein kann, wer von Kultur wenig versteht.

In diesen Jahren entstanden laufend neue Artikel und Aufsätze, die einzelne Themen behandelten und schließlich zu einem Ganzen verschmelzen sollten. Ein Forschungs-Freisemester an der *Freien Theologischen Hochschule Gießen (FTH)* war der wichtige Impuls, um den vielen Fragmenten und unformulierten Gedanken eine systematische Form zu geben.

Der Dank für Verständnis, Interesse und Hilfestellung geht an Rektor Prof. Dr. Helge Stadelmann, Dekan Dr. Stephan Holthaus, Geschäftsführer Andreas Trakle sowie an den Abteilungsleiter Dr. Friedemann Walldorf – ein enormes Entgegenkommen, um Missionswissenschaft nicht nur in der eigenen Hochschule zu fördern. Kollegen nahmen regen Anteil und motivierten durch ihr Interesse, Korrekturen sowie kurze Diskussionen und – wie könnte es anders sein – durch Fußnotenhinweise, aber auch wichtige andere theologischen Formulierungen, so Dr. Walter Hilbrands, Dr. Henry von Siebenthal, Dr. Heiko Wenzel, Prof. Dr. Armin Baum.

Bei einem Projekt, das vor 35 Jahren seinen Anfang nahm, ist es unmöglich, alle Namen aufzuzählen, die für mich dabei eine Rolle gespielt haben. Mein Dank geht an alle, die diese Diskussion und ihre eigene Forschung dafür aufgegriffen haben, die Studenten der (damals) Freien Hochschule für Mission (Akademie für Weltmission, Korntal) und der Freien Theologischen Hochschule sowie Akademie für Mission und Gemeindebau Gießen. Vor allem Andreas Hirsch hat durch Seminararbeiten und auch spezielle Beiträge nach seiner Absolvierung (FTA, jetzt FTH) gute Vorarbeit geleistet. Eva Dittmann, Studierendensprecherin der FTH, ist das Stichwortverzeichnis zu verdanken. Andreas Rauhut stellte die Korrekturen der Studierenden zusammen, die frühe Entwürfe gelesen haben. Die wissenschaftlichen Schaubilder wurden von Grafikerin Olga Sokolov, einer früheren Studentin der AMG, überarbeitet. Für die Forschungsbibliografie haben sich Margarethe Freitag, Andrea Stroetzel, Salome Metzger, Eberhard Werner und vor allem Holger Kerschbaum eingesetzt. Janine Hofeditz, Absolventin der FTH, las kritisch Korrektur, ebenso Friedemann Knödler, M.A.-Absolvent der AWM Korntal und Vorstandskollege im AfeM; er hat viel Ziet investiert, das Layout zu besorgen und zusammen mit

---

[2] Samuel Wunderli, „The Significance of Shame and Guilt-Oriented Consciences for Cross-Cultural Ministry." M.A.-MPP. Columbia/SC.: Columbia Biblical Seminary and Graduate School of Missions, 1990. Gisela Palluch, „Das Ehrverständnis der Japaner auf dem Hintergrund biblischer Ethik in seiner Bedeutung für den missionarischen Gemeindeaufbau in Japan." M.A.-Äquivalent-Abschlussarbeit. Korntal: Freie Hochschule für Mission, 1991. Doris Eberhardt, „Socialization of Tingau Children among the Lele in Manus." M.A.-Abschlussarbeit. Korntal: Columbia International University, 1997. Hannes Wiher, *Missionsdienst in Guinea. Das Evangelium für eine schamorientierte, von Animismus und Volksislam geprägte Gesellschaft.* Edition afem, mission scripts Bd.14. Bonn: VKW, 1998. Robert Badenberg. *The Body, Sould and Spirit Concept of the Bemba in Zambia. Fundamental Characteristics of Being Human of an African Ethnic Group*, Edition afem, mission academics, Bd.9. Bonn: VKW, 1999. Ruth Lienhard, „Restoring Relationships: Theological Reflections on Shame and Honor among the Daba and Bana of Cameroon." Ph.D.-Diss. in Intercultrual Studies, Fuller Theological Seminary, School of World Mission, Pasadena. UMI Dissertation Services, Ann Arbor, Mich., 2000. Martin Lomen, *Sünde und Scham im biblischen und islamischen Kontext: Ein ethno-hermeneutischer Beitrag zum christlich-islamischen Dialog*, edition afem, mission scripts 21, Nürnberg: VTR, 2003. Hannes Wiher, *Shame and Guilt. A Key to Cross-Cultural Ministry*. Ph.D.-Diss. Potchefstroom University for Higher Education, Südafrika. Bonn: VKW, 2003. Robert Badenberg, *Sickness and Healing. A Case Study on the Dialectic of Culture and Personality*. Ph.D.-Dissertation an der University of South Africa, edition afem, Nürnberg: VTR, 2003/2008.

Verlagsleiter Thomas Mayer das Projekt wohlwollend zu Ende zu bringen. Auch Freunde
wie Lothar Jost und nicht zuletzt meine Familie, drei erwachsene Kinder (Simone, Erzie-
herin und Musikerin; Samuel, Schreiner und Arzt; Nathaniel, Maurer und Heimerzieher)
und vor allem meine Frau, Ulrike, stützten das Projekt.

# 3.  Gewissen: Phänomen der Volksphilosophie

## 3.1  Gewissen: Zitate als Beispiele

1. Das **Gewissen** (*lat. conscientia,* wörtlich „Mit-Wissen") wird im Allgemeinen als eine
   spezielle Instanz im menschlichen Bewusstsein angesehen, die einem Menschen sagt,
   wie er sein eigenes Handeln beurteilen soll. Es *drängt* den Menschen, aus ethischen
   bzw. moralischen Gründen bestimmte Handlungen auszuführen oder zu unterlassen.
   Entscheidungen können dabei als unausweichlich *empfunden* werden oder mehr oder
   weniger *bewusst,* also *im **Wissen** um ihre Voraussetzungen und denkbaren Folgen,* getroffen werden (Verantwortung). Das einzelne Gewissen wird meist als von Normen
   der Gesellschaft, aber auch von individuellen sittlichen Einstellungen der Person abhängig angesehen. Üblicherweise *fühlt* man *sich gut,* wenn man nach seinem Gewissen
   handelt. Man spricht dann von *einem guten* oder *reinen Gewissen.* Handelt man indes-
   sen *entgegen seinem Gewissen,* so hat man ein subjektiv schlechtes Gefühl. Man
   spricht dabei von *schlechtem Gewissen, nagendem Gewissen* oder *Gewissensbisse haben.*[3]

2. Der tiefenpsychologische Begriff „Über-Ich" wurde von Sigmund Freud geprägt und
   beschreibt verinnerlichte Ideale und Vorschriften („Gewissen"), die das Handeln eines
   Menschen maßgeblich steuern. „Herr X scheint ein sehr strenges Über-Ich zu haben,
   das er vermutlich von seinem Vater (möglicherweise auch von der Großmutter) übernommen hat." Es macht sich ihm in Form innerer Stimmen („Antreiber", „Miesma-
   cher") bemerkbar. Ein strenges Über-Ich fördert die Entstehung von Depressionen.[4]

3. „Ein bös' Gewissen ist ein Hund, der immer bellt."[5]

4. „Abwesenheit von Scham ist ein sicheres Zeichen von Schwachsinn."[6]

5. „Das Gewissen ist nicht zu bestechen."[7]

6. „Das Gewissen ist eine Uhr, die immer richtig geht, nur wir gehen manchmal falsch."[8]

7. „Das Gewissen ist ein Uhr, die in jeder Kultur anders gestellt ist."[9]

8. „Der Mensch ist gar nicht so böse von Jugend auf, er ist nur nicht ganz gut genug für
   die Anforderungen des modernen Gesellschaftslebens."[10]

9. „Der Glaube an Autoritäten ist die Quelle des Gewissens."[11]

---

[3] Wikipedia. Zugriff 28.1.2009.

[4] Praxis für Psychosomatische Medizin u. Psychotherapie, Coaching, Mediation u. Prävention. Dr. Dr. med.
Herbert Mück. 51061 Köln. http://www.dr-mueck.de/HM_Praxis/Life-Therapie-Tagebuch/Kommentare/
HM_Ueber-Ich_Gewissen.htm. Zugriff 28.1.2009.

[5] Mönch und Kanzelredner Abraham a Santa Clara 18.Jh. in Peter Bacher, TV Gesund& Leben Nr.15/2008:
S.4-5.

[6] Siegmund Freud. Zit. Stephan Marks, *Scham, die tabuisierte Emotion.* Patmos 2007.

[7] Peter Bacher, TV Gesund& Leben Nr.15/2008: S.4-5.

[8] Erich Kästner in Peter Bacher, TV Gesund& Leben Nr.15/2008: S.4-5.

[9] Walter Freytag. Zit. Peter Beyerhaus In Jan Hermelink und Hans Jochen Margull (Hg.) *Basileia. Walter
Freytag zum 60.Geburtstag.* Stuttgart: Evangelischer Missionsverlag, 1961. 146-157.

[10] Konrad Lorenz, *Das sogenannte Böse.* Zit. Ruth Bang, *Autorität, Gewissensbildung, Toleranz…* München:
Ernst Reinhard Verlag, 1967. S.9.

10. „Soviel ich weiß, hat noch keiner, der es war, sich selbst als Tyrann bezeichnen lassen; der Posten ist begehrter als der Titel."[12]

### Grafik 1:  Das Gewissen[13]

11. „Vor über 3000 Jahren wurden die 10 Gebote verkündet – die Grundlage des christlichen Glaubens. Jetzt kratzt ausgerechnet ein evangelischer Geistlicher, der von Berufs wegen diese Gebote verkünden und einhalten muß, an diesem Fundament. [Der] salbungsvolle […] Ratgeber, verkündet im Interview: ‚Ehebruch ist keine Sünde!' begründet sein gespanntes Verhältnis im sechsten Gebot: ‚das ist für mich eine überholte bürgerliche Ansicht. 70 Prozent aller Ehen hinken und lahmen. Da kann man die Ehe doch nicht mit Geboten und Regeln zum Gefängnis machen.' […] ‚Und wenn die [Menschen am] … sechsten Gebot massenhaft scheitern, muß man sich etwas Neues überlegen. Die Zeit hat vieles überholt.'"[14]

12. Zwölf Jahre später, 2007, propagierte die Fürther Landrätin Gabriele Pauli, CSU, im Wahlkampf die Begrenzung der Ehe auf 7 Jahre: Wenn „Ehen nach sieben Jahren auslaufen" würden, könnten sich die Partner ohne großen Scheidungsaufwand trennen. […] Die Partner könnten dann aber auch „aktiv Ja sagen zu einer Verlängerung".[15]

## 3.2    Gewissen: Mensch und Tier

Entweder ist die Evolution nicht vollendet oder sie hatte diese Entwicklung nicht vorgesehen: Das Gewissen ist (wie die Seele) evolutionär nicht erklärbar. Dass der Mensch ein

---

[11] Nietzsche, *Menschliches, Allzumenschliches.* Zit. Ruth Bang, *Autorität, Gewissensbildung, Toleranz…* München: Ernst Reinhard Verlag, 1967. S.39.

[12] Max Frisch, *Die chinesische Mauer.* Zit. Ruth Bang, *Autorität, Gewissensbildung, Toleranz…* München: Ernst Reinhard Verlag, 1967. S.11.

[13] Mehren 10/90; Vermutlich „Badener Zeitung." Leider konnte die Originalquelle nicht mehr rekonstruiert werden.

[14] ARD-Pfarrer Jürgen Fliege (48) in seiner Plauderstunde am Nachmittag (‚Fliege', 16:03 Uhr), er war 15 Jahre Seelsorger in einem Dorf bei Aachen. […] ‚Wenn ich sage: Ehebruch ist keine Sünde, meine ich nicht: Hure dich durchs Leben.' *Bild am Sonntag* 8.10.1995.

[15] Welt Online, 7.9.2007. Zugriff 28.1.2009. http://www.welt.de/politik/deutschland/article1196564/Stoiber _legt_Pauli_den_Parteiaustritt_nahe.html.

Gewissen hat, steht dagegen wissenschaftlich außer Frage. Unterschiede innerhalb der gesicherten Erkenntnisse über das Gewissen bestehen lediglich in der Art und Weise, in der Intensität oder im Empfinden; sie liegen in den Bereichen der Kultur und Religion, in den Mechanismen und Auswirkungen.

Offensichtlich gibt es pränatale Grundstrukturen für Logik und Denken, die sich bei jedem Menschen schon mit dem Gehirn und dem Nervensystem bilden und seine Gesellschaftsfähigkeit ermöglichen: die Fähigkeit, ein Gewissen zu entwickeln, Sprache in eine Grammatik zu ordnen und damit einen Gemeinschaftssinn zu empfinden. Denn Gewissen und Sprache braucht der Mensch nur für den Umgang mit anderen höheren Lebewesen. Mit den Grundbedürfnissen sind das die Grundlagen für seine Fähigkeit, zusammen mit anderen Menschen das Leben zu gestalten.

> *Qv.*: Gundbedürfnisse des Menschen nach Maslow Kap. 2; Persönlichkeitsstruktur nach Dieterich Kap. 3

## 3.3 Gewissen: Instinkt und Seele

Die Zitate und vorgehenden Ausführungen wollen Anregungen geben dafür, den Begriff „Gewissen" in einen breiteren Rahmen zu stellen, der schließlich zu „Elenktik" führt. Die Zusammenhänge werden später wieder aufgegriffen, diskutiert, erklärt und definiert. Die Definition zu Beginn widerspricht späteren nicht, grenzt jedoch Gewissen von Instinkt ab, vor allem im Vergleich zu Tieren.

### 3.3.1 Gewissen contra Instinkt

Der Instinkt[16] ist Menschen und Tieren angeboren. Er ist die Fähigkeit, mit den Gehirnzellen gebildete Informationen durch den Körper zu aktivieren. Diese Fähigkeit kann nicht gelöscht oder unterdrückt werden.

> *Qv.*: Kap. 3-1.3.3.1

In Gehirnzellen sind bei der Geburt bestimmte Inhalte vorhanden, z.B. Grundbedürfnisse (Nahrung, Fortpflanzung, Schutz, Sicherheit, Wärme, Licht usw.). Sie lösen Reflexe und Stimulanten aus: Das sind die grundlegenden Triebe. Deshalb mindert die Verweigerung der Grundbedürfnisse bei Tier und Mensch die Überlebensfähigkeit.

Triebe können auch mit dem Willen und der Kraft zum Leben bezeichnet werden. Sie sind im allgemeinen intuitiv, nicht kontrollierbar und sichern damit den Erhalt des Lebens. Das Lebewesen reagiert „automatisch" lebenserhaltend. Dieses Instinktverhalten ist hierarchisch organisiert: Übergeordnete Triebe können erregt oder gehemmt werden; dabei ist die jeweilige Situation entscheidend, durch die Reize ausgelöst werden. Dadurch werden dann auch untergeordnete Triebe aktiviert. Triebe entstammen den Grundbedürfnissen (Nahrung, Fortpflanzung), die im Instinkt gesteuert oder ausgelöst werden.

So wird der Atmungs- und Schreiimpuls (oder Weinen) durch Schmerz – oder Schockempfinden (Licht, Temperatur) ausgelöst. Das Baby sucht durch den Tastsinn die Wärme bei der Mutter, die Brust und Brustwarze für die Muttermilch und der Saug- und Schluck-

---

[16] Die Ausführungen orientieren sich an folgender Definition für Instinkt. Meyers grosses Taschenlexikon. 4. vollst. überarb. Aufl. Mannheim, Leipzig, Berlin, Zürich: B.I. Taschenbuch Verlag 1992. „Mittelalterlich instinctus naturae ‚Naturtrieb' zu lat. instinguere ‚anstacheln, antreiben'. Die Fähigkeit von Tieren und Menschen, mittels ererbter Koordinationssysteme des Zentralnervensystems bestimmte vorwarnende, auslösende und richtende Impulse mit wohlkoordiniertem Lebens- und arterhaltendem Verhalten zu beantworten. Instinktverhalten ist angeboren, es kann jedoch bes. bei höheren Tieren durch Erfahrung modifiziert werden. Das Instinktverhalten ist hierarchisch organisiert; die Stimulation übergeordneter Zentren können untergeordnet erregt oder gehemmt werden, wobei die jeweils auslösende Reizsituation die entscheidende Rolle spielt. Vielfach ist eine auslösende Stimmung (Bereitschaft, Trieb) Voraussetzung für den Ablauf des Instinktverhaltens (z.B. Hunger, Brunst), die ein Appetenzverhalten zur Folge hat, in dessen Verlauf es zur triebbefriedigenden Endhandlung (z.B. Schlagen einer Beute) kommen kann. Sie werden durch spezifische Schlüsselreize über einen angeborenen […] Mechanismus ausgelöst."

impuls treten in Kraft durch die entsprechenden Berührungen. Nach den ersten wahrgenommenen Erfahrungen (Geruch und Tasten) erkennt es die Mutter wieder. Die erste „Bindung" (in der Ethnologie als [engl.] „bonding" verstanden) entsteht.

Die Lernfähigkeit des Gehirns setzt sofort ein, wenn Nahrung aufgenommen wird, ebenso durch Schlaf. Die ersten Erfahrungen sind Verstärker in den Gehirnzellen und verursachen die Synapsenbildung zwischen diesen. Das Gehirn beginnt nach diesen so gewachsenen Strukturen zu denken und zu empfinden.

Das Zentralnervensystem ist mit den Gehirnzellen verbunden und koordiniert das erste Grundverhalten. Sinnesimpulse (tasten, schmecken, riechen, hören, sehen) dienen über das Nervensystem als Stimulation, in Verbindung mit den Informationen (durch Erfahrungen) in den Gehirnzellen als Vor- bzw. Nachwarnung. Einfache Verhaltensmuster bilden sich und werden mit jeder Erfahrung und Information und deren Verknüpfung (Synapsen) weiter differenziert, immer zuverlässiger und schneller koordiniert, bis die Erkenntnisfähigkeit (Vergleich) erreicht ist. Vorgänge, die aus Erfahrung als Gefahr (Schmerz) wahrgenommen werden (Gerüche, Geräusche wie Schüsse, fremde Stimmen, Haustürklingel), oder die Freude auslösen (schon bekannte Situationen) sind stimulierend.

Eine auslösende Stimmung (Bereitschaft, Trieb) ist Voraussetzung für den Ablauf des Instinktverhaltens (z.B. Hunger, Brunst), in dessen Verlauf es zur triebbefriedigenden Endhandlung (z.B. Schlagen einer Beute, Arbeit als Nahrungsbeschaffung) kommen kann. Instinkt und Trieb können nicht gewählt werden, sie sind bestimmend.

Mit wachsender Körperbeherrschung werden weitere Erfahrungen, Beobachtungen und Situationen koordiniert; sie motivieren durch die Triebe zu Nachahmungen für weitere gute Erfahrungen und Empfindungen (Nahrung, Wärme, Liebe). Lebens- und arterhaltendes Verhalten wird mit der Körperbeherrschung bis zur äußersten artgemäßen Grenze ausgebildet (Nahrungs- und Sexualtrieb).

Von außen gesteuerte Erfahrungen und Situationen sind stimulierend. Auch die Reaktionen anderer in einer Gruppe werden integriert. Die Koordinationen werden dabei modifiziert. Das äußert sich in bestimmten, dem jeweiligen Wesen entsprechenden Verhaltensmustern.

Bei Tieren spielt die Nahrung (riechen) als Auslöser eine vordergründige Rolle, auch die Triebe anderen Tieren gegenüber (Hund und Katze, Jagdtrieb). Sie werden durch Schlüsselreize über einen angeborenen Mechanismus ausgelöst. Das Rudel- bzw. Schwarmverhalten bzw. Einzelgängerdasein verlangt vom Tier eine gewisse Intelligenz zur Anpassung an die vorgegebene Situation, vor allem, wenn sich klimatische Bedingungen verändern und die davon abhängige Nahrungskette beeinträchtigen. Einem Tier sind dafür viel engere Grenzen gesetzt als dem Menschen. Deshalb sind wohl schon viele Tiere ausgestorben; der Mensch (noch) nicht. Er kann sich seine Lebensgrundlage selbst entziehen oder sie vernichten. Ein Tier würde das aufgrund des zwingenden Instinktes nie tun, auch wenn es das könnte. Ein Mensch kann also im Gegensatz zum Tier angeborene „Instinkt-Elemente" zur Gestaltung seines Lebens intellektuell bewusst beherrschen bzw. verändern.

Tiere können nach dem Grad ihres Verstandes durch Belohnung und Bestrafung Verhaltensmuster ein- und ausüben. Ihre Logik beschränkt sich darauf, während beim Menschen eine tiefere Logik und Begründung möglich sind. Die autoritative Bezugsperson ist für diese Funktion nötig, die Autorität kann auf andere Bezugspersonen abgeschwächt übertragen werden. Bei „richtigem" Verhalten erwarten sie eine Belohnung, bei „falschem" eine Strafe (Schmerz, Nahrungs- oder Liebesentzug). Zudem muss dieses der Natur des Tieres entsprechen, um nachhaltig funktionieren zu können. Fällt die Bezugsperson und deren Reaktion als ständiger Verstärker des Musters weg, verringert sich auch die entsprechende Funktion beim Tier.

Die Reaktion des Tieres auf das Erziehungsverhalten des Menschen ist deshalb nicht ein Gewissen, sondern ein gelerntes Muster und abhängig vom Instinkt als eine Anlage des Verstandes, der bestimmte Funktionen und Verhaltensmuster fördert oder einschränkt. Der Instinkt bleibt beim Tier immer erhalten und kann nicht wesentlich erweitert werden. Er bildet immer die Grundlage für weitere andressierte Verhaltensmuster, die nur aufgrund des Instinktverhaltens und der niederen Triebe (Nahrung, Fortpflanzung) gelernt werden können. Die „Nachwarnung", bei der z.B. ein Hund eine Strafe erwartet, wenn er die Wurst auf dem Tisch gefressen hat, ist nicht Gewissen, sondern ein Verhaltensmuster aufgrund der hierarchischen Triebe: Die Wurst riecht verlockend, der Jagdtrieb wird ausgelöst. Schmerz (Schimpfen als unangenehme, laute Töne und vielleicht Nahrungs-enthaltung) folgt, wenn Wurst gefressen wird, die auf dem Tisch liegt. Liegt sie jedoch im Fressnapf, „stimmt" die Situation: Der Geruch ist eine positive „Vorwarnung" und löst Freude aus.

Deshalb kann ein Hund nicht wie ein Kind (und umgekehrt!) „erzogen", sondern nur „dressiert" werden. Auch die Dressur eines Pferdes funktioniert aufgrund von Instinkt und Trieben und nicht weil das Tier ein Gewissen hätte. Sonst wären auch Logik und viele weitere Impulse, Vorgänge und Mechanismen notwendig und zunehmend erkenn-bar.

Instinkthandlungen beim Baby sind das Suchen der Mutterbrust nach der Geburt und der Selbsterhaltungstrieb (Schreien und Weinen als Reiz für Unbehagen), beim erwachsenen Menschen z.B. das Fortpflanzungsverhalten. Hierbei bilden sich in Gesellschaft mit ande-ren Menschen verfeinerte Verhaltensmechanismen, nach denen die Ausübung solcher instinktiven Triebe koordiniert wird. Verhaltensmuster bilden sich, denen Werte beige-messen werden.

Der Mensch hat durch die Beschaffenheit seines Gehirns und seiner Empfindungen, sei-ner Kommunikationsfähigkeit und Körpereigenschaften weitaus mehr Möglichkeiten und Fähigkeiten zum Lernen. Die Grenze des Instinkts wird schon beim Baby überschritten und der Gewissensbildung untergeordnet.

### 3.3.2   Seele bei Tier und Mensch

Die Linie von Instinkt zu Gewissen ist überschritten, wenn Verhaltensmustern nach ge-lernten Normen ein Wert beigemessen wird, der bei dessen Verlust nicht nur mit Schmerz als Strafe, sondern auch als intellektueller Wert empfunden werden kann. Der Mensch muss dafür eine Entwicklung vollziehen; er wird deshalb erst mit 18 Jahren als Erwach-sener voll „straffähig". Das ist für ein Tier nicht mehr nachvollziehbar: Seine „Werte" liegen bei der Befriedigung seiner Triebe.

Die Empfindungen, denen ein Wert beigemessen werden kann wie Liebe, Treue, Geduld, Scham, Ehre, Gerechtigkeit, Schuld, Traurigkeit und Freude, sind seelischer Art. Sie setzen eine menschliche Seele voraus, nicht nur einen menschlichen Geist. Ob oder in wie weit einem Tier so etwas wie eine Seele zugesprochen werden kann, hängt mit dieser Empfindungsfähigkeit zusammen. Ein Gewissen wie beim Menschen ist beim Tier sicher nicht vorhanden.

Diese bisherige Diskussion ist für die Zusammenhänge bei Elenktik nur ganz am Rande interessant. Sie anzureißen war nur deshalb wichtig, weil gewisse Meinungen Tieren ein Gewissen zuschreiben. Fabeln und Märchen gestehen Tieren menschliche Fähigkeiten und Empfindungen zu, um Werte, Prinzipien oder Volksweisheiten daran deutlich zu machen. Deshalb darf diese Linie nicht weiter gezogen werden, sonst müsste Tieren schließlich auch noch eine Religionsfähigkeit zugestanden werden. Damit geraten wir jedoch recht nahe an animistisch-weltanschauliche und andersreligiöse Vorstellungen, wie z.B. die Seelenwanderung im Hinduismus.

Wo dann die Unterscheidung von Tier und Mensch in Bezug auf Gewissen und Instinkt festgemacht werden kann, wird für rationales Denken immer schwieriger. Die Religionen haben diese Frage für sich geklärt. Für die Schöpfungstheorie ist das eindeutig: Das Gewissen ist ein Erweis der „Gottesebenbildlichkeit" des Menschen, er steht damit deutlich über dem Tier. Die Evolutionstheorie hat bei diesem Thema noch offene Fragen zu beantworten.

## 3.4    Gewissen: Beschaffenheit und Eigenart nach Kultur und Religion

Jedem Menschen ist eine *Möglichkeit zur Erkenntnis* einer Norm gegeben, an der er seinen Willen orientiert und eine Einordnung nach gut und schlecht bzw. böse (wertorientiert), zumindest nach falsch und richtig (normorientiert) wahrnehmen kann. Das geschieht im und durch das Gewissen. Diese Möglichkeit der Erkenntnis wird vom eigenen Willen und durch den Willen anderer Menschen geprägt. Da der Mensch allein nicht überleben kann, braucht er Regeln und Ordnungen für das Leben in der Gemeinschaft mit anderen – sie entwickeln (bestenfalls) gemeinsam eine Strategie, mit der nach ihren Grundbedürfnissen das Überleben in dem jeweiligen Land mit seinem Klima und seiner Bodenbeschaffenheiten am besten möglich ist. Dabei bilden sich Werte, die von einer übergeordneten menschlichen und religiösen Autorität gestützt und geschützt werden. Zu dieser „Strategie der Daseinsbewältigung" (nach L. Käser 1997, 37) braucht der Mensch sein Gewissen. Kein Mensch kann weder ohne Kultur noch ohne Gewissen überleben. Er wird im Normalfall als Kind von Erwachsenen auf das Leben in seinem Umfeld vorbereitet durch Erziehung und Ausbildung. Das Gewissen bildet sich in diesem Lernvorgang und beginnt sehr früh, auf die gelernten Gesetzmäßigkeiten und Verhaltensmuster selbständig und aufgrund der bestehenden Autoritäten zu reagieren.

Dieser Vorgang wird bewusst und unbewusst gesteuert, verstärkt und von den Menschen in seinem Umfeld korrigiert. Je nachdem, wie viele bei dieser Prägung beteiligt sind, wie die Gesetzmäßigkeiten wahrgenommen und durchgeführt werden, reagiert das Gewissen anders – schuld- oder schamorientiert. Angst spielt dabei immer auch eine Rolle, und manchmal so stark, dass sie das Empfinden für Scham oder Schuld verdrängt und allein im Vordergrund steht. Ebenso kann das Empfinden für Scham so stark sein, dass es sogar sprachlich den Begriff für Gewissen ersetzt. Alle drei Elemente sind selbständig, dynamisch, können unabhängig voneinander stark oder schwach ausgeprägt sein. Sie bedingen sich nicht zwingend gegenseitig. Aber sie wirken sich definitiv aufeinander aus. Wie das ineinander greift, darum geht es hier.

## 3.5    Gewissen: Zusammenfassende, grundlegende Definition als Ausgangsthese

### These 1

➤ **Das Gewissen ist die Fähigkeit jedes Menschen, wissentlich, willentlich, aber auch unbewusst eine Gesetzmäßigkeit, deren Wert und Autorität (gewollt und ungewollt, erwünscht und unerwünscht) zu lernen, anzuerkennen und wahrzunehmen, (aber auch zu verwerfen, zu verändern oder abzulehnen).**

➤ **Es kann selbständig (bewusst und unbewusst) Verhaltensweisen (gedachte und vollzogene) damit vergleichen und auf Unterschiede mit Empfindungen reagieren.**

➤ **Schuld wird bei Verfehlung der kulturellen Norm, Scham bei Verfehlung des gesellschaftlichen Ideals als Belastung empfunden. Dementsprechend sind Recht und Prestige eine Entlastung des Gewissens.**

Damit kann das Gewissen Verhaltensmuster (sowie Gedanken und Gefühle) nach den verinnerlichten Normen, Werten und deren Autorität als gut oder richtig (innerhalb der Normen und Gesetzmäßigkeiten) oder böse und falsch (bei Normverletzung und Normübertretung) einordnen und beurteilen.

➢ Das Gewissen empfindet Angst, wenn es nach einem falschen Verhalten (oder Gedanken) eine dem Wert der übertretenen Norm (Sünde) entsprechende Strafe erwartet. Bei stark gesetzlich orientiertem oder stark sozial sensibilisiertem Gewissen kann diese Angst dermaßen überhand nehmen, dass sie die Empfindungen Schuld und Scham überlagert.

➢ Die Kraft des Gewissens drängt nach Entlastung von Schuld, Scham und Angst, die durch eine Bußhandlung und Wiedergutmachung zur Vergebung, Versöhnung sowie zur Anerkennung der Normen und damit zur gesellschaftlichen Wiedereingliederung führt.

➢ Das Gewissen emfindet dann Frieden aufgrund der Harmonisierung (Ehre) und Koordinierung (Gerechtigkeit) mit seinem gesellschaftlichen, religiösen und kulturellen Umfeld. Das Gewissen erfüllt damit seinen Zweck: Die Gewährleistung der sozialen Kontrolle sowie der Würde des Menschen, soweit ihm sein Umfeld diese zugesteht.

➢ Das Gewissen wäre in seiner Reaktion und Funktion wertneutral und absolut, wenn es sich in einem gesellschaftlichen, religiösen und kulturellen Vakuum befände. Darin kann sich jedoch kein Gewissen entwickeln. Deshalb ist das Gewissen nicht absolut.

➢ Die Existenz des Gewissens im Menschen ist nicht zu leugnen.

➢ Das Gewissen ist ein unwiderlegbarer Erweis für die einzigartige Beschaffenheit des Menschen und ist deutlich unterscheidbar von Instinkt.

## Grafik 2: Funktionen des Gewissens

Funktionen des Gewissens

Kultur/Religion/Gesellschaft    (individuelles/bzw. Gruppen-)Gewissen

| Autorität | schützt/stützt | motiviert/beurteilt belohnt/bestraft |
| Werte | Vergleich/Kontrolle | Gut/ Böse |
| Ideale | Vergleich/Kontrolle | Erreicht/ nicht erreicht |
| Normen | Vergleich/Kontrolle | Richtig/ Falsch |
| Beziehungen | Vergleich/Kontrolle | In Ordnung nicht in Ordnung |
| Verhalten | Vergleich/Kontrolle | Konform/ non-konform |
| Empfindungen | Vergleich/Kontrolle | Ehre – Recht Scham/Schande - Schuld |

Verhalten/Denken (Muster/offen/heimlich)

Grundbedürfnisse des Menschen und vorherrschende Lebensbedingungen

# 4.    Elenktik, Gewissen und Über-Ich in der wissenschaftlichen Diskussion

*Qv.*: Kap. 6:
Theologische Reflexionen
In der Literatur, vor allem der Theologie,[17] Soziologie und Psychologie werden verschiedene Elemente des Gewissens aufgegriffen und diskutiert, jedoch nicht im Zusammenhang miteinander; und meistens werden sie nicht in Verbindung mit dem Gewissen gebracht, höchstens die Begriffe ‚Schuld' und ‚Sünde'. Es ist interessant, dass keine dieser wissenschaftlichen Disziplinen ohne Rückgriff auf die Bedeutung aus dem alten griechischen Kontext von ‚*syneidesis*' für Gewissen als ‚Mitwissen' mit verschiedenen logischen Konsequenzen, zumindest nicht ohne Zuhilfenahme von Erkenntnissen aus anderen Disziplinen auskommt. Das zeigt die Komplexität dieses Begriffs und des gesamten Zusammenhangs, in dem man ihn sehen muss. Das zeigt jedoch auch davon, dass das Verständnis von diesem Begriff vielfach noch vom griechischen Denken her bestimmt ist und damit andere Wege der Erkenntnis ausgeschlossen werden. Allein die Ethnologie (in US-Amerika: *Cultural Anthropology*) geht eigenwillige Wege und bietet der Missiologie tatsächlich einen neuen, brauchbaren Ansatz.[18] ‚Gewissen' wird im wissenschaftlichen Sprachgebrauch allgemein unter den Begriffen (engl.) ‚super-ego' oder ‚Über-Ich' geführt. Lothar Käser schuf mit seiner Dissertation und vor allem mit seinem Werk „Fremde Kulturen" die Grundlage zum Verstehen von Gewissen für den missiologischen Gebrauch. Er versteht das Gewissen als Teilaspekt des Sitzes der Emotionen.[19]

Die Literatur über das Gewissen reflektiert ebenso eine verwirrende Pluralität wie die Diskussion über Scham und Schande als Gegenüber zu Ehre und Prestige; die Parallele dazu, Schuld und Gerechtigkeit, wird im populären typisch westlichen Verständnis schon eher mit Gewissen in Verbindung gebracht. Angst und Frieden sowie Strafe und Buße/Vergebung stehen in der Diskussion ebenso selten in einer ganzheitlichen Beziehung zu Gewissen.

Bei vielen Titeln ist zunächst auch nicht der Bezug zum ‚Gewissen' erkennbar; nur wenn eines der obengenannten Stichwörter oder verwandte Begriffe im Verzeichnis, im Register oder im Text erscheinen, besteht die Aussicht, das sprichwörtliche „Goldkorn im Berg" oder die „Stecknadel im Heuhaufen" zu finden: ein wertvoller Hinweis auf ein Gewissenselement.

Für die theologische und soziale Praxis weist die Literatur deshalb vielfach eine erstaunlich geringe Relevanz auf. Der interkulturelle oder interreligiöse Bezug fehlt ebenso häufig. Deshalf finden auch Entwicklungsingenieure, Politiker und Wirtschaftsexperten wenig umfassende Hilfestellung für ihre Kommunikations- und Beziehungsaufgaben. Denn: ob eine These umsetzbar ist, erweist sich erst in der Anwendung, nicht im Labor.

Unten werden wichtige Autoren und deren Beiträge zu Elenktik bzw. Gewissen kurz aufgeführt. Diese Liste ist nicht vollständig (sie wird in den einzelnen Kapiteln fortgesetzt), soll aber die Schwierigkeiten zeigen, die entstehen, wenn die weit gefächerten Informationen zu einem ganzheitlichen Konzept gebündelt werden sollen.

---

[17] Das meiner Ansicht nach beste deutsche Buch über das Gewissen von Siegfried Kettling erwähnt Scham nur am Rande, aber nicht als Gegenstück zu Prestige, eher als eine Auswirkung von Sünde. Siegfried Kettling, *Das Gewissen: Erfahrungen, Deutungen, biblisch-reformatorische Orientierung*. TVG. Wuppertal: Brockhaus, 1985.

[18] Viele dieser Autoren erkennen den Zusammenhang mit Religion nicht oder sie vermeiden ihn. Erst die Dissertation von Lothar Käser öffnet die missiologische Perspektive, da er beim Über-Ich die Verbindung zur Seele herstellt und diese religiös verankert. Leider wurde die Dissertation (s.o.) nicht veröffentlicht. Sie ist gerade für missiologische Zusammenhänge ausgesprochen wichtig und sollte von jedem Missionar gelesen werden.

[19] Lothar Käser, *Fremde Kulturen*. Bad Liebenzell/Neuendettelsau: VLM/Verlag für Mission und Ökumene, 1997. Ein Kapitel ist dem Über-Ich gewidmet.

# 4.1 Philosophie

Die *Philosophie* von den alten Griechen bis zur Neuzeit bietet ein so breites Spektrum von Aussagen, dass sie ein Quellenfundus für verschiedene Disziplinen und deren Erkenntnissen sein kann. Ist jedoch die Philosophie einer bestimmten Zeitepoche mit ihren jeweiligen Schwerpunkten der Ausgangspunkt für die daraus entlehnten Erkenntnisse, ist auch das Ergebnis entsprechend prädestiniert. In theologischer, soziologischer und psychologischer Literatur können Beispiele dafür gefunden werden. Die Philosophie ist deshalb mehr geschichtlich interessant als für unsere Zwecke brauchbar. Vor allem in der Theologie sind die Grenzen zur Philosophie auf dem hier besprochenen Gebiet fließend. Die christliche Ethik bewegt sich deshalb vor allem dann in Grauzonen, wenn der jeweilige theologische Vertreter christlich-religiöse Werte relativiert und eher den temporären philosophischen Tendenzen nachgeht.

## 4.1.1 Sokrates und Plato

Die Begriffe, die zu *Elenktik* führen, beginnen in der Literatur[20] bei den griechischen Klassikern: *elenchos* (Nomen), *elenchoi* (Plural); *elenktikos* (Adjektiv). Die ersten bekannten Philosophen leiteten eine Art Forschungsmethode von *elenchein* ab: Testen, untersuchen, widerlegen, waren Vorgehensweisen vor allem im Gerichtswesen.[21] Obwohl Sokrates *elenchos* selbst nicht verwendete, wurde dieser Begriff bei seinen Schülern wie Plato weitgehend als die *Sokratische Methode* bezeichnet und stand für dessen zentrale tägliche Aktivität: Die Prüfung der Meinung eines Gesprächspartners durch eine Serie von Fragen, wodurch Konflikte zutage traten, wie der Partner sie erkannte. Sokrates rekonstruierte dann diese Erkenntnisse als das Resultat dessen, wie der Gesprächspartner selbst den Zusammenhang der Konflikte und deren Lösungsmöglichkeiten reflektierte.

Die frühen platonischen Dialoge, in denen Sokrates verschiedene *elenchoi* zeigte, wurden als *Elenktik-Dialoge* bezeichnet. Diese Art von Kreuzverhören war der Versuch, die Gesprächspartner zu eigenen Erkenntnissen zu führen.[22] Einer der großen Dialoge Platons ist *Gorgias*: „In den Diskussionen des Sokrates in Gorgias geht es um das Verhältnis von Rhetorik, Macht, Gerechtigkeit und Glück, um die Beziehung zwischen der Lust und dem Guten und um die Frage nach der richtigen Lebensführung. Aus Kritik an den Politikern Athens entwickelt Platon Thesen einer guten und richtigen Politik. Ein Schlussmythos bestätigt die von Sokrates vertretenen Grundsätze." Mit dem *sokratischen Verfahren* wurden also die Meinungen der Gesprächspartner hinterfragt, geprüft und widerlegt.[23]

---

[20] Sokrates lebte 470(469) bis 399 v. Chr. in Athen.. Parmenides lebte (kaum vor) 510 bis (nach) 450 v. Chr., neben Heraklit wichtigster Denker vor Sokrates und Plato. RGG[4] 7, 1423 und 6, 944. „The Socrates of Plato's dialogues typically practiced *elenchos*, but neither the term nor the activity originated with him. Both occur in philosophical and nonphilosophical works before the latter half of the fifth century..." S.19. „...the original meaning of elenchus – ‚shame' or ‚disgrace' – had been replaced by that of ‚refutation'". S.21. „In the nineteen passage in which either the noun or verb appears, the idea of the *elenchos* is consistently linked with a failure in a military or athletic mission or contest." S.23. "The older meaning of *elenchos* as ‚testing' has now been augmented – not ... replaced – by *elenchos* as ‚refutation'..." S.26. James H. Lesher, „Parmenidean Elenchos" in Gary Alan Scott ed., *Does Socrates Have a Method? Rethinking the Elenchus in Plato's Dialogues and Beyond.* Pennsylvania State University Press, 2002. Siehe auch S.79.

[21] „Der Doppelausdruck „prüfen und widerlegen" ist die Übersetzung des Verbums *elénchein*, das die Art angibt, wie Sokrates in Frage und Antwort die Dialoge führte. Sokrates unterzog die Meinungen, Wertvorstellungen, Thesen und Definitionen seiner Gesprächspartner einer kritischen Überprüfung, um ihre Konsistenz festzustellen bzw. um innere Widersprüche nachzuweisen." Joachim Dalfen (Hg.), Platon Werke, Übersetzung und Kommentar. Band VI.3, GORGIAS. Vandenhoeck & Ruprecht in Göttingen, 2004, S.212.

[22] *Blackwell Dictionary of Western Philosophy.* Ed. Nicholas Bunnin and Jiyuan Yu. Printed 2004. www.blackwellreference.com/public/tocnode?id. 17.6.2009.

[23] Joachim Dalfen (Hg.), *Platon. VI 3 Gorgias.* Übersetzung und Kommentar von Joachim Dalfen. *Platon Werke,* Band 6,3. 1.Aufl. 2004. Siehe auch www.v-r.de/de/titel/352530422/ 17.6. 2009. Zitate S.471e. Siehe auch Gary Alan Scott, *Does Socrates Have a Method? Rethinking the Elenchus in Plato's Dialogues and Beyond.* Penn State Press, 2004 ISBN 027 1023 473 9780 2710 23472.

Sokrates wird das Zitat zugeschrieben: „...the truth is never refuted *(oudepote elenchetai)*." „Sokrates speaks of the *elenchos* as a Lydian stone that he rubs against the soul of an individual to test its quality (a *lithon* used to *basanidzein* the *psuche*)."[24]

### 4.1.2   Kittsteiner (1995)

„Seit 1993 hatte der Schüler des Religionsphilosophen Jacob Taubes einen Lehrstuhl für „Vergleichende europäische Geschichte der Neuzeit" an der Europa-Universität Viadrina in Frankfurt an der Oder inne. Kittsteiner erforschte die Entstehung des modernen Gewissens. Seine Studien zeigten bei aller begrifflichen Anstrengung Kittsteiners Sinn für skurrilen Humor... ."[25]

Kittsteiner beweist in seinem Werk *Die Entstehung des modernen Gewissens* nicht nur durch seine 40 Seiten Bibliographie, dass er tief in die Geschichte und Philosophie seines Themas eingetaucht ist. Er schrieb eine Kultur- und Mentalitätsgeschichte anhand des Begriffs „Gewissen": Wohl kein anderer Begriff reflektiert mehr das Empfinden und Denken der Menschheit, ihrer Kultur und Religion sowie der Ethik; aber auch das Rechtsverständnis, das Rechtswesen der Gesellschaftselite sind davon betroffen. Die Volksfrömmigkeit und die soziologischen Verhältnisse sowohl der Gesellschaftsschichten selbst als auch in ihren Beziehungen zueinander zehren aus diesem Begriff in seinen jeweiligen Geschichtsepochen. Selbst die Wissenschaft erhielt davon Impulse, die auf allen Gebieten des Lebens spürbar waren. Religion ist nicht nur eine Sache der „Bücher", sondern vor allem von deren Interpretationsträgern.

## 4.2   Psychologie/Psychiatrie

Ähnlich verhält es sich mit der *Psychologie,* wenn sie sich als eigenständige Erkenntnisquelle versteht und Prinzipien erstellt, die sich zur Autorität besonders für die Theologie emanzipieren. Sie hilft uns jedoch, menschliche Grundbedürfnisse und -konstellationen zu erkennen und die Wege zu erforschen, wie diese gedeckt werden können und wie sie sich in verschiedenen Situationen äußern. Die Auswahl aus dem äußerst breiten Spektrum in der Psychologie ist für unsere Zwecke durch die Voraussetzungen und das Ziel der Thematik gegeben.

### 4.2.1   C. Ellis Nelson (1973)

C. Ellis Nelson möchte in ihrer Sammlung theologischer und psychologischer Aufsätze durch namhafte Denker der beiden Disziplinen Grundsätze über das Gewissen erstellen.[26] Hier wird offensichtlich von katholischer Seite der Versuch unternommen, das Thema für die Mission zu erschließen und auch zuzugeben, daß Religion und Konfession dabei in Betracht zu ziehen sind. Zumindest ein Theologe fällt jedoch unter obengenannte Kriterien. Schuld, Autorität und Veränderungsprozesse werden zwar besprochen, aber mit Scham und Schande weiß man zumindest offiziell nichts anzufangen. ‚Gewissen' und ‚Über-Ich' werden jedoch von beiden Seiten säuberlich unterschieden.

---

[24] In Gorgias 473b9-10und 486d, S.27 und S.35 in James H. Lesher, „Parmenidean Elenchos" in Gary Alan Scott ed., *Does Socrates Have a Method? Rethinking the Elenchus in Plato's Dialogues and Beyond.* Pennsylvania State University Press, 2002.

[25] Heinz D. Kittsteiner, *Die Entstehung des modernen Gewissens.* Frankfurt /Leipzig: Insel Verlag/Suhrkamp, 1995.

[26] Nelson, C. Ellis: *Conscience – Theological and Psychological Perspectives.* Newman Press, New York, Paramus, Toronto. The Missionary Society of St. Paul the Apostle in the State of New York. 1973, S.353.

## 4.2.2   Walter Wanner (1984)

*Signale aus der Tiefe. Tiefenpsychologie und Glaube. Einführung und Auseinanderset-
zung.*[27] Walter Wanner ist von seinem Ansatz her recht brauchbar. Er arbeitet gründlich
mit einschlägigen Begriffen, bringt aber weder Scham und Schande noch Schuld in direkten Bezug zum Gewissen, obwohl er ausdrücklich zum Selbststudium für Seelsorge und
Unterricht schreibt. Gewissen ist bei ihm eine Funktion, dessen Kräfte in der Freud'schen
‚Libido' liegen. Auch hier erkennen wir den europäisch-philosophischen Bezugspunkt.

Die Scheu vieler Christen vor Psychologie stammt aus Unkenntnis, Vorurteilen und –
Erfahrungen, die nicht in ihren Raster passen. Mit solchen Argumenten könnte man jedoch auch vor Theologen warnen. Wer Theologie in ein solches Raster packt, in dem
volksreligiöse Verständnisse biblische Zusammenhänge überlagern können, verfälscht
sie. Auch die Bibel muss man verstehen lernen – so wie den Menschen, und dabei nicht
von vorgefassten Meinungen ausgehen. Wanner führt in Zusammenhänge des Menschen
ein, die der Theologie verschlossen bleiben und doch so wichtig sind, um Verhaltens-
und Denkweisen des Menschen verstehen zu können. Erst so wird die Wirkungsweise des
Glaubens deutlich.

## 4.2.3   Michael Dieterich (1997)

Der Psychologieprofessor, der früher in Hamburg lehrte, versucht seit vielen Jahren erfolgreich, Erkenntnisse, die sich im täglichen Leben auswirken, verständlich zu analysieren und einer Schicht zugänglich zu machen, die als Berater einfache Problematiken
verstehen und anwenden können. *Persönlichkeitsdiagnostik. Theorie und Praxis in ganzheitlicher Sicht*[28] ist seit Jahren Standard für dieses Ziel. Darin werden nicht nur psychologische Tests transparent. Die eigene Einsicht wird fundiert und zuverlässig. *Wenn der
Glaube krank macht. Psychische Störungen und religiöse Ursachen*[29] ist eine praktische
Einführung in eines der aktuellen Probleme.

Michael Dieterich gibt echte Hilfestellung nicht nur für die christliche Gemeinde, sondern auch für Mitarbeiter im interkulturellen Bereich.[30] Auch behandelt er u.a. das – so
scheint es – Vorzugsthema der Psychologie „Angst", das gewiss in unserer Zeit relevant
ist. Er zeigt für Laien verständliche biblische Zusammenhänge aus der sog. ‚Innenschau'
auch mit ‚Gewissen', dessen Auswirkungen und Prägungen. Außerdem weckt sein Buch
zumindest Verständnis für die Brauchbarkeit der Psychologie für den christlich-
missionarischen Bereich.

## 4.2.4   Tilmann Moser (2003)

*Von der Gottesvergiftung zu einem erträglichen Gott.*[31] Mit Anfang 30 schrieb der Psychoanalytiker das Buch „Gottesvergiftung". Darin rechnete er mit dem strafenden über-
mächtigen Gott seiner Kindheit hab. Jetzt verarbeitet er das Thema in der Spannung zwischen einem Richtergott und der Verschmelzung mit dem Göttlichen. In der „Andacht"
wird in der frühen Beziehung zur Mutter das emotionale Fundament der Religion gegos-
sen, ein „feierlicher" Zusammenhang, den der Säugling mit der Mutter leiblich erfahre.
Das neurotisch verzerrte Gottesbild muss getrennt werden von dem Gott, der das Kind

---

[27] Wanner, Walter: *Signale aus der Tiefe*. Tiefenpsychologie und Glaube. Einführung und Auseinandersetzung.
Brunnen Verlag, Gießen 1984[3] S.223.

[28] Wuppertal/Zürich: R. Brockhaus, 1997.

[29] 2.Aufl. Wuppertal/Zürich: R. Brockhaus, 1992.

[30] Dieterich, Michael: *Psychologie contra Seelsorge?*, Hänssler Verlag, Neuhausen-Stuttgart 1984, S.216.

[31] *Psychoanalytische Überlegungen*. Stuttgart: Kreuz Verlag, 2003. Siehe auch: Hanne Baar / Jana Herzberg.
*Gottesverwechslung*. Hymnus Verlag, 1999.

auf der Welt willkommen heißt. Religion und sehr frühe Kindheitserfahrungen stehen in engem Zusammenhang und erhalten nachhaltige Bedeutung für die Gewissensbildung.

Diese Ausführungen machen die Notwendigkeit überdeutlich, beim christlichen Glauben vom alttestamentlichen zum neutestamentlichen Gottesbild zu gelangen und dieses nicht von volksreligiösen, synkretistischen Elementen durchsetzen zu lassen. Menschlich-kulturelle Zusätze oder Unterlassungen verfälschen das Gottesbild bis zu seiner krankhaften Auswirkung, auch im Gewissen. Wenn Psychoanalytiker das aufdecken, gehen sie meist nicht zimperlich mit Theologen um; dabei pflegen Psychologen gelegentlich das Kind mit dem Bade auszuschütten.

### 4.2.5    Karl Heinz Brisch (2002)

*Bindung und seelische Entwicklungswege. Grundlagen, Prävention und klinische Praxis.*[32] Brisch ist Privatdozent, Facharzt für Kinder- und Jugendpsychiatrie und Psychotherapie. Sein Forschungsschwerpunkt umfasst den Bereich der frühkindlichen Entwicklung zu Fragestellungen der Entstehung von Bindungsprozessen und ihren Störungen sowie der Prävention der Auswirkungen von Fehlentwicklungen. Er publizierte zur Bindungsentwicklung von Risikokindern sowie zur klinischen Bindungsforschung und verfasste eine Monographie zur Anwendung der Bindungstheorie in der psychotherapeutischen Behandlung von Bindungsstörungen. Die Forschungsergebnisse umfassen auch pränatale und frühkindliche Beeinflussungen mit bleibenden genetischen Auswirkungen. Die Gewissensbildung wird dadurch beeinträchtigt.

Die Forschungsrichtung Bindungen und Bindungsstörungen hat seit den 60er Jahren zu fruchtbaren Ergebnissen geführt. Die Bindungstheorie verfügt mittlerweile über wertvolle Erkenntnisse aus Langzeituntersuchungen und langfristigen Projekten zur Vorbeugung seelischer Erkrankungen und über die Ursachen von Gewalttätigkeit, Kindesmissbrauch oder über Scheidungsfolgen. Psychotherapeuten aus ganz unterschiedlichen Richtungen, Psychologen, Psychoanalytiker und Mitarbeiter aus sozialen Berufsfeldern können die Erkenntnisse der Bindungsforschung in ihre jeweils eigene Theorie integrieren; sie können so vor allem in ihrer täglichen Arbeit davon profitieren.

Diese Erkenntnisse spielen in der pränatalen Gewissensbildung sowie in der Prägung in deren ersten zwei Lebensjahren eine wichtige Rolle und können deshalb nicht vernachlässigt werden. Es bleibt zu hoffen, dass die Soziologie und Pädagogik und natürlich die Theologie Erkenntnisse übernehmen und sie in ihren Strategien verwenden.

*Qv*.: Kap. 7:
Das kranke Gewissen

### 4.2.6    Matthias Richard (1998)

Bei Fachdiskussionen während Vorträgen und der nachfolgenden Korrespondenz wurden unterschiedliche Denkansätze der wissenschaftlichen Disziplinen deutlich. Mir waren diese Diskurse sehr wertvoll und halfen, ein Stückweit – in diesem Fall – die Psychotherapie besser zu verstehen. Aber gerade aus diesen Erfahrungen heraus blieb ich vorsichtig, Interpretationen anderer Fachgebiete selbst vorzunehmen. Als Beispiel für eine solche interdisziplinäre Diskussion fasse ich aus einem Brief solche Kriterien zusammen.[33]

---

[32] *Bindung und seelische Entwicklungswege.* Karl Heinz Brisch, Klaus E. Grossmann, Karin Grossmann, Lotte Köhler. Klett-Cotta, 2002. ISBN 3608943536, 9783608943535. 382 Seiten. Text Exzerpt aus dem Internet bei Brisch, www.buendnis-für-Kinder.de/Stiftung/experten/305_dr-med-karl-heinz-brisch/ (5.2.2009). Siehe auch: Ethan Watters, „Was den Menschen prägt. Epigenetik: Der Übercode" ww.geo.de/GEO/mensch /medizin/53101.html. (Januar 2009) Irmela Wiemann, „Zusammenleben mit seelisch verletzten Kindern" 24.4.2007. Inge Krens/Hans Krens (Hg.) *Risikofaktor Mutterleib. Zur Psychotherapie vorgeburtlicher Bindungsstörungen und Traumata.* Göttingen: Vandenhoeck & Ruprecht, 2006.

[33] SMD-Fachtagung in Bad Orb. Brief von Matthias Richard, 10.12.1998. Leider konnte ich den Absender nicht mehr ausfindig machen und hoffe auf dessen Verständnis, seine Gedanken nach 10 Jahren hier noch so zu verwenden. Sicher würde er manches heute anders formulieren. Für unsere Zwecke sind seine Ausführungen

Er geht dabei auf ein frühes Manuskript und auf ein vorläufiges Schaubild ein, das die religiöse Veränderung des Gewissens beschreibt, die in Kapitel 4 Paradigmenwechsel behandelt werden. Seine Ausführungen erscheinen hier eher fragmentär, sie beziehen sich jedoch direkt auf die in meinem Vortrag angesprochenen Kriterien. Richard kommentiert diese aus seiner fachlichen Sicht.

Die Begriffe *Unterbewusstsein, das Unbewusste, unbewusst* sind in der Psychologie durch Sigmund Freud bestimmt als „diejenigen Aspekte einer Person oder des Erlebens, die durch die verschiedenen Abwehrmechanismen im Bewusstsein nicht zugelassen (eben verdrängt) werden". In der Verwendung in dieser Arbeit ist dementsprechend ,*ohne im Fokus der Aufmerksamkeit zu stehen*' gemeint.

Beim „Uhr-Test" und bei den verinnerlichten Normen geht es nicht um die Abwehr von konflikthaftem Material, sondern um die Fokussierung der Aufmerksamkeit und Automatisierung der Wahrnehmung. Automatisierte Prozesse laufen ,unbewusst' ab (und werden auch so in der Literatur bezeichnet!). Dann ist mit ,unbewusst' lediglich ,*ohne im Fokus der Aufmerksamkeit zu stehen*' gemeint.

„An Vorgänge, denen man keine Aufmerksamkeit zuwendet, erinnert man sich schlechter bzw. mühsamer. Das ,Unbewusste' hat also zwei Bedeutungen, je nach dem, auf welchem Hintergrund der Begriff benutzt wird: (1) als der Ort, an den konflikthaftes Material hin umgeleitet wird, das also aus dem Bewusstsein ferngehalten werden muss, weil es bedrohlich ist. Oder (2) als Erfahrungen oder Schemata, die ohne Zuwendung von Aufmerksamkeit automatisiert ablaufen und durch Hinweisreize auch wieder automatisch abgerufen werden können, weil sie oft geübt oder erlebt wurden."

Mit ,Unbewusstem' ist eher Wahrnehmung gemeint, nicht der psychoanalytische Begriff. Der Sinn des Vergleiches mit der Uhr für das Gewissen bleibt damit erhalten: Die Uhr läuft automatisch ab und erfüllt ihre Funktion, während sich der Mensch nicht genau bewusst wird, wie genau und weshalb sein Gewissen funktioniert. Wir haben die Normen in der Kindheit gelernt; das hat lange gedauert und auch viel Wiederholung gebraucht, aber wir wissen nicht genau wie das geschehen ist. Einige Normen haben wir nicht so explizit – mit unserer vollen Aufmerksamkeit – gelernt (z.B. durch Belehrung und Strafen), sondern eher durch mehr non-verbale Signale (z.B. ängstliche Vermeidung des Themas ,Sexualität'); viele Normen lernten wir auch schon, bevor wir sprechen konnten. Das macht es uns heute noch schwieriger, diese Normen in Worte zu fassen oder zu verstehen.

Ebenso ist die Begrifflichkeit *Empfindungen* in der Psychologie erfasst, die *Emotionen* verschiedener Art beinhalten. Zurückgreifend auf Greenberg[34] werden „bei der Entstehung von Empfindungen Emotion und Kognition (,Herz und Kopf' oder ,Gefühl und Verstand') miteinander verzahnt." „Zuerst wird (durch einen Stressor oder Reiz) ein Alarm ausgelöst, der dann sofort automatisch bewertet wird, ob er gefährlich ist oder nicht und wenn ja, werden in einem zweiten Bewertungsverfahren Coping-Prozesse [Reaktionen von Flucht bis Angriff] in Gang gesetzt. Dieses Alarmauslösen ist das Auftreten von Primär-Empfindungen (Überraschung, Freude, Wut, Trauer, Angst und Ekel [noch keine Scham oder Schuld! kwm]), daraufhin wird der Alarm automatisch sofort auf seine Gefährlichkeit hin bewertet usw." Angst kann dabei ein Alarmzustand dafür sein, dass etwas nicht in Ordnung ist. Das ist eventuell eine Primär-Emotion, die vielleicht „durch den Verstoß gegen eine (eben etwas verborgen im Inneren liegende) Norm automatisch ausgelöst wurde."

---

immer noch hilfreich. Wörtlich übernommene Zitate sind in „..." gesetzt, andere Gedanken zusammengefasst.

[34] Daldrup L, Beutler L, Engle D, Greenberg LS. *Facilitating emotional change.* New York: Guilford Press, 1988. Er greift das Stress-Modell von A. Lazarus auf. Vergleiche: Greenberg, Leslie Samuel. Personenlexikon der Psychotherapie. Wien: Springer, 2005.

Das Schuld- oder Schamempfinden dagegen entsteht erst „durch die zweite Bewertung, wenn man darüber nachdenkt, was jetzt los ist." Standards werden bewertet und genauer eingeordnet. „Insofern muss Angst nicht unbedingt *nach* dem Schuld- oder Schamgefühl kommen, sondern schon davor – als noch diffuse Erregung, Anspannung oder Alarm. Nach der zweiten Bewertung kann die Angst konkretere Formen annehmen (z.B. ‚wenn das anderen mitkriegen bin ich untendurch') als Furcht vor Konsequenzen oder Strafen." Ein unruhiges Gewissen versetzt „die gesamte Person in einen Unruhezustand, der nach einer Auflösung verlangt."

Ob ein Mensch *Scham vor sich selbst* empfinden kann oder ob das „eher gleichbedeutend mit Schuldempfinden ist, weil man an seinen eigenen Normen gescheitert ist – ohne unbedingt jemand anderem etwas getan zu haben" (wie bei dem Beispiel Überfahren der leeren Kreuzung bei roter Ampel mitten in der Nacht). Vielleicht ist das auch die Enttäuschung, wenn man an seinen eigenen Normen scheitert.

Die Definition der *Autorität* als Gott, Regierung Eltern oder die Gemeindeleitung bedarf der Klärung, inwiefern sie über dem Gewissen stehen: Sind sie prägende Instanz oder stellen sie letztendlich Gesetzmäßigkeiten auf, an denen sich das Gewissen orientieren soll? Das hat mit Kraft und Hemmung (Autorität und Emanzipation) zu tun.

*Qv.*: Kap. 4:
Paradigmenwechsel im
Gewissen

Soweit die Gedanken von Matthias Richard. Die empirischen Anwendungsmöglichkeiten bei meinen Ausführungen können nur insoweit garantiert werden, wie sie im missiologischen Zusammenhang getestet werden konnten. Es liegen keine klinischen Tests zugrunde. Richards Gedanken unterstützen meine Ergebnisse, obwohl sie unabhängig voneinander und aus völlig verschiedenen Sichtweisen entstanden sind. Wie in anderen Punkten bleiben auch hier Fragen unbeantwortet und warten auf weitere Forschung.

### 4.2.7   Michael Winterhoff (2008/9)

Der Kinder- und Jugendpsychiater kommt nach 20 Jahren Erfahrung zu einem Ergebnis, bei dem er die Konsequenz vorwegnimmt: *Warum Kinder zu Tyrannen werden. Oder: Die Abschaffung der Kindheit.* In seinem zweiten Band gibt er die Antwort bzw. einen *Ausweg* für Eltern: *Warum Erziehung allein nicht reicht*, denn *Tyrannen müssen nicht sein.*[35] Bedürfnisse, die bei Eltern durch die Postmoderne entstanden sind, wird mit Harmonie mit den Kindern kompensiert und äußert sich in einem partnerschaftlichen Erziehungsstil. Kinder werden dabei als kleine Erwachsene behandelt, verharren in einer narzisstischen Kleinkindphase, bleiben also letztlich in ihrer Persönlichkeit unterentwickelt. Orientierung und Struktur sind für ein Abgegrenzt-Sein wichtig, wodurch Entscheidungs und Urteilsfähigkeit möglich werden – auf der Basis ihrer Erbanlagen. „Tyrannos" (griechisch) ist ursprünglich wertfrei und unterscheidet eigentlich legitime von illegitimer Macht und deren Anwendung oder Durchsetzung.

Ein Kind entwickelt sich also nicht automatisch zu einem sozialisierten Erwachsenen. Es muss dazu hierarchisch (Eltern und andere Autoritätspersonen anerkennend) erzogen werden. Dann kann es als Erwachsener wieder Kinder erziehen. Defizite der Erziehung liegen auch in den defitiären Situationen, in denen Kinder aufwachsen (Einschüchterung, Mangel an Zuwendung usw.). Die „natürlichen" Beziehungselemente wie Liebe, Vertrauen, Verantwortungsbewusstsein usw. bilden sich innerhalb der Strukturen, die einem Menschen Kulturfähigkeit verleihen. Winterhoff (Tergast und Schaefer) sprechen Eigenschaften an, deren Missachtung, Abwertung und fehlende Vermittlung zu einem unterentwickelten Gewissen führen, den Sozialisierungsprozess hindern und (nicht nur) Kinder

---

[35] *Warum Kinder zu Tyrannen werden. Oder: Die Abschaffung der Kindheit.* Unter Mitarbeit von Carsten Tergast. 2008 (Auflage 280.000) . *Tyrannen müssen nicht sein. Warum Erziehung nicht allein reicht – Auswege.* Gütersloher Verlagshaus, 2009. Siehe auch Rezension des Mediziners Olav Schaefer in *Pro*, 1/2009:24-5.

zu „Tyrannen" werden lassen. Diese Entwicklungen setzt also einen Kreislauf in Gang, besser eine Spirale, der bei konsequenter Fortführung die Gesellschaft in letzter Konsequenz auf eine Art „implodieren" lassen könnte – sie verliert die notwendigen Kräfte und Eigenschaften zur Gesellschaftsfähigkeit. Diese zunehmende Problematik bei Kindern und Jugendlichen (nach der Beobachtung nicht nur von Psychiatern) erreichte auch schon das junge Erwachsenenalter; vorsichtig im Zusammenhang mit den Buchtiteln ausgedrückt könnte man bei „Tyrannen" ein unterentwickeltes Gewissen vermuten.

## 4.3   Pädagogik

### 4.3.1   Christa Meves (1980)

Für die *Pädagogik* spricht die leider ihren Erkenntnissen entsprechend nicht genug gewürdigte Autorin Meves mit ihren vielen Schriften. Sie schreibt aus christlicher Perspektive wissenschaftlich fundiert und unbestechlich in ihren Aussagen. Was sie vor 30 Jahren[36] voraussagte, ist längst eingetroffen – und trotzdem (oder gerade deswegen?) wird sie weitgehend ignoriert. Die Generation, über die sie schrieb, ist heute Verantwortungsträger. Wir können das in den Zeitungen „beobachten".

### 4.3.2   Ron Kubsch (2007)

Ähnlich könnte es mit den Aussagen von Kubsch[37] werden, der *Die Postmoderne* kurz und bündig als *Abschied von der Eindeutigkeit* beschreibt. Es soll mir verziehen sein, wenn ich ihn bei Pädagogik einordne: Der Zusammenhang des Einzelnen mit der Gesellschaft und die direkte Auswirkung auf Werte und Verhalten ist eindeutig.

### 4.3.3   Reinhold Ruthe (2007)

Er sieht – neben vielen anderen Themen – die *Konsequenz in der Erziehung*[38] als Voraussetzung für gelingende Verhaltensmuster. Völlig gegen den Trend der Postmoderne, die ihrerseits jedoch schon beginnt, nach klaren Vorbildern und Werten zu fragen, und die offen ist für eindeutige Lebensweisen.

### 4.3.4   Bernhard Bueb (2008)

Er wagt, ein heißes Eisen anzupacken – gegen allen Trend: *Lob der Disziplin*, bewusst als *Streitschrift*[39] entworfen. Seine provokanten Thesen haben sich in der Praxis bewährt. Offensichtlich ist die ältere Generation der jüngeren etwas schuldig geblieben!

### 4.3.5   Helmut Kentler (1979)

Er steht als Beispiel für den Trend in der Säkularpädagogik[40] von vor 30 Jahren, der verantwortlich ist für den zunehmenden Abbau von sexuellen Schranken. Damit wurden auch Werte in Frage gestellt, die Moral und Verhaltensmuster betreffen. Treue, Wahrheit und Zuverlässigkeit hatten letztlich auch die Entwicklung der Wirtschaft ermöglicht, wenn sich die Verantwortlichen auch ihrer sozialen Verantwortung bewusst waren. Die antiautoritäre Erziehung hat eine Führungselite hervorgebracht, unter der Korruption und

---

[36] *Der Weg zum sinnverfüllten Leben. Orientierung und Hilfen.* Freiburg: Herder, 1980.

[37] Ron Kubsch. *Die Postmoderne. Abschied von der Eindeutigkeit.* Neuhausen-Stuttgart: Hänssler, 2007.

[38] *Konsequenz in der Erziehung.* Südtirol/Meran: ERF, 2007.

[39] *Lob der Disziplin. Eine Streitschrift.* 3.Aufl. Berlin: Ullstein, 2008.

[40] „Das tut man (nicht)!" Spielen und lernen 8/1979: 72-75.

andere Skandale keine Grenzen finden, die keine Autorität über sich erkennt, nicht einmal den Staat. Sie ist sich selbst Gesetz. Der Steuerzahler ist ihr ausgeliefert, denn er muss die Zeche der sog. Wirtschaftskrise bezahlen, die auch durch den Verlust solcher Werte- und Verhaltensmuster ausgelöst wurde. Erstaunt ist man, mit welcher Arroganz einige Chefs für ihr Verhalten argumentierten. Die Werte für ein funktionierendes Sozialgewissen sind nicht erkennbar. Die Auswirkungen dieser Verluste sind auch in der schwachen sozialen Kohäsion unserer Gesellschaft ersichtlich.

### 4.3.6    Neil Postman (1995)

*Keine Götter mehr. Das Ende der Erziehung.*[41] Die Erziehung der Kinder kommt an ihr Ende, wenn sie keine übergreifenden Ziele mehr hat. Erziehung verkommt zu einer bloßen Technik, wenn ihr der übergeordnete Sinn fehlt. Postman schlägt Wege zu einer neuen, an Werten orientierten Pädagogik vor. „Wenn die Schule einen Sinn haben soll, müssen die Schüler, ihre Eltern und ihre Lehrer einen Gott haben, dem sie dienen können, oder, besser noch, mehrere Götter."

*Qv.*: Kap. 2:
Bsp.5 unter 2.4.6.1

## 4.4    Soziologie

Die *Soziologie* liefert wertvolle Erkenntnisse darüber, wie die Umwelt das Individuum prägt und dann von ihm interpretiert wird. Bei diesem mutuellen Wertungsvorgang löst sich der Mensch von eigenen Vorstellungen und Verständnissen und nimmt die der Umwelt in seine Erkenntnis- und Verhaltensmuster auf. Das geschieht oft relativ rasch – innerhalb von wenigen Jahren und wirkt sich auch bald auf die Pädagogik aus. Wenn diese Sicht von sich selbst und von seinem sozialen Umfeld auf den heimatlichen Hintergrund beschränkt bleibt, pflegt der Mensch diese vorbehaltlos auf andere Menschen und Kulturen anzuwenden. Die Ethnologie nennt das Ethnozentrismus.

Im Zeitalter der Globalisierung und der Postmoderne erkennen Menschen zwar die Andersartigkeit von Kulturen, Religionen und Gesellschaften. Sie entwickeln und fordern sogar eine gelebte Toleranz, werden aber dabei unsicher in ihrer Lebensgestaltung und fallen umso mehr auf gewohnte Muster zurück oder fragen nach überzeugenden Vorbildern.

### 4.4.1    Helen Merrell Lynd (1958)

*On shame and the search for identity.*[42] Bestimmte tiefgreifende Erfahrungen, die mit der Frage nach Identität zu tun haben, werden in aktuellen psychologischen und sozialwissenschaftlichen Kategorien analysiert. Eine davon ist Scham: Sie ist isolierend, befremdend, unkommunizierbar und stellt die Identität des Menschen in Frage. Wer sich der Analyse stellt, gewinnt ein tieferes Verständnis von sich selbst, von seinem Verhältnis zu anderen Menschen, sowie zur Gesellschaft.

Für Lynd bedeutet Scham ein Einbruch der Identität. Die Überwindung der Scham sieht sie als Herstellung der Identität. Sie stellt die beiden Begriffe eindrucksvoll als Achsen gegenüber. Diese Gegenüberstellung ist eine frühe Diskussion der Kritieren, die auch in der Ethnologie etwa zur selben Zeit geführt wurde.

---

[41] Berlin: Berlin Verlag, 1995. (Original *The End of Education.* New York: Alfred A Knopf Inc., 1995.) Zitat Seite16. Beschreibung nach Klappentext. Siehe auch seine bekannten Titel *Das Verschwinden der Kindheit* und *Wir amüsieren uns zu Tode.*

[42] Harvest Book. New York: Hartcourt, Brace & World, Inc. 1958.

#### 4.4.1.1    Identitätsansätze Schuldachse und Schamachse[43]

**Tabelle 1:          Schuld- und Schamachse nach Helen Merell Lynd**

| Schuldachse | Schamachse |
|---|---|
| Konzentriert sich auf einen separaten Vorgang | Konzentriert sich auf das ganzheitliche Selbst |
| Dreht sich um die Übertretung eines spezifischer Norm | Dreht sich um zu-kurz-kommen, das Ideal verpassen |
| Ein Vorgang, in dem falsche Taten ausgelöscht und mit richtigen ersetzt werden. | Benötigt eine ganzheitliche Reaktion, die Einsicht verlangt |
| Beinhaltet Konkurrenz und Kontrolle nach einem (gemeinsamen) Maßstab | Beinhaltet Reaktion im Verständnis eines (alles) durchdringenden, qualitativen Anspruchs an sich selbst |
| Ein bestimmtes öffentliches Verhalten | Ein momentanes Preisgeben seiner selbst |
| Das Gefühl, etwas bestimmtes falsch zu machen | Das Gefühl, die falsche Person zu lieben |
| Vertrauen, das auf keiner Täuschung beruht | Vertrauen, das langsam die Angst vor Bloßstellung verdrängt |
| Betonung auf Entscheidungen | Fähigkeit, mit vielen Möglichkeiten zu leben |
| Schuldgefühl gegenüber jemand, der mich angeprangert hat | Schamgefühl gegenüber jemand, dessen Vertrauen man nicht gerecht wurde. |
| Betonung auf Inhalte der Erfahrung | Betonung auf Qualität der Erfahrung |
| Überwindung der Schuld führt zu Gerechtigkeit | Überschreitung der Scham kann zum Gefühl der Identität und der Freiheit führen |

### 4.4.2   Carl D. Schneider (1977)

Im soziologischen Umfeld ist auch Schneiders Kombination von Scham, Bloßstellung und privater Sphäre unterzubringen.[44] Liebe, Sex, Tod, das Heilige und Schamlosigkeit sind seine Themen. Scham ist die tiefe Auseinandersetzung, in der wir uns gegenseitig befinden. Das Gewissen wird nicht als integrierendes Element erkannt.

### 4.4.3   Ole Hallesby (1977)

Er reflektiert die traditionelle christliche Standardansicht von „Gewissen". Er bleibt dabei oberflächlich-theologisch im rein westlichen Verständnis.[45] Hallesby sieht Schuld und Sünde nur in biblischen Zusammenhängen. Es ist eine ethnozentrische Studie, die keine interkulturelle Anwendung zulässt.

---

[43] „Guilt-axis and shame-axis apporaches to identity." In *On shame and the search for identity*. Helen Merrell Lynd, 1958. Übers.: kwm.

[44] Schneider, Carl D.: *Shame, Exposure and Privacy.* Beacon Press, Boston 1977, S.180.

[45] *Vom Gewissen*. Wuppertal: R.Brockhaus, 1977.

### 4.4.4    Jerry White (1978)

*Honesty, Morality, and Conscience.*[46] Er unterscheidet vom christlichen Standpunkt aus Ehrlichkeit, Moral und Gewissen von dem der Nichtchristen. Als Resultat sieht er die Notwendigkeit für und erwartet Bereitschaft zu einer Veränderung durch Bekehrung.

### 4.4.5    Franz Renggli (1979)

Renggli geht soziokulturellen Folgen der Mutter-Kind-Beziehung im Kontext verschiedener Kulturen bei Menschen – und bei Affen – im ersten Lebensjahr nach.[47] Die Prägung des Gewissens, von dem auch hier nur indirekt die Rede ist, setzt schon vor der Geburt ein und ist in Grundzügen in den ersten Lebensjahren abgeschlossen. Diese interdisziplinäre Studie über *Angst und Geborgenheit* ist ein Beispiel dafür, dass eine Fachrichtung allein mit dem Thema nicht zu Rande kommt. Der Autor geht ohne weitere Infragestellung vom evolutionistischen Weltbild als einzig wissenschaftlich akzeptabler Perspektive aus, in der Vorgänge im Menschen erforscht werden können.

### 4.4.6    Mary Douglas (1982)

In *Essays in the Sociology of Perception*[48] zeigt Douglas durch eine Sammlung von Aufsätzen verschiedener Disziplinen soziologische Zusammenhänge. Ein Ergebnis ist, dass Erkenntnisse im Kontext der Gesellschaft zustande kommen. Der Mensch braucht andere, um sozial lernen zu können. Michael Thompson zeigt z.B. dabei in einem dreidimensionalen Raster die Unterschiede zwischen einem Individualisten und einem Kollektivisten in der Manipulation und im eigenständigen Denken.

### 4.4.7    Truddi Chase (1988)

Chase ist nicht nur ein Opfer ihres Stiefvaters, sondern auch ihrer Gesellschaft. Diese schweigt, auch wenn sie betroffen ist: Einmal, weil sie nicht mehr reden kann, zum anderen, weil sie die Hoffnung aufgegeben hat, dass sich da noch etwas ändert. Die Autorität, die wichtige menschliche Werte durch sinnvolle Normen schützt, wird nicht anerkannt. Dann brechen soziale Strukturen in sich zusammen. Auch andere Religionen und Kulturen sind nicht so „heil", wie viele sich das wünschen.[49] Der *Aufschrei*[50] von Truddi Chase ist der Bericht einer sozialen Analyse: Wenn sich Werte und Normen einer Gesellschaft auflösen, sind einzelne Menschen meist stumme Opfer.

### 4.4.8    Rolf Kühn / Michael Raub / Michael Titze (1997)

*Scham – ein menschliches Gefühl. Kulturelle, psychologische und philosophische Perspektiven.*[51] Hier melden sich viele Autoren zu Wort, die Scham und auch Schuld, Angst und Normen im Zusammenhang mit Recht, Religion, Philosophie, Gesellschaft stellen. Ebenso werden Trieb und Wert in Bezug auf Medien behandelt. Blankenburg sieht z.B. Scham als image-bezogen, Schuld als wert-bezogen. Die Autoren kennen die hier behandelte anthropologische Literatur und bewegen sich in einem weiten wissenschaftlichen Feld. Eine gemeinsame Struktur der vorgestellten Erkenntnisse wird nicht angeboten.

---

[46] White, Jerry: *Honesty, Morality and Conscience.* Navpress, Colorado 1978, S.240.

[47] Renggli, Franz: *Angst und Geborgenheit. Soziokulturelle Folgen der Mutter-Kind-Beziehung im ersten Lebensjahr. Ergebnisse aus Verhaltensforschung, Psychoanalyse und Ethnologie.* Rowohlt Verlag, Reinbek bei Hamburg, 1979³, S.284.

[48] Douglas, Mary (Ed.): *Essays in the Sociology of Perception.* Routledge & Kegan Paul, London 1982, S.340.

[49] Edgerton, Robert, *Sick Societies: Challenging the Myth of Primitive Harmony.* New York: Free Press, 1992.

[50] Bergisch Gladbach: Gustav Lübbe, 1988.

[51] Opladen: Westdeutscher Verlag, 1997.

## 4.4.9    Internationale Vereinigung zur Verteidigung und Förderung der Religionsfreiheit (1982)

*Gewissen und Freiheit.*[52] Der neu erwachte Toleranzgedanke in den letzten Jahrzehnten des vergangenen Jahrhunderts ist eine Parallele zur Frage nach Gewissensfreiheit in der Reformationszeit. Der Unterschied: Jetzt sollen alle nach ihrer Facon selig werden können – alle Religionen erhalten ihre Wertstellung durch die Gewährung der Gewissensfreiheit ihren Anhängern gegenüber. Das Grundgesetz der BRD von 23.5.1949 (Art.4, Abs.1 u. 3) gesteht jedem Bürger die Unverletzlichkeit seines Gewissens zu. Das Wehrpflichtgesetz (8.12.1972, §26) legt fest, dass bei der entsprechenden Prüfung die gesamte Persönlichkeit und ihr sittliches Verhalten zu berücksichtigen sei. Das ist in der Praxis Reichweite, Inhalt und Motiv des Gewissens. Der Mensch besteht aus Geist, der sich in selbstverantwortlicher Freiheit äußert; darin ist die Würde des Menschen begründet. Vernunft kann sich z.B. für oder gegen den Dienst mit der Waffe entscheiden. Die Grenze der Entscheidungsfreiheit des Gewissens ist erreicht, wenn diese verantwortliche Freiheit durch andere in Frage gestellt, bedroht oder nicht zugestanden wird. Das wird relevant, wenn keine gemeinsame Autorität vorhanden oder akzeptiert ist. Diese Frage ist Inhalt der Diskussion in Europa im Zusammenhang mit Religionen und absolutistischen bzw. gewalttäigen politischen Sekten.

## 4.4.10  Ruth Bang (1967)

*Autorität, Gewissensbildung, Toleranz.*[53] Der sogenannte erste Artikel des Glaubensbekenntnisses des Sozialarbeiters war nach Linton B Swift: „Ich respektiere die Würde der individuellen Persönlichkeit des Menschen als der Basis aller sozialen Beziehungen." Die Persönlichkeit, die anderen helfen möchte, muss sich unter Berücksichtigung der Autorität, Gewissensbildung und Toleranz entwickeln. Wertvorstellungen entstehen über den Vorgang der Identifizierung. Nach Sigmund Freud gibt die Natur den seelisch-geistig gesund geborenen Menschen die Anlage mit, ein Gewissen (Wertvorstellungen) in sich zur Entfaltung zu bringen, sie „liefert" aber nicht ein fertiges Gewissen. Das Gewissen als Gottes Stimme wird dann bedenklich, wenn die Menschen es besser wissen wollen als der „liebe Gott". Wenn sie den ganzen Fragenkomplex auf einen zu einfachen Nenner bringen, simulieren sie, dass jeder Mensch die gleichen Wertvorstellungen hätte und sein Verhalten danach ausrichten könne.

## 4.4.11  Lutz von Padberg (1984)

*Freiheit und Autorität*[54] sind untrennbar, denn letztlich gibt es keine Freiheit ohne Autorität. Gerade die viel bemühte „Glaubensfreiheit" oder (nach Luther) die *Freiheit eines Christenmenschen* zeichnet sich durch die freiwillige Unterordnung unter eine Autorität aus. Je mehr Menschen die gleiche Autorität anerkennen und diese das Zusammenleben mit einem Minimum an Normen regelt, umso „größer" ist die Freiheit. Sie gelingt an den Grenzbereichen nur durch Kommunikation und Berufung auf die gleiche Autorität unter Einigung auf gemeinsame Normen.

---

[52] Die Vereinigung ist von den Vereinten Nationen mit beratendem Status anerkannt. *Gewissen und Freiheit* ist das offizielle Organ der Vereinigung. Ausgabe 2. Halbjahr 1982, Nr. 19. Exzerpt S.12-15.

[53] *Drei Grundprobleme der Einzelfallhilfe. Ein Beitrag zum Selbstverständnis der Helferpersönlichkeit.* München/ Basel: Ernst Reinhardt, 1967. Exzerpte S.7, 45-47. Linton B. Swift war 1925-1946 General Director, Family Service Association of America. Ruth Bang beschließt ihr Buch mit diesem Zitat: „es dürfte wahrscheinlich doch die Zeit kommen, da sich die Weltanschauungen ausweisen müssen, ob sie echte Ermöglichungen der Toleranz sind. Wenn sie sich in der Bewältigung dieser Aufgabe als unfähig erweisen, dürfte ihre Lebensberechtigung schwinden. So führt die Erörterung über die Toleranz, wenn man sie tief genug ansetzt, zu Ergebnissen, die keiner Religion oder Philosophie gleichgültig sein können." Andrea Iten, „Toleranz als ethische Haltung". *Orientierung, Kathol. Blätter für weltanschauliche Information*, Nr.18/1965, Zürich.

[54] Lutz von Padberg, *Freiheit und Autorität*. Wuppertal: Ev. Schriftenmission, 1984. (Ausführungen sind nicht Zitate oder Exzerpte.) Siehe auch Martin Luther, *Von der Freiheit eines Christenmenschen. Fünf Schriften aus den Anfängen der Reformation*. Band 2. Neuhausen/Stuttg.: Hänssler, 1996.

### 4.4.12  Micha Hilgers (1996)

Mit *Scham. Gesichter eines Affekts* entwirft Hilgers die Dynamik von Schamreaktionen und Schamkonflikten in Alltagssituationen wie auch bei psychischen Störungen in stationären und ambulanten Behandlungen. Gesunde Schamgefühle werden gewürdigt, Scham in bestimmten Lebenssituationen, im Alter und bei körperlichen Erkrankungen. Zahlreiche Fallbeispiele und behandlungstechnische Hinweise illustrieren die Bedeutung von Schamkonflikten. Ausführlich behandelt Hilgers Scham im Zusammenhang mit der Gewalt in den Familien, bei psychisch kranken Straftätern, bei rechtsextremistischen Jugendlichen und die Rolle von Scham und Schamlosigkeit in den modernen Medien.[55] Hilgers setzt sich nicht mit dem Zusammenhang von Scham im Gewissen auseinander. Sein Schwerpunkt ist das Krankheitsbild.

### 4.4.13  Stephan Marks (2007)

*Scham, die tabuisierte Emotion.*[56] Scham ist eine Emotion, die jeder kennt und die Menschen im Innersten verletzt und bedroht. Aus diesem Grund sprechen wir so selten über sie. Dabei hat Scham viele Gesichter: Selbst so extreme Taten wie sogenannte „Ehrenmorde" und Selbstmordattentate beruhen auf den Mechanismen von Scham und Schamabwehr. Der Sozialwissenschaftler Stephan Marks beschreibt, wie Scham entsteht, welche Auswirkungen sie hat und wie wir konstruktiv mit dieser tabuisierten Emotion umgehen können. Marks weckt das Bewusstsein für das Schamempfinden und ordnet es als soziales Verhaltensmuster in die Gesellschaft ein. Der Zusammenhang mit Gewissen ist untergeordnet vorhanden. Marks steht im Gegensatz zu Kentler und gibt wertvolle Hinweise für das Verstehen von Scham, ihre Einbettung in das soziale Leben. Er zieht den Kreis recht weit, tangiert aber das Gewissen nur gelegentlich.

## 4.5    Religionen

In der *Religionswissenschaft* wird noch seltener direkt vom Gewissen gesprochen, obwohl der Zusammenhang damit meist zu erkennen ist: Bei der jeweiligen Rechtfertigungslehre, bei Entlastungsmechanismen nach Normübertretungen Gottheiten gegenüber oder bei Schutzmechanismen gegen unakzeptables Verhalten. Tatsächlich spielt die Religion eine größere Rolle beim Gewissen als allgemein erkannt wird. Die Kopfjagd z.B. trägt animistische Züge, durch die ein Volk unter einem Gewissenszwang stand. Dass dadurch ganze Gruppen aussterben konnten, ist nur für westliches Denken eine logische Folgerung. Auch wenn eine Ethnie durch Kopfjagd tatsächlich dezimiert wurde, hinderte das die Leute nicht, ihrem Gewissen Folge zu leisten. Auch für die Religion war das kein Grund, die Maßstäbe für das Gewissen zu ändern. Ein Paradigmenwechsel, der das ganze Denken und Leben der Menschen z.B. in Papua Neuguinea erfasste, brachte erst eine überzeugende Wende. Christian Keyßer erkannte als Missionar und Wissenschaftler diese Zusammenhänge und führt von daher auch einen Beweis der Notwendigkeit der Mission für die Erhaltung von ganzen Volksgruppen.[57]

---

[55] Klappentext. Göttingen/Zürich: Vandenhoeck & Ruprecht,1996. 10 Seiten Bibliografie.

[56] Düsseldorf: Patmos, 2007. 24 Seiten Bibliografie, die Titel bewegen sich im Bereich der Soziologie, nur 1 Titel mit Gewissen (Spiegel-Artikel). Klappentext.

[57] Keyßer, Christian: *Anutu im Papualande.* Glocken-Verlag, Nürnberg 1926, 149 S. Ders.: *Eine Papuagemeinde.* Bärenreiter-Verlag, Kassel 1929, 249 S. Warneck, Johannes: *Die Lebenskräfte des Evangeliums. Missionserfahrungen innerhalb des animistischen Heidentums.* Verlag Martin Warneck, Berlin 1913, 354 S. (Unveränderte Neuauflage im Verlag der Liebenzeller Mission, Bad Liebenzell 1986). Diese älteren Beschreibungen des Animismus erhalten eine eindeutige Korrektur durch Lothar Käser: *Animismus. Einführung in seine begrifflichen Grundlagen.* Bad Liebenzell/Neuendettelsau: VLM/Erlanger Verlag für Mission und Ökumene, 2004.

Die **Bhagavad-Gita**[58] und der **Koran**[59] sind neben der Bibel die wichtigsten religiösen Grundlagen der Schriftreligionen; sie unterscheiden sich von den schriftlosen Religionen und Kulturen durch ihre geringere Flexibilität und durch die anhaltende Auseinandersetzung mit der Interpretation ihrer Schriften. Schriftlose Religionen werden von den jeweiligen religiösen Fachpersonen interpretiert, weisen jedoch auch eine erstaunliche Kontinuität auf.

Der Anspruch der Religionen und in wie weit sie sich durch ihre Auseinandersetzung einander genähert haben, in ihrer Praktiken überschneiden oder sich widersprechen bzw. gegenseitig aufheben, wird von **Yamamori und Taber** (Eds.)[60] auf den Hintergründen von Geschichte, Anthropologie, Theologie und Strategie dikutiert. Auch die Ausübung des Christentums, z.B. auf den Salomoninseln,[61] geschah in der anhaltenden Spannung zwischen religiösen (hier: animistischen) Vorstellungen und kulturellen Verständnissen verschiedener Ethnien. Erst der Absolutheitsanspruch macht eine Religion zur Religion. Auch nicht- oder antireligiöse Weltanschauungen nehmen religiöse Züge an, wenn sie den Anspruch erheben, dass andere Überzeugungen sich ihnen beugen sollen.

## 4.5.1   Ayse Önal (2008)

Wenn „Insider" einer Kultur und Religion die Auswirkungen untersuchen, die schon für Außenstehende äußerst schwierig zu verstehen sind, können den Ergebnissen nicht vorgeprägte Meinungen untergeschoben werden. Önal[62] ist zwar nicht Religionswissenschaftlerin, aber sie lässt eine Religion aus dem Inneren heraus, aus Motivationen und Empfindungen derer sprechen, die sich damit identifizieren. Wie grausam eine Religion und ihr Gott gegen die eigenen Anhänger sein können, wenn religiöse Werte höher eingestuft werden als die Würde und das Leben des Menschen, legt Önal unverblümt anklagend und fragend offen. Dabei erscheinen Opfer wie Täter gleichermaßen als Leidtragende.

## 4.5.2   Christoph Reuter (2003)

Reuter[63] weist durch seine professionellen Recherchen nach, dass Religion immer in sozialen und kulturellen Zusammenhängen gelebt wird. Diese Spannungen haben in der Geschichte markante Spuren hinterlassen; sie zeigen sich in hartnäckigen Philosophien, die sich über Jahrhunderte hinweg erhalten können. Wenn dabei der Wert des Lebens gegen den des Ziels aufgerechnet wird, das die Religion vorgibt, verliert das Leben. Der Freitod ist nicht nur Männersache, dessen Lohn umso höher ist, je mehr das religiöse Ziel dadurch gefördert wird; auch Frauen und Kinder drängen danach. Nicht nur Ungläubige, sondern auch Andersgläubige sind die Feinde derselben Grundphilosophie; deshalb wird sie unberechenbar. Sie bewegt sich im Grenzbereich der Religionsphänomenologie und ist unbegreifbar für humane Denkstrukturen. Reuter bringt Transparenz in diesen religiösen Nebel. Ohne dies zu erwähnen, spricht er Gewissensstrukturen an, die von religiösen Autoritäten, Werten und Normen bestimmt sind; sie erscheinen von außen zwanghaft, von innen jedoch motivierend und logisch konsequent.

---

[58] A.C. Bhaktivedanta Swami Prabhupada, *Bhagavad-Gita wie sie ist.* Vollständige Ausgabe. Vaduz: Bhaktivedanta Book Trust reg., 1981.

[59] *Der Koran.* Aus dem Arabischen übertragen von Max Henning. Einleitung und Anmerkungen von Annemarie Schimmel. Stuttgart: Reclam, 1980.

[60] *Christopaganism or Indigenous Christianity?* Pasadena: WCL, 1975.

[61] Alan R. Tippett, *Solomon Islands Christianity. A Study in Growth and Obstruction.* Pasadena: WCL, 1967.

[62] *Warum tötet ihr? Wenn Männer für die Ehre morden.* München, Droemer, 2008. Original: *Honour killing. Stories of men who killed.* London: Saqi Books.

[63] *Selbstmordattentäter. Warum Menschen zu lebenden Bomben werden.* München: Goldmann, 2003.

### 4.5.3 William A. Lessa, Evon Z. Vogt (1972)

*Reader in Comparative Religion. An Anthropological Approach.*[64] Westliches Denken abstrahiert aus den Religionen, was für sie Theologie bedeutet. „In Zeiten, da die [religiöse] Legitimierung von Kriegen an Bedeutung gewinnt, ist die Verhältnisbestimmung des Christentums zu den nichtchristlichen Religionen eine besondere Herausforderung." Wohlleben[65] geht dabei von der Prämisse aus, „dass in der Konzentration auf die gesamtchristliche Identität die Möglichkeit zu einer größtmöglichen Öffnung gegenüber den nichtchristlichen Religionen besteht" und der Dreieinige Gott eine gemeinsame Grundlage für Religion im weiten Sinne bilden kann. Lessa/Vogt präsentieren eine interkulturelle Gesetzestheorie, die darin einzigartig ist, dass sie für alle Kulturen anwendbar sein soll. Sie greifen 100 Jahre Geschichte der Vergleichenden Religionswissenschaft aus anthropologischer Perspektive auf und zeigen die Relevanz von Religion für die Kultur der Menschen. Wir würden vorsichtig schlussfolgern: Religion und Kultur haben schon immer das Gewissen gesteuert und damit das Sozialverhalten bestimmt.

### 4.5.4 Horst Bürkle (1996)

*Der Mensch auf der Suche nach Gott – die Frage der Religionen.*[66] Die Theologie diskutiert vorrangig Religionen und Kulturen, so auch nach dem Zweiten Vatikanischen Konzil in der katholischen Kirche. Das Verhältnis zu den nichtchristlichen Religionen wird im Blick auf die Einheit der Menschheit neu beleuchtet. Als Gegensatz zu pluralistischen Religionstheorien wird im Kontext der katholischen Glaubenslehre eine Theologie der Religionen entworfen: „Die Begegnung der Religionen bleibt darum trotz des immer noch aktuellen Lessingschen Modells weiterhin auf den Grund der Wahrheit in Gott selbst verwiesen." – Damit ist es dem Gewissen des Menschen überlassen, religiös orientierte Entscheidungen zu treffen; dieses erhält aber auch aus der jeweils zugänglichen religiösen Quelle starke Impulse. Es erscheint deshalb fair, wenn dem Gewissen Möglichkeiten zum Vergleich angeboten werden.

### 4.5.5 Ekkehard Wohlleben (2004)

*Die Kirchen und die Religionen. Perspektiven einer ökumenischen Religionstheologie.*[67] „Die katholische Kirche lehnt nichts von alledem ab, was in diesen Religionen wahr und heilig ist. Mit aufrichtigem Ernst betrachtet sie jene Handlungs- und Lebensweisen, jene Vorschriften und Lehren, die zwar in manchem von dem abweichen, was sie selber für wahr hält und lehrt, doch nicht selten einen Strahl jener Wahrheit erkennen lassen, die alle Menschen erleuchtet ..." – „Die mit hierarchischen Organen ausgestattete Gesellschaft und der geheimnisvolle Leib Christi, die sichtbare Versammlung und die geistliche Gemeinschaft, die irdische Kirche und die mit himmlischen Gaben beschenkte Kirche sind nicht als zwei verschiedene Größen zu betrachten, sondern bilden eine einzige komplexe Wirklichkeit, die aus menschlichem und göttlichem Element zusammenwächst." – Der Versuch der ökumenischen Zusammenschau der Religionen enthält jeweils meist nur

---

[64] New York: Harper & Row, 1972.

[65] Göttingen: Vandenhoek & Ruprecht, 2004. Zitat aus Klappentext und Einführung.

[66] Lehrbücher zur katholischen Theologie, Band III. Paderborn: Bonifatius, 1996. Auszug von Rückseite, Zitat Seite 63. S.67: „Dieses ‚Objektiv-Absolute' liegt nach christlichem Verständnis in der offenbarten Wahrheit selber... In ihr finden alle Kulturen ihre bleibende Heimat. Durch sie werden sie aber auch von dem Erwartungsdruck befreit, selber bereits das Endgültige für die Menschheit Gültige verwirklichen zu müssen. Frieden zwischen den Völkern und Kulturen ist die Frucht dieser ‚Befreiung'. Nicht in den ethnisch-kulturellen Besonderheiten liegt die Erfüllung der Hoffnungen auf eine versöhnte Menschheit. Sie zehren alle von jenem Salz des ‚Neuen Seins' in Christus, das die Kulturen und Religionen nicht zementiert, sondern sie mit den ihnen eigenen Werten in die neue und universale Gemeinschaft transformiert."

[67] *Die Kirchen und die Religionen: Perspektiven einer ökumenischen Religionstheologie.* Vandenhoeck & Ruprecht, 2004. 457 Seiten. Zitate S.81 und 74.

religiöse Fragmente, aufgrund derer Einheit und Gleichwertung möglich sein könnten. Bei dieser „Wahrheit" verliert jede Religion gerade das, was sie zur Religion macht: ihren Absolutheitsanspruch, und damit ihre Autorität. Damit verliert sie aber auch ihren Einfluss auf das Gewissen des Menschen. Eine Weltreligion als Basis für eine Welteinheit und den Weltfrieden ist nicht religiös logisch.

# 4.6    Theologie

Die *Theologie* entlehnt weitgehend Erkenntnisse aus Hilfswissenschaften, die sie mit biblischen Aussagen verbindet und dann als christliche Ethik anbietet. Nach der verwendeten Quelle fallen die Ergebnisse jeweils in allen Schattierungen aus.[68] Theologen tendieren wie andere Disziplinen dazu, ihre Erkenntnis als maßgebend und allgemeingültig anzunehmen.

## 4.6.1    C. A. Pierce (1958)

*Conscience in the New Testament.*[69] Das Werk untersucht den Begriff Gewissen im *Neuen Testament*. Paulus übernahm das Wort aus dem hellenistischen Sprachgebrauch, in dem es durchaus im Zusammenhang mit Scham und Schuld gesehen wurde, und gab ihm im christlichen Kontext einen christologischen Inhalt. Der Begriff beschreibt die Gottesbeziehung des Christen. Alle Texte, die mit *syneidesis* als Wurzel oder Bedeutung im Neuen Testament zu tun haben, wurden samt einschlägiger Literatur von Pierce analysiert. Das Werk galt lange Zeit als Standard. Für die Textstudie greift er auf Papyri zurück. Er erstellt eine Liste für den Gebrauch des Begriffs der Wortfamilie und des Ausdrucks, die wir hier zugänglich machen wollen, vor allem im Blick auf die Diskussion in Kapitel 6.

### 4.6.1.1 Vorkommen und Analyse von Gewissen im Neuen Testament

Pierce verwendet Abkürzungen im Text und in der Tabelle, die die verschiedenen Verwendungen der *syneidesis*-Familie in ihren Begriffen und Ausdrucksweisen bestimmen und definiert sie folgendermaßen:

M: *syneidesis* verwendet im Kontext mit der MORALischen Qualität der Tat bzw. ihres Subjekts/ des Täters.

MB: Verwendung wie M, die Taten bzw. das Subjekt/der Täter sind bekannt als SCHLECHT.

MBNorm: Verwendung wie MB, die schlechte Tat oder das Verwerfliche des menschlichen Subjekts/ Täters wird zum Ausdruck gebracht: Die NORMALE Verwendung.

MB*Neg:* Verwendung wie MB, aber das Bewusstsein des Subjekts/ Täters bzgl. des Schlechten ist mit NEGATIVem Vorzeichen gebraucht.

MBA: Verwendung wie MB, aber *syneidesis* ist als ABSOLUT verwendet, das Verwerfliche ist als selbstverständlich verstanden bei der als impliziert bei der Verwendung von syneidesis, usw.

MPG: Verwendung wie M, aber die Tat bzw. das Subjekt/der Täter sind mit positivem Vorzeichen verstanden als GUT.

---

[68] Siehe Beiträge der Theologen in: Evangelisches Kirchenamt für die Bundeswehr (Hrsg.): *Gewissen im Dialog.* Gütersloher Verlagshaus Gerd Mohn, Gütersloh 1980, 98 S. Siehe auch: Thielicke, Helmut: *Theological Ethics*, Vol. 1-3, transl. by J. W. Doberstein, Eerdmans Publishing Co., Grand Rapids, Michigan, 1981². Dieses Werk wurde hier nicht verarbeitet. Nur im dritten Teil erscheint Scham im Index, wobei Scham als ein Hinweis auf Geschlechtlichkeit verstanden wird (S.76). In der Auseinandersetzung zwischen Brunner und Barth erscheint der griechische Begriff *elengchein*, ein guter Ansatzpunkt in der Theologie, der hier später aufgegriffen, aber nicht im Zusammenhang mit diesen Theologen diskutiert wird.

[69] Pierce, C. A.: *Conscience in the New Testament.* Studies in Biblical Theology No.15. London: SCM Press, 1955/1958: 151 S. Seite 12 und 62 als angefügte Tabelle, Übersetzung kwm.

PTI: Die Verwendung von *syneidesis* als technischer Ausdruck für professionelle Philosophen, verstanden als indifferent für alle moralischen Qualitäten, die als Objekt des Bewusstseins vorkommen.

NA: Nicht anwendbar – *syneidesis* kann nicht mit „Gewissen" übersetzt werden.

MA: Bedeutet ABSOLUTE Verwendung in einem MORALischen Kontext; es ist immer identisch mit MBA (zitiert oben).

**Tabelle 2:**      **Analyse von Gewissen im Neuen Testament nach Pierce**

| Klassifi-kation | Paulus Korinther | Paulus Römer | Paulinisch A Pastoralbriefe | Apostel-geschichte | Paulinisch B Hebräer | 1.Petr. | (Johannes) |
|---|---|---|---|---|---|---|---|
| NA | II. 4,2 II. 5,11 | | | | | 2,19 | |
| MPG | II. 1,12 | | | | 13,18[70] | 3,16[71] | |
| MB Neg | (II. 1,12) | | | | 13,8 | 3,16 | |
| MB Neg | I. 4,4[72] | | 1.Tim.1,5[73] | 23,1[74] | 10,2 | 3,21[75] | |
| MB Neg | | | 1.Tim1,19[76] | 24,16[77] | | | |
| MB Neg | | | 1.Tim.3,9[78] | | | | |
| MB Neg | | | 2.Tim.1,3[79] | | | | |
| MB Norm | | | | | 10,22 | | |
| MB Norm | | | | | 9,14 | | |
| MBA- | I. 8,7 | 2,15 | 1.Tim.4,2 | | 9,9 | | 8,9 |
| MBA- | I. 8,10 | 9,1 | Tit.1,15 | | | | |
| MBA- | I. 8,12 | 13,5[80] | | | | | |
| MBA- | I. 10,25[81] | | | | | | |
| MBA- | I. 10,27[82] | | | | | | |
| MBA- | I. 20,28[83] | | | | | | |
| MBA- | I. 10,29[84] | | | | | | |

[70] Epithet *kale* zugefügt zu *syneidesis*.

[71] Epithet *agathe* zugefügt zu *syneidesis*.

[72] 1.Kor.4,4 ist das einzige Vorkommen von *auto syneidenai*.

[73] Epithet *agathe* zugefügt zu *syneidesis*.

[74] Epithet *agathe* zugefügt zu *syneidesis*.

[75] Epithet *agathe* zugefügt zu *syneidesis*.

[76] Epithet *agathe* zugefügt zu *syneidesis*.

[77] Epithet *aposkopos* zugefügt zu *syneidesis*.

[78] Epithet *kathapa* zugefügt zu *syneidesis*.

[79] Epithet *kathapa* zugefügt zu *syneidesis*.

[80] Der Ausdruck *dia ten syneidesin* von AV für Gewissen wiedergegeben.

[81] Der Ausdruck *dia ten syneidesin* von AV für Gewissen wiedergegeben.

[82] Der Ausdruck *dia ten syneidesin* von AV für Gewissen wiedergegeben.

[83] Der Ausdruck *dia ten syneidesin* von AV für Gewissen wiedergegeben.

[84] *Syneidesis* kommt in 1.Kor.10,29 zwei Mal vor.

## 4.6.2    Martin Klopfenstein (1972)

Die Bibelwissenschaft des Alten Testaments ist durch Klopfenstein gut vertreten mit *Scham und Schande nach dem Alten Testament*.[85] Er erkennt den Begriffskomplex Scham/Schande als Lebensminderung im psychischen, sozialen, politisch-militärischen, rechtlichen, kultischen, religiösen und kosmischen Spektrum. Er sieht Scham nicht einseitig als Antithese zu Ehre, jedoch in eindeutiger Kopplung zu und als Stimulus für Schuldbewusstsein und damit Reue. Zudem erkennt er den Grund des Sich-Schämens nicht in sich selbst, sondern im Nächsten und in Gott. Der „bedeutsame andere", das Bezugselement, liegt also außerhalb vom Ego. Klopfensteins Untersuchung berücksichtigt die unterschiedlichen Schreiber und Epochen des Alten Testaments. Verschiedene andere Quellen bestätigen diese Darstellung und ergeben in der systematischen Zusammenfassung eine „dynamische Ellipse der Scham- und Schuldorientiertheit im Alten Testament".[86]

## 4.6.3    J. I. Packer (1973) / A.W. Tozer (1961/1985)

Mit *Knowing God*[87] war die Antwort schon gegeben, bevor Tilman Moser (siehe bei Psychologie) seine Frage gestellt hat: Es kommt erst gar nicht zur krankhaften Gottesvorstellung, wenn Christen das übernehmen, was das Neue Testament lehrt. A.W. Tozer ergänzt Packer mit dem zeitlosen Aspekt der Majestät Gottes: *Das Wesen Gottes. Eigenschaften Gottes und ihre Bedeutung für das Glaubensleben*.[88] Theologie muss nicht kompliziert sein, und Gott verstehen kann jeder soweit wie das nötig ist, ihn kennen zu lernen, wie er ist, ohne kulturelle, philosophische oder religiöse Implikationen. Mit dem Bild, in dem die höchste Autorität den ersten Eindruck auf der Kinderseele hinterlässt oder mit dem ihn ein Erwachsener vielleicht zum ersten Mal bewusst erkennt, wird das christliche Gewissen geprägt.

## 4.6.4    Walter Kasper (1977)

*Absolutheit des Christentums*.[89] Früher wie heute war das ein Reizwort in der Auseinandersetzung mit Religionen und Kulturen, die in das 19. Jh. zurückreicht. Die im Christentum ruhenden Werte können geweckt und bewusst gemacht werden. Die Einheit der Welt unter einer Kirche rückt jedoch damit eher in die Ferne, denn eine Absolutheit schließt eine andere aus. Die Exklusivität des ausdrücklichen Christusglaubens und die Ablehnung des heidnischen Kults bei Paulus stehen neben einer lukanischen Konzeption der impliziten Gottesverehrung auch der Heiden in der Areopagrede. Die Spannung bleibt als Dialog erhalten und kann nur in der Praxis des persönlichen Glaubens aufgelöst werden. – Auch dem „Christentum" steht eine „Absolutheit" zu, wenngleich der christliche Glaube dadurch zur Religion degradiert wird. Denn nicht das Christentum ist absolut: Der Gott der Bibel beansprucht, absolut zu sein (siehe 1. Gebot in 2.Mo.20). Ohne diesen Anspruch wäre er nicht Gott und könnte keine Autorität für das menschliche Gewissen sein.

---

[85] Klopfenstein, Martin A.: *Scham und Schande nach dem Alten Testament*. Eine begriffsgeschichtliche Untersuchung zu den hebräischen Wurzeln bos, klm und hpr. Theologischer Verlag Zürich, 1972, 217 S. Siehe auch: Funaki, Shin: *The Significance of the Old Testament Concept of „Losing Face"*. M.A.-Thesis, Wheaton College, 1957.

[86] Müller, Klaus W.: *Das schamorientierte Gewissen im Alten Testament*, Seminararbeit Missionstheologie, Fuller Theological Seminary, School of World Mission, 2. März 1977, 77 S.. Siehe Kapitel 6 Theologische Reflexionen.

[87] Downers Grove, Ill.: Inter Varsity Press, 1973.

[88] Neuhausen/Stuttgart: Hänssler, 1985 und 1996. Original: *The Knowledge of the Holy*. New Yor: Harper &Row, 1961.

[89] Freiburg/Basel/Wien: Herder, 1977.

## 4.6.5    Eckstein, Hans-Joachim (1983)

*Der Begriff Syneidesis bei Paulus: Eine neutestamentlich-exegetische Untersuchung zum „Gewissensbegriff".*[90] Das Standardwerk erscheint unerschöpflich in Information und Erkenntnis. Im 6. Kapitel „Theologische Reflexionen" nehmen wir stark darauf Bezug. Auch andere theologische Werke, die sich mit dem Thema beschäftigen, greifen auf die Ergebnisse seiner Studien zurück. Sein besonderer Wert für unser Kriterium ist die Grundlagenforschung innerhalb des Neuen Testaments, der Sprache, Kultur, der Autoren, der jeweiligen Situation. Damit greift er in die Bereiche hinüber, die ihn zugänglich machen für missiologische Zwecke und darüber hinaus für solche, die sich politisch, ökonomisch und soziologisch mit Gewissen auseinandersetzen müssen – oder sollten. Hier können sie sich bewusst werden, woher, aus welchen Zusammenhängen der Begriff ursprünglich die Bedeutung erhielt, die so nachhaltig die westliche Kultur beeinflusst hat. (Vergl. C.A. Pierce 1958)

## 4.6.6    Siegfried Kettling (1985)

Kettling gelingt es, in seinem gründlichen Buch *Das Gewissen*[91] eine durchgehende biblische Linie zu ziehen und dabei verschiedene Disziplinen zu verarbeiten. Dabei verwendet er jedoch Scham nicht als Element des Gewissens und überhaupt nur in einem Nebensatz. Er geht vom deutschen Geschichts- und Kulturverständnis aus. Das Werk ist eine hervorragende Recherche der Auslegungsgeschichte und der theologisch-wissenschaftlichen Reflexionen. Die Sicht für andere Kulturen und Religionen fehlt.

## 4.6.7    Hans Walter Wolff (1994)

Das Umfeld der biblischen Handlungen waren verschiedene Kulturen, die sich im Laufe der ca. 1600 Enstehungsjahre der Bibeltexte in ihren verschiedenen Epochen voneinander unterscheiden. Trotzdem – oder gerade deshalb sind die kulturellen und soziologischen sowie die linguistischen Zusammenhänge in jedem Fall zu untersuchen und miteinander zu vergleichen. Erst die durchgehenden Linien und Prinzipien erlauben Rückschlüsse auf Zusammenhänge und Interpretationen. Es ist erstaunlich, wie verständlich diese für Angehörige *nicht*westlicher Kulturen sind. Diese nicht zu berücksichtigen beraubt den größten Teil der Weltbevölkerung der Grundlage zum Verstehen nicht nur biblischer Prinzipien und Verhaltensmuster: Schon mancher hat im Alten Testament deutliche Parallelen gefunden zu Situationen in der 2/3-Welt. Wolff, *Anthropologie des Alten Testaments*[92] wie schon früher Fred H. Wight, *Manners and Customs of Bible Lands*[93] zeigen, dass westliche Theologen die Menschen der Bibel und deren Aussagen verstehen können, wenn sie sich auf den kulturellen und gesellschaftlichen Kontext aus dem orientalischen Blickwinkel einlassen und sich nicht in aufgeklärt-logischen Interpretationen verstricken.

## 4.6.8    John MacArthur (2002)

*Das verlorene Gewissen. Klare Grenzen in einer Welt, in der persönliche Schuld geleugnet wird.*[94] John McArthur geht davon aus, dass das Gewissen „eine angeborene Fähigkeit, Recht und Unrecht beurteilen zu können" sei. Dass Angehörige anderer Religionen

---

[90] *Der Begriff Syneidesis bei Paulus: Eine neutestamentlich-exegetische Untersuchung zum „Gewissensbegriff".* WUNT, 2. Reihe, Nr. 10. Hg. Martin Hengel und Otfried Hofius. Tübingen: J.C.B. Mohr, 1983.

[91] Kettling, Siegfried: *Das Gewissen. Erfahrungen, Deutungen, biblisch-reformatorische Orientierung.* TVG Wuppertal: R. Brockhaus, 1985, 143 S. Siehe auch: Hallesby, Ole: *Vom Gewissen.* R. Brockhaus, Wuppertal, 1977, 124 S.

[92] 4.Aufl. München: Kaiser, 1994.

[93] Chicago: Moody Press, 1953.

[94] Bielefeld: CLV, 2002.

ein Gewissen haben, führt er auf Röm.2,14-15 zurück. Es sei „ein unabtrennbarer Teil der Seele des Menschen."[95] Er argumentiert nur mit der Bibel, aufgrund eines westlichen Weltbilds und definiert sehr vage. Er spricht vom „Tod des gesunden Menschenverstandes". Allerdings verwendet er als Theologe sehr viele verschiedene Begriffe im Zusammenhang mit dem Gewissen. „Scham erscheint uns ein schlimmeres Übel zu sein als die Sünde selbst, welche die Scham verursacht. Genau das ist die Mentalität, die sich hinter der massiv praktizierten Selbstwertbewegung verbirgt."[96] Sünde, Schuld, Scham, Seele, verschiedene Aggregatszustände des Gewissens, weiter die Begriffe Gericht, Selbstwert, auch Gehorsam werden besprochen, aber mit wenig System und innerem Zusammenhang und auch nur aus dem theologischen Bereich heraus. Die Psychologie sieht MacArthur eher negativ. Insgesamt ist das Buch für die Anwendung in anderen Religionen wenig brauchbar. Es steht, wie Kettling, für die allgemeine westlich-theologische Sicht, die sich nicht der Erkenntnis anderer Disziplinen bedient.

### 4.6.9    Alfred Meier (2006)

*Freiheit zum Verzicht. Exegetisch-missiologische Untersuchung zur missionarischen Ethik in Afrika nach 1.Kor.9,1-27.*[97] Eine exegetische Grundlagenarbeit, die für die Anwendung auch missiologische Standardliteratur berücksichtigt. Die beispielhafte, kontextbezogene Analyse des Ergebnisses seiner Exegese formuliert Grundsätze für die ethische Anwendung in einem afrikanischen Land. Meier bezieht die einheimische Sprache „Bambara" ein als Basis zum Verständnis für die Kirche in Mali. Der Umgang mit Starken und Schwachen kann in einer partnerschaftlichen Beziehung verwirklicht werden, was Konsequenzen für ausländische Mitarbeiter hat, die dort Partner sein wollen.

Mit dieser Arbeit mutet sich der Theologe eine interkulturelle Anwendung zu, um hinüber zu denken in die Kultur und Kirche, der er dienen möchte. Er verliert dabei die Basis seiner eigenen Wissenschaft nicht. Er ist ein westlicher Missionstheologe, wie sich die Kirchen der „majority world" ihn wünschen!

Wer einen festen Standpunkt hat, kann sich weit aus dem Fenster lehnen.

## 4.7    Ethnologie

Von allen Disziplinen bietet die *Anthropologie* anscheinend wirklich reelle Quellen zum Thema, die weitere Rückschlüsse zulassen und dabei den biblischen Bezug nicht ausschließen, sondern ihn vielmehr bestätigen. Erkenntnisse werden in einem dadurch erstellbaren Gesamtrahmen transparent und Zusammenhänge ersichtlich. Obwohl auch hier philosophische Ansätze das Ergebnis bestimmen, kommen ernsthafte Untersuchungen meist auf den Grund der Dinge: die Beschaffenheit des Menschen im Umfeld seiner Kultur. Interkulturell gleichbleibende Elemente sind die Kriterien, die gesucht und untersucht werden müssen, um dem Gewissen und seiner Grundausstattung „auf die Spur zu kommen". Sie wurden im Detail der einzelnen Kulturen geprüft und müssen sich für unsere Ziele in der Kommunikation der biblischen Botschaft und im Aufbau des neuen, sozialen Gefüges einer christlichen Gemeinde als brauchbar erweisen. J.I. Packer bemerkte: „The truth seems to be rather that, as most people have always thought, what is deepest in human experience is also most universal".[98]

---

[95] S.36, 38.

[96] S.204.

[97] Dissertation University of South Afrika 2001, Edition afem, mission academics 22. Nürnberg: VTR, 2006.505 S. Umfangreiche Bibliografie (25 S.) und Tabellen-Vergleiche.

[98] Packer, J. I.: *Infallible Scripture and the Role of Hermeneutics* in: Carson/Woodbridge: Scripture and Truth. Zondervan, 1983:332.

Inzwischen werden schon wieder neue Kategorien für Kulturen diskutiert und die Brauchbarkeit von Scham/Schuld wird von Kritikern in Frage gestellt. Die Begriffe Angst und Distanz (siehe Hofstede) drängen sich als Unterscheidungskriterien auf. Für missiologische Zwecke sind jedoch die theologisch relevanten Verständnisse unverzichtbar. Diese lassen sich mit Schuld und Scham sowie ihrem bedeutsamem Effekt Angst und ihren Gegenpolen hervorragend erklären.

### 4.7.1    Ruth Benedict (1934 / 1946)

*Patterns of Culture.*[99] Schon immer haben Menschen versucht, in die Verschiedenartigkeit von Kultur, Mensch und Sprache oder Wirtschaftsformen eine gewisse Ordnung zu bringen, eine Systematik dafür zu erstellen. Man sprach von ,pre-logic', ,homo faber' und ,homo magicus', ,primitive und civilized', bis man – aufgrund einer Bemerkung von Siegmund Freud, der für die Entwicklung von Kultur einen „Sinn für Schuld" als notwendig erkannte – die Relevanz dieses Begriffs in seinem Zusammenhang studierte. Damit kam der Kontrast zu „Scham-Gesellschaften" in die Diskussion.[100] Mit *The crysanthemum and the sword:Patterns of Japanese Culture*[101] hat Ruth Benedict jedoch erst die neue Forschung losgetreten. Sie unterscheidet Schuld als Verfehlung der eigenen Ideale (begründet auf elterliche Werte) von Scham als Reaktion auf Kritik von anderen.

### 4.7.2    Gerhardt Piers / Milton B. Singer (1953 / 1971)

Die psychoanalytische und die kulturelle Studie über Scham und Schuld[102] bildet eine ausgezeichnete Basis für das Verständnis, wenn nicht die eigentlich bahnbrechende. Zwar sehen sie nicht den Zusammenhang mit Gewissen, aber die Bedeutung der Begriffe im Kontext der Kulturen und für jeden Menschen ist damit nachgewiesen. Piers unterscheidet Scham und Schuld weniger mit Selbstkritik und Kritik von anderen als mit Übertretung von Verboten und Versagen, Ziele und Ideale zu erreichen.

### 4.7.3    Melford E. Spiro (1958 / 1975)

*Children of the Kibbutz. A Study in Child Training and Personality.*[103] Er greift in seiner Studie über Erziehung und Persönlichkeit die Thesen von Piers und Singer für seine Untersuchung bei Kindern in einem israelischen Kibbuz auf. Hier werden die Prinzipien der Schamorientierung in einer anderen Kultur geprüft, bestätigt und weiterentwickelt. Damit war die Grundlage für eine empirische Anwendung gegeben.

### 4.7.4    Thomas Gladwin, Seymore Sarason (1953 / 1970)

*Truk, man in paradise.*[104] In diesem Werk sind die ersten Spuren der Beschreibung für die Funktion eines schamorientierten Gewissens gelegt – im gleichen Jahr, in dem auch Piers' und Singers *Shame and Guilt* erschien. Thomas Gladwin's *East is a big bird.*

---

[99] Benedict, Ruth. *Patterns of Culture*. 2nd ed. Boston: Houton Mifflin Co. (1st ed. 1934).

[100] Unterscheidungen nach Eberhard, 1967: 1-2. Seine Quelle: Siegmund Freud, *Civilizations and Its Discontents*. New York, 1930: 123.

[101] Benedict, Ruth. *The crysanthemum and the sword: Patterns of Japanese Culture* Reprint. New York. New American Library (1ˢᵗ ed. 1946).

[102] Piers, Gerhart; Singer, Milton B.: *Shame and Guilt*. A Psycho-Analytic and a Cultural Study. W. W. Norton & Company, New York, 1953/1971, 112 S.

[103] Spiro, Melford E.: *Children of the Kibbutz*. A Study in Child Training and Personality. With the assistance of Audrey G. Spiro. Revised Edition. Harvard University Press, Cambridge, Massachusetts and London, England, 1958/1975, 534 S.

[104] Viking Fund Publications in Anthropology Nr.20, New York, 1953.

*Navigation and Logic on Puluwat Atoll.*[105] vertieft die Einsicht in die Denkweise der Insulaner: Eine erstaunliche Intelligenz tritt dem Leser entgegen, wenn er die komplizierte und differenzierte Logik der Insulanerkapitäne auf sich einwirken lässt. Die Sensibilität in der Ausdrucksweise und der Denkstruktur verblüffen, je tiefer man eindringt. – Ich lebte mit meiner Familie einige Jahre auf dieser Insel und kann Gladwins Beschreibungen nachvollziehen. Man muss die Denkstruktur und das Empfinden der Menschen kennen, um zu merken, wie ihr Gewissen funktioniert.

### 4.7.5   Marc J. Swartz (1955)

Swartz fand – ebenfalls auf der Basis von Piers, Singer und Spiro – Erklärungen für das politische Verhalten der Insulaner von Truk, angewendet auf eine übergeordnete Autoritätsstruktur.[106]

### 4.7.6   Wolfram Eberhard (1967)

*Guilt and Sin in traditional China.*[107] Als man begann, Kulturen, Völker und die Politik in Ost und West nach Scham und Schuld einzuteilen, wurde China dabei vereinnahmt und nach diesen Kategorien einsortiert. Die Begriffe Schuld und Sünde waren jedoch in der chinesischen Literatur und Kultur schon längst vorhanden. Dieses Werk warnt davor, die Differenzierung zu eindeutig und zu schnell zu vollziehen. Jeder Mensch und jede Kultur hat das Potenzial für beides, und die Ansätze dafür sind zu finden, wenn man sich die Mühe macht, z.B. die Volksreligion, einschlägige Begriffe wie Hölle, Sünde in allen Varianten, in der Ethik oder in der Literatur. Auch Selbstmord wird dann nicht mehr nur schwarz-weiß beurteilt.

### 4.7.7   Lily Abbegg (1970)

Sie kommt in ihrer *Analyse des west-östlichen Gegensatzes* zu dem Schluss: *Ostasien denkt anders.*[108] Und das zu einer Zeit, als der Kolonialismus gerade mal zusammengebrochen und der Paternalismus noch nicht überwunden war. Sie bringt die Logik und das Denken in Verbindung mit Weltbild und mystischer Vernunft in Opposition zu dem abendländischen Bewusstsein als Spaltung und Ganzheit. Ein Persönlichkeitsideal kommt ohne Individualismus aus. Das wirft ein neues Licht auf Religionen und relativiert manche absoluten Annahmen.

### 4.7.8   Alan R. Tippett (1971)

Tippett stellte fest, dass für Samoaner das Prestige ein überragendes Wertsystem ist. Seinen Beobachtungen nach besteht auch in den meisten anderen Kulturen eine Scham-Prestige-Achse, auf der Beziehungen und Verhältnisse des einzelnen zum andern eingeordnet werden.[109] Eine Parallele dazu bilden Schuld und Gerechtigkeit. Das ließ sich

---

[105] Cambridge, Mass. 1970.

[106] Swartz, Marc J.: „Personality and Structure: Political Acquiescence in Truk" In: Force, Roland W. (Ed.): *Induced Political Change in the Pacific. A Symposium.* Bishop Museum Press, Honolulu, Hawaii, 1955, S.17-39. Deutsche Zusammenfassung des Artikels: Müller, Klaus W.: „Scham- und schuldorientiertes Gewissen. Eine Betrachtung des Verhaltens der Truk-Insulaner mit dem Versuch einer Auswertung für die Missionsarbeit." Bad Liebenzell, 23.10.1975, 16 S. Diese Zusammenfassung ist in Kapitel 7 „Anwendung" verarbeitet.

[107] (no place) Rainbow-Bridge Book Co., 1967.

[108] *Ostasien denkt anders. Eine Analyse des west-östlichen Gegensatzes.* München, Wien, Basel: Verlag Kurt Desch, 1970.

[109] Tippett, Alan R. *People Movements in Southern Polynesia.* Moody Press, Chicago 1971:151. Seine Vorlesungen an der School of World Mission (Fuller) reflektieren diese Gedanken, die ich hier aufgreife. Siehe auch die anderen Bücher Tippetts.

nahtlos zusammenfügen mit Käsers Konzept „Seele" und ergab den Basisgedanken für mein erstes Gewissensmodell.

### 4.7.9   Lowell Noble (1975)

Ein „armchair-anthropologist", wie er sich selber nennt, schrieb *Naked and not ashamed*, eine sehr aufschlussreiche Studie über *Scham aus anthropologischer, biblischer und psychologischer* Sicht.[110] Seine Ergebnisse sind für Missionare äußerst wichtig. Die Beziehungen zum „Gewissen" und verwandten Begriffen sind hergestellt. Auch verarbeitete er eine Fülle relevanter Literatur, so dass die Aussagen Praxisbezug gewinnen. Damit machte Noble das Thema zugänglich für Missionare und verankerte es in der Bibel. Er baute damit eine Brücke zur Theologie, ohne sie vereinnahmen zu wollen. Aber die Beispiele vor allem in Alten Testament drängten sich ihm geradezu auf.

### 4.7.10   Lothar Käser (1977)

Eine außerordentlich wertvolle anthropologische Grundlagenarbeit und Verständnishilfe zur Ganzheitlichkeit unseres Themas bietet seine Untersuchung über den Begriff „Seele" bei den Insulanern von Truk.[111] Er sieht das Gewissen eingebettet in die Zusammenhänge von Seele und Religion, Weltbild und Kultur. Diese ganzheitliche Schau bringt viele oben angesprochenen Elemente auf einen gemeinsamen Nenner.

### 4.7.11   Robert B. Edgerton (1992)

*Sick Societies. Challenging the Myth of Primitive Harmony.*[112] Die Welt hat ihr letztes Paradies verloren: Die Vorstellung, dass es so etwas wie den „edlen Wilden" gäbe, dass die Kulturen ohne Fremdkontakt, besonders ohne christliche Mission „intakt" und dass Menschen von Grund auf gut seien, wenn sie nicht von anderen (ursprünglich guten?) schlecht beeinflusst würden. Auch die Religionen würden das Dasein des Menschen nur positiv unterstützen. Edgerton räumt auf mit diesen Mythen, die Wissenschaften und vor allem Medien und deren Träger bis heute hartnäckig beeinflussen. Für unseren Zusammenhang ist wichtig: Warum und wie Menschen anderer Kulturen und Religionen Unmenschlichkeiten und Unwahrheiten mit dem besten Gewissen durchführen, beibehalten und sogar verteidigen. Anstelle menschliche Gesellschaften als „primitiv" oder „modern" zu sehen, ruft Edgerton nach einem uniformierten Standard der Beurteilung, der zwischen „gesunden" und „kranken" Gesellschaften unterscheidet.

### 4.7.12   Geert Hofstede (1993)

*Interkulturelle Zusammenarbeit, Kulturen – Organisationen – Management.*[113] Hofstede behandelt Unterschiede zwischen Kulturen auf der nationalen Ebene und die durch Forschung in mehr als 50 Ländern empirisch ermittelten vier Dimensionen: Machtdistanz, Kollektivismus gegenüber Individualismus, Femininität gegenüber Maskulinität, sowie Unsicherheitsvermeidung. Das ist umgesetzt in Punktwerte der einzelnen Länder mit der Auswirkung auf das Familienleben, die Schule, den Arbeitsplatz, das Unternehmen, den Staat und die Entwicklung von Ideen: Unternehmungspraktiken und -theorien sind kul-

---

[110] Noble, Lowell. *Naked and not Ashamed.* Selbstverlag, 141 W. Addison, Jackson, Michigan 49203. 1975, 142 S.

[111] Käser, Lothar. „Der Begriff Seele bei den Insulanern von Truk." Dissertation, Universität Freiburg i. Br., 1977, 357 Siehe auch Käser, Lothar: *Zur Besiedlung Mikronesiens. Neuere Hypothesen und Methoden, dargestellt am Beispiel des Begriffs „Körper" bei den Insulanern von Truk.* Habilitationsschrift, Geowissenschaftliche Fakultät der Albert-Ludwigs-Universität zu Freiburg i. Br. 1987, 261 S.

[112] New York: The Free Press, 1992. Letzter Satz nach Klappentext. Inzwischen ist eine deutsche Ausgabe erschienen.

[113] Wiesbaden: Gabler, 1993.

turabhängig. Die fünfte länderübergreifende Dimension ist langfristige gegenüber kurz-fristiger Orientierung. Anhand der Ergebnisse werden tiefgreifende Unterschiede zwi-schen östlicher und westlicher Denkweise aufgezeigt, die mit der Bedeutung von ,Tu-gend' gegenüber ,Wahrheit' zusammenhängen. Hier werden anderskulturelle Denkstruk-turen auf die Wirtschaft angewendet.

### 4.7.13 Lothar Käser (1997)

Weiter oben sind seine Verdienste für Elenktik schon gewürdigt worden. Alle bis dahin erschienenen Arbeiten über Gewissen bzw. Elenktik im missiologischen Bereich sind in seinem Kapitel über „Kultur und Über-Ich (Gewissen)" enthalten in *Fremde Kulturen. Eine Einführung in die Ethnologie.*[114]

Käser hat darin den Stand der Wissenschaft bis dahin zusammengefasst, vom ethnologi-schen Aspekt verständlich und damit öffentlich zugänglich gemacht. Bezugnehmend auf meine Veröffentlichungen bemängelte er damals, dass sich die Missiologie auf ethisch-moralische Aspekte und religiöse Bezüge konzentriert, weniger auf soziale Funktionen. (S.167) – Dieses Defizit soll mit dieser Arbeit ergänzt sein!

### 4.7.14 Jürgen Rothlauf (1999)

*Interkulturelles Management*[115] enthält überraschend viele und hilfreiche Hinweise auf Schamorientierung und über den Gegensatz von westlichen zu nichtwestlichen Kulturen und Denkweisen. Rothlauf hat diese für die Geschäftswelt aufgearbeitet. Er dringt dabei nicht bis zu den Zusammenhängen mit Gewissen vor, aber die Hintergründe dafür wer-den deutlich; er verwendet auch noch nicht Käsers *Fremde Kulturen.* Die Globalisierung hat inzwischen gegriffen: Verhandlungen und Verträge sowie Zusammenarbeit sind in-ternationalisiert. Eine neue Verhandlungskultur ist erwartet, zumal die bestimmenden Partner nicht dem westlichen Weltbild angehören und trotzdem funktionieren. Verständ-nis und Hintergrundkenntnisse dafür bietet Rothlauf für Manager und Ingenieure, Mon-teure und Firmenchefs.

## 4.8   Missiologie

Systematisch erfasst und gelehrt wurde Elenktik meines Wissens bis jetzt noch nicht.[116] Dass die Tiefe und Breite dieser Thematik eine eigenständige Disziplin innerhalb der Missiologie z.B. neben Gemeindebau oder Ökumene einnehmen könnte, wurde bisher im Ansatz nur von Bavinck vorgestellt.

Die *Missiologie* – auf der Grundlage der Theologie und der Bibelwissenschaft – bedient sich der für sie relevanten Erkenntnisse anderer Disziplinen, an deren Erforschung auch Missionare in der Vergangenheit vielfach nicht unerheblich beteiligt waren.[117]

---

[114] 2.Aufl. Bad Liebenzell: VLM, 1998. Ein Standardwerk mit der ersten Auflage. Inzwischen ist eine Überset-zung ins Französische und Portugiesische erschienen.

[115] Mit Beispielen aus Vietnam, China, Japan, Russland und Saudi-Arabien. München/Wien: R.Oldenbourg Verlag, 1999.

[116] Die Beschreibung eines Kurses über „Elenctics" der amerikanischen Schule Westminster Theological Semi-nary, 1984 erscheint mehr als die Anwendung von Kommunikationsprinzipien innerhalb einer bestimmten Kultur als eine Auseinandersetzung mit Gewissen, Schuld und Scham.

[117] Über die Struktur der Missionswissenschaft siehe S.495-499 in: Müller, Klaus W.: *The Protestant Mission Work on the Truk Islands in Micronesia: A Missiological Analysis and Evaluation.* Pt. 2, M.A.-Thesis, Fuller School of World Mission, 1981, University Microfilms International, Ann Arbor, Michigan, 1985. Pt. 1 (eng-lisch) 380 S., Pt. 2 (deutsch) 528 S. Für die wissenschaftliche Tätigkeit alter Missionare, vor allem auf anthro-pologischem und linguistischem Gebiet, möchte ich hier als Beispiel nur auf Christian Keyßer und Georg Vicedom, Neuendettelsauer Mission, hinweisen.

## 4.8.1   Gisbertus Voetius 1589-1676 und die Wurzeln der Missionswissenschaft

Die von Rom unabhängige iroschottische Kirche im Norden Europas verfügte über Klosterzentren, die herausragende Bildung vermittelten und auch evangelisierende Mönche aussandten. Der englische König Oswy von Northumbien (642-671) entschied sich 664 bei einer Synode, sich der Kirche von Rom anzuschließen, nicht den Mönchen aus dem Norden. Danach begann die Organisation der angelsächsischen Landes- und Staatskirche. Der Tradition der vielen Klöster im Land kam die Prägung aus dem Norden zugute: Der Drang zur Mission auf dem Kontinent wuchs. Seit Ende des 7. Jahrhunderts (ab 678) kamen immer wieder Mönche aufs Festland. *Willibrord* lehnte sich an die christliche Staatsgewalt von Pippin dem Mittleren (687-714, geb. um 635). Er wurde 695 zum Erzbischof von Utrecht geweiht. Als Rückhalt für die Friesenmission diente ihm Kloster Echternach. Bonifatius kam 716 nach Friesland und bestätigte England als Missionszentrum für den Kontinent.

Schon mit der ersten systematischen Missionierung des nordeuropäischen Festlands durch Willibrord (um 658-739) und *Bonifatius* (672/675-754) wurden in Utrecht Missionare ausgebildet. Sie sollten das Christentum weiter in den Norden tragen. Die Utrechter Missionsschule war von der Kirche als politischer Macht beeinflusst. Bonifatius ließ sich deshalb vom damaligen Papst zum Bischof von Deutschland weihen, bevor er seine Missionstätigkeit aufnahm. Der christliche Gott wurde als die bessere, stärkere, den animistischen Kräften überlegene Macht dargestellt. Die Demonstration dafür war die Zerstörung aller religiösen Heiligtümer. An deren Stelle wurden Kapellen gebaut, oft mit dem Holz der gefällten, den germanischen Göttern geweihten Bäume. So z.B. die Donareiche bei Geismar, die Bonifatius fällte.[118]

Ansätze zur Missionswissenschaft gehen weiter auf *Raimundus Lullus* (1232/33-1316)[119] zurück, der Missionare für den Einsatz im islamischen Nordafrika ausbildete. Das war in der Zeit der letzten Kreuzzüge, in der auch in Europa das Recht des Stärkeren als Missionsstrategie noch Gewohnheitsrecht war. Die geringe Effizienz dieser Strategie wirkte sich nicht nur in hohen Verlusten an Menschenleben aus. Über Generationen und Jahrhunderte hinweg hielt sich die synkretistische Vorstellung, dass die Mächte miteinander und gegeneinander, zumindest parallel zueinander erhalten und wirksam geblieben sind. Die Autorität des Glaubens, der Religion und der Kirche blieb im Plural bestehen: die alten religiösen Vorstellungen, die christlichen Ansprüche, die Kirche als deren Verkörperung und die weltlichen Mächte, die sich jeweils der anderen bedienten. Wo immer die Autorität nicht eindeutig war, richtete sich auch das Volksgewissen an der Autorität aus, die gerade am vorteilhaftesten erschien.

Der erste evangelisch-reformierte Theologe, der die katholischen und protestantischen Erkenntnisse bis dahin aufgearbeitet und in eine Missionstheologie formulierte, war der Niederländer *Gisbertus Voetius* im 17. Jahrhundert. Er war 1634-1676 Professor für Theologie und orientalische Sprachen in Utrecht und in der calvinistischen Orthodoxie und in dem missionsorientierten Pietismus zuhause. Voetius hatte Kontakte zu englischen Puritanern. Die vergleichende Religionswissenschaft als Disziplin der Mission geht auf ihn zurück. Er unterschied wie Calvin den souveränen und moralischen Willen Gottes und verstand es, die doppelte Prädestination als Gottes absolutem Willen mit der Notwendigkeit der Weltmission mit den biblischen Verheißungen als Gottes moralischem Willen zu verbinden. Auf Voetius gehen auch die ersten systematischen Gedanken über den griechischen Begriff *elengchein* zurück: Dass der Mensch von seiner Schuld vor Gott

---

[118] Lutz von Padberg: Bonifatius. Wuppertal/Zürich: R. Brockhaus, 1989.
[119] RGG[4] Raimundus Lullus.

überführt werden müsse, wurde bei ihm schon ein wichtiger Impuls für die missionarische Verkündigung.[120]

## 4.8.2 Walter Freytag / Peter Beyerhaus (1961)

Freytag lieferte in einer Vorlesung ein treffendes Beispiel für das Gewissen: eine Uhr, die in jeder Kultur anders gestellt ist. Die Darstellung in Kap. 4 Paradigmenwechsel knüpft daran an. Peter Beyerhaus schrieb eine Anwendung über dieses Beispiel.[121]

## 4.8.3 J. H. Bavinck (1960/4)

Nach Bavinck ist „*Elenktik* ... die Wissenschaft, die sich mit der Überführung von Sünde befasst ... Bei dem griechischen Philosophen Homer hatte das Verb *elengchein* die Bedeutung *beschämen* ... Im Neuen Testament erscheint *elengchein* u.a. in 1.Tim.5,20: ‚Die sündigen, die weise zurecht vor allen, damit sich auch die anderen fürchten.' (LÜ) Bavinck stellt fest, dass in diesen Texten des Neuen Testaments der Begriff regelmäßig mit (dt.) *zurechtweisen* übersetzt wird, aber immer in dem Sinn, dass die Überführung von der Sünde und die Aufforderung zur Buße eingeschlossen ist. Dieser Zusammenhang ist das originale Verständnis oder die Basis von *Elenktik*, im tiefsten Sinne ist dies das Thema des Heiligen Geistes. Er allein kann zur Buße rufen, wir sind nur Werkzeuge in seiner Hand."[122]

*Qv.*: Kap. 6: Theologische Reflexionen

Bavinck nimmt jedoch keinen direkten Bezug auf das Gewissen. Auch in der Literatur einschließlich der Bibel werden solche Themen immer wieder separat von „Gewissen" behandelt. Es ist der Versuch, die Verantwortung des Werkzeugs in der Hand des Heiligen Geistes zu finden, wenn er Menschen von ihrer Sünde überführt, sie zur Buße ruft und sie zurückführt zu ihrem Schöpfer.

Wir wollen hier versuchen, die Zusammenhänge zu bündeln und aufgrund bisheriger Erkenntnisse die Relation zu Gewissen herzustellen. Wie wir festgestellt haben, steht Gewissen immer im direkten Zusammenhang, wenn die Begriffe Sünde und Buße angesprochen sind. In der Diskussion über eine mögliche Veränderung des Gewissens des Petrus gehen wir davon aus, dass er einen radikalen Wechsel von einem (alttestamentlich) mehr scham- zu einem (neutestamentlich) mehr schuldorientierten Gewissen durchlaufen haben musste.

J. H. Bavinck, im zweiten Teil von „An Introduction to the Science of Missions" über „elenctics",[123] zitiert den römischen Katholiken *Gijsbert Voetius*, bei dem dabei das von *Thomas von Aquin* geprägte vorreformatorische Verständnis von Vernunft mitschwingt. Auch *Abraham Kuyper* sieht den Überzeugungsvorgang nur effektiv mit philosophischen Hilfsmitteln. Bavinck klärt den Begriff im neutestamentlichen Kontext aus dem griechischen Verb „elengchein" als Rüge, Tadel oder Zurechtweisung-, er umschließt Sündenerkenntnis durch die Wirkung des Heiligen Geistes und den unvermeidlichen Ruf zur Buße. Die Einordnung von Elenktik in seinem Buch innerhalb der Missionswissenschaft zwischen Theorie und Geschichte der Mission unterstreicht seine zentrale Bedeutung für Bavinck. Er grenzt weiter den Begriff ab gegen allzu leichtfertiges Anknüpfen an einer Uroffenbarung nach Römer 1, gegen eine Überbetonung der Wirkung von Vernunft, da

---

[120] Schirrmacher, Thomas. „Bedeutende Missionare und Missiologen: Gisbertus Voetius (1589-1676)". Evangelikale missiologie 1/1997, S.21.

[121] Beyerhaus, Peter: *Walter Freytags Begriff des Gewissens in der Sicht südafrikanischer Missionsarbeit*. In: Jan Hermelink und Hans Jochen Margull (Hg.): Basileia. Walter Freytag zum 60. Geburtstag. Evangelischer Missionsverlag, Stuttgart 1961², S.146-157.

[122] Bavinck, J.H. *An Introduction to the Science of Mission*. Baker Book House, Grand Rapids, Michigan (1954) 1960, 323 S. – Philad./Penn: Presb. & Reformed Publ. Co., 1964. S.221ff.

[123] Bavinck, J. H.: *An Introduction to the Science of Mission*. S.225.

im Bewusstsein eines Menschen nur der Heilige Geist Sünde zur Sünde machen kann. Weiter grenzt er ab gegen eine Unterschätzung der Darstellung der Kraft und Gnade Christi und gegen eine einseitige Verkündigung, die kulturelle und soziologische Elemente abbaut, aber keinen funktionalen Ersatz bietet und ein Vakuum hinterlässt.

Bavinck spricht mit „elenctics" die oben genannten Kriterien an. Es geht darum, das Evangelium in jeder Kultur so zu verkündigen, dass der Heilige Geist im Gewissen die Schuld vor Gott und Menschen registriert, d.h. dass die Person zur Sündenerkenntnis gelangt und das Erlösungswerk Jesu für sich bewusst in Anspruch nehmen kann.

Natürlich war dies in der Mission und Evangelisation schon immer Ziel der Verkündigung. Missionare aus früherer Zeit wie *Bruno Gutmann* und andere[124] meinten dies, wenn sie die Sache auch nicht mit „Elenktik" bezeichneten. Auch *Hans Kasdorf* bespricht in seinem Werk über Bekehrung, worin er *eine Fülle* von Material verarbeitet, einzelne Elemente von Elenktik.[125]

### 4.8.4   Wayne T. Dye (1976)

„Towards a Cross-Cultural definition of sin."[126] Dieser Artikel über die kulturelle Definition von Sünde öffnet die Augen für verschiedene Perspektiven und Maßstäbe. Dye zeigt dass Sünde nicht nur eine Sache von Religion ist, sondern vor allem von Kultur und Gesellschaft. Der christliche Gott konzipiert Sünde anders als der Missionar aus seiner kulturellen Sicht seiner Theologie, ebenso impliziert der einheimische Christ seine kulturellen Erkenntnisse in seinem Verständnis von Sünde. Was Einheimische und Missionare unter Sünde verstehen, deckt sich jeweils nur zum Teil – auch mit dem, was Gott darunter versteht. Robert Priest und Lothar Käser greifen diesen Sachverhalt später auf und vertiefen ihn aus der ethnologischen Sicht, David Hesselgrave macht ihn für die interkulturelle Kommunikation zunutze.

### 4.8.5   David Hesselgrave (1983)

„Missionary Elenctics and Guilt and Shame."[127] David Hesselgrave hat damit das Thema von Bavinck aufgegriffen. Bei Bavinck bildet „elenctics" die Mitte seiner Einführung in die Missionswissenschaft, Hesselgrave knüpft daran an und bettet sie in sein Standardwerk über Kommunikation[128] ein. Damit unternahm er eine weitere Einordnung und Definition. Sein aufschlussreicher Artikel über „Missionarselenktik und Schuld und Scham" reflektiert gründliche Auseinandersetzung mit dem Thema, wiederum an Bavincks Gedanken anknüpfend, bleibt aber im psychologischen Diskurs.[129]

---

[124] Gutmann, Bruno: *Das Gewissen als Ausgleichsorgan.* In: Gemeindeaufbau aus dem Evangelium. Verlag der Evangelisch-lutherischen Mission, Leipzig 1925, S.154-175. Gutmann, Bruno: *Der Mensch und sein Gewissen.* In: *Afrikaner-Europäer in nächstenschaftlicher Entsprechung.* E. Jaeschke (Hrsg.) Evangelisches Verlagswerk Stuttgart 1966, S.201-204. Strauß, Hermann: *Mi- und Gemeinschaftsgewissen.* In: Die Mi-Kultur der Hagenbergstämme im östlichen Zentral-Neuguinea. Kommissionsverlag Cram de Cruyter, Hamburg 1962, S.198-204, 279-285. Weitere Beispiele sind u.a. auch bei G. und J. Warneck, Chr. Keyßer und G. Vicedom zu finden.

[125] Kasdorf, Hans: *Die Umkehr. Bekehrung in ihren theologischen und kulturellen Zusammenhängen.* Hrsg. von der Arbeitsgemeinschaft der Mennonitischen Brüdergemeinden in Deutschland (AMBD). Logos Verlag, Bielefeld 1989. Kasdorf zitiert viele, auch alte Autoritäten mit Beispielen aus der Mission.

[126] Missiology, January 1976. 27-41. Siehe auch Lothar Käser, „The Concept of Sin and Curse in the Truk Islands." Unpublished manuscript.

[127] Hesselgrave, David: *Missionary Elenctics and Guilt and Shame.* Missiology Vol.XI, Number 4 October 1983. S.461-483.

[128] *Communicating Christ Cross-Culturally. An Introduction to Missionary Communication.* 6th printing. Grand Rapids, Mich.: Zondervan, 1982. (In deutsch bei Brunnen-Verlag, Gießen, 2009.)

[129] Hesselgrave, David: „From Persuasion to Elenctics." In: Communicating Christ Cross-Culturally. An Introduction to Missionary Communication. Chapter 42. Zondervan Publishing House, Grand Rapids, Michigan 1982⁶. S.511.

Keiner dieser Missiologen verwendet die anthropologischen Quellen von Spiro, Piers, Singer, Noble oder Käser. Deren Erkenntnisse sowie die Intergration von Einsichten anderer wissenschaftlicher Disziplinen brachten die Diskussion über das Gewissen einen wesentlichen Schritt vorwärts. Damit wird Elenktik aus der Theoriephase heraus auf das Prüffeld der Praxis geführt: Elenktik wird als missiologisches Prinzip anwendbar.

### 4.8.6    Klaus W. Müller (1988)

„Elenktik: Gewissen im Kontext"[130] Mit diesem Titel wollte ich den englischen Begriff *elenctics* von Bavinck und Hesselgrave aufgreifen und ihn in die aktuelle deutsche Missiologie einführen. Die bis dahin gereiften Erkenntnisse gaben den ersten Anstoß für ein solches Fach innerhalb der Missionswissenschaft. Das ist erst nach Abschluss meiner Dissertation und nur zum Teil gelungen. Weitere Artikel und Seminararbeiten zum Thema hielten das missiologische Bewusstsein für diesen Themenbereich wach.[131] Einzelne Vorlesungen über das Scham- und schuldorientierte Gewissen innerhalb des Fachs Interkulturelle Evangelistik an der Freien Hochschule für Mission (heute: Akademie für Weltmission) in den 1980er Jahren waren erste Impulse, wie auch die zweistündige Ethnologie-Vorlesung von Lothar Käser an besagter Schule. Erst an der Akademie für Mission und Gemeindebau in Gießen konnte ab dem Jahr 2000 und daraufhin auch in der Abteilung Missionswissenschaft an der Freien Theologischen Hochschule Gießen ein 30-stündiger Semesterkurs angeboten werden. *Damit war Elenktik endgültig als selbständiges Fach in der Missionswissenschaft angekommen.*

### 4.8.7    Hans Kasdorf (1989)

*Die Umkehr. Bekehrung in ihren theologischen und kulturellen Zusammenhängen.*[132] Eine religiöse Bekehrung kann sehr viele verschiedene Facetten haben – Kultur, Gesellschaft, Traditionen, theologische Schattierungen und persönliche Konstellationen bestimmen dieses Erlebnis nachhaltig. Kasdorf gibt Einblick in die damit verbundenen psychologischen und kulturhistorischen Zusammenhänge, in Bekehrungstheorien und -theologien und deren Geschichte.

### 4.8.8    David J. Hesselgrave / Edward Rommen (1989)

*Contextualization.*[133] Kontextualisierung wird tatsächlich von den meisten Missionaren noch auf die leichte Schulter genommen: Sie verstehen nicht, was sie ist und soll, sie wissen keine Methoden und Wege und sehen keine Vorbilder. Sie beginnt beim Menschen, seiner Psychologie, greift weiter zu seinem soziologischen und ethnologischen Umfeld, in dem gegenseitige Beeinflussungen geschehen. Der christliche Glaube findet erst dann seinen eigentlichen Ausdruck, wenn weder Evangelium noch Kultur verfälscht werden um des Menschen willen. Die „Passung" gelingt in dem Maße, in dem alle drei an dem Prozess Beteiligten verstanden werden: Mensch, Kultur und Evangelium. Das Zentrum des Geschehens ist das Gewissen; hier beginnt jede anhaltende Veränderung.

---

[130] Hans Kasdorf / Klaus W. Müller (Hg). *Bilanz und Plan: Mission an der Schwelle zum Dritten Jahrtausend.* Evangelische Missionslehre, Vorträge und Aufsätze. Bad Liebenzell: VLM, 1988. S.416-451.

[131] „Development of the New Testament Conscience in Acts as found in den Life and Work of Peter." Paper submitted to Grace Theological Seminary, St.Alban/Frankreich, 1983. „Paul's Principles for Changing and Coining the Conscience of Believers as found in the Pastoral Epistles." Paper submitted to Grace Theological Seminary, St.Alban/Frankreich, 1983. „Elenktik: Die Lehre vom scham- und schuldorientierten Gewissen." Evangelikale Missiologie 12: 98-110. 1996.

[132] Arbeitsgemeinschaft der Mennonitischen Brüdergemeinden in Deutschland (AMBD), 1989.

[133] Contextualization: *Meanings, Methods, and Models.* Grand Rapids, Mich.: Baker, 1989.

## 4.8.9    Karl Wilhelm Rennstich (1990)

Das Buch *Korruption. Eine Herausforderung für Gesellschaft und Kirche*[134] beschreibt explizit Zusammenhänge mit dem Gewissen, hat das aber nicht impliziert. Wie tief die Zusammenhänge in der Kultur verwurzelt sind, aus denen ein Einzelner vor allem in einer starken Gruppenkohäsion nicht aussteigen kann, zeigt diese detaillierte Arbeit. Ein Gewissen kennt keine Skrupel dabei, es ist völlig normal, sich korrupt zu verhalten: Das wird weder so genannt noch so empfunden, denn es funktioniert. Sehr viele Gesellschaften funktionieren anders nicht. Der Zusammenhang von *Korruption und Religion* ist ebenfalls unauflöslich: Sie sind integriert in Lehre und Geschichte. Trotzdem bleibt der Auftrag an Staat und Religion, Korruption zu bekämpfen: Eine Gruppenbewegung hat die beste Chance. Der missionswissenschaftliche Titel hat eine starke soziologische Relevanz.

## 4.8.10   Robert Priest (1994)

„Missionary Elenctics: Conscience and Culture."[135] Priest erhielt Impulse von Käser und mir durch gemeinsame Studenten. Er entwickelte das Thema auf seinem Gebiet weiter mit einer sehr hilfreichen Darstellung der Überlappung der Gewissensformen von Einheimischen und des Missionars im Vergleich zu Gottes Gedanken über Sünde.

## 4.8.11   Alfred Neufeld (1994)

Fatalismus als missionstheologisches Problem. Die Kontextualisierung des Evangeliums in einer Kultur fatalistischen Denkens. Das Beispiel „Paraguay".[136] Wie die Arbeit von Rennstich und Kleiner zeigt Neufeld, dass sich Missionswissenschaft tief mit soziologischen Problemen befasst und mit den ihr zugänglichen Werkzeugen eine Lösung anbietet. Interdisziplinäre Arbeit ist für Missiologen selbstverständlich.

*Qv.: Kap. 4:*
Paradigmenwechsel

Unbekannte, unbeeinflussbare Fremdbestimmungen des Menschen determinieren Umstände und Ablauf des Lebens: Philosophische, religiöse und soziologische Hintergründe bestimmen ebenso das Verstehen der christlichen Botschaft, die ihrerseits Veränderung anstrebt, um den Fatalismus an der Wurzel zu greifen.

## 4.8.12   Ruth Lienhard (2000)

*Restoring Relationships: Theological Reflection on Shame and Honor among the Daba and Bana of Cameroon.*[137] Diese Dissertation ist beispielhaft in mancher Hinsicht: Ihre Eingrenzung ist notwendig, gleichzeitig ihre Schwäche. – Diese Forschungsarbeit hat mir Impulse gegeben, die ich hier ausführlicher beschreiben möchte:

### 4.8.12.1 Struktur

Die Autorin entwickelt das Thema nach den Ergebnissen ihrer Forschung und zeigt dabei ihren Lernprozess. Dadurch ist die „rote Linie" durchgängig erkennbar, die zu ihrem Ergebnis führt. Die Autorin konzentriert sich auf Ehre und Gerechtigkeit, weniger auf

---

[134] Stuttgart: Quell Verlag, 1990. *Korruption und Religion*. München und Mering: Rainer Hampp Verlag, 2005. siehe auch Paul Kleiner, *Bestechung. Eine theologische-ethische Untersuchung*. Edition afem, mission academics 23. Nürnberg: VTR, 2006 (erster Druck Peter Lang AG, Bern, 1992.).

[135] *Missiology: An International Review* XXII: 291-306. 1994. „Christian Theology, sin, and Anthropology." In *Explorations in Anthropology and Theology*. Frank A Salamone and Walter Randolph Adams, eds. Lanham, New York, Oxford: University Press of America, Inc.23-39. 1997.

[136] Bonn: VKW, 1994. erschienen gleichzeitig in *Instituo Biblico Asunción*.

[137] Dissertation Fuller Theological Seminary, School of World Mission. December 2000.

Scham und Schuld. – Diese Begriffe sind zwei Seiten der gleichen Münze. Das erste muss verteidigt, das andere vermieden werden. Die Motivation dahinter ist wahrscheinlich die gleiche. Sie ist der Meinung, dass Psychologie eher einzelne Züge und weniger das ganze Bild betrachtet; sie verwendet nicht die psychologische Literatur, die in der Zeit ihrer Forschung erschien. Einige missiologische Begriffe werden ohne Einführung als selbstverständlich verwendet.

### 4.8.12.2 Forschung und Bibliografie

Die Bibliografie enthält die wichtigsten Titel, allerdings sind die Schüler von Ward Goodenough nicht berücksichtigt. Insgesamt gibt die Arbeit den Eindruck einer gründlichen qualitativen und quantitativen Forschung. Sie weiß um mögliche Stolpersteine und vermeidet kulturelle Einseitigkeit. Ihre Basis für die Arbeit mit ihren Informanten ist Vertrauen, obwohl diese nicht adäquat beschrieben werden (sozialer Status). Der kulturelle und der biblische Hintergrund der einschlägigen Begriffe werden verglichen, um die Möglichkeit bzw. Unmöglichkeit des Verständnisses für einheimische Leser zu erarbeiten. – Die Frage ist, ob afrikanische Exegeten andere Schwerpunkte in der Interpretation der biblischen Texte gesetzt hätten als die westlichen.

### 4.8.12.3 Umfang und Eingrenzung

Die Eingrenzung auf Dissonanz und Versöhnung erscheint für eine qualitative Forschung gerechtfertigt. – Das Gewissen in der Kultur umfasst jedoch mehr Funktionen. Selbst im NT stehen diese Begriffe immer im Zusammenhang mit anderen, genau so wie in den Kulturen des AT, die den Hintergrund für die Evangelien bilden. Jesus Christus hat seine Lehre in diesen Kontext gelegt, aber auch die Gegensätze aufgezeigt. Deshalb passen seine Verhaltensmuster auch nicht nahtlos in die Kultur. So können auch nicht alle kulturell akzeptablen Elemente für geistliche Vorgänge verwendet werden, deren Interpretation neutestamentlichen Aussagen widersprechen. Kultur und soziale Einheiten funktionieren nach den gleichen Gesetzmäßigkeiten. Frieden ist für sie überlebensnotwendig und deshalb das Ergebnis der Gewissensfunktionen; Wiedergutmachung und Versöhnung sind unverzichtbare Wege zum Ziel. Dafür ist die Autorität – in diesem Falle der sog. „significant other" unverzichtbar, sonst fehlt die Motivation und Kontrolle. Wenn christliche Ethik mit der Forderung nach Würde und Gleichwertung aller Menschen das Ergebnis der Versöhnung sein soll, ist das nicht ohne den christlichen Gott als Autorität möglich. Daran entscheidet sich auch, ob sich Scham gegen den Menschen richtet, also zerstörend wirkt oder eine sinnvolle Kraft der sozialen Kontrolle wird. Auch ob Ehre in Stolz umschlägt, ist eine Frage der Autorität über Mensch und Kultur.

Ein wichtiges Element für Versöhnung ist Gnade. Sie ist an Buße und Anerkennung der Autorität und des Respekts für die Mitmenschen gebunden, andernfalls werden sie selbst und Versöhnung zur Farce. Für diese Funktion hat die jeweilige Religion der Kultur Hilfestellung zu leisten. Elenktik als notwendige Basis der Sinnesänderung ist der Schlüssel dafür, dass Bekenntnis der Sünde und Aufdeckung von Schuld möglich sind. Wenn das in einer Kultur möglich sein soll, müssen „funktionale Ersatz"-Einsichten im Denksystem eingepflanzt werden. Wiederum spielt die Religion dabei eine wichtige Rolle und ist entscheidend dafür, ob dauerhafte Versöhnung in einem sozialen System möglich ist. Rituale, die eine Veränderung der sozialen Einstellung besiegeln, sollten ihren festen Platz in der Kultur erhalten.

### 4.8.12.4 Resultate

Die Resultate dieser Forschungsarbeit zeigen die Komplexität des Sachverhalts von Versöhnung und dass einzelne Elemente nicht isoliert von anderen werden dürfen. – Auch die Bibel muss als Vergleich in ihrer Ganzheitlichkeit betrachtet werden. Weder Kultur noch Religion können getrennt bleiben, sonst ist jeder Versuch kontraproduktiv, wie das Forschungsthema Versöhnung in dem afrikanischen Stamm deutlich werden lässt. Man kann nicht ein christliches Element in einen animistischen Kontext legen und dabei dessen Zusammenhänge einmal in der Bibel und zum andern in der Kultur ignorieren. Man wird dabei weder der Kultur noch dem Evangelium gerecht. Jesus lies sich ganzheitlich auf die Kultur ein und er lies mit Leben und Botschaft keine Implikationen aus. Deshalb wurde er von denen nicht verstanden, die nur die Kultur kohärent sein lassen und das Evangelium fragmentär: Nach dieser Sicht scheiterte er schließlich. Bleiben seine Botschaft und sein Leben kohärent, macht das Sinn: Allerdings wurde das erst bei seinen Nachfolgern offenbar. Kontextualisierung des christlichen Glaubens macht nur Sinn, wenn beide, Kultur und Religion, ganzheitlich bleiben; funktionaler Ersatz und dynamische Äquivalenz sind die Schlüssel zur Verwirklichung dieser Strategie: Die Kultur überlebt! Andere Strategien führen zur Fragmentierung entweder der Kultur oder des christlichen Glaubens; wahrscheinlich zu beidem.

### 4.8.13  Martin Lomen (2003)

*Sünde und Scham im biblischen und islamischen Kontext. Ein ethno-hermeneutischer Beitrag zum christlich-islamischen Dialog.*[138] Schuld, Scham und Sünde sind nicht nur religiöse, sondern auch kulturelle Begriffe: Am konkreten Beispiel des sog. „Sündenfalls" und einem Vergleich mit der koranischen Version wird aufgezeigt, wo die Missverständnisse für Sünde liegen. Den Schambegriff aus beiden Kulturen zu verstehen kann zu einem effektiveren Dialog zwischen Christen und Muslimen beitragen.

### 4.8.14  Thomas Schirrmacher (2005)

*Scham- oder Schuldgefühl? Die christliche Botschaft angesichts von schuld- oder schamorientierten Gewissen und Kulturen.*[139] Die Theologie hat dem Unterschied zwischen primär schamorientierten und primär schuldorientierten Kulturen kaum zureichende Aufmerksamkeit geschenkt. Schirrmacher informiert für die Missionstheologie, Religionspädagogik, Ethik und Seelsorge aus kulturanthropologischer und theologischer Sicht. Der Aspekt der Scham entspricht der Tradition der westlichen Kulturen und der reformatorischen Kirchen und ist dabei integriert. Besonders die theologische Verhältnisbestimmung der Priorität von Schuld über Scham in der Bibel wird von Schirrmacher begründet.

### 4.8.15  Hannes Wiher (2004)

*Shame and Guilt. A Key to Cross-Cultural Ministry.*[140] Hannes Wiher ist seit 1984 Arzt und Missionar in Guinea, West Afrika. Er hat seinen Missionsdienst für Studien an der CIU in Korntal unterbrochen, an der er eine M.A.-Arbeit schrieb mit dem Titel *Missionsdienst in Guinea. Das Evangelium für eine schamorientierte, von Animismus und Volksislam geprägte Gesellschaft.*[141] In seiner Dissertation geht Wiher wesentlich über seine M.A. These hinaus, verwendet jedoch auch grundlegende Erkenntnisse daraus, die sich bestätigt haben. An wichtigen Stellen (Biblische Wortstudien) vertieft er und vor allem

---

[138] Edition afem, mission scripts 21. Nürnberg: VTR, 2003.

[139] Bonn: VKW, 2005. Aus dem Klappentext.

[140] Edition iwg – mission academics 10. Verlag für Kultur und Wissenschaft. Culture and Science Publications. Dr. Thomas Schirrmacher, Bonn 2003. 521 S. Das Werk wurde als Dissertation an der Potchefstroom University for Christian Higher Education als Ph.D. Dissertation in Missiologie von Promoter Prof. Faan Denkema im Juli 2002 angenommen und mit leichten Veränderungen gedruckt. Rezension in Jahrbuch Evangelikale Theologie 2004, hier in der ungekürzten, bearbeiteten Version, da dieses Werk volle Beachtung und Empfehlung verdient. Das Buch hat 521 Seiten (390 S. Text, 15 S. Anhänge). Die Bibliographie umfasst 74 S. Ein Index für Autoren und wichtige Begriffe sind angefügt (11 S.). 5 Seiten Abkürzungen und 60 Tabellen bzw. Graphiken sind enthalten. Letzteres zeigt, dass Inhalte komprimiert zusammengefasst sind; sie sind meist nur im Zusammenhang mit dem Text wirklich verständlich.

[141] Edition afem, mission scripts. Bonn: VKW, 1998. (124 S.).

im Anwendungsbereich erweitert er seine vorherigen Erkenntnisse. Die interdisziplinäre Studie umfasst wesentliche Werke über das AT und NT, Missiologie im Allgemeinen, dann Ethnologie, Soziologie, sogar Philosophie, einige aus der Psychologie und Ethik. Insgesamt wird Missiologie repräsentiert, jedoch mit einem starken Schwerpunkt auf genannten Hilfswissenschaften. Das Inhaltsverzeichnis (7 S.) ist sehr detailliert und zeigt die enorme Weite des behandelten Themas.

Nach der Einführung im ersten Kapitel führt der Autor im zweiten in die missiologische Diskussion mit allen relevanten Hilfsdisziplinen ein. Er erklärt, wie die betreffenden Autoren das Thema aus ihrer Sicht behandeln und definieren. Dabei wird deutlich, dass eine Zusammenschau, wie sie der Missionswissenschaft eigen ist, erst zu ganzheitlichen und deshalb brauchbaren Ergebnissen führt. Das ist eine hervorragende Zusammenstellung der aktuellen Literatur und zur Geschichte des Themas. Durchgehend durch das ganze Buch setzt er sich immer wieder mit den wichtigsten Autoren zum Thema auseinander.

Um die Erkenntnisse an der Schrift zu prüfen und zu messen, geht der Autor im dritten Kapitel den Schlüsselbegriffen Scham und Schuld sowie deren Gegensätzen Ehre und Gerechtigkeit auf den Grund. Er arbeitet mit hebräischen und griechischen Begriffen, die im Kontext der Sprachen und Kulturen auf ihre Bedeutung geprüft werden. Wiher vergleicht und führt mit umfangreichen Beispielen durch die gesamte Bibel. Daraus erhärtet sich seine These, dass in der Bibel ein ausgewogenes Verhältnis von Schuld- und Scham besteht, sowohl im Umgang Gottes mit den Menschen als auch in den Kulturen, in denen die Bibel entstanden ist.

Diese These ist besonders für Theologen wichtig, denen durch ihre Kulturbefangenheit der Blick für die Zusammenhänge des Schamempfindens im Wort Gottes fehlt. Das heraus zu arbeiten ist auch eines der wichtigen Verdienste des Autors.

Mit dem 4. Kapitel beginnt ein zweiter Teil. Der Autor verlässt den analytischen Ansatz zugunsten eines breiten Anwendungsforums, das keine Lücke lässt: Die theoretischen Implikationen für den interkulturellen Dienst. Die These der ausgewogenen Scham- und Schuldorientierung wird auf bekannte missiologische Literatur angesetzt und durchgehend bestätigt. Persönlichkeit, Animismus, Theologie sind Beispiele der Grundsatzdiskussion.

Im 5. Kapitel über praktische Implikationen im interkulturellen Dienst findet sich der Leser in immer kürzer werdenden Abschnitten in einer Weite, die in den Gliederungspunkten Kommunikation und Kontextualisierung, Evangelisation, Gemeindeleben und Seelsorge untergebracht sind. Die Diskussionen sind sehr komprimiert und der Autor springt immer wieder zu seiner Lösung des Problems: Die Gewissensorientierung soll ausgewogen mit Schuld und Scham und damit biblisch fundiert gehalten werden.

### 4.8.15.1 Essenz

Der Autor fügt am Ende jedes Kapitels eine Zusammenfassung an. Die Erkenntnis ist verblüffend: Nach Gottes Schöpfungsordnung und in dem in seiner Bundestheologie verankerten Umgangsmuster ließen sich viele Härten in kulturellen, psychologischen und soziologischen Lebensbereichen des Menschen vermeiden. Daran lassen sich auch die Definitionen der Schlüsselbegriffe und deren Verwendung festmachen. Die kulturellen Einseitigkeiten in der Funktion des Gewissens, im Westen mehr schuldorientiert und im Rest der Welt mehr schamorientiert, führen im Extrem zu zwischenmenschlichen Verhaltensmustern, die sich letztlich gegen den Menschen stellen. Das muss ein Augenöffner sein für Theologen, die sich nicht bewusst sind, wie stark sie dieser Einseitigkeit erlegen sind.

**4.8.15.2 Bewertung**

Die Weite der Anwendung wirkt zwar interessant und es ist zu vermuten, dass der Autor die Implikationen in allen Dienst- und Lebensbereichen aufzeigen will. Letztlich wirkt das relativ einfach: Korrigiere die westlichen Ansätze zu mehr scham- und die nicht-westlichen zu mehr Schuldorientierung und man ist auf der richtigen Spur. Die westlichen Denkmuster sollen durch die vielen Anwendungen deutlich und sowohl Theologen als auch Missionare zu neuen Ansätzen animiert werden. Hier liegen viele aktuelle Beispiele, die jedoch meist nur prinzipiell dargestellt werden.

Die klaren Anweisungen z.b. für die Evangelisation im Islam, im Animismus, für die Anwendung beim Power Encounter und im Westen für die Generation X sind außerordentlich hilfreich für die Missionsmethodik. Hier beweist der Autor seine kompetente Einsicht. Er legt starkes Gewicht auf die zuverlässige biblische Grundlage und verweist immer wieder auf solche Beispiele. Wünschenswert wäre eine aktuelle vergleichende Kulturstudie, an der die Kriterien deutlich werden, oder z.B. eine Gegenüberstellung zu Ruth Lienhard. Das Werk wirkt beeindruckend durch die enorme Fülle des verarbeiteten Materials.

## 4.8.16  Thomas Schirrmacher / Klaus W. Müller (2006)

*Scham- und/oder Schuldorientiertes Gewissen in der Diskussion. Kulturanthropologische, missiologische und theologische Einsichten.*[142] Stellt man die Veröffentlichungen zu diesem Thema dem gegenüber, wie es den Betroffenen in der Praxis der interkulturellen Auseinandersetzung begegnet, wird die Diskrepanz deutlich: Entweder herrscht eine fatale Ignoranz oder eine heillose Einseitigkeit, bestenfalls eine vorsichtige Unsicherheit bei denen, die damit konfrontiert werden.

Für diesen Band hat sich eine Gruppe von Autoren gefunden, die ihre bisherigen Ergebnisse ihrer Forschungen und Auseinandersetzungen zur Diskussion stellen – zum Teil stehen schon länger zurückliegende, zum Teil neuere oder extensive Veröffentlichungen dahinter, andere solcher Veröffentlichungen sind geplant. Wertvoll ist, dass diese Beiträge erstmals alle in deutscher Sprache erscheinen. Wertvoll ist auch, dass die Ergebnisse der einzelnen Autoren nicht abgesprochen und nicht einheitlich sind. Dadurch wird der Leser in die Diskussion integriert, er wird herausgefordert, mitzudenken, sich zu hinterfragen, seine Erfahrungen damit zu vergleichen und zu einer selbständigen Einsicht zu gelangen.

Die Autoren sind: L. Käser (1), H. Wiher (5), K.W. Müller (3), Th. Schirrmacher, H. Schmalenbach (1) In diesem Sammelband wird mein erster Artikel von 1988 „Elenktik: Gewissen im Kontext"[143] noch einmal zugänglich gemacht und damit zur Diskussion gestellt.

## 4.8.17  Robert Badenberg (2008)

*Sickness and Healing. A Case Study on the Dialectic of Culture and Personality.*[144] Nicht nur wegen des seltenen Themas, auch besonders wegen der Forschungsmethoden und der Ergebnisse ist diese Dissertation wichtig für die Missiologie. Der Autor behandelt Krankheit und Heilung im Zusammenhang mit Persönlichkeit und Kultur. Damit bringt er wichtige Probleme des täglichen Lebens auf die Ebene der Persönlichkeitsstruktur. Hier spielt sich die Interaktion des Denkens und Handelns mit dem Gewissen ab, wie das die Herausforderungen der Kultur an das Leben stellt. Diese Studie muss sich deshalb mit

---

[142] Edition afem, mission academics 20. Nürnberg/Bonn: VTR/VKW, 2006.

[143] Hans Kasdorf / Klaus W. Müller (Hg). *Bilanz und Plan: Mission an der Schwelle zum Dritten Jahrtausend.* Evangelische Missionslehre, Vorträge und Aufsätze. Bad Liebenzell: VLM, 1988. S.416-451.

[144] Edition afem, mission academics11, Nürnberg/Bonn: VKW/VTR, 2008.

Ethnologie und Religion einerseits sowie mit dem christlichen Glauben und dessen psychologischen Implikationen andererseits beschäftigen. Das Buch ist ein Beispiel für „funktionierende" Missionswissenschaft, die dort ankommt, wo sie den Menschen anderer Kulturen dient.

**Grafik 3:   Einordnung von Elenktik im wissenschaftlichen Diskurs**

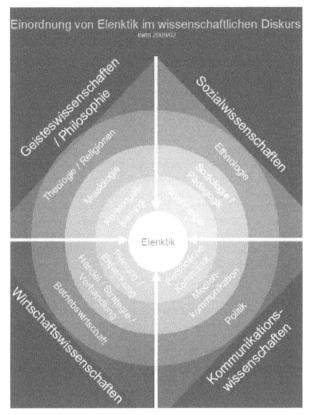

# 5.   Pädagogik und Didaktik

## 5.1   Didaktische Hinweise

❑ Der Autor verfolgt mit Buch und CD das *Ziel*, dass der Leser nach Lektüre des Textes und der Präsentationen selbst einzelne Lektionen vorstellen, die Inhalte der Kapitel systematisch *lehren* oder für ausgewählte Themen verwenden kann.

❑ Es ist jedoch ratsam, auch *andere Literatur* zum Thema zumindest quer zu lesen, vor allem bei Themen, die dort anders, vertieft oder sogar konträr, zumindest aber komplementär dargestellt sind. Diese Ergänzung dient der eigenen Meinungsbildung.

❑ Ein Fachbuch sollte *chronologisch* gelesen werden, sonst bleiben Verständnislücken. Für „Einsteiger" bei diesem Thema ist das ratsam.

❑ Kreatives Vorgehen in der fachlichen Lesegewohnheit wählt aus dem *Inhaltsverzeichnis* bestimmte Themen aus, die besonders interessieren oder zu denen man schnell Ergebnisse und Zusammenfassungen sucht. Dabei bleiben manche Zusammenhänge unklar und es treten Fragen auf, die an anderer Stelle schon behandelt und beantwortet sind.

❑ Leser, die sich schnell in die Materie einarbeiten wollen, können sich an den Einführungen zu jedem Kapitel, an *Merksätzen/Thesen* orientieren und die Päsentationen anhand ihres Aufbaus bzw. Ablaufs studieren. Der Leser wird so jedoch weder Hinnoch Beweisführungen finden.

❑ Nach den Erkenntnissen von Kapitel 4 wird davon ausgegangen, dass tief sitzende Überzeugungen nicht mit einem einzigen Argument verändert werden können, sondern vielfache Perspektiven eingesetzt werden müssen. Auch aus diesem Grund ist eine gewisse *Redundanz* beabsichtigt.

❑ *Diskussions-, Prüfungs- und Forschungsfragen* sind in Kapitel 7 angefügt, die entweder aufgrund der Lektüre beantwortet oder mit der zusätzlichen Literatur bearbeitet werden können. Die Beantwortung mancher Fragen wird noch schwer fallen (z.B. zum „kranken" Gewissen), da sich die Forschung damit noch nicht eingehend beschäftigt hat.

❑ In Kapitel 8 ist eine Sammlung aller *Beispiele* angefügt, die auch schon in den einzelnen Kapiteln verwendet worden sind. Sie können als zusätzliches Studienmaterial diskutiert oder entsprechende Prüfungsfragen formuliert werden, die sich darauf beziehen oder um eine Lösung des Problems zu erarbeiten.

❑ Ein vollständiger *Semesterkurs* lässt sich aus den sieben Textkapiteln gestalten, in der vorgegebenen Reihenfolge. Ein Syllabus kann dafür zur Verfügung gestellt werden. Das Kapitel der Beispiele dient dem Abschluss zur Gruppendiskussion und -aufgabe oder für die Prüfung. Für kürzere Einheiten an einer theologischen Schule bietet sich das zweite, dritte, vierte und sechste Kapitel an. Säkulare Schulungen orientieren sich eher am zweiten bis vierten Kapitel.

❑ *Kulturelle* und *gesellschaftliche Zusammenhänge* können mit den Kapiteln zwei, drei, fünf und sechs bearbeitet werden.

❑ Der *Paradigmenwechsel* im Gewissen ist der Schlüssel zur Veränderung von gesellschaftlichen und religiösen Auswirkungen des Gewissens. Leser, die einem religiösen Paradigmenwechsel eher reserviert gegenüberstehen, können versuchen, die Dynamik und die Prinzipien der Veränderung zu übernehmen.

❑ Schulungen und Vorträge, die sich mit *Ethik* und *Gesellschaft* befassen, werden aus dem siebten Kapitel profitieren, Erzieher eher vom dritten.

## 5.2    Hinweise für die Darstellung

Verwendung der Grafiken – (Power Point Präsentationen)

❑ Sprache und Stil sollen einerseits der wissenschaftlichen Auseinandersetzung, andererseits auch der Zielgruppe gerecht werden. *Fachbegriffe* sind deshalb unvermeidlich, aber sie werden im Zusammenhang erklärt oder besonders definiert. Im Allgemeinen sind die Aussagen im Zusammenhang verständlich, deshalb sollte man einfach weiter lesen.

❑ Ein besonderes Merkmal der Darstellung sind die Grafiken, *wissenschaftliche Schaubilder*, die auf der beigelegten CD im PC als Power Point Präsentationen separat betrachtet werden können. Das wird dringend geraten.

❑ Die *Schaubilder* sind in jahrelanger Lehrtätigkeit und in Veröffentlichungen erprobt worden und haben sich in ihrer Verständlichkeit und Darstellungskraft bewährt, auch in verschiedenen Kulturen und bei unterschiedlichem Alter und Bildungshintergrund der Zuhörer.

❑ *Wichtig* ist jedoch: Im Buch sind alle Schaubilder vollständig, d.h. in der voll entfalteten Präsentationsform abgebildet. So wirken sie recht komplex und sind nicht immer leicht verständlich. Es ist deshalb unbedingt wichtig, während der Lektüre des Buches die *Power Point Präsentationen* auf der beigefügten CD im PC zu öffnen und diese beim Lesen *zusammen mit dem Text zu entfalten*. Die Grafiken sind nahe am zugehörigen Text eingefügt. Nur so können Missverständnisse sowohl im Text als auch bei den Grafiken vermieden werden. Sie ersetzen nicht den Text im Buch, sondern verdeutlichen ihn. Ein vorschnelles Urteil bei ungeübten Lesern über fehlende ersichtliche Didaktik wird so schnell relativiert.

❑ Die Power Point Präsentationen sind die *Grundlagenstruktur*, woran sich die Ausführungen orientieren. Wer dazu keinen Bezug hat, sollte auch mit dem Text allein zurecht kommen und ohne Grafik referieren können. Umgekehrt sollen die PPP den Text unterstützen und veranschaulichen. Die Grafiken sind nicht zwingend auf eine logische Reihenfolge angewiesen, aber doch deutlich so aufeinander abgestimmt, wie sie hier vorgestellt werden.

❑ Eine Programmdatei zum Öffnen und Lesen der Dateien bzw. der Link ist auf der CD enthalten, kann aber auch kostenlos aus dem *Internet* herunter geladen werden. Die Präsentationen sind mit diesem *Power Point Viewer* schreibgeschützt zu öffnen. Mit Microsoft-Office ausgestattete PCs haben Power Point integriert. Für den richtigen Gebrauch sind wenige Fachkenntnisse notwendig. Für Apple Computer muss eine andere Lösung gefunden werden (alte kostenlose Microsoft Version vom Internet herunterladen). Der Leser möge sich diese im Internet zugänglich machen oder sich ggf. von Freunden oder Fachleuten einweisen lassen.

❑ Die Power Point Präsentationen unterliegen, wie die gesamte CD, dem Urheberrecht des Autors und dürfen weder kopiert noch weitergegeben oder verändert werden. Manche sind recht aufwändig gestaltet; auch deshalb sind sie *schreibgeschützt* gespeichert. Der Autor nimmt jedoch gerne Vorschläge zur *Verbesserung* und *Ergänzungen* entgegen und wird diese ggf. bei einer Neuauflage berücksichtigen. Der Leser wird ermutigt, diese Grafiken auch für Lehrzwecke zu verwenden. Bei Übersetzungen bitte den Autor informieren.

## 5.3 Texthinweise

❑ *Belegtexte* (z.B. lexikalische Zusammenfassungen) sind in kleinerer Schrift und in Rahmen gesetzt.

❑ *Thesen, Merksätze und zentrale Aussagen* sind numeriert, fett und in Rahmen gesetzt.

❑ *Anmerkungen* in den Fußnoten beschränken sich auf wichtigste Quellenangaben, die sich auf bestimmte Aussagen bzw. wörtliche Zitate beziehen. Um der besseren Lesbarkeit willen wird weitestgehend darauf verzichtet. Auf die umfangreiche Bibliografie auf der beiliegenden CD sei verwiesen.

❑ *Quellentexte* sind als *verwendete und weiterführende Literatur* am Schluss jedes Kapitels aufgelistet. Diese sind keinesfalls erschöpfend, sie erheben auch nicht den Anspruch, in jedem Falle zitiert oder Gedanken daraus verwendet worden zu sein. Sie enthalten weitere Aspekte, die nicht berücksichtigt werden konnten.

❑ *Querverweise* und *Hinweise* auf Grafiken, Beispiele, Belegstellen, auf andere Kapitel, in denen z.B. das Thema nur angerissen oder tiefergehend behandelt wurde, finden sich am Rand in Rahmen.

❑ *Beispiele* stehen in kleinerer Schrift.

## 5.4 Gliederungshinweise

❑ Die *Gliederung* dient der detaillierten Orientierung und ist deshalb in vier Ebenen unterteilt, um den Zusammenhang zu erhalten.

❑ Der *Lauftext* jedes Kapitels soll in sich verständlich sein, auch ohne direkten Bezug zu den anderen Kapiteln. Es enthält Theorie, Prinzipien, Anwendung für die Praxis und Hilfestellung für die Lehre. Das bedeutet, dass wichtige Erkenntnisse in jedem Kapitel wenigstens kurz erläutert werden müssen. Diese Redundanzen sind didaktisch beabsichtigt und sollen den Lerneffekt fördern. Je ein Kapitel soll in sich abgeschlossen als Grundlage für die Anwendung in der Praxis, in der Lehre, für eine bestimmte Zielgruppe oder für Vorträge dienen können.

❑ Im 7. Kapitel sind *Diskussions-, Prüfungs- und Forschungsfragen* angefügt, die entweder aufgrund der Erkenntnisse aus den einzelnen Kapiteln beantwortet oder mit der zusätzlichen Literatur bearbeitet werden können. Manche Fragen bleiben vorläufig offen, da sich bisher weder Literatur noch Forschung damit beschäftigt haben. Sie sollen dazu motivieren, eigenständig neue Forschungsprojekte aufzugreifen.

❑ Kapitel 8 ist eine *Sammlung* von *Beispielen*, die z.T. in den vorhergehenden Kapiteln verwendet wurden. Sie können als zusätzliches Studienmaterial diskutiert werden. Auch können sich daruf bezeihende Prüfungsfragen formuliert oder zur Lösung eines Problems erarbeitet werden.

❑ Ein *Stichwortregister* ergänzt den Gebrauch des Lehrbuches: Mit Gliederungsangaben, damit Begriffe nicht aus dem Zusammenhang ihrer Verwendung isoliert werden.

❑ Die *Forschungsbibliografie* (CD) enthält 2800 Titel verschiedener Disziplinen. Sie ist nach Kategorien geordnet, nach Möglichkeit verschlagwortet und soll zum vertieften Weiterstudium motivieren. Sie ist nach Bibliographien der dem Autor bekannten Titel zum Thema erstellt, ebenso wurde im Internet und in Katalogen von Universitätsbibliotheken recherchiert. *Sie erhebt nicht den Anspruch der Vollständigkeit*, vor allem nicht in den wissenschaftlichen Disziplinen, die dem Autor nicht aus eigenem Studium zugänglich sind. Ergänzungen und Hinweise werden bei Neuauflagen berücksichtigt und können dem Autor gemeldet werden.

❑ Die Forschunsstiftung Kultur und Religion geben gerne fachliche Hilfestellung für weitere *Forschungsprojekte*, die durch Buch und CD angeregt werden sollen.

❑ Eine *Sammlung* von bisher *unveröffentlichtem Material, eingescannter Artikel* und Manuskripte, für die der Autor das Copyright erhalten hat, sind auf der beigelegten CD enthalten.

❑ Eine *Sammlung* von bereits *veröffentlichten Artikeln und Beiträgen*, die schwierig zu finden sind, ist eingescannt auf einer *weiteren CD* und im Institut für evangelikale Mission hinterlegt. Das Copyright zu erbitten ist in vielen Fällen nicht oder nur sehr schwierig möglich. Nur für weitere Forschung (kurze Darstellung des Forschungszweckes ist erforderlich) kann diese CD gegen Produktions- und Versandkostenersatz beim Autor angefordert werden.

## 5.5　Motivationshinweise

❑ *Weiterführung des Projekts:* Die Arbeit an diesem *Projekt „Elenktik"* ist nicht abgeschlossen. Der Autor lädt Leser, Interessenten, Kollegen und Studenten ein, Beiträge einzureichen, die bei neuen Ausgaben vor allem auf der CD berücksichtigt und gegebenenfalls auch durch die *edition afem* bzw in *em* veröffentlicht werden werden können.

❑ Die *Forschungsstiftung Kultur und Religion* ermöglichte die erste Herausgabe durch das Institut für evangelikale Mission. Erträge fließen zurück, um die weitere Forschung im Gange zu halten – nach dem Slogan des Instituts: *„Wir fördern Forschung für Mission"*. Beiträge an die Stiftung fördern solche weitere Projekte (Seminar-, B.A.-, M.A.- oder Promotionsarbeiten), für die auch fachliche Hilfestellung gegeben wird, denn der Slogan der Stiftung *„Forschung ist die beste Strategie"* gilt auch für das Forschungsfeld *Elenktik*.

# Kapitel 2

## Elenktik – Die Lehre
## vom scham- und schuldorientierten
## Gewissen im kulturellen Kontext

Dieses Kapitel führt in die Grundlagenverständnisse von Elenktik ein. Es zeigt die Relevanz der Thematik für jede interkulturelle Begegnung, aber auch für die eigene kulturelle und religiöse Prägung. Vor allem werden alle Begriffe erklärt, die im Zusammenhang mit Gewissen wichtig sind und wie diese zusammenwirken. Dabei werden vermutlich viele Vorverständnisse des Lesers hinterfragt und korrigiert. Eine Gesamtschau der komplizierten Struktur des Gewissens wird durch verschiedene grafische Darstellungen systematisch aufgebaut. Das Kapitel beginnt mit einer Beispielgeschichte, die das Thema entfaltet. Sie wird intensiv diskutiert und durchgehend darauf Bezug genommen. Dieses Kapitel spricht Zusammenhänge an, die in den folgenden Kapiteln noch einmal aufgegriffen und aus anderen Perspektiven beleuchtet werden.

# 1. Ein ganzheitliches System der sozialen Kontrolle

## 1.1 Eine „typische" Situation

Stellen Sie sich vor: Sie sind vor kurzem in Ihre neue Wohnung eingezogen und freuen sich über den Wintergarten mit Blick ins schön bepflanzte Grün. Sie sitzen im Glashaus und genießen die Natur – drinnen und draußen. Plötzlich ein Knall: Vor Ihren Augen fallen klirrend große Scherben in Ihre Idylle. Das große Isolierglas ist kaputt! Durch die Reste hindurch erkennen Sie deutlich den Nachbarjungen, der gerade noch mit einer Gruppe anderer Burschen hinter den Büschen im Garten verschwindet. Vor Ihren Füßen inmitten der Scherben und der Blumentöpfe liegt der etwa faustgroße Stein, dessen Schwung das Glas nicht standgehalten hat. Zu Ihrem Schreck drängt sich deutlich noch ein weiterer auf: Sie haben keine Glasversicherung abgeschlossen!

Schon mehrmals in den vergangenen Tagen hatten die Nachbarjungen grenzüberschreitend wilde Spiele im Garten veranstaltet; und Sie hatten in weiser Vorahnung auch gleich zu Anfang freundlich darum gebeten, doch bitte dabei einen Sicherheitsabstand zu Ihrem Haus einzuhalten – zumindest bis zur Grundstücksgrenze. Freundlich lächelnd versprachen das die jungen Leute – selbstverständlich! Um sich selbst nicht abzugrenzen, hatten Sie von einem Zaun abgesehen. Sollten Sie jetzt provoziert werden? Sie fühlen sich jetzt deutlich „dys"respektiert und haben mit bitteren Gefühlen zu kämpfen.

Um nun gleich zu Anfang der nachbarlichen Verhältnisse ein Exempel zu statuieren, beschließen Sie, die Polizei zu benachrichtigen. Bewusst unter den Augen der Nachbarschaft werden die Spuren gesichert und der Fall draußen im Garten aufgenommen. Eine Einladung, selbst dabei zu sein, hatte der Nachbar mit einer Handbewegung abgelehnt. Es ist auch niemand zu sehen – aber Sie bemerken, dass die Jalousienstreifen gelegentlich auseinander gezogen und die Gardinen an den Fenstern angehoben und wieder fallen gelassen werden.

Die Beweislage ist eindeutig. Ein Polizeibeamter klingelt daraufhin beim Vater des Jungen und weist ihn persönlich darauf hin, dass er die Rechnung zu bezahlen habe; eine schriftliche Bestätigung der Rechtslage würde noch zugestellt. Der Nachbar hört sich das kommentarlos an und schließt schnell wieder die Haustür.

Weil nun alles geklärt ist, geben Sie dem Handwerker den Auftrag, die Sache wieder in Ordnung zu bringen. Nachdem der Schaden repariert ist, werfen Sie die Rechnung in den Briefkasten des Nachbarn – mit der handschriftlichen freundlichen Bitte um baldige Erledigung. Vorsichtshalber ziehen Sie sich vorher noch eine Kopie davon für Ihre Unterlagen.

Wenig später – das Nachbarauto ist gerade in die Garage gefahren – kommt es zum Eklat: Der sonst so wortkarge Nachbar erscheint sichtlich aufgebracht an der Grenze, heftig gestikulierend immer wieder laut die gleichen Sätze rufend. Sie bleiben vorsichtshalber auf Abstand, verstehen aber so viel, dass Sie beschuldigt werden: *Sie* hätten die gute Nachbarschaft zerstört, ihm die Polizei ins Haus gebracht, den Jungen vor seinen Schulkameraden blamiert! Und überhaupt sei es noch nie vorgekommen, dass einer unbescholtenen Familie eine solche Schande angetan wurde! Die gesamte Nachbarschaft sei empört! So etwas sei ihm noch nie im Leben vorgekommen.

Sie verstehen die Welt nicht mehr: Wer war hier der Schuldige? Sie meinten bisher, das sei der Nachbarjunge. Jetzt finden Sie sich selbst in dieser Rolle.

Plötzlich steht die nachbarliche Beziehung im Vordergrund – und die Schande, einen polizeilichen Bescheid ins Haus bekommen zu haben; und Sie haben das in die Wege geleitet! Sie blicken ratlos auf den „Stein des Anstoßes", der zur Erinnerung auf Ihrem Fenstersims einen Platz gefunden hat; er ist eindeutig denen gleich, die über der Grenze auf Nachbars Seite herumlagen. Daran hatte selbst die Polizei keinen Zweifel gehabt.

Sie warten ab. Der Nachbar igelt sich ein. Die Glaserei schickt eine Mahnung; das Original leiten Sie postwendend an den Nachbarn weiter. Die Eiszeit wird kälter. Bald darauf derselbe Brief, jetzt im roten Umschlag.

Jetzt grüßt Sie keiner der andern Nachbarn mehr; Sie werden isoliert, und wenn Sie sich auf der Straße zeigen, gehen mit einem Ruck Fenster und Vorhänge zu.

Was ist hier los? – Die Polizei weigert sich, wegen dieser „Bagatelle" weitere Schritte zu unternehmen. Die Situation wird unerträglich: Ihre Frau kann die durchdringenden Blicke hinter den Gardinen fühlen, beim Einkaufen steht sie allein an der Kasse. Niemand will in der Schule neben Ihren Kindern sitzen; es wird über sie getuschelt, sie kommen weinend nach Hause und finden keine Spielkameraden. Sie selbst erhalten bei der Arbeit im Betrieb keine Hilfestellung von Kollegen mehr. Das gewohnte Carpooling unterbleibt – niemand wartet, um mit Ihnen im Auto mitfahren zu können, und die Kollegen fahren an Ihnen vorbei, wenn sie an der Reihe sind, Sie mitzunehmen.

Die Glaserei droht mit dem Gerichtsvollzieher. Jetzt gehen Sie aufs Ganze. Aber Ihr Rechtsanwalt gibt zu verstehen, dass die besagte Familie wohl kaum zahlungsfähig, wahrscheinlich schon gar nicht zahlungswillig sei und Sie im Falle einer Verhandlung vermutlich die Gerichtskosten zu tragen hätten – ohne Aussicht auf eine rechtliche Regelung. Beim Verabschieden bemerkt er noch beiläufig, Sie sollten doch die Sache schnell über die Bühne bringen, schließlich handle es sich um Ihr eigenes Fenster, nicht um das des Nachbarn. Und für Sie wäre das doch auch eine Kleinigkeit, die Rechnung zu bezahlen.

Sie verstehen die Logik dieser Darstellung der Rechtslage nicht; die Zusammenhänge verschlingen sich in einem unauflöslichen Knäuel: Der Nachbar fährt ein teures Auto; Sie meinen, der Typ sei seiner bescheidenen Stellung im Betrieb entsprechend unangemessen. Die Satellitenschüssel auf seinem Dach ist auf dem neuesten technischen Stand, etwas überdimensioniert. Seine Kinder tragen die neueste Modekleidung. – Geld ist offensichtlich vorhanden.

Sie wissen, dass der Nachbar dem Vorstand des örtlichen Gesangvereins angehört; er hatte das bei gelegentlichem „small talk" immer mal wieder erwähnt: Und bei Geburtstagen wird ihm ein Ständchen gesungen.

Alles steht gegen Sie. Sie empfinden das nun deutlich: Eigentlich werden Sie hier selbst als der „Sünder" angesehen, der deutlich bestraft wird. Sie haben etwas verbrochen. Was sollen Sie jetzt tun? Sie fühlen sich als „Opfer" eines Verschwörungsrings. Der Gordische Knoten ist perfekt.

Die Situation wird vor allem für Ihre Frau unerträglich. Sie kann die Kinder nicht mehr trösten, sie fühlt sich selbst in ihrer Umgebung nicht nur wie ein Außenseiter, sondern wie ein Fisch auf dem Trockenen. Die eisige, isolierte Atmosphäre lässt sie den Atem anhalten, sobald sie den Fuß vor die Tür setzt. Selbst im Haus meint sie die stechenden Blicke der Nachbarn zu spüren. Auch Ihnen gehen ihrer Frau gegenüber die Argumente aus, warum Sie das jetzt durchhalten sollten, um „aller Welt" eine Lektion zu erteilen. Irgend etwas hatten Sie bisher gründlich unterschätzt.

Nach einer weiteren Rücksprache mit Ihrem Rechtsanwalt ringen Sie sich – gegen Ihre Überzeugung – dazu durch, „vorerst mal" den Betrag der Rechnung selbst zu überweisen, um wenigstens vor der Glaserei Ruhe zu bekommen. Es könnte ja sein, dass Sie wieder mal deren Dienstleistung brauchen.

Einige Tage später erzählen die Kinder des Glasers in der Schule für alle deutlich hörbar, dass die Rechnung bezahlt sei; es seien keine Forderungen mehr offen. Ihre Kinder bringen die Nachricht nach Hause. Sie warten ab.

Interessant: Plötzlich scheint der dicke Nebel zwischen Ihrer Familie und allen andern wie weggeblasen. Alle tun so, als ob nichts vorgefallen wäre. Alles erscheint wieder im Lot, alle Zusammenhänge sind wieder eingerenkt. Jeder redet freundlich auf Sie ein.

Der gordische Knoten ist durchgeschlagen! – Die Familie atmet auf. Der Bann ist gebrochen, der Nebel gelichtet. Die Sonne bricht durch. Es ist so schön, hier zu wohnen!

Sie warten sehr lange vergeblich darauf, dass Ihnen der Nachbar die Rechnung bezahlt. Es ist nie mehr die Rede davon; auch Sie wagen nicht, das Thema noch einmal anzusprechen.

Was ist hier vorgegangen?

### 1.1.1   Die „Rechtslage"

Sie befinden sich in einer gesellschaftlichen Situation, in der die Werte der zwischenmenschlichen Beziehungen und des Ansehens der Person weit über der zugrunde liegenden, eigentlichen Sachfrage und Rechtslage angeordnet sind. Im Konfliktfall ist es viel schlimmer, vor den Nachbarn das Gesicht zu verlieren, als eine Fensterscheibe zerbrochen zu bekommen. Und im Übrigen ist es hier eine Todsünde, einen angesehenen Bürger öffentlich zu blamieren, indem Sie ihn mit der Polizei in Verbindung bringen.

Nicht der Stein, nicht der Junge, nicht die kaputte Scheibe, nicht die Rechtslage stehen hier im Vordergrund, sondern das starke Prestige-Empfinden des Nachbarn vor seinem Umfeld: Sie haben seine Ehre verletzt, ihn vor allen beschämt, seinen guten Namen „verunehrt". Das hat die gesamte Nachbarschaft gegen Sie aufgebracht. So etwas tut man nicht! Deshalb erklären sich die Nachbarn solidarisch mit dem Betroffenen, mit dem – in ihren Augen – eigentlich Geschädigten: Der Nachbar hatte durch Ihr Verhalten einen empfindlichen Prestigeverlust.

Kein Mensch redet von dem Geld, mit dem die kaputte Scheibe bezahlt werden musste; das war für Sie kein Pappenstil! Oder von der Rechnung, die vom falschen Konto beglichen wurde. Oder von dem Rechtsverlust, den Sie erlitten haben. Der Nachbar fühlte sich anscheinend als Opfer der ganzen Angelegenheit. Der Junge selbst bleibt in der Geschichte völlig außen vor.

Die Gerechtigkeit hat hier eine andere Basis, als Sie das gewohnt sind, sie wird anders definiert, als Sie das in diesem Fall erwarten. – verkehrte Welt!

Zugegeben: Die Geschichte ist erfunden, und sie könnte so auch vermutlich nicht in Nordwesteuropa oder im nördlichen Nordamerika geschehen sein. Es geht jedoch um die Zusammenhänge in der Gesellschaft, die in Asien, in Afrika und in Lateinamerika alltäglich sind. – Als Sie später einmal die Geschichte Ihrem Schwager erzählen, der als Landwirt noch kaum einmal sein Dorf verlassen hat, zeigt der ein klein wenig Verständnis – zu Ihrem Erstaunen – für Ihren Nachbarn!

Zugegeben: Es wäre eine ungewöhnliche „Rechnung", wenn man den Frieden in der Nachbarschaft, rücksichtsvolle Kollegen und zuvorkommende Beamte „bezahlen" müsste: Was wäre Ihnen das wert? Verteilt auf einige Jahre: Wie hoch wäre die monatliche Rate? Würde sich vielleicht die Fensterscheibe dabei amortisieren? Oder wollten Sie auf jeden Fall Ihr Recht behalten und durchsetzen können, koste es, was es wolle?

### 1.1.2   Das Problem: Was ist „Sünde"?

Hier wird ein typisches Kulturproblem beschrieben, wie es Ärzte, Polizeibeamten, Soldaten, Entwicklungshelfer, auch Politiker und Missionare im Auslandseinsatz erleben, oder wenn sie mit ausländischen Mitbürgern zu tun haben.

Die Nachbarn verstehen unter Schuld und Sünde die Unverschämtheit, einen „unbescholtenen" Bürger in Schande zu bringen. Dieses Problem wird in der Öffentlichkeit behandelt. Nach dem Grund wird nicht gefragt. Dieses Verhalten und Empfinden ist westlich orientierten Menschen so fremd, dass sie lange brauchen, bis sie die Zusammenhänge verstehen.

*Auch Einheimische zeigen in einem solchen Fall Unverständnis über das Verhalten des Ausländers. Darauf angesprochen, versuchen sie auszuweichen, nicht eindeutig Stellung nehmen zu müssen und sich der Situation zu entwinden.*

*Das zu verstehen ist eine Sache. Zu lernen, anders als gewohnt zu reagieren, dauert dann noch einmal eine ganze Weile. Dieses Denken als richtig zu akzeptieren und sich selbst so zu verhalten ist für westlich-christliches Denken fast unmöglich.*

Aber wie sollte man denn reagieren? Z.B. von vornherein wortlos die Scheibe selbst bezahlen? Man befürchtet, dass das bald sehr teuer werden könnte. Zudem würde das nicht dazu dienen, ein Beispiel für Recht und Gerechtigkeit oder für Verantwortungsbewusstsein zu geben.

*Bei den Einheimischen Verständnis für unser Rechtsempfinden zu wecken und sie in unserem Denken anzuleiten, besonders, wenn der Fall innerhalb einer christlichen Gemeinde geschehen ist, erscheint manchmal unmöglich. Schließlich sollte nach westlich-christlichem Verständnis von Sünde bei ihnen ein Schuldbewusstsein folgen.*

Dieses Bewusstsein fehlt in dieser Geschichte offenbar völlig. Außerdem zieht nach westlichem Verständnis Sünde immer eine Strafe nach sich, die dem Wert des Schadens entspricht; und nur wer diese Folge der Sünde kennt, wird die Vergebung schätzen, wenn die Strafe erlassen werden sollte. In der Geschichte ist davon absolut nichts zu erkennen. *Gerade das Erlassen der Strafe – in diesem Fall ist das die Begleichung der Schuld – wird häufig dann so empfunden, dass die Vergebung, die ausgesprochen wird, oder wenn die Rechnung von jemand anderem bezahlt wird, für sie als Selbstverständlichkeit erscheint. Das wird sogar erwartet und vielleicht eigentlich unterschwellig eingefordert. Wird dabei nicht billige Gnade gefördert?*

## 1.2    Autorität als Bezugspunkt der „Sünde".

*Wo lag die Autorität,* auf die sich die Beteiligten für ihr Verhalten beriefen? *Sie lag in der Gesellschaft.* Eine Autorität bestand in der Tat, denn alle folgten ihr. Sie war immer latent vorhanden, trat aber erst in Kraft, als die entsprechende Situation entstanden war und eine Handlung erforderte. Aber sie blieb nicht greifbar: Die Nachbarn, die Polizei, der Rechtsanwalt, die Arbeitskollegen, die Kinder in der Schule, – alle gehorchten dieser subversiven Autorität, die einen starken Einfluss hatte. Vielleicht kann man sie mit dem ungreifbaren Wörtchen „man" beschreiben: „Man tut etwas", und „man tut etwas nicht". Trotzdem: Jemand musste das ausgelöst haben.

### These 2

**Wo keine Autorität ist oder herrscht, gibt es auch keine Sünde.**

Jedenfalls steht hinter diesem Denksystem nicht die Vorstellung von der Gerechtigkeit und dem Recht, das ein Ausländer vorstellt oder wünscht: Eine gerechte Regierung, Verwaltung, ein Gericht, die alle für „Ordnung" sorgen – oder Gott, der weder manipulierbar noch bestechlich ist.

Was bewegt ein fremdes Kind, sich nach der Münze zu bücken, die uns auf die Straße fiel? Kann man einen jungen Menschen darum bitten, schnell die schwere Einkaufstasche in den Kofferraum zu hieven? Überlässt man Alten und auch Frauen noch den eigenen Platz im Bus? Stehen Jüngere auf, wenn sich Ältere mit ihnen unterhalten? Werden Unbekannte noch mit „Sie" und anderen Höflichkeitsformen angesprochen? Kritisiert man Bürgermeister, Lehrer oder Polizei verletzend oder fragend, öffentlich? Was bedeutet „Autorität" für die Medien: Fördern sie beißende Kritik oder Hochachtung vor der Verantwortung, zu der sie verpflichtet wurde? Wie profiliert man sich in unserer Gesellschaft: durch Leistung, Verantwortungsbewusstsein, Reife – oder indem man Kollegen mobbt? Wer gibt die Autorität für ein solches Denken und Verhalten?

### These 3

**Was immer die Gesellschaft „billigt", stillschweigend oder laut artikulierend bestätigt, erhält von ihr eine bestimmte Autorität zugeschrieben.**

## 1.3    Werte als „Gewicht" der „Sünde".

Autorität kann offiziell oder inoffiziell bestehen. Welche sich letztendlich durchsetzen kann, ist die stärkere.

Im Beispiel trat bei allen Nachbarn sofort ein bestimmtes *Gesetz* in Aktion, als einer aus ihrer Mitte öffentlich blamiert wurde – als dieser sich zutiefst beschämt empfand. Da waren sich plötzlich alle einig, wie einer Autorität unterstellt. Die „Ordnung" wurde genauso hergestellt, wie die Autorität das wollte, nach dem „richtigen" Gesetz, und der Zugezogene fügte sich dem schließlich auch.

Was sind die Werte, die normgebend für unsere Verhaltensmuster sind? Die der „Sünde" Gewicht verleihen, die sie als „schwer" und „leicht" oder „groß" und „klein" erscheinen lassen? Wer formulierte diese Gesetzmäßigkeiten, nach denen die Zuschauer handelten?

### These 4

**Werte liegen ungeschrieben in der Gesellschaft selbst; undurchschaubar für den Ausländer, und selbst für die Einheimischen kaum klar zu definieren. Aber sie sind definitiv vorhanden. Sie entstehen durch die Bedürfnisse der Menschen und die Notwendigkeiten des Lebens in einer bestimmten Gesellschaft und werden durch deren Autoritäten gefestigt. Je mehr Menschen eine Gesetzmäßigkeit, ein Verhaltensmuster annehmen, einhalten und verteidigen bzw. durchsetzen, um so größer ist der Wert der dahinter stehenden Norm – geschrieben oder nicht.**

So ist das in Ländern und Kulturen der Zwei-Drittel-Welt: Ein falsches Verhalten kann zwar als falsch erkannt werden, als ein offiziell vorherrschendes Gesetz verletzend. Aber wo kein Kläger ist, gibt es auch keinen Schuldigen. Die inoffizielle Gesellschaftsnorm verhindert die Ausführung.

Der höchste Wert ist nicht das Recht oder die Gerechtigkeit, die „herrschen" soll, sondern die Ehre, das Prestige des Menschen, das er von anderen zugeschrieben bekommt; und die Ehre der Gesellschaftsgruppe, in der er lebt; sowie die Ehre deren offizieller Vertreter.

Frieden in der nachbarlichen Gemeinschaft ist ein hoher Wert, den man erst zu schätzen weiß, wenn der Argwohn herrscht. Der Individualismus lässt sich nur durchsetzen, wenn man genügend Geld hat, um sich teuer bezahlte Hilfestellungen leisten zu können. Denn ohne die Assistenz anderer Menschen kommt auch der reichste Mann nicht aus. Unangenehm wird es für ihn schon in dem Moment, in dem er keinen sicheren Parkplatz für sein Nobelauto findet. Man kann sich auch mit Geld nicht gegen alle Fälle versichern. In jedem Leben bleibt ein großes Stück Restrisiko. Wenn Krankheit zur Untätigkeit zwingt und die Decke auf den Kopf zu fallen droht: wie angenehm wäre ein kurzer Besuch von jemand, der Anteilnahme zeigt?

**Beispiel 1**

Auf der kleinen Insel Puluwat in Mikronesien war Vorratswirtschaft wichtig. Die Zeit zwischen den Versorgungsschiffen musste überbrückt werden; sie war nicht berechenbar. Dann passierte, was wir befürchtet hatten und auf jeden Fall vermeiden wollten:

Unsere Vorräte gingen zu Ende. Wir brauchten Nahrungsmittel, Zutaten, ... Meine Frau rang sich dazu durch, zu befreundeten Frauen der Gemeinde zu gehen und um Hilfe zu bitten. Sie löste einen Sturm der Freude und Anteilnahme aus: „Sind wir froh, auch euch mal helfen zu können! Wir haben uns geschämt, euch immer nur zu bitten." Wir waren versorgt, bis das Schiff wieder vor Anker lag. – Als ich ernsthaft krank war und sich meine Frau mit ihren medizinischen Kenntnissen nicht mehr zu helfen wusste, kam unser Pastor und blieb einfach lange teilnehmend an meinem Bett sitzen. War das tröstend, stärkend! – Wir waren in die Inselgemeinschaft aufgenommen worden. Das zählte mehr als unsere Überlegenheit durch Wissen und Geld. Wir wurden eingeladen, doch bei ihnen zu bleiben und das Leben mit ihnen zu teilen.

## 1.4    Verhaltensmuster sind die Rahmenbedingungen der „Sünde".

### These 5

**Verhaltensmuster werden zu Gesetzmäßigkeiten einer Kultur. Was sich innerhalb dieses Rahmens bewegt, kann als „Sünde" definiert werden.**

Falsch ist es auf jeden Fall immer und die größte Sünde, Ehre auch nur im Geringsten in Frage zu stellen, sie zu beschädigen. Das ist garantiert noch schlimmer als ein Kratzer im Lack eines neuen Autos, bewusst oder unbewusst verursacht. Die Ehre ist die Identität des Menschen, sein Gesicht, mit dem er sich unter den Leuten zeigt. Diese Ehre bricht in sich zusammen, wenn dem Menschen vor anderen „das Gesicht genommen wird".

„Sünde" bedeutet ebenfalls, jemanden bei einem falschen Verhalten zu entdecken und das öffentlich zu sagen, noch dazu an autoritativen Stellen. Dadurch bringt man diese Person garantiert in Schande, was allgemein verpönt ist, denn niemand mag das gern. Das tut man einfach nicht, das gehört sich nicht. Wer sich so weit herunter begibt, kennt keinen Anstand. Diese „Sünde" wird bestraft, nicht die Ursache. Man verstößt gegen einen eindeutigen Verhaltenskodex, der sich nach festgelegten Werten richtet.

Hier weiß man noch, „was sich gehört"! Kinder werden so erzogen, und von jungen Leuten kann erwartet werden, dass sie bei einer Panne helfen, das Auto zu schieben. Es ist angenehm, freundlich angesprochen zu werden und abends nicht alle Spielzeuge im Garten in Sicherheit bringen zu müssen. Unser Nachbar zog unsere Haustüre zu, verwahrte unseren Schlüssel und behielt den Hofeingang im Auge, als wir unachtsam in Urlaub fuhren ... . Das ist ein großes Stück soziale Qualität im Leben.

## 1.5    Ehre und Prestige sind durch „Sünde" gefährdet

„Richtig" ist, über das – nach gesetzlichen Maßstäben – „falsche" Verhalten eines anderen hinweg zu sehen, es zu ignorieren, auch wenn das für einen selbst Nachteile ergibt. Keine Normverletzung ist so „schlimm", dass man einen anderen dafür anzeigen müsste – und sich damit selbst zum Sünder macht. Damit würde man alle Beziehungen riskieren. Die Normverletzung eines anderen zu beobachten ist eine Sache; davon sollte man sich schon abwenden, wegschauen. Noch schlimmer ist die andere Sache, diese Beobachtung mit Namen der betreffenden Person den Autoritäten anzuzeigen. Wer sich wiederholt so verhält, wird öffentlich gemieden; man hat Angst vor einem solchen Menschen, und gegebenenfalls wird er sogar dafür bestraft. Man ist ja auch selbst froh, wenn ein anderer nicht gleich alles ausplaudert, was er bei uns beobachtet. Und vielleicht kann man sogar jemanden mundtot machen, indem man ihn merken lässt, dass man etwas über ihn weiß. *Eine Hand wäscht dann die andere – oder, man hat den anderen, über den man etwas weiß, ein Stück weit in der Hand.* Das ist ein Schutz für einen selbst, vor allem, wenn das dem anderen bewusst ist.

## These 6

**Es ist wichtig und wertvoll, das eigene Gesicht und das des anderen zu wahren. Das Recht, das Prestige zu verteidigen und die Beziehungen zu erhalten steht einem zu.**

Respekt voreinander und Ehrerbietung sind hohe Werte, die in unserer westlichen Gesellschaft sichtbar schwinden. Es wird kalt in unserer Gesellschaft. Jeder ist sich selbst der Nächste. Alle Werkzeuge und Maschinen, die man brauchen könnte, werden selbst angeschafft, um ja nicht leihen zu müssen. Man bestellt lieber einen Handwerker, als den Nachbarn um Handlangerdienste zu bitten. Grüßen auf der Straße oder im Bus ist missverständlicher Luxus geworden: „Was will der von mir? Der soll sich selbst vorsehen...."

## 1.5.1 Die Logik der „Sünde"

### These 7

**Der Begriff „Sünde" wird an Werten festgemacht, die von Kultur, Gesellschaft und Religion bestimmt und von deren Autoritäten durchgesetzt werden.**

Diese Werte liegen in der Zwei-Drittel-Welt eindeutig bei der Ehre des Menschen. Davon sind die Maßstäbe für das Verhalten abgeleitet. Die Gesellschaft selbst übt Druck auf den Einzelnen aus, sie ist also die inoffizielle Autorität.

*Solche Gesellschaften sind viel homogener als westliche Gesellschaften. Sie haben ein absolutes Einheitsgefühl, eine starke Kraft, die sie zusammen hält: **die Kohäsion**. Die Gemeinschaft ist immer wichtiger als der Einzelne.*

Das ist völlig anders als vom westlichen Besucher, Missionar oder Entwicklungshelfer empfunden wird.

Was „Sünde" ist, macht der eine am Recht fest, an einer übergeordneten Norm. Hier liegen seine Werte. Sie bezieht sich auf eine offizielle Autorität. Wer dieser nicht gerecht wird, macht sich schuldig.

Für den anderen steht „Sünde" in direktem Zusammenhang mit Ehr- oder Prestigeverlust, mit Schande; der Mensch „verliert" dabei „sein Gesicht", das ist Wertverlust. Der Zusammenhang und Vorgang wird von der Gesellschaft und deren inoffiziellen Autoritäten definiert. Diese „Sünde" ist ein Defizit im Verhaltensmuster, das sich an der Gesellschaft orientiert. Wer dieser nicht gerecht wird, muss sich schämen.

Im Extremfall kann das so aussehen:

**Beispiel 2**

Der Missionar beschreibt den Zuhörern das zentrale Geschehen der christlichen Botschaft mit dem Vorgang am Karfreitag vor 2000 Jahren. Die Leute folgen der Erzählung und sortieren die Vorgänge in ihr logisches Raster ein. Danach gefragt, würden sie das dann vielleicht so wiedergeben:

Auf einem öffentlichen Hinrichtungsplatz (in Deutschland war das im frühen Mittelalter das „Thing" der Gerichtsplatz, später der Marktplatz, wo das Holz für den Scheiterhaufen aufgeschichtet war, oder der „Galgenberg" außerhalb des Ortes) stehen religiöse Autoritätspersonen unter einem Galgen und reiben sich die Hände – nicht weil sie frieren, sondern weil ihnen offensichtlich etwas Wichtiges gelungen ist. Worüber freuen sie sich? Ein Sträfling erhält die gerechte Strafe für eine große Sünde, ein Verbrechen gegen die Gesellschaft. Der steht gefesselt und nur in Unterwäsche – ein Zeichen der Geringschätzung unter den Leuten – zwischen Polizisten, die eine Schlinge in das Seil knüpfen. Der Beobachter mischt sich unter die Leute, die im gewissen Abstand in Gruppen beieinander stehen, die einen weinen, die anderen diskutieren heftig. Er erfährt, dass der Übeltäter trotz Warnungen jahrelang immer wieder die Autoritäten, die Gelehrten und deren Amtsverhalten öffentlich beschimpft habe: Sie hätten die heiligen

Vorschriften nicht eingehalten; sie seien Sünder, weil sie dem Volk ein schlechtes Vorbild gewesen sind und hätten sich sogar durch ihr Amt bereichert. Zudem hätten sie sich selbst zur Autorität erhoben und den Gott völlig missachtet, dem sie eigentlich dienen sollten. Währenddessen wurde dem Mann die Schlinge um den Hals gelegt, das Seil straffte sich. Dann zappelte er am Galgen. Die Amtsinhaber sind zufrieden. Diesmal dauert das länger als sonst, bis er stirbt. Die Gerichtsdiener helfen noch nach.

Wenn Menschen in oben beschriebenen Gesellschaften diese Geschichte zum ersten Mal so hören, bezeichnen sie nach ihrem „Rechtsempfinden" zielsicher Jesus als den Sünder, und sie erklären sich solidarisch mit den Pharisäern. In ihren Augen tut man nicht, was Jesus getan hat. Und wenn doch, dann muss man eben mit entsprechenden Konsequenzen rechnen. Das ist normal. Wer die Oberen so provoziert, kann nicht mit Gnade rechnen. Mit der Kreuzigung Jesu wurde das Prestige der Pharisäer wieder hergestellt. Das ist die Lösung des Problems.

### Beispiel 3

So ähnlich erging es Don Richardson, als er bei den Sawi in Irian Jaya die Geschichte von Judas erzählte, der Jesus verraten hatte: Die Männer lachten, und sogar noch an der verkehrten Stelle. Sie waren schadenfroh über Jesus; ihr Held war Judas! Richardson war perplex. Wie können die Leute je das Evangelium verstehen? Er studierte die Geschichte, Kultur und Religion der Sawi. Auch beobachtete er die Verhaltensmuster der sich abspielenden Vorgänge: Zwei Stämme waren in ernstem Streit und es hatte schon viele Tote gegeben. Schließlich erkannten sie, dass sie sich gegenseitig aufreiben, wenn das kein Ende nimmt. Dann leiteten sie ein Ritual ein, das den Schlüssel zum Verstehen für das Evangelium bot. Um einen dauerhaften Frieden zu besiegeln, tauschten die „Big Men" in einem feierlichen Ritual jeweils ihr jüngstes Kind aus. Das wurde dann in der Familie des Häuptlings des ehemals verfeindeten Stammes aufgezogen. Jede Seite achtete mit Argusaugen darüber, wie es ihrem Kind dort ging. Der Frieden war sicher, so lange die Friedenskinder gut versorgt waren und es ihnen gut ging. Wer sie antastete, tastete den Frieden an. Sie waren Garanten des Friedens.

Richardson verwendete diesen Vergleich für den Friedensschluss, den Gott von sich aus und ganz einseitig eingegangen ist: Er schenkte den Menschen seinen Sohn, der als Baby sogar bei ihnen geboren wurde. Aber die Menschen haben ihn später, als er ein Mann war, umgebracht und so den Frieden riskiert. Weil Gott es wirklich ganz ernst gemeint hat mit dem Frieden, hat er seinen Sohn wieder ins Leben zurückgerufen, den Friedensschluss erneuert. Damit er nicht noch einmal aufs Spiel gesetzt wird, hat Gott seinen Sohn zu sich zurückgenommen, aber ihn weiterhin als Stammesangehörigen der Menschen belassen, auch nachdem er die Macht seines Reiches übernommen hatte. Wer von den Menschen dieses Friedenskind im Glauben annimmt, kann den Frieden mit Gott für sich persönlich in Anspruch nehmen. So gilt der Friede Gottes zwar Menschen, aber er tritt nur mit denen in Kraft, die das Friedenskind für sich annehmen.

So war die Geschichte im schamorientierten Kontext verständlich. Judas war der Verräter, der das Friedenskind angetastet hatte. Das brachte den ganzen Stamm in große Gefahr. Das musste schlimme Folgen nach sich ziehen. Kein Wunder, dass er sich selbst das Leben nahm. Er konnte sich nicht mehr vor den Leuten blicken lassen, er hatte das Gesicht total verloren.

Ohne Gott so zu kennen, wie er im Alten Testament erscheint, können die Vorgänge im Neuen Testament nicht gut verstanden werden. Dann erscheint er in einem falschen Bild, wird in menschliches Denksystem eingeordnet und die eigentliche Aussage wird verfälscht.

Wenn Menschen christliche Prinzipien mit ihrem aufgeklärten logischen Vernunftsraster zu interpretieren versuchen, ergibt das „gordische Knoten". Die ganze Bibel erscheint dann falsch, zumindest unlogisch.

## These 8

**Ohne die Autorität, die Werte der Gesellschaft und die davon abgeleiteten Normen gelernt und in das Denksystem integriert zu haben, kann man kein fremdes Volk und deren Religion verstehen.**

*In schamorientierten Kulturen liegt der Wert im Prestige, in der Ehre der religiösen und säkularen Autoritäten. Das ist die oberste Norm für das Verhalten. Sünde ist deren Verletzung, wenn die Ehre in irgendeiner Art und Weise in Gefahr gerät, verletzt zu werden oder verloren zu gehen. Diese Ehre zu schützen und zu achten, ist recht oder richtiges Verhalten.*

Wie kann man diesen Leuten die Struktur eines Rechtsstaates erklären? Oder eine Demokratie? Wie können sich solche Menschen je als schuldig erkennen, weil sie nur ein Gebot überschritten, aber niemandes Ehre dabei verletzt haben? Verstehen sie sich je als Sünder vor Gott? Das Beispiel von Irian Jaya ist auch für die Polizei eine Hilfe, wenn sie ausländische jugendliche Randalierer zur Räson bringen wollen. Ingenieure, Handwerker oder Ärzte, die in der Entwicklung eines Landes der Zwei-Drittel-Welt eingesetzt sind, werden vielleicht täglich solchen Situationen begegnen, bei denen das Gewissen der Menschen nach anderen Werten und Systemen funktioniert als das eigene. Fehlentscheidungen vor allem im Verhalten, aber auch in sogenannten Rechtsverhältnissen sind dann – auch bei reiflicher Überlegung und gutem Willen – an der Tagesordnung; die meisten werden nicht als solche erkannt – auf beiden Seiten. Ein schales Gefühl, nicht verstanden und übervorteilt worden zu sein, bleibt zurück. Die Folge ist entweder ein übersensibles Tanzen auf Eiern im Umgang mit solchen Menschen, das die Handlungsfreiheit einengt, oder ein robustes Hinwegsetzen und Ignorieren solcher Zusammenhänge, wobei jeder nach eigenem Maßstab handelt. Die Folge ist für die Seite, die am kürzeren Hebel des Einflusses und der Macht sitzt, dass sie sich zurückzieht, die Entscheidung der Übermacht überlässt und sich selbst so wenig wie möglich äußert. Das wird dann als ‚Einverständnis mit‘, ‚Zugeständnis an‘ und ‚Einsehen in‘ die „richtige Logik“ missverstanden.

So geht das auch einem Politiker, der meint, Menschenrechte als Bedingung für einen Vertrag für Entwicklungshilfe einfordern zu können. Das geht z.B. in der Logik eines zentralasiatischen Beamten nicht auf, das steht in keinem Zusammenhang für ihn.

Missionare müssen viel weiter ausholen, weiter vorne in der Bibel beginnen, bevor sie beim Evangelium ankommen können. Der Kern der Aussage des Evangeliums ist das Kreuz und die Auferstehung Jesu Christi.

## These 9

**Das ist das Ziel der christlichen Botschaft; hier muss jede Verkündigung ankommen. Diese Botschaft muss verstanden und angenommen werden. Aber man darf nicht damit beginnen.**

Die Begriffe und die damit zusammenhängenden Verhaltensmuster, die bis jetzt angesprochen wurden, haben mit dem Gewissen zu tun: Sünde, Schande, Prestige, Recht, Schuld. Dabei ging es um einen Belastungsmechanismus, den wir mit Sünde, Strafe und Angst bezeichnen, und um den Entlastungsmechanismus, der bei Christen über Buße und Vergebung zum inneren Frieden führt.

Hier sind einige grundsätzliche Zusammenhänge zu klären. Wie reagiert und funktioniert denn ein solches Gewissen überhaupt?

**Grafik 4:   Schnittmengen unterschiedlicher Gewissensnormen:**
**Sünde international, interkulturell, interreligiös[1]**

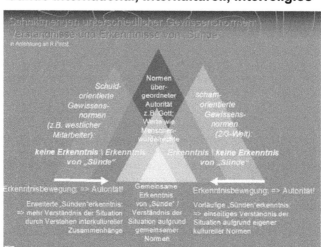

T. Wayne Dye (Toward a Cross-Cultural Definition of Sin), David Hesselgrave (Missionary Elenctics and Guilt and Shame) und Robert Priest (Missionary Elenctics: Conscience and Culture) beschäftigten sich mit diesen Zusammenhängen.[2] Die Grafik greift darauf zurück und führt die Gedanken weiter.

Unterschiedliche Gewissensnormen sind der Grund für verschiedene Verständnisse und Erkenntnisse.

Das rechte Dreieck repräsentiert scham-orientierte Gewissensnormen, die meist in der Zwei-Drittel-Welt zu finden sind.

Das linke Dreieck sind die Werte westlicher Mitarbeiter, die sie verfolgen und sich dementsprechend auch verhalten – mit gutem Gewissen.

Eine kleine Schnittmenge zeigt, dass alle Menschen auf der Welt eine gemeinsame Basis finden können, auf der sie sich verstehen – wenigstens ein kleiner Teil der Lebenssphäre. So weit verstehen sie auch die Situation, die sie gemeinsam erleben, und merken auch, was man auf keinen Fall „darf" – was auf jeden Fall „Sünde" ist.

Ansonsten werden große Gebiete der Arbeitswelt und der sozialen Situationen grundsätzlich unterschiedlich verstanden und gewertet. Jeder nimmt die Meinung des anderen wahr, aber akzeptiert sie nicht. Vorgänge werden imitiert, aber ohne innere Überzeugung, dass das so richtig ist. Man arrangiert sich, lebt nebeneinander, lacht einander heimlich aus, findet den anderen komisch oder blöd. Jeder ist sich selbst die Autorität für seine Werte oder Normen.

Stellt sich eine neue Autorität dazwischen, die – angenommen oder auch verachtet – sich als übergeordnet sieht, weil sie die Rechte aller Menschen gleichermaßen vertritt und nicht zulässt, dass immer nur eine Seite gewinnt, ändert sich das Bild. Sie leitet die Würde jedes anderen von sich selbst ab, nicht von den Normen anderer. Der Bezug zum Dritten relativiert die eigenen Werte. Jeder findet dabei andere Flächen, in denen er mit die-

---

[1] Ablauf der Grafik: **Schnittmengen** mit dem Text koordinieren.

[2] Siehe auch Horst Bürkle (Hg.), *Grundwerte menschlichen Verhaltens in den Religionen.* Frankfurt: Peter Lang, 1993.

sem anderen übereinstimmt – oder nicht. Jeder fühlt sich auch gerechtfertigt durch diesen Gott, der hinter diesen Rechten steht. Den einen erscheint er als rein westlich, den anderen missbraucht, synkretistisch abgefälscht. Dadurch verhärten sich die Fronten: Bleibt es dabei, dann erklären Missionare, das Christentum sei so überlegen, wie sie es selbst verstehen. Ingenieure gehen von ihrer Leistung aus, die Effektivität erzeugt. Und Ärzte behandeln ihre Patienten als Forschungsobjekte, die auf westliche Erkenntnisse reagieren.

Andererseits sehen sich die Einheimischen in ihren Werten bestätigt: „Denen geht es doch nur um Geld, das sie durch ihre Arbeit bei uns verdienen. Die brauchen niemand, sie haben ja Geld. Arrogant wie man nur sein kann, immer alles besser wissen. Wir haben keine Möglichkeit zu zeigen, was wir schön und wichtig finden; wir fallen immer gegen sie ab." – So hochgeschaukelte Minderwertigkeitskomplexe können auch in Aggressionen umschlagen.

Wie gesagt, wenn sich hier nicht etwas bewegt, wird durch die fremde Autorität alles noch schlimmer. Aber es kommt auf die richtige Bewegungsrichtung an: nicht der andere muss sich nur auf mich zu bewegen, auch nicht ich muss allein dem anderen entgegenkommen. Nur wenn die Autorität für alle gilt, ihre Werte ausgeglichen und ihre Normen umsetzbar sind, zeichnet sich ab, wer in welcher Situation von wem lernen kann. Dann wird das ein „give'n take", ein Geben und Nehmen, kein Übervorteilen oder „Unterbuttern".

Neue, größere Schnittmengen bilden sich auf diese Weise, in der gleichen Situation entsteht mehr Verständnis füreinander. Das heißt nicht, dass beide Seiten die Situation gleich empfinden. Die verschiedenen Werte bleiben unterschiedlich. Die Normen bleiben erhalten. Aber man kann Widersprüchlichkeiten überbrücken. Das Entweder-Oder wird mit sowohl-als-auch ersetzt, das Oben-Unten mit daneben. Nicht Gleichmacherei, auch keine Harmonisierung um jeden Preis ist gefragt. „Ich freue mich darüber, dass dir das gefällt, dass dir das schmeckt, dass dir das wertvoll ist!" „Falsch" wird vielleicht sogar zu „auch richtig", zumindest zu „anders". Man gewinnt dem anderen das Gute, Schöne ab; man muss es nicht übernehmen, aber man darf es nicht ablehnen. Ein wenig Überwindung ist dabei gefragt, so viel, dass der andere nicht verletzt ist, dass er sich angenommen fühlt.

Ein Wir-Gefühl entsteht. Vor allem bei den Normen, die von beiden Seiten neu entdeckt und gelernt werden müssen. Das ist entscheidend: keiner ist dem anderen Autorität. Der souveräne Gott, dessen zehn Normen richtungsweisend sind, wenn die Würde und die Rechte aller Menschen einander ebenbürtig werden sollen, bietet sich dafür an. Hier sei vorweggenommen, was später wieder aufgegriffen wird: Die christliche Ethik aufgrund der zehn Gebote ist für diese Werte beispiellos. Dabei bleiben Freund und Feind gleich geschützt – und gleich verlassen, falls einer dieser Werte entwertet wird. „Sünde" ist dann nicht mehr, was eine Kultur oder Religion entscheidet, sondern was den Normen Gottes widerspricht; letztlich: Was sich gegen die *Qv.*: Kap. 5; 1.9.1.2 Autorität Gottes auflehnt (1.Joh.3,4).

Die Bewegung der Erkenntnis muss erkennbar auf den anderen Menschen zu führen, ohne sich aufgeben zu müssen, ohne dabei seine Identität zu verlieren. Dann werden „Sünden" nicht nur beim anderen erkannt nach dem, was der eine bestimmt.

## These 10

**Die „Richt-Linie" geht von der Mitte aus, Kulturen bleiben wichtig, verlieren jedoch ihren richtenden Charakter. Das Ziel für beide Seiten ist sich so zu verhalten, dass sich der andere weder beschämt noch ungerecht behandelt fühlt.**

Der Zusammenhang der menschlichen Gemeinschaft erhält den größtmöglichen gemeinsamen Nenner. Dabei bleiben noch genügend Überhänge, die in kein Raster passen. Die dürfen dann getrost belächelt werden.

# 2. Elenktik: Die Lehre vom scham- und schuldorientierten Gewissen des Menschen in seinem kulturellen und religiösen Kontext

Elenktik (englisch *elenctics*) ist vom griechischen Begriff „ελεγχος - elengchos" abgeleitet. Er wird schon in der alten Literatur gebraucht. Hier greifen wir die Bedeutung auf, wie sie im Neuen Testament verwendet wird (u.a. in 2.Tim.3,16 für „Strafe, Zurechtweisung"). Genau genommen bedeutet er „von Schuld überführen". Im biblischen Kontext wird damit beschrieben, dass Menschen in ihrem Gewissen ihrer Schuld vor Gott überführt werden sollen durch das Verstehen seiner Normen, des schriftlich formulierten und von Gott selbst autorisierten Wortes. Da die meisten Kulturen Scham oder Schande als Folgerung der „Sünde" viel stärker als Schuld betonen, müssen bei der Vermittlung der biblischen Botschaft und deren Anwendung beide Seiten berücksichtigt werden:
Schuld und Scham, Recht und Ehre.[3]

## 2.1 Vorverständnisse

Es gibt wahrscheinlich wenige Gebiete der Wissenschaften, mit denen sich die Theologie umgibt, die von so vielen Vorverständnissen behaftet sind wie das Gewissen des Menschen. Von allen Disziplinen ist es die Theologie selbst, die sich mit ihren Prämissen im Wege steht. Einige Verständnisse gehen von unbegründeten, unbegründbaren oder von Erkenntnissen aus, die als Allgemeingut gelten – manche seit Jahrhunderten. Je älter sie sind, um so mehr sträuben sie sich gegen eine Korrektur. Erst die Zusammenschau verschiedener Disziplinen erlaubt eine ganzheitliche Struktur des Gewissens zu erstellen. Die einzelnen Elemente werden besonders von der Psychologie und Pädagogik meistens jeweils separat diskutiert, tiefer als das hier geschehen kann. In diesem Kapitel geht es um eine Zusammenschau, um die Ganzheitlichkeit, die sich durch alle folgenden Kapitel zieht, wenn auch dort die Schwerpunkte und der Fokus der Betrachtung anders liegen.

*Qv.*: Kap. 6 Deshalb werden die theologischen Reflexionen an den Schluss gestellt in der Hoffnung, dass der Leser den Ausführungen dann mehr Verständniswilligkeit entgegenbringt.

Am Anfang sind auch hier **Vorverständnisse** unverzichtbar, die erst in späteren Kapiteln intensiver diskutiert werden können.

### These 11

**Jeder Mensch auf der Welt, gleich in welchem Land er lebt, hat ein funktionierendes Gewissen.**

**Das Gewissen ist das sozial-ethische Organ des Menschen, das ihn gesellschaftsfähig macht. Ebenso ist der Mensch durch sein Gewissen kultur- und religionsfähig.**

---

[3] Ausführliche Erklärungen der griechischen und hebräischen Begriffe und deren Bedeutung in Kapitel 6.

# Die Umkehrung dieser Thesen:

## These 12

**Ohne Gewissen funktioniert kein Mensch in seiner Umgebung. Gesellschaft, Kultur und Religion funktionieren nur aufgrund des Gewissens des Menschen.**

Deshalb ist das Gewissen auch ein religiös bedingtes Instrument, das in eigener Dynamik funktioniert aufgrund gelernter Norm- und Autoritätsstrukturen, nach denen sich Denk- und Verhaltensmuster formiert haben. Nicht immer sind dabei die religiösen Zusammenhänge deutlich, denn sie können selbstverständlich auch durch Ideologien oder individuelle Überzeugungen ersetzt sein.

## These 13

**Das Gewissen ist das unverzichtbare Bindeglied zwischen Individuum (Ego) und Gesellschaft.**

Ein „gewissen-loser" Mensch kann sich weder in eine Gesellschaft noch in eine Kultur und am wenigsten in eine Religion integrieren. So verschieden die Mentalitäten, Kulturen, Religionen und deren Normen sind, nach denen sich die Menschen richten, so verschieden sind auch Struktur und Arbeitsweise ihres Gewissens.

## These 14

**Das Gewissen funktioniert durch bestimmte Elemente; die Fähigkeit sie zu entwickeln und zu empfinden ist dem Menschen angeboren.**

Wenn diese Elemente in der Sprache auftreten oder in einer Konfliktsituation angesprochen werden, haben wir es potentiell mit dem Gewissen zu tun. Diese Elemente stehen in einem direkten Zusammenhang untereinander und sind voneinander abhängig, sie bedingen sich alle gegenseitig.

Das geschieht nur in einer Gesellschaft, in einer engen, zusammengehörigen Gruppe, niemals wenn ein Mensch völlig isoliert aufwächst. Weil das sowieso nicht möglich ist, entwickelt jeder Mensch ein Gewissen, nicht zwanghaft, sondern selbstverständlich.

## These 15

**Die Art und Weise der Entstehung, Entwicklung und Funktion des Gewissens ist abhängig vom Umfeld des Menschen, in dem er sich befindet. Das Gewissen reflektiert selbständig dieses Umfeld. Deshalb ist es das „Superego" oder „Über-Ich" des Menschen.**

Diese Selbständigkeit erhält dadurch eine Autorität, der sich der Mensch mehr oder weniger freiwillig, bewusst und unbewusst unterstellt. Je unbewusster und freiwilliger, d.h. unreflektierter das geschieht, umso mehr Autorität gewinnt das Gewissen über den Menschen.

## These 16

**Der Mensch lernt Verhaltens- und Denkmuster von seinem Umfeld unbewusst und bewusst. Das Gewissen übernimmt diese als Normen und deren Autoritäten, internalisiert sie als festen Bestandteil und reagiert darauf.**

Weil sich jede Gruppe von Menschen strukturierte Normen und Gesetze geben müssen, wenn sie untereinander und miteinander kommunizieren wollen, das Zusammenleben gewährleistet und das Überleben gesichert bleibt, sind Autoritäten für diese Normen notwendig. Ist die Reaktion darauf zustimmend, sichert das den Zusammenhang der Gruppe. Wenn nicht, ist ihr Überleben unsicher.

## 2.2     Systematische Zusammenschau des Gewissens

Der Zusammenhang des Gewissens in seinem inneren Aufbau, in seiner Beziehung zum individuellen Menschen als Ego und zu dessen Umfeld (Gesellschaft, Kultur und Religion) ist so komplex, dass ein einziges Modell nicht ausreicht, die verschiedenen Facetten festzuhalten. Hier und in den folgenden Kapiteln werden deshalb verschiedene Modelle vorgestellt, die nur dann widersprüchlich erscheinen, wenn man oberflächlich und bei seinen eigenen Vorverständnissen bleibt. Keines der Modelle wird allen Perspektiven gleichzeitig gerecht.

**Hinweis**: Aufbau und Ablauf der folgenden Grafiken mit der Beschreibung im Text koordinieren.

### 2.2.1     Die Grundstruktur des Gewissens

#### 2.2.1.1     Das „gute" und das „schlechte" Gewissen

Jeder Mensch, in jeder Kultur und Religion, besitzt die Fähigkeit, vier „Elemente" zu empfinden und darauf zu reagieren. *Diese vier Elemente stehen in einem engen Zusammenhang und können nicht getrennt voneinander betrachtet werden. Jeder Mensch empfindet sie unterschiedlich intensiv.*

Ein gutes Gewissen wird normalerweise nicht empfunden, sondern nur als starkes Bedürfnis angestrebt. Es ist dann in „Ruhestellung". Man sagt „ich habe ein gutes Gewissen", wenn man sich nichts „zuschulden" kommen ließ, sich keiner Schuld bewusst ist.

#### 2.2.1.2     Schuld und Recht/Gerechtigkeit als Analogien zu „schlechtes" und „gutes" Gewissen

*In unserem (westlichen) Denken sind „schlechtes Gewissen" und „Schuld" eine untrennbare Analogie.*[4] die beiden Begriffe können in einem Satz ausgetauscht werden und man wird das gleiche verstehen. Das ist so tief in der deutschen Sprache und damit auch im Denken verankert, weil diese Analogie seit Jahrhunderten in unserer westlichen Gesellschaft in der Literatur so verwendet wird. Sie beherrscht Denken und Sprache und ist in unser logisches Denksystem integriert. Das zieht sich durch wissenschaftliche Werke der Theologie, auch der Psychologie. Zumindest ist das die offizielle Version. Schuld und die Mehrzahlform „Schulden" ist eine weitere Analogie, die anzeigt, dass finanzielle (oder andere) Schulden zu haben mit Schuld in einem engen Bedeutungszusammenhang gesehen wird.

Das Schuldempfinden ist so stark in unserem Gewissen verankert, dass Menschen – auch Nichtchristen – noch nach Jahren eine Schuld bekennen, obwohl sonst niemand davon weiß. Schuld äußert sich als Belastung, als ein bedrückendes Empfinden, das einengt, die Freiheit nimmt, die Kreativität verringert und vor allem keine Freude zulässt. Schuld kann zur Depression führen und die Freude am Leben nehmen – bis zum Selbstmord. Davon hören wir im allgemeinen jedoch nur bei Menschen in sogenannten „westlichen" Ländern.

---

[4] Griechisch-lateinisch für Entsprechung, Ähnlichkeit, Gleichheit von Verhältnissen, Übereinstimmung. Siehe Duden.

## Grafik 5:   Grundstruktur: Schuld

1.1 Grundstruktur des Gewissens:                          1. Schuld-Schiene

1. Umgangsprachlich bedeutet „Gutes Gewissen":
„Ich bin in Ordnung", „Ich befinde mich auf der Seite des Rechts"
2. „Schlechtes Gewissen" bedeutet: „Ich bin schuldig, ich habe Schuld".
Der Verlust von Recht/Gerechtigkeit bringt in den Zustand der Schuld.
3. „Schlecht" ist das Gewissen nicht in sich; es vergleicht ein aktuelles bzw. in Erinnerung gerufenes Verhaltensmuster mit den gelernten Normen und signalisiert einen (unakzeptablen) Unterschied – ein als „schlecht" gewertetes Verhalten.
4. Schuld (-) und Recht/Gerechtigkeit (+) sind *zwei gegenüberliegende Pole auf derselben Schiene*. Dieses Schuld- und Gerechtigkeits-Empfinden entwickelt sich in jedem Menschen aufgrund von Erbanlagen, Erziehung und Umfeldeinflüssen (Enkulturation) – vorwiegend in westlichen Kulturen.

Eine Vielzahl von Redewendungen, Sprichwörtern und weiteren Analogien beweisen die tiefe Verwurzelung des Begriffs „Schuld" und seiner grammatikalischen Formen in unseren gesellschaftlichen Umgangs-, Verhaltens- und Denkmustern:

## Tabelle 3:          Schuldorientierte Redewendungen: Schuld I[5]

| **Verpflichtung der Geldrückgabe** | **(sittliches) Versagen** (nur Singular) |
|---|---|
| Eine verjährte Schuld (muss man nicht mehr zurückzahlen) | Die Regierung hat eine schwere Schuld auf sich geladen |
| Uneintreibbare, öffentliche, schwerwiegende, schwebende Schuld | Die geschichtliche Schuld |
| Schuld anerkennen, löschen | Das Gefühl tiefster Schuld |
| Für eine Schuld bürgen, gutsagen | Schuld leugnen, eingestehen, sühnen, von Schuld loskommen |
| Ich schenke dir die Schuld, Schuld erlassen | Schuld und Sühne, Sünde, Reue, Buße |
| Schulden bezahlen, tilgen, abtragen, begleichen | Schuld auf Schuld häufen |
| Sich einer Schuld entledigen | Ich fühle mich frei von (aller / jeder) Schuld |
| Eine Schuld / Schulden eintreiben, einziehen, einkassieren, mahnen, einklagen | Schuld auf sich nehmen, trage, sühnen, büßen |
| Schulden machen / haben | Er trägt die moralische Schuld an dem Unglück |
| In Schuld/en geraten | Jemandem die Schuld beweisen |
| Bis über die Ohren in Schulden stecken | **Verpflichtung zur Leistung** |
| Sich in Schulden stürzen | Ich stehe tief in ihrer Schuld! |
| Er hat mehr Schulden als Haare auf dem Kopf | Die Schuld der Natur bezahlen (sterben) |
|  | Dem Glück bezahl ich meine Schuld (Schiller) |

---

[5] Tabellen 3-5 Siehe CD Grafik „2-2.2.1.2 Begriffe für Schuld und Scham".

## Sprichwörter

| | |
|---|---|
| … der Übel größtes aber ist die Schuld (Schiller) | Wer seine Schulden bezahlt, verbessert seine Güter |
| Wohl dem, der frei von Schuld und Fehd bewahrt die kindlich reine Seele (Schiller) | Der Mohr hat seine Schuldigkeit getan, der Mohr kann gehen (nach Schiller) |
| Alle Schuld rächt sich auf Erden (Goethe) | Mit Missetaten und Schuld beladen (bibl.) |
| Schilt nur mich, die Schuld ist mein (Goethe) | Vergib uns unsere Schuld (bibl.) |
| Lustig und geduldig, keinem Wirt was schuldig | Ihr lasst den Armen schuldig werden (Goethe) |

**Tabelle 4:**        **Schuldorientierte Redewendungen: Schuld II**

| Veranlassung, Ursache zu etwas Unangenehmen (nur im Singular) | Schuldigkeit |
|---|---|
| Er trägt die Schuld an dem Zusammenbruch | Seine Schuldigkeit tun |
| Jemandem die Schuld geben, zuschieben, zuschreiben, beimessen, zumessen | Das ist deine verdammte (selbstverständliche; vulgär) Schuld |
| Die Schuld auf jemanden abwälzen, schieben | Verfluchte (selbstverständliche; vulgär) Pflicht und Schuld |
| Nach der Schuld fragen | Das war nur meine Pflicht und Schuld |
| Die Schuld bei sich selbst / bei anderen suchen | Schuldlos |
| Mich trifft keine Schuld | – geschieden sein<br>– sich schuldlos fühlen |
| Die Schuld fällt auf ihn / liegt bei dir | – er war schuldlos im Gefängnis |
| Ich bin mir keiner Schuld bewusst | |
| Er hat Schuld, wer ist schuld, hat schuld (daran) | **Schuldner** |
| Du bist an allem schuld | Ihr Schuldner in mehr als einer Hinsicht |
| Die Verhältnisse, die unglücklichen Umstände sind schuld daran | Lass mich ewig deinen Schuldner nennen (Schiller) |
| Du bist nicht schuld daran, dass die Angelegenheit zum Guten / Bösen ausschlug (hast nicht dazu beigetragen) | Ein säumiger, unsicherer, schlechter Schuldner |
| | Schuldschein ausstellen, unterschreiben, zerreißen, vernichten, verbrennen |
| | Schuldfrage aufwerfen, aufrollen, klären |
| | Ich bin schuldenfrei, sich schuldenfrei machen |

### Tabelle 5: Schuldorientierte Redewendungen: Schuld III

| Schuldig | |
|---|---|
| **Attribut** | **Übetragener Sinn** |
| Die schuldige (gebührende) Rücksicht, Achtung, den schuldigen Respekt zollen, nicht außer Acht lassen | Er ist dem Gegener nichts schuldig geblieben (hat jeden Angriff abgewehrt) |
| Den schuldigen Gehorsam leisten | Du bist mir den Beweis für deine Behauptung bisher schuldig geblieben |
| Die schuldige Pflicht der Dankbarkeit erfüllen | Darauf blieb er mir die Antwort schuldig |
| Mit schuldiger Hochachtung | Sie blieb mir keine Antwort schuldig |
| Der schuldige Teil trägt die Gerichtskosten | Sich strafbarer Handlung schuldig machen |
| Er wurde bei … als schuldiger Teil erklärt | Sich schuldig bekennen |
| **Satzglied** | Sich schuldig fühlen |
| Schuldig sein etwas zu tun Jemandem vielen Dank, viel schuldig sein | Des Todes, des höllischen Feuers, Gerichtes, eines Verbrechens schuldig sein |
| Jemand Gehorsam, Achtung, Rechenschaft schuldig sein | Jemanden schuldig sprechen |
| Bringschuld haben | Jemanden für schldig erklären, befinden |
| Jemandem Geld / Ware schuldig sein | Auf schuldig erkennen |
| Ich muss den Betrag schuldig bleiben | Schuldig geschieden, wer ist der Schuldige? |
| Beim … ist er auch noch schuldig | Den wahren Schuldigen herausfinden, ihn nicht weit zu suchen haben. |

Weil dieser Begriff so tief verwurzelt ist und eine unangenehme Seite des Denkens repräsentiert, ist auch die logische Schlussfolgerung für dessen Auflösung stark vertreten: Recht und Gerechtigkeit. Wer nicht schuldig ist, der ist gerecht, oder anders ausgedrückt Gerechtigkeit ist das Gegenteil von Schuld. Die Auflösung des einen versetzt in den Zustand des anderen.

Hier greift die Analogie nicht im Plural, denn keine finanziellen Schulden zu haben macht einen Menschen nicht gerecht, sondern schuldenfrei.

### These 17

**Das Recht ist die Grundlage für Gerechtigkeit; gerecht sein bedeutet recht handeln oder denken („richtig" ist die Analogie zu „falsch"). Das ist das Gegenteil von Schuld und schuldig sein, liegt aber auf der gleichen Ebene des Handelns und Denkens.**

Auf unserer Grafik sind deshalb die beiden Begriffe Schuld und Recht/Gerechtigkeit auf einer Schiene mit Plus und Minus-Polen angeordnet als Ausdruck für das schlechte und das gute Gewissen. Im Recht sein, der Gerechtigkeit entsprechen, auch „richtig" zu handeln und zu denken steht für eine gutes Gewissen und ist das Gegenteil von Schuld, schuldig sein, oder ein schlechtes Gewissen.

Dies ist in der westlichen Kultur, ihrer Literatur und in ihrem Denken tief verankert. Menschen, die so erzogen wurden und ihr Leben in diesen Ländern gestalten, können nicht anders als so zu denken und auch so zu empfinden. Das ist in die Intuition versenkt, worauf der Mensch bei sich selbst keinen Zugriff mehr hat. Das heißt, er kann das bei sich nicht mehr ändern, solche Gedanken und solches Empfinden „kommen automatisch". Man handelt „mit Fug und Recht" (17.Jh., für Befugnis, Zuständigkeit; füglich als schicklich, angemessen; fügsam als unterordnend bzw. „Unfug" für unschicklich, was sich nicht gehört. Duden).

## These 18

**Unser Gewissen funktioniert „richtig" und „normal", wenn wir bei vorliegender Schuld (öffentlich oder verborgen, in Gedanken oder in der Tat) ein „schlechtes Gewissen" haben.**

Wir haben einen Rechtsstaat und Gerichte, Rechtsanwälte und Richter; sie sind in unserem System die oberste Instanz in allen Rechtsstreitigkeiten, wir behaupten und verteidigen unser Recht und wir pochen nachdrücklich – oder verzichten bewusst darauf. In der Geschichte sind auch schon Menschen für ihr Recht gestorben; ihr Leben war es ihnen wert. Das sind die Helden unserer Vergangenheit, denen Denkmäler gesetzt werden.

Derjenige, der nicht so denkt und das nicht tut, dem das egal ist, wenn es um sein Recht geht, ist fragwürdig in unserer Gesellschaft. Das Recht ist nachvollziehbar, transparent, und so auch die Schuld.

Wir haben ein gutes Gewissen, wenn wir im Recht sind, wenn wir das Recht hergestellt haben, uns für das Recht eingesetzt und es hoch gehalten haben. Und wir streben mit aller Macht danach. So funktioniert unser Rechtsempfinden, oder das Bedürfnis nach Gerechtigkeit. Das ist die „sachbezogene Schiene", hier wird alles nach Fakten, nach Gesetzen oder Normen beurteilt, das ist messbar, überprüfbar, nachweisbar.

So stellt sich die offizielle Version des westlichen Gewissens dar. Dazu gibt es eine Parallele, die bei uns nicht so stark öffentlich in Erscheinung tritt und weniger eindeutig schriftlich fixiert ist.

### 2.2.1.3    Scham und Ehre/Prestige als Analogien für schlechtes und gutes Gewissen

Bei unserem Rechtsempfinden spielen zwischenmenschliche Beziehungen eine untergeordnete Rolle. Bei der Rechtsprechung geht die Partei ohne Schuld erhobenen Hauptes und selbstbewusst aus der Verhandlung, die andere nimmt vielleicht den Hinterausgang des Gerichtgebäudes, meidet die Medien, senkt den Kopf und will sich möglichst nicht unter den Menschen blicken lassen: Sie hat das Gesicht verloren, er schämt sich. Darauf wird bei der Rechtsprechung keine Rücksicht genommen; man nimmt das „in Kauf".

Das schlechte Gewissen hat bei uns im Westen einen inoffiziellen Charakter: Wer Schuld empfindet, bei dem ist die Scham nicht weit entfernt. Sie kann separat, also auch ohne Zusammenhang mit Schuld auftreten, steht aber immer in einer Beziehung dazu.

Das Schamempfinden des Menschen ist ebenso wie die Schuld eine starke emotionale Kraft, die nicht zu unterschätzen ist; sie verleiht ihm die Fähigkeit, sein Leben dafür einzusetzen, sie zu vermeiden, sie zu verringern oder aufzulösen.

Wie beim Recht sind verschiedene Arten von Scham zu unterscheiden: Die zwei wichtigsten sind die körperliche und die soziale Scham; natürlich stehen beide in einem sozialen Zusammenhang.

Entblößung, besonders der Geschlechtsteile, oder deren Andeutung bezieht sich auf die körperliche Scham – bzw. deren Empfindung, die dabei stärker oder schwächer sein kann. Sie hat mit Sex zu tun, ist mehr oder weniger tabuisiert und bedeutet immer eine Herausforderung an zwischengeschlechtliche Gefühle, an Anstand oder Sittlichkeit, ist also ein ethischer Aspekt unserer Kultur. Die Kleidung besonders der Frauen signalisiert diesen Zusammenhang.

Die soziale Scham ist ebenso ein ethischer Aspekt, bezieht sich aber mehr auf zwischenmenschliche Verhaltensmuster. Sie deutet auf das, was „man" tut oder lässt. Damit verbunden sind Werte, wie z.B. „Sittlichkeit", „Anständigkeit", die in jeder Kultur und in jeder Generation unterschiedlich sind. In der westlichen Postmoderne kann eine Frau viel Haut zeigen; in Asien und besonders in islamischen Ländern dagegen wenig, um noch als sittlich zu gelten. In manchen katholischen Kirchengebäuden werden Besucher mit kurzen Hosen und kurzen Ärmeln nicht zugelassen, in hinduistischen Tempeln sind die Bekleidungsvorschriften noch enger. Für Moscheen gelten besonders für Frauen strenge Regeln. Religiöse Werte werden den sozialen vorangestellt und bestimmen auch die Kultur, der selbst Ausländer unterworfen werden.

**Tabelle 6:          Deutsche Begriffe für Schuld und Scham**[6]

| Rechtsprechung | Schuld | Scham | Ehre / Prestige |
|---|---|---|---|
| Rechtswesen | Schuldenfrei | schämen | ehrlos |
| Rechtsanwalt | Schuldfrage | Schamgefühl | Ehre, wem Ehre gebührt |
| Rechtsstreitigkeit | schuldig | Schamlos (Dialekt: „ausgeschämt") | ehrbar |
| Rechtsgefühl | Schuldigkeit | schamhaft | ehren |
| Rechtsbeistand | schuldlos | Schamröte | ehrenhaft |
| Rechtshilfe | Schuldner | schämig | Ehrenhandel |
| Rechtsgrundsatz | Schuldschein | Schändlichkeit / schändlich | Ehrenrecht |
| Rechtsweg | | Schamhaftigkeit | ehrenvoll |
| rechtskräftig | | schamhaft | Ehrenwort |
| rechten | | Schande | Ehrfurcht |
| rechtlos | | schänden / Schändung | Ehrgefühl |
| rechtlich | | Schandmaul | Ehrgeiz / ehrgeizig |
| rechtswiedrig | | Schandtat | ehrlich |
| rechtzeitig | | schandbar | ehrsam |
| rechtfertigen | | Schandbube | Ehrung |
| rechthaberisch | | Schänder | ehrwürdig |
| rechtmäßig | | Schandfleck | |
| rechtschaffen | | Schandpfahl | |
| | | Schandurteil | |

Beim Schamempfinden ist es unerheblich, ob der Auslöser freiwillig oder unfreiwillig, zufällig oder absichtlich geschieht. Wichtig ist der Öffentlichkeitscharakter: Je öffentlicher, umso beschämender – und umgekehrt: je privater, umso weniger beschämend. Man kann also die Scham reduzieren, indem sich der Mensch der Öffentlichkeit entzieht, vor ihr versteckt oder abschirmt. Verhaltensmuster sind also meist auch sozial und religiös

---

[6] kwm 2005 / 11. Der Große Duden. Vergleiche zu dieser Tabelle CD Grafik „2-2.2.1.2 Begriffe für Schuld und Scham".

bedingt – wobei religiös auch die jeweilig vertretene Weltanschauung oder Lebensphilosophie bedeuten kann. Das Schamempfinden hat eine stärkere Öffentlichkeitswirkung als das Schuldempfinden.

## Grafik 6:   Grundstruktur: Scham

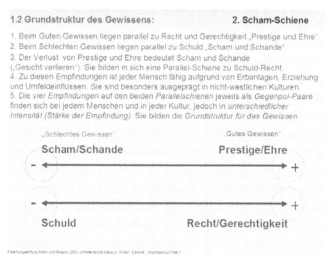

1.2 Grundstruktur des Gewissens:                     2. Scham-Schiene

1. Beim Guten Gewissen liegen parallel zu Recht und Gerechtigkeit „Prestige und Ehre".
2. Beim Schlechten Gewissen liegen parallel zu Schuld „Scham und Schande".
3. Der Verlust von Prestige und Ehre bedeutet Scham und Schande
(„Gesicht verlieren"). Sie bilden in sich eine Parallel-Schiene zu Schuld-Recht.
4. Zu diesen Empfindungen ist jeder Mensch fähig aufgrund von Erbanlagen, Erziehung und Umfeldeinflüssen. Sie sind besonders ausgeprägt in nicht-westlichen Kulturen.
5. Die *vier Empfindungen* auf den beiden *Parallelschienen* jeweils als *Gegenpol-Paare* finden sich bei jedem Menschen und in jeder Kultur, jedoch in *unterschiedlicher Intensität (Stärke der Empfindung)*. Sie bilden die *Grundstruktur für das Gewissen.*

„Schlechtes Gewissen"                          „Gutes Gewissen"

**Scham/Schande**                          **Prestige/Ehre**

– ◄─────────────────────► +

– ◄─────────────────────► +

**Schuld**                          **Recht/Gerechtigkeit**

### These 19

**Schande ist der Zustand, den das Schamgefühl schmerzhaft empfindet. Dieser Zustand wird durch ein Verhalten hervorgerufen, das nicht dem Ideal entspricht, den Erwartungen der Gesellschaft, was „man" tut, um als „anständig", „normal" oder seinem Stand entsprechend zu gelten.**

Jede Gesellschaftsgruppe hat ihr eigenes Niveau, ihren Standard, den auch die anderen Gruppen kennen und einfordern. Deshalb können sich Kinder etwas „erlauben", was anderen nicht mehr zusteht und Regierungsbeamten wird nicht verziehen, wenn sie ihrem Kodex nicht entsprechen.

Den Gegenpol zu Scham bildet die Ehre oder das Prestige als Parallele zu Recht und Gerechtigkeit. Das ist schon in alten Kulturen ein anerkanntes „Gespann" (Phil.3,19; 2.Kor.6,8; 2.Tim.2,20; Röm.9,21). Ehre ist in jeder Kultur von der höchsten Autorität, dem höchsten Ehrenträger abgeleitet. Oft liegt dieser Zusammenhang in der Geschichte oder ist in der Religion verankert (Joh.5,41.44).

Wir fühlen uns von anderen Menschen unserer Umwelt angenommen und geehrt, wenn Prestige oder Ehre zugesprochen oder diese akzeptiert bzw. respektiert werden (Lk.14,10). Jeder Mensch versucht, sein Prestige zu behalten. Die Empfindungen auf diesem Gebiet sind am Gesicht erkennbar; das wurde auch in unserer Sprache schon sprichwörtlich: jeder versucht sein „Gesicht zu wahren".

So sind Kinder das Aushängeschild der Familie, die Frau ist die Ehre des Mannes und der Mann der Stolz der Frau. Wird diese Ehre durch unzulässiges Verhalten verletzt, trifft das immer auch die ganze Gruppe und bei starker Kohäsion sogar alle Linien der engen Verwandtschaft oder Zugehörigkeit. Das ist in muslimischen Familien noch so stark wie das in Europa bei den Großfamilien der Fall war und bei Stammeskulturen noch ist. Die wirtschaftliche Selbständigkeit förderte den Individualismus der Kleinfamilien und löst selbst diese auf. Je stärker dieses Zusammengehörigkeitsgefühl ist, umso größer ist die „Kohäsion", die Einheits- oder Einigungskraft einer Gruppe.

## These 20

**Die Ehre eines Menschen, einer Gruppe oder Volkes ist abhängig von deren Kohäsion. Dementsprechend wird sie geachtet, verteidigt und hergestellt – mit allen zur Verfügung stehenden Mitteln – offiziell erlaubt oder nicht. Auf diesem Gebiet wird viel im Hintergrund spekuliert, manipuliert und moralischer Druck ausgeübt. Mit rechtlichen Mitteln und Wegen ist solchem Sozialverhalten kaum zu begegnen.**

### 2.2.1.4    Prestige als Analogie zu Ehre

## These 21

**Prestige[7] ist ein sozialer Wert, der einer bestimmten Gruppe von der Kultur zugesprochen wird aufgrund einer innerhalb dieser Gruppe relevanten Leistung.**

Die Wirkung in der Öffentlichkeit und auf die betreffende Person ist der sehr ähnlich, die auch von Ehre verursacht wird. Der Unterschied besteht darin, dass (vom jüdisch-christlich geprägten Menschenbild her gesehen) jedem Menschen Ehre als Grundwert ohne Vorbedingungen zusteht. Prestige erfordert jedoch eine definierte Vorbedingung, die nur innerhalb einer bestimmten Gruppe gilt. Prestige kann also nicht in einem anderen Umfeld von Menschen, die nicht der eigenen Gruppe zugehören, übertragen oder eingefordert werden, zumindest nicht in der gleichen Stärke. Ehre ist vielleicht mehr gesichert durch die Religion oder Philosophie. Auch Prestige kann abhängig sein von einem religiösen Zusammenhang, ist aber wahrscheinlich jeweils besser definierbar als Ehre. In der sozialen Auswirkung ist der Unterschied zwischen Ehre und Prestige für unsere Zwecke so untergeordnet, dass er hier vernachlässigt wird und die beiden Begriffe austauschbar sind.

Wichtig wird Prestige durch die Möglichkeit der Kalkulierbarkeit und gewissen Messbarkeit, vor allem durch den Status und die Rolle der betreffenden Person. Status wird von außen zugeschrieben aufgrund definierter Vorbedingungen, die auch nicht verdient werden; z.B. erwirbt ein Kind den Status einer adligen Familie oder einer Staatsangehörigkeit durch Geburtsrecht, andere müssen dafür viel Geld bezahlen (Apg.16,37-40; 25,28). Dagegen ist auch Ehre mit unterschiedlichem Maß zugemessen (1.Petr.3,7; 1.Tim.5,17; 6,1; 1.Thess.2,20; 1.Kor.11,7,15).

*Die Grafik ist ein Versuch, eine reale Situation innerhalb einer Stammeskultur darzustellen.*

Die Ellipse stellt die Kultur dar, die Segmente einzelne Gruppen oder Personen innerhalb dieser Kultur.

Vom exzentrischen „Mittel"punkt aus ist der „Radius" unterschiedlich lang: Das ist der Status, den diese Gruppe genießt. In diesem Falle ist dieser ausnahmslos von der Gesamtkultur zugesprochen.

Der Winkel bestimmt die Rolle, die diese Gruppe oder Person durch ihren Einfluss, ihr Wissen, ihre Persönlichkeit oder Einsatz spielt – aufgrund dieses Status. Der Status begrenzt diesen Einfluss, gibt aber auch entsprechende Möglichkeiten. Je mehr diese Möglichkeiten ausgeschöpft werden, umso größer ist die Rolle der jeweiligen Person. Hier unterscheiden sich die Personen innerhalb ihrer Statusgruppe: Manche sind an der unteren Grenze, sie haben den kleinstmöglichen Status der Gruppe. Sie dürfen nicht darunter fallen; die Kultur erwartet von jedem Gruppenmitglied eine Mindestrolle und fordert sie

---

[7] Das französische Lehnwort Prestige (lat. praestigiae für Blendwerk, Gaukeleien) steht für das Ansehen, die Wertschätzung und die Geltung, die Personen, Gruppen oder Institutionen auf Grund ihrer Leistungen, ihrer Stellung, ihrer sozialen Position oder Kompetenz bei anderen in der Öffentlichkeit genießen (Sozialprestige) und die Einfluss hat auf das Verhalten der Prestige-Person gegenüber. (Meyers Grosses Taschenlexikon).

ein. Z.B. wird von den jungen Männern erwartet, in Krisenzeiten Soldat zu sein. Anderen gelingt es, eine größere Rolle zu spielen: Sie gehen bis an die obere Grenze ihrer Möglichkeiten. Bei den Männern reicht dann der Einfluss eines bestimmten Mannes an den eines Familienhäuptlings heran. Vielleicht ist der Mann sogar mehr befähigt als der Häuptling, aber weil er der zweitgeborene Sohn ist, bleibt ihm der höhere Status verwehrt. Die jungen Frauen (Mädchen ab der Pubertät) haben einen höheren Status, weil sie durch entsprechende Heirat einen materiellen und ideellen Wert in die Familie bringen können. Sie sind „Manipulationsobjekt" oder „Trumpf" der Familienhäuptlinge. Von verheirateten Frauen wird erwartet, dass sie viele Kinder gebären – in diesem Falle möglichst Mädchen, denn Kinder sind Eigentum des Klans und bilden dessen Reichtum. Eine Frau mit vielen Kindern spielt dann eine größere Rolle.

## Grafik 7:  Status, Rolle und Prestige

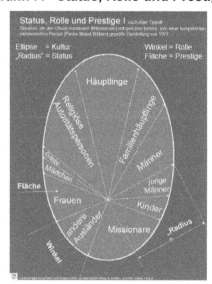

*Qv.*: Diese Grafik wird auch in Kap. 5 verwendet und in Kap. 7 noch einmal diskutiert.

An diesen Schnittstellen verlaufen auch die Kommunikationslinien. Kinder können sich nicht direkt an Häuptlinge wenden. Auch Ausländer sind gut beraten, sich an diese vorgegebenen Linien und Schnittpunkte zu halten, die dann auch individuell verändert werden können – aber nur von oben nach unten, von hoch nach niedrig. Auch wenn ein „Niedrigstatus" es will, ist ihm der direkte Zugang zu einem „Hochstatus" verwehrt: Mittelspersonen (z.B. Familienhäuptlinge) treten in die Verhandlung ein, und erst nach ausdrücklicher Erlaubnis kann eine Zwischenstufe übersprungen werden. Deshalb ist es vor allem für Ausländer wichtig, den Platz einzunehmen, der ihnen zugewiesen wird. Dann können sie die Möglichkeiten und Wege für ihre Kommunikation und die Einflussnahme erkunden und müssen auch deren Grenzen akzeptieren.

Die Fläche der Segmente berechnet sich aus Status und Rolle. Das ist das „berechenbare" Prestige der Angehörigen der jeweiligen Gruppe, nicht deren Anzahl.

Die stärksten Gruppen bestimmen die Segmente. Alle Gruppen haben durch ihre Rolle einen Einfluss darauf. Aber jede Vergrößerung eines Segments hat die Verringerung eines anderen zur Folge. Genauso wird das Prestige sofort auf andere verteilt, wenn sich ein Segment verringert, z.B. durch Unfähigkeit einiger Familienhäuptlinge. Fällt ein Segment aus, weil die Personen verstorben oder weggezogen sind, wird es durch neue Berufungen wieder gefüllt. Stehen keine Personen zur Verfügung, bleibt der Platz leer –

ein starkes Bedürfnis entsteht, ihn wieder zu füllen. Das kann unter Umständen auch erst nach Generationen geschehen.

## These 22

**Das Denksystem Ehre und Prestige und ihr Gegenpol Scham und Schande ist weit mehr als ein Empfinden einzelner Menschen, das rational umgepolt, abgeschwächt, neu formiert, gefüllt oder gewertet werden könnte: Dahinter steht ein Kultursystem, das durch die Religion aller Kulturgruppen tief im Kulturgewissen – dem Gewissen der Gesamtheit aller einer Kultur angehörigen Menschen – verankert ist.**

**Veränderungen sind nur – wenn überhaupt – durch eine Veränderung der Religion als integrale Kraft möglich, wenn diese andere, progressive Gewissenselemente stärkt. Der Einfluss ist wiederum nur möglich, wenn eine Vielzahl von Kulturangehörigen diese Religion mit den durch sie zu bewirkenden Veränderungen als positiv wertet.**

**Das kann unmöglich von Außenstehenden bewirkt werden, sondern nur von innen. Von Personen, die im kulturellen System integriert und einflussreich sind und auf Wegen, die die Kultur zulässt.**

**Die erste wichtige Veränderung wird in der Sprache vor sich gehen, weil hier die Begriffe neu definiert, neue Bedeutungs-Koordinaten zwischen den Begriffen gebildet und das Denken in ein neues System formiert werden.**

Das Schamempfinden und die Definition von Schande und Ehre sowie Prestige sind auch religiös bedingt oder verstärkt. Je nach Religion ist es überhöht und überlagert auch Rechtsverhältnisse: Die Ehre und die Vermeidung von Scham und Schande geht dann vor Recht.

Im christlichen Glauben steht jedem Menschen Ehre zu; auch das Bedürfnis dafür wurde in den Menschen hineingelegt. Hier liegen seine stärksten Emotionen. Wem auf längere Sicht seine Ehre genommen oder geschändet wird, wird aggressiv, krank, oder er vegetiert, wird mehr oder weniger unfähig, sein Leben zu gestalten. Was dem Menschen zugesprochen wurde, darf ihm nicht genommen oder abgesprochen werden. Deshalb ist es auch nicht Sünde, wenn jemand sein Prestige, seine Ehre wahren will. Nur wenn er sich nimmt, was der höchsten Autorität zusteht, von dem seine Ehre abgeleitet ist, wenn ein Christ seine Ehre über Gott stellt, nennt die Bibel das „Sünde". Säkular orientierte Menschen im Westen leiten ihre Ehre von sich selbst, ihrer Leistung, ihrem Status ab; der Beruf und die Stellung darin spielen eine Rolle. Manche Eltern wählen den Beruf ihrer Kinder im Blick die Ehre, die mit dem Beruf verbunden ist.

Alle Menschen reagieren aufgrund von Ehre und Prestige recht „empfindsam". Das ist normal, zulässig und manchmal sogar ratsam, auch für Christen. Dieses Empfinden ist in den meisten Völkern und Kulturen stärker ausgeprägt als in Zentral- und Nordeuropa.

Prestige, Ehre und die Gegenkräfte Scham und Schande sind emotionale Kräfte, die stärker als der Wille zum Leben sein können.

Den Verlust von Prestige oder Ehre empfinden wir als Scham oder Schande, in manchen Kulturen nennt man das „Gesichtsverlust". Dabei kommt wieder zum Ausdruck, dass wir dieses Empfinden mit unserem Gesicht assoziieren, dem Teil des Körpers, der am meisten der Öffentlichkeit ausgesetzt ist und durch den am stärksten die Emotionen zum Ausdruck kommen. So bedecken sich manche Menschen das Gesicht, die Augen oder deuten das an, wenn sie sich schämen oder wenn sie das signalisieren wollen. Schon bei Kindern ist dieses Verhaltensmuster erkennbar.

## These 23

**Das Gesicht ist die Analogie zu Ehre und Scham. Es ist der ausdruckstärkste Teil unseres Körpers.**

Nach unseren Verhaltensmustern ist es eine Schande, dies oder jenes zu tun. Wir fühlen uns blamiert, wenn andere etwas Unehrenhaftes über uns sagen oder uns dabei ertappen, wenn wir so etwas tun. Die Norm dafür, was unehrenhaft ist, gibt die jeweilige Kultur und Religion.

## These 24

**Scham bedeutet weit mehr als körperliche Entblößung; es geht um unsere Persönlichkeit, unser Sein, um den Schutz unseres Erscheinungsbildes vor anderen.**

### 2.2.1.5   Die Kraft und der Sitz des Gewissens

Eine eigenständige Dynamik in uns, die wir als Kaft des Gewissens bezeichnen, bewirkt, dass wir in der Öffentlichkeit möglichst vorteilhaft – was genau das ist, wird wiederum von der Gesellschaft festgelegt – erscheinen wollen. Diese Kraft aktiviert sich jedes Mal, wenn es um unser Prestige oder um das Gegenteil davon geht, um Scham und Schande. Menschen empfinden diese Elemente tief, sie merken, dass ihr „Gewissen" oder die Kraft darin auf äußere Umstände und auch auf Gedanken reagiert. Bei Prestigeverlust werden verschiedene Körpersignale als Alarmstufen ausgelöst: Wir schämen uns, und das sieht man uns meist äußerlich an: Der Blutkreislauf unserer Haut erhöht sich an bestimmten Stellen, meist im Gesicht. Wir spüren ein Kribbeln in der Bauchgegend, die Herzmuskeln reagieren, der Atem stockt, wir haben einen Schweißausbruch oder geraten ins Stottern. Das sind physische Auswirkungen, die in verschiedenen Kulturen unterschiedlich ausgeprägt sind.

## These 25

**Wo immer der Mensch das Gewissen spürt, wenn es aktiviert ist, sieht er den Sitz seines Gewissens. Im Allgemeinen ist das der Ausdruck der Emotionen.**

In der alten Welt bis in die Gegenwart wurde der Sitz des Gewissens im Herzen gesehen, weil der Puls und die Atmung meist direkt betroffen sind.

Bei den Insulanern Mikronesiens ist das die Bauchmitte, etwa um den Nabel herum. Andere Völker wollen das Gewissen in ihrer Haut, weil sie sich (durch örtliche stärkere Durchblutung, vor allem von Gesicht und Hals) rötlich färbt, oder in einem anderen körperlichen Organ verankert sehen, weil sie auf die psychischen Empfindungen physisch reagieren. Diese Beobachtung wurde in der Vergangenheit in der deutschen Kultur als schickliche Reaktion vor allem bei jungen Damen gewertet, wenn sie in Verlegenheit gerieten.

In Mitteleuropa ist das im allgemeinen das Herz. Das Alte Testament spricht sogar nur von Herz und Nieren, wenn vom Gewissen die Rede ist, wovon wiederum unser Sprichwort abgeleitet ist, wir würden „auf Herz und Nieren geprüft", eine ganzheitliche Prüfung, wenn nicht nur Wissen und Meinung, sondern auch das Empfinden zu einer bestimmten Sache oder einem Verhalten untersucht werden soll.

Die Fähigkeit zur Selbstkontrolle, z.B. über die Errötung im Gesicht, ist eine wünschenswerte Eigenschaft, die besonders reifen Menschen zugesprochen und deshalb auch von diesen erwartet wird. Durch Willensübungen können Gefühlsregungen zurückgedrängt werden. Dabei werden lediglich die Symptome unterdrückt, der Auslöser dafür ist jedoch wenig kontrollierbar. Die Reaktion dagegen wird über den Willen meist nur umgelenkt: Der Mensch wirkt versteinert, angespannt – oder überspielt diese innere Spannung durch überhöhte Heiterkeit oder betonte Gelassenheit.

## These 26

**Bei einem sog. schlechten Gewissen wird das vegetative Nervensystem durch psychische Auslöser im Gehirn, durch Empfindungen oder Gefühle aktiviert und bewirkt eine Ausschüttung von Adrenalin: Der ganze Körper, ein bestimmter Körperteil oder nur ein bestimmtes inneres Organ reagieren mit einer Art Abwehrhaltung. Der Mensch wird psychosomatisch unter Stress gesetzt. Dieser Vorgang ist die Kraft des Gewissens.**

**Die Stärke des Gewissens ist abhängig davon, wie stark die Empfindungen Scham und/oder Schuld sind und sich gegen den Willen über die Symptome auswirken. Diese Intensität ist bedingt veränderbar.**

Das zeigt den psychosomatischen Zusammenhang zum Gewissen und warum der Mensch z.B. bei einem sog. „schlechten Gewissen" nichts direkt gegen sein Empfinden tun kann. Er fühlt sich dem Gewissen manchmal sogar regelrecht ausgeliefert.

## These 27

**Das Gewissen erscheint in einer gewissen Selbständigkeit, die nur bedingt manipulierbar ist. Diese Selbständigkeit führte zu der Annahme, dass das Gewissen eine selbständige Größe, eine unabhängige Instanz des Menschen ist, der zu gehorchen ratsam ist. Das ist nur bedingt richtig.**

Dieser Zusammenhang wird später mehrfach wieder aufgegriffen.

Im Moment bleibt noch die Frage, was letztendlich diese selbständige Kraft ist, die sich des vegetativen Nervensystems bedient und eine solche Dynamik entwickelt. Ist sie das vegetative Nervensystem selbst? Dann wäre es eine psychosomatische Automation, die uns wie die Erbanlagen und andere physischen Reaktionen (wie Weinen, Lachen, Niesen oder Schluckauf) in die Wiege gegeben wird. Dann wäre auch eine größere Ähnlichkeit bei allen Menschen aller Kulturen zu erwarten: in der Reaktion auf die gleichen Zusammenhänge, auf die gleichen „Sünden", vor allem würde auch die Intensität der Reaktion auf seelische „Schmerzen" ähnlich stark empfunden. Der Mensch ist in allen Kulturen psychisch und physisch auf der ganzen Welt im Grunde sehr ähnlich. Aber die Umstände, in denen er aufwächst und lebt, sind sehr unterschiedlich.

## These 28

**Da der erwachsen werdende Mensch bei seiner Lebensgestaltung aktiv, willentlich und wissentlich mitarbeitet, ist er selbst mitverantwortlich für sein Gewissen.**

**Die Umfeldeinflüsse prägen und beeinflussen den jungen Menschen vor allem psychisch unterschiedlich stark. Das bewirkt bleibende Konstellationen in seinem Gewissen. Der eigene Wille und der Verstand des Menschen sind beim reifenden Menschen zunehmend mehr bestimmend dafür. Aber die Grundstruktur verändert sich nicht mehr.**

Die Kraft des Gewissens reagiert auf unbewusst und bewusst kognitiv gelernte und eingeübte Normen und Verhaltensmuster, und sie ist auch ohne körperliche Reaktionen aktiv. Die meisten Normen und Muster werden zwar unbewusst in den ersten etwa sieben Jahren erlernt, doch gerade diese sind am stärksten umfeldabhängig, da das Kind sich nicht willentlich dafür oder dagegen entscheiden kann. Die Muster sind in der Psyche so hartnäckig verwurzelt, dass der Mensch bewusst nur sehr geringen Einfluss darauf nehmen kann. Auch durch Spezialfachkenntnisse der Psychologie kann nur bedingt darauf zugegriffen werden. Die Reaktion auf das Gewissen geschieht intuitiv.

## These 29

**Bei Prestige- oder Ehrverlust werden Kräfte mobilisiert, die sonst tief schlummern.**

Selbst Menschen, die anscheinend durch nichts aus der Ruhe zu bringen sind oder „sich zu beherrschen" wissen, geraten spontan in Bewegung, wenn sie sich auf der Scham-Prestige-Schiene angesprochen fühlen. Bei Scham werden Menschen aggressiv und verschlossen; bei Ehre tauen sie auf, lächeln und sind freundlich.

## These 30

**Scham bedeutet also Prestigeverlust, und Prestigegewinn ist Verlust von Scham.**

Die Ehre und das Recht des Menschen leiten sich ab von der Würde, die Gott ihm gewährt und die er respektiert. Das ist auch so im ersten Artikel unseres Grundgesetzes verankert: „Die Würde des Menschen ist unantastbar." Beides steht dem Menschen zu – mehr noch, er ist darauf angewiesen, er funktioniert so: Alle Menschen brauchen Ehre und Recht für ihr seelisches Gleichgewicht. Nur ist die Gewichtung in den Kulturen unterschiedlich stark und dementsprechend auch das Bedürfnis des einzelnen Menschen: dem einen muss mehr Recht zugesprochen werden, um seine Würde zu wahren, dem anderen mehr Ehre. Aber immer sind beide Anteile beteiligt.

## These 31

**Es gibt eine autonome psychische Kraft im Menschen, die durch das vegetative Nervensystem auf gelernte und akzeptierte Normen reagiert.**

**Die vier Elemente oder Empfindungen, die dabei ausgelöst werden, sind Ehre/Prestige und Scham/Schande sowie Recht/Gerechtigkeit und Schuld.**

**Dieser Zusammenhang bildet das Gewissen als das psychosomatische „Organ" des Menschen, das ihm soziale, kulturelle und religiöse Befähigung gibt.**

Das soll für unsere Diskussion hier genügen.

### 2.2.1.6    Die Normachse: Gehorsam, Strafe und Vergebung

Das Zentrum des Gewissens, die Achse, um die es sich dreht, ist – grafisch gedacht – irgendwo zwischen den beiden Schienen Schuld und Scham gelagert: In der Darstellung die gestrichelte Linie. Sie stellt die Normen dar, die Gesetzmäßigkeiten, die sich eine Kultur gegeben hat und nach denen sie funktioniert. Sie sind zu 90% unbewusst gelernt, und wahrscheinlich sind auch 90% ungeschrieben: Kulturgut, das man erst kennen lernt, wenn man die Sprache spricht und mitten in der Kultur lebt, sich mit ihr identifiziert und sie Wert schätzt.

Ohne diese Bedingungen bleibt man Beobachter, Außenseiter, bestenfalls Gast, geduldet und auf Zeit. Verstehen lernt man die Menschen aus dieser Position heraus nicht. Verändern kann man auch nichts, und man wird auch nicht verändert. Das bedeutet auch, dass man keinen Beitrag in der Kultur leistet, es sei denn, Vorschläge werden von „Insidern", von Angehörigen der Kultur aufgegriffen, verstanden und umgesetzt. Außenseiter können höchstens vermitteln, helfen, assistieren, aber nicht gestalten. Bleibende, tiefgehende Veränderungen geschehen nur, wenn sie auf dieser Achse deutlich Spuren hinterlassen.

Wer also weder sich noch andere verändern will, macht sich nicht die Mühe Sprache, Denksysteme und Empfindungen zu verstehen.

## These 32

**Die Sprache zu beherrschen ist der Türöffner für die neue Welt, das Zeichen der Wertschätzung, die Basis, auf der Vertrauen entstehen kann. Akzeptanz findet man erst, wenn man ungeschriebene Gesetze durch teilnehmende Beobachtung lernt, ihre Anwendung erfragt und sich ihnen selbstverständlich unterstellt – soweit das die eigenen physischen und psychischen Grenzen zulassen.**

Wer nur eigene Gewinne aus seinem Kulturkontakt ziehen möchte, bleibt ein Feind der Kultur.

## Grafik 8:   Grundstruktur: Norm

Viele dieser Normen und Gesetze erscheinen dem Außenseiter so lange unlogisch und unverständlich, solange er nicht das gesamte Denk- und Empfindungssystem erfassen kann. Dieses ganzheitliche System hat sich auch in der Sprache begrifflich und grammatikalisch niedergeschlagen. Was sich auf den beiden Schienen Schuld und Scham abspielt, ist auf der Achse verankert. Weil – wie gesagt – 90% unbewusst abläuft und nur wenige Menschen innerhalb einer Kultur die inneren Zusammenhänge erklären und definieren können, braucht der Außenstehende einen langen Atem, ein hohes Einfühlungsvermögen, intelligente Lernmethoden und vor allem viel Liebe, um über sich selbst schmunzeln und die Gegebenheiten hinnehmen zu können, bis sich die ersten Zusammenhänge bilden und die Logik in dieser Kultur erkennbar wird. Solange ein Beobachter mit den Gesetzmäßigkeiten seiner eigenen Logik verstehen, urteilen und beurteilen will, steht er in der Gefahr, eher zu verurteilen. Denken und Empfinden der anderen Kultur bleiben ihm fremd. Die Begriffe Normen, Gesetze, Richtlinien oder Maßstäbe bedeuten hier dasselbe und sind austauschbar. Zwei Menschen, die ihr Leben in Gemeinschaft miteinander gestalten wollen oder müssen, kommen nicht ohne Richtlinien aus, auf die sie sich einigen. Je mehr Menschen zusammen leben, umso mehr Gesetze geben sie sich und umso differenzierter sind diese. Das Verhalten oder Denken eines Menschen hat in den meisten Fällen nur zwei Möglichkeiten: entweder man ist konform, gehorsam gegenüber den Normen oder non-konform, ungehorsam.

## These 33

**Je eindeutiger das Gesetz ist, umso eindeutiger ist die Entscheidung sich konform oder non-konform zu verhalten. Die Eindeutigkeit für die Anwendung ist dafür**

verantwortlich, dass klare Entscheidungen getroffen werden können und eine ebenso eindeutige Beurteilung des Verhaltens oder Denkens anhand des Gesetzes möglich ist.

### 2.2.1.7 Die Entstehung von Gesetzen

Gesetze entstehen normalerweise in folgender Reihenfolge:

---
**1. Grundbedürfnisse und Grundbedingungen.**
---

Eine Gruppe von Menschen lebt in einem bestimmten, meist überschaubaren geografischen, geologischen und klimatischen Umfeld. Alle Menschen haben dieselben Grundbedürfnisse, die in verschiedenen Stadien der Entwicklung einer Kultur und je nach geografischen Bedingungen unterschiedlich gut abgedeckt werden können. Menschlich absolut notwendig sind die physischen und psychischen Grundbedürfnisse (Absolute), ohne diese ist Leben nicht möglich. Es folgen die Bedürfnisse, die nach Maslow für die Bildung einer Kultur notwendig sind. Ohne Religion können viele Fragen und Probleme des Lebens nicht beantwortet werden, auch die Übergeordnete Autorität würde fehlen. Durch die Religion (Alternativ: Lebensphilosophie/Grundüberzeugung) ist die Kohäsion gewährleistet.

### Grafik 9:   Grundbedürfnisse nach Maslow

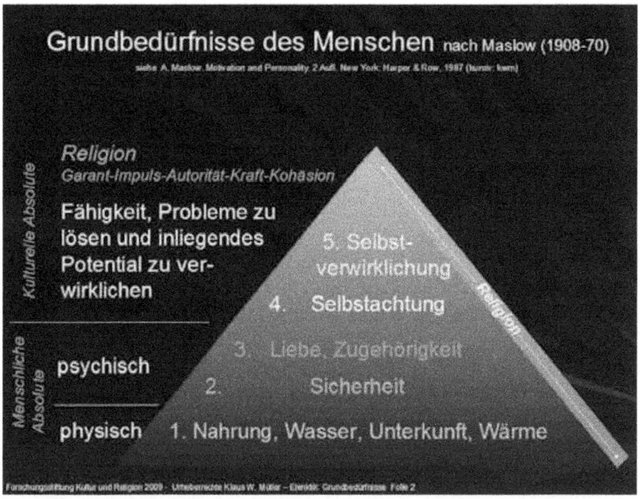

---
2. Grundwerte
---

Menschen vergleichen sich, ihr Verhalten, ihre Lebensbedingungen: Die Umstände in diesem Umfeld lassen bestimmte Bedingungen zu, nach denen das Leben gestaltet werden kann. Dafür müssen bestimmte Leistungen erbracht werden: Kraft, Arbeit, Wissen, Zeit. Diese Leistungen sind vergleichbar und deshalb messbar. Die Mitglieder der Gruppe sind darauf angewiesen, gemeinsam diese Bedingungen optimal auszuschöpfen. Wenn das gemeinschaftlich geschieht, können alle zu ähnlichen Bedingungen miteinander leben und überleben. Je besser das gelingt, umso besser sind die Lebensmöglichkeiten, der Komfort, der Standard, der Verdienst. Die Gruppe lebt von ihrer Kohäsion, d.h. der Stärkere hilft dem Schwächeren, der Gesunde dem Kranken. *Die gemeinschaftliche Verantwortung ist unverzichtbar für eine Gruppe*. Eine gewisse Toleranz ist akzeptiert: Alter,

Gesundheit, Kraft, Weisheit, Persönlichkeit. Diese Toleranz ist bei verschiedenen Gruppen von Menschen verschieden groß. Das Überleben der Gruppe hat bei dieser Gemeinsamkeit die höchste Priorität (alle sollen leben, essen, Unterkunft und Kleidung haben. Jeder Mann bekommt nur eine Frau, Kinder werden beschützt, Alte werden für ihre Lebensleistung geehrt). *Prioritäten für alle bei einer Gleichwertung aller innerhalb der Gruppe werden festgelegt.*[8]

## 3. Ideelle und Sachwerte / Individuelle und Gemeinschaftswerte

Einer oder einige haben sachliche oder ideelle Vorteile, die außerhalb der Toleranz liegen. Einer war fleißiger als der andere (hat einen zusätzlichen Garten angelegt, länger gearbeitet), er hatte mehr Kraft (Alter, weniger zu versorgende Angehörige), mehr Weisheit und Wissen (ein effektiveres Werkzeug verwendet), mehr Erfahrung (Unglück und Krankheit vermieden) und hatte dadurch Vorteile. Für Einzelne entstehen in direktem Zusammenhang damit Nachteile (Schaden, Krankheit, Hunger, Lebensgefahr, Tod). Es entsteht Neid, Diebstahl, Selbstjustiz (Faustrecht), Unfrieden, Angst. *Die Grenze der Toleranz und der Gleichwertung aller werden geprüft und in Frage gestellt.* Wann muss einer dem anderen noch helfen, wann nicht mehr? Wer muss sich für gefährliche Arbeiten zur Verfügung stellen (Verteidigung, Pioniersituationen)? Gesunde, starke, erfahrene, kluge Menschen werden ideell höher gewertet.

## 4. Begründung von Gesetzen aufgrund von Notwendigkeiten

Vermeidbare und unvermeidbare Gründe werden sortiert und formuliert. Gemeinsame und individuelle Pflichten werden definiert. Unsicherheit (Streit) entsteht, wenn sich jemand nicht „richtig" definiert und behandelt fühlt oder vermeidbar beschämt wurde, Neue Situationen entstehen (Bedrohung, Naturereignisse, Unfälle). Bis dahin nicht klärbare Situationen werden gemeinsam besprochen oder an eine kleinere Gruppe delegiert (Vertreter von Familien, Ortschaften, Gruppen). *Eine Autorität oder Autoritäten für verschiedene Belange der Gruppe werden festgelegt.* Regeln für die Vertretung sind zu finden und festzulegen (Vater, ältester Bruder, Wahlrecht). Dadurch entstehen Werte, die mit der Person verbunden werden. *Die Gleichwertung aller innerhalb einer großen Gruppe ist relativiert.*

## 5. Reaktive Autorität: Legislative (Formulierung der Gesetze)

Aufgrund einer (wiederholten) Situation werden von den Vertretern der Gruppe Gesetze formuliert, die bei Wiederholung der Situation ein besseres Überleben und Schadensvermeidung oder -begrenzung für Einzelne und vor allem für die Gruppe gewährleisten sollen. Die Gesetze werden bekannt gemacht (verbal, non-verbal, schriftlich, durch analoge Zeichen) und der Zeitpunkt des Inkrafttretens wird festgelegt. Die Vertreter der Gruppe erhalten Autorität über oder für die Gruppe. Innerhalb der Vertreter gibt es einzelne Wortführer (Formulierung, Klugheit, Persönlichkeit), die als Leiter der Gruppe akzeptiert werden. Es gibt Gesetze, die das Zusammenleben regeln und andere, die Sachbezüge regeln. *Autoritätsebenen sind entstanden.*

## 6. Proaktive Autorität: Exekutive (Durchführung der Gesetze)

Die Durchführung oder Durchsetzung des Gesetzes, die Gültigkeit oder der Wert werden in direkten Zusammenhang gestellt mit dem entstandenen Schaden, der mit dem Gesetz

---

[8] So z.B.: „Einer für alle, alle für einen."

vermeidbar wäre. Jedes Gesetz erhält damit seine Wertstellung: Es entstehen Hierachien von Gesetzen (Gemeinwohl geht vor Eigenwohl). Einzelne halten sich nicht an die Gesetze. Es entsteht Schaden für die Gruppe und für andere Einzelne. Formen der Überwachung für die Einhaltung der Gesetze werden eingeführt. Wer den Fehler bekannt macht, nimmt sich Macht über den anderen. Autorität und Macht brauchen einen Verwaltungsstatus, eine Ausführungsebene, die Gehorsam einfordern können. *Dadurch ergeben sich Machtstrukturen*. Werden diese Strukturen egoistisch missbraucht, sind die Amtsträger korrupt. Sie vertreten nicht mehr die Gruppe.

## 7. Postaktive Autorität: Judikative (Bestrafung der Gesetzesübertretung)

Kein Gesetz nützt einer menschlichen Gemeinschaft, wenn es nicht eingehalten wird. Diejenigen, die sich daran halten, also gehorsam sind, ärgern sich über jemanden, der sich darüber hinweg setzt, also ungehorsam ist. Das wirkt sich bestenfalls als störend aus, manchmal als reeller Nachteil für die anderen. Diesen Nachteil nimmt eine Gemeinschaft normalerweise nicht lange in Kauf. Die einzelnen Menschen der Gruppe sehen sich einmal rein sachlich, materiell oder körperlich angegriffen, benachteiligt oder geschädigt. Zum anderen finden sie das Verhalten der anderen ungehörig oder arrogant: Die Menschen sehen sich nicht respektiert in ihrem Status, ihr Verhältnis zu der betreffenden Person ist gestört oder beeinträchtigt. So wirkt sich die Übertretung einer Norm sachlich und emotional aus – auf der Schuld- und auf der Scham-Ebene.

Um Menschen zur Räson, zur Eingliederung in die Gemeinschaft, zur Erkenntnis der Notwendigkeit einer Gemeinschaftlichkeit, zur Anerkennung der dafür notwendigen Gesetze zu bringen, werden Strafen für deren Verletzung formuliert. Die Höhe der Strafe richtet sich nach dem Wert, den das Gesetz schützen soll und nach der Priorität, die dieser Wert im Vollzug des Lebens der Gruppe oder der Gesellschaft hat. Wenn die Höhe der Strafe auch den Status des Geschädigten berücksichtigt, ist das Gemeinwohl nicht mehr gewährleistet. Die Judikative ist dann nicht selbständig. Sie ist korrupt. Die Strafe muss sich psychisch und/oder physisch spürbar auswirken, moralisch und/oder materiell. So wie die Gesellschaft die Prioritäten und die Werte jeweils eher auf eine dieser Ebenen verlagert, wird sie auch die Strafe auf dieser Ebene vollziehen.

## 8. Vergebung und Wiedereingliederung

Die Bestrafung ist immer eine Art Aussetzung der Gemeinschaftlichkeit, eine Ächtung, eine Herabsetzung oder Beschämung. Sie entzieht dem Menschen ein Stück weit seine Lebensfähigkeit, wie sie in der Gemeinschaft der Gruppe gewährleistet ist. Je länger dieser Zustand anhält, umso mehr verringert sich die Chance der Wiedereingliederung in die Gesellschaft und die Wiederherstellung der Lebensbedingungen des „Sünders". Gesetzliche Regelungen greifen hier nur noch bedingt: die Ächtung dauert länger. Die Gesellschaft gesteht – je nach „Sünde" – dem betreffenden Menschen nicht mehr die Ehre zu, auf die er für reibungslose Beziehungen angewiesen ist. Durch materielle, sachliche Wiedergutmachung ist Vergebung leichter zu gewinnen.

*Der Strafvollzug richtet sich nach der Gesinnung, der Einstellung der Person, die den Schaden verursacht hat. Ist die Wiedergutmachung oder deren ideeller Wert gewährleistet oder ist die Person wieder bereit, die Gesetze, die Werte, die Autorität und die Gesellschaft zu respektieren, ist der Sinn der Strafe erfüllt. Die Rest-Strafe hat sich erübrigt. Dieser Vorgang ist auch die Grundlage einer Begnadigung.*

Die Grafik zeigt weitere Schritte, die bei einer funktionalen Gesellschaft auftreten. Hier werden die Notwendigkeit und die Formulierung von Normen nicht mehr berücksichtigt, sondern der normale Ablauf. Wichtig sind dabei die Interreaktionen, die durch die gegenüberliegenden Punkte und durch die Parallelen entstehen: Die Abdeckung der Grundbedürfnisse des Menschen nach den gegebenen Umfeldbedingungen ist der Ausgangspunkt.

Die Autorität wacht über Verantwortung und Werte. Angst ist die negative Kraft des Gehorsams der Autorität gegenüber. Die Bereitschaft und die Pflicht zum Gehorsam hängt mit dem Überlebenswillen der Gruppe zusammen. Ohne Autorität ist keine Angst zu erwarten. Strafe wird aus Verbindlichkeit und aus Verantwortung der gesamten Gemeinschaft gegenüber für die zu schützenden Werte vollzogen. Die Umfeldbedingungen ergeben im Laufe der Geschichte Erfahrungen, Einsichten und Logik, daraus ergeben sich Normen; die Erfahrung erkennt die Gefahr und beeinflusst den Grad der Ächtung.

Kultur besteht aus einem System von Normen für Denken, Sprache und Verhalten. Sie werden nach den Umfeldbedingungen, dem Überlebenswillen der Menschen und ihren Bedürfnissen bewusst und unbewusst formuliert, gelernt, durchgesetzt und revidiert. Dieses ganzheitliche System bildet eine Strategie, nach der das Leben einer zusammengehörigen Gruppe gesichert wird. Die Chance zum Überleben einer Gruppe besteht in der Balance des sensiblen ganzheitlichen Zusammenhangs.

## 2.3  Übergeordnete Autorität

### Grafik 10: Kreislauf des Gehorsams

Ohne eine übergeordnete Autorität, der sich auch die berufenen Leiter einer Gruppe unterstellen, wird selbst ein klug ausgearbeitetes Gesetzbuch zur Farce: Wer schützt vor Manipulation und Korruption? Was ist die Motivation zum Gehorsam? Wie lässt sich die Logik hinter dem Ganzen begründen? Worin liegt die Philosophie begründet, die dahinter liegt? Wer ist die Kraft zur Durchführung des Gesetzes? Was ist die letzte Konsequenz und was geschieht, wenn der Kreislauf unterbrochen wird?

Die Präambel[9] des deutschen Grundgesetzes[10] beruft sich als eine solche höchste Instanz über dem Gesetz auf (den jüdisch-christlichen) Gott. Damit werden der geschichtliche

---

[9] (lat.) Feierliche Erklärung als Einleitung einer Urkunde, wodurch die historisch-politische Bedeutung und Zielsetzung sowie die Motive für die getroffenen Regelungen dargelegt oder erläutert werden, ohne unmittelbare Rechtserheblichkeit. – nach: Meyers Großes Taschenlexikon.

[10] Die **Eingangsformel** lautet: 1. Der Parlamentarische Rat hat am 23. Mai 1949 in Bonn am Rhein in öffentlicher Sitzung festgestellt, daß das am 8. Mai des Jahres 1949 vom Parlamentarischen Rat beschlossene Grundgesetz für die Bundesrepublik Deutschland in der Woche vom 16. bis 22. Mai 1949 durch die Volksvertretungen von mehr als Zweidritteln der beteiligten deutschen Länder angenommen worden ist. 2. Auf Grund dieser Feststellung hat der Parlamentarische Rat, vertreten durch seine Präsidenten, das Grundgesetz ausgefertigt und verkündet. Die **Präambel** liest: Im Bewußtsein seiner Verantwortung vor Gott und den Menschen, von dem Willen beseelt, als gleichberechtigtes Glied in einem vereinten Europa dem Frieden der Welt zu dienen, hat sich das Deutsche Volk kraft seiner verfassungsgebenden Gewalt dieses Grundgesetz gegeben ... .

und ideologische Werdegang und das Fortbestehen des Staates in direkten Zusammenhang mit dieser Autorität gestellt. Eine solche Präambel stand bei der Formulierung der Verfassung der Europäischen Union zur Debatte und wurde schließlich mehrdeutig formuliert – u.a. nach Einwänden, dass Staaten mit einer anderen Grundphilosophie sich nicht gezwungen sehen wollten oder sollten, sich bei einem Beitritt zur Union einer solchen Autorität zu unterstellen.

Der erste Artikel des deutschen Grundgesetzes, unmittelbar nach der Präambel, sichert die Unantastbarkeit der Würde des Menschen. Worin liegt diese Würde begründet, wenn nicht in der übergeordneten Autorität? Kann sie ohne eine solche Ableitung hinreichend definiert werden, ohne in eine humanistische Farce zu münden? Oder macht sich der Staat dann selbst zu einer Art Gottheit? Wer genau ist dann die höchste Autorität?

### These 34

**Das Gewissen des Menschen ist ein Spiegelbild der Struktur seiner Kultur, Gesellschaft und Religion. Das politische, soziale und religiöse Umfeld-System ist das Spiegelbild des Einzelgewissens.**

Die Diskussion der Bedeutung der übergeordneten Autorität des individuellen und des Kultur-Gewissens wird in den nächsten Kapiteln fortgesetzt.

## 2.3.1   Orientierungen des Gewissens

### 2.3.1.1   Schuldorientierung

Im Beispiel zu Beginn des Kapitels wurde deutlich, dass verschiedene Menschen auf bestimmte Vorgänge unterschiedlich reagieren und sie anders werten. Liegt der Wert auf Beziehungen, empfinden sie mehr mit den Elementen Scham und Ehre. So empfanden die Nachbarn, sie meldeten sich deutlich mit Ächtung. Der Zugezogene dagegen sah darin eine sachliche Angelegenheit von Recht und Schuld und wollte das über Polizei, Rechtsanwalt und Abrechnung regeln. Er handelte gewissensmäßig „mit (gutem) Fug und Recht".

Ein schuldorientiertes Gewissen empfindet stark auf der Ebene Schuld und Recht. Die gedachte „Achse", auf der sich das Gewissen zwischen den beiden „Polen" bewegt, liegt nahe an der unteren Schiene. Das Gewissen selbst ist durch die Ovale dargestellt. Es hat eine nur geringe Berührung mit Scham und Ehre: Es nimmt diese Elemente wahr, sie sind aber nicht entscheidend für die Reaktion und Entscheidung, die daraus folgt.

Das ist bei vielen Menschen im so genannten „Westen" der Fall. Die „Platzierung" ist flexibel: Auf dem Land und in traditionellen Familien und Gruppen ist der Abstand zur Schuld-Gerechtigkeit-Schiene größer, unter der städtischen, individuell und vielleicht auch eher intellektuell geprägten Bevölkerung liegt sie sehr nahe an der unteren Schiene. Die Fläche, die das Gewissen auf jeder Schiene abdeckt, zeigt die Intensität, mit der auf jeweils dieser Schiene empfunden wird. In Zentral- und Nordeuropa sowie US-Nordamerika und Kanada[11] spielt sich das Leben in der Gesellschaft hauptsächlich zwischen Schuld und Recht ab; darauf sind die Gesetze ausgelegt. Die Berührung auf der Scham-Prestige-Schiene ist merklich, spielt jedoch keine entscheidende Rolle.

---

[11] Ausgenommen die Ureinwohner Norwegens, die Samen und Lappen, sowie die Ureinwohner Nordamerikas, die Indianer und Inuit.

## Grafik 11: Gewissensorientierung: Schuld

In der Einleitungsgeschichte empfand und reagierte der Geschädigte auf der sachlichen Schiene. Er reagierte mit „Recht", ordnete „Sünde" als Normverletzung in Sachfragen ein und definierte sie als Schuld. Die Entlastung – die Bezahlung der Rechnung – musste dem Empfinden nach auch auf dieser Schiene geschehen. Gerechtigkeit wurde gesucht, auf das Recht gepocht und Rechtsmittel in Anspruch genommen.

Die andere Schiene war ebenso angesprochen: Der Geschädigte empfand einen Prestigeverlust, jedoch stark in Zusammenhang damit, dass Ihm die Schuld für die gestörten nachbarlichen Beziehungen in die Schuhe geschoben wurde – zu „unrecht". Prestige und Scham waren nicht ganz unwichtig dabei, – er war etwas beleidigt, aber das blieb für die Regelung der Angelegenheit untergeordnet. In „Ordnung" konnte für ihn die Sache nur auf der Schuld-Gerechtigkeit-Schiene (oder nur Schuld-Schiene) kommen. Der Nachbar suchte ebenso stark eine Entlastung, aber nur auf der anderen Schiene: Er war beschämt und „verlangte" sein Prestige zurück. Die Rechnung musste er dafür nicht bezahlen, das wäre eher kontraproduktiv dafür gewesen: Seine Ehre war geschädigt; warum nun auch noch eine Rechnung dafür bezahlen?

Jede Person erlernte Gesetze, Normen und Maßstäbe, die Priorität haben für ein richtiges oder falsches Verhalten und für gerechte und ungerechte Behandlung der Angelegenheit. Aufgrund dieser Normen und deren Priorität im jeweiligen Gewissen wird mit bestimmten vordergründigen Verhaltensweisen reagiert. Ebenso der Nachbar in der Geschichte. Natürlich kannte er das Gesetz von Schaden und Ersatzleistung. Bei ihm hatte aber der Schaden seiner eigenen Ehre eine weit höhere Priorität als der fremde, sachliche Schaden, den sein Sohn verursacht hatte, zumal das ja keinen Armen traf. Das war auch bewiesen, als die Rechnung bezahlt war.

### These 35

**Es kommt auf die Priorität an, die eine Norm oder ein Gesetz in einer Kultur erhält: Der Wert, der von der Gesellschaft, auch von der Religion mit der Norm verbunden wird, entscheidet darüber, wie eine Situation von der zuständigen Autorität „gewertet", bzw. der Fall „gewichtet" wird.**

Das wurde von dem Betroffenen schnell gemerkt, als Polizei und Rechtsanwalt zunächst in seinem Sinne handelten. Dieser stand ebenfalls im öffentlichen Rahmen seines engen amtlichen Umfeldes und handelte „rechtlich", weil er das einzige Gegenüber war und das auch heftig einforderte. Als er später wieder zurückgekommen war, hatte der Fall längst weite Kreise gezogen und die betreffenden Beamten fühlten sich diesem gesellschaftlichen Umfeld verpflichtet. Seinem Urteil entsprechend handelte er jedes Mal „richtig" und empfahl schließlich dem Geschädigten aus voller Überzeugung, die Rechnung am besten selbst zu bezahlen, damit „alles wieder in Ordnung" käme. Und man hatte damit „recht" , oder?

### 2.3.1.2 Schamorientierung

## Grafik 12: Gewissensorientierung: Scham

2.2 Gewissensorientierung:              5. Scham-Orientierung

1. Wenn die Norm-Achse näher an der Scham-Prestige-Schiene gelagert ist, orientiert sich das Gewissen an diesen Werten – das ist mehrheitlich in nicht-westlichen Kulturen der Fall. Prestige und Ehre sind dann höchste Werte, die durch entsprechende Normen geschützt werden.
2. Normen orientieren sich an Beziehungsstrukturen in der Gesellschaft; deren Vertreter sind für bestimmte Gebiete zuständig, (ernannt / zugeordnet) die Autorität für betreffende Normen sind.
3. Die Autorität für die Normen bleibt außerhalb des Gewissens und tritt nur bei der Gegenwart deren Vertreter in der Gesellschaft in Kraft („significant other"- die relevante Autoritäts-Person).
4. Das Gewissen reagiert auf diese verinnerlichten Normen und Werte, wenn diese Autorität in Kraft tritt. Ein schlechtes Gewissen entsteht deshalb nur, wenn die „Sünde" öffentlich bekannt wurde.

Liegt die Achse, um die sich das Zentrum des Gewissens dreht, näher an der Prestige-Scham-Schiene, reagiert das Gewissen stärker auf diese Elemente. *Die meisten Kulturen sind so ausgeprägt, dass die Menschen stärker auf Prestige und Scham reagieren. Wir sprechen dann von einem mehr scham-orientierten Gewissen.* Dieses Gewissen hat nur kleine, schwache Berührungspunkte auf der Schuld-Gerechtigkeit-Schiene. Diese sind für den betreffenden Menschen sehr untergeordnet, kaum merklich, aber doch vorhanden. Im Allgemeinen werden die Rest-Empfindungen für Recht und Schuld unterdrückt. Das schamorientierte Gewissen reagiert zuerst und stark auf Prestige- bzw. Ehrverlust. Diese Empfindungen treten hauptsächlich durch die Beziehungen der Menschen untereinander auf; deshalb nennen wir sie die „Beziehungsschiene".

### These 36

**Auf der Scham-Ehre Schiene ist vieles nur empfindbar, weniger faktisch nachweisbar. Hier herrschen die meisten ungeschriebenen Gesetze. Vieles, das sich dabei abspielt, ist wenig „zu greifen", man kann es nicht gut „festmachen". Es handelt sich meist um eine Unzulänglichkeit, eine nicht erreichte ideale Form des Verhaltens.**

So war das im Beispiel: Die Steine wurden geworfen, weil sich die Spielkameraden als die besten Weitwerfer profilieren wollten. Hier eine Grenze für den Radius zu setzen hätte bedeutet, ihnen ihr Prestige zu begrenzen oder einzuengen. Das wäre schlimmer gewesen als der Wunsch und die Angst des neuen Nachbarn, der um seine Fenster bangte. Bei der Familie des beschuldigten Steinewerfers lagen die Empfindungen eindeutig bei Prestige und Scham. Deshalb fuhr er ein teures Auto, weil es gesehen wird, seine Kinder trugen Prestige-Kleidung, und seine Frau ging vielleicht jeden Monat zum Friseur – alles Verhaltensmuster, die Prestigegewinn vermehren und keinesfalls gefährdet werden durften. Im Haus gab es vielleicht ein komfortabel eingerichtetes Wohnzimmer, in dem

Gäste empfangen wurden; dort lief der Fernseher den ganzen Tag auf voller Lautstärke –
alles andere war für Außenstehende tabu, denn dort konnte es u.U. am Nötigsten fehlen.

Ein solcher Mensch ist einseitig auf das äußere Erscheinungsbild getrimmt, alles andere
ist Nebensache. Gute Schulnoten sind wichtig für das Ansehen der Familie, das ist die
Motivation zum Lernen. Bei schlechten Noten ist man mit dem Lehrer beleidigt, der die
Familie beschämt. Deshalb können nur Leute mit einem hohen gesellschaftlichen Status ,
die nicht angreifbar sind, Lehrer werden.

Auch Pastoren mit einem niedrigen Status haben einen schweren Stand: Nennen sie in
der Seelsorge die Sünde beim Namen oder weisen sie gar einen angesehenen Menschen
zurecht, beschämen sie ihre Gemeindemitglieder und haben mit Reaktionen zu rechnen.
So geschehen in der Anfangszeit der Missionsarbeit in Mikronesien, als einheimische
Lehrer zum Gemeindebau eingesetzt waren. Führten sie konsequent Gemeindedisziplin
durch, mussten sie damit rechnen, dass ihnen niemand mehr Essen bringen durfte. Sie
waren auf die einheimische Bevölkerung angewiesen und hungerten nicht gern und nicht
lange. Die „idang", angesehene Klanangehörige, wurden in die Ämter der entstehenden
Kirchen berufen – und blieben. Nur die wirtschaftlich und ideell unabhängigen Missionare konnten dem begegnen – bis zur Selbständigkeit der Kirche.

**Beispiel 4**

An der School of World Mission in Pasadena wurde eines Tages (1977) die niedrigste
Grenze der Noten auf „befriedigend" festgelegt: Ein ansehnlich großer Teil der Studenten aus der Zweidrittelwelt, allesamt Pastoren und kirchliche Mitarbeiter, hatten sich
über „ausreichend", „mangelhaft" oder gar „unbefriedigend" in ihren Arbeiten beschwert. Das sei beschämend für sie und sie könnten sich damit nicht sehen lassen bei
ihren Kirchen und Sponsoren. Die Schulleitung kam ihnen entgegen und teilte die Noten eins bis drei neu ein: Drei minus stand in der Kartei für mangelhaft, nach außen
hatten alle gute Noten und ein gutes Gewissen. Die schamorientierten Studenten wahrten ihr Gesicht vor ihren Leuten.

### 2.3.1.3    Sünde als Schuld oder Schande

Das jeweilige Gewissen bedeckt auf der Grafik mehr oder weniger eine der beiden Achsen – je nach Intensität des Empfindens. Bei einer Normverletzung, einer kulturellen oder
religiösen Sünde, empfindet das Gewissen den Verlust von Recht als Schuld und den
Verlust von Prestige als Scham. Je intensiver dieses Empfinden aufgrund der Sünde ist,
umso weiter wird das Gewissen in den Bereich von Scham bzw. Schuld gedrängt. Es ist
alarmiert durch den Verlust von Prestige oder Gerechtigkeit oder durch das Empfinden
von Scham oder Schuld.

Das Gewissen gerät durch „Sünde" in Bewegung, unabhängig davon, ob sie nur in Gedanken geschehen ist oder schon zur Tat wurde – unabhängig davon, ob diese „Sünde" die
Ehre oder das Recht verletzt hat. Ein „schlechtes" Gewissen ist eigentlich nicht schlecht im
Sinne eines Funktionsmangels, sondern es ist gesund, denn es zeigt Sünde an, es ist in Unruhe. Nur ein unruhiges Gewissen ist spürbar. Ein „gutes" Gewissen hat demnach auch
nichts mit „gut" als einem Wert des Gewissens zu tun, sondern es zeigt lediglich an, dass
kein Grund zur Unruhe besteht: alles ist in Ordnung, im Einklang mit der bestehenden
Norm, dem vorgegebenen Verhaltensmuster. Ein „gutes" Gewissen wird nicht gespürt.

Dabei ist für das Gewissen, dem Ehre wichtiger ist, unerheblich, ob das Recht hergestellt
ist oder nicht. Für diesen Menschen zählt nur die Ehre, das Prestige, die Beziehung also;
die Sachverhalte spielen dabei keine Rolle. Umgekehrt nimmt ein gutes Gewissen eines
Menschen, dem das Recht und die Gerechtigkeit wichtiger sind, keine Rücksicht darauf,
ob die Beziehungen durch den ganzen Prozess des „in-Ordnung-sein" gelitten haben,
gebrochen sind oder der Mensch einen Stachel in seiner Seele sitzen hat – vielleicht für
den Rest des Lebens.

**These 37**

„Sünde" ist die Übertretung einer kulturellen oder religiösen Norm, die Missachtung eines gelernten oder erwarteten, vorherrschenden Verhaltensmusters in einer
bestimmten Kultur. Deshalb kann ein und dasselbe Verhalten in einer Kultur normal, ja sogar notwendig sein und in der anderen ist es ungerecht, falsch, unsittlich,
eben „Sünde".[12]

Eine Scham-Sünde zeigt das Defizit zum idealen Verhaltensmuster der Gesellschaft;
sie ist eine Verletzung einer Norm für die notwendigen Beziehungen innerhalb einer
bestimmten Gemeinschaft von Menschen zur Gewährleistung der Abdeckung von
deren Bedürfnissen.

Eine Schuld-Sünde ist der Nachweis eines falschen Sachbezugs; sie ist eine Verletzung einer Norm, die das Überleben der Gruppe nach den Umfeldbedingungen
gewährleistet.

Der Begriff Sünde sollte deshalb unabhängig von der biblischen Bedeutung verstanden
werden. In unserem deutschen Sprachgebrauch kommt z.B. „Sünde" nur noch begrenzt
vor, unabhängig von biblischen Zusammenhängen, z.B. als „Kaloriensünde", „Um-
weltsünde", oder der Täter als „Verkehrssünder". Die Sünde ist unserer Kultur weitgehend abhanden gekommen, und damit die Schuld, oder das Empfinden für Schuld. Die
Konsequenzen daraus müssen separat behandelt werden.

## 2.4    Die Mechanismen des Gewissens

### 2.4.1    Belastungsmechanismus: Scham und Schuld

Der Belastungsmechanismus verursacht ein „schlechtes" Gewissen. **Ein schamorientiertes Gewissen wird durch Verhalten „belastet", das Scham auslöst. Wenn
diese Menschen ein sogenanntes „schlechtes" Gewissen haben, empfinden sie stark
Scham und Schande.** In westlichen Kulturen erkennen sich Menschen als schuldig,
wenn eine „Sünde" geschehen ist.

In der Grafik ist das mit den Pfeilen an den Enden der Schienen angedeutet. Ein schuldorientiertes Gewissen reagiert auf dem kürzeren Pfeil des Dreiecks schnell und stark hin
zu Schuld. Der längere Schenkel deutet an, dass auch Scham empfunden wird, aber das
dauert länger, das Scham-Empfinden ist wesentlich schwächer, oder so weit untergeordnet, dass es im Mechanismus keine Rolle spielt.

In den meisten nicht-westlichen Kulturen dagegen kommt bei einer „Sünde" kein
Schuldgefühl auf, vielmehr sehen sich die Menschen beschämt, und zwar erst dann, wenn
die „Sünde" offenbar geworden ist. Die Hintergründe dafür werden im nächsten Kapitel
erklärt. *Schamorientierte Menschen geraten durch „Sünde" nicht in Schuld, sondern
in Schande.* Der kürzere Pfeil des Dreiecks in der Grafik führt schnell und stark zu
Scham/Schande. Das ist vordergründig, hierauf liegt die Betonung. *Nur sehr untergeordnet und viel schwächer reagiert das Gewissen mit Schuldempfinden. Für die Entlastung spielt die Schuld keine Rolle.*

In unserer Geschichte zeigten weder der Nachbarjunge noch der Nachbar eine Regung
von Schuld als Verpflichtung oder Verantwortung. Die Täter rechneten nicht damit, dass

---

[12] Siehe dazu folgende Artikel über die kulturelle Definition von Sünde. Wayne T. Dye, „Towards a Cross-
Cultural Definition of sin." *Missiology*, January 1976. 27-41. Lothar Käser, „The concepts of sin and curse in
Chuuk, Micronesia." In: NAOS. Notes and materials for the linguistic study of the Sacred 10.1-3.1994: Pitts-
burgh, PA. S.29-32.

Sie alles beobachtet hatten. Erst nachdem die Polizei eingeschaltet war und die Sache Öffentlichkeitscharakter erhalten hatte, fühlten sich die Nachbarn öffentlich blamiert. Weil dies als ein Trauma erlebt wird und von der Ethik der Kultur des Nachbarn nicht erlaubt war, richteten sich alle Aggressionen nicht gegen den Täter, sondern gegen den, der ihn in Schande gebracht hatte.

### 2.4.1.1    Abwehrmechanismus: Angst

Keine Kultur kann Normübertretungen hinnehmen. Sie würde sich sonst auflösen und wäre nicht existenzfähig. Die Normen müssen durch Strafandrohung und durch Strafen aufrecht erhalten werden. Sonst würden die Normen entwertet und der Mensch wäre frei zu entscheiden, ob er sie einhalten will oder nicht. Die meisten Angehörigen einer Gruppe, einer Kultur oder Religion halten sich freiwillig und aus eigener Überzeugung an die Normen. So lebt es sich am besten – wenn die Normen human sind und die Abdeckung der Bedürfnisse gewährleistet wird. Aber es gibt auch in jeder Gruppe jene Menschen, die ihre Grenzen austesten, die egoistisch ihren Vorteil auf Kosten von anderen suchen und ihre Meinung durchsetzen, auch wenn das anderen schadet. Dann tritt die Konsequenz der Belastung in Kraft: Die Strafe. Strafe ist immer schmerzhaft: So auch die bei uns früher üblichen zugefügten Todesqualen, Folter, Prügelstrafe, die „Ohrfeige", der Klapps auf den Hintern oder die bewusste Beschämung durch öffentliche Entehrung durch den „Pranger", Entmündigung z.B. durch Einzug des Reisepasses, und öffentliche Rüge.

**These 38**

**Die Androhung der Strafe als physischer oder psychischer Schmerz macht Angst. Das genügt, um den Abwehrmechanismus auszulösen. Allein das Wissen um die logische Folge des Belastungsmechanismus, die Erwartung der Strafe, löst den Abwehrmechanismus aus: Der Mensch entscheidet sich, sein Verhalten zu ändern und sich normkonform zu verhalten.**

*Qv.*: Dieser Vorgang wird in Kap. 3 intensiv diskutiert.

### Grafik 13: Abwehrmechanismen[13]

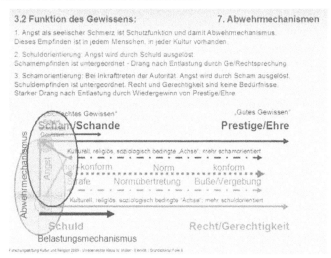

3.2 Funktion des Gewissens:                    7. Abwehrmechanismen

1. Angst als seelischer Schmerz ist Schutzfunktion und damit Abwehrmechanismus. Dieses Empfinden ist in jedem Menschen, in jeder Kultur vorhanden.

2. Schuldorientierung: Angst wird durch Schuld ausgelöst. Schamempfinden ist untergeordnet - Drang nach Entlastung durch Ge/Rechtsprechung.

3. Schamorientierung: Bei Inkrafttreten der Autorität. Angst wird durch Scham ausgelöst. Schuldempfinden ist untergeordnet. Recht und Gerechtigkeit sind keine Bedürfnisse. Starker Drang nach Entlastung durch Wiedergewinn von Prestige/Ehre.

„Schlechtes Gewissen"                                    „Gutes Gewissen"

Scham/Schande                                    Prestige/Ehre

Kulturell, religiös, soziologisch bedingte „Achse": mehr schamorientiert

nonkonform          Norm          konform

Strafe      Normübertretung      Buße/Vergebung

Kulturell, religiös, soziologisch bedingte „Achse": mehr schuldorientiert

Schuld                                    Recht/Gerechtigkeit

Belastungsmechanismus

Abwehrmechanismus            Angst

Strafen für die Übertretung einer Norm richten sich nach dem Wert der Norm in der Gesellschaft und nach dem Schaden, der angerichtet wird oder werden kann, wenn die Norm

---

[13] Vergleiche Grafik Nr. 3-2.5.3 Wertstellung der Strafe auf der CD.

nicht eingehalten wird. Die Gruppe möchte sich selbst und jeden Einzelnen vor solchem Schaden schützen.

Wir unterscheiden

1. ungewollte,

2. intendierte oder potentielle Normverletzungen,

3. Normverletzungen ohne Folgen und

4. Normverletzungen mit Folgen zum Schaden anderer und von sich selbst.

Es spielt immer auch eine Rolle,

1. ob der „Sünder" einsichtig ist, also Reue zeigt

2. oder nicht und gar

3. arrogant die „Sünde" entschuldigt, verharmlost

4. sie leugnet

5. oder sie richtig und gut bezeichnet.

*Qv.*: Kap. 4, Paradigmenwechsel

Ebenso ist bei der Strafe mitentscheidend,

1. ob der Vorgang selbst noch rechtzeitig abgebrochen wurde, um einen Schaden zu vermeiden,

2. ob der Sünder den Schaden versuchte zu begrenzen,

3. sich dazu bekannte oder

4. „Fahrerflucht" beging.

Außerdem ist zu unterscheiden, ob der Folgeschaden

1. wieder ersetzt werden kann, also eine Wiedergutmachung möglich ist

2. oder nicht.

Ungewollte Verletzungen ohne Folgen bei sofortiger Einsicht erhalten die geringste Strafe, bei manchen Verkehrsdelikten meist eine Verwarnung.

Intendierte Normverletzungen mit Folgen ohne Einsicht erhalten die höchste Strafe.

Die Strafe bewirkt die Stärkung oder Verstärkung der Norm im Gewissen, indem der dahinter stehende Wert anerkannt wird. Der Zweck der Strafe ist das normkonforme Verhalten zum Wohl der Gemeinschaft und für sich selbst. Die eigenständige Rache oder Vergeltung (Faustrecht) ist in einem demokratischen Staat verboten – unterliegt also wieder einer Norm. Damit soll eine „gerechte" Strafe gewährleistet sein, die dem Wert der Sache entspricht. Rache ist emotional geladen und überzieht die Strafe. Im Alten Testament wurde deshalb die Gleichheitsstrafe eingeführt: Auge um Auge, Zahn um Zahn. Vorher oder in Nachbarvölkern galt das Faustrecht, wobei der Stärkere das „Recht" bestimmte, oder die Vergeltung, wobei das Gefühl die Strafe meist weit über den Wert der Verletzung überzogen hat.

### These 39

**Die Unterscheidungen des Strafbewusstseins wirken sich auf die Angst des Menschen aus: Sie kann bewusst, willentlich manipuliert werden, indem man sich selbst eine höhere Autorität über die Werte der Normen zumisst oder sein Scham- bzw. Schuldempfinden beeinflusst durch entsprechende Veränderungen gelernter Mechanismen.**

### 2.4.1.2    Zusammenfassung:

➢ Die Androhung der Strafe als physischer oder psychischer Schmerz macht Angst. Das genügt, um den Abwehrmechanismus auszulösen. Allein das Wissen um die logische

Folge des Belastungsmechanismus, die Erwartung der Strafe, löst den Abwehrmechanismus aus; Der Mensch entscheidet sich, sein Verhalten zu ändern und sich normkonform zu verhalten.

➢ Die Strafe bewirkt die Stärkung oder Verstärkung der Norm im Gewissen, indem der dahinter stehende Wert anerkannt wird. Der Zweck der Strafe ist das normkonforme Verhalten zum Wohl der Gemeinschaft und für sich selbst.

➢ Die eigenständige Rache oder Vergeltung (Faustrecht) ist in einem demokratischen Staat verboten – unterliegt also wieder einer Norm. Damit soll eine „gerechte" Strafe gewährleistet sein, die dem Wert der Sache entspricht. Rache ist emotional geladen und überzieht die Strafe. Im Alten Testament wurde deshalb die Gleichheitsstrafe eingeführt: Auge um Auge, Zahn um Zahn. Vorher oder in Nachbarvölkern galt das Faustrecht, wobei der Stärkere das „Recht" bestimmte, oder die Vergeltung, wobei das Gefühl die Strafe meist weit über den Wert der Verletzung überzogen hat.

> *Qv.*: Grafik 3-2.5.3 Strafe als gesellschaftliche Wertstellung auf CD

➢ Der Strafvollzug richtet sich nach der Gesinnung, der Einstellung der Person, die den Schaden verursacht hat. Ist die Wiedergutmachung oder deren ideeller Wert gewährleistet oder ist die Person bereit, die Gesetze, die Werte, die Autorität und die Gesllschaft zu respektieren, ist der Sinn der Strafe erfüllt. Die Rest-Strafe hat sich erübrigt.

➢ Dieser Vorgang ist auch die Grundlage einer Begnadigung.

➢ Die Normen müssen durch Strafandrohung und durch Strafen aufrecht erhalten werden. Sonst würden die Normen entwertet und der Mensch wäre frei zu entscheiden, ob er sie einhalten will oder nicht. Die meisten Angehörigen einer Gruppe, einer Kultur oder Religion halten sich freiwillig und aus eigener Überzeugung an die Normen. So lebt es sich am Besten – wenn die Normen human sind und die Abdeckung der Bedürfnisse gewährleisten.

➢ Aber es gibt auch in jeder Gruppe Menschen, die ihre Grenzen austesten, die egoistisch ihren Vorteil auf Kosten von anderen suchen und ihre Meinung durchsetzen, auch wenn das anderen schadet. Dann tritt die Konsequenz der Belastung in Kraft: Die Strafe. Strafe ist immer schmerzhaft: So auch die bei uns früher üblichen körperlichen Strafen.

## 2.4.2   Die erste Straftat: Angst geweckt (1.Mo.4)

Im Alten Testament ist der Brudermord des Kain als erste Straftat geschildert. Dabei ist erkennbar, was im Gewissen vor sich geht, wenn ein Mensch in der Selbständigkeit eine Norm von Gott als Autorität übertritt.

**V.3-5**: Kain erkennt nach seinem eigenen Ermessen, dass Gott das Opfer Abels „gnädig ansah" und sein eigenes „nicht gnädig". Kain war vielleicht neidisch, wahrscheinlich sogar sehr erbost. Er hatte seine Gefühle nicht unter Kontrolle – unter welcher auch?

**V.6-7**: Gott meldet sich bei Kain und verwarnt ihn; er gibt ihm Hilfestellung, wie er mit dem Konflikt in sich selbst umgehen soll, wie er ihn einordnen und unter Kontrolle halten kann:

1. „Fromm sein" ist (frei übertragen) den Gedanken Gottes entsprechen: Freier, offener Blick – gutes Gewissen!

2. „Nicht fromm sein" – ein schlechtes Gewissen: Er will intendiert, potentiell die Gedanken Gottes übertreten. „Die Sünde lauert vor der Tür, hat Verlangen nach dir. Herrsche über sie!"

   a) Kain kann sich der Sünde öffnen oder verschließen. Die Werte Gottes akzeptieren (Sünde vermeiden) oder verwerfen (potentielle Sünde).

b) Es gibt eine willentliche Entscheidung für oder gegen die potentielle Sünde. Kains freier Wille zieht ihn zur Verantwortung. Er kann nicht Gott verantwortlich machen für seine „Sünde".

**V.8**: Kain täuscht seinen Bruder: Intendierte Sünde. Als sie unbeobachtet waren, erschlägt er ihn: Vollzogene Sünde mit unumkehrbarer, nicht wieder gut zu machender Folge.

Die Strafe, die Kain vollzieht, war zum einen – nach heutigem Empfinden – dem Wert des Neids oder Verlust des Ansehens zu hoch. Zum anderen traf sie die falsche Person: Gott hat über die Gnade entschieden – gegen Kain. Kain erlitt einen Ehrverlust vor Gott. Kains Reaktion traf den, an dem der Ehrverlust deutlich wurde. Er hat schamorientiert reagiert und wollte durch den Strafvollzug an Abel seine Ehre retten – oder wenigstens die Ehre Abels ebenso schädigen.

**V.9**: Dialog Gott und Kain:

a) Wo ist Abel? Parallele zu 1.Mo.3,9: Adam, wo bist du? – Eine Standortbestimmung ist eingefordert. Adam und Kain werden zur Rechenschaft gezogen von der höheren Autorität. Hier ist die Stellung zur Autorität abgefragt: Konform oder nonkonform? Anerkannt oder verachtet?

b) Kain verharmlost seine Tat, leugnet die Verantwortung dafür, lehnt sie ab. Er isoliert sich dadurch von der (jetzt nicht mehr vorhandenen) Gruppe.

Kain stellt die Autorität in Frage, von der er intuitiv die Ahnung hat, dass sie die Verantwortung für seinen Bruder als menschliche Gemeinschaft, die aufeinander angewiesen ist (einer hat Schafe, der andere Feldfrüchte) für normal empfindet: „Soll ich meines Bruders Hüter sein?" ist eine Parallele zu der Frage der Schlange: „Sollte Gott gesagt haben...?" (1.Mo.3,1).

**V.10**: Gott nimmt die Straftat auf, formuliert den Tatbestand: Mord „schreit" – er ist im Gewissen nicht ruhig zu stellen. Die „Sünde" meldet sich, sie bleibt erhalten. Sie bleibt im Gewissen wach. Die Autorität lässt das nicht durchgehen.

**V.11**: Die Strafe wird gewertet: Fluch ist das Gegenteil von Segen. Trennung von Gott ohne Möglichkeit der Rückkehr, weil auch die Sünde unumkehrbar ist.

**V.12**: Auswirkung der Strafe: Erfolglosigkeit, Sinnlosigkeit, Unsicherheit, Verfolgung: *Angst!* Die Grundbedürfnisse können nicht mehr abgedeckt werden. Die Lebensgrundlage ist entzogen: *Angst wird generiert.*

**V.13**: Der Brudermörder empfindet die ihm von Gott auferlegte Strafe „zu schwer zu tragen." Strafe und der repräsentierte Wert werden nicht identisch gesehen. Nach der Übersetzung von Luther: „Meine Sünde ist größer, als dass sie vergeben werden könnte." Keine Strafe kann den Wert bemessen, der mit der Sünde zerstört wurde.

**V.14**: Kain realisiert den Wert hinter der Strafe: Trennung von Gott bedeutet schutzlos und der Lebensgrundlage entzogen, den Menschen ausgeliefert sein; er kann sich vor Menschen und vor Gott nicht mehr sehen lassen – die Unehre ist zu groß. *Er hat blanke Angst.*

Die Menschen lebten einige hundert Jahre lang (1.Mo.5) und vermehrten sich in dieser Zeit rasant. Die Tat Kains blieb nicht unbekannt, er musste damit leben, dass sich die Menschen seiner Sünde bewusst waren. Flucht vor den Augen Gottes – aber den Augen der Menschen hält er stand: Die Autorität macht den Unterschied.

**V.15**: Gott begrenzt die Strafe: Willkürlicher Totschlag für den Brudermord wird ausgeschlossen. Sein Leben wird gewertet: Siebenfältige Rache für ihn!

**V.16**: Räumliche, geografische Trennung Kains von Gott.

**V.17**: Kain hat die neue Lebenschance wahrgenommen.

**V.23**: Lamech, ein Enkel Kains, sprengt den Rahmen für Strafe:

Für Lamech ist das Leben eines Mannes zu nehmen die Strafe für eine Wunde, das Leben eines jungen Mannes die Strafe für eine Beule! Dazu nimmt sich Lamech die Autorität über andere, hebt den Wert seines Lebens weit über das seines Großvaters Kain: Siebenundsiebzigfache Rache! Lamech nimmt sich damit selbst die Angst vor jedem Menschen durch die Manipulation von Autorität, Werten und Belastungsmechanismen. Die Wertung seines Körpers ist überzogen. Faustrecht erzeugt Angst!

### These 40

**Wenn sich ein Mensch überhöhte Ehre zuschreibt, sich selbst nicht mehr im Kontext einer menschlichen Gemeinschaft einschätzen kann, kommt bei denjenigen Angst auf, die sich diesem Menschen ausgeliefert sehen.**

Erst in 2.Mo.21,24, einige Zeitalter später! wird diese Willkür auf die Gleichwertigkeit aller Menschen eingeschränkt: Auge um Auge, Zahn um Zahn. (3.Mo.24,20; Mt.5,38) Die Angst der Menschen vor Menschen wird gemindert, berechenbar.

## 2.4.3   Gewissensangst als Analogie zu Schmerz

Angst ist ein Phänomen, das jeder Mensch erlebt, empfinden kann – und fürchtet. Sie kann ebenso wenig kontrolliert werden wie das Empfinden von Scham und Schuld und funktioniert in einer bestimmten Eigenständigkeit.

Wenn ein Mensch keine Angst kennt, wird er rücksichtslos, geht zu hohe Risiken ein, setzt sein Leben aufs Spiel. Angst ist eine Schutzfunktion für den Menschen, um Gefahren abschätzen zu lernen, Werte einstufen zu können, das Leben zu schätzen. Angst ist ein seelischer, also psychischer Schmerz.

Die physische Analogie zu Angst ist der körperliche Schmerz. Ohne diesen würde sich der Mensch körperlich zerstören, weil er keine Rücksicht auf Einschnitte, Unregelmäßigkeiten oder Dysfunktionen nehmen würde. Es gibt Menschen, die keinen Schmerz fühlen; sie verstümmeln sich bis zur Lebensunfähigkeit und müssen vor sich selbst geschützt werden. Dagegen ist andauernder Schmerz unerträglich, kann den Menschen zu unberechenbaren Handlungen treiben.

Angst steht immer auch in direktem Zusammenhang mit Strafe, weil dabei die Existenz des Menschen in Frage gestellt wird: Gewissensangst ist eine hilfreiche, eher notwendige psychische Schutzfunktion zum Erhalt des Lebens innerhalb einer menschlichen Gemeinschaft. Sie wird nach bestimmten, gelernten, verinnerlichten, sozialen und psychischen Mechanismen ausgelöst und aufgelöst. Sie wehrt Gefahr ab.

Gewissensangst ist das Gegenteil von Gewissensfrieden. Über beiden steht eine Autorität, die der Mensch selbst sein kann. Fehlt in einer Gesellschaft die Angst, besteht u.a. auch keine anerkannte Autorität. Ist sich der Mensch selbst Autorität und erhebt diese über die gesellschaftliche, manipuliert er seine Angst durch willentliche, rationale Kontrolle und Machtausübung über bestimmte Zusammenhänge.

### These 41

**Jede Kultur und auch jede Religion haben klar definierte Belastungsmechanismen, die immer auch Angst erzeugen. Sind diese Mechanismen in Gesellschaft, Kultur und Religion deckungsgleich, wirkt die Angst stark und schnell. Ist ein Mensch wenig religiös und auch gesellschaftlich nicht verpflichtet, greift der Mechanismus nur schwach. Ein schwacher Mechanismus weist auf eine schwache Autorität. Autoritäten gewährleisten die Durchsetzung der Mechanismen und den Erhalt der Werte. Sind die Mechanismen von Religion und Kultur gegenläufig, heben sie sich unter Umständen auf – oder der Mensch ist hin- und hergerissen. Die stärkere Autorität wird sich im Gewissen durchsetzen.**

**Angst ist der Abwehrmechanismus im Gewissen des Menschen; er wird selbständig ausgelöst durch den verinnerlichten Belastungsmechanismus.**

## 2.4.4    Angst-orientiertes Gewissen

Die Mechanismen sind so stark verinnerlicht, dass automatisch eine Strafe erwartet wird, nachdem eine Normübertretung geschehen ist. Selbst bei dem Gedanken daran tritt Angst auf. Die Gewissensangst bezieht sich vor allem auf den Schmerz der Strafe, z.B. den drohenden Prestigeverlust in der Öffentlichkeit, oder auch materielle Konsequenzen.

**These 42**

**Durch den Belastungsmechanismus entsteht Angst, Angst vor der Strafe, oder Angst durch Strafe. Manchmal löst schon die Erwartung der Strafe Angst aus und wird dann selbst als Strafe empfunden.**

**Schon allein der Verlust von Prestige, das Schamempfinden, ist für die meisten Menschen so traumatisch, dass allein der Gedanke daran zur Angst wird.**

Niemand auf dieser Welt liebt Angst. Jeder versucht, sie zu vermeiden. Das ist eines der Merkmale des Gewissens, die weltweit in allen Kulturen zu finden sind. Wenn im Bewusstsein klar wird, dass die Konsequenz einer „Sünde" Strafe ist, die Angst auslöst, wird die Tat der „Sünde" vielleicht schon in Gedanken abgebremst. Das ist wie gesagt der Abwehrmechanismus des Gewissens.

Hätte der Nachbarjunge in der Geschichte geahnt, dass er beobachtet ist und die Sache der Polizei gemeldet wird, er also der Öffentlichkeit preisgeben wird, hätte er, wenn er gekonnt hätte, den Stein vielleicht noch im Flug abbremsen wollen. So aber kam es zum klirrenden Unglück. Durch seine starke Beziehungsorientierung war sich der Junge bewusst, dass er seine ganze Familie in Schande bringen würde. Die erste Reaktion war deshalb Flucht. Dadurch wird die Schande zwar nicht aufgehoben, aber zumindest aufgeschoben.

Sind Menschen extrem konservativ erzogen, z.B. in einer eher in sich geschlossenen Gesellschaftsgruppe oder in einer religiös orientierten Gemeinschaft, treten die Mechanismen sehr viel deutlicher in Kraft. Die Mechanismen werden meist durch eine starke hierarchische oder diktatorische Autorität, die sich weder hinterfragen noch ablösen lässt, enorm verstärkt. Z.B. behielten einige Gruppen der russlanddeutschen Aussiedler ihre starke Kohäsion als Abgrenzung zur modernen deutschen Kultur bei. Sie bilden eine Subkultur, in der andere, wesentlich stärkere Normen und Mechanismen vorherrschen als außerhalb. Oder die türkischen Subkulturen in bestimmten Berliner Stadtteilen: Sie sind meist streng strukturiert nach religiösen Gesetzmäßigkeiten, die durchaus auch den Normen der „Leitkultur" widersprechen können. Das kommt z.B. dann zur Auseinandersetzung, wenn Eltern ihre Kinder aus ethischen Gründen nicht zum Sportunterricht gehen lassen oder ihre Kinder lieber zuhause unterrichten, um sie nicht den Einflüssen der Evolutionslehre oder des Sexualunterrichts auszusetzen. Dieser soziale Ungehorsam wird nicht als Sünde gewertet, sondern als religiöses Bekenntnis.

In Paraguay bezeugte ein früherer Zauberer durch viele Beispiele, dass das Leben in der animistischen, von der Stammesreligion geprägten Weltanschauung der Mbya-Indianer von der Geburt bis zum Tod von Angst beherrscht ist. Er selbst hatte als religiöser Fachmann darauf zu achten, alle religiösen Vorschriften einzuhalten und wusste sich durch Rituale und Medizinen zu schützen. Hatte er aber einen solchen Mechanismus vollzogen, wurde dadurch ein anderer ausgelöst, oder die neue Situation erforderte erneute Maßnahmen. Seinem Wissen nach gab es in seinem Volk und durch dessen Religion keinen Ausweg aus der Angst. Sie verfolgte die Menschen auf Schritt und Tritt, holte sie auf Reisen ein. Auch ein Ethnologe, der seine Forschungen auf der Insel Lamochek in Mikronesien durchführte, kam zu dem Schluss: Die Angst umgibt die Menschen wie das Meer die Insel. Die Beispiele lassen sich auf Teile Afrikas und Asiens ausweiten.

Die religiöse Autorität und deren Normen sind in diesem Fall so eng und stark auf die Belastung des Gewissens ausgelegt, um die Menschen zu manipulieren, zu kontrollieren. Der Freiraum zur privaten, eigeninitiativen Lebensgestaltung ist gleich null. Deshalb sind die Menschen keinen Moment sicher, ob sie nicht eine „Sünde" begangen haben, für die eine Strafe folgt. Jeder kleine Unfall, jedes Missgeschick wird als Strafe gedeutet. Die Straferwartung ist immanent.

### These 43

**Die Mechanismen Belastung und Abwehr mit ihren Einzelelementen Sünde, Schuld und Scham verschmelzen im Empfinden einer permanenten Angst.**

Der psychische Druck ist entsprechend enorm. Das bewirkt eine Isolation und Abschottung, eine Abhärtung gegen jede Innovation: Auch nach jahrzehntelanger, liebevoller Aufopferung von vielen Missionaren in der Krankenpflege, im Schuldienst und in der landwirtschaftlichen Entwicklungshilfe blieben die Mbya-Indianer im Vergleich zu Indianern anderer Ethnien der christlichen Botschaft gegenüber wenig zugänglich.

Das ist vermutlich auch der Grund, warum in Indien nach 300 Jahren westlicher Missionsarbeit nur bestimmte animistisch orientierte Volksgruppen das Christentum angenommen haben. Der Großteil der hinduistischen „Religionskultur" blieb bis heute resistent: Starke Autoritätsstrukturen, die sich durch Religion, Gesellschaft und Staat hindurch ziehen, straff organisierte Wertungen der Gesellschaftsschichten in Kasten sowie der Frauen weit unter den Männern, und wenige, aber eindeutige Normen, die keine Unterscheidung zwischen religiös und kulturell zulassen, belegen das Leben mit einer unterschwelligen Angst, mit der die Menschen manipuliert werden können. Jeder Besuch in einem Tempel verstärkt diese Angst – man versucht, einen Angstritus durch einen anderen zu lindern. Es gelang nur wenigen Menschen von innen oder außen, dieser Struktur zu begegnen: In jüngerer Vergangenheit bezeichnenderweise am besten der charismatisch-christlichen Botschaft. Durch eine starke menschliche Führung und Betonung der Autorität Gottes, mit ebenso eindeutigen – nach christlichen Werten orientierten – Normen, einer durch transparentes Leben überzeugenden Botschaft, die humane Gott-Mensch- und Mensch-Mensch-Beziehungen fördert, und einer starken Gemeindekohäsion, die sich auch gegen offizielle und inoffizielle inhumane Verhaltensmuster stemmt. Interessant ist, dass bei den Menschen dabei zuerst die Angst weicht.

### These 44

**Wenn starke, strenge, enge kulturell-religiöse Zusammenhänge das Leben beherrschen, kann von einer Angst-Kultur mit einem Angst-Gewissen gesprochen werden.**

#### 2.4.4.1    Entlastungsmechanismus: Gewissensfrieden

Nicht nur bei Kindern ist feststellbar, dass auch die Angst wieder bewusst abgebaut werden muss. Deshalb bitten sie manchmal geradezu um die Strafe, damit die Entlastung eingeleitet wird. Auch bei Erwachsenen ist gelegentlich festzustellen, dass sich ihr Gewissen erst wieder beruhigt, wenn die Strafe wirklich vollzogen ist. Ein Zuspruch der Vergebung genügt dann nicht, auch nicht wenn die Straftat durch geringschätzige Bemerkungen „heruntergespielt" wird (Das war doch gar nicht so schlimm! Das machen doch alle so! So genau braucht man das nicht zu nehmen! Das wird schon wieder! Die haben das doch gar nicht gemerkt! Das tut denen doch nicht weh!)

So kommt es vor, dass eine Straftat zwar vom Gericht nie aufgeklärt werden kann, aber das nach religiösen Werten orientierte Gewissen bleibt belastet. Der Mensch stellt sich nach Jahren der verblüfften Polizei. Das Bedürfnis nach Entlastung ist stärker als die Schande, die man seither zu vermeiden versucht hatte.

In unserer Beispielgeschichte löste sich die Spannung auf, ohne dass in der Sachfrage das Recht hergestellt worden wäre. Das war im Empfinden des Nachbarn auch nicht nötig, nachdem er seine Ehre wieder gewonnen hatte: das war die für ihn wichtige Entlastung. Sein Gewissen war wieder beruhigt, als keine öffentliche Schande mehr im Raum stand – keine offene Rechnung, keine Erwartung, sich noch mehr zu blamieren. Er dachte nicht im Traum daran, die Rechnung nachträglich zu bezahlen. Der Geschädigte selbst leitete die Entlastung ein, indem er die Rechnung bezahlte: das war die Möglichkeit, Notwendigkeit und Bedürfnis für ein gutes Gewissen. In den Augen der Nachbarn wurde deutlich, dass der Geschädigte seine „Sünde" eingesehen, sich dazu gestellt und in Ordnung gebracht hatte. Daraufhin gewährte der Nachbar Vergebung, und dem Frieden stand nichts mehr im Wege. Es blieb nur noch der Groll, weil sich der Geschädigte nach seinem eigenen gewohnten Mechanismus nicht entlastet fühlte, und weil sich die Gewissens-Entlastung des Nachbarn auf dessen Kosten vollzog. Die Interpretation des Vorgangs war auf beiden Seiten verschieden, aber effektiv.Ein „gutes" Gewissen ist in Ruhestellung, man spürt es nicht, der Mensch fühlt sich im Einklang mit seiner Kultur, seiner Religion und deren Gesetzmäßigkeiten. Es herrscht Friede im Menschen, wenn er sich in Harmonie mit den Gesetzen und Normen seiner eigenen Kultur befindet.

### Grafik 14: Entlastungsmechanismen

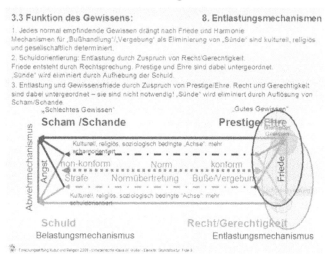

### These 45

**Der Entlastungsmechanismus wird eingeleitet durch die Auflösung des belastenden Elements, der „Sünde". Die muss vergeben, der Schaden ersetzt und die Beziehung wieder in Ordnung gebracht werden. Kein Mensch könnte in einer Gesellschaft mit anderen zusammenleben ohne diese sozialen Mechanismen, die im Gewissen verankert sind. Abwehr-, Belastungs- und Entlastungsmechanismen sind Funktionen des Gewissens, die in jeder Kultur verschieden arbeiten. Vor allem aber unterscheiden sie sich in schamorientierten Kulturen von denen in schuldorientierten Kulturen.**

**Wenn keine Entlastung möglich ist, z.B. bei einem Mord, wird der Sünder lebenslang von der Gesellschaft isoliert; sie wird vor ihm geschützt, vor allem wenn die Gefahr der Wiederholung besteht. Deshalb ist das Gewissen nicht entlastet, wenn „nur" Ersatz geleistet wurde. Misstrauen bleibt: „Wer einmal lügt, dem glaubt man nicht, auch wenn er doch die Wahrheit spricht." Die Beziehung zum Umfeld verlangt noch einige wichtige Zeichen vom „Sünder", bevor es ihn wieder nahtlos in die Beziehung aufnimmt.**

Die Gewissensentlastung, also die Sünde gegenüber einer Autorität und gegenüber bestimmten Menschen, wenn diese betroffen wurden, erfordert eine Gehorsamsbereitschaft der Norm gegenüber. Die wird signalisiert durch Zeichen der „Buße" über die „Sünde". In unserem Sprachgebrauch wird dieser Begriff nur noch im Zusammenhang mit Geldstrafe verstanden. Wenn der Betrag überwiesen ist, meint man auch der gesamten Angelegenheit „Rechnung getragen" oder „Genüge geleistet" zu haben. Das ist nur bedingt richtig und genügend für eine Entlastung des Gewissens. Wenn ein Raser „geblitzt" wurde und seine „Buße" bezahlt hat, ist noch lange nicht gewährleistet, dass er Einsicht hat und in Zukunft die Geschwindigkeitsbegrenzungen einhalten wird. Für diese „Erinnerung" hat unser Staat noch die „Punkte" in Flensburg erfunden, die sich durch weitere Delikte ansammeln und dann gravierende Folgen haben können. Jedenfalls ist die Bußhandlung nicht abgeschlossen, so lange die Punkte nicht gelöscht sind. Das kostet Zeit.

Zur Entlastung des Gewissens sind deshalb weitere deutliche Maßnahmen notwendig: Der Sünder muss in Zuspruch und Verhalten zu erkennen geben, dass er in die Gemeinschaft zurückkehren will. Er muss seine Sünde beim Namen nennen und vor der Autorität bekennen, welche Norm genau übertreten wurde und dass das falsch, also Sünde war, was geschehen ist. Dann muss die Bitte um Vergebung oder Entschuldigung ausgesprochen werden. Dabei wird der Wert der Norm benannt und anerkannt. Auch das Versprechen ist wichtig, die Norm in Zukunft einhalten zu wollen und Kontrollmaßnahmen dafür zuzulassen oder sich diesen zu unterstellen, bis das neue Verhaltensmuster eingeübt und glaubwürdig selbständig durchgehalten werden kann. Dann erst kann der Sünder langsam darauf hoffen, dass ihm sein gesellschaftliches Umfeld wieder Vertrauen schenkt. Wenn dieses Vertrauen zugesprochen wird, ohne eine Bußhandlung vollständig geleistet zu haben, bringt die geschädigte Person dem Sünder Gnade entgegen: Unverdiente Entlastung.

Wenn die Sünde in der Öffentlichkeit geschehen ist und Menschen dadurch zu Schaden gekommen sind, darf sie nicht verharmlost werden. Die „Bußhandlung" muss ebenso in einer angemessenen öffentlichen Form geschehen, wobei ein Ersatz, wenn überhaupt möglich, geleistet wird. Im christlichen Entlastungsmechanismus ist die Sünde in Bezug auf das Wort als Norm Gottes zu benennen. Vor dieser ist jede Sünde zu verantworten, in bestimmten Fällen auch vor den von der Sünde betroffenen Menschen. Nach entsprechender Strafhandlung wird von Gott durch seine Beauftragten Vergebung zugesprochen. Die Strafe kann in vielen Fällen nicht als Ersatz dienen. Hier tritt dann die Gnade Gottes in Kraft. Der „Sünder" wird wieder „gerecht gesprochen" vor Gott, weil Jesus Christus eine anerkannte Ersatzhandlung geleistet hat: Die Sünde wurde gesühnt durch die Strafe als Konsequenz durch seinen persönlichen Tod stellvertretend für die Menschen. Die Gerechtigkeit wurde wieder hergestellt durch den Entlastungsmechanismus der Buße und Vergebung. Die Entlastung geschieht dadurch, dass Gott wieder Gerechtigkeit herstellt zwischen ihm und dem Menschen.

**Auch bei weniger religiösen Menschen unserer Kultur funktioniert die Entlastung des Gewissens ebenfalls hin zu Recht oder Gerechtigkeit.** Das ist durch den kürzeren Pfeil in der obigen Grafik „Entslastungsmechanismus" angedeutet: Hier reagiert das Gewissen schnell und stark. **Die Wiederherstellung der Ehre und des Prestiges ist zwar wichtig, aber in der westlich orientierten Rechtsprechung deutlich untergeordnet, manchmal sogar eher störend.**

**In einem schamorientierten Gewissen funktioniert der Entlastungsmechanismus nicht, wenn dabei Recht und Gerechtigkeit angestrebt werden.** Hier weist der kurze Pfeil auf Ehre und Prestige. **Das Gewissen ist erst entlastet, wenn das Prestige und die Ehre der Beschämten wiederhergestellt werden, unabhängig von Recht und Gerechtigkeit.** Ein „Rechtsanwalt" in solchen Kulturen wird also bestrebt sein, alles zu tun, die Ehre des Betroffenen zu „retten". Die gesamte Gruppe übt dahingehend Druck aus. Jeder hat Sympathien für den, dessen Prestige durch die „sündhafte" Verhaltensweise verloren gegangen war. Das erfordert andere Vorgehensweisen.

*Qv.*: Aufgreifen der Gedanken in anderen Zusammenhängen in den folgenden Kapiteln

Der Nachbar brauchte nicht „dem Recht Genüge tun", indem er die Rechnung bezahlt, um sein Gewissen zu entlasten. Das ist eine völlig unlogische Forderung für ihn. Er braucht Zeichen der öffentlichen Ehre. Die Höhe der Strafe für die Sünde wird nicht im Sachwert bemessen, sondern im ideellen Wert des Gesichtsverlusts, des Ehrverlusts, der Schande, der Beschämung. Das kann sehr viel schwerer wiegen als der Sachwert. Deshalb erscheinen Strafen in schamorientierten Gesellschaften manchmal „ungerecht" hoch, unangemessen und völlig irrelevant für das Empfinden von schuldorientierten Menschen.

## These 46

**In den meisten Fällen muss eine Zwischenautorität bemüht werden, die den Vorgang im Entlastungsmechanismus „moderiert". Das kann wochenlange Verhandlungen kosten. Der Sünder selbst tritt dabei meist überhaupt nicht in Erscheinung. Das Gewissen wird entlastet, es kann entlastet werden, aber nach anderen Gesetzmäßigkeiten. Ein westlich orientierter Mensch kann in solchen Verhandlungen nur Fehler machen. Erschwert wird der Entlastungsmechanismus, wenn sich der Ausländer die Autorität in dieser Sache anmaßt und Bedingungen stellt, die weitere Belastungen nach sich ziehen.**

Es gibt schamorientierte Kulturen wie die der Daba- und Bana-Gruppen in Nordkamerun, deren Entlastungsmechanismus geringe bis keine Chancen zur Versöhnung zwischen Menschen bietet. Das wirkt sich fatal auf das christliche Gemeindeleben aus. Um funktionale Beziehungen und Harmonie zwischen Parteien zu schaffen, müssen weite Wege gegangen werden, schwierige Verhandlungen geführt und viel Überzeugungsarbeit geleistet werden.

Der Ausländer als Entwicklungshelfer, Arzt, Ingenieur, Politiker oder Missionar kennt meist den Hintergrund nicht, aufgrund dessen schamorientierte Menschen empfinden und handeln. Er wird deshalb schwerlich ein Schuldbewusstsein entdecken, wenn eine Übertretung einer kulturellen Norm geschehen ist. Dieses kulturelle Empfinden wird von schamorientierten Menschen, die Christen geworden sind, auch auf die Gemeinde übertragen. Sie verlieren ihre Gewissensmechanismen nicht, sie sind tief im Unterbewusstsein verankert.

### Beispiel 5

Deshalb kam es den Leuten in einem afrikanischen Stamm ganz entgegen, dass der einschlägige Passus im Vaterunser, „und vergib uns unsere Schuld", von einem Missionar mit seinen unvollkommenen Sprachkenntnissen so übersetzt worden war: „Und erwische uns nicht, wenn wir der Versuchung nachgeben." Vielleicht hatte er anhand von Beispielen erfragt, wie die Leute „Schuld vergeben" ausdrücken würden, und er übernahm deren Antwort, ohne sie nach dem biblischen Zusammenhang zu prüfen. Dann wurde jahrzehntelang so in der christlichen Gemeinde gebetet, mit dem Verständnis, dass es Jesus selbst so gelehrt hätte, und man empfand das selbstverständlich als richtig.

Wenn diese Menschen als Christen die Bibel lesen, werden sie Aussagen immer nach ihrem Gewissensmuster interpretieren. Sie erkennen dabei Zusammenhänge, die Ausländern wie Missionaren mit einem schuldorientierten Denksystem absurd erscheinen. Die Bibel ist jedoch in einer schamorientierten Kultur und Sprache entstanden bzw. geschrieben, deshalb können wir annehmen, dass ein schamorientierter Leser manche Aussagen korrekt interpretiert. Dem Missionar sind „die Augen gehalten" für viele Vorgänge, deren Hintergründe nur mit schamorientierten Augen erkannt werden können. Wenn Gott einen solchen Menschen seiner Gnade würdig erachtet, ist das ein Hinweis dafür, dass diese Erkenntnis ausreichen kann. In wie weit jedoch Veränderungen des Verständnisses und der Gewissensstrukturen für alle Menschen notwendig sind, wird im Kapitel biblisch-theologische Reflexionen diskutiert.

Auch Christen müssen ihre Theologie, ihre Erkenntnis mit der dieser Christen ergänzen, hinterfragen und vielleicht sogar korrigieren. Wenn nach biblischem Kontext Gott das Scham- bzw. das Ehrempfinden in den Menschen hineingelegt hat, dann muss das auch in der Beziehung zu Gott und in der Gemeinde eine Rolle spielen. Tatsächlich sind der Bibel unzählige Beispiele, wie Menschen schamorientiert reagieren und handeln und Gott das offenbar selbstverständlich akzeptiert. Ging durch die Jahrhunderte eine Möglichkeit der Interpretation verloren?

Gewissensfrieden oder „ein ruhiges Gewissen" ist nach dem Sprichwort ein „sanftes Ruhekissen" und ein starkes Bedürfnis:[14] „mög's uns stets den Schlaf versüßen". (2.Vers: „bis der Morgenruf erschallt, und das Horn vom Felsen hallt." 6.Vers: „dass wenn Gottes Ruf einst schallt, er nicht bang ins Herz euch hallt.") Tatsächlich kann kein Mensch ohne diesen Frieden, der durch die entsprechende Entlastung entsteht, gut leben – oder schlafen. Dabei wirkt sich das Gewissen als Organ von Körper und Seele auf die Gesamtverfassung aus. Wie Karl Johann Braun andeutet besteht ein Unterschied zwischen einer Nacht und dem Rückblick auf das ganze Leben. Man kann das Gewissen tatsächlich lange Zeit durch „logische" Argumente „beruhigen". Bei manchen Männern, die noch im Krieg Soldat waren, brach dieser Frieden in den letzten Tagen und Stunden ihres Leben in sich zusammen – sie konnten nicht ruhig sterben. Erst körperliche Dysfunktionen setzten der Gewissensbelastung ein Ende. Ihr Gewissen sah sich der höheren Autorität Gottes gegenüber gestellt; ihre eigene war kraftlos geworden. Auch wenn der Mensch zeitlebens diese letzte Verantwortung geleugnet hat und meinte areligiös sein zu können: Sein Gewissensfrieden ist auf dem System seines eigenen Verstehens gegründet und hat sich gefestigt. Im hohen Alter dieses noch zu verändern ist enorm schwierig.

### These 47

**Das Gewissen der Menschen führt aufgrund der unterschiedlichen Prägungen auf verschiedene Art und Weise zum Frieden. Deshalb kann ein Mensch im besten Einklang mit sich und seinem Gewissen sein, während ein anderer bei ein und derselben „Sache" in größter Unruhe lebt.**

**Das Gewissen ist keine empirische, statische Größe; es ist höchst unzuverlässig in seiner Funktion, denn es bleibt immer abhängig von seiner individuellen Prägung. Lediglich enge ethnische und religiöse Gruppen haben ähnlich geprägte Gewissensfunktionen.**

## 2.4.5    Individuelles Gewissen

In der Grafik bewegt sich jedes Oval auf einer Achse von plus nach minus um einen gedachten Mittelpunkt. Die Lagerung dieser Achse ist, wie wir gesehen haben, näher an der Schuld- bzw. der Schamschiene. Je näher, um so intensiver ist der Einfluss von Scham bew. Schuld, um so eindeutiger ist das Gewissen scham- bzw. schuldorientiert.

Diese Nähe wird durch Religion, Kultur und Gesellschaft bestimmt – in dieser Reihenfolge. Die Werte, die jeweils vorherrschen, verstärken die Normen, die das Gewissen übernommen hat. auch die Strafe erhöht sich dadurch. Sind die Werte in den drei „Autoritäten" gleich, verstärken sie die Normen; widersprechen sie sich in Bezug auf eine Norm, wird diese relativiert – sie gilt dann nur im Zusammenhang mit der jeweils angesprochenen Autorität. Deshalb gibt es religiöse Normen, die in der Kultur „wertlos" und kulturelle oder gesellschaftliche, die religös bedeutungslos sind. So sind auch die Strafen religiös, kulturell oder gesellschaftlich verstärkt. Der Mensch entscheidet selbst, ob er den Anspruch einer Autorität, die den anderen steht, für sich akzeptiert oder verwirft.

---

[14] Nach Konradin Kreutzer, um 1834: *Schon die Abendglocken klangen. Text: Karl Johann Braun – aus der Oper* „Das Nachtlager von Granada".

Es gibt Beispiele in der Geschichte, in der sich die Autoritäten um die Vorherrschaft in Leben und Gewissen ihrer Untertanen heftig stritten, wie der sog. „Investiturstreit" (bis ins 14.Jh.). Islamische Staaten halten sich an das islamische Recht, wobei martialische Strafen wie Steinigung von unsittlichen Frauen, Abhacken einer Hand von Dieben und Terrorakte gegen „Ungläubige" staatlich gestützt oder geduldet werden. Im Mittelalter haben Christen durch Verbrennung bestraft – sie waren religiös und kulturell gestützt. Es gibt Familienautoritäten, die von ihren Angehörigen Gewissensunterordnung erwarten, selbst wo Gesellschaft und Staat eine Freiheit der Entscheidung gewähren. Z.B. werden mit dem vollendeten 18.Lebensjahr die Mündigkeit und staatsbürgerliche „Volljährigkeit" und damit passives und aktives Wahlrecht, volle Straffähigkeit sowie Wehrpflicht zugesprochen; aber für gleiche Personen entscheidet der Vater über Beruf, Lebenspartner, Anschaffungen oder Reisen. Wird er senil, übernimmt der älteste Sohn diese Verantwortung für die Familie. Die individuelle Person akzeptiert meist diese Konstellation – das Gewissen ist so geprägt. So kann ein Mensch zuhause ein extrem schamorientiertes Gewissen aktivieren, im Studium jedoch eher Schuldorientierung. Die Lebensbedingungen bestimmen die Tendenz, ebenso die vorherrschende Volksreligion.

### Grafik 15: Individuelles Gewissen

Das individuelle Gewissen hat innerhalb einer Gruppe einen gewissen Spielraum, eine Freiheit, die ebenso von der Religion oder Gesellschaft gewährt werden – oder nicht. In der Grafik wird das durch einen schrägen Winkel angedeutet, den die Achse des individuellen Gewissens mit der kulturellen Achse als allgemeine Lagerung bildet.

Das Gewissen „kippt" also nach rechts und links, jedoch nur so weit, dass es noch beide Schienen berührt und bedeckt. Es gibt kein „gesundes" Gewissen, das nicht beide Schienen wenigstens berühren würde.

#### 2.4.5.1 Das „Kulturgewissen", „Gesellschaftsgewissen" und „Religionsgewissen" oder: Das Gewissen als Gewährleistung der Würde

Menschen der gleichen Gruppe unter denselben Lebensbedingungen entwickeln ein sehr ähnliches Gewissen. Die Toleranz für individuelle Gewissensgestaltung hängt von diesen Bedingungen ab. Bei einer kleinen Gruppe, die um ihr Überleben kämpft, ist die Toleranz sicher wesentlich kleiner als bei einer größeren Gesellschaftsschicht, die wirtschaftlich gut gestellt ist. Bei den Mbowamb im Hochland von Neuguinea konnte von einem „Gemeinschaftsgewissen" gesprochen werden. Die Ähnlichkeit der individuellen Gewissensstrukturen ist so groß, dass jede Person die gleiche Gewissensreaktion hatte. Das erleichtert den Umgang mit den Menschen und auch die Integration in die Gruppe. Gemeinsame, eindeutige Werte und eine starke Autorität – religiös, kulturell und/oder gesellschaftlich – stehen jeweils dahinter. Integration erwartet die Anerkennung dieser Autoritäten.

Ein „deutsches Gewissen" wurde von den Nazideutschen vorsätzlich geprägt („Ein deutscher Junge weint nicht!"), sodass sogar Gemütserregungen über das Gewissen gesteuert wurden. Das zeigte sich dann auch bei den Nürnberger Prozessen, als viele der Nazis keine Gemütsbewegungen zeigten, als ihnen ihre Verbrechen als solche vorgehalten wurden. Ihr Gewissen war auf die alles überragende Autorität „Hitler" eingestellt, offensichtlich nachhaltig und effektiv wirksam.

Diese Erfahrungen lösten im Nachkriegsdeutschland eine neue Philosophie der Gewissensfreiheit aus, die auf der anderen Seite vom Pferd fiel: Es schien keine Grenzen mehr zu geben. Werte wurden zuerst gesellschaftlich, dann zunehmend auch religiös relativiert und die kulturelle bzw. staatliche Gesetzgebung musste immer häufiger durch engmaschige Formulierungen Werte schützen, die sie nicht verlieren wollte: So z.B. Wahrheit, Gerechtigkeit, Verantwortungsbewusstsein, Verlässlichkeit, Fleiß, Treue – die ethischen Grundlagen der europäischen Ökonomie. Strafandrohungen wurden notwendig für die Vernachlässigung solcher Werte, die jahrhundertelang zum Gemeingut jedes Gewissens gehörten. Heute ist es kaum mehr möglich, von einem gemeinsamen deutschen Gewissen zu sprechen.

## These 48

**Je ähnlicher die Gewissensstrukturen der Menschen innerhalb einer Gruppe sind, umso transparenter ist deren Durchschaubarkeit und umso besser können die möglichen Reaktionen vermutet oder sogar vorhergesagt werden. Jede Person kann dann von seinen eigenen Empfindungen ausgehen.**

Deshalb ist es innerhalb einer relativ geschlossenen Gemeinschaft gut möglich, durch gezielte Äußerungen das Gewissen einer anderen Person „anzusprechen", zu „treffen" oder zu aktivieren – ihm ein schlechtes Gewissen zu „machen" – oder es zu beruhigen. Das kann auch zur Manipulation des Gewissens anderer führen. Es ist gut, sich eine kontrollierte Eigenständigkeit der Prägung des eigenen Gewissens zu bewahren, um nicht solchen Beeinflussungen ausgesetzt zu sein. Die Individualität des einzelnen Gewissens ist durch persönliche Wertungen von Normen gewährleistet. Dabei lehnt sich der Mensch nicht selten an bestimmte religiöse, kulturelle oder gesellschaftliche Vorbilder an.

In der Grafik ist das Oval des individuellen Gewissens ein Abbild der konzentrischen großen Ovale, die die gesamte Struktur einschließen. Das steht zunächst für die engere Gesellschaftsgruppe, dann für die Kultur, in der die meisten Menschen mit einem jeweils mehr scham- bzw. mehr schuldorientierten Gewissen leben. Wenn eine Gesamtkultur mehr scham-orientiert angelegt ist, sind wahrscheinlich auch die meisten Angehörigen dieser Kultur schamorientiert. Vor allem bei dieser Orientierung wird kaum jemand aus dem Rahmen fallen.

## These 49

**Man ist ein akzeptierter Angehöriger einer solchen Kultur, wenn man die Reaktion oder Funktion des Gewissens eines anderen Kulturangehörigen ziemlich zielsicher erahnen und wenn man das Gewissen eines anderen stimulieren kann.**

Zur gezielten Manipulation sind die Kenntnisse aller Zusammenhänge nötig – das ist jedoch durchaus möglich. Wenn man eine Person auf ein bestimmtes Verhalten anspricht, reagiert sie zumindest mit einer Gemütsbewegung, dann auch verbal entsprechend mit Schuld- oder Schamempfinden.

Für Menschen der gleichen Kulturangehörigkeit ist es also möglich, die Reaktion des Gewissens anderer vorauszusehen und zu stimulieren. Diese Empfindungen sind so stark verinnerlicht, dass der Mensch nicht anders kann, als so zu empfinden. Dem entsprechend wird er sich dann auch verhalten. Wenn es grundsätzlich und allgemein anerkannt falsch ist, jemandes Schamempfinden zu stimulieren – d.h. sein Prestige zu verletzen – wird er normalerweise alles unterlassen, was dazu führen könnte.

Die Reaktion und Funktion des Gewissens eines Angehörigen einer anderen Kultur ist durch einen Fremden nicht vorhersehbar, absehbar oder stimulierbar nach den Kriterien, nach denen sein eigenes Gewissen reagiert. Zudem sind diese Vorgänge zum größten Teil unbewusst, der Mensch setzt sie voraus, aber er kann sie normalerweise nicht erklären. Deshalb ist auch die Überraschung groß und man empfindet es als total unnormal, wenn ein anderer Mensch eine völlig andere Reaktion zeigt als man angenommen hat. Solche Erlebnisse gehören zu den Auslösern eines sog. Kulturschocks.

### These 50

**Wenn Christen anderer Kulturen keine „Sünde" empfinden, bei der das eigene Gewissen schon längst „angeschlagen" hat, kann der Missionar zu dem Schluss kommen, diese Christen seien nicht „geistlich" oder hätten keine biblische Erkenntnis. Das ist der „Missionarsschock".**

Der Missionar steht dann in der Gefahr, sich als Vorbild zu sehen und sich als geistlich überlegen zu fühlen. Er urteilt von seinem eigenen kulturell-theologischen Kontext. In der für ihn neuen Kultur können sich die alte Religion oder die Lebensbedingungen der Vergangenheit noch so stark im Gemeinschaftsgewissen niedergeschlagen haben, dass es noch Jahrzehnte dauern kann, bis sich hierin im individuellen Gewissen Veränderungen

*Qv.:* Kap. 4 Paradigmenwechsel

zeigen. Trotzdem sind spontane Veränderungen möglich. Ähnlich geht es Politikern oder Ingenieuren, die z.B. für die Demokratie bestimmte Werte voraussetzen, die von der Religion nicht gestützt werden.

In der Geschichte hat der Neue so ähnlich reagiert: Was für ihn selbstverständlich gewesen wäre, kam von der Nachbarseite nicht, dafür jedoch ein völlig anderes Verhalten. Er war verwirrt, denn er hatte seine Art von Reaktion von den Nachbarn erwartet. Solche Erlebnisse sind auch für Entwicklungshelfer frustrierend, können einen Kulturschock auslösen oder dermaßen enttäuschen, dass sich der Ausländer abkapselt oder sogar vorzeitig sein Dienstverhältnis beendet.

### These 51

**Es ist schwierig, die Empfindungen eines Angehörigen einer anderen Kultur zu verstehen, noch schwerer ist es, so zu empfinden wie dieser.**

Doch genau das wird von einem Missionar erwartet, wenn er verstehen will, wie und warum sich gerade Christen einer anderen Kultur schwer damit tun, bestimmte Sünden auch der Schuld und nicht nur der Schande zuzuordnen. Andererseits ist es für die einheimischen Christen so gut wie unmöglich, den Missionar in seinem Drang nach Recht und Gerechtigkeit zu verstehen, wobei die zwischenmenschliche Beziehung anscheinend überhaupt keine Rolle zu spielen scheint. Tatsächlich verhält sich der Missionar im Empfinden des Einheimischen falsch, wenn er sich nur dem Empfinden seiner eigenen Kultur entsprechend verhält, redet und lehrt. Das gegenseitige Verständnis kann nur wachsen, wenn beide Seiten offen über ihre Empfindungen und deren Beweggründe reden. Dabei müssen Verhaltensmuster und Werte, die im Unterbewusstsein liegen, bewusst gemacht werden. Das ist nicht einfach und oft genug zum Scheitern verurteilt, wenn man nicht bereit ist, sich ganzheitlich auf die anderen Menschen einzulassen, sie wertzuschätzen und wenn man nicht versucht, sie von innen heraus zu verstehen.

## 2.4.5.2 „Die Würde des Menschen ist unantastbar"[15]

Der höchste Wert der deutschen Kultur, der Leitwert für das Grundgesetz soll die Würde jedes Menschen garantieren, unabhängig von Rasse, Geschlecht, Zugehörigkeit, Alter und Religion. Darin wird die gedachte, bestmögliche Lebensbedingung angesprochen, die unmenschliche, unwürdige Situationen ausschließt. Die Abdeckung aller Grundbedürfnisse soll so weit wie irgend möglich gesichert sein wie die Freiheit des Gewissens, der Religion und Zugehörigkeit. Die Grenze der individuellen Freiheit ist durch den Gesamtrahmen der Kultur gegeben, in dem die Freiheit jedes Einzelnen geschützt wird.

Nach dem Alten Testament kommt die „**Würde**" (lat. dignitas) **des Menschen** dem sehr nahe, was in 1.Mose 1 und 2 mit „im Bild Gottes geschaffen"[16] gemeint ist: Der Mensch ist zwar „Geschöpf", er hat keine direkte Autorität über seine Existenz. Außerdem wird er in einen deutlichen **Rahmen der Freiheit** gestellt: Ein einziges **Gesetz**, an dem sich der **Gehorsam**, das ist die **Unterstellung** des Menschen **unter** Gott, **die höhere Autorität**, beweisen soll. Das ist der **Respekt** des Menschen **vor Gott**, dessen **Anerkennung als Autorität**.

Auch Gott als Autorität respektiert den Menschen als sein Gegenüber, der sich frei entscheiden kann – auch gegen ihn. Der Mensch erhält **eigenständige Verantwortung** für die Welt, mit einem **freien Willen**. Er ist das Gegenüber, der **intelligente Gesprächspartner** Gottes. Der **Wert des Menschen** wird damit **weit über den der übrigen Schöpfung** gestellt, er ist die Krone, der Abschluss, die Zierde, das Ziel und der Sinn der Schöpfung. Ihm steht **Ehre, Respekt** zu, und er hat ein „**Recht auf Recht**" – aber es muss vorhanden sein.

Würde beinhaltet ebenso eine **Verpflichtung**, die **Verbindlichkeit**, nicht unter diese Ebene zu fallen, sich der Würde würdig zu erweisen. Tiere, Pflanzen und die Materie stehen unter dieser Würde, sind aber notwendig, um sie zu erhalten. Und nicht zuletzt: Im Umfeld des Menschen herrscht **Frieden**, die optinale **Entfaltungsmöglichkeit seiner Fähigkeiten**, die Grundlage, ein „design for living" (Bruce Nicholls) entfalten zu können. **Würde ist das optimale menschliche Sein**.

In der biblischen Geschichte ist Kain eine Generation später weit hinter diesen Anspruch zurück gefallen. Die „Ehrfurcht vor dem Leben" (nach Albert Schweizer), dem eigenen, dem anderer Menschen und aller lebenden Wesen sowie die Anerkennung und der Schutz deren Lebensbedingungen ist eingebrochen und muss seitdem explizit geschützt werden – auch unter Einsatz oder Opfer von Leben, so widersprüchlich das auch erscheint: Der Bruch der Beziehung zu Gott hat das Leben gefährdet. Das verlangt weitere Folgerungen für den Schutz des Eigentums, der Eigenart jedes Individuums, da jeder Mensch ein Unikat darstellt.

Die Sicherung der Würde zieht weitere Kreise: Die Anerkennung von Gesetzen und Gehorsam auch menschlichen Autoritäten gegenüber, die über dieser Würde wachen wird zur Notwendigkeit der Würde. Seit der Ausweisung aus dem Paradies ist Würde nicht mehr intuitive und bewusste Selbstverständlichkeit. Selbst die Instanzen und Autoritäten, welche die Würde sichern sollen oder wollen, müssen kontrolliert und korrigiert werden – können, wenn sie den Sinn ihrer Verantwortung verfehlen.

Damit wird die Würde des Menschen, die gegenseitige Ehrerbietung aller Menschen sowie Freiheiten und Rechte, die allen zustehen, einforderbar. Der paradiesische Zustand wird nicht mehr erreicht; dazu ist der Mensch zu sehr von „Sünde" infiziert. Religionen

---

[15] Paragraph 1 des deutschen Grundgesetzes.

[16] Evolutionstheorien lassen lediglich das hier erarbeitete Ergebnis zu, nicht aber dessen Herleitung. Eine interessante Forschungsaufgabe ist, in wie weit ähnliche, die Würde des Menschen sichernde Gesetze in anderen Religionen oder in atheistischen Staaten vorhanden sind und worin ihre letzte Autorität für deren Garantie besteht.

und Kulturen behelfen sich durch Normen, und sie beweisen sich wie in Lessings Ringparabel durch die Würde des Menschen, die sie gewährleisten.

Nur die oberste Autorität ist unantastbar, unfehlbar, heilig. Ein Rest Würde wurde vom Paradies hinübergerettet in die Isolation von Gott.

### These 52

**Das Gewissen ist das Instrument zur Gewährleistung und zur Wahrung der Würde des Menschen, das in fragmentären Strukturen hinübergerettet wurde in die menschliche Gesellschaft.**

Weil es nicht mehr absolut ist, kann es die Würde des Menschen nicht mehr sichern, sondern vielleicht noch gewährleisten. Damit dient das Gewissen des Menschen als ein letzter Gottesbeweis – und wer so will – auch als Hinweis auf den Schöpfer des Menschen.

### These 53

**Die Umkehrung beweist diese Theorie: Würdelose Menschen sind gewissenlos und gewissenlose Menschen sind würdelos. Wo Würde fehlt, fehlt ihre oberste Autorität.**

## 2.4.6   Die Lösung des Problems

Zum Ende des Kapitels kehren wir zu seinem Anfang zurück: Wie hätte sich denn der „Neue in der Nachbarschaft" in der Geschichte „richtig" verhalten sollen?

Um dem Problem tief auf den Grund gehen zu können, sind weitere Erkenntnisse wichtig.

### These 54

**Entscheidend bei jedem Gewissen sind der Maßstab, nach dem es misst, die Werte, die es als Prioritäten erkennt und die Autorität, der es sich unterstellt.**

Das alles ist in Religion und Kultur verankert. Weil das von dem Neuen in der Geschichte nicht so schnell erfasst und verstanden werden konnte, wäre es ratsam gewesen, sich schnell eine Mittelsperson oder einen Berater zu suchen, die das Vertrauen beider Seiten hatte. Ein möglicher Ansatz dafür hätte sich vielleicht in dem Rechtsanwalt ergeben, der „eingeschaltet" wurde. Zumindest erkannte dieser durch sein Studium rein intellektuell die Rechtslage. Durch seine einheimische Prägung funktionierte sein Gewissen jedoch mehr mit Scham, je privater er mit dem Neuen gesprochen hat. Das war ein wichtiger Hinweis für eine geeignete Vermittlung. Der „Neue" hätte den Rat sofort annehmen sollen, auch wenn sich noch alles in ihm dagegen sträubte.

Missionare erleben sich häufig in der Situation, dass eine „Glasscheibe eingeworfen" wurde. So lange sie nicht sicher sind, dass ihr Verhalten wirklich kontextuell biblisch und geistlich ist, sollten entsprechende Mittelspersonen zu Rate gezogen werden. Einzelne einheimische Christen würden Mittel und Wege finden, Härten zu vermeiden. Ratgeber sollten jedoch auch den notwendigen sozialen Status besitzen.

Das kann tatsächlich teuer werden. Aber: Ist eine Vertrauensbasis eine Fensterscheibe wert? Hier liegen die Probleme, die bewältigt werden müssen – in dem Betroffenen selbst, weniger in den anderen Menschen. Nicht von den Nachbarn, sondern von sich selbst kann man erwarten, Verständnis aufzubringen, Opfer zu bringen, Zugeständnisse zu machen: Das Wertesystem werten. Das zahlt sich auf lange Sicht vielfältig aus.

Der Neue hätte sich viel erspart: In schamorientierten Kulturen können Beziehungen auf Dauer irreparabel beschädigt werden. Misstrauen schwelt lange wie ein Brand unter dem Teppich, auch wenn scheinbar darüber „Friede, Freude, Eierkuchen" herrscht. Man darf sich nichts vormachen , sich nicht täuschen lassen: Vertrauen entsteht nicht aufgrund der weißen Hautfarbe, nicht aufgrund einer Ausbildung oder Wissen. Es ist unersetzlich wichtig für jede Form der Zusammenarbeit, vor allem für weitere Informationen, die man dringend braucht, um nicht ins nächste „Fettnäpfchen" zu treten.

Erst wenn man – auch sprachlich – in der Kultur integriert ist und seinen Platz angewiesen bekam, können neue Erkenntnisse wachsen, aufgrund derer dann auch andere Lösungen möglich sind.

### 2.4.6.1 Ausblick auf weitere Zusammenhänge zur Lösung des Problems – speziell für Missionare

Wichtig ist die Autorität, die über dem Menschen steht, denn darin unterscheidet sich das scham- vom schuldorientierten Gewissen. Wenn ein Mensch in einer Kleinfamilie aufwächst, in der Vater und Mutter $\qquad$ *Qv.: Kapitel 3* sozial unabhängig sind und alles selbständig entscheiden können, dann entwickeln die Kinder ein schuldorientiertes Gewissen, und die Autorität ihres Gewissens liegt in ihnen selbst. Das bedeutet, wohin sie auch gehen, ihr Gewissen geht mit und reagiert unabhängig von anderen Menschen.

Wenn dagegen ein Kind in einer Großfamilie, also in einer größeren sozialen Einheit erzogen wird, in der ein Onkel oder der Großvater als bedeutsamste Person („significant other") das Sagen hat und die Eltern nicht die einzigen, vielleicht nicht einmal die wichtigsten Bezugspersonen sind, dann entwickelt das Kind ein schamorientiertes Gewissen. Wir sprechen in diesem Zusammenhang von einer sozial abhängigen Situation. Das Gewissen reagiert nur, wenn die maßgebende Person, die Autorität über das ganze soziale Gefüge, in Sichtnähe ist oder ihr das Vergehen erzählt wird. Etwas falsch zu machen bedeutet dabei zunächst nur, vor allen bloßgestellt zu sein, und das ist schlimm.

Die Entwicklung des schamorientierten Gewissens ist auch davon abhängig, wenn das Kind in der Großfamilie immer wieder auf verschiedene Normen trifft. D.h. das Kind muss sich auf verschiedene Bezugspersonen („significant other", auch Autoritäten) für jeweils andere Lebensgebiete oder -situationen einstellen. Da es immer wieder auf verschiedene Bezugspersonen trifft, die auch verschiedene Verhaltensweisen fordern, kann es die Normen und Werte nicht internalisieren, sondern macht sein Verhalten abhängig von der jeweiligen Person. Es kommt also immer darauf an, in Bezug auf eine bestimmte Person alles richtig zu machen. Das könnte dann auch in der Kleinfamilie der Fall sein, wenn Mutter und Vater sich in der Erziehung nicht einig sind, sondern sich das Kind immer anders verhalten muss, wenn es mit entweder Vater oder Mutter zusammen ist. Umgekehrt könnte dann auch ein Kind in der Großfamilie ein schuldorientiertes Gewissen entwickeln, wenn es z.B. bei Großeltern, etc., selbst wenn sie zusätzliche Bezugspersonen sind, auf dieselben Normen trifft, d.h. sich immer auch auf dieselbe Art und Weise verhalten muss.

Wie schon weiter oben festgestellt wurde, ist für Missionare wichtig, für die christliche Botschaft die richtige Reihenfolge einzuhalten:

Wenn in der Verkündigung des Evangeliums zuerst die Versöhnung durch Jesus Christus gepredigt wird, wird diese Botschaft im Rahmen des Systems des scham-orientierten Gewissens verstanden. Dabei kann eine Karikatur von Jesus Christus und dessen Versöhnung entstehen und weitere Blockaden für das $\qquad$ *Qv.: Kapitel 6* Verstehen der Bibel bilden.

Der Kern der biblischen Botschaft ist eher „schuld-orientiert", d.h. es zielt darauf, dass der Mensch gerecht wird vor Gott. Die Ehre vor Gott spielt jedoch ebenso eine stark entlastende Rolle, wie z.B. bei der Rückkehr des „verlorenen Sohnes". Der geistliche Entlastungsmechanismus funktioniert über Recht und Gerechtigkeit und nachgeordnet über Prestige und Ehre. Der geistliche Belastungsmechanismus reagiert auf die Normen der Bibel, auf die Zehn Gebote oder die Bergpredigt z.B., und er zeigt Schuld an. Ebenso wird in der Bibel die Schande angesprochen, die durch die Sünde entsteht, und deren

Entlastung durch die Wiederherstellung der Ehre geschieht. Die Werte, die diese Prioritäten bestimmen, liegen im biblischen Gottesbild.

Das Verhältnis von Schuld und Scham bzw. Recht und Ehre in der Bibel hat Auswirkungen auf unsere Theologie bzw. auf die Theologie, die in den einheimischen Kirchen und Gemeinden entsteht. Wichtig ist auch die Funktion des Heiligen Geistes zu erkennen, wie er die Christen in ihrer Erkenntnis leitet: Der Missionar muss diese Spuren finden und ihnen folgen. Wer die Werte in der Kultur kennen lernt, wird Zusammenhänge sehen, in denen Gott bereits handelt. Im allgemeinen kann gesagt werden, dass die Kultur des Alten Testaments mehr schamorientiert ist. Die Botschaft vor allem der von Gott berufenen Männer wie Mose, einiger Richter und Könige sowie vor allem bei den Propheten weist auf einen Überhang zur Schuldorientierung. Bei den jeweiligen Schreibern muss unterschieden werden, ob sie von Gott eingesetzt, berufen und „gesalbt" wurden oder nicht; diese hatten zumindest zu einem gewissen Grad den Heiligen Geist (falls das so von der jeweiligen Theologie zu behaupten zulässig ist). Andere kommunizierten wertvolle Lebensweisheiten oder Geschichten (z.B. Apokryphen). Die Frage ist, welche der beiden Orientierungen die Tragende sein muss, damit die Entlastung nicht nur nach dem Empfinden der Menschen, sondern nach den Gedanken Gottes vor allem im Neuen Testament vollkommen und belastungsfähig ist. Diese Zusammenhänge müssen gesondert diskutiert werden.

## These 55

**Sündenvergebung geschieht aufgrund von Schuldbewusstsein vor Gott, nicht nur aufgrund eines Empfindens von Scham vor Menschen.**

Schuld kann und muss vergeben werden. Scham muss aufgelöst werden, es muss ihr die Grundlage durch die Vergebung der Schuld entzogen werden. Dann besteht die Schande der Sünde nicht mehr. Vergebung wird durch die Sühnehandlung Jesu Christi möglich und zugesprochen. Weil dadurch auch die Schande vor Gott aufgelöst wird, bezieht sich die Sühne auch auf die Schande.

## These 56

**Auch die Scham vor Gott spielt bei der Vergebung eine Rolle, und wie Sünde empfunden wird. Das ist in anderen Kulturen wesentlich wichtiger als Missionare das einzugestehen bereit sind. Manchmal wird das Schamempfinden sogar primär im Vordergrund stehen. Sündenvergebung geschieht dann aufgrund eines minimalen oder eines optimal möglichen Schuldbewusstseins.**

Es steht einem Missionar nicht an, Gott dabei vorzugreifen – obwohl ihn Gott mitverantwortlich gemacht hat für den Vollzug der Vergebung. Deshalb sollte der Missionar hellhörig und empfindsam sein, um nicht Vergebung zu verwehren, wo Gott vergeben will.

Joh.20,23; 1.Joh.1,9

Da auch schamorientierte Menschen ein Minimum an Schuldempfinden spüren können, kann die Vergebung zugesprochen und in Anspruch genommen werden. Das Scham- und Prestigeempfinden ist und bleibt jedoch bei einheimischen Christen noch lange vordergründig, wahrscheinlich das ganze Leben, auch bei reifen Mitarbeitern.

Diese Problematik tritt vor allem bei der Gemeindezucht wieder zutage. Die Hintergründe dafür haben mit dem Sinn und mit der Auswirkung von Strafe zu tun und müssen anderswo erklärt werden.

Offensichtlich kommt es Gott nicht auf die Quantität des Schuldempfindens an, sondern auf die Qualität. Andererseits auch nicht auf Quantität der Scham, sondern eher auf die Qualität. Qualität bezieht sich auf das Wort Gottes und wird vom Heiligen Geist im Gewissen generiert. Quantität bezieht sich auf das Verhältnis zu Menschen und zur Kultur. Gott hat mehr Menschen mit einem scham-orientierten Gewissen in seiner Gesamtgemeinde als andere. Die Mehrzahl der Christen lebt in Asien und Afrika und in Lateinamerika, nicht im Westen.

Was geschieht, wenn ein Mensch Christ wird? Was genau wird dabei neu? Mit neu gewonnenen und anerkannten Werten aus dem Wort Gottes verändert sich auch die Orientierung des Gewissens. Gott wird zur Autorität des Gewissens, der Heilige Geist erneuert und verstärkt die Kraft, also die Reaktion des Gewissens.

Schamorientierte Christen werden dabei mehr schuldorientiert und schuldorientierte mehr schamorientiert – ohne jeweils die ursprüngliche Prägung zu verlieren. Das geschieht aber sehr langsam durch anhaltendes Lehren und gezielte Verkündigung und erst nach der Wiedergeburt eines Menschen.

Extrem schuldorientierte Menschen werden vom Wort Gottes auf ihre Beziehung zu anderen Menschen aufmerksam und durch den Heiligen Geist empfindsamer; sie lernen auf ihrer „Beziehungsschiene" zu reagieren. Das kann der Missionar von einheimischen Christen lernen; dann empfinden sie ihn nicht mehr als so kalt und unnahbar, gefühllos und direkt. Das ist auch für Entwicklungshelfer und Politiker wichtig; sie verbauen sich sonst den Zugang zu den Menschen, denen sie helfen wollen.

Aus diesen Zusammenhängen ist erklärbar, warum Seelsorge durch einen westlichen Missionar in nichtwestlichen Kulturen so schwierig sein kann. Auch die Form und die Systematik der christlichen Botschaft sind anderen Kriterien unterworfen als der Missionar in seiner Heimat gelernt hat.

Hier liegen die größten Probleme von westlichen Ausländern, nicht in der Anpassung oder in der Sprache. Auf diesem Gebiet geschieht die *Qv.*: Kapitel 4 geringste Ausbildung. Mehr noch: Der Ausländer meint in bester Absicht das Richtige zu tun und steht sich selbst, vielleicht sogar dem Sinn und Zweck seines Auftrags im Weg, ohne dass er es merkt. In Berichten beschreibt er das als „harter Boden" geringe Logik, Unzugänglichkeit oder gar Undankbarkeit. Eigentlich ist der harte Boden in ihm selbst, vielleicht hat er die Sprache nicht genügend gut gelernt, um Zusammenhänge in den kulturellen Tiefen erkennen zu können.

Manche missiologische und ethnologische Lehrbücher deuten zwar Probleme an, gehen aber weniger auf diese komplizierten Zusammenhänge im Unterbewusstsein des Menschen ein, und ein konkreter Vorschlag zum Umgang damit unterbleibt. Die Komponenten des Gewissens werden nicht in der hier dargestellten Struktur erkannt. Wahrscheinlich gibt es kein Thema, bei dem so stark vom eigenen kulturellen Standpunkt aus gedacht und geurteilt wird. Davon ist auch die Theologie beeinflusst, vor allem, wenn Dogmatik-Lehrer kein Verständnis für eine andere Kultur haben.

## These 57

**Elenktik als die Lehre vom Gewissen ist eines der zentralen Themen des missionarischen Dienstes.**

Manche westliche Ausländer spüren zwar intuitiv, dass auf diesem Gebiet bei Angehörigen anderer Kulturen ein sehr sensibles Empfinden vorliegt, aber sie können es nicht klar definieren und verhalten sich entsprechend unsicher.

### Beispiel 6

**Zum Schluss noch ein Test** bei dem erkennbar wird, welche Art von Gewissen der Leser wahrscheinlich hat:

Sie sind nachts um zwei Uhr unterwegs auf den Straßen, mutterseelenallein. Die Ampelanlage an einer Kreuzung erscheint völlig überflüssig, und sie schaltet auf Rot. Was tun Sie? 1. Anhalten und Grün abwarten? Oder 2. kurz in die Spiegel schauen und Gas geben? Im ersten Fall liegt die Autorität ihres Gewissens in Ihnen selbst; Sie haben ein schuldorientiertes Gewissen. Im zweiten Fall machen Sie Ihr Verhalten von anderen abhängig, die Sie sehen könnten. Es war aber keiner da. Die Autorität Ihres Gewissens liegt also außerhalb. Sie sind scham-orientiert.

Das merken Sie aber erst, wenn Sie nach der nächsten Kurve von zwei Polizeibeamten angehalten werden und einen Strafzettel bekommen. Wenn Sie sich dann in Ihrer Ehre gekränkt fühlen, sich über die Beamten ärgern und sie gar noch beschimpfen, machen sie diese zu „Sündern", die Ihren Prestigeverlust verursacht haben. Dann sind Sie definitiv (auch) schamorientiert.

## 2.5    Literatur:

Nicholls, Bruce J. „The Role of Shame and Guilt in a Theology of Cross-Cultural Mission." In: *Evangelical Review of Theology* 25, 2001, 3: 231-241.

Pembroke, Neil F. „Toward a Shame-Based Theology of Evangelism." In: *Journal of Psychology and Christianity* 17, 1998, 1:15-24.

Bavinck. J. H. *An Introduction to the Science of Mission*. Grand Rapids: Baker Book House, 1960.

Dye, Wayne T. *Towards a cross-cultural definition of sin*. Missiology (Jan. 1976,) 27-41.

Käser, Lothar. *Der Begriff Seele bei den Insulanern von Truk*. Dissertation, Unversität Freiburg i.Br. 1977.

Käser, Lothar. *Fremde Kulturen*. Bad Liebenzell/Neuendettelsau: VLM / Erlanger Verlag für Mission und Ökumene, 1997.

Noble, Lowell. *Naked and not Ashamed*. Selbstverlag. Jackson, Michigan, 1975.

Piers, Gerhart, Milton B. Singer. *Shame and Guilt. A Psycho-analytic and a Cultural Study*. New York: W.W. Norton & Co., 1953/1971.

Spiro, Melford E. *Children of the Kibbutz. A Study in Child Training and Personality*. Cambridge, Massachusetts and London: Harvard University Press, 1958/1975.

Marks, Stephan. *Scham, die tabuisierte Emotion*. Düsseldorf: Patmos, 2007.

Lietzmann, Anja. „Theorie der Scham. Eine anthropologische Perspektive auf ein menschliches Charakteristikum." Dissertation, Fakultät für Sozial- und Verhaltenswissenschaften der Eberhard-Karls-Universität Tübingen, 2003.

Brand, Dr. Paul & Philip Yancey. *Pain. The Gift Nobody Wants*. New York: HarperCollinsPublishers, Zondervan, 1993.

Bürkle, Horst (Hg.) *Grundwerte menschlichen Verhaltens in den Religionen*. Frankfurt u.a.: Peter Lang, 1993.

## 2.6    Begriffe und deren Definitionen zu Elenktik

Anthropologisch/soziologisch, nicht theologisch/biblisch, für das Verstehen von Elenktik.

Nachdem im vorliegenden Kapitel die ganzheitlichen Zusammenhänge diskutiert wurden, sollen die wichtigsten Einzelbegriffe in ihren Sachgruppen zusammengefasst und für den Gebrauch in den weiteren Kapiteln definiert werden.

### 2.6.1    Die Grundbegriffe für Gewissen

| 1. Elenktik |
| --- |

Nach griechisch „ἔλεγχειν", z.B. in 2.Tim.3,16 (englisch „elenctics") – „von Schuld überführen". „ἔλεγχος" bedeutet das Überführen eines Sünders durch gezielte und begründete Zurechweisung, was zu dessen eigener Einsicht seiner Schuld führt.

*Qv.*: Ausführliche Diskussion in Kap. 6

„ἐλέγχω" – ans Licht stellen; an den Tag bringen; dartun.

Interessant ist die inhaltliche Nähe zu: „ἐλεέω" – Mitleid haben, Barmherzigkeit üben, Erbarmen finden, begnadigt werden. (Hinweis auf die Haltung / Ausübung der Zurechtweisung).

Nach Bavinck (1960) umschließt der Begriff im christlichen Kontext Erkenntnis der Sünde durch die Wirkung des Heiligen Geistes durch den Ruf zur Buße.

2.Tim.3,16 – Rüge, Tadel, Zurechtweisung. / Hiob 6,26; 13,6.

Eph.5,11.13 „Alles aber was bloßgestellt wird, das wird durchs Licht offenbar." – Jemanden einer Sache überführen; jemandem etwas nachweisen.

Tit.1,9.13 „... aus diesem Grund weise sie streng zurecht ...".

1.Kor.14,24 „... so wie er von allen überführt, von allen beurteilt wird ..." – Tadeln, zurechtweisen.

Lk.3,19 „Herodes ... der von ihm zurechtgewiesen wurde, wegen der Herodias..." – strafen.

Hiob 5,17 (Zitat Hebr. 12,5) „... und ermatte nicht, wenn du von ihm gestraft wirst."

### These 58

**Erkenntnis der Sünde als Schuld aufgrund der Verletzung einer Norm nach den Werten einer bestimmten Autorität ist Voraussetzung für Vergebung als Integration. Diesen Vorgang beschreibt Elenktik und wird dadurch zur Lehre vom Gewissen.**

Diese Vorgänge geschehen mit den Elementen, die sich im Gewissen des Menschen bündeln, insbesondere das Scham- und Schuldempfinden und deren Gegenpole Prestige/Ehre sowie Recht/Gerechtigkeit.

### These 59

**Elenktik ist die Lehre vom scham- und schuldorientierten Gewissen des Menschen im kulturellen und religiösen Kontext.**

Im christlichen Kontext ist diese Autorität Gott, „Elenktik" ist damit Voraussetzung für die Annahme des Heils in Christus. Elenktik als Disziplin der Missionswissenschaft wird zum Kern der evangelistischen Verkündigung und biblischen Lehre sowie der christlichen Seelsorge bzw. Heiligung.

## 2. Gewissen / Über-Ich / Super-Ego / Ego-Ideal

Jeder Mensch wird mit einem Gewissenspotenzial geboren, das durch sein Verhältnis zu den Bezugspersonen (Enkulturation) und durch das Lernen der Gesellschaftsnormen (Sozialisierung) sowie die Integration in die Kultur (Iinkulturierung) oder Assimilation in der Religion seine jeweilige Ausprägung erhält.

Der Mensch empfindet sein Gewissen durch (positiv) Ehre, Recht und Frieden sowie (negativ) Scham, Schuld und Angst psychisch (seelisch) und physisch (körperlich) durch bewusste und unbewusste intellektuelle (geistige) Wahrnehmung.

Die positiven Elemente sind als Grundbedürfnisse potentiell bei der Geburt vorhanden (wie Intellekt und Gefühl) und werden durch die Enkulturation geweckt; ebenso agieren und reagieren die negativen Elemente als Schutzfunktionen im Zusammenhang mit ihren jeweiligen Gegenpolen.

### These 60

**Das Gewissen ist das geistig-seelisch-körperliche Organ des Menschen innerhalb seiner Kultur, Gesellschaft und Religion, das angeborene Grundelemente empfindet, vom sozialen Umfeld geprägt wird, in eigenständiger Kraft aufgrund dieser Elemente agiert und durch sie auf sein Umfeld reagiert.**

**Das Gewissen ist das Organ für die Kultur-, Gesellschafts- und Religionsfähigkeit des Menschen.**

**Das Gewissen ist notwendig für die soziale Kontrolle des Menschen.**

Durch die Selbständigkeit vom Willen funktioniert das Gewissen durch Agieren und Reagieren von Empfindungen, die durch die Erziehung geweckt wurden *vorbeugend*, es *verhindert* „falsche" Gedanken und Verhaltensweisen noch im Ansatz; es *kontrolliert* und *bewertet* Vorgänge, indem es (vor)laufend und anschließend Gedanken und Verhalten mit den (vor)gegebenen Gesetzmäßigkeiten und Idealen vergleicht, die es verinnerlicht hat.

Es *korrigiert* und *bestraft* den Werten der Normen entsprechend, die die eigenständige Autorität im Gewissen und die der Gesellschaft den Bedürfnissen und Lebensbedingungen des Menschen entsprechend verliehen hat.

Im Gewissen des Menschen interagieren im Wesentlichen 15 Elemente, die sich gegenseitig bedingen und beeinflussen; sie sind jedem Menschen im Ansatz und als Fähigkeit zur Entwicklung und Entfaltung angeboren, jedoch durch Erziehung, Kultur und Religion verschieden stark ausgeprägt (mehr scham- bzw. mehr schuldorientiert); die soziologischen Mechanismen des Gewissens, die für das Zusammenleben der Menschen notwendig sind, funktionieren dementsprechend unterschiedlich. Der korrekte ethnologische, psychologische und soziologische Begriff ist „Über-Ich" oder (engl.) „Super-Ego". Für das Ziel dieses Buches wird der allgemeine Begriff „Gewissen" verwendet und dafür neu definiert, wobei anerkannte Definitionen berücksichtigt sind.

---

## 3. Die Würde des Menschen

---

### These 61

**Das Gewissen des Menschen ist das Instrument zur Gewährleistung seiner Würde.**

Die Würde ist der höchste menschliche Wert, der die Existenz des Menschen lebenswert macht. Das ist das Zugeständnis …

➤ des *freien Willens* zur Entscheidung – auch gegen sich selbst und damit gegen seine Existenzberechtigung,

  ➤ der gegenseitigen Anerkennung der *Einzigartigkeit* jedes Menschen, aber auch

  ➤ eines *Verantwortungsbewusstseins* für den Erhalt und den Gebrauch der Lebensbedingungen für die Grundbedürfnisse aller und für alle in gleicher Wertung und

  ➤ dem gemeinsamen *Schutz* mit entsprechenden Maßnahmen des Einzelnen sowie von kohäsiven Gruppen vor menschlichen Unzulänglichkeiten, Übergriffen und Gefährdung der Existenz dieses Lebens.

➤ des *Rechts als* Voraussetzung und Verpflichtung zu dieser Verbindlichkeit, es ist definiert durch humane Gesetze,

➤ der *Ehre* und deren freiwillige Anerkennung für sich und andere als Grundlage für humane Verhaltensmuster,

➤ des inneren und äußeren *Friedens* als Zeichen der menschenmöglichen Würde.

Eine Garantie für seine Würde kann der Mensch weder selbst leisten, noch einfordern; er ist umso weniger dazu fähig, je weniger übergeordnete Autorität er über sich zugesteht, die diese Würde in sich verkörpert.

Gewissenlose Menschen sind würdelos, würdelose Menschen sind gewissenlos. Das Maß der Würde aller Menschen in einer Gesellschaft, Kultur und Religion ist abhängig von der Funktion des Gewissens jedes Einzelnen sowie des Kultur- bzw. Religionsgewissens nach den definierten Vorgaben.

## 2.6.2    Die drei Gegenpolpaare im Gewissen

### 2.6.2.1    Schuld / Gerechtigkeit

| 4. Schuld |
|---|

Das unangenehme Empfinden, in schlechtem *Zustand* bzw. ungereimter Stellung oder in Unordnung zu den *Normen* der Kultur und Religion zu stehen. Das Gewissen ist in Unruhe: Die kulturellen und religiösen Lebensbedingungen sind gefährdet. Ein Defizit der Wertung der gesetzlich-rechtlichen Autorität und deren Normen für die zusammengehörige Gruppe (im Wesentlichen nachvollziehbare Sachverhalte). Ein „schlechtes" Gewissen, „Gewissensbisse". Schuld ist der negative Gegenpol zu Gerechtigkeit/ Recht.

| 5. Gerechtigkeit/Recht |
|---|

Das angenehme Empfinden, in gutem *Zustand* oder in geordneter Stellung den *Normen* der Kultur und Religion gegenüber zu stehen, in Gedanken und im Verhalten. Der Zweck des Gewissens als kulturelle und religiöse Kontrolle und Integration wird dadurch gewährleistet. Ein „gutes" oder „ruhiges" Gewissen und positiver Gegenpol zu Schuld.

### 2.6.2.2    Scham / Ehre

| 6. Scham/Schande |
|---|

Das unangenehme Empfinden der Disharmonie und Isolation in *Beziehung* zur *Gesellschaft,* zum soziologischen und religiösen Umfeld. Das Gewissen ist in Unruhe: Die soziale und religiöse Integration ist gefährdet. Reaktion auf Verletzung von vielfach *ungeschriebenen Normen*, die sich auf das Zusammenleben der Gruppe auswirken. Ein Defizit im Vergleich zum *idealen Zustand* des Gewissens und der Verhaltensmuster (im Wesentlichen weniger klar nachvollziehbare, intuitive Gesetzmäßigkeiten). Ein „schlechtes" Gewissen. Negativer Gegenpol zu Prestige/Ehre und Funktionsparallele zu Schuld.

| 7. Prestige/Ehre |
|---|

Das angenehme Empfinden der Harmonie, Anerkennung und Bestätigung in der *Beziehung* zur *Gesellschaft,* zum soziologischen Umfeld und zur Religion (als vorherrschende Lebensphilosophie), in Gedanken und im Verhalten. Der Zweck des Gewissens (soziale und religiöse Integration) wird dadurch gewährleistet. Ein „gutes" oder „ruhiges" Gewissen und positiver Gegenpol zu Scham/Schande. Funktionsparallele zu Gerechtigkeit/Recht.

### 2.6.2.3    Sünde / Gerechtigkeit

---

**8. Sünde**

---

Eine bewusste oder unbewusste, öffentliche oder heimliche *Normverletzung und/oder Verletzung der gesetzmäßigen Vorgaben für Beziehungen* innerhalb einer gegebenen Kultur, Gesellschaft und Religion. Das Gewissen gerät dadurch in Bewegung, es ist unruhig. Sünde ist der Grund für die Fehl-*Integration* des Menschen in seinem sozialen und religiösen Umfeld (die Kohäsion als Verbindungskraft einer Vielzahl von Individuen zu einer sozialen Einheit und gemeinschaftlichen *Identität*), wodurch die *Integrität* (ganzheitliche Makellosigkeit) seiner Persönlichkeit und die Lebensbedingungen der menschlichen Gemeinschaft für die Abdeckung der Grundbedürfnisse gefährdet sind.

---

**9. Gehorsam**

---

Die Umsetzung der Normen und Gesetzmäßigkeiten in Gedanken und Verhalten als Voraussetzung für die soziale Integration und für den Bestand einer Kultur als Strategie zum Überleben.

Der *Zustand normkonformen Verhaltens*, die selbstverständliche oder erzwungene *Bereitschaft*, bestehende Normen anzuerkennen. Gehorsam richtet sich an die bestehenden *Autoritäten* innerhalb und außerhalb des Gewissens als Zeichen des *Respekts*, der *Anerkennung* und der *Delegierung der Macht* über die Gemeinschaft und über sich selbst.

Das Gewissen (die Kraft des Gewissens) funktioniert, wenn es den Menschen zu diesem Zustand führt. Damit ist die soziale Kontrolle gewährleistet. Verhaltens- und Denkmuster werden zum größten Teil unbewusst befolgt.

Je stärker dieses Element Gehorsam in einem Menschen unabhängig von äußeren Einflüssen aus der Gesellschaft (Erinnerung, Ermutigung, Vorbild, Anleitung, Druck, Zwang) vorherrscht, umso besser funktioniert eine Kultur und eine menschliche Gemeinschaft. Je freiwilliger bzw. selbstverständlicher Gehorsam ist, umso reibungsfreier gestaltet sich das Leben innerhalb der betreffenden gesellschaftlichen Gruppe auf der Basis der vorherrschenden Gesetze und Normen. Gehorsam ist der positive Gegenpol zu Sünde.

## 2.6.3    Die drei Mechanismen des Gewissens

---

**10. Belastungsmechanismus: Straferwartung und Strafe**

---

Strafe ist die notwendige, sozial und religiös bedingte, schmerzhaft empfundene (psychisch und/oder physisch) *Konsequenz einer Normübertretung*, um ein Gesetz, eine Norm, ein Verhaltens- oder Denkmuster in Gesellschaft bzw. Religion durchzusetzen, wenn keine Freiwilligkeit vorliegt. Die Autorität der Gesellschaft und des Gewissens ist die Instanz für den Vollzug der Strafe. Die Straferwartung ist ein Zeichen für gedachten oder vollzogenen Ungehorsam einer gelernten und integrierten Norm gegenüber sowie des Bewusstseins einer kulturellen, gesellschaftlichen und religiösen Vollmacht.

---

**11. Abwehrmechanismus: Angst**

---

Angst ist die unangenehme, bedrängende, beklemmende Einengung und Bedrohung der Freiheit der Gedanken, des Empfindens, Handelns und Lebens. Es besteht ein starkes Bedürfnis nach Entlastung. Jeder Mensch hat eine angeborene Abneigung gegen Angst. Ständige Angst ist psychischer, langsamer Tod. Angst ist ein Alarm für die Gefährdung des Lebens und damit ein Zeichen des Lebenswillens des Menschen. Letztlich ist Angst ein Empfinden der Trennung, des Verlusts von Hoffnung und Frieden.

Soziale Angst wird ausgelöst durch die Konsequenzen aus Scham und Schuld. Sie kann so stark sein, dass sie deren Funktion übernimmt.

## 12. Entlastungsmechanismus: Buße/Reue und Vergebung

Reue und Buße sind Voraussetzung und Bestreben für Vergebung. Jede Gesellschaft, Kultur und Religion hat einen Mechanismus für Aufhebung der Sünde und deren Folgen. Reue ist das Bedauern der Normverletzung, Buße das Zeichen für deren freiwillige oder auferlegte Wiedergutmachung und die Anerkennung der Bedingungen dafür. Reintegration in die soziale und religiöse Struktur ist das Ziel und die Folge der darauf folgenden Vergebung.

Die Gewissens-Entlastung ist die Notwendigkeit zur Wiedereingliederung eines Menschen in die Gesellschafts- und Religionsstruktur nach einer Normübertretung und Strafe. Sie ist wichtig für den Bestand und Erhalt der Einheit einer menschlichen und religiösen Gemeinschaft. Sie wird ausgesprochen durch die entsprechenden Autoritäten in Gewissen, Gesellschaft, Kultur und Religion nach dem von ihr vorgegebenen Ritus.

## 2.6.4 Die fünf Grundlagen zur Funktion des Gewissens

## 13. Autorität

Das Gewissen des Menschen braucht eine übergeordnete, gesellschaftliche und/oder religiöse Instanz, die Normen gibt, durchsetzt und überwacht als **Legislative** *(lat. lex, legis = Gesetz; Gesetzgebung* und *ferre, fero, latum = einbringen, hervorbringen; gesetzgebende Instanz)*, die **Exekutive** *(lat. exsecutio = Ausführung; ausführende Verwaltung)* und **Judikative** *(lat. ius = Recht als Gesamtheit der Gesetze und Satzungen* – hat nur spärliche und unsichere Entsprechungen in anderen indogermanischen Sprachen. *Judika = rechtsprechend; kontrollierende und gerichtliche „Gewalt")*. Diese Autorität kann kulturell (Regierung, Gerichtswesen, Polizei), soziologisch (die Gesellschaft) und/oder religiös (Gott, Geistwesen, religiöse Autoritätspersonen) bedingt und eigenständig im Gewissen vorhanden sein.

Je mehr sich diese Instanzen gegenseitig stützen, umso stärker wirken sie sich aus und umso gewichtiger ist die gestützte Norm. Das Gewissen vereinigt diese Instanzen durch internalisierte Autorität, Norm und Reaktion. Die Kontrolle durch die „Gewaltenteilung" ist dadurch nicht gewährleistet, wodurch das Gewissen korrumpiert sein kann.

## 14. Werte

Werte entstehen aufgrund der *Grundbedürfnisse* des Menschen und deren mögliche individuelle und gemeinsame Abdeckung bei gegebenen äußeren (geographischen, geologischen, klimatischen) *Lebensbedingungen*. Jede menschliche Gemeinschaft (Kultur, Gesellschaft) entwickelt entsprechende Strategien dafür. (Käser 1998: „Kultur ist Überlebensstrategie"). Werte sind von den Autoritäten als solche definiert und mit Gesetzen umgeben. Je mehr Autoritäten die Werte stützen, umso wertvoller, schwerwiegender und bedeutsamer sind sie. Soziale Werte sind Verhaltensmuster, die für den Bestand der Gruppe geschützt werden müssen. Daraus entsteht eine Hierarchie der Prioritäten, die in einzelne Gesetze formuliert wird – verbal und nonverbal. Werte sind Voraussetzung, integraler Bestandteil und Motivation der Gesetzgebung, deren Durchsetzung und Kontrolle.

## 15. Normen / Gesetz(mäßigkeiten) / Maßstäbe / Muster / Raster / Richtlinien / Vorgaben

Definierte und undefinierte, schriftlich, verbal und nonverbal vermittelte, bewusst und unbewusst gelernte Gesetze und Muster, nach denen Kultur, Gesellschaft und Religion gemäß ihrer Werte funktionieren. Sie sind wahrscheinlich zu 90 % unbewusst, werden in der Enkulturationsphase (Kindheit) *internalisiert* und bleiben zum großen Teil zeitlebens die (unbewusste) *Basis der Verhaltens- und Denkmuster.* Während der Inkulturierung (Einstellung auf eine neue Kultur, Erwerb einer neuen Kulturfähigkeit als Erwachsener wie z.B. Missionare, Entwicklungshelfer, Diplomaten etc.) kann ein Teil dieser unbewussten Gesetze (intuitiv; bewusst nur, wenn sie den Mitgliedern der betreffenden Gesellschaft verbal vermittelt werden können) gelernt werden. Die stetigen Kulturveränderungen erwarten ein anhaltendes Lernen, Annehmen und Einüben neuer Normen und Muster gemäß den Herausforderungen, die an die Gesellschaft dadurch gestellt werden. Werte und Normen bestimmen den Grad, wie human bzw. inhuman eine menschliche Gemeinschaft diese Veränderungen empfindet und wie die Autoritäten der Gemeinschaft diese Veränderungen zulassen bzw. umsetzen. Humane Werte wie Gleichwertigkeit, Gleichberechtigung, Würde, Schutz des Lebens und des Eigentums usw. müssen durch konkrete Normen gewährleistet bleiben, wenn das Überleben der Gruppe gesichert sein soll.

## 16. Die Kraft des Gewissens

Die **Exekutive** des Gewissens. Das Gewissen funktioniert nur durch die in ihm enthaltene eigenständige Kraft als Autorität aufgrund der internalisierten Normen und Muster. Die Kraft löst durch das vegetative Nervensystem physische und psychische Empfindungen (psycho-somatische Auswirkungen der Synapsen im Gehirn) auf bestimmte Körperteile und -organe besonders aus. Das ist in verschiedenen Kulturen unterschiedlich. Diese Kraft kann in ihrer Funktion von innen (Wille, Intellekt) und von außen (Autoritäten) gestärkt, geschwächt oder gehindert und die Normen bzw. Muster können bewusst und unbewusst durch sie verändert werden. Das bewirkt jeweils ein verändertes Verhalten.

Eingriffe von außen (Gesetzlichkeit, Zwang, Angst durch Druck oder Drohung, Erwartungen für das Verhalten und Denken als religiöse oder kulturelle Muster) in diese Vorgänge sind Manipulation des Gewissens und stehen gegen die Freiheit des Gewissens.

Die Kraft des Gewissens bewirkt die Kohäsion einer Gesellschaft, Kultur und Religion; sie ist bei einem gesunden Gewissen zum Wohl der menschlichen Gemeinschaft wirksam. Sie bewirkt den bewussten Einsatz des Lebens für Überzeugungen und Werte. Richtet sich diese Kraft gegen den Menschen und seine Gemeinschaft, ist sie manipuliert und/oder korrumpiert.

## 17. Frieden

Frieden ist ein angenehmer Einklang, die Harmonie innerhalb und mit dem soziologischen Umfeld. Es ist ein Zeichen des geordneten Zustands den religiösen bzw. kulturellen Normen gegenüber. Das Gewissen ist in Ruhestellung. Der Zweck und das Ziel des Gewissens sind erreicht. Dieser Zustand ist notwendig für die physische und psychische Stabilität und Lebensfähigkeit des Menschen, seiner Gesellschaft und Kultur.

Je mehr eine Religion prinzipiell zu solchem Frieden beiträgt, umso humaner ist sie. Die Philosophie des Lebens einer Gesellschaft wird davon bestimmt, wie stark und tragfähig dieser Frieden ist – welchen Wert der Frieden in der Kultur hat.

## 2.6.5   Definition

### These 62

Das Gewissen ist eine dem Menschen angeborene selbständig agierende Kraft oder Instanz, die jedoch nur aufgrund von Abweichungen von gelernten Normen und Verhaltensmustern und/oder aufgrund von verletzten Beziehungen aktiv wird, indem es Empfindungen (Scham und Schuld) auslöst, die als Signale für die soziale und religiöse Integration notwendig sind.

Das Gewissen ist nicht absolut – nicht frei, gerecht, rein, wahr, zuverlässig, unanfällig, richtig oder religiös.

Das Gewissen ist ein lebenswichtiger Bestandteil des Menschen, abhängig von den Autoritäten, Werten und Normen, nach denen dieser erzogen wurde und in deren Strukturen er lebt; der Mensch hat selbst nur bedingt Einfluss darauf.

# Kapitel 3

# Entwicklung und Funktionsablauf des schuld- und schamorientierten Gewissens

Dieses Kapitel greift weit vor das vorhergehende zurück: Es beschreibt, wie ein scham- bzw. ein schuldorientiertes Gewissen entsteht, welche Umstände dazu führen und wer dafür verantwortlich ist. Besonders die äußeren Umstände, das Umfeld der individuellen Person und seine soziale Einbettung spielen eine wichtige Rolle. Die Bezugspersonen eines Kindes in den ersten sieben Lebensjahren und deren soziale Abhängigkeit sind entscheidend. Das Umfeld bestimmt auch die weitere Entwicklung des Gewissens, wenn keine kulturellen Veränderungen geschehen. Die Autorität des Gewissens und deren Verinnerlichung ist dabei wichtig, bzw. die Frage, ob diese Autorität extern bleibt, also nicht mit dem Gewissen direkt verbunden wird. Dann wird vor allem beschrieben, wie das Gewissen funktioniert, agiert und reagiert – aufgrund von „Sünde", wie der Mensch sie als solche erkennt. Diese löst den Belastungsmechanismus aus, der den Entlastungsmechanismus notwendig macht. Die vorherrschende Religion bestimmt weitestgehend, ob und wie ein tiefer Gewissensfriede entsteht, wie gründlich und dauerhaft wirksam dieser ist.

**Tabelle 7:**          **Kontrastierung von Scham- und Schuld-Erleben[1]**

| Scham vs. Schuld | |
|---|---|
| Image-bezogen | Wert-bezogen |
| Erscheinen:<br>Vor den anderen | Sein:<br>Angesichts eines Sollens fremd-bestimmt oder selbst-bestimmt |
| Gesehen werden | Aufgerufen sein |
| Horizontal | vertikal |
| **Ästhesiologisch** | |
| Auf den Seh-Sinn bezogen | Auf das Gehör (Gehorchen) bezogen |
| Gesehen werden | Hören auf … Gebote oder Gewissen |
| Ist unmittelbarer | Ist vermittelter |
| Weniger rational | Ratio-bezogener |
| **Entwicklungspsychologisch** | |
| Früher | später |
| **Spontaneität** | |
| „wie gelähmt" | Gehemmt (durch rückbezogenheit auf Schuld) |
| Unwillkürlich | Eher steuerbar |
| Ausgeprägt leib-, gegenwartsbezogen | Kaum leib-, raumbezogen, mehr vergangenheitsbezogen erlebt. |
| Vorwiegend präsentisch | Anhaltender und mehr am Geschehen orientiert |
| Das Scham-Erleben steht an der Schwelle zur Geschichtlichkeit | Das Schuld-Erleben hat die Schwelle zur Geschichtlichkeit des Daseins überschritten |

# 1.   Die Entstehung des schuldorientierten Gewissens

*Qv.*: Diese Tabelle ist als Grafik 3-1.1 auf der CD

## 1.1   Einführung

Das Modell der Gegenüberstellung der Entwicklung und Funktion des scham- vs. schuld-orientierten Gewissens soll zuerst auf der Linie Schuldorientierung diskutiert werden. Die zugrunde liegende Grafik hebt die Unterschiede der beiden Linien hervor – die Linie des scham- und die des schuldorientierten Gewissens. Dabei gilt, wie auch bei anderen Darstellungen über dieses Thema, dass hier zunächst in „schwarz-weiß" gedacht werden muss, d.h. wir nehmen für unsere Zwecke an, das Gewissen sei rein schuldorientiert – was nicht der Realität entspricht. Vielmehr ist in der Praxis eine Vermischung der Orientierungen zu erwarten: Einzelne Elemente des einen sind immer auch im anderen enthalten. Das erschwert die Differenzierung in der praktischen menschlichen Begegnung. Um

---

[1] Wolfgang Blankenburg, „Zur Differenzierung zwischen Scham und Schuld" S.54 in Kühn, Raub, Titze, *Scham, ein menschliches Gefühl*. Opladen: WV, 1997. Diese Gegenüberstellung ist *cum gano salis* zu verstehen. Sie will nicht festlegen, sondern lediglich Perspektiven markieren.

später solche Graustufen zuordnen zu können, bleiben wir hier beim größtmöglichen Kontrast.

Wir betrachten zunächst die Schuldorientierung in ihrer gesunden Idealform. Krankheitssymptome werden angedeutet, auch Entwicklungen in nordeuropäischen Kulturen. Die Darstellung der Schamorientierung und die Diskussion des Vergleichs erfolgt anschließend. Der Einfachheit halber verzichten wir auf differenzierte Definitionen und Beweisführungen, ebenso auf den technischen Begriff „Über-Ich" für Gewissen.

## 1.2    Definition

> **Das Gewissen ist das Organ der Kultur-, Gesellschafts- und Religionsfähigkeit des Menschen.**

Auch für dieses Kapitel lege ich diese Definition zugrunde. Dahinter liegt das Verständnis von Lothar Käser:

> „In der Anlage zur Kultur enthalten ist [...] eine Befähigung des Individuums, sein Verhalten und das der anderen nach bestimmten Maßstäben zu bewerten und als ‚gut' oder ‚böse' zu identifizieren. Auch diese Befähigung bildet eine Strategie zur Gestaltung und Bewältigung des Daseins, ..."[2]

## 1.3    Geburt mit Gewissenspotenzial

### These 63

**Jeder Mensch wird mit einem Gewissens-Potenzial geboren, nicht mit einer schon ausgeprägten Struktur des Gewissens, und nicht mit einem Satz von Grundgesetzen, nach denen er seine Verhaltens- und Denkmuster werten könnte.**

### 1.3.1    Genetische Ansätze der Persönlichkeitsstruktur

#### 1.3.1.1    Vergleich: Kultur und Person

Die genetischen Ansätze im Menschen bestimmen nicht die Struktur oder Gesetzmäßigkeiten im Gewissen, sondern den charakterlich bedingten sozialen Umgang und Einsatz des Gewissens im Leben.[3] Diese verschiedenen charakterlichen oder persönlichkeitsbedingten Tendenzen gibt es in jeder Kultur, sie werden jedoch nach den Werten der vorherrschenden Kultur mehr oder weniger gefördert oder unterdrückt. So gibt es Kulturen, die als Gesamtheit zu der einen oder anderen Eigenheit tendieren. Daraus entstehen auch plakative Wertungen wie die Schweizer seien eher gewissenhaft, die Amerikaner eher intuitiv, die Deutschen eher dominant, die Engländer eher stetig. Auch sprichwörtliche Aussagen wie „die Deutschen sind das Volk der Dichter und Denker" gehen auf solche Eigenheiten zurück.

#### 1.3.1.2    Außenschau, Innenschau und „Kirchtürme"

Der einzelne Angehörige dieser Kulturen wird sich wahrscheinlich weniger damit identifizieren können; er erkennt durch seine sog. Innenschau durchaus starke Differenzierun-

---

[2] Fremde Kulturen, S.130. Vergleiche auch weitere Ausführungen in diesem Kapitel.

[3] Hier und nachfolgend beziehe ich mich auf das „Persolog-Profil": DISG Persönlichkeitsprofil. 6.Aufl. Offenbach: GABAL-Verlag, 1995.

gen innerhalb seines Volkes. Plakativen entstehen durch die Außenschau, d.h. wie ein Volk nach außen erscheint und von außen beurteilt wird. Dabei sind die sog. Kirchtürme als Merkmal für die Erscheinungsform maßgebend; das sind Personen, die in Geschichte, Politik, Wissenschaft und Wirtschaft aus der Masse herausragen wie ein Kirchturm aus der Silhouette eines Dorfes und dann stellvertretend für den Rest gewertet werden. Manche Dörfer haben zwei solcher Kirchtürme, vielleicht noch andere herausragende Gebäude, die als Wahrzeichen gelten, vor allem in Städten. So können Völkern oder Kulturen auch andere Eigenheiten zugesprochen werden, die sich u.U. sogar zu widersprechen scheinen. Es ist deshalb durchaus möglich, dass Einzelpersonen überhaupt nicht in das plakative Bild einer Kultur passen. Andererseits wirkt sich die Enkulturation[4] des Menschen nachhaltig auch auf Tendenzen seiner Gewissensstruktur aus.

### 1.3.1.3    Einordnung nach Persolog (DISG)

Persolog ist ein Persönlichkeitstraining, das auf einem geeichten Test beruht. Dabei werden Persönlichkeiten nach einem Koordinatenkreuz mit vier Profilen unterschieden: extrovertiert/introvertiert und aufgabenorientiert / menschenorientiert (bzw. sachorientiert / beziehungsorientiert). Daraus ergeben sich die vier Profile „dominant" (extrovertiert/aufgabenorientiert), „initiativ" (extrovertiert / beziehungsorientiert), „stetig" (introvertiert / beziehungsorientiert) und „gewissenhaft" (introvertiert / aufgabenorientiert) unterschieden.

## Grafik 16: DISG-Persönlichkeitsprofil

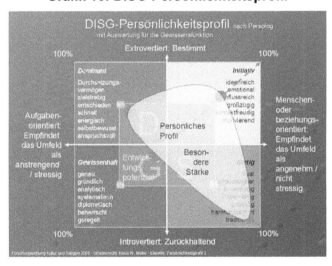

---

[4] Enkulturation ist das intuitive Lernen einer Kultur durch Nachahmen, unbewusstem und bewusstem Lernen von Bezugspersonen (Erziehung), wobei die Grundstruktur der Persönlichkeit geprägt wird. Im Gegensatz dazu unterscheide ich Iinkulturierung als bewusstes Lernen der Gesetzmäßigkeiten einer fremden Kultur eines Erwachsenen, wobei er Verhaltensmuster einübt. Die eigene Grundstruktur wird dabei nicht mehr verändert. Deshalb fehlt bei der Iinkulturierung die Intuition.

**Extrovertierte Person**

| Sach-Aufgabenorientierung | Beziehungs- bzw. Menschenorientierung |
| --- | --- |
| Als ***dominant*** wird ein Mensch bezeichnet, wenn er extrovertiert und sach- bzw. aufgabenorientiert ist. Eine dominante Person tendiert dazu, von sich selbst und von dem was sie tut überzeugt zu sein. Sie stellt für sich und andere eher selbst Gesetze auf bzw. interpretiert vorhandene zielorientiert für seine Zwecke, wird sich selbst als Autorität sehen, sich über die Autorität anderer auch hinwegsetzen und es auf Konfrontationen ankommen lassen. Einmal als richtig akzeptierte Maßstäbe wird sie von anderen strikt einfordern und selbst danach handeln, zumindest um ihre Aufgabe zu erledigen und ihre Ziele zu erreichen – auch auf Kosten von Beziehungen. Das Gewissen ist für dominante Personen eher Mittel zum Zweck. | Als ***initiativ*** wird ein Mensch bezeichnet, wenn er extrovertiert und beziehungs- bzw. menschenorientiert ist. Eine stark initiativ angelegte Person wird die Gesetzmäßigkeiten ihres Gewissens für die Anwendung auf Beziehungs-Situationen stärker gewichten als für Aufgaben. Bei ihr spielt es auch eine Rolle, ob sie bei der Anwendung in der Öffentlichkeit steht oder ob die Handlungsweise in der privaten Sphäre geschieht. Dementsprechend wird sie ihr Verhalten und ihr Denken stärker nach den vorherrschenden Gesetzen beurteilen oder motivieren. Die Person ergreift gern die Initiative und motiviert andere Menschen, mitzumachen. Um eine Idee zu verwirklichen oder um andere zu gewinnen kann sie sich auch über Regeln hinwegsetzen. Das Gewissen ist für initiative Personen eine Leitlinie, an der man sich orientieren kann. |
| Als ***gewissenhaft*** wird ein Mensch bezeichnet, wenn er introvertiert und sach- bzw. aufgabenorientiert ist. Das bedeutet, dass eine hoch gewissenhafte Person auch die Beachtung ihres Gewissens stark gewichtet, die Differenzierung der vorgeschriebenen Gesetze und deren Anwendung peinlich genau beachtet und schnell und stark ein „schlechtes" Gewissen hat. Nur mit Mühe wird sie sich ein „gutes" Gewissen zugestehen; sie ist hellhörig für alle Ordnungen und Regelungen, die ihr Verhalten und Denken betreffen könnten. Eine solche Person ist dabei nicht abhängig von anderen Menschen; sie tendiert dazu, zum Sklaven ihres Gewissens zu werden und anderen diesen Zwang aufzuerlegen. Die Gesetze erhalten einen hohen Wert – vielleicht sogar höher als der Mensch selbst. Es geht ihr um das Prinzip. Eine gewissenhafte Person wird den Gesetzmäßigkeiten ihres Gewissens entsprechen, auch auf Kosten der Beziehungen zu anderen. Das Gewissen hat für gewissenhafte Personen einen starken normativen Charakter. | Als ***stetig*** wird ein Mensch bezeichnet, wenn er introvertiert und beziehungs- bzw. menschenorientiert ist. Einer stetigen Person kommt es darauf an, dass sie die Richtlinien ihres Gewissens kennt und, wenn einmal verinnerlicht, diese strikt einhält. Dadurch wirkt diese Person in der Beziehung zu anderen verlässlich. Sie wird einmal gelernte Abläufe möglichst lange beibehalten, arbeitet gerne mit anderen zusammen, bleibt jedoch lieber im Hintergrund. Sie sieht bei abweichenden Verhaltensmustern schon Probleme aufkommen und versucht diese unter allen Umständen zu vermeiden, um nicht in Beziehungskonflikte zu geraten. Veränderungen jeder Art wird sie zunächst widerstehen. Sie braucht gute Argumente und Vorbereitung, um dafür bereit zu werden. Letztlich gehen ihr Beziehungen über Aufgaben. Das Gewissen garantiert für stetige Personen die Sicherheit, dass möglichst alles im Lot oder beim Gewohnten bleibt. |

**Introvertierte Person**

#### 1.3.1.4    Drei Ebenen der Persönlichkeit

Die Voraussetzungen für solche Persönlichkeitsstrukturen sind einerseits genetisch bedingt, andererseits ist deren Entwicklung stark von der frühkindlichen Erziehung abhängig. Das ist die innerste oder unterste Ebene, die Grundstruktur der Persönlichkeit. Sie ist nur sehr schwer veränderbar. Man kann jedoch lernen, negativen Symptomen (z.B. Jähzorn, Überempfindlichkeit, Herrschsucht) zu begegnen, sie einzudämmen, oder positive Ansätze zu fördern (z.B. Genauigkeit, Rücksicht). Darüber liegen als zweite Ebene die Charaktereigenschaften, die noch bis ins junge Erwachsenenalter hinein verändert werden können. Dazu ist ein starker Wille und vor allem die Einsicht für Veränderungen nötig. Stetigen und gewissenhaften Personen fällt das schwer. Das Verhalten ist die offensichtlichste Ebene; sie kann gut beobachtet werden. Sie wird relativ leicht verändert und kontrolliert. Die vier Typen reagieren verschieden auf Veränderungen auf diesen drei Ebenen. Die Motivation bzw. der Zweck und das Ziel sind dabei entscheidend.

Das Gewissen ist auf allen drei Ebenen angelegt. Einerseits sind bestimmte gelernte Gesetzmäßigkeiten auf den Ebenen verankert; das Gewissen ist dementsprechend leicht oder schwierig zu beeinflussen. Andererseits kontrolliert das Gewissen die Person auf den verschiedenen Ebenen, und die Persönlichkeitsstruktur setzt dem Gewissen von oben nach unten zunehmend Widerstand entgegen. Die Persönlichkeit lässt sich auf der untersten Ebene so gut wie nicht kontrollieren (herrschsüchtig, penibel, leichtfertig), die Gesetzmäßigkeiten sind langfristig und definitiv angelegt. Auf der Charakterebene sind Veränderungen eher möglich (pünktlich, zielorientiert), d.h. das Gewissen kann den Charakter eher willentlich kontrollieren. Das Verhalten einer Person ist durch ihr Gewissen am leichtesten direkt beeinflussbar.

### Grafik 17: Persönlichkeitsstruktur nach Dieterich

### 1.3.2    Pränatale und postnatale Prägung

Ein Kind kann pränatal beeinflusst werden. Wie sich Alkohol- und Nikotinkonsum, Krankheiten und medizinische Behandlungen der Mutter physisch auf das Kind auswirken können, so werden auch Musik, Regelmäßigkeiten im Tagesrhythmus, Stimmungen wie Angst oder dauerhafte seelische Zustände der Mutter die Psyche des Kindes vorbeeinflussen. Schwieriger nachweisbar sind Auswirkungen auf das Gewissen; völlig ausschließen möchte ich sie jedoch nicht. Sie liegen eher in den genetischen Veranlagungen.

Die pränatale Prägung bildet zusammen mit den genetischen Anlagen die Grundlage, auf der die Erziehung geschieht.

Definitiv wirkt sich die frühkindliche Erziehung durch die Bezugspersonen aus; dadurch wird zumindest eine bestimmte Orientierungstendenz des Gewissens begünstigt bzw. gehemmt. In dieser Phase wird die Intuition des Gewissens bestimmt.

**Beispiel 7**

Eine deutsche Familie adoptierte zwei Kinder aus anderen Erdteilen im Alter von acht Monaten. Die Kinder kannten ihre Eltern nicht. Sie wurden von den Adoptiveltern nach den gleichen Prinzipien wie ihre eigene Kinder erzogen, die sich völlig normal ins Leben integrierten; die Adoptivkinder hatten die gleichen Chancen, Rechte und Pflichten. Bei beiden Kindern stellten sich bald unterschiedliche, aber recht eigenartige Verhaltensmuster ein: Suchtverhalten, Abhängigkeitssyndrome, wenig Durchhaltevermögen bei unstetem Willen, dagegen aber auch Musik- und Sprachbegabungen waren deutliche Zeichen von genetischen Vorbedingungen. Eine Mutter traf die Adoptiveltern zum ersten Mal nach 16 Jahren. Sie zeigte bis in Verlegenheitsbewegungen hinein totale Ähnlichkeiten mit ihrer Tochter. – Die Kinder forderten die Eltern bewusst heraus, ihre Emotionen eskalierten unkontrolliert. Als Kleinkinder fanden beide erst nach einem Klaps auf den Hintern zur Ruhe; dann konnten sie ihr Verhalten auch reflektieren und zeigten sich einsichtig. Sie baten sogar manchmal um körperliche Schmerzzufügung als Strafe für ein Fehlverhalten, um wieder ins seelische Gleichgewicht zu kommen. Sie lehnten Autorität ab und verhielten sich bewusst konträr zu vorgegebenen Normen – weit über das normale pubertäre Verhalten hinaus, früher beginnend und bis ins junge Erwachsenenalter anhaltend. Dann entstand auch eine ausgeprägte Schamorientierung, die jeder pädagogischen Grundlage und Erklärung entbehrte. Fachleute aus Psychologie und Pädagogik wussten keinen Rat und konnten sich die Symptome nicht erklären.[5]

Diese Zusammenhänge deuten darauf hin, dass Schamorientierung zumindest genetische Begünstigungen haben kann. Auf diesem Gebiet ist noch viel Raum für weitere Forschung.

## 1.3.3  Wahrnehmung und Reflexe

Nur ein ausgeprägtes Gewissen wird von der Person wahrgenommen und ist voll funktional. Ein Kleinkind reagiert nach Reflexen. Z.B. verursacht Hunger Magenkrämpfe: der Schmerz löst den Schrei-Reflex aus. Es gewöhnt sich an Geräusche, Stimmen, Bilder oder Farben sowie Atmosphäre. Die Wahrnehmung und Wiedererkennung wirken angenehm und Lächeln bzw. Laute des Wohlbefindens sind natürliche Reaktionen darauf. Auch der Schluckreflex ist körpereigen; das Kind sucht die Brustwarze der Mutter auch mit geschlossenen Augen durch Kopfbewegungen und tastet mit den Lippen. Dagegen wirken sich Unregelmäßigkeit in der Pflege des Kindes, laute Geräusche (Schlafstörung) oder schwierige atmosphärische Situationen negativ auf die Psyche und damit auch auf die Grundstruktur des Gewissens aus.

Je mehr die körperliche und psychische Entwicklung voranschreiten, umso differenzierter werden Wahrnehmung des Umfeldes und Reflexe des vegetativen Nervensystems. Das Kind lernt seine Glieder zu kontrollieren und gezielt zu bewegen. Von Müttern in Mikronesien wird z.B. gesagt, dass sie ihre Babys ins Wasser fallen lassen und dann beobachten, wie diese offensichtlich „automatisch" den Atem- und Schluckreflex unterdrücken, die Augen schließen und mit Schwimmbewegungen beginnen – sie kommen an die Oberfläche und holen jetzt erst Luft. Die Bewegungen behalten sie bei und sie können ab diesem Zeitpunkt schwimmen.[6] Die natürlichen Reflexe des Babys lösen Bewegungen

---

[5] Der Autor erhielt von den Adoptiveltern am 13.7.2008 ausdrücklich die Erlaubnis, das Beispiel zu verwenden.

[6] Die Ausführungen von Sibylle Knaus (1997) stehen für die mikronesische Insel Pohnpei und konnten von mir weder verifiziert noch aus eigener Beobachtung bestätigt werden.

aus, die zum Schutz des Lebens dienen. Ebenso haben Beobachtungen gezeigt, dass das Baby einer taubstummen Mutter bald nicht mehr schreit, sondern nur noch sein Gesicht verzerrt, um auf sich aufmerksam zu machen. Wenn es im Krankenhaus behandelt wird, beginnt es nach wenigen Tagen zu schreien, da das Pflegepersonal nicht auf seine Grimassen reagiert. Zurück bei der Mutter fällt es in das alte Verhaltensmuster zurück.[7]

### 1.3.3.1 Instinkt

Ich zögere, beim Menschen von Instinkt zu sprechen. Tiere haben vermutlich einen Satz von „Impulsen", die sich selbst entwickeln, die geweckt und auch gelernt werden.[8] Sie sind bedürfnisorientiert, können zurückgedrängt, aber nicht völlig unterdrückt werden, werden auch in verschiedenen Situationen verschieden stark ausgeprägt. Ein Instinkt wirkt nie destruktiv und kann nicht ausgeschaltet werden. Ein Tier kann deshalb nicht Selbstmord begehen. Ein Instinkt hat auch keine ethische Dimension.

*Qv.: Kap.1; 3.3*

Beim Menschen sind diese psychologischen Zusammenhänge wesentlich mehr auf direkte Einflussnahme von außen angewiesen. Wie wir sehen werden, können diese Einflüsse dazu führen, selbst den Lebenstrieb zu unterdrücken. Deshalb mögen „Instinkt"-Elemente als Reflexe des vegetativen Nervensystems beim Menschen vorhanden sein, das Gewissen hat jedoch nicht darin seine Wurzeln.

Die Komponenten des Gewissens werden wie anderes Wissen durch rationale oder impulsartige Reflexe, Wiederholen, Anwenden und Korrigieren gelernt; dabei spielt die Beobachtung eines Vorbilds und dessen unbewusste und bewusste Nachahmung eine wichtige Rolle. Je stärker und ungestörter die Beziehung zum jeweiligen Vorbild ist, je höher der Wert des eingeübten Verhaltens eingestuft wird (z.B. Benehmen bei Tisch), umso stärker ist der unbewusste Einfluss auf das Gewissen. So kann das Gewissen auch destruktive Impulse erhalten (stehlen, lügen) oder konstruktiven Impulsen widerstehen (Ehrlichkeit, Aufrichtigkeit).

**Beispiel 8**

Als Beispiel dient die (Un/Gleich-)Wertschätzung des weiblichen Geschlechts durch Männer: Sie wird weitgehend durch die Enkulturation vorbestimmt und dadurch in der Grundstruktur verankert; eine Veränderung ist in solchen Gesellschaften nur über Generationen hinweg und nur mit größter Anstrengung der entsprechenden Autoritäten möglich.

Z.B. galt in den dreißiger Jahren des vergangenen Jahrhunderts im Hochland von Papua Neu Guinea eine Frau noch weniger als ein Schwein. Sie galt ebenso als a-religiös. Erst nach Einflüssen von außen und durch das vorbildliche Verhalten anderer Ehemänner, vor allem durch christlich-ethische Verhaltensmuster, wurde die Frau im Laufe von einigen Generationen höher gewertet.[9] Andererseits wird die weiße Frau in den Augen solcher Gesellschaften, die die Weißen nur durch westliche Filme kennen gelernt haben, als freizügig und für Männer leicht zugänglich erkannt – eine Abwertung, die bestimmt nicht allen weißen Frauen gerecht wird. Solche Eindrücke zu korrigieren erfordert intensive Belehrung und neue Beispiele, wobei die Grundstruktur vielleicht nicht, eher noch die Charakterebene verändert wird. Das Verhalten weißen Frauen gegenüber wird noch lange einer äußeren Restriktion unterworfen werden müssen, bis sich eine Intuition aufgrund einer neuen Ethik einstellt.

Dem westlich-kulturell geprägten Leser ist die Bedeutung und Funktion der Schuldori-

---

[7] Michael Hübner, Psychoterapeut. Persönlichkeitsentwicklung – Seminar bei AcF (Akademie für christliche Führungskräfte) in Burbach-Holzhausen, Dezember 2002, im Zusammenhang mit der Entwicklung des Lebensstils.

[8] Vgl. Käser, Lothar, *Fremde Kulturen*, S.37.

[9] Vgl. Müller, Klaus W., Georg F. Vicedom as Missionary and Peacemaker. His Missionary Practice in New Guinea. Neuendettelsau: Erlanger Verlag für Mission und Ökumene, 2003. (Chapter IV).

entierung vermutlich so selbstverständlich, dass es notwendig ist, sie ins aktive Bewusstsein zu rufen: Sie liegt tief im Unterbewusstsein. Um den Vergleich mit der Schamorientierung zu ermöglichen, muss hier das Offensichtliche beschrieben werden. Es wird allerdings festzustellen sein, dass die beschriebene Idealform dieser Gewissensorientierung auch in unserer Kultur kaum mehr anzutreffen ist. Trotzdem – oder gerade deshalb – ist die Kontrastbeschreibung notwendig, vielleicht auch als Ziel für eine mögliche Korrektur und Prägung des Gewissens.

## 1.4 Erziehung in der Basisfamilie – eine sozial unabhängige Situation

### These 64

**Jeder Mensch kann und wird ein Gewissen entwickeln, wobei die genetischen und frühkindlichen Ansätze, die erziehenden Bezugspersonen, das soziale Umfeld, die Religion und der eigene Wille maßgebend sind.**

### 1.4.1 Postnatale Prägung

Schon die ersten Eindrücke aus dem Umfeld des Kindes wirken sich auf die physische Entwicklung aus: Umweltverschmutzung (Wasser, Nahrung), Abhängigkeiten (Alkohol, Nikotin, Drogen), die emotionale Stimmung, die Atmosphäre (Lautstärke, Musik, Bewegung) und die Beziehung zu den Menschen.

Zunächst hauptsächlich auf die Mutter konzentriert, treten bald auch die weiteren Bezugspersonen wie Vater, Geschwister, Verwandte, regelmäßige Gäste zuerst ins emotionale und dann rationale Blickfeld des Kindes. Intuitiv nimmt es Autoritäten, Normen und Verhaltensmuster auf und integriert diese in seinem Gedächtnis, lernt selbst darauf zu reagieren (Reflexe) und beginnt Abweichungen zu erkennen.

Ein Kind lernt sein Umfeld kennen und nimmt dies, mit den gegebenen Begrenzungen, als Rahmen für sein Denken und Handeln an. Gerade die Grenzen – sei es das immer gleiche Bett, der sog. „Laufstall",[10] die Abneigung gegen Schmutz (indem das Kind sofort gereinigt und nur mit sauberen Kleidungsstücken angezogen wird – bzw. das Gegenteil davon, wobei Schmutz normal ist) und die Bewahrung vor Gegenständen, mit denen es sich verletzen kann – sind für die Entwicklung wichtig. Ein Kind braucht Grenzen, Regelmäßigkeit, Stetigkeit, Konsequenz, auch im Verhalten der prägenden Personen ihm gegenüber. In diesem Rahmen fühlt sich das Kind „zuhause", es fühlt sich wohl, und es wird darin psychisch stabil. Grenzen kennen zu lernen, zu akzeptieren und einzuhalten ist ein wichtiger sozialer Vorgang, der sich im Gewissen verankert. Diese Grenzen müssen jedoch flexibel sein, damit sie die Entwicklung des Kindes nicht hindern.

Laufende Veränderungen, immer neue Verhaltensmuster – z.B. durch viele erziehende Personen, verursachen eine Verlangsamung in der Entwicklung, eine Verunsicherung, und letztlich Unbehagen. Daraus entwickeln sich psychische Reflexe wie Schreien oder bewusstes Falschverhalten, um Aufmerksamkeit auf sich zu lenken und die Befriedigung empfundener psychischer Bedürfnisse einzufordern.

---

[10] Für solche, denen diese „Einrichtung" unbekannt geblieben ist: Eine durch einen ungefährlichen Stab-Zaun eingegrenzte Fläche (ca. 1m²), die ein Kind nicht überklettern kann. Innerhalb von dieser Fläche ist es unbeobachtet sicher und lernt, sich selbst mit Spielsachen zu beschäftigen. Dabei kommt es nicht auf die Anzahl an, sondern auf die Gestaltungsmöglichkeit der Kreativität des Kindes entsprechend. Die Grenze wird natürlich wahrgenommen, wenn das Kind konsequent und regelmäßig für eine bestimmte Zeit lernt, sich darin zu bewegen und zu beschäftigen. Kinder, denen immer die gesamte Wohnung zur Verfügung steht, fühlen sich u.U. weniger zufrieden (und die Mutter ist mehr genervt). Grenzen kennen zu lernen, zu akzeptieren und einzuhalten ist ein wichtiger sozialer Vorgang, der sich im Gewissen verankert.

Wenn mit einem Kind mehrere Sprachen gesprochen werden, wird es vermutlich länger dauern, bis es zu sprechen beginnt. Es lernt beide Sprachmuster mit seinem Verhalten zu koordinieren. Eine Verunsicherung tritt nicht ein, wenn die gleichen Bezugspersonen immer die gleichen Sprachen verwenden. Nur sollten ganze Sätze oder Gedankengänge in einer Sprache zu Ende geführt werden, damit das Kind die Sprachen unterscheiden lernt und dementsprechende Denkstrukturen und logische Denksätze entwickelt. Sprachen bilden durch Grammatik, Ausdrucksmöglichkeiten und Wortbedeutungen die Grundstruktur des Denkens und der Erfassung der Wirklichkeit.[11]

### Grafik 18: Entstehung und Funktionsablauf: Schuldorientiertes Gewissen

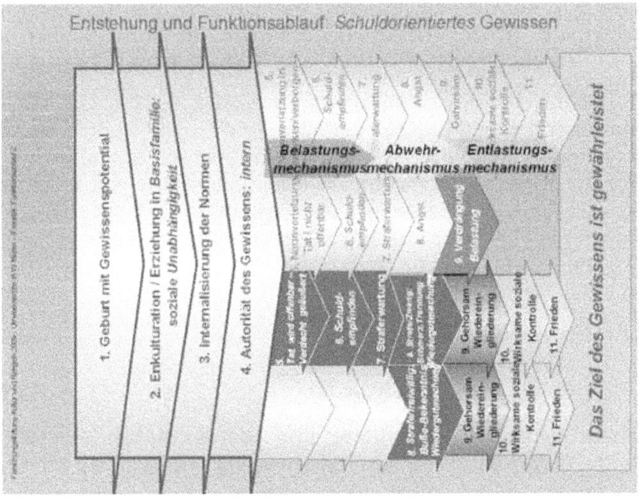

## 1.5    Sozial unabhängige Situation

### These 65

**Ein schuldorientiertes Gewissen entwickelt sich in einer sozial unabhängigen Erziehungssituation einer Basisfamilie mit nur wenigen Bezugspersonen.**

Unter dem „klassischen" – um nicht zu sagen konservativ christlichen – Verständnis ist im europäischen und nordamerikanischen Westen die Vater-Mutter-Kind-Familie zu verstehen. Die Großfamilie hatte sich in Europa z.T. bis in die Neuzeit erhalten. Mit der zunehmenden Industrialisierung nach der Innovationszeit durch Dampfmaschine, Elektrizität und Motorenkraft, die Industrialisierung und der damit verbundenen Individualisierung und Mobilität wurde die Familie mehr auf den Kern reduziert und finanziell selbständig. Die Großfamilie wurde im Wesentlichen aufgelöst, sie konnte sich nur in einer dörflichen Struktur länger erhalten.

Die Basisfamilie entsteht in einer solchen sozial unabhängigen Situation. In der Regel verdient der Vater das Geld, die Mutter sorgt für den Haushalt und betreut die Kinder. Sie brauchen sich – im Idealfall – in ihren Entscheidungen sie selbst betreffend nicht an anderen orientieren. Es gibt keine Großeltern, Onkel oder Tanten in der unmittelbaren Nähe, die in die Familie „hineinreden", auch nicht in die Erziehung der Kinder.

---

[11] Vergl. Whorf, Benjamin Lee, Sprache, Denken, Wirklichkeit: Beiträge zur Metalinguistik und Sprachphilosophie. Reinbek bei Hamburg, 1963 (und später).

Kinder haben vorrangig diese beiden Bezugspersonen. Im Idealfall sind sich diese einig über Erziehung und Autorität, ggf. teilen sie Entscheidungsgebiete unter sich auf und respektieren sie. Die Regeln sind klar, die Mutter hält sich auch tagsüber daran, wenn der Vater nicht anwesend ist, und er beachtet die Regeln des Haushalts, die von der Mutter eingeführt sind. Die Kinder lernen dadurch schnell die Verhaltensmuster, die von beiden Bezugspersonen gegenseitig verstärkt werden. Dadurch werden auch die Prioritäten und Werte deutlich, und die Entscheidungen der Eltern können vom Kind immer besser nachvollzogen werden.

Diskussionen und Auseinandersetzungen über solche Regeln und deren Werte sowie daraus resultierende Verhaltensweisen verstärken und vertiefen die Prägung, wenn man sich innerhalb der Familie einig wird. Das Kind empfindet dies als angenehm und wird verunsichert, wenn keine Einigkeit besteht, wenn die Regeln immer wieder verändert werden, vielleicht ohne einsichtigen Grund, oder wenn sich ein Elternteil nicht daran hält. Je eindeutiger die Regeln und das entsprechende Verhalten der Eltern sind, umso stärker ist die Gewissensprägung.

Das Kind lernt diesen Rahmen für sein Verhalten schnell und beginnt, andere Muster als fremd zu erkennen. Kinder anderer Eltern werden beobachtet und kommentiert; wenn sich z.B. Verwandte kritisch zu den familiär gewohnten Ordnungen äußern, treten Fragen auf, die durch die Erziehungspersonen möglichst bald eindeutig beantwortet werden sollten. Dadurch wird die Toleranz anderen Regeln gegenüber gefördert, ohne die eigene Ordnung und Prägung zu gefährden.

## 1.5.1   Autorität und Konsequenz

### These 66

**Zur schuldorientierten Gewissensbildung und zum mentalen Sicherheitsempfinden ist eine konstante, identifizierbare Autorität wichtig, die in gleich bleibender Konsequenz einmal festgestellte Normen und deren Grenzen überwacht, einhält und durchsetzt.**

Vor einigen Jahrzehnten wurde in der Pädagogik die antiautoritäre Erziehung „Mode". Die so erzogenen Menschen sind heute erwachsen, stehen z.T. in der Verantwortung für andere in Beruf und Gesellschaft. Antiautoritär erzogene Menschen kamen im Allgemeinen nicht gut im Leben zurecht – vor allem andere Menschen hatten Schwierigkeiten im Zusammenleben mit ihnen. Auswirkungen sind u.a. in der sog. „Ellbogengesellschaft", im immer häufiger auftretenden „Mobbing" und bei „Machtmenschen" feststellbar.[12] Unangepasstes oder unangemessenes Verhalten, meist rücksichtslos gegenüber anderen und egoistisch, ist ein weiteres Merkmal eines Erziehungsmusters, bei der die Autorität schwach oder auf in sich uneinige, verschiedene Menschen verteilt war. Den Kindern fehlte die Grenzerfahrung – das konsequente „Nein!", das die Grenzen ihrer Freiheit zu ihrem eigenen Schutz aufzeigt, und das die Freiheit anderer respektiert. Mehr oder weniger stillschweigend wendete sich inzwischen der Erziehungsstil wieder langsam zurück zu dem, was junge Menschen mehr gesellschafts- und verantwortungsfähig macht.

In einer Basisfamilie ist nicht zu erwarten, dass andere Autoritäten auftauchen, die die Regeln übergehen. Was die Eltern als letzte Autorität der Familie beschließen, erhält den höchsten Wert; ihr Wort ist „maß-gebend", es „gilt" – hat Geltung. Die Normen werden für die Kinder immer differenzierter erfahren und gelernt; umso strikter wird die Konsequenz, mit der diese eingehalten werden. Motivation, Lob, Rat, Gebote, Verbote, Gren-

---

[12] Siehe Volker und Martina Kessler, *Die Machtfalle. Machtmenschen in der Gemeinde.* Gießen/Basel: Brunnen, 2004³. Ursachen sind auch durch die fortschreitende Individualisierung und Forderung von Toleranz (wobei in erster Linie das eigene Verhaltensmuster toleriert werden soll), durch die Säkularisierung und die damit verbundene Verflachung des Religionsbewusstseins.

zen und ggf. Strafen sind in der Erziehung des Kindes für die Prägung und Formung seines Gewissens unverzichtbar. Die liebevolle, strikte Konsequenz, mit der diese Linien in der Erziehung gezogen werden, wirkt sich dabei besonders nachhaltig aus. So erzogene Kinder sind in der Regel zufriedener, ausgeglichener, emotional stabiler, belastbarer und einsichtiger als solche, die einer „schwammigen" Erziehungsmethode ausgesetzt waren. Durch die Liebe und Zuneigung der Eltern nimmt das Kind die Erziehung an. Natürlich probiert es auch den eigenen Willen, der sich immer mehr entfaltet, aus. Die Eltern geben dafür Freiraum, wo immer das möglich ist; doch alle Möglichkeiten haben eben auch Grenzen.

In einer Basisfamilie ist die letzte Autoritätsperson bekannt, auch die von ihr bestimmten Normen und Muster. Sie sind sozusagen personifiziert und das Kind identifiziert sich mit dieser. Es übernimmt unbewusst diese Struktur. Die spätere pubertätsbedingte Auseinandersetzung mit der Autoritätsperson, darf Eltern nicht dazu verleiten, alle Grenzen fallen zu lassen, sondern sinnvoll, dem Verständnis des Kindes entsprechend, zu erweitern und gleichzeitig dem Kind die Verantwortung dafür zu überlassen – mit allen damit verbundenen Konsequenzen.

# 1.6    Internalisierung der Normen

### These 67

**Jeder Mensch lernt Normen und Verhaltensmuster sowie die damit verbundenen Werte in der Kindheit zu einem großen Maße unbewusst, zunehmend aber auch bewusst.**

Die Grundstruktur des Gewissens ist ca. mit dem siebten Lebensjahr abgeschlossen. Diese Grundstruktur geht dem Menschen normalerweise nicht mehr verloren und prägt sein Unterbewusstsein, seine Bedürfnisse und seine Logik nachhaltig für den Rest seines Lebens.

In dieser wichtigen Lebensphase sollte das Kind stets von einem Elternteil erzogen werden, wobei im günstigsten Fall der Ehepartner täglich auftaucht, um den anderen zu ergänzen. Das ist die Enkulturierung des Gewissens.

Das Beste, das einem Kleinkind geschehen kann, ist die Mutter und den Vater täglich zu „genießen". Mütter tun ihrem Kind keinen guten Dienst, wenn sie in diesen Jahren eine vollzeitige Arbeit aufnehmen, die ihnen nur noch einen kurzen abendlichen Kontakt mit ihm erlauben. Wenigstens ein Elternteil sollte in den ersten sieben Lebensjahren das Kind selbst regelmäßig und anhaltend betreuen.

Die weitere Entwicklung des Gewissens geschieht auf dieser Basis durch Lehrer, Vorgesetzte, Alterskameraden und gesellschaftliche Trends ebenso unbewusst und bewusst. Dabei kann die Grundstruktur entkräftet, überlagert, verdrängt, aber nie ganz außer Kraft gesetzt werden.

Ein erwachsener Mensch kann bewusst eine neue Gewissensstruktur lernen, wobei er konkurrierende Normen, Muster und Autoritäten den jeweiligen Situationen entsprechend zuordnen muss. Schon im Alter von vier bis sieben Jahren begreifen Kinder, dass es ein gutes Gefühl vermittelt, wenn man bestimmte Regeln einhält. Die Kleinen merken: Noch besser ist das Gefühl, wenn man sich gut benimmt, ohne dazu aufgefordert zu werden. Für die Kinder bedeutet das einen großen Schritt in ihrer Entwicklung. Für die kleinen Kinder heißt glücklich sein zunächst, sofort zu bekommen, was man gerade haben will – auch wenn man dabei nicht auf andere achtet.[13]

---

[13] Wie bekommt man kleine Rabauken dazu, freiwillig das Zimmer aufzuräumen oder höflich zu sein? Ganz einfach: zeigen Sie Ihren Sprösslingen, wie wohl Sie sich dabei fühlen, wenn Sie sich selbst an Regeln halten.

## 1.6.1    Enkulturierung

Ein Mensch lernt ca. 90% seiner Kultur unbewusst – und 90% der Gründe für seine Ver-
haltens- und Denkmuster bleiben ihm weitgehend verborgen. Deshalb kann er vieles
nicht – zumindest nicht spontan – erklären. Auch Eltern können – und brauchen auch –
nicht immer die „warum"-Fragen der Kinder erklären; „wir machen das so, das haben wir
für uns als Regel beschlossen, andere erwarten das auch so von uns, weil sie uns kennen"
genügt den meisten Kindern zunächst. Älteren Kindern kann man die Eigenarten verschiedener Familienstrukturen, Gesellschaftsgruppen oder Kulturen erklären, auch dass
sich in der eigenen Kultur dieses Muster im Wesentlichen durchgesetzt hat.

Erwachsene können diese kulturellen Verhaltensmuster verändern – wenn sich das Denken verändert hat; durch neue Herausforderungen zur Bewältigung des Lebens müssen
neue Strategien entwickelt werden. Sie müssen sich dann mit dem bisher Üblichen messen und setzen sich entweder durch offizielle Gesetze (Regierung, Wirtschaft) oder durch
inoffizielle gesellschaftliche Verhaltensmuster durch („alle tun das so"). Dauerhaftigkeit
oder Bewährung zu prüfen ist in der gleichen Generation oft nicht möglich. Nicht immer
sind neue Normen so tragfähig wie evt. jahrhundertealte Muster. Bis das erkannt und
korrigiert wird, sterben manchmal eine oder zwei Generationen darüber. Die Korrektur
greift erst, wenn eine Generation die Auswirkungen der entsprechenden Erziehungsmuster erkennen kann. Das ist das Risiko der offiziellen und inoffiziellen Gesetzgebung,
zeigt aber, dass sich eine Gesellschaft geschichtlich kurz- und längerfristig unter Kontrolle halten muss.

### 1.6.1.1    Kulturelle und gesellschaftliche Gesundheit

Lothar Käser hat eine meiner Ansicht nach geniale Definition der Kultur erstellt, auf die
wir immer wieder zurückgreifen:

> „Kulturen sind Strategien zur Daseinsbewältigung".[14]

Dieser Grundsatz lässt sich auf alle Dimensionen des menschlichen Lebens anwenden
und hilft, Zusammenhänge zu verstehen, z.B. auch die Notwendigkeit der Religion für
Kultur. Das wird vor allem dann deutlich, wenn einer Kultur überlebensnotwendige Werte verloren gehen.

Umso mehr gilt dieser Grundsatz für die gesamte Dimension der Gewissensbildung und –
Funktion. Meine Definition von Gewissen fügt sich nahtlos in dieses Bild
*Qv.*: Kap. 2, 2.6.1    ein. Die Voraussetzung für die Bewältigung des Lebens sind gelernte
Strategien, die in Form von Normen, Mustern und deren Autorität im
Gewissen eingeprägt sind.

Wenn diese Voraussetzung nicht gegeben ist, werden die fatalen Auswirkungen eines
nicht eindeutigen oder unvollständig geprägten Gewissens deutlich: Der Mensch wäre in
seiner eigenen Kultur nicht lebensfähig. Mehr noch: Eine Kultur ohne entsprechendes
Gewissen ihrer Mitglieder gibt diesen keine Chance zur Bewältigung des Daseins. Die
Normen und Muster für Verhalten und Denken sind die Basis der Strategien. Werden
neue Strategien entsprechend der Veränderungen des Umfeldes (z.B. Politik, Wirtschaft)

---

Das empfehlen Wissenschaftler der University of California. Im Fachmagazin Child Development veröffentlichten sie eine Studie, die das beweist. Hinweis aus: Baby und Familie, 8/2005: 6.

[14] Käser 1997. S.37. Vergleiche folgende Definitionen: „Culture is a design for living." (Bruce Nicholls, 1970er
Jahre) „Culture is the human pattern of life in response to man's environment." (John Mbiti) „Culture is a plan
according to which society adapts itself to its social and ideational environment." Louis Luzbetak, 60er-70er
Jahre). „Kulturen sind das Ergebnis der menschlichen Bedürfnisbefriedigung nach den Bedingungen des geographischen Umfeldes." (K.W.Müller 1999/2007).

gebraucht, müssen diese durch veränderte Gewissensprägungen ermöglicht, zumindest nachvollzogen und gefestigt werden.

Das Verhalten zum Schutz der Umwelt z.B. brauchte eine jahrelange, bewusste Prägung der jetzigen älteren Generation; Mülltrennung in der Familie musste eingeübt werden, die junge Generation erhielt in der Schule Hintergrundinformationen, damit sie die Notwendigkeit verstehen konnten. Dagegen waren auch Strafandrohungen für Müllkippen im Wald nötig zur Einführung der neuen Praxis.

Menschen, die diese Gewissensprägung nicht nachvollzogen haben, setzen ihren Müll immer noch im Wald ab – vermutlich ohne schlechtes Gewissen; lediglich aus Angst vor der Strafe erledigen sie das bei Nacht oder wenn sie sich unbeobachtet fühlen. Hier ist die Reaktion nicht „gesund"; es fehlen wichtige Elemente im Gewissen, damit es selbständig funktionieren kann. Die Norm in Sachen Müll wird von diesen Bürgern nicht als überlebensnotwendig erkannt, weder für sie persönlich noch für die Gesellschaft.

Eine Prägung besteht immer aus Form und Inhalt. Wäre das Gewissen nur eine Form, könnte es ohne weiteres mit neuen Inhalten gefüllt werden; wäre es nur Inhalt, fehlten ihm die Muster für die Anwendung. Form und Inhalt bedingen sich gegenseitig; dann ist das Gewissen stabil und das Zusammenleben in dieser Kultur funktioniert.

Die Labilität der Gesellschaft reflektiert ein labiles Gewissen der Menschen – und umgekehrt. Normen werden dabei ohne Ersatz aufgeweicht, Formen werden verändert, weil die Inhalte verloren gingen oder abgelehnt werden. Die Überlebensfähigkeit der Menschen und Kulturen steht langfristig in Gefahr, wenn Normen und Muster fehlen, die das Weiterleben seither garantierten. Eine selbstkritische Kontrolle anhand geschichtlicher Vergleiche kann hilfreiche Hinweise geben, wenn sie wahrgenommen und ausgewertet werden.

Es ist allgemein bekannt, dass z.B. das einige Jahrhunderte dauernde Römische Reich an der inneren Zersetzung, den aufgeweichten ethischen Normen und Mustern zerfallen ist: Die Menschen wurden widerstands-unfähiger – und damit ihre Kultur nicht mehr überlebensfähig.

Andererseits sind alle Kulturen laufend Veränderungen unterworfen, damit werden immer auch alte Normen und Muster überflüssig. Sie dürfen jedoch kein Vakuum hinterlassen, das Herausforderungen oder Widerständen nichts mehr entgegen zu setzen hat. Neue Normen sind notwendig. Die Mode bzw. die Kleidung, auch die berufliche Ausbildung sind Beispiele dafür. Zwar sind manche alten Handwerkerkenntnisse nicht wertlos – wir bewundern sie heute in Kunstwerken – aber sie werden zur Bewältigung der Anforderungen in der Zeit-Geldorientierten Leistungsindustrie heute nicht mehr gebraucht – oder sie lassen sich nicht mehr bezahlen. Andere Normen wie Begrüßungsformen – bei denen der Mann den Hut zieht, der Junge einen „Diener" und das Mädchen einen „Knicks" macht, wurden ersatzlos gestrichen.

### 1.6.1.2    Das kranke Gewissen

Wie oben angedeutet muss ein Gewissen eine gewisse Stabilität aufweisen. Antiautoritäre Verhaltensmuster gehen zu Lasten anderer, sie fördern nicht die Stabilität der Gesellschaft durch gegenseitige Rücksichtnahme, Tragfähigkeit und Hilfestellung.

Die zunehmend auftretende Arbeitsunfähigkeit (z.Z.25%) gehen hauptsächlich auf psychische Zusammenhänge zurück; etwa ein Viertel der Menschen unserer Gesellschaft ist den Anforderungen nicht mehr gewachsen, die sich ihnen in unserer Kultur stellen.

Welche Kultur kann sich das auf Dauer leisten? Ohne Veränderung der Normen für Erziehung und Gesellschaft bricht das System zuerst durch *Qv.*: Kap. 7, 9 die fehlenden Finanzen ein. Betreuungspersonal kann nicht mehr bezahlt werden, die Korrektur unterbleibt und die krankhaften Gewissensstrukturen führen zu einem Zusammenbruch der Fähigkeit, in einer gemeinsamen Gesellschaft zusammen zu leben. Allein an diesem Beispiel wird deutlich, dass unsere Gesellschaft auf Dauer nicht mehr überlebensfähig ist, wenn sich nicht effektive Erziehungsnormen durchsetzen. Die Enkulturierung und Integration des Menschen in der Gesellschaft erfordern von jedem Selbstdisziplin; das Verständnis dafür liegt im Gewissen – in der Vernunft, dass jeder gewisse Normen und Muster anerkennen muss. Die Iinkulturierung, das Lernen von Normen im Erwachsenenalter ist ungleich schwieriger und oft weniger effektiv als die Enkulturation.

Ein krankes Gewissen führt durch inkonsequente, inadäquate Erziehung zu einer kranken Gesellschaft; eine kranke Gesellschaft zieht ein krankes Gewissen nach sich. Diese Eskalation muss durch sinnvolle Gesetzmäßigkeiten, Kontrolle und Disziplin unterbrochen werden.

# 1.7    Autorität des Gewissens

## These 68

**Jedes Gewissen hat eine Autorität, an der es sich orientiert. Diese Autorität ist entweder ein Teil der persönlichen oder der gesellschaftlichen Identität. Bei der Erziehung in einer Basisfamilie wird die Autorität in der persönlichen Identität integriert. Das bedeutet, wohin der Mensch auch geht und in welchem gesellschaftlichen Umfeld er sich auch befindet, sein Gewissen ist immer der gleichen Autorität unterstellt und funktioniert überall gleich.**

## 1.7.1    Integration von Normen, Mustern und Autorität

Ein Kind lernt die Verhaltensmuster von seinen Eltern oder Bezugspersonen. Es lernt Normen oder Maßstäbe; gleichzeitig erkennt das Kind in den Bezugspersonen die Autorität für die Normen und Muster. Es übernimmt mit der Einübung der Normen und Muster gleichzeitig die Autorität. Das Kind hat bei den Bezugspersonen gelernt, dass die Normen unabhängig von einer anderen Person nach den gleichen Mustern funktionieren und es dazu angehalten wird, ebenso den Normen zu gehorchen und die Muster einzuhalten. Auch dann, wenn die Bezugspersonen nicht präsent sind. Mehr noch: Normen, Verhaltensmuster und Autorität sind nicht trennbar. Die Autorität des Gewissens ist mit dem Gewissen selbst verbunden. Das ist eine Instanz, die unabhängig von der Person funktioniert – im Zusammenhang mit gelernten Normen und Mustern.

Dieser Sozialisierungsvorgang des Kindes ist, wie wir festgestellt haben, etwa mit dem siebten Lebensjahr abgeschlossen; das Kind ist dann enkulturiert. Die Grundstruktur seines Gewissens ist damit geprägt. Weitere Vorgänge verfeinern, verstärken und individualisieren das Gewissen. Andere Bezugspersonen wie Lehrer, Vorgesetzte, die Gesellschaft, (eine bestimmte Bezugsgruppe wie Klassenkameraden, eine Jugendgruppe) und der eigene Wille bzw. der eigene Intellekt bauen auf der Grundstruktur auf.

Die Normen und die Autorität sind im Gewissen verkörpert. Sie sind ein Teil der Identität der Person. Normen funktionieren nicht ohne Autorität, sie werden nicht eingehalten, wenn keine Autorität dahinter steht. Deshalb ist auch die Konsequenz eine wichtige Funktion bei der Erziehung.

## 1.7.2    Sitz der Autorität

Die Autorität stellt sich als eine Instanz dar, die nicht überhört, unterdrückt oder ausgeschlossen werden kann. Sie meldet sich, manchmal unterschwellig und mal stark und aufdringlich.

Hier wirken sich die verschiedenen Persönlichkeitstypen aus. Bei introvertierten Menschen besteht die Tendenz, die Autorität stärker zu empfinden als bei extrovertierten. Stetige und gewissenhafte Menschen orientieren sich schon von Natur aus eher an einer äußeren Autorität, sie akzeptieren die Zusammenhänge als normal, wichtig und richtig und übernehmen dieses Denken als ihr eigenes. Diese Personen übernehmen eher die Autorität ihres Gewissens von anderen Menschen, z.B. von Vorgesetzten, von den Eltern, einem Freund oder Partner.

Extrovertierte Personen sind eher sich selbst die Autorität, d.h. sie bestimmen, wie viel Macht sie anderen Menschen zugestehen. Sie verstehen auch eher, die Autorität ihres Gewissens zu relativieren, indem sie diese hinterfragen, die Auswirkung prüfen und demnach entscheiden, ob, wann und wie stark sie die Autorität für ihr Gewissen zulassen.

Intellektuelle Menschen tendieren ebenso überwiegend dazu, die Autorität in Frage zu stellen. Sie muss einsichtig für sie eingesetzt sein und adäquat reagieren, z.B. in einer Regierungs- oder Rechtsform. Menschen, die den unteren Gesellschaftsschichten angehören, akzeptieren eher gegebene Strukturen als normal und integrieren diese Autorität in ihrem Gewissen.

So formt sich die Autorität, angefangen von der Erziehung über externe Leitbilder, die das Gewissen übernimmt. Das Idealbild wird zum Maßstab, den es einzuhalten gilt. Der persönliche Wille spielt dabei eine große Rolle. Wie stark das Leitbild war und ist, das verwirklicht werden soll und kann, wie stark die damit verbundenen und notwendigen Normen eingraviert sind, das bildet die Stärke der Autorität.

Der Sitz der Autorität ist bei einer Schuldorientierung im Gewissen selbst, sie setzt sich aus akzeptierten Umständen und Verhältnissen zusammen, die sie sich zu Eigen gemacht hat. Das heißt, dass eine eigene Dynamik im Gewissen abläuft, die nicht auf äußere Impulse angewiesen ist.

Jeder Mensch entwickelt diese Dynamik, deren Grundformen angeboren sind und die im Laufe des Lebens mit Inhalt gefüllt und durch den Inhalt weiter ausgebildet werden. Der Verstand, das Gefühl, die Intuition – mit anderen Worten der Geist und die Seele des Menschen sind der Sitz der Autorität des Gewissens – und damit der Sitz des Gewissens selbst. Gewissen und Autorität sind identisch. Geist und Seele können so wenig getrennt werden wie Gewissen und Autorität. Darin liegt das Geheimnis, dass die Autorität des Gewissens einerseits den Verstand, andererseits auch die Seele des Menschen bestimmen oder überstimmen kann. Die Identität des schuldorientierten Menschen belässt die Autorität innerhalb des Gewissens. Die entstandene, unbewusst gelernte Dynamik funktioniert ohne äußere Impulse.

## 1.8    Reaktion des Gewissens

### These 69

**Verletzungen der gelernten Normen und Muster werden von der Person selbst und von der Gesellschaft wahrgenommen und geahndet; die Autorität tritt in Kraft: Sie reagiert durch Erinnerung an die Normen und an gelernte Folgen der Übertretung (Strafe).**

Die Höhe der Strafe richtet sich nach dem Wert der Norm in der vorherrschenden Gesellschaft und Kultur. Umgekehrt erwartet der Wert einer Norm bei deren Verletzung eine entsprechende Strafe.

### 1.8.1    Normverletzung in Gedanken

Normverletzungen können in Gedanken geschehen. Dabei spielt eine Person in ihrer Fantasie eine Tat oder ein Verhaltensmuster durch. Die Ursachen liegen in eigenen Bedürfnissen oder in externen Beeinflussungen. Sie werden aber willentlich gedacht, in Gedanken vollzogen und können zur Tat führen, wenn sie nicht mehr abgebremst werden. Diese Gedanken drängen sich dem Menschen auf, sie fliegen ihm zu, werden durch

Beobachtungen oder Nachdenken stimuliert und ausgelöst. Die meisten „Straftaten" werden in Gedanken vollzogen oder vorbereitet.

### 1.8.2 Normverletzungen als Tat

Schuldorientierte Normverletzungen beziehen sich auch auf einen Sachverhalt, bei dem nicht immer Personen unmittelbar betroffen sind, aber von den Folgen beeinträchtigt werden, wie z.B. bei Missachtung von Verkehrsregeln, wobei niemand zu Schaden kam. Im Hintergrund stehen jedoch immer andere Menschen, nur müssen direkte und indirekte Beeinträchtigungen anderer Personen unterschieden werden.

*Qv.*: Kap. 2, Differenzierung von Sünde und Strafe.

### 1.8.3 Wertung und Strafe

Die Konsequenz einer Normverletzung wird je nach Wertung der Norm stärker oder schwächer empfunden. Danach richtet sich auch die Höhe der Strafe. Umgekehrt kann man an der Höhe der Strafe den Wert der Norm feststellen. Diese Wertungen sind von der Gesellschaft vorgenommen und von der Kultur (Politik, Legislative) in Gesetzen festgelegt.

Die Wertung für Normen bzw. Normverletzungen kann sich verändern, so dass Gesetze nach einigen Jahrzehnten von der Judikative neu interpretiert und von der Legislative überarbeitet werden müssen.

Mitte vergangenen Jahrhunderts war es noch eine Schande und gleichzeitig ein soziales Vergehen, wenn eine unverheiratete Frau schwanger oder wenn eine Ehe aufgelöst wurde. Heute akzeptiert unsere Gesellschaft Familien mit nur einem Elternteil, „Ehen ohne Trauschein" und Ehescheidungen sind durch ihre Häufigkeit keine Besonderheit mehr. Andererseits konnte damals Müll ohne Strafverfolgung zu befürchten in den Wald gebracht werden, was heute als Umweltdelikt eine hohe Strafe nach sich ziehen kann – wenn der Täter dabei ertappt wird.

Mit den Normen wird die Wertung gelernt, gleichzeitig steht die entsprechend hohe Strafe im Hintergrund der Überlegungen. Während ein Verhalten in einem Land als Normverletzung gilt und hoch bestraft wird, kann dasselbe Verhalten in einem anderen Land gängige Praxis oder sogar geboten sein. Die Frage ist, inwieweit dieses Gebot dann zur Überlebensstrategie des Volkes beiträgt.

**Beispiel 9**

Die Strafe für Geschwindigkeitsüberschreitung ist in Belgien und in den Niederlanden um etwa ein Zehnfaches höher als in Deutschland. In diesen Ländern ist deutlich erkennbar, dass der Verkehr gleichmäßiger an der Grenze zur Höchstgeschwindigkeit fließt als in Deutschland.

## 2. Der Funktionsablauf des schuldorientierten Gewissens

## 2.1 Belastungsmechanismus

### These 70

**Das Gewissen einer in einer Basisfamilie erzogenen Person empfindet bei einer Normverletzung stärker Schuld als Scham.**

## 2.1.1   Belastung

Die Natur des Menschen drängt immer wieder nach Freiheiten, die Gesellschaft und Religion nicht zulassen können, da dadurch andere oder die Gesellschaft in Gefahr geraten; zumindest wird das so verstanden. Wenn der eigene Drang nach Freiheit die Freiheit anderer innerhalb der Gesellschaft gefährdet oder die Autorität selbst dadurch in Frage gestellt oder gar außer Kraft gesetzt wird, sind diese Gedanken oder Taten „Sünde" – sie sind verboten.

Ein gesundes Gewissen reagiert auf eine Normverletzung in Gedanken und in der Tat mit dem Empfinden, gegenüber der Norm und der Autorität hinter den Normen schuldig geworden zu sein. Das Schuldempfinden tritt auch dann ein, wenn dabei keine Person direkt zu Schaden gekommen ist. Im Vordergrund steht die Norm, die nicht eingehalten wurde. Im Hintergrund stehen die Menschen, die davon betroffen sind, die die Norm vertreten und für die sie ebenso als Maßstab dienen.

Unerheblich ist, ob die Person bei der Normverletzung beobachtet wurde oder nicht, also ob es Mitwisser gibt oder ob die Tat bzw. der Gedanke verborgen bleibt. Unerheblich ist auch, ob die Person die Tat oder den verwerflichen Gedanken beabsichtigte, plante, bewusst herbei- und willentlich durchführte, oder ob der Gedanke wie aus dem Nichts auftauchte, durch äußere Einflüsse stimuliert wurde oder aus eigenen Bedürfnissen erwachsen ist.

Das Gewissen meldet bei einer Normübertretung jeder Art „schuldig". Beim Vergleich des Verhaltens oder der Gedanken mit der Norm, der vorherrschenden Gesetzmäßigkeit, sowohl für einen Sachverhalt als auch für eine Beziehung, wird ein Unterschied festgestellt. Diese Differenz wird je nach Wert der Norm und je nach Grad der Abweichung stärker oder schwächer gewertet. Auch die Motivation spielt eine wesentliche Rolle bei der Gewichtung der Differenz.

## 2.1.2   Straferwartung

Wie erwähnt, wird mit der Norm und Autorität auch die dazugehörige Strafe bzw. das Strafmaß gelernt. Wenn auf eine Normübertretung keine Strafe folgen würde, wäre die Norm kraftlos. Als Erinnerung genügt ein Symbol der Autorität, ein Bild, oder ein Gegenstand.

Wenn Autofahrer feststellen, dass keine Strafe als Konsequenz folgt, wenn sie bei einer roten Ampel nicht anhalten, werden sie immer häufiger und schließlich immer bei Rot über die Kreuzung fahren. Wenn bald nach einer Geschwindigkeitsbegrenzung ein sog. „Starenkasten" aufgestellt ist und der bekannte „Blitz" unübersehbar ist, treten die Fahrer „automatisch" auf die Bremse.

**Beispiel 10**

Die deutsche Polizei stellte ein ausgedientes Dienstauto an einer unübersichtlichen Kurve an den Straßenrand, um die Autofahrer an die Geschwindigkeitsbegrenzung zu erinnern. Da das Auto in der Kurve für die Fahrer plötzlich auftauchte, traten manche vor Schreck dermaßen in die Bremse, dass dadurch Unfälle entstanden. Sie waren tatsächlich zu schnell gefahren und gerieten durch den plötzlichen Bremsvorgang ins Schleudern. Die Polizei stellte daraufhin den Wagen an eine übersichtlichere Stelle.

In Österreich wurden an besonders unfallgefährdeten Stellen lebensgroße Bilder von Polizisten aus Pappe aufgestellt; sofort verringerte sich die Durchschnittsgeschwindigkeit auf diesen Strecken.

In der Schweiz soll es Verleihfirmen geben, die Sportwagen stundenweise an Fahrer vermieten, die auf deutschen Autobahnen einmal ungehindert rasen wollen. Es war bekannt, dass Strafanzeigen nicht über die Grenze hinweg geschickt werden. Ein Geschäft darauf aufgebaut, dass keine Strafe zu erwarten war.

In schuldorientierten Kulturen besteht die Strafe in einer Sachleistung, meistens in Geld. Dadurch soll der materialistisch eingestellte Mensch in seiner Existenzsicherung herausgefordert werden. Das wirkt jedoch nur dann, wenn die Strafe im Verhältnis zum Einkommen empfindlich ausfällt; ist die Strafe für die Person „peanuts", wird ihn eine Geschwindigkeitsübertretung wenig stören – er ärgert sich vielleicht mehr über die langsamer fahrenden Autos, die die linke Fahrspur blockieren. Viele schnelle Fahrer scheinen deshalb unberührt von bestimmten Verboten oder Beschränkungen. Erst wenn ihre eigene Sicherheit gefährdet ist, fahren sie langsamer. Dieser Ungerechtigkeit in unserer Gesetzgebung kann nur durch Stärkung des Gewissens – oder durch Strafen – begegnet werden, die dem Lebensstandard der Fahrer entsprechen.

## 2.2    Abwehrmechanismus

### These 71

**Jedes Gewissen besitzt einen Abwehrmechanismus; das ist die Angst vor der Strafe. Angst ist ein psychisches Element, das nicht oder nur schwer willentlich unter Kontrolle gebracht werden kann. Das beste Mittel gegen Angst ist die Vermeidung der Ursache.**

### 2.2.1    Angst als psychisches Phänomen

Angst ist ein natürlicher Reflex; sie dient der Selbsterhaltung und – für unser Verständnis – dem Überleben bzw. der Sicherung der Existenz. Sie kommt in allen Kulturen vor, jeder Mensch kennt dieses Gefühl.[15] Angst ist ein Signal dafür, dass die Lebensexistenz gefährdet ist. Dazu gehört einerseits die Beziehung in der Gesellschaft, auf die man angewiesen ist, die Regeln, nach denen das Leben abläuft. Andererseits steht auch die materielle Grundlage des Lebens in Gefahr. Deshalb lösen sowohl Beziehungsstörungen als auch Sachzwänge Angst aus.

Angst ist einer der Reflexe, die nicht oder nur sehr schwer kontrolliert werden können. Je weniger ein Mensch sein eigenes und das Verhalten anderer kontrollieren kann, umso mehr ist er der Angst ausgesetzt, umso häufiger und heftiger tritt diese auf. Dieser natürliche Reflex des vegetativen Nervensystems ist zwingend.

### 2.2.2    Angst als religiöses Phänomen

Angst ist nicht nur ein psychisches oder gesellschaftliches, sondern auch ein religiöses Phänomen. Die Autorität ist in diesem Fall die Gottheit, die für Ungehorsam gegenüber ihren Anordnungen Strafen auslöst. Keine Religion kommt ohne diese Mechanismen aus. Vielmehr werden sie in das menschliche Leben hineinprojiziert und wirken sich sozial aus. Jede Gesellschaft ist gekennzeichnet von der vorherrschenden Religion. Sie wirkt sich verstärkend auf die Autorität über die Normen aus und erweitert ihren Wirkungskreis auf das Unsichtbare, das menschlich nicht Wahrnehmbare. Damit greift Religion direkt und indirekt in das Leben des Menschen ein, je nach Grad der Verbundenheit und Intensität des

---

[15] „Enge, Beklemmung", urverwandt mit lat. angustus „eng". Reaktion auf eine unbestimmte Bedrohung im Gegensatz zu Furcht, die sich auf eine bestimmte Bedrohung bezieht, im allgemeinen Sprachgebrauch jedoch meist nicht streng unterschieden. In der Psychologie wird Angst als unlustbetonter, mit Beklemmung, Bedrückung, Erregung, oft auch quälender Verzweiflung einhergehender Gefühlszustand oder Affekt verstanden, hervorgerufen durch jede real erlebte oder auch bloß vorgestellte, häufig nicht einmal voll bewusste Lebensbeeinträchtigung oder -bedrohung. Meyers Großes Taschenlexikon. Band 1. Mannheim: B.I.Taschenbuchverlag, 1992: 308. Siehe hierzu besonders Franz Renggli, *Angst und Geborgenheit. Soziokulturelle Folgen der Mutter-Kind-Beziehung im ersten Lebensjahr. Ergebnisse aus Verhaltensforschung, Psychoanalyse und Ethnologie.* Hamburg: Rowohlt, 1979.

persönlichen Glaubens. Ebenso hat jede Religion Mechanismen Angst zu vermeiden, zu verhindern, zu umgehen, abzuschwächen und wegzunehmen. Das wird besonders beim Entlastungsmechanismus interessant.

Grundsätzlich kann die Humanität einer Religion daran gemessen werden, ob und wie Angst erzeugt, wofür sie eingesetzt und vor allem, wie gründlich sie beseitigt wird. Die jeweilige Theologie kann dieses Phänomen bis zum Exzess verstärken (z.B. bei Sekten, in denen durch Angst manipuliert und die persönliche Entscheidungsfreiheit eingeschränkt wird) oder abmildern bis zur Unbedeutsamkeit (wie beim liberalen Ansatz, bei dem ‚Gottheit' selbst definiert wird und die eigene Vernunft bzw. der Verstand die eigentliche Autorität ist). Weil Angst im Hintergrund der Normübertretung bzw. der Strafe steht, die meist ethische und deshalb auch soziale Auswirkungen hat, hat Religion immer auch eine starke soziale Komponente. Sie führt diese Wirkung über das Gewissen aus.

Wenn die Religion den Menschen mit Angst zum Gehorsam motiviert, manipuliert sie ihn, engt ihn ein, bevormundet ihn und beraubt ihn seiner Willensfreiheit. Das ist eine unmenschliche Religion – oder Theologie, Denomination, oder Sekte.

Das vorherrschende Gottesbild spielt dabei eine entscheidende Rolle. Wird Gott vornehmlich als ein unbarmherziger Richter dargestellt, steigt die Angst. Ist er ein liebevoller (Groß-)Vater, schwindet sie. Ist er transparent durch offenbarte und schriftlich fixierte Anweisungen, an die er sich selbst hält, gibt das dem Gewissen einen Rahmen für Gehorsam und individuelle Freiheit; Angst wird dann minimiert. Ist Gott in den Augen des Gläubigen unzuverlässig, launisch, oder nicht festgelegt, steigt die Angst, vor ihm Rechenschaft ablegen zu müssen. Hier bleibt Angst undefinierbar, ein Allgemeinzustand.

Andererseits führt eine positive Beziehung zu Gott zu einer in gewissen Grenzen berechenbaren Autorität. Die Beziehung wird durch Vergebung (was noch festzustellen ist), Liebe, Gerechtigkeit und deshalb Vertrauen geprägt. Trotzdem bleibt Gott die oberste Autorität und behält die höchste Ehre, er ist souverän. So entsteht die (gezielte oder bewusst auf Gott gerichtete) Ehr-Furcht des Gläubigen vor ihm, der hohe Respekt, die Hingabe, der Gehorsam seinem Wort gegenüber aus einer liebevollen gegenseitigen Glaubensbeziehung. Die persönlichen Erfahrungen und deren Interpretation sowie das Vertrauen entscheiden über den Grad der Angst ihm gegenüber. Es bleibt zu vergleichen, welche Religion einen solchen Gott hat.

### 2.2.3 Angst als soziales Phänomen

Ein Mensch, der keine Angst mehr empfindet, ist im Extrem nicht mehr lebenstüchtig, zumindest nur begrenzt gesellschaftsfähig. Er sieht keine Autorität über sich und befolgt die Normen nach Willkür, je nachdem, ob und wie sie ihm nützen; auch sein Verantwortungsbewusstsein funktioniert nach egoistischen Regeln. Er kann gefährlich sein für andere, da er sich selbst zur Autorität über Normen und Menschen erhebt.

Die Angst kann bis zu einem gewissen Grad willensmäßig überwunden werden, wenn man die Ursache kennt und dieser bewusst die Macht entzieht, dieser Macht der Angst als gleichwertige Autorität begegnet, oder indem man die Normen entwertet. Eltern machen sich zu solchen Autoritäten, wenn sie ihren Kindern zurufen, sie bräuchten keine Angst zu haben; oder ein Hundebesitzer, der versichert, man bräuchte keine Angst zu haben, sein Hund sei nur neugierig und wolle uns deshalb „beschnüffeln". Wenn der Autorität Vertrauen geschenkt wird, kann die Angst gemindert werden. Ganz verschwinden wird sie nicht, bis eigene Erfahrungen mit der Situation gemacht worden sind.

Doch Menschen, die keine Angst mehr kennen, machen anderen Angst. Wahrscheinlich überschätzen sie sich oder unterschätzen ein Gegenüber. Ihr Gewissen funktioniert nicht vollständig, es ist nicht vorauszusehen, wie es reagiert. Vielleicht ist es sogar kraftlos und damit krank.

Angst engt die Gedanken ein und führt zu einem „Tunnelblick". Entlastende und korrigierende Argumente dringen nicht mehr durch. Die Werte und Konsequenzen der Angst werden überstark. Ein Straftäter kann in dieser Situation schon als Abwehr der bevorstehenden Strafe sich selbst das Leben nehmen – er weicht den Konsequenzen aus. Selbstmord ist in schuldorientierten Kulturen während der ganzen Gewissensphase besonders für emotional geschwächte und für hoch gewissenhafte Menschen eine Option der Angst. Das dient vorwiegend der Gewissensentlastung, ist aber letztlich eine Sackgasse.

### 2.2.4    Abwehr

Kein Mensch mag Angst. Deshalb versucht jeder, sie zu vermeiden. Das gelingt am besten durch normkonformes Verhalten in Bezug auf die gesellschaftlichen Beziehungen sowie den materiellen Gesetzmäßigkeiten und den geforderten religiösen Mustern gegenüber. Angst ist deshalb ein lebenswichtiges Phänomen wie der Schmerz. Ohne diese Empfindungen würde sich der Mensch selbst zerstören.

Durch Angst vor den Folgen der Normübertretung schreckt der Mensch vor der falschen Tat zurück; er wird gezwungen, den weiteren Schritt in Gedanken oder in der Tat zu bedenken. Die beste Möglichkeit, Angst zu vermeiden, ist deshalb, ihr keine Ursache zu geben, nichts zu tun, was sie auslöst.

Angst wirkt demnach als Korrektiv für das Gewissen; es übt natürlicherweise seine bewahrende Funktion mit diesem Phänomen aus. Ein normales, gesundes Gewissen „produziert" deshalb Angst.

### 2.2.5    Straferwartung

Die Erinnerung an eine Strafe für eine Normübertretung, die als physischer oder psychischer Schmerz empfunden wurde, hat sich mit der Norm eingeprägt. Das wirkt sich dann im Gewissen als eine bewahrende Funktion aus. Norm, Wert, Strafe, das ganze Verhaltensmuster wird so verinnerlicht und die Reaktion auf Reize ist damit „programmiert". Der Bezug zu einer Autorität ist dabei wichtig, denn Strafe kann nur von einer höheren Autorität ausgeführt werden.

Da bei einer Schuldorientierung mit den Normen auch deren Autorität im Gewissen verinnerlicht ist, besteht die Strafe schon in der Straferwartung bzw. in der Angst vor der Strafe.

Ein Mensch, der in seiner Kindheit keine negativen Konsequenzen seines Ungehorsams erfuhr, setzt sich auch als Erwachsener leichtfertig über Normen hinweg. Wenn die Konsequenzen ausbleiben, ist auch der Wert der Norm gleich null und erübrigt sie eigentlich. Das würde die Gesellschaft zur Anarchie führen und damit zum Chaos. Würde nie eine Strafe eintreten, wäre die Norm sozial wertlos.

### 2.2.6    Versagen des Abwehrmechanismus

Ein Mensch entscheidet sich für die (Straf-)Tat, wenn der Abwehrmechanismus nicht stark genug ist, sich gegen die Impulse oder Reize von außen und innen zu stemmen. Dann sind die Bedürfnisse stärker als die Angst, die Norm wird entwertet. Inwieweit sich der Mensch der Konsequenzen bewusst ist, kommt auf den Grad des Bewusstseins an, bei dem alle Faktoren mitwirken. Es gibt viele Menschen, die wissen, dass stehlen „Sünde" ist. Aber ihr Hunger ist stärker als die Angst vor der Strafe, falls sie dabei erwischt werden, wenn sie Essbares stehlen. Ihr Überlebenswille ist stärker als ihre Angst. Ein soziales System, das ein Versagen des Abwehrmechanismus erzwingt, ist nicht human.

Schon während oder auch erst nach der Normübertretung tritt das Schuldempfinden auf. Die Angst vor der Strafe bleibt zumindest unterschwellig erhalten, bis die Strafe vollzogen ist.

Der Unterschied besteht jetzt nur noch darin, ob es Zeugen der Straftat gibt oder nicht. Dementsprechend spielt sich die weitere Entwicklung privat oder in der Öffentlichkeit ab. Der Öffentlichkeitscharakter einer Straftat ist immer eine Verstärkung der Angst.

## 2.3    Entlastungsmechanismus

### These 72

**Jedes Gewissen kann entlastet werden. Den gültigen Rahmen dafür bietet die Kultur. Der Mensch fühlt sich nur innerhalb dieses Rahmens entlastet, er braucht also bestimmte Funktionen, um Vergebung und Reintegration zu erfahren. Bleiben diese Funktionen aus oder werden sie nicht korrekt durchgeführt, bleiben zumindest Reste der Belastung bestehen. Das entscheidende Element ist der Gehorsam.**

### 2.3.1    Parallelstruktur im Funktionsablauf

Ob eine Normübertretung tatsächlich oder nur in Gedanken vollzogen wurde ist für den Entlastungsmechanismus entscheidend. Keine Rolle spielt jedoch, ob die „Sünde" in Beziehungen oder im materiellen Bereich geschah.

An dieser Stelle beginnt eine Parallelstruktur im Funktionsablauf des Gewissens: Bei Vollzug in Gedanken und bei einer Straftat sind unterschiedliche Funktionen notwendig. Ebenso ist zu unterscheiden, ob die Tat entdeckt wurde und Öffentlichkeitscharakter erhielt oder ob sie geheim blieb. Außerdem besteht die Möglichkeit, dass der Mechanismus überhaupt nicht greift.

### 2.3.2    Entlastung nach einer gedanklich vollzogenen Normübertretung

#### 2.3.2.1    Abwägen der Werte und Folgen

Der Mensch erkennt durch die Funktion des Abwehrmechanismus, dass er bei tatsächlichem Vollzug in Schwierigkeiten kommen wird. Er wird je nach Auswirkung der Straftat von der Gesellschaft in größerem oder kleinerem Rahmen isoliert. Er muss mit einer Strafe rechnen, die sich in jedem Fall schmerzhaft – physisch und/oder psychisch – auswirken wird.

Der Mensch entscheidet nun, ob der emotionale oder reelle Gewinn, der diesem erwarteten Schmerz gegenübersteht, bei ihm einen höheren Wert einnimmt oder nicht. Auch wägt er die Chancen ab, bei der Tat beobachtet zu werden oder ob die Sache „unter der Decke" bleiben wird.

#### 2.3.2.2    Gehorsam

Wenn die Zeit zum Abwägen reicht und sich der Abwehrmechanismus durchsetzt, unterbleibt die Tat. Der Mensch stellt innerlich die Harmonie zum Gesetz, zur Erwartung der Gesellschaft und der Kultur wieder her: Er ist gehorsam. Sein Gewissen hat funktioniert und ihn vor einer Straftat bewahrt.

Keine Kultur funktioniert ohne Gehorsam. Auch besteht in allen Gesellschaftsformen die Notwendigkeit der gegenseitigen Unterordnung unter eine Autorität.

Die meisten Formen des Gehorsams geschehen nach unbewussten Handlungen und Mustern. Die Sicherheit der Menschen innerhalb ihres Lebensbereiches ist weitestgehend davon abhängig. Bei Ungehorsam bringt sich nicht nur der betreffende Mensch in Gefahr, sondern auch andere, die mittelbar oder unmittelbar davon betroffen sind, z.B. im Verkehr.

### 2.3.2.3    Normkonformes Verhalten

Der Grad des Gehorsams aller Mitglieder einer Kultur bestimmt den Grad der Sicherheit, den jeder Einzelne genießt. Die Verantwortung liegt bei jedem Einzelnen. Das Verantwortungsbewusstsein für die Gemeinschaft zeigt seine Gesellschaftsfähigkeit. Es wird erwartet, dass sich jeder an gemeinsame Abmachungen hält, an ungeschriebene und geschriebene Normen, an gemeinsam oder durch Delegierte erstellte Gesetze. Über die Toleranz bei Übertretungen entscheidet der Richter: Geringfügigkeit oder Fahrlässigkeit?

**Beispiel 11**

Jede Kultur erlaubt eine bestimmte Toleranz auf bestimmten Gebieten: Bei Geschwindigkeitsbegrenzungen wird eine gewisse Toleranz berechnet. In den kommerziellen Tachometern ist eine gewisse Ungenauigkeit eingebaut, um den Fahrer vor Geschwindigkeitsübertretung zu bewahren. Dabei ist Toleranz beabsichtigt. In Navigationsgeräten kann die Toleranz eingegeben werden, nach der es den Fahrer vor überhöhter Geschwindigkeit warnt. Dabei ist Toleranz im Ermessen des Fahrers. In Kaufhäusern sieht man immer häufiger den Hinweis, dass jeder entdeckte Diebstahl angezeigt wird: Null Toleranz! Überwachungskameras, elektronische Signalgeber in den Gegenständen wie z.B. der Bekleidung erhöhen das Risiko der Entdeckung und stärken den Abwehrmechanismus.

### 2.3.2.4    Soziale Kontrolle

Das Gewissen gewährleistet die soziale Kontrolle. Tatsächlich ist es die soziale Kontrolle selbst. Sie ist unerlässlich für das Zusammenleben von Menschen.

Bei Tieren gewährleistet der Instinkt diese „soziale Kontrolle". Das Rudelverhalten ist genau geregelt – wir sprechen von der „Hackordnung" auf dem Hühnerhof, von „Leitwölfen" und „Machtkämpfen" der männlichen Tiere.

Eine menschliche Gesellschaft gibt sich dafür Strukturen: Legislative, Judikative und Exekutive.

Ein Mensch, der sich dieser sozialen Kontrolle entzieht, wird von der Gemeinschaft isoliert. Er erscheint suspekt, wenn nicht sogar gefährlich, jedenfalls nachteilig für andere. Bei Gesellschaften, die den Individualismus unterstützen und in denen das monetäre System stärker funktioniert als Beziehungsstrukturen, wird die soziale Kontrolle auch mit Geldstrafen effektiv aufrechterhalten.

Gewissensgehorsam gegenüber den gelernten, akzeptierten, geltenden Normen und Maßstäben der Gesellschaft ist die wirksamste soziale Kontrolle.

### 2.3.2.5    Vergebung und Gewissensfrieden

„Strafe muss sein" – das wird sogar sprichwörtlich festgestellt. Genauso ist es notwendig, dass nach einer Belastung wieder vollständiger Friede hergestellt wird. Der Riss muss wieder geschweißt werden. Bei gedanklichem Vollzug geschieht diese Heilung ebenso gedanklich: Der Mensch muss sich selbst vergeben und seine Sinnesänderung gibt ihm inneren Frieden. Die Versuchung ist überwunden, er ist daran stark geworden; die Norm hat sich bewährt und wieder ein Stück tiefer in Bewusstsein und Gewissen eingraviert. Die Norm wird vielleicht bei der nächsten Gelegenheit schon im Unterbewusstsein Bedürfnisse ausfiltern oder verdrängen. Der Mensch wird im Laufe dieser Bewährung immer zuverlässiger, er legt ein sozial reifes Verhaltensmuster an den Tag. Seine Sozial-kompetenz wird gestärkt.

Die Selbstvergebung wird immer schwieriger, je öfter sich ein „sündhafter" Gedanke aufdrängen kann. Auch der Frieden mit sich selbst will sich dann nicht richtig im Gewissen einnisten. Sich selbst zu vergeben, also sein eigenes Gewissen zufrieden zu stellen, ist oft die letzte Hürde zum Frieden. Bei gedanklichen Vergehen ist der Mensch allein mit sich selbst, er muss sich die Vergebung selbst zusprechen. Selbstvergebung ist das Eingestehen des vorübergehenden Drangs nach einer Normverletzung.

Die vorherrschende Religion oder Philosophie haben in diesem Vorgang einen entscheidenden Einfluss. Lässt sie den Menschen im Unklaren über gedankliche Versöhnung mit der Norm, wird der Frieden wenig tragfähig sein. Auch hier erweist sich eine Religion als menschlich, wenn sie den Entlastungsmechanismus unterstützt, ohne dabei die Normen aufzuweichen. Sie ist ein wesentlicher Bestandteil der Motivation, die in diesem Prozess vorherrscht, ihn beschleunigt oder hindert. Wie die Selbstliebe biblisch geboten ist, um andere lieben zu können, so ist auch die Selbstvergebung notwendig, um anderen vergeben zu können. Nur wer mit sich selbst im Reinen ist, hat auch transparente Beziehungen zu anderen.

Frieden ist notwendig als Zeichen der Entlastung, der Wiedereingliederung und Aufhebung der Isolation; auch wenn sich diese Elemente nur gedanklich aufdrängten, so waren sie doch zeitweise eine Blockade oder Beeinträchtigung. Nicht jeder Mensch kann sein Verhalten völlig abgekoppelt von seinen gedanklichen Kämpfen steuern.

Vergebung und Gewissensfrieden sind zwei Seiten einer Münze, die Vergebung ist die Zahl – sie ist was zählt, dann erst tritt der Frieden in Kraft – als Wappen, als Siegel der Vergebung.

## 2.3.3   Entlastung nach einer tatsächlich vollzogenen Normübertretung

Der Wert bzw. Unwert einer Norm und der ihr entsprechenden Straftat unterscheidet sich nicht von der nur gedanklich vollzogenen Handlung. „Sünde" als Normübertretung im biblisch-christlichen Sinne unterscheidet nicht Gedanken und Tat. Deshalb sollte sich auch die Strafe eigentlich nicht unterscheiden: „verdient" hat man sie in jedem Fall.

Lediglich die soziale Auswirkung ist sehr unterschiedlich. Weil „der Mensch sieht, was vor Augen ist", kann er auch nur nach dem urteilen, was „offen-sichtlich" ist. Der Mensch kann also nur nach seinen Taten beurteilt werden, nicht nach dem, was in ihm vorgeht.

### 2.3.3.1   Strafe als Belastungsverstärker

Der Mechanismus einer Gesellschaftsstruktur sieht vor, eine Straftat „anzuzeigen", sie der Judikative vorzuführen. Bei kleinen Delikten geschieht das in der Familie, im Betrieb, in der Schule oder in der Nachbarschaft. Man spricht darüber – mit dem Betroffenen und mit dem Geschädigten. Eine Beleidigung wird kritisiert und eine Ehrerbietung eingefordert, bei einem Diebstahl eine Kompensation verlangt.

Berührt die Sache ein öffentliches Gesetz und geschieht keine Einigung auf persönlicher Basis, wird die Polizei als Exekutive bemüht. Bei einem Verkehrsunfall ist das sogar versicherungstechnisch notwendig, um die Sachlage eindeutig und neutral festzustellen. Meistens geschieht die Kompensation in Geldwert – nach dem Preis der Wiederherstellung des ursprünglichen Zustandes, oder bei körperlicher Verletzung nach den zugefügten Schmerzen.

Das Ungerechte dabei ist, dass verschiedene Einkommen dies leichter oder schwerer „verkraften". Entsprechende Versicherungen übernehmen im Allgemeinen die Wiedergutmachung für den Schuldigen. Weil ein Schadensfall vor allem finanziell Schwache wirtschaftlich ruinieren kann, besteht für manche Gebiete Versicherungspflicht. Lediglich die erhöhte Prämie erinnert dann an die eigentliche Strafe, die auferlegt wird.

Soll eine Strafe einen erziehenden Charakter haben, wird die Persönlichkeit des Schuldigen angegriffen. Eine verbale Auseinandersetzung soll das Schuldbewusstsein wecken und stärken. Die Ehre des Menschen wird dabei angegriffen, sein Selbstbewusstsein und seine Identität werden in Frage gestellt. Im äußersten Fall und bei Verdacht auf Tatwiederholung folgt Freiheitsentzug.

Jede Strafe ist ein Liebesentzug – sie soll auch als solcher verstanden werden. Wo Liebe fehlt, besteht keine Akzeptanz, sondern Ablehnung und Distanz. Liebe ist somit wie der Frieden ein Gegenüber der Angst und ein wichtiger sozialer Faktor, auch für das Gewissen. Um Verwechslungen bei den vielseitigen Bedeutungen von Liebe vorzubeugen, bleiben wir beim Begriff Akzeptanz.

Wenn die Akzeptanz von Seiten der Gesellschaft und der eigenen Werte nicht mehr gewährleistet sind, kann der Straftäter in die Sackgasse des Selbstmords geraten.

### 2.3.3.2  Freiwilliger Strafvollzug

Der Abwehrmechanismus greift spät, aber er rettet noch, was zu retten ist: Die Flucht nach vorne wird ergriffen: Bekenntnis, Bußhandlung, Wiedergutmachung, Selbstanzeige, Strafe akzeptieren – das erbringt meist eine Milderung des Strafmaßes.

Die Strafe wird akzeptiert, vielleicht sogar selbst vorgeschlagen, und wenn sie vollzogen ist, dient das der Vergebung, vielleicht mehr der Selbstvergebung als der sozialen Entlastung. Mit Kindern kann der Ernst der Folgen des Ungehorsams besprochen werden, indem man sie selbst eine Strafe vorschlagen lässt. Dabei wird erkennbar, welchen Stellenwert die betreffende Norm beim Kind hat.

Es ist durchaus möglich, dass ein Mensch von seiner Schuld derart überwältigt wird, dass er die Strafe an sich selbst vollziehen möchte und Selbstmord begeht. Er erkennt eine in Aussicht gestellte Entlastung nicht an.

### 2.3.3.3  Unfreiwilliger Strafvollzug

Wenn der Abwehrmechanismus versagt hat, führt dies zu einem Druck der gesellschaftlichen Öffentlichkeit. Indizienbeweise dienen nun zur Überführung des Straftäters und der Zwang durch die Öffentlichkeit tritt in Kraft (Judikative und Exekutive). Schuld wird nachgewiesen durch den sachlichen Vergleich der Tat mit dem Gesetz.

*Qv.*: Kap.4,
Paradigmenwechsel Die Rückfallquote ist dabei relativ hoch. Wenn Schuld nicht wirklich „gegriffen" hat, kann sich ein Straftäter während seines Gefängnisaufenthalts den dort vorherrschenden Normen konform verhalten – vielleicht empfindet der Täter das sogar als Hilfe, wenn ihm Rahmenbedingungen vorgegeben werden. Das muss aber nicht notwendigerweise seine Einstellung und seine Werte verändern. Denn im Gefängnis herrscht eine erzwungene Autoritätsstruktur, während Autorität in der Gesellschaft freiwillig anerkannt werden muss. Es kann durchaus sein, dass ein Strafgefangener wegen guter Führung vorzeitig entlassen wird und – ohne die für ihn notwendige Kontrolle durch eine Autorität – wieder zum alten Verhaltensmuster zurückkehrt und die Straftat wiederholt. Der gesamte Vorgang der Veränderung des Gewissens auch für diese Zusammenhänge wird später diskutiert.

### 2.3.3.4  Strafe als Racheakt

Der Sinn der Strafe ist die Wiederanerkennung, die Akzeptanz der vorherrschenden Muster, Gesetze und Regeln. Das Maß und die Art und Weise der Durchführung der Strafe müssen diesem Ziel angemessen sein. Rache und Zerstörung des Schuldigen muss untergeordnet bleiben. Blutrache und Verteidigung bzw. Wiederherstellung der Ehre sind im Bereich der Schamorientierung gesondert zu betrachten.

Eltern überziehen das Strafmaß ihren Kindern gegenüber meist, wenn sie im Affekt strafen. Es ist besser, die Kinder in ihr Zimmer zu schicken und zu warten, bis sich die Emotionen gelegt haben. Dann können sie mit den Kindern in Ruhe über den Vorfall reden und eine angemessene Strafe wählen, deren Maß die Kinder selbst nachvollziehen und evt. mitbestimmen – aber nicht verhandeln! – können.

Aus diesem Grund besteht auch das (ungeschriebene?) Gesetz, dass nicht der Geschädigte selbst die Strafe ausführt (im Fußball: nicht der Gefoulte schießt den Elfmeter). Hier sind die Empfindungen des emotional und faktisch Betroffenen meist so stark, dass das Festsetzen eines „gerechten" Strafmaßes nicht möglich ist. Das Urteil der unabhängigen Richter erscheint dem Geschädigten zu mild.

### 2.3.3.5    Strafe als Entlastung

Wird durch die Straferwartung die Wiederanerkennung der Normen motiviert, ist die Einsicht des Straftäters gegeben, was sich positiv auf das Strafmaß auswirkt. Wird sein Gewissen „geweckt" oder „getroffen", ist der Sinn der Strafe erreicht. Die sozialen Auswirkungen und das Empfinden der Geschädigten sind jedoch weiterhin zu berücksichtigen.    $Qv.$: Kap. 2, 2.4.1.1

Die Gesellschaft fordert ein Mindestmaß an Strafe, auch der körperlichen und psychischen, also den autoritären Eingriff von außen in die Persönlichkeit. Die Judikative betont den erzieherischen Wert mit dem Ziel der permanenten und tragfähigen Sinnesänderung und Integrationsbereitschaft des Schuldigen. Tritt diese glaubhaft ein, kann die Strafe verkürzt oder abgemildert werden – was von der Bevölkerung oft nicht nachvollzogen werden kann.

Der Schuldige kann auch eine Sinnesänderung vortäuschen durch ein „aufgesetztes" normkonformes Verhaltensmuster. Der Rückfall in die Straftat ist dann vorprogrammiert. Das befürchtet die Gesellschaft. Sie will auch Genugtuung für eine Straftat, damit der Groll weicht.

Es bleibt auch zu fragen, wie die Strafe auf den Schuldigen persönlich wirkt. Hier sind Sachverhalte und Emotionen bzw. die innere Einstellung mitbestimmend. Ein Richter versucht vermutlich ein Mittelmaß aller Faktoren zu erreichen. Er muss zwischen den Vorschlägen des Staatsanwaltes als Vertreter des Gesetzes und denen des Verteidigers als Vertreter des Schuldigen entscheiden. Verhandlung und das abschließende Urteil sind nur verständlich und akzeptabel, wenn bei allen zumindest ähnliche Werte und Einstellungen im Gewissen vorhanden sind.

### 2.3.3.6    Strafzwang

Manche Straftäter – besonders solche, die sich freiwillig gestellt haben – sehnen sich geradezu nach der Strafe, weil sie dadurch die Entlastung als Sühne und Wiedergutmachung empfinden. Auch bei Kindern ist dieses Phänomen feststellbar; wenn in der Familie die Entlastung immer über eine Strafe geschah, braucht das Kind eine Strafe, um sich entlastet zu fühlen. Das Kind steht unter dem Gewissenszwang, eine Strafe bekommen zu müssen.

Die Frage bleibt, ob immer eine Strafe sein muss, oder ob Einsicht und freiwillige „Meldung" des Sachverhalts nicht schon der Stärkung des Normverhaltens dienen. Auch bei einem Erwachsenen bleibt der Strafzwang sonst im Hintergrund und er wird sich vielleicht selbst harte Strafen auferlegen, um sich anschließend wieder entlastet zu fühlen. Sein Gewissen hat die Strafe als notwendigen Faktor im Entlastungsmechanismus integriert.

**Beispiel 12**

Als unsere Kinder noch klein waren, haben wir in unserer Familie vereinbart, dass es keine Strafe gibt, wenn das Kind sofort den Sachverhalt bzw. den Ungehorsam bei den Eltern meldet und versucht, das, was möglich ist, selbst in Ordnung zu bringen. Diese Regelung kostete uns Eltern die Disziplin, nicht scharf zu reagieren, sondern – zwar den Ernst der Sache feststellend – Mut zu machen, den ganzen Weg der Wiedergutmachung zu gehen. Dadurch lernten die Kinder, ein Fehlverhalten nicht zu verstecken und nicht mit sich herum zu schleppen. Die Selbstdisziplin wurde gestärkt. Diese Regelung erwartet jedoch, dass sich auch die Eltern den Kindern gegenüber daran halten.

### 2.3.3.7 Re-Integration

Die Wiedereingliederung des Straffälligen in die Gesellschaft ist – wie gesagt – das Ziel der Strafe.

Vorraussetzung dafür ist nach beiden Möglichkeiten des Strafvollzugs – freiwillig oder unter Zwang – die Wiederanerkennung der Normen. Ein angepasstes, zumindest nicht auffälliges Verhaltensmuster signalisiert dies glaubhaft.

Der Vorgang ist im Grunde derselbe wie beim gedanklichen Ungehorsam. Da beim Strafvollzug Emotionen stark angesprochen wurden – sowohl beim Täter als auch bei den Geschädigten – bleibt meist ein starker „Nachgeschmack". Der Täter ist gebrandmarkt, hat ein schlechtes Image und wird in seiner ihm bekannten gesellschaftlichen Umgebung gemieden.

Es ist für den Täter nach „Absitzen" der Strafe deshalb angebracht, ein neues Umfeld zu suchen und dort unvorbelastet neu sein Leben zu gestalten, Beziehungen aufzubauen und sich innerhalb der gesetzlichen Ordnung zu bewegen.

Die Wiedergutmachung ist oft nicht vollkommen möglich. Verletzungen sitzen tief, und manche brauchen Jahre, bis sie heilen, manche bleiben lebenslang und wirken sich beziehungshemmend aus. Auch wenn die Vergebung ausgesprochen wurde, können menschliche Vorbehalte zurückbleiben.

### 2.3.3.8 Soziale Auswirkungen

Wir haben das schon angedeutet: Nach abgeleisteter Strafe kann der Täter annehmen, seine Tat sei nun gesühnt. Sein eigenes Gewissen kommt zur Ruhe. Aber er wird immer wieder durch Hinweise aus der Gesellschaft daran erinnert, was er anderen angetan hat. Bleibende Schäden können nicht wieder gut gemacht werden. Andere müssen mit der Last weiterleben, auch wenn die Strafe abgebüßt ist und der Täter ein ordentliches Verhaltensmuster an den Tag legt. „Vergeben kann ich ihm, aber ihm das vergessen nie!" – diese Redewendung kann Absicht sein, oder sie spiegelt menschliches Unvermögen wider.

Ein „Stachel" bleibt auch im Gewissen des Täters – und oft genug auch bei Betroffenen. Die Erinnerung kann nicht ausgelöscht werden. Der Mensch hat keine absolute Kontrolle über sein Gedächtnis. Er kann nicht auf Befehl vergessen. So bleibt auch beim Täter eine immer wieder ausgelöste Erinnerung.

Selbst ein gut funktionierendes Gewissen kann so bei allen kulturellen und gesellschaftlichen strukturellen Maßnahmen Restbelastungen behalten. Sie sind ein gutes Zeichen dafür und eine Mahnung, dass die beste Entlastung die Vermeidung einer „Sünde" ist.

### 2.3.3.9 Wert der Vergebung

Wir hatten festgestellt, dass die Höhe der Strafe den Wert der Norm anzeigt und umgekehrt. Ebenso ist die Vergebung umso wertvoller, je mehr vergeben werden muss oder je schwieriger die Entlastung ist.

Bei der Vergebung bleibt das Gewissen auf andere Menschen angewiesen. Das stärkt das Bewusstsein für die gegenseitige Abhängigkeit in der menschlichen Gemeinschaft.

Die erwähnte Restbelastung kann dem Menschen dazu helfen, sich selbst gegenüber kritischer, weniger absolut und anderen gegenüber nachsichtig zu sein.

Begnadigt wird jemand, der eine Strafe verdient hätte, diese aber nicht vollzogen wird. Gnade ist immer dann notwendig, wenn eine Straftat nicht eindeutig nachgewiesen werden kann und das Urteil im Zweifelsfall zugunsten des Angeklagten gefällt wird. Falls doch mehr Schuld besteht als offensichtlich ist, bleibt der Rest für die Gnade.

Röm.3,24; 5,17-20; 2.Kor.6,1; 12,9; 1.Pet.1,13; 5,5 2.Mo.20

Eine Kultur und eine Gesellschaft, die keine Möglichkeit für Gnade oder Begnadigung kennen, sind unbarmherzig. Schuld wird dann immer nach der vorherrschenden Philosophie geregelt.

Vor allem für den Umgang mit Gnade hält der christliche Glaube dem Religionsvergleich stand. Einseitige Theologien strapazieren diesen Aspekt und bieten Gottes Gnade „billig" an – ohne Buße und Reue. Humane Gesellschaften haben ihre Werte aus den Zehn Geboten des Alten Testaments. Obwohl alle Religionen Entlastungsmechanismen anbieten müssen, damit die Gesellschaft funktioniert, kommt es darauf an, wie gründlich und nachhaltig das Gewissen wirklich entlastet wird.

### 2.3.3.10    Einfluss der christlichen Werte auf Kulturen

Im zweiten Jahrtausend n.Chr., übte das Christentum einen direkten Einfluss auf die europäischen Kulturen aus. Trotz aller gravierenden Rückschläge und Verirrungen wurde die westlich-demokratische Gesetzgebung stark beeinflusst. Verirrungen sind anderswo auch geschehen, das ist jedoch weder eine Entschuldigung noch eine Rechtfertigung. Die Notwendigkeit der jüdisch-christlichen Normen für die moderne Staatsführung wird dadurch umso deutlicher. So wurde es überhaupt erst möglich, dass die westliche Gesetzgebung heute – bei allen noch vorhandenen Defiziten – die humanste und sozialste aller Gesellschaftsstrukturen aufweist. Einflüsse anderer Religionen auf ihr Land und ihre Politik im gleichen Zeitraum brachten bei weitem nicht solche Sozialstrukturen hervor. Die Menschenrechte wurden von den westlichen Ländern auf dieser christlich-religiösen Grundlage formuliert. Diese Rechte, die auch Pflichten sind, werden von Staaten anderer Religionsformen eingefordert, wenn eine Zusammenarbeit gelingen soll. Bei den Ländern mit ursprünglich christlichem Einfluss, die der EU beitreten wollten, war diese Klausel kein Problem. Erst bei den Beitrittsverhandlungen der Türkei wurde von dieser der Vorwurf geäußert, die EU wolle „katholisch" bleiben und sei anderen Religionen gegenüber wenig tolerant.

Die europäischen Länder gelten als beliebte Einwanderungsländer für Menschen aus allen Teilen der Welt – nicht nur wegen der wirtschaftlichen Vorzüge. Diese wurden erst möglich durch die ethischen Auswirkungen der christlichen Werte: Die europäisch-gesellschaftliche Gewissensprägung hat die in den Zehn Geboten verwurzelten Werte angenommen und umgesetzt. Allein die Feindesliebe ist in keiner anderen Religion so verankert. Ein streng-gläubiger Moslem kann einen Mord an Christen aufgrund seiner Religion als „religiöse Pflicht" bezeichnen, umgekehrt ist das unmöglich. Missionare einer anderen Religion in Europa werden nicht als Feinde betrachtet; im christlichen Kontext ist ihr Leib und Leben von der Gesetzgebung geschützt. Dagegen sind z.B. in Indien und im Jemen nur „zähneknirschend" und unter starkem politischem Druck laue Zugeständnisse zu Menschenrechten möglich, von grundlegenden Korrekturen der Einstellung und der Gesetzgebung ist nicht zu sprechen. Die Gewissensprägung nach christlichen Werten hat sich dort bewährt, wo die Gesetzgebung davon beeinflusst wurde und sie respektiert wurden.

### 2.3.3.11    Absoluter Frieden

Nach biblischen Verständnis wird deutlich, dass es Menschen mit der Vergebung schwer haben, auch wenn ihnen selbst vergeben wurde. Auch

Gleichnis vom „Schalksknecht" in Mt.18

Christen haben Schwierigkeiten, anderen und sich selbst zu vergeben, Verletzungen zu heilen, Tatbestände zu vergessen oder Folgeerscheinungen zu überwinden. Die Auswirkungen des Beziehungsbruchs mit Gott sind deutlich. Kein Mensch kann den Idealen der Bibel vollkommen gerecht werden.

Micha 7,19 Religiöse Zwänge sind dabei kontraproduktiv: Vergebung kann von niemandem eingefordert werden, schon gar nicht spontan. Auch ein Christ ist seinen Empfindungen, seinem Erinnerungsvermögen unterworfen. Nur wer volle Kontrolle über sein Gewissen, sein Erinnerungsvermögen und seine Emotionen hat, kann vergeben *und* vergessen: vollkommen, ohne Rückstände. Trotzdem: das Gebot zur Vergebung ist im „Vaterunser" verankert: „Vergib uns unsere Schuld, wie wir unseren Schuldigern vergeben." Niemand kann Vergebung von Gott erwarten, so lange er selbst nicht dazu bereit ist.

Das Gottesbild in einer Religion bestimmt das Verständnis dieser absoluten Vergebung. Das biblische Gottesbild und damit die biblische Gewissensentlastung sind so vollkommen, wie das in keiner anderen Religion möglich ist. Die Bibel verwendet dafür eine Metapher, dass Gott die Sünden in die Tiefe des Meeres wirft (bzw. an die tiefste Stelle des Meeres); nach den technischen Möglichkeiten von damals war es unmöglich, von dort wieder etwas zurück zu holen. Auch der modernen Technik dürfte das noch sehr schwer fallen. Mit dieser Metapher wird auch deutlich, wie „tief" die Gnade Gottes ist, dass er so vergeben kann.

**These 73**

**Absoluter Gewissensfrieden ist nur im christlichen Glauben möglich.**

# 2.4 Versagen der Entlastung

Wer sich der berechtigten Belastung nicht stellt, sie ablehnt oder trotz eindeutigen Indizienbeweisen seine Unschuld versucht zu beweisen und sich für unschuldig erklärt, bei dem greift kein Entlastungsmechanismus.

## 2.4.1 Verdrängen der Schuld: Kraftloses Gewissen

Bei manchen Gerichtsverhandlungen wird das deutlich: Ein Tatbestand kann verbal geleugnet werden, man kann Alibis und Gegenbeweise hervorbringen, zumindest entkräftigende Fragen stellen, oder man versucht sich durch Korruption und Bestechung einer Verhandlung zu entziehen. Dabei werden Tatbestände der Normübertretung und die Belastung des Gewissens bestenfalls verdrängt. Diese Verdrängung vollzieht sich parallel zu einer Entwertung der Normen im Gewissen der Täter und Verteidiger; auch die Autorität wird missachtet, die die Normen stützt. Das Gewissen wird durch solche Vorgänge abgestumpft und kraftlos, es ist eigentlich krank. Solche Beamte sind destruktiv für das Überleben der Kultur, die sie verwalten. Sie verteidigen das Unrecht.

Die notwendige Auseinandersetzung mit Sachverhalten, die das Recht herauskristallisieren sollen, ist hier nicht gemeint. Das gehört zum rechtmäßigen, humanen Belastungsmechanismus, damit keine unzulässige Strafe auferlegt wird. Wir erkennen in anderen Ländern und in unserer eigenen Geschichte die Auswirkungen, wenn das Recht an eine ethisch schwache Ideologie oder Religion gebunden ist. Die passiven und aktiven Reaktionen darauf geschahen aufgrund christlich-ethischer Werte, wobei das Bekenntnis zur Gerechtigkeit und Wahrheit in Spannung geriet mit dem Verbot des Tötens.

Die Sicherheit in der betreffenden Kultur wird eingeschränkt, wenn sich solche Verteidigungs-Mechanismen in einer Kultur durchsetzen und wenn es zum Berufssport wird, das Recht zu beugen. Der Feudalismus, der seit der französischen Revolution als überwunden gilt, gewinnt damit – in einer kaschierten Gerechtigkeitsstruktur – wieder an Boden.

Manchmal erscheint das so: Wer reich ist und sich einen solchen „Rechtsbeistand" leisten kann, setzt sich gegen das Volk durch. Recht und Gerechtigkeit werden dann vor den Augen der Gesellschaft mit Füßen getreten, „Sünde" ist nicht mehr Schuld. Das Gewissen ist krank. Schlimm ist es, wenn die Gesetze der Gesellschaft diesem Trend keinen Einhalt bieten können – die Humanität wendet sich gegen den Menschen, so paradox das auch klingt.

Die westliche Gesellschaft hat in den vergangenen 50 Jahren die in Jahrhunderten mühsam unter großen Opfern aufgebaute Prägung des Volksgewissens effektiv untergraben und kraftlos gemacht: Das Empfinden für Schuld ging verloren. Der Einfluss der christlichen Werte ist kraftlos geworden.

### 2.4.2    Waches Gewissen und bleibende Belastung

**Beispiel 13**

Ein Mann stellt sich der Polizei: Er habe vor zehn Jahren eine Frau umgebracht. Die Beamten nehmen ihn nicht ernst; er muss sich durchsetzen und nennt Beweise, Namen, Daten und gibt Erklärungen. Zögernd ruft ein Beamter die Kriminalpolizei an, die nach einiger Zeit meldet, der Fall sei bekannt, die Verhandlung und die Suche nach dem Mörder sei jedoch mangels Beweismitteln eingestellt worden.

Der Mörder hätte den Rest seines Lebens genießen können, wäre da nicht sein schuldorientiertes Gewissen gewesen. Die vergangenen zehn Jahre waren für ihn anfangs ein Versteckspiel, dann wurde die Tat zunehmend zur Belastung im Gewissen.

Das gesunde schuldorientierte Gewissen verliert seine Prägung und vergisst seine Informationen nicht. Die Autorität ist mit den Normen zusammen integriert im Menschen. Er nimmt sie mit, wohin er auch geht. Er kann versuchen zu vergessen, zu verdecken, zu verdrängen: Ein gesundes Gewissen bleibt wach.

Eine bleibende Belastung ist ein gutes Zeichen: Das Gewissen funktioniert. Die Gesellschaft hat auf diese Weise die Gewähr, dass sich das Recht durchsetzt. Schuld wird dann noch als Belastung erkannt und nicht als emotionale Schwäche. Ein gesundes Gewissen ist stark und setzt sich gegen menschliche Schwächen und Bedürfnisse durch, die anderen zur Last werden.

Wir wiederholen: Durch das Gewissen ist der Mensch kulturfähig, gesellschaftsfähig und religionsfähig. Aber das Gewissen braucht als Kontext die Kultur, Gesellschaft und Religion, um zu funktionieren.

### These 74

**Das schuldorientierte Gewissen ist ein für Individuum und Gesellschaft wichtiges Phänomen der Strategie zum Überleben.**

# 3.    Die Entstehung des schamorientierten Gewissens

In diesem Teil werden nur die Veränderungen, Gegensätze und Andersartigkeiten dargestellt, die im Vergleich zur Schuldorientierung festzustellen sind. Es wird auf die vorhergehenden Beschreibungen Bezug genommen und der Leser sollte ggf. zurückblättern. Die Zählung und Formulierung der Gliederung des Teils über die Schuldorientierung werden hier zur besseren Orientierung weitgehend beibehalten.

**Grafik 19: Entstehung und Funktionsablauf:**
**Schamorientiertes Gewissen**

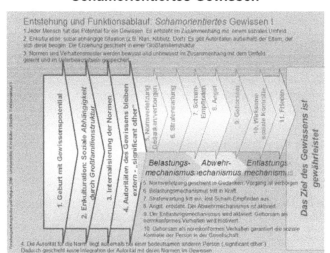

# 3.1    Geburt mit Gewissenspotenzial

### These 75

**In jeder Religion, Kultur und Gesellschaft können Menschen ihre Persönlichkeit und ihr Gewissen entsprechend den gegebenen Möglichkeiten und Grenzen entfalten, die sich durch die vorherrschende Autorität, die geltenden Normen und strukturellen Prägungen ergeben.**

Das Gewissenspotenzial ist bei jedem Menschen bei seiner Geburt gleich, in jedem Land, zu jeder Zeit, gleich welcher Herkunft. Die Entwicklung der Persönlichkeit gestaltet sich auch beim schamorientierten Gewissen in den verschiedenen Persönlichkeitstypen. Kultur und Religion wirken sich auf die Persönlichkeit aus.

In Japan z.B. bestimmt die Kultur, dass jedes Kind zur äußeren Ehrerbietung höher gestellter Personen erzogen wird. Das äußert sich bei der Begrüßung darin, dass man sich vor einer sozial höher gestellten Person tiefer verbeugt als dieses Gegenüber. Der kulturelle Hintergrund dafür ist, dass über allen Werten die Notwendigkeit steht, das „Gesicht zu wahren" und von anderen gewahrt zu bekommen; das scheint in Japan jedem „in die Wiege gelegt" zu sein. So entsteht ein bestimmter Typ von Person, den wir mit allen Japanern identifizieren. An einem anderen Ort geboren und erzogen, würden sie sich entsprechend anders entwickeln.

**Beispiel 14**

Die Insulaner der Karolinen-Inseln im Pazifik stellten sich allerdings vor, dass ihr Kind gewissermaßen automatisch die Sprache der eigenen Eltern sprechen wird, wenn sich seine „Seele" entsprechend entwickelt hat. Das sei zwingend so, auch wenn das Kind in einem fremden Land aufwachsen sollte. Deshalb lehren sie nicht bewusst ihre Kinder zu sprechen, sondern ahmen nur die Laute und Worte nach, die diese von sich aus von sich geben. Die Eltern sprechen ein Kind nicht in normaler Erwachsenensprache mit vollständigen Sätzen an, weil sie meinen, es würde eben auch nur die Worte verstehen, die es selber spricht. Sie staunten, als sie beobachteten, dass unsere Tochter auf unseren Zuruf reagierte, obwohl sie selbst noch nicht sprechen konnte. So unterschiedlich wie solche Verständnisse sind auch Erziehungsmethoden nach der vorherrschenden grundlegenden Logik und sozialen Strukturen, in die ein Kind hineingeboren wird.[16]

Die pränatalen Einflüsse und genetischen Ansätze werden von den kulturellen Rahmen-bedingungen überlagert, zumindest stark beeinflusst.

Die Unterschiede zur westlichen Kultur in den religiösen, kulturellen und gesellschaftli-chen Bedingungen, denen ein Mensch in seiner Entwicklung unterworfen ist, sind erheb-lich. Selbst diese Reihenfolge – Religion, Kultur, Gesellschaft – bestimmt im Allgemei-nen die Prioritäten der Prinzipien, die für die Gewissensprägung verantwortlich sind. Auch die Autorität, über die noch ausführlich zu sprechen ist, erhält davon ihr Gewicht.

Oberflächliche Beobachter anderer Kulturen neigen dazu, das Gewissen der Menschen solcher Kulturen zu unterschätzen und es der Vorstellung von Instinkt nahe zu legen. Eine unbewusste, unterschwellige Geringschätzung dieser Kulturen entsteht durch den Ethnozentrismus, dem vor allem die westlichen Kulturen durch ihre technische Überle-genheit unterliegen. Solchen Vorurteilen wollen wir hier konse-quent begegnen. In jeder Kultur entfalten Menschen ihre Persön-lichkeit und ihr Gewissen entsprechend der gegebenen Möglichkei-ten und Grenzen.

*Qv:* Beispiel am Anfang dieses Kapitels.

## 3.2    Erziehung in der Großfamilie – eine sozial abhängige Situation

**These 76**

**Ein Kind entwickelt ein schamorientiertes Gewissen, wenn es in einer sozial abhän-gigen Situation erzogen wird, wie z.B. in einer Großfamilie.**

### 3.2.1    Postnatale Prägung

Genetische Ansätze, pränatale Prägung und Wahrnehmung bzw. Reflexe sind zunächst bei jedem Neugeborenen individuell verschieden, bieten ihm jedoch die volle Breite der Entwicklungsmöglichkeit innerhalb seiner Heimatkultur.

Materielle Bedingungen wie Bett oder Hängematte, Windeln oder Kleidung, Klima, Stil-len oder Milchflasche, Hygiene, menschliche Nähe und Hautkontakt sowie die atmosphä-rische Situation wie Musik oder Streit, Rauch von der Essenszubereitung, vorherrschende Gerüche usw. wirken zwar nicht direkt auf die Gewissensbildung ein, bestimmen jedoch ein Grundgefühl der Zufriedenheit, der Heimat, der Zugehörigkeit bzw. der seelischen Ausgewogenheit. Sie lösen auch die Dynamik im Gewissen aus, die mit der jeweiligen Gesellschaft verbunden ist.

### 3.2.2    Enkulturation in einer sozial abhängigen Situation

Die Familie ist die kleinste biologische Einheit einer Gesellschaft. Die Gesellschaft ist die kleinste soziologische Einheit einer Kultur. Dazwi-schen liegen weitere definierbare Einheiten, in die sich Menschen ein-ordnen aufgrund von Geschlecht, Rasse, Herkunft, Beruf, Interesse, unveränderliche oder gewählte Gegebenheit oder Notwendigkeit des Lebens. Alle diese Gruppen sind in sich organisiert, sie haben ihre Lebensgestaltung strukturiert und ihr Zusammenleben koordiniert. Der Klan[17] ist z.B. eine Gruppe von Menschen mit der glei-

*Qv.:* Gültigkeit der These1 für die Schamorientierung

---

[16] Siehe Kapitel 5.

[17] Oder Clan von kelt.-gäl. für Kinder. Eine unilineal orientierte Sozialeinheit, deren Mitglieder sich von einem gemeinsamen, nicht unbedingt realen bzw. genealogisch nachweisbaren Vorfahren abstammen. Sie sind rang-mäßig gestaffelt und übernehmen u.U. bestimmte Aufgaben in der Kultur. Die in Indien bzw. im Hinduismus

chen Abstammung oder „Blutslinie", die entweder matrilineal oder patrilineal festgelegt ist.

Für unsere Zwecke ist interessant, in wie weit der einzelne Mensch eine natürliche, freiwillige oder erzwungenen Mitgliedschaft oder Gruppenmitgliedschaft angehört und wie weit oder eng sein persönlicher Handlungsspielraum ist. Für die Gewissensprägung wichtige Kriterium der Unterscheidung ist die soziale Abhängigkeit.

Schuldorientierung entsteht in einer Basisfamilie, wo das Kind nur wenige Bezugspersonen oder Erzieher hat: Im Allgemeine sind das die leiblichen Eltern. Im Unterschied dazu bildet sich die Schamorientierung durch die Kindheitserfahrungen in einer Großfamilie oder in einer größeren sozialen Gruppe, in der verschiedene Autoritätspersonen unterschiedliche Verantwortungen wahrnehmen.

In vielen Kulturen bildet die Großfamilie eine solche soziale Gruppe, in die ein Mensch hineingeboren wird. Die Zuständigkeiten sind geregelt und die Rollen verteilt, auch die Verantwortlichkeiten.

**Beispiel 15**

Auf der Insel Puluwat in Mikronesien besteht die exogame Regelung für Klans, Deshalb gibt es verschieden Klanangehörige innerhalb einer Großfamilie oder Sippe. Vater und Mutter gehören also immer verschiedenen Klans an. Die Rangordnung der Mitglieder innerhalb der Sippe und des Klans kann unterschiedlich hoch sein, so dass ein Mann nach der Klanordnung einem anderen unterstellt ist, dieser jedoch nach der Sippenordnung über jenen eine Autoritätstellung einnimmt. Wichtig für unsere Zwecke ist auch, dass der Klan unilineal geregelt ist, d.h. die Kinder sind Eigentum des Klans der Mutter oder des Vaters. Matrilineal ist der Vater zwar der Erzeuger und Ernährer seiner Kinder, aber sie gehören ihm rechtlich nicht. Auch seine Autorität über sie für Entscheidungen wie Schule und Beruf ist klar bestimmt und begrenzt. Der Onkel, also der (möglichst ältere) Bruder der Mutter (also Geschwister mit der gleichen Klanzugehörigkeit) ist die oberste Autorität für das Kind. Entscheidend ist die Nachrangigkeit der Geburt, also der Ältere hat mehr Rechte und Autorität. Die Mutter versorgt das Baby und ist für den Haushalt zuständig, kann das aber durchaus auch den älteren Geschwistern oder Cousinen anvertrauen. Mädchen wachsen so früh in ihre spätere Mutterrolle hinein und übernehmen Verantwortung für die jüngeren Geschwister und für den Hauhalt. Der Chief der Großfamilie bzw. für die Sippe meist ist das der älteste noch in voller geistiger Kraft stehende Mann, nach Möglichkeit der älteste Bruder der Frau, die in der Erbfolge am Anfang steht. D.h. in diesem Fall ist die Machtlinie patrinieal, abhängig von der matrilinealen Erblinie. Er wird z.B. in Neuguinea „Big Man" genannt, oder Ältester. In manchen Kulturen kann in Ausnahmefällen auch eine Frau diese Autoritätsfunktion übernehmen.

Das wirkte sich z.B. in einer Familie so aus: Von einer entfernten Insel kommend heiratete Hanis eine Frau von Puluwat; zusammen hatten sie vier Kinder. Sein wesentlich jüngerer, unverheirateter Schwager „delegierte" Arbeiten an Hanis, für die ihn dessen Klan beauftragt hatte, er aber selbst nicht tun wollte. Hanis gehörte einem anderen, auf dieser Insel unbedeutenden Klan an und war deshalb dem Schwager unterstellt; gleichzeitig hatte der junge Mann alle Rechte auf die Kinder von Hanis. Die Mutter seiner Kinder übte ihrerseits Druck auf ihn aus, nach der Großfamilienordnung für alle Mitglieder Brotfrucht zu ernten und Fische zu fangen, damit sie als Hausfrau für alle das Essen zubereiten konnte. Dazu gehörte auch ihr Vater, andere ältere Angehörige, und ihr Bruder. Hanis fühlte sich als Haussklave, fand aber kein Verständnis für seine Klagen, dass er unmöglich allen gerecht werden konnte. Zudem stillte seine Frau ihr jüngstes Kind; während dieser Zeit war sie für ihn tabu. Da er keine eigene Großfamilie auf der Insel hatte, standen ihm auch keine anderen eingeheirateten Frauen zur Verfü-

---

bestehenden „Kasten" sind eine endogame (Heirat nur innerhalb der Kaste möglich) Großform von Klan. Eine ähnliche Bezeichnung ist Sippe, die jedoch eher eine Gruppe von Großfamilien repräsentiert. Nach Walter Hirschberg, *Wörterbuch der Völkerkunde*. Stuttgart: Kröner, 1965.

gung, die anderen Klans angehörten und den Männern nach Großfamilienrecht zur Verfügung standen, die wie Hanis diese im Moment keinen „Zugang" zu ihren eigenen Frauen hatten. Die eingeheirateten Frauen und Männer aus anderen Klans galten nämlich als „Eigentum" der Großfamilie. Weil auf einer Insel Land sehr begrenzt und deshalb wertvoll war, hatte jeder Mann ein Grundstück als Geschenk mitzubringen, das in den Besitz des Klans seiner Frau überging, sozusagen um den neuen Esser der Familie zu ernähren. Wenn ein Klan ein bestimmtes Grundstück wieder haben wollte, das ihm Generationen vorher durch Heirat verloren gegangen war, wurde gelegentlich eine Heirat so arrangiert, dass die ursprünglichen Eigentumsverhältnisse wieder geregelt waren. Hanis kam von einer anderen Insel, konnte also kein Land mitbringen; das wurde dann durch ein fettes Schwein und andere Geschenke und vor allem durch seine Arbeitskraft kompensiert, ließ aber Wünsche offen. Außerdem war Hanis Christ und brachte sich als Ältester in der Gemeinde ein. Dort fand er sich als Jüngster seiner „Kollegen" wieder, die ihm gerne Aufgaben überlassen haben, mit denen er sich sozusagen „seine Sporen verdienen" musste. Zudem fühlte er sich immer wieder von seinem Schwiegervater unter Druck gesetzt, der ein alter Zauberer war und die Zuständigkeiten in der Gemeinde durch ihn „unterlaufen" wollte.

Falls der Leser im Moment den Überblick über die Rechts-, Autoritäts- und Eigentumsverhältnisse verloren hat, sei er getröstet: Die Kinder haben einige Jahre Zeit dazu, diese unterscheiden zu lernen und den betreffenden Personen mit Aufgabengebieten und Autoritäten zuzuordnen. Dann aber sind sie so fest mitsamt den Regeln und Verhaltensmustern in ihren Gewissen integriert, dass sie sich „im Schlaf" darin orientieren können; die Logik seines Umgangs mit den Menschen seines sozialen Umfeldes ist dann eindeutig festgelegt. Die Abhängigkeiten des Kindes von anderen Personen betreffen immer nur bestimmte Lebenssituationen, ebenso die Zuständigkeiten verschiedener Autoritätspersonen für das Kind mit jeweils bestimmten Aufgabengebieten. Dazu kommen noch religiöse Verbindlichkeiten. Das Kind befindet sich mitten in einem engen Geflecht von Beziehungen, in dem es Befindlichkeiten, Persönlichkeitstypen, Zuständigkeiten und durchaus auch Freundschaften gibt. Das Kind definiert sich durch die Zugehörigkeit zu seiner Gruppe oder seiner Gruppen. Der Handlungs- und Entscheidungsspielraum für den heranwachsenden Menschen ist eng, geregelt und unveränderlich – es sei denn, er verlässt ihn und ist weit genug entfernt, dass die Autoritäten ihren Einfluss nicht mehr ausüben können. Aber auch dann wird er weiterhin in diesen Strukturen denken und sein neues Umfeld für sich danach zu ordnen versuchen. Das ist für ihn „vernünftig", logisch und intelligent in seiner nicht-westlichen Kultur.

### 3.2.2.1    Aufklärung, Vernunft und Logik und deren Einfluss auf das schamorientierte Gewissen

Ein wesentlicher Unterschied zwischen nicht-westlichen und westlichen Kulturen ist, dass die Aufklärung mit ihrer hohen Wertung der menschlichen Vernunft in den nicht-westlich geprägten Kulturen nicht stattgefunden hat. Zwar bleiben Kulturen weltweit nicht von Berührungen damit verschont. Die Globalisierung sorgt dafür, dass auch in Hütten des nordbrasilianischen Urwalds Satellitenfernsehen möglich ist. Das westliche Schulsystem sorgt für eine enorme Erweiterung der vorherrschenden kulturellen Denkstrukturen, zu denen jeder Mensch fähig ist. Für den Umgang mit Computern und beim Anschluss an das Internet überspringen Indianerkinder schlicht einige Entwicklungsgenerationen „im Schwung".

Die ethischen Forderungen wie Pünktlichkeit, Gleichwertigkeit aller Stammesangehörigen und gerechte Prüfungen entstammen dem Erbe der christlich-jüdischen Tradition. Mathematik, Physik, Geometrie usw. mit ihren logischen Konsequenzen setzen die Bereitschaft voraus, das kausale und lineare, wissenschaftliche Denken anzunehmen. Unser Beispiel der Indianer in Nordbrasilien bringt noch die Notwendigkeit einer Zweitsprache mit sich: die Schule ist portugiesisch und viele Jugendliche werden ihrer Stammessprache entfremdet. Die internationale Kommunikation gelingt weitgehend nur in Englisch; eine zweite Fremdsprache ist für ein Studium unerlässlich. Dem Anschluss an die Welt widersetzt sich kaum mehr eine Volksgruppe, im Gegenteil.

Toleranz und Freiheit innerhalb der sozialen Struktur sind jedoch nur in dem Maße möglich, in dem sie die Gemeinschaft nicht gefährden. Korrupte Systeme bevorzugen im Allgemeinen Einzelne auf Kosten anderer, dabei bilden sich Machtlinien der Stärkeren oder Reicheren, die sich wiederum auf Kosten weniger Privilegierter durchsetzen. Auf diesem Gebiet geschieht dann die Auseinandersetzung zwischen Tradition und Entwicklung. Es ist durchaus möglich, dass jemand IT (Computerwissenschaft) studiert und seine Erkenntnisse parallel zur traditionellen Welt entwickeln; tagsüber arbeitet er in der wissenschaftlichen Denkweise, abends taucht er jedoch wieder in seine alte Welt ein – obwohl vieles dabei widersprüchlich ist. Mit dieser Diskrepanz kann ein Mensch leben. Sein Gewissen kann auf das jeweilige System umschalten, das gebraucht wird. Unsicher wird er jedoch, wenn z.B. sein Onkel in der Firma auftaucht oder angestellt ist: Ist er übergeordnet, „summieren" sich die Systeme: die Autorität des Onkels wird enorm erhöht. Ist er untergeordnet, „subtrahieren" sie sich: der Konflikt ist dann vorprogrammiert.

**Beispiel 16**

In China z.B. werden deutsche Managementprinzipien in Firmen übernommen, nach denen alle Arbeiter während ihrer Arbeitszeit handeln; nach Feierabend kehren sie unbeschadet in ihre kulturellen und gesellschaftlichen Zusammenhänge zurück.

Es ist also möglich, dass ein Mensch zwei verschiedene Gewissensstrukturen entwickelt. Entscheidend für seine Persönlichkeit ist jedoch, in welche er zurückfällt, wenn der äußere Druck nachlässt.

### 3.2.2.2    Individualismus und Freiheit

Der Individualismus mit einem Maximum an Selbständigkeit und Unabhängigkeit Einzelner von anderen ist eine neue Form des Zusammenlebens, der sich erst durch die Industrialisierung, Verstädterung, wirtschaftliche Strukturen und den allgemein hohen Lebensstandard entwickelt hat. Im sog. Westen ist diese Lebensweise erst ca. 150 Jahre alt, unterbrochen durch Kriege und damit verbundenen Notzeiten. Die Verantwortlichkeit füreinander wird über das Geld geregelt, mit Steuern z.B., wodurch Institutionen wie Krankenkasse, Renten und Militär finanziert werden, von denen der Einzelne profitiert.

Die Tendenz zur Unabhängigkeit wird von negativen menschlichen Elementen wie Geiz, Ungeduld, Rücksichtslosigkeit begleitet. Die Gesellschaft wurde umso kälter, je individueller und reicher sie geworden ist. Wie fragil dieses System ist, merken wir darin, dass unsere künstliche Sozialstruktur bröckelt – und staatliche Behörden darauf hinweisen, dass die Verantwortung dafür wieder mehr in das Volk, an das Vereinswesen, private Initiativen wie Stiftungen und Unternehmen zurückgegeben werden muss. Numerisches Wachstum durch Geburten war also schon immer eine wichtige Voraussetzung zur sozialen Sicherung. Das ist auch im modernen Westen so. Dieses System hat genauso seine Pflichten und Grenzen, wie das in traditionalen Gesellschaften der Fall ist; hier sind Gesetzmäßigkeiten und politischer Druck durch eine starke soziale Kohäsion ersetzt.

Die Globalisierung schreitet ununterbrochen voran, gewollt oder gemieden. Die Folgen von Naturkatastrophen wie dem Tsunami in Südasien an Weihnachten 2004 brachten modernste Technik in bis dahin unzugängliche Gebiete. Bei den Rettungs- und Aufbaumaßnahmen wurde deutlich, dass die Welt eine Gemeinschaft ist, deren Mitglieder aufeinander angewiesen sind. Die Not ist das verbindende Element. Die Hilfe aus dem Westen ist freiwillig geschehen, aus Solidarität mit den Opfern. Die materielle Hilfe wurde meist gern in Anspruch genommen, aber nicht die ideelle Beeinflussung, die damit unvermeidlich einherging.

### 3.2.2.3    Armut und Solidarität

Armut und Not sind weitgehend dafür verantwortlich, dass Menschen notgedrungen aufeinander angewiesen sind und sich in Gruppen formieren: Die Blutsverwandtschaft ist das stärkste Bindeglied; Menschen, die von gemeinsamen Eltern stammen, fühlen sich am meisten füreinander verantwortlich. Darüber hinaus sind geographisch und geschichtlich orientierte Interessengruppen sowie berufliche oder politische Solidargemeinschaften wichtige menschliche Einheiten. Sie ordnen ihr Zusammenleben untereinander und grenzen sich gegen andere ab, in denen andere Traditionen herrschen. Nicht selten leben Menschen in verschiedenen Verbindlichkeiten. Sie geraten in Interessenkonflikte und müssen abwägen, welche Verbindung ihnen in der bestimmten Situation wichtiger ist, ohne die Menschen in anderen zu verprellen.

Ziel jeder menschlichen Gemeinschaft ist, das Überleben zu sichern und das Leben so zu gestalten, dass die menschlichen Bedürfnisse befriedigt werden. Dazu gehört auch die Verteidigung gegen Feinde einer Lebensgemeinschaft und die Erweiterung der Lebensmöglichkeiten. Ohne Zusammenarbeit, gegenseitige Verpflichtung auf gemeinsame Gesetzmäßigkeiten und Einhalten von Grenzen gelingt das nicht. Die gemeinsame Religion trägt wesentlich zum Einheitsdenken bei.

Traditionale Kulturen sind innerhalb ihrer Gruppe stark aufeinander angewiesen. Die gegenseitige Abhängigkeit ist so stark, dass kein Raum für Individualismus bleibt, er ist die eigentliche Gefahr für das gemeinsame Überleben. Die Gruppe ist die Voraussetzung zur Lebensgestaltung, und der Einzelne definiert sich nur durch sie. Er ist nicht Einzelperson, sondern Teil einer Gruppe. Er hat zwar einen Namen, nennt diesen aber im Zusammenhang seiner Familie, seines Klans, seiner religiösen oder gesellschaftlichen Einheit. Manchmal verrät schon sein Name die Zugehörigkeit zu einer Gruppe, wie z.B. in Indien, wo jeder Kaste bestimmte Namen zur Verfügung stehen. Ein Ausbrechen aus einer solchen Gruppe ist der sicherste Weg zum sozialen Tod.

### 3.2.2.4    „Blut ist dicker als Wasser"

**Beispiel 17**

Ein Ausschluss aus der sozialen Einheit ist für Surui-Indianern Nordbrasiliens[18] der qualvollste Tod. Bei den Surui wird ein Mord an einem Stammesangehörigen als direkter Angriff auf die Gemeinschaft gewertet und mit Ausschluss aus der Gemeinschaft bestraft. Der Name des Täters wird nie mehr genannt, er darf nie mehr Stammesgebiet betreten und darf sich nicht mehr mit der Gruppe identifizieren. Er ist zwangsweise individualisiert, vegetiert ohne Rückhalt einer Verbindlichkeit ihm gegenüber dahin und geht physisch und vor allem psychisch zugrunde.

Das ist vielleicht für Menschen der westlichen individuellen Gesellschaftsstruktur wenig verständlich. Sie können sich das vielleicht eher so vorstellen, dass einem westlichen Menschen der Zugang zu Supermärkten, zu Vereinen, Kirchen und zu Arbeit verweigert wird. Mehr noch: Pass, Personalausweis und Führerschein werden ihm entzogen, die Bank entwertet seine Kreditkarte, öffentliche Verkehrsmittel und Versicherungen lassen ihn nicht zu und niemand vermietet oder verkauft ihm eine Wohnung. Seine Unterschrift ist nicht mehr rechtskräftig. Auch beim Sozialamt fällt er durch das Netz. Im Zweifelsfall kann er noch nicht einmal mehr nachweisen, dass er lebt. Ein solcher Mensch hätte auch bei uns keine Überlebenschance.

---

[18] Interview mit Ibjaraga (neuer Name Ürpapem), einem Christen, der vor seiner Sinnesänderung 1991 Angehörige anderer Stämme umgebracht hatte, was damals als Sicherung des Überlebens seines Stammes galt. Auch wenn ein Surui in den „Himmel" kommen wollte, musste er vor seinem Tod einen Angehörigen eines anderen Stammes töten, der ihm dann einen freien Durchgang durch die Hölle schaffte und ihn im Himmel bediente. Übersetzer Martin Bleck, Pimenta Bueno/Brasilien, Karteikarten 4-6, 15.8.2001.

In schuldorientierten Gesellschaften haben größere soziale Strukturen die Funktion von Großfamilien und Klans übernommen. Hier kann der Einzelne zwar individuell untertauchen, aber er braucht die anderen Menschen, ob sie nun mit ihm verwandt sind oder nicht. Er existiert weiter, auch wenn seine Familie zerbricht, wenn er sich mit seinen Geschwistern verfeindet und er sich von seiner Verwandtschaft trennt. Das ist einem Indianer nicht möglich.

Die meisten Kulturen in der Welt sind so strukturiert, dass der Schutz des Einzelnen von der Verwandtschaft garantiert wird. Kinder sind die Garantie der Altersversorgung, einzelne Notfälle werden von allen Verwandten aufgefangen.

Familienklans bilden eine größere Gemeinschaft von Großfamilien, durch die sich alle verbunden wissen. Selbst wenn man einen solchen Angehörigen in einem fremden Gebiet noch nie gesehen hat, darf man volles Gastrecht und Sicherheit genießen.

**Beispiel 18**

Noch bis zur Mitte des vergangenen Jahrhunderts bildeten drei Gruppenformen der Chagga am Kilimanjaro wichtige Einheiten, durch die das Leben gemeistert werden konnte: Die Schildschaften (Altersklassen), Nachbarschaften und Sippschaften.[19] Sie wurden wegen ihrer nachhaltigen integrativen Kohäsionskraft durch Missionar Bruno Gutmann in die christliche Kirche übernommen. Erst die Vorboten der Globalisierung lösten diese Solidargemeinschaften wieder auf.

Einzelne Familien als Blutsverwandte sind immer noch die stärkste Einheit; selbst in Deutschland finden wir durch das Sprichwort „Blut ist dicker als Wasser" diese moral-ethische Verbundenheit, die einen Menschen unauflöslich in eine Gemeinschaft bindet. Diese Einheit ist so stark verwurzelt im Denksystem solcher Personen, dass – wie schon gesagt – die Identität in der Gruppe liegt, nicht im Individuum. Daraus resultiert ein sehr verletzbarer Stolz, wenn diese Integrität Einzelner in der Gruppe durch Kritik oder Angriffe gefährdet wurde. Es herrscht eine Interdependenz, deren Ausmaß und Konsequenz sich im Westen kaum jemand vorstellen kann.

### 3.2.2.5    Kohäsion

Dieses Empfinden für Zusammengehörigkeit[20] wurde sogar in der jüngeren deutschen Geschichte missbraucht („Du bist nichts, das Volk ist alles!"); die Not und der Nationalstolz öffneten die Gefühle für solche Parolen, denen zu viele Menschen zunächst ohne Hinterfragen folgten. Als die Konsequenzen offensichtlich negativ ausfielen, war die Machtstruktur schon so gefestigt, dass ein Ausbrechen aus der dann erzwungenen Einheit tödlich sein konnte.

*Qv.*: Kap. 7

Ins Dorfgespräch zu geraten ist für viele eine Schande, die unbedingt zu vermeiden ist. Durch Rufmord kann sich ein Mensch dazu gezwungen fühlen, das Dorf zu verlassen. Vereine können als Meinungsmacher die Dorfpolitik bestimmen. „Reingschmeckte" haben es schwerer, anerkannt zu werden und eine offizielle Position zu erhalten.

Diese Strukturen lösten sich in den vergangenen 50 Jahren zunehmend auf – vielleicht ist eine Neubelebung zu erwarten, wenn man aus Notsituationen heraus wieder mehr zusammenrücken muss. Es bestehen schon deutliche Tendenzen bei der jungen Generation. Davon soll bei der Auswertung noch die Rede sein.

---

[19] Fiedler, Klaus, Christentum und afrikanische Kultur. Konservative deutsche Missionare in Tanzania, 1900 bis 1940. Missionswissenschaftliche Forschungen Band 16, Gütersloher Verlagshaus Gerd Mohn, 1983. Seite 46 u.a.

[20] Die völkerkundliche Bedeutung von (lat.) Kohäsion ist abgeleitet von Zusammenhalt der Moleküle eines Stoffes durch zwischenmolekulare Anziehungskräfte (Kohäsionskräfte). Die K. ist bei Festkörpern am größten; sie bewirkt deren Zerreißfestigkeit und bei Flüssigkeiten die Oberflächenspannung. Meyers großes Taschenlexikon, Mannheim / Leipzig / Wien / Zürich: B.I.-Taschenbuchverlag, 1992.

Die Kraft, die eine Gruppe zur Einheit macht, die in der Verteidigung für die Einheit auch den Tod nicht scheut, die nach 70 Jahren Unterdrückung plötzlich wieder ein Volk zusammen finden lässt und Grenzen durch Dörfer und Häuser akzeptiert, wie das auf dem Balkan und nach der Auflösung der UdSSR geschehen ist, darf nie unterschätzt werden. Vor allem westlich geprägte Personen beachten oft die hohe Bedeutung der Kohäsion nicht genügend und verstehen deshalb nicht die Vorgänge im Hinter- oder Untergrund, die Entscheidungen blockieren, Initiativen ausbremsen, oder wenn Personen freundlich lächelnd „ja" sagen und „nein" tun.

Ein Mensch, der in eine solche sozial abhängige Situation hineingeboren ist, wird seine sozialen Kontakte weit höher werten als das vom aufgeklärten Westen her nachempfunden werden kann.

# 3.3    Internalisierung der Normen

## 3.3.1    Enkulturierung

Die Zusammenhänge der Gesellschaft und Kultur werden wie beim schuldorientierten Gewissen intuitiv und unbewusst gelernt und in das persönliche Leben übernommen.

### 3.3.1.1    Kulturelle und gesellschaftliche Gesundheit

Das System funktioniert auch bei einer Schamorientierung. Hier ist man jedoch immer darauf bedacht, anderen nicht „das Gesicht zu nehmen". Der höchste Wert wird in der Ehre der Menschen erkannt, die es unter allen Umständen zu wahren gilt.

Die Kultur und Gesellschaft gilt als gesund, wenn die Werte von allen akzeptiert werden und sich nach den davon abgeleiteten Normen richten. Die Menschen fühlen sich extrem aufeinander angewiesen; Verhaltensmuster und der Umgang miteinander, der sich davon ableitet, sind wesentlich rücksichtsvoller und menschenorientierter als in schuldorientierten Gesellschaften. Andererseits ist der Druck, konform mit der Gruppe zu sein, enorm hoch. Deshalb sind Umgangsformen „delikat", schnelle Aktionen werden unterdrückt, man überlegt sich immer, wie das, was man sagen will, beim anderen ankommt und was das bewirkt. Vor allem werden die Formulierungen immer so gewählt, dass selbst bei schwierigen Sachverhalten die Ehre des anderen gewahrt bleibt. Das ist ein angemessenes Verhalten, wobei die Reaktionen anderer voraus empfunden werden und man diesen schon im Vorhinein begegnet.

### 3.3.1.2    Das kranke Gewissen – krankhafte Entwicklungen

Dominante und initiative Persönlichkeiten haben es in einer schamorientierten Gesellschaft deutlich schwerer als stetige und gewissenhafte. Extrovertierte Eigenschaften treten deshalb nicht offen zutage, obwohl sie sicher auch als Erbanlagen vermittelt werden. Aber sie müssen derart kontrolliert sein, dass der Mensch sich seinem Stand entsprechend auszudrücken und zu verhalten weiß.

Nicht ernst genommen werden z.B. Personen, die in Gesprächen *Qv:* DISG-
„lospoltern", sofort ihre Meinung sagen, bevor sich höher gestellte Persönlichkeitsprofil
geäußert haben. Harte Diskussionen sind unmöglich. Ein im Westen als
gesund erachtetes Selbstbewusstsein wird in diesen Kulturen als völlig überhöht empfunden. Wer sich durchsetzen will, sei es durch Macht oder Geld, wird so lange „toleriert", bis die Notwendigkeit dafür nicht mehr gesehen wird. Kirchliche und technische Mitarbeiter aus dem Westen sind meist dominant und initiativ, sie wagen eher, solche Aufgaben zu übernehmen. Im Ausland laufen sie Gefahr, als „krankhafte" Menschen empfunden zu werden.

Selbst einheimische Personen aus hohen Rangordnungen halten sich an die Regeln der Gesellschaft. Sie können lediglich durch ihre Ehrenstellung auf niedrigere Gruppen Druck ausüben, den diese dann auch u.U. zähneknirschend akzeptieren. Das darf jedoch nur in äußerst schwierigen und seltenen Situationen angewendet werden, und später erwarten die Nachfolger eine adäquate Belohnung.

**Beispiel 19**

> Bei der Wahl zum obersten Regierungsbeamten auf Chuuk werfen die Bewerber ihren ganzen Einfluss, ihre Ehre und die Macht aller unter ihnen stehenden Klanangehörigen in die Waagschale. Wer den größten Klan hinter sich hat, den stärksten Einfluss auf kleinere Klane ausüben kann und bei der Ausübung von moralischem Druck an die Grenze des Möglichen geht, hat die größte Chance. Wahlen sind immer Prestigesache. Sie haben weniger mit Sachverstand und Kompetenz zu tun. Durch Geschenke werden unentschlossene geworben. Wer die Wahl gewinnt, muss seine Macht dazu verwenden, seinen Klanangehörigen eine Stellung oder technische Vorteile zu vermitteln.

Korruption und Nepotismus funktionieren auf dieser Basis; sie sind deshalb ein integraler Bestandteil des gesellschaftlichen Systems. Den Menschen ist das durchaus bewusst, aber sie stützen das System, auch bei persönlichen Nachteilen, und sie tun dasselbe, wenn sie die Gelegenheit dazu haben.

Von außen betrachtet erscheint dieses System krankhaft. Frontal gegen Korruption anzugehen oder sie politisch einzufordern bedeutet für Einheimische die Quadratur des Kreises. Noch mehr: Einem in seinem System befangenen Menschen erscheint es als normal, als richtig; die Praxis scheint ihm recht zu geben: es funktioniert! Ein westliches Rechtssystem (das vielleicht erst 150 Jahre alt ist) erscheint diesen Menschen als unlogisch, anomal und in ihrem Empfinden sogar als „rechtswidrig". Sie können sich nicht vorstellen, wie das funktionieren soll. Das ist der Hintergrund für gescheiterte Friedensverhandlungen, für labile politische und wirtschaftliche Verträge, denn ihre Unterschrift bedeutet für diese Menschen weit weniger als ihre Ehre. Stabile Verträge, die es durchaus gibt, müssen anders vorbereitet werden. Leitende Ingenieure und Manager, die mit Firmen im Ausland verhandeln, müsse die Prestigeebene ihrer Gegenüber sorgfältig beachten und nur ihnen adäquate Verhandlungspartner sollten sich mit diesen unterhalten. Mitarbeiter auf tieferen Ebenen, auch wenn sie im Verhandlungssubjekt die bessere Kompetenz haben, sollten sich nur dann respektvoll zur Sache äußern, wenn sie darum gebeten werden.

**Beispiel 20**

> Als die Kirche von Chuuk organisatorisch selbständig geworden war, erwartete der „President", der leitende Vorsitzende des Vorstandes darum, mit dem Leiter der Mission in Deutschland direkt verhandeln zu können. Ich als Feldleiter, der die Verhandlungen führte und auch entsprechende Vollmachten hatte, war dann „unter seiner Würde", obwohl wir bis dahin gut zusammen gearbeitet hatten.

Durch die enge Gemeinschaft und die Besitzregelung bleibt in schamorientierten Kulturen kein Kind wirklich allein, auf sich gestellt, oder isoliert. Deshalb ist es unwahrscheinlicher als in schuldorientierten Gesellschaften, dass sich durch anomale Erziehungsverhältnisse eine unvollständige oder einseitige Gewissensstruktur entwickelt. Kinder mit physischen oder psychischen Behinderungen dagegen haben es außerordentlich schwer. Sie werden nicht als „normal" behandelt und meist von der Öffentlichkeit isoliert, da ein solches Kind oder auch eine erwachsene Person als Schande für die Familie empfunden wird. Das kann zur Folge haben, dass auch die Gewissensstruktur Defizite hat, was toleriert wird, da die Personen am Rande der Gesellschaft sind. Meist werden sie vernachlässigt und haben eine geringere Überlebenschance.[21]

---

[21] Ein erwachsener Mann auf Oneop in den Mortlockinseln hatte ein missgebildetes Bein, er konnte nicht gehen. Obwohl es Gehhilfen gegeben hätte, blieb er am Rand des Dorfes in einer Hütte und wurde notdürftig versorgt. Er war auf Informationen von Besuchern angewiesen. Seine Integration in die Gesellschaft war nicht gewährlei-

**Beispiel 21**

Ein etwa 8-jähriger Junge auf Puluwat in den Karolineninseln hatte einen angeborenen Hörfehler und konnte dadurch nicht sprechen lernen. Er zeigte Verhaltens-Symptome, die seine Integration in die Gemeinschaft erschwerten. Wir beobachteten, dass er sich auffällig verhielt, um Aufmerksamkeit zu gewinnen, andererseits entdeckten wir eine künstlerische Begabung bei ihm. Unsere Bemühungen ihm zu helfen (ein ärztliches Attest hatte den Hörfehler bestätigt und eine Erfolg versprechende OP in Aussicht gestellt), scheiterten am Autoritätssystem der Großfamilie, die keinen Sinn darin erkannte. Bei einem Besuch einige Jahre später war er nicht mehr aufzufinden.

# 3.4     Sitz der Autorität im schamorientierten Gewissen

## 3.4.1     Autorität und Konsequenz

Jede Autorität ist darauf angewiesen, ihren Einfluss geltend zu machen. Das wird in aller Konsequenz erwartet. Den Weg, den diese Konsequenz nimmt, ist von schuldorientierten Beobachtern schwierig nachvollziehbar.

### 3.4.1.1     Schuldorientierte Autorität: Zum Vergleich

Die Autoritätsstruktur in den großen westlichen Gesellschaften stützt sich durch Polizei und Militär, durch Gesetze und Strafen. Die Autorität ist manifestiert durch Beamte, die auf das Gesetz verpflichtet sind. Sie sitzen in staatlichen Institutionen und sind für den Vollzug der Gesetze verantwortlich; manche gehen dabei rigoros vor, andere nutzen die vom Gesetzgeber eingeräumte Toleranz. Menschen haben nur Berührungspunkte mit der Autorität bei Übertretungen von Gesetzen, bei Wahlen, bei der Steuererklärung oder wenn sie Genehmigungen brauchen. Dieser Mechanismus ist so tief verankert, dass Gesetze oder Normen die dazu gehörende Autorität gewissermaßen repräsentieren und umgekehrt. Auch das soziale Leben ist so geregelt, wenn auch mit vielen ungeschriebenen Gesetzen und manchmal weniger klar definierten Autoritäten. Der Mensch ist sich bewusst, dass die Autorität mit einer Normverletzung in Kraft tritt. Sie wird auch im Gewissen aktiv, unabhängig von der Gegenwart der Autoritätspersonen. So funktioniert im Allgemeinen das gesellschaftliche Leben, z.B. der Verkehr, auch ohne Polizeipräsenz.

Die Gesetzesstruktur ist von oben nach unten durchgängig hierarchisch und logisch nachvollziehbar geregelt. Bei einer Übertretung sieht man sich nicht in erster Linie der Autorität gegenübergestellt, sondern der Norm; man „versündigt" sich nicht der Polizei gegenüber, sondern dem Gesetz. Man gilt als „Verkehrssünder", weil man sich in Flensburg Punkte gesammelt hat, nicht weil man die Beamten beleidigt hat, die die Verkehrsregeln aufgestellt haben.

### 3.4.1.2     Schamorientierte Autorität

Jede soziale Einheit hat eine Autorität, die die Kohäsion und damit die Überlebenssicherung der Einheit festigt: Der alte Chief auf Puluwat, einer kleinen Karolinen-Insel, stellte mir gegenüber fest: „Der „Hamol" (Chief) muss dafür sorgen, dass alle rechtzeitig ihre Gärten bepflanzen. Er kann ihnen den Auftrag dazu geben, wenn sie nachlässig sind. Wenn jemand hungert, machen die Leute letztlich ihn verantwortlich dafür. Sie müssen kontrolliert werden." Ich hatte damals den hohen Stellenwert des Chiefs unterschätzt. Niemand würde ihm widersprechen. Keiner würde sich seinem Wort widersetzen. Er hat eine hohe Ehrenstellung. Seine Erscheinung bewirkt die Erinnerung an die Pflichten; es

---

stet. Er starb im relativ jungen Erwachsenenalter. Bei gelegentlichen Besuchen stellte ich von der sozialen Norm abweichende Gewissensreaktionen fest, was ich auf diesen eingeschränkten Sozialkontakt zurückführte.

ist, als ob diese erst ins Bewusstsein treten, wenn die Menschen darauf angesprochen werden. Seine Autorität lag mehr in seiner Ehre als in seiner Macht.

Er war es auch, der in den Jahren vor meiner Dienstzeit dort christliche Prediger kurzerhand auf seinem Kanu wieder auf ihre Heimatinsel zurückbrachte, wenn ihr Leben mit ihrer Lehre nicht übereinstimmte. Seine Autorität umfasste auch das religiöse Gebiet.

Die Autorität musste nicht durch Polizei durchgesetzt werden. Die Ächtung oder Bloßstellung eines Außenseiters war stark genug. Vielmehr war jedoch die natürliche Akzeptanz der Autorität verwurzelt im Denken, das schon widerständige Gedanken unter dem Mantel der Kohäsion im Keim erstickte. Andererseits wurden auf Puluwat gemeinsame Aktionen erst dann durchgeführt, wenn alle damit einverstanden waren. Meinungsäußerung war nicht unterdrückt, aber sie geschah in einer Art und Weise, die die Autorität nicht in Frage stellte. Demokratie war dieser Kultur fremd: Zu viele Unzufriedene hätten die Kohäsion der Gemeinschaft gestört. Diese Regierungsform ist jedoch nur in kleineren, zahlenmäßig überschaubaren Gesellschaften möglich.

Die Autorität zu hinterfragen ist in jeder Kultur eine Gefahrenquelle für die Gemeinschaft. Wenn sie sich nicht durchsetzen kann, ist sie wertlos: Ihre Gesetze werden nicht eingehalten. Wenn einer Regierungsform Macht und Wille zur Strafe fehlen, wird sie zur Farce.

Rcvoltc, Demonstrationen und Regierungsumstürze sind nur in von westlichem Gedankengut beeinflussten Kulturen möglich. In Afrika traten militante politische Unruhen erst nach der Kolonialzeit auf, mit europäischen Waffen und kolonialistischem Machtgebaren.

In schamorientierten Kulturen ist die Autorität integraler Bestandteil der Gemeinschaft. Der Chief bzw. andere Autoritätspersonen repräsentieren diese. Die totale Abhängigkeit des Einzelnen von der Gemeinschaft bewirkt, dass man sich in einer Art Zwangsharmonie sieht, die nicht gefährdet werden darf. Es besteht ein Idealbild der Gemeinschaft, dieses aufrecht zu erhalten ist das Ziel, die Aufgabe jedes Mitglieds. Die Übertretung einer Norm bringt dieses Idealbild und damit den Zusammenhalt der Gemeinschaft in Gefahr. Der Chief oder die entsprechende verantwortliche Person für bestimmte Gesellschaftsgebiete ist die Autorität, sie tritt auf, wenn ihr eine Normverletzung bekannt wird, und schon mit ihrer physischen Erscheinung werden Einzelne an ihre Autorität erinnert – sie bewirkt Ehrfurcht. Damit tritt auch die Verpflichtung die Norm zu befolgen wirklich in Kraft.

Die Autorität wird damit nicht mit den Normen und Gesetzen zusammen identifiziert und verinnerlicht, sie bleibt eine separate Identität außerhalb des Menschen. Jede Großfamilie, jede Sippe und jeder Klan haben eine Autorität, die Regeln für ihre Gruppe erstellen können, die mit dieser Autorität in Verbindung gebracht werden und nur in dieser Beziehung funktionieren. Kinder lernen schnell, dass die Eltern Gesetze nur einhalten, wenn der Chief in der Nähe ist. Auch Übertretungen der Gesetze werden erst dann gefährlich für die betreffende Person, wenn die Tat geahndet werden kann, also die Autoritätsperson bekannt ist.

Die Erbfolge ist auch für religiöse Autoritäten geregelt. Diese sind nicht immer in der gleichen Art und Weise geregelt, denn die übergeordneten geistigen Autoritäten nehmen ebenso Einfluss darauf. Aber die sozialen Einheiten wünschen sich jeweils auch einen Vertreter der religiösen Macht aus ihren eigenen Reihen. Dann ist er für sie zuständig und ihre Integrität in der Religion erscheint für sie gesichert. Aus diesem Grund wollten die Kirchenältesten der Insel Satawan auf den Mortlockinseln, dass jeder Klan auch einen Prediger stellen darf. Dem wären sie eher gehorsam und könne sie zum Einhalten der Regeln wie z.B. zum Kirchgang bewegen als eine klanfremde Autorität. So lange der Missionar die Leitung der Kirche innehatte, konnte sich der einheimische Prediger auf die übergeordnete Autorität berufen; er war unabhängig vom Klan. Im Prozess zur Verselbständigung der Kirche verlor der Missionar diese übergeordnete Autorität.

In solchen Gesellschaftssystemen gibt es Autoritätsstrukturen für jede genea-
logische Linie, für die Eltern der Mutter oder des Vaters. Übergeordnete Fa-
milienchiefs können untergeordnete Regeln übergehen und gegensätzliche
erstellen.

*Qv:* Beispiele
Kap. 8;17

In den Karolineninseln treten Chiefs für bestimmte Situationen in Kraft; einer ist zuständig für Krieg, ein anderer für bestimmte handwerkliche Arbeiten wie der Bau von großen
Versammlungshäusern, bei denen alle Männer und andere Chiefs dann auf dessen Anordnungen hören. Die Chiefs sind sich durchaus bewusst, dass sie in anderen Funktionen
einem anderen untergeordnet sind, der sich dann für eine unangemessene Handlungsweise rächen kann. Die konsequente, hierarchische Autoritäts- und Gesetzesstruktur ist in
solchen Gesellschaften nicht immer gegeben.

**Beispiel 22**

In den Kibbuzim in Israel werden Kinder sehr bald nach der Geburt tagsüber in die
Pflege von Betreuungspersonal gegeben. Die Mutter kommt zunächst von der Arbeit
nur zum Stillen, später sehen die Eltern ihre Kinder erst zu den normalen Mahlzeiten –
vielleicht sogar erst am Abend. Ältere Kinder sind dann sogar Schlafsälen zugeordnet,
Kleidung und Tagesablauf werden von verschiedenem Aufsichtspersonal geregelt. Die
Kinder lernen, dass sie unterschiedliche Bezugspersonen haben, für bestimmte Lebensbereiche verschiedene Autoritäten. Auch Lehrer übernehmen diese Funktion. Die
Kinder erkennen Lehrer für den Wissensbereich als Autorität an, die Eltern für einen
bestimmten Privatbereich. Diese Autoritätspersonen können sich durchaus widersprechen, es gelten verschiedene Regeln für die Bereiche, die sich auch wieder unterscheiden. Im Umfeld der Eltern gelten andere Verhaltensmuster als in der Schule, im
Schlafsaal bestehen andere Regeln als bei der Freizeitgestaltung.

Die Autorität ist mit dem jeweiligen Bereich verbunden, in den man
eintritt, oder wenn man sich in deren Umfeld befindet.

*Qv:* Zusammenhänge
in Kapitel 2

Die Autorität für die Regeln der Bereiche bleibt außerhalb des Kindes im zugehörigen
Umfeld. Die Regeln gelten nur in Verbindung mit der Autoritätsperson und deren Zu-
ständigkeitsbereich.

Mit jeder Autorität ist immer auch ein bestimmtes Maß an Prestige oder Ehre gebunden.
Nichtbeachtung der Regeln des Chiefs wird zuerst und das Verhalten als respektlos empfunden, als Infragestellung dieser Ehre. Dem Chief wird „das Gesicht genommen" – und
das ist die größte soziale Sünde.

Autoritätspersonen sind in der ethnologischen Fachsprache sog. „significant others",
„bedeutsame andere" oder externe Autoritäten, die für die Identität des Individuums eine
wichtige Rolle spielen. Die Autorität wird nicht zusammen mit den Normen im Gewissen
integriert. Die Konsequenz ist nicht durchgängig. Man muss sich daran orientieren, wo
und bei wem man sich gerade befindet, dementsprechend gelten die Verhaltensmuster.
Die eigentliche „Sünde" besteht nicht in der Übertretung der Norm, sondern in der Beschämung dessen, der die Norm erstellt hat. Denn die „Macht" der Autorität besteht in
deren Ehre. Damit wird bei einer Normübertretung die Einheit der Gemeinschaft in Frage
gestellt, für die diese Autorität zuständig ist. Die Kohäsion verlangt nach Harmonie, da
sonst die Gemeinschaft in Gefahr gerät. Eine Normübertretung ist deshalb gleichzeitig
auch eine „Versündigung" gegen die Gemeinschaft, deren Mitglied man ist.

### These 77

**Schamorientierte Autoritätsstrukturen sind durch Prestige und Ehre gestützt.
Nichtbeachtung der Regeln fügt der Autoritätsperson Ehrverlust zu.**

**Jemandem Ehrverlust zuzufügen wird als Beschämung erachtet.**

**Normverletzung bringt die Kohäsion der Gemeinschaft in Gefahr.**

**Die Autorität wird nicht zusammen mit den Gesetzen im Gewissen integriert, sondern bleibt mit deren Einflussgebiet verbunden.**

**Ein schamorientiertes Gewissen kennt nur Autoritäten außerhalb der Person. Sie sind nicht mit den Gesetzen und Normen verbunden.**

**„Sünde" ist, jemanden zu beschämen. Beschämung ist, eine Person vor der Gemeinschaft bloßzustellen, indem man deren Verfehlung nennt.**

### 3.4.2   Integration von Normen, Mustern und Autorität

Die Integration oder Internalisierung wird wie beim schuldorientierten Gewissen im Wesentlichen während der ersten sieben Lebensjahre durch die Enkulturierung vollzogen. Das Kind nimmt intuitiv und bewusst die Vorgänge in seinem Umfeld auf, übernimmt diese als Regel und empfindet das als normal und richtig.

# 4.   Der Funktionsablauf des schamorientierten Gewissens

## 4.1   Reaktion des schamorientierten Gewissens bei einer Normverletzung

In der Schamorientierung beginnt hier ein elementarer Unterschied zur Schuldorientierung. Während bei letzterem die Autorität für die Normen internalisiert werden und somit überall gelten, wo sich die Person befindet, ist erstere auf den „significant other", die jeweilige Autoritätsperson für die betreffende Situation angewiesen. Die Normen sind zwar bekannt, aber sie treten erst wirklich in Kraft, wenn die dazugehörige Autorität auftritt.

Wir unterscheiden auch hier, ob die Normverletzung nur in Gedanken geschah, ob sie tatsächlich geschehen ist und die Person sich dabei unbeobachtet fühlt, oder ob die Tat auch in der Öffentlichkeit bekannt geworden ist.

Schamorientierte Normverletzungen geschehen in Bezug auf die Gesellschaft, also in sozialen Beziehungen. Dabei wird jemand in seinen Empfindungen oder in seiner Ehre verletzt. Die Verhaltensmuster und Erwartungen entsprechen nicht dem Ideal der Gesellschaft und rufen eine Reaktion hervor, in der betroffenen Person selbst und bei anderen Personen.

### 4.1.1   Normverletzung in Gedanken: Verborgen

Geschieht eine Normverletzung, eine Gesetzesübertretung oder eine verbotene Handlung lediglich in den Gedanken der Person, in ihrer Phantasie, ihren Wunschvorstellungen ist sie sich bewusst, dass der Gedanke nicht der Norm entspricht. Die Person sieht sich jedoch nicht der Autorität ausgeliefert, die also nicht in Kraft treten kann. Sie könnte die Autorität sogar physisch sehen, aber da diese Autorität absolut nichts weiß von den Gedanken, bleibt das Gewissen völlig ruhig.

Als Reaktion löst das Gewissen das Schamempfinden aus; die Person schämt sich sozusagen vor sich selbst. Sie sieht sich im Zusammenhang der Gemeinschaft und weiß, dass sie deren Idealen nicht entspricht. Das bleibt jedoch noch so unterschwellig, dass es die Person selbst nur untergeordnet und auch andere Menschen nichts wahrnehmen.

#### 4.1.1.1    Exkurs: Von der Freiheit der Gedanken

Der Reformator Martin Luther soll gesagt haben, dass man nichts dagegen tun könne, dass Vögel über unserem Kopf fliegen, sehr wohl aber dagegen, dass sie Nester in unseren Haaren bauen. Er spricht dabei diesen Sachverhalt an, dass wir Menschen nicht die letzte Kontrolle über unsere Phantasie oder unsere Gedanken behalten können. In seiner Schrift „Von der Freiheit eines Christenmenschen" spricht er den Rahmen für Handlungsweisen an, die durch „christliche" Voraussetzungen neue Bedingungen erhielten. Dass dies auch gründlich missverstanden werden konnte, zeigen die Auswirkungen im Bauernkrieg und in der Verurteilung der Täufer.

„Die Gedanken sind frei", singt ein Volkslied und meint andererseits, der Mensch könne denken, was er wolle.

Kulturen stimulieren ihre Mitglieder durch Umweltgestaltungen auch zu phantastisch klingenden Vorstellungen, die erst durch technische Entwicklungen möglich sind. Wissenschaft und Technik erhielten von solchen „freien" Gedanken schon viele Impulse. Tatsächlich sind unserer Phantasie durch das Denkvermögen keine Grenzen gesetzt, aber die Umwelt gibt nur bestimmte Impulse, die in einer anderen Kultur nicht möglich sind. Auch die Religion setzt einen bestimmten Rahmen, der natürlich bewusst erweitert oder korrigiert werden kann. Deshalb wundern wir uns vielleicht über „Auswüchse" von Ideen und Gedanken anderer Menschen, auf die wir selbst im Ansatz nie gekommen wären: „man kann sich so etwas noch nicht einmal denken!"

Dabei ist noch nicht gewährleistet, dass die Gedanken immer normgerecht sind. Vor allem in den Kriegen mussten in der Vergangenheit erst ethische Grenzen überschritten werden, bevor die Gedanken verwirklicht werden konnten. Bei der Ethik hat die Religion immer einen Einfluss. Somit ist die Sache mit den „freien Gedanken" immer auch ein kulturelles Phänomen.

Ob ein Gedanke Wirklichkeit werden kann, hat deshalb auch mit Religion, Kultur und Gesellschaft zu tun – damit, wie die Rahmenbedingungen für die Gewissensstruktur gestaltet sind. Sind diese schamorientiert, sind größere Hindernisse zu überwinden: Die Gedanken gehen dann eventuell gegen die Gemeinschaft und gefährden damit die eigene Existenz, die eigene Identität; sie prallen an diesen Grenzen ab.

Eine schuldorientierte Gedankenstruktur hat es zunächst „nur" mit eigenen Rahmenbedingunge zu tun, die leichter zu erweitern sind.

Ob Innovationen der vergangenen Jahrhunderte deshalb eher in schuldorientierten Kulturen entfaltet werden konnten, bleibt noch nachzuweisen. Bestimmt sind dabei noch andere Faktoren beteiligt gewesen. Bedenkenswert ist, dass gerade „christlich" geprägte Kulturen in der jüngeren Vergangenheit Entwicklungen hervorgebracht haben, die so in Kulturen anderer Religionen nicht ohne weiteres denkbar waren. Ob damit nachgewiesen ist, dass der christliche Ansatz mehr Gedankenfreiheit gibt als andere Voraussetzungen, muss ebenfalls noch nachgewiesen werden. Der Ansatz ist jedenfalls nicht zu leugnen.

### 4.1.2    Normverletzungen als Tat: Unbeobachtet, nicht öffentlich

Der „sündige" Gedanke ist zur Tat geworden. Die Person ist sich aber sicher, dass sie nicht beobachtet wurde. Das erste Empfinden ist Scham, da durch den Vergleich mit dem Gesellschafts-Ideal jetzt deutlich ein Defizit festgestellt wird. Das Schamempfinden bleibt aber noch unter Kontrolle, es bricht nicht durch. Das Gewissen bleibt zwar ruhig, aber es ist in der Alarmbereitschaft schon von „grün" auf „gelb" geschaltet. Die Person ist innerlich angespannt und hellhörig. Die Gefahr ist jetzt wesentlich größer, dass die Tat in der Öffentlichkeit bekannt wird und damit eine völlig andere Dimension erhält.

## These 78

**In einer schamorientierten Kultur löst eine ungeschehene oder geheime Normübertretung keine nach außen erkennbare Gewissensreaktion aus.**

**Das Gewissen registriert die Übertretung, das Schamempfinden meldet sich, bleibt aber so schwach, dass keine weitere Entwicklung stattfindet.**

**Die Übertretung bleibt in der Erinnerung, aber führt weder zu Bekenntnis noch zur Wiedergutmachung.**

### 4.1.2.1    Auswirkungen auf das Gottesbild

**Beispiel 23**

> In den 1970er Jahren verwendete ein junger Pastor auf der Lukunor-Insel (Mortlock) in seiner Predigt ein Beispiel: Eine Mutter war mit ihrem Sohn im Garten. Die Grenzen zu den Nachbargärten sind nicht durch Zäune, sondern weniger deutlich durch Stöcke, Bäume, Steine usw. gekennzeichnet. Zwischen den Markierungen musste man eine gedachte Linie ziehen, um ,mein' und ,dein' zu unterscheiden. Die Mutter schaute nach allen vier Himmelsrichtungen, dann überschritt sie die „Grenze" und schnitt sich von drüben eine Frucht ab. Zufrieden steckte sie diese in ihre geflochtene Tasche. Man sah es der Frucht nicht an, von welchem Garten sie kam. Der kleine Junge hatte das beobachtet und fragte: „Mama, warum schaust du nicht nach oben?"

Der Prediger wollte damit sagen, der „significant other" bzw. eine Person, die das in die Öffentlichkeit bringen könnte, sei Gott. Nicht unrichtig dabei ist die Erkenntnis, dass Gott omnipotent – allgegenwärtig – ist. Die Rolle jedoch, die Gott dabei untergeschoben wird, ist die der Super-Autorität. Gott wird gedacht als das absolute und vollkommene Wissen, die immer präsenten Augen und Ohren, von denen man letztlich befürchten muss, die Tat in einem ungünstigen Fall ans Licht zu bringen. Vor allem dann, wenn das Vorteile für die Gottheit bringt oder wenn die betroffene Person einer anderen gegenüber einen Vorteil herausschlagen will und zurückgepfiffen werden kann.

Die Angst davor erwischt zu werden, die Befürchtung, dass da doch noch jemand Augen hat, prägt das Gottesbild nach dem kulturellen Muster. Außerdem ist die Vorstellung nahe liegend, dass Gott wie die Ahnengeister vom „ersten Himmel" über den Baumwipfeln aus die Durchführung der kulturellen Gesetze überwacht. Nur: die Ahnen können abgelenkt werden, sie sind nicht immer zu erwarten, sie sind manipulierbar. Die Beziehung zu den Ahnen ist in diesem Denken unsicher; man weiß letztlich nicht woran man bei ihnen ist. Auch im Islam sind die Gläubigen nie sicher, was Allah denkt und wie er urteilt. Das christliche Gottesbild geht dagegen von einer eindeutigen Vorstellung aus.

**Beispiel 24**

> Selbst in Deutschland haben sich in der „christlichen" Vorstellung besonders pietistischer Prägung synkretistisches Denken und defizitäre Vorstellungen zäh erhalten. Dieses Stadium des Gewissens fand als Warnung in einem Kinderlied ihren Niederschlag, es nicht so weit kommen zu lassen: „Pass auf, kleines Auge, was du siehst! (3 Wiederholungen) Denn der Vater in dem Himmel schaut herab auf dich! Pass auf, kleines Auge, was du siehst!" (Entsprechend: Ohr – hören, Fuß – gehen, Hand – tun, Mund – sprechen, Herz – denken)

### 4.1.2.2    Auswirkung auf die Vertraulichkeit

In stark kohärenten Kulturen ist es eigentlich normal, so wie im Beispiel von Mutter und Sohn, dass Menschen meist in Gemeinschaft mit anderen unterwegs sind. Es ist ethisch undenkbar, dass eine Frau allein in den Garten geht oder am Strand fischt. Sie würde den Eindruck erwecken, sich Männern anbieten zu wollen. Bei Männern ist es üblich, sich

Arbeitskameraden zu suchen. Es ist auch normal, dass Kinder dabei sind. Wer allein ist, löst Fragen aus.

Begleitpersonen werden bei Normübertretungen entweder mitverantwortlich gemacht oder zum Schweigen verpflichtet. Innerhalb der Familie oder Großfamilie ist die Solidargemeinschaft sehr hoch, sodass die Vertraulichkeit relativ sicher gestellt ist. Das bedeutet, dass die Beobachtungen zumindest nur „unter dem Siegel der Verschwiegenheit" vermittelt werden – innerhalb der Gruppe. Auch Kinder kennen ihre Gruppengrenzen; aber die Vertraulichkeit ist natürlicherweise wenig gewährleistet.

Eine Vertrauensperson steht immer unter Spannung. Freunde und enge Verwandte sind eher zuverlässig. Höher gestellten Autoritäten gegenüber ist es nicht möglich, ein Geheimnis zu wahren. Berichtspflicht geht vor. Wer ein Geheimnis hat, ist suspekt. Wer etwas weiß, fühlt sich eigentlich dazu verpflichtet, das anderen mitzuteilen. Eine Nachricht eilt schnell durch ein Dorf: „Wuwa rongorong ...." – „Ich habe gehört..." ist die Einleitung dafür. Die Quelle der Nachricht ist dann nicht mehr auszumachen.

**Beispiel 25**

Das ist auch eine sichere Methode, bestimmten Menschen eine Nachricht indirekt zukommen zu lassen. Mein Bootsmann Airis auf Oneop hatte mir manche Botschaft zu überbringen. Spontan wollte ich jedes mal wissen, von wem er das gehört hatte. Jedes Mal kam die Antwort: „Wuse sile, monson!" – „Ich weiß es nicht – alle wissen das" – was mich nicht gerade beruhigte. Ich war dann genötigt, Stellung zu nehmen.

Seelsorgegespräche unter vier Augen – wie wir das in unserer westlichen Kultur kennen – sind so gut wie unmöglich. Es sind immer andere Ohren dabei, was der „Sache" auch Nachdruck verleiht.

*Qv:* Kap. 5; 2.1.8

**Beispiel 26**

Als junger Missionar auf Oneop in den Mortlockinseln wollte ich einen Ältesten in seinem Haus besuchen, da er schon einige Wochen nicht mehr zum Gottesdienst kam. Außerdem war mir durch das „Inseltelefon" zu Ohren gekommen, dass er geistliche Schwierigkeiten hatte. Bei seinem Haus angekommen, war ich schon umgeben von einer Traube von Kindern. Ich hatte versäumt, mich anzumelden. Der Mann war in einfachen Kleidern bei Hausarbeiten völlig überrascht, er konnte mir kein Essen anbieten, noch nicht einmal eine Kokosnuss zu trinken. Ich hatte ihm keine Gelegenheit eingeräumt, auch nur Minimalforderungen der Gastfreundschaft zu erfüllen; er schämte sich, in seinen einfachen Kleidern vor mir zu stehen. Wir waren umringt von Kindern, Erwachsene hielten sich in größerem Abstand irgendwie beschäftigt. Die Nachbarhütten standen alle auf Rufnähe. Er ergriff die Flucht nach vorne. „Du hast einen Grund, zu mir zu kommen. Sage mir, was du zu sagen hast." Ich versuchte, leise zu reden. Die Kinder rückten noch näher. Er nahm keine Stellung. Ich verabschiedete mich und ging zurück. Die Kinder verloren sich zwischen den Hütten. Ich hatte gelernt, wie man es keinesfalls machen darf und habe das so nie mehr wiederholt.

Ich probierte es mit Einladungen in mein Haus. Das ging auch nicht gut. Denn draußen warteten schon andere, die den Gast direkt fragten: „Was wollte er von dir?" – die Berichtspflicht griff.

Erst später, auf Puluwat, fand ich eine Lösung, die aber auch nicht in jedem Fall anwendbar war: Jeder Mann trug immer sein Buschmesser bei sich und legte Wert darauf, dass es auch scharf war. So tauschte man die Messer aus und testete die Klinge. Mein Messer war meist das schärfste. Man konnte sich notfalls damit rasieren. Die Männer ließen daraufhin gerne ihre Buschmesser von mir schärfen. Traf ich einen Mann, mit dem ich mich ungestört unterhalten wollte, brauchte ich nur sein Messer testen. Dann lud ich ihn ein, mir bei Gelegenheit sein Buschmesser zu bringen. In der Werkstatt waren wir meistens allein, wir konnten reden und er hatte ein einsichtiges Alibi.

Für die Gemeindearbeit ist die Wahrung des Seelsorgegeheimnisses wichtig, aber sie ist in einer schamorientierten Kultur sehr kompliziert. Die Insulaner haben den Missionaren mehr vertraut als ihren eigenen Pastoren, die ihrem System unterworfen waren. Auch Personen, die aus dem Islam zum christlichen Glauben konvertieren, trauen den Christen ihres eigenen Umfeldes weniger als den ausländischen Christen. Für die interkulturelle Seelsorge und die Seelsorge innerhalb von Schamkulturen sind gesonderte Untersuchungen nötig.

### 4.1.3    Normverletzung als Tat: Beobachtet, öffentlich

Entweder im Affekt oder beabsichtigt geschehen – mit vollem Risiko in der Öffentlichkeit oder unter Beobachtung, von der man nichts wusste: Man hat etwas gegen die Regel getan oder gesagt – oder es wird einfach unterstellt. Nun ist es unter den Leuten: Jeder weiß es. Normalerweise wird nicht viel darüber geredet. Manche schweigen aus Anstand. Aber der Druck der Öffentlichkeit ist groß, vor allem, wenn die Sache die Gemeinschaft betrifft.

Bestenfalls wird sofort Schadensbegrenzung eingeleitet, was ein „schlechtes Gewissen" signalisiert und sofort verstanden wird. Dabei sucht der „Sünder" das Gespräch: Entweder selbst, wenn er die dafür notwendige soziale Stellung hat, oder in Begleitung eines geeigneten Mittlers, oder man bittet einen Mittler mit gehobener sozialer Stellung, die Gespräche einzuleiten. Normalerweise wird das verstanden und man geht wohlwollend darauf ein, weiß doch jeder, dass man selbst froh ist, wenn sich andere bei eigenem Versehen ruhig verhalten.

Anders ist es, wenn die Ehre einer höher gestellten Person verletzt wurde. Dann bleibt die Spannung. Sie wird sogar noch erhöht durch gezielte Dorfgespräche. Dann ist „Feuer unterm Dach", wie man auf Schwäbisch sagen würde. Der Schaden ist zunächst nicht absehbar.

Zwei sozial etwa gleich gestellte beteiligte Personen können den Brand „unter dem Teppich schwelen" lassen. Dabei wird es zwar immer „heißer unter den Füßen", aber man hält das aus, bis sich eine günstige Gelegenheit bietet. Dann kann durch eine Gegenbeleidigung die Sache neutralisiert werden – aber die Fronten bleiben dabei verhärtet, denn der Schmerz besteht dann auf beiden Seiten; nicht selten kommt der Konflikt dann auch zum offenen Ausbruch.

*Qv:* Kap. 3; 4.4     Die Lösungsversuche werden später beim Thema Entlastung des Gewissens noch einmal aufgegriffen.

### These 79

**Ein schamorientiertes Gewissen reagiert nur auf Vergehen, von denen die Person weiß, dass sie in der Öffentlichkeit bekannt wurden.**

**Die Reaktion ist heftiges Schamempfinden.**

### 4.1.4    Wertung und Strafe

Öffentlich Stellung zu nehmen zu einem politischen oder sozialen Missstand erfordert schon in unserer Kultur soziale Kompetenz und Courage. In schamorientierten Kulturen ist das ausschließlich dem sozialen Rang nach höher stehenden Personen gestattet. Dabei spielen Intelligenz und Sachkompetenz weniger eine Rolle als die Zugehörigkeit zu einer Gruppe. Die Wertung einer „Sünde" wird von oben nach unten vorgenommen: Nur sozial höher Gestellte dürfen sich offen dazu äußern. Es kommt dabei auf den Zusammenhang aller betroffenen Personen und der Gruppen an, denen sie angehören.

Wie schwerwiegend die Sache ist, entscheidet der Öffentlichkeitsdruck, die soziale Stellung und das Maß der Beleidigung oder Beschämung, die verursacht wurde. Die Kultur wertet ein Vergehen nach eigenen Regeln, die nicht auf eine andere Volksgruppe übertragen werden können. Dieser lokalen Wertung entsprechend wird auch die Strafe verhängt.

Westliche Mitarbeiter oder Missionare tendieren ihrerseits dazu, „Sünden" entweder nach ihrem kulturellen Empfinden oder nach biblischen Maßstäben zu beurteilen. Unverständnis über die Reaktion der Gegenseite ist die Folge, Unterstellung unzureichender geistlicher Erkenntnis oder Entsetzen über eine völlig überhöhte Wertung. Wenn der Missionar dazu noch Rat aus der Heimat einholt, bei Theologen, Pastoren oder Missionsleitern, kann die Sache völlig aus dem Ruder laufen.

In einer schamorientierten Kultur sind z.B. Ehebruch oder Korruption meist weit weniger schwerwiegende Vergehen als Beschämung. Wenn ein Missionar verantwortlich ist für eine Gemeinde, in der solche Verhaltensmuster auftreten, kann der kulturelle Konflikt größer sein als die Sache selbst.

**Beispiel 27**

Im Vorstand der Bibelschule in Mikronesien hatten wir immer wieder Verhaltenskonflikte zu besprechen. Drei Schüler hatten sich nicht der Schulordnung entsprechend verhalten; der einheimische Leiter schlug drei verschieden hohe Strafen zur Auswahl vor. Die anderen (einheimischen) Vorstände hielten ihre Meinung zurück. Für mich war die Sache schnell klar: „Alle drei!"– Niemand widersprach. Mein Urteil orientierte sich an westlichem Empfinden und war völlig überhöht.

**Beispiel 28**

In einer südeuropäischen Gemeinde hatte sich ein Gemeindeleiter aufgrund seiner Stellung einen Vorteil verschafft, den der Missionar nicht hinnehmen konnte. Zur Rede gestellt, zog sich der Pastor verletzt zurück, ohne Einsicht zu zeigen. Der Missionar war auf diesen Leiter angewiesen und holte sich schließlich Rat aus der Heimatzentrale. Sie bestätigte sein Urteil, er blieb unnachgiebig, ebenso der Pastor. Der Riss zog sich daraufhin durch die ganze Gemeinde und führte zur Spaltung.

### These 80

**Die Wertung einer Normübertretung erhält von der jeweiligen Kultur ihr Gewicht. Die Strafe richtet sich nach dem Wert der Norm.**

## 4.2    Belastungsmechanismus

Ist eine Normübertretung bekannt geworden und die Autoritätsperson weiß davon, wird der Belastungsmechanismus sofort ausgelöst. Die erste Reaktion ist ein starkes Schamempfinden. Die Person sieht sich nun der Öffentlichkeit ausgesetzt.

Der Belastungsmechanismus tritt auch in Kraft, wenn ein schamorientierter Mensch krank wird, wenn ihm ein Unglück geschieht oder jemand in seiner Familie davon betroffen wird. Der „significant other" („bedeutsame Andere") kann durchaus auch einer der Ahnengeister sein, die sich für Ordnung in Klan und Familie verantwortlich wissen. Nach den Vorstellungen vieler animistischen Menschen leben Ahnengeister im sog. ersten Himmel, der über den Baumwipfeln beginnt, und von dort haben sie gute Einsicht in das Leben ihrer Nachkommen. Natürlich entgeht ihnen auch vieles, sie können abgelenkt werden. Man kann sich eben nie ganz sicher sein, ob sie nicht doch etwas beobachteten, das nicht in Ordnung war. Eine solche als unbeobachtet vermutete Tat kann nun geahndet werden. Das muss nicht den Täter selbst treffen, denn die Belastung liegt nicht nur auf ihm selbst, sondern auf seiner Kohäsionsgruppe, auf seiner Familie oder seinem Klan.

Der Täter fühlt sich verantwortlich, wenn er sich bewusst ist, dass eine Normverfehlung geschehen ist, beobachtet oder im Geheimen. So wirkt die Belastung immer auch durch die Gruppe. Der Mechanismus ist kompliziert.

### 4.2.1   Belastung

Die Belastung besteht in der Unzulänglichkeit der idealen Verhaltensnorm gegenüber, die von der Autorität gestärkt wird. Die Person sieht sich der Öffentlichkeit ausgesetzt, sie fühlt sich von der Öffentlichkeit beschämt. Dieser Druck wird durch die Autorität gestärkt. So lange sich die Person in dieser Gruppe befindet, bleibt das Schamempfinden stark. Die Person wagt sich nicht mehr unter die Leute, sie sieht sich wie von allen angeklagt.

Das Schamempfinden lähmt die Person, engt die Gedanken ein, sodass sie nur noch an diese Situation denken kann. Das Gewissen ist belastet, es empfindet die Öffentlichkeit wie einen Ring, der sich immer enger um seine Seele legt. Die Bewegungsfreiheit ist nicht nur gedanklich und gefühlsmäßig eingeschränkt, die Folge von diesen beiden Faktoren ist auch eine physische Beschränkung.

### 4.2.2   Straferwartung

Die Strafe wird einerseits als Erlösung herbeigesehnt, andererseits ist die Strafe selbst eine weitere Beschämung. Sie ist jedoch unerlässlich, da sonst die Norm an Wert verliert. Weil jede Norm zusammen mit einem Wert versehen gelernt wurde, die an einem Strafmaß gemessen wird, ist die Strafe eine unverzichtbare Folge der Normverletzung. Die Erwartung der Strafe ist deshalb zwingend.

In einer Schuldorientierung kann sich der Straftäter eine entsprechende Strafe selbst auferlegen, um sich zu entlasten. Ein schamorientierter Mensch ist darauf angewiesen, dass die Strafe von der Gruppe kommt, vom „bedeutsamen Anderen"; er kann sich selbst nicht entlasten. Die Gruppe bzw. ihr Vertreter muss aktiv werden. Wenn nicht, bleibt die Belastung als Straferwartung.

## 4.3   Abwehrmechanismus

### 4.3.1   Angst

Angst ist ein empirisches Phänomen und wird von jedem Menschen als negativ empfunden. Angst als Abwehrmechanismus hat im schamorientierten Gewissen ähnliche Züge wie beim schuldorientierten.

#### 4.3.1.1   Angst als psychisches Phänomen

Die Frage ist, wie stark Angst von innen durch die Enkulturation selbständig wirkt, und zusätzlich von außen, durch das kulturelle, religiöse oder soziale Umfeld verstärkt wird. Angst ist die Verlassenheit des Menschen, er fühlt sich sich selbst überlassen, das Netz der Sicherungsstrukturen ist gerissen, er fällt durch die Maschen ins Bodenlose.

#### 4.3.1.2   Angst als religiöses Phänomen in schamorientierten Kulturen

Es gibt Religionen, die Angst einflößen, einfordern, die durch Angst ihre Anhänger gefügig machen, indem sie sich als Netz anbieten, in welchem sich die Menschen sicher fühlen. Das Netz sind die religiösen Gesetze, Rituale, Handlungen bzw. Verhaltensmuster, die Gehorsam fordern. Dieser Gehorsam bestimmt das Denken der Menschen, die in einer solchen Religion gefangen sind. Sie kennen von Kind auf nichts anderes, deshalb empfinden sie ein großes Stück weit die Angst als normal, als Teil des Lebens – sie ist ein wesentliches Element der Strategie zum Überleben. Religionen sind meist animistisch durchsetzt, sie enthalten mehr oder weniger entsprechende Strukturen. Keine der Hochreligionen ist ganz frei von solchen synkretistischen Elementen.

Angst ist eine starke soziale Kraft, die in jeder Kultur und Religion als Tatsache durch entsprechende Begriffe und Zusammenhänge nachgewiesen ist.

### 4.3.1.3     Angst als soziales Phänomen in schamorientierten Kulturen

Ohne Angst funktioniert kein soziales System. Selbst der Gott des Alten Testaments fordert „Furcht" vor ihm ein, im Sinne von „Ehrfurcht", wobei das Element Angst nicht ausgeschlossen wird. Allerdings bietet Gott dem Volk eine kohärente Gemeinschaft mit ihm als Orientierung an, worin sich die Angst auflöst. Nur wer aus dieser Gemeinschaft heraus fällt, verliert den sozialen Schutz, der hier religiös bedingt ist.

In schamorientierten Gemeinschaften löst schon der Gedanke an den Verlust der Gemeinschaft eine starke Angst aus. Der Gegenpol von Kohäsion ist Angst; sie bestimmt sofort die gesellschaftlichen Funktionen, wenn die Kohäsion in Frage gestellt und aufgelöst wird oder nicht vorhanden ist. Der Verlust von Kohäsion ist Angst. Das sind konkurrierende Kräfte, die sich gegenseitig ausschließen. Trotzdem sind sie aufeinander angewiesen, denn ohne das eine wäre das andere nicht existent, notwendig, oder folgerichtig.

**Beispiel 29**

Insulaner in Mikronesien haben Angst, eine Insel zu betreten, auf denen ihr Klan nicht vertreten ist. Sie haben kein Recht auf Gastfreundschaft; ohne die Annahme von christlicher Ethik mussten sie früher damit rechnen, auf einer solchen Insel keine Unterkunft zu finden oder Nahrung verwehrt zu bekommen. Im schlimmsten Fall war sogar Misshandlung zu erwarten. In einigen Stämmen von Neuguinea entspräche die Auslieferung an einen fremden Stamm einem gewaltsamen Tod.

### These 81

**Angst und Kohäsion sind konkurrierende, integrative Gegenkräfte innerhalb derselben sozialen Einheit.**

## 4.3.2     Angst als Abwehrmechanismus

Die Abwehr besteht im Willensakt, die Gefahr unter allen Umständen abzuwehren. Sie mobilisiert Kräfte und führt zu Aktionen, zu denen der Mensch normalerweise nicht fähig wäre. Das ganze Leben, der Sinn und Zweck besteht nur noch in einer Priorität: Das darf nicht geschehen! Die Abwehr funktioniert bei Verfehlungen in Gedanken, damit es nicht zur Tat kommt.

Wenn die Tat im Geheimen geschehen ist, konzentriert sich die Abwehr darauf, die Tat unter allen Umständen geheim zu halten. Der Mensch lebt in Angst davor, dass eventuelle Zeugen nicht still halten oder bei Gelegenheit ihren Vorteil daraus nutzen.

Die Abwehr hat nur noch wenige Möglichkeiten, wenn die Verfehlung öffentlich bekannt und die Strafe unumgänglich ist. Dann kann nur noch versucht werden, das Strafmaß zu mindern und die sozialen Auswirkungen einzugrenzen.

**Beispiel 30**

Im Neuen Testament wehrte Petrus schon dem Gedanken daran, als Jesus davon sprach, dass er in Jerusalem misshandelt und sogar umgebracht werde. Er nahm Jesus beiseite, machte ihm ernstliche Vorwürfe und sagte: „Gott möge Dich davor bewahren. Das soll dir unter keinen Umständen passieren!" (Mt.16,22) Sicher hatte Petrus schon in seiner Angst überhört, dass Jesus auch von seiner Auferstehung gesprochen hatte. Er sah im Tod seines Herrn die Sicherheit der jungen, neuen Gemeinschaft in

Gefahr und damit sich selbst dem gleichen Schicksal ausgeliefert. Er machte Jesus Vorwürfe, nicht nur sich, sondern alle seine Nachfolger derselben Situation auszuliefern. Petrus war nicht nur in Sorge um Jesus, sondern um die ganze Gruppe – und um sich selbst.

### 4.3.3   Versagen des Abwehrmechanismus

Wenn die Abwehr nicht funktioniert, haben ein oder mehrere Elemente nicht ihre Arbeit geleistet. Z.B. sind Gesellschaft oder Bezugspersonen schlechte Vorbilder, Werte werden aufgeweicht und aufgelöst, es ist gewöhnlich keine Strafe zu erwarten – die Angst ist dadurch entkräftigt. Vielleicht werden durch die Kulturveränderung neue Herausforderungen gestellt, denen die bisherigen Werte nicht gewachsen sind, oder Autoritäten haben versäumt, neue Werte zu erstellen und Richtlinien zu geben.

# 4.4   Entlastungsmechanismus

**Beispiel 31**

Urak und Sepe hatten schon einige Wochen enorme Eheschwierigkeiten. Sie waren beide Älteste der Gemeinde auf Puluwat. Der einheimische Pastor Aitel bat mich, in unserem Haus ein Gespräch mit dem Ehepaar führen zu können. Er war schon länger im Gespräch mit den beiden und wollte, dass meine Frau und ich dabei wären, wenn er die Versöhnung herbeiführen würde. Auch seine Frau war Zeuge des Gesprächs.
Das Gespräch verlief schleppend, es war eigentlich keine Bereitschaft erkennbar, dass eine Seite von sich aus nachgeben oder auf die andere zugehen würde. Aitel stellte die Beteiligung beider an dem Zwist fest und forderte sie auf, sich dazu zu stellen. Als Zeichen der Vergebung und Versöhnung sollten sie sich in die Augen schauen, sich einander die Hand geben und um Vergebung bitten. Urak solle als Mann beginnen. Er musste mehrfach dazu aufgefordert werden. Schließlich streckte er seine Hand aus zu Sepe, die diese nur bei den Fingern ergriff. Urak schaute an seiner Frau vorbei ins Leere. Unwillig wiederholte er bruchstückhaft die kurzen Sätze, die Aitel ihm vorsprach. Sepe fiel es offensichtlich leichter, sie schaute ihren Mann an und bat um Verzeihung.
An einem der nächsten Tage sprach mich Urak an: er hätte seiner Frau zu verstehen gegeben, dass ihnen das nie mehr passieren würde. Zunächst dachte ich an den Streit, dann aber verstand ich, dass er die Art der erzwungenen Versöhnung meinte.
Urak war der Älteste Sohn des Chiefs, er hatte eine hohe soziale Stellung auf der Insel. Auch in der Gemeinde führte er öfter das Wort. Die Stellung der Frau ließ damals noch sehr zu wünschen übrig. Die grundlegende, Frauen demütigende Tradition war noch nicht gebrochen.[22] Hände schütteln zur Begrüßung Fremder war bekannt, wurde jedoch nicht unter ihnen praktiziert. Noch weniger war der Handschlag ein Vertragszeichen. Das gesprochene Wort war gültig. Der neutrale Ort in unserem Haus gab der Handlung eine gewisse Sicherheit gegenüber neugierigen Ohren. Urak musste es jedoch als demütigend empfinden: **erstens** sich geistlichen Autoriäten unterstellt zu sehen, die beide keine kulturelle Position im betreffenden Umfeld hatten, **zweitens** aussprechen zu sollen, dass er genauso wie seine Frau für den Streit verantwortlich war, **drittens** seiner Frau in die Augen zu schauen, **viertens** seiner Frau die Hand zu geben und damit auf alle Ansprüche seiner kulturellen Priorität über seine Frau zu verzichten. Die Schande war nur erträglich, da dies unter Ausschluss der Öffentlichkeit geschah

---

[22] Wir hatten einige Jahre an dem Hintergrund einer hartnäckigen Tradition gearbeitet: Frauen gehen dem Mann einige Schritte hinterher; Frauen bücken sich tief bei Sicht ihrer blutsverwandten Männer und rutschen auf den Knien zu diesen bis auf Hörnähe, wenn das nicht zu vermeiden war. Erst durch durch das Studium der Kultur und durch das Vertrauen einer jungen Frau, die eine Zeitlang in unserer Familie wohnte, verstanden wir die Zusammenhänge. Aber als Missionare hatten wir keine Möglichkeit, in dieses delikate Kulturelement einzugreifen. Auch der Pastor, der schon über zwei Jahrzehnte auf der Insel arbeitete und durch sein Verhalten ein gutes Vorbild war, konnte keine Veränderung bewirken. Die Wende kam durch einige junge Männer, die verstanden, dass sie alle, Männer und Frauen, vor Gott gleichwertig waren. Die Hintergründe werden an einer anderen Stelle analysiert.

und die Zeugen keine Angehörigen seines Klans bzw. seiner kulturellen Gruppe waren. Aitel und seine Frau kamen von einer weit entfernten Insel und hatten keine Klanangehörigen auf Puluwat.

Urak wollte die Schande der Versöhnung unter allen Umständen vermeiden. In den folgenden Jahren fiel uns kein Streit mehr auf. Er hätte ihn mit kultureller Autorität im Keim erstickt. Die Frage bleibt offen, ob die Versöhnung nun wirklich innerlich stattgefunden hat.

Wie denn ist Versöhnung in einer schamorientierten Kultur möglich?[23] Sie darf auf keinen Fall auf Kosten der Ehre einer Seite gehen. Sie darf nicht die Schande einer Person verstärken. Der Spielraum ist klein! Aber Versöhnung ist möglich.

## 4.4.1   Parallelstruktur im Funktionsablauf

Ab diesem Punkt im Funktionsablauf des schamorientierten Gewissens werden die Zusammenhänge so delikat, dass Außenstehende wohl keine Chance haben, diese wirklich nachempfinden, geschweige denn den Ablauf effektiv mitgestalten zu können.

Bei den Entlastungsmechanismen muss unterschieden werden, ob eine Tat nur gedanklich vollzogen, ob sie in Wirklichkeit geschehen ist, aber die Person sich nicht beobachtet fühlte, oder ob die Tat öffentlich bekannt wurde. Zusätzlich ist zu berücksichtigen, ob sich die Person dem Entlastungsmechanismus stellt und ob sie diesen als Entlastung empfindet oder als weitere Belastung. Zu beachten ist, welche Auswege ein Mensch hat und wahrnimmt, wie sich das gesellschaftliche Umfeld dazu stellt, wie hoch und welcher Art die Strafe ist und wie sie diese empfunden und vollzogen wird. Wichtig ist dabei, die Ehre zu retten, was immer noch davon zu retten ist, und Schande zu vermeiden bzw. unter allen Umständen zu versuchen, nicht beschämt zu werden.

Die Konsequenzen von Fehlverhalten sind gravierend. In jeder Phase des Ablaufs steht der Erfolg auf dem Spiel, ob das Gewissen wirklich zur Ruhe kommt oder nicht.

## 4.4.2   Entlastung nach einer gedanklich vollzogenen Normübertretung

Wie beim schuldorientierten Gewissen ist die Entlastung nach einer lediglich gedanklich vollzogenen Normübertretung am einfachsten. Das Schamempfinden wird am gesellschaftlichen Umfeld und an der zu erwartenden Strafe entzündet. Das tritt hier so gut wie nicht ein.

Die Grundlage zur Entlastung ist die Unbekanntheit der Tat. Der Mensch hat es nur mit sich selbst zu tun. Nun kommt es darauf an, wie stark sein Unterbewusstsein enkulturiert ist, dem entsprechend stark wird er überhaupt den Gedanken als Normübertretung registrieren.

In jedem Fall arbeitet die Zeit für die Entlastung: Neue Gedanken kommen auf, die frühere in der Erinnerung schnell zurücktreten, verblassen und wirkungslos werden lassen.

Im Allgemeinen sind in dieser Phase keine bleibenden negativen Folgen zu erwarten.

### 4.4.2.1   Gehorsam

#### 4.4.2.1.1   Exkurs: Gehorsam als Faktum

Als Prinzip bedeutet Gehorsam rechtlich die Befolgung einer Anordnung, im engeren

---

[23] Ruth Lienhard befasste sich mit diesem Phänomen in ihrer Dissertation „Restoring Relationships: Theological Reflections on shame and honor among the Daba and Bana of Cameroon." (Ph.D.-Diss. Fuller Theological Seminary, School of World Mission, 2000.

Sinn deren Befolgung, unabhängig von ihrer Richtigkeit, d.h. um ihrer selbst willen. Der Gehorsam ist damit Gegenstück und Voraussetzung zur Herrschaft bzw. Autorität, denn ohne Gehorsam hat Autorität keine Wirkung. Ein Minimum an Befolgung und Durchsetzung des Rechts, d.h. Wirksamkeit, ist Bedingung für die Geltung und Durchsetzung des Rechts. Aus der Rechtsgeltung, die sich aus der Autorität ableitet, folgt ein prinzipieller Anspruch des Rechts auf Befolgung.

In der heutigen Pädagogik und Ethik hat der Begriff Gehorsam weithin seine zentrale Bedeutung verloren. Die für die Tradition bestimmende Verbindung von Gehorsam gegenüber Gott und Gehorsam gegenüber der Obrigkeit in Gesellschaft und gegenüber den Eltern hat ihre Plausibilität eingebüßt. Der Erziehungsstil in der Familie hat sich in den letzten drei Jahrzehnten grundlegend gewandelt – vom Befehlen und Gehorchen zum Verhandeln. Aufgrund des Einflusses von Psychoanalyse und kritischer Theorie ist die Bedeutung von Autorität in der Erziehung nachhaltig in Frage gestellt worden. Versuche der Reformulierungen von Triebgehorsam über Lerngehorsam zum Ich-Gehorsam haben dem Begriff keine Plausibilität verliehen. Die Folge war der nachhaltige Rückgang von Gehorsamswerten im Verhältnis zu Selbstverwirklichung bei den Erziehungszielen in Elternhaus und Schule. Bestenfalls wird eine aktive Mitverantwortung auf einer partnerschaftlichen Grundlage erwartet. Der unkritische Gehorsam gilt seit dem Missbrauch staatlicher Gehorsamsforderungen als pädagogisches und ethisches Problem. Entsprechend wird dem zivilen Ungehorsam bzw. Widerstandsrecht große Bedeutung beigemessen. Das Autonomiedenken der neuzeitlichen Ethik bietet für Gehorsamsverhältnisse prinzipiell wenig Raum. Dazu kommt die Pluralität von Normen und Werten, Autoritäten und Ordnungen, die ungeprüfte Gehorsamsverhältnisse ausschließt. Auch für die theologische Ethik sind Ordnungen, denen Gehorsam geleistet werden soll, begründungsbedürftig geworden. Der Verzicht auf Gehorsam erzeugt jedoch Folgeprobleme und bleibt unbefriedigend. Auch eine freiheitliche Erziehung kann nicht darauf verzichten, besonders von jüngeren Kindern zu deren eigenem Wohl Gehorsam zu verlangen, und eine Gesellschaft bleibt auf Gehorsam gegenüber gemeinsamen Ordnungen angewiesen. Legitimer Gehorsam muss an Liebe, an gegenseitige Verbindlichkeit gebunden sein und darf nicht für sich allein stehen.[24] Gehorsam ist für beide Arten von Gewissensstrukturen bedeutend. Ein Gewissen funktioniert nicht ohne Gehorsam.

#### 4.4.2.1.2   Abwägen der Werte und Folgen

Die Gewöhnung an gedanklichen Ungehorsam führt zu einer Entwertung der Norm, die damit verbunden ist. Die Strafe verliert ihre Angstimpulse. Der Schritt zur Tat wird dadurch leichter. Andererseits kann sich der Mensch in der Abwehr üben. Das stärkt sein Gewissen

Wenn die Folgen von Taten beobachtet werden, stärken diese Impulse von außen die Werte der Normen und die Bereitschaft zum Gehorsam. Deshalb ist es vorteilhaft, wenn man sich der Auswirkungen bewusst wird, Werte verstärkt und Strafe entsprechend eingestuft werden.

Durch den geübten Gehorsam den Normen gegenüber werden die Werte gestärkt. Zufriedenheit mit sich selbst stärkt das Selbstbewusstsein. Der Mensch wird stabiler, er erhält Lehrer- und Erzieherfunktion in der Gesellschaft: Zusammenhänge werden erkannt und können erklärt werden, die Weitsicht wird gestärkt, Schwächen werden überwunden, die Lust wird kurzlebig und der Gewissensfriede dauerhaft.

#### 4.4.2.1.3   Normkonformes Verhalten

Ohne Anerkennung der Autorität geschieht keine Anerkennung der Norm, die von ihr ausgeht. Ohne Anerkennung der Norm wird kein Gehorsam möglich. Ohne Gehorsam ist
*Qv.*: Grafik 10, S. 113   die Ächtung des Ungehorsams als unsozial und gesellschaftsfeindlich undenkbar. Ohne diese Ächtung wird die Strafe uneinsichtig. Ohne

---

[24] Vgl. RGG 2000, Bd.3, 552-3.

Strafe kein Respekt vor der Autorität. Ohne Gehorsam kein Sieg über „Sünde". Gehorsam ist ein notwendiger Willensakt in jeder menschlichen Gemeinschaft.

Gehorsam bleibt trotz aller Enkulturierung freiwillig, ist jedoch ein Zeichen dafür und für die Integration. Jede Person entscheidet sich bewusst oder (meist) unbewusst zum Gehorsam. Je mehr Gehorsam auf die Bewusstseinsebene gehoben wird, um so mehr besteht die Gefahr, dass die mit den Gedanken verbundene Tat auch durchbrechen kann. Letztlich ist die Übertretung der Norm in Gedanken oder in der Tat gleichermaßen der Anfang der Gefahr für die Gesellschaft: Der Gedankentäter ist eine potentielle Gefahr, der Tatvollzieher eine akute Gefahr. Diese Erkenntnis der Gedankentäter sollte dazu führen, dass sie nicht besser sind als solche, bei denen die Abwehr durch die auftretende Angst vor Straferwartung nicht funktionierte.

Paulus erkennt diese Zusammenhänge, wenn er im NT davon spricht, dass es Leute gibt, die von einer Normübertretung überfahren, eingeholt („προλημφθῆ" – prolemfthe) oder dabei ertappt wurden. Die Abwehr hat bei ihnen spontan versagt. Die Tat ist von den Gedanken sofort durchgebrochen zur Wirklichkeit. Dann sollen „geistliche" Gal.6,1 Personen (Brüder), die sich bewusst sind, dass sie in derselben potentiellen Gefahr stehen, den akuten Gefahrenträger (τοιουτος – den so Beschaffenen) wieder „zu Recht, in Ordnung" (καταρτιζετε Imperativ von καταρτιζω) bringen. Sie sollen dafür sorgen, dass der „Sünder" wieder zurecht, zum Recht kommt, sich richtig oder „ordentlich" verhält – dem Gesetz Gehorsam leistet. Das soll in demütigem Geist geschehen, sanftmütig. So, als wäre die Tat ihnen selbst geschehen. Sie stellen sich damit selbst unter die Tat des anderen, tragen diese mit und helfen sowohl die akute als auch die potentielle Gefahr für die Gruppe abzuwenden. In dieser Art und Weise soll der Sünder einsehen, dass seine Abwehr versagt hat, dass er der Norm freiwillig gehorsam sein muss.

Ein schamorientiertes Gewissen erkennt die Gefahr nicht in der Verletzung des Rechts, sondern in der Verletzung der Beziehungen zu der Gruppe. „Zurechtbringen" bedeutet für diese Personen die Beziehungen in Ordnung zu bringen bzw. die potentielle Gefährdung der Beziehungen abzuwenden. So verstehen Christen in schamorientierten Kulturen diese Aufforderung des Paulus.

### 4.4.2.2  Soziale Kontrolle

Wenn Gedanken eine unbeobachtete Möglichkeit erkennen, wird der Widerstand der Abwehr geringer. Ein schamorientiertes Gewissen hat in diesem Falle so gut wie keine Chancen, weil die Autorität wirkungslos ist. Umso mehr greift dann eine andere religiöse Orientierung.

Für schamorientierte Christen ist das Gebet empfehlenswert: „Herr, wenn ich Lust zur Sünde habe, gib, dass sich keine Gelegenheit dazu bietet. Und wenn sich Gelegenheit zur Sünde bietet, gib, dass ich keine Lust dazu habe." Solche Christen werden von Paulus als „geistlich" (πνευματικοι) bezeichnet, sie sind stabil, sie achten auf sich selbst, sie sind „zielgerichtet" (οκοπον). Ihr Durchhaltevermögen, ihr konsequentes Verhalten und die dazu nötige Kraft erhalten sie vom Heiligen Geist – eine wohlwollende Gewissenskontrolle für ihr soziales Verhalten. Diese Glaubenshaltung beinhaltet auch Vergebung und Dankbarkeit für die eigene Bewahrung.

Wenn der intuitive oder bewusste Mechanismus funktioniert, wirkt sich die Abwehr als vorbildliches Verhalten aus. Menschen, denen das normalerweise gelingt, sind die Säulen, die Vorbilder in der Gesellschaft. Sie sind die personifizierten Normen, an denen sich das Verhalten der Anderen messen kann und muss oder gegebenenfalls daran reibt.

Wenn die soziale Kontrolle funktioniert, ist das kein Verdienst der Einzelperson. Die Erziehungsprinzipien, die gewachsene Selbstdisziplin und die Bewahrung vor Gelegenheiten im Umfeld, bei denen viele Menschen vor allem in der Vergangenheit beteiligt waren, tragen dazu bei.

Damit liegt es im Interesse der Gruppe, die Norm aufrecht zu erhalten. Und es liegt im Interesse der Kultur, wenn die Religion das unterstützt.

Jeder Einzelne sollte die Konsequenzen der jeweiligen Abwehrmechanismen beobachten. Der Überblick darüber und die zusammenfassende Darstellung führen zu formulierten Prinzipien, die gelehrt und von anderen umgesetzt werden können. Die Erinnerung daran, die Erneuerung und Festigung der Verhaltensprinzipien und deren Gesetzmäßigkeiten ersparen oder ersetzen auch deutliche Hinweise und Warnungen nicht.

In einer schamorientierten Gesellschaft ist diese ständige Erinnerung an das Idealverhalten durch den sozialen Druck viel stärker als bei einer Schuldorientierung. Die eigene Ehre und die Ehre der Gruppe hängen davon ab. Die Verantwortung füreinander ist größer, die Kohäsion stärker. Der schamorientierte Abwehrmechanismus hat die Schwachstelle, dass die Autorität nicht mit den Normen im Gewissen integriert wird und das Gewissen deshalb nur dann wirksam ist, wenn die Autorität in Sicht ist. Paulus hat den schamorientierten Galatern deshalb mit seinem Gruppenmechanismus in der christlichen Gemeinde eine wichtige Sozialfunktion vorgegeben.

### 4.4.2.3    Vergebung und Gewissensfrieden

Wenn der Abwehrmechanismus funktioniert, hat das Gewissen sein Ziel erreicht und seinen Zweck erfüllt. Das Gewissen kommt zur Ruhestellung, es empfindet Ehre und darf einen solchen Zuspruch auch annehmen. Frieden ist immer mit Vergebung verbunden und davon abhängig. Sich selbst zu vergeben ist bei gedanklichen Verletzungen durchaus angebracht, da die Vergebung nicht von außen zugesprochen werden kann. Bei Christen ist der Zuspruch der Vergebung durch die biblischen Vorgaben gerechtfertigt.

Ein Gewissen signalisiert Frieden nicht nur, wenn keine Verletzung einer Norm geschehen ist, also kein falscher Gedanke den Menschen bedrängt hat, sondern eigentlich viel stärker dann, wenn der Verlust des Friedens durch die potentielle Gefahr von verbotenen Gedanken abzusehen war und abgewendet werden konnte.

### These 82

**Ohne Gewissensfunktionen ist soziale Kontrolle nicht möglich.**

**Der Abwehrmechanismus ist verantwortlich dafür, dass potentielle nicht zu akuten Gefahren werden.**

**Es gibt keine stärkere positive soziale Kraft als den Gewissensfrieden.**

## 4.4.3    Entlastung nach einer tatsächlich vollzogenen Normübertretung

Die Prävention hat versagt – wie und warum auch immer. Der Mensch ist bei aller Willensstärke auch frei, sich für die Übertretung zu entscheiden. Für welche der beiden Möglichkeiten mehr Stärke nötig ist, kommt auf die realistische Abschätzung der Folgen an. Wenn keine Folgen zu erwarten sind, braucht es wenig Kraft für die Übertretung. Je mehr diese aber überschaubar und als gravierend einzuschätzen sind, umso mehr braucht es eine Kraft erfordernde bewusste Entscheidung zur falschen Tat.

Ein schamorientierter Mensch muss nicht nur physische, sondern vor allem psychische Folgen erwarten. Die Angst vor der Strafe ist die eine Sache. Angst vor der Scham, welche die Strafe beinhaltet und in der die Strafe vielleicht nur besteht, ist die andere. Damit müssen wir uns jetzt beschäftigen.

Nach einer vollzogenen Normübertretung muss eine Entlastung geschehen, um des Gewissens und um der Gesellschaft willen.

Jede Kultur und jedes Gewissen hat Funktionen zur Entlastung. Sonst gäbe es keine gesunde Gesellschaft. Die Entlastung ist meistens religiös vorbedingt.

### 4.4.3.1    Entlastung nach einer nicht öffentlich bekannten Normübertretung

Wie oben angesprochen ist die Möglichkeit gering, eine vollzogene Normübertretung geheim zu halten. Dann ist das Vertrauen in den Zeugen wichtig, oder der Täter vertraut dem Mechanismus, dass der Zeuge durch ihn beim Schweigen gehalten werden kann. Der Täter ist sich (immer noch) sicher, dass die Tat geheim bleiben kann.

Für die Seelsorge treten in dieser Phase ernsthafte Probleme auf:

❑ Wenn die „Sünde" bereut und einem Seelsorger anvertraut wird – muss sie bekannt gemacht werden?

❑ Ist der Zeuge seiner Schweigepflicht unterworfen, wenn er eine Wiederholung befürchtet?

❑ Weiter ist wichtig festzuhalten: Ein nicht seelsorgerlich aufgearbeiteter Fall wird leicht zum Rückfall.

#### 4.4.3.1.1    Erwartung der Strafe ist Verdrängung – bleibende Belastung als Abwehrverstärker

Nach jeder – gedanklich oder tatsächlich – vollzogenen Tat wird unweigerlich die Straferwartung ausgelöst und sie bleibt. Die Angst und das Schamempfinden bleiben ebenso.

Diese Empfindungen bleiben aber in erträglicher Stärke, weil die Autorität nicht in Kraft tritt und deshalb nicht als Auslöser wirkt. Wenn das soziale Umfeld ruhig bleibt, tritt die ganze Angelegenheit langsam in den Hintergrund, verblasst und verliert ihre hemmende und einengende Wirkung. Wiederholte Begegnungen mit der Autorität ohne Konsequenzen bestärken den Täter darin, dass nur die Aufdeckung die Tat wirklich zu einer Straftat macht. Die Belastung ist also recht geringfügig.

Aber die Erinnerung kann nicht ausgelöscht werden, da der Mensch sein Erinnerungsvermögen nur wenig kontrollieren kann. Die Sache bleibt also im Untergrund wach und ist nicht wirklich auslöschbar, vor allem, wenn immer wieder Stimulatoren auftreten. Mit der Zeit verlieren aber auch diese ihre Wirkung. Die Erinnerung als Abwehrverstärker für eine Normübertretung wird schließlich verdrängt und steht einer Wiederholung nicht im Weg.

Ein schamorientiertes Gewissen weist nur wenig hemmende Faktoren auf. Da die betreffende Autorität nicht aktiv werden kann, ist es wichtig, diese uninformiert zu halten. Es ist noch einmal gut gegangen; es kommt jetzt nur darauf an, nicht erwischt zu werden oder sich zu verraten, dann bleibt alles ruhig.

Wiederholungen sind ohne Angst vor Folgen möglich; auch dabei sind keine weiteren Belastungen zu erwarten.

Die Entlastung funktioniert nach den Regeln des schamorientierten Gewissens und seines sozialen Umfelds. Auch alle anderen Menschen der gleichen Prägung würden spontan bestätigen, dass der Täter kein schlechtes Gewissen zu haben braucht. Die Verantwortung vor der Gemeinschaft scheint hier kein Motiv zur „Bereinigung" zu sein.

#### 4.4.3.1.2    Versagen der Entlastung

Der Unterschied zur Schuldorientierung wird deutlich: Eine Straftat wird dort nicht dadurch verharmlost, dass sie den zuständigen Autoritäten nicht bekannt (gemacht) wurde.

Die Frage drängt sich auf, ob es denn notwendig ist, schamorientierten Menschen einen anderen Mechanismus aufzudrängen, wenn sie bereits in ihrem System eine Entlastung erfahren – wenn auch durch Verdrängung; ist das nicht vorrangig wichtig?

Schuldorientierung fordert die Verantwortung vor der Gemeinschaft, der Schaden zugefügt wurde, zumindest vor den Personen, die direkt betroffen sind. Hier versagt die Schamorientierung der Gemeinschaft eine Wiedergutmachung. Die Verpflichtung der Gruppe gegenüber ist offensichtlich nicht so stark wie die Angst vor der privaten Schande.

Interessant ist, dass der schamorientierte Mensch offensichtlich ganz gut damit leben kann. Die Entlastung scheint kein psychisches Bedürfnis zu sein. Die Verdrängung kann zur Täuschung des Gewissen werden – letztlich zur Selbsttäuschung.

Wir nehmen an: Die Sache wird nicht aufgearbeitet; es finden weder Gesprächstherapie, weder Reue noch Buße statt. Eine Entlastung wird nicht ausgesprochen.

Dann bleibt die Frage, ob die Vergebung wirklich stattgefunden hat, ob sie vom Täter selbst sich zugesprochen werden konnte, von ihm angenommen oder nicht erwartet, nicht gewollt wird. Zunächst muss davon ausgegangen werden.

Hier bleiben für einen schuldorientierten Beobachter Fragen offen. Wenn keine Rechtfertigung geschieht, erhält die Straftat ein Stück weit Berechtigung, Das schamorientierte Gewissen erkennt keine Notwendigkeit dafür.

*Qv.*: Kap. 4 und 6    Der Bezug zur Gemeinschaft ist immer noch vorhanden, die Kohäsion ist gewährleistet, der Täter ist weiterhin auf die Gruppe angewiesen, die ihn trägt. Vielleicht entsteht ein feiner Riss in der Beziehung, und der Beobachter fragt sich, wie viele solcher Risse erträglich sind, bis das System nicht doch einmal einbricht. Der schamorientierte Mensch muss dieses System lebenslang ertragen, ohne abgestumpft – oder überempfindlich zu werden. Die Frage ist, ob die Religion eine Lösung dafür anbietet.

Eine drohende Aufdeckung der Straftat, auch später, führt in Mikronesien nach Möglichkeit zur Flucht des Täters, er verlässt unter irgendeinem Vorwand seine Insel und versucht, bei Verwandten oder Angehörigen seines Klans auf einer anderen Insel oder sogar Inselgruppe unter zu kommen. Das Gastrecht und die Kohäsion der größeren Gruppe gibt ihm Sicherheit.

Wenn die Spuren gefunden werden und die Entdeckung droht, entzieht sich der Täter nach Zeit und Raum: Er versucht abzulenken, zu vertuschen, zu verzögern, um Zeit zu gewinnen. Oder er entzieht sich dem Gespräch, indem er das Umfeld des Geschehens verlässt und die zuständige Autorität keinen Anlass mehr hat, die Sache weiter zu verfolgen. Die Flucht ist ein Zeichen des Zugeständnisses, auch eine Selbstbestrafung, denn sie führt zum Verlust eines Teils der Gemeinschaft. Im Übrigen ist die eigene Gruppe nicht daran interessiert, sich selbst durch den Fall zu beschämen.

Der Täter wird zurückkommen, wenn er deutliche Signale erhält, dass er sicher sein kann; z.B. wenn er eingeladen wird, eine bestimmte Position einzunehmen: Er wird hinauf befördert!

Dahinter steht das Prinzip, keinesfalls jemanden zu beschämen. Die andere Möglichkeit, sich einer Person zu entledigen oder einen Fall aus der Welt zu schaffen ist, dem Täter eine höhere soziale Stellung zu geben, eine bestimmte Autorität. Anders kann man sich von bestimmten Leute nicht trennen – oder man kann sie anders nicht zurück locken.

Ob die Entlastung damit versagt hat, bleibt – wie gesagt – noch offen. Der Mechanismus jedenfalls funktioniert an dieser Stelle nicht rund.

Bei schamorientierten Christen drängt sich langsam aber sicher der neue Zusammenhang mit Gott als Autorität auf. Das wurde oben bei der Auseinandersetzung mit dem schuldorientierten Menschen schon angesprochen und muss später noch weiter aufgegriffen werden.

### 4.4.3.1.3   Entlastung nach einer öffentlich bekannten Normübertretung

Die Mechanismen für die Entlastung sind unter Umständen schwierig und empfindlich. Manchmal erscheint es westlichen Leuten, als könne man dabei eigentlich nur Fehler machen. Tatsächlich gelingen diese Fehler oft so gründlich, dass man sich hinterher fragt, was schlimmer gewesen ist, der Verlust durch die „Sünde" oder durch die Entlastung. In jedem Fall ist es für eine westliche Person hilfreich, sich aus dem Umfeld des Gegenübers raten zu lassen. Ein Mediator steckt dabei auch in der „Zwickmühle", da er ja beiden Seiten gerecht werden möchte, jede aber völlig anders empfindet und urteilt. Folgende Beispiele zeigen diese kulturelle Diskrepanz, in der man sich in einer interkulturellen Teamarbeit immer wieder findet.

Qv.: Weitere Bsp. in Kap. 8

**Beispiel 32**

Ein einheimischer Mitarbeiter einer Mission hatte die Kisten einer Missionarin auf Heimaturlaub aufgebrochen und Küchengeräte entwendet. Das wurde erst entdeckt, als die Missionarin wieder zurückkam. Der Verwalter konnte sich nur diesen Mitarbeiter denken, da nur er Zugang zum Lagerraum hatte. Zur Rede gestellt, gestand er die Tat und entschuldigte sich. Das war der Missionarin zu wenig; sie wollte ihre Küchengeräte wieder haben. Sie fuhren zusammen in sein Dorf. Noch außerhalb bat der Mitarbeiter den Verwalter und die Missionarin, zu warten, er wolle selbst die Sachen holen. Schließlich kam er wieder. Er brachte einen Teil der Sachen mit. Die anderen seien nicht mehr aufzufinden. Die Missionarin war zufrieden.

Der Mitarbeiter hatte die Geräte offensichtlich unter Angehörigen der Großfamilie verteilt, die sie ihrerseits wieder weitergaben. Deshalb waren einige schließlich nicht mehr aufzufinden. Er wollte seine Familie selbst ansprechen, denn die Begleitung der Weißen hätte sie als Autoritäten erscheinen lassen, die Sache wäre schnell eskaliert: Die ganze Familie hätte ihr Gesicht verloren. So blieb alles unter ihnen und sie versuchten, so glimpflich wie möglich wegzukommen. Vielleicht hat der Mitarbeiter die Missionarin vor seinen eigenen Leuten sogar beschuldigt, ihm zuerst die Sachen „geliehen" zu haben während ihres Urlaubs, sie jetzt aber zurückfordere.

Sollte der Mitarbeiter weiterhin beschäftigt werden? Er war das ja monatelang nach dem Diebstahl gewesen. Erst die Entdeckung der Tat brachte diese Frage auf. Eine Weiterbeschäftigung hätte ihm signalisiert, dass die Sache in Ordnung sei und seine Erklärungen hätten seiner Familie genügt, um entlastet zu sein.

Der zuständige Missionar behielt den Mitarbeiter; der verließ aber seine Arbeitsstelle nach einiger Zeit. Das nächste Beispiel ist fiktiv könnte aber durchaus so geschehen sein:

**Beispiel 33**

Ein einheimischer Mitarbeiter hatte jahrelang die Einkaufskasse verwaltet. Er erhielt einen bestimmten Betrag, wofür er alles Nötige regelmäßig besorgte. Eines Tages fehlten Gebrauchsgegenstände, die sonst in Vorrat vorhanden waren. Der Mitarbeiter wurde nervös, versuchte sich herauszureden. Schließlich erzählte er, dass ihn sein Onkel dringend um Geld gebeten hatte, damit er einen kranken Angehörigen ins Krankenhaus bringen konnte. Natürlich wolle er den Betrag so bald wie möglich wieder zurückbringen – was nicht geschah. Der Mitarbeiter hatte nicht mehr genug Geld, die Einkäufe rechtzeitig zu erledigen. Die Sache kam ans Licht. Der verantwortliche Missionar hatte Nachsicht, bat aber darum, bei der notwendigen engen finanziellen Kalkulation doch recht bald das Geld zu besorgen. Der Mitarbeiter erzählte das dem Onkel, der nicht bereit war, seinem Neffen das geliehene Geld zu geben; zudem sei das von den Ausländern, die sowieso viel Geld hätten und auf den kleinen Betrag gut verzichten könnten.

Der Fall eskalierte; der Mitarbeiter wurde entlassen. Gerechtigkeit musste sein. Mit der Stelle verlor er auch sein Ansehen im Dorf. Die Leute aus dem Dorf waren zornig auf den Missionar. Der gab ihm zu verstehen, dass er sofort wieder anfangen könne, wenn er das entwendete Geld wieder zurückbringen würde. Das wurde als Beleidigung aufgefasst, dass nun die Hilfestellung als Diebstahl bezeichnet wurde.

Schließlich lenkte der Missionar ein und holte den Mitarbeiter zurück. Die Geldschuld sollte aber freiwillig bezahlt werden, wozu der Mitarbeiter sofort bereit war. Er verhielt sich jetzt wieder so wie vorher. Aber das Geld kam nicht zurück. Schließlich zog der Missionar den Betrag in kleinen Raten vom Lohn ab. Das brachte die Situation wieder

zum kochen. Schließlich zahlte der Missionar den Betrag aus seiner eigenen Tasche.
Er vermied, das den Mitarbeiter wissen zu lassen.

Die Wiederherstellung der Ehre und des Ansehens ist bei der Entlastung zwingend wichtig; die Sachorientierung ist dabei völlig untergeordnet. Sobald die Rehabilitierung gesichert ist, treten die Ursachen in den Hintergrund. Beziehungen haben Priorität. Eine weitere Entlastung ist nicht notwendig. In einer Notlage nicht zu helfen kann sich ein Angehöriger einer schamorientierten Kultur nicht leisten. Die höhere Autorität entscheidet, das
ist verpflichtend; dabei wird keine Sekunde gezögert. Nach seinem Gewissen ist dieses
Verhalten völlig. Weitere Forderungen werden als arrogant, geizig, als Machtspiele verstanden. Gerechtigkeit zu verlangen, zudem in Form von Geld, bringt die Beziehung als
Grundlage jeder Zusammenarbeit in Gefahr. Nur so funktioniert die Gesellschaft. Wenn
sich hierbei etwas ändern sollte, muss von ganz weit oben, von einer höheren Autorität,
*Qv.: Kap. 4*   mit neuen Werten und Normen angesetzt werden, möglichst ohne die alten
außer Kraft zu setzen: Ein religiöser Paradigmenwechsel.

## These 83

**Eine Kultur kann nur dann dauerhaft bestehen, wenn sie aufgrund ihrer Geschich-
te, Lebensbedingungen des direkten Umfelds und eigener Erfahrung Werte und
Normen erstellt, darüber wacht und sie notfalls auch durchsetzt. Sie muss dazu
auch Autoritäten schaffen und diese bevollmächtigen.**

Menschen sind nicht vollkommen. Ihr Verstand und ihre Erinnerung, ihr Wille und ihre
Gefühle sind wechselhaft, unstabil, unvollkommen. Deshalb gibt es keinen Menschen,
der nicht Fehler macht. Da Fehler aber immer belastend wirken, wäre eine freie, harmo-
nische, friedvolle Gemeinschaft nicht möglich. Die Beziehung wäre dauerhaft gestört, es
bestünde ein anhaltender Konflikt mit den Normen.

Deshalb ist es aufgrund der Beschaffenheit des Menschen notwendig, dass er sich durch
seine Kultur auch Entlastungen schafft, die ganzheitlich greifen – körperlich, geistig und
seelisch. Die Beschaffenheit der Kultur ist ein Spiegel der Beschaffenheit des Menschen
und seiner Entwicklung in der Gemeinschaft mit anderen. So wie die Belastungsmechanismen diese gegenseitige Abhängigkeit reflektieren, erkennen wir auch in der Entlastung
für bestimmte Kulturen und deren Menschen Prinzipien, nach denen der einzelne Mensch
die Entlastung wahrnimmt.

In einer schuldorientierten Kultur muss der unrichtige Sachverhalt einer Belastung ge-
klärt und der Norm entsprechend wiederhergestellt werden. Dann erst empfindet der
Mensch auch seelisch Entlastung und erkennt sie auch geistig an. Dann erst können auch
Beziehungen wieder heilen.

In einer schamorientierten Kultur muss die gestörte Beziehung, die durch den Vorfall
betroffen ist, wiederhergestellt werden. Das geschieht durch den Zuspruch und die Zeichen der Ehre, des Prestiges, die tragende Elemente der gegenseitigen Beziehung sind.
Die zugrunde liegenden Sachverhalte, die Auslöser der gestörten Beziehung waren, wie-
derherzustellen, sind dabei nicht oder nur recht hintergründig wichtig.

Deshalb geht es in den folgenden Ausführungen um die Wiederherstellung der Ehre, wie
das in den Beispielen deutlich geworden ist. Das ist für einen schuldorientierten Menschen fremd, und wenn er selbst in die Auseinandersetzung verwickelt ist, stehen sich die
angestrebten oder durchgeführten Wege der Entlastung diametral gegenüber. Es kommt
auf die Autorität an, die in der Situation maßgebend ist. Eine schuldorientierte Autorität
wird ihre Wege wählen, ebenso eine schamorientierte.

## These 84

**Zur Entlastung des schamorientierten Gewissen muss die Ehre wiederhergestellt, aber nicht notwendigerweise die Sache geklärt werden, die den Verlust der Ehre verursachte.**

### 4.4.3.1.4    Freiwilliger Strafvollzug

Der sozial beste, schnellste und wirksamste Weg zur Entlastung ist, wenn der Täter selbst zur Einsicht kommt. Das ist normalerweise in einem schuldorientierten Kontext zu erwarten. Eine Strafmilderung ist ihm dabei ziemlich sicher. Er kann mit mehr Verständnis rechnen, mit mehr Wohlwollen und Entgegenkommen.

Ein schamorientierter Mensch wird sich sehr wahrscheinlich gut überlegen, ob er sich selbst einen Ehrverlust zufügen möchte. Er wird vielmehr zumindest so lange warten, bis er sicher ist, der Situation nicht mehr ausweichen zu können. Dann bestehen mindestens drei Möglichkeiten.

❑ Der Straftäter versucht, sein Gegenüber alleine zu sprechen. Ist das vom sozialen Stand möglich, verringert sich die Öffentlichkeitswirkung und damit der Prestigeverlust.

❑ Der Straftäter sucht sich einen oder mehrere Freunde des gleichen sozialen Standes als Begleitung. Damit erhöht er seine Ernsthaftigkeit und verringert die Chance der Beschämung, denn das Gegenüber möchte sich nicht vor den Freunden eine Blöße geben oder gar diese beschämen. Das funktioniert gut, wenn der Geschädigte sozial nicht wesentlich höher steht.

❑ Sind die sozialen Unterschiede groß, sucht sich der Straftäter eine Mittelsperson. Das kann ein Mann oder eine Frau sein – die Einschätzung der Empfindung des Gegenübers ist dabei entscheidend. Am besten eignet sich ein älterer Verwandter, der die Großfamilie oder den Klan vertritt. Der besucht den Geschädigten und führt die Verhandlung. Bei gravierenden Fehlern ist es nicht ratsam, dass der Straftäter dabei ist. Die Sache könnte schnell eskalieren und in Handgreiflichkeiten ausarten. Vor allem, wenn bei der Straftat körperliche Verletzungen zugefügt worden sind, verlangt die Tradition meist eine ähnliche Verletzung beim Straftäter. Dabei gerät das Maß leicht aus den Fugen.

Zugeständnis, Reue und Bereitschaft zur Buße und einer Bußhandlung werden getestet, wobei versucht wird, die Gemüter ruhig zu halten. Die Bußhandlung besteht in einem ehrerbietenden Verhalten, einer Lobesrede oder einem entsprechenden Geschenk. Eine Verletzung ist schwierig gleichwertig zu „ersetzen". Der Wert wird vielmehr in Ehre gemessen; die Leute haben ein gutes Gespür für das Maß der Ehre, das einem Verhalten oder einer Handlung zugemessen wird. Die Vermittlung von Ehre ist meist mit einem Prestigeverlust des Straftäters verbunden, wozu dieser bereit sein muss. Manchmal übernimmt auch der Vermittler selbst diesen Prestigeverlust, indem er ein Geschenk übergibt. Er empfindet dieses Verhalten dann nicht als beschämend, weil er nicht der Auslöser war. Er erwartet dann auch keinen Ersatz vom Straftäter.

**Beispiel 34**

Lothar Käser erzählte aus seinem Schulalltag in Mikronesien, dass er die Schüler wie gewohnt aufforderte, Fragen zu beantworten. Er stellte fest, dass manche nur recht leise und undeutlich sprachen und bat sie, doch lauter und deutlicher zu reden. Wieder war nur ein unverständliches Stammeln zu vernehmen. Schließlich bat er den Nebensitzer zu wiederholen. Der wiederholte laut und deutlich die Antwort des ursprünglich gefragten Schülers.

Der Schüler war sich offensichtlich nicht sicher, ob seine Antwort richtig war und wollte sich nicht vor der Klasse mit einer falschen Antwort blamieren. Deshalb blieb er undeutlich, wobei er vielleicht hoffte, der Lehrer würde sich die richtige Antwort zurechtreimen. Da dieser darauf bestand, verstärkte sich bei dem Schüler die Befürchtung, seine Antwort sei falsch, worauf er sich noch mehr verbal zurückzog. Dies äußerte sich auch in seiner Körperhaltung. Der Nebensitzer verstand ihn jedoch gut, der sprach frei, denn, wenn es richtig war, hatte er die Ehre, wenn nicht, keine Schande, denn die Antwort stammte nicht von ihm. Auch der gefragte Schüler war gerettet, denn er hatte ja die Antwort nicht gegeben.

## These 85

**Versöhnung durch einen freiwilligen Strafvollzug kann dann am besten motiviert werden, wenn dabei für alle Beteiligten mehr Ehre gewonnen wird als verloren. Eine Versöhnungssituation sollte in dieser Art und Weise vorgeschlagen und initiiert werden. Gegebenenfalls kann ein Vermittler diese Ehre vermitteln, auch wenn er dabei selbst ein Stück weit seine eigene Ehre verliert.**

### 4.4.3.1.4.1 Reintegration

Der Täter wird von höher Gestellten rehabilitiert und mindestens in den gleichen Status wie vorher eingestuft. Niemand darf diesen Status anzweifeln. Eine Benachteiligung der Person ist zumindest nicht mit Öffentlichkeitswirkung möglich; im Gegenteil: die Bestätigung seiner Reintegration liegt gerade darin, dass ihm wieder etwas zugetraut wird.

Der Unterschied zu schuldorientierten Wegen liegt in dieser Bewährungsphase, die bei einer Schamorientierung wegfällt. Sie wäre eine Beleidigung, denn sie unterstellt Rückfallmöglichkeiten, also Schwäche. Allein diese Annahme ist beschämend.

**Beispiel 35**

Pastor Karel von Oneop/Mortlock verkündete mir eines Montags freudestrahlend, dass nach seiner Predigt sechs Männer „aufgestanden" waren – ein Zeichen der inneren Betroffenheit. Sie bestätigten ihm nach dem Gottesdienst, dass sie mit ihrem Glauben neu ansetzen wollten. Ich freute mich mit ihm, hatten wir uns doch schon lange um einige dieser Männer bemüht. Er berichtete weiter, dass sie die Ernsthaftigkeit ihrer Entscheidung durch ihre Bereitschaft signalisierten, als Kirchenälteste mitarbeiten zu wollen. Sie baten ihn darum, sie bald einzusetzen und zu segnen, denn sie erhofften sich dadurch die Kraft Gottes, um nicht rückfällig zu werden. Karel erhoffte sich seinerseits von mir eine freudige Zustimmung. Ich versuchte ihn daran zu erinnern, dass unsere Kirchenordnung für Kandidaten jedes Amtes eine einjährige Probezeit vorsähe, die ja jetzt beginnen könne. Die Kandidaten sollten ab diesem Zeitpunkt mitarbeiten und durch ihre Einstellung, ihr Verhalten sowie ihren Lebenswandel zeigen, dass sie die Kriterien des angestrebten Amtes auch durchhalten können durch die Kraft Gottes, die sich in ihrem Glauben beweist. Karel wartete ein Wochenende ab, an dem ich wieder zu Diensten in Gemeinden auf anderen Inseln unterwegs war, um den Männern ihren Wunsch zu erfüllen. Ein Jahr später war nur noch einer der Männer in Amt und Würden. Die anderen waren wegen Rückfällen ausgeschieden. Natürlich durfte ich Karel nicht an unser Gespräch erinnern. Das hätte ihn tief beschämt und sein Verhältnis zu mir wäre erschüttert gewesen. Er war sich ohnehin dieser Zusammenhänge bewusst.

Kirchenälteste genossen eine hohe Ehrenstellung in der Gemeinde und auf der Insel. Sie galten als vertrauenswürdig, zuverlässig, ehrlich.

Sich einer Bewährung auszusetzen ist eine demütigende Angelegenheit. Die Kandidaten haben das Gefühl, man traue ihnen das Amt eigentlich nicht zu und sie müssten sich erst beweisen. Sie werden kritischer beobachtet, man spricht über sie.

Die besagten Kandidaten waren sich ihrer Schwächen bewusst. Ihr mystisches Verständnis von Kraft und Befähigung beruhte auf dem Konzept von *Mana und Tabu*. Ein Tabu ist ein Ritual, das unter bestimmten Regeln, oft mit sexueller Enthaltsamkeit verbunden, durchgeführt wird. Dadurch wird Mana vermittelt, wobei übernatürliche Kraft von den Geistern zu einem fließt, was eine besondere Befähigung bewirkt. Meist ist dieser Vorgang mit besonderen Opfern verbunden. Dieses Konzept übertrugen die Kandidaten auf die Einsetzung in Kirchenämter unter dem Zuspruch des Segens Gottes.

Die Männer wollten so schnell wie möglich auch die Ehre erhalten, die mit dem Amt verbunden war. Diese Ehre ist natürlich auch eine Verpflichtung. Der westliche Begriff „Verantwortung" war auf den Inseln nur im Zusammenhang mit einem Amt verständlich.

Karel wollte sich nicht der Kirchenordnung unterstellen, sondern ebenso schnell die Ehre haben, von diesem geistlichen Erfolg seines Dienstes berichten zu können.

Meine vorsichtige Zurückhaltung musste für ihn als Beleidigung, als Beschämung wirken, denn ich stellte damit einerseits sein Urteilsvermögen, andererseits seinen Prestigegewinn in Frage.

Er war der Kirchenordnung unterstellt, die außer ihm nur ich kannte. Der Ungehorsam war nur mir bekannt. Die Öffentlichkeitswirkung hielt sich in Grenzen. Ich war aber als Missionar gleichzeitig die Autorität, die für die Kirchenordnung zuständig war. Er nahm dieses Risiko der möglichen Beschämung in Kauf um des Prestigegewinns willen, der dadurch in Aussicht gestellt war.

Zuletzt war es für ihn ein unausgesprochener Ehrverlust, dass fünf der Männer rückfällig wurden. Hätte unser Gespräch in der Öffentlichkeit stattgefunden, wäre das eine größere Schande gewesen; er musste nur noch damit rechnen, dass ich mich erinnerte und hoffte, ich würde ihn nicht an seine Missachtung der Kirchenordnung erinnern.

#### 4.4.3.1.4.2 Wirksame soziale Kontrolle (und ihre Auswirkungen)

Der Straftäter erkennt die Gesetze und die Wege zur Wiedergutmachung an. Sie werden tiefer eingraviert in seinem Gewissen und wirken nachhaltig. Ein glimpflich überstandener Prestigeverlust mit Ehrenrettung der Gegenseite führt zu vorsichtigerem Verhalten. Auch ist es denkbar, dass eine evt. erneut notwendige freiwillige Wiedergutmachung leichter fällt. Allerdings sollte das nicht bei den gleichen Leuten und mit ähnlichen Zusammenhängen sein – das wäre eher ein Verstärker der Schande. Jemand, der sich freiwillig der sozialen Kontrolle stellt ist eher bereit, anderen in solchen Situationen zu helfen und ihnen Mut zu machen als jemand, der durch Strafe dazu gezwungen werden musste.

#### 4.4.3.1.4.3 Gewissensfrieden – Ziel und Zweck des Gewissens

Von unserer Definition ausgehend ist das Gewissen für die dauerhafte kulturelle, soziale und religiöse Integration verantwortlich. Kultur, Gesellschaft und Religion bieten dafür Mechanismen, die zumindest zu einem erträglichen Maß führen und dadurch für das Zusammenleben genügt. Dieses Maß ist die Bedingung für die Überlebensfähigkeit einer Gruppe. Sonst bleibt ein wichtiges menschliches Bedürfnis offen, das zu einer allgemeinen Unzufriedenheit und zur Offenheit anderen Systemen gegenüber führen kann, die eine besser funktionierende Entlastung anbieten. Das war in der Geschichte bei fremden Kulturen wiederholt der Grund für die Annahme der christlichen Botschaft.

Eine schamorientierte Kultur und Gesellschaft kann eine Entlastung anbieten, indem sich der Betroffene nicht nur in den gleichen Stand nahtlos einfügt, sondern auch in einen (zumindest nächst) höheren sozialen Status gehoben wird. Dadurch wird eindeutig signalisiert, dass keine Belastungen angerechnet werden. Die Angst als Abwehr verschwindet ganz.

#### These 86

**Versöhnung in schamorientierten Situationen geschieht immer durch Wiederherstellung der Ehre, verbunden mit der Hebung des sozialen Standes.**

#### 4.4.3.1.4.4 Erinnerung bleibt bei Täter und Gruppe: Entziehung nach Zeit und Raum

Selbst wenn alle Möglichkeiten ausgeschöpft sind und durch die Freiwilligkeit ein Höchstmaß der Wiederherstellung ursprünglicher Zustände, Verhältnisse und Beziehungen erreicht wird, bleiben in jeder Kultur Rückstände, die nur der betroffene Mensch selbst spürt – vielleicht nur unbewusst, aber auch dort aktiv was bedeutet dieser Nachsatz? Die Erinnerung kann nicht ausgelöscht werden; genauso wenig wie die beteiligten Menschen und die Beziehung zu ihnen.

Der Entlastungsprozess muss immer wieder zumindest gedanklich nachvollzogen werden. Dabei sollte die Restbelastung immer geringer werden. Alle Rückstände werden wieder aktiv. Deshalb ist es möglich, dass sich auch solch ein Mensch irgendwann aus der Gesellschaft zurückzieht und in Verhältnisse flieht, in denen die Erinnerung nicht stimuliert werden kann. Dann ist der Mensch nur noch allein mit sich selbst.

*Qv.: Versöhnung nach Art des Häuptlings von Puluwat*

### 4.4.3.1.4.5 Waches Gewissen und bleibende Belastung: Kann hier auch noch ein Versagen eintreten?

Je weniger Stimulatoren um oder im Menschen bleiben, umso weniger wird die Belastung wach. Die Ehre bleibt unangetastet, Gefahren sind minimiert. Das Gewissen des Einzelnen ist auf die Umstände in der Gruppe angewiesen. Brüche und Risse in der Gesellschafts- oder Familienstruktur sind Schwachpunkte im Gewissen.

Das individuelle Gewissen, unabhängig vom Umfeld, hat es leichter, braucht aber auch Hilfe, um stabil zu bleiben. Dabei entscheidend sind die religiösen Hilfestellungen, inwieweit der persönliche Glaube gelebt werden kann oder von der Gruppe zumindest im Ideal gelehrt wird.

### 4.4.3.1.5 Unfreiwilliger Strafvollzug

Beschämen als Strafe ist üblich in schamorientierten Kulturen. Damit macht man Kinder und Erwachsene gefügig, jeder reagiert recht empfindlich darauf. Diese Strafe ist auch sehr effektiv; sie kommt an, verfehlt ihre Wirkung nicht. Jeder fürchtet diese Art von Beschämung, wodurch andere lächerlich gemacht werden,

### 4.4.3.1.6 Strafe als Racheakt – Mord und Selbstmord als Bestrafung für Beschämer

*Qv.: Kap.2, 2.4.1.1 Kap.3, 2.3.3.4*

Die jüdische Rechtsgrundlage zur Festlegung eines Strafmaßes wird heute noch im modernen Recht umgesetzt – nur wird der Zahn des Geschädigten für den Täter umgerechnet „in Heller und Pfennig", oder in Tagessätze, oder Gefängniseinheiten. Freiheitsentzug wird wertmäßig gegen Wertverluste aufgerechnet. Damit soll einem emotionalen Racheakt mit überhöhtem Schaden für den Täter vorgebeugt werden, was vor der Gesetzgebung in der Bibel durchaus gängige Praxis auch im Umfeld von Israel war.

In der gegenwärtigen Auseinandersetzung zwischen Israel und seinen Nachbarn wird diese „Gleichberechtigung" der Strafe überschritten, auf beiden Seiten. Dadurch eskaliert der Konflikt. In vielen Kulturen ist eine solche Überhöhung der Strafe heute noch üblich. In Ländern, in denen das islamische Scharia-Recht angewendet wird, wird dem Dieb die Hand abgehackt. Physische Verstümmelung steht auch für psychische Verletzung. Eine Frau, die durch Verletzung des Verhaltenskodex Ehrverlust für den Mann oder die Männer der Familie (Brüder, Vater, Onkel) verursacht, kann umgebracht werden.

„Ehre um Ehre, Schande um Schande" gilt in schamorientierten Kulturen. Wenn die Religion diese Haltung stützt, ist eine Überhöhung der Strafe nicht auszuschließen. Als Überhöhung empfinden das allerdings nur westliche, schuldorientierte Beobachter. Der Wert der Ehre wird dort jedoch viel höher eingestuft als bei uns. Für sie ist das – nach unserem Sprachgebrauch – „gerecht", die Strafe ist „gerechtfertigt"; d.h. in diesen Kulturen wird das so als richtig empfunden.

Gegenseitige Herausforderungen, auch zwischengeschlechtlich, geschehen durch kleine und größere beschämende „Neckereien". Wenn man dem anderen einen kleinen Denkzettel geben oder ihn daran erinnern will, dass man um seine Vergehen weiß, um ihn zum Schweigen zu bringen oder um ihn zu dämpfen, wenn er allzu vorlaut ist, – dafür sind gezielte Beschämungen effektiv. Das Maß muss stimmen – sonst holt der andere zum Gegenschlag aus. Will man jemanden „mundtot" machen, sind die Möglichkeiten unbegrenzt.

Auch im schuldorientierten Bereich sind diese Methoden bekannt: in der Politik, bei den Medien, am Stammtisch, im Betrieb. Mobbing wird vielfach auf diese Weise betrieben, indem man die Ehre untergräbt.

### 4.4.3.1.6.1 Mord

**Beispiel 36**

Es ist schon einige Jahre her: Ein türkischer Vater in Deutschland lädt seine jung erwachsenen Kinder unter dem Vorwand zu einer Fahrt ein, er habe ein Grundstück am Bodensee gekauft und wolle es mit ihnen besichtigen. Unterwegs auf einem einsamen Autobahnparkplatz schickt er den Sohn als Wache zur Einfahrt. Er setzt sich zu seiner Tochter auf den Rücksitz und erdrosselt sie mit eigenen Händen. Sie hatte sich der deutschen Kultur in Kleidung und Verhalten angepasst und damit der Familie Schande bereitet. Bei der Gerichtsverhandlung vor einem deutschen Richter zeigte er keine Reue. Im Gegenteil: „In der Türkei wäre ich dafür gelobt worden."

Ein Mensch kann „nach bestem Wissen und Gewissen" nach seinem Ehrempfinden handeln, das völlig anderen Maßstäben unterworfen ist als das deutsche Recht. Die Wertung der Tat ist kulturell völlig unterschiedlich eingestuft: Hier wurde er wegen Mordes verurteilt, dort hatte er dagegen seine Schande von sich abgewendet – eine löbliche Tat. In seiner Heimat wäre das kein Mord, sondern Verantwortungsbewusstsein, wodurch die Ehre der Familie wieder hergestellt wurde. Deshalb empfand er vermutlich wenig Mitgefühl seiner Tochter gegenüber. Das Urteil musste für ihn völlig „unrecht" sein. Eine Abschiebung in seine Heimat wäre für ihn eine Befreiung gewesen.

**Beispiel 37**

In den dreißiger Jahren erdreisteten sich junge Männer im Hochland von Neuguinea, sich gegen ihre Häuptlinge aufzulehnen: Sie wagten, sich aufrecht vor die sitzenden angesehenen Männer zu stellen und von ihnen zu erwarten, ihnen zuzuhören. Die alten Männer hatten eben beraten, den weißen Fremden ein angemessenes Geschenk zu geben – jeder ein großes Schwein – und sie damit zu veranlassen, ihr Land wieder zu verlassen. Die jungen Männer dagegen hatten verstanden, was die Missionare ihnen erklärt hatten. Die Häuptlinge hatten schon nach ihrem Speer gegriffen, den sie immer neben sich in den Boden steckten, wenn sie sich setzten. Der Sprecher der jungen Männer machte seine Brust frei und deutete darauf: „Allein dass ich wage, mich vor Euch zu stellen, berechtigt Euch, den Speer zu nehmen und in meine Brust zu schleudern. Ihr könnt den Missionar fortschicken. Aber sein Gott bleibt hier. Er sitzt uns schon auf der Stirn." Die Häuptlinge ließen die Speere sinken. Hätten sie die jungen Männer umgebracht, wäre ihnen keine Jagd und kein Krieg mehr möglich gewesen. Sie waren auf ihre junge Mannschaft angewiesen.

Ein anderer Häuptling, der sich viel mit dem Missionar Vicedom unterhalten hatte, erklärte ihnen den Zusammenhang. Sie hatten die Wahl, entweder die jungen Männer zu verlieren, die eine neue Gruppe bilden würden, oder sich mit dem Evangelium auseinander zu setzen, es anzunehmen und Häuptlinge der Männer zu bleiben. Jetzt konnte Vicedom auch ihnen die christliche Religion erklären. Zwei Jahre später leiteten neun Häuptlinge von zehn eine Bewegung ein, die das ganze Hochland erfasste.[25]

Der junge Mann war sich durchaus bewusst, dass ihn die Strafe für den Prestigeverlust, den er den Chiefs zufügte, das Leben kosten konnte: Die neue Botschaft der möglichen totalen Gewissensentlastung war ihm das wert. Die Kohäsion ihrer Stämme zu erhalten, war für die Häuptlinge schließlich eine Motivation, sich mit der „Sache" zu befassen. Sie wurden belohnt, das Motiv ihrer Annahme des christlichen Glaubens war schließlich

---

[25] Klaus W. Müller, *Georg Vicedom as Missionary and Peacemaker. His Missionary Practice in New Guinea.* World Mission Scripts 6. Neuendettelsau: Erlanger Verlag für Mission und Ökumene, 2003. S.227ff.

nicht mehr, den Verlust der jungen Männer abzuwenden, sondern ihre eigene Überzeugung, worin sie ihrer jungen Generation ein überzeugendes Vorbild wurden.

### 4.4.3.1.6.2 Selbstmord

In einer schamorientierten Kultur ist Selbstmord ein bewusster, zerstörerischer Eingriff in die Gemeinschaft – die Kohäsion wird aufgerissen, die Gruppe der Gefahr ausgesetzt, wenn auch nur temporär. Man entzieht sich bewusst der Gemeinschaft, um diese zu bestrafen. Das wird als tiefe, beabsichtigte, effektive Beschämung empfunden, vor sich selbst und vor anderen Gruppen.

Das ist die Umkehrung von Ausschluss aus der Gruppe mit dem Ziel des langsamen Todes bei den Surui-Indianern Nordbrasiliens. Dort wird der Täter von der Gruppe bestraft, hier die Gruppe vom Täter. Selbst in schuldorientierten Kulturen geht ein solcher „Fall" nicht spurlos an Familie und Verwandtschaft vorbei, obwohl der Grund für den Selbstmord völlig anders ist.

**Beispiel 38**

Auf den Chuuk-Inseln möchte ein jugendlicher Sohn „einen Dollar" von seinem Vater haben, um mit seinen Freunden „fröhlich" zu sein. Der Vater weiß, dass das nicht nur bei einem Dollar bleiben wird und dass der Sohn als Folge dieses *Fröhlichseins* „stockbesoffen" sein wird – mit allen sozialen Konsequenzen. Er verweigert seinem Sohn das Geld, er will ihn vor unangenehmen Folgen bewahren – und sich selbst vor der Schande, die daraus resultieren würde. Der Sohn fühlt sich seinerseits beschämt, da er nicht mit seinen Freunden mithalten und noch nicht einmal einen Beitrag zu ihrer Gemeinschaft leisten kann. Er droht seinem Vater an: „Du wirst mehr als nur einen Dollar für mich bezahlen!" – Wenig später findet man ihn im Wald, erhängt.[26]

*Sakaw* bedeutet in der Chuuk-Sprache „alkoholische Getränke", „Alkohol trinken" und „betrunken sein". Die Kultur versteht unter *sakaw* demnach: Man trinkt Alkohol nur in der Gruppe und nur um betrunken zu sein, vorher hört man nicht auf. Sprache und Kultur haben ein System für diese Gewissensreaktion: Der Sohn hat seinen Vater *mwún* gemacht, das Verhaltensmuster wird mit *amwúnúmwún* bezeichnet.

Der junge Mann im Beispiel empfand sich von seinem Vater tief beschämt. Er konnte sich nicht mehr anders von seiner Schande befreien als diesen noch mehr zu beschämen, dauerhaft: Rache durch Schande. Der Vater sah sich der Öffentlichkeit ausgeliefert mit dem Vorwurf, dass er seinen Sohn in den Tod getrieben hatte, weil er ihm nicht einen Dollar wert gewesen war.

### 4.4.3.1.6.3 Rufmord und Mobbing

Der Rufmord ist eine Art Auslöschung durch Schande – eine Vollstreckung, gegen die der Geschädigte meist wenig Mittel entgegensetzen kann. Der Ruf, der Name und damit das Ansehen, das Gesicht werden einem Menschen durch Gerüchte oder gezielte Falschinformationen dermaßen geschädigt, dass die Sicherung seines sozialen Platzes in der Gesellschaft geschwächt und unmöglich wird. Er traut sich nicht mehr unter die Leute, bekommt einen „Tunnelblick" – wobei sich das gesamte Verhalten und alle Gedanken auf das Gerüchtethema einschränken, wird sozial gehemmt, so dass ihm gewissermaßen „die Luft ausgeht". Rufmord ist ein sozialer Erstickungstod – ein grausamer Racheakt.

Das moderne „Mobbing" ist eine Tötungsstrategie auf dieser Ebene; auch „Stalking" ist vereinzelt schon zum gesellschaftlichen Sport geworden. Bei ersterem wird der Betroffene unbegründet gerügt, beschuldigt, beleidigt, gemieden, isoliert, bis er so unsicher wird,

---

[26] Vgl. Donald Rubinstein, „Social Aspects of Juvenile Delinquency in Micronesia." Conference Report for the Micronesian Seminar and Justice Improvement Commission. Micronesian Area Research Center, May 8-13, 1980. Department of Anthropology, University of Hawaii. Mac Marshall, *Weekend Warriers; Alcohol in a Micronesian Culture*. Palo Alto: Mayfield Publishing Company, 1979.

dass er auch wirklich Fehler macht, z.B. verbal „ausrastet" oder handgreiflich wird.[27] Als einzige Überlebenschance bleibt dem Betroffenen meist nur die Flucht – um in einem anderen sozialen Umfeld neu zu beginnen, wenn das möglich ist. Die psychischen Schäden sind u.U. so gravierend, dass das nicht mehr gelingt. Dieses Verhaltensmuster der modernen westlichen Gesellschaft ist ein Rückfall zum mittelalterlichen Pranger, nimmt dem Menschen die Würde und ist ein Zeichen der Gesellschaftsveränderung hin zur Schamorientierung. Nicht immer liegen Rachegedanken zugrunde; z.B. ist es auch die Angst, die Arbeitsstelle zu verlieren – anstelle des Kollegen.

Interessant ist die Beobachtung, dass schamorientierte Menschen auch sehr hart und unbarmherzig bestrafen können durch Beschämung: Sie wissen, was wirklich weh tut.

### These 87

**Sünde ist, jemanden zu beschämen. Strafe ist Beschämung dessen, der Schande zugefügt hat.**

#### 4.4.3.1.7   Strafzwang

Wiederholt gingen wir in unseren Überlegungen davon aus, dass ein Staat oder eine ethnische Gruppe sich nicht leisten können, keine Strafe zu verhängen. „Strafe muss sein" ist sprichwörtlich geworden.

Wenn ein Fall noch nie vorgekommen ist, aber eine Wiederholung auf jeden Fall abgeschreckt werden soll, wird ein „Exempel statuiert". So etwa ist das krasse Urteil über Achan (Josua 7) und in dem Fall Hananias und Saphiras (Apg.5) zu verstehen.

Das ist auch notwendig, wenn eine Strafe nicht mehr die beabsichtigte Wirkung zeigt. Mit dem Strafmaß wird der Wert der Norm angehoben, wie. z.B. bei Geschwindigkeitsübertretungen. Auch Ideologien und Religionen bringen eine neue Strafordnung mit sich, die auf neuen Werten basiert. So wurde im sog. Dritten Reich eine Kritik an der überhöhten Betonung des Deutschtums als Volksverhetzung bestraft. Andererseits drückt die Kritik an der Geschichte das Strafmaß und lässt Zügel locker, wo klare Richtlinien nötig wären, wie z.B. die freie Meinungsäußerung, die dann wieder zur Beleidigung ausarten kann.

Eine Straftat kann man notfalls vertuschen, indem nicht alle Fakten betrachtet oder Beweise vorenthalten werden. Deren Wert kann man herunterhandeln und andere verstärken. Man kann andere Menschen mit hineinziehen, die nur mittelbar mit der Situation zu tun haben; der Geschädigte kann seinerseits beschämt oder beschuldigt werden, um die eigentliche Straftat zu relativieren.[28]

Der Strafzwang ist abhängig von der Einstellung der Autoritäten zum Gesetz, zur Gesellschaft und zu den vorherrschenden Werten. Umgekehrt wird der Zwang der Strafe verstärkt, wenn Autoritäten Wert und Strafmaß gegenseitig abwägen und am Ausmaß der Konsequenzen für Staat und Gesellschaft messen.

Umstände wie eine fehlerhafte Erziehung oder zerrüttete Familienverhältnisse werden heute zunehmend „ent-schuldigend" bzw. „ent-schämend" als Entlastung vorgebracht. Eine Gesellschaft ist und wird schamorientiert, wenn schamorientierte Be- und Entlastungen gelten.

---

[27] Volker und Martina Kessler, *Die Machtfalle. Machtmenschen in der Gemeinde.* Gießen/Basel: Brunnen, 2004³.

[28] Aus eigener Erfahrung beobachtet bei einer Gerichtsverhandlung im November 2004 in Walsrode, als der Verteidiger versuchte, mich als Kläger zu beschuldigen und zu beschämen. Anschließend brüstete er sich im Treppenhaus damit, dass es ihm gelungen sei, seinen Mandanten zu verteidigen.

#### 4.4.3.1.8    Strafe als Entlastung?

Bei der Schuldorientierung kann davon ausgegangen werden, dass mit Abbüßung der Strafe auch die Entlastung geschehen ist. Wenn die „Punkte" in Flensburg „gelöscht" sind, werden sie bei neuer „Punktesammlung" nicht mehr mitgezählt.

Bei Schamorientierung kann die Entlastung zwar zugesichert werden, sie wird aber nicht wirklich nachempfunden. Hier klaffen Norm und Empfinden auseinander. Man kann eine Ordnung durch eine Strafe wieder herstellen, bei Strafzwang bleibt die „Blamage".

**Beispiel 39**

Romalou, der alte Chief von Puluwat, beschwerte sich über die Frechheit der jungen Männer ihm gegenüber, die von der Regierungsoberschule auf ihre Heimatinsel zurückgekehrt waren. Sie hatten dort amerikanisches Recht und neuzeitliche Philosophie kennen gelernt, z.B. dass vor dem Gesetz alle Menschen gleich seien. Nun fehlte ihnen der Respekt vor dem Alter, vor den traditionellen Autoritäten, auch gewissermaßen vor der Geschichte. Er hatte keine „Handhabe" mehr, die Jugend zu Respekt und Ordnung zu zwingen. Früher (damit meinte er die Zeit vor dem amerikanischen Einfluss) hätte er mit solchen „Flegeln" „kurzen Prozess gemacht". Wenn junge Männer z.B. gegen die Anweisungen des Chiefs den frisch gezapften Palmwein fermentieren ließen (was innerhalb eines halben Tages möglich war) und *sakau* waren, wurden sie kurzerhand einen Tag und eine Nacht an Pfosten des Inselversammlungshauses angebunden. Da sich das schnell herumsprach und sowieso die meisten auf ihrem Weg an ihnen vorbeikamen, waren sie den Blicken, auch denen der jungen Frauen, und den Bemerkungen der Leute ausgesetzt. Romalou versicherte mir, dass das jedem nur ein Mal passierte.

Die Zwangsvollstreckung eines schamorientierten Urteils hat auch in Europa Geschichte.

**Beispiel 40**

Heute noch sind an traditionellen Marktplätzen, Stadtmauern oder Rathäusern Ringe zu finden, an die im Mittelalter einen Tag lang diejenigen angebunden wurden, die sich etwas „zu Schulden kommen ließen": Sie wurden „an den Pranger gestellt". Der Bäcker hatte zu kleine Brötchen gebacken, der Kaufmann ein zu leichtes Gewicht für die Waage, der Küfer ein falsches Maß oder der Zimmermann eine zu lange „Elle" verwendet. Der Grund ihrer Strafe baumelte auf einem Schild geschrieben von ihrem Hals. Der „Pranger", als freistehender Pfosten auch „Schandpfahl" genannt, schaffte Ordnung im Geschäftswesen. Streitsüchtige Frauen wurden – wie Kühe – in ein Doppeljoch gespannt, worin sie stundenlang den anderen Marktfrauen und der ganzen Stadt ausgesetzt waren. Jeder, auch Kinder, konnte die Leute am Pranger beschimpfen und sich über sie lustig machen. Es konnte sich auch zeitlebens jeder merken, wer schon mal „am Pranger gestanden" hatte. Man erzählte sich das noch Generationen später, und die Familien und Nachkommen der Geschändeten fühlten den Spott. Die sprichwörtliche Ausdrucksweise „anprangern" oder „an den Pranger stellen" hat sich bis heute erhalten.

Diese Art Bestrafung durch öffentliche Bloßstellung wurde vor kurzem in den USA wieder eingeführt: Die Täter mussten eine bestimmte Anzahl von Stunden vor dem Gerichtsgebäude auf- und abgehen. Um den Hals hatten sie ein großes Schild mit der Aufschrift: „Ich habe im Supermarkt gestohlen!"[29]

Die Todesstrafe durch den Galgen, auch Schandpfahl genannt, galt – unabhängig von der Straftat selbst – als ein schändlicher Tod. Der „Galgenberg" war meist weit weg vom Dorf. Die Kreuzigung von Jesus Christus war neben dem qualvollstem Tod zusätzlich noch der schändlichste Tod, auch weil die Verurteilten völlig nackt an das Kreuz genagelt wurden. Zudem war dieser Hinrichtungsplatz außerhalb der Mauern Jerusalems – sinnbildlich außerhalb der engen jüdischen Solidargemeinschaft; der Gekreuzigte war ausgestoßen. Mehr Schande konnte man einem Menschen nicht zufügen.

---

[29] ZDF, 8.?April 2004.

Menschenunwürdige Behandlung im Gefängnis zermürbt den Straftäter seelisch. Ein Mensch, dem die Ehre permanent geraubt wird, stirbt langsam.

In Deutschland war der Pranger seit etwa 1400 allgemein verbreitet und wurde im 19.Jh. abgeschafft: Die Würde des Menschen wurde dabei mit Füßen getreten. Aus diesem Grund wurde auch der Galgen als Todesstrafe aus der Öffentlichkeit genommen. Nur in extrem-patriotischen und absoluten Herrschaftssystemen (national-sozialistisch) werden Todesstrafen (auch in jüngerer Vergangenheit) öffentlich vollzogen.[30]

Wenn die Strafe eine bleibende Belastung für den Delinquenten darstellt, auch über seinen Tod hinaus, ist seine Würde nicht mehr gewährleistet. Wird dies beabsichtigt, ist die Strafe ultimativ – auch nach dem Vollzug nicht mehr entlastend, da auch die Nachkommen weiterhin unter dem Ruf leiden. Die Strafe wird auf mehrere Menschen, auch unschuldige, übertragen. Nur Verschweigen und Vergessen sichert eine allmähliche Entlastung.

### 4.4.3.1.9   Re-Integration

Bei Schuldorientierung ist die Reintegration in das soziale Leben rein rechtlich einigermaßen garantiert. Es ist eher als ein Akt der Barmherzigkeit zu werten, wenn ein Gefangener nach der Freilassung an einem anderen Ort wieder Arbeit suchte – oder wenn ein Beamter, ein Arbeiter oder Diensthabender an einen anderen Ort „versetzt" wurde. Allein die Heimat verlassen zu müssen, um der Schande der Erinnerung durch andere zu entgehen, war schon Strafe – und Schande genug. Manchmal reichte diese „Strafversetzung" vollkommen aus.

**Beispiel 41**

Japanische Offiziere, die sich nicht bewährten oder sich einer Straftat schuldig machten, wurden als Bewacher in Gefangenenlagern eingesetzt. Sie hatten keine Chance mehr, sich durch Leistung zu bewähren oder wieder zu Ehre zu kommen. Oft genug wurden sie schon durch diese Demütigung zu grausamen, „schändlichen" Soldaten, die ihre verletzten Gefühle Gefangene schmerzhaft spüren ließen.[31]

Die Wege der Integration sind zwar meist strukturell vorhanden, sie greifen jedoch höchstens in schuldorientierten, kaum je bei schamorientierten Menschen. Die Bestraften – die beschämten Straftäter – haben sich zwar in der Folgezeit „richtig" verhalten. Sie korrigierten die Maße; aber sie mussten sich wahrscheinlich immer wieder Kontrollen unterziehen. Die Leute sind vorsichtig geworden ihnen gegenüber: „Wer einmal lügt, dem glaubt man nicht, und wenn er gleich die Wahrheit spricht", gilt im Volksmund. Mit solcher fortwährenden belastenden Schande mussten die Betroffenen leben. Manche wurden ihres Lebens nicht mehr froh.

*Qv.*: Todesstrafe bei den Surui-Indianern. Kap. 8; 8.2

Bei Ehrverletzungen muss die Ehre der Gemeinschaft und der Beteiligten wieder nahtlos hergestellt werden. Weniger Rücksicht wird dabei auf den Täter genommen. Er bleibt Störenfried, er muss sich sehr unauffällig verhalten. Je nach seiner sozialen Stellung wird ein solches Verhalten als Probezeit angenommen oder nicht.

Die Betroffenen werden die beschämende Demütigung durch die Strafe nie vergessen; selbst wenn sie das „Unrecht" einsehen und nicht wiederholen. Auch wenn sich das soziale Umfeld beruhigt.

### These 88

**Strafen unter Zwangsvollzug hinterlassen immer einen tiefen Stachel in der Seele schamorientierter Menschen.**

---

[30] Althochdeutsch *galgo* für Stange, Pfahl. Der Galgen wurde mit dem Strafgesetzbuch 1871 im Deutschen Reich durch die Enthauptung abgelöst. Meyers Großes Taschenlexikon.

[31] Z.B. dargestellt im Film „Die Brücke am Kwai", der eine Geschichte im Zweiten Weltkrieg nachspielt.

#### 4.4.3.1.10 Wirksame soziale Kontrolle (und Auswirkungen)

Ordnung herzustellen ist eine Sache, die Motivation der Menschen für die Ordnung eine andere. In der DDR und in anderen kommunistischen Staaten herrschte Ordnung. Randalierende Jugendliche und Rowdys hatten keine Chance. Auch im sog. Dritten Reich herrschte eine Ordnung. Wenn diese unter Zwang und Druck, durch Informelle Mitarbeiter und andere Spitzel aufrechterhalten wird, wirkt sich das auf die Gesellschaft aus wie ein depressiver Teppich, der über das Volk ausgebreitet wird. Man lernt damit oder darunter zu leben. Das Leben funktioniert. Aber beim Menschen bleiben wesentliche Bedürfnisse offen, was sich auf die seelische Gesundheit, Stabilität und Leistungsfähigkeit auswirkt.

Solange das Gewissen noch eine Belastung zeigt, ist noch nicht alles verloren. Wenn die Reaktionen nachlassen, kann das Gewissen einerseits unter Druck aufgebaut werden: Das ist Manipulation oder Gehirnwäsche. Besser ist die Stärkung der sozial wirksamen, die Abwertung der unbrauchbaren Elemente und die Einübung von fehlenden Normen. Das soll uns im nächsten Kapitel beschäftigen.

#### 4.4.3.1.11 Gewissensfrieden – Ziel und Zweck des Gewissens

Ob und wie eine Strafe das Gewissen verändert, stärkt und auf die Normen der Kultur eingestellt wird, hängt davon ab, wie die Strafe erlebt wird. Das Gewissen soll zur Ruhe kommen, nicht weil es in Ruhe gelassen wird, sondern weil es sich selbst aufgrund der Normen und der Autorität Friede signalisieren kann. Nur wenn diese Veränderung als Neueinstellung des Gewissens in allen sozialen Zusammenhängen gelungen ist, kann man von einem Erfolg der Straftherapie sprechen.

#### 4.4.3.2    Versagen der Entlastung

Kann die soziale Kontrolle immer durchgesetzt und erwartet werden – um jeden Preis? Diese Frage wird akut, wenn Straftäter kurz nach ihrer Bewährungsentlassung in die alte Spur zurückfallen.

Wenn das Gewissen gebrochen oder überbelastet wird, wenn es dauerhaft einem bestimmten Stress ausgesetzt ist, kann es krankhafte Züge annehmen. Wenn in Kindheit und in jungen Jahren, solange das Gewissen formbar ist, versäumt wurde, Normen und das Empfinden für Autorität und Verbindlichkeit der Gesellschaft gegenüber zu lehren, bleiben irreparable Schäden, Defizite und Reaktionen. Nicht nur muss das Gewissen der Person jede Entlastung versagen, es kann schon kein Bedürfnis danach entstehen. Nur ein nicht geprägtes Gewissen versagt. Dafür trägt tatsächlich die Gesellschaft die Verantwortung, die dem Gewissen weder Norm noch Autorität sein wollte. Die Gesellschaft versagt, wenn das Gewissen einer gewissen Mehrheit ihrer Mitglieder versagt – keine adäquaten Reaktionen mehr zeigt, die zum dauerhaften Überleben notwendig ist, wenn Menschen keine Entlastung gewähren, weil nichts mehr „Sünde" ist.

Eine Erziehung von Jugendlichen nach Maßstäben einer gesunden Sozialstruktur, bei denen die Grundlagen für ein normal funktionierendes Gewissen fehlen, muss fehlschlagen. Das Gewissen muss versagen, da es nicht für die Sozialstruktur „gebaut" ist, in der es das Leben üben soll. Dafür sind tiefer greifende Maßnahmen notwendig, die ein großes Maß an Freiwilligkeit voraussetzen.

#### 4.4.3.2.1.1 Strafe ist Belastungsverstärker für Schamempfinden

Strafzwang bewirkt bei schamorientierten Menschen immer eine Verstärkung der Gewissensbelastung und damit des Schamempfindens. Der freiwillige Vollzug der Strafe lässt der Person noch einen gewissen Empfindungs-Spielraum, der hier vollends entfällt.

**Beispiel 42**

> In den 70er Jahren fuhr ein deutsches Schiff die Routen durch Mikronesien. Die Reederei hielt den Kapitän an, billigere Arbeitskräfte von den Inseln anzuheuern. Die deutschen Matrosen flogen in die Heimat, sobald sie ersetzbar waren. Die mikronesischen

Mitarbeiter genossen die gleichen Rechte und Pflichten wie ihre deutschen Kollegen. Schon nach wenigen Tagen waren sie betrunken. Der Kapitän erlaubte ihnen nur 1 Bier am Tag – nach Feierabend. Das empfanden die Insulaner als Bevormundung, als Beleidigung, da man sie wie Kinder behandelte. Zudem hatten sie, wie weiter oben schon erklärt, eine andere Einstellung zum Alkohol. Sie meuterten gegen den Kapitän. Das ist an Bord eines Schiffes, wo alle eine unverzichtbare Solidargemeinschaft bilden, ein Verbrechen, da sie das Leben auf dem Schiff und das Schiff selbst in Gefahr bringen. Kurzerhand wurden sie im nächsten Hafen allesamt ausgemustert.

**Beispiel 43**

Eine Strafe im Gefängnis zu verbüßen, in dem man nicht arbeiten muss, die Behandlung menschenwürdig ist und man genügend zu essen bekommt, ist für manche schamorientierte Straftäter gut auszuhalten, sogar angenehm. Sie sind der Gesellschaft entzogen. Niemand aus ihrer Gruppe sieht sie, und sie sehen niemanden, außer ihre Bewacher und Genossen. Bringt man sie jedoch in ihren Sträflingsanzügen in die Öffentlichkeit und lässt sie Müll sammeln oder Straßen kehren, dazu noch in ihrer eigenen Stadt, empfinden sie das als unter ihrer menschlichen Würde – eine totale Beschämung. Die Fluchtrichtung wird eher zum Gefängnis sein als unter die Leute, da sie durch ihre Kleidung „gebrandmarkt" sind. Sind solche Methoden beabsichtigt und werden provoziert, können die seelischen Schäden beim Straftäter unter Umständen größer sein als der Erziehungseffekt.

Die Einengung des Gewissens bedeutet durch seine Beschaffenheit, dass weder Empfindungen noch Beziehungen zu Autorität und Gruppe, Reaktionen auf Normen und sämtliche Mechanismen keine eigene Bewegungsfreiheit haben. Das kann beabsichtigt sein, wird den Menschen aber nicht vorbereiten für ein Leben, in dem diese Freiheit innerhalb des sozialen Rahmens gelebt werden soll. Das bedeutet Blinde nach Kompasskurs marschieren zu lassen, einem Konzertdirigenten die Ohren zu verstopfen, einem Spürhund die Verwendung seiner Nase zu verweigern.

### 4.4.3.2.1.2 Bleibende Belastung: Entziehung nach Zeit und Raum

Es ist deutlich geworden:

Sich der sozialen Gemeinschaft nach Zeit und Raum zu entziehen ist eine Strategie des schamorientierten Gewissens unter Belastung

Wenn ein Computer nicht mehr weiß, wie er reagieren soll, bleibt er „hängen", oder er „hängt sich auf" – dann geht nichts mehr. In dieses Stadium gerät auch ein schamorientiertes Gewissen; es ist häufiger der Gefahr ausgesetzt, an das Ende seiner Reaktionsfähigkeit zu geraten.

Der Mensch kann dann nicht mehr aufschauen, er will niemanden ansehen, sondern nur noch in ein Mauseloch verschwinden. Er wird so bald wie möglich die Flucht ergreifen, bei nächster Gelegenheit weg – um viel Entfernung zwischen sich und den Ort der Schande zu bringen.

Die schwerste aller Belastungen ist ein gravierender Eingriff in die Persönlichkeit, ein gewaltsamer Strafvollzug als Entlastungsmechanismus. Die angestrebte Entlastung ist so kaum möglich.

### 4.4.3.2.1.3 Tod als Ausweg

Wie schon erwähnt: Auch bei schamorientierten Menschen kann die letzte Flucht in den Tod sein. Alle Auswege sind zu, die sozialen Lebensmöglichkeiten entzogen, keine Luft bleibt mehr zum Atmen.

*Qv.*: Strafe als Racheakt. Kap. 3; 2.3.3.4; u.öfter.

**Beispiel 44**

Ein Nachbar, promovierter Chemiker, hatte es sich durch seine arrogante Macho-Allüren gründlich mit seiner Frau verdorben. Während er auf Geschäftsreise war, zog sie mit den Kindern aus. Sie hatte das lange gründlich vorbereitet. Beruflich ging es bei ihm bergab, er erhielt weder Status noch Stellung, die er sich wünschte. Er bunkerte sich in seiner Wohnung ein, ließ die Rollläden unten und riegelte sich von der Außenwelt hermetisch ab. Nach einigen Wochen wagte ich, ihn anzurufen und war erstaunt, einen gesprächsbereiten, kollegialen Mann zu sprechen. Wir entwickelten in kurzer Zeit eine erfolgreiche Gesprächstherapie. Die Verhandlung mit der Ehefrau kam in Gang. Er war zu allen Zugeständnissen bereit, bis zu einem bestimmten Punkt: Sie erwartete von ihm eine längere psychotherapeutische Behandlung durch einen Fachmann. Erst wenn diese Frucht zeigen sollte, wollte sie sich überlegen, wieder zurück zu kommen. Mein Nachbar erlitt einen tiefen seelischen Rückfall. Er konnte sich nicht dazu durchringen, sich einzugestehen, dass er die Hilfe eines Psychologen brauche. Alle Versuche, ihm den großen Wert seiner Familie dagegen aufzuzeigen, blieben erfolglos. Es war als Akademiker in hoher Stellung unter seiner Würde, psychologische Hilfe annehmen zu müssen. Als ich von einer Tagung zurückkam, alarmierten mich die anderen Nachbarn. Er war nicht zu den Mahlzeiten erschienen. Die Haustür war abgeschlossen, der Schlüssel steckte innen. Schließlich kam die Polizei mit Hilfe eines Handwerkers ins Haus. – Als der Beamte den Strick abschnitt, fiel mir mein toter Nachbar in die Arme.

Das empfindsame Ehr- und Schamgefühl des Gewissens hat einerseits in der Beziehungsorientierung in der Gruppe seinen starken Rückhalt, wird völlig kraftlos, wenn diese Beziehung bricht.

# 4.5 Wert der Vergebung und Versöhnung

Bisher betrachteten wir hauptsächlich die Seite des Täters. Beim Entlastungsmechanismus sind jedoch immer zwei Seiten beteiligt: Es gibt auch jemanden, der entlasten, also vergeben, muss. Das ist normalerweise der Geschädigte selbst; in schamorientierten Kulturen kann die Vergebung aber auch durch die zuständige Autorität für die betreffende Person oder Situation ausgesprochen werden, „für-vergebend", sozusagen.

## 4.5.1 Vergebung ist Heilung

Vergebung ist wichtig für den inneren Menschen, für die Gesellschaft und für das Gewissen; die Entlastung darf ihm nicht verwehrt bleiben. Das ist ein Prozess, der Zeit und Kraft in Anspruch nimmt. Der Ausgangspunkt dafür ist, dass sich der Geschädigte bewusst wird, dass auch ihm vergeben werden muss – für seine eigenen Fehler, und er sich deren bewusst ist.

Menschliches Zusammenleben gelingt nicht ohne seelische Verletzungen, Ungerechtigkeiten und Beleidigungen. Der gleiche freie Wille des Menschen, sich für eine Normübertretung zu entscheiden, kann sich auch für die Entlastung des anderen, für die Vergebung entscheiden.

Friedrich Nietzsche soll gesagt haben, dass Verzeihen eine Schwäche sei; und Artur Schopenhauer meinte, vergeben und vergessen hieße, kostbare Erfahrungen zum Fenster hinaus zu werfen. Ein überhöhtes Selbstbewusstsein, das vor allem im Westen durch die Aufklärung und Philosophie entstand, lässt Menschen unnachgiebig auf ihr Recht „pochen" und auf ihrer Ehre beharren. Besonders in den vergangenen Jahrzehnten ist in Deutschland die Beachtung der Ehre des Menschen wieder mehr in den Vordergrund gerückt.

Mt.18,22    Nicht zu vergeben ist genauso belastend wie nicht vergeben zu bekommen. Menschen können wieder ruhiger schlafen, wenn ihnen vergeben wurde, und die Vergebenden sind vitaler, ausgeglichener und vielleicht glücklicher, wenn sie eine Beleidigung vergeben haben. Das wirkt sich psycho-somatisch positiv aus.[32] Auf Verlu-

---

[32] Wolfgang Kappler, „Drei Worte, die gesund machen: ‚Ich verzeihe Dir!'" Giessener Allgemeine, 16.8.2005.

ste und Verletzungen, Kränkungen des Selbstwertgefühls reagiert man nicht immer leicht mit Gelassenheit und Souveränität. Es ist ein gewisses Machtgefühl, den anderen „am Haken zu halten". Der Drang nach Rache ist oft viel stärker und in manchen Kulturen sogar gesetzlich und religiös gefordert. Dadurch werden Menschen also Folge selbst zu Täter und Opfer. Durch ein Rachesystem fügt man sich selbst Schmerzen zu, denn die nächste Runde trifft den Rächer. Diese Eskalation muss unterbrochen werden – wenn es kein kulturelles Verhaltensmuster dafür gibt, sollte ein religiöses in Kraft treten: So ist z.B. das Gebot des Neuen Testaments zu verstehen, dass Christen „sieben mal siebzig-mal" vergeben sollen.

Eine Gesellschaft, die Vergebung nicht verlangt, erwartet, zulässt, praktiziert und dazu erzieht, wird kalt und schwach, empfindlich und emotionslos. Sie unterdrückt, überlagert, verdrängt, wird fatalistisch und beziehungsunfähig. Sie nimmt ihren Mitgliedern letztlich die Elemente, die zur Entlastung notwendig sind. Deshalb ist ein funktionierendes Gewissen mit solchen Normen der Vergebung für Kultur und Gesellschaft notwendig; das sollte ein unverzichtbarer Beitrag der Religion zur Strategie zum Überleben sein.

## 4.5.2   Rationale und emotionale Schritte zur Entlastung

Der Entlastungsmechanismus kann gelernt, bewusst eingeleitet und durchgeführt werden. Hier ist zu prüfen, welche kulturellen, soziologischen und religiösen Hilfestellungen vorliegen. Die einzelnen Schritte können dementsprechend auch ausgetauscht oder deren Reihenfolge verändert werden. Wichtig ist, dass der Prozess eingeleitet und bis zum Ziel weitestgehend vollzogen wird. Der Maßstab ist eine vollständige, vollkommene Vergebung aller am Konflikt Beteiligten ohne Rückstände.

1. Der Wille, die Entscheidung dafür, letztlich die Aufforderung dazu, stehen am Anfang. Damit muss man noch nicht vergeben können, aber wollen. Das Ziel wird festgelegt, am besten unter Zeugen.

2. Sich über alle Zusammenhänge klar werden, auch aus der Sicht anderer, sowie auch deren Argumente aushalten, ist ein weiterer Schritt. Der eigene Schmerz darf beschrieben und auch gerechtfertigt werden. Dabei gelten alle Empfindungen gleichwertig mit Sachverhalten.

3. Die Unsinnigkeit einer Eskalation und die destruktiven Auswirkungen von Rache können jetzt konsequent durchgespielt und die Kosten von seelischer Kraft, Zeit und materiellen Werten hochgerechnet werden.

4. Gesprächspartner, die keine Eskalation der Gefühle zulassen, sondern das Gespräch therapeutisch immer wieder auf das Ziel lenken, sind jetzt unerlässlich. Verarbeiten heißt, darüber reden. Wer alles in sich „hineinfrisst", streut Salz in die Wunden.

5. Das Bewusstsein dafür zu stärken, dass man anderen auch Schmerzen zugefügt hat, lässt Barmherzigkeit wachsen.

6. Es entsteht der Wille, verzeihen zu wollen, ohne den eigenen Schmerz verleugnen zu müssen. Dieses bewusste, gewollt eingeleitete und durchlittene Erleben ist ein unschätzbarer Gewinn für das eigene Leben und für andere. Vergebung ist keine Schwäche, sondern ein Kraftakt; sie ist nicht Verlust von Erfahrungen, sondern führt zur emotionalen Stabilität.

7. Einen Ausweg aus dem emotionalen Gefängnis suchen, auch nur kleinste Fenster wahrnehmen und sie nachhaltig offen halten, ist eine wichtige Entlastungsarbeit. Sich

---

In den USA sollen Studien nachgewiesen haben, dass Verzeihen den Blutdruck senkt, Rückenschmerzen lindert und vor chronischen Schmerzen bewahrt, Übergewicht und Stresshormone senkt, Kopfschmerzen und Schwindel reduziert, Heilung von Wirbelsäulenproblemen begünstigt, Schlaflosigkeit beseitigt und zerstrittene Ehen kittet. – Wenn das in dieser Breitenwirkung auch pseudowissenschaftlich klingt, sind einzelne Ansätze dafür durchaus ernst zu nehmen.

selbst wieder etwas Gutes tun und sich nicht dem verweigern, was früher Freude gemacht hat.

8. Der Schmerz hat meist einen Namen. Dieser sollte ausgesprochen werden; dabei lässt sich beobachten, ob der damit verbundene Schmerz langsam nachlässt.

9. Psycho-somatische Zusammenhänge erkennen lernen: Wenn nötig, sollte man auch Psychopharmaka vorübergehend in Anspruch nehmen. Durch sportliche Tätigkeiten und medizinische „Check-ups" sollten Körper und Seele unter (Fremd-)Beobachtung und -Kontrolle stehen.

10. Rückfälle dürfen zugelassen werden: Jedoch sollte man das Stadium feststellen, auf das man zurückgefallen ist, und von dort wieder neu aufbauen. Vermutlich geht das dann leichter und schneller.

11. Verhältnisse können (schuldorientiert) geklärt werden durch Verzicht auf Sachwerte oder Recht. Beziehungen können (schamorientiert) geheilt werden durch Verzicht auf emotionale Werte oder Rache, z.B. durch die Gegenwerte Vertrauen und Liebe. Im Laufe der Entlastung wird es zunehmend leichter, die beiden Ebenen zu unterscheiden. Vergebung muss auf beiden Ebenen geschehen.

12. Eine vollständige Vergebung ist menschlich oft nicht möglich; selbst nach Jahren spürt man noch den „Stich". Wenn in der Seele etwas gebrochen ist, kann das nicht mehr einfach erneuert werden oder zusammenwachsen wie ein Knochen. Das Maß muss jedoch erträglich werden, vorher darf die Entlastungsarbeit nicht aufhören.

13. Dankbarkeit empfinden lernen für die Entlastung, die man sich selbst willentlich erarbeitet hat, für die Möglichkeit des Verzichts, für die Hilfe anderer, der Religion, des Glaubens, für Medizin. Dankbarkeit zulassen dafür, dass das Leben wieder Sinn macht.

14. Hilfen, die von der Kultur traditionell angeboten werden, können in Anspruch genommen werden. Dabei ist zu prüfen, ob sie den Prozess fördern oder hindern und vor allem, an welchem Punkt sie enden. Dann müssen Elemente von außerhalb in Anspruch genommen werden. Sonst bleiben zu viele menschliche Bedürfnisse übrig und bilden den Nährboden für den nächsten Konflikt.

15. Religiöse Hilfestellung ist meist unerlässlich. Alle Religionen bieten Entlastungsmechanismen an; die meisten erschöpfen sich darin, zu verdrängen, sich üben zu vergessen (überlagern), das Selbstbewusstsein zu stärken, oder schlicht im Fatalismus. Eine absolute Vergebung ermöglicht der christliche Glaube, der die Grundlagen für beide Entlastungsebenen und ein Vorbild bietet. Darauf muss man sich genauso einlassen wie auf andere religiöse Wege oder psychologische Ratschläge, ist also weder utopisch noch wirkungslos.

## 4.6   Versöhnung nach der Art des Häuptlings von Puluwat

Zum Abschluss lasse ich an einer Geschichte teilnehmen – meiner Geschichte; von Romalou, dem Chief von Puluwat, und mir. Zwanzig Jahre habe ich gebraucht, bis ich fähig war, sie aufzuschreiben. In der Erinnerung war sie hellwach geblieben. Darin werden viele Elemente aufgegriffen, die in diesem Kapitel angesprochen wurden.

### 4.6.1   Der gravierende Fehler

Wir hatten als Missionare auf Puluwat unsere neue Heimat gefunden. Die Kirche war sonntags gepackt voll. Die Hitze strahlte von oben durch das Wellblechdach. Die schwü-

**Hinweis:** Für den Zusammenhang vgl. Kap. 8, 19

le, schweißgetränkte Luft füllte in den windstillen Monaten den Innenraum; die mitgebrachten „Saipö", die Fächer aus Kokosblättern geflochten, wirbelten die Luft träge um die Besucher. Hemden und Blusen klebten auf der Haut.

Bald war klar, dass das Gebäude vergrößert werden musste. Ich sollte die Bauleitung übernehmen. Ich nahm meine Verantwortung ernst, besprach die nächsten Schritte mit Romalou und gab klare Anweisungen. Für den Montag war abgemacht, dass zunächst sechs Männer sorgfältig die Fundamente ausheben sollten, nachdem ich sie vermessen hatte. Nicht zu tief durfte man stechen, da dann der sandige Untergrund wieder weicher wurde.

### 4.6.2   Der erste Spatenstich

Dann hörte ich, dass alle Männer aufgerufen wurden zu helfen und ihre Spaten mitzubringen. Helle Begeisterung war ausgebrochen. Jeder wollte den ersten Spatenstich vollziehen.

Ich wusste: Das würde ein Chaos geben. Eine ordentliche Vermessung wäre nicht möglich. Ich stünde unter Druck, und Qualitätskontrolle wäre ausgeschlossen. Ich war sauer. Warum konnten die nicht auf mich hören?

Nach dem Frühstück wäre es für mich Zeit gewesen, zu gehen. Ich blieb. Mein Stolz war gekränkt. Zorn mischte sich darunter. Meine Frau merkte das, mahnte mich zu gehen. Ich blieb. Ich schimpfte. Ich hatte meine Gefühle nicht mehr unter Kontrolle. Unmöglich, diese Leute! Missachtung meiner Autorität und Kompetenz! So kann man doch nicht zusammenarbeiten! So lasse ich nicht mit mir umgehen. Es muss von vorne herein klar sein, wer der Chef ist. Ich muss ein Exempel statuieren. Wenn ich mich jetzt unterkriegen lasse, werde ich manipuliert, dann bin ich deren Handlanger! Nein, nicht mit mir. Ich weiß, was ich will.

Schließlich kam Urak, betont freundlich. Ich hatte mich immer gut mit ihm verstanden und wir waren so gut wie Freunde geworden. „Was ist, kommst du nicht? Wir warten alle." – „Wer, alle?" brummte ich zurück. „Alle Männer der Gemeinde, an die zwanzig oder dreißig, jeder mit Spaten. Wir wissen nur nicht, wo anfangen. Kommst Du?" Ich ließ ihn meinen Unmut spüren: „Hatte ich nicht gesagt, ich wolle nur sechs? Warum könnt Ihr nicht hören?" – Es war, als ducke er sich unter meinen Worten. „Sie wollen alle helfen. Jeder will dabei sein." Der Blick meiner Frau genügte jetzt. Ich musste nachgeben. Ich schickte Urak zur Baustelle, holte mein Werkzeug und trottete langsam hinterher. „Jetzt Rückgrat zeigen!"

Die Wolke über meinem Gesicht zog vor mir her und hatte die Männer längst erreicht, als ich zu ihnen stieß. Einige versuchten, den Prestigeverlust zu überspielen, mich umzustimmen. Es gelang nicht gut. Sie zeigten mir, wo sie schon angefangen hätten. – Das konnte ich gerade noch gebrauchen! Sie wichen zurück, standen in Gruppen zusammen und drehten ihren Spaten in den Händen.

Schließlich stand das Schnurgerüst. Die Größe der Erweiterung war damit abgesteckt. Mit Stichproben bestimmte ich die Tiefe des Fundaments. Urak assistierte mir dabei. Jetzt erst gab ich die Arbeit frei. Dreißig Männer vollzogen den ersten Spatenstich.

Romalou hatte die ganze Zeit unter dem kleinen Dach gestanden, an dessen Pfetten tagsüber die Hemden und die Hosen der Männer hingen, die sich diese beim Kirchgang hier erst überstreiften, um sie nachher wieder abzuhängen. Sonst genügte ihnen das schmale Tuch um ihre Hüften. Sie hatten mit sich selbst beschlossen, in die Kirche „moderne" Kleider anzuziehen – längst bevor die ersten Missionare kamen.

### 4.6.3   Der Gesichtsverlust

Da stand er nun, der alte Häuptling, zwischen den Hosen und den Hemden. Er wirkte unsicher und nervös. Ich hatte mich inzwischen leicht beruhigt, meine Fassung wieder gewonnen. Die praktische Arbeit war dabei hilfreich gewesen. Doch jetzt kam es darauf an, die Grenzen zwischen uns abzustecken. Einige Jungen drängten sich heran, sie bildeten einen Kreis um uns. Die Männer wurden still, arbeiteten jedoch weiter, ohne aufzublicken.

Ohne Umschweife kam ich zur Sache: „Hatte ich nicht gesagt, ich wolle nur sechs Mann!?" Das war mehr Befehl als eine Frage. Romalou trat von einem Bein aufs andere. Ich erwartete keine Antwort. „Wenn ich die Bauleitung habe, dann will ich auch sagen, was geschieht. Und ich erwarte, dass meine Anweisungen befolgt werden."

Ich ließ ihn einfach stehen, den alten Mann. Die Jungen sahen ihn an. Ihre Blicke mussten ihn stechen. Er sagte nichts.

So, das war geschafft. Der Rest der Arbeit – kein Problem.

Ich habe gewonnen.

### 4.6.4   Distanz

Doch Freude hatte ich nicht an dem Triumph.

Ich hielt Distanz zu Romalou. Wir sprachen nur das Nötigste. Noch immer hatte ich meine Gefühle nicht im Griff. Noch immer saß der Groll.

„Du solltest die Sache mit Romalou in Ordnung bringen", wagte meine Frau zu mahnen. Ich wollte nicht.

Das missionarische Tagesgeschäft nahm mich gefangen. Vorbereitungen für Bibelabende, Predigten; Auslegungen schreiben, Einsätze vorbereiten, und Stille Zeit.

Ganz langsam wich der Groll. Er machte einer Hilflosigkeit Platz. Der Stolz, der Eigensinn – ich erkannte ihn jetzt als immer weniger gerechtfertigt. Der Grund meiner Haltung verlor an Festigkeit. Ich merkte, dass eigentlich ich jetzt wieder die Initiative ergreifen sollte.

„Rede doch mit Romalou." Meine Frau litt mehr als ich an dieser Situation. Ich wollte nicht auch noch erinnert werden.

Nach Wochen war ich schließlich weich. Doch jetzt fehlte mir der Mut. Ich hatte ihn blamiert, ihm das Gesicht genommen. Vor seinen Männern, vor den Kindern. Ich hatte mich ihm gegenüber als Boss aufgespielt. Ich hatte mein Recht eingefordert, meine Autorität. Ich war arrogant.

Soll ich zu ihm hingehen? Soll ich ihn rufen? Ich war feige. Natürlich konnte ich mir das nicht eingestehen. Also – warten. Vielleicht wächst ja auch Gras darüber.

Ich sortierte meine Empfindungen. Natürlich war ich im Recht. Doch wie hatte ich es eingefordert? Auf Kosten seiner Ehre. Mein Triumph wurde mir zur Last. Ich habe mein Recht gewonnen – aber die Beziehung zwischen uns zerstört. Ich habe mir Genüge getan – und ihn dabei tief verletzt. Was hatte mich getrieben? Was waren die Motive? Natürlich Recht. Und die klare Trennung von der Schuld. Die Sünde war benannt. Jetzt war die Sache klar. Hat mein Gewissen nicht richtig reagiert? Aber warum ging dabei trotzdem so viel schief . Gibt es vielleicht noch etwas anderes als Recht?

Was ist mit Liebe? Aber das Argument ist doch abgegriffen. Sie deckt nur zu, sie greift nicht auf, sie verdrängt ... Ich wehrte mich gegen diese Gedanken, denn damit – redete ich mir ein – kann man nicht Probleme lösen. Das macht nur mundtot. Die Wahrheit darf nicht schweigen. Man darf sie nicht unterdrücken. Wo kämen wir denn hin? Ich blieb im Kampf mit mir selbst. Ich wusste zwar, dass die Sache in Ordnung kommen musste, aber ich bekam die „Kurve" nicht.

Andererseits wurde mir immer deutlicher, wie gravierend beleidigend mein Verhalten Romalou gegenüber gewesen war. Ich hatte den alten, angesehenen, traditionellen Häuptling wie einen Schuljungen abgekanzelt – vor Kindern, vor seinen ihm untergeordneten Männern. Das war nicht schnell wegzuwischen durch ein „entschuldige bitte" – zumal sich in der Auseinandersetzung das Verständnis von Schuld und Scham diametral gegenüberstanden. Konnte meine „Ent-Schuldigung" seine Schande aufheben? Konnte ihm diese Formulierung seine Ehre wiedergeben?

### 4.6.5    Versöhnung nach Häuptlingsart

Wochen vergingen. Ich weiß nicht, was in Romalou inzwischen vor sich gegangen war. Ich habe ihm nicht viel zugetraut in dieser Sache. Wir hatten ein funktionales Verhältnis zueinander – das Nötigste wurde kurz besprochen.

Dann stand er eines Tages unter meiner Tür. Immer noch sehr ruhig, fast schüchtern. Ich habe zu spät gemerkt, dass er es war, sonst hätte ich vielleicht meine Frau hinausge-schickt. Jetzt war es soweit.

Seine rechte Hand griff tief in die Kiemen eines großen Fisches, der gut einen halben Meter lang bis zum Boden hing. Ich hatte einen solchen noch nie gesehen. Die linke Hand umklammerte einen Stock, auf den er sich stützte. Seine Hand-Knöchel waren weiß vom festen Griff. Er hielt sich krampfhaft fest.

Zunächst schwiegen wir uns an. Dann ergriff er das Wort. Stockend kam ein kurzer Satz, Pause. Dann der zweite.

„Ich erzähle Dir eine Geschichte. Die Geschichte von dem Fisch. Er heißt „Araw", der „Grüne", (oder „Blaue", wenn man so will. Die lokale Sprache hat nur ein Wort zur Be-zeichnung von blau und grün.) Dieser Fisch gehört dem *Hamol*, allein dem Häuptling. Wer ihn auch fängt, darf ihn nicht essen. Er muss ihn mir bringen. Er gehört nur mir. Das ist der Häuptlingsfisch." Jetzt machte er eine Pause. Es fiel ihm offensichtlich schwer, weiter zu reden. „Hier, das ist dein Fisch. Er gehört dir." Und, als ob er ahnte, dass ich schwer von Begriff war, fügte er hinzu: „Wer den Fisch isst, der ist ein Häuptling, der ist in meinem Rang, der ist mir gleich. Hier, das ist jetzt dein Araw."

Dann hielt ich ihn in meiner Hand. Der Fisch war schwer. Ich brachte kein Wort über meine Lippen. Wir sahen uns in die Augen. Nur mit Mühe hielt ich die Tränen zurück.

Er hatte mich in seinen Stand versetzt, um sich mit mir zu versöhnen. Er, der Häuptling, ich der Fremde. Er hatte die Initiative ergriffen, weil er mein Unvermögen erkannte. Alles, was ich selbst unternommen hätte, wäre zu kurz gegriffen gewesen. Ich hätte seine Ehre, die des Häuptlings, nicht durch einen banalen Akt der Entschuldigung wieder her-stellen können. Ich war mir des Ausmaßes meines Verhaltens dem Häuptling gegenüber nicht bewusst gewesen. Dafür wirkte jeder Akt der verbalen Entschuldigung zu flach. Wer war ich, dass ich ihm die Ehre zurückgeben könnte? Er wollte mich in seinen Stand heben, ich sollte ihm jetzt ebenbürtig sein.

Mein Recht verblasste, das ich gewonnen hatte. Es spielte keine Rolle mehr. Er stellte die Verbindung her, er heilte die Beziehung. Das war Vergebung eines Häuptlings, Versöh-nung nach der Art des *Romalou*, des großen *Häuptlings*.

Das Recht von Puluwat hatte hier gesiegt, diese Kultur hatte eine Lösung für das Pro-blem. Ich hatte in *Romalou* meinen Meister gefunden. Als ich langsam wieder zu mir kam, fand ich auch meine Worte wieder. Ich versuchte nun auch verbal, die Sache zu bereinigen. Es wäre nicht nötig gewesen. Das Verhalten Romalous sprach lauter, war weit überzeugender. Ich wollte mich erinnern können. Ich bat ihn, ihn fotografieren zu dürfen – mit dem Fisch. Dann war er weg.

### 4.6.6    Der zweite Fehler

Ich machte noch einmal einen Fehler.

Ich war gewohnt zu teilen. Mein Mitarbeiter Aisao hatte aus gebotener Sicherheitsentfer-nung beobachtet, dass mein Besuch ohne Fisch in sein Haus zurückkehrte. Er bot sich wie gewohnt an, den Fisch für meine Frau zu putzen und zurecht zu schneiden. Und weil ich wusste, dass der Kopf für ihn eine Delikatesse war, schenkte ich ihn ihm. Er freute sich. Schnitt ab. Und war beobachtet von Leuten der Familie Romalous. – Sie waren außer sich: Der *Araw* – für profane Leute!

Das war nicht recht. Ich hatte nicht der Ehre entsprechend gehandelt, die mir zuteil geworden war. Ein anderes Geschenk wäre angebracht gewesen, aber nicht der *Araw*. Der war nur für Häuptlinge gedacht. Ich hatte nicht das Recht, andere in den Stand zu heben, die nicht dafür geadelt waren. Ich habe in den Augen Romalous die Ehre, die ich erhielt, nicht in Ehren gehalten und das Geschenk gering geachtet.

Romalou meldete sich nicht mehr. Als er wenige Jahre später den Tod vor Augen hatte, ließ er mich rufen, um seine Lebensbeichte abzulegen. Dann war er bereit, seinen Versöhner zu treffen.

## 4.6.7    Die Lehre von der Versöhnung

Viele kulturelle Lektionen lehrte mich der große Häuptling von Puluwat, der weder lesen noch schreiben konnte. Ich fand sie alle im Neuen Testament wieder.

❏ Probleme dürfen nicht „vergeistlicht" werden; wir brauchen auch kulturelle Werkzeuge und Methoden. Aber wir müssen sie geistlich handhaben, damit Probleme dauerhaft lösbar sind.

❏ Wenn Recht und Wahrheit greifen sollen, dürfen sie nicht von der Liebe getrennt werden. („Die Wahrheit in Liebe sagen" – nach einer englischen Übersetzung)

❏ Den Konflikt im kleinen Kreis halten, sonst wird er immer komplexer. Den Kreis nur in unbedingt notwendigen Schritten erweitern, um die Versöhnung nicht durch einen Öffentlichkeitscharakter zu erschweren.

❏ Rechthaberei zerstört Beziehungen. Ich kann vielleicht mein Recht gewinnen, aber werde den Bruder dabei verlieren.

❏ Je länger ein Konflikt anhält, umso schwieriger wird die Versöhnung. (Die Sonne nicht über dem Zorn untergehen lassen).

❏ Es ist manchmal besser, mich selbst übervorteilen lassen

❏ Der erste Schritt zur Versöhnung ist unabhängig von der Schuldfrage.

❏ Selbst die Initiative ergreifen, nicht auf den anderen warten.

❏ Versöhnung wird nicht durch spätere Rückfälle aufgehoben.

❏ Heftiger Wortwechsel mit starken Emotionen erschweren Versöhnung.

Eph.4,15
Mt.18,15
Eph.4,25+32
Eph.4,26
1.Kor.6,7
Röm.5,8
Mt.18,21-22
Spr.14,29

❏ Versöhnung nach tiefen Verletzungen braucht Zeit, sie muss reifen, um dauerhaft zu sein, aber sie ist möglich.

❏ Versöhnung darf nicht aus Emotionen heraus geschehen, sondern muss auf einer intelligenten, klaren, durchdachten Entscheidung beruhen, die auf biblischen und ethischen Prinzipien beruht.

❏ Versöhnung ist unabhängig vom geistlichen Stand der Beteiligten. Der reifere sollte den ersten Schritt unternehmen. Aber er darf sich auch von einem geistlichen Kind beschämen lassen.

Mt.5,24
Mt.7,3

❏ Geistliche Dienste sollten nicht durchgeführt werden, solange die Versöhnung nicht vollzogen ist. Es ist die Gnade Gottes, wenn er den Dienst der Christen im Zustand der Unversöhntheit annimmt und durch Segen bestätigt. Dieser Segen ist nicht eine Bestätigung des Rechts des einen und des Unrechts des anderen, sondern eine Bestätigung der Gnade Gottes.

❑ Versöhnung ist weniger anfällig für Rückfälle und heilt gründlicher, d.h. mit weniger empfindlichen Narben, wenn die unempfindsame Seite auf das Fehlverhalten aufmerksam gemacht werden kann und diese Erkenntnis zeigt.

❑ Bereitschaft und Vollzug der Versöhnung können auch bei einseitiger Erkenntnis der Sünde und bei einseitigem Bedürfnis geschehen. Man braucht nicht warten, bis die andere Seite die Erkenntnis bekommt und das Bedürfnis dafür entwickelt; man braucht diese Erkenntnis auch nicht stimulieren.

❑ Selbst das Opfer für Versöhnung bringen – nicht vom anderen den „Gang nach Canossa" erwarten.

❑ Versöhnung hebt den anderen hoch, sie zieht ihn nicht nach unten. Ich habe kein Anrecht auf den Adelsstand bei Gott, die höchste Autorität; nur er kann ihn verleihen. (Er hat uns zu Königen und Priestern gemacht, uns in seine Familie aufgenommen.)

> 2.Kor.5,19-21
> Offb.1,5b-6
> Offb.5,9-10
> Offb.20,6

# 4.7 Verwendete und weiterführende Literatur in Auswahl

Band, Ruth. *Autorität, Gewissensbildung, Toleranz. Der Grundprobleme der Einzelfallhilfe. Ein Beitrag zum Selbstverständnis der Helferpersönlichkeit.* München / Basel: Ernst Reinhardt Verlag, 1967.

Donald Rubinstein, „Social Aspects of Juvenile Delinquency in Micronesia." Conference Report for the Micronesian Seminar and Justice Improvement Commission. Micronesian Area Research Center, May 8-13, 1980. Department of Anthropology, University of Hawaii.

Fiedler, Klaus. *Christentum und afrikanische Kultur. Konservative deutsche Missionare in Tanzania, 1900 bis 1940.* Missionswissenschaftliche Forschungen Band 16, Gütersloh: Gerd Mohn, 1983.

Gay, Friedbert (Hrsg.). *DISG-Persönlichkeitsprofil. Verstehen Sie sich selbst besser. Schöpfen Sie Ihre Möglichkeiten aus. Entdecken Sie Ihre Stärken und Schwächen.* Offenbach: Gabal Verlag, 1995.

Hilgers, Micha. *Scham. Gesichter eines Affekts.* Göttingen. Zürich: Vandenhoeck & Ruprecht,1996.

Hirschberg, Walter. *Wörterbuch der Völkerkunde.* Stuttgart: Kröner, 1965.

Holthaus, Stephan. *Werte. Was Deutschland wirklich braucht.* Gießen / Basel: Brunnen, 2008.

Internationale Vereinigung zur Verteidigung und Förderung der Religionsfreiheit: *Gewissen und Freiheit.* Bern, 1982.

Käser, Lothar. *Fremde Kulturen: Eine Einführung in die Ethnologie.* Bad Liebenzell/Erlangen: VLM/Verlag der Evang.-Luth.Mission, 1997.

Kessler, Martina und Volker Kessler. *Die Machtfalle: Machtmenschen in der Gemeinde.* 2.Aufl. Gießen: Brunnen, 2001

Kittsteiner, Heinz D. *Die Entstehung des Gewissens.* Frankfurt/M.: Suhrkamp Taschenbuch Wissenschaft, 1995.

Kühn, Rolf, Michael Raub, Michael Titze (Hg.). *Scham – ein menschliches Gefühl. Kulturelle, Psychologische und Philosophische Perspektiven.* Opladen: Westdeutscher Verlag, 1997.

Lienhard, Ruth. „Restoring Relationships: Theological Reflections on shame and honor among the Daba and Bana of Cameroon." (Diss.) Pasadena: Fuller Theological Seminary, 2000.

Mac Marshall, *Weekend Warriors; Alcohol in a Micronesian Culture.* Palo Alto: Mayfield Publishing Company, 1979.

Marks, Stephan. *Scham, die tabuisierte Emotion.* Düsseldorf: Patmos, 2007.

Müller, Klaus W. *Georg F. Vicedom as Missionary and Peacemaker. His Missionary Practice in New Guinea.* Neuendettelsau: Erlanger Verlag für Mission und Ökumene, 2003.

Padberg, Lutz von. *Freiheit und Autorität.* Wuppertal: Verlag und Schriftenmission der Ev. Gesellschaft, 1984.

Piers, Gerhart, Milton b. Singer. *Shame and Guilt. A Psychoanalytic and a Cultural Study.* New York: W. W. Norton & Company, 1971. 1953 by Charles C. Thomas.

Renggli, Franz. *Angst und Geborgenheit. Soziokulturelle Folgen der Mutter-Kind-Beziehung im ersten Lebensjahr. Ergebnisse aus Verhaltensforschung, Psychoanalyse und Ethnologie.* Hamburg: Rowohlt, 1979.

Spiro, Melford E. *Children of the Kibbutz. A Study in Child Training and Personality.* Rev. Ed. Cambridge, Mass. And London, England: Harvard University Press, 1975.

Whiting, John W. M. and Irvin L. Child. *Child Training and Personality.* New Haven and London: Yale University Press, 1953-1973[10].

# Kapitel 4

# Paradigmenwechsel im Gewissen

In diesem Kapitel wird die bewusste Veränderung des Gewissens Erwachsener behandelt. Paradigmenwechsel geschehen im Laufe eines Lebens mehrfach, weil sich die Weltanschauung durch Erkenntnisse der Wissenschaft und Technik, durch die Ausbildung und den Beruf, durch die Herausforderungen der Lebenssituationen, aber auch die Ethik und die Werte der Gesellschaft verändern. Die meisten Paradigmenwechsel geschehen unbewusst für die betreffende Person, viele werden bewusst eingeleitet und sind unumgänglich, z.B. im Beruf. Meist ist die Weltanschauung davon betroffen: Die Einstellung zu anderen Menschen und vor allem zu sich selbst verändern sich. Das ist ein gravierender Eingriff in die Persönlichkeit eines Individuums, deshalb muss hier besonders vorsichtig und behutsam vorgegangen werden. Vor allem darf dabei nichts gegen den Willen und die Erkenntnis der Person unternommen werden. Weil auf diesem Gebiet viele plakative Vorverständnisse bestehen, geschehen leider häufig unzulässige Manipulationen. Vor allem Veränderungen aus religiösen Gründen dürfen nicht voreilig, nicht unter Vorwand göttlicher Autorität und auch nicht aus vermeintlich guter Absicht geschehen. Deshalb werden hier der Religionswechsel oder eine sog. christliche „Bekehrung" besonders gründlich als Beispiel eines grundlegenden Paradigmenwechsels diskutiert und dessen Hintergründe aufgezeigt.

# 1. Paradigmenwechsel im Gewissen

Paradigma gr. und lat. *parádeigma* für Muster, Modell, Beispiel. Ein exemplarisches Modell für die wissenschaftliche Arbeit. Ein System von Annahmen und Denkmustern, das im entsprechenden Wissenschaftsmodell allgemein anerkannt ist. Die Gesamtheit aller eine Disziplin in einem Zeitabschnitt beherrschenden Grundauffassungen. Festlegung, was als wissenschaftlich befriedigende Lösung angesehen werden soll (Kuhn).

**Ein Paradigmenwechsel ist im Wesentlichen eine „Bekehrung" von einer Weltsicht zu einer anderen.** Sie beruht auf holistischen (ganzheitlichen), subjektiven und ästhetischen Überlegungen und schließt ganze Forschergemeinschaften mit ein. Verschiedene Paradigmen beruhen auf je spezifischen Annahmen und allgemeine Theorien für ihren Wahrheitsanspruch.

**Fundamentaltheologie**: In der Reformation vollzog sich ein Paradigmenwechel, indem Paradigmen der Substanzontologie aufgegeben wurden, sich ein neues, relationales Paradigma nur zögernd konstituierte.

**Im christlichen Offenbarungsgeschehen**: Mit der Erschließung Jesu Christi als Messias ist gleichursprünglich ein Referenzwechsel (Jesus statt des persischen Herrschers Kyros), ein Wechsel der Intention (Messias ist kein politischer Erlöser mehr) und der Wahrheitsgewissheit (Jesus ist der Christus) verbunden. – Die Geschichte wird in einem neuen Paradigma gedeutet, indem z.B. das AT christlich gelesen wird.[1]

Ein Paradigmenwechsel im Gewissen ändert die Struktur, die Funktion und die Auswirkung des Gewissens. Das ist einerseits notwendig, wenn sich ein Mensch bewusst auf eine neue Kultur, eine neue Religion oder einen Partner einlässt und sich damit koordiniert – d.h. willentlich neue „Koordinaten" für sein Gewissen bildet. Andererseits geschieht das auch notgedrungen, wenn sich die gesellschaftlichen Verhältnisse ändern (berufliche Zwänge, Scheidung, Flucht, Katastrophe) oder wenn zwangsweise (Missbrauch, Politik, Krieg, Gefangenschaft, Folter, „Gehirnwäsche") von außen Einfluss auf das Leben eines Menschen genommen wird.

Wir gehen hier vom ersten Fall aus:

Ein Mensch setzt sich bewusst, willentlich und wissentlich mit einer anderen Gesellschaftsstruktur auseinander, möchte seinem Leben eine neuen Perspektive geben, oder wechselt seine Grundphilosophie.

Was geschieht eigentlich:

❏ bei einem Religionswechsel vom „Christentum" oder vom Säkularismus zum Islam oder Buddhismus?

❏ von religiöser Gleichgültigkeit zur Esoterik?

❏ wenn sich ein Christ einer Sekte anschließt?

❏ vom nominellen Christen zu jemand, der (nach Luther) „mit Ernst Christ sein" möchte, d.h. zum bekennenden Christen?

❏ was tun Missionare, wenn sie einen „Heiden" „bekehren"?

Zu diesem Zweck wird das Gewissen im folgenden Kapitel von einer neuen Perspektive her beleuchtet. Wichtige Elemente für die Veränderung werden stärker und deutlicher betont als bisher, anderes wird eher vernachlässigt.

---

[1] RGG[4] 2003; Meyers Großes Taschenlexikon.

# 1.1 Analysieren und Interpretieren von Vorgängen im Unterbewusstsein

Bevor Sie weiter lesen: Probieren sie es selbst aus. Machen Sie die Tests. Lesen Sie eine Zeile nach der anderen und decken Sie die jeweils unteren Zeilen ab. Sie sollen aufbauend eine Graphik zeichnen und frühest möglich erkennen, was sie bedeutet. Arbeiten Sie zügig und reagieren Sie spontan. Einziger Hinweis: Wahrscheinlich kennen sehr viele Menschen auf der Welt diese Figur.

## 1.1.1 Tests

---

**Erster Test**

**1. Aufgabe:** Nehmen Sie ein unbeschriebenes Blatt Papier. Zeichnen Sie von der Mitte des Blattes ausgehend einen ca. 10 cm langen, geraden Strich in irgend eine Richtung.

**Frage:** Betrachten Sie das „Bild". Können Sie jetzt schon spontan irgend eine bekannte Figur erkennen? Ein Teil einer Figur? – Der Phantasie sind keine Grenzen gesetzt. Es gibt unzählige Möglichkeiten. Eine Analyse ist nicht möglich.

**2. Aufgabe:** Ziehen Sie vom Anfang des ersten Striches einen anderen Strich in beliebiger Richtung, etwas kürzer als vorher.

**Frage:** Erkennen Sie spontan eine bekannte Figur? Mit etwas Phantasie ist es möglich, eine zu erkennen. Immer noch gibt es viele Möglichkeiten zur Interpretation. – Falls Sie sich sicher sind, schreiben Sie bitte die Bezeichnung an die einzelnen Elemente. Versuchen Sie das Ergebnis zu identifizieren. Schreiben Sie den Namen Ihrer Graphik an den Rand und die Zahl 2 dahinter.

**3. Aufgabe:** Machen Sie einen dicken Punkt senkrecht über dem Beginn der Striche, etwas weiter entfernt als die Striche lang sind.

**Frage:** Kommt Ihnen das bekannt vor? – Falls Sie eine Ahnung haben, schreiben Sie diese an den Rand des Blattes und eine 3 dahinter.

**4. Aufgabe:** Machen Sie auf ihrem Blatt je einen dicken Punkt auf den übrigen drei Seiten, also rechts, unten und links, im gleichen Abstand von der Mitte wie der erste Punkt.

**Frage:** Kommt ihnen das nun bekannt vor? – Dann beschreiben Sie die Elemente. Vorsichtshalber machen wir weiter:

**5. Aufgabe:** Machen Sie jeweils zwei Punkte zwischen den vier „Himmelsrichtungen", im Kreis um den Schnittpunkt der beiden Linien.

**Frage:** Nun sind Sie sicher: Welche Zeit wird auf Ihrer Graphik angezeigt?

**Lösung:**

Das Zifferblatt einer Zeigeruhr ist in unseren Breitengraden bei Erwachsenen so stark im Unterbewusstsein integriert, dass die meisten spätestens bei Aufgabe 3 die Lösung „entdecken": Sie konnten dann schon die Uhrzeit bestimmen, wenigstens grob. Es standen Ihnen nur drei Elemente zur Verfügung: die beiden Zeiger und die „12". Bei einem spontanen Blick auf die Armband- oder Wanduhr reichen Ihnen diese Informationen für die Orientierung, die Sie wollen.

---

---

**Zweiter Test**

Bitte halten Sie die unteren Zeilen abgedeckt.

**6. Aufgabe:** Stellen Sie auf ihrer Armbanduhr fest, wie viel Uhr es ist.

**Frage:** Wie lange etwa haben Sie dazu gebraucht? – Schreiben Sie die kalkulierte Zeit auf Ihr Blatt.

**Lösung:** Vermutlich brauchten Sie nur den Bruchteil einer Sekunde. Dabei haben Sie die drei Elemente und ihre Stellung zueinander analysiert und interpretiert. Ihre eigene Armbanduhr ist Ihnen so gut bekannt, dass sie die notwendigen Koordinaten blitzschnell aufnehmen können. Kinder lernen mühsam die Zahlen und die Bedeutung der beiden Zeiger, um die Zeit genau ablesen zu können. Sie müssen dabei auf 60 zählen und in Dreierschritten zwölf Zahlen im Kreis anordnen lernen. Zwei Zahlen stehen immer in einer Beziehung zueinander: Stunden und Minuten. Dabei ist das ganze nicht auf dem heute „normalen" Dezimalsystem aufgebaut, sondern auf dem alten Dutzend, nach dem man früher rechnete und nach den Tag- und Nachtwachen des Militärs, die bei den Römern immer drei Stunden dauerte. In dieser Einteilung wurde gedacht, wie z.B. US-Amerikaner oder Briten heute noch bei Gewichten und Maßen andere Mess-Einheiten verwenden und sich nur so Entfernungen und Gewichte vorstellen können. Je mehr uns als Kindern die Merkmale vertraut wurden, umso schneller und umso sicherer konnten wir die Uhrzeit bestimmen – bis wir es buchstäblich im Schlaf konnten.

Klgl.2,19
Mk.6,48
Luk.12,38

Interessant ist, dass wir immer weniger Elemente brauchen, um die Uhrzeit abzulesen, je mehr wir Maßeinheiten und äußere Umstände gewöhnt werden. Deshalb kann es auch Armbanduhren geben, auf denen nur die Zeiger, aber keine Zahlen zu finden sind. Selbstverständlich wird die 12 immer oben platziert. Eine Kollegin bestimmte für sich „oben" nicht wie gewöhnlich im rechten Winkel zum Arm, sondern längs des Arms bei der Handwurzel. So stellte sie auch die Uhr. Nur sie konnte die Zeit auf ihrer Uhr ablesen. Die Hauptorientierung für ihre Zeiterkennung war um 90 Grad im Uhrzeigersinn nach rechts verlegt, funktionierte aber einwandfrei – für sie.

Ähnlich ist es mit der Landkarte. Bei uns ist Norden immer „oben"; diese Seite der Karte ist meist markiert oder ist nach dem Druck so angeordnet, dass wir das lesen können. Norden ist auf der von uns abgewendeten Seite, alle Namen innerhalb der Karte sind entsprechend angebracht. Deshalb legen wir einen Autoatlas automatisch richtig vor uns hin. Das war nicht immer so. Wenn wir ganz alte Karten zu Gesicht bekommen, kann es sein, dass wir uns nicht darauf auskennen, obwohl die geographischen Umrisse und Bestimmungen in Ordnung sind. Wahrscheinlich war damals Osten oben. Das ist übrigens heute noch so bei den Insulanern von Mikronesien. Sie drehen eine Karte immer zuerst um 90 Grad nach links, um sich orientieren zu können.[2]

Damit ist der wichtigste Punkt für den Vergleich mit dem Gewissen angesprochen: Der Orientierungspunkt der Uhr ist die 12; nach diesem sind alle anderen Elemente ausgerichtet. Für unsere Überlegungen ist das sehr wichtig.

Die beiden Zeiger, der kurze für die Stunden, der lange für die Minuten, sind ebenso bedeutend. Für ganz schnelle gibt es noch den Sekundenzeiger, den wir jedoch immer nur bestimmen können, wo er gerade war; sobald wir die Sekunde genannt haben, stimmt sie schon nicht mehr.

Zur Bestätigung ein **dritter Test** mit zwei aufeinander folgenden Aufgaben.

---

[2] „*East is a big bird*" – „Osten ist ein großer Vogel", benannte Thomas Gladwin den Titel seiner Dissertation (Cambridge/Massachusetts: Harvard, 1970), in der er die Navigation der Puluwat-Insulaner beschrieb. Damit meinte er ein bestimmtes Sternbild, das genau im Osten steht und die Hauptorientierung für die Navigation darstellt.

*Wichtig*: Bitte decken Sie jeweils die nächsten Zeilen ab und beantworten Sie die Fragen zügig.

---

### Dritter Test

**7. Aufgabe:** Bitte schauen Sie so kurz wie möglich auf die Uhr, um die genaue Zeit abzulesen, wenn möglich mit Sekunden. Schreiben Sie die Angaben sofort auf Ihre Zeichnung.

**8. Aufgabe:** Beantworten Sie spontan schriftlich auf dem Blatt die folgenden Fragen, *ohne noch einmal auf Ihre Uhr zu sehen*:

**Fragen:**

a) Welche Art von Sekundenanzeige hat Ihre Uhr? Mit großem Zeiger oder klein eingesetzt?
b) Welche Farbe hat Ihr Zifferblatt?
c) Welche Farbe haben die Zeiger?
d) Welche Form haben die Zeiger?
e) Wie sind die Stunden bestimmt, mit Zahlen oder Strichen?
f) Sind Striche für die Minuten angebracht?
g) Bewegt sich der große Zeiger kontinuierlich oder minutenweise ruckartig?
h) Welche Marke hat Ihre Uhr?
i) Welche Form hat Ihre Uhr?
j) Welchen Wert hatte Ihre Uhr beim Einkauf?
k) Nach welchen Kriterien kauften sie gerade diese Uhr?
l) Welche Art Armband hat Ihre Uhr?

**Lösung:**
Vermutlich hatten Sie keine Schwierigkeit, schnell die genaue Zeit zu bestimmen. Darauf kam es diesmal auch gar nicht an. Wichtig war, ob Sie die Fragen beantworten konnten, nachdem Sie auf die Uhr geschaut hatten. Wahrscheinlich war das nicht ganz so einfach, vielleicht wussten Sie es überhaupt nicht – oder es war Ihnen einfach nicht mehr bewusst. Sie hatten sich auf die Aufgabe konzentriert, auf das Wichtigste: die Funktion Ihrer Uhr. Dafür hat man sie ja schließlich. Das andere war höchstens beim Kauf wichtig, sie wollen ja täglich öfter auf etwas schauen, worüber Sie sich nicht ärgern, vielleicht ist Ihre Uhr ein Wertobjekt – Sie wollen sich jedenfalls damit identifizieren.

---

Um ganz sicher zu sein, ein letzter Test. Bitte decken Sie wieder die unteren Zeilen ab. Es kommen noch einmal zwei Aufgaben nacheinander.

---

### Vierter Test

**9. Aufgabe:** Bitte kontrollieren Sie Ihre Antworten der 8. Aufgabe, indem Sie auf Ihre Uhr sehen.

**10. Aufgabe:** *Ohne noch einmal auf die Uhr zu schauen und ohne lange zu überlegen:* Wie viel Uhr war es genau, als Sie das letzte Mal auf Ihre Uhr geschaut haben?

**Lösung**
Vielleicht ist es Ihnen wieder passiert – Sie konzentrierten sich auf die Äußerlichkeiten, und dabei entging Ihnen der Zweck der Uhr: die Zeit anzuzeigen. Wahrscheinlich waren Sie aber jetzt schon so sensibilisiert, dass Sie Ihre Uhr umfassend angeschaut haben und auch die Uhrzeit wussten, weil sich das Gesamtbild eingeprägt hatte und Sie es noch spontan abrufen konnten.

## Grafik 20: Erkennungsmerkmale des Gewissens

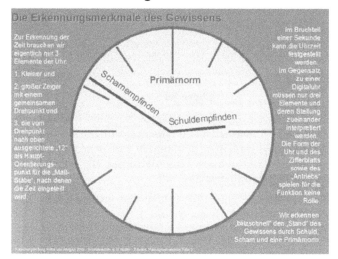

## 1.2 Interpretation

Die Uhr ist ein Vergleich für unser Gewissen. Die verschiedenen Elemente und Funktionen können daran erklärt werden. So einfach die Uhr erscheint, wenn man sie gewohnt ist, so kompliziert sind doch die Zusammenhänge. Sie werden zunächst in Einzelschritten mühsam gelernt und verinnerlicht, dann eingeübt und schließlich so im Unterbewusstsein verankert, dass uns nur noch die wichtigsten Elemente auffallen. Heute wissen wir auch nicht mehr die Einzelheiten, wie wir als Kind „die Uhr gelernt" haben. So ähnlich ist das im Umgang mit dem Gewissen, oder mit seinem Umgang mit uns. Wir wissen nicht mehr um die vielen Elemente und Ereignisse, sondern sind vielmehr nur noch am Ergebnis interessiert. Konzentrieren wir uns jedoch einmal auf Einzelheiten, entgeht uns unter Umständen die Hauptsache oder wir werden unsicher. Jedenfalls ist das Gewissen eine sehr komplexe Angelegenheit, die den ganzen Menschen umfasst.

Der Missionstheologe Walter Freytag verglich schon vor Jahrzehnten das Gewissen mit einer Uhr und meinte, sie würde in jeder Kultur eine andere Zeit anzeigen, so ähnlich wie die Weltzeiten. Das war ein guter Hinweis, der jedoch nicht weit genug reicht. Das würde voraussetzen, dass das Gewissen aller Menschen auf dieser Welt in gleicher Weise funktioniert. Wir müssen noch einige Schritte über diese erste Erkenntnis hinausgehen.

Die wichtigste Funktion einer Uhr ist, die Zeit anzuzeigen. Alles andere ist in den meisten Fällen Nebensache. Es geht jetzt um diese Funktion und die notwendigen Elemente dafür. So ist die wichtigste Funktion des Gewissens, den Status unserer Beziehungen zu unserem Umfeld anzuzeigen, und das sofort, in möglichst kurzer Zeit – im Bruchteil einer Sekunde.

### 1.2.1 Orientierung: Maßstäbe und Werte

Die drei wichtigsten Elemente einer Uhr, an denen wir die Zeit feststellen können, sind die beiden Zeiger und die 12 als wichtigster Orientierungspunkt. Das Gewissen hat ebenso eine Orientierung, die absolute Priorität besitzt und nach der sich alles andere ausrichtet. Das ist normalerweise der Maßstab, an dem alles gemessen wird, und nach dem alles seinen Wert erhält. Jeder Mensch hat einen solchen Maßstab, auch jede Kultur, jede Religion und Gesellschaft. Alles andere ist dem untergeordnet. Diese Priorität ist sehr unterschiedlich bei den Völkern, auch bei einzelnen Menschen. Es gibt eine grobe Orientierung, die für alle gilt, und nach der sich alle richten. Je stärker sich diese als Priorität bei jedem Einzelnen durchsetzen kann, umso ähnlicher sind die Werte bei der ganzen Gruppe.

Dieser Priorität für die Orientierung sind viele andere Maßstäbe und Werte zugeordnet – oder sie werden entsprechend nach der „12" einsortiert, eingeordnet. Die „12" ist die Hauptnorm, und deshalb könnte man letztlich auf die übrigen Normen verzichten.

### These 89

**Das Leben eines Menschen ist von unzähligen Normen, Bestimmungen, Gesetzen und Werten bestimmt – die meisten von ihnen sind ungeschrieben. Die Summe der Gesetze und Verhaltensvorschriften bestimmten zu einem wesentlichen Teil unsere Kultur. Es gibt dabei noch mehrere Orientierungen, die jedoch alle hierarchisch geordnet sind – von der Hauptnorm aus.**

Sie wurden alle bewusst oder unbewusst gelernt und verinnerlicht, so dass wir darauf reagieren. Wir sind oft nicht in der Lage, diese Reaktion zu steuern – „es" reagiert in uns. Selbst wenn wir das nicht wollen oder das Empfinden unterdrücken. Das ist die Selbständigkeit unseres Gewissens, die eigenständige Instanz, die sich unüberhörbar meldet. Sie meldet sich mit bestimmten Gefühlen, mit Empfindungen, über die alle Menschen verfügen. Diese sind nur bedingt unserem Willen und unserem Verstand unterworfen.

## 1.2.2    Status: Empfindungen

Die verschiedenen Längen der Zeiger unserer Gewissensuhr deuten auf unterschiedliche Reaktionszeiten, träge und spontan. Ein Mensch empfindet Werte, er merkt auch, wenn die Prioritäten bei ihm nicht mehr stimmen, vor allem im Vergleich mit anderen Menschen. Dieses Empfinden kann positiv und negativ angezeigt werden. Wenn bei ihm Prioritäten und Werte mit anderen oder mit der Gesetzeslage im Einklang sind, fühlt er sich im Verhältnis zu den anderen in Ordnung. Wenn er schlecht abschneidet, bedrückt ihn das. Das bedrückende Gefühl ist entweder ein Schamempfinden – er schämt sich den anderen gegenüber, oder ein Schuldempfinden – wobei er merkt, dass er die Priorität nicht respektiert hat. Bei beiden spielt die Angst eine Rolle, die mit dem entsprechenden Empfinden zunimmt. Auf der positiven Seite empfindet sich die Person respektiert bzw. ihr Verhältnis zum vorherrschenden Recht als in Ordnung. Dann kann jemand sogar auch „auf sein Recht pochen".

*Qv.:* Zusammenfassung von Kap. 2.

Wir haben es mit Ehre oder Prestige bzw. Gerechtigkeit oder Recht einerseits und mit Scham bzw. Schuld andererseits zu tun. Meistens spielen alle Elemente mit, nur in unterschiedlicher Stärke. Es gibt Menschen, die spontan Schuld empfinden und ihr Gerechtigkeitsempfinden ist spontan geweckt. Sie orientieren sich mehr an der Schuld bzw. am Recht, sie sind „schuldorientiert". Bei anderen steht die Beziehung zu Menschen sofort im Mittelpunkt, sie fühlen sich gekränkt, ihre Ehre verletzt, oder sie schämen sich zunächst. Sie orientieren sich an ihrer Ehre, am Prestige, das ihnen zugesprochen wird: oder sie schämen sich, wenn diese Beziehung nicht mehr stimmt, sie fühlen sich blamiert. Sie sind mehr schamorientiert. Was immer zuerst anspricht, das ist spontan – der lange Uhrzeiger. Das andere folgt meist, aber träger und unterschwelliger – der kurze Zeiger.

### These 90

**Eine Uhr ohne Zifferblatt hat keine Bedeutung, ohne Zeiger ist sie ebenso sinnlos. Zeiger brauchen eine Orientierung, ihre Funktion tritt erst mit den Zahlen in Kraft.**

**Genauso reagieren im Gewissen die Empfindungen Schuld und Scham aufgrund des kulturellen Hintergrunds, von gelernten Normen und verinnerlichten Werten.**

Scham bzw. Ehre und Prestige haben meist mit zwischenmenschlichen Beziehungen zu tun, die jedoch sauber geregelt sind – das Prestige ist geschützt, die Ehre darf niemandem genommen werden.

Schuld bzw. Recht und Gerechtigkeit beziehen sich mehr auf eine Sachebene, die das zwischenmenschliche Leben reguliert. Aber auch hier sind starke Empfindungen wach.

Ohne diese Gesetzmäßigkeiten und ohne die Möglichkeit, darauf durch Empfindungen zu reagieren, ist keine menschliche Gemeinschaft möglich. Deshalb sind sie in jedem Menschen zu finden und spielen in Kultur, Gesellschaft und Religion eine so bedeutsame Rolle. Wo diese Empfindungen verboten, unterdrückt, vernachlässigt werden, ist der Mensch auf Dauer nicht lebensfähig und eine Kultur geht zugrunde. Wenn sie überspitzt, gestützt oder künstlich hoch „gezüchtet" werden, gehen die Beziehungen auf Abstand, mancher Umgang miteinander ist dann nicht möglich – man hat das Gefühl, auf Eiern zu gehen.

## 1.2.3   Struktur: Strategie zum Überleben

Das Gewissen des Menschen ist ohne diese Empfindungen nicht lebensfähig; es funktioniert nicht – so wenig wie eine Uhr ohne Zeiger. Genau so braucht es Ordnungen oder Werte, an denen und aufgrund derer die Empfindungen erst empfunden wurden – wie ein Zifferblatt mit der 12er-Einteilung. Deshalb funktioniert eine Kultur ohne Gesetze nicht, auch wenn der Mensch normal empfindet.

Lothar Käsers (1998) Definition von Kultur als Überlebens-Strategie bestätigt sich als ein „design for living" (Bruce Nicholls, 70er Jahre). *Qv.*: Kap. 1;3.4.

### These 91

**Je besser die Normen einer Kultur den Bedürfnissen der Menschen entsprechen, umso höher ist die Chance der Menschen zu überleben.**

Die Kultur bietet Überlebensbedingungen für Menschen, die nur in einer solchen Gemeinschaft überleben können. Wer ausbricht, überlebt nicht – oder er lebt „am Rande der Gesellschaft". Diese Zusammenhänge sind bei uns tief im Unterbewusstsein verankert; sie werden vom Gewissen verwaltet, analysiert und interpretiert.

Das ergibt ein bestimmtes Verhaltensmuster jeweils nach

❑ der Beziehung, in der sich der Einzelne innerhalb seiner Gesellschaft sieht,

❑ Orientierungsstärke der Normen, die er in sich trägt,

❑ Ausstrahlung der Werte in sein Leben

❑ dem Grad der Empfindsamkeit, die er dabei entwickelte.

### These 92

**1. Für das Überleben der Menschen ist eine Kultur mit Autoritäten, Werten und Normen notwendig.**

**2. Die Voraussetzungen zur Entwicklung eines Gewissens liegen in jedem Menschen.**

**3. Die Gestaltung – Autorität, Normen, Form, und Funktion des Gewissens ist von und nach den Einflüssen des Umfeldes seiner Kultur geprägt.**

**4. Die Grundstruktur des Gewissens ist in den ersten sieben Lebensjahren festgelegt.**

## 1.3    Beispiel: „Michael Kohlhaas"

### 1.3.1    Geschichtlicher Hintergrund

Im Jahr 1532 geriet der Bauer Hans Kohlhase in Streit mit dem kursächsischen Junker Günther von Zaschwitz, der dem Bauern zwei Pferde beschlagnahmte. Da Kohlhase vor Gericht nicht zu seinem Recht kam, schrieb er 1534 einen Fehdebrief gegen Zaschwitz und eröffnete im März 1535 die Fehde. Nach einem Überfall auf einen kurmärkischen Landsmann wurde er von der Behörde in Berlin ergriffen und zum Tode verurteilt. Das Urteil wurde am 22.3.1540 vollstreckt. Heinrich von Kleist (1777-1811) griff den Stoff im Jahr 1810 in seiner Novelle „Michael Kohlhaas" auf.[3]

### 1.3.2    Novelle

Der Bauer fühlte sich zurecht von dem Junker ungesetzlich behandelt. Er kämpfte vor Gericht, das jedoch auf der Seite der Adligen stand, also nichts unternahm, das der Ehre der Herrschenden schaden würde. Es handelte nach dem Spruch: „Wer die Macht hat, hat das Recht!" Dadurch rannte der Bauer gegen die Wand, ,er pochte auf sein Recht.' Sein Gerechtigkeitsempfinden schlug dadurch hoch wie Wellen in der Brandung; auch seine Ehre war verletzt, was die Wucht verstärkte, die ihn nun über die Grenzen der Gesetzmäßigkeit trug. Seine Empfindungen steigerten sich zur blinden Wut. Dann ging „Gewalt vor Recht!" Die Adeligen brauchten nur eine Gelegenheit abzuwarten, bei der sie ihn fassen konnten; sie waren die Stärkeren, sie saßen am längeren Hebel. Aber „Das Recht des Stärkeren ist das stärkste Unrecht." (M. v. Ebner-Eschenbach). Jetzt stand nicht mehr der ursprüngliche Grund im Mittelpunkt, sondern der Überfall auf einen Bürger. Anders war er nicht auszuschalten gewesen, da er „auf dem Boden des Rechts stand"; das wussten die Adligen, die dieses Recht letztlich nicht beugen konnten. Durch den verletzten Stolz der Adligen wurde schließlich das Strafmaß für das unrechte Verhalten dermaßen überhöht, dass darüber das Todesurteil gesprochen wurde. In der Novelle Kleists spielt die Kirche dabei eine klägliche Rolle; sie verhielt sich indifferent, d.h. sie stärkte das Recht nicht durch die biblischen Gebote, obwohl die Rechtssprechung eindeutig auf der christlichen Ethik beruhte. Aber sie hatte nicht die notwendige Autorität – in Originalzeit war die Reformation in vollem Gange, die Landesfürsten bestimmten mehr oder weniger deren Einführung oder Ablehnung. Kleist – unter dem Eindruck der französischen Revolution und der sich schnell verbreitenden Philosophie der „Aufklärung" – ließt der Autor den Junker unter dem Druck der Öffentlichkeit die Pferde des Bauern zurückgeben, als dieser schon auf dem großen Wagenrad lag, auf dem er dann zu Tode gebracht wurde. Er forderte damit „gleiches Recht für alle". Der Bauer erhielt sein Recht, verlor aber dabei sein Leben. Den Sieg im Machtspiel bezahlte er mit seinem Leben. Aber er war noch im Tode gerechtfertigt worden. Das ist der sprichwörtliche Wert: „Recht muss doch Recht bleiben!"

### 1.3.3    Interpretation

Zunächst geschah eindeutiges Unrecht. Die Rechtsprechung war nicht unabhängig und deshalb schwach – sie reagierte nicht aus Angst vor den weltlichen Herren. Außerdem hatte sie keine religiöse Rückenstärkung. Die Forderung und Durchsetzung durch den Bauern wurde unterdrückt: Es wurde ihm nicht die Autorität dafür zugestanden; die lag offiziell allein beim Gericht. Da Kohlhase „das Recht selbst in die Hand nahm", entstand erneute Schuld vor dem Gesetz. Die wurde zwar empfunden, aber man handelte nicht danach, weil dadurch ein Ehrverlust des Junkers ausgelöst worden wäre. Der Bauer emp-

---

[3] Meyers Großes Taschenlexikon, Bd.12, Mannheim: B.I.-Taschenbuchverlag, 1992: 49. Im Folgenden mit eigenen, hervorgehobenen Schwerpunkten zusammengefasst. Vor einiger Zeit wurde die Novelle verfilmt.

fand seinerseits zusätzlich diese Erniedrigung als Schande, was das Rechtsempfinden verstärkte und überhöhte. Wenn sich beide Elemente gegenseitig stützen, besteht die Gefahr, außer Kontrolle zu geraten.

Das Gericht ließ sich durch den Bauern nicht bewegen, sein Status war zu gering. Die Kirche (in den Wirren der Reformationszeit!) hätte ihren Einfluss geltend machen können, wollte aber die Beziehungen zu den Adligen nicht in Gefahr bringen. Der Staat war offensichtlich machtlos oder lethargisch. Das Gesetz war gut, ausreichend und allen bekannt, aber die übergeordnete Autorität dafür trat nicht in Kraft – oder sie fehlte.

Die Gesetze hielten Kohlhase nicht mehr zurück, „er handelte gegen Recht und Sitte". Dadurch erhielten Zaschwitz und das Gericht einen anderen Anlass, ihre Ehre wieder herzustellen: Kohlhase wurde durch das Urteil erneut gedemütigt. Das Volk, das inzwischen hellhörig geworden war, konnte durch seine Masse eine Gefahr für die Adligen werden. Kleist wollte wohl auf die Macht des Volkes hinweisen – die Demokratie. Doch dafür gab es keine Struktur, dieser Wert hatte sich auch noch nicht durchgesetzt.

Kohlhase wurde aufgrund des Deliktes verurteilt, der ursprüngliche Anlass spielte keine Rolle – dieser wurde nicht einbezogen. Kohlhase verlor seine Ehre, er starb einen schändlichen und qualvollen Tod – aber er gewann das Recht. Das Gesetz hatte noch nicht die Priorität, die notwendig war; es war nicht gestützt durch eine Autorität, die den Richtern Autonomie gegeben hätte. Sie mussten noch auf gute Beziehungen zu den Mächtigen Rücksicht nehmen, sonst wären sie Gefahr gelaufen, abgesetzt zu werden. Die stumme Kirche verstärkte das Gesetz nicht wesentlich durch die biblischen Zehn Gebote – die damals durchaus eine hohe Wertstellung hatten. Wo die oberste Autorität fehlt, ist der Korruption Tür und Tor geöffnet.

### 1.3.4 Auswertung

Im Vordergrund ging es um Schuld und Gerechtigkeit; Scham und Prestige wirkten im Hintergrund verstärkend oder hemmend, jedenfalls so stark, dass Recht nicht Recht bleiben konnte. Das offizielle Gewissen der Beteiligten war mehr schuldorientiert, aber das starke inoffizielle Verhaltensmuster schamorientiert. Das war die eigentliche Auseinandersetzung. Das war zu Kleists Zeiten offiziell schon in ganz Zentraleuropa so, wo die christliche Ethik das Leben und die Gesetzgebung im Wesentlichen über Jahrhunderte hinweg prägte. Vor der Reformation hatte die schuldorientierte Gesetzgebung keine Chance, wenn Kirche und Staat ihr Gesicht dabei verloren hätten. Deshalb musste auch der Prager Professor Johannes Hus auf dem Konstanzer Konzil 100 Jahre vor der Reformation noch sterben; das Recht (Zusicherung der freien Reise) wurde der Autorität der Kirche (bzw. Aufhebung der Verpflichtung dem Recht gegenüber bei „Ketzern") untergeordnet. So wäre es auch Luther ergangen, hätten nicht weltliche Fürsten dem Recht ihre Macht geliehen. Nach der Reformation kamen Bewegungen in Gange, bei denen die Autorität des Gewissens nicht mehr die Kirche, sondern aus der persönlichen Beziehung zu Gott und den christlichen Normen des neuen Testaments entnommen wurden. Es war eine Bewegung der Befreiung des Gewissens, der Kleist noch zum Durchbruch auf der Ebene des Volkes verhelfen wollte.

### 1.3.5 Folgen

Vielleicht hatte Kohlhase schon Berührung damit. In der Reformation verwendeten manche das neue Gedankengut („Von der Freiheit eines Christenmenschen") falsch oder als persönlichen Freibrief. Wo jedoch die Verbindlichkeit des Glaubens fehlte, fiel die höchste Autorität weg und der Mensch machte seine Ideologie zur Autorität; die Normen konnte dann jeder selbst formulieren. Dabei ergaben sich Auswüchse, die sich keiner Kontrolle mehr unterzogen: Die Bundschuh-Bewegung – ein gewalttätiger Aufstand der leibeigenen Bauern gegen ihre Landeigentümer, und die Bilderstürmer. Die französische Revolution entwickelte sich ein Jahrhundert nach dem Dreißijährigen Krieg aus dem protestantischen Gedankengut, das sich in dem katholischen Staat aufgestaut hatte; dann brach der Damm unkontrolliert und riss vieles mit sich, was nicht notwendig gewesen wäre.

Die Aufklärung als ideologische Bewegung wurde ausgelöst: Die neue weltliche Zivilisation war geboren. Nach Waterloo[4] brach sie in Europa durch. Die Feudalherrschaft wurde von der Herrschaft der Gesellschaft abgelöst. Gott und die Bibel als Autorität und Wert wurden relativiert und der menschlichen Vernunft unterworfen. Biblisch-ethische Normen blieben jedoch erhalten: Sie hatten sich bewährt. Durch die beginnende Industrialisierung des 19.Jahrhunderts löste der Individualismus in den Städten die kohäsive Großfamilienstruktur ab. Vor allem die von der Reformation und von der Aufklärung erfassten Völker entwickelten ein mehr schuldorientiertes Gewissen.

*Qv.*: Aufgreifen der Zusammenhänge in späterern Kapiteln

Diese Zusammenhänge, Vorgänge und Veränderungen sind im Gewissen des einzelnen Menschen reflektiert. Ein Paradigmenwechsel erfasst alle Elemente, die sich neu bewerten und orientieren.

## 1.4 Die Prägung des Gewissens

### Grafik 21: „Die natürliche Prägung des Gewissens"

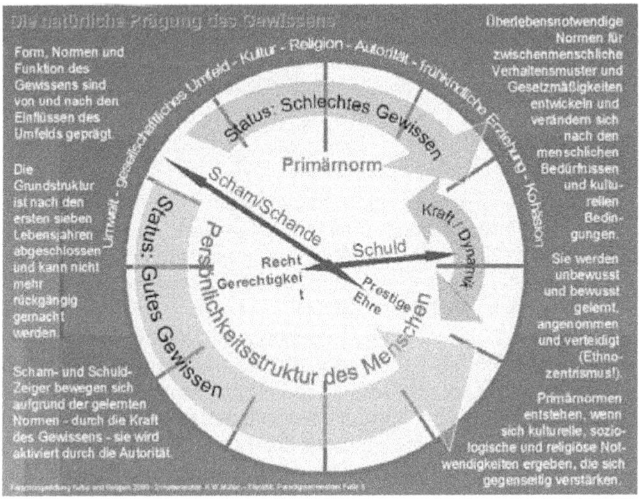

### 1.4.1 Das Umfeld des Menschen

Die Form oder die Gestaltung, die Ausprägung des Gewissens hat viel mit äußeren Faktoren zu tun. Sie ist bei einem Neugeborenen noch nicht vorhanden, setzt jedoch sofort nach der Geburt ein, manchmal sogar schon während der Schwangerschaft der Mutter, da auch diese bestimmten Regeln und Regelmäßigkeiten unterworfen ist.

#### 1.4.1.1 Welt

Der Mensch lebt in seinem kulturellen Umfeld, aus dem er nicht aussteigen kann. Von außen nach innen gesehen ist das zunächst die ganze Welt, was uns zunehmend bewusst wird durch die Umwelteinflüsse, die bei uns schon gesetzlich eingedämmt werden. Die Auswirkungen der Luftverschmutzung auf das Klima sind uns bewusst; die großen kli-

---

[4] 15 km südlich von Brüssel, Entscheidungsschlacht gegen Napoleon 18.6.1815.

matischen Veränderungen wie 1997 vom El Nino ausgelöst betrafen wahrscheinlich Milliarden von Menschen; von klimatischen Veränderungen wie zunehmende Taifune und Hurrikane, steigendem Meeresspiegel – und steigenden Ölpreisen bleibt wohl kein Mensch unberührt. Atombombenversuche sind eine kontinentübergreifende Gefahr. Deshalb reagierten auch die Großmächte auf die Versuche Pakistans und Indiens im Jahr 1998 und auf die Urananreicherungen des Iran sowie die Drohungen Nordkoreas so empfindlich. Politische Drohungen, diplomatische Verständigungen und freiwillige Anerkennung von Restriktionen sollen letztlich den Einzelnen schützen. Menschen lernen in solchen großen Kategorien zu denken, die immer stärker die einzelnen Kulturen und auch das eigene Verhalten beeinflussen.

## 1.4.1.2   Kultur

### These 93

**Die Kultur ist ein unentrinnbares und zugleich schützendes Umfeld des Menschen.**

In den ersten Lebensjahren lernt der Mensch sich im Leben durch Sprache, Verhaltensmuster, Wissen und Gesetze, die größtenteils unbewusst aufgenommen, aber sicher und fest in ihm integriert werden, zurechtzufinden: Er wird enkulturiert.

### These 94

**Der Mensch verliert diese Prägung nicht mehr, auch wenn sie durch anderes überlagert wird.**

Jede Kultur gibt sich Autoritätsstrukturen wie Staat und Regierung; diese regeln das Leben des Bürgers bis in Einzelheiten. Die Geschichte trägt wesentlich zum derzeitigen „Gesicht" dieser Kultur bei. Die Zugehörigkeit zu einem bestimmten Volk ist für einen Menschen wesentlich für seine Identität: Er wird mit seiner Kultur identifiziert. Er ist Deutscher, Engländer oder Italiener; von außen mit entsprechenden Vorurteilen behaftet und von innen durch Erziehung, Schule und Ausbildung den vorherrschenden Ideologien unterworfen. Damit ist er auch von seiner charakterlichen Grundausrüstung gekennzeichnet: Deutsche sind Dichter und Denker, Amerikaner „take it easy", britisches Verhaltensmuster ist „same procedure as every year" … Noch enger gefasst gehört der Mensch vielleicht zu Schwaben oder Hessen. Manches bleibt immer, wie z.B. der schwäbische Akzent.

### These 95

**Veränderungen sind äußerst schwierig, aber nicht unmöglich.**

## 1.4.1.3   Religion

Keine Kultur ist ohne Religion – auch wenn sich Menschen in den westlichen Ländern vom Säkularismus und Materialismus geprägt areligiös geben und keine religiöse Größe über sich erkennen. Ihre Lebensphilosophie ist der funktionale Ersatz für die Religion – sie verhalten sich ihr gegenüber wie ein religiöser Mensch zu seinem Glauben. Religion hat immer mit einer obersten Autorität zu tun, die sich bis in die persönlichen Entscheidungen und Empfindungen auswirkt. Die Religion bestimmt meist die Ethik des Zusammenlebens, sie begleitet den Menschen von der Geburt bis zum Tod – mit Hoffnung, Gesetzen, Angst, Bestätigung und Ablehnung. Religiöse Regeln vereinheitlichen und verstärken die Gesetzmäßigkeiten und Traditionen der Menschen. Ein multi-religiöser Staat wird die staatlichen Gesetze mehr betonen, hat es durch diese Vielfalt schwerer als ein monoreligiöser Staat. Das ist vor allem bei islamischen Staaten deutlich.

**These 96**

**Wenn Staat und Religion eins sind, wird der einzelne Mensch leichter beherrschbar. Wir sprechen dann von einer Staatsreligion – und wenn die Religion mehr bestimmend ist als der Staat, von einem Religionsstaat.**

Deshalb besteht in Demokratien eine Trennung zwischen Staat und Religion. Die Geschichte eines Volkes wird wesentlich von der Religion beeinflusst. Ein Wechsel des Einzelnen oder der Staates ist möglich, hat jedoch weit reichende Folgen.

### 1.4.1.4    Gesellschaft

**These 97**

**Menschen fassen sich in Gruppen zusammen, sie sind ihren Traditionen unterworfen.**

Sie teilen sich nach Dorf- oder Stadtmenschen ein, in Ober- oder Mittelschicht, in Verwandtschaften, Nachbarschaften und Vereine. Auch Ausbildungsniveau und Beruf sind wichtige Kategorien der Gesellschaft. Im staatlichen Dienst unterscheidet man z.B. untere, höhere, gehobene und obere Stellungen. Manche von diesen Strukturen sind vorübergehend, die meisten bleiben – früher jahrhundertelang; heute höchstens Jahrzehnte, die Tendenz geht zu noch kürzeren Zeitabschnitten. Man kann die Gesellschaft auch wechseln oder in verschiedenen gleichzeitig beheimatet sein. Die Gesellschaft bestimmt weitgehend die Mentalität ihrer Angehörigen, die sich im Laufe von Generationen aufgrund gemeinsamer Erlebnisse und Erfahrungen verstärkt und vertieft. So wurden z.B. der Fleiß der Schwaben und die preußische Unbestechlichkeit sprichwörtlich. Wie tief solche Veränderungen greifen, wissen alle, die einen Umzug in eine völlig anders geartete Gegend hinter sich haben. Es dauert unter Umständen Jahre, bis man sich wieder zurechtgefunden hat und akzeptiert wird; aber es ist möglich.

**These 98**

**Die kleinste Einheit einer Kultur und Gesellschaft ist die Familie: Vater, Mutter und Kind. Hier geschieht die intensivste und nachhaltigste Prägung des Gewissens und die Auseinandersetzung damit. Das wirkt sich lebenslang aus.**

*Qv.*: Kap. 3; Entstehung     Die Erziehung des Kleinkindes ist deshalb entscheidend für die
des Gewissens                      Gewissensbildung.

### 1.4.1.5    Kohäsion

Alle diese Strukturen bergen in sich eine vereinigende Kraft. Diese Kraft wirkt sich im Einzelnen aus – er unterstellt sich den Gesetzmäßigkeiten mehr oder weniger freiwillig.

**These 99**

**Je größer die Einsicht ist, dass man einander braucht, umso größer ist die Bereitschaft, sich an gemeinsame Regeln zu halten.**

Je individueller eine Gesellschaft geprägt ist, umso schwieriger sind Gemeinsamkeiten; sie müssen u.U. sogar erzwungen werden, um das Überleben aller zu sichern.

**These 100**

**Jedes Volk ist durch eine solche Kohäsion verbunden – es wird erst durch sie zum Volk.**

Nach 70 Jahren Kommunismus brechen künstliche Staatsgefüge auseinander und Völker wie Kroaten, Tschechen oder Aserbaidschaner treten an die Oberfläche der Weltgeschichte und verteidigen ihre Selbständigkeit bis aufs Blut. Das Kosovo ließ nicht locker und erreichte nach mehr als 10 Jahren noch die Unabhängigkeit von Serbien. Die Kohäsion ist das Zugehörigkeitsgefühl, das sogar jahrzehntelang bestehende Ehen oder Freundschaften und Verwandtschaften mit unterschiedlichen kohäsiven Zugehörigkeiten trennen kann, zumindest werden diese dadurch unter eine enorme Zerreißprobe gestellt. Verwandtschaften haben starke Kohäsionskraft, vor allem in geographisch abgegrenzten Gebieten, in denen die Menschen ums Überleben kämpfen. Dagegen schwächt der Individualismus die Kohäsion. Im Extrem wirkt sich das krankhaft oder zerstörend aus. Wir sagen von solchen Menschen, sie seien nicht mehr gesellschaftsfähig.

# 1.5 Autorität

Die Auswirkung all dieser Gesetzmäßigkeiten und Strukturen bildet die Autorität über das Gewissen der Menschen.

Die Präambel des deutschen Grundgesetzes bezeichnet Gott als die oberste Autorität des deutschen Volkes. In der amerikanischen Kultur wird das noch deutlicher. Dort ist eine grundlegende Haltung auf die Geldscheine gedruckt: „In God we trust", und ihr Präsident leistet den Diensteid mit der Hand auf der Bibel als obersten Maßstab und in Berufung auf Gott als höchste Autorität. In Deutschland ist beim staatlichen Diensteid dieser verbale Zusatz freiwillig.

Jeder Mensch lebt unter Autoritäten. Er hat die Regeln seines Umfeldes integriert und richtet sich danach, auch wenn ihm manches unangenehm ist, wie z.B. die Steuern. Sie haben ihren Sinn, auch wenn die Zusammenhänge nicht für alle durchschaubar sind. Manchmal stemmt sich eine Gruppe von Unzufriedenen gegen ein allzu sehr einengendes Gesetz: sie streiken, blockieren, protestieren, verweigern. Wenn die Gruppe groß genug ist, kann sie sich durchsetzen. In einer Demokratie geschieht das auch über die Wahlen. In einem totalitären oder Religionsstaat besteht, sind die Chancen dafür gering. Dann engt die oberste Autorität die Freiheit des Einzelnen erniedrigend ein. Eine mächtige, kleine Elite herrscht wie im Feudalsystem. Wohin das führt, wissen die Deutschen aus ihrer Geschichte in der Mitte des 20.Jahrhunderts.

## 1.5.1 Die Kraft des Gewissens

### 1.5.1.1 Beispiel Uhr

Bei einer Uhr ist das einfach: Hinter den Zeigern sitzt verborgen das Werk. Der Antrieb geschieht durch eine Spiralzugfeder, die von außen durch einen Kronenaufzug gespannt wird. Sie liefert die Kraft auf das „Ankerrad". Die Drehbewegungen werden „gehemmt": das Ankerrad wird durch den Anker, der mit der „Unruhe" gekoppelt ist, schrittweise aufgehalten; dadurch entstehen ruckartige Bewegungen. Man hört das als „ticken".

### 1.5.1.2 Kraft

Keine Uhr ohne Antrieb – kein Gewissen ohne Kraft. Die Motivation als Kraft des Gewissens erhält ihre Impulse von der Autorität, die der Mensch über sich anerkennt. Das kann zeitbedingt der Chef sein – dann funktioniert das Gewissen nur während der Arbeitszeit; oder der Partner. Manche Menschen unterstellen sich ihrer Grundüberzeugung, die sich aus ihrer Lebensphilosophie oder ihrem religiösen Glauben bildet.

Für Christen ist dieser Zusammenhang transparent: Für sie hat Gott den Menschen nach seinem Vorbild geschaffen, um in persönlicher Gemeinschaft mit ihm zu leben. Das Leben, das Gott dem Menschen durch seinen „Odem" gegeben hat, beinhaltet auch die

Kraft des Gewissens: Geist und Seele bilden den nicht-körperlichen Bestandteil des Menschen. Das befähigt den Menschen, nach Gottes Logik zu denken – die Spur seiner Logik zu finden.

In der Gemeinschaft zwischen Gott und Mensch im Paradies blieb Gott die absolute Autorität. Die Kultur im Paradies war auf den einfachsten Nenner gebracht und äußerte sich in sehr wenigen Normen. Durch den eigenen Willen entschied sich der Mensch, die Norm nicht einzuhalten; dadurch missachte er die Autorität. Er wollte sich auf die Autoritätsebene erheben – sein wie Gott. Das war die Ursünde: Die Ablehnung Gottes als absolute Autorität. Zwei autarke Kräfte nebeneinander ist in jeder Gemeinschaft eine Ursache für Streit – eine Unmöglichkeit in der Grundlogik für das Leben mit Gott. Die Überlebenschance für die Gemeinschaft war dadurch nicht mehr gewährleistet.

*Qv.*: Kap. 6; 2.1.2    Der Mensch trennte sich selbst von Gott, was dieser durch die Ausweisung aus der unmittelbaren Gemeinschaft als Aufhebung des Status quo quittierte. Der Mensch behielt die Gott-Ähnlichkeit, die Grundlogik zum Verstehen blieb fragmentär erhalten; dadurch war das Verstehen unter den Menschen noch gewährleistet, aber nicht mehr mit Gott. Die Funktion des Gewissens war ohne die absolute Autorität gestört und ist seither nicht mehr absolut in sich. Gott und Mensch lebten aneinander vorbei. Die Kraft des Gewissens war dadurch gehemmt.

Auch nach der Fragmentierung der Sprache brauchten die Völker mit ihren neuen Kulturen eine übergeordnete religiöse Autorität. Anders waren die Normen nicht durchsetzbar und das Überleben wäre nicht mehr gesichert gewesen. Eine Möglichkeit, die weitere Entwicklung zu erklären, sind vielleicht folgende Überlegungen: Die Menschen suchten nach Ersatzautoritäten – was schließlich zu neuen Religionen führte: Bestimmten Gegenständen oder Vorstellungen wurde übermenschliche Macht zugesprochen. Die Erkenntnis der Grundlogik für die Gemeinschaft der Menschen setzte sich durch. Religionen sind Fragmente des Restaurierungsversuches der notwendigen absoluten Autorität für das Überleben der Menschen. Von ihr erhofften sich Menschen die Kraft, um die Kohäsion ihrer Gruppe gewährleisten zu können. Es ist eine menschliche Nachbildung des Originals.

Bei diesen Transaktionen im Menschen kann ein Minimum der Ebenbildlichkeit übrig geblieben sein, das zur Erhaltung der Gemeinsamkeit und Kohäsion für das weitere Überleben notwendig war. Damit ist nicht nachgewiesen, dass Gottes Geist in anderen Religionen wirksam sein könnte. Diese Grundlogik bestätigt sich jedoch dadurch, weil danach gemeinsames Leben gestaltet werden konnte, zu dem Gewissensfunktionen notwendig waren. So lässt sich die Kraft des Gewissens nach christlicher Logik schlüssig erklären. Jede Theorie braucht einen Ausgangspunkt. Mit einer evolutionären Theorie wird es denkbar schwierig, die Ursprünge des Gewissens zu erklären; noch schwieriger wird es, damit einen umfassenden religiösen, nachvollziehbaren und nachhaltigen Paradigmenwechsel analysieren zu wollen. Logische Strukturen, die Glauben erfordern, greifen nur dann wieder, wenn die Evolution zu einer Art Religion erhoben wird. Dabei werden jedoch Autorität, Kraft, Kohäsion und Normen zu einer Einheit verschmolzen, die eine tiefer gehende Analyse nicht mehr zulässt. Letztlich wird der Mensch dabei zu seiner eigenen Autorität – er wird sich selbst „Gott".

### These 101

**Die Kraft des Gewissens in jedem Menschen ist ein Fragment der ursprünglichen Dynamik, die das Zusammenleben der Menschen mit seiner höchsten Autorität bestimmte.**

### 1.5.1.3    Hemmung

In jeder mechanischen Uhr wird die Kraft durch Unruhe und Anker „gehemmt" – in ruckartig-langsame, gleichmäßige Bewegung umgewandelt. Das ist beim Gewissen eigentlich nicht notwendig. Hier hinkt das Beispiel. Die Hemmung der Kraft auf die Zeiger wäre sogar falsch, krankhaft oder unnormal. Die Autorität über dem Gewissen würde dabei nur selektiert zugelassen oder (mechanisch) kontrolliert. Die ohnehin schon geschwächte Kraft des Gewissens könnte nicht mehr voll für die Funktion umgesetzt werden.

Ein Versuch der Erklärung einer solchen Art der „Hemmung" wäre evt. das emanzipatorische Streben der Menschen nach Selbst-Autorität, eine Auswirkung der „Ursünde". Die Hemmung wäre daraus folgend Ablehnung der Normen und der übergeordneten Autorität. Kulturen und vor allem bestimmte Religionen begegnen jedoch einer solchen Hemmung durch bewusst generierte Angst. Das religiöse Denksystem signalisiert Angst bei sozialer Ablehnung und der daraus folgenden Normübertretung. Die Angst ist eine wirksame negative Gegenkraft, wenn die positive, die Einsicht der Notwendigkeit und die Anerkennung der Autorität versagt. Angst wird durch die Hemmung ausgelöst, weil dem Gewissen die Kraft aus der Autorität fehlt.

Fehlt auch die Angst, läuft die Kraft des Gewissens ins Leere. Eine soziale Kontrolle des Menschen ist dann nicht mehr gewährleistet. Die Gemeinschaft ist der Willkür eines solchen Menschen ausgeliefert, der recht stark in seiner eigenen Autorität auftreten kann. Erkennt sie darin eine Gefahr, wird sie reagieren müssen, um das Leben der Gemeinschaft zu sichern; reagiert sie nicht, bestätigt sie den Willen des Einzelnen als Autorität über die Gemeinschaft. Chaos wird die Folge sein, vielleicht sogar der Untergang der Kultur. Das wurde bei Napoleon und Hitler, Stalin und anderen Diktatoren deutlich.

Die Motivation des Gewissens ist der Selbsterhaltungstrieb, der Überlebenswille. Auch diese sind der Urkraft zuzuschreiben, die nach dem Alten Testament Gott als Quelle hat.

# 1.6    Primärnormen

### These 102

**Sind sich die verschiedenen Autoritätsebenen (religiös, kulturell, gesellschaftlich) in einem Punkt einig, verstärken sich die entsprechenden Gesetze.**

Wenn z.B. auf der ganzen Welt Kulturen, Religionen und Gesellschaften fordern, dass niemand einen anderen Menschen töten darf, dann ist dieses Gesetz sehr stark. Internationale Menschenrechte beruhen auf einer solchen Grundlage. Inzwischen wird eine Verletzung zur Tagesordnung der UN. Die Übertretung einer Primärnorm wird mit einer härteren Strafe belegt, u.U. mit wirtschaftlichen oder gar militärischen Sanktionen – als ein Gesetz, das nur innerhalb einer bestimmten Gesellschaft oder gar einer traditionellen Verwandtschaftsstruktur gilt. Dass z.B. Männer zu einer besonderen Veranstaltung nur mit Krawatte erscheinen sollten, ist auf eine kleine Gesellschaftsgruppe beschränkt; als Strafe für die Verletzung dieses Verhaltensmusters ist vielleicht Unverständnis und Stirnrunzeln zu erwarten.

Hauptorientierungspunkte oder Primärnormen entstehen durch die Verstärkung bestimmter Normen durch die verschiedenen Autoritätsebenen. Sie gelten innerhalb einer Kultur und Gesellschaft für die Maßstäbe des Gewissens des einzelnen Menschen. Die oberste Priorität, die „12", an der sich alle anderen Maßstäbe oder Normen hierarchisch ausrichten, ist immer übergreifend von Kultur, Religion und Gesellschaft unterstützt; sie ist von der obersten Autorität bestimmt, die sich ein Volk gegeben hat. Entsprechend streng kann z.B. im Islam durch die Scharia ein Diebstahl mit Abhacken der betreffenden Hand bestraft werden.

### These 103

**Die Primärnorm ist das Maß aller Dinge für Werte und Normen. Sie ist nur stabil, wenn sie zusammen mit den anerkannten Autoritäten aller Ebenen von jedem Menschen der Kultur internalisiert und gestützt wird.**

Die 3, 6 und 9 auf der „Uhr", die als Beispiel dient, (oder entsprechend viele andere) sind ebenso kulturell und religiös bedingt.

In der Bundesrepublik ist das im Grundgesetz der Artikel 1: „Die Würde des Menschen ist unantastbar." Daran wurde ein Nachfolgegesetz, der sog. §218, vom Bundesgerichtshof gekippt: Auch die Würde des ungeborenen Menschen sei unantastbar, deshalb sei die Abtreibung Tötung und ungesetzlich. Der Gesetzgeber baute daraufhin eine „Hemmung" ein, indem er den Fötus erst ab dem dritten Monat als Mensch bezeichnete – ab dem Zeitpunkt, zu dem ein selbständiges Leben möglich ist.

Dass alle Kulturen, die lange überlebt haben, einen gemeinsamen Grundkanon von Ordnungen, Regeln und Gesetzen haben, bestätigt die Existenz eines fragmentarisch vorhandenen Restes des ursprünglichen Gewissenssystems, das allen Menschen eigen ist.

| | |
|---|---|
| *Qv*.: Kap. 3; Entstehung des Gewissens | *Qv*.: Diskussion der theol. Zusammenhänge in Kap. 6 |

## These 104

**Die Primärnormen jeder Kultur sind immer auch religiös bestimmt – oder von der grundlegenden Philosophie eines Staates.**

So z.B. im Kommunismus oder im Islam. Säkularisierte Staaten legen ihrer Gesetzgebung die Menschenrechte zugrunde. Sie bilden die Grundstruktur des Gesetzeswerkes, Nach diesen werden alle anderen Gesetze ausgerichtet wie an einer Messlatte, sie werden daran gemessen. Können sich Gesetze durchsetzen, die nicht in diesen Rahmen passen, wird das Grundsystem untergraben, ausgehöhlt, geschwächt. Wird ein bewährtes, humanes Grundgesetz leichtfertig geändert, steht das Wohl des Volkes auf dem Spiel. Andererseits ist es sehr schwierig, von einem Staat z.B. das Menschenrecht der Gleichberechtigung und Gleichwertung der Frau zu erwarten, wenn das nicht von der Religion gestützt wird. Auch in Europa wurde dieses Gesetz erst im vergangenen Jahrhundert eingeführt – trotz tausend Jahre Einfluss der christlichen Kirche – oder gerade deswegen?

## 1.6.1   Normen

Die übrigen Normen im Zahlenkreis unterscheiden sich von Kultur zu Kultur; Nachbarkulturen gemeinsamer Geschichte weisen Ähnlichkeiten auf, auch wenn (oder gerade weil) Kriege stattgefunden haben. Wenn diese Ähnlichkeiten fehlen, gefährden offene Grenzen, Freizügigkeit oder fehlende Kontrolle wie z.B. in der Europäischen Union, unter Umständen die innere und äußere Sicherheit. Die Lebensphilosophie stützt dann die Verhaltensmuster nicht, es herrschen andere Werte vor. Deshalb fällt es manchen Leuten leicht, sich über solche Gesetze hinweg zu setzen, vor allem, wenn eine externe Autorität damit verbunden ist. Sind diese Gesetze einer externen (bedeutsamen anderen) Autorität zugeordnet, werden sie nur beachtet, wenn diese Autorität gleichzeitig in Erscheinung tritt. Schamorientierte ausländische Mitbürger oder Reisende aus anderen Ländern reagieren auf diese Art. Die EU hat aus diesem Grund eine übergreifende Strafordnung für Verkehrsdelikte eingeführt.

## These 105

**Je weniger die Gesetzeslage durch gemeinsame Werte und eine internalisierte Autorität im Gewissen der Leute gestützt und anerkannt ist, umso mehr Kontrollkräfte wie Polizei müssen eingesetzt werden.**

Beim Beispiel der Uhr liegen unter den „Stunden" religiöse oder kulturelle bzw. gesellschaftliche Normen, die sowohl schriftlich als auch nur verbal formuliert sein können. Der weitaus größte Teil der Gesetzmäßigkeiten einer Kultur besteht aus ungeschriebenen Gesetzen; das sind die „Minuten"; viele dieser traditionellen gesellschaftlichen Verhaltensmuster können nur durch beobachtende Teilnahme wahrgenommen und gelernt werden. Eine komplexe Kultur zeichnet sich durch ein komplexes schriftliches Gesetzessystem aus – man braucht Fachleute, die das zu beherrschen versuchen; aber selbst die Juristen müssen sich auf Fachgebiete konzentrieren. Deshalb wird z.B. in Deutschland der Ruf nach einem vereinfachten, durchschaubaren Steuersystem immer lauter.

Die Normen einer Kultur lassen immer auch „unbeschriebene Zwischenräume", die in das Ermessen des Einzelnen gestellt sind. Das Gewissen des Einzelnen hat die Freiheit, nach der eigenen Einstellung zu entscheiden oder die Normen zu interpretieren.

Der Mensch sieht sich normalerweise in der Mitte des Geschehens – alles andere geschieht um ihn herum. Er empfindet die Normen als Hilfe für seine Lebensgestaltung. Andere fühlen sich so stark durch die Gesetze eingeengt, dass sie sich wie ein Satellit vorkommen, der sich um andere dreht; sie fühlen sich von anderen gebraucht, manipuliert, freiwillig oder gezwungen – auch vom Staat oder von ihrer Religion. Das steht im Zusammenhang mit der Autorität, der entweder alle unterstellt sind oder die sich Einzelne anmaßen.

### These 106

**Humane Gesetze werden zu Menschenrechten, wenn sie einer höheren, internalisierten Autorität unterstellt werden, die von allen anerkannt wird.**

Die Persönlichkeitsstruktur ist von Erbanlagen und Umfeld geprägt. Die Grundstruktur – beim Beispiel Uhr ist das die Zifferblatt-Einteilung nach Stunden – des menschlichen Gewissens wird in der Kindheit festgelegt. Danach geschieht meist nur noch die Feineinteilung.

### These 107

**1. Religionen sind Fragmente des Restaurierungsversuches der notwendigen absoluten Autorität für die Strategie zum Überleben der Menschen.**

**2. Die Autorität des Gewissens wird von der Kultur, Religion oder Philosophie und von der Gesellschaft bestimmt.**

**3. Primärnormen entstehen, wenn sich kulturelle, soziologische und religiöse Bedürfnisse und Notwendigkeiten ergeben, die sich gegenseitig bestätigen.**

**4. Überlebensnotwendige Normen oder Maßstäbe für zwischenmenschliche Verhaltensmuster entwickeln und verändern sich durch Erfahrung, werden bewusst und unbewusst gelernt, angenommen und verteidigt.**

## 1.7 Funktion: Die Uhrzeiger

Auch die Länge der Zeiger, also die Stärke der Empfindungen von Scham und Schuld bzw. Ehre und Gerechtigkeit wird in der Kindheit bestimmt. Wer in Mitteleuropa aufgewachsen ist, wurde wahrscheinlich eher schuldorientiert erzogen. Die Sprachen verraten die Prägung der Kulturen und Mentalitäten der Gesellschaft. Sprichwörter und gängige Begriffe weisen auf diese Einseitigkeit hin. Wir handeln „nach Recht und Gerechtigkeit", weniger nach Ehre und Prestige. Bei uns wird „das Recht mit Füßen getreten", nicht das Prestige; aber die Ehre kann auch „verletzt" werden. Wir haben eine „Rechtsprechung", einen „Rechtsanwalt", keine „Ehrsprechung" oder einen „Anwalt für das Prestige".

Das war nicht immer so. Etwa 1000 Jahre zurück, in den Anfängen der europäischen Bewegung, angefangen von Karl dem Großen, der dem Christentum auch mit Waffen den Weg bahnte, herrschte der Animismus unter den zerstreuten Völkern und Stämmen. Der Animismus als Religion ist mehr schamorientiert, eher so wie der Islam und die anderen Hochreligionen, die ebenso eine animistische Grundstruktur haben. Wir hatten festgehalten: Die Religion bestimmt zu einem wesentlichen Teil die Autorität und die Normen und die Reaktion darauf – das sind die Zeiger auf der Gewissensuhr. Deshalb können wir davon ausgehen, dass Religionen mit starken animistischen Elementen die Schamorientierung des Gewissens unterstützen. Das war in Zentral- und Nordeuropa überall der Fall vor der Einführung des Christentums.

Karl der Große hat von jedem seiner Untertanen erwartet, dass er das *Vaterunser* auswendig sagen konnte. Auch ein Taufpate musste das können. Natürlich war die

Mt.6,9-13   weiterführende christliche Lehre für tieferen Einfluss verantwortlich. Sonst wäre dieses Gebet lediglich eine Gebetshülse geblieben. Das hat in dem Maße die Mentalität, das Volks- und das individuelle Gewissen von Scham- nach Schuldorientierung in dem Maße verändert, in dem sich die christlichen Inhalte in den kulturellen Strukturen auswirken konnten.

> **Das Vaterunser als Bekenntnis zum christlichen Glauben dient hier als Beispiel für den Einfluss der Religion. Inhaltlich ist es *eine Grundfunktion des christlichen Glaubens, in dem dessen Werte verankert sind:*[5]**

- ❑ Familiäre Beziehung und *Gemeinschaft* mit Gott.
- ❑ Ehre und Heiligkeit Gottes, die *höhere Autorität.*
- ❑ *Unterordnung* unter diese und *Anerkennung* dieser Autorität.
- ❑ Einbettung in die christliche *Gemeinde* mit *Zukunftshoffnung.*
- ❑ Stillung der *Grundbedürfnisse.*
- ❑ Wissen um die *Normen* Gottes und die Verpflichtung zum *Gehorsam* – sowie die Bitte um *Entlastung* des *Schuldbewusstseins.*
- ❑ Verpflichtung zur *Vergebung* – die Entlastung des Gewissens anderer.
- ❑ Bewusstsein um die *Schwachpunkte* des Gewissens in den Herausforderungen im menschlichen Zusammenleben.
- ❑ Angewiesensein auf *Kraft der höheren Autorität* für die Strategie zum Überleben.
- ❑ Die Ehre der höheren Autorität, deren Allmacht und Dauer über die menschlich erfassbare Zeitrechnung hinaus als Bezugspunkt für die menschliche Gemeinschaft.

Karl der Große hat mit dieser Forderung ein religiöses Fundament gelegt, das heute noch in Europa erkennbar ist. Gott wird als *Autorität internalisiert,* die Botschaft ist im Wesentlichen *schuldorientiert,* hat aber deutliche Bezüge zur Ehre und damit zur Schamorientierung. Nicht alle christlich-religiösen „Kirchenmauern", die darauf gebaut wurden, reflektieren diese Prinzipien. Interessant ist, dass durch das bewusste Ansprechen der Schuld auch dieses Bewusstsein verankert wurde: Der Schuldzeiger wurde immer deutlicher christlich ausgeprägt, wenn auch der Schamzeiger der ursprünglichen Religionen in der gesellschaftlichen Tradition seine Gültigkeit behielt, jedoch weniger mit christlichen Inhalten. Die Spontaneität und Intensität des Empfindens bestimmt die Länge der Zeiger in der „Gewissensuhr". Der kurze Zeiger reagiert träger – aber nicht ohne Bedeutung.

Als Vergleich zum christlichen Glauben sind *für den Islam* die *„fünf Pfeiler"* die *religiösen Übungen, durch die sich das islamische Gesetz und die Gewissensreaktionen eines Gläubigen äußern.* Sie zeichnen sich durch ihre Einfachheit, Eindeutigkeit und Absolutheit aus. Daran misst sich das Gewissen eines Muslim.

Das Glaubensbekenntnis stellt Allah und seinen Propheten als *Autoritäten* dar. Das rituelle fünfmalige tägliche Gebet, mindestens jeweils fünfzehn Minuten, mit Vorbedingungen (Blickrichtung nach Mekka) und vorgegebenem Wortlaut bestimmt das Bekenntnis, die

---

[5] Wortlaut nach Martin Luther: Vater unser im Himmel, geheiligt werde dein Name. Dein Reich komme, dein Wille geschehe wie im Himmel, so auf Erden. Unser tägliches Brot gib uns heute. Und vergib uns unsere Schuld, wie auch wir vergeben unseren Schuldigern. Und führe uns nicht in Versuchung, sonder erlöse uns von dem Bösen. Denn dein ist das Reich und die Kraft und die Herrlichkeit in Ewigkeit. Amen.

Eindeutigkeit und Unveränderbarkeit der *Unterstellung* unter Allah (*Islam* bedeutet Unterwerfung). Die Fastenzeit (einen Monat lang jeweils von Sonnenauf- bis Sonnenuntergang) ist eine Übung der *Disziplin*, des *Gehorsams* und des *Verzichts*. Die Almosen als religiöse *Pflicht* zeigen die *Verbundenheit* mit allen Gläubigen. Die einmalige Wallfahrt nach Mekka erbringt den ersehnten *Status* vor Allah und in der *Einheit* aller Muslime weltweit und hat einen starken psychologischen Effekt.

Die Übungen sind stark auf Gemeinschaft angelegt, darin liegt auch die religiöse Autorität für deren Durchführung. *Allah* bleibt im Wesentlichen als *bedeutsamer Anderer außerhalb* des Individuums. Der Islam ist insgesamt *schamorientiert* angelegt. So stellen sich auch die Kulturen dar, in denen der Islam vorherrscht.

## 1.7.1 Status: Schlechtes Gewissen

An diesem Punkt müssen wir Abschied nehmen vom gewohnten „Uhrzeigersinn". Die „Zeiger" der Gewissensuhr bewegen sich nicht mehr nur in eine Richtung, sondern in beide. Wichtig ist auch nicht mehr die Kombination zwischen Stunde und Minute; hier unterscheiden sich nur noch Normen höherer oder niedrigerer Prioritätsebene, in der Anzeige bzw. im Empfinden gelten also „Stundennormen" vor „Minutennormen".

Auf der „Gewissensuhr" ist der Winkel zwischen den beiden Zeigern wichtig. Alle Normen, die hier eingeschlossen sind, werden vom Gewissen „markiert": In Bezug auf diese Normen hat der Mensch ein sog. „schlechtes Gewissen". Das Schuld- und Schamempfinden reagiert auf diese Normen; aufgrund dieser wird ein Verhalten als falsch oder „Sünde" angezeigt.

## 1.7.2 Status: Gutes Gewissen

Ehre und Prestige sind gleichbedeutend mit Verlust der Schande. Gerechtigkeit und Recht stehen für Verlust der Schuld. Wohin also die kurzen Spitzen zeigen, die Normen, auf die sie deuten, das Feld, das sie abdecken: Hier ist für das Gewissen die Welt in Ordnung.

Weil ein gutes Gewissen in Ruhestellung ist, weil man es nicht spürt, deshalb kann eine Person auch nicht aufzählen, worin sie ein gutes Gewissen hat. Auch ein gutes Gewissen bezieht sich auf bestimmte Normen und Verhaltensmuster.

Normen, Werte und die entsprechenden Empfindungen dazu werden in Beziehung zueinander von jedem Menschen individuell gelernt. Eine Person kann diese Elemente nicht mehr trennen. Jeder Mensch hat deshalb sein individuelles Gewissen, vor allem in verschiedenen Kulturen wird diese Gewissensstruktur unterschiedlich zusammengestellt. Wie genau die verschiedenen Normen, *Qv.*: Kap. 2; 1.2 bis 1.5 Werte und Empfindungen in Beziehung zueinander gebracht werden, entscheiden die interne bzw. externe Autorität.

Deshalb ist es durchaus möglich, dass ein Mensch nicht nur den Anschein gibt, ein gutes Gewissen zu haben: Er hat es auch – auch wenn anderen bei der Wertung der Angelegenheit „die Haare zu Berge stehen". Der Unterschied zwischen den beiden Gewissensprägungen ist nur dann gravierend, wenn diese Personen zusammen arbeiten müssen, wenn sie aufeinander angewiesen sind.

## 1.7.3 Gewissen unter Stress

Das Gewissen macht dem Menschen normalerweise nur die wichtigsten Normen bewusst, um die es bei unserem Verhalten geht. Nur die persönlich oder kulturell wichtigsten werden angezeigt und lassen sozusagen die „rote Lampe" blinken. Auf der Gewissensuhr ist deshalb der Winkel, der den Status „schlechtes Gewissen" anzeigt, wesentlich kleiner als das Feld, in das die kurzen Spitzen der Zeiger weisen, also die Gebiete, bei denen ein „gutes Gewissen" vorherrscht. Deshalb erscheinen Menschen auch recht unbe-kümmert, obwohl bei ihnen hintergründig immer auch Gründe für ein schlechtes Gewis-sen vorliegen. Empfindsame Menschen reagieren eher darauf, vor allem wenn man mit ihnen in ein tieferes Gespräch kommt.

*Qv.*: Kap. 2 + Kap. 3:
Belastungs- und
Entlastungsmechanismus

Wie breit der Winkel des schlechten Gewissens sein muss, damit das Gewissen anspricht und belastet ist, kommt also auf die Empfindsamkeit des Menschen an – wir haben das mit der Länge der Zeiger in Verbindung gebracht. Wie stark diese Belastung sein kann, wie breit also der Winkel zwischen den Zeigern ist, damit die Belastung noch „tragbar" ist, das ist abhängig davon, wie „scharf" oder „abgestumpft" das Gewissen ist. Ein empfindsames Gewissen erträgt weit weniger Belastung. Eine einzige „Sünde" wird dann stärker empfunden als viele belastende „Sünden" in einem „stumpfen" Gewissen. Doch jede Belastung hat ihre Grenze: Es ist ein psychischer Schmerz, der Angst auslöst und der nach Entlastung verlangt. Diese Entlastung wird manchmal auch im Vollzug der Strafe gesehen. Deswegen stellen sich „Sünder" mit einem empfindsamen Gewissen auch noch nach Jahren der zuständigen Autorität zur Verantwortung.

Wenn das Statusfeld „schlechtes Gewissen" größer ist als der Rest, dann hat das Gewis-sen ein Problem: Es sind sehr viele Normen, die ein falsches Verhalten signalisieren, und es wird sehr schwierig, das Gewissen zu entlasten. Der Mensch gerät von vielen ver-schiedenen Seiten unter Druck – ob ihm das nun eingeredet wurde, aufgedrängt von der Meinung anderer, oder ob sein Gewissen tatsächlich selbständig so reagiert.

*Entweder* es ist tatsächlich so:

> Der Mensch übertritt laufend und bewusst viele Normen.

*Oder:*    Sein Gewissen ist sehr sensibel.

*Oder:*    Die Autorität der Normen ist unverhältnismäßig stark.

*Oder:*    Das Gewissen ist krank, es reagiert falsch.

Diesen „Sonderfall" gibt es leider häufiger als viele annehmen. Diese Menschen sind

*Qv.*: Kap. 6; theol.
Reflexionen

vielleicht religiös falsch geleitet und geprägt worden, oder sie sind psychisch schwach. Oder das Gewissen wurde *um*geprägt und ist noch nicht *aus*geprägt – noch nicht zu Ende, noch nicht vollständig.

## 1.7.4   Unempfindliches Gewissen

Auch das Gegenteil kann der Fall sein: Das Gewissen reagiert nicht mehr oder nur sehr schwach. Von einem Menschen wird nach einem bestimmten Verhalten vergeblich eine Gewissensreaktion mit Schuld und Scham erwartet.

Ein abgestumpftes Gewissen „erträgt" eine starke Belastung, wenn die einzelnen Normen ihren Wert verloren haben. Auch wenn die „Zeiger" verkürzt, d.h. das Scham- und Schuld-empfinden verkümmert sind. Damit hängen auch fehlender Gerechtigkeitssinn und das Bewusstsein der Ehre zusammen. Das sind deutliche Anzeichen von Krankheit wie auch „Elastizität", die auf inkonsequente Erziehung, fehlendes gutes Vorbild, schwache Autoritä-ten und andere negative direkte und indirekte Beeinflussungen zurückzuführen sind.

Dabei sind

*entweder*:

*Qv.*: Kap. 7:
„Krankes Gewissen"

> die Normen nicht so stark ausgeprägt wie bei anderen,

*oder:*    die Reaktionsfähigkeit der Zeiger ist eingeschränkt

*oder:*    der Mensch erkennt keine höhere Autorität für sein Gewissen an:

> Er hat ein unempfindliches Gewissen.

**These 108**

1. Die Länge der „Gewissenszeiger" wird durch die Reaktionsgeschwindigkeit auf Schuld und Scham und ihre Gegenpole Gerechtigkeit und Prestige bestimmt. Das offenbart den Grad der Spontaneität und die Intensität dieser Empfindungen.

2. Scham- und Schuldzeiger bewegen sich in beide Richtungen, es gibt keinen „Uhrzeigersinn". Scham und Schuldempfinden sind nicht an einen Ritus gebunden, sondern reagieren individuell.

3. Das Feld zwischen den Zeigern zeigt den Status des Gewissens an, aufgrund der akzeptierten Normen. Der Winkel kann verschieden breit „ausgehalten" werden, die Schmerzgrenze der Empfindungen ist bei Menschen unterschiedlich hoch.

4. Die Kraft des Gewissens wird aufgrund der Autorität und deren Werten aktiviert.

5. Funktionelle Anomalitäten des Gewissens sind auf Fehlentwicklungen bzw. -einstellungen zurückzuführen.

# 1.8    Umgestaltung und Neuprägung des Gewissens

Wenn ein Mensch seine Kultur oder Religion (nicht notwendigerweise beides gleichzeitig!) wechselt, bedeutet das für ihn eine tief greifende Veränderung, die im Erwachsenenalter wahrscheinlich nie vollkommen vollzogen werden kann. Schon der Umzug in eine andere Gesellschaft – von Württemberg nach Hamburg, von Berlin nach Bayern – kann mit starken psychischen Belastungen verbunden sein. Die Sprache oder der Akzent sind nur Symptome der Verschiedenheit der Mentalitäten, die mit Werten und vor allem Unterschieden der ungeschriebenen Normen verbunden sind.

Bei einem Kulturwechsel wird erwartet, dass die Hauptnormen sowie der untergeordnete Satz von Normen anerkannt wird – zumindest so weit, wie das von der jeweiligen Regierungsform vorgeschrieben ist. Jeder Staat duldet je nach seinem Selbstverständnis eine gewisse Toleranz. Davon ist auch der Grad der Religionsfreiheit abhängig. Ein liberaler Staat, bei dem die Religionsstruktur keine dominante Größe bildet, wird mehr Freiheit erlauben. Wenn die Religion den Anspruch auf direkte politische Führung erhebt, ist eine säkulare oder liberale Toleranz nicht zu erwarten. Wird sie trotzdem – unter dem Druck der Ereignisse oder Wünsche – gewährt, bleibt das ein Schwelbrand, der auf seine Gelegenheit wartet.

Ein Religionswechsel beinhaltet auf jeden Fall die bedingungslose Anerkennung der obersten Autorität mit deren Anspruch auf Absolutheit und deren Anwendung. Der Mensch anerkennt ebenso die hierarchischen Normen mit den Werten, die von der Autorität bestimmt werden. Wie stark sich ein Mensch mit dem System identifiziert ist abhängig von der Toleranz, die zugestanden wird – von konservativ bis liberal, von fanatisch bis nominell. In einem konservativen, nationalistischen Staat, der von einer Staatsreligion dominiert wird, zu einer nicht populären Religion zu wechseln, hat u.U. fatale Folgen; dabei geht es um die Konkurrenz zur politisch ausgeübten absoluten Autorität. Nur wenige Staaten dulden diese Diskrepanz.

So verfolgen z.B. islamische Staaten solche Menschen, und wenn diese keinen Rückhalt von ausländischen Regierungen haben, können sie sogar umgebracht werden. Das ist vor allem bei eigenen Volksangehörigen zu erwarten, deren Religionswechsel als Verrat am Vaterland und der höheren Autorität gewertet wird. Ausstoß aus der Gesellschaft, auch aus der engen Familie mit konsequenter Enterbung sind die Regel.

Der Wechsel zu der vorherrschenden Religion dagegen wird meist unterstützt und auch durch materielle oder ideelle Werte honoriert. Ein säkularer Staat dagegen wird kaum davon Notiz nehmen.

Im Allgemeinen spricht man bei einem Religionswechsel von konvertieren. Dabei wird ein neuer Lebensstil nach vorgegebenem Muster eingeübt.

## 1.8.1   Religiöser Paradigmenwechsel

### 1.8.1.1   Theorien des Religionswechsels

Religionswechsel ist seit Menschengedenken an der Tagesordnung der Geschichte: Freiwillig oder gezwungen, vorgetäuscht oder echt, unterschwellig oder offen. Jedes Mal wird ein Paradigmenwechsel vollzogen – mehr oder weniger radikal und konsequent. Nicht nur ein Eintrag in der Steuerkarte ändert sich, sondern ein neues Denk- und Verhaltenssystem wird auf ein altes gesetzt. Je nachdem, wie konsequent der Paradigmenwechsel durchgeführt wird, so bleiben die alten Systeme erhalten, werden ersetzt und verändert, oder sie bleiben koexistent – sie funktionieren nebeneinander. Abhängig davon, mit wem man es gerade zu tun hat, wird das eine oder das andere „eingeschaltet".

Menschen, die vom Islam zum Christentum wechseln, werden *Konvertiten* genannt, *Heiden*, die zum Judentum übergetreten sind, *Proselyten.* Wenn z.B. Deutsche Muslime werden, spricht man davon, dass sie zum Islam *übergetreten* sind. Religionswechsel geschieht um irgendwelcher Vorteile und Überzeugungen willen. Man spricht dann von „Reischristen", wenn es vor allem für arme und hungrige Menschen attraktiv erscheint, sich den Missionaren anzuschließen, weil damit die Grundversorgung ihrer Bedürfnisse sichergestellt wird.

Uninformierte sprechen plakativ davon, Missionare würden anderen den christlichen Glauben „überstülpen". Im Folgenden wird deutlich, dass das im Sinn eines Paradigmenwechsels nicht möglich ist. In der Kolonialzeit profitierten Staatsbeamte und Militär vom Vertrauen der Missionare, die meist gut die Sprache ihres Arbeitsgebiets sprechen konnten. Sie setzten sich in den allermeisten Fällen für die Belange der Einheimischen ein und verteidigten die Menschenrechte für diese – oft gegen ihre eigenen Staatsangehörigen. Sie waren deshalb nicht immer gern gesehene „Kollegen". Auch Missionare profitierten von den Kolonialisten, wenn sie auf deren militärische „Sicherungen" bauen konnten.

Die Motive für den Religionswechsel sind „Legion" – sehr vielfältig und oft nicht durchschaubar. Den unterschiedlichen Modellen liegt jeweils ein Paradigmenwechsel im Gewissen zugrunde, der tief in die Persönlichkeit des Menschen eingreift und nicht ohne aktive, willentliche Mitarbeit des Betroffenen möglich ist. Missionare stehen eher daneben, sie sind Advokaten der Veränderung, sie vermitteln die Information und machen sie verstehbar. Aber die Veränderung selbst wird von der angesprochenen Person und oft genug auch von der Gruppe vollzogen, der sie angehört. Im letzten Fall haben wir es mit einer Gruppenkonversion zu tun, wobei die gesellschaftlichen Autoritäten ebenso aktiv mitwirken.

**Grafik 22: Intergration neuer Elemente durch Insider**

Integration neuer Elemente durch „Insiders" einer Kultur

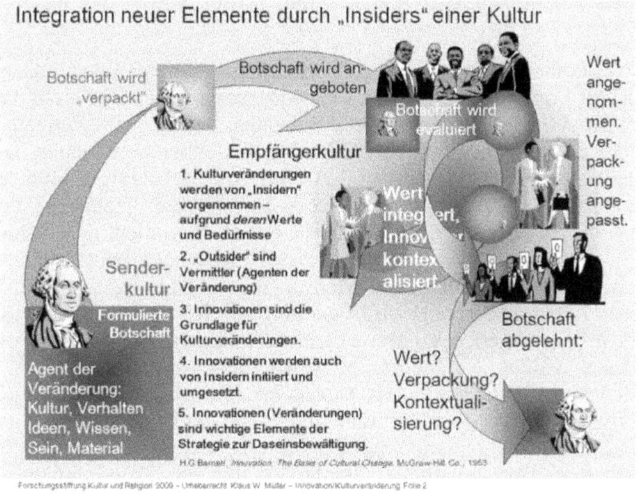

**These 109**

**Entwicklungshelfer, Ärzte oder Politiker veranlassen durch ihre Arbeit, ihre Argumentationen und ihre Ziele einen Paradigmenwechsel: Sie erwarten und veranlassen Veränderungen, deren religiöser Konsequenz sie sich oft nicht bewusst sind.**

Wenn ein Traktor 20-30 Zentimeter tiefe Furchen zieht, nach der Religion der Einheimischen jedoch nach einer Handbreit-Tiefe schon der Bereich der Erdgeister beginnt, ist die Arbeit des Agraringenieurs ein direkter Eingriff in die Religion. Soll der einheimische Mitarbeiter die Arbeit später ohne den Entwicklungshelfer selbständig weiter führen können, muss ein Paradigmenwechsel im religiösen Denksystem vollzogen sein. Sonst wird der Einheimische den Acker später nur 10 cm tief umgraben, um sicher zu sein, dass ihm kein Unglück passiert. – Rationale Erklärungen unterliegen den religiösen.

Oder ein Arzt verschreibt Medizin, die vier Wochen lang täglich eingenommen werden muss. Der Kranke ist aber der Meinung, dass eine Medizin nur „stark" ist, wenn die Medizin beim ersten Mal wirkt. Sonst hat der Ahnengeist, der dieser Medizin *Mana*, also Kraft verleiht, keine Macht und wird konsequenterweise nicht mehr angesprochen.[6] Deshalb nimmt der Kranke entweder die Medizin vom westlichen Arzt nur ein Mal, oder alle Pillen für den ganzen Monat zusammen an einem Tag. Soll er verstehen und tun, was der Arzt sagt, muss er seine religiöse Vorstellung ändern. Sein Gewissen hat die religiösen Denksysteme integriert.

Viele Entwicklungsprojekte und politische Verträge sind in den Sand gesetzt worden, weil religiöse Komponenten nicht berücksichtigt wurden. Es hat sich erwiesen, dass Entwicklungshilfe zusammen mit Mission am erfolgreichsten ist.

### 1.8.1.2    Bei einem religiösen Paradigmenwechsel geht es ...

#### 1.8.1.2.1    ... um die Anerkennung der Autorität als Objekt der Religion.

Jede Religion und jede Gottheit beanspruchen Absolutheit – das liegt im Sinn der Begriffe, in deren Identität. Sie wird ihnen nicht zugesprochen, sondern von ihrem Selbstbild

---

[6] Diese Zusammenhänge sind hier verkürzt beschrieben. Für Hintergründe siehe Lothar Käser, *Animismus*. Bad Liebenzell/Neuendettelsau: VLM/Erlanger Verlag für Mission und Ökumene, 2004.

abgeleitet. Diesen Anspruch als menschlich irrationale Vorstellung zu kritisieren und der Gottheit die Anerkennung zu verweigern, wäre wie einem Hahn das Krähen absprechen zu wollen. – Bei jedem religiösen Paradigmenwechsel geht es um das vorherrschende *Gottesbild.*

Der christliche Gott sieht sich z.B. als heiligen, unantastbaren Gott, allmächtigen Schöpfer, weisen Richter und liebenden Vater. Das widerspricht sich vielleicht nach der Logik der Menschen, nicht nach dem Selbstbild des Gottes, wie er sich offenbart in der Natur, in der Geschichte, vor allem nach den Schriften des Alten und Neuen Testaments. Er

2.Mo.20 stellt sich selbst mit seinem 1. Gebot vor: „Ich bin der Herr, dein Gott, du sollst keine anderen Götter neben mir haben." Heilig ist unveränderbar, unteilbar, ganzheitlich, absolut. Andere Attribute verdienen nicht den Namen „Gott". Er gibt sich dem Menschen zu erkennen, wenn dieser ihn kennen lernen möchte; er reagiert auf eine solche Einstellung. Wenn ein Mensch diesen Gott freiwillig und bewusst als Autorität für sein Leben anerkennt, wird Gott ganzheitlich bleiben und auch die autoritativen Funktion im Gewissen sein. Bei einem Paradigmenwechsel wird nicht das Bild

1.Kor.13,9 dieses Gottes verändert, sondern Gott verändert das Verstehen des Menschen. Das dieses im Gewissen immer auch menschliche Elemente enthält, bleibt die Erkenntnis Gottes fragmentär. Aber jeder Mensch hat Zugang zu Gott, da dieser auf Kommunikation angelegt ist und eine persönliche Beziehung zu seinen Geschöpfen wünscht. Der christliche Glaube ist also eine kommunikative Beziehung

*Qv.*: Kap. 6: zwischen Gott und Menschen. Das wird zur integrativen Einheit im Gewissen.
theol. Reflek- Deshalb wird es schwierig, Christen „weis machen" zu wollen, Gott existiere
tionen nur in ihren Vorstellungen und ihr Glaube bestehe lediglich in Synapsen der Gehirnzellen, die entsprechende Information aufgenommen haben.

### Grafik 23: Grafik: Gott als Funktionaler Ersatz für Gottheit

Dieser wichtigste Vorgang zieht eine Reihe anderer Einsichten nach sich, denn eine Religion ist ganzheitlich. Man kann nicht nur Einzelelemente austauschen. Das ganze System würde bestenfalls nominell bleiben und synkretistisch durchsetzt sein. Ein solcher „christlicher" Glaube ist nicht tragfähig und wird irgendwann wie ein Kartenhaus in sich zusammenbrechen.

Missiologen sprechen von einer kritischen Kontextualisierung; dabei werden alle Bereiche der Lebensbewältigung berücksichtigt. Nur diejenigen Elemente werden zur Veränderung bedacht, die zur ganzheitlichen Funktion notwendig sind. Damit bleibt die Kultur weitestgehend unberührt. Daraus folgende Veränderungen werden schonend, rational und emotional mit funktionalem Ersatz des ursprünglichen Systems angeboten, angenommen, verstehbar eingeübt und erhalten ihren festen Platz im Gewissen. Das neue Beziehungssystem wird langsam zum Eigentum des Christen. Das geschieht am schonendsten in einer kohäsiven ethnischen Gruppe, wobei die ursprüngliche soziale Einheit erhalten bleibt.

### These 110

**Der Paradigmenwechsel einer ganzen sozialen Einheit ist für das Gewissen des Einzelnen schonend, vorteilhaft, überzeugend, funktional und nachhaltig.**

## Grafik 24: Kritische Kontextualisierung

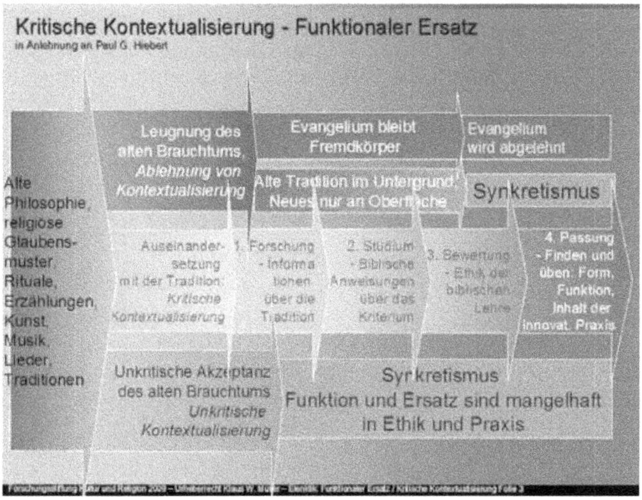

### 1.8.1.2.2   … um den Menschen als Subjekt der Religion.

Der Mensch anerkennt seinen *Status vor der neuen Gottheit* – aus deren Wertung und Sicht. Der Mensch hat dabei nicht mitzureden. Der Grad der Freiwilligkeit, den die Gottheit dem Menschen überlässt, sich an die vorgegebenen Normen zu halten, ist nicht sehr unterschiedlich in den Religionen: Immer wird Gehorsam gefordert. Der Mensch wird in Verantwortung genommen: Es geht um Fluch oder Segen mit allen Folgen. Daran wird auch der „Ewigkeitswert" festgemacht: Es gibt so etwas wie einen „Himmel" als positiven Ausgang aus dem diesseitigen Leben, eine „Hölle" als Folge des Un-/Gehorsams, ebenso Mechanismen, die Weichen und Wege dahin zu manipulieren. Bei jeder Religion gibt es eine Perspektive des Lebens nach dem Tod.

### These 111

**Das Menschenbild aus der Sicht der jeweiligen Gottheit bestimmt die religiöse Weltsicht.**

Im christlichen Glauben steht der Mensch von Geburt an unter dem Einfluss der Sünde als Störung der Beziehung zu Gott. Im Alten Testament galt die Befolgung des Gesetzes als Garantie für die Zugehörigkeit zum Volk Gottes. Im Neuen Testament wird die Beziehung am Glauben fest gemacht. Der Mensch wird von Gott als intelligentes Gegenüber respektiert, auch in der freien Entscheidung gegen Gott. Das ist biblische „Sünde", in die er hineingeboren ist und die sich willentlich                1.Joh.3,4 fortsetzt: Letztlich Auflehnung gegen Gott. Dafür trägt der Mensch Verantwortung. Deshalb kann der Mensch auch keine („guten") Leistungen erbringen, die vor Gott gewertet werden können. Es geht um die *biblische Anthropologie*: Das Menschenbild aus der Sicht Gottes.

### 1.8.1.2.3   ... um den Sinn des Lebens als Religionsziel

Ob eine Beziehung zu Gott hergestellt werden kann, unter welchen Bedingungen und mit welchen Auswirkungen, beschreibt die jeweilige Funktion der Religion. Welche Voraussetzungen hat die Gottheit erbracht und welche Leistungen muss der Mensch erbringen? Ist das machbar für ihn?

### These 112

**Die Religion gibt Antwort auf Fragen über Sinn und Ziel, Zukunft, Hoffnung, Sicherheit durch den Glauben über das Leben hinaus.**

Im christlichen Glauben gibt Gott die Voraussetzung für die Möglichkeit des Segens und Lebens: Nicht die Menschen erbringen die Leistung einer neuen Solidarität, sondern Gott vergibt großzügig die bisherige Ablehnung. Die Versöhnung zwischen Gott und Mensch wird möglich durch die Sühne für die Sünde, die Gott selbst durch seinen Sohn erbringt, weil der Mensch durch diesen Zustand nicht mehr dazu fähig ist. Sie wird angeboten und kann angenommen oder abgelehnt werden. Sonst wäre das nicht beidseitige Versöhnung, nicht „Evangelium" als eine „gute" Botschaft. Gott hält damit an seinem ursprünglichen Plan fest: Gemeinschaft mit dem Menschen im Bild der Familie. Das ist „ewiges Heil", die christliche *Soteriologie*.

### 1.8.1.2.4   ... um die neue Kohäsion, die Zugehörigkeit

Jede Religion ist in sich eine Kohäsionskraft und Identität. Diese ist oft stärker als menschliche Bindungen. Die Religionsgemeinschaft ist durch Gesetzmäßigkeiten, Verhaltensmuster, durch Rituale und Glaubensäußerungen geregelt. Sie ergeben den Sinn und das Ziel des Lebens, die nur zusammen mit anderen verfolgt werden können. Die Gottheit ist nach ihrem Schöpfungs- und Heilsakt in einer gewissen Distanz zum Menschen und trifft ihn erst wieder nach Erfüllung der Religionspflichten, nach dem Tod.

Im christlichen Glauben ist Christus für die Versöhnung der Menschen mit Gott Mensch geworden und geblieben, gleichzeitig auch Gott. Er ist der Brennpunkt der neuen Zugehörigkeit für alle, die die Versöhnung durch die Erkenntnis der Schuld vor Gott für sich in Anspruch genommen haben: die Gemeinde. Die Entscheidung ist freiwillig eingeleitet, dann aber mit Unterstützung durch die Kraft Gottes vollzogen: der Heilige Geist wird verliehen – ein Zeichen des Familienrechtes bei Gott und der Eingliederung in die Gemeinschaft aller Gläubigen. Der Mensch nennt sich nun nach seinem neuen Herrn Christ und strebt danach, ihn zu ehren und ihm zu gehorchen. Er beginnt in der Logik Gottes zu denken. Das wird unterstützt und äußert sich in der intensiven, intellektuellen Beschäftigung mit der Bibel und deren Anerkennung als die Gedanken Gottes in menschlicher Sprache und Form. Er stellt sich in den Dienst seines Herrn in der Verbreitung des Evangeliums. Das ist die christliche *Ekklesiologie*.

### These 113

**Ein religiöser Paradigmenwechsel zum christlichen Glauben findet in seiner Ganzheitlichkeit keine Parallele in anderen Religionen. Er vollzieht sich im Gewissen.**

## 1.9    Der Paradigmenwechsel im Gewissen am Beispiel der christlichen „Bekehrung"

### Grafik 25: Die natürliche Prägung des Gewissens

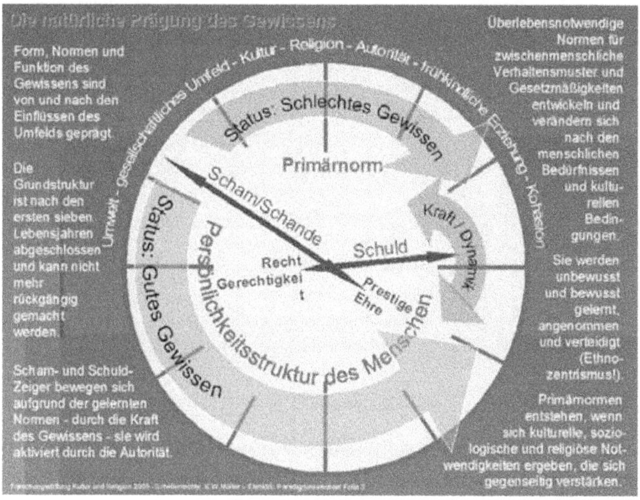

Im Folgenden werden einzelne Schritte bei einem Paradigmenwechsel zum christlichen Glauben – unabhängig von welcher vorhergehenden religiösen Kohäsion – mit theologischer Interpretation nachvollzogen. Mit diesem Beispiel können andere religiöse oder kulturelle Paradigmenwechsel als Gewissensvorgänge verglichen und für die soziale Auswirkung gewertet werden.

### 1.9.1    Autoritätswechsel

Gott tritt nur auf persönliche Einladung des Menschen in dessen Leben ein, dann aber mit seinen ganzheitlichen Attributen Heiligkeit, Liebe und Gerechtigkeit … . Daraus ergibt sich, dass Gott zur Primärnorm, zur „12" wird. Das erste Gebot tritt in Kraft. Gott ist dreieinig: Der Heilige Geist ist die ausführende Kraft, Christus ist der Bezugspunkt als Mittler und Herr. Gott wird als höhere Autorität internalisiert. Alle weiteren Vorgänge hängen davon ab, wie das Gottesbild aussieht, das der Mensch übernimmt und in sein Leben integriert: Ein ewiger, heiliger, gerechter Gott – oder eine manipulierbare Gottheit? Gottes Absolutheit wird ihm vom Menschen zugestanden – oder nicht. Dementsprechend wir sich Gott im Menschen auswirken.

Mit diesem ersten und wichtigsten Schritt wird der Mensch Christ, er benennt sich nach seiner neuen Autorität. Das geschieht im gewohnten kulturellen und gesellschaftlichen Umfeld. Alle bisherigen Normen sind weiterhin in Kraft, die Zeiger funktionieren traditionell. Aber das Leben des Christen erhält nun eine neue Wertordnung.

**Grafik 26: Paradigmenwechsel im Gewissen I**

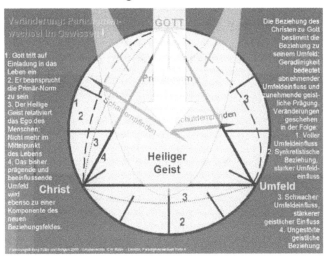

**These 114**

**Wenn ein Wechsel der Autorität willentlich vorgenommen wird, wird die Kraft des Gewissens beeinflusst, aber die Verantwortung des Menschen wird nicht abgelöst.**

Der Geist Gottes macht aufmerksam auf Gottes Willen, gibt Gedanken und Impulse: Die Kraft des Gewissens wird durch den Heiligen Geist erneuert. Empfindungen werden auf die Ehre Gottes ausgerichtet. Das Gewissen wird dadurch spontaner, es meldet sich stärker und präziser zu einer gegebenen Situation und verstärkt den Sinn für Gerechtigkeit. Der Christ erkennt Schuld, die bis dahin verdrängt war, er beginnt sich für Verhalten zu schämen, das ihm vorher gleichgültig erschien. Vor allem: Er lernt, die Vergebung durch Jesus Christus in Anspruch zu nehmen. Er bereinigt seine Vergangenheit von Erinnerungen an Verhaltensweisen, deren sich Gott schämt, die nicht seiner Gerechtigkeit entsprechen. Dann kann er in Frieden und Freiheit auf sein Leben zurückblicken und zuversichtlich in die Zukunft schauen. Sein Leben erhält durch Gott eine neue Perspektive, Sinn und Ziel sind mit Gott selbst verbunden: Die neuen Werte setzen neue Prioritäten für Denken und Verhalten. Dieser Prozess kann sehr schnell durchlaufen werden, aber auch Jahre dauern.

Der Christ kann sich diesem Prozess widersetzen, er kann ihn hemmen oder unterbinden; er wird durch den Heiligen Geist nicht vergewaltigt. Er behält die Autonomie über sein Gewissen. Gott möchte den Menschen zu dem Gegenüber machen, das er ursprünglich geschaffen hat.

**These 115**

**Je mehr der Christ dem Einfluss des Heiligen Geistes bewusst Lebensraum überlässt, die Impulse aufnimmt und die neuen Werte anerkennt, umso mehr kann er Gottes Gedanken nachvollziehen und neue Verhaltensmuster entwickeln.**

### 1.9.1.1    Beziehung zu Gott und zum Umfeld

Wenn ein Mensch Christ wird, steht er zunächst weiter in den alten Beziehungen und Abhängigkeiten. Er sieht sich im Mittelpunkt der Welt, auch Religion hat ihm zu dienen.

Je mehr Raum der Christ seinem Gott zugesteht, umso größer ist der Einfluss, den der Heilige Geist nehmen kann. Das Ego des Menschen weicht aus dem Mittelpunkt seines

Lebens: Der Ur-Egoismus wird aufgebrochen, der Christ lebt nicht mehr nur für sich. Er erkennt sich als Teil der Gemeinschaft mit Gott und den Menschen. Auch das bisherige Umfeld ist nicht mehr allesbestimmend. Der Mensch und sein Umfeld – Gesellschaft und Kultur – werden zu Komponenten des Lebens, aber sie machen nicht mehr das Leben selbst und alleine aus. Gott ist als Autorität in seiner Person die wichtigste Komponente. Deshalb können Christen sagen: Man muss Gott mehr gehorchen als den Menschen! – auch sich selbst.

Apg.5,29

Durch diese neue Beziehungsorientierung entsteht aus dem Kreis immer mehr ein Dreieck. Die Verbindung zu den anderen Komponenten ist durch den Heiligen Geist von Vertrauen und Liebe bestimmt. Diese Beziehungselemente dulden – im Bild gesprochen – keine weiten „Umwege": Die Linie zwischen Gott und dem Christen strafft sich, wird aus der runden Form immer mehr zur geraden Linie. Geradlinigkeit bedeutet eine enge, eindeutige Beziehung ohne störende, fremde Umfeldeinflüsse. Das heißt: Auch die Beziehung des Christen zu Gott und zu seinem Umfeld wird eindeutiger, transparenter, sie wird von egoistischen und sündigen Elementen gereinigt.

Diese Verbindung ist entscheidend für die Beziehung des Christen zu seinem Umfeld, denn nicht mehr säkulare oder fremdreligiöse Impulse aus dem gesellschaftlichen Umfeld diktieren jetzt den Umgang mit der obersten Autorität. Liebe und Vertrauen zu Gott bestimmen auch die Beziehung zu den anderen Menschen. Sie erhält ihre Perspektive und ihre Impulse vom Heiligen Geist. Wo Liebe der bestimmende Faktor ist, werden Verbindungen zu anderen Menschen fester, geradliniger, zuverlässiger, berechenbarer. Die Verhältnisse werden geklärt, Zweideutigkeiten und Grauzonen werden aufgeklärt, nebulöse Zustände verschwinden. Der Christ macht sich beobachtbar, er wird transparenter – seine Beweggründe und Motive sind erkennbar.

Das wirkt sich auf die Gedanken dieser Menschen über Gott aus – sie erkennen den Grund der Veränderung beim Christen in dessen Beziehung zu ihm. Sie empfinden das als angenehm, sie denken darüber nach, wenn auch nur insgeheim. Nach außen entsteht dabei manchmal eher Zurückhaltung – man will nicht religiös infiziert werden. Aber auf Liebe kann kein Mensch lange ablehnend reagieren.

Die Dreiecksverbindung schließt sich: Je enger die Verbindung mit Gott, um so geradliniger die Beziehung zum Umfeld und um so klarer erkennt sich das gesellschaftliche Umfeld in diesem Licht. Damit ist ein wichtiger Grundsatz deutlich:

### These 116

**Der Christ muss nicht sein Umfeld verändern, sondern die Beziehung zu seinem Gott und zu den Menschen in seinem Umfeld in Ordnung bringen und halten.**

Aus dieser Verbindung ergeben sich die Auswirkungen auf Gesellschaft und Kultur. Je mehr solche Christen es in einem bestimmten Umfeld gibt, umso stärker wird die Gesellschaft durchsetzt von Gottes guten Gedanken des Friedens.

Jer.29,11

Jesus Christus hat diesen Vorgang mit Sauerteig verglichen, der sich durchsetzt, wenn er erst einmal angesetzt ist. Das nimmt Verkrampfungen aus Verhaltensmustern, aus Gesprächen, aus Predigten, aus Traktaten und anderer christlicher Literatur. Veränderung von Gesellschaft und Kultur geschieht durch den Heiligen Geist, der sich der Beziehung der Christen zu ihrem Umfeld bedient. Dabei werden natürlich auch Gespräche geführt, Impulse gegeben und Verhältnisse geordnet, aber kein Druck ausgeübt.

Dieser Vorgang ist in der Grafik 27 nummeriert und definiert:

1. steht für die alte Form der Verbindung nach kulturellen und gesellschaftlichen Vorgaben. Das ist die Situation bei und gleich nach der Anerkennung von Gott als höhere Autorität. Dabei geht der junge Christ auch mit Gott so um, wie es seinem fragmentären, unvollständigen Gottesbild entspricht. Das äußert sich in der Art und im Inhalt seines Gebets und seines Verhaltens in der Gemeinde.

2. bezeichnet synkretistische Beziehungen zu Gott und Menschen mit menschlichen und auch sündigen Motiven, beeinflusst von der Gesellschaft („Ellbogen", Machtgehabe, Korruption). Das ist bei unreifen Christen der Fall, denen die Beziehung zur „Welt" noch viel bedeutet, die Kompromisse eingehen und deren Verhältnis zu Gott untergeordnet ist. Man merkt ihnen im täglichen Umgang nicht an, dass sie Christen sind.

3. hierbei besteht noch eine synkretistische Beziehung, doch mit abnehmenden Umfeldeinflüssen und stärkerer christlicher Prägung. Hier sind reife Christen zu finden, die sich der Auseinandersetzung mit der Gesellschaft und Kultur stellen und sich immer häufiger, wenn auch unter innerem Kampf, für die Gedanken Gottes entscheiden können. In manchen Situationen verlieren sie; sie drücken sich vor schwierigen Entscheidungen, können sich nicht zu einem klaren Bekenntnis entschließen oder entziehen sich peinlichen Situationen. Sie werden gelegentlich zornig oder ziehen sich beleidigt zurück.

Joh.10,30    Ab 4. steht dann eine ideale Verbindung ohne Umfeldstörungen. Dieses enge
Mt.4,1-10    Verhältnis mit seinem Vater hat Jesus Christus vorgelebt: „Ich und der Vater
1.Joh.1,8    sind eins". Er hat sich in seiner Beziehung zum Vater auch nicht durch Satan
             beirren lassen. Umfeldeinflüsse und Versuchungen haben keine Chance.
Dieses ultimative Ziel wird Christen erst in der Ewigkeit vergönnt sein. Zu behaupten, das sei bei ihm hier im Leben schon so – damit übernimmt sich ein Christ, er verkennt sich, das Umfeld, und wahrscheinlich kennt er seinen Gott nicht gut genug.

In dem Beziehungsdreieck vollziehen sich Veränderungen in dieser Reihenfolge:

Beziehungs-Reihenfolge

        a) Gott – Christ,

        b) Christ – Umfeld und

        c) Umfeld – Gott.

Natürlicherweise werden sich Veränderungsebenen gegenseitig so beeinflussen:

Reihenfolge: a bis c                Intensität der Beziehung: 1 bis 3

        a) 1      b) 1      c) 1

        a) 2      b) 1      c) 1

        a) 3      b) 2      c) 1

        a) 4      b) 3      c) 2

Der Vergleich hinkt: Es kann der Eindruck entstehen, dass Christen ihre Kultur (Beziehung: Umfeld-Gott) nur wenig beeinflussen können. Tatsächlich geht die Missiologie davon aus, dass 10% der Bevölkerung notwendig sind, so dass sich ihr religiöser Einfluss durchsetzen kann.

Joh.14,6    Durch diesen Vergleich soll das Verständnis dafür entstehen, dass der einzelne
            Christ durch seine Beziehungen Einfluss auf sein unmittelbares Umfeld
nehmen kann, ihm jedoch die Beziehung der anderen Menschen zu Gott nicht direkt zugänglich ist: Sie ist nur indirekt beeinflussbar. Hier greift das zielgerichtete persönliche Gebet, wodurch Gottes Geist motiviert werden kann: Gott möchte diesen Menschen persönlich begegnen. Sie sollen eine eigenständige Verbindung zu Gott aufnehmen. Christen können Hilfestellung geben, sind aber nie der Weg zu Gott selbst: Das ist Christus.

### These 117

**Das Entwicklungsstadium des Gewissens eines Christen ist abhängig von seiner Beziehung zu Gott und seinem Umfeld und von den übernommenen neuen Werten und Normen.**

Christen können andere Menschen auf Gott aufmerksam machen, ihnen von Gott erzählen und ihnen das Leben mit Gott vorleben, dürfen aber nicht deren Willensfreiheit für eine Entscheidung beeinträchtigen.

### These 118

**Das Gewissen eines Christen darf sich nicht zum Maßstab des Gewissens anderer erheben.**

Auch das nimmt den Krampf aus Bemühungen um gesellschaftlichen und kulturellen Einfluss der Christen. Negativbeispiele für Gewaltakte sind vielleicht die Kreuzzüge oder Missionierungsversuche im Mittelalter. Diese Fehler wurden überwunden. Manche christliche Literatur und Evangelisations-Methoden erinnern allerdings auch heute noch daran; dabei vergisst der Eifer die Liebe, die warten kann. *Über*zeugen ohne zu überreden ist *be*zeugen – das respektiert das Gegenüber mit dessen positiven oder negativen Einstellung. Druck oder gar Zwang ist in der christlichen Botschaft nicht enthalten – sie wären kontraproduktiv und sind eigentlich nicht „religiös".

### These 119

**Wenn mit Berufung auf Religion Gewalt angewendet wird, hängt das mit dem Selbstverständnis der jeweiligen Gottheit zusammen; jedenfalls liegt immer eine inhumane menschliche Ideologie dahinter.**

Im so genannten „Missionsbefehl" sind „alle Völker" das Ziel der Vermittlung der Gedanken Gottes: ein Volk nach dem andern, mehrere Völker von verschiedenen Gesandten gleichzeitig, keines auslassend. Das ist das Ziel jeder Hochreligion, allerdings nicht bei allen so explizit als Auftrag formuliert wie im Christentum. Auch das hat mit dem Selbstbild der Gottheit zu tun.

### Grafik 27: Paradigmenwechsel im Gewissen II

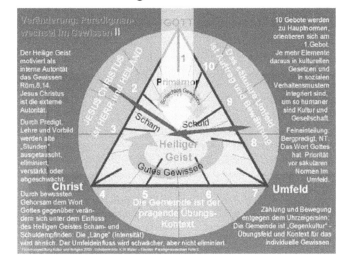

### 1.9.1.2    Neuordnung der Normen

### These 120

**Der Einfluss der Autorität des Gewissens ist so umfassend, dass kein Gebiet des Lebens davon unberührt bleibt. Unter der neuen Autorität werden alle Normen neu**

**gewertet, gewichtet und geordnet – die Wertung wird individuell nach der jeweiligen Beziehung zur Autorität und zum Umfeld vorgenommen.**

Der Stellenwert und die Hierarchie der Normen (Prioritätsebenen) werden nach der jeweils höheren Autorität ausgelegt. Eine neue Grundstruktur wird erkennbar. In den neuen Beziehungen fehlende Normen bilden sich neu, andere aus den bisherigen Beziehungen werden abgewertet, viele bleiben unverändert.

Die „12" repräsentiert das erste Gebot. Einzelne Normen sind zwar wieder erkennbar, aber sie orientieren sich an der jeweiligen Autorität. Sie ist als Primärnorm die Zusammenfassung aller Gebote: „Liebe Gott den Herrn von ganzem Herzen, von ganzer Seele und von ganzem Gemüt. Das ist das höchste und größte Gebot. Das andere ist ihm gleichgestellt: Liebe Deinen Nächsten wie dich selbst. In diesen beiden Geboten hängt das ganze Gesetz und die Propheten." Gott ist der neue Inhalt und Bezugspunkt aller Werte und Gebote.

Mt.22,37-39    Die Zehn Gebote aus 2.Mo.20 – in Laufe der Kirchengeschichte verschie-
5.Mo.6,5       dentlich sortiert und von Denominationen heute unterschiedlich gezählt –
3.Mo.19,18     bilden den Grundkanon, die Grundstruktur, für Gottes Normen. Die Zehn
Röm.13,9-10    Gebote werden im Neuen Testament nicht außer Kraft gesetzt, sondern als
               unveränderlich gegeben vorausgesetzt. Sie orientieren sich am ersten Gebot
und sind die obere Prioritätsebene in der Wertstellung für alle übrigen Normen.

Die ersten vier Gebote regeln die Beziehung zwischen Gott und dem einzelnen Christen: Kein Bildnis erstellen, das dazu verleiten könnte, die menschliche Vorstellung von Gott und das Verständnis von ihm über oder vor das Selbstverständnis Gottes zu stellen (**zweites Gebot**). Gottes Namen nicht in den Schmutz ziehen; die Art und Weise, wie wir über jemanden reden gibt Aufschluss über unsere Beziehung zu ihm.

Die von Gott eingesetzten Feiertage heiligen – das ist der Ruhetag, der auf den siebten und
               letzten Schöpfungstag zurückgeht (**drittes Gebot**) und in der sinaitischen
1.Mo.2,2       Gesetzgebung als Sabbath festgelegt wurde. Die Christen in Antiochien
2.Mo.16,23     verlagerten diesen Ruhetag auf den Auferstehungstag Christi; das wurde von
Apg.20,7       anderen übernommen und sie feierten ihn am ersten Tag der Woche.[7]

Das vierte Gebot ist der Schnitt zum gesellschaftlichen Umfeld, das mit den Eltern beginnt. Damit wird gerade diese Beziehung besonders als die kleinste gesellschaftliche und kulturelle Einheit geschützt. Gott hält sie in direkter Beziehung zu sich selbst durch die
               Verheißung seines Segens. Das ist ein Hinweis für die Prägung des
5.Mo.4,10      Gewissens, bei der die unmittelbaren Eltern vor Gott die Hauptverantwor-
               tung tragen.

Es gibt keine Kultur, die nicht die Ehe und Familie besonders schützt. Diese zentrale Einheit darf nicht verletzbar sein, wenn Kultur, Gesellschaft und das Leben der Mitmenschen respektiert und deren Überleben gesichert sein soll. Auch die Eheschließung wird in jeder Kultur und Religion rituell und öffentlich vollzogen. Die Ehe steht in der Bibel zuerst in der Beziehung zu Gott (**siebtes Gebot**), in zweiter Linie ist sie eine kulturelle
               Notwendigkeit; die gesellschaftliche Relevanz zeigt sich durch die
Mt.19,6        Jahrhunderte in vielen Traditionen. Eine Gesellschaft und Kultur, die diese
               Ordnung auflöst, gefährdet ihren Bestand.

---

[7] Der Sonntag wurde erst im Jahr 321 von Konstantin dem Großen gesetzlich – für alle Bewohner des Römischen Reiches verbindlich – eingeführt. Es dauerte jedoch bis zum 6. Jahrhundert, bis er sich als Feiertag durchgesetzt hat. Durch die Deutung „Jesus als die wahre Sonne" erhielt er seinen Namen – von vorher „Tag des Herrn". Vielleicht stand auch noch die ursprüngliche Widmung dieses Tages bei den Germanen für die Sonne „Pate" und wurde beim Christianisierungsvorgang in der Synkretismusstufe (siehe oben) 1 umbenannt. So war auch vorher der Montag dem Mond(gott?) gewidmet (der Donnerstag dem Donar, der Freitag der Freia, beide Nachkommen des Germanengottes Wotan).

Ebenso sind das Leben und das Eigentum der Menschen (**fünftes und sechstes Gebot**) sowie die Wahrheit (**achtes Gebot**) bewahrenden Gesetzen unterworfen. In manchen Gesellschaften wird der Gruppenegoismus deutlich erkennbar: Töten innerhalb der Gruppe ist Mord; außerhalb ist Mord jedoch als vorteilhaft gefördert; dadurch wird die andere Gruppe geschwächt und der eigenen Gruppe eine größere Überlebenschance gesichert. Im Alten Testament und in unserer Kultur wird (vorsätzlicher) Mord von (unbeabsichtigtem, fahrlässigem) Totschlag unterschieden. Ebenso verhält sich das mit dem Eigentum und der Wahrheit. Mit diesem Gebot wurde die unterschiedliche Wertung von Menschen nach Geschlecht, Alter, Rasse, Religion   *Qv.*: Kap. 2; 1.5.1; Bsp.3 und anderen menschlichen Unterscheidungen aufgehoben.

**Beispiel 45**

Bei den Sawi in Irian Jaya hatte der heimtückische Verrat an Angehörigen aus einer anderen Gruppe, zu dem mit List eine vertrauensvolle Freundschaft aufgebaut wurde, eine hohe Wertstellung. Deshalb wurde in der biblischen Geschichte Judas geachtet: Er war ein exzellenter Lügner, der Jesus so hinters Licht führen konnte, dass der Verrat ein voller Erfolg zu sein schien.[8]

Ab dem fünften Gebot – du sollst nicht töten – ist der Mensch in Beziehung zu seinem Umfeld gestellt (in der Grafik Linie b). Ebenso ist das sechste Gebot – du sollst nicht ehebrechen – eine außerordentlich wichtige gesellschaftliche Angelegenheit; der Bezug zum vierten Gebot ist unverkennbar. Mit dem siebten Gebot beginnt der Respekt vor dem Eigentum der anderen – egal wer: Du sollst nicht stehlen.

Damit ist der nächste Schnitt erreicht – der Schutz des Eigentums ist eminent wichtig für jede eigene Initiative in einer Gesellschaft. In Kulturen, in denen dieses Gebot nicht klar definiert ist, kann sich kein wirtschaftliches System entwickeln, das dem Menschen aufgrund seiner Eigenverantwortlichkeit, seines Besitzes, einen bestimmten Standard zugesteht, den er sich durch Fleiß, Geschick und Klugheit erarbeitet hat. Selbst Jäger und Sammler verteidigen ihr Einzugsgebiet, um überleben zu können. Ebenso musste der Zugang zum Wasser sowie Feuerholz für die ganze Gruppe gewährleistet sein – was heute zunehmend zum Kriterium des Überlebens ganzer Völker wird.

**Beispiel 46**

Im Kommunismus mancher Stammeskulturen wird das Gebot zum Schutz des Eigentums (durch das reziproke Verhaltensmuster) relativiert: Dabei gehört alles der Familie, dem Stamm (oder Volk), selbst die Kinder. Der „Eigentümer", der z.B. die Maschine bezahlt hat, sie verwaltet, repariert und unterhält, hat sie gewissermaßen für die Gruppe erworben; alle profitieren davon; Man kann sie ausleihen (solche Bitten zu gewähren ist dann Traditionspflicht) und bei sich behalten, bis sie jemand anders braucht. Durch diese gegenseitige Abhängigkeitspflicht kann sich wenig Eigeninitiative bilden. Das lähmt den Wunsch nach Eigentum und die private Vorsorge durch Rücklagen. Deshalb muss ein Häuptling (z.B. auf Puluwat, siehe oben) darauf achten, dass jeder für alle und auch für sich selbst arbeitet; er muss notfalls durch sein Eigentum die Versorgung von Säumigen gewährleisten. Die Unterdrückung dieser Eigeninitiative hat auch den modernen staatlichen Kommunismus geschwächt.

Kulturell übergreifende Gesetze (**achtes Gebot**) müssen ebenso die Wahrhaftigkeit verlangen – ein Volk, das immer nur lügt, kann nicht bestehen, denn niemand kann sich auf einen anderen verlassen.

**Beispiel 47**

Das europäische Wirtschaftssystem ist auf den ethischen Grundsätzen der Wahrheit/Ehrlichkeit, Treue/Zuverlässigkeit aufgebaut. Wenn diese korrumpiert werden, wird der Ökonomie der Boden entzogen. Die jüngsten Korruptions- und Steuerhinterzie-

---

[8] Don Richardson, *Das Friedenskind*. Bad Liebenzell: VLM, 1974/1976.

hungsskandale in der deutschen Wirtschaft zeugen von dem schwachen Fundament, auf der sie noch steht.

Der Schutz der Menschen vor unbefugtem Zugriff (**neuntes Gebot**) und Misshandlung sowie der Respekt vor dem, was sich jemand erarbeitet hat bzw. womit er sein Leben und das anderer durch Nahrungsbeschaffung sichert und um die Grundbedürfnisse nach Unterkunft und Arbeit abzudecken (**zehntes Gebot**), sind ebenso kulturell notwendige Maßnahmen.

**Beispiel 48**

Das europäische Wirtschaftssystem ist auf den ethischen Grundsätzen der Wahrheit/Ehrlichkeit, Treue/Zuverlässigkeit aufgebaut. Wenn diese korrumpiert werden, wird der Ökonomie der Boden entzogen. Die Korruptions- und Steuerhinterziehungsskandale in der deutschen Wirtschaft zeugen von dem schwachen Fundament, auf dem diese noch steht.

Unschwer sind bei den Zehn Geboten Gemeinsamkeiten mit schon lange vorhandenen Normen in jeder Kultur erkennbar – es sind Überlebensnormen. Jede Minderung des Wertes dieser ethischen Forderungen in einem kulturellen Normenkatalog schränkt die Lebensbedingungen für das menschliche Leben ein.

**These 121**

**Der Dekalog ist eine interkulturelle Überlebensstrategie. Je mehr Elemente des Dekalogs im Normenkanon einer Kultur vorkommen, umso größer ist die Chance der Menschen, ein humanes Dasein zu führen und langfristig zu überleben.**

Das Negativum dazu:

**Je weniger der Dekalog im Grundgesetz eines Volkes verankert ist, umso mehr werden wir inhumane Strukturen erkennen, die das Leben der Menschen einschränken.**

Der Dekalog ist die „Urlogik" der menschlichen Kultur als Überlebensstrategie. Durch das Fragment dieser „Urlogik", das die Menschen in ihrem Gewissen nachvollziehen konnten, sind die wichtigsten Elemente heute in allen Kulturen zu finden. Es sind menschliche Notwendigkeiten und Grundregeln zum Überleben, die sich im Laufe der Menschheitsgeschichte bewährt haben. Die Zehn Gebote sind die umfassendste „Sammlung", in anderen Religionen sind sie fragmentär erhalten.

### 1.9.1.3    Uhrzeigersinn und Gegenlauf

Die Struktur des christlichen Gewissens ist notwendigerweise gegenläufig zu den Strukturen, die ohne diesen Gott in Gesellschaften und Kulturen entstanden sind; sie haben andere Autoritäten über sich gesetzt – andere Gottheiten. Es ist der „Uhrzeigersinn", die Gewissenslogik der „Welt". Sie wird von den meisten Religionen gestützt. Dieser „Sinn" wird von Gottes Logik in Frage gestellt: Sie ist in der Grafik entgegengesetzt angeordnet; damit ist angedeutet, dass eine Koordinierung der Religionen logisch nicht möglich ist.

Religionen mit unterschiedlichen Gottheiten sind gegenläufig, sie heben sich oder besser lösen sich gegenseitig auf. Ein religionswissenschaftlicher Versuch, die Gottheiten als religiöses Phänomen darzustellen und sie auf einen gemeinsamen Nenner zu bringen, ist ein westlich-aufgeklärtes Konstrukt. Es nimmt den Begriff „Gott" an sich nicht ernst, es respektiert nicht das jeweilige Selbstverständnis der Gottheit und es berücksichtigt nicht den gesamten Kontext der Religion – z.B. die zugrunde liegenden Schriften wie Koran, Bibel, oder Bhagavad-Gita. Ein solcher Versuch glückt vielleicht im Reagenzglas, wenn sich der Wissenschaftler zur höheren Autorität erhebt über alle und mit entsprechenden Mischungseinheiten eine Synthese erzwingt. Ob sich die „Stoffe" aber dabei nur mischen oder tatsächlich eine neue Einheit ergeben, ist die andere Frage. Ironisch gesprochen wäre das einzig mögliche Ergebnis dabei vielleicht das buddhistische Nirvana – die Auflösung im absoluten Nichts als höchste religiöse Erfüllung. Phänomenologische und funktionelle Ähnlichkeiten können in ein religionswissenschaftliches Raster gepresst werden, aber die Substanzen lassen keine Synthese zu, die der Welt als Einheitsreligion anzubieten wäre. – So wenig wie es ein Einheitsgewissen aller Menschen geben kann.

Es ist offen, ehrlich und respektvoll zu erkennen, dass weder ein „Gott" – wer oder was immer sich hinter diesem Begriff verbergen mag – noch seine Religion sich in Gleichlauf mit anderen bringen lassen oder mit einem wissenschaftlichen Schrittmacher versehen in Gleichtakt mit anderen schwingen wollen. Das widerspricht, wie gesagt, dem Verständnis der Begriffe „Gott" und auch „Religion" in sich, wenn man beides nicht auf die Ebene der menschlichen Vernunft bzw. philosophischen Denkvermögens zwingen will.

## These 122

**Hinter jeder Gottheit steht ein nicht mit der anderen kompatibles religiöses System der Kultur, des Denkens, der Logik und des Gewissens.**

Menschen können nicht von sich selbst aus Gott erkennen. Aber jeder der ihn sucht, wird ihn finden. Gott kommt ihm entgegen und ermöglicht ihm einen Treffpunkt. Der Mensch erhält eine neue Denkstruktur, das System seiner Logik verändert sich, wenn er Christ wird. Ein Paradigmenwechsel wird vollzogen.                    5.Mo.4,29

Gesetze für die Beziehung der Juden zu ihrem Gott des Alten Testaments sind im Neuen Testament durch die neue Beziehungsgrundlage überflüssig geworden – sie sind erfüllt auf ihrer eigenen Basis: Jesus Christus hat sich als sündloser Mensch freiwillig unter die Schuld anderer stellen können. Man konnte ihm nichts anlasten, deshalb war die Übernahme der Schuld der Menschen gültig vor Gott dem Vater. Nun musste er auch die Strafe tragen, die nun einmal auf Normübertretung liegt. Das kulturelle Gesetz der Sühne ist auf Gottes Urlogik zurückzuführen. Der Tod am Kreuz war vorausgesagt – und wurde durch Jesus Christus erfüllt. Gott hat die eigentliche Unschuld seines Sohnes in dieser Sache bestätigt, indem er Jesus Christus am dritten Tag von den Toten auferstehen ließ.

### 1.9.1.4    Die „Minuten" und Freiräume

In der Urlogik Gottes ist die Bibel eine Einheit, die für den menschlichen Verstand nicht immer konsequent zugänglich ist, sich aber zunehmend bestätigt, vor allem wenn die Beziehung steht.

Die Zehn Gebote dienen als Prioritäten, in die das Neue Testament, z.B. die Bergpredigt und die Apostelbriefe, „einsortiert" werden – eine Fülle von Hilfestellungen, Anweisungen, Vorschlägen und dogmatischen Aussagen sowie Beispielen. Daraus bilden sich suprakulturelle Verhaltensmuster, an denen man Christen in allen Kontinenten erkennen kann, z.B. die Liebe und speziell Feindesliebe, Gastfreundschaft, Gemeinschaft, Rücksichtnahme, geordnete Verhältnisse für Ehe und Familie u.a. Andererseits sind negative Muster wie Korruption, Machtstreben, Neid, sexuelle Unzucht oder Unterdrückung von Frauen oft noch so stark von der Kultur beeinflusst, dass sich Veränderungen nur schleppend durchsetzen.

Im Kontext der biblischen Schriften sind Probleme angesprochen, die heute und an anderen Orten auf eine andere Weise oder nicht so vorkommen. Die Bibel ist auch nicht ein Nachschlagewerk für jede Entscheidung des täglichen Lebens. Sie lässt Entscheidungsfreiräume für das Gewissen – und auch Gestaltungsfreiheit innerhalb der „Minutenanzeige". Die Orientierung an den „Stunden" und an der höheren Autorität ist die jeweilige Grenze. Dabei sind durchaus auch gegensätzlich erscheinende Ansichten und Verhaltensweisen möglich. Es gilt wie weiter oben schon festgestellt: Kein Gewissen darf sich zum Gewissen eines anderen Gewissens erheben. Die gemeinsame Autorität und die Orientierungsprioritäten müssen jedoch als sog. „rote Linie" erkennbar bleiben.

1.Kor.9    Das wird z.B. in 1.Kor.9,1-27 deutlich. Dort wirken einige Christen sehr
sensibel und gesetzlich, andere können sich dagegen scheinbar leichtfertig
über „heidnische" oder anders-religiöse Denkmuster hinweg setzen. Die früher internalisierten Normen sitzen so fest und tief, dass sie eine starke Bindung des Christen an diese Zusammenhänge darstellen. Andere konnten sich schon davon lösen, sie können deutlich Hintergründe, Bedeutungen und Zusammenhänge unterscheiden und wissen deshalb, dass z.B. das Götzenopferfleisch weder eine Bindung noch einen Fluch auslöst. Sie sind frei, andere sind durch ihre Prägung noch gebunden. Die „Freien" könnten ihre Freiheit für sich ausleben; aber sie werden angehalten, auf ihre Freiheit zu verzichten, um anderen zu helfen, die diese Zusammenhänge noch nicht so differenzieren können.

*Qv.*: Kap. 3,    Das gilt z.B. auch für Missionare, die nicht an Alkohol oder Drogen
4.4.3.1.6.2; Bsp.38    gebunden sind und gerne ein Bier trinken würden. Für Einheimische ist
das jedoch ein so starker Anstoß, den sie kaum verkraften könnten. Für sie ist wie z.B. in Mikronesien Alkohol, alkoholhaltige Getränke trinken und betrunken sein, wie schon erwähnt, ein einziger Begriff, der nur durch den Kontext im Satz verschieden verwendet wird. Aber die Unterscheidung zwischen ein Glas Wein genießen und total betrunken sein ist für sie logisch nicht möglich. Sie erhalten vielleicht erst durch andere Sprachen den Zugang zu einem differenzierten Denken.[9]

## These 123

**Im christlichen Glauben bleibt das Gewissen eine autonome Instanz, die sich freiwillig und bewusst den Herausforderungen der höheren Autorität sowie der Orientierungspriorität der übergeordneten Normen stellt.**

### 1.9.1.5    Konsequente, intelligente Lehre

## These 124

**Religiöse Veränderungen dürfen von der „Natur" der Religion aus nur freiwillig und bewusst geschehen. Zwangsweise oder unter äußerem Druck vollzogene Veränderungen sind areligiös; sie sind Missbrauch der Religion für menschliche Machtausübung über einen anderen Menschen: Manipulation des Gewissens, Missachtung der Menschenwürde.**

Eine zwangsweise Veränderung der Religion ist nicht nur areligiös, also außer-religiös, sondern gegen den Sinn jeder Bedeutung von Religion. Das ist manipulative Vergewaltigung des Gewissens. In der Geschichte, z.B. in Südamerika bei den Urstämmen der Indianer, verwendeten europäische Staaten einen solchen Vorwand – unter vorgehaltener Waffe. Das hat nichts mit christlicher „Mission" zu tun, auch wenn sich offizielle Vertreter von Kirchen dazu hergegeben hatten.

## These 125

**Manche freiwilligen Veränderungen brauchen zwei bis drei Generationen lang konsequenter Lehre, bis sie vom Gewissen internalisiert werden.**

---

[9] Es gibt Unterschiede in der Abbaugeschwindigkeit und damit der Wirkdauer und auch der absoluten Wirkung von Alkohol aufgrund genetischer Unterschiede des alkoholabbauenden Enzyms in verschiedenen Ethnien. Asiaten z.B. verfügen gehäuft über einen Gendefekt der Alkoholdehydrogenase 2 (ADH2). Dieses Enzym ist für den schnellen Alkohol-Abbau im Mitochondrium einer Leberzelle verantwortlich. Wenn das Gen, das dieses Enzym kodiert, verändert ist, arbeitet das Enzym nicht zu 100%. Das heißt, der Alkoholabbau ist deutlich verzögert bzw. die Wirkung von Alkohol im Körper ist stärker, z.B. wenn ein zweites Glas schnell auf das erste folgt. Das erste Glas wäre bei normal funktionierender ADH2 zumindest teilweise schon abgebaut. H.J.Mallach, H. Harmann und V. Schmidt, *Alkoholwirkung beim Menschen. Pathophysiologie, Nachweis, Intoxikation, Wechselwirkungen*. Stuttgart/New York: Georg Thieme Verlag, 1987. Info von Samuel De Leeuw van Weenen / Friedemann Knödler.

Sie erwarten eine intelligente Auseinandersetzung mit dem neuen *und* dem alten System. Wenn das alte nicht adäquat berücksichtigt wird, geschieht keine Kontextualisierung, das neue wird nur aufgesetzt. So geschehen in Südfrankreich, wo drei bis vier Meter hohen animistischen Ritualsteinen ein kleines steinernes Kreuz aufgesetzt wurde. Darunter bleibt das alte System mit allen Funktionen für das kulturelle Leben erhalten.

### These 126

**Synkretismus ist keine sinnvolle religiöse Ergänzung, sondern wird weder der einen noch der anderen Religion gerecht. Dabei bleibt eine oft unerträgliche psychische Spannung im Gewissen, weil es beim Befolgen der einen Normen Gewissensbisse durch die anderen Normen hat.**

**Beispiel 49**

Sehr viel schwieriger wirkte sich die ursprüngliche Prägung bei den *Daba* und *Bana* in Kamerun aus.[10] Nach einer Normverletzung, bei der jemand das Gesicht verloren hat, war eine Versöhnung fast unmöglich. Der Riss blieb – oft lebenslang. Das wirkte sich gemeinschaftszerstörend aus, vor allem oder gerade in der christlichen Gemeinde, wo die Liebe stärkere Priorität haben sollte als der Hass. Deshalb bestand in der Gesellschaft eine relativ schwache Kohäsion – eben so viel wie die Gruppe brauchte, um ihr Dasein gemeinsam fristen zu können. Aber der Druck, niemanden zu beschämen, war ungemein groß. Auch Missionare oder Politiker können durch ein unbewusstes falsches Verhalten für die Dauer ihres Aufenthalts in ihrer Beziehung mit bestimmten einheimischen Leuten total blockiert sein – trotz großem Bemühen um Versöhnung. Das Gewissen des Betroffenen ist blockiert: Es kann eine Versöhnung nicht zulassen. Der Entlastungsmechanismus funktioniert nur sehr schwach.

Um in einem solchen Fall eine dauerhafte, persönlich wohltuende, gesellschaftsfördernde Veränderung einzuleiten, ist eine gute Kenntnis beider Systeme erforderlich: Die alte Funktion und deren Verankerung in Religion, Kultur und Gewissen sowie die Kenntnis der biblischen Orientierungsprioritäten.

### 1.9.1.6    Exkurs: Synkretismus

## Grafik 28: Erkenntnisraster Bibl. Theol. – Synkretistische Theologie

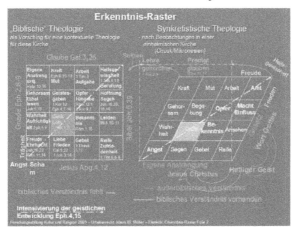

---

[10] Ruth Lienhard, „Restoring Relationships: Theological Reflections on Shame and Honor among the Daba and Bana of Cameroon." Ph.D.-Dissertation, Fuller Theological Seminary, School of World Mission, Pasadena/CA, USA, 2000.

**Beispiel 50**

Mikronesien, Mitte der 70er Jahre. Bei einer Schulung von Pastoren hatte ich mir vorgenommen, zwölf synkretistische Elemente der einheimischen Theologie, in Sätze formuliert, zu analysieren und zu korrigieren. Im Laufe der Schulung wollte ich die zwölf
Begriffe besprechen. Diese Behauptungen waren Predigten, Seelsorgegespräche und
einheimischen Liedern entnommen – und sie waren allesamt theologisch falsch. Zur
Vorbereitung hatte ich die Pastoren gebeten, dazu Stellung zu nehmen. Nach den Behauptungen war die Möglichkeit gegeben, diese als richtig oder falsch einzustufen und
Belegstellen dafür anzuführen. Vor der Schulung erhielt ich einen großen Teil der Fra-
gebogen zurück: Etwa die Hälfte der Behauptungen waren als „richtig" angekreuzt und
sogar Bibelstellen dafür angegeben.

Eine Woche lang diskutierten wir einen einzigen Begriff, analysierten dessen Bedeutung in der früheren Religion sowie dessen Einordnung in der Kultur und Theologie. Wir
unterschieden dabei vor allem Verständnisse, die im Kontext der Bibel deutlich waren,
aber nicht in die Theologie übernommen wurden. Die älteren Pastoren gaben mir zu
verstehen, dass ich der einzige Missionar sei, der das so lehren würde; alle anderen,
vor allen die älteren Missionare hätten das noch nie so gesagt. „Du bist der jüngste aller Missionare und der einzige, der das so sagt. Wir sind älter an Dienstjahren als du an
Lebensjahren. Wie kannst du behaupten, wir kennen die Bibel nicht richtig? Das gibt es
nicht bei uns nach 40 Jahren christliche Gemeinde." Da ich Feldleiter war, hatte ich
Zugang zu den Schulungsunterlagen der vergangenen Jahre. Alle Missionare waren
aus der gleichen theologischen Schule hervorgegangen. Ich konnte den Vorwurf der
Einseitigkeit vorsichtig zurückweisen. Der kulturelle Filter der Insulaner hatte bestimmte
Erkenntnisse einfach nicht in ihr Verständnis durchsickern lassen. Ich war sicher, dass
kein Missionar das so gelehrt hatte, wie sie das verstanden hatten.

Noch schwieriger wurde es, als ich nachwies, dass animistische Verständnisse in die
Theologie der Kirche übernommen worden waren. „Wir sind hier aufgewachsen, du bist
erst wenige Jahre hier. Wie kannst du meinen, wir hätten heidnische Elemente in unserer Theologie?" Das war eine glatte Ablehnung meiner Lehre; meine Autorität war ohnehin schon deutlich in Frage gestellt. Daraufhin fragte ich sie nach einem amerikanischen Ethnologen, der wenige Jahre zuvor auf diesen Inseln (Hall-Inseln, Chuuk, Mikronesien) seine Forschung in einheimischer Medizin durchführte. Sie kannten ihn
noch gut. Was er erforscht habe, beantworteten sie nur sehr zögernd. Bei der Frage
nach seinen Informanten blieben sie noch deutlich zurückhaltender. Dann zeigte ich
ihnen ein Buch: Seine Forschungsergebnisse, eine Dissertation.[11] Ich benannte „Ross
und Reiter". Der Nachweis für die animistischen Zusammenhänge stammte von alten
Leuten, die den Pastoren durchaus persönlich bekannt waren und vielleicht sogar ihre
Gottesdienste besuchten.

Jetzt baute sich massiver Widerstand gegen mich auf. Ich hatte zwar recht, aber ich
hatte meine „Schüler" tief beschämt. Nun versuchte ich durch Geschichten im Alten
Testament deutlich zu machen, dass damals schon die Propheten alle Mühe hatten,
den Glauben und die Beziehung zu Gott von den Einflüssen der Religionen der Nachbarvölker Israels rein zu halten. Das relativierte zwar die Probleme nicht, die wir zu lösen hatten; aber es wurde akzeptabel, dass sie vorhanden waren. Die Pastoren konnten sich mit einem Volk identifizieren, das ihnen durch ihre Theologie nahe stand und
ähnliche Schwierigkeiten hatte wie sie. Die Beziehungen und Empfindungen der Propheten zu den Leitern des Volkes waren ähnlich wie zwischen den Pastoren und mir.
Sie lernten aus den Kontexten des Begriffs, dass verschiedene Bedeutungen zumindest
möglich waren. Sie akzeptierten, dass meine Behauptungen weder auf mein Alter noch
auf meine Hautfarbe zurück zu führen waren, sondern auf Zusammenhänge in der Bibel.

Am Ende der Schulungswoche war ich total erschöpft – und mir bewusst, wie tief und
hartnäckig religiös-kulturelle Elemente über Jahrzehnte hinweg im Denken verwurzelt
sein können. Sie werden nur über sehr gute Sprachkenntnisse entdeckt, durch das

---

[11] F. J. Mahony. *A Trukese Theory of Medicine*. Ann Arbor/Michigan: University Microfilms. 1970.

Studium der früheren Kultur und Religion sowie der Theologie; auch die örtliche Situation muss kompetent mit sozialwissenschaftlichen Werkzeugen erfasst, analysiert und interpretiert werden.

Systematische Schulung, die wiederum die Denkstrukturen der Einheimischen berücksichtigt und gezielte Diskussion mit vielen eingestreuten Beispielen ermöglichen, eine neue Grundlage für das Verständnis zu legen. Die gemeinsamen Lehrinhalte, also die verstandenen theologischen Behauptungen, werden zu leicht als „Verstehen" des gesamten Konzeptes erkannt. Wichtiger sind die Verständnisinhalte, die nicht übernommen worden sind, also total fehlen. Darauf muss sich die Lehre konzentrieren und als zugehörig zum verstandenen Inhalt annehmen. Ebenso muss beim Namen genannt werden, was auch verstanden wird, aber nicht in der christlichen Theologie Platz haben darf, weil es ihr widerspricht. Das muss mit vielen Beispielen benannt und als falsch deklariert werden. Auslöschen kann man diese Verständnisse nicht: Sie sind seit Kindesalter im Denksystem integriert. Es ist erstaunlich, wie viel gegensätzliche Erkenntnisse und widersprüchliche Normen im Gewissen bleiben können. Jede Kultur und auch jede Religion verfügt über solche Diskrepanzen. Auch in der Theologie können nicht alle Spannungen aufgelöst werden. Aber sie dürfen den Glauben und die Reifung des Gewissens nicht hindern.

---

**Der Weg zum permanenten Paradigmenwechsel**
geschieht:
– wissentlich – die Person weiß und durchschaut, was mit ihr geschieht
– willentlich – die Person möchte lernen mit dem Ziel, sich zu verändern, und
– freiwillig – die Person ergreift die Initiative dazu, sie ist überzeugt aus eigenen Beweggründen und nicht angewiesen auf externe Motivation.

Der Vorgang ist für die Person nach ihrer eigenen Logik nachvollziehbar und bewertet die Veränderung so hoch, dass sie die Mühe nicht scheut, die Erinnerung und das Verhalten so konsequent einzuüben, bis es im Unterbewusstsein verankert ist.

---

### These 127

**Damit Synkretismus nicht entsteht oder damit er korrigiert werden kann, muss der Kommunikator die Inhalte seiner eigenen Botschaft oder Lehre kompetent beherrschen und sich dabei seiner eigenen kulturellen Tendenzen bewusst sein. Er muss über sehr gute Kenntnisse der vorherrschenden Sprache des Gegenübers mit ihren Denkstrukturen verfügen und sich dem intensiven Studium der Kultur und Religion des Gegenübers in deren ganzheitlichen Strukturen widmen. Zusätzlich muss er sozialwissenschaftliche Forschungswerkzeuge anwenden, um aktuelle Verstehenskonzepte feststellen und analysieren zu können, sowie ethnopädagogische Fähigkeiten besitzen, um die Ergebnisse kompetent, glaubwürdig, respektvoll und kontextualisiert vermitteln zu können.**

Um den Synkretismus aufarbeiten zu können, darf die begründete Lehre Gehorsam gegenüber der höheren Autorität, die hinter dieser Lehre steht, fordern. Die Lehre muss sich laufend darauf berufen. Weiter müssen in der Predigt verständlich ganzheitliche Konzepte für den Glauben vorgelegt und dazu aufgefordert werden, diese im Glauben anzunehmen. Schließlich braucht es praktischen Anschauungsunterricht, damit die gesamte Verstehenseinheit in Kultur, Gesellschaft und Religion eingebettet und ihr ein „Sitz im Leben" gegeben wird.

#### 1.9.1.6.1   Ethnopädagogik: Integration von Werten, Normen mit deren Autorität im Gewissen

Wie zu Anfang des Kapitels erwähnt kann der Stand des Gewissens wie auf dem Zifferblatt einer Uhr blitzschnell abgelesen werden. Auch die Empfindungen des Gewissens sind schnell abrufbar. Der lange und der kurze Zeiger als Darstellung von Scham und Schuld sind dafür verantwortlich. Der aktuelle Stand des Gewissens kann sich mit jeder

Situation spontan ändern. Dafür kann der Sekundenzeiger verantwortlich sein: Er wischt kreisförmig über das Zifferblatt und hinterlässt jeweils den aktuellen Stand – wie wie der Scannerzeiger eines Radarschirms die Impulse von der Antenne überträgt und für eine Sekunde ein Bild stehen lässt, das sich in der nächsten schon verändern kann. Auch die Ergebnisse der elektronischen Messungen medizinischer Geräte wie einer Herz-Lungen-Maschine oder eines Oszillographen hinterlassen Sekundenbilder. Sie können vergrößert, verfeinert, geschärft dargestellt werden.

Im Gewissen übt der **Sekundenzeiger** diese Funktion aus. Er bewegt sich über die ge-

*Qv.*: Grafik 29; Veränderung durch gezielte Lehre III

samte Situation und hinterlässt ein ganzheitliches Bild. Beim christlichen Paradigmenwechsel verstärkt, verfeinert und intensiviert der Heilige Geist die Darstellung, den Ausdruck des Gewissens. Wie der Scanner auf dem Radarschirm korrigiert er laufend das Bild, das vor dem inneren Auge des Menschen im Zusammenhang einer Situation erscheint.

## These 128

**Erkenntnis ist nicht nur rein intellektuelles, rational und logisch erfassbares Wissen. Erkenntnis bildet sich auf der Basis alles Wissens, aller Einflüsse, Impulse und Empfindungen und ist damit auch ein Produkt des Gewissens.**

Kultur und Religion sind wesentlich daran beteiligt.

Die höhere Autorität, die Werte und Prioritätsnormen sowie die damit verbundenen Empfindungen bestimmen die persönliche Meinung, die als Erkenntnis missverstanden werden kann. Nicht nur gelernte und unbewusst übernommene Normen, sondern auch deren Ursprünge hinterlassen ihren Einfluss.

Im christlichen Paradigmenwechsel bleiben die meisten kulturellen und gesellschaftlichen Normen unberührt erhalten. Deshalb ist ein Christ immer auch als „amerikanisch", „mikronesisch" oder „deutsch" erkennbar. Was unter diesen ähnlich oder gleich erscheint, ist auf konzentriertes, oft langwieriges Lernen aus der gleichen Quelle zurückzuführen.

Das **vierte Gebot** (Vater und Mutter ehren / Familie) ist ein Beispiel dafür, dass der kulturell vorgegebene Respekt vor den Eltern in vielen Kulturen von biblischen Prinzipien gestützt und gestärkt wird. Allerdings wird dabei die Autorität des Vaters an dessen Verantwortlichkeit vor Gott fest gemacht und gleichzeitig wird er gewarnt, seine Kinder nicht durch unangemessene Strafen „zum Zorn zu reizen" und seine Frau zu lieben – wie

Eph.6,1ff
Eph.5,25

Christus die Gemeinde: d.h. notfalls auch sein Leben für sie einzusetzen. Die kulturelle Norm erhält durch die biblischen Anweisungen neue Impulse, wird eindeutig ausgerichtet und erhält einen höheren Stellenwert – z.B. in der deutschen Kultur.

Das **siebte Gebot** (ehebrechen) hat in westlichen Kulturen einen zunehmend schweren Stand: Sex vor und außerhalb der konstituierten Ehe wurde gesellschaftlich legitimiert. Damit fiel Europa wieder hinter die Zeit zurück, die es vor tausend Jahren verlassen hatte. In animistischen Strukturen sind diese Werte weit weniger stark als im christlichen Glauben. Dort werden die Kinder als Leidtragende von der Großfamilie aufgefangen; im Westen fallen sie meist zwischendurch. Das hat emotionale Auswirkungen, vor allem entwickeln die Kinder in „patchwork"-Familien, ähnlich wie in Großfamilien anderer Kulturen, eher ein schamorientiertes Gewissen. Die Stabilität der Familien leidet erheblich darunter.[12]

Grundprinzipien wie der Schutz des Eigentums, der Wert der Wahrheit und Gerechtigkeit, Respekt vor anderen Menschen auch anderen sozialen Standes sind im christlichen

---

[12] Außerdem wirken sich wechselnde Partner auf das geschlechtliche Empfinden vor allem negativ auf Frauen aus: In den USA wurde festgestellt, dass dies bei Frauen in konservativ geführten Ehen weit stärker ist als in freizügigen Beziehungen.

Glauben deutlich formuliert, vor allem sind diese Werte unabhängig von „sehen und gesehen werden".

## 1.9.2   Veränderung durch gezielte Lehre

Die geistliche Prägung und Veränderung der Werte einer Person geschehen durch die Einstellung des Gewissens auf biblische Normen.

*Qv.*: Grafiken unter Nr.4.1.2 „Veränderung durch gezielte Lehre I + II"; Cd.

Die Veränderung muss:

- ❑ wissentlich (die Person muss verstehen was geschieht)
- ❑ willentlich (die Person muss sich verändern wollen)
- ❑ freiwillig (die Person muss die Initiative dazu ergreifen)

vor sich gehen.

Und zwar:

- ❑ vom Bewusstsein (der Vorgang ist logisch nachvollziehbar).
- ❑ ins Unterbewusstsein (annehmen, speichern, einüben).

*Qv.*: Erklärung zu Grafik „Erkenntnisraster"

Die Person muss dabei die neuen Werte:

- ❑ Verstehen (Kommunikations-Aufgabe)
- ❑ Annehmen (Verghleiche mit anderen Werten anstellen)
- ❑ Anerkennen (Wert zumessen, anderes ent-/abwerten)
- ❑ Integrieren (in das logische System einordnen, einen festen Platz geben.)
- ❑ Wahrnehmen (bewusst machen in der gegebenen Zeit und Situation.)

Die Person muss dann lernen:

- ❑ darauf zu reagieren (unter die Autorität des Gewissens setzen, Priorität geben, gehorchen, zur Gewohnheit werden).

### Grafik 29:    Veränderung durch gezielte Lehre

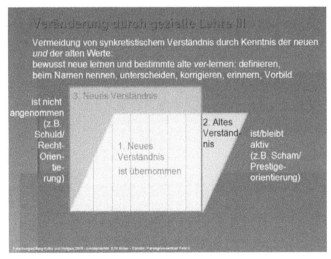

### These 129

**Nach psychotherapeutischen Erfahrungen sind solche Vorgänge von einem Erwachsenen 700-900 Mal einzuüben, bis dieses Ziel erreicht ist.**

## 1.9.3 Gradueller Paradigmenwechsel

Ohne gezielte und zu Ende geführte Kommunikation gerät ein Paradigmenwechel auf dem Weg zum Ziel „in Stau": Besonders religiöse Paradigmenwechsel sind langfristig und graduell angelegt, da sie alle Elemente grundlegend ansprechen. Kommunikation ist ein langer Prozess: Er beginnt bei einem intendierten Gedanken, unterscheidet auch bei jedem weiteren Schritt – wie sprachliche Verschlüsselung, Störungen in der Übertragung, die angekommene Botschaft – die Intention von der tatsächlich verstandenen und sich auswirkenden Botschaft. Für unsere Zwecke soll diese (verkürzte) Definition von Kommunikation genügen.

### These 130

**Kommunikation ist, wenn eine Person danach anders handelt als vorher.**

Zusammenhänge verbal darzustellen, zu erklären und zu diskutieren ist nur der Beginn. Dadurch kann höchstens Verstehen bewirkt werden. Interkulturelle und interreligiöse Kommunikation muss viele weitere hemmende Stadien überwinden und Verstehensfilter durchlaufen.[13] Die schwierigsten haben mit den Elementen des Gewissens zu tun.

### These 131

**Verstehen ist ein erster Schritt auf dem langen Weg, bis die verstandene Information unbewusst im Gewissen die Empfindungen auslöst, die ein neues Verhaltensmuster im sozialen Kontext bewerten können.**

Wird also ein Paradigmenwechsel bewusst und gezielt verfolgt, nimmt er sehr viel Zeit in Anspruch. Eine „kam, sah und siegte-Bekehrung"[14] gibt es nicht. Alles andere ist überreden und manipulieren, oft mit unlauteren Motiven – durchaus effektiv, aber oberflächlich. Das Ergebnis ist in der Missiologie als „nomineller Christ" oder „Namens-Christ" benannt.

### These 132

**Ein Paradigmenwechsel ist erst vollständig, wenn das Gewissen des Menschen auf die neuen Elemente Autorität, Werte, Normen und Empfindungen eingestellt ist.**

Für einen christlichen Paradigmenwechsel sind dazu diese Themenbereiche mit der logischen biblischen Sequenz ratsam:

---

[13] Siehe z.B. Hesselgrave, *Communicating Christ Cross-Culturally.* Grand Rapids: Zondervan. 1978 und viele Auflagen bis heute. Edward Rommen, *Namenschristentum. Theologisch-soziologische Erwägungen.* Nürnberg: VTR, 2003.

[14] „Ich **kam**, ich **sah**, ich **siegte**." Caesar; von Plutarch überlieferte Mitteilung des Sieges bei Zela 47 v. Chr.; lat.: veni, vidi, vici. Meyers Großes Taschenlexikon.

## Grafik 30: Inhalt und Reihenfolge der Lehre für den Paradigmenwechsel im Gewissen

Durchaus berechtigt ist hier die entsetzte Frage der Jünger Mat.19,25: „Ja, wer kann dann noch selig werden?" Andere, für die eine Gruppenbewegung suspekt erscheint, mögen dadurch beruhigt sein, weil so Massensuggestionen sicher nicht zu erwarten sind. Ebenso schwierig ist es aber auch, bei Lernvorgängen mit säkularen Inhalten, wie dem Zusammenhang von sauberem Wasser mit Gesundheit, im Gewissen verändern zu wollen.

Ein gradueller Paradigmenwechsel ist von außen oft nicht beobachtbar. Normen werden gelernt und eingeübt, bis das veränderte Verhalten eines Tages für andere sichtbar wird. Diese Entwicklung findet sich vor allem bei Kindern von Christen, die den Glauben ihrer Eltern übernehmen. Später kann nicht mehr nachvollzogen werden, wann die verschiedenen, parallelen Prozesse begonnen haben. Entscheidend ist dabei, dass sie erkennbar, bewusst und als „eigen" anerkannt werden. Genau so freiwillig, aufgrund grundsätzlicher und bewusster Folge-Entscheidungen geschieht auch die Ablehnung.

### 1.9.3.1  Ratio, Emotionen und epistemologische Fenster

Die beiden Ebenen Ratio und Emotionen können – etwas eingeschränkt – auch mit den Empfindungskomplexen Scham und Schuld verglichen werden. Beide Ebenen sind einseitig und können sich als Extreme auf Ratio, Emotionen und die epistemologischen Fenster (etwa „Erkenntnis-Durchbrüche") auswirken, wenn sie nicht von der anderen kontrollierende Impulse erhalten. Beide Ebenen haben ihre eigenen Blockaden im Denken und Verhalten. In manchen Situationen kann die Blockade auf einer Ebene schneller durchbrochen werden als auf der anderen – z.B. ist ein Vorgang rational besser erfassbar als emotional nachvollziehbar. Dann ist hier schneller ein epistemologisches (Verstehens-) Fenster geöffnet. Auf der emotionalen Ebene dauert das noch für eine unbestimmte Zeit länger. Vor allem bei Traditionen spielen die beiden Ebenen eine verschiedene Rolle.

*Qv.*: Kap.7, Grafik 50: Ratio, Emotionen und epistemologische Fenster

### These 133

**Der Verstand löst schneller von traditionellen Verhaltens- und Denksystemen als das Gefühl.**

Was z.B. von den Eltern übernommen wurde, bleibt oft lange unreflektiert, bis vielleicht Jahre später der Partner nach dem Grund des – ihm unlogisch erscheinenden – Verhaltensmusters fragt. Eine Erklärung fällt dann schwer, selbst den eigenen Kindern wird noch vehement erklärt: „Das machen wir schon immer so!" Schwaben belächeln ihr unreflektiertes, starkes Traditionsbewusstsein gelegentlich mit dem Spruch: „Do hat mei Vadder g'miggt; do migg i au!" – An dieser Stelle habe schon sein Vater (den Kuhwagen) gebremst, und das mache er genau so. Aber der Vater bremste hier nur, wenn er bergab fuhr … .

Traditionen und traditionelle Denkweisen sind tief im Unterbewusstsein verankert, das nie explizit erklärt und schulisch vermittelt wurden. Vielmehr liegen sie unter den Redensarten und Arbeitsabläufen und können später nur schwierig rekonstruiert werden. Das gelingt meist nur solchen Personen, die eine längere Zeit außerhalb ihrer Heimat lebten und dort mit der neuen Sprache auch mit anderen Denk- und Verhaltensmustern konfrontiert wurden. Ihnen eröffnen sich Erkenntnisfenster, die für andere vielleicht immer verschlossen und als Blockade erhalten bleiben.

Die Zusammenhänge für die Empfindungen liegen im Gewissen; sie werden unterbewusst gesteuert durch internalisierte Autoritäten (der Vater), Werte (Rücksicht) und Normen (so ist das richtig!).

So hängen auch Empfindungen, die von der Ratio ausgelöst werden, mit der Gewissensstruktur zusammen. Deutsche wissen manchmal nicht so recht, wann und warum sie lachen sollen, wenn ihnen Briten einen ihrer (trockenen) Witze erzählen. Witze sprechen beide Ebenen an; sie entstehen auf beiden Ebenen, können auch nur auf beiden Ebenen interpretiert werden. Das Wertesystem muss bekannt sein, ebenso geschichtliche und gesellschaftliche Hintergründe: Die Ganzheitlichkeit einer Kultur kommt darin zum Ausdruck, denn die guten und schlechten Witze müssen unterschieden werden, Männer und Frauenwitze, Witze für bestimmte Gelegenheiten und Situationen, bei denen sie fehl am Platz sind.

---

**Witze sind sprachlich verschlüsselte Zeichen für das Verstehen und das Empfinden einer Kultur:**

❑ Wer die Pointe der Witze versteht, versteht die Kultur.

❑ Wer auch darüber spontan schmunzelt, empfindet die Kultur.

❑ Wer Witze erzählen kann, so dass die anderen darüber lachen, kennt die Sprache dieser Kultur.

❑ Wenn ein Ausländer sogar Witze kreieren, also selbst erfinden kann, worüber die Einheimischen spontan und ungehalten lachen, kennt er das Gewissen der Kultur.

❑ Kommen ihm seine eigenen Witze von zuhause plötzlich komisch vor, hat ein Paradigmenwechsel in seinem Gewissen stattgefunden.

---

Das Gegenteil von Lachen ist Weinen; beide liegen nahe beieinander, weil sie von starken Emotionen ausgelöst werden. Die Gründe dafür können sehr unterschiedlich sein. Trauer ist meist eindeutig, auch das Mitleid, die Empathie, die dadurch ausgelöst wird, ist ähnlich. Beide Gefühlsausbrüche geschehen spontan und intuitiv. Sie können nur mit Mühe kontrolliert werden.

**Beispiel 51**

Ich hatte drei Finger meiner Hand in der Keilriemenscheibe des laufenden Generators verletzt. Nur mit Mühe konnte ich die Tränen zurückhalten, so stark war der Schmerz, als mir meine Frau einen Verband anlegte. Eine junge einheimische Frau beobachtete uns und lachte hörbar. Aus Ärger darüber fuhr ich sie an, das sei doch eher was zum Weinen als zum Lachen.

### 1.9.3.2 Veränderung der Empfindungen

Diese Entwicklungen spürt der Mensch selbst in der Empfindsamkeit seiner „Zeiger". Er empfindet schneller und heftiger Schuld und Scham, Gerechtigkeit und Ehre. Sein Prestige- und Gerechtigkeitsbedürfnis werden zunehmend an Gott selbst festgemacht – Das Ego des Menschen ist sich nicht selbst die höhere Autorität; das Selbstbewusstsein wird an Gott festgemacht – durchaus gesund und stabil, weil es nicht mehr den eigenen Gefühlsschwankungen und äußeren Einflüssen unterworfen ist. Der wichtigste Effekt ist, dass der Mensch je nach Intensität der Veränderung schneller „Sünde" empfindet und sie schärfer differenzieren kann: Wertstellung, säkulare/ geistliche Relevanz, Beziehungsstörung zu Gott und Menschen, Gehorsam gegenüber bzw. Identifizierung mit der höheren Autorität und deren Normen.

*Qv.*: Beispiele der Veränderung von Scham zu Schuld: Kap. 8, 2.1.

Im Bild von der Uhr gesprochen: Nicht nur die Geschwindigkeit, die agierende und reagierenden Bewegungen der Zeiger verstärken sich, sondern auch deren Länge verändert sich unter dem ständigen Einfluss von Gottes Geist als Kraft.

---

**Bei einem christlichen Paradigmenwechsel verändert sich die Stärke der Empfindungen von Scham und Schuld:**

❏ Durch die Internalisierung von Gott als Autorität des Gewissens ist die Autorität mit den Werten und Normen ständig verbunden: Gott versteht sich als Einheit mit seinem Wort (Joh.1,3,14).

❏ Durch die Akzeptanz der neuen Werte und Prioritätsstrukturen für die Sicht und den Sinn für das Leben als Aufgabe und Berufung des Menschen in der Welt.

❏ Durch die Verinnerlichung der neuen Normen und deren Anwendung bzw. Umsetzung in den Herausforderungen des Alltags als Gehorsam und Respekt Gott gegenüber.

❏ Durch die tägliche Übung des geistlichen Lebens in Gebet und Lesen der Bibel als Beschäftigung mit den Gedanken Gottes in Ehrerbietung und Dank Gott gegenüber.

❏ Durch geistliche Impulse des Heiligen Geistes, dessen Führung und die erhöhte Bereitschaft, diese Stimme zu wahrzunehmen und zu beachten als Zeichen der Einheit mit Gott..

❏ Die Veränderungen wirken sich jeweils so aus, dass der „verkümmerte", unterentwickelte Zeiger länger wird, ohne notwendigerweise die Länge des anderen zu beeinträchtigen.

---

Nach meinen Beobachtungen veränderten sich Insulaner, die in den USA studierten und im eigenen Land z.B. als Kapitän zur See die Verantwortung für ein Schiff der Regierung trugen, ebenso zum Schuldempfinden hin. Auch bei Juristen, Pädagogen, Geschäftsleuten und Politikern waren solche Ansätze deutlich erkennbar. Es blieb jedoch bei einer zusätzlichen, separaten, aufgesetzten Denk- und Empfindungsstruktur, die immer wieder heftig in Konflikt mit der eigenen, ursprünglichen gerieten.

Diese Personen konnten jederzeit von einem zum anderen Muster „umschalten". Sie setzten geschickt die Vorteile ein: In einer verantwortungsvollen und einflussreichen Stellung konnten eigene Stammesleute zwar bevorzugt werden, aber sie beriefen nur solche Leute, die ihnen in ihrem gesellschaftlichen System unterstellt und für die sie eine gewisse Autorität waren. So konnten sie ihre Verantwortung in beiden Vorteilsstellungen ausüben.

### These 134

**Rationale Überlegungen und konzentrierte Auseinandersetzungen mit vernunftsmäßigen Abläufen z.B. bei wissenschaftlichem Arbeiten, technischen Vorgängen und logischen Abfolgen lassen den Schuldzeiger „wachsen".**

Die neue Struktur kostete intellektuelle Durchsetzungskraft. Auf die ursprüngliche fiel man zurück, wenn man sich erholen wollte. Sie brach auch schnell durch, wenn diese Leute angetrunken waren oder wenn sie sich beleidigt fühlten.

So lernen auch westlich geprägte Personen wie Missionare oder Entwicklungshelfer das andere Empfindungssystem und lernen nach einiger Zeit dementsprechend zu empfinden. Ein Stück weit bleibt diese neue Empfindung, wenn sie geistlich begründet nachvollzogen werden konnte. Anpassung an einheimische Menschen aus Liebe zu ihnen und Hochachtung ihnen gegenüber bleibt sonst anstrengend, aufgesetzt und von der anderen Seite meist auch leicht durchschaubar.

---

**Bei einem christlichen Paradigmenwechsel äußert sich Gottes Geist im Menschen als Kraft:**

❏ als verstärkende Kraft des Gewissens: Es reagiert schneller, heftiger, akkurater aufgrund der übernommenen Normen als „Sünde".

❏ als bewertende Kraft: Nur was Gottes höherer Ehre als Autorität gerecht wird, kann bestehen. Die Wertstellung und die Prioritäten sind eindeutig. Anderes wird entwertet, bereinigt, niemals beschönigt.

❏ als Kraft für die Intensität der Empfindungen Schuld und Recht, Scham und Ehre: Das kann schmerzhaft – und tief beruhigend sein.

❏ als reinigende Kraft: Der Belastungsmechanismus greift genau so wie der Entlastungsmechanismus auch in die Vergangenheit mit Reue, Buße und Vergebung. Das Leben wird sukzessiv nach den neuen Normen vor Gott und vor Menschen in Ordnung gebracht.

❏ als respektierende Kraft: Gott respektiert die Persönlichkeit und wird nicht weiter vordringen in Bereiche des Lebens, die ihm der Mensch vorenthält und selbst die Kontrolle darüber behalten möchte. Wo dem Heiligen Geist als Kraft Gottes willentlich Erlaubnis gegeben wird, wirkt er sich verändernd aus. Gott „vergewaltigt" oder manipuliert den Menschen nicht.

---

Die Kraft des Heiligen Geistes macht einen Paradigmenwechsel möglich – er beschleunigt den Vorgang und führt ihn nachvollziehbar, durchschaubar akkurat aus.

Dabei kann ein gewisser Enthusiasmus entstehen, der Lernstufen überspringen möchte. Darin liegt dann die Gefahr, dass sich Seele und Geist, Empfindungen und Intellekt oder Logik unterschiedlich entwickeln. Die ungleiche Gewichtung kann zu Extremen führen – auf beiden Seiten: Gefühlsausbrüche ohne intellektuelle Kontrolle, logisch-geistiges Nachdenken ohne jede Freude oder andere Gefühlsäußerungen. Blockaden auf beiden Seiten müssen bewusst überwunden und Erkenntnisdurchbrüche vom Geist Gottes motiviert werden.

Durch den Geist Gottes werden auch Empfindungen geweckt, verstärkt und geheilt, die weit zurückliegen, verschüttet sind oder bewusst verdrängt wurden. Erfahrungen in der Kindheit greifen tief. Wurde ein Kind z.B. als „überzählig" empfunden, entwickelt sich ein Syndrom, das sich durch das ganze Leben auswirken kann.

Deshalb sind vor allem Kinder und auch Jugendliche tief verletzbar. Sexueller Missbrauch hinterlässt tiefe Spuren in der Seele der jungen Menschen, auch in Kulturen, in denen das gang und gäbe zu sein scheint. Auf den Chuuk-Inseln werden öfters Kinder von kinderreichen Familien an Verwandte zur Adoption überlassen, die keine oder wenige Kinder haben. Weil Kinder der Großfamilie oder dem Klan gehören, ist das offiziell auch kein Verlust für die Eltern. Allerdings leiden sie stillschweigend, wenn sie beobachten, dass es ihrem Kind nicht gut geht und können – nur mit großen Schwierigkeiten, wegen des drohenden Gesichtsverlustes – ihr Kind zurückfordern. Inoffiziell ist es an der Tagesordnung und auch bekannt, dass es wohl keine einzige adoptierte Tochter gibt, die nicht von ihrem Pflegevater, von „Brüdern" und Vettern regelmäßig sexuell missbraucht wird. Diese Mädchen haben keinen Anwalt, an den sie sich wenden können, vor allem, wenn die Eltern in der sozialen Rangordnung niedriger gestellt sind als die Adoptiveltern. Aus diesem Grund konnten sie schon deren Bitte nicht abschlagen. Die Mädchen leiden tief und sind vielleicht nicht mehr sexuell empfindungsfähig oder entwickeln Blockaden für Beziehungen zu einem Mann. Manche Beobachter mögen diese „Tradition" auf der Verhaltensebene einer Kultur ansiedeln; bei den Betroffenen geht die Empfindung garantiert bis in ihre Tiefenstruktur.

### These 135

**Ungeheilte Verletzungen in der Tiefenstruktur des Gewissens sind umso nachhaltiger, je jünger die Person bei der Verletzung war.**

### 1.9.3.3    Soziale Kontrolle

Die Verhaltens- und Denkmuster der Kultur ergeben Zwänge, denen sich vor allem junge Menschen dann stellen müssen, wenn sie von dieser Gesellschaft etwas erwarten. Vor etwa 20 Jahren war der „Afrolook" unter den Studenten modern, eine Frisur mit künstlich weit abstehenden, krausen Haaren, und mancher von ihnen hatte sich vorgenommen, weiterhin unangepasst sein Leben gestalten zu wollen. Als die letzten Examina bestanden waren und man sich auf die ersten Vorstellungsgespräche vorbereitete oder auch schon einige Absagen kassiert hatte, fiel die üppige Haarpracht dem höheren Wert einer Anstellung zum Opfer. Auch Kleiderordnungen werden dann plötzlich wichtig, denn Bankangestellte ohne Krawatte erscheinen wenig seriös. Bis zur Körperhaltung und der Ausdrucksweise oder zum Gesichtsausdruck geschieht eine Umstellung, wofür die Norm von außen an den Menschen herangetragen wird.

### These 136

**Die gesellschaftliche Kontrolle innerhalb einer Kultur ist im Allgemeinen recht effektiv.**

Die Anpassung ist nicht nur eine soziale Voraussetzung für materielle Vorteile, sie hilft bei der erstrebten öffentlichen Anerkennung und dem gefürchteten Gesichtsverlust. Auch die Freundschaft zwischen zwei jungen Leuten bewirkt innerhalb kurzer Zeit Veränderungen, die die Mutter in zwanzig Jahren vorher nicht zuwege gebracht hatte. Junge Menschen sind in der Regel mehr schamorientiert, weil sie sich von den Eltern freischwimmen und sich Anerkennung in ihrer Gruppe, in der Schule, zumindest bei Altersgenossen zu gewinnen versuchen, indem sie die Normen dieser Gruppe übernehmen.

*Qv.*: Kapitel 7: Erziehungsphasen

Innerhalb seiner eigenen Kultur hat eine Person Rahmenbedingungen für sein Verhalten; sie funktioniert unauffällig. Über manche Einschränkungen ärgert sie sich, die Freiheiten kostet sie bis zur Neige aus. „Schlägt" sie „über die Stränge"[15], gibt es Leute, die ihr das gegebenenfalls lautstark sagen und sie zur Räson[16] bringen – z.B. bei Autowettrennen auf der Straße oder überlaute Musik außerhalb des Hauses. Die Person rechnet eigentlich schon damit, sie verlässt sich vielleicht sogar unbewusst darauf. Diese Korrektur wird von verschiedenen Leuten in ähnlichen Situationen ausgeübt, ob es der Person passt oder nicht, denn die Grenze ist allgemein akzeptiert und Überschreitung ist nicht toleriert. Wenn ein eindeutiges Gesetz dafür besteht, greift u.U. auch die Polizei an; bei ungeschriebenen Gesetzen meldet sich der Nachbar. Damit besteht eine Kontrolle.

Diese Rahmenbedingungen fallen fast vollständig weg, wenn diese Person in ein anderes Land reist, um dort z.B. ein technisches Projekt aufzubauen. Zunächst verhält sie sich so, wie sie es von Zuhause gewohnt ist, denn sie hat die Verhaltensmuster, deren Grenzen

---

[15] Leichtsinniges Verhalten, weil die Stränge – starke Stricke –, durch die z.B. Pferde an den Wagen oder Pflug gespannt sind und so deren Kraft sinnvoll eingesetzt wird, missachtet werden.

[16] Lat.-franz. für Vernunft, Einsicht, Zucht.

und Möglichkeiten verinnerlicht. Dann aber wiederholen sich die „Ausfälle", aber es geschieht keine Korrektur. Entweder es besteht in diesem Land für dieses Verhalten keine Grenze – die Freiheit ist größer; oder aber, was wahrscheinlicher ist, niemand fühlt sich innerlich beauftragt oder gedrängt, einzuschreiten. Die Toleranz wird für die Person aufgebracht, nicht jedoch für ihr Verhalten. Die ausländische Person nimmt die kleinen Zeichen der höflichen Korrektur auch nicht wahr, denn sie ist in solchen Situationen lautstarkes Artikulieren und heftige Gesten gewohnt. Auch bei wiederholtem Verhalten bleibt für ihn alles ruhig und sie erweitert stillschweigend ihre Grenzen. Das kann z.B. bei der Veranlagung zu Jähzorn fatale Auswirkung haben. Die Person wird immer häufiger ausfällig. Einheimische versuchen schließlich, sie los zu werden, ohne ihr das Gesicht zu nehmen.

**Beispiel 52**

So geschehen bei einem jungen amerikanischen Mann aus dem „Peace Corps" (freiwilliger Einsatz junger US-Amerikaner für Entwicklungshilfe) auf Puluwat /Mikronesien, der den leitenden Männern Prinzipien der Gemeindeverwaltung („community development") beibringen sollte. Er brüstete sich mir gegenüber damit, dass er z.Z. einen großen Einfluss auf die Leute habe. Da er die Hitze nicht gewohnt war, hatte er „heat rash", also Hitzebläschen an den Stellen seines Körpers, wo Haut auf der Haut scheuerte. Weil das juckte, kratzte er sich regelmäßig, auch vor anderen Leuten. Er trug kurze Hosen. Nach kurzer Zeit bedankte sich der Chief bei ihm und erklärte, sie hätten nun genug von ihm gelernt, er könne mit dem nächsten Schiff wieder zurück reisen. – Er hatte keine Außenschau von sich und merkte nicht, dass nur er diese Angewohnheit hatte, die selbst unter Männern als tabu galt.

**Beispiel 53**

Eine ähnliche Situation in Deutschland: Ein Studentenehepaar von Paraguay mit deutschem Pass zog in einem hessischen Dorf ein. Die junge Frau wurde von hilfreichen hessischen Nachbarfrauen angewiesen, wie „man" einen Putzlappen mit zwei Händen auswringt – sie nahmen an, in Paraguay wisse man das nicht und fürchteten, dass sich ein „Maukennest" (schwäbisch für einen Platz, in dem sich allerlei Dinge sammeln, für die man keinen Platz findet und der sich dadurch auch ausbreiten kann) in ihrer Nachbarschaft bilden könnte. Die junge Frau fühlte sich brüskiert, ertrug aber stillschweigend diese soziale Kontrolle. Wenig später durfte sie ihren Nachbarinnen zeigen, wie man paraguayische Spezialitäten backt.

Die soziale Kontrolle ist für das Gewissen ein wichtiger Faktor. Sie übernimmt bei schuldorientierten Menschen die Autorität für Verhaltensmuster, die im Gewissen keine eigene Autorität finden oder erhalten. Für schamorientierte Menschen ist diese Kontrolle fast ausschließlich aktiv. Deshalb „schlagen" junge Insulaner beim Studium im Ausland manchmal dermaßen „über die Stränge", dass die Fortführung ihres Studiums gefährdet ist. Ein deutscher Missionar, der in Mikronesien aufgewachsen war und die Chuuksprache gut kannte, wurde von zuständigen Beamten in einem amerikanischen Staat gebeten, solche Insulaner zu betreuen. Sie hatten ein auffälliges und straffälliges Verhalten, das die heimische Polizei nicht mehr in den Griff bekam.

### 1.9.3.4    Paradigmenwechsel in der Persönlichkeitsstruktur

**Grafik 31:  Persönlichkeitsstruktur**

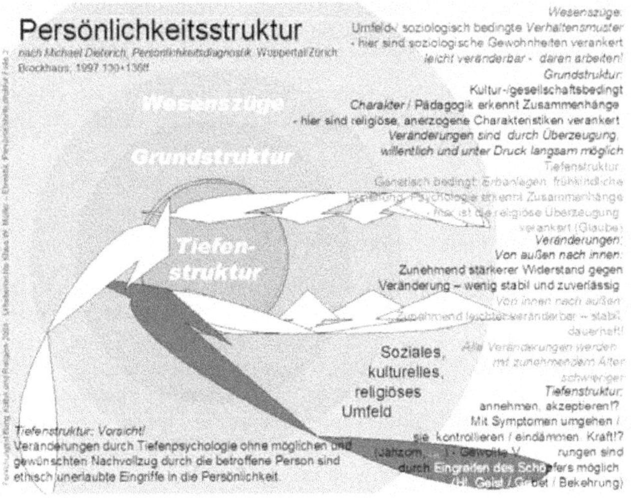

#### 1.9.3.4.1    Drei Ebenen der Persönlichkeit

Nach Michael Dietrich können drei Ebenen der Persönlichkeit unterschieden werden, die alle im sozialen, kulturellen und religiösen Umfeld eingebettet sind.

Der Mensch befindet sich immer in einem sozialen, kulturellen und religiösen Umfeld, setzt sich dem mehr oder weniger individuell aus und beeinflusst dieses. Hier ist die Kontaktstelle von Person und Gesellschaft, von Gewissen und dessen Übungsfeld. Solange das Gewissen und die Persönlichkeit noch nicht ausgereift und gefestigt sind, muss der Einfluss des Umfeldes als wesentlich stärker angenommen werden, als Eltern, Lehrer und andere Erziehungsberechtigten sich einzugestehen bereit sind.

❏ *Die Wesenszüge sind umfeldbedingte Verhaltensmuster.* Der Mensch übernimmt meist bedenkenlos und unbewusst, aber auch bewusst und willentlich Impulse und integriert sie in sein Verhalten. Die Soziologie betrachtet den Menschen in diesem Zusammenhang. Veränderungen sind relativ leicht vorzunehmen. Jeder kann selbst daran arbeiten, und die Menschen unterscheiden sich hier sehr untereinander. Die Anpassung des Menschen an eine Situation geschieht auf dieser Ebene.

❏ *Die Grundstruktur ist kulturbedingt. Hier sind weit verbreitete Werte und Denkmuster angelegt.* Religiöse, langfristig und systematisch anerzogene und angeeignete Charakteristiken sind hier verankert. Veränderungen sind durch persönliche Überzeugung, willentlich und unter Druck langsam möglich. Die Pädagogik betrachtet den Menschen in diesem Zusammenhang. Der Charakter des Menschen ist hier angelegt. Hier sind für jede Altersgruppe und intellektuelle Ansprechbarkeit verschiedene Methoden einzusetzen. Die Kultur erzwingt eine gewisse Gleichheit aller wie z.B. Ehrlichkeit, Gründlichkeit und Fleiß für eine Ausbildung und Tätigkeit im Beruf. Das ist nur schwierig morgens mit der Zeitstechuhr ein- und bei Feierabend wieder auszuschalten. Eine Grundstruktur muss durchgehend erkennbar sein, die sich in allen Situationen des Lebens innerhalb der eigenen Kultur verlässlich auswirkt.

❏ *Die Tiefenstruktur ist genetisch bedingt, auch frühkindliche Erziehung und Erlebnisse hinterlassen hier dauerhaft ihre Spuren.* Die Psychologie betrachtet den Menschen in diesem Zusammenhang. Veränderungen sind im Allgemeinen nicht oder sehr langwierig nur mit psychologischen Werkzeugen möglich; dauerhafte und eindringliche Einflüsse (z.B. religiöse), die ähnliche Effekte haben, sind auf dieser Ebene wirksam. Sie sind in jedem Fall sehr langsam und sind meist lange nicht stabil, Rückfälle sind an der Tagesordnung. Die frühkindliche Erziehung und Erbanlagen bestimmen die grundlegende Tiefenstruktur, die in den meisten Fällen nicht mehr verändert wird. Persönliche Neigungen zu Homosexualität oder Jähzorn haben hier ihre Wurzeln. Auch der sog. Kinderglaube wird durch religiöse Erziehung hier verankert und bleibt in Restbeständen, auch wenn er später durch gesellschaftliche und intellektuelle Einflüsse überlagert wird.

Die Empfindungen des Gewissens wie Scham, Schuld und Ehre, Gerechtigkeit sind in der Tiefenstruktur angelegt und wirken sich deshalb nachhaltig durch alle anderen Ebenen und erkennbar im sozialen Umfeld aus.

## These 137

### Das Gewissen liegt in der Tiefenstruktur des Menschen.

❑ **Insgesamt sind Veränderungen von außen nach innen zunächst leicht möglich. Der Mensch wird dann jedoch zunehmend schnell und stark resistent.** Deshalb sind Veränderungen in den Wesenszügen auch schnell rückgängig zu machen. In der Grundstruktur machen sich lange anhaltende Veränderungen in den Wesenszügen oder in den Verhaltensmustern bemerkbar. Die Erziehung einhergehend mit Notwendigkeiten und Einsichten ist wirkungsvoll. Je älter die Person wird, umso mehr eigene Initiative und bewusst selektive Wahrnehmung der Zusammenhänge ist notwendig. Dem Eingriff in die Tiefenstruktur wird der größte Widerstand entgegengesetzt. Wie an anderer Stelle schon erwähnt, sind beim Erwachsenen normalerweise willentlich hundert- bis tausendfache Übungen und Wiederholungen über längere Zeiträume notwendig. Deshalb sind Veränderungen, die von außen vorgenommen werden, insgesamt wenig stabil, zuverlässig und dauerhaft.

❑ **Veränderungen von innen nach außen dagegen sind zunehmend leichter vorzunehmen:** Wofür eine charakterliche Grundlage besteht, lässt sich leicht in ein entsprechendes Verhaltensmuster umsetzen. Und wenn tiefenpsychologische Werte aus Grundüberzeugungen und Erkenntnissen, aus Religion und Glaube die Voraussetzung bilden, kann sich die Person auch dem entsprechende charakterliche Eigenschaften in der Grundstruktur aneignen. Diese Veränderungen, wenn sie grundsätzlich in der Tiefenstruktur eine Voraussetzung haben, sind dann auch sehr stabil, zuverlässig und dauerhaft, auch unter schwierigen Umständen. Das erklärt den Mut und die Standhaftigkeit von Persönlichkeiten, wie Johannes Hus und Martin Luther, in der Geschichte, sowie auch von vielen ungenannten und unbekannten Märtyrern des Glaubens. Die innerste Überzeugung wirkt sich in einem entsprechenden Denksystem bis in die Verhaltensmuster aus; damit prägt die Person dann auch ihr Umfeld nachhaltig – oder gerät in Konflikt zu ihm.

❑ **Jede Person sollte seine Tiefenstruktur so weit wie möglich analysieren.** Es gibt bedenkenlos anzuwendende psychologische Tests dafür, die nicht auf Veränderung angelegt sind, sondern den Stand der Dinge aus Symptomen herleitet. Der Mensch selbst bestimmt diese in Frage und Antwort, keine fremde Manipulation ist dabei möglich. Andere Tests sollten nur mit Psychologen des persönlichen Vertrauens durchgeführt werden. Jeder kann jedoch ein *Lebensscript* von sich erstellen. Dazu ist jede Phase des Lebens, vor allem die frühkindliche bis zur Festigung des Gewissens, aus der eigenen Erinnerung und zur Kontrolle dafür aus der Sicht von Personen zu beschreiben und zu analysieren, die das junge Leben begleitet haben. Das

*Qv.*: Kap. 7, 2.2

ergibt tiefe Einsichten in die Quellen der eigenen Persönlichkeitsstruktur, erklärt Empfindlichkeiten und Stärken, potentielle Schwachstellen und Fähigkeiten. Man wird versöhnt mit nahe stehenden Menschen, weil man die Zwänge erkennt, in denen sie standen und findet vielleicht auch den Mut, die Fäden zerbrochener Beziehungen wieder aufzunehmen. Familienmythos und -motto erhellen die Atmosphäre, in der man aufgewachsen ist; sie sind vielleicht als Lebensprinzip erkennbar, das sich in der eigenen Persönlichkeit eingenistet hat. Allein das Interesse an

der eigenen Vergangenheit bringt den Menschen näher, mit denen es Berührungsflächen gab. Allerdings sollte man sich nicht dazu verleiten lassen, alte Familienzwiste
wieder aufleben zu lassen. Das Lebensscript ist zumindest ein wichtiger Versuch, den
Grundaufbau des eigenen Gewissens zu rekonstruieren – bzw. die Bedingungen dafür,
die andere Menschen bewusst und unbewusst vorgegeben haben.

❑ **Diese Tiefenstruktur sollte zunächst als persönlicher, im Wesentlichen unverlier-
barer „Besitz" akzeptiert werden – so wie die körperlichen Merkmale.** Normalerweise sind ohne fremde Hilfe keine Veränderungen möglich. Verhaltensmerkmale,
die als Symptome der Tiefenstruktur zurück zu führen sind, können durch die charakterliche Kraft und lernbare Verhaltensmuster auf den höheren Ebenen kontrolliert und
eingedämmt – aber auch verstärkt werden. Oft gelingt das in einer bestimmten Gesellschaftsgruppe am besten, in der ein gewisser Wertekodex vorherrscht.

❑ **Religiöse, auch christliche, Paradigmenwechsel finden auf jeder Ebene statt.** Am
leichtesten sind sie in den **Wesenszügen** zu aktivieren. Wohl die meisten religiösen
„Bekehrungen" geschehen auf dieser Ebene – aus Gründen des persönlichen Vorteils,
in Beziehung zu Menschen, die als wertvoll empfunden werden. Selbstorientierte Motive unterliegen einem Paradigmenwechsel auf dieser Ebene. Hier sind vielleicht eher
„Bekehrungen" im und zum Buddhismus zu finden.

### Grafik 32: Analyse von potentiellen Motiven für die religiöse Bekehrung

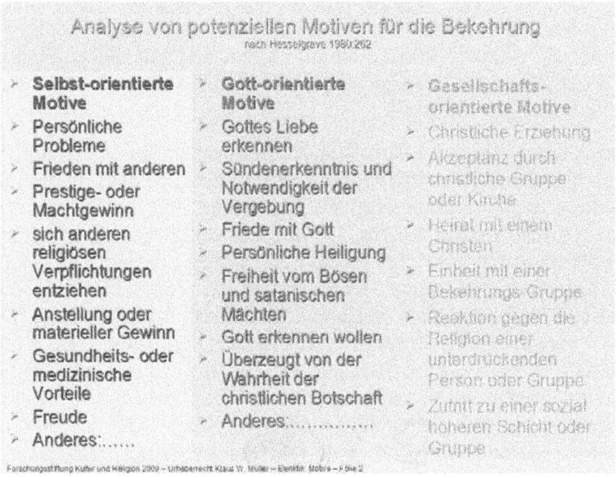

„Bekehrungen" in der **Grundstruktur** haben tiefergreifende Auswirkungen. Der Mensch
verändert sich nicht nur in bestimmten Situationen und Beziehungen, sondern breit angelegt in seinem Charakter. Neue Werte und die Einstellung zum Leben und zum Umfeld
sind dauerhaft und tragfähig. Vermutlich liegen viele gesellschaftsorientierte „Bekehrungen" von Deutschen zum Islam auf der Ebene der Grundstruktur. Schamorientierte Menschen tendieren zunächst zu gesellschaftsorientierten Motiven; vor allem wenn eine ganze Gruppe diesen Schritt vollziehen möchte, schließen sich solche Personen der Bewegung gerne an und lassen sich „mitnehmen". Sie sind dann offen für die eigene Beziehung zum persönlichen Gott.

Die vorliegende **Tiefenstruktur** wird bei jeder Art von Bekehrung verstärkende und ab-
schwächende bzw. hemmende Impulse erhalten. Deshalb wirkt sich ein Paradigmenwechsel
auch unter gleichen Bedingungen bei verschiedenen Menschen immer unterschiedlich aus.
Vorhandene latente Fähigkeiten und Neigungen, die bisher schlummerten, werden durch
die neue Persönlichkeitskonstellation geweckt, verstärkt – oder herausgefordert. Der Paradigmenwechsel eines Muslim zum christlichen Glauben unterliegt solchen gravierenden

Schwierigkeiten wie persönliche Nachteile von Jobverlust über Enterbung bis hin zu Morddrohungen und deren Ausführung, so dass ein oberflächliches Motiv dem nicht standhalten könnte. Wer diesen Schritt vollzieht, ist sich dessen Tragweite bewusst, er kann das nicht allein aus eigener Kraft und ließe sich das nie von außen aufdrängen.

### These 138

**Die der Religion bzw. dem Glauben inhärente Kraft der höheren Autorität wirkt sich in der Tiefenstruktur den Werten der jeweiligen Gottheit entsprechend verändernd aus.**

Doch nicht jeder religiöse Paradigmenwechsel zielt auf eine Erneuerung der Tiefenstruktur, nicht jede beinhaltet die notwendige Kraft, eine solche Veränderung durchzuführen. Ein christlich-religiöser Paradigmenwechsel hat dieses Ziel, wird aber nicht in jedem Fall konsequent auf dieser Ebene vollzogen. **Der Vollzug einer christlichen „Bekehrung" ist ein lebenslanger Prozess, der immer wieder von neuen Erkenntnissen und Verständnissen Impulse erhält.** Der persönliche Wille einer Person entscheidet über den Werdegang der Veränderung, und sie kann nur durchgeführt werden, wenn die Kraft Gottes dafür bewusst in Anspruch genommen wird.

Das ist auch ein sicheres Zeichen für die Tiefe einer christlichen „Bekehrung". Paradigmenwechsel in den Wesenszügen behalten die alte Einstellung, nur wenige Normen sind wirklich akzeptiert. Hier wird ein oberflächliches Christentum gelebt, das sich in Gefühlen erschöpfen kann, das alle Kompromisse eingeht, das Normen nach ihrer eigenen Hermeneutik definiert. Die „Bekehrten" haben sich christliche Verhaltens- und Sprachmuster angeeignet, aber keinen konsequenten Lebensstil. Auf dieser Ebene wird z.B. das sechste Gebot so relativiert, dass Ehe mit Sex beginnt oder das erste Gebot wird dem islamischen Bekenntnis gleichgestellt.

Die Grundstruktur hat vielleicht schon Werte übernommen, aber es fehlt die Kraft, diese umzusetzen: Solche Menschen werden vielleicht nominelle, dem Namen nach, Christen, ihr Leben ist jedoch nicht überzeugend. Sie meinen es bestimmt ernst mit ihrer Einstellung, sie setzen sich für ihre Kirche ein, sie sind überzeugt von ihrer guten Absicht. Vermutlich können sie das auch über eine lange Zeit hinweg durchziehen. Manchmal tritt die oberflächliche Gesinnung erst zutage, wenn sie auf die Gewissheit des Heils durch Jesus Christus angesprochen werden. Die höhere Autorität ihres Lebens ist noch nicht ausgetauscht. Kreuzritter des Mittelalters funktionierten vermutlich auf dieser Ebene: Sie eroberten und mordeten in ihrem eigenen Namen oder im Namen einer Kirche; sie beriefen sich vielleicht auch auf den Gott der Bibel, aber letztlich dienten sie sich selbst, ihrer eigenen Macht; auf die Normen und Werte Gottes konnten sie sich nicht berufen. Solche Menschen sind meist sehr gesetzlich, pochen auf „richtige" Methoden und ihr Verständnis der Gebote, andererseits kann ihr Gewissen oft nicht klar differenzieren.

Mk.10,17-23
2.Tim.1,7; 3,5
1.Kor.8,1-4+7

Das war vielleicht der Stand des Gewissens des Saulus, als er sich für den jüdischen Glauben und gegen die christlichen Einflüsse ereiferte. Er hatte schon viel von Jesus verstanden, aber es passte für ihn absolut nicht mit seiner jüdischen Grundüberzeugung zusammen. Erst als er in seiner Tiefenstruktur die Autorität des Jesus Christus akzeptierte, konnte er die alttestamentlichen Puzzlestücke neu ordnen – und diese bildeten den Rahmen für die Vorgänge, die zum Neuen Testament führten. Er hatte einen wesentlichen Beitrag dazu geleistet, dass sich das Bild ohne Zwänge zusammenfügte.

### These 139

**Ein Paradigmenwechsel in der Tiefenstruktur des Gewissens kann nicht verborgen bleiben.**

Deshalb haben es auch „Konvertiten" aus dem Islam schwer, ihren Glauben geheim zu halten. Die Veränderungen in der Grundeinstellung und -überzeugung zeigen sich sofort in den neuen Werten, die charakterliche Veränderungen nach sich ziehen. Ein solcher Mensch kann nicht mehr hassen, Rache üben oder jemandem vorsätzlich etwas zuleide tun: Er ist von der Liebe Gottes bestimmt. Das zeigt sich bis in den Ton der Stimme, in die Ausdrucksweise, bis in das Verhalten.

Erst auf dieser neuen Basis kann der gesamte Vorgang neu begutachtet und bewertet werden. Auf den anderen Ebenen sind die Wertungen noch durch die alte Einstellung und die Grundwerte bestimmt. Deshalb kann der Apostel Paulus erst sehr viel später rückblickend sein Leben vor und nach dem Paradigmenwechsel korrekt werten oder gegeneinander aufwiegen, was er verloren und gewonnen hat. Er warnt die Philipper in seinem Brief davor, sich von anderen oder anderem bewerten zu lassen, die nicht dieselbe Basis haben. Für ihn selbst war die Wertung immer gravierender, der Vergleich konnte nicht krasser benannt werden: Schädlicher, ätzender Kot gegen beständige Gerechtigkeit. **Argumente der Grundstruktur greifen ins Leere ohne die Basis der Veränderungen in der Tiefenstruktur.**

Phil.4,2-10

### 1.9.3.5   Freiwilligkeit

### These 140

**Ein Paradigmenwechsel wird nur dann wirklich und ganzheitlich vollzogen, wenn er garantiert freiwillig geschieht.**

Jede Art von Manipulation und Druck wird der christlichen Botschaft nicht gerecht und ist nicht christlich, sondern ideologisch christlich verbrämt. Obwohl einige Argumente entkräftet werden konnten, fordert dieses Prinzip auch Widerspruch heraus:

#### 1.9.3.5.1   Souveräner Eingriff der Autorität

### These 141

**Menschenrechte erlauben keinerlei gewaltsame oder manipulative Eingriffe in das Gewissen eines Menschen.**

Wie erwähnt, war der Pharisäer[17] Saulus sehr gut informiert über Jesus Christus. Aber Saulus wollte ihn nicht in sein alttestamentliches Verständnis einfügen – ein Messias Jesus passte nicht in seine theologische Struktur. Er hätte wie z.B. der Theologe Nikodemus bereit sein müssen, die Konstellationen seiner „Gewissensuhr" bis in die Tiefenstruktur verändern zu lassen. Aber sein Ego stand im Zentrum. Er gestand diesem Jesus Christus nicht die letzte Autorität zu. Er verhärtete in seiner Haltung und sperrte sich dagegen – aus eigener Überzeugung und so wie er sich Jesus vorgestellt hatte. Dann zeigt sich der Jesus Christus dem Pharisäer Saulus leibhaftig in seiner Erscheinung als Auferstandener. So hatte Saulus den Jesus, den er eigentlich verfolgte, nicht vorgestellt und war deshalb total überrascht und erschrocken über seine eigene Ignoranz. Sein bisheriger menschlich-sündiger Status ertrug diese Erscheinung nicht – er erblindete davon kurzzeitig. Saulus ging es in der Auseinandersetzung mit Jesus Christus um Leben und Tod. Das respektierte Jesus und begegnete nur ihm in dieser Macht. Jesus nahm Rücksicht auf die Begleiter, die sich nicht in der Art und Weise mit ihm auseinander gesetzt hatten, und konfrontierte sie nicht auf die gleiche Art. Sie sahen nur einen Blitz und hörten eine Stimme, verstanden aber nichts. Eigentlich war diese Begegnung kein gewaltsamer Eingriff, denn sonst hätte sie sich auf alle gleich ausgewirkt.

Jesus stellte sich dem Saulus als den vor, den dieser verfolgte und mit den Anhängern auch die Lehre um ihn ausrotten wollte. In den nächsten drei Tagen

Apg.9

---

[17] Theologische Führungsgruppe der jüdischen Religion. Ursprünge gehen auf die Reformbewegung des Esra zurück. Ihre Tradition bestimmte das Judentum nach der Zerstörung Jerusalems. Der Begriff bedeutet „abgesondert"; sie grenzten sich mit gewissem Stolz von der lockeren Religionsausübung der meisten Juden ab. Jesus prangerte ihre Gesetzlichkeit und Überheblichkeit an. RGG[4] 2003.

erholten sich seine Augen wieder; Saulus konnte über alle Zusammenhänge in aller Ruhe konzentriert nachdenken. Schließlich ordneten sich die Puzzlestücke passend und für ihn verständlich. Saulus fällte dann aufgrund der neuen Erkenntnisse seine Entscheidung für Christus. Diese Begegnung war eine Konsequenz aus der Intention des Saulus. Sonst würde sie dem Prinzip der Freiwilligkeit widersprechen, sie blieb eine Ausnahme zur Bestätigung der Regel. Sie kann besser als Eingriff der Gnade Gottes bezeichnet werden, da Saulus bewahrt wurde vor dieser Art Begegnung ohne Möglichkeit der Veränderung.

In der Missions- und Kirchengeschichte wird öfter von Naturereignisse berichtet, die von den Menschen als Zeichen Gottes verstanden wurden. Z.B. gab es in den 30er Jahren des 20.Jh. im Hochland von Neuguinea eine lange Dürrezeit. Die Leute hatten von **1.Kön.18** den Missionaren Geschichten gehört, die sie selbst in diesem Zusammenhang für sich als Aufforderung deuteten, sich Gott zu öffnen. Die Häuptlinge von zehn Stämmen beschlossen daraufhin, in einem öffentlichen Akt die alte Religion „wegzuwerfen" und sich an den christlichen Gott zu „binden".[18]

Diese souveräne Handlung Gottes ist auch eine Auswirkung des Gebets der Christen, die sich in ihrer Kommunikation darum bemühen, den christlichen Glauben überzeugend vorzustellen.

### 1.9.3.5.2   Kinder‚bekehrung'

Auch Erziehung geschieht nicht gewaltsam, sondern in Verantwortung und aus Liebe für das Kind, das für sein Leben vorbereitet wird. Konsequenz den angenommenen Werten entsprechend ist dabei unverzichtbar. Dafür stehen zunächst die Eltern, aber hinter ihnen muss für das Kind immer deutlicher die höhere Autorität erkennbar werden.

Unter dem Vorzeichen der Freiwilligkeit muss auch die Entscheidung eines Kindes kritisch betrachtet werden. Da ein Kind sehr auf Beziehung, Zuneigung und Liebe angelegt ist, erscheint es leicht, sie zu überzeugen. Tatsächlich sind Kinderbekehrungen möglich, aber nicht so häufig wie vor diesem Hintergrund angenommen werden könnte. Geschulte Mitarbeiter wissen um die Gefahr der Manipulation, deshalb sind sie sich auch bewusst, dass ein Paradigmenwechsel nicht nachhaltig wäre. Sie sind deshalb umso vorsichtiger, und meist werden die Eltern über den Vorgang informiert. Jede Entscheidung eines Kindes gerät in der Pubertät in eine Krise; sie wird vielleicht leichtfertig verworfen, zumindest aber kritisch hinterfragt. Die „Bekehrung", auf welcher Ebene sie auch stattgefunden hat, steht in dieser Zeit auf dem Spiel und sollte auf jeden Fall im frühen Erwachsenenalter selbst bestätigt werden.

**Beispiel 54**

Schwerwiegend sind die Vorgänge in Erziehungsanstalten, wie sie z.B. in der DDR vorkamen. Der Staat bzw. die Menschen, die den Staat führten, erdreisteten sich, ihre Ideologie als Autorität für jeden Bürger und dessen Erziehung vorzuschreiben. Nicht kooperationsbereiten Eltern wurden zwangsweise die Kinder entrissen und in Heimen betreut. Dort lernten sie in einem gruppendynamischen Prozess die Philosophie des Staates und wurden gegen jede Religion „imprägniert". Wie tief diese Indoktrinierung in ihre Persönlichkeit eingedrungen war, zeigte sich erst später im Erwachsenenalter. Der Eingriff geschah zwangsweise aus Überzeugung, vermeintlich zum Wohl der Kinder für die Gestaltung des Lebens in dem Staat, der nach dieser Ideologie geführt wurde. Der Affront gegen die Menschenrechte beginnt nicht erst mit der Zwangsmaßnahme, sondern mit der gewaltsamen Abwehr jeder Kritik und Korrektur der Ideologie und ihrer Auswirkung.

### These 142

**Jede Einflussnahme auf das Gewissen eines Kindes hinterlässt unauslöschbare Spuren.**

---

[18] Müller, Klaus W. 2003, 4.Kapitel.

### 1.9.3.5.3   Angst

Auch im Westdeutschland der Mitte des 20. Jahrhunderts waren Theologie und Ideologie immer noch vom Respekt vor Autorität geprägt, die es zwei Jahrzehnte vorher möglich gemacht hatte, ein ganzes Volk zu manipulieren. Respekt ist durchaus richtig und wichtig im Umgang mit Menschen, vor allem wenn sie Verantwortung für andere tragen und dafür zur Rechenschaft gezogen werden. Damals war der Respekt jedoch noch vielfach vorgetäuscht: Dahinter stand mehr oder weniger Angst, die Respekt erzeugen sollte. Damit wurde Respekt erzwungen, der nicht oder nicht in dem Maße berechtigt war. Die Polizei, Staatsbeamte, Firmenchefs, aber auch Familienväter setzten damals effektiv Angst zur Manipulation ein.

Dieses ideologische Element war auch in der Theologie integriert und wurde als Überzeugungsverstärker gezielt eingesetzt. Die Frage ist, ob Angst in der Methode oder in der Sache integriert ist.

„Was fehlt in unserer Predigt, die so gut und so sicher und so zeitnah ist – und die doch trotz aller Bemühungen an Menschen vorbeiredet und keine Bewegung schafft? Dieses fehlt ihr: Es fehlt ihr die Angst, daß Hörer und Prediger in die Hölle kommen könnten."[19] – Wilhelm Busch sieht hier Angst als in der Botschaft integriert; gleichzeitig spricht eine Angst der Botschafter vor den Hörern aus dem Satz: sie wagen nicht, die Sache beim Namen zu nennen. Zum Dritten ist es möglich, dass die Hörer nicht mehr auf Angst reagieren. Er geht davon aus, dass Menschen von Angst „in Bewegung" kommen können. Wie erwähnt, ist Angst ein Produkt des Gewissens, das durch die Erkenntnis von Sünde und die Auslösung von Schuld und/oder Scham generiert wird. Deshalb ist anzunehmen, dass die Hörer schon in einem früheren Stadium der Gewissensbewegung blockiert werden: Scham und Schuld werden nicht geweckt, Sünde wird nicht erkannt, Normen sind nicht angenommen, die Autorität wurde nicht internalisiert. Dann ist auch keine Angst als Folge zu erwarten. Sie als Reaktion einzufordern oder durch einen Predigtstil auszulösen, wobei „auf die Sünde gehämmert" wird, ist ein „Schlag ins Wasser". Nicht Angst ist verloren gegangen, sondern einer ihrer Auslöser.

Ältere Evangelisten in den achtziger und neunziger Jahren des 20.Jahrhunderts spürten zunehmend, was Busch drei Jahrzehnte vorher schon festgestellt hatte. Sie kamen beim Hörer nicht an; sie trafen mit ihrer Botschaft nicht mehr auf einen Resonanzboden des Gewissens: Sie kannten ihre Hörer nicht mehr, sie hatten die Veränderung der gesellschaftlichen Schwerpunkte nicht nachvollzogen. Die Hörer zu beschuldigen greift ins Leere, ebenso ist nicht der Inhalt der Botschaft „schuld", sondern der Botschafter.

Weil Sünde und Schuld als Begriff und Sache in der Gesellschaft verloren gegangen sind, können auch die Reaktionen darauf nicht mehr erwartet werden.

*Qv.*: Heimerziehung und Erziehung in Bootcamps; Kap. 7, 9.8.1

### These 143

**Unsere Gesellschaft ist „unheilbar gesund", weil sie den Ursprung der Krankheit verdrängt und deshalb die Krankheit selbst leugnet: Für wen es keine „Sünde" mehr gibt, für den ist das Empfinden für Schuld verloren gegangen.**

Angst als Methode für Erkennung von Sünde wird nicht verstanden; Gott als ausführende Gewalt für Strafe macht niemandem Angst. Angst tritt an einer anderen Stelle der Gesellschaft wieder auf: Die zunehmende Zerstörung der Lebensgrundlage des Menschen (Erderwärmung, Atomverseuchung, Aids,...) macht den Menschen Sorge. Trotz des Medienüberflusses und (fast) unendlicher Kommunikationsmöglichkeiten breitet sich Einsamkeit aus, die aus Beziehungsunfähigkeit bzw. -blockaden resultiert: Angst vor Verbindlichkeit, gleichzeitig Angst vor Alleinsein. Diese Elemente sind kontraproduktiv, sie bilden

---

[19] Wilhelm Busch, *Verkündigung im Angriff: Gesammelte Aufsätze über Jugendarbeit, Kirche, Theologie und Pietismus.* Hg. Hans Währisch. Wuppertal: Aussaat Verlag, 1960: 149ff.

eine eskalierende Spirale. Sie kann unterbrochen werden durch einen Paradigmenwechsel, wodurch dem Gewissen wieder die Elemente gegeben werden, die es braucht, um zu funktionieren.

### These 144

**1. In jeder Religion und Kultur vollziehen sich Paradigmenwechsel. Sie sind nur so stark und nachhaltig wie sich die Elemente des Gewissens verändern lassen.**

**2. Durch das „Fragment der Urlogik" des menschlichen Gewissens waren Menschen fähig, Beobachtungen anzustellen und logische Schlüsse zu ziehen, woraus sich notwendige Grundregeln zum Überleben einer Gruppe formulieren ließen.**

**3. Die Religion erfüllt als höhere Autorität eine wichtige Funktion in der Prägung des Gewissens; wenn sie fehlt, unterdrückt oder geleugnet wird, nehmen Menschen und deren Ideologien ihren Platz ein.**

**4. Die beste Voraussetzung für die Sozialisierung des Menschen ist eine gesunde Familienstruktur mit liebevoll-konsequenter Erziehung.**

**5. Je mehr Elemente des Dekalogs im Normenkanon einer Kultur enthalten sind, umso größer ist die Chance aller zugehörigen Menschen, bei gleicher Wertung ein würdevolles Dasein zu führen und als Gruppe langfristig zu überleben.**

**6. Ein christlicher Paradigmenwechsel ist eine freiwillig und bewusst vollzogene Veränderung aller Elemente des Gewissens.**

**7. Der konsequente Vollzug eines christlichen Paradigmenwechsels hat eine gute Chance zum Gelingen, weil Autorität, Werte, Normen und Kraft nach dem Vorbild der Dreieinigkeit Gottes eine Einheit bilden und in der Gemeinde ein Übungsfeld für die soziale Umsetzung finden.**

## 1.10 Verwendete und weiterführende Literatur in Auswahl

A.C. Bhaktivedanta Swami Prabhupada. *Bhagavad-Gita. Wie sie ist.* Vaduz: The Bhaktivedanta Book Trust reg., 1981.

Barclay, William. *Turning to God. A study of conversion in the book of acts and today.* Grand Rapids, Mich.: Baker Book House, 1975[4].

Bürkle, Horst (Hg.). *Grundwerte menschlichen Verhaltens in den Religionen.* Frankfurt u.a.: Peter Lang, 1993

Bürkle, Horst. *Der Mensch auf der Suche nach Gott – Die Frage der Religionen.* Paderborn: Bonifatius, 1996.

Busch, Wilhelm. *Verkündigung im Angriff: Gesammelte Aufsätze über Jugendarbeit, Kirche, Theologie und Pietismus.* Hg. Hans Währisch. Wuppertal: Aussaat Verlag, 1960

Conn, Walter E. ed. *Conversion. Perspectives on Personal and Social Transformation.* New York: Alba House, 1978.

Dietrich, Michael. *Persönlichkeitsdiagnostik.* Wuppertal/Zürich: Brockhaus, 1997.

Douglas, Mary. *Essays in the Sociology of Perception.* London, Boston and Heley: Routledge & Kegan Paul, 1982.

Giesbrecht, Gerd G. *Ich sah der Lengua Hütten.* Asuncion/PY: Selbstverlag, 2000.

Gillespie, V. Bailey. *Religious Conversion and Personal Identity.* Birmingham/Alabama: Religious Education Press, 1979.

Hermelink, Jan und Hans Jochen Margull (Hg). *Basileia: Walter Freytag zum 60. Geburtstag.* Zweite Aufl. Stuttgart: Evangelische Missionsverlag, 1961.

Hesselgrave, David J. *Communicating Christ Cross-Culturally.* Grand Rapids: Zondervan. 1978.

Hesselgrave, David J. *Counseling Cross Culturally. An Introduction to Theory and Practice for Christians.* Grand Rapids/Mich. Baker Book House, 1984.

Hirsch, Emanuel. *Die Umformung des christlichen Denkens in der Neuzeit.* Tübingen: J.C.B. Mohr (Paul Siebeck), 1938.

James, William. *The Variety of Religious Experience. A Study in Human Nature.* Collins Fount Paperbacks, 1982[11].

Johnson, Cedric B., H. Newton Malony. *Christian Conversion: Biblical and Psychological Perspectives. An Introduction.* Rosemead Psychology Series. Grand Rapids/Mich.: Zondervan, 1981.

Kasdorf, Hans. *Die Umkehr. Bekehrung in ihren theologischen und kulturellen Zusammenhängen.* Logos. Arbeitsgemeinschaft der Mennonitischen Brüdergemeinden in Deutschland, 1989.

Lienhard, Ruth. „Restoring Relationships. Theological Reflections on Shame and Honor among the Daba and Bana of Camerun." Ph.D. Dissertation, School of World Mission, Fuller Theological Seminary. Pasadena/CA. 2000.

Mahony, F. J. *A Trukese Theory of Medicine.* Ann Arbor/Michigan: University Microfilms. 1970.

Mallach, H. J.; H. Harmann und V. Schmidt, *Alkoholwirkung beim Menschen. Pathophysiologie, Nachweis, Intoxikation, Wechselwirkungen.* Stuttgart/New York: Georg Thieme Verlag, 1987.

Meier, Alfred. *Freiheit zum Verzicht. Exegetisch-missiologische Untersuchung zur missionarischen Ethik in Afrika nach 1.Kor.9,1-27.* edition afem, mission academics 22. Nürnberg: VTR, 2006.

Müller, Klaus W. *Evangelische Mission in Mikronesien (Trukinseln). Ein Missionar analysiert sein Missionsfeld.* Missiologica Evangelica 2. Bonn: VKW, 1989.

Müller, Klaus W. *Georg F. Vicedom as Missionary and Peacemaker.* Neuendettelsau: Erlanger Verlag für Mission und Ökumene, 2003.

Osborne, Cecil. *Release from Fear and Anxiety.* Waco/Texas: Word Book Publisher, 1976.

Pickett, Warnshuis Singh & McGavran. *Church Growth and Group Conversion.* Pasadena: WCL, 1973[5].

Postman, Neil. *Keine Götter mehr. Das Ende der Erziehung.* Berlin Verlag, 1995.

Renggli, Franz. *Angst und Geborgenheit. Soziokulturelle Folgen der Mutter-Kind-Beziehung im ersten Lebensjahr. Ergebnisse aus Verhaltensforschung, Psychoanalyse und Ethnologie.* Reinbeck / Hamburg: Rowohlt, 1976.

Richardson, Don. *Das Friedenskind.* Bad Liebenzell: VLM, 1974/1976.

Rommen, Edward. *Namenschristentum. Theologisch-soziologische Erw*ägungen. Nürnberg: VTR, 2003.

Ruthe, Reinhold. *Konsequenz in der Erziehung.* Wetzlar: ERF-Verlag, 2007.

Sue, Derald Wing and David. *Counseling the Culturally Different. Theory and Practice.* Second Edition. New York u.a.: John Wiley Sons, 1990.

Triebel, Johannes. *Bekehrung als Ziel der missionarischen Verkündigung. Die Theologie Walter Freytags und das ökumenische Gespräch.* Erlangen: Verlag der evang.-luth. Mission, 1976.

# Kapitel 5

# Das Gewissen im sozialen Umfeld

In diesem Kapitel folgt nun die Auswirkung der verschiedenen Arten und Funktionen des Gewissens im gesellschaftlichen, kulturellen und religiösen Umfeld des Menschen. Um den Zusammenhang zu wahren, bleiben die Ausführungen durchgehend eng an einem Bild, das als Beispiel für diesen Zusammenhang dient: die Kokospalme. Dabei werden Aspekte von anderen Perspektiven beleuchtet, die bisher wenig oder nicht behandelt werden konnten. Manche Ausführungen kommen dem gründlich Lesenden bekannt vor; sie dienen hier zum Verständnis für solche, die das Buch selektiv lesen, dabei vielleicht Wichtiges übersehen und deshalb Verständnislücken haben können. Die Einbettung sowie die Funktion des Gewissens des Menschen in Gesellschaft und Kultur als Bürger, Berufstätiger, als Familienmitglied oder einfach als soziales Wesen stehen hier im Mittelpunkt.

# 1. Das Bild der Palme als Veranschaulichung: Auswirkung des Gewissens im sozialen Umfeld

Unsere gelernten Verhaltens- und Denkmuster sind intuitive Reaktionen auf Vorgänge und Zusammenhänge mit anderen Menschen. Wenn uns diese Vorgänge tangieren oder (be)treffen, werden mehr oder weniger schmerzhafte oder angenehme Empfindungen frei. Diese lösen entsprechend empfundene Bedürfnisse aus und veranlassen in uns eine Handlung, eine verbale oder nur innerkörperliche Regung. Das funktioniert für teilnehmende Beobachter nachvollziehbar nur innerhalb eines gewohnten, sozialen Umfeldes.

Die Nachvollziehbarkeit hat verschiedene Bedingungen: Teilnehmende Beobachter und Betroffene sind in einer ähnlichen gesellschaftlichen Situation aufgewachsen mit ähnlichen Erziehungsmustern, Werten und Autoritäten. Das Gewissen ist dadurch ähnlich geprägt und seine (un)sichtbaren Reaktionen sind von anderen vorhersehbar. Falls diese erwarteten Reaktionen nicht erkennbar sind, wird das Verhalten als unverständlich, fragwürdig oder falsch beurteilt.

## 1.1 Einflüsse und Kräfte bei der natürlichen Entwicklung der Persönlichkeit bzw. des Gewissens

**Grafik 33: Auswirkung des Gewissens im sozialen Umfeld / Modell A**

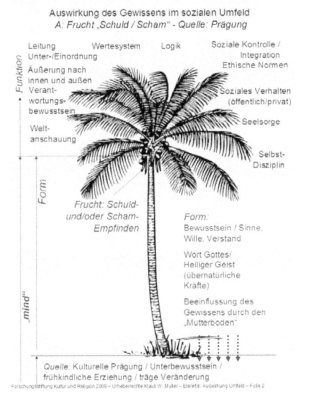

Auswirkung des Gewissens im sozialen Umfeld
A: Frucht „Schuld / Scham" - Quelle: Prägung

Funktion

Leitung    Wertesystem    Logik    Soziale Kontrolle /
Unter-/Einordnung    Integration
Ethische Normen
Äußerung nach
innen und außen
Verant-    Soziales Verhalten
wortungs-    (öffentlich/privat)
bewusstsein
Seelsorge
Welt-
anschauung
Selbst-
Disziplin

Form

Frucht: Schuld-
und/oder Scham-    Form:
Empfinden    Bewusstsein / Sinne,
Wille, Verstand

Wort Gottes/
Heiliger Geist
(übernatürliche
Kräfte)

„mind"

Beeinflussung des
Gewissens durch den
„Mutterboden"

Quelle: Kulturelle Prägung / Unterbewusstsein /
frühkindliche Erziehung / träge Veränderung

Forschungsstiftung Kultur und Religion 2009 – Urheberrechte Klaus W. Müller – Eidetik: Auswirkung Umfeld – Folie 2

Um eine weitere Perspektive des Gewissens zu verstehen, bedienen wir uns zunächst des Bildes eines Baumes, hier (dem Lebenshintergrund des Autors entsprechend) einer Palme.

Eine abstrakte grafische Darstellung dient als Ergänzung: Verschiedene Persönlichkeitsschichten, deren Substanz mehr oder weniger vorgegeben ist und die jeweils oberste Schicht beeinflusst.

> Die Kokospalme *(Cocos nucifera)* wird in Indien seit etwa 4000 Jahren kultiviert, wächst in sandigen Böden und braucht salziges Wasser, erträgt extreme Wärme, Feuchtigkeit und ebenso Trockenheit. Sie hält starken Belastungen z.B. in einem Taifun stand, wird bis ca.30 Meter hoch, ihr Stammholz bleibt durchgehend gleich im Durchmesser, ist hart und elastisch, wird (zumindest in Mikronesien weniger) für Baumaßnahmen eingesetzt: es fault schnell. Am oberen Ende des Stammes ist der Vegetationspunkt, das sog. „Palmherz", aus dem sich die Blätter und die Früchte bilden. Es ist essbar (Delikatesse: „Millionärssalat"); die Palme stirbt jedoch, wenn es herausgehackt wird oder wenn es krank wird. Das „Herz" ist der empfindlichste Teil. Die Kokospalme verzweigt sich nicht, sondern hat 20-30 gefiederte Blätter, bis ca. 6 m lang mit einer stabilen Blattrippe – mit vielen seitlich abstehenden Einzelblättern. Monatlich bildet sich oben ein neues Blatt, dafür stirbt unten ein altes ab. Sie braucht etwa zehn Jahre bis sie zum ersten Mal Frucht trägt, dann aber ununterbrochen. Die Fruchtschote kann angeschnitten werden und gibt einen schnell fermentierenden Saft (Blutungssaft) ab, der frisch geerntet sehr süß, hefehaltig und nahrhaft ist („Toddy", „Palmwein"). Die Kokosfrüchte wachsen in Bündeln zu 10-20 ca. 1 kg schweren Nüssen, die sich in verschiedenen Stadien entwickeln, d.h. oben sind die unreifen Früchte, die noch Fruchtwasser („Kokosmilch") enthalten, unten hängen die reifen Früchte mit Kokosfleisch (Kopra). Auf der Kokospalme sind immer gleichzeitig Fruchtschoten, Blüten, Trinknüsse und Kopranüsse zu finden. Die Chuuk-Insulaner verwenden das Material der Kokospalme für weit über 100 verschiedene Gebrauchs- Schmuck- und Kultgegenstände. Das Fruchtwasser der Kokosnüsse steht unter leichtem Druck, ist durch die dicke Faserschicht und die harte Hülle geschützt und kühler als die Außentemperatur. Die Insulaner von Chuuk erzählten, dass das japanische Militär im zweiten Weltkrieg das Fruchtwasser zur Bluttransfusion und das Palmherz als letzte Nahrungsreserve verwendeten.

Besonders diese verschiedenen Eigenschaften sind hilfreich als Vergleich für das menschliche Gewissen.

Für unsere Zwecke unterscheiden wir vier Segmente der Palme:

❏ Unsichtbar ist der **Wurzelstock** im **Mutterboden**. Die Bodenoberfläche lässt die Beschaffenheit erkennen; oberflächige Wurzeln ragen heraus. Bei der Kokospalme sitzt der gesamte Wurzelstock über dem Boden, nur die Wurzeln verschwinden darunter. Zum Pflanzen wird der Mutterboden aufgegraben, dabei sind oft verschiedene Schichten erkennbar: Humus, gewachsener Boden, und Gestein. Unter Umständen dringt schon nach zwei Spatenstichen Tiefe das Grundwasser ein. Es wird durch die Faden- und Faserwurzeln aufgenommen, durch deren Beschaffenheit schon entsprechend gefiltert. Die Wurzeln sind tief im Mutterboden verankert und sind nur wenig sichtbar. Sie bilden eine Einheit. Werden sie getrennt, ist kein Leben möglich.

❏ Der **Stamm** wächst aus dem Wurzelstock und trägt die Baumkrone. Je höher der Stamm, umso mehr Licht verschafft er den Blättern. Die Konkurrenz dicht stehender Bäume untereinander resultiert in der Höhe des Stammes bzw. der Fähigkeit, in ein Lichtfenster hinein zu wachsen und es für sich zu beanspruchen. So wachsen manche Palmen sehr schräg und am Strand „hängen" manche recht flach über dem Sand und dem Wasser. Der Stamm wächst auch dann wieder weiter nach oben, wenn er durch einen Sturm umgefallen ist und nur teilweise entwurzelt wurde. Daraus ergeben sich skurrile Stammformen.

❏ Die gefiederten **Blätter** sind weit ausladend, um möglichst viel der Sonne ausgesetzt zu sein. Wenn der Wald zu dicht ist, verkümmern Bäume; sie erhalten zu wenig Licht.

Die Umwandlung des Grundwassers, durch den Stamm zu den Blättern gesaugt, geschieht durch die Fotosynthese,[1] wobei die Flüssigkeit durch Aufnahme von $CO_2$ aus der Luft und durch Sonnenlicht (Warmlicht) verarbeitet und der Frucht zugeführt wird. Auch das Wachstum ist dadurch möglich.

❏ Die **Frucht** dient je nach Baum und Pflanze drei Funktionen: Die Blüte ist meist sehr schön, sie duftet und zieht dadurch Insekten an, welche die Blüte bestäuben. Dadurch reift eine Frucht, die zur Nahrung für Menschen und Tieren dient. Schließlich geschieht durch die Frucht auch die Reproduktion, wobei das Fruchtfleisch als Humus für den Sämling dient. Manche Pflanzen- und Baumarten vermehren sich auch durch ihre Wurzeln.

Die Beschaffenheit und Funktion des Gewissens kann durch solche Parallelen besonders zur Kokospalme erklärt werden. Dabei sind Wiederholungen und Überschneidungen mit schon besprochenen oder nachfolgenden Erklärungselementen unvermeidlich; sie sollten sich dadurch aber nicht widersprechen, vielmehr ergänzen.

Gelegentlich hinkt auch dieses Beispiel – u.U. bis zur Verzerrung und Unbrauchbarkeit. Der Leser möge sich dann getrost darüber erheben und sich den abstrakten Zusammenhängen zuwenden.

# 1.2    Palme: Der Wurzelboden

Das Gewissen wächst wie eine Pflanze aus einem Kern, einem Samenkorn oder einer Wurzel, deren inhärentes Leben erst erwacht, wenn die äußeren Bedingungen stimmen: Bodenbeschaffenheit, Temperatur, Lichtverhältnisse und Feuchtigkeit.

Der Kern ist in seiner Zusammensetzung nicht neutral: Es entsteht eine bestimmte Pflanze daraus. Dennoch ist jede Pflanze der gleichen Sorte oder Gattung individuell. Die Verschiedenheit ist einerseits schon im Kern angelegt, andererseits bestimmen die äußeren Bedingungen maßgeblich die Individualität, Stabilität und Funktionstüchtigkeit der erwachsenen Pflanze.

Menschen, die in gleichen oder ähnlichen Kultur- und Gesellschafts,beschaffenheiten' leben, weisen entsprechende strukturelle Ähnlichkeiten in ihrer Gewissensprägung auf. Wertstellungen und Verhaltensformen sind gesellschaftlich und meist auch gesetzlich geregelt, die Grundformen des Denkens und der Logik werden im frühkindlichen Alter durch die Erziehung vermittelt. Z.B. werden Kinder auf öffentlichen Spielplätzen (in Deutschland) in den Gebrauch der Geräte eingeführt, indem sie auf die Schaukel gesetzt werden und ihnen eingeschärft wird, nicht abzuspringen. Erst wenn die Körperbeherrschung weiter entwickelt ist, wird auch der Absprung von der Schaukel geübt. Tafeln am Eingang zu den Spielplätzen weisen Eltern auf ihre Verantwortung hin und verbieten den Missbrauch der Geräte. Vor allem die Zerstörung öffentlicher Einrichtungen und fremden Eigentums wird unter Strafe gestellt. Müll soll entweder in bereitstehende Körbe geworfen oder am besten wieder mitgenommen werden. Kinder anderer Kulturen hätten anfänglich Mühe, die Geräte spielgerecht zu gebrauchen. Der Respekt vor fremdem oder öffentlichem Eigentum fehlt, vor allem wenn dessen Wert und Gebrauch nicht eingeschätzt werden kann oder andere deswegen beneidet werden. Aus diesem Grund werden auf ein Riff aufgelaufene Boote (z.B. in Mikronesien), dessen Eigentümer Hilfe holt, von Einheimischen manchmal zerstört, bevor die Hilfe eintrifft.

**Beispiel 55**

Wir waren mit unserem Hochseeboot in Mikronesien kurz vor Sonnenaufgang in heftigem Tropenregen nur 50 Meter neben der Einfahrt auf das Riff gelaufen. Die Ebbe setzte ein und wir konnten aus eigener Kraft nicht mehr in tiefes Wasser gelangen. Als

---

[1] Lichtenergie wird in chemische Energie umgewandelt, mit deren Hilfe das in der Luft und im Wasser vorhandene $CO_2$ organisch in Form von Glucose gebunden wird.

wir nach nur einer Woche mit einem Schiff unser Boot retten wollten, war es durch Einheimische schon mutwillig zerstört worden, obwohl wir den Chief der nahegelegenen
Inseln eindringlich darum gebeten hatten, seine Leute davon abzuhalten.[2]

**Beispiel 56**

Die japanische Kriegsmarine hatte im zweiten Weltkrieg auf der großen Nebeninsel
Älley des Puluwat-Atolls eine vollständige Verteidigungsfestung eingerichtet mit Leuchtturm, riesigen Wassertanks und fließendem Wasser in allen Gebäuden, Elektrizität
durch große Generatoren und vor allem mit Fahrzeugen, Panzern und Luftabwehrkanonen, Straßen und Flugplatz. Nachdem die Amerikaner Mikronesien eingenommen
hatten, war die Insel von der Versorgung abgeschnitten. Schließlich wurden die Soldaten als Gefangene abgeholt, wohl ohne einen Schuss abgegeben zu haben. Die Insulaner kehrten wieder zurück auf ihre Insel und machten sich einen Spaß daraus, eingeschaltete Lichter der Fahrzeuge mit Gewehren auszuschießen. Die gesamte Anlage
war innerhalb weniger Tage funktionsuntüchtig gemacht. 1974 baute ich die erste Missionsstation auf Puluwat und erkundete auch die nun völlig überwucherte Insel Älley.
Mir blutete das Herz, als ich erkannte, in welchem hohen Lebensstandard die Insulaner
hätten leben können, wenn sie den Wert der Einrichtugnen erkannt und ihren Gebrauch gelernt hätten. Vor allem die guten hygienischen Verhältnisse hätten viele
Krankheiten verhindern können. Ich baute mit den Männern auf Puluwat eine Anlegestelle für die Insel. Wir verwendeten dazu einzelne Kanonenrohre als Pfosten. Durch
einen großen Wassertank hatte die Bevölkerung genügend sauberes Trinkwasser und
ich konnte sogar eine Toilette mit Wasserspülung in meinem Haus mit fließend Wasser
einrichten. Jetzt erst erkannten die Insulaner den Gebrauch und den Wert solcher Einrichtungen. Der Adoptivsohn des Chiefs war Lehrer und ließ sich von mir die technische Einrichtung erklären, da er vor allem die hygienischen Vorteile der Toilette erkannte. Er wollte das in seinem neuen Haus selbst so einrichten (das scheiterte jedoch
später an dem Tabu, Exkremente innerhalb des Hauses zu entsorgen. Technische und
hygienische Neuerungen müssen von einem Netzwerk von Tabus und Werten erlaubt
sein!). Der alte Chief setzte alles daran, wenigstens den Flugplatz auf Älley wieder herzurichten. Es gelang uns nicht, da einige Eigentümer ihre Grundstücke nicht frei gaben,
die für die Einflugschneise gebraucht worden wären.

Der Wurzel- oder Mutterboden einer Gesellschaft entscheidet weitestgehend über die Grundstruktur der Werte und des Denkens und der damit verbundenen Logik. Die Intelligenz ist
durch die gegebenen Verhältnisse herausgefordert und kann durch Schulbildung gefördert
werden. Aber sie braucht auch Werte und Einsichten. Dann erst greifen ethische Normen,
und Verhaltensmuster können sich verändern. Diesem Mutterboden als Unterbewusstsein
solche Erkenntnisse zuzuführen, die sich in der Erziehung wieder bemerkbar machen können, ist ein Vorgang von zwei bis drei Generationen. Traditionen sind hartnäckig.

Deshalb ist die Tradition auch ein stabilisierendes Element jeder Kultur, damit alte Werte
nicht leichtfertig aufgelöst werden, aufgrund derer Menschen vielleicht seit Jahrhunderten überlebt haben. Zum Beispiel haben eben solche Inselgesellschaften deshalb genetisch überlebt, weil die Heirat naher Verwandter nur bei Nachkommen von Schwester
und Bruder der Großelterngeneration erlaubt war.

**Beispiel 57**

Die Korruption war in Europa gang und gäbe: In Deutschland konnte sie erst vor etwa
120 Jahren durch Bismarcks klare Gesetze und soziale Veränderungen (angemessene
Bezahlung der Beamten, damit sie nicht auf Schmiergelder angewiesen waren) auf
Grundlage ethischer Werte (preußische Unbestechlichkeit) und vor allem der reformierten Theologie unter Kontrolle gebracht werden. In vielen nicht-westlichen Ländern
müssen sich Polizisten durch Strafgelder ihren Lohn selbst erarbeiten – sie werden
durch zu niedrige Bezahlung staatlich dazu gezwungen. Ebenso führte die Gleichstellung von Mann und Frau erst im vergangenen Jahrhundert dazu, dass Frauen (zu-

---

[2] Klaus W. Müller, *Kurs 330 – Südseemissionare unterwegs*. Bad Liebenzell: VLM, 1977.

nächst nur das passive) Wahlrecht zugestanden wurde. In der Schweiz hat das noch etwa 50 Jahre länger gedauert.

**These 145**     **These**

**Kulturen mit hohem Traditionsquotienten verändern sich langsamer, auch bei positiv empfundenen Werten, Bedürfnissen und deren Befriedigung.**

Was für den Baum der Mutterboden ist, ist für das Gewissen die „Quelle". Die „chemische" Zusammensetzung fördert bestimmte Entwicklungen und hemmt andere. Wie ein Agrarwissenschaftler aus der Beschaffenheit des Bodens die Art der Bewirtschaftung sowie Dosierung und Zusammensetzung der Bedüngung schließt, können wir für das Gewissen Rückschlüsse ziehen. Ein Zentralasiate wird in seinem Heimatland andere Kombinationen von Grundwerten mit ins Leben nehmen als ein Südamerikaner.

Die Erbanlagen sind unabhängig von der kulturellen Quelle. Über Generationen hinweg können sie jedoch bestimmte Anlagen „verdichten" oder verstärken; andere werden durch die kulturellen Bedingungen unterdrückt, gehemmt oder suchen sich den Gegebenheiten entsprechende Entfaltungsmöglichkeiten.

**These 146**

**Herrscht in einem Land schon Jahrhunderte lang eine bestimmte Religion oder Lebensphilosophie vor (z.B. Konfuzianismus), werden sich deren Werte und Regeln tief mit der „Quelle"des Gewissens vermengen.**

Meist wird es kaum möglich sein, Kultur und Religion als Ursprung eines Wertes oder einer Regel zu unterscheiden.[3] Beim Studium der Quelle des Gewissens wird demnach immer beides ernst zu nehmen sein. Besteht Übereinstimmung von Kultur und Religion, wirkt das als enormer Verstärker für bestimmte Anlagen. Fehlt diese Übereinstimmung, wird sich im Laufe der Generationen das stärkere Element als autoritativ durchsetzen und das andere untergeordnet weiterhin Bedeutung behalten. Daraus lassen sich dem beobachtenden Teilnehmer manche Widersprüche erklären, die jedoch von den Mitgliedern der Kultur keineswegs als unlogisch empfunden werden.

**Beispiel 58**

Wird ein Neugeborenes oder ein Kleinkind aus Afrika von europäischen Adoptiveltern erzogen, wirken sich lediglich die Erbanlagen in der Prägung des Gewissens aus, nicht die originalen kulturellen Zusammenhänge. Interessant in diesem Zusammenhang ist die Erziehung von Missionarskindern, Entwicklungspersonal oder Diplomaten im Ausland. Diese Kinder erhalten ihre Prägung von zwei verschiedenen Quellen, die sie selbst kaum unterscheiden können. Deshalb werden sie in ihren Empfindungen und Denkstrukturen von einseitig oder eindeutig geprägten Menschen nicht immer verstanden, und sie selbst können selten konsequent aufgrund einer der beiden (oder drei, wenn die Schulausbildung in einer dritten Kultur geschieht) Quellen anwenden. Sie werden immer aus der Quelle als Einheit schöpfen, lernen jedoch, bestimmte Bedürfnisse zurück zu stellen, die in einem Umfeld nicht gefragt sind.

Verhaltens- und Erziehungsmuster haben oft ihren Ursprung im Mutterboden der Kultur. Sie werden in die Quelle des Gewissens übernommen, ohne sie zu überprüfen oder auch später

*Qv.*: Bsp. Sprachentwicklung bei den Insulanern von Chuuk

---

[3] Chansamone Saiyasak hat seine ursprüngliche Heimat der Isan in Nordost Thailand daraufhin untersucht und eine Vielfalt von Ursprüngen und Einflüssen gefunden, die einer effektiven Veränderungsstrategie sowohl kulturell-wirtschaftlich als auch religiös-gesellschaftlich diametral entgegenstehen. „A Study of the Belief Systems and Decision Making of the Isan People of Northeast Thailand with a View Towards Making Use of these Insights in Christian Evangelism." Proefschrift ter verkijging van de graad van Doctor in de Godgeleerdheid aan de Evangelische Theologische Faculteit te Heverlee (Leuven), België openbaar te verdedigen September 2007.

darüber nachzudenken. Wir müssen uns diese Muster als Erwachsene bewusst machen, wenn wir sie verändern wollen. Sie bleiben jedoch als eine Anlage des Gewissens erhalten. Unseren Kindern können wir vielleicht andere Werte und Einstellungen vermitteln – wenn sie noch jung genug sind (bis sieben Jahre). Andernfalls können wir ihnen lediglich noch Strategien vermitteln, wie sie den Auswirkungen dieser Anlagen begegnen können.

### These 147

**Lebensumstände, -situationen und -zwänge sind nur bedingt freiwillig, nur langfristig und immer sehr schwer veränderbar.**

Ein Mensch kann zwar eine Veränderung wollen, ist aber selbst durch seine Prägung oft so gehemmt, dass er sie nur begrenzt umsetzen kann. Der Freiwilligkeit sind also innerhalb der Denkstruktur des Menschen Grenzen gesetzt. Die äußeren, politischen, religiösen, ökonomischen, traditionellen Bedingungen sowie die Gegebenheiten wie Klima und Bodenbeschaffenheit einer Kultur können vielleicht gewaltsam durch Revolution oder Krieg oder nur langfristig wie bestehende Machtpositionen oder Autoritätsstrukturen, vorherrschende Bildungssysteme und Lebensphilosophien überwunden oder geändert werden. Oft bleibt auch nur eine (un)freiwillige Trennung durch Flucht, Verfolgung oder Ausweisung.

Die äußere Beeinflussung des Gewissens eines Menschen geschieht also an seinem Willen und seinen Möglichkeiten der Einflussnahme vorbei – er ist unfreiwillig dieser Prägung ausgesetzt. Die Enkulturation geschieht nicht nur durch die Eltern, sondern in anderen Kulturen sogar verstärkt durch die ganze Familienstruktur, die Verwandtschaft und vor allem durch das System des „significant other" – die Autoritätsstruktur.

Auch Erbanlagen reifen langsam: Sie entwickeln sich lebenslang – manche treten erst im Alter zutage. Dann werden Stimme und Bewegungsmuster deutlich erkennbar als „vom Vater" oder „ganz die Mutter". Sie sind wie die kulturellen Anlagen sehr schwer veränderbar. Nur unter starker Kontrolle und hundertfacher bewusster Übung – möglichst schon in jungen Erwachsenenjahren – können bleibende Änderungen bewirkt werden. Viele davon bleiben latent erhalten. Man kann lediglich eine Strategie zur Beherrschung der Symptome entwickeln.

### These 148

**Das Gewissen kann im reifen Alter wieder mehr konservative Merkmale und Maßstäbe zutage treten lassen, die man glaubte überwunden zu haben. Sie können überlagert und verdrängt werden, gehen aber nicht verloren.**

Vor allem in der Pubertät und der Zeit danach werden bestehende Anlagen überlagert durch Einflüsse von außen, denen sich der junge Mensch bewusst öffnet. Im jungen Erwachsenenalter, wenn die Differenzierung der Erb- und kulturell-gesellschaftlichen Anlagen durch kritisches, intelligentes Denken möglich ist, wirken sich Einsichten, Erkenntnisse und neu angenommene Werte durch konsequent eingeübte Strategien nachhaltig aus. Das soll im nächsten Punkt diskutiert werden.

## 1.3   Der Stamm: Form und Stabilität (Tragfähigkeit)

Der Stamm trägt die Krone, die Sonne und Wind ausgesetzt ist. Er muss eine enorme Last tragen und elastisch sein, darf aber nicht brechen. Er ist auf „Augenhöhe" der Menschen, reicht natürlich auch weit darüber hinaus; er kann aber nicht direkt beeinflusst, höchstens durch gewaltsame Ein- oder Zugriffe beeinträchtigt werden (Werkzeuge, Sturm).

Für unsere Zwecke steht der Stamm als eine feste Einheit bildlich für das Bewusstsein des Menschen, in dem sich die Sinne, der Wille und der Verstand befinden. Das „Herz"

wird davon getragen, d.h. alles was sich im Bewusstsein abspielt und aus dem Unterbewusstsein kommt, läuft im Gewissen als Einheit zusammen. Darin geschieht die Umsetzung von innen nach außen; vom Unterbewusstsein werden die Kräfte aus Quelle und
Licht verarbeitet. Daraus entsteht dann unter der Beanspruchung oder Belastung durch
den Wind die Frucht. Das Gewissen kann nicht getrennt von Quelle und Beanspruchung
analysiert werden.

Der englische Begriff „mind" schließt die Funktionen ein, die wir mit „Quelle" und
„Form" des Gewissens zusammenfassen, Unterbewusstsein und Bewusstsein. Wir sprechen von einem „gesund" denkenden und funktionierenden Menschen, wenn dieses Zu-
sammenspiel einigermaßen reibungslos und im Umfeld der Gesellschaft „normal" funktioniert. Als „stabil" oder „stark" erscheint eine Persönlichkeit, die unter Beanspruchung
zwar flexibel sein kann, aber dabei weder bricht noch nachgiebig ist. Ihr Gewissen bezieht sämtliche bewusste und unbewusste Faktoren ein, um unter der jeweiligen Belastung zu einem nachvollziehbaren Urteil zu kommen – zumindest von Menschen im ähnlichen Umfeld. Dabei sind weder Gefühle noch Verstand, weder Sinne noch im Moment
unfassbare, eher intuitive Elemente einzeln unterscheidbar, vielmehr greifen alle ineinander.

## These 149

**Ein stabiles Gewissen ist zwar flexibel, aber es schwankt nicht zwischen verschiede-
nen Möglichkeiten hin und her, die in der Interpretation von Situationen möglich
sind. Es bleibt bei seinen Werten, Einstellungen und Urteilen sowie Entscheidungen.**

Diese werden schnell und sicher gefällt und selten revidiert – nur wenn neue Erkenntnisse gewonnen werden, die zuerst reifen müssen, werden Entscheidungen des Gewissens
nicht schnell getroffen.

Die Sinne nehmen dann Informationen auf, Verstand und Gefühle verarbeiten diese aufgrund von Wissen und Erfahrung und lassen das Produkt daraus in den Entscheidungsprozess einfließen. Dabei wirken neue Eindrücke und Erkenntnisse wie Dünger oder der
notwendige Regen, der die Grundwasserversorgung sicherstellt.

## These 150

**Es gibt also eine äußere Beeinflussung des Gewissens, die im Bewusstsein aufge-
nommen wird.**

Jeder Lernvorgang in der Schule, im Beruf, im Zusammenleben mit Menschen gehört
dazu. Aber diese Lernvorgänge greifen nicht direkt und sofort in die Struktur und in den
Entscheidungsprozess des Gewissens ein, sondern beeinflussen indirekt. Allerdings ist
ein junger Mensch in der Pubertät und kurz danach viel offener dafür, z.B. von Lehrern
Informationen aufzunehmen und in seinem eigenen System zu integrieren. Das Unterbewusstsein hat bis dahin durch die Kindheit erst eine Grundstruktur erhalten, die jetzt ihre
ersten Tests zu bestehen hat. Das noch recht grobe Raster lässt nur wenige Differenzie-
rungen zu, so dass die Anwendung oft noch nicht „passt". Unsensible Lehrer und andere
einflussreiche Personen, denen junge Menschen ausgesetzt sind, stellen dann gerne die
Grundstruktur des Rasters in Frage, hinterfragen damit die Autorität (das sind dann noch
die Eltern oder Erziehungspersonen) und drücken dem noch sehr weichen Gewissen ihren
neuen „Stempel" auf. Wenn diese Eindrücke nicht durch Gespräche bearbeitet werden,
können sie dauerhafte Veränderungen hinterlassen.

Das „Palmherz" ist in dieser Lebensphase gefährdet; der junge Mensch braucht starke
Bezugspersonen, die solche Eindrücke durchschauen, analysieren und entsprechende
Korrekturen vornehmen. Bei weitem nicht alle Beeinflussungen können aufgefangen
werden. Aber die Grundstrukturen werden in dieser Zeit getestet und werden entweder
aufgeweicht oder für weitere Beanspruchungen gehärtet. In dieser Zeit bildet sich die
Belastungsfähigkeit des Gewissens. Wenn die Bezugspersonen nicht ansprechbar oder
unzuverlässig sind, weil die Eltern selbst in einer Krise stecken oder andere Lebensum-

stände wenig bestätigende Orientierung zulassen, bildet sich eine Schwäche aus, die u.U. zeitlebens den Menschen unselbständig oder manipulationsgefährdet bleiben lässt. Mit anderen Worten: Der Stamm ist unstabil, das Gewissen bleibt krank.

Manche Eltern wollen ihren Kindern bewusst keine religiöse Erziehung zumuten: „...damit sie sich später selbst entscheiden können", so die Meinung. Damit fehlt dem Gewissen ein wichtiges stabilisierendes Element, das zu einem späteren Zeitpunkt viel mühsamer integriert werden muss als dies in der Kindheit möglich gewesen wäre. Religion, gleich welche, stabilisiert die Persönlichkeit durch die Kraft im Gewissen. Hier werden allerdings auch die Weichen gestellt für Menschlichkeit, Härte, Elastizität wie Nachgiebigkeit und Versöhnungsbereitschaft. Lebensfähigkeit im Sinne von Anerkennung anderer Menschen und von Werten, Durchhalte- und Belastungsvermögen erhält in dieser Zeit ihre Grundlage – oder sie wird dem Gewissen dauerhaft entzogen.

Freunde und das soziale Umfeld, in das der junge Mensch hineinwächst, werden ihm zur Heimat; er lernt das Leben als solches kennen, fühlt sich darin zuhause und anderes bleibt fremd. Das Empfinden für menschliche Atmosphäre, für Freundschaft und Zuverlässigkeit, nicht zuletzt für Liebe und Liebesfähigkeit erhält in und nach der Kindheit seine dauerhafte Form, in die sich das Leben füllt. Diese Eigenschaften sind einem Menschen später nur sehr schwierig zu vermitteln; es gelingt nur mit viel Geduld, Vertrauen und Zuneigung, die aber während dieses Vermittlungsprozesses hart getestet werden. Eine ständige Beobachtung und Begleitung, eindeutige Richtlinien für Verhalten und Denken sowie wiederholte Erinnerung daran sind Voraussetzungen dafür.

### These 151

**Je älter ein Mensch wird, umso intensiver muss die bewusste Erinnerung an notwendige Veränderungen sein. Bei alten Menschen ist eine Veränderung so gut wie aussichtslos.**

Diese äußere Beeinflussung durch Sinne und Verstand, willentlich oder auch gegen den eigenen Willen aufgenommen, sickert wie Dünger in den Mutterboden. Örtlich und zeitlich bedingt gestaltet sich dadurch eine individuelle Weiterentwicklung. Bei gleichen Kindheitsbedingungen ereignen sich dadurch gegensätzliche Gewissensbildungen.

### These 152

**Effektiv eingesetzte Beeinflussungen, direkt oder indirekt, bewusst oder manipulativ gesteuert, werden freiwillig oder unfreiwillig aufgenommen und dann als fester Bestandteil in das Gewissen integriert.**

Deshalb ist es nicht gleichgültig, wie z.B. ein Kindergarten geführt wird und nach welchen pädagogischen Prinzipien Mitarbeiter die Kinder leiten. Auch Grundprinzipien einer Schule, die für alle Lehrer bindend sind, wirken sich nachhaltig auf den jungen Menschen aus. Christliche Kirchen sollten ihre Verantwortung wahrnehmen und ihren möglichen Einfluss geltend machen, um ihre bekenntnisorientierten ethischen Prinzipien durchzusetzen. Sie tun der Gesellschaft keinen guten Dienst, wenn sie angepasst reagieren, um „zeitgemäß" zu sein. Ihre Werte haben sich in Jahrhunderten nicht nur in Europa bewährt; nur die Fehlinterpretationen führten zu schwierigen Auswüchsen. Verloren gegangene Werte sind von der nachfolgenden Generation nur schwierig wieder zu regenerieren – wenn diese dann überhaupt noch als Verlust erkannt werden können. Wahrheit und Gerechtigkeit, aber auch Gnade und Versöhnung werden im ersten Lebensjahrzehnt durch eigenes Erleben gelernt. Dadurch wird die Grundlage geschaffen, auf der später auch fundierte Erkenntnisse entstehen. Gewissensentscheidungen geschehen dann selbstverständlich und brauchen keine Begründungen oder Diskussionen.

Das alte Sprichwort „sage mir, mit wem du umgehst, und ich sage dir, wer du bist" erhält in diesem Zusammenhang seinen Sinn. Verwandtschaft und Freunde, aber vor allem auch

Medien und deren Einfluss wirken nachhaltig. Vielleicht bleiben nur einzelne Erlebnisse im Gedächtnis erhalten.

## These 153

**Der Gesamteindruck aller Situationen auf das Gewissen verstärkt die spätere Lebenseinstellung. Vor allem bedrückende Situationen engen die Entfaltung des Gewissens ein.**

**Freundliche, offene, vertrauensbildende Situationen, in denen der junge Mensch auch zu spontanem Ausdruck von Freude kommen kann, sind stabilisierend und erweiternd.**

Es wird wenig belastungsfähig, eher gesetzlich, empfindlich, hat es schwer, sich zu entscheiden und revidiert gefällte Entscheidungen. Ein Umgang mit esoterischen, magischen oder gar okkulten Praktiken, autoritäres Verhalten von übergeordneten Bezugspersonen, vor allem wenn diese den jungen Menschen missbrauchen (Sex, Macht, Geld) wirken sich einengend und hemmend aus. Wenn ein Mensch übernatürlichen Kräften ausgesetzt ist, die er intuitiv oder bewusst wahrnimmt und denen er sich nicht zu erwehren weiß, wird das sicher langsam, aber gründliche Folgewirkungen zeigen.

Das Gewissen kann dagegen in einem freundlichen Umfeld eine große Bandbreite von sozialen Erlebnissen einordnen und werten, die Mechanismen sind gut ausgebildet und warnen frühzeitig vor nicht eindeutigen Entscheidungszwängen. Hier sind wiederum klare ethische Prinzipien, die durchaus auch religiöse Ursprünge haben, vorteilhaft – solange diese nicht zwanghaft oder mithilfe von Angst als Verstärker eingesetzt wurden.

Nicht zu unterschätzen sind Einflüsse, die außerhalb des Geistes oder Verstandes der prägenden Bezugspersonen liegen. Christliche Gemeinden können damit rechnen, dass der Geist Gottes immer dann als Verstärker und Überzeuger in Kraft tritt, wenn die christliche Botschaft relevant und verständlich vermittelt wird. Biblische Geschichten sind deshalb auch für die „Nach-Prägung" des Gewissens unersetzlich, vor allem, wenn der junge Mensch schon eine persönliche Glaubens-Beziehung zu Gott entwickelt hat. Diese Prägung kann später von anderen weltanschaulichen Einflüssen überlagert, bewusst attackiert oder verdrängt werden, aber sie wird nicht mehr verschwinden. Ein Grundverständnis bleibt, auch und gerade wenn sich der erwachsene Mensch dagegen wehrt und sich bewusst davon trennt. Manchmal ist es gerade dieses Wissen um die Folgen der Botschaft, die man nicht realisiert sehen möchte – gleich ob diese als positiv oder negativ empfunden werden.

Lebensgeschichten aus der Literatur und in Filmen oder am eindrücklichsten von vertrauenswürdigen Personen in einer geschützten Situation erzählt, die junge Menschen ihrem Alter entsprechend nachvollziehen und einordnen können, sind für diese Entwicklung eine gute Ergänzung zum täglichen Leben. Sie können sich mit Figuren der Erzählung identifizieren, deren Entscheidungsvorgänge durchdenken und fiktiv weiterführen. Dabei werden negative und positive Konsequenzen von Prinzipien und Werten deutlich und verstärken sie.

Besuche in einem Jugendgefängnis, einer pädagogischen Erziehungseinrichtung oder in einer Gerichtsverhandlung sind für ältere Kinder und Jugendliche für die Schärfung der „Gewissens-Sinne" eine Hilfe. Vor- und nachbereitende Gespräche sind dabei wichtig, um drastische, eher hintergründige oder unterschwellige Entwicklungen erkennen und verstehen zu lernen. Dabei kann vor allem die Schnittstelle identifiziert werden, an der sich die Schere der jeweiligen Entwicklungen öffnete.

# 1.4   Beispiel Palme

### These 154

**Einflüsse im bereits ausgebildeten Gewissen werden zum größten Teil über den Verstand erfasst.**

Der eigene Wille öffnet die Tür oder, um zum Bild der Palme zurückzukehren, lockert den Boden. Dabei ist entscheidend, ob die Zusammenhänge intellektuell oder nur intuitiv verstanden werden. Im ersteren Fall führt das zu eindeutigen Gewissensentscheidungen, die begründet und nachvollzogen werden können. Im anderen Fall wird das Gewissen eine intuitive („aus dem Bauch heraus") Entscheidung treffen, die eher angreifbar ist, hinterfragt und revidiert werden kann.

Darauf hin verstärken die „Gewissens-Sinne", die Empfindungen, diese Eindrücke. Die Situation, das persönliche Erleben, in denen dieser Lernvorgang geschieht, wirkt zusätzlich wie „Dünger". Veränderungen des Gewissens geschehen aus dem Bewusstsein heraus. Die intensive Beschäftigung und die willentliche Öffnung der Sinne lässt diese Eindrücke in den Mutterboden „sickern". Dort sind die Verbindungen mit der jeweiligen Zusammensetzung des Bodens verantwortlich für die Verarbeitung. Erst diese Mischung wird über die Wurzeln aufgenommen und weiter verarbeitet.

### These 155

**Kurzfristige, wenig eindrückliche Erlebnisse und Informationen wirken sich im Erwachsenenstadium wenig oder nicht nachhaltig auf die Gewissensbildung aus. Dagegen sind langfristige und tief greifende Erlebnisse, sowie eingehende Informationen, durchaus prägend.**

Sie setzen jedoch die gegebenen Voraussetzungen im Mutterboden nicht mehr außer Kraft. Selbst Gift wird hier in gewissem Maße absorbiert und ausgefiltert – eine kleine Menge kann lediglich das Wachstum und die Entwicklung aufhalten oder unterbrechen. Diese Vorgänge führen zu einem gesunden Gewissen, das als Grund für starke, stabile Persönlichkeiten gesehen werden kann.

Eine Veränderung des Mutterbodens – durch Gift oder Dünger – ist erst möglich, wenn eine solche Prägung lange anhält. Unter anhaltenden negativen Einflüssen kann ein Gewissen Zeichen einer Krankheit aufweisen; dabei wird die gesunde Funktion beeinträchtigt, im schlimmsten Fall stirbt das Gewissen, oder es entwickelt eine starke Unempfindsamkeit; auch die Mechanismen können dabei enorm verlangsamt werden oder ins Stocken geraten. Wir sprechen dann von einem gestörten oder kranken Gewissen. Das kann der Hintergrund für schwache Personen sein, die leicht manipuliert werden können.

Die Beeinflussungsmöglichkeit des Gewissens von außen nimmt mit dem Alter ab. Allerdings ist eine Selbstmanipulation für den möglich, der diese Vorgänge kennt und sie bewusst einleitet und durchzieht.

Die persönliche Kontrolle darüber, welche Informationen in welcher Intensität und Konsistenz wie lange auf den Menschen einwirken, ist entscheidend. Das ist die Selbstbeeinflussung, die beim erwachsenen, intellektuell denkenden Menschen über seinen Verstand zunehmend wirksam wird.

**Grafik 34: Einflüsse und Kräfte bei der natürlichen Entwicklung der Persönlichkeit und des Gewissens**

## 1.5 Innere und äußere Beeinflussung

Auch ein erwachsener Mensch steht unter äußerer Beeinflussung – durch Situationen und vor allem Personen. Je näher z.B. Freunde, Lehrer, Vorgesetzte und Mitarbeiter stehen und je stärker die freiwillige oder erzwungene Situation einwirkt, umso effektiver wird sich dieser Einfluss auswirken. Nach der Lösung von den Eltern wird der Einfluss diffuser, weniger transparent, und wahrscheinlich auch langsamer. Eine starke, einschneidende Beeinflussung kann eine dauerhafte Nachwirkung erzielen, die entweder eine offene Wunde hinterlässt oder langsam vernarbt.

### These 156

**Die innere Beeinflussung ist der Grad der Verarbeitung äußerer Einflüsse, Erfahrungen und Beobachtungen, in dem diese verstandesgemäß durchdacht werden. Auch Empfindungen werden analysiert und differenziert, die Ergebnisse gewertet, im Langzeitgedächtnis gespeichert und gelernt auf diese zu reagieren.**

Dieser selbst erziehende Vorgang ist freiwillig. Er führt zu starken Überzeugungen und gepaart mit einem starken Willen zu Durchsetzungs- und Stehvermögen. Mit Hilfe eines Mentors ist dies bis etwa zur Lebensmitte effektiv; dann nimmt der Einfluss dieser Hilfestellung deutlich ab und wird höchstens noch selektiv oder punktuell wirksam.

In einer Ehe ist es deshalb entscheidend, dass sich die Partner bald auf eine gemeinsame „Lebens-, Werte- und Verhaltens-Linie" einigen. Diese muss mit Liebe und Rücksicht nachhaltig eingeübt und zu einem Muster entwickelt werden. Das macht ihre Beziehung für die restlichen Jahrzehnte belastbar und tragfähig. Ihr Leben und Gewissen wirkt koordiniert und harmonisiert; grundlegende Unterschiede und daraus folgernde Auseinandersetzungen können weitgehend vermieden werden. Allerdings wirkt ein solches Ehepaar dann auch festgelegt und muss sensibel sein für neue Einflüsse, um auch neue Muster entwickeln zu können. Unterschiedliche Meinungen, Wertungen und Empfindungen werden bleiben, aber die Partner brauchen eine funktionierende Strategie dafür, wie diese bewältigt und bearbeitet werden können, damit „Auseinandersetzungen" immer auch wieder zu „Zusammensetzungen" führen. Dieser äußere Vorgang muss von jedem Partner akzeptiert, nachvollzogen und freiwillig willentlich verinnerlicht werden.

Die Ehe wird damit zum besten Beispiel für die positive Verarbeitung äußerer und innerer Erziehung, wenn das Ehepaar noch nach Jahrzehnten ihrer Ehe in einem dynamischen Gespräch mit sich und ihrer Umwelt bleibt und doch wie ein Fels in der Brandung der Flut von Informationen und Einflüssen standhält. Dabei ist nicht wichtig, dass jede neue Entwicklung beobachtet und analysiert werden kann.

### These 157

**Vielmehr erscheint der als „lebensweise", der schnell und sicher Tendenzen erkennt, diese analysiert und gegebenenfalls davor warnt oder diese nach Möglichkeit auch hemmt oder gar blockiert, um Schaden für die nächste Generation abzuwenden.**

## 1.6   Die Früchte: Schönheit (Blüte), Nahrung (reife Frucht), Reproduktion (Fortpflanzung)

Eine hoch wachsende Kokospalme braucht etwa zehn Jahre, bis sie erste Früchte trägt, dann reifen aber jahrzehntelang unaufhörlich viele Kokosnüsse bis zu ihrem Ende. Es gibt kurzstämmige Kokospalmen, die gerne in der Nähe von Häusern *Qv.:* Palmherz gepflanzt werden. Sie tragen schon nach wenigen Jahren, aber nicht so viele und große „Trauben"; die Bäume haben auch eine wesentlich kürzere Lebensdauer als ihre großen Schwestern. Die Blüten und jungen Früchte bilden sich oben, durch neue Blätterbildung und das Wachstum der Palme geraten sie immer weiter nach unten, bis die reifen Trauben nahe am Stamm unter dem Blätteransatz hängen und schließlich die Kokosnüssen einzeln abfallen. Ein Insulaner wird deshalb nie unter einer Kokospalme Schatten suchen, sondern zuerst hinaufschauen, in welchem Reifezustand die untersten Kokosnüsse sind und gegebenenfalls einen respektvollen Abstand halten.[4]

In diesem Abschnitt dient die Frucht der Kokospalme als Beispiel dafür, was genau ein Gewissen „produziert", sowie dessen Qualität und Zuverlässigkeit, Dauerhaftigkeit und Nährwert.

Die „Produktion" geschieht natürlich erst nach der Fotosynthese in den Blättern, wenn der umgewandelte Saft aus den Wurzeln im Palmherz einen Fruchtansatz reifen lässt.

## 1.7   Die Produktion einer Frucht: Schuld und Scham

Je nach Substanz des Mutterbodens bilden sich als Frucht des Gewissens beim Menschen stärker die Empfindungen Schuld oder Scham. Das sind die negativen Gegenstücke von Recht und Ehre. Letztere sind genau so wichtig: Der Mensch braucht für seine sozialen Beziehungen Ehre, sie wird bestärkt durch seinen Rechts(zu)stand. D.h. wenn sich der Mensch innerhalb seiner sozialen Umgebung den gegebenen Gesetzmäßigkeiten entsprechend verhält, empfindet er den Normalzustand durch Recht und Ehre, die ihm dafür von der Gesellschaft zugestanden werden. Erst wenn diese in Gefahr geraten durch ein entsprechendes abweichendes Verhalten, werden diese verteidigt. Die soziale Beeinträchtigung wird sofort und ggf. vehement angezeigt durch das Empfinden von Scham oder

---

[4] Um eine Trinknuss zu ernten, muss ein Mann den hohen Stamm erklimmen und die oberen Nüsse pflücken. Dazu gehört Übung und Erfahrung in Klettertechnik, außerdem eine dicke Hornhaut an den Fußsohlen. Schuhe finden wenig Halt in den kleinen Kerben, die seitlich in den Stamm geschlagen werden. Nun unerfahrene Touristen versuchen sich damit, und die meisten ernten zuerst enttäuscht eine reife Nuss, voller Kokosfleisch mit widerlich schmeckendem Rest von Fruchtwasser. „Kokosmilch" ist eigentlich das Fruchtwasser, mit dem die jungen Kokosnüsse prall voll sind. Es ist transparent; das geraspelte Kokosfleisch, in etwas Wasser ausgepresst, ergibt eine weiße, dicke, süßliche, sehr fetthaltige Soße, die für gekochte Brotfrucht- und Taro-Speisen verwendet wird.

Schuld. Immer, wenn sich diese Empfindungen im Gewissen aufdrängen, wird eine verletzte Beziehung oder eine Verletzung einer übernommenen Tradition, eines kulturellen Gesetzes oder einer Gesellschaftsnorm angezeigt.

Die damit verbundenen Mechanismen wurden in vorhergehenden Kapiteln ausführlich beschrieben und werden hier vernachlässigt. Jetzt ist wichtig zu erkennen, dass der sozial und erblich bedingte Mutterboden des Gewissens zusammen mit den sozialen Situationen der gesamten Persönlichkeit verantwortlich dafür sind, welche Empfindung sich als „Frucht" stärker entwickelt.

## These 158

**Der Wert von Scham und Schuld respektive Ehre und Gerechtigkeit in einer Kultur und Gesellschaft wird dem Menschen schnell intuitiv bewusst.**

Wo auch immer Menschen in einer Form von Gemeinschaft zusammenleben, werden sie Regeln entwickeln, die dieses Zusammenleben koordinieren. Das begann z.B. in früheren Kulturen bei Männern, die gemeinsam auf die Jagd gingen und äußert sich heute, z.B. wenn sich Pendler an einer Autobahneinfahrt treffen, um miteinander weiter zu fahren („car pooling" wurde zu einem System für Sparsamkeit / Wirtschaftlichkeit / Umweltbewusstsein). Keiner möchte unnötig lange auf den anderen warten; der Verlust, der daraus entsteht, ist in jeder Kultur anders: Die einen verpassen einen Wildwechsel und beeinträchtigen die Tagesration der notwendigen Nahrung, die anderen den festgesetzten Beginn der Arbeit, von der wieder andere abhängig sind. Außerdem kann sich das auf den Verdienst auswirken. Verbindlichkeit und Zuverlässigkeit sind Werte, die sorgfältige Planung voraussetzen. Wo Zeitspannen in Geldwerten gemessen werden, gewinnt Pünktlichkeit einen hohen Wert; die damit verbundene Sachlage ist an bestimmte Regelungen gebunden.

Wenn die Notwendigkeit in der Gemeinsamkeit liegt, ist die soziale Verbindlichkeit wichtig. Die Folgen der Missachtung werden entsprechend geächtet oder bestraft: Man sucht sich andere Partner oder Möglichkeiten, um Verlust zu meiden. Empfunden wird das als materieller und sozialer Verlust: In westlichen Arbeitsverhältnissen droht Verdienstausfall, bei anderen wird die Meidung der Zusammenarbeit als soziale Geringschätzung empfunden. In beiden Fällen empfinden die Teilnehmer das entweder mehr als Schande oder als Schuld. Nicht immer lässt sich das sauber voneinander trennen, deshalb sind meist beide Arten von Reaktionen tangiert. Wenn der Wert für ein gelingendes Zusammenleben mehr auf die Beziehung angewiesen ist, ist die Scham stärker. Wenn Regeln in Sach- und Geldwerten gemessen werden können, überwiegt die Schuld.

Fehlen diese sozialen Empfindungen bei den Mitgliedern einer Gemeinschaft, zählen nur noch Verlust oder Gewinn, der eigene Vor- oder Nachteil. Die Sorge und Verbindlichkeit füreinander schwinden. Egoismus bleibt übrig als Antrieb zur Gemeinsamkeit – und zur Beachtung von Regeln, die Sachwerte betreffen. Die Gesellschaft wird merklich „kälter" – man meint, sich gegenseitig nicht zu brauchen. Der eigene Beitrag zum Gelingen einer gemeinschaftlichen Arbeit wird im Verdienst dafür gemessen. Folglich werden auch eigene Ehre und das Rechtsgefühl mit diesem Egoismus verbunden. Schuld- und Schamwerte mindern letztlich nur den Selbstwert. Wenn man sie überhaupt noch spürt, dann als Folge von eigenem Verlust. Der andere im Betrieb, das Gegenüber ist jederzeit ersetzbar – er wird zur Funktion degradiert, von der der eigene Profit abhängt. Soziale Beziehungen sind dafür nicht mehr notwendig.

Der Mensch wird dann zum Selbstzweck: Er lebt, weil er geboren wurde und einen Lebenswillen hat. Wenn das der einzige Antrieb ist, erstarrt eine menschliche Gemeinschaft. Letztlich verliert der Mensch, was ihm die Lebensbefähigung gibt: Der Lebenswille und die physische sowie psychische Beschaffenheit des Menschen sind jedoch auch Auslöser für Grundbedürfnisse, die den Menschen zum Handeln bewegen. Diese sind so angelegt, dass sie nur mit und durch andere Menschen dauerhaft befriedigt werden können.

Die Ausprägung der Empfindungen hat, wie schon früher festgestellt, immer auch eine Aktivierung deren „Polpartner" zur Folge: Scham und Schande ist der Verlust von Ehre und Prestige, Schuld der Verlust von Recht und Gerechtigkeit. Wo Ehre für die Befriedigung der Bedürfnisse wichtig ist, gewinnt sie einen hohen Wert. Ist sie z.B. in einer Gesellschaft für die Selbstachtung notwendig und Voraussetzung für die Selbstverwirklichung, wird sie mit Vehemenz verteidigt, weil der Lebenswille daran festgemacht wird. Daraus ergeben sich Werte für Verhaltensmuster, die sich durch das gesamte gesellschaftliche Leben hindurchziehen.

## 1.8    Die elementaren Bedürfnisse

Die Bedürfnispyramide nach Maslow ist ein Hinweis auf die Kräfte, die sich im Menschen durch seinen Lebenswillen regen. Fehlt dieser Lebenswille oder sind die Bedingungen nicht erfüllt, können sich Menschen und Gesellschaft nicht höher entwickeln. Bei der Durchsetzung der Bedürfnisse bilden sich starke Ordnungen und Regelungen, um den Egoismus einzudämmen und möglichst allen Menschen einer gesellschaftlichen Gruppe die Chance zu geben, sich zu entfalten. Mehr noch: Das Überleben einer Gruppe wird erst dadurch gesichert, dass sich alle gegenseitig respektieren und anerkennen, also Ehre und Gerechtigkeit in Verhaltensmustern und Ordnungen umgesetzt werden. Andererseits sind gerade Ehre und Gerechtigkeit selbst tief verwurzelte menschliche Bedürfnisse, die gewährleistet sein müssen auf jeder Ebene der Pyramide, auf der die Lebensbedingungen umgesetzt werden. Die im Gewissen des Menschen angelegten Funktionen und Kontrollen ermöglichen es erst einer ganzen Gruppe, Errungenschaften sinnvoll und gemeinnützig im Leben nützlich zu machen.

*Qv.*: Bedürfnispyramide nach Maslow Kap. 2

## 1.9    Die Frucht im Stadium der Blüte

Die Blüte der Frucht soll als Vergleich für Intuition, Anstand und persönliche Zuneigung stehen; diese sind die Grundlage für eine menschliche Gemeinschaft, in der gemeinsame Interessen verfolgt werden.

**Beispiel 59**

> Ein höflicher junger Mann macht einer jungen Frau ein persönlich gemeintes verbales Kompliment; das wird von ihr richtig interpretiert und verstanden, sie ist davon angetan (empfindet das als Ehre) und errötet daraufhin.

Diese intuitive Reaktion der Frau hat tief verankerte Wurzeln: sie ist schon im vegetativen Nervensystem veranlagt. Ihre Empfindung löst eine solche physische Erregung aus. Dieses natürliche Schamempfinden ist in einer Gesellschaft wie die Blüte des Gewissens. Dabei hat niemand einen Fehler gemacht oder eine Norm verletzt; aber der Mann drängt sich – durchaus anständig und respektvoll – auf die Beziehungsebene zu der Frau. Sie fühlt sich einerseits geehrt, andererseits vor möglichen Beobachtern aus ihrer gesellschaftlichen Gruppe so hervorgehoben, dass sie das vielleicht als eine „unangenehme Annehmlichkeit" empfindet. Sie ist jedenfalls etwas verunsichert; diese Gefühle können dem Schamempfinden zugeordnet werden. Nach Maslow wurde die Ebene 3 (Liebe, Zugehörigkeit) angesprochen.

Interpretiert die junge Frau das Verhalten des Mannes als sachliche Einleitung zu einer Besprechung bei der Arbeit, oder gar als aufdringlich und arrogant, fühlt sie ihre Ehre verletzt, wodurch ebenfalls ihr Schamempfinden geweckt wird; diesmal fühlt sie jedoch die Geste als nicht angebracht, nicht richtig oder gar als ungerechtfertigt. Ihre Empfindungen signalisieren eine Abwehrhaltung. Die Frau sieht sich eher auf der Maslow-Ebene 4 (Selbstachtung) angesprochen; gleichzeitig verweist sie den Mann vielleicht verbal auf Richtlinien der Zusammenarbeit, die Respekt und ihre Gleichwertung von ihm verlangen.

**Beispiel 60**

> Ein Mann, der einer älteren Dame aus Respekt seinen Sitzplatz in der vollbesetzten
> Bahn überlässt, wird als „anständig" oder ehrenhaft bezeichnet; tut er das nicht, ist sein
> Verhalten „rüpelhaft" und „ungehörig", vielleicht wird er sogar aufgefordert, sich zu
> schämen.

Zumindest war das vor etwa 50 Jahren so; heute ist ein solches höfliches Verhalten zumindest noch nicht verpönt; die alte Frau würde sich wahrscheinlich höflich bedanken für
das Zuvorkommen, das ihr entgegengebracht wird. Was löst bei dem Mann den Drang
danach aus, aufstehen zu sollen? Es sind gelernte Normen der Höflichkeit, des Respekts
vor dem Alter und dem anderen Geschlecht. Hier liegt eine eindeutige Entscheidung
hinter dem Verhalten: Einerseits ehrt er die Frau, andererseits hält er sich an vorgegebene
Normen. Er würde sich diesen gegenüber schuldig machen. Die meisten Menschen freuen sich an solchen „Blüten", die das Gewissen von Menschen zeigt. Sie erleichtern das
Zusammenleben, lösen Zuneigung aus und wirken angenehm auf die soziale Situation.
Der „Anstand" ist eine ehrenhafte Angelegenheit: Junge Menschen grüßen ältere zuerst,
aber diese grüßen zurück oder bedanken sich dafür. „Man" entschuldigt sich, wenn der
Anruf noch spät abends oder schon früh morgens geschieht, so wie immer in einer Gesellschaft in der die „für privat reservierte Zeit" geordnet ist.

Der Handschlag als Vertrauens-Vertrag, wie das noch Mitte letzten Jahrhunderts durchaus für private Abmachungen üblich war, könnte als Krone dieser „Blüte" des Gewissens
verstanden werden. Der Verlust der Ehre, die jeder zu wahren hat, verwandelt sich in
Schande, wenn ein so besiegeltes „Ehrenwort" nicht gehalten wird. Wer sich und andere
respektiert, zieht nicht ohne Ehrverlust sein Versprechen zurück. Wo diese Ehre wenig
vorhanden ist, empfindet man auch keine Schande bei einem Wortbruch; er wird leicht
möglich. Das Gewissen „produziert" dann wenig Schamgefühl, oder eine geringe Qualität. Ausgeprägte „Blüten" machen das Leben untereinander angenehm, schützen und
respektieren die Privatsphäre und die Ehre des anderen und erleichtern den Umgang
miteinander. Menschen reagieren durch das Scham- und Ehrempfinden darauf. In den
meisten Fällen reicht dieses Ehrgefühl, das voneinander erwartet wird. Verstöße werden
mit Verlust des guten Rufes geahndet. Ein Wortbruch hat dann auch sachliche Folgen:
gesellschaftlich anerkannte Normen werden nicht eingehalten, der Mensch gerät nicht nur
in Schande, er macht sich auch schuldig.

**Beispiel 61**

> Mancher Handwerker signalisiert einen Vertrauensverlust heute noch, indem er einen
> zerbrochenen Meterstab auf der Baustelle deutlich sichtbar hinterlässt: Er sieht sich
> seinerseits nicht mehr an die ursprüngliche Abmachung gebunden und bezeichnet den
> anderen als Schuldigen für den Vertragsbruch und den verursachten Verlust.

Damit wird der Vorgang auf die Maslow-Ebene „Selbstverwirklichung" gehoben: Einer
hindert einen anderen an der Entfaltung seiner Fähigkeiten.

# 1.10   Die essbare Frucht

## These 159

**Traditions-, Erfahrungs- und Vertrauenswerte setzen Verbindlichkeit voraus. Sie
funktionieren in überschaubaren Gesellschaften, wobei der Einzelne noch viele
andere Menschen kennt.**

Die „essbare Frucht" lässt sich auf solche Werte beziehen. Sie sind Allgemeingut und
werden miteinander gepflegt und ausgetauscht. Dieses System verinnerlichen schon Kinder; sie erleben das selbst, wenn ihr Vater krank ist und trotzdem Geld bekommt, oder an
den Großeltern, die nicht mehr arbeiten und trotzdem leben können. Hier greifen Nachbarschaftshilfe, Geselligkeit und Unterstützung bei spontanen Notlagen. Aber auch Sozi-

alstrukturen wie Rente oder Krankenkassen werten den Menschen als gleichrangig und sichern zumindest eine physische Grundversorgung. Deren Ordnungshüter sind in westlichen Gesellschaften die Verwaltungsapparate, Kontrollen, Nachweise und notfalls die Polizei. Dass dies notwendig ist, wird wohl nicht in Frage gestellt; das eigene Verhalten mit und ohne fremde Beobachtung zeigt Unterschiede. Wenn das in größeren Gesellschaften funktioniert, in denen sich die einzelnen Mitglieder fremd sind, müssen sachliche Kriterien die Gleichwertung und Gleichberechtigung sicherstellen. Ohne Gerechtigkeitssinn ist dabei schwerlich Ordnung zu halten. Die Einsicht, dass gemeinsame Kassen für die Versorgung Betroffener notwendig sind, und das Vertrauen, dass diese gerecht verwaltet werden, setzt Sozialvertrauen voraus. Genauso ist es nicht nur ehrenhaft, sondern auch gerecht, wenn Rechnungen zeitnah bezahlt werden. Sie beruhen auf einer Leistung, die auf einen mündlichen oder schriftlichen Vertrag zurückgehen. Der Handwerker arbeitet im Vertrauen darauf, dass die Rechnung bald bezahlt wird – so wie ein Angestellter am Monatsende erwartet, dass er sein Gehalt erhält. Genau so selbstverständlich ist es in Kulturen ohne Sozialsysteme, dass die Großfamilie und Verwandtschaft in Notfällen zusammensteht; die Verbindlichkeit innerhalb dieser Gruppe ist grenzenlos.

# 1.11   Die reife Frucht

## These 160

**Das wirtschaftliche Bruttosozialprodukt wertet eine Gesellschaft im weitesten Sinne; sie ist das Ergebnis der Selbst- und Gruppenverpflichtungen der Menschen, die in einer Gesellschaft, einer Kultur oder einem Staat zusammen leben.**

Die „reife Frucht" des Gewissens äußert sich in Zuverlässigkeit, Verantwortlichkeit und Nachhaltigkeit des Menschen. Arbeitsstrukturen und weitläufige Strategien sind durch Politik, Handel und Verteidigung aufgebaut und sichergestellt. Eindeutige Gesetze, die möglichst wenige Lücken lassen, für alle verständlich, transparent und auch durchsetzbar sind, müssen vorausgesetzt werden. Menschen erbringen Leistungen für Empfänger, die sie nicht kennen. Das Verantwortungsbewusstsein, dass sich jeder an die Gesetze hält, ist Voraussetzung für das Gelingen einer Gesellschaft. Der gute Wille, dafür Steuern und Beiträge zu zahlen, dem Einberufungsbefehl zum Wehr- oder Ersatzdienst Folge zu leisten und sich bei der Wahl zu beteiligen, lässt diese Gesellschaft funktionieren. Sie kann sich erweitern, ihr Fortbestand ist gesichert. Kontrollorgane sind neutrale Gerichte und staatliche Autoritäten, die über die Wahlmehrheiten und Ausbildungsqualifikationen gestützt werden.

## 1.11.1  Reifeprozesse

Hier drängt sich geradezu ein Missverständnis auf, dass das Gewissen nur in großen Volksgemeinschaften ausgereift werden könnte. Natürlich sind alle Reifestadien in allen menschlichen Gemeinschaften möglich, notwendig und auch vorhanden.

## These 161

**Ein hoher Reifegrad des Gewissens ist bei einer großen Anzahl von Menschen absolute Voraussetzung für einen funktionierenden Staat, für eine komplizierte und hoch entwickelte Kultur.**

Viele, aber nicht alle Menschen müssen die komplexen Hintergründe und komplizierten Zusammenhänge verstehen, die zwischen ihnen ablaufen; je kleiner die Zugehörigkeitsgruppe wird, um so mehr kann Vertrauen das Verstehen ersetzen. Die Reifung des Gewissens muss zu einem großen Teil intellektuell geschehen, und dazu ist ein Minimum an qualifizierter Ausbildung unverzichtbar. Wir erkennen meist schnell, dass Unwille und Unverständnis von Unkenntnis kommen. Die Bereitschaft zu kooperieren wächst dagegen mit der Einsicht in Zusammenhänge. Deshalb müssen alle Vorgänge in einem Staat transparent und nachvollziehbar gestaltet werden, damit Werte und Prinzipien des Gewissens jedes Einzelnen anwendbar bleiben. Wenn das nicht mehr möglich ist, entstehen Beschwerden, Blockaden und Revolutionen.

**Beispiel 62**

Kehren wir zurück zum Bild: Bei einer Kokospalme finden wir alle verschiedenen Reifestadien der Frucht: von der Fruchtschote, die für „Palmwein" angezapft werden kann, zum aufgebrochenen Blütenstand; dann die kleinen Nüsse mit dem süßlichen Fruchtsaft, aus dem sich das essbare „Kokosnussfleisch" bildet. Die reife Frucht schlägt selbständig Wurzeln, woraus eine neue Kokospalme wächst. Sinnbildlich bleibt der Umstand, dass sich Blüten und „Trinknüsse" ganz oben und oft versteckt in den Blättern, ganz nahe am Palmherz befinden. Von unten sind meist nur die reifen Früchte zu sehen. Die Reifezeit muss durchgestanden werden, bis sich die ersten Früchte zeigen. So lange hat die Kokospalme mit der eigenen Entwicklung zu tun.

### These 162

**Ein Gewissen muss sich laufend erneuern, um neue Informationen übernehmen und auf Lebensbedingungen reagieren zu können. Mit der Veränderung der Lebensbedingungen einer Kultur müssen auch laufend neue Reifeprozesse im Gewissen geschehen. Diese Prozesse müssen intellektuell durchdacht und verarbeitet werden, dann erst sind auch die Empfindungen fundiert und werden nicht zum Selbstläufer.**

Es kostet also Mühe, in einer menschlichen Gemeinschaft so weit vorzudringen, um Blüten und Genießbares zu finden. Die lange Reifezeit des Baumes bis zur ersten Frucht ist nicht vergebens: Selbst Einheimische brauchen lange, bis sie ihre Gesellschaft „durchschauen" und sich ein reifes Urteil bilden können. Ein Mensch braucht deshalb auch lange, bis sein Gewissen einigermaßen verlässlich reagiert und damit zuverlässig ist. Das geschieht normalerweise in der Familie, wenn bestimmte Fälle diskutiert werden und Eltern ihren Kindern erklären, was andere Menschen denken und empfinden. Ein einzelnes Element des Gewissens darf nicht eine unabhängige Eigendynamik entwickeln. Trotzdem werden sich die Schwerpunkte bilden, von denen immer wieder die Rede ist. Sie sind jedoch innerhalb einer Gruppe bei jedem in etwa gleich stark vorhanden und werden von der Gruppe kontrolliert oder koordiniert. Wenn die Dynamik der Familie fehlt, in der verschiedene Meinungen durchdacht werden können, bilden sich beim Kind Empfindungen einseitig aus: Überreaktionen und Empfindlichkeiten sind die Folge.

Kirchliche Mitarbeiter, Entwicklungshelfer oder Missionare können vielleicht mit den kurzstämmigen Kokospalmen verglichen werden, die sich als Erwachsene in relativ kurzer Zeit in eine Kultur hineinfinden müssen. Ihr Gewissen muss bald reife „Früchte" zeigen; es wird jedoch nie die Stabilität und Zuverlässigkeit wie das einheimische Gewissen erreichen. Gäste in einer fremden Kultur sollten deshalb auch nach langem Aufenthalt vorsichtig bleiben, wenn es um die Beurteilung kultureller Zusammenhänge geht.

## 2.  Zwei Verstehensmodelle für Scham und Schuld

Bisher haben wir bei der „Frucht" des Gewissens noch wenig das Scham- und Schuldempfinden unterschieden; wir blieben lediglich bei der Feststellung:

### These 163

**Die Früchte des Gewissens, egal in welchem Reifezustand, sind die Empfindungen Scham und/oder Schuld, die sich dem Menschen unwiderstehlich aufdrängen; sie signalisieren ihm seinen Status im Zusammenhang mit der Gruppe aufgrund seines Verhaltens – oder gedachten Verhaltens.**

Wenn sich das Schuldempfindungen aufdringlich meldet, ist das immer ein Zeichen für eine Unangemessenheit den Normen der Gesellschaft gegenüber; das Schamempfinden meldet Verhaltensdefizite den Erwartungen anderer Menschen gegenüber. Es ist ein Signal dafür, dass man sich nicht ideal verhalten hat oder sich zu verhalten gedenkt. Wie empfindlich, schnell, wie heftig und nachhaltig diese Empfindungen jeweils entsteht, ist ein Hinweis auf die Qualität und Gesundheit des Gewissens.

**Die Grafik unterscheidet Modell A und B:**

Beim ersten Modell (A) ist das Produkt des Gewissens dieses Empfinden von Scham und Schuld. Daran erkennt sich der Mensch in seinem sozialen Zusammenhang mit seiner Gruppe: Treten Scham und/oder Schuld auf. Der Mensch folgert daraus indirekt, dass sein Verhalten falsch ist. Er zieht daraus entsprechende Konsequenzen. Diese Empfindungen werden einseitig gefördert durch die Zusammensetzung des Mutterbodens und durch die Nachprägung („Dünger") von außen bis in das junge Erwachsenenalter hinein. Dem entsprechend empfindet der Mensch stärker Scham oder stärker Schuld in seiner sozialen Situation und wird alles unternehmen, diese wieder zu verlieren und wieder Ehre oder Recht zu erlangen.

Als Denkaufgabe stellen wir ein zweites Modell (B) zur Diskussion: Hier ist das Produkt des Gewissen das direkte Signal „falsch!" oder „richtig!". Die Frucht ist das fertige Ergebnis des Gewissens – hier ist die Interpretation abgekürzt. Die Empfindungen für Scham und Schuld sind schon als eigenständige Elemente im Mutterboden und in den Erbanlagen vorhanden. Durch die Zusammensetzung des Mutterbodens wir das eine oder das andere mehr oder weniger gefördert und ausgebildet. Er wirkt wie ein Filter, wodurch bestimmte „Nährelemente" weniger Wirkung ausüben können. Auch die „Dünger" als Impulse von außen stärken ein Empfinden mehr als das andere. Scham und/oder Schuld melden dem Gewissen in einer sozialen Auseinandersetzung unabhängig voneinander: „Das Verhalten ist falsch!" Prestige- und Gerechtigkeitsempfinden melden dem Gewissen dagegen jeweils direkt: „Das Verhalten ist richtig!"

Bei Modell A überlässt das Gewissen dem Verstand die Interpretation dafür, was zu tun ist, um Scham und Schuld abzubauen und wieder in den Zustand von Prestige und Gerechtigkeit zu gelangen.

In Modell B bewirken die Empfindungen das Ergebnis direkt, sozusagen zusammen mit der Interpretation in einem „Paket". Es bleibt nur noch der Rückzug aus dem Geschehen. Ein angepasstes neues Verhalten muss so schnell wie möglich an den Tag gelegt werden, damit das Gewissen wieder „richtig!" signalisiert.

Letztlich liegt der Unterschied in der Frage nach Ursache und Wirkung, nach Symptomen und Ergebnis eines Zustandes oder einer Gegebenheit, in der sich das Gewissen befindet. Vielleicht kann Modell A eher einem reifen Gewissen zugeschrieben werden. Es geschieht laufend eine Interpretation und neue Impulse werden sofort integriert. Modell B hat eher fertige Muster übernommen; es ist dann auch relativ träge in Veränderung und Anpassung.

Die Diskussion bewegt sich lediglich im theoretischen Bereich und hat keine unterschiedliche Auswirkung auf das praktische Verhalten. Trotzdem sind die verschiedenen Ansätze eine Übung für den Leser, die dargestellten Funktionen durchzudenken.

## 2.1.1   Auswirkung des Gewissens im sozialen Umfeld / Modell B

### Grafik 35: Auswirkung des Gewissens im sozialen Umfeld

Auswirkung des Gewissens im sozialen Umfeld
B: Frucht „richtig / falsch" - Quelle: Schuld / Scham

**Beispiel 63**

Bei einer Kokospalme sprechen wir nicht von Ästen oder Zweigen. Die gefiederten, langen Blätter haben eine starke Blattrippe, von der nach beiden Seiten im rechten Winkel die einzelnen Blätter abstehen.[5] Die dichte Blätterdecke eines Palmenwaldes bietet kühlen, dunklen Schatten, in dem nur wenige andere Pflanzen eine Wachstumschance haben; sie füllt jede freie Stelle der Sicht zum Himmel.

Wie ein Palmenwald von oben gesehen eine Insel bedecken kann, wird auch die gesamte gesellschaftliche Welt vom Gewissen berührt oder erfasst. Die Summe aller Menschen bilden das „Palmendach" einer Kultur, das von unten bzw. innen kaum einen Blick darüber hinaus zulässt. Nur ein Sturm bewegt die Palmkronen, so dass kurzfristig der Blick frei wird für das, was außerhalb der Kultur geschieht. Unter diesem Dach spielt sich das kulturelle, gesellschaftliche und religiöse Leben ab. In diesem Umfeld reagiert oder agiert der Mensch mit Entscheidungen durch seine Empfindungen, aufgrund seiner Werte. Wenn ein gesellschaftlicher „Wind" die schützende Decke der Gesellschaft aufreißt, stellt das eine besondere Anforderung an das Gewissen. Es muss sich dann mit neuen Erkenntnissen und Anforderungen auseinander setzen.

Gerät die Gesellschaft durch solche selbst provozierte oder durch äußere Ereignisse in Bewegung, bleibt kein „Blatt" unberührt. Bewegung und starker Wind fördern das Wach-

---

[5] In Mikronesien werden z.B. die Rippen aufgeschlitzt und die Blätter geflochten. Das dient als Sicht- und Windschutz, als Hauswände oder für Badeplätze. Als Dach werden diese halben Blätter parallel dicht von unten nach oben aneinander gebunden und sind jahrelang wasserdicht. Die Blätter entfalten sich aus Schoten. Sie sind zuerst noch hell gelbgrün und werden in diesem Zustand zur Dekoration und für Schmuckgegenstände verwendet.

stum. Stämme werden stark und bleiben flexibel, die Wurzeln greifen tiefer und verzweigen sich. Durch die Belastung wird letztlich das Leben und Überleben des gesamten Baumes und seiner Funktionen gesichert. Nur ein gesunder und stabiler Baum trägt gut und reichlich Frucht. Ein Gewissen, das sich solchen Herausforderungen nicht stellt, wächst und reift nicht; es wird neue Entscheidungen mit alten Erfahrungsmustern fällen. Nach einem Sturm ist deutlich erkennbar, welche Palmen Schwächen hatten: sie haben Frucht abgeworfen und ihre Zweige sind gebrochen, vielleicht sogar der Stamm, oder dieser wurde entwurzelt. Menschen, die ihr Gewissen nicht laufend stärken und „schärfen", werden schwächer, unzuverlässiger. Wichtig bleibt, die Werte auf Zukunftssicherung und die Autorität auf verlässliche Kompetenz zu prüfen. Die junge Generationen tendiert dazu, dabei zu kurz zu greifen. Eine tiefe Geschichtskenntnis ist die Basis für Orientierungslinien, die langfristige in die Zukunft hinein Gültigkeit haben sollen; sie haben immer auch religiöse Komponenten. Das gilt für die einzelne Gewissensentscheidung wie für die große Politik.

Dem Menschen stehen für die Stillung seiner Bedürfnisse in seinem geographischen, geologischen und klimatischen Umfeld bestimmte, aber begrenzte Möglichkeiten zur Verfügung. Diese werden ständig verbessert durch intelligente Optimierung der Gegebenheiten, durch neue Erfindungen, durch Vergrößerung des Einzugsgebietes für Ressourcen, z.B. durch Handel, internationale Verträge, durch globale Öffnung. Dadurch erhöht sich das Risiko, sich das gewaltsam durch Krieg zu holen, was auf friedlichem Wege nicht erreichbar ist. Diese Methoden zur Sicherung der Lebensbedingungen sollen vermeintlich ein immer höheres Niveau erreichen.

Ob solche Entwicklungen tragfähig und nachhaltig sind, muss das Gewissen laufend überprüfen in der Verantwortung für die Gesellschaft. Mechanismen des Gewissens, die vielleicht Jahrhunderte einen guten Dienst geleistet hatten, müssen neue Informationen integrieren, sonst greifen sie nicht mehr. In der hohen Geschwindigkeit der Veränderungen werden Autoritäten leichtfertig verworfen und angenommen, deren Werte können nicht mehr realistisch eingeschätzt werden. Die Auswirkungen, der Nutzen, die Effektivität der neuen Entwicklungen sind oft erst nach Jahren oder Generationen wirklich erkennbar. Manchmal ist es dann zu spät, sie rückgängig zu machen. Korrekturen greifen nur langsam, manchmal auch erst nach Jahrzehnten. Philosophien tendieren sich religiös auszuwirken. Ein prominentes Beispiel ist die kommunistische Idee, die so faszinierend erschien, dass – als sich die fatalen Auswirkungen politisch schon abgezeichnet haben – kirchliche Strukturen sie übernahmen. Die Veränderung an sich kann solche philosophischen Züge annehmen; dann wird die jeweils neueste Idee zur höheren Autorität, der bewährte Werte geopfert werden. Solche Erkenntnisse fließen unrevidierbar in die Ausbildung und Gesetze ein. Die Gesellschaft und der Staat, die aufhören, diese Entwicklung zu forcieren und darauf zu reagieren, werden schnell von Nachbarn überholt, überwachsen, erstickt. Die Globalisierung ist solch ein Sturm, der viele Kulturen dieser Welt erfasste; kein einzelnes Gewissen, das sich in seinem Umfeld zu bewähren versucht, kann sich deren Auswirkungen entziehen. Um zum Bild der Palme zurück zu kehren: die anderen werden höher und breiter und entziehen sicher und schnell das Licht, wobei die rückständige Palme langsam aber sicher geschwächt wird, abstirbt oder im Sturm bricht.

Manche Leute – auch Christen – wollen sich diesen Bewegungen in der Gesellschaft entziehen und isolieren sich in religiösen Ghettos, um sich, ihre Gruppe oder Familie, zu schützen und Gefahr abzuwenden. Sie geraten schnell in den Windschatten der Gesellschaft. Sie versuchen sich als Subkulturen oder Subgesellschaften eine Lichtnische am Rand des Waldes zu sichern und sind gerade dort im besten Angriffswinkel von Stürmen. Ein Gewissen, das sich nicht in seinem Umfeld bewährt, wird schwach, weltfremd, unglaubwürdig, unzuverlässig; es kann im entscheidenden Moment versagen.

**Beispiel 64**

Die „Amischen" in den USA versuchen schon viele Generationen, einen konservativen Lebensstil zu erhalten. Nur durch Tricks gelingt ihnen das: Sie heuern sich z.B. Fahrer und lassen die Fahrzeuge vor dem Ghetto stehen. Auch im Alten Israel finden wir eine solche religiöse Subgruppe: Die Pharisäer legten einen Wassersack auf den Esel, weil das Reisen nach ihren Gesetzen zwar auf Reittieren nicht, aber auf dem Wasser wohl erlaubt war.

**Beispiel 65**

Andere Gruppen leben zwangsweise als Außenseiter der Gesellschaft: Sie fielen durch die unlogischen Gesetzeslücken, weil sie ohne Arbeitsnachweis keine Wohnung, ohne Wohnung aber auch keine Arbeit und damit Lohn bekommen konnten. Sie werden nicht aufgefangen von der Gesellschaft – weil der Staat durchstrukturiert ist, fühlt sich niemand für die Lücken verantwortlich.

**Beispiel 66**

Dagegen funktioniert z.B. in den USA ein unlogisches System der Gesetzes: Ohne Führerschein gibt es keine Versicherung für ein Auto, aber zur Führerscheinprüfung muss das versicherte private Fahrzeug mitgebracht werden. Hier springt die Gesellschaft ein: Als ich bei meinem Aufenthalt in den USA das Dilemma einem Bekannten erzählte, gab er mir wie selbstverständlich seinen Autoschlüssel mit den Worten: „So lösen wir Amerikaner das Problem!"

**Beispiel 67**

In den meisten Kulturen besteht ein funktionierendes Netz sozialer Verantwortung innerhalb der Verwandtschaft. In den westlichen Ländern wurde diese Familienfürsorge durch ein neues System von Versicherungen ersetzt: Die Verantwortung innerhalb der Großfamilie zerbrach, als im Industriezeitalter die Landflucht einsetzte und sich in den Städten soziale Notstände entstanden: Arbeiter, Frauen und Kinder wurden schamlos ausgebeutet. Erst nachdem J. H. Wichern 1833 in Hamburg das „Rauhe Haus" und die „Diakonenanstalt"[6] gegründet hatte, folgten Firmen seinem Vorbild und schließlich wurde er mit der Bildung eines staatlichen Fürsorge- und Versicherungssystems beauftragt.

## These 164

**Ein sozial orientiertes Gewissen übernimmt Verantwortung für die Gesellschaft, auch unter eigenen Verlusten. Verantwortung schließt immer Verbindlichkeit für die Gesellschaft ein.**

Religiöse Gruppen, die sich aufgrund ihrer Überzeugung gesellschaftlichen Verpflichtungen oder Beeinflussungen entziehen, suchen sich entweder Ersatzfunktionen oder es entsteht ein soziales Vakuum. Das ist eine anhaltende Versuchung, sich doch der „Welt" zu öffnen. Wenn das ein Verhalten betrifft, das in der Glaubenshaltung als falsch oder gar als Sünde gebrandmarkt ist, entsteht ein Gewissenskonflikt. Bei einem sozialen Vakuum werden wichtige Bedürfnisse nicht abgedeckt, bleibende Unzufriedenheit und Auflehnung können zu Revolten und Revolutionen eskalieren.

**Beispiel 68**

Die Kokospalme wächst, indem sich aus dem Palmherz am oberen Ende des Stammes jeden Monat eine neue Blätterschote bildet, die sich zunächst senkrecht nach oben streckt, sich dann durch ihr Gewicht nach der Seite entfaltet, schließlich abstirbt und verdorrt abbricht. Abgefallen wird das Blatt im Laufe der Zeit zu Humus – zu Muttererde. Auch bewährte Blätter sind zeitbedingt, Die Palme behält sie nicht auf Lebenszeit.

Nicht welche Entscheidungen das Gewissen der Menschen früher gefällt hat ist wichtig, sondern wie das Gewissen zu dieser Entscheidung kam. Daraus können Lehren gezogen werden. Die jahrzehntelange Erfahrung und Bewährung des Gewissens eines Menschen ist wie die Strukturen eines Gewissens zeitgemäß und zeitbedingt. Wir können heute

---

[6] Meyers großes Taschenlexikon.

nicht mehr unser Leben mit der Erfahrung von Menschen des vergangenen Jahrhunderts gestalten. Neue Herausforderungen brauchen neue Erfahrungen und die Risikobereitschaft, diese auch selbst „machen" zu wollen. Bestimmte Werte und Lebensprinzipien jedoch bleiben wertvoll über Jahrzehnte und Jahrhunderte hinweg: Sie haben mit der unveränderlichen geografischen Situation und der Natur des Menschen zu tun. Persönlicher Fleiß und Eigeninitiative, Verantwortungsbereitschaft und Verbindlichkeit, deren Wurzeln schon in der Kindheit liegen, bleiben durchgehend wichtig und richtig. Deshalb finden wir ähnliche menschliche Naturgesetze in Nachbarkulturen und manche sogar in allen Kulturen auf der ganzen Welt. Geografisch bedingt ist in den kälteren Breitengraden die notwendige Vorratswirtschaft, die zu bestimmter Logik, zu Techniken und Erkenntnissen zwingt, die nicht missachtet werden dürfen. In heißen Gebieten Afrikas finden wir weder diese Logik noch die daraus folgernden Techniken wie frostfreie Einlagerung oder Heizung. Dagegen sind Menschen unter dem Äquator viel mehr auf Wasser und auf Gemeinschaft angewiesen, was andere Werte in der Gesellschaft entstehen lässt. Jede Kultur hat jedoch Riten für eine Art Eheschließung; diese sind immer öffentlich und werden meist von vielen Traditionen und auch ungeschriebenen Gesetze begleitet. Die Ehe ist nicht klimatisch bedingt; auch Leben und Eigentum der Menschen sind in allen Kulturen geschützt. Ebenso gibt es überall Autoritätssysteme, die über die Riten wachen und diese auch durchsetzen. Das Zusammenleben und damit das Überleben einer kohärenten Gruppe werden dadurch gewährleistet. Menschen in Europa dagegen können in einem sehr lockeren Zusammenhalt überleben. Dadurch bilden sich Gewissenstrukturen sehr unterschiedlich aus.

**These 165**

**Die Gewissensstruktur ist kulturbedingt.**

Damit schließt sich der Kreis und wir betrachten jetzt die Funktion des Gewissens im sozialen Umfeld. Diese Diskussion muss auf einige Themen eingegrenzt bleiben; andere kulturelle und private Anwendungen sind danach leicht möglich. Überlappungen sind bei zehn grundlegenden gesellschaftsrelevanten Themen unvermeidlich; sie greifen ineinander wie die Blätter der Kokospalme.

## 2.1.2   Weltanschauung

**These 166**

**Weltanschauung ist begriffsgeschichtlich ein Zusammenhang, in welchem auf der Grundlage eines Weltbildes die Fragen nach Bedeutung und Sinn entschieden und hieraus ein Ideal, höchstes Gut, oberste Grundsätze für die Lebensführung abgeleitet werden.[7]**

Schuldorientierte Menschen teilen Vorgänge in der Welt sowie im eigenen Leben als gerecht und ungerecht, in schuldig und unschuldig ein; dementsprechend ist eine Handlung richtig oder falsch. Die Grenzfälle werden meist so lange diskutiert, bis eine eindeutige Trennlinie feststellbar ist, z.B. bei Lüge und Wahrheit. Dementsprechend orientieren sich Gesetze und klärende Formulierungen daran, was dem Menschen Sicherheit gibt, seine Situation danach zu bestimmen, was durch das Gesetz erreicht werden soll oder was das Gesetz notwendig gemacht hat. Man fragt danach, wo das geschrieben wurde, welche

---

[7] RGG[4], 2005: VIII, 1402-4. (dogmatisch) „Auch W. kann als Anerkennung und Annahme einer der Menschen treffenden und absolut verpflichtenden Verstehenszumutung verstanden werden und [ist] insofern als auf Offenbarung fußend und nur in einem Akt des Glaubens ... anzuerkennen."(ethisch) „Die Verantwortungsfähigkeit von Aktanten [Handelnde, d.Verf.] ist stets fundiert in dem Gewißsein über die Verfassung, den Ursprung und das Ziel ihrer Handlungsgegenwart, also durch ein Gewißsein über das ausstehende höchste Gut [bestimmt], das auf die Handlungsgegenwart anziehend wirkt, ... und [ist] somit die affektive Grundrichtung des Lebens, aufgrund deren das Gute erst erkannt, gewollt und getan werden kann."

Autorität dahinter steht, oder wie das zustande kam. Ein schuldorientierter Mensch sieht sich im Spiegel der Gesetze, der Normen. Bei Übereinstimmung fühlt er sich gerecht, andernfalls schuldig – dem entsprechenden Gesetz gegenüber.

Ist das Gesetz nicht nachvollziehbar, tritt das Vertrauen in Menschen in Kraft, die aus ihrer Erfahrung und Autorität heraus das Gesetz aufgestellt haben. Man erkennt sich aufgrund des Vertrauens in die Menschen dem Gesetz gegenüber schuldig. Fehlt dieses Vertrauen, beugt man sich widerwillig dem Gesetz oder man leitet Diskussionen ein, die zu dessen Veränderung führen sollen. Dann fühlt man sich nicht oder weniger schuldig, weil das Gesetz zumindest in der eigenen Sicht und aufgrund eigener Autorität außer Kraft gesetzt wird. Die Diskrepanz besteht dann darin, wie lange dieser Schwebezustand von der Gesellschaft geduldet werden kann.

Schamorientierte Menschen teilen Vorgänge in der Welt in ehrend, prestigeträchtig oder entehrend, beschämend ein; dementsprechend ist eine Handlung richtig oder falsch. Grenzfälle werden der jeweiligen Situation überlassen, wobei die beteiligten Menschen entscheidend sind. Der Übergang ist fließend. Erst bei weiterer Entwicklung erkennt man eindeutig richtig und falsch. Gesetze und Verhaltennormen orientieren sich an dem, was Menschen denken, empfinden und – was sie sind. Eine in der Hierarchie höher stehende Person wird deshalb weniger in Frage gestellt als ein Kind. Nicht die Mehrheit bestimmt, sondern die Autoritätsperson. Ein schamorientierter Mensch braucht immer eine Gemeinschaft, eine Gruppe, der er sich zugehörig fühlt, in deren Augen er sich sieht. Sie ist der Spiegel für sein Gesicht, für sein Ansehen. Daraus bildet sich ein Verhaltensmuster, das ihm als ideal, als richtig erscheint. Stimmt sein eigenes Verhalten damit überein, so gesteht ihm die Gemeinschaft Ehre und Prestige zu; andernfalls werden diese ihm vorenthalten, womit er sein Ansehen, sein Gesicht im Spiegel verliert, d.h. der damit ausgelöste Schmerz, der Verlust wird zunehmend größer bis zur Unerträglichkeit.

Fremde, die keine Zugehörigkeit und damit Verbindlichkeit zu der Gruppe haben, unter der sie sich befinden, sind unsicher: Die Gastfreundschaft gebietet, Gäste zu ehren. Sie erhalten zwar einen hohen gesellschaftlichen Status, aber sie gehören nicht zur Gruppe; diese gibt das ideale Verhaltensmuster vor. Aber sie haben dem Verhalten der Fremden gegenüber eine größere Toleranz. Gäste dürfen diese ihrerseits auch erwarten.

**Beispiel 69**

Eine solche Einstellung entdeckte ich bei unseren Kindern und ihren Vettern, die sich auf Besuch bei uns ungehörig verhielten. Auf meine Frage, ob sie sich zuhause auch so verhalten, rechtfertigten sie sich: Als Gäste dürfen wir das. Ich musste annehmen, dass unsere Kinder dieses Denkmuster übernahmen und bedeutete ihnen, dass sie unsere Verhaltensmuster aus eigener Autorität auch während unseres Besuchs bei anderen einzuhalten hätten.

## Grafik 36: Weltbild/Weltanschauung

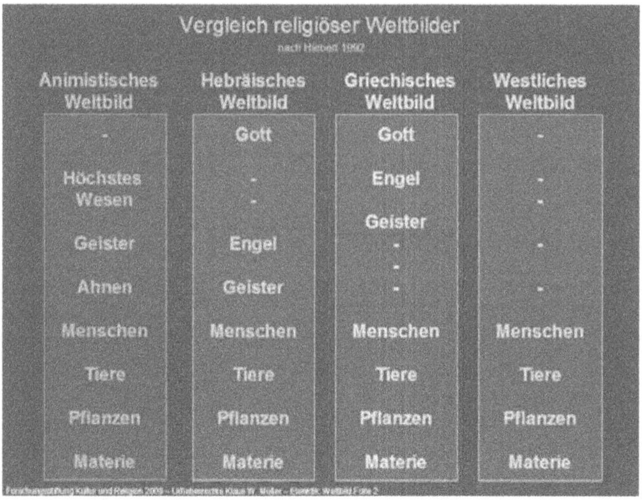

## Grafik 37: Weltbild im Islam

Die Grafiken zeigen verschiedene Funktionen in Weltbildern in unterschiedlichen Kulturen. Alle Funktionen bilden ein menschliches Bedürfnis. Wo anstelle der Funktion ein Vakuum besteht, tendiert der Mensch dazu, dieses aus fremden Kulturen und Religionen oder durch eigene Imagination zu füllen. Zumindest fehlen dem Menschen Antworten, die ein vollständiges Weltbild geben kann. Ohne Zweifel bildet dieses Verständnis der Welt ebenso die Grundstruktur des Gewissens der Menschen in diesem Gebiet – es funktioniert nur so und nur dort.

## Grafik 37: Weltbild im Islam

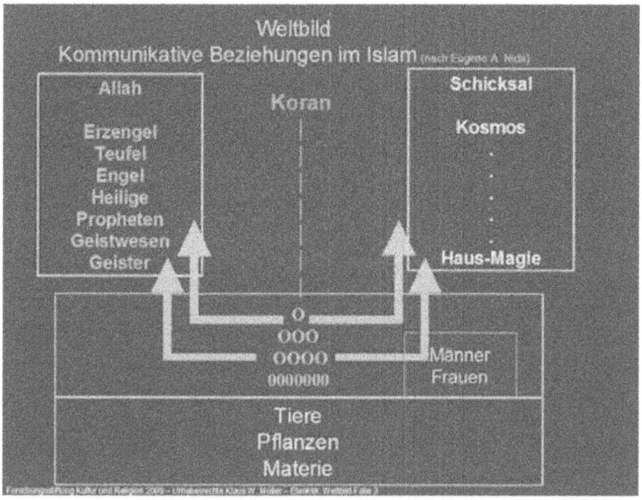

Im Beispiel des Islam als religiösen Weltbildes teilen sich die Linien ab dem supramenschlichen Bereich. Beide existieren nebeneinander, scheinbar widersprüchlich, aber die Toleranz lässt beide Funktionen zu.

## Grafik 38: Weltbild einer afrikanischen Ethnie

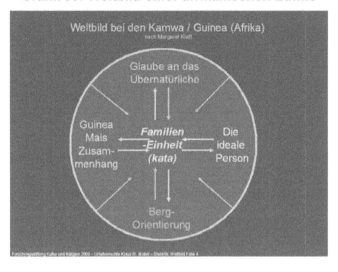

In einer bestimmten afrikanischen Kultur steht die Familie als absolute Einheit im Zentrum der Kultur. Die Autorität ist eindeutig, die Werte liegen im materiellen Bereich für den Lebensunterhalt, Beziehungen erhalten durch eine ideale Vorstellung ihren Maßstab, und die geographische Orientierung bzw. der eigene Standpunkt wird nach dem Berg bestimmt, der auch die gemeinsame Identität ihrer Gruppe bildet.

## 2.1.3   Verantwortungsbewusstsein (Korruption)

### These 167

**Verantwortlichkeit ist der wesentliche Partizipationsmodus von Personen an Interaktionen. Drei Aspekte sind konstitutiv: Der Träger (wer?), ihre Foren (vor wem?) und ihre Inhalte (für was?).[8]**

Verantwortung und das Bewusstsein dafür ist im Sein des Menschen begründet. D.h. menschliches Leben ist ohne Verantwortung nicht denkbar. Das beginnt mit der Verantwortung vor sich selbst, die eigenen Bedürfnisse abzudecken. Das ist nicht möglich ohne das Mitwirken anderer, denen gegenüber dadurch Verantwortlichkeiten und Verbindlichkeiten entstehen. „Eine Hand wäscht die andere" ist zwar ein Ausdruck für Korruption,

---

[8] RGG⁴, VIII: 2005, 932-3 (Zitate gekürzt, kursiv im Original). Träger [des Verantwortungsbewusstseins] sind selbst entschlossen, somit willensfrei []. Foren sind bezogen auf Normen, die Inhalte sind gewählte [] Bestimmtheiten []. Alle Aspekte [] können variieren. … Ihr woher ist [] ihr schöpferisches Gebährtwerden durch die Macht des Ursprungs []. Die im Personsein eingeschlossene V. ist also allen ihren Aktualisierungen [] der Wahrnehmungen von V. vorgegeben. … b) So gründet im Verantwortlichsein der Person das hierarchische Gefüge ihrer *Foren*: V. vor anderen *in* V. vor mir selbst *in* V. vor Gott. [] Soziale Normen gelten [] *im* Rahmen der vom Gewissen erkannten Bestimmung des eigenen Daseins im Rahmen des ebenfalls im Gewissen sprechenden Willens Gottes mit allen und jedem einzelnen Menschen. Keine soziale Norm kann durch sich selbst verbindlich sein außerhalb der im Gewissen laut werdenden Norm der Ursprungsmacht: Solidarität mit allen Menschen. c) Der Inhalt der V. umfasst mein Wollen und Wirken, durch das ich stets bestimmenden Einfluß auf mein-Zusammen-sein-mit-allen-andern nehme. … eingeschlossen ist also immer V. für andere und für die Welt… Kollektive…sind Träger einer spezifischen V., die nicht auf die V. von einzelnen [] reduzierbar ist. Aber die V. jedes Kollektivs schließt die kollektiv-systemspezifische V. seiner einzelnen Glieder ein, von der sich kein einzelner an das Ganze oder andere Glieder entlasten kann. … die V. der Systeme besteht nur in foro externo, die jedes seiner Glieder hingegen immer auch vor dem eigenen Gewissen und vor Gott. … Inhalt der V. von Systemen ist die ererbte und die zukünftige Ordnung des Zusammenlebens. …

kann aber auch positiv eingesetzt werden. Je größer die Lebensgemeinschaft ist, innerhalb derer alle aufeinander angewiesen sind, umso stärker greift die Verantwortlichkeit der Einzelnen für die Gemeinschaft und umgekehrt. Die Verbindlichkeit hat auch immer mit einer Aufgabe zu tun, die übergeben bzw. übernommen wird. Das Ziel dieser Aufgabe dient der Gemeinschaft.

**Beispiel 70**

Mein Sprachhelfer Elmut auf Oneop (Mikronesien) stutzte, als ich ihn nach dem Chuuk-Begriff für (engl.) „responsibility" fragte. Zunächst meinte er, es gäbe kein Äquivalent dafür. Nach einer weitergehenden Diskussion hatte er plötzlich die Erleuchtung: „Wiis!" Jetzt war ich erstaunt: Diesen Begriff hatte ich seither als (kirchliches) „Amt" oder „Aufgabe" eingeordnet.

Einige Jahre später erklärte mir Romalou, der alte Chief der Insel Puluwat (Mikronesien), es sei seine Aufgabe („wiis"), den Leuten Anweisung zu geben, wann sie in ihren Gärten welche Arbeiten tun müssen, damit sie in der Sturmzeit genügend Lebensmittelvorräte hätten. Sonst kämen sie zu ihm, wenn sie Hunger hätten. – Ich konnte damals nicht verstehen, warum die Insulaner die Initiative dafür nicht aus eigenem Verantwortungsbewusstsein heraus entwickeln. Vielleicht liegt die Antwort in der starken hierarchischen Autoritätsstruktur und den notwendigen vielen Gemeinschaftsarbeiten auf der kleinen Insel. Eines darf das andere nicht beeinträchtigen.

Der Chief kann einen befähigten Mann für einen bestimmten Arbeitsbereich beauftragen bzw. autorisieren, die Leitung der Gruppe zu übernehmen: Z.B. um den schweren Firstbalken auf die Giebel zu hieven. Der Chief sitzt während dieser Zeit still beiseite oder reiht sich selbst in die Arbeitergruppe ein.

**Beispiel 71**

Als wir gemeinsam eine Anlegestelle bauten, wollte es mir nach meinem Plan nicht gelingen, die schweren, vier Meter langen Betonpfeiler vom Strand in die ausgeschachteten Plätze im Steilabhang des Strands im ca. drei Meter tiefen Wasser zu rollen und dort aufzustellen. Oben ragten die Kanonenrohre heraus, die in den Pfeilern einbetoniert waren. Seegang, Wind und Strömung waren so stark, dass die Betonkolosse immer wieder aus den Schächten kippten, bevor wir sie sichern konnten. Sie rollten den Abhang im Wasser hinab und blieben in ca. 10 Meter Tiefe liegen. Ich gab auf. Auf diesen Moment hatte der alte Chief gewartet: Er übergab einem bis dahin recht unauffälligen Mann die Aufgabe, die Sache zu übernehmen. Der hatte damit Autorität und volle Verantwortung für den Arbeitsvorgang. Die Männer gehorchten ihm sofort. Einige Stunden später war ein stabiles Gerüst um die ausgeschachteten Plätze für die Pfeiler aufgebaut. An zwei dicken Seilen, über hohe Stangen umgelenkt, zogen dann ca. 20 Männer auf Kommando in genau bestimmtem Maß die Pfeiler genau an ihre Plätze und verankerten sie.

Ich empfand Hochachtung vor den Männern und schämte mich, sie nicht gleich um Hilfe gebeten zu haben. Als wir später das Gebälk auf die Mauern des Kirchturms hieven mussten, überließ ich diese Arbeit von vorne herein den Fachleuten. Wir hatten uns geeinigt: Ich zimmere den Turm auf dem Boden, sie sorgen dafür, dass er oben montiert wird. Wenn weder Kran noch Rollen oder Seilzug zur Verfügung stehen, braucht man andere intelligente Methoden, schwere Gegenstände zu transportieren und zu heben. Vor allem: Es braucht eine Gruppe von Menschen, die buchstäblich „an einem Strang ziehen".

Nur so ist zumindest andeutungsweise erklärbar, wie z.B. die riesigen, tonnenschweren Basaltquaderblöcke einer Festungsanlage von der Insel Pohnpei weit hinaus auf das Riff transportiert und mit System gestapelt wurden.

## These 168

**Verantwortung ist mit Verbindlichkeit und Aufgabe innerhalb einer Gemeinschaft von Menschen verbunden, die aufeinander angewiesen sind und unter einer Leitung stehen.**

Keiner kann sich dieser Verantwortung entziehen – ob das die Einzelnen so erkennen oder nicht.

In einer schamorientierten Gemeinschaft ist dieser Zusammenhang selbstverständlich. Allerdings verbinden diese Menschen mit der Leitungshierarchie eine durch die Klan- und Großfamilienstruktur vorgegebene und nicht in Frage zu stellende Struktur. Sich dieser gehorsam zu unterstellen fällt ihnen leicht. Gemeinschaftsarbeiten auch für private Zwecke, z.B. der Bau eines der Familienhäuser oder eines großen Kanus, Fischfang mit Netzen und selbst Instandsetzung von Taifunschäden sind selbstverständlich.

## These 169

**Die Gleichung gilt:**
**Verantwortungsbewusstsein =**
**(Gemeinschaft x Verbindlichkeit x Gehorsam) (Leitung x Aufgabe)**

Diese Einheit aufzulösen oder an einem Punkt zu stören ist für alle Beteiligten beschämend, vor allem für den, der sich nicht einfügt.

Auch für schuldorientierte Menschen ist Verantwortung selbstverständlich. Sie wird jedoch eher durch gegenseitige Abmachungen und Verträge mit entsprechender Gegenleistung wirksam.

## These 170

**Im schuldorientierten Gewissen sind die Normen für Träger (wer?), Foren (vor wem?) und Inhalte (für was?) für eine Verantwortung schriftlich fixiert. Dadurch ist die ständige Orientierung, Kontrolle und Verlässlichkeit gewährleistet.**

In schamorientierten Kulturen geschieht die Orientierung an Menschen und deren Empfindungen, die leicht veränderbar sind. Die schuldorientierten Strukturen für Verantwortlichkeit sind mehr rigide und nicht so flexibel wie in schamorientierten Situationen.

Das beginnt mit kleinen Aufgaben für Kinder in der Familie. Kindergarten, Schule, selbst das Spiel mit Freunden verlangt nach Einigung auf ein Ziel und eine Regelung dessen, was jeder tun muss, damit das Ziel erreicht wird.

Viele Kinder können die Notwendigkeit für Hausaufgaben zumindest anfangs noch nicht in dieses System einordnen; die langfristige Perspektive für langsame Entwicklungen fehlt und ihr Zeitverständnis umfasst nur wenige Jahre. Deshalb müssen Eltern und Lehrer Autorität sein für die Kinder, denen sie vertrauen. Schule ist wie ein Vertrag für die Kinder; Eltern müssen den Lehrern die notwendige Autorität dafür übertragen. Es ist weder logisch noch konsequent, von Lehrern zu erwarten, dass Schüler Vertrauen in ihre Autorität entwickeln, wenn das in der Familie nicht eingeübt worden ist und Eltern das Vertrauen ihrer Kinder in die Lehrer untergraben. Besonders im Beruf wird bei Arbeitsabläufen deutlich: Das Ganze gelingt nicht, wenn einer nicht den Anweisungen genau entspricht. Es ist in einer komplexen Situation durchaus möglich, das sich die Beteiligten beim Bau einer Maschine gegenseitig nicht kennen. Aber jeder hat einen Plan, und sein Produkt muss dem genau entsprechen. Sonst macht er sich dem Anderen gegenüber schuldig. Zusätzlich schämt er sich, wenn er den Kollegen unter die Augen gerät. Verantwortung für eine Aufgabe ist die Voraussetzung für das Gelingen jedes Gemeinschaftsprojekts.

**Beispiel 72**

Bei den ersten europäischen Ariane-Trägerraketen scheiterte Mitte der 70er Jahre der Start wiederholt an der in Deutschland hergestellten Brennstufe. Bei Untersuchungen konnten keine Fehler nachgewiesen werden. Trotzdem blieb die Schuld eindeutig bei den entsprechenden Mitarbeitern. Schließlich wurde dieser Teil ebenso wie die anderen in Frankreich hergestellt, wofür Deutschland die Kosten übernahm. Der Start gelang. Auch wenn die Schuldfrage nicht eindeutig geklärt werden kann, bleibt bei verantwortungsbewussten Menschen ein beschämender Makel.

**Beispiel 73**

Unser jüngster Sohn war an der Reihe, wöchentlich den Müll im Haus in die Tonnen zu werfen. Die eigenständige Initiative dafür nur ein einziges Mal ohne Erinnerung hätte genügt, ihn wieder abzulösen. Seine Mutter war verzweifelt, da das nach Wochen immer noch nicht selbständig klappte. Sie konnte schließlich den Müll im Haus nicht mehr sehen, was dem Sohn wieder eine Verlängerung der ungeliebten Aufgabe einbrachte. – Einige Jahre später lebte er in einer Wohngemeinschaft, in der ihm selbst der Müll zu viel wurde; er sorgte durch klare Regeln, die er autoritär durchsetzte, für Ordnung im Haus. Seine Mutter staunte – sie war offensichtlich nicht die starke Autorität für ihn gewesen und hatte zu schnell selbst eingegriffen. Er hatte zuhause Unannehmlichkeiten in Kauf genommen, um die ungeliebte Aufgabe zu umgehen und seelenruhig auf seinem Berg schmutziger Wäsche geschlafen. Nun merkte er selbst, dass eine Regel ohne Autorität und Konsequenz wirkungslos bleibt. Nicht durchschaubare, hintergründige Einflüsse und innere, z. T. unausgereifte Empfindungen blockieren die Entwicklung des Verantwortungsbewusstseins. Neue Situationen, bei denen eine eigenständige Initiative Prestigegewinn bringt, fördern die Entwicklung.

Korruption ist ein Eingriff in die oben (These 169) als These dargestellte Gleichung für Verantwortung. Entweder bleibt die Verbindlichkeit für die Gemeinschaft auf der Strecke, oder die Autorität wird missachtet, oder eine Vorschrift wird gebrochen. Immer wird der Gemeinsamkeit geschadet. Den Gewinn erhält eine Einzelperson oder (meistens) eine kleine Gruppe, die sich gegenseitig stützt. Auch Korruption gelingt nicht ohne Gemeinsamkeit. Sie wird gefördert, wenn einige Mitglieder eines Klans oder einer Familie innerhalb eines größeren Betriebs oder einer Verwaltung zusammen arbeiten. Die Autorität ist dabei eindeutig, und selbst wenn ein Mitglied nicht möchte, hat der Betreffende meist keine Wahl: Die Gruppenkohäsion zwingt ihn, die Regeln zu brechen und einem anderen Auftrag unterzuordnen.

### These 171

**Korruption ist in einer schamorientierten Gesellschaft wesentlich leichter als in schuldorientierten; bei der einen liegt der Wert in der Gruppe, bei der anderen in der Regel, in der Norm. Je schamorientierter eine Gesellschaft ist oder wird, umso größer ist das Potenzial für Korruption.**

Diese Zusammenhänge werden deutlicher bei der Analyse der Kulturveränderungen in unserer deutschen Gesellschaft. Wie schon oben besprochen, entzogen die antiautoritären Erziehungsprinzipien der Frankfurter Schule einer ganzen Generation die Grundlage für die Entwicklung und für die Liebe zur Gerechtigkeit.

*Qv.*: Kap. 3, 1.5.1

### These 172

**Überbetonung der Freiheit des Einzelnen ohne gleichzeitigen Respekt vor der Freiheit des anderen erzieht Egoisten. Dabei fehlt die internalisierte Autorität und ein korrumpiertes Verantwortungsbewusstsein entsteht.**

Ein so strukturiertes Gewissen hat nicht die Möglichkeit, sozial adäquat zu agieren und zu reagieren. Dis so erzogenen Menschen arrangieren sich notgedrungen und geben sich selbst ungeschriebene Gesetze, wobei die Autorität weg von den gewählten oder „vorgesetzten" Autoritäten zu eher undefinierten Leitungseinheiten verlagert wird. Andererseits ist gerade diese Generation extrem fähig zur Teamarbeit, sucht aber mehr als frühere Generationen nach Einzelpersonen, die als Vorbilder dienen; unausgesprochen werden diese zu Autoritäten. Einzelne Gleichaltrige haben es leicht, sich Autorität anzumaßen und werden schnell zu manipulierenden Leitern.

### 2.1.4   Leitung – Unter- und Einordnung in Status und Rolle

*Qv.*: Kap. 2, Grafik 7
Status, Rolle und Prestige

Ohne Leitung ist keine Gemeinschaft möglich. Das beginnt in der kleinsten gesellschaftlichen Einheit: in der Familie müssen die Zuständigkeiten für bestimmte Gebiete bekannt sein. Auch wenn eine Gemeinschaft Zurückhaltung und Demut als hohe Werte pflegt, Vorgänge transparent sind, wenn die Einheit Einstimmigkeit bedeutet und diese geduldig abgewartet wird. Entscheidungen müssen gefällt werden. Manchmal erfordert die Situation eine prompte Reaktion, um Schaden abzuwenden. Dazu sind Kompetenzen notwendig, ein Status bildet sich heraus. Nicht immer passen individuelle Fähigkeiten und Rolle in der Gesellschaft zusammen. Wenn die Gesellschaft keinen Weg bietet, wie gute Gedanken trotzdem umgesetzt werden können, entsteht Unruhe, Unzufriedenheit. Die Leitung wird in Frage gestellt. Wenn ein Status fremde Innovationen als Prestigeverlust empfindet, bilden sich Oppositionen. Das ist nicht nur negativ zu werten, sondern hat mit der Vermeidung von Unsicherheit zu tun.[9]

Wenn Status innerhalb einer Gruppe mit Verantwortung verbunden ist, die Entscheidungen verlangt, die andere betreffen und diese sich dadurch zurückgesetzt fühlen oder Nachteile in Kauf nehmen müssen, gewinnt Status an Macht, gleichzeitig vergrößert sich die soziale Distanz zu anderen Segmenten der Gruppe.

Diese Distanz kann nach bestimmten Kriterien gemessen werden.[10] Es gibt Kulturen mit großer Machtdistanz, andere halten die Unterschiede kleiner. Selbstredend sind spontane, weitreichende Entscheidungen bei großer Machtdistanz besser möglich; die Transparenz kann darunter leiden. Große Gruppen mit schwacher Kohäsion tendieren zu geringer Distanz, Entscheidungen werden aufeinander abgestimmt. In kleinsten Einheiten mit starker Kohäsion wie in Ehen und Familien ist die Distanz am geringsten. Entscheidend dabei ist auch, ob die Beziehung, in der die Beteiligten zueinander stehen, von Zuneigung, Vertrauen und Liebe geprägt ist oder nicht.

---

[9] Geert Hofstede, *Interkulturelle Zusammenarbeit, Kulturen, Organisationen, Management*. Wiesbaden: Gabler, 1993. Verschiedene Faktoren werden interkulturell unterschieden: Machtdistanz, Vermeidung von Unsicherheit, Kollektivismus und Individualismus, Maskulinität und Feminität. Nicht alle sind hier relevant.

[10] Ders. Der Begriff „Machtdistanz" wurde vom niederländischen Sozialpsychologen Mauk Multer geprägt und drückt die emotionale Distanz aus, die zwischen Mitarbeitern und Vorgesetzten herrscht. Zusammenfassung nach Markus Bärtschi, Seminararbeit Management, Columbia Biblical Seminary, Korntal.1996. Der Machtdistanzindex wurde mit folgenden Fragen ermittelt: **A.** Antworten von nicht-leitenden Angestellten auf die Frage: „Wie häufig taucht Ihrer Erfahrung nach folgendes Problem auf: Die Mitarbeiter haben Angst, dem Vorgesetzten zu zeigen, dass sie nicht seiner Meinung sind?" **B.** Wahrnehmung des Mitarbeiters, wie der Vorgesetzte tatsächlich Entscheidungen trifft. **C.** Bevorzugung des Stiles, wie der Vorgesetzte aus der Sicht des Mitarbeiters Entscheidungen fällen sollte. **3 Faktoren der Machtdistanz:** In höheren Breiten, d.h. in Gebieten mit gemäßigtem und kalten Klima, finden wir eine weniger üppige Natur vor. Die Natur ist der Hauptfeind, den es zu besiegen gilt. Eine Gesellschaft, in der die Menschen gelernt haben, für sich selbst zu sorgen und sich möglichst unabhängig von den Menschen an der Macht zu halten, hat bessere Überlebenschancen unter diesen Bedingungen, als eine Gesellschaft, in der die Kinder zu Abhängigkeit erzogen werden. Die Bevölkerungsgröße, die bei Machtdistanz eine Rolle spielt, fördert die Abhängigkeit von einer Autorität. Menschen in bevölkerungsreichen Ländern bleibt nichts anderes übrig, eine politische Macht zu akzeptieren, die weit von ihnen entfernt und so gut wie nicht erreichbar ist. Ein dritter Faktor ist der materielle Wohlstand eines Landes. Die Tatsache, ob ein Land während der letzten zweihundert Jahre Kolonie war oder selbst Kolonien hatte, hat Auswirkungen auf den Wohlstand. In den ehemaligen Kolonien ist die Machtdistanz oft größer als in den Ländern, die Kolonien besaßen.

**Beispiel 74**

Lateinische, asiatische und afrikanische Länder führen die international vergleichende Rangliste der Länder mit hoher Machtdistanz. Die Arbeitnehmer widersprechen nur sehr ungern ihrem Vorgesetzten und erwarten von ihm einen autokratischen bzw. patriarchalischen Führungsstil; Arbeitnehmer sind weniger gewillt, einen konsultativen Stil zu akzeptieren. Die meisten von ihnen bevorzugen einen autokratischen oder patriarchalischen Führungsstil. Niedrigere Werte sind festzustellen bei den USA, Großbritannien und beim Rest Europas.

Natürliche Leitungsfähigkeiten bleiben nicht verborgen. Neid auf die Fähigkeit des anderen und ein demütigender Groll über die eigene Zurückstellung können einerseits durch logische Überlegungen überwunden werden („wir brauchen einen, der das macht", „das Beste nützt allen"), andererseits kann das eine bleibende Demütigung oder als verlorene Gelegenheit empfunden werden, öffentliches Prestige zu gewinnen. Nicht immer entscheidet die Gemeinschaft für die bessere Idee, für die mehr begabte Person. Eben dieses Prestige spielt bei Wahlen eine entscheidende Rolle: Wenn schon nicht ich, dann wenigstens meine Gruppe!

*Qv.*: Diskussion dieses Bsp. in anderen Kapitel

**Beispiel 75**

In den ersten Jahren meiner Missionarstätigkeit wurde ich auf Satawan/Mortlockinseln damit konfrontiert, dass jeder Klan seinen eigenen Pastor ernannt haben wollte: „Dann kommen auch seine Leute in die Kirche. Er kann ihnen sagen, was sie tun sollen!" Meine Argumente hatten wenig Gewicht: Die Autorität beziehe er doch aus seinem geistlichen Amt, nicht aus dem Status eines Klanvertreters. Die Größe der Gemeinde ergäbe ebenso keine Notwendigkeit für viele Pastoren. Wann eine Gemeinde zu groß ist für einen Pastor, war für Insulaner relativ.

Wir waren damals im Prozess der Kirchenbildung. Als dieser abgeschlossen und ich auch die letzten offiziellen Verantwortungen der Missionare in der Kirchenstruktur eliminiert hatte, nahm die einheimische Entwicklung ihren Lauf: 20 Jahre später traf ich bei einer Pastorenschulung auf ein „Heer" von Pastoren für 30 Inselgemeinden. – Einer meiner Doktoranden erstellte vor wenigen Jahren für seine Dissertation eine Erhebung: Ausnahmslos alle Pastoren und andere Amtsträger in der Kirche waren aus einem angesehenen Klan. Die Leitungsstruktur hat sich über ein halbes Jahrhundert hinweg zäh erhalten.

In schuldorientierten Kulturen sind Leiter meist von Natur aus Meinungsmacher, weshalb sie gerne in Leitungspositionen geraten. Umgekehrt sind „geborene Leiter" in schamorientierten Gesellschaften aufgrund ihrer Klanzugehörigkeit automatisch auch Meinungsmacher; ihr Gewissen kann nicht anders, als so zu funktionieren.

Wenn Kinder in solchen Kulturen miteinander spielen, wird den höheren Klans die Leitung zugestanden, ihr Wort ist selbstverständlich gewichtiger. Die potentiellen Leiter erwarten auch, dass sie ihrem Status entsprechend beim Spiel gewinnen. Die übrigen Kinder empfinden sich dadurch nicht benachteiligt und manipulieren u.U. das Spiel so, dass das Ergebnis stimmt. Sie akzeptieren das System – lebenslang. Leiter lernen früh, ihrem Status entsprechend die Rolle zu spielen, die von ihnen erwartet wird.

Es ist zwar unbestritten, dass Meinungsmacher immer eine soziale Stufe höher stehen als ihre Anhänger, aber nicht notwendigerweise mehrere Stufen, und auf keinen Fall tiefer.

## Grafik 39: Meinungsmacher und sozialer Status

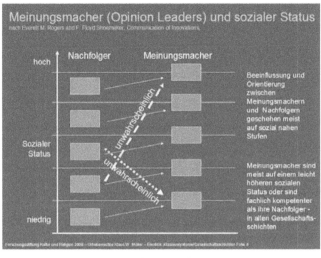

Die Kommunikationsmöglichkeiten sind innerhalb der gleichen Stufe am effektivsten; von oben nach unten nehmen sie deutlich ab. Von unten nach oben ist so gut wie keine Überzeugung möglich. Eine höhere fachliche Kompetenz kann eine soziale Stufe ersetzen.

## Grafik 40: Horizontale und vertikale Kommunikation

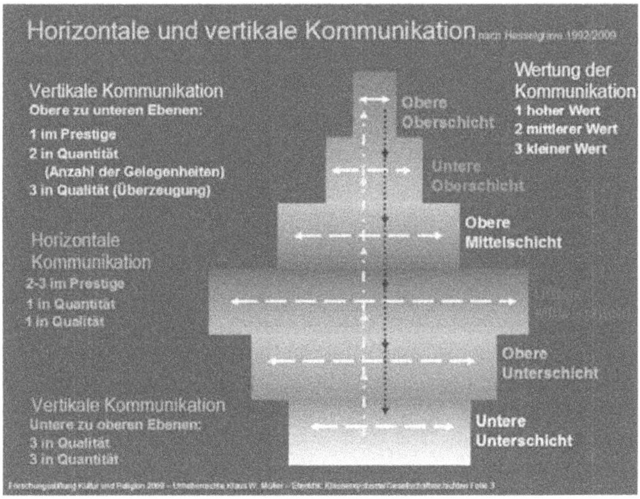

Schwierig wird das für einen Ausländer, einen Missionar, einen Politiker oder Entwicklungshelfer, der in seiner westlichen Heimat eher aus der höheren Mittelschicht stammt und dort auch die entsprechenden Verhaltens- und Denkmuster in seinem Gewissen integrierte. Seiner Ausbildung und seinem ihm zugeschriebenen Stand entsprechend gerät er z.B. auf den Philippinen automatisch in eine höhere soziale Schicht. Die Einheimischen erwarten dementsprechend auch Verhaltensmuster, die in ihrer Kultur üblich sind, z.B. Geschenke. Tatsächlich verlangt es Fingerspitzengefühl, sich mit Geschenken richtig zu verhalten. Die Freizügigkeit eines Ausländers bringt Menschen leicht in eine gewisse Abhängigkeit. Jede Kultur hat Verhaltensmuster für jeweils höhere, gleichgestellte und niedrigere Ebenen. Deshalb ist es gut, sich zunächst mit seinem zugeschriebenen Stand zu identifizieren; es ist sehr schwierig und dauert lange, das Empfinden der Leute zu verändern und ihn in einem niedrigeren Status einzuordnen. Das hat immer Prestigeverlust zur Folge – oft auf beiden Seiten. Dadurch werden die Einheimischen verunsichert. Sie wollen dem Ausländer auf der Ebene begegnen, die sie ihm zuschreiben.

**Beispiel 76**

Nachdem wir uns auf Puluwat niedergelassen hatten, brauchte ich etwa ein Jahr, bis ich legitim in der Kirche bei den Männern im Sand sitzen konnte, ohne Anstoß zu erregen und ohne Unsicherheiten im Umgang miteinander zu verursachen. Meine Intention war nicht, deutlich zu machen, dass ich gnädigerweise zu ihnen „hinabsteige". Das hätten sie eher als Beleidigung empfunden. Vielmehr versuchte ich, den hohen Respekt einmal vor Gott als höhere Autorität zu demonstrieren, zum anderen vor den Männern, die alle eine Leitungsaufgabe für Gesellschaft und Familie hatten. Einmal bei diesem Status als verantwortlicher Mann unabhängig von der Hautfarbe angekommen, war es möglich zu lehren. Die Gleichwertung der Frauen erhielt auf dieser Basis der gemeinsamen höheren Autorität eine Chance, neben der geschlechtsbedingten unterschiedlichen Einordung in Gesellschaft und die daraus resultierende andere Aufgabenstellung.

### Grafik 41: Sozialer Status in verschiedenen Kulturen – Identifizierung mit den Gesellschaftsschichten

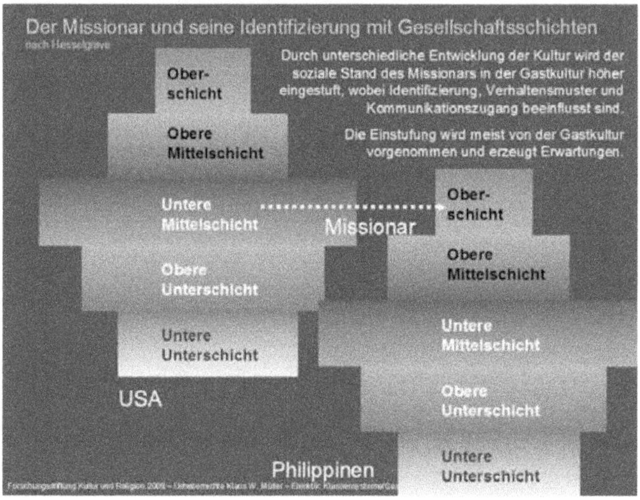

Die Umkehrung erscheint schwieriger: Ein Missionar aus der 2/3 Welt, der in unsere „alte Welt" kommt, in Ghana oder den Philippinen in der oberen Mittelschicht zuhause war und jetzt in Deutschland Gemeindearbeit übernehmen möchte, wird es ungleich schwerer haben. In sozialen Diensten lässt sich der Pfeil nicht so einfach umdrehen. Der Missionar in Deutschland muss sich darauf einstellen, zunächst einer niedrigeren Sozialschicht zugeordnet zu werden. Deutsche werden ihn auf ihrer Ebene akzeptieren, wenn er die entsprechenden Statussymbole vorweisen kann: Akademische Grade oder entsprechende Fähigkeiten. Vertrauensvorschuss wird ihm wenig gewährt. Deshalb beschränken sich Ausländer bei uns immer noch darauf, unter ihrer eigenen Volksgruppe zu arbeiten.

Es gibt tatsächlich so etwas wie eine kulturelle „Passung". Es hat sich gezeigt, dass südamerikanische Missionare eher auf dem Balkan „ankommen" als in Zentraleuropa. Ausnahmen gibt es, aber entweder arbeiten diese Leute mehr unter ihren eigenen Leuten oder sie sind gebildet und haben eine anerkannte Organisation hinter sich (Z.B. Neuendettelsauer Mission und ev.-luth. Kirche, oder Rheinische Mission und Rheinische Kirche). Es gibt gute Ansätze, aber durch die Asylantendiskussion, „Fremdenhass" und Islam sind noch einige Schwierigkeiten zu überwinden.[11]

**Beispiel 77**

In der Industrie gelten eigene Gesetze, da zählt die Leistung. Sog. „Greencards" (Arbeitserlaubnis) für z.B. Inder wurden erteilt, wenn eine entsprechend vergleichbare akademische und berufliche Anerkennung vorgelegt werden konnten. Ein hoher Geldbetrag musste nachgewiesen werden, der den sozialen Status zeigte. Damit sollte eine Integration in unsere Kultur demotiviert und ein „brain drain" (Verlust von Fachleuten) in Indien vermieden werden.

Auf Puluwat waren wir die ersten evangelischen Missionare, die langfristig dort wohnten. Technische und ideologische Neuerungen wie z.B. hygienische Wasserspülung bei der Toilette innerhalb des Hauses wurden gerne geprüft und ggf. übernommen. Es war den Leuten aber immer wichtig zu wissen, wie viel Werkzeug und Materialien kosteten. Das „know-how" war eher untergeordnet. Wir dachten anders: Fachkenntnisse ermöglichten es uns, auch mit einfachen Werkzeugen und vorhandenem Material gut zurecht zu kommen. Es dauerte eine Zeitlang, bis ich verstand, dass sie wissen mussten, wie viel bzw. wenig Geld man auf diesem Niveau „braucht". Als ich mich bei Gelegenheit finanziell mit den Lehrern auf eine Ebene stellte, war der Bann gebrochen: Also, nur Lehrer können das haben! Der Lebensstandard war einer sozialen Stufe zuzuordnen. Wer dieser nicht angehörte, verzichtete selbstverständlich. Sie zu überzeugen, dass vor allem handwerklich geschickte Männer das gleiche für sich tun könnten, war zwecklos. Sie lernten das zwar gerne, stellten ihre Kenntnisse aber nur höher gestellten zur Verfügung.

*Qv.*: Kap. 7, 7: „Politische Macht und das schamorientierte Gewissen."

**Beispiel 78**

Keine Kolonialmacht (Spanien, Deutschland, Japan) investierte so viel in die Entwicklung des Inselstaates wie die USA, die Mikronesien von der UNO als Treuhandgebiet anvertraut bekamen mit der Auflage, 1980 das Gebiet einer eigenständigen Regierung zu übertragen. Spanien brachte die ersten Handelsmöglichkeiten, wodurch Segeltuch die schweren aus Pandanussblättern geflochtenen Matten ersetzte. Dadurch starb eine jahrhundertealte Handelskette über den nördlichen Pazifik hinweg, wobei die begehrten Blätter gegen Kokosfaserschnüre und -seile eingetauscht worden waren. Die deutsche Kolonialzeit (1899-1914) wurde für den Drill der einheimischen Polizei, bei sozialen Arbeitsprojekten mit den Befehlen („stillgestanden!") respektiert. Japan brauchte die Insulaner als billige Arbeitskräfte für den militärischen Ausbau des Inselgebiets. Die Machtdistanz zu den Insulanern war maximal. Erst die USA sorgten ab 1945 für eine angemessene staatliche, soziale und wirtschaftliche Infrastruktur mit Schulausbildung bis zum College. Zügig wurden Einheimische in die Verwaltung übernommen. Schiffe versorgten regelmäßig die entlegenen Außeninseln, ein Minimum an medizinischer Versorgung wurde auf jeder Insel gewährleistet. Selbst das Militär zeigte sich bei gelegentlichen Besuchen auf den Außeninseln sehr zugänglich. Und doch sprachen die Insulaner sehr respektlos über die Amerikaner. Je mehr Vorteile und Annehmlichkeiten, auch Luxus und technischer Fortschritt (solarbetriebene Funkgeräte) z.T. im Überfluss auf die Insel kamen, umso unzufriedener waren die Insulaner: Es war immer zu wenig, denn „die Amerikaner sind doch so reich!" Die Machtdistanz war minimal.

Aus schamorientierte Sicht war der höhere Status jeder Kolonialmacht respektiert. Die vorhergehenden Staaten präsentierten sich autoritär – das war selbstverständlich akzeptiert: Das steht der Leitungsebene zu! Amerikanische Verwaltungsbeamte und Lehrer gaben sich

*Qv.*: Kap. 2, Grafik 7: „Status, Rolle und Prestige"

kollegial und freundschaftlich, suchten den sozialen Kontakt und verhielten sich nicht überheblich oder autoritär. Dadurch verloren sie ihren hohen Status, aber das Wissen um den Reichtum blieb. Daraus resultierte das Urteil der Insulaner, dass die Amerikaner ihre

---

[11] K.W.Müller Hg. *Missionare aus der Zwei-Drittel-Welt für Europa*. Edition afem, mission reports 12. Nürnberg: VTR, 2004. Siehe Vorwort.

Ressourcen nicht teilen. Innerhalb der Gemeinschaft war gegenseitiges Geben und Nehmen nicht nur selbstverständlich, sondern Pflicht. – Die Insulaner freuten sich riesig, als wir einmal in Not waren und sie um Hilfe baten – oder als ich ernstlich krank war und den Pastor bat, für mich zu beten. Jetzt konnten sie ihrer Pflicht nachkommen und auch helfen. Auf der gleichen sozialen Ebene immer nur zu nehmen war für sie letztlich beschämend.

## These 173

**Schamorientierte Menschen haben ein stabiles Statusbewusstsein. Ihre Rolle ist eher flexibel.**

Der Respekt vor Lehrern bleibt, auch wenn freundschaftliche Beziehungen entstehen. Das hat sich auch im Umgang mit russlanddeutschen Studenten immer wieder bestätigt. Es ist schwer für sie, einen freundschaftlichen Umgang mit dem Lehrer anzuerkennen und gleichzeitig zu wissen, dass der andere eben doch ein Lehrer ist und schlechte Noten gibt, wenn die Leistung entsprechend ist. Die eine Ebene verlangt ein bestimmtes Verhalten, die andere eine anderes Muster; auch der Gebrauch vom persönlichen „Du" und dem distanzierten „Sie" kostet sie einige Überwindung. Es ist leichter für diese jungen Erwachsenen, die Umgangsart mit der höheren Ebene beizubehalten und trotzdem persönlich und offen zu sein.

## These 174

**Schuldorientierte Menschen sind flexibel im Umgang mit unterschiedlichem Status. Dagegen kommt es beim Umgang damit eher auf die unterschiedliche Rolle an, die der andere „spielt".**

Der Respekt wird zwar erwartet und gewahrt, bleibt aber verhalten im Hintergrund: „Der soll sich bloß nichts darauf einbilden, dass er Vorarbeiter ist!" Vordergründig kann eine lockere Umgangsart verwendet werden, die weder verletzend noch demütigend wirkt.

*Qv.*: Kap. 3, „Kohäsion"     „Der ist doch Vorarbeiter, der muss das bringen!" Hier liegt der Wert in der Leistung, die durch die Rolle erbracht wird.

Im Neuen Testament schreibt Paulus über sich: „Ich habe gelernt, mich in jede Lage zu fügen. Ich kann leben wie ein Bettler und wie ein König; mit allem bin ich vertraut … Ich bin allem gewachsen, weil Christus mich stark macht." (Gute Nachricht Übersetzung). Paulus war offenbar nicht statusabhängig, sondern wurde in jeder Lage seiner Rolle verantwortungsbewusst gerecht. In der Schreinerei und auch bei

Phil.4, 11-12     wissenschaftlichen Podiumsdiskussionen „mitmischen" zu können, ist ein Spagat, der schuldorientierten Personen eher möglich ist als schamorientierten. Für Letztere ist es sehr schwierig, ihren Rahmen zu verlassen. Sie bleiben gehemmt. Andererseits fällt es „hochgeborenen" schwer, sich in Rahmenbedingungen zurecht zu finden, in dem sie keine Entscheidungs- und Handlungsfreiheit haben.

## These 175

**Schamorientierte Leiter genießen Ansehen, Prestige und Ehre. Aber sie müssen absolut solidarisch sein mit ihrer Gruppe, für die sie verantwortlich sind. Und sie verteidigen ihre sozialen Werte bis aufs Blut.**

Einmal in den Status versetzt, behält der Leiter diesen Stand; auch wenn er der Rolle nicht zufriedenstellend gerecht wird, kann er diesen nicht ohne immensen Gesichtsverlust verlassen, den ihm seine Gruppe nicht antun möchte. Auch dann nicht, wenn sie unter seiner Unfähigkeit leidet.

## These 176

**Schuldorientierte Leiter erkennen den Wert in der Rolle, die mit der Aufgabe verbunden ist, und mit der Leistung, die darin zu erbringen ist.**

Der Status ist dabei wichtig, aber die Leistung wird bezahlt. In einer Krise schützt der Status den Leiter nicht, wohl aber hält ihn seine Leistung in der Aufgabe. Der daraus resultierende Verdienst eines „Managers" ist höchster Wert. In einer Krise, wenn er sich z.B. „etwas zuschulden kommen" ließ, wird er dafür sorgen, in einer anderen Stellung keine finanziellen Einbußen zu haben. Wenn dies spontan nicht möglich ist, wird eine meist hohe Ablösung vereinbart und ausbezahlt.

In religiösen Leitungsfunktionen laufen oft beide Linien zusammen: Leitungsvollmacht und Weihegewalt.[12] Dem religiösen Amt wird meist mehr Ehre zugesprochen, dem profanen mehr Rechtsfunktionen. Im Vordergrund stehen „anstandshalber" religiöse Werte, aber knapp dahinter spielen Ehre, Macht und Reichtum eine entscheidende Rolle. Die langen Machtgerangel zwischen Papst und Kaiser oder Königen im Mittelalter zeigen, wie schwierig es war, den „gordischen Knoten" von Ehre und Recht zu lösen. Oft genug wurde er mit militärischer Macht „durchgehauen". Auch heute ist es ratsam, beide Funktionen getrennt zu halten.

## 2.1.5 Wertesystem/Logik/Rechtsprechung

### 2.1.5.1 Recht und Rechtsprechung

Schon vor der Zeitwende kam das im Mittelmeerraum entstehende römische Reich zunehmend unter den Einfluss der griechischen Kultur. Darauf ist die Entwicklung zurückzuführen, die dann in Rom mit der praktischen Jurisprudenz etabliert wurde. Das im 6.Jh. kodifizierte römische Recht wurde der Nachwelt vermittelt. Seit Mitte des 12.Jh. entstand das kirchliche Recht, das sich am römischen orientierte (Ius Canonicum: latiniertes Griechisch für „Stab", übertragener Sinn für Maßstab, Regel, Vorschrift). Die kanonistische Denkform vom *ius naturale* als subjektives Recht floss mit dem Begriff „Person" in der mittelalterlichen Philosophie und Theologie zusammen. Jetzt wurde „Würde", die vorher nur mit einem Amt verbunden war, auf die menschliche Person übertragen, weil sie aus der Vernunftnatur des Menschen abzuleiten ist. Damit erhielt die Person ihre eigentliche Bestimmung durch die Würde, die in der Moral und im Sein begründet ist, was letztlich Freiheit bedeutet.[13]

---

[12] RGG⁴, V: 2002, 255. Leitungsvollmacht[12] (gesetzgebende, ausführende und richterliche Vollmacht, potestas regiminis, jurisdictio) und Weihegewalt (sakramentaler Bereich, potestas ordinis).

[13] Meyers Großes Taschenlexikon, Mannheim: Taschenbuchverlag, 1992. Antike. RGG⁴, VII: 2004, 130-131. Rechtsprechung: Schon in der Antike (*antiquus* für alt, etwa 1100 vor Chr. bis 4.-6.Jh nach Chr.) waren Recht mit Religion eng verbunden – wie das heute noch z.B. im Islam der Fall ist; Priester waren gleichzeitig Richter. – In der Neuzeit (17.Jh.) entwickelte sich neben den beiden Rechtsformen das Vernunftsrecht. Es trug das antike und mittelalterliche Naturrecht in sich und wurde neben dem römischen Zivilrecht durch Justinian I. 534, also ca. 200 Jahre nach der Einführung des Christentums als Staatsreligion die stärkste Kraft der Rechtswissenschaft. Nach den Religionskriegen löste sich die vernunftsrechtliche Orientierung des Naturrechts als Friedensgarant von der Moraltheologie. Politische Voraussetzung für die systematische Kodifizierung des Rechts war die staatliche Monopolisierung der Gesetzgebung mit Rechtseinheit und gleichmäßiger Rechtsanwendung. Vorläufer dafür waren die Strafgesetzgebung in Bayern (1751) und Österreich (1768), die zuerst im Preußischen Allgemeinen Landrecht 1794 ausgereift ist. Im 19.Jh. wurde „Recht" nicht als Willkür des Gesetzgebers, sondern als durch „Sitte und Volksglaube", durch „innere stillwirkende Kräfte" entstehend verstanden. Der aufklärerische Glaube an die abstrakte Vernünftigkeit des Rechts ebbte wieder ab. In Deutschland blieb ein strenger Gesetzespositivismus erhalten, der im Prinzip der Demokratie gerechtfertigt ist. Im NS-Regime wurde das öffentliche Recht einem unbestimmten Gedanken der Volksgemeinschaft geopfert. Die totalitäre Richtung meinte, der individuelle Mensch hätte den Gemeinschaftsgedanken nicht verstanden, wenn er auf seinen Rechten beharrte und Kontrolle forderte. Nach 1945 wurden die naturrechtlichen Grundsätze wichtig; materielle Werte, in den Grundrechten und dem Grundgesetz verankert, nahmen Einfluss auf die neue Rechtsordnung.

### 2.1.5.2    Werte

Werte sind philosophisch gesehen hypothetische Wertungen von Gegenständen und Sachverhalten als Zeichen menschlicher Hochschätzung und Respekts. Daraus entsteht innerhalb einer Gesellschaft eine Normierung von Verhaltensmustern.

Das Recht verleiht Werten normative Geltung. In diesem Sinne lässt sich von der Verfassung als einem Wertesystem sprechen, das die grundlegenden Werte einer Gesellschaft festlegt. Zu den zentralen Werten des Grundgesetzes gehört die Achtung der Würde des Menschen.

Für die Pädagogik sind Werte erziehungs-, und Erziehung ist wertorientiert; sie fragt sich, ob das Wertverständnis von der Erziehung oder Erziehung vom Wertverständnis abhängt.[14]

### 2.1.5.3    Logik

Logik ist die Lehre von der logischen Konsequenz und ihrer Voraussetzungen und Anwendungen. Die moderne Logik untersucht, in welcher rein formalen, quasi „mechanischen" Weise von einer Zeichenfolge oder Menge von Zeichenfolgen korrekt auf eine andere Zeichenfolge geschlossen werden kann.[15]

Diese drei durch ihre Bedeutung miteinander verbundenen Begriffe haben in den europäischen Kulturen eine lange Geschichte. Sprechen wir von einem, stoßen wir auf einen anderen. Erkennbar sind auch deutlich Spuren der christlichen Theologie in allen Schattierungen und Verwicklungen, die gut 1500 Jahre Europa beeinflusst hat, mit positiven und negativen Auswirkungen. Nach der Einführung des Christentums als Staatsreligion im Römischen Reich im vierten Jahrhundert werden Werte und das durch Logik daraus folgende Recht immer konsequenter von der jüdisch-christlichen Ethik abgeleitet. Prominent für die ganze Welt sind die Zehn Gebote, die sich in allen Kulturen zumindest in deutlichen Spuren wieder finden lassen. Gebote (Empfehlungen mit Konsequenzen) und Gesetze (Übertretungen sind mit Strafen belegt) fußen auf Werten, die sich durch die Logik in jahrhundertelanger teilnehmender Beobachtung und die daraus folgende Erfah-

---

[14] RGG⁴, VIII: 2005, 1467-1475. Werte: Die *Fundamentaltheologie* versteht Werte als Ziele, die ein gemeinsames Handeln möglich machen. Der Protestantismus versteht, dass nur durch die Theonomie (Gottesgesetz der Wirklichkeit und ihrer Ordnung, besonders der Sittlichkeit des Menschen) menschliches Dasein im Gesamtzusammenhang als gemeinsames Handeln gelingen kann. Deshalb sind Werte mit der Lehre der Rechtfertigung verbunden. Die *Ethik* sieht Werte als Normen, die nach ihrem Inhalt als Handlungskompetenz (Tugenden) und Verbindlichkeit (Pflicht) unterschieden werden. Naturwissenschaftlich sind Werte der Grund einer bevorzugen Handlungsweise, eines Gegenstands oder Zustands. Sie haben empirische Implikationen. Ihre Entstehung, Wirksamkeit und Geltung sind abhängig von inneren und äußeren Randbedingungen des jeweiligen Handelns und von der Entscheidungsfindung. – Die Achtung der Würde verbietet erniedrigende Behandlungen und gebietet die Anerkennung eines Kernbereichs privater Lebensgestaltung sowie den Schutz des Lebens, Freiheit der Person und der Kommunikation, die der Verwirklichung eines würdevollen Lebens dienen. Die Gleichheit ist eine wesentliche Voraussetzung einer gerechten Ordnung. Das Strafrecht dient neben dem Gesetzesrecht dem Schutz und der Verwirklichung von Werten. Die normierten Werte strahlen auf die gesamte Rechtsordnung aus. Die kritische Fragestellung ist, ob sich Werte, die der Rechtsordnung zugrunde liegen, deduktiv aus der Verfassung abgeleitet oder eher durch demokratischen Mehrheitsbeschluss festgelegt werden sollten. Damit beschäftigen sich Bundesverfassungsgericht und Parlamente bei der Festlegung und Weiterentwicklung der Werte, die durch das Recht zu verwirklichen sind.

[15] RGG⁴, V: 2002, 486-493. Logik. Die zweiwertige Aussagenlogik untersucht die Beziehung der logischen Konsequenz zwischen sprachlichen Ausdrücken, die die Wahrheitswerte „wahr" oder „falsch" haben können. Zur Verbindung derartiger Aussagen dienen aussageverknüpfende Begriffe, wie „und", „stets wenn, dann", „es ist nicht der Fall, dass" etc. – Die Anwendung von Logik folgert aus dem Charakter des christlichen Glaubens. – Für die Theologie kommt Glaube zustande durch die Verkündigung des verbum externum (d.h. aller Kommunikations- und Sozialisationsprozesse) als notwendiger Bedingung und dessen innerer Bewahrheitung im Erleben von Evidenz durch das Handeln des Heiligen Geistes, deshalb ist Glaube immer sozial und durch zeichenhafte (nicht notwendig verbale) Kommunikation konstituiert. – Aus dem Gegenstand der Theologie ergibt sich die Forderung nach logischer Widerspruchsfreiheit und interner Kohärenz als notwendige Wahrheitsbedingungen ihrer Aussagen.

rung bestätigt haben. Alle diese Werte sichern die Würde, das Leben und die Entfaltung des Menschen nach seinen Bedürfnissen. Daraus wurde abgeleitet, was recht ist, und Menschen gaben sich Autoritäten, die dieses Recht sicherstellten. Uneinsichtige mussten durch angemessene Maßnahmen zur Einsicht gebracht werden, um die Gehorsamen zu schützen. Das Volk Israel im Alten Testament erhielt ein umfangreiches Gesetzbuch, durch das sich die 10 Gebote als Grundlinien zogen. Sie sind am ersten Gebot verankert und erhalten von dieser Autorität her ihre Berechtigung und Ableitung.

## These 177

**Je mehr Menschen in einem Volk auf engem Raum zusammen wohnen, umso mehr Gebote oder Gesetze werden nötig. Größere Völker auf kleinem Raum, die in ständiger Auseinandersetzung mit ihren Nachbarn stehen, brauchten eine starke Autorität als Leitung.**

König, Kaiser oder Papst erfüllten in der Geschichte diese Funktion. Neben einer schwachen einzelnen Leitungsfigur bildeten sich andere Autoritäten (als significant other – bedeutsame andere Bezugspersonen), die für bestimmte Bereiche (geografisch, politisch, sozial) zuständig waren. Eine weitläufig wohnende Bevölkerung auf dünn besiedeltem Land, das über längere Zeit nicht bedroht wurde, organisierte sich in kleineren überschaubaren Gruppen – ideal für die Entwicklung eines Schamempfindens. Die Überschneidung beider Lebenssysteme vermischte auch die Logik ihrer Gesetzgebung, ihrer Rechtsprechung, und ihre Werte. So finden wir in Europa die Schuldorientierung am Gesetz und an der zentralen Autorität und die Schamorientierung in kleinen Gruppen, Berufseinheiten (Zünfte), Dorf und Familienstrukturen und deren individuelle Autoritäten.

## These 178

**Die schamorientierte Logik erkennt den Zusammenhang von der zugehörigen Gemeinschaft, mit der sie sich identifiziert.**

Gesetze und „Recht" sind davon abgeleitet, wie sich diese Gruppe und ihr Ansehen vor anderen günstig entwickelt. Handwerker waren ehrenhaft, „durch Treu und Glauben", zu guter und ehrlicher Arbeit verpflichtet.

Die Logik dessen, was richtig ist, wird im Zusammenhang mit dem gesucht, was in der Gesellschaft, vor allem bei den jeweiligen Autoritätspersonen richtig erscheint; das hat immer auch mit deren Ehre zu tun, die nicht verletzt werden darf.

### Beispiel 79

Deshalb haben Männer vor Lehrern, Bürgermeistern und Pfarrern „ehrerbietend den Hut gezogen" (Hut vom Kopf leicht abgenommen, verbal gegrüßt mit höflichem Kopfnicken, und wieder aufgesetzt); bei minderen Autoritäten oder Gleichgestellten reichte eine Andeutung wie den Hut kurz anfassen oder antippen. Diese Bewegung blieb als Grußform, auch seit Hüte nicht mehr Mode sind. Der militärische Gruß geht wahrscheinlich, formell festgelegt, ebenfalls auf diese Tradition zurück.

## These 179

**Von Autoritätspersonen wird eine ideale Vorgabe für Verhaltensmuster erwartet, die als richtig anzustreben sind.**

Im Vergleich des eigenen Verhaltens damit werden Unterschiede deutlich, die andere Menschen als trennend und missbilligend sehen – als weniger wert. Der öffentliche Respekt voreinander schwand rapide in der zweiten Hälfte des letzten Jahrhunderts – in dem Maße wie Materielles mehr Wert gewann. Gleichzeitig wurden Wahrheit und Recht relativiert: Sie haben nur Wert, wenn die Autorität wachsam ist.

**These 180**

**Wenn Recht und Ehre relativiert werden, ist die eigene Ehre nicht mehr wert, dafür ehrlich zu sein und sogar materielle oder finanzielle Nachteile in Kauf zu nehmen. Die Folge ist, dass bisher ungeschriebene Verhaltensmuster als Gesetze schriftlich fixiert werden müssen.**

Der Buchstabe und die Unterschrift übernahmen Rechtsgültigkeit, die von einer unabhängigen Instanz nachprüfbar und entscheidbar sein musste (Judicative). Der Staat wurde zum Autor und zur Autorität für diese Gesetze (Legislative), die für seinen gesamten Verantwortungsbereich und für alle Menschen Geltung hatten. Gleichzeitig verlor der Staat zunehmend seine Autorität bei Menschen und musste sich eine Struktur geben (Executive), um diese durchsetzen zu können (z.B. Polizei).

*Die schuldorientierte Logik* der Rechtsprechung wird im Zusammenhang mit dieser Gesetzeslage gesucht. Richtig ist dann, was dem Recht entspricht oder recht ist. Die Angst vor Strafe und der Wertverlust der damit verbundenen materiellen Nachteile sind Motivation, sich „richtig" zu verhalten. Bei einem öffentlichen Streit kann man sich durch einen Rechtsanwalt vertreten lassen, oder man führt diesen schriftlich. Damit ist ein sozialer Kontakt weder notwendig, noch spielt er eine Rolle bei der Abwicklung des Falles. Die Formulierungen der Kommunikation können dabei die Würde des Menschen ohne weitere Folgen angreifen oder missachten.

Wenn dieser logische Kreis an einer Stelle unterbrochen wird, indem z.B. Gesetze nicht konsequent angewendet werden oder fehlen, wenn die Autorität nicht greift und keine Strafmaßnahmen ergriffen werden, schieben sich schamorientierte Elemente an deren Stelle: Kleine Gruppen machen sich diese Situation zunutze oder führen sie bewusst herbei. Dann ist der Korruption kein Widerstand mehr gegeben.

## 2.1.6    Integration, soziale Kontrolle und erkennbare Äußerungen des Gewissens darauf

Integration meint den Vorgang der Bildung bzw. der Bewahrung eines Ganzen und wird geisteswissenschaftlich vor allem als soziologische und als pädagogisch-psychologische Kategorie benutzt.[16]

Ein sozialer Dauerbrenner der vergangenen Jahrzehnte ist die Integration von Asylanten und Gastarbeitern und deren Reaktion auf z.B. die deutschen Rechtsverhältnisse, d.h. wie sie sich davon kontrollieren ließen, inwieweit dieses System internalisiert wurde und wie sich die Gewissensäußerungen nach innen (was empfindet der Mensch?) und nach außen (was spricht er darüber, befolgt er sie?) darstellen.

Integration beginnt jedoch schon bei der Enkulturation eines Kindes: es lernt, sich in die Familie, Verwandtschaft, Nachbarschaft und andere sozialen Einheiten einzufügen. Deshalb ist es auch wichtig, dass Kleinkinder ein bis zwei Jahre vor der Einschulung in den Kindergarten gehen. Sie lernen sich mit anderen Kindern und deren Verhaltensmustern

---

[16] RGG⁴, IV: 2001, 179-182. Integration. Der moderne Begriff der Integration kann als Pendant neuzeitlicher Differenzierung der Gesellschaft verstanden werden und wurde im 19.-20.Jh. geläufig. *Soziologisch* unterscheidet man die I. des Individuums in die Gesellschaft durch Sozialisation, insbesondere durch Erziehung von der I. der Gesellschaft selbst durch gemeinsame Wirklichkeitsdeutung und Handlungsnormen, womit die Frage nach der Religion gestellt ist. In der pluralen Gesellschaft ist zu bedenken, dass Religion auch zur Desintegration von einzelnen und Gruppen führen kann. *Pädagogisch* entstammt der Begriff ... der Gemeinwesenarbeit sowie Ausländerarbeit. *Psychologisch* meint I. die wechselseitige Durchdringung seelischer Funktionen (Verstand, Gefühl, Wille).... . Integrationstheorie:Die These von der gesellschaftlichen Integrationsfunktion von Religion ... sieht von dem Sachverhalt ab, dass Religionen auch desintegrative Wirkung haben und Konflikte erzeugen. Sie geht von einem Gesellschaftsbegriff aus, demzufolge Gesellschaft ein Ganzes ist, das sich aus differenzierten Teilen zusammensetzt. Da diese Auffassung jedoch zunehmend obsolet wird, muss die Integrationsfrage an kleinere soziale Einheiten wie etwa die Milieus geknüpft werden.

auseinander zu setzen – unter Anleitung der Erzieherinnen möglichst ohne körperlichen Einsatz. Die Schule ist wichtig für den Integrationsprozess in unsere Gesellschaft. Es werden sogar spezielle Fächer dafür angeboten. Die verschiedenen Schulabschlüsse sind Einstiege in Berufsbranchen und damit Gesellschaftsschichten.

Jede Gesellschaftsgruppe entwickelt ihre eigenen Strukturen für Benehmen, Kommunikation, für Werte usw., woraus sich auch ungeschriebene Erwartungen definieren. Jedes Mitglied internalisiert diese bewusst und unbewusst und hat bald ein Gefühl für Situationen, in denen es sich zurechtfinden muss. Die jeweilige Gemeinschaft ist darauf angewiesen, dass das Miteinander verlässlich funktioniert, und trifft entsprechende Vorkehrungen.

**Beispiel 80**

Ingenieure und Architekten z.B. müssen selbständig und exakt berechnen, planen und zeichnen, damit andere ihre Projekte nahtlos anfügen können. Handwerker müssen sich an Zeitabsprachen halten, damit andere planen können. Arbeiten müssen kalkuliert werden, das hängt von der Fertigkeit des Arbeiters ab. In einer Kfz-Werkstatt sind Arbeitsvorgänge nach Zeiteinheiten von 10 Minuten berechnet. Der Kunde verlässt sich auf Kostenvoranschläge und ist nur widerwillig und nach ausführlicher Begründung bereit, mehr zu bezahlen. Lehrer sind an ihren Lehrplan gebunden. Prüfungen reflektieren nicht nur, was sie inhaltlich, sondern auch ob sie verständlich gelehrt haben. Auch freiwillige Gemeinschaften haben ihre Gesetzmäßigkeiten. Diese sind in Satzungen oder durch Absprachen festgelegt und werden entweder öffentlich (eingetragene Vereine) oder intern kontrolliert. Bei meinem Interesse an der Mitgliedschaft in einem Seglerverein riet mir der Vorsitzende, zunächst ein Jahr zu warten, um gegenseitig feststellen zu können, „ob wir zusammen passen".

Das Wissen um Vorgaben innerhalb einer Gruppe kontrolliert das Verhalten, Konzentration auf Prioritäten, die gleichzeitig auch Grenzen darstellen, ergeben sich aus den Werten, die hier gelten. Als Resultat der Integration wird ein ganzheitlicher Einsatz erwartet. Berufliches Denken ist von solchen logischen Abläufen bestimmt. Jeder kennt die Konsequenzen, die sich daraus ergeben.

**These 181**

**Integration ist die gegenseitige Akzeptanz innerhalb eines mehr oder weniger geschlossenen Systems, das seine eigenen Gesetzmäßigkeiten und Werte weiterentwickelt. Ein kohärentes soziales System kontrolliert sich selbst. Sich solcher Kontrolle zu entziehen oder sie zu unterlassen bedeutet Desintegration.**

### Grafik 42: Offene und geschlossene Gesellschaftssysteme

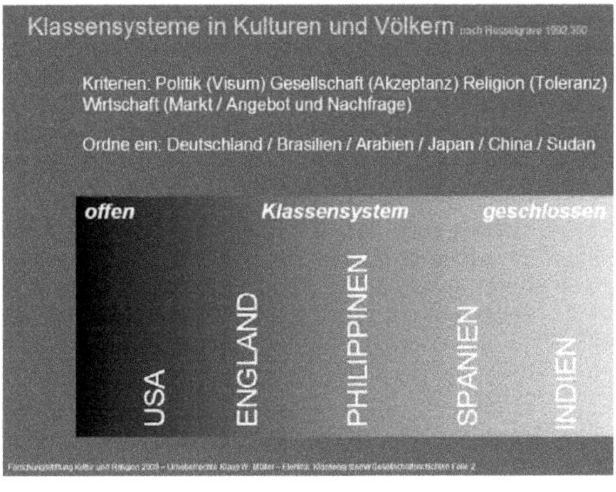

Wie offen oder verschlossen eine Kultur oder Gesellschaft gegenüber Gästen, Asylanten, Immigranten sind, hängt von vielen verschiedenen Faktoren ab. Die politische Ebene, auf der sich ein Staat präsentiert, ist auch von der Geschichte belastet. Deutschland zeigt sich deshalb sehr offen, was sich in Einwanderungsgesetzen niedergeschlagen hat. Inzwischen wurden diese inter-europäisch angeglichen. Die Gesellschaft zeigt sich oft anders als die Politik; hier ist die Dynamik mehr unterschwellig. Die Rolle der Religion wird vielfach unterschätzt.[17] In wie weit die Bevölkerung eines Staates Freiheiten auch zu Aktionen ausnützt, die dessen Ansehen und Ordnung schaden, kann ebenso zur Einengung der Gesetzeslage führen. Nach dem 11.9.2001 verringerte sich die Offenheit der USA und anderer westlichen Staaten. Dagegen braucht die Wirtschaft möglichst internationale Verbindungen, und die elektronische Kommunikation hat die Globalisierung eingeleitet, die nicht mehr rückgängig zu machen ist. So sind Kulturen, die früher sehr verschlossen waren, unter Zugzwang gekommen sich zu öffnen, um den wirtschaftlichen Anschluss zu gewinnen. So z.B. China, auch für die Olympiade 2008. Andere haben ihre Offenheit zurückgenommen auf das notwendige Maß. Der Grad der Offen- und Verschlossenheit reagiert recht empfindlich auf solche Entwicklungen.

Je komplexer eine solche Gruppe ist, d.h. je mehr Aspekte berücksichtigt werden müssen, umso schwieriger ist die Integration. Sind religiös bedingte Regeln zu beachten, schrecken sie eher ab – es sei denn, die Werte konzentrieren sich gerade um dieses Gebiet.

Asylanten beantragen die Aufnahmen in einem anderen Staat aus wirtschaftlichen, religiösen oder humanitären bzw. sozialen Gründen. Bevorzugte Einwanderungsländer sind bekannt für ihre Wahrung der Menschenwürde.

**Beispiel 81**

Weil in Deutschland die Würde des Menschen in der Gesetzgebung Priorität hat, die Religionsfreiheit geschützt ist und ein einigermaßen funktionierendes gutes Sozialsystem besteht, ist das Interesse an einer Einbürgerung sehr hoch. Frühere Gastarbeiter haben sich recht gut integriert, wenn sie beschlossen, hier zu wohnen. Sie hielten sich an die Gesetze, zahlten Steuern und lernten Deutsch. Erst als Türken kamen, änderte sich das Bild: Sie wohnten in kohärenten Gruppen zusammen, mieteten Wohnungen im gleichen Wohngebiet, füllten so bald ganze Stadtteile und pflegten darin ihre Traditionen, ihre Sprache und ihre Religion. Das Gesetz zur Zusammenführung der Familien erleichterte, dass auf einen Arbeiter fünf und mehr Personen kommen, die das Sozialsystem in Anspruch nehmen dürfen. Für die mehrheitlich katholischen Italiener und Portugiesen war ein religiöses System vorhanden, in das sie sich integrieren konnten. Der Islam war jedoch neu. Zudem enthält er Elemente, die sich nur mühsam in die deutschen Gesetzgebung und die ungeschriebenen Gesetze der deutschen Kultur integrieren lassen. Das machte weitere klärende Gesetze notwendig, die am heftigsten von den politischen Gruppen dementiert wurden, die am wenigsten religiös sind; sie erkannten auch kein besonderes Kriterium im Islam, sondern erleichterten dessen Platzierung in der deutschen Kultur. Religion hat in diesen Gruppen ganz geringe Werte. Deshalb konnte der Islam seine neue Wertstellung behaupten – und bietet sich in einem demokratischen Mantel an: Seine Anhänger versuchen die Quadratur des Kreises, was ihnen gelingt, weil sie selbst meist wenig, viele Deutsche wenig Ahnung von den Grundlagen des Islam haben und führende Gruppenleiter bestimmte islamische Kriterien ausklammern, verschweigen oder unterdrücken.

Brasilien erwartete vor Jahren auch nur 40% absolute Anpassung an die Gegebenheiten, zu 60% konnten Einwanderer die eigene kulturelle Prägung beibehalten. In den vergangenen Jahren haben viele Staaten die Integrationsschwelle bedeutend angehoben. Vor etwa 2000 Jahren hat die erste große Völkerwanderung Landnahme durch Kriege zur Folge.

---

[17] K.W.Müller. „Religiously conditioned Conscience as Factor of Immigration." Vortrag, Diplomatische Akademie Wien, Symposium: Thema „Immigration". 2008. Artikel mit Grafiken beim Autor. Siehe auch Helga Nagel und Mechthild M Jansen (Hg.), *Religion und Migration*. Frankfurt: VAS, 2007.

Die neue Völkerwanderung, die seit dem vergangenen Jahrhundert im Gange ist und viel mehr Menschen „verschiebt" als damals, wurde vor allem durch Kriege und totalitäre Staatsformen verursacht.

Nach dem 11.9.2001 sind die USA noch einmal deutlich zusammen gerückt: Die Offenheit des Landes wurde enorm eingeschränkt. Die Kontrollen wurden verschärft. Integration wurde schwieriger.

Die Integration eines Menschen in eine Gruppe erwartet von ihm, die Gruppe zu akzeptieren, sich damit zu identifizieren und zum großen Teil auch die Werte zu übernehmen. Das greift tiefer in das Leben des Menschen ein als meist angenommen wird. Es verlangt eine Änderung, die auch die Zusammenhänge des Gewissens betreffen. Es wird schnell deutlich, ob jemand die Gruppe auch innerlich annimmt oder sie nur als Mittel zum Zweck verwenden möchte.

## These 182

**Integration gelingt nur in dem Maße, in dem die Bewerber sich an die bestehenden Gesetzmäßigkeiten anpassen und die Mitglieder innerhalb der Gruppe sich nicht bedroht fühlen. Integration ist Wertschätzung der sozialen Gruppe und Verbindlichkeit gegenüber wesentlichen Kriterien, die für die Kohäsion der Gruppe wichtig sind. Das sind Elemente, die im Gewissen verankert werden müssen, wenn Integration dauerhaft gelingen soll.**

Inhalte des Glaubens haben in jeder Religion sichtbare äußere Merkmale. Unübersehbar ist das in der Architektur der religiösen Gebäude, in der Kleidung (Talar, Schleier) und Symbolen. Für viele Angehörige der jeweiligen Religion ist die Identifikation damit ein äußeres Zeichen der inneren Überzeugung. Wenn sie das unterlassen oder gemieden wird, meinen sie, ihre Religion gewissermaßen zu verleugnen. Das ist für sie Gewissenssache.

### Beispiel 82

Die äußere Verehrung des Standbildes des römischen Kaisers wurde in der Christenverfolgung ein Kriterium, an dem sich Leben und Tod der Christen entscheiden konnte; ebenso der Hitler-Gruß im Dritten Reich.

## These 183

**Ein Zeichen, das eindeutig identifizierbar ist als innere und äußere Ablehnung der Religion, zu setzen oder bewusst zu vermeiden, ergibt ein „schlechtes" Gewissen. Identifizierbare Merkmale äußerer oder innerer Reaktionen und Verhaltensmuster sind meist untrennbar miteinander verbunden. Sie sind im Gewissen verankert und sind nur sehr schwer bewusst steuerbar.**

### Beispiel 83

Der Ethnologe Lothar Käser ertappte eine seiner Schülerinnen während einer Prüfung beim Abschreiben. Er nahm ihr die Arbeit weg und gab ihr eine entsprechende Note. Dann informierte er die Eltern, die jedoch die Sache herunterspielen wollten. Der erfahrene Lehrer führte ein für ihn unschlagbaren Indizienbeweis des Tatbestandes: Die Schülerin zeigte deutliche Zeichen der Scham durch Erröten und andere eindeutige Verhaltensmuster, als sie ertappt wurde. Darauf der Vater: „Aber ich bitte Sie, eine 14jährige schämt sich doch nicht mehr!"

Viele dieser Äußerungen sind durch die Erziehung dermaßen tief im Gewissen verankert, dass sie automatisch durch das vegetative Nervensystem ausgelöst werden. Das sind global, aber auch kulturell oder gesellschaftlich bedingte Äußerungen. Das Erröten im Gesicht bei einer als beschämend empfundenen Situation ist weitgehend global, also jedem Menschen inhärent. Der schnellere Herzschlag wird als Lügendetektor angewendet, der auch bei trainierten Tauchern (die auf absolut ruhige Atmung vor allem in Notfällen angewiesen sind) nicht willentlich kontrollierbar oder unterdrückbar ist. In manchen Kulturen wird der sogenannte „Gewissensbiss" jedoch mehr im Herzen oder im Hals, bei anderen eher in der Magengegend oder im Unterleib lokalisiert – und auch dort gespürt. Das zeigt eine Äußerung des Gewissens, die nur der betreffende Mensch registriert, auch wenn er sich sonst äußerlich „zusammen nehmen" kann und sich unauffällig verhält.

## These 184

**Diese Merkmale funktionieren nur bei einem gesund entwickelten Gewissen, nicht bei „kranken" oder durch die Erziehung bedingte fehlerhafte bzw. später bewusst eingeübte Entwicklungen.**

Deshalb ist ein Lügendetektor umso weniger zuverlässig, je weniger eindeutig das Gewissen geprägt ist. Bestimmt wird er nicht das gewünschte Ergebnis anzeigen, wenn er und das getestete Gewissen auf verschiedene Werte programmiert sind. Starke physische und psychische Selbstkontrolle verlagert manchmal die sonst übliche Reaktion auf ein anderes, für andere weniger erkennbares Merkmal.

### Beispiel 84

Ein Kollege zeigte auch bei starker innerer Erregung durch starke Selbstkontrolle keine übliche sichtbaren physischen Kennzeichen wie laute, emotionale Stimme, starke Gesten und rotes Gesicht. Nach einiger Zeit war jedoch erkennbar, dass sich – unmerklich für die meisten anderen – sein Gesicht und seine Körperhaltung wie versteinert erschien, seine Stimme modulationsloser wurde und sich seine Wortwahl einschränkte.

Beim Lernen dieser Vorgänge werden psychologische Synapsen[18] im Gehirn geschaltet, die dann das vegetative Nervensystem[19] aktivieren. Synapsen sind Verbindungen zwischen und Vernetzungen von Gehirnzellen, in denen Informationen gespeichert sind. Wenn eine dieser Informationen „angesprochen" bzw. durch die Sinne abgerufen wird, löst dies einen elektro-chemischen Impuls bei einer anderen Gehirnzelle und deren Information aus. Die Vernetzung des Gehirns ist durch ähnliche Erziehungsmuster bei bestimmten Menschen vergleichbar, aber bei jedem Menschen individuell. Das ergibt den seelischen Grundaufbau des Menschen.

---

[18] Im Gehirn verrichten rund 15 Milliarden Nervenzell ihre Steuerungs- und Denkarbeit. Synapsen (gr. sýnapsis für Verbindung) verbinden die Nervenzellen untereinander. Durch elektrische Signale und chemische Reaktionen werden so viele Milliarden von Informationen verwaltet und ausgetauscht. Die Prä-Synapse als dem Endbläschen der Nervenfaser tritt mit der folgenden Zellstruktur, der Post-Synapse, in Verbindung. Jede Nervenzelle bildet im Durchschnitt mehrere hundert synaptische Kontakte aus. Die Erregungsübertragung geschieht biochemisch durch Freisetzung von Neurotransmittern aus den in der Prä-Synapse eingeschlossenen Versikeln. Wenn sich das Gehirn mit neuen Aufgaben beschäftigt, bilden sich neue Verbindungen zwischen den Nervenzellen. Je dichter dieses Netz wird, um so schneller können Informationen abgerufen werden. Nicht benutze Nervenverbindungen lösen sich wieder auf. Medikamente (Psychopharmaka, Blutdruckmittel) wirken über die Synapsenfunktion (Meyers Großes Taschenlexikon).

[19] Unter dem „vegetativen Nervensystem" versteht man jene Nervenzentren und Fasern, die die „unbewusste Körpersteuerung" beeinflussen (Herzschlag, Verdauung, Hormonausschüttung, Kälteregulation). Didaktisch und anatomisch kann man es in die zwei Hauptbereiche einteilen, aber es gibt zahlreiche Kreuzverbindungen: „Sympathikus" (Aktivierung, Stress, Herzfrequenz-Anstieg, weite Pupillen, Muskeldurchblutung) und „Parasympathikus" (Verdauung, Schlaf, enge Pupillen, Ruhe). Andere Nervensysteme sind das „motorische, das sensorische" (Schmerz, Temperatur, Berührung, Vibration, Messung von Körperlagen, chemische ...) und „viszerale" (Eingeweide-Nervensystem, weitgehend selbstständig arbeitend, aber durch das vegetative Nervensystem beeinflussbar). Auf anatomischer Ebene funktioniert und reagiert („lernt") jeder Nerv (fast) wie der andere, egal zu welchem System er gehört. Samuel De Leeuw van Weenen, Arzt, e-mail 16.10.2007.

**Beispiel 85**

Die Gehirnforschung kann seit etwa 10 Jahren durch bildgebende Verfahren Veränderung sichtbar machen. Das Gehirn ist bei der Geburt nicht voll entwickelt, erst nach der Pubertät.

Das Grundvertrauen entsteht durch eine einfühlsame Mutter-Kind-Beziehung und durch Grenzen für das Verhalten wird ein Mensch stabilisiert und sicher, das Kind ist dann „sicher gebunden". Eine Mutter, die mit sich selbst beschäftigt ist, bringt Unsicherheit. 40% der Deutschen sind unsicher gebunden; das führt zu Beziehungsschwierigkeiten und Ehescheidungen. Watzlawick soll deshalb gesagt haben: „Man kann bei der Auswahl seiner Eltern nicht vorsichtig genug sein." Die ersten 12 bis 18 Monate sind für diese Bindung entscheidend. Gefühlsmäßige Irritationen führen zu depressiven „Brillen" – das Leben wird als negativ und belastend empfunden. Das Muster, die innere Kondition, ist festgelegt. Deshalb sollte man in seiner Biografie forschen, was in dieser Zeit geschehen ist, als das eigene Gehirn noch nicht entwickelt war. Die Schaltung der Gehirnzellen durch Synapsen sind für die Gefühle entscheidend. Beim Kind bilden sich unzählige synaptische Bahnungen und neuronale Schaltungen. Erwachsene müssen neue Muster drei Jahre lang kontrolliert einüben, damit neue Schaltungen vollzogen werden.

Unsicher gebundene Menschen empfinden, dass Nähe, Gefühle und Wärme gefährlich sind. Es ist schwierig, über sich selbst nachzudenken, deshalb erzählen lassen über seine eigene Kindheit. Vertrauen gewinnen, Gespür bekommen für sich.

Kinder lernen ihre Überlebensstrategie in der Familie, sie werden auf das Gegenüber in der Familie programmiert. Die Frage ist, ob das später noch „passt".[20] Veränderte Verhältnisse und Situationen, vor allem in der Pubertät, im Beruf und in einer verbindlichen Partnerschaft, entstehen neue synaptische Bahnen.

Im Gegensatz zum Gewissensmuster ist bei Tieren der Instinkt nicht als flexibles Gewissen ausgeprägt: Diese Synapsen sind schon beim Embryo geschaltet, also angeboren und werden später durch bestimmte Stimulatoren geweckt.

Am Beispiel Islam wird deutlich, wie extreme Werte und Kriterien des Glaubens für die soziale Integration hinderlich und sogar gefährlich werden können. Selbstmordattentäter überhöhen einzelne Werte und überlagern damit auch Werte anderer Menschen. Sie beziehen heute ihre Überzeugungen aus eindeutigen Aussagen des Koran.

In der frühen christlichen Kirchengeschichte waren die Kreuzzüge und Ketzerprozesse einseitige Überhöhungen von „eisegetisierten" Interpretationen. Die Bibel gibt auch bei großzügiger Auslegung dafür keine legitime Basis. Plakativ ausgedrückt: Der Islam kennt von seiner schriftlichen Basis her keine Integration, wobei er sich an eine bestehende Kultur anpassen müsste. Christlich-dogmatische Prinzipien sind suprakulturelle Grundsätze und Leitlinien, die an der höheren Autorität Gottes festgemacht sind. Aufgrund der möglichen persönlichen Beziehung zwischen Gott und dem Menschen wirken sie sich in jeder Kultur human aus und fördern das Gelingen einer menschlichen Gemeinschaft. Darüber hinaus lässt die christliche Botschaft eine breite Spanne für die Kontextualisierung zu und macht die Christen damit integrationsfähig in jeder Kultur, die Religionsfreiheit gewährt.

In Deutschland wird zwar die Religionszugehörigkeit toleriert; doch zeichnet sich seit einigen Jahren deutlich ab, dass die Wissenschaft als eine nebulöse, unfassbare Einheit eine Priorität gewinnt, der auch religiöse Inhalte untergeordnet werden. Die Heftigkeit und Vehemenz, mit der manche Diskussionen geführt werden, zeigt jedoch die tiefe Verankerung der angesprochenen Werte und Kriterien. Es wird besonders bei areligiös argumentierenden Menschen deutlich, dass diese Inhalte tatsächlich religiöse Züge angenommen haben. Bei diesen werden Wissen oder Erkenntnis sowie ihre logischen Schluss-

---

[20] Psychiater Dr. Ried, 13.4.2007, Vortrag bei Janz-Team-Mitarbeiterfreizeit.

folgerungen daraus (z.B. Evolutionstheorie) zur privaten Glaubenssache und ihre Überzeugung nimmt religiöse Züge an. Dann sollten sie auch fähig sein, andere, ebenso religiös besetzte Inhalte zu tolerieren. Wenn das nicht gelingt, ist seine Überzeugung so wenig
tolerant wie jede andere Religion. Wissen und Überzeugungen werden im Gewissen zu
Werten und Normen, die sich in Reaktionen äußern.

### These 185

**Innere und äußere Anzeigen des Gewissens sind nicht durchgehend und nicht global
zuverlässig, aber sie sind erkennbar vorhanden. Es kommt darauf an, wie und wie
tief die Grundstruktur geprägt wurde, und was und wie stark spätere Einflüsse
diese Prägung beeinflusst haben.**

**Beispiel 86**

Traditionen sind wichtige Elemente der Integration. So wie die Straße in einem bestimmten Teil eines Dorfes in Mittelhessen von den Anliegern grundsätzlich freitag-
nachmittags gefegt wird und in einer Stadt nie, sind auch Volksfeste und vor allem
Trauerfeiern im Dorf Ehrensache. Man merkt sich, wer dabei ist und wer fehlt. Ver-
säumnisse werden oft jahrelang nachgetragen und es bildet sich ein Riss in der Beziehung. Versöhnung ist schwierig, weil manche Gelegenheiten nur einmalig wahrgenommen werden können.

Die Landeskirchen beider Konfessionen erhielten im Laufe der Jahrhunderte den Status „Volkskirche", weil sie in das soziale Leben integriert wurden. Ohne Pfarrer „läuft
nichts", und der Gottesdienst vor einem Sportfest ist obligatorisch; hohe Teilnehmer-
zahlen sind eher garantiert, wenn er im Bierzelt am Sportplatz stattfindet. Dagegen hat
man u.U. Mühe, das Gebäude einer Freikirche zu finden: Im 19. Jahrhundert wurde ihr
nicht erlaubt, an Durchgangsstraßen zu bauen, sondern nur in zweiter Reihe einer kleinen Nebenstraße. Zudem begegnet ihr die Bevölkerung eher reserviert: Sie kommt in
der Tradition nicht vor. Heute könnte eine dieser Freikirchen das Gebäude der Landes-
kirche im Zentrum übernehmen, zu dessen Betreten die Bevölkerung keine Schwellen-
angst zu überwinden hätte. Nun will die Freikirche jedoch nicht aus ihrer Reservierung
in die Öffentlichkeit heraustreten. Sie scheut die Integration. Separat zu bleiben, im
Hintergrund zu stehen wurde in über hundert Jahren zu einem geistlich-theologischen
Markenzeichen solcher Gemeinden. Sie gestalten ihr Dasein mit subkulturellen Strategien, während die Volkskirche intrakulturelle Strukturen angenommen hat.

## 2.1.7   Ethische Normen und soziale Verhaltensmuster

Der Gegenstand der Ethik[21] sind Kriterien des richtigen Handelns und der sittlichen Lebensführung als Moral (Teil des Zusammenlebens neben Kultur, Kunst, Religion, Wissen

---

[21] RGG[4] II, 1999: 1598-1624. Ethik: Begriff und Problemfeld, Religionswissenschaftlich, Biblisch, Judentum,
Theologische Disziplin. (Zusammenfassende Zitate). Die normativen Funktionen der Ethik (Kritik und Begründung der Normen) sind in ihren *deskriptiven* Verhaltensmustern begründet und enthalten. Die Ethik leistet für
das Ethos Normorientierung durch analytisch-deskriptives Verfahren. *Religionswissenschaftlich:* Religionen
lehren die Menschen, sich sinnvoll als Teil eines Ganzen zu begreifen, sowie sich und ihr Tun in dieses Sinngefüge einzuordnen. Deshalb geht es nicht nur um die richtige Weltanschauung, sondern auch um das richtige
Verhalten und seine Begründung im Zusammenhang mit den gelehrten Daseinsprinzipien. Von daher besteht
ein Zusammenhang zwischen Ethik und Religion, obwohl es prinzipiell Ethik auch ohne Religion und Religion
ohne konkrete Verhaltensvorschriften geben kann. Die Frage „was sollen wir tun" ist der Frage „wer sind wir"
nachgeordnet. Deshalb liegt die Priorität nicht bei der Ethik, sonder die Bedeutung der Ethik ist in jeder Religion von ihren Lehrinhalten abhängig.Die biblische Ethik reflektiert die Handlungsmaximen unter dem Gesichts-
punkt des normativ Guten, fragt nach seiner Begründung und den Konsequenzen des guten Handelns. Die
sittliche Prägung der frühchristlichen Gemeinden, also ihr Ethos, ist von dem religiösen, kulturellen und politischen Hintergrund ihrer jeweiligen Umwelt bestimmt. Neuakzentuierungen sind zu verzeichnen, wo in bewusstem Bezug auf das Christusgeschehen ihm entsprechende (imitatio Christi – Liebe und Erniedrigung) und sich
von ihm her begründete (neues Leben durch die Gerechtigkeit in Christus) oder motivierende Weisungen (Gesinnung Christi) gegeben werden.

etc.) und Ethos (Möglichkeitsraum für den Prozess des norm- und regelgeprägten menschlichen Zusammenlebens).

Menschen müssen lernen, sich in Ordnungen einzufügen und begreifen, dass sie nicht über diese verfügen. Wie dies konkret aussieht, vermittelt die jeweilige Religion. Vielfach bewirkt ein gesellschaftlich etablierter Kodex von Ehre und Scham die Einhaltung der Normen, nur selten wird davon ausgegangen, dass dieser Orientierungsmaßstab in den Menschen selbst liegt, wie es die Lehre vom Gewissen als der Stimme Gottes suggeriert. Ethische Konflikte sind religionsgeschichtlich gesehen meist Prioritätskonflikte zwischen bestehenden Normen (z.B. soll man lügen, wenn man einen Flüchtling beherbergt, der ohne Lüge gefasst und getötet würde?). Im Gegensatz dazu sind ethische Konflikte in der säkularisierten Welt meist Legitimationsprobleme von Normen. In der religiös begründeten Ethik gelten dagegen die Normen absolut, weil sie durch die religiöse Bezugsgröße (Harmonie, Gott, Weltgesetz) garantiert sind.

Religionen lehren die Menschen, sich sinnvoll als Teil eines Ganzen zu begreifen, sowie sich und ihr Tun in dieses Sinngefüge einzuordnen. Die nach christlichem Verständnis im Menschen steckende natürliche Grundnorm kann nicht argumentativ begründet, sondern nur daseinsanalytisch expliziert werden. Die daraus folgenden Normen müssen argumentativ begründet, gerechtfertigt, korrigiert und ggf. zurückgewiesen werden.

Zur Erklärung dieser Thematik dienen einige Stichproben: Verhaltensnormen, Sünde, Wahrheit, Privatheit und deren Konsequenzen.

Wie Zeitvereinbarungen für gemeinsame Mahlzeiten notwendig sind, so braucht jede menschliche Gemeinschaft Normen für ethisches Verhalten. Daraus ergeben sich soziale Verhaltensmuster. Die Selbstverpflichtung, diese einzuüben und zu befolgen ist Voraussetzung für Harmonie und für Frieden. Gegenseitiges Vertrauen kann dadurch entstehen und wird gefestigt. Diese sind wiederum Voraussetzung für gelingende Arbeit und Leistung.

Störungen dieser Verhaltenseinheit, wenn ein Teil der Gruppe Vereinbarungen nicht einhalten kann oder sich anders verhält als erwartet, wecken Aggressionen, die zur Korrektur führen sollen. Nach einer vereinbarten Form begründete Entschuldigungen und Erklärungen können diese abschwächen oder abwenden. Entlastende Redewendungen wie „ist doch nicht so schlimm!", „ich kann nichts dafür!" sind ebenso gelernt wie „das soll nicht wieder vorkommen!" oder „das war das letzte Mal!" und haben ihren festen Platz im Umgang miteinander.

Das erträgliche Maß für falsches Benehmen ist zunächst gelernt und internalisiert; das bildet die gemeinsame Basis für die Wertung von sowohl Wohlwollen und Lob über eingehaltene Normen sowie Tadel und Strafe für Verfehlungen. Darüber hinaus empfindet jeder Mensch immer auch individuell. Bei Erwachsenen wird meistens integratives Verhalten vorausgesetzt und dies nicht „belobt"; für Kinder ist diese motivierende Wahrnehmung wichtig, sie wirkt als Verstärker der Norm und ermutigt zur Wiederholung. Wenn diese jedoch überschwänglich erfolgt und nicht dem Wert der Norm entspricht, wirkt sie eher abstoßend oder gar verniedlichend. Wenn das Kind diese Wahrnehmung nicht erhält, wird es diese durch bewusst falsches Benehmen einfordern. Ab einem angemessenen Alter wird das Verhaltensmuster eher selbstverständlich und normal und sollte dann nur noch dezent und eher zurückhaltend statuiert werden: „Ich finde das schön von dir, dass du immer pünktlich sein willst!"

## These 186

**Das mehrheitlich gemeinsame Empfinden bestimmt in einer Gesellschaft oder in einer Lebensgemeinschaft, was „falsch" und „richtig" ist. Daraus entsteht eine Norm, die zunächst lange ungeschrieben bleibt. Der Druck, sich daran zu orientieren, wird durch den Grad der Schamorientierung verstärkt.**

Nämlich schwammig und offen für jegliche Interpretationsentwürfe: „Das tut man so!",
„so machen wir das immer!", „die Leute denken so!". Diese Schamorientierung ist ein
Empfinden der Abhängigkeit, d.h. in wie weit man mögliche Interpretationen in den
anderen hinein projiziert und das zum eigenen Empfinden wird: „Was denkt der jetzt
wohl, wenn ich das (nicht) tue?"

Wer dagegen fragt: „Wo steht das?", „Wer hat das gesagt?" und vielleicht provokativ
dazu bemerkt: „Das ist nur ein kleiner Teil der Menschheit!" hinterfragt die Gesellschaft
als Autorität für sein Empfinden für richtig und falsch. Er richtet sich nach geschriebenen
Vorschriften, zumindest nach öffentlich bekannten, klaren Texten. Er lässt es darauf
ankommen, dass sich die Nachbarn melden und man eine Übereinkunft trifft. Dabei behält er sich vor, seine Autorität selbst zu bestimmen oder selbst zumindest ein Teil dieser
Autorität zu sein. Das ist Schuldorientierung.

In diesen Zusammenhängen wird in Lebensgemeinschaften und Gesellschaften mehr oder
weniger eindeutig definiert, zumindest was „richtig" und „falsch" ist. Auch bei Christen
in der Gemeinde bildet sich so das Empfinden für „Sünde" heraus. Wer sich dabei an der
Gruppe orientiert, wie sie sich verhält und was sie meint, ist schamorientiert. Andere
bohren tiefer: „Wo steht das in der Bibel?", „In welchem biblischen Zusammenhang kann
das beurteilt werden?" Dabei wird der Pastor herausgefordert, weder allegorisch noch
oberflächlich zu bleiben, sondern eine sprachliche und kontextuelle Exegese der einschlägigen Texte zu erarbeiten.

## These 187

**Geistliche Aussagen müssen auf schuldorientierter Logik und Exegese beruhen, die
Kommunikationsform kann und muss manchmal sogar schamorientiert sein.**

Genau an dieser Stelle ist bei genauem Zuhören bei Auslegungen meist ein Haarriss erkennbar: Die Logik der Exegese springt zu einer neuen Logik über, was die Gemeinde oft
nicht bemerkt. Dann wird die Gemeinde von der Meinung des Pastors und seiner theologischen Schule manipuliert. Deshalb ist in vielen Gemeinden schnell erkennbar, welche
theologische Ausbildungsstätte dahinter steht. Das ist vermutlich in allen Religionsge-
meinschaften so: Es gibt meist wenige schriftlich fixierte Definitionen von „Sünde";
diese werden auch selten hinterfragt. Die Meinungen und Empfindungen für „Sünde"
gehen an der Stelle auseinander bei der Interpretation und Kontextualisierung gefragt
sind. Deshalb liegt in der Hermeneutik der Schlüssel für eine scham- bzw. schuldorientierte Exegese und damit die Prägung einer ganzen Gemeinde oder Denomination.

Wenn Sünde das ist, was der Gemeinschaft nicht gefällt, ihr nicht angenehm oder nicht
akzeptabel ist, ohne dass eine eindeutig nachvollziehbare und verständliche biblische
Exegese dahinter steht, ist nicht nur die Gemeinde, sondern auch die Theologie schamorientiert. Der Zusammenhalt innerhalb der Gemeinde und die Identifikation mit ihr sind
stark. Die Neigung zur Gesetzlichkeit ist groß, weil Christsein an menschlichen Verhaltensformen festgemacht wird und der Einzelne sich an der Gemeinschaft und ihren pasto-
ralen Autoritäten ausrichtet. Lässt sich auch die ungeschriebene Gemeindeordnung auf
biblisch begründete und von einer nachvollziehbaren Exegese logisch abgeleitete Prinzipien zurückführen, so sind Theologie und Gemeinde schuldorientiert. Hier besteht die
Gefahr, kalt und hart zu werden. Das Gebot der Liebe erleichtert den Zugang zu schamorientierter Kommunikation und Umgangsform.

## These 188

**Die Hermeneutik entscheidet weitgehend nicht nur darüber, was Sünde ist, sondern
auch über das Empfinden, das damit ausgelöst wird. An der Definition von „Sünde", noch mehr am Grad der Einstufung der Sünde im Empfinden („schwer" oder
„leicht", schlimm", „groß" oder „klein") sind theologische bzw. religiöse oder kul-
turell-gesellschaftliche Begründungswege erkennbar.**

**Beispiel 87**                                                                           *Qv.*: Bsp. Surui-Indianer

In den dreißiger Jahren im Hochland von Neuguinea: Wer eine Frau heiraten wollte, musste den Dorfältesten den Kopf eines Menschen aus einem fremden Klan vorlegen. Einen Menschen des eigenen Klans umzubringen war dagegen die schlimmste „Sünde", die es in seinem Ethikkodex gab. Ähnlich verhält es sich mit den sog. „Ehrenmorden", deren Dunkelziffer vermutlich recht hoch ist: Vor allem junge muslimische Frauen werden von Angehörigen umgebracht, in Deutschland oder in ihren Heimatländern, z.T. auf offener Straße, weil sie sich an die westliche Kultur angepasst haben und sich weigerten, sich ihren Partner von Eltern aufzwingen zu lassen. Diese Morde werden nicht als „Sünde" gewertet, sondern als „Ehrenrettung" für die Familie. Das Verständnis ist von religiösen Werten überlagert, die mehr wiegen als westliche oder säkulare Gesetze, weil deren Autorität absolut gesehen wird, die säkulare oder gar die nichtmuslimische dagegen als minderwertig.

**Beispiel 88**

Die alten chinesischen Begriffe Schuld, Sünde und Straftat/Verbrechen sind in einer Kette zu sehen, eher gleichberechtigt und als Synoyme verwendbar. Schuld steht im Zusammenhang mit hörbarer Ermahnung oder Warnung. Scham dagegen kann mit „Ohr" und „Herz" übertragen werden und bedeutet „das Empfinden, das die Ohren rot werden lässt" – im Zusammenhang mit der Öffentlichkeit ausgesetzt sein. Ebenso bedeutet das „Gesicht verlieren" bei den alten Chinesen in weiterem Sinne „Farbe" und „Sex", beides als Wahrnehmung des Auges. Scham steht in Verbindung mit schmutzig (assoziiert mit Blut, Eiter), hässlich, oder schlechtem Geruch; also weniger mit öffentlich zur Schau gestellt sein. Religiös (buddhistisch) bedingte Sünden sind höher einzustufen und sind „eigentliche" Sünden; gegenüber Sünden soziale Normen betreffend, von denen die religiösen abgeleitet sind.[22]

Begriffe für Gewissen und Gewissensfunktionen können in anderen Sprachen und Kulturen verschieden gefüllt und mit Nebenbedeutungen versehen sein, bei denen es westlichen Betrachtern schwer fällt, Zusammenhänge zu erkennen.

Ähnlich verhält sich das mit dem Begriff **„Wahrheit"**. Westliche Logik zieht eine eindeutige Linie zur Lüge als Gegenteil. Um diese in komplizierten Zusammenhängen bestimmen zu können, sind Indizienbeweise notwendig, wobei die Meinung und das Empfinden der Betroffenen subjektiv und zweitrangig sind und sogar übergangen werden können. Die vorliegenden Gesetze und deren Interpretationstoleranz für die jeweilige Situation sind Grundlage für die Entscheidung. Darauf haben sich Berufszweige wie Qualitätsmanagement, Gutachter und Juristen spezialisiert. Die Spannung der Toleranz liegt zwischen Verteidiger, der die Gründe und damit die Autorität für das Verhalten seines Mandanten in einen menschlichen Zusammenhang bringt und eher als „leichte" und „kleine Sünde" als Normübertretung einstuft, und Staatsanwalt, der das blanke Gesetz und damit die Interessen des Staates vertritt. Die Wahrheit einer Situation hängt von der Interpretation des Gesetzes ab, die ein Verhalten als „Sünde" bezeichnet. Durch ihre absolute Autorität ist die Theologie dabei weniger flexibel als das Bürgerliche Gesetzbuch.

Aus theologischer Perspektive ist „Wahrheit" die „Übereinstimmung mit der Wirklichkeit". Das nachzuweisen und zu finden ist Aufgabe und Ziel der ernsthaften und kompetenten Forschung. Die Suche nach Wahrheit ist sämtlichen Wissenschaften gemeinsam. Diese Mühe dürfen sich vor allem auch ernsthafte Christen nicht ersparen, wenn ihre Theologie einer relevanten Auslegung dem Leben der Menschen dienlich sein will. Dabei spielen die eindeutige Definition der Begriffe und das Ideal der Wahrheit und des Verhaltens eine wichtige Rolle.[23] Diese Wahrheit aufzuweichen wäre nicht nur fatal; es hätte

---

[22] Eberhard, Wolfram, *Guilt and Sin in traditional China*. Rainbow Bridge Book Co., 1967:12-15.

[23] Heinrich von Siebenthal, „„Wahrheit' – Thesen zu einem umstrittenen Begriff." S.87-101 in Klaus W. Müller (Hg.), *Mission als Kommunikation. Die christliche Botschaft verstehen. Festschrift für Ursula Wiesemann zu ihrem 75.Geburtstag*. Edition afem, mission academics 26. Nürnberg/Bonn: VTR/VKW, 2007.

direkt destruktive Auswirkungen auf den ethischen Wert, die Logik des Rechts und damit auf die ethischen Normen der Gesellschaft im Allgemeinen. In der Postmoderne besteht die Tendenz, aus einem veränderten Verständnis heraus Wahrheit neu zu definieren, d.h. andere Kriterien für Wahrheit zuzulassen. Eine wahre Aussage soll damit relevant werden, indem z.B. berücksichtigt wird, einem Sterbenden nicht seinen wahren Krankheitszustand zu sagen. In der Formulierung kann auch eine Täuschung eingefügt werden, wodurch die Gefühle des Gegenübers geschont werden sollen. Die gesamte Situation wird dabei zum Träger dessen, was bei „wahr" als „richtig" gemeint ist. Das ist eine Verlagerung der Gewissensorientierung weg von Schuld und Recht hin zu Ehre und Scham, wie es bei Verhaltens- und Denkmustern anderer Kulturen erkennbar ist, die eindeutig solche Merkmale tragen.

In anderen Kulturen ist das Gegenüber von Wahrheit nicht Lüge oder Unwahrheit, sondern eine soziale Größe im Bereich der Scham oder Unehre: Was dem anderen unangenehm ist, ihm sein Ansehen, seine Ehre, sein Gesicht nimmt und ihn vor anderen in Schande bringt, ist falsch – aber nicht unwahr! Obwohl Lüge durchaus als solche erkannt wird und auch einen ethischen Wert besitzt, ist sie in diesem Fall richtig, wenn dadurch dem anderen das Gesicht gewahrt wird und die Beziehung zu ihm erhalten bleibt. Die Gesetzmäßigkeit der Ethik und die daraus abgeleiteten Verhaltensmuster sind dann richtig angewendet: Das ist ethisch so richtig! Die bestimmte Situation, die Gemeinschaft sind Maßstab; der Nutzen liegt im Erhalt der Harmonie und der Beziehung. Das ist wahres Verhalten.

**Beispiel 89**

Ein eifriger junger amerikanischer Studentenmissionar versucht in der Pause zwischen Vorlesungen einem chinesischen Studierenden anhand der „vier geistlichen Gesetze" seinen Status aus der Perspektive Gottes zu erklären. Als routinierter Missionar braucht er für einen Durchgang vielleicht zehn Minuten.[24] Zum Schluss ist ein Gebet vorformuliert, anhand dessen der chinesische Student Christ werden kann. Dieser lächelt seinen amerikanischen Kommilitonen an und spricht das die Sätze nach. Nachdem die Adressen ausgetauscht sind, drängt die Zeit für die nächste Vorlesung. Am nächsten Tag wird er wieder von seinem Missionar angesprochen und zu einer christlichen Veranstaltung eingeladen. Er weicht aus und versucht sich freundlich einem weiteren Gespräch zu entziehen. – Hatte er seine Entscheidung nicht ernst gemeint? Doch, er war ehrlich gewesen und wollte das „richtige" tun: Sein Gegenüber nicht durch eine Absage beschämen. – Eine Weisheit des Konfuzius, dessen prägende Philosophie bis heute anhält, sagt sinngemäß: „Ein weiser Mann geht durch das Leben, ohne sich zu sorgen; er entscheidet jeden Tag, was ihm richtig erscheint." – Wenn sich der chinesische Student danach orientierte, war seine Entscheidung doppelt richtig: Er war gestern vielleicht wirklich überzeugt und meinte das richtige zu tun. Zudem hat er dem Ausländer nicht das Gesicht genommen durch eine Absage. Das war ja gestern wahr. Am nächsten Tag war etwas Anderes „richtig".

Schwierig wird es, wenn z.B. der westliche Besucher den Asiaten darauf anspricht und die Einlösung seines Wortes oder seiner Unterschrift einfordert. Dann treffen u.U. unversöhnbare schuld- und schamorientierte Begriffswelten aufeinander. Der Vertreter aus dem Westen ist gut beraten, sich einen Vermittler und die ethischen Wege zu suchen, die auch für einen Asiaten verbindlich sind, z.B. durch eine Art „Ehrenvertrag".

---

[24] Diese „Gesetze" werden anhand von vier Farben mit äußerst knappen Thesen dargestellt: Der natürliche Mensch als Sünder (in schwarzer Farbe für Sünde und als Konsequenz ewiger Tod), dann die Vergebung und Rechtfertigung vor Gott durch den Sühnetod Jesu (in roter Farbe für Blut), die persönliche Inanspruchnahme dieser Erlösung im Glauben an Jesus Christus (in grüner Farbe für Hoffnung) und das Leben mit Gott sowie die Aussicht auf ewiges Leben im Himmel (in gelber Farbe).

## Grafik 43: Wahrheit asiatisch und westlich

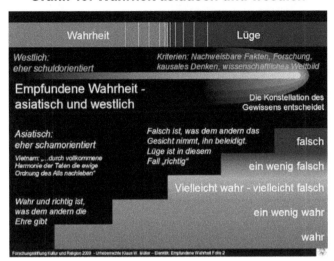

**Beispiel 90**

Eine Ingenieurs-Delegation einer deutschen Firma verhandelt über eine Kooperation für die Herstellung eines Produkts, das die japanische Firma bestellen und in ihre Fahrzeuge einbauen möchte. Die Qualitätssicherung ist auf beiden Seiten wichtig und sollte jeweils für die andere einsichtig sein. Die Japaner fühlen sich entehrt, wenn sie diese Qualitätssicherung offen legen sollen und fordern Vertrauen ein, andererseits aber auch hohe nachweisbare Qualität von den Deutschen. Die Deutschen beanspruchen das Copyright, wollen den Vertrag mit einer hohen Stückzahl und langer Laufzeit, den sie nur durch Qualitätsnachweise erhalten. Die Japaner wollen in den Prozess unkontrolliert eingebunden sein, um die Fahrzeuge als ihr Produkt anbieten zu können. Ein junger Ingenieur weist in der Verhandlung auf diese Diskrepanz und die Unterdrückung der Redlichkeit hin. Daraufhin beginnen die Japaner mit ihren Notebooks zu arbeiten, antworten ausweichend, der Chef entschuldigt sich und seine Ingenieure meinen anschließend, ohne ihn keine Entscheidungen treffen zu können. Der Vertrag ist geplatzt, Kosten für Flüge und Hotel in den Sand gesetzt. Im schriftlichen Versuch, die Verhandlung wieder aufzunehmen, wird beiläufig erwähnt, dass man vielleicht doch auf den jungen Ingenieur verzichten könne. Beim nächsten Besuch kann man sich einigen und der Vertrag wird unterzeichnet. – Ehre und Recht müssen gewahrt werden, vom Anfang der Verhandlungen an bis zur Unterschrift – in dieser Reihenfolge. Das ist „wahr", „richtig" und „korrekt".[25]

Wie viel **Privatsphäre** ein Mensch braucht, was er als solche versteht und sie verteidigt, ist ein wichtiges ethisches Verhaltensmuster. Wo ist die Grenze, wann wirkt man aufdringlich, wie wird Distanzverlust definiert? Schamorientierte Menschen sind gewohnt, ihr Leben mit anderen zu teilen. Familien- und Klanangehörige sind selbstverständlich Teil der engen Lebensgemeinschaft. Auch Gäste und Freunde lässt man sehr nahe an sich herankommen.

Wohl in allen Kulturen gibt es klare Verhaltensmuster gegenüber dem anderen Geschlecht, auch auf Puluwat, wo die Tabuzone der Frau lediglich von der Hüfte bis zum Knie reicht. Für gelegentliche männliche Besucher erscheint das als eine Einladung. Deshalb knüpfen Frauen, die Distanz zu solchen Männern halten wollen, ihr Tuch über

---

[25] Wolfgang Pfister „Hintergründe und Ansatzpunkte zur Verbesserung der interkulturellen Kommunikation zwischen Japan und Deutschland vor dem Hintergrund einer bilateralen Lieferanten- Kundenbeziehung zweier Industrieunternehmen." Seminararbeit Management, Akademie für christliche Führungskräfte, 2005.

der Brust unter den Armen zusammen, bis die Fremden außer Sicht sind. Ethische Normen für zwischengeschlechtliches Verhalten sind in den Kulturen verschieden definiert, aber sie bestehen.

**Beispiel 91**

So sind auf der mikronesischen Insel Ifaluk unter Männern gemeinsame Toilettengänge zum Strand eine Ehre für den Gast, auch hält man gerne seine Hand, wenn man gemeinsam den Weg durchs Dorf nimmt – ein Zeichen der Freundschaft. In westlichen Kulturen ist in beiden Fällen definitiv Abstand zu halten.

Die Privatsphäre wird in körperlichen Entblößungen, in der räumlichen Distanz zu anderen, an Themen über die eigene Person und an der Duldung fremder Beobachtung festgemacht. Dabei gibt es bestimmte Maße und Richtlinien für Verhaltens und Denkmuster, die ins Gefühl übergehen. Bei schamorientierten Menschen tritt ein Schamempfinden auf, wenn diese Grenzen nicht eingehalten werden, bei schuldorientierten eher das Empfinden, dass sich der andere nicht an Sitte und Ordnung hält. Wir sprechen dann auch von „Distanzverlust", wenn uns jemand „zu nahe tritt", also in unsere Tabuzone oder Privatsphäre vordringt und das vielleicht gar nicht bemerkt. Interessant ist, dass diese Regeln hauptsächlich für die Angehörigen der bestimmten Gruppe gelten. Anderen gegenüber können sie auch leichter übertreten werden, oder man verzeiht es Fremden eher, wenn sie diese nicht einhalten. Registriert als Übertretung ethischer Verhaltensnormen wird das jedoch immer.

**Beispiel 92**

Als ich Anfang der 70er Jahre unser Haus auf Puluwat baute, erbat sich meine Frau, mindestens zwei Türen schließbar machen zu können, bevor sie einziehen würde: zum Schlafzimmer und zur Toilette. Ich konnte sie beruhigen: Es gab auch schon eine Haustüre. Die Fenster hatte ich aus zwei Gründen so hoch angebracht, dass man tagsüber nicht in Stehhöhe hineinsehen konnte: Nachdem wir eingezogen waren, konnten uns die Nachbarn durch die erleuchteten Fenster (wir hatten Batterielicht) auch aus größerer Entfernung beobachten. Wir war sozusagen das abendliche Fernsehen für die Insulaner. Meiner Frau war das unangenehm und nach einiger Zeit brachte sie dünne Vorhänge als Sichtschutz an. Prompt fragte mich am nächsten Morgen ein Nachbar: „Warum habt ihr Tücher in die Fenster gehängt? Jetzt können wir euch nachts nicht mehr sehen!"

Das hatte eine Vorgeschichte: Wir wohnten bei einem früheren längeren Besuch auf der Insel in einem Häuschen mit etwa zwei auf drei Metern Grundfläche. Die Sonne heizte das Wellblech unbarmherzig auf, so dass wir unseren kurzen Mittagsschlaf nur mit minimaler Bekleidung hielten. Wir hörten die tappenden Geräusche von Schritten, die kurz vor dem Fenster verhielten; dann erschien darin der Kopf des alten Chiefs. Wir waren dann sehr schnell angezogen und auf den Beinen. Verhaltensnorm war, sich in der Nähe eines anderen Hauses, zu dem man selbst nicht gehörte, durch Räuspern oder lautes Reden bemerkbar zu machen; nach Einbruch der Dunkelheit ein absolutes Muss.

Ethische Normen müssen eingehalten werden, wenn die Gesellschaft, die Wirtschaft und die gesamte ökonomische Struktur funktionieren sollen. Dazu gehört auch, dass die erwartete Qualität stimmt, was wiederum einem ethischen Grundsatz entspricht. Manchmal werden Mängel vorgetäuscht, damit der Rechnungsbetrag gekürzt oder die Zahlung ausgesetzt werden kann. Dass diese Normen heutzutage einbrechen, zeigen die vielen Klagen gegen Handwerker einerseits und vor allem gegen säumige Kunden. Mancher Handwerksbetrieb muss deswegen eingestellt werden, weil sich die Außenstände auf horrende Summen belaufen, der Handwerker nicht mehr zahlungsfähig ist und für Banken deshalb auch nicht mehr kreditwürdig erscheint. Es gibt zu wenig und zu schwache gesetzliche Hebel, die angewendet werden können, einen Bauherrn zum Zahlen zu bewegen.

**Beispiel 93**

Angestellte eines Tiefbaubetriebs manipulierten die Buchführung, sodass die Firma bankrott ging. Der Betriebsleiter verlor seinen gesamten Besitz und alle finanziellen Rücklagen. Die gleichen Angestellten kauften ihm daraufhin mit dem unterschlagenen Geld die Firma ab.[26]

Was früher der Handschlag für einen gültigen Vertrag bedeutete, das müssen heute schriftliche Verträge leisten, oft mit langem klein gedrucktem Text, in dem alle Eventualitäten geregelt sind. Das ist eine ethische Verarmung unserer Gesellschaft, die nicht zu übersehen ist. Die Ehre war ein Garant für Zuverlässigkeit und Treue. Diese Werte konnten nicht aufgegeben werden, ohne ein schlechtes Gewissen zu bekommen.

### These 189

**Das Gewissen der Menschen arbeitet heute weit weniger zuverlässig und vor allem nicht mehr auf ethischen Normen basierend, die noch vor 50 Jahren Grundlage des „deutschen Wirtschaftswunders" waren. Die vorherrschenden sozialen Verhaltensmuster beruhen darauf. Die Veränderungen waren deshalb in kurzer Zeit möglich, weil die verstärkende Autorität für diese Normen untergraben wurde. Außerdem weichte das Empfinden für Ehre und Schande, Schuld und Recht so weit auf, dass sie für das Gewissen keinen Wert mehr haben.**

Ethische Normen für soziale Verhaltensmuster, mit denen die europäischen Kulturen weit über 1000 Jahre damit gut überlebten und sich auch aufgrund dieser Normen laufend weiter entwickelten, wurden innerhalb von 50 Jahren aufgegeben. Freizügiges Sexualverhalten und praktizierte Homosexualität sind normal geworden, das frühere Eheverständnis wurde als Partnerschaft oder Lebensabschnittsbegleiter umgedeutet. Der Generationenkonflikt war durch die Jahrhunderte immer mit starken Erwartungen an respektvolles Verhalten den Älteren gegenüber als übergeordnete Autorität geregelt. Rückschläge sind in der Geschichte immer dann geschehen, wenn das Gewissen Autorität, Werte und Normen geändert oder umgedeutet hat – in dieser Reihenfolge. Es blieb eine künstliche Gesetzesstruktur, die immer mehr verfeinert werden muss. Das ist einerseits ein Zeichen von kultureller Entwicklung, andererseits von gesellschaftlicher Veränderung. Kaum ein Rechtsanwalt kennt sich darin auf allen Gebieten aus. Fleiß, Ehrlichkeit, Wahrheit und Zuverlässigkeit als Grundwerte, Respekt vor dem Eigentum und die Unverletzbarkeit der Ehre anderer, ein Ehr- und Schamempfinden könnten viele Gesetze erübrigen. Der Staat muss die Autorität und Werte festigen, die früher von der Religion vorgegeben waren. Diese Umdeutung von Werten geschah auch schon in der Nazizeit Deutschlands und im Kommunismus. Es bleibt ein Vakuum; darin wird der Wunsch nach Vorbildern wieder laut, die nach klaren Prinzipien leben, nach denen das Leben gelingt. Wie es nicht gelingt, kann die junge Generation in der Gesellschaft beobachten. Die materialistisch-humanistische Lebensphilosophie, die „alles-ist-erlaubt"-Einstellung, ergaben keinen funktionalen Ersatz für das Gewissen. Es hat keine Basis für tragfähige Verhaltensmuster mehr. Es ist, als ob man dem Gewissen – im Bild gesprochen – den Stecker aus der Steckdose gezogen oder die Luft aus ihrem Reifen abgelassen hätte.

## 2.1.8 Seelsorge, Mentoring, Beratung und Motivation

Man unterscheidet die *intentionale* (vereinbartes Gespräch als seelsorgerliche Beratung), die *funktionale* (Kasualien, Hausbesuche usw.) und die *dimensionale* **Seelsorge** (Grundeinstellung und *integraler* Aspekt in Predigt, Unterricht, Diakonie usw.)

Das christliche Verständnis gründet im Gottesverständnis: Gott ist Arzt und Tröster. Das Bild des Seelsorgers wird durch Jesus als der wahre Hirte deutlich, dessen Sinn in der

---

[26] Beispiele beruhen auf tatsächlichen Vorgängen in meinem Freundeskreis.

Lebenshingabe am Kreuz für die Menschen am tiefsten deutlich wird. Von ihm lässt sich die Praxis der Seelsorge in der Gemeinde ableiten, speziell für das Ältestenamt und wird in Jak.5,14ff konkretisiert.[27]

Dtn.7,7-8
Jes.40,29-41
Ps.73,1
Jes.40,1
2.Kor.1,3ff
Joh.10,11-16
Apg.14,27f

**Beratung** wird hier komplementär zu Seelsorge verwendet, wobei es dabei mehr um konkrete und kontrollierte Einübung von Veränderungen geht. Dabei werden Erkenntnisse aus der Psychotherapie und Psychoanalyse und deren Hilfsmittel wie Persönlichkeitstests verwendet. Der Wertezerfall durch Pluralismus und Postmoderne sowie neue Verständnisse der Spiritualität erschweren dabei eine moralische Prüfung und direktive Form der Weisung.[28]

Ein **Mentor** ist nach der griechischen Mythologie (nach der Odysseus seinem Freund Mentor für die Zeit seiner Abwesenheit die Sorge besonders für Telemach überträgt) sprichwörtlich für Ratgeber und väterlicher Freund geworden; u.a. verwendet für einen Lehrer, der das Praktikum von (Pädagogik-)Studenten betreut.[29]

Die Begriffe **Motivation** und Motiv sind geschichtlich betrachtet begleitet von Trieb und Beweggrund. Psychologisch ist Motivation ein Erklärungsbegriff für Vorgänge, die dem Verhalten Energie und Richtung geben, sie bestimmt, ob es angestrebt oder vermieden wird und wie viel Anstrengung und Zeit darauf verwendet wird. Zielgerichtetem Verhalten liegen ein *appetitives* (positive Affekte) und ein *aversives* (negative Affekte) Motivationsverhalten zugrunde. Menschen können ihre Affekte[30] optimieren. Die Motivation für Verhalten kann negative Affekte haben, um positiv bewertete Ziele zu erreichen (Affektantizipation). **Motive** sind *Bewertungsvoreingenommenheiten*, durch die bestimmt wird, wie Reize und Ereignisse bewertet werden, ob sie zur *Affektantizipation* führen und somit Verhalten in Gang setzen können. Der Mensch lernt, wie biologische Bedürfnisse (Hunger) als Motiv gestillt werden. *Soziogene* Motive (sozialer Anschluss, Macht, Leistung) basieren auf Persönlichkeitseigenschaften, die bei der Sozialisation entstehen. Diesen Motiven müssen Menschen gerecht werden, damit sie sich wohl fühlen. Eine begrenzte Zahl von Zielen bildet zusammen mit Emotionen ... und Selbstkontrolle ein individuelles Motivationssystem, das beeinflussbar ist. *Lernerfolgsorientierung* (ich möchte das verstehen/wissen!) erhöht die Anstrengung und Ausdauer, *Performanzorientierung* (ich möchte gute Noten haben!) verringert die Ausdauer, erhöht aber die Angst. Dominieren externe Anreize, werden *intrinsische* Faktoren wie Selbstkontrolle und Neugier verringert.[31]

---

[27] RGG[4] VII, 2004: 1110-1117. Seelsorge. Der Begriff Seelsorge geht auf Plato und Sokrates zurück (epimeleia tes psyches „sich um die Seele sorgen" – denn die Seele sei im Gegensatz zum Leib unsterblich). Im Neuen Testament wird die Sache, aber dieser Begriff nicht erwähnt. Gregor der Große verwendet in seiner „regula pastoralis" jedoch nicht (lat.) „cura animarum", sondern „cura pastoralis" als Hirtenmethapher. Für Luther zählt Seelsorge mit der Predigt zu den Grundfunktionen des geistlichen Dienstes. Als Bezugswissenschaft dienen Psychologie und Soziologie, wobei die Neuro-Linguistische Programmierung (NLP) eine Rolle spielt. Mit politischen Implikationen kommt Seelsorge in die Nähe zur Diakonie. Eine Tendenz zu einem konstruktiven Umgang mit Differenzen ist feststellbar, z.B. in der Interkulturellen Seelsorge, die in einer „Hermeneutik des Unverständnisses" die Wahrnehmung kultureller Differenzen anmahnt und die Relativität des Verstehens betont. Seelsorge impliziert Psychologie – sie entwirft bzw. enthält ein Bild der Seele. Ein theologisches Profil der Seelsorge orientiert sich entweder an der Not des Menschen (Behinderung, Schuld) oder an den Verheißungen des christlichen Glaubens (Befreiung durch Vergebung und Versöhnung). Die Beichte als Instrument der Seelsorge ist durch die Psychologie nahezu verdeckt worden.

[28] Vergl. RGG[4] I, 1998: 1305-1306. Beratung.

[29] Meyers Großes Taschenlexikon. Mannheim u.a.; Taschenbuchverlag, 1992. Bd. 14, S.179. Mentor.

[30] Meyers Großes Taschenlexikon. 1, S.89. Affekt. Die Psychologie versteht Affekt als einen intensiven, als Reaktion entstandener, relativ kurz andauernder Erregungszustand des Gefühls, in den die Gesamtheit der psychischen Funktionen, die Motorik und Teile des vegetativen Nervensystems mit einbezogen sind. Charakteristisch ist die Minderung der Urteilskraft bis zur Ausschaltung jeder Kritik und Einsicht und der Verlusts der willentlichen Herrschaft des Menschen über sich selbst.

[31] RGG[4] V, 2002: 1550-1553. Motiv/Motivation. Bei Thomas von Aquin bewegt die Vernunft den Willen, wenn sie ihm ein Gegenstand anbietet. Für Immanuel Kant sind Trieb und Triebfeder wichtig. Die evangelisch-theologische Diskussion (Haering) bezeichnet die Liebe Gottes, die sich im Heilswerk Christi zeigt, als maßgeblichen Beweggrund für die Lebensführung der Menschen, im Sinne von Antrieb und Kraft.

So wie Kinder sich dem direkten Einfluss ihrer Eltern nicht entziehen können, stehen auch Erwachsene dauernd unter dem Einfluss der Menschen in ihrem sozialen Umfeld.

## These 190

**Je ausgereifter eine Persönlichkeit ist, umso weniger anfällig ist sie für externe Einflüsse.**

Heranwachsende entziehen sich bewusst dem Einfluss ihrer Eltern, öffnen sich mehr ausgewählten Leuten, die ihnen sympathisch erscheinen. Junge Erwachsene, besonders der postmodernen Generation in Deutschland, wählen sich bewusst und gezielt Menschen aus, zu denen sie eine persönliche Beziehung aufbauen können und deren Einfluss sie sich öffnen. Gleichzeitig ist diese Gruppe kritisch; sie hinterfragt die Ratschläge und möchte sie im Leben des Mentors und im eigenen Leben funktionieren sehen. Das sind schuldorientierte Elemente. Werte und Normen werden im eigenen Gewissen verankert, die jungen Leute entwickeln die Autorität darüber, auch wenn sie das daraus folgende konsequente Verhalten in Konflikt mit ihrem sozialen Umfeld bringt. Sie können dem nur standhalten, wenn die Grundlagen solide sind. Schamorientiert ist dabei, dass die Gesellschaft einen fast unwiderstehlichen Einfluss geltend macht, dem sich postmoderne Menschen kaum entziehen können; das ist, was „in" ist. Erlaubt ist alles, solange es die anderen toleriert. Medien und Werbung sind ebenso orientiert. Dadurch wird suggeriert und manchmal offen manipuliert. Schamorientierte Personen sind eher anfällig dafür.

Viele Mensche haben keine Wahl: Sie bekommen Mentoren vorgesetzt, die ihre Rolle als solche überhaupt nicht begreifen. Diese sehen sich als Lehrer, Meister, Ausbilder, als Chef oder Entwicklungshelfer – für ihr Fach, ihren Arbeitsbereich, in dem sie einen Auftrag erfüllen. Sie sind sich meist nicht bewusst, welche Auswirkungen und Konsequenzen das für den Lehrling, den Studenten oder Mitarbeiter hat. Das ist besonders tragisch, wenn Projekte kulturübergreifend durchgeführt werden oder Ausländer bei uns in Deutschland studieren.

Ausländische Entwicklungshelfer und Mentoren dringen selten in die Hintergründe einer Kultur ein und erkennen solche Zusammenhänge nicht oder sie schenken ihnen zu geringe Beachtung für das Gelingen des Projekts. Sie haben es meistens auch mit religiösen Vorstellungen der Menschen zu tun. Da sie vielleicht Agnostiker sind oder einfach Religion von Wissenschaft oder Technik trennen, stellen sie weder dahingehend Fragen noch fallen ihnen Zusammenhänge auf. Ärzte bewegen sich in traditionalen Kulturen meist ganz im religiösen Bereich, zumindest auf der Grenzlinie zu spirituellen Aspekten des Lebens, die bei nicht-westlichen Kulturen weit schneller und intensiver erfahren werden als angenommen. Das kann sich in etwa so auswirken:

**Beispiel 94**

Einheimische Mitarbeiter in einem z.B. afrikanischen Land wurden von westlichen Agraringenieuren als Landwirte ausgebildet im Einsatz von Maschinen, Dosierung und Art des Düngemittels, Sequenzen der Abläufe, Konservierung und Verkauf der Produkte. Die ausländischen Mentoren wähnten alles in bester Ordnung und stiegen nach Ablauf ihres Vertrags zufrieden ins Flugzeug, sicher, dass das Projekt produktiv und effektiv selbständig weiter geführt würde. Schon der erste Anruf nach der Rückkehr bringt Ernüchterung: Maschinen sind defekt, die Pflugtiefe wird wesentlich niedriger gehalten, Dünger wurde abgesetzt. Erst nach mühevollem Forschen nach möglichen Ursachen ergibt sich ein Bild, in dem immer noch einige Puzzleteile fehlen:

Die Autorität des Projekts wechselte vom Ausländer zu einem fähigen Einheimischen. Der hat zwar die Prüfung am besten von allen Auszubildenden bestanden, ist jedoch von einem niedrigeren Klan als einer der anderen Mitarbeiter, der nun selbst Leiter sein will und sich gegen die Anweisungen des sozial Geringeren sperrt. Alle sind sich einig, dass die Furchentiefe weit unter das ihrem Empfinden nach Zulässige angesetzt ist: sie vermuten unter der Erde Geister, die dort zuständig sind und ihren Bereich verteidigen. Etwa eine Handbreite tief gestehen sie den Menschen für ihre Bepflanzung zu. Was darunter liegt, verletzt ihren Machtbereich. Wer hier eindringt, muss mit Sanktionen rechnen. – In Deutschland ist diese Zuständigkeit staatlich geschützt: Der Eigentümer darf auf seinem Land höchstens einen Meter tief graben. Darunter liegt Staatseigentum. Nur der Zugang ist durch das Eigentumsrecht möglich. Schon eine Brunnenbohrung oder die Ausschachtung für einen Erdtank sind genehmigungspflichtig.

Die Afrikaner erklärten sich die Vorgänge etwa so: Solange der Ausländer mit ihnen zusammen gearbeitet hat, wagten es die Erdgeister nicht, sich mit seinen als mächtiger vermuteten Geistkräften anzulegen; er hatte auch riesige Maschinen gebracht und hatte Autorität über sie. Die Erdgeister zogen sich daraufhin unter ihren Machtbereich zurück. Jetzt aber würden sie ihren Bereich wieder einfordern, verteidigen und sofort zugreifen, wann immer es jemand wagte, ihnen diesen streitig zu machen.

Es war schnell Ehrensache geworden, wer die großen Maschinen fahren darf. Jetzt zählt nicht mehr die Fahrerlaubnis, die von den jungen Mitarbeitern erworben wurde, sondern das angesehene Alter oder der höhere Klan. Diese Mitarbeiter bedienten die Traktoren unsachgemäß, verursachten Schaden und schließlich reagieren sie nicht mehr: Batterien oder Treibstofftank sind leer, eine Reparatur ist notwendig. Die ausgebildeten Mitarbeiter revanchieren sich und verweigern ihre Hilfe, denn sie wurden ihrer Ehrenstellung beraubt. Weil niemand auf die Ehre verzichten möchte, bewegt sich jetzt nichts mehr. Dazu hat der zuständige Regierungsbeamte die finanziellen Rücklagen für das Projekt vorläufig für eine vordringliche, eher private Sache eingesetzt, so dass Ersatzteile nicht bestellt werden können.

Seelsorge wird im christlichen Bereich als Hilfe zur Bewältigung persönlicher Probleme und für Veränderungsstrategien angeboten. Die Motivation dafür kommt aus dem Glauben, und Gott ist die Autorität für die betreffenden Werte und deren Normen. Menschen sind zur Hilfestellung wichtig als Erinnerung und Verstärkung, die Gemeinde ist das Übungsfeld. Der Heilige Geist übernimmt die Kontrolle über das betreffende Gebiet, das ihm der Mensch wissentlich und willentlich überlässt und als Gewissensstimme aus inneren und äußeren Impulsen wahrnimmt. Der Mensch muss sich jedes Mal entscheiden, ihr zu gehorchen – bis der Ablauf internalisiert ist und automatisch abläuft. Das gelingt nicht in jedem Fall. Andere Impulse drängen sich auf, entweder biologisch-genetisch oder gesellschaftlich bedingt.

## These 191

**Das Gewissen akzeptiert den Mentor oder Seelsorger als Autorität. Aus dessen Werten werden Normen für neue Denk- und Verhaltensmuster formuliert.**

Die Einübung geschieht unter Beobachtung; vor allem junge Menschen unterziehen sich freiwillig kontrollierenden Fragen. Dabei werden die Sinne für die Wahrnehmung der Kriterien geschärft, die Empfindungen dafür sensibilisiert und der Wille gestärkt. Die Selbstkontrolle greift und man wird unabhängig vom Mentor. Dann können die Gespräche darüber eingestellt werden, oder es werden neue Bereiche aufgearbeitet.

### Beispiel 95

Bei meinen Seminaren über Persönlichkeitsbildung erlebe ich diese Haltung bei jungen Erwachsenen. Ich staune über die Offenheit dieser Generation und über deren Bereitschaft, Hilfe zur Veränderung von Persönlichkeitsstrukturen anzunehmen. Dagegen war meine Generation in ihrer Jugend zwar kritisch (68er!) und innovativ, aber ablehnend gegenüber überkommenen Mustern zur Lebensgestaltung. Zudem waren wir in den Nachkriegsjahren darauf getrimmt, die Geschichte und ihre Menschen schonungslos zu hinterfragen und uns nicht mit einfachen Antworten zufrieden zu geben. Die Arbeit an der eigenen Persönlichkeit kam durch die Anforderungen des Lebens und des Dienstes, wobei vor allem aus eigenen Fehlern und denen anderer gelernt werden musste. Dabei gingen auch manche Beziehungen in Brüche.

## These 192

**Wie und in welcher Rolle auch immer Rat gegeben wird: Wichtig ist, dass die Ratschläge nachvollziehbar und anwendbar, verständlich und realistisch sind – und dass es solche bleiben. Der Ratsuchende muss die Freiheit behalten, selbst zu entscheiden.**

Jeder Druck, absolute Vorgaben oder starre Muster werden abgelehnt. Auch Auswahlmöglichkeiten sollten bleiben, so dass das Verantwortungsbewusstsein für das eigene Leben stimuliert wird. Wenn ein Mentor als fehlerloses und unbeugsames Vorbild erscheint, wird er abgelehnt, auch wer nicht in sich hineinschauen lässt. Junge Menschen wollen ein Stück weit teilnehmen an den Empfindungen ihres Mentors, damit sie sich damit identifizieren können damit und merken, dass die Vorgänge in ihrer Seele natürlich und veränderbar sind.

## These 193

**Rat und Ratgeber können von schamorientierten Menschen nur schwierig getrennt gesehen werden. Schuldorientierte dagegen können einen Rat annehmen, obwohl sie keine Beziehung zum Ratgeber als Person haben. In jedem Fall ist eine optimale Transparenz des Mentors vorteilhaft.**

Vor allem wollen überwiegend junge Erwachsene selbst erkennen, warum ein Verhalten oder eine Sache gut für sie sein soll. Der empfundene Wert löst die Motivation aus, das anzunehmen, was empfohlen wird. Werte werden individuell und gesellschaftlich gebildet. Wie stark sich eigene Werte bilden können, die im Gegensatz zu denen der Gesellschaft stehen, ist abhängig davon, wie stark sich der Mensch von der Gruppe abhängig fühlt.

*Qv.*: Kap. 8, Bsp. „Junge türkische Frauen"-Integration

## These 194

**Sünde ist, was ein Mensch selbst als Sünde erkennt und was die Kultur, Gesellschaft oder Religion als eine Normübertretung statuiert. Diese beiden Aspekte sind bei weitem nicht immer identisch.**

Was als Sünde erkannt wird, worauf, womit und wie heftig das Gewissen reagiert, ist ein Kriterium der Normen, der Autorität und der damit verbundenen Empfindungen. Seelsorger können nur die erkennbare Reaktion des Sünders auf die Sünde interpretieren: Missionare, Pastoren, Vorgesetze, Mitarbeiter, Lehrer sind laufend damit konfrontiert, wie ihr eigenes und das Gewissen der anderen Menschen reagiert. Sie müssen ihre eigene Reaktion von der des anderen Menschen unterscheiden und ihr Gewissen nicht zum Maßstab für andere erheben. Es ist nur die Frage, ob und in wie weit sich was beim anderen Gewissen nachhaltig verändern lässt. Davon hängt nicht nur die Beziehung und das Vertrauen ab, sondern manchmal auch eine berufliche Anstellung, oder das Gelingen eines großen Projekts.

*Qv.*: Kap.8, Bsp. „Seelsorge an einem Kirchenältesten auf Oneop"

## These 195

**Schamorientierte Menschen erwarten zur Entlastung ihres Gewissens den Zuspruch der Ehre vor Gott und Menschen als Entlastung von Scham und Schande. Wer „nur" Vergebung der Schuld erhält, behält ein belastetes Gewissen. Die Orientierung an Gott als Autorität für seine Werte und Normen ist wichtig, ebenso die Betonung des Heiligen Geistes, der erinnert, tröstet, mahnt – eben die Stimme Gottes im Gewissen ist.**

Durch den Zuspruch der Gerechtigkeit vor Gott bildet sich auch ein Bewusstsein der Schuld, dabei darf die Ehre nicht unterschlagen werden.

Die Motivation und damit die Bereitschaft, sich zu ändern oder Rat anzunehmen ist bei schamorientierten Menschen immer mit der Beziehung zur Gruppe gesehen; kommt von dort Zustimmung oder Ermutigung, ist das ein starkes Motiv, dem auch Vernunft und sogar Wille überwinden kann. Kommen von der Gruppe und deren Autoritäten eher ablehnende Hinweise, nützt meist der beste Wille und die intellektuelle Überzeugung nichts. Entscheidungen können nicht im neutralen Raum gefällt werden, sie haben immer einen Bezug zu anderen Menschen.

Deshalb ist es für eine christliche Gemeinde in diesen Kulturen noch wichtiger als im Westen, die Gemeinde als Gott-Klan zu erklären, den Heiligen Geist als Kohäsionskraft. Den Ältesten und vor allem dem Pastor (oder den Pastoren) wird ein weit höherer Status zugeschrieben als das von der Bibel zu rechtfertigen wäre.

Die Nutzung der elektronischen Medien für Seelsorge (Telefon, e-Mail, skype, homepage, SMS, Blog, TV, Radio,…) kommt vor allem schamorientierten Menschen entgegen: Sie stehen dem Seelsorger nicht persönlich gegenüber, müssen sich nicht zu erkennen geben, kennen den Seelsorger nicht und werden ihn wahrscheinlich nicht treffen, sie bewahren Abstand. Gegebenenfalls können sie trotzdem dem Seelsorger unbefangen gegenübertreten, wenn der ihn nicht erkannt hat. Oder der Pastor weiß nicht, dass ein Gemeindeglied hinter dem Kontakt steht. Auf diesem Wege können Kriterien direkt angesprochen werden, ohne dem anderen das Gesicht zu nehmen. Diese Art Seelsorge hat in den vergangenen Jahren enorm zugenommen und ist ein Zeichen der zunehmenden Schamorientierung unserer Gesellschaft.[32]

Zur Vergebung und Versöhnung müssen jedoch die betreffenden Personen direkt kontaktiert werden; das ist nur bedingt über Medien möglich – und nur, wenn die Geschädigten darauf eingehen und damit leben können, keinen Augenkontakt zu haben.

Seelsorgesendungen in TV-Shows werden gezielt vorbereitet und bestimmte „Fälle" präsentiert. Meist geht es um Beziehungskrisen. Die eigentliche Lösungssuche geschieht während der Sendung, das Ziel ist jeweils die Versöhnung. Die Zuschauer in der Show werden dabei nach Möglichkeit einbezogen. Sie bilden mit den Betroffenen meist eine homogene Gruppe – die junge, postmoderne Generation. Sie öffnet sich innerhalb der Gruppe, es erscheint fast so, dass sie die Gruppe dazu brauchen, sich öffnen zu können. Argumente bewegen sich eher auf der Scham-Prestige-Ebene, Schuld-Gerechtigkeit-Elemente werden eher vom Moderator eingebracht.

Joh.20,17

Augenkontakt gilt als „warmer" Kontakt, dabei werden Emotionen frei und in die Auseinandersetzung eingeschlossen. Eine Medienverbindung bleibt „kalt", es kann bei einer Unverbindlichkeit bleiben, die unter Umständen zum Rückfall verführt. Die biblische Aufforderung, „zum Bruder zu gehen" deutet auf die vorteilhafte, wenn nicht sogar notwendige „Wärme" hin. Das erfordert bei beiden, scham- und schuldorientierten Menschen, immer Mut, sich bloß zu stellen. Schuldorientierten fällt das leichter, und es spielt keine so entscheidende Rolle, wer das Gegenüber als Seelsorger ist. Es zählt das Vertrauen in die Kompetenz und Verschwiegenheit. Für Schamorientierte ist dafür eine absolute Vertrauensbeziehung notwendig.

Wenn eine Verfehlung in einer Gruppe oder Gemeinde bekannt ist, aber nicht der Täter, dieser sich aber nur verdeckt über Medien meldet und versucht, die Sache in Ordnung zu bringen, wird die Gemeinde nicht zufrieden sein: Die Verbindlichkeit fehlt, das Verantwortungsbewusstsein beim Sünder der Gruppe gegenüber.

Wird ein Gemeindemitglied nur am Telefon oder über andere Medien ermahnt, bleibt ihm die Schande erspart, dem Pastor unter die Augen treten zu müssen. Das kann hilf-

---

[32] Nikodemus-Projekt des Evangeliumsrundfunks Wetzlar.

reich sein, um nicht das Gesicht zu verlieren, ist aber letztlich kein voller Ersatz beim Entlastungsmechanismus, da auch die Empfindungen verändert und geheilt werden sollen. Bleiben sie ausgespart, können Restverletzungen bleiben und ein Stück weit die Angst. Andererseits kann über Medien ein Prozess eingeleitet werden, der dann eine eventuelle Begegnung – eventuell mit einem anderen Seelsorger oder mit dem Gegenüber, das durch die Sünde betroffen ist – erst möglich macht.

Ein Risiko bleibt: Wenn der Seelsorger meint, der „Fall" sei weit entfernt und kompetente Christen einweiht, um Rat zu erhalten, läuft er Gefahr, dass die betreffende Person selbst in dieser Ratgebergruppe ist – oder jemand aus der Gruppe kann die Person identifizieren.

Medien sind „unberechenbar" – man kann auf das Gegenüber nicht ganzheitlich reagieren und greift mit der Interpretation eher daneben. Auch kann der andere nicht Aufgefangen werden, falls man bei ihm eine tiefe Verletzung berührt hat und er unter Umständen emotional „abstürzt". Nach dem Medienkontakt sollte möglichst immer eine Augenbegegnung folgen, um die Ganzheitlichkeit des Entlastungsprozesses zu wahren.                              *Qv.*: Grafik 7: „Status, Rolle und Prestige"

**Beispiel 96**

> Die Symbole für den Pastoren-Status in Mikronesien waren festgelegt: Bei der Ordination ein großes Fest mit vielen Gästen und viel (zuviel) Essen, für jeden Gast ein großes Geschenk, ein dunkler Anzug (z.T. auch Talar – in den Tropen!), Aktenkoffer und Motorboot waren ebenso unverzichtbar. Um dieses Prestige zu wahren haben sich die Geistlichen oft hoch verschuldet.

**These 196**

**Schamorientierte Menschen werden nur auf der Basis des Prestigegewinns zu Veränderungen oder Entscheidungen motiviert. Weder biblisch geforderte Demut noch Logik oder Sachgewinn können das kompensieren.**

Das müssen Seelsorger, jeder Mentor in der kontinuierlichen Beziehungs- und Bildungsarbeit und jeder Ratgeber bedenken. Ein guter Rat, eine gute Ausbildung, der richtige Weg und die bessere Entscheidung sind immer mit Ehre verbunden – oder die Aussicht darauf. Es ist ein schlechter Rat, der Prestigeverlust zur Folge hat.

## 2.1.9   Disziplin und Selbstbeherrschung

**Disziplin** steht für (innere) Zucht, Beherrschtheit, Selbstzucht, die jemand zu besseren Leistungen befähigt. Diszipliniert ist demnach jemand, der an Zucht und Ordnung gewöhnt und streng erzogen ist.[33]

Die **Selbstbeherrschung** ist die Herrschaft über das Selbst, die vom Selbst ausgeübt wird. Dabei ist innerhalb der Person ein übergeordneter Wille als primäre Instanz Autorität einem untergeordneten Willen gegenüber. Die **Selbstbehauptung** einer Gemeinschaft setzt voraus, dass die Identität ihrer einzelnen Glieder zugleich die Identität der Gruppe ist, die diese Glieder zu einer homogenen Gemeinschaft verbindet.[34]

---

[33] Meyers Großes Taschenlexikon. Mannheim u.a.; Taschenbuchverlag, 1992. Bd. 5, S.245-246. Disziplin. (Seit 14./15.Jh. von lat. *disciplina* für Schule, Wissenschaft, schulische Zucht). Disziplinarisch(es Verfahren, z.B. im Beamtenstatus) betrifft die Strafgewalt.

[34] RGG[4] VII, 2004: 1156-1158. Selbstbeherrschung. Selbstbehauptung. Selbstbehauptung einer Gemeinschaft setzt voraus, dass die Bildung des Selbst ihrer Glieder zugleich die Bildung desjenigen Gemeingeistes ist, der diese Glieder zur Gemeinschaft verbindet.

**Beispiel 97**

Die „preußische Disziplin" sowohl im Militär als auch in der Verwaltung ist sprichwörtlich geworden. Ein diszipliniertes Heer war einem „undisziplinierten Haufen" gegenüber überlegen, auch bei zahlenmäßig geringer Mannstärke. Absoluter Gehorsam den Ranghöheren gegenüber, die durch strenge Übungen „in Fleisch und Blut" übergegangene Handhabung der Waffen und Körperbeherrschung waren deren Grundlage. Bei Staatsbeamten wurde die Pünktlichkeit zum „preußischen" Markenzeichen, die buchstäbliche Einhaltung von Regeln und Ordnungen hatte Vorrang vor menschlichen Rücksichtnahmen. Angemessene Bezahlung und staatlich gesicherte Altersversorgung machten die „Unbestechlichkeit" der preußischen Beamten ebenso sprichwörtlich; auch die Korruption im Wirtschaftsbereich reduzierte sich auf nahezu null. Strenge Strafen verstärkten diese Struktur, der die Welt hohe Achtung zollte.

## These 197

**Autorität mit eindeutigen Strukturen, klare Gesetze aufgrund definierter ethischer Werte, absoluter Gehorsam und konsequente Strafen erzeugten ein programmiert-funktionierendes schuldorientiertes individuelles sowie Volks-Gewissen mit einem überhöhten Gerechtigkeitssinn. Das setze sich vor allem durch den reformierten Protestantismus durch. Außerdem hat sich das schuldorientierte Gewissen in strengen Glaubensformen niedergeschlagen.**

Ihren deformierten Höhepunkt erhielt diese Struktur im sog. Dritten Reich, wobei das deutsche Volk seine Mündigkeit aufgab. Der Missbrauch von Autorität als Macht, von Gesetzen für eine Ideologie ohne Zulassung von Kontrolle, die wirtschaftliche Not durch äußeren politischen Druck sowie Gehorsamsstruktur des Volkes führten zu diesem Chaos der überzogenen Einseitigkeit der Gewissensfunktion. Diese Ideologie missbrauchte zudem einseitig und zielgerichtet das Ehrgefühl des Volkes zur Stärkung der Funktion der Politik. Individuelle Kontrollfunktionen wurden unterdrückt, übergeordnete Strukturen für Strafe im Sinne einer Meta- Gerechtigkeit und -Instanz waren von der Ideologie manipuliert. Das führte unweigerlich zum Chaos.

Das sollte durch die neue Demokratie mit der Orientierung an Gott als oberste Instanz und der Würde des Menschen, an der sich alle Gesetze messen lassen, korrigiert werden.

In den vergangen Jahrzehnten zeigen Statistiken wieder einen zunehmenden Anstieg der Korruption; Bestechungsgelder konnten sogar unter bestimmten Bedingungen steuerlich geltend gemacht werden. Wir sind dabei, auf der anderen Seite vom Pferd zu fallen.

## These 198

**Die Globalisierung in der Folge des wirtschaftlich orientieren Werte-Säkularismus, des ethisch-religiösen Pluralismus, der autoritätsfremden Toleranz der Postmoderne haben innerhalb von wenigen Jahrzehnten die schuldorientierten Strukturen aufgelöst, die sich in Jahrhunderten aufgrund der vorherrschenden religiösen Werte entwickelt hatten. Sie wurden weitestgehend durch eine schamgerichtete Orientierung an der Gesellschaft als schwammige Größe ersetzt. Die Postmoderne hat religiöse Züge angenommen.**

Disziplin und Selbstbeherrschung zehren von derselben Quelle und gehen von den gleichen Voraussetzungen aus: Ordnungen bestehen, sie wurden von einer Gemeinschaft erarbeitet, die ihr Zusammenleben gewährleisten möchte. Gleichzeitig gelingt diese Gemeinschaft umso besser, je mehr Mitglieder diese Ordnungen verinnerlicht haben und sich sowohl aus eigenem Interesse als auch im Interesse der Gemeinschaft selbständig daran halten. Unter Umständen findet der Einzelne diese nicht angenehm. Er stellt aber das Gemeinwohl über sein eigenes Wohlbefinden. Damit erhebt er die Primärinstanz der Gruppe zur Autorität für sich selbst. Ist er bei der Ausführung der Ordnung darauf angewiesen, dass er diese Instanz in Form von Vorgesetzten oder sozial übergeordneten Personen sieht, hört und erlebt, ist er schamorientiert. Trägt er die Instanz in sich und stellt sich unter ihre Autorität, d.h. er hält sich an die Ordnungen aus freien Stücken, ist er eher schuldorientiert. Auch in seinem Privatbereich verhält er sich dann gleich und es macht keinen Unterschied, ob er nun alleine ist oder sich in der Öffentlichkeit seiner Gruppe befindet, ist er schuldorientiert.

**Beispiel 98**

Kurze Zeit nach der deutschen Wende gab ein Umzugsunternehmen einem Arbeiter aus dem Osten eine Arbeitsstelle als Lkw-Fahrer. Schon bald merkte der Chef, dass der Fahrer mit dem Lkw nicht sachgerecht umging und Schaden verursachte. Der Chef stellt ihn zur Rede: „Du, das ist mein Lkw, nicht deiner, und er gehört auch nicht dem Staat!" Damit wollte er verantwortliches Verhalten einfordern. Der Fahrer verhielt sich weiterhin gleichgültig und wurde schließlich entlassen. Die Identifikation mit der Firma, die aus Eigen- und Fremdinteresse den ordnungsgemäßen Umgang mit dem Lkw erwartete, war nicht gelungen. Der Fahrer war gewohnt, dass der Staat für alles zuständig und verantwortlich ist, Eigeninitiative war weitestgehend unnötig oder sogar unterbunden. Verantwortlichkeit konnte sich so nicht dem gegenüber entfalten, was dem Staat gehörte, und er selbst identifizierte sich auch nicht damit. Man hat eher den Staat zum eigenen Vorteil ausgenutzt. In der DDR wäre er nicht entlassen worden. Dort hätte er, wenn überhaupt, nur unter Fremdkontrolle den Lkw sorgsam behandelt. Das private Eigentum dagegen wurde gehegt und gepflegt. Den Firmeninhaber sah er eher in der Rolle des Staates, als einen reichen „Westler", mit dem er nichts gemeinsam hatte. Dass seine Anstellung von der Qualität seines Verhaltens abhing, wobei ordnungsgemäßer Umgang mit Firmeneigentum auch seine Arbeitsstelle gewährleistete, war ihm nicht bewusst. Der Fahrer identifizierte sich weder damals mit seiner LPG (Landwirtschafts-Produktions-Gemeinschaft) noch jetzt mit seiner Zweckgruppe Umzugsfirma. Auch nahm er deren Werte und ihre Ordnungen nicht an. Seine gewohnte DDR-Denkstruktur hätte erst überwunden werden müssen.

Die Identität einer Gruppe setzt die Loyalität ihrer Mitglieder voraus. Jede Zweckgemeinschaft erwartet diese, ist darauf angewiesen und muss sie einfordern. Das beginnt z.B. bei einem Dorfverein zur Pflege der Tradition, ist deutlich bei einer Firma und zieht sich durch die gesamte Kultur hindurch bis zu Stadtverwaltungen, Regierungen und Zusammenschlüssen von Ländern wie in der Europäischen Union. Eine funktionale Gemeinschaft bringt immer Einschränkungen für die Mitglieder mit sich, andererseits aber auch die enormen Vorteile der Bündelung von Fähigkeiten, Kräften und Ressourcen, von denen die Mitglieder profitieren. Loyalität der Firma, der Schule, dem Staat gegenüber und die Bereitschaft, sich in notwendige Ordnungen einzufügen, einen Beitrag zum Gemeinwohl zu leisten, damit überhaupt eine Gemeinsamkeit entsteht, ist unverzichtbar. Man muss mit einer Sprache sprechen können, auch als Zeichen der Einheit und deshalb erwarten, dass diese gelernt wird. Das Solidarsystem umfasst das Steuergesetz, soziale Strukturen wie Krankenkassen und Rentenvereinbarungen. Wer von der Gemeinschaft profitieren möchte, muss seinen Beitrag dazu leisten, ideell, praktisch und finanziell, und zwar in den Kanälen, die sich in dieser Gemeinschaft gebildet haben; dass diese Kanäle und Strukturen immer wieder an die Veränderungen, verursacht durch äußere und innere Einflussnahme von individuellen Mitgliedern, Subgemeinschaften oder externen Gemeinschaften, angemessen optimiert werden müssen, ist außer Frage. Geschieht diese Optimierung nicht, leiden zunächst einige Mitglieder, was dann auch die gesamte Gemeinschaft schwächte. Das ist der Fall, wenn Militärregierungen die Loyalität der Bürger fordern, diese jedoch nicht an Vorteilen beteiligen und Kritik unterbinden. Die Disziplin ist dann nicht mehr zu erwarten und wird durch Gewaltanwendung und Strafandrohung erzwungen. Andererseits wird von Bürgern erwartet, dass diese ihrer Verantwortung gerecht werden, indem sie z.B. Steuern zahlen, ihr Wahlrecht wahrnehmen, sich an die vorgegebenen und vereinbarten Ordnungen und Gesetze halten. Die gesamte Struktur muss transparent sein, es muss Kommunikationswege für Kritik geben und eine Korrektur von oben nach unten sowie von unten nach oben möglich sein. Das Sprichwort „das Hemd ist mir näher als die Jacke" zeigt die Priorität der eigenen Identität gegenüber der

der übergeordneten Gemeinschaft. Erst wenn erkennbar ist, dass die „Jacke" die Funktion des „Hemdes" ermöglicht oder erleichtert, wird sie als Autorität anerkannt.

**Beispiel 99**

Die Diskussion um die Verfassung der EU und deren abgespeckte Reformversion in den Jahren bis 2007 trägt solche Kennzeichen. Mehrheitsbeschlüsse sollten die EU flexibler gestalten lassen und vor allem aus der trägen Lethargie der Einstimmigkeit und den dafür notwendigen langwierigen Verhandlungen herausholen. Einzelne Länder wie z.B. Großbritannien, in der letzten Phase Italien und Polen versuchten Sonderrechte, stärkere Einflussnahme ihres Landes auf Kosten der Gemeinschaft durchzusetzen. Die Identität mit der Union war erkennbar gering.

Der Zusammenschluss der Länder Baden und Württemberg erbrachte einen stärkeren Einfluss in der deutschen Regierung, die Identität der einzelnen Länder wurde jedoch eingebüßt. Bis heute ist eine gemeinsame Identität nur sehr zäh zustande gekommen. Dagegen haben sich die Länder Bayern und Sachsen einen Sonderstatus in der Bundesrepublik vorbehalten, sie haben auch eine stärkere Identität bewahrt, die dann zum Tragen kommt, wenn die wirtschaftliche und soziale Stabilität das zulässt.

Das Kulturareal Mikronesien umfasst viel mehr Inselgebiete als der heutige politische Staat Mikronesien. Die kulturelle Identität war nicht stark genug, um verschiedene Möglichkeiten wirtschaftlicher Interessen mit anderen teilen zu wollen. Die Marschallinseln z.B. erhofften sich durch die politische Unabhängigkeit von Nachbarstaaten mehr finanzielle Vorteile durch Forderungen an die USA aufgrund der Nachwirkungen der Atombombenversuche auf ihren Atollen Eniwetok und Bikini.

### These 199

**Bei schamorientierten Gemeinschaften ist die Loyalität und Identität in der Ehre gegenüber anderen begründet.**

Dafür werden auch wirtschaftliche Nachteile in Kauf genommen; in der Geschichte hat es immer wieder zu Kriegen geführt, wenn die Ehre angegriffen wurde oder auch nur in Gefahr stand. Dazu gehören auch Zugeständnisse zur eigenen Geschichte. Deutschland fand dadurch nur mühsam zu einer eigenen Identität zurück; für die Türkei ist die Wahrung der politischen Ehre ein Hindernis zum Eingeständnis des Völkermordes an Armeniern. Geschichte verjährt nicht: Nur Überlagerungen durch neue Ereignisse vor allem anderer Volksgemeinschaften verdrängen einschneidende Ereignisse,

**Beispiel 100**

So z.B. die brutalen Machtspiele der europäischen Staaten in der Kolonialisierung anderer Kontinente oder die grausame Verdrängung der Indianer in Nordamerika.

Auch im persönlichen Leben werden schwierige Erlebnisse in den Hintergrund gedrängt und sind bei der Identitätsbildung immer mehr untergeordnet bedeutsam.

**Beispiel 101**

Das wurde auch deutlich bei der Offenbarung des Schriftstellers Günter Grass, als junger Mann bei der Waffen-SS gedient zu haben. Jahrzehnte hatte das sein Eigenansehen nicht beeinträchtigt. Nur war er erstaunt, dass die Öffentlichkeit dieses Ereignis viel stärker wertete als das von ihm noch nachvollziehbar war. Vor allem war der Öffentlichkeit unverständlich, warum er sich noch zu rechtfertigen versuchte. Die Vermutung liegt nahe, dass die Inszenierung ein Promotionstrick für sein Buch war: Er bekam TV-Interviews und Kolumnen in Zeitschriften wurden ihm gewidmet. Seine vermeintliche Schande brachte ihm andererseits Prestige ein.

Die Disziplin einer Person, einer Gruppe oder eines Staates wird erkennbar durch anerkannte und verinnerlichte Werteprinzipien, transparente Ordnungen und Gesetze, durch nachvollziehbare Entscheidungswege und die offensichtliche Bereitschaft, sich selbst eine Struktur zu geben bzw. sich in vorgegebene Strukturen ein- und unterzuordnen, soweit diese nicht die Auflösung der eigenen Identität fordern. Sie ist gekennzeichnet durch Loyalität sich selbst und anderen Mitgliedern derselben Gemeinschaft gegenüber; auch die Bereitschaft, Instanzen der Kontrolle über sich anzuerkennen, die eine Beschneidung der eigenen Identität und Freiheit erwarten darf. Selbstdisziplin bringt die Kraft dafür aus eigener Instanz auf. Eine individuelle Persönlichkeit zeichnet sich dadurch aus, dass die Eigenständigkeit innerhalb der Gemeinschaft bewahrt wird und werden kann. Das gelingt schuldorientierten Menschen besser als schamorientierten, die mehr auf externe Instanzen angewiesen sind. Deshalb ist deren individuelle Identität stärker identisch mit der Gruppenidentität, erhält sogar von dort ihre Berechtigung.

Je stärker die Gruppenidentität gewährleistet ist, umso mehr kann sich die Gruppe anderen gegenüber behaupten.

**Beispiel 102**

Deshalb war es der türkischen Regierung bisher möglich, ihre Sicht in der Armenienfrage andern europäischen Ländern gegenüber durchzusetzen, zumindest zu bewahren. Interessant ist, dass keine islamischen oder asiatischen Staaten eine solche Forderung stellen, die einen öffentlichen Ehrverlust mit einer Korrektur der Geschichtsbücher nach sich ziehen würden. Eine solche Forderung kann nur von schuldorientierten Autoritäten gestellt werden, deren Werte sich an der Gerechtigkeit orientieren und diese mit ihrem Verständnis von wissenschaftlicher Wahrheit begründen. Da innerhalb einer evtl. zukünftigen Mitgliedschaft der Türkei in der EU weder das Wahrheitsverständnis noch der Sinn für Gerechtigkeit auf gleichen Prinzipien beruhen, ist eine solche Forderung obsolet; bestenfalls wird die Erfüllung als Fassade vorgetäuscht, aber nie innerlich nachvollzogen. Im Gegenteil: das hätte einen Einbruch ihrer Identität zur Folge, wodurch die Selbstbehauptung und die Durchsetzungskraft unterhöhlt werden. Das würde aus der Perspektive der Türkei ihr gewünschtes Ansehen schwächen; andererseits ist für die EU-Staaten genau das die Voraussetzung für das Ansehen der Türkei.

## These 200

### Die Bedeutung von Disziplin beinhaltet eine ideelle Nähe zu Strafe.

Die Sicht und Interpretation der Vorgänge im eigenen Umfeld wird immer von der eigenen Weltanschauung, Religion und damit der eigenen Gewissensstruktur bestimmt sein. Auch nach jahrzehntelanger Beschäftigung mit Elenktik ist der Autor nicht frei davon. Dieses Kapitel zeigt solche Spuren. Es bleibt schamorientierten Lesern vorbehalten, diese Sicht zu korrigieren und dabei zu lernen, wie eine schuldorientierte Auseinandersetzung mit der Wirklichkeit versucht, sich von der eigenen Prägung zu distanzieren. Wenn das vollständig gelänge, wären die Thesen falsch, die hier aufgestellt wurden.

**Beispiel 103**

In Indonesien herrschen jahrhundertealte Traditionen und ethische Werte wie das Prinzip des *rukun* (Harmonie. Vgl. Magnis Suseno: *Javanische Weisheit und Ethik*), die einerseits in der dörflichen Gemeinschaft immer noch gelten, in der modernen Situation des Straßenverkehrs jedoch nicht angewandt werden. Es ist einerseits befreiend, im Verkehr nur wenige Grundregeln beachten zu müssen: Groß vor klein und schnell vor langsam, sowie: Unfall vermeiden. Dennoch lässt sich beobachten, dass jeder immer der erste sein möchte. Das stimmt nun überhaupt nicht mit der traditionellen javanischen Zurückhaltung und dem Streben nach Harmonie überein. (Außerdem führt das unentwegt zu Staus).

In Indonesien gibt es interessante Gesetze: Das Finanzamt hat z.B. das Recht, die Steuer für einen Betrieb mehr oder weniger willkürlich festzusetzen. Um gegen die Höhe der Steuer Einspruch zu erheben, muss der Betrieb zunächst einmal 50% dieses willkürlichen Betrages bezahlen, um das Finanzamt überhaupt zu einer Reaktion zu bewegen. Dann muss der Richter, der den Einspruch bearbeitet, beeinflusst werden – mit einem angemessenen Betrag. Dabei ist man jedoch nicht sicher, wie hoch das Angebot der Gegenseite an den Richter ist.

Finanzbeamte haben also einen gewissen Spielraum zur Festsetzung der Steuer. Das geht etwa nach dieser Regel: „Gib uns jetzt 20.000$, dann lege ich die offizielle Steuer auf 30.000$ fest. Das ergibt insgesamt 50.000$. Gibst du mir die 20.000$ nicht, dann lege ich die Steuer auf 150.000$ fest. Dann musst du erst 75.000$ bezahlen, bevor du dagegen klagen kannst."

Die Finanzbeamten teilen den Betrag, den sie als Vorschuss erhalten, nach einem festgelegten System unter sich auf. Von dem, was dem einzelnen Beamten noch übrig bleibt, muss er seine Familie ernähren. Da die Großfamilie immer dazu tendiert, in die Nähe eines reichen Verwandten zu ziehen, wird der Betrag für den Einzelnen immer kleiner.

Diese Mechanismen kommen in Gang, wenn jemand das Recht über eine Finanzkasse erhält und im Notfall immer jemand in der Familie helfen muss.[35]

„Von dem, was man heute an den Universitäten denkt, hängt ab, was morgen auf den Plätzen und Straßen gelebt wird."

Ortega y Gasset

## 2.2    Verwendete und weiterführende Literatur in Auswahl:

Bang, Ruth. *Autorität, Gewissensbildung, Toleranz. Drei Grundprobleme der Einzelfall-hilfe. Ein Beitrag zum Selbstverständnis der Helferpersönlichkeit.* München/Basel: Ernst Reinhardt Verlag, 1967.

Chansamone Saiyasak. *„A Study of the Belief Systems and Decision Making of the Isan People of Northeast Thailand with a View Towards Making Use of these Insights in Christian Evangelism."* (Diss.) Leuven: Evangelische Theologische Faculteit te Heverlee (Leuven), 2007.

Douglas, Mary. *Essays in the Sociology of Perception.* London, Boston and Henley: Routledge & Kegan Paul, 1982.

Eberhard, Wolfram, *Guilt and Sin in traditional China.* Rainbow Bridge Book Co., 1967

Giles, Herbert A. *The Civilization of China.* London: Thornton Butterworth Ltd., 1911.

Hegeman, Benjamin L. *Between Glory and Shame. A Historical and Systematic Study of Education and Leadership Training Models among the Baatonu in North Benin.* Zoetermeer: Uitgeverij Boekencentrum, 2001.

Hirsch, Emmanuel. *Die Umformung des christlichen Denkens in der Neuzeit.* Tübingen, J.C.B.Mohr (Paul Wiebeck), 1938.

Hofstede, Geert. *Interkulturelle Zusammenarbeit, Kulturen, Organisationen, Management.* Wiesbaden: Gabler, 1993.

Kapolyo, Joe M. *The Human Condition. Christian Perspectives Through African Eyes.* Leicester: Inter-Varsity Press, 2005.

Koschorke, Klaus. *„Christen und Gewürze." Konfrontation und Interaktion kolonialer und indigener Christentumsvarianten.* Göttingen: Vandenhoeck & Ruprecht, 1998.

Lynd, Helen Merrell. *On Shame and the Search for Identity.* New York: Harvourt, Brace & World, Inc., 1958.

---

[35] Nach dem Artikel: „Graft spirals out of control at tax office" in *The Jakarta Post, 12.10.2004.*

*Meyers Großes Taschenlexikon.* Mannheim u.a.; Taschenbuchverlag, 1992.

Müller, Klaus W. (Hg.) *Missionare aus der Zwei-Drittel-Welt für Europa.* Edition afem, mission reports 12. Nürnberg: VTR, 2004.

Müller. Klaus W. „Religiously Conditioned Conscience as Factor of Immigration." Referat beim Colloquium der Diplomatischen Akademie Wien mit dem Thema „Immigration". 2008. Referat mit Grafiken beim Autor.

Nagel, Helga und Mechthild M Jansen (Hg.), *Religion und Migration.* Frankfurt: VAS, 2007.

Neufeld, Alfred. *Fatalismus als missionstheologisches Problem. Die Kontextualisierung des Evangeliums in einer Kultur fatalistischen Denkens.* Das Beispiel Paraguay. Bonn: VKW, 1994.

Njinya-Mujinya, L. (Ed.). *The African Mind. A Journal of Religion and Philosophy in Africa.* Vol.1, No.1, 1989.

Önal, Ayse. *Warum tötet ihr? Wenn Männer für die Ehre morden.* München: Droemer, 2008.

Pfister, Wolgang. „Hintergründe und Ansatzpunkte zur Verbesserung der interkulturellen Kommunikation zwischen Japan und Deutschland vor dem Hintergrund einer bilateralen Lieferanten- Kundenbeziehung zweier Industrieunternehmen." Seminararbeit Management, Akademie für christliche Führungskräfte, 2005.

Pluralismus und Ethos der Wissenschaft. 1. Symposium des Professorenforums. Gießen: Verlag des Professorenforums, 1999.

*Religion in Geschichte und Gegenwart.* 4.Aufl. Tübingen: Mohr-Siebeck. 1998-2007.

Renck, Günther. Contextualization of Christianity and Christianization of Language. Case Study from the Highlands of Papua New Guinea. Erlanger Monographien aus *Mission und Ökumene*, Band 5.Erlangen: Verlag der Ev.-Luth. Mission, 1990.

Reutter, Christoph. *Selbstmordattentäter. Warum Menschen zu lebenden Bomben werden.* München: Goldmann, 2002.

Sanneh, Lamin. *Encountering the West. Christianity and the Global Cultural Process.* Maryknoll: Orbis, 1993.

Siebenthal, Heinrich von. „ ‚Wahrheit' – Thesen zu einem umstrittenen Begriff." S.87-101 in Klaus W. Müller (Hg.), *Mission als Kommunikation. Die christliche Botschaft verstehen. Festschrift für Ursula Wiesemann zu ihrem 75.Geburtstag.* Edition afem, mission academics 26. Nürnberg/Bonn: VTR/VKW, 2007.

Taber, Charles R. *The World is Too Much With Us. „Culture" in Modern Protestant Missions.* Macon, Georgia: Mercer University Press, 1991.

The Jakarta Post. „Graft spirals out of control at tax office", *12.10.2004.*

Wirth, Lauri Emilio. *Protestantismus und Kolonisation in Brasilien.* Erlanger Monographien aus Mission und Ökumene, Band 15. Erlangen: Verlag der Ev.-Luth. Mission, 1992.

# Kapitel 6

# Theologische Reflexionen

Ausgehend von der Motivation für dieses Lehrbuch dürfen die theologischen Auseinandersetzungen für die missiologischen Anwendungen nicht fehlen. Gerade hier liegen die Gründe für Vorverständnisse, die auf die alten Griechen (bis Sokrates) zurückgehen, aber nie in fremden Kulturen getestet wurden. Theologen und damit auch Missionare gehen davon aus, dass biblische Begriffe und deren theologische Verständnisse empirisch anwendbar sind. Die Aufgabe dieses Kapitels ist zu erarbeiten, welche biblischen Aussagen, Prinzipien und Dogmen suprakulturell zu verstehen sind und bei welchen Verständnissen die Bibel kulturelle Anwendungen zulässt oder sogar fordert – weil sie den Verständnissen anderer Völker näher stehen als den westlich-abstrakten Definitionen.

Es ist weder möglich noch beabsichtigt, eine erschöpfende Darstellung und Diskussion des Themas zu präsentieren. Vielmehr werden Fragen aufgeworfen, die an anderen Orten weniger bedacht und vielleicht auf eine andere Weise beantwortet sind. Die Konzentration liegt auf dem Thema Elenktik; deshalb ist es durchaus möglich, dass manche für Theologen zwingende Zusammenhänge hier nicht berührt werden.

Nicht-Theologen wird das Kapitel interessant erscheinen, weil Fragen der Kontextualisierung behandelt werden, die auch für die Umsetzung wissenschaftlicher und technischer oder politischer Grundsätze zu überlegen sind.

# 1.    Theologische Reflexionen

## 1.1    Die einschlägigen Begriffe: Lexikalische Zusammenfassungen

Zunächst werden alle einschlägigen Stellen im Alten und Neuen Testament zum Begriff „Gewissen" in deutscher Übersetzung aufgeführt, auf die im Laufe des Kapitels immer wieder Bezug genommen wird.

Da es keinen eigenen hebräischen Begriff für „Gewissen" gibt wie im Griechischen, treten die Begriffe wie „Herz", „Nieren" usw., die im Alten Testament für die Funktion des Gewissens gebraucht werden, an dessen Stelle. Später im Kapitel werden diese Begriffe weiter differenziert und im Zusammenhang mit Gewissen erklärt.

Die Zusammenfassungen der Ausführungen in den einschlägigen Lexika sollen die Breite der Interpretation zeigen und letztlich auch in wie weit jeweilige philosophische Gedanken, die nicht der Bibel entstammen, in die Definitionen eingeflossen sind. Dennoch haben sich diese Erklärungen bei den bibellesenden Völkern vor allem Europas eingeprägt und wurden ggf. auch von anderen wissenschaftlichen Disziplinen übernommen. Sie greifen weit zurück auf historische Philosophien und sind den Einflüssen der späteren Epochen unterworfen, zuletzt der Aufklärung und der daraus abgeleiteten wissenschaftlichen „Vernunft". Trotz eigener Definitionsversuche kommen andere wissenschaftliche Disziplinen nicht ohne Rückgriffe auf die biblischen Zusammenhänge aus. Der Autor ist mit solchen Definitionen nicht immer einverstanden und streut deshalb manchmal entsprechende Hinweise ein.

Das europäisch philisophische Denkmuster „Vernunft" und die Übermacht des wissenschaftlich notwendigen „rationalen Denkens" sorgte für einen starken Überhang der Schuld- gegenüber der Schamorientierung, ohne letztere auslöschen zu können; aber die Scham wurde in den Hintergrund der Kulturen gedrängt.

Dann wenden wir uns den wichtigen Begriffen des Alten Testaments zu: sie werden lexikalisch definiert und erklärt als Anknüpfung zum allgemeinen Verständnis. Dann jedoch sprechen wir deutlich vom schamorientierten Gewissen dieser Zeitepoche und dieses speziellen Volkes, das sich mehr oder weniger stark absetzt von seinen Nachbarn.

Dabei werden Prinzipien erarbeitet, die kulturelle Relevanz besitzen und auch im Neuen Testament nachklingen, dort aber einen neuen Akzent erhalten.

Diese Bedeutungsgebiete werden exemplarisch beleuchtet anhand von Wortstudien, Vergleichen, kurzen Exegesen und vor allem biografischen Überblicken, in denen Entwicklungen deutlich werden.

Es soll deutlich werden, dass die Kultur hinter der Bibel eher schamorientiert ist und sich nicht von den Nachbarkulturen unterscheidet. Die Kommunikationsformen und -inhalte zwischen diesem Volk und seinem Gott reflektieren das deutlich, lassen jedoch erkennen, dass Gott sich lediglich derer bedient, um verstanden zu werden. Seine Intention ist, einen neuen Akzent zu setzen, für den er im Alten Testament schon deutliche Ansätze zeigt und im Neuen Testament eindeutig zum Durchbruch kommt, ohne das andere zu verdrängen.

Es wird nachgewiesen, dass beide Orientierungen ihre Berechtigung, aber auch ihre eindeutige Einordnung sowohl in der Beziehung des Volkes als auch des Individuums zu Gott haben. Es ist ebenso nachzuweisen, dass gerade in dieser Beziehung die Schuldorientierung die Grundlage bildet für die Schamorientierung. Positiv gesagt: Gerechtigkeit vor Gott und vor Menschen ist die Voraussetzung für Ehre von Gott und deren Ableitung für die zwischenmenschlichen Beziehungen: Ohne Gerechtigkeit gibt es keine Ehre. Aber ohne Ehre ist auch keine Beziehung möglich.

## 1.2    Bibeltexte zu Gewissen[1]

### 1.2.1    Texte zu Gewissen aus dem AT

Ri.19,3 Da machte sich ihr Mann auf den Weg und zog ihr mit seinem Knecht und zwei Eseln nach, um ihr ins *Gewissen* zu reden und sie zurück zuholen. Die Frau brachte ihn in das Haus ihres Vaters, und als der Vater der jungen Frau ihn sah, kam er ihm freudig entgegen.

1.Sam.24,6 Hinterher aber schlug David das *Gewissen*, weil er einen Zipfel vom Mantel Sauls abgeschnitten hatte.

1.Sam.25,31 dann sollst du nicht darüber stolpern, und dein *Gewissen* soll meinem Herrn nicht vorwerfen können, daß du ohne Grund Blut vergossen hast und dass sich mein Herr selbst geholfen hat. Wenn der Herr aber meinem Herrn Gutes erweist, dann denk an deine Magd!

2.Sam.24,10 Dann aber schlug David das *Gewissen*, weil er das Volk gezählt hatte, und er sagte zum Herrn: Ich habe schwer gesündigt, weil ich das getan habe. Doch vergib deinem Knecht seine Schuld, Herr; denn ich habe sehr unvernünftig gehandelt.

### 1.2.2    Texte zu Gewissen aus dem NT

Röm.2,15 Sie zeigen damit, daß ihnen die Forderung des Gesetzes ins Herz geschrieben ist; ihr *Gewissen* legt Zeugnis davon ab, ihre Gedanken klagen sich gegenseitig an und verteidigen sich.

Röm.9,1 Ich sage in Christus die Wahrheit und lüge nicht, und mein *Gewissen* bezeugt es mir im Heiligen Geist:

1.Kor.10,28+29 Wenn euch aber jemand darauf hinweist: Das ist Opferfleisch!, dann eßt nicht davon, mit Rücksicht auf den, der euch aufmerksam macht, und auf das *Gewissen*; ich meine das *Gewissen* des anderen, nicht das eigene; denn (an sich gilt): Warum soll meine Freiheit vom *Gewissensurteil* eines anderen abhängig sein?

1.Kor.14,24 Wenn aber alle prophetisch reden und ein Ungläubiger oder Unkundiger kommt herein, dann wird ihm von allen ins *Gewissen* geredet, und er fühlt sich von allen ins Verhör genommen;

2.Kor.1,12 Denn das ist unser Ruhm – und dafür zeugt auch unser *Gewissen* –, dass wir in dieser Welt, vor allem euch gegenüber, in der Aufrichtigkeit und Lauterkeit, wie Gott sie schenkt, gehandelt haben, nicht aufgrund menschlicher Weisheit, sondern aufgrund göttlicher Gnade.

2.Kor.4,2 Wir haben uns von aller schimpflichen Arglist losgesagt; wir handeln nicht hinterhältig und verfälschen das Wort Gottes nicht, sondern lehren offen die Wahrheit. So empfehlen wir uns vor dem Angesicht Gottes jedem menschlichen *Gewissen*.

1.Tim.4,2 getäuscht von heuchlerischen Lügnern, deren *Gewissen* gebrandmarkt ist.

Hebr.9,9 Das ist ein Sinnbild, das auf die gegenwärtige Zeit hinweist; denn es werden Gaben und Opfer dargebracht, die das *Gewissen* des Opfernden nicht zur Vollkommenheit führen können;

---

[1] Nach der Einheitsübersetzung.

Hebr.9,14 wie viel mehr wird das Blut Christi, der sich selbst kraft ewigen Geistes Gott als makelloses Opfer dargebracht hat, unser *Gewissen* von toten Werken reinigen, damit wir dem lebendigen Gott dienen.

1.Petr.2,19 Denn es ist eine Gnade, wenn jemand deswegen Kränkungen erträgt und zu Unrecht leidet, weil er sich in seinem *Gewissen* nach Gott richtet.

### 1.2.2.1    Texte zu einem unreinen, schlechten Gewissen

Tit.1,15 Für die Reinen ist alles rein; für die Unreinen und Ungläubigen aber ist nichts rein, sogar ihr Denken und ihr *Gewissen* sind *unrein*.

Hebr.10,22 lasst uns mit aufrichtigem Herzen und in voller Gewissheit des Glaubens hintreten, das Herz durch Besprengung gereinigt vom *schlechten Gewissen* und den Leib gewaschen mit reinem Wasser.

### 1.2.2.2    Texte zu einem reinen, guten Gewissen nach dem NT

Apg.23,1 Paulus schaute mit festem Blick auf den Hohen Rat und sagte: Brüder! Bis zum heutigen Tag lebe ich vor Gott mit völlig *reinem Gewissen*.

Apg.24,16 Deshalb bemühe auch ich mich, vor Gott und den Menschen immer ein *reines Gewissen* zu haben.

1.Tim.1,5 Das Ziel der Unterweisung ist Liebe aus reinem Herzen, *gutem Gewissen* und ungeheucheltem Glauben.

1.Tim.1,19 gläubig und mit *reinem Gewissen*. Schon manche haben die Stimme ihres *Gewissens* mißachtet und haben im Glauben Schiffbruch erlitten,

1.Tim.3,8-9 Ebenso sollen die Diakone sein: achtbar, nicht doppelzüngig, nicht dem Wein ergeben und nicht gewinnsüchtig; sie sollen mit *reinem Gewissen* am Geheimnis des Glaubens festhalten.

2.Tim.1,3 Ich danke Gott, dem ich wie schon meine Vorfahren mit *reinem Gewissen* diene – ich danke ihm bei Tag und Nacht in meinen Gebeten, in denen ich unablässig an dich denke.

Hebr.13,18 Betet für uns! Zwar sind wir überzeugt, ein *gutes Gewissen* zu haben, weil wir in allem recht zu leben suchen;

1.Petr.3,16 aber antwortet bescheiden und ehrfürchtig, denn ihr habt ein *reines Gewissen*. Dann werden die, die euch beschimpfen, weil ihr in (der Gemeinschaft mit) Christus ein rechtschaffenes Leben führt, sich wegen ihrer Verleumdungen schämen müssen.

1.Petr.3,21 Dem entspricht die Taufe, die jetzt euch rettet. Sie dient nicht dazu, den Körper von Schmutz zu reinigen, sondern sie ist eine Bitte an Gott um ein *reines Gewissen* aufgrund der Auferstehung Jesu Christi,

### 1.2.2.3    Texte zum schwachen Gewissen nach dem NT

1.Kor.8,7+8 Aber nicht alle haben die Erkenntnis. Einige, die von ihren Götzen nicht loskommen, essen das Fleisch noch als Götzenopferfleisch, und so wird ihr *schwaches Gewissen* befleckt. Wenn nämlich einer dich, der du Erkenntnis hast, im Götzentempel beim Mahl sieht, wird dann nicht sein Gewissen, da er schwach ist, verleitet, auch Götzenopferfleisch zu essen?

1.Kor.8,12 Wenn ihr euch auf diese Weise gegen eure Brüder versündigt und ihr *schwaches Gewissen* verletzt, versündigt ihr euch gegen Christus.

# 1.3    Gewissen in der säkular-wissenschaftlichen und theologischen Diskussion

In diesem Abschnitt werden Originalzitate maßgebender lexikalischer Werke zusammengefasst und ggf. übersetzt, um die Sicht anderer Autoren darzustellen – und deren Beeinflussung durch die Geschichte. Die jeweilige Gliederung ist beibehalten. Ggf. sind Anmerkungen in Klammer eingefügt, vor allem bei abweichenden Definitionen.

## 1.3.1    International Standard Bible Encyclopaedia:[2]

### 1.3.1.1.1    Folgerichtiges Gewissen (Sequent Conscience)

Der in der Literatur am frühesten entdeckte, in allen Zeiten am meisten gebrauchte Aspekt von Gewissen ist „Sequent Conscience" oder „das, was der Aktion (logischerweise, regelmäßig) folgt".

### 1.3.1.1.2    Richtend

Eine Entscheidung wird nicht formuliert, bevor sich ein positives (zustimmendes) oder negatives (ablehnendes) Urteil für schuldig oder unschuldig herauskristallisiert. Das Gewissen wurde oft mit einem Gericht verglichen, in dem Täter, Richter, Zeuge und Geschworene (Schöffen) sitzen; aber diese sind dem Gerichtsgegenstand unterworfen.

### 1.3.1.1.3    Strafend

Dem Individuum gegenüber stehen nicht nur die gerichtlichen Instanzen, sondern auch die ausführenden. Nach dem verurteilenden oder bestätigenden Spruch folgt der Schmerz des verwundeten oder die Befriedigung des bestätigenden Gewissens. Das ist die größte Wehmut von Glück und Qual des Lebens. Gewissensbisse haben die menschliche Vorstellungskraft besonders beeindruckt wie bei Kain, Judas, Saul und Herodes. Auch Poeten und Schriftsteller fanden darin ihre bewegenden Themen menschlicher Empfindungen, wobei der Schuldige durch den Terror seines Gewissens eingeholt wurde und ihn quälte. Die Befriedigung durch ein gutes Gewissen findet seinen Ausdruck im Gesicht, die Beschuldigung des schlechten Gewissens hat einen verfolgten und düsteren Ausdruck zur Folge. (Vergl. Apokr. Weisheit Salomos 7,11: „Die Bosheit, die von Natur aus feige ist, bezeugt selbst, dass sie verdammt ist, und vom Gewissen bedrückt, nimmt sie immer das Schlimmste an.")

### 1.3.1.1.4    Voraussagend

Es gibt keinen größeren „Instinkt" (Ich distanziere mich von dem hier verwendeten Begriff – siehe Kapitel 3) der menschlichen Seele als die Erwartung von etwas nach dem Tod – ein Gericht, vor dem das ganze Leben vorbeizieht und der Lohn perfekter Gerechtigkeit nach den Taten im Körper vollzogen wird. Das gibt dem Tod seinen heiligen Ernst. Wir wissen „instinktiv", dass wir uns dem nicht entziehen können. Solche großen natürlichen „Instinkte" können nicht falsch sein. (Damit deutet der Autor des Artikels an, dass es mit dem Begriff „Instinkt", wie er ihn definiert, ein Leben nach dem Tod geben muss. )

### 1.3.1.1.5    Sozial

Nicht nur das eigene, sondern auch das Gewissen anderer urteilt über das eigene Verhalten. Das geschieht aufgrund einer starken Intensivierung der konsequenten Empfindung. Deshalb kann eine Straftat in der Erinnerung verborgen liegen und der Schuldschmerz durch den Alltag gelindert und verdrängt sein; sie kann plötzlich und unerwartet gefunden und offen gelegt werden zur Einsicht aller, wenn die Macht des öffentlichen Gewissens aufbricht und den Menschen aus der Gesellschaft verdrängt – dann fühlt er seine

---

[2] 2268 Conscience ‹kon'-shens› Grk: συνείδησις.

Schuld in seiner ganzen heftigen Auswirkung. Der „Tag des Gerichts" wie er in der Schrift beschrieben ist, ist eine Anwendung dieses Prinzips im großen Maßstab. Dann werden der Charakter und das Verhalten jedes Menschen dem Gewissen aller Menschen unterworfen sein. Auf der anderen Seite kann ein Freund für einen Menschen ein zweites Gewissen sein, wodurch das eigene lebendig und wach gehalten wird. Diese Bestätigung von außen kann in manchen Fällen mehr als ein inneres Urteil sein, eine Ermutigung zum Guten und ein Schutz gegen Versuchung.

### 1.3.1.2    Voraussagendes Gewissen

(Der Original-Autor beschreibt hier eher die Gewissensentscheidung im inneren Konflikt.) Diese Funktion des Gewissens geht einer moralischen Entscheidung oder einer Tat voraus. Wenn sich der Wille zwischen dem richtigen und falschen Weg entscheidet, gebietet das Gewissen den einen zu gehen und verbietet den anderen. Das ist der (nach Kant: kategorische) Imperativ (Der kategorische. Imperativ beschreibt , *wie* ich mich für richtig und falsch entscheide, d.h. es geht um die Vernunftentscheidung. Es geht darum, dass sich die Maximen, die einer jeweiligen Handlung zugrunde liegen, zur allgemeinen Gesetzgebung eignen.) Das kann gegen unser Interesse und im totalen Gegensatz zu unseren Neigungen stehen, gegen den Rat von Freunden und von anderen isolieren. Es kann gegen die Gesetze und Herrschaften und Mehrheiten sein, aber das Gewissen gibt seinen Anspruch nicht auf und relativiert ihn nicht. Wir können ungehorsam sein, unseren Gefühlen und der Versuchung nachgeben, aber wir wissen, dass wir eigentlich gehorchen müssten, dass wir verpflichtet wären wie gegenüber einem unterschwelligen heiligen Wort. Die großen Krisen des Lebens entstehen, wenn sich das Gewissen zwischen dem eigenen Befehl und den Eigeninteressen, Gefühlen und Autoritäten entscheiden muss. Die großen Interpreten des menschlichen Lebens zeigen solche Momente und die Literatur zeichnet sie nach, wenn Bekennende und Märtyrer aufgrund solcher Entscheidungen lieber den Tod wählten als sich ihrer inneren Autorität zu widersetzen. Keine Stunde vergeht, in der nicht das Auge des Allessehenden jeden sieht, der Bestechung oder Eigeninteressen und Autoritäten widersteht und sich dem Gewissen verantwortlich unterstellt, das Rechte zu tun und die Konsequenzen zu tragen. (Hier wird die höhere Autorität Gottes vorausgesetzt).

### 1.3.1.3    Intuitive und assoziierte Theorien

Wie kann man richtig und falsch unterscheiden? Genügt das Gewissen, oder ist man auf eine andere Instanz angewiesen? Hier unterscheiden sich assoziierte ethische Schulen der unterschiedlichen Länder und Kulturen. Die einen meinen, das Gewissen gibt wichtige Wegweisung, die anderen, dass man sich nach anderen Instanzen richten muss. Die Schule der Empfindungen und Experimente meint, dass wir auf die Autorität der Gesellschaft oder unsere eigene Einschätzung der Konsequenzen unserer Taten angewiesen sind.

Andere meinen, dass im Gewissen eine eindeutige Offenbarung bestimmter moralischer Gesetze liegt. Die ersten berufen sich auf die Unterschiedlichkeit des in allen Geschichtsepochen und in verschiedenen Breitengraden existierenden Sinnes für richtig und falsch: Was richtig war in Athen, war Sünde in Jerusalem; was in Japan als heldenhaft bewundert wurde, war in Großbritannien abgelehnt. Sicher wird (nach dieser Schulmeinung) die Unterschiedlichkeit übertrieben.

Weiter gibt es moralische Beurteilungen, die sich alle auf das Urteil des Gewissens berufen, die verlässlich sind und eine logische Folgerung dieser Instanz in allen Fällen, in denen menschliche Vernunft waltet. Das Gewissen ist (dabei) nur für die wichtige Voraussetzung, nicht für die Ausführung verantwortlich.

Der wichtige Punkt der Intuition (bezieht sich auf diejenigen, die meinen, dass man sich an das Gewissen halten muss) dagegen ist die Kraft und das Recht des Einzelnen, sich von Gewohnheiten der Gesellschaft zu lösen und gegen den Befehl der Autorität oder der Mehrheit seinem eigenen Weg zu folgen.

Wenn er das tut: Ist das eine logische Folgerung, den Konsequenzen seiner Tat zu gehorchen (der Stimme seines Gewissens, die zur Tat geworden ist), oder ist das eine höhere Eingebung? Wenn z.B. in der Bibel Unzucht als Sünde bezeichnet wird im Gegensatz zu (der vorherrschenden Meinung im damaligen) Rom und Griechenland: War das ein Argument für die erfolgreiche Konsequenz, oder ein „Instinkt" der Reinheit, die sie „heiligte" – auf Kosten des Verhaltens und der Meinung des Heidentums? Das verbriefte moralische Gesetz sollte vielleicht gereinigt werden von den Anhäufungen der Zeit – aber dessen Gravur im Gewissen war schon immer vorhanden. (Hier wird eine gewisse angeborene allgemeine Gesetzgebung im Gewissen angedeutet).

### 1.3.1.4    Lernfähigkeit des Gewissens

Vielleicht ist eine exaktere Analyse der Vorgeschichte der Theorie des Gewissens erforderlich. Zwischen dem kategorischen Imperativ, der befiehlt, den richtigen Weg zu gehen und den falschen zu meiden (bzw. so zu handeln, dass die Maxime des Handelns jederzeit zum allgemeinen Gesetz werden könnte, siehe oben), und dem Indikativ, der feststellt, dass das eine der richtige und das andere der falsche Weg ist, kann auch mit Bestimmtheit angenommen werden, dass ein alternativer Weg richtig sein kann und mit allen Konsequenzen verfolgt werden muss. (Hier wird davon ausgegangen, dass das Gewissen den Weg für richtig erkannt hat, für den es sich entschieden hat, obwohl es auch andere Möglichkeiten gibt).

Das Verständnis von bestehenden moralischen Unterschieden, die sich wie Himmel und Hölle unterscheiden, ist das Besondere des Gewissens. Wenn das Gewissen auf die Instanz für wichtige Voraussetzungen moralischer Vernunft reduziert wird, ist man gezwungen anzunehmen, dass es nie irrt und auch nicht zugibt, etwas lernen zu müssen. Dem Gedanken muss Raum gegeben werden, dass sich das Gewissen erleuchten kann durch die Akzeptanz solcher objektiver Standards wie der Charakter Gottes, das Beispiel Christi und die Lehre der Schrift, ebenso die Erkenntnis der Weisheit und der Erfahrung des Guten.

Eine andere Frage des Gewissens ist, ob es eine Intuition Gottes enthält. Wenn es Gewissensbisse erleidet, wer löst diese aus? Das Gewissen selbst? Oder der Mensch, der sich in dem Moment außerhalb oder über sich selbst befindet? Wenn der Wille aktiv wird, nimmt er den Befehl an, das Richtige gegenüber dem Falschen zu wählen. Ist das Gewissen ein moralisches Gesetz – das ein irgendwo in der Natur in Leuchtschrift geschriebenes Gesetz vorliest – aber wer hat es dort angebracht? Gewöhnlich wurde das Gesetz verstanden als ein Bezug zu Gott mit der wörtlichen Bedeutung von „Wissen mit einem anderen" – mit dem anderen war Gott gemeint. Obwohl das sehr ungewiss erscheint, nehmen das viele als Wahrheit. Menschen mit einer ethisch tiefen Erfahrung werden sich einer Bestätigung oder Ablehnung eines noch nie gesehenen Seins überwältigend klar bewusst. Wenn es ein glaubwürdiges Argument für die Existenz eines höheren Wesens gibt, noch vor übernatürlicher Offenbarung, dann wird es so gefunden. (Mit dieser Argumentation wird eine Art Gottesbeweis angeführt – die Stimme Gottes im Gewissen aller Menschen. Dann müsste das auch so bei Menschen anderer Religionen der Fall sein – wiederum für manche ein Argument dafür, dass Gott auch in anderen Religionen inhärent sein soll. Das ist eine überkommene philosophische Meinung, die den heutigen wissenschaftlichen Standards nicht entspricht. Das Gewissen braucht eine Autorität, die in der Kindheit internalisiert wird, entweder als intern oder extern. Diese Autorität wird dann zur Stimme der Eltern oder der Gesellschaft, kann so aber zunächst nicht auf Gott hinweisen. Diese Fragen wurden im dritten Kapitel bei der Entstehung des Gewissens behandelt.).

### 1.3.1.5    Das Gewissen in Geschichte und Literatur

#### 1.3.1.5.1    Frühere Annahmen

Das „sequente" Gewissen wurde in der Antike definiert. Dogmen darüber entstanden in der Zeit des menschlichen Denkens, als es auf sich selbst geworfen war und seine eigenen Symptome beobachtet hat. Besonders Cicero gebrauchte diesen Begriff, der so zwar nicht im Alten Testament vorkommt, allerdings inhaltlich mit anderen Begrifflichkeiten durchaus verwendet wird. Z.B. wurde Gott von den Menschen gehört (Gen.3,8) und im nächsten Vorkommen schreit das Blut Abels gen Himmel von der Erde (Gen.4,10). (Damit ist angedeutet, dass auch Gott auf eine externe Stimme hört.) Im Neuen Testament kommt der Begriff vor allem in den Reden (z.B. Apg.24,16) und Schriften des Paulus vor (Röm.2,15; 9,1; 13,5; 1.Kor.6,7-12 u.a.). Aber das reichte nicht aus, um dem Begriff einen erwarteten wichtigen Platz in den Dogmen der Kirche zu geben, obwohl schon Chrysostomus über Gewissen und Natur als zwei Bücher spricht, in denen der menschliche Geist den Willen Gottes lesen kann, die noch vor einer übernatürlichen Offenbarung Auskunft über den Willen Gottes geben.

Im Mittelalter erhielt das Gewissen aus zwei Quellen viele Impulse: Das isoliert lebende und denkende Mönchtum und die Beichte. Dabei wurden Selbstbeobachtung und Selbstdisziplin zu ihrem Meister des Gewissens. Die Ethik bestand aus Beispielsnormen für das Gewissen, in die jede Tat der Beichte eingeordnet werden konnte. Thomas von Aquin diskutiert das Dogma des Gewissens eingehend. Er teilt es in *synderesis* (gr. *sunteresis*) und (lat.) *conscientia*, das die wichtigen Voraussetzungen gibt und nicht irren kann; *synderesis* dagegen folgert daraus Lehren und kann Fehler machen. Die Mystik bestimmte *synderesis* als den Punkt im Geist des Menschen, an dem er in Kontakt und Verbindung mit dem Geist Gottes kommen kann.

#### 1.3.1.5.2    Reformation and danach

Während der Reformation erhielt der Begriff „Gewissen" neue Bedeutung wegen des Terrors des Gewissens [in der Kirche], der zum Verständnis [der heiligen Schrift] der Gerechtigkeit durch Glauben führte, und weil sich die Reformatoren auf ihr Gewissen beriefen, als sie vor Richtern und Mächtigen standen. Das Recht auf die Berufung auf das Gewissen blieb ein Zeugnis für den Protestantismus.

Besonders die Jesuiten behandelten das Gewissen als schwach und ignorant, das durch Autorität geführt werden musste – durch sie. Die Formen des Mittelalters hielten sich in dieser Sache lange an den Protestantismus. Jeremy Taylor diskutiert Ethik als ein System von Gewissensfällen, ebenso der Puritaner Baxter und der schottische Presbyterianer David Dickson. Der Deismus in England und die Aufklärung in Deutschland schrieben dem Gewissen eine große Gott-erleuchtende Kraft zu, sodass keine weitere Offenbarung nötig war. Der praktische Effekt dessen waren die Säkularisierung und eine vulgäre Verallgemeinerung des Verständnisses des menschlichen Geistes. Dagegen entwickelten Butler in England und Kant in Deutschland den Standard für eine geistliche Sicht des Lebens. Butler meinte, wenn das Gewissen die Kraft hätte wie seinihm innewohnendes Recht, dann würde es die Welt absolut regieren. Kants sublime Auffassung ist, je öfter und länger man die Sternenwelt und das moralische Gesetz in ihr betrachte, umso mehr fülle sie die Seele mit immer neuen und wachsenden Wundern und Anbetung. Die aufkommende Philosophie in England (Mills, Bain, Spencer) sah im Gewissen ein emotionales Äquivalent zur Autorität des Gesetzes und den Anforderungen der Tradition, was schließlich auf die übernatürlichen Mächte übertragen wurde. In der Folge wurde Gewissen von Ethikern unterschiedlich diskutiert, die einen schrieben ihm wenig und andere größere Bedeutung zu.[3]

---

[3] So weit die *International Standard Bible Encyclopaedia*, u.a. James Stalker.

## 1.4 Gewissen / Syneidesis: Wortstudien und Vorkommen

**Liddell Scott 38493** συνείδησις. **Selbstbewusstsein, Gewissen. Thayers Greek Lexicon 5070** συνείδησις συνειδήσεω. **Bauer, Walter Wörterbuch zum NT 7053** συνείδησις εως, ἡ συνεῖδον. **Louw, Nida 28.4** σύνοιδα; συνείδησις. **Friberg, BW 6.0 noun genitive feminine singular.**

Der Begriff meint ein wahrnehmbares Bewusstsein im Selbst. Die Autorität des moralischen Bewusstseins, wodurch moralische Urteile in Bezug zu richtig und falsch bewusst gemacht werden.

In der Septuaginta Pred.10,20 Äquivalent von Gewissen.[4]

Lat. *conscientia*; Gewissen (wörtlich gemeinsames Wissen: das Bewusstsein von etwas.). Eine Information über etwas wahrnehmen; wissen, sich bewusst sein (über sich selbst 1.Kor.4,4). συνείδησις θεου / Bewusstsein über Gott, 1.Pet.2,19. Mit dem Genitiv des Objekts τῶν ἁμαρτιῶν, eine Seele, die sich ihrer Sünde bewusst ist, Heb.10,2. τοῦ μύσους, συνείδησις εὐγενής, Bewusstsein des Adels; eine Seele, die ihre adlige Herkunft bedenkt. – Seele differenzierend zwischen moralisch gut und böse; einflüsternd, das Erste zu tun und das Zweite zu meiden; das Eine empfehlend, das Andere verurteilend. Damit die innere Instanz, richtig und falsch zu unterscheiden, Röm.2,15; 9,1; 1.Kor.8,7; 10,12.29; 2.Kor.1,12; 4,2; 5,11; Heb. 9,14; 1.Tim.4,2; 1.Kor.10,29; διά τήν συνείδησιν, um des Gewissens willen, weil es das Gewissen fordert (ein Verhalten wird in Frage gestellt), Röm.13,5; 1.Kor.10,25.27.28; 2.Kor.1,12.

Mit Attributen: σ. ἀγαθη, ein gutes Gewissen, Apg. 23,1; 1.Tim.1,5.19; 1.Pet.3,16.21, ein mit Gott versöhntes Gewissen. σ. ἀσθενής ein schwaches Gewissen kann sich nicht entscheiden, weil es an alte Wege gebunden ist 1.Kor.8,7; 10,12.

σ. ἀπρόσκοπος Apg. 24,16; καθαρὰ σ. 1.Tim.3,9; 2.Tim.1,3; καλὴ σ. Heb.13,18; σ. πονηρά ein schlechtes Gewissen oder ein Bewusstsein der Schuld (σ. καρδία 1bd) Heb.10,22. μιαίνεται Tit.1,15 das befleckte Gewissen; Heb.9,14 das Gewissen reinigen. So perfekt sein, dass das eigene Gewissen zufrieden ist – er kann sich als frei von Schuld bezeichnen. Heb.9,9.

**Eatons Bible Dictionary 884 Conscience**

Die Instanz des Geistes oder angeborener Sinn für richtig und falsch, womit wir den moralischen Charakter des menschlichen Verhaltens beurteilen. Es ist allen Menschen gegeben. Wie andere Instanzen wurde es durch den Fall pervertiert (verdorben, verzerrt). Joh.16,2; Apg.26,9; Röm.2,15. Es wurde verunreinigt Tit.1,15 und gebrandmarkt 1.Tim.4,2. Anzustreben und zu pflegen ist ein klares, aufrichtiges, unanstößiges Gewissen. Apg.24,16; Röm.9,1; 2.Kor.1,12; 1.Tim.1,5.19; 1.Pet.3,21.

## 1.5 Gewissen im Alten Testament

*Der Begriff syneidesis:* συνείδησις

Der Begriff Gewissen findet sich lediglich einmal im AT (Pred.10,20). Das hebräische Wort im masoretischen Text (מַדָּע) und an den anderen Stellen (Dan.1,4.17; 2.Chr.1,10-12; Sir.3,13; 13,8) mit „Verständnis" übersetzt, hat hier die Bedeutung von „Gedanken" oder vielleicht auch „Bewusstsein". Auch in den Apokryphen findet sich lediglich einmal Gewissen. (Weisheit 17,10). Während συνείδησις in Prediger mit „Gedanken" wieder-

---

[4] Vgl. HALOT, Ludwig Koehler, Walter Baumgartner 4846 [d'm; [יְדָע]: 1. verstehen Da 1₄.₁₇ 2C 1₁₀-₁₂ Sir 3₁₃ 13₈; 2. $'[]D'm;B. parallel with $'b.K†'v.mi yred>x;B. Qoh 10₂₀, Sept. (sunei,dhsij :: conscience Sap 17₁₀ and TWNT 7:906ff) Vulg., Pesh. consciousness, Gedanke Hertzberg 197f; rd. $'[]C'm;B. übernachten, Ruhe Galling; Zimmerli ATD. †.

zugeben ist, ist es in Weisheit mit „Gewissen" zu übersetzen, weil der masoretische Text (Original in Hebräisch) keinen Begriff für Gewissen kennt, wogegen in Weisheit (original in Griechisch geschrieben) griechischer Einfluss festzustellen ist.

Das Wort σύνοιδα findet sich zweimal. In Lev.5,1 für „wissen", und in Hiob 27,6 zeigt sich der griechische Gewissensbegriff in einer freien Übersetzung des hebräischen Originals (mein Herz schmäht keinen meiner Tage = ich schäme mich meiner Vergangenheit nicht).

Dies bedeutet nicht, dass das AT keine Gewissensregungen kennt. So schämen sich die Söhne Jakobs in 1.Mo.42,21 für ihr Verhalten ihrem Bruder Joseph gegenüber, und David „schlug sein Herz", als er einen Zipfel vom Gewand Sauls abschnitt, ebenso als er erkannte, dass die Zählung der wehrfähigen Männer nicht recht gewesen war. Durch Abigajils Eingreifen wurde verhindert, dass sein „Herz ins Straucheln geraten" würde (1.Sam.25,31). David bekennt in Ps.16,7 wie Gott nachts durch seine „Nieren" spricht.

Dass diese Gewissensregungen im AT nicht zu einem Gewissensbegriff geführt haben, liegt an der alttestamentlichen Anthropologie. Weil der Mensch durch seine Beziehung zu Jahwe bestimmt ist, werden auch Gewissensregungen aus dieser Perspektive gesehen. Das Wissen um Gut und Böse hängt mit den Weisungen Gottes zusammen. Damit wird das Wort Gottes zum entscheidenden Bezug für die Taten des Menschen. Es ist nicht im Menschen entstanden, sondern der Mensch muss sich damit auseinander setzen. Einer Tat des Menschen folgt eine Stellungnahme Gottes. Damit ist kein moralisches Gewissen als Institution des Menschen im heutigen Verständnis gegeben.[5]

# 1.6    Scham und Schande im Alten Testament[6]

| Passiv: sich schämen | | | |
|---|---|---|---|
| בּוֹשׁ – bōš „sich schämen" **1.Mo.**2,25 **Ri.**3,25 **2.Sam.**19,6 **2.Kön.**2,17; 8,11; 19,26 **Esra** 9,6 **Hi.**6,20; 19,3 **Ps.**6,11²; 14,6; 22,6; 25,2.3².20; 31,2.18²; 35,4.26; 37,19; 40,15; 44,8; 53,6; 69,7; 70,3; 71,1.13.24; 83,18; 86,17; 97,7; 109,28; 119,6.31.46.78.80.116; | 127,5; 129,5 **Spr.**10,5; 12,4; 14,35; 17,2; 19,26; 29,15 **Jes.**1,29; 19,9; 20,5; 23,4; 24,23; 26,11; 29,22; 37,27; 41,11; 42,17; 44,9.11²; 45,16f.24; 49,23; 50,7; 54,4; 65,13; 66,5 **Jer.**2,26.36²; 6,15²; 8,9.12²; 9,18; 12,13; 14,3f; 15,9; 17,13.18²; 20,11; 22,22; 31,19; 46,24; 48,1².13².20.39; 49,23; 50,2²12; 51,17.47.51 | **Hes.**16,52.63; 32,30; 36,32 **Hos.**2,7; 4,19; 10,6; 13,15 **Joel** 1,11f.17; 2,26f **Mi** 3,7; 7,16 **Zef** 3,11 **Sach** 9,5; 10,5; 13,4 כלם kalam „sich schämen" **4.Mo.**12,14 **Ri.**18,7 **Rut** 2,15 **1.Sam.**20,34; 25,7.15 **2.Sam.**10,5; 19,4 **1.Chr.**19,5 | **2.Chr.**30,15 **Esra** 9,6 **Hi.**11,3; 19,3 **Ps.**35,4; 40,15; 44,10; 69,7; 70,3; 74,21 **Spr.**25,8; 28,7 **Jes.**41,11; 45,16f; 50,7; 54,4 **Jer.**3,3; 6,15; 8,12; 14,3; 22,22; 31,19 **Hes.**16,27.54.61; 36,32; 43,10f |

[5] Diese Ausführungen sind der Reflexion von Andreas Hirsch nach der Vorlesung über Elenktik an der Freien Theologischen Akademie Gießen, 1999, entnommen. Die vollständige Arbeit mit Anmerkungen und Bibliographie ist in der zugehörigen CD mit Quellen und Forschungsbibliographie enthalten. Sie beruhen im Wesentlichen auf ThWNT.

[6] Zusammengestellt von Dr. Walter Hilbrands. Nach Botterweg, J.G. (Begr.), Heinz-Josef Fabry (Hg.). *Theologisches Wörterbuch zum Alten Testament* (ThWAT). 10 Bände. Stuttgart: Kohlhammer, 1975-2000. Jenni, Ernst, Claus Westermann (Hg.). *Theologisches Handwörterbuch zum Alten Testament* (THAT). 2 Bände. Gütersloh: Gütersloher Verlagshaus. 1971, 1975. Weitere Quellen: Klopfenstein, M.A. *Scham und Schande nach dem Alten Testament. Eine begriffsgeschichtliche Untersuchung zu den hebräischen Wurzeln bôš, klm u. ḥpr.* AThANT 62. Zürich: Theologischer Verlag, 1972. [semantische Wortuntersuchungen]; Stiebert, Johanna. *The Construction of Shame in the Hebrew Bible. The Prophetic Contribution.* JSOT.S 346. London: Sheffield, 2002. Dodds, Eric R. *Die Griechen und das Irrationale.* Darmstadt: Wissenschaftliche Buchgesellschaft, 1970 = 1991². Bes. S.16ff. [Übergang von der Scham- zur Schuldkultur]. *Honor and Shame in the World of the Bible.* Semeia 68. Hg. Victor H. Matthews. Atlanta/GA: Scholars Press, 1996. Schirrmacher, Thomas/Ulrich Eibach. *Scham- oder Schuldgefühl? Die christliche Botschaft angesichts von schuld- und schamorientierten Gewissen und Kulturen.* Bonn: VKW, 2005.

| Substantiv: Scham, Schande, Schmach | | | |
|---|---|---|---|
| בּוּשָׁה – būšāh „Scham, Schande, Schmach" **Ps.**89,46 **Hes.**7,18 **Ob.**1,10 **Mi.**7,10<br><br>כְּלִמָּה – kᵉlimmāh „Scham, Schmach" **Hi.**20,3 **Ps.**4,3; 35,26; 44,16; 69,8.20; 71,13; 109,29 **Spr.**18,13 **Jes.**30,3; 45,16; 50,6; 61,7 **Jer.**3,25; 20,11; 51,51 **Hes.**16,52².54.63; 32,24f.30; 34,29; 36,6f.15; 39,26; 44,13 **Mi.**2,6 | כְּלִמּוּת – kᵉlimmûṯ „Schmach" **Jes.**50,6; **Jer.**23,40; **Mi.**2,6<br><br>קָלוֹן qālôn „Schmach, Schande" **Hi.**10,15 **Ps.**83,17 **Spr.**3,35; 6,33; 9,7; 11,2; 12,16; 13,18; 18,3; 22,10 **Jes.**22,18 **Jer.**13,26; 46,12 **Hos.**4,7.18 **Nah.**3,5 **Hab.**2,16 | הֶרְפָּה – hærpāh „Schmach, Schande, Schmähung, Verhöhnung" **1.Mo.**30,23; 34,14 **Jos.**5,9 **1.Sam.**11,2; 17,26; 25,39 **2.Sam.**13,13 **Neh.**1,3; 2,17; 3,36; 5,9 **Hi.**16,10; 19,5 **Ps.**15,3; 22,7; 31,12; 39,9; 44,14; 69,8.10.20; 71,13; 74,22; 78,66; 79,4.12; 89,42.51; 109,25; 119,22.39 **Spr.**6,33; 18,3 **Jes.**4,1; 25,8; 30,5; 47,3; 51,7; 54,4; **Jer.** 6,10; 15,15; 20,8; 23,40; 24,9; 29,18; 31,19; 42,18; 44,8.12; 49,13; 51,51 **Kgld.**3,30.61; 5,1 **Hes.**5,14f; 16,57; 21,33; 22,4; 36,15.30 **Dan.**9,16; 11,18²; 12,2 **Hos.**12,15 **Joel** 2,17.19 **Mi.**6,16 **Zef.**2,8; 3,18 | עֶרְוָה – ærwāh „Blöße, Scham" **1.Mo.**9,22.23²; 42,9.12 **2.Mo.**20,26; 28,42 **3.Mo.**18,6-17².18f; 20,11.17³ **Dt.**23,15; 24,1 **1Sam.**20,30 **Jes.**20,4; 47,3 **Kgld.**1,8 **Hes.**16,8.36²; 22,10; 23,10.18.29 **Hos.**2,11 |

| aktiv: jemanden schmähen | | Das Schamgefühl |
|---|---|---|
| חָרַף – haraþ „schmähen, verhöhnen" **Ri.**5,18; 8,15 **1.Sam.**17,10.25. 36.45 **2.Sam.**21,21; 23,9; **2.Kön.**19,4.16.22 **1.Chr.**20,7 **2.Chr.**32,17 **Neh.**6,13 **Hi.**27,6 **Ps.**42,11; 44,17; 55,13; 69,10; 74,10.18; 79,12; 89,52²; 102,9; 119,42 **Spr.**14,31; 17,5; 27,11 **Jes.**37,4.17.23; 65,7; **Zef.**2,8.10 | קלה II qālāh „gering schätzen/geschätzt w." **5.Mo.**25,3; 27,16 **1.Sam.**18,23 **Spr.**12,9 **Jes.**3,5; 16,14<br><br>הֵרְ עָרָה „entblößen" **1.Mo.**24,20 **3.Mo.**20,18f; **2.Chr.**24,11; **Ps.**37,35; 137,7²; 141,8 **Jes.**3,17; 19,7; 22,6; 32,15; 53,12; **Kgld.**4,21 **Hab.**3,13 **Zef.**2,14 | בֹּשֶׁת – bōšæṯ „Scham(gefühl)" **1.Sam.**20,30 **2.Chr.**32,21 **Esra** 9,7 **Hi.**8,22 **Ps.**35,26; 40,16; 44,16; 69,20; 70,4; 109,29; 132,18 **Jes.**30,3.5; 42,17; 54,4; 61,7 **Jer.** 2,26; 3,24f; 7,19; 11,13; 20,18 **Dan.**9,7f **Hos.**9,10 **Mi.**1,11 **Hab.**2,10 **Zef.**3,5.19 |

# 1.7 Ehre im Alten Testament[7]

| Adjektivisch | | | |
|---|---|---|---|
| גדל gādāl „groß w., wichtig s.; groß, angesehen, mächtig machen" Gen.12,2; 19,13.19; 21,8.20; 24,35; 25,27; 26,13²; 38,11.14; 41,40; 48,19² Ex.2,10f Num.6,5; 14,17; Jos.3,7; 4,14 Ri.11,2; 13,24 Rut 1,13 1Sam.2,21; 3,19; 12,24; 20,41; 26,24² 2Sam.5,10; 7,22.26; 12,3 1Kön.1,37.47; 10,23; 12,8.10 2Kön.4,18; 10,6 1Chr.11,9; 17,24; 22,5; 29,12.25 2Chr.1,1; 9,22; 10,8.10 Esra 9,6 Est.3,1; 5,11; 10,2 Hi.2,13; 7,17; 19,5; 31,18 Ps.34,4; 35,26f; 38,17; 40,17; 41,10; 55,13; 69,31; 70,5; 92,6; 104,1; 126,2f; 138,2; 144,12 | Spr.1,16; 2,4.9; Jes. 1,2; 9,2; 10,15; 23,4; 28,29; 42,21; 44,14; 49,21; 51,18 Jer.5,27; 48,26.42 Klgl.1,9; 4,6 Hes.16,7; 24,9; 31,4; 35,13; 38,23 Dan.1,5; 8,4.8.25; 11,36f Hos.9,12 Joel 2,20f Am. 8,5 Ob. 1,12 Jon.4,10 Mi.5,3 Zef.2,8.10 Sach.12,7.11 Mal.1,5<br><br>פאר II pā'ar „zieren, (sich) verherrlichen, sich rühmen" Ex.8,5 Ri.7,2 Esra 7,27 Ps.149,4 Jes. 10,15; 44,23; 49,3; 55,5; 60,7.9.13.21; 61,3 | כבד kābed „schwer, gewichtig, geehrt, angesehen s.; wert geachtet w.; ehren" Gen.18,20; 34,19; 48,10 Ex.5,9; 8,11.28; 9,7.34; 10,1; 14,4.17; 20,12 Lev.10,3 Num.22,15.17².37; 24,11² Dt.5,16; 28,58 Ri.1,35; 9,9; 13,17; 20,34 1Sam.2,29.30²; 5,6.11; 6,6²; 9,6; 15,30; 22,14; 31,3 2Sam.6,20.22; 10,3; 13,25; 23,19.23 1Kön.12,10.14 2Kön.14,10 1Chr.4,9; 10,3; 11,21.25; 19,3 2Chr.10,10.14; 25,19 Neh.5,15.18 Hi.6,3; 14,21; 23,2; 33,7 Ps.15,4; 22,24; 32,4; 38,5; 50,15.23; 86,9.12; 87,3; 91,15; 149,8 Spr.3,9; 4,8; 8,24; 12,9; 13,18; 14,31; 27,18 Sach.11,13 | Jes.3,5; 6,10; 8,23; 23,8f; 24,15.20; 25,3; 26,15; 29,13; 43,4.20.23; 47,6; 49,5; 58,13²; 59,1; 60,13; 66,5 Jer.30,19 Klgl.1,8; 3,7 Hes.27,25; 28,22; 39,13 Dan.11,38² Nah.3,10.15² Hab.2,6 Sach.7,11 Mal.1,6<br><br>הדר – hadar „auszeichnen, schmücken, ehren; geehrt s." Ex.23,3 Lev.19,15.32 Spr.25,6 Jes.45,2; 63,1 Klgl.5,12<br><br>יקר – yakar „schwer, kostbar, teuer sein" 1Sam.18,30; 26,21 2Kön.1,13f Ps.49,9; 72,14; 139,17 Spr.25,17 Jes.13,12; 43,4 |

---

[7] Nach Botterweg, J.G. (Begr.), Heinz-Josef Fabry (Hg.). ThWAT. Jenni, Ernst und Claus Westermann (Hg.). THAT.

| Substantiv | | | |
|---|---|---|---|

**כָּבוֹד II ḵabod**
„Ehre, Ruhm,
Herrlichkeit,
Pracht"
Gen.31,1; 45,13; 49,6
Ex.16,7.10; 24,16f;
28,2.40; 29,43; 33,18.22;
40,34f
Lev.9,6.23
Num.14,10.21; 16,19;
17,7; 20,6; 24,11
Dt.5,24
Jos.7,19
1Sam.2,8; 4,21f; 6,5
1Kön.3,13; 8,11
1Chr.16,24.28; 17,18;
29,12.28
2Chr.1,11f; 5,14; 7,1ff;
17,5; 18,1; 26,18;
32,27.33
Nch.9,5
Est.1,4; 5,11
Hi.19,9; 29,20
Ps.3,4; 4,3; 7,6; 8,6;
16,9; 19,2; 21,6; 24,7-
9.10²; 26,8; 29,1ff.9;
30,13; 49,17f; 57,6.9.12;
62,8; 63,3; 66,2²; 72,19²;
73,24; 79,9; 84,12;
85,10; 96,3.7; 97,6;
102,16f; 104,31; 106,20;
108,2.6; 112,9; 113,4;
115,1; 138,5; 145,5.11;
149,5
Spr.3,16.35; 8,18; 11,16;
15,33; 18,12; 20,3;
21,21; 22,4; 25,2².27²;
26,1.8; 29,23
Pred. 6,2; 10,1

Jes.3,8; 4,2.5; 5,13; 6,3;
8,7; 10,3.16.18; 11,10;
14,18; 16,14; 17,3f;
21,16; 22,18.23; 24,23;
35,2²; 40,5; 42,8.12; 43,7;
48,11; 58,8; 59,19;
60,1f.13; 61,6; 62,2;
66,11f.18.19²
Jer.2,11; 13,16; 14,21;
17,12; 48,18
Hes.1,28; 3,12.23²; 8,4;
9,3; 10,4².18; 11,22f;
31,18; 39,21; 43,2².4;
44,4
Dan.11,39
Hos.4,7; 9,11; 10,5
Mi.1,15
Nah.2,10
Hab.2,14.16²
Hag.2,3.7.9
Sach.2,9.12
Mal.1,6; 2,2

**יְקָר – yᵉkar**
„Kostbarkeit, Preis,
Ehre, Ansehen,
Pracht, Herrlichkeit"
Est.1,4.20; 6,3.6.9.11;
8,16
Hi.28,10
Ps.49,13.21
Spr.20,15
23,26.42; 24,25
Sach. 12,7²
Jer.20,5
Hes.22,25
Sach.11,13

**גְּדוּלָה gᵉdulah**
„Herrlichkeit, Ehre,
Gottes Großtaten"
2Sam.7,21.23
1Chr.17,19.21; 29,11
Est.1,4; 6,3; 10,2
Ps.71,21; 145,3.6

**גֹּדֶל godāl**
„Größe, Ehre,
Majestät"
Num.14,19
Dt.3,24; 5,24; 9,26; 11,2;
22,12; 32,3
1Kön.7,17
Esra 2,47.56
Neh.7,49.58
Ps.79,11; 150,2
Jes.9,8; 10,12
Hes.31,2.7.18

**הָדָר – hādār**
„Schmuck,Glanz,
Herrlichkeit, Ehre"
Gen.36,39; Lev. 23,40
Dt.33,17
1Chr.16,27
Hi.40,10
Ps.8,6; 21,6; 29,4; 45,4f;
90,16; 96,6; 104,1;
110,3; 111,3; 145,5.12;
149,9
Spr. 20,29; 31,25; Jes.
2,10.19.21; 5,14; 35,2²;
53,2
Kgld.1,6
Hes.16,14; 27,10
Dan.11,20
Mi.2,9

**תִּפְאֶרֶת – tiβæræt**
„Schmuck, Zier,
Ruhm, Ehre"
Ex.28,2.40
Dt.26,19
Ri.4,9
1Chr.22,5; 29,11.13
2Chr.3,6
Est.1,4
Ps.71,8; 78,61; 89,18;
96,6
Spr.4,9; 16,31; 17,6;
19,11; 20,29; 28,12
Jes.3,18; 4,2; 10,12;
13,19; 20,5; 28,1.4;
44,13; 46,13; 52,1;
60,7.19; 62,3; 63,12.14;
64,10
Jer.13,11.18.20; 33,9
Kgld.2,1
Hes.16,12.17.39;

# 2. Das schamorientierte Gewissen im Alten Testament

## 2.1 Ausgewählte Texte und deren kultureller Hintergrund.[8]

### 2.1.1 Kultureller Hintergrund der biblischen Schriften

Die Bibel ist in verschiedenen kulturellen Kontexten entstanden. Das Alte Testament hat in seinen Epochen bestimmte Hintergründe der althebräischen Kultur, die 400 Jahre in Ägypten hinterließen ihren Eindruck und die unbesiegten Völker Palästinas blieben nicht ohne Einfluss auf die Kultur, die sich in der Blütezeit des Volkes Israel gebildet hatte. Nach der babylonischen Gefangenschaft mit seiner tiefen Demütigung erholte sich das Volk Israel nicht mehr auf den vorhergehenden Stand. Das zeigt sich auch in den Sprachvarianten und deren Schriften, was in Nuancen der Bedeutung bestimmter Begriffe erkennbar wird. Das Neue Testament ist vor dem Hintergrund des Griechischen als akademischer und des Lateinischen als Umgangssprache entstanden, das die Bevölkerung der Besatzungsmacht Rom wenigstens zum Teil verstehen, wenn nicht sprechen gelernt hatte. Die Autoren waren beeinflusst von unterschiedlichen Gedanken- und logischen Verstehensprozessen, die in deren Entstehungsepochen vorherrschten. Die Wirkung des handgeschriebenen Wortes als Informationsmedium auf den Leser und die Absicht sowie Fähigkeiten der Schreiber, dieses Werkzeug gezielt einzusetzen, kann heute nicht überschätzt werden. Dazu stand jede Schrift unter dem Eindruck der jeweiligen Situation, in der sie entstand.

Es verlangt von uns heute eine fachkundige Vorsicht, die Geschichten und Prinzipien der Bibel nicht vorschnell auf unserem eigenen kulturellen Hintergrund zu interpretieren. Obwohl die Inspiration der Autoren eine wahrheitsgetreue Überlieferung garantiert, bleibt die menschliche Form der Darstellung, der Logik und der sprachlichen Ausdrucksweise, so dass Inhalt und Form gelegentlich für uns unverständliche Dissonanzen bleiben.

### These 201

**Zum Verstehen ist beides wichtig: Das Verständnis des kulturellen und sprachlichen Hintergrundes der Schriften und unseres eigenen. Letzteres wird meist sträflich zu Lasten der Wahrheit vernachlässigt, die dann in Frage gestellt wird.**

Wenn Theologen weniger ethnologische (Verstehen anderer Kulturen) und volkskundliche (Verstehen der eigenen Kultur) Prinzipien anwenden, ist das Verständnis weniger „dynamisch äquivalent" und kann eine einseitige Interpretation bewirken, die durch den intellektuellen Ethnozentrismus noch starre und bizarre Behauptungen zutage treten lässt, wie sie gelegentlich in neueren Werken der akademischen Theologie entdeckt werden können. Nicht entmythologisieren, nicht selektieren, sondern ein ganzheitliches Werten vor dem Kontext ist gefragt. Kontextuelle Empfindungen und Vorstellungen sind wichtig zur Interpretation, da sie ebenso Basis des Verstehens sind und die Ausdrucksweise prägen. Was empfunden wurde, musste nicht gesagt werden. Was nicht gesagt wurde, ist deshalb nicht unwahr. Auch heute muss nicht alles sprachlich ausgedrückt werden, was durch Um- und Beschreibungen von Situationen und Sachverhalten deutlich gemacht

---

[8] Müller, Klaus W. „Das schamorientierte Gewissen im Alten Testament." 1977. Darin wird u.a. stark auf Funaki: „The Old Testament Concept of ‚Losing Face'." zurückgegriffen. Klopfenstein: *Scham und Schande nach dem Alten Testament*. Lexikon zur Bibel 1974. RGG[4] 2004. Lowell Noble: *Naked and not ashamed*. TWAT/NT; Wolff, Anthropologie des Alten Testaments, 1974. Wight, Fred H. Manners and Customs of the Bible Lands. Chicago: Moody Press,1953. 23.Printing 1977.

werden kann. Nur Juristendeutsch erhebt den Anspruch, vollständig, eindeutig und feh-
lerfrei zu sein – also Wahrheit. Nur: Wer kann in diesem Stil einen glaubwürdigen Lie-
besbrief schreiben?

Hinter jedem Wort einer Sprache steht nicht eine einzige Bedeutung, sondern ein Konzept des Verstehens, das einen Kontext braucht. Für unsere Zwecke konzentrieren wir
uns auf einen ganz bestimmten Aspekt des gesellschaftlichen Empfindens und dessen
äußerer Manifestierung: *Scham und Gesicht*. Obwohl zahlenmäßige Häufigkeit noch kein
Hinweis auf Gültigkeit ist: der häufige Gebrauch eines Begriffs lässt auf den Wert des
Konzepts schließen. „Scham" erscheint im Alten Testament in der „King-James"-
Übersetzung zehn Mal häufiger als „Schuld" – in anderen Übersetzungen kommt Scham
dagegen weit weniger vor, aber immer noch häufiger als Schuld. Lässt das z.B. die Vermutung zu, dass das alte britische Englisch dem Empfinden der biblischen Zusammenhänge näher stand als spätere Übersetzungen? Eng verbunden und synonym verwendbar
ist das Konzept *„Gesicht verlieren"*, das sich in vielen Kulturen und Sprachen der Welt
als stehender Begriff erhalten hat. Das ist ein sozialer Aspekt, bei dem die Verteidigung
der eigenen Ehre und Würde einen direkten Bezug zur sichtbaren körperlichen Ausdrucksweise bekommt – enorm wichtig für orientalische Empfindungen. Auch in westlichen Kulturen zeigte dieser Aspekt bis ins späte Mittelalter deutliche soziale und juristi-
sche Züge.

*Im Alten Testament ist diese sprachliche Formel so nicht verwendet; das Konzept steht
aber unausgesprochen Pate für die Interpretation von vielen Situationen.*

Im ersten Teil der Bibel werden etwa achtzig körperliche Organe erwähnt, ohne dass in
jedem Fall eine soziale Bedeutung damit in Zusammenhang gebracht wird. Allerdings
werden die Eingeweide häufig als Sitz der Empfindungen, die Leber als Zentrum des
Lebens, und das Gesicht als Reflexion von seelischen Bewegungen verstanden.

## 2.1.2   Die Entstehung des Gewissens nach den ersten Kapiteln der Genesis

Vor dem Sündenfall wussten oder spürten die ersten Menschen nichts von ihrem Gewissen , aber es war definitiv vorhanden, da sie sich den wenigen Gesetzen Gottes entsprechend verhielten. Sie erkannten Gott als ihre Autorität an, sie hatten eine persönliche
Beziehung zu ihm. Deswegen erkannten sie sein Gesetz als gültig und wichtig: Sie waren
gehorsam. Zwischen Gott und Mensch herrschte Harmonie – das Gewissen war nicht
herausgefordert. Alles war „sehr gut" (1.Mo.1,31). Die Aufgabe der Menschen war es,
fruchtbar zu sein, sich zu mehren, die Erde zu füllen, sie sich untertan zu machen und
über alle Tiere zu herrschen – ein Gebot für agierendes, kreatives Verhalten. Im zweiten
Kapitel, der wiederholenden Zusammenfassung des Schöpfungsberichts mit der Beschreibung des Paradieses, erhält der Mensch seinen definitiven Kontext: das „Paradies".
Dies sollte er – Adam war hier noch allein – „bebauen und bewahren" (V.15). Mit diesem
Kontext erhält der Mensch – neben allen Gestaltungs- und Bewegungsfreiheiten (V.16) –
die erste Grenze gesetzt (V.17): Das Verbot, vom Baum der Erkenntnis des Guten und
Bösen zu essen. Wie sich dann herausstellte, war damit das Aufenthaltsrecht im Paradies
verbunden, auch die Todeserfahrung, die Begrenzung des physischen Lebens. Der Kontext hat eine Grenze. Wenn diese überschritten wird, entsteht eine Erkenntnis – die Überschreitung der Grenze als Ungehorsam ist „böse" im Gegensatz zum „Guten", dem bisherigen vertrauensvollen Gehorsamszustand innerhalb des Paradieses.

### These 202

**Der Mensch konnte sich den Zustand hinter der gesetzten Grenze und dessen fatale
Auswirkungen absolut nicht vorstellen. Er hatte also keine Angst als Abschreckung
oder Abwehr, sondern war allein auf sein Vertrauensverhältnis zu seinem Gott
angewiesen.**

**Die beste Motivation des Gewissens zum Gehorsam ist Vertrauen oder Liebe.**

**Abschreckung durch Angst oder Strafe ist immer sekundär. Das zieht sich als Grundsatz durch die Bibel und ist auch in soziologischen bzw. pädagogischen Verhaltens- und Erziehungsmustern grundsätzlich anzuwenden.**

Dann erst erhält Adam die „Männin" als gleichwertiges „Fleisch und Bein", biologisch anders „gebaut", aber eindeutig erkennbar für ihn als sein eigenes Wesen. Diese Einheit als ein Fleisch von Mann und Frau blieb für nachfolgende Generationen als Prinzip für die Funktion und das Wesen der Ehe erhalten. In dieser so demonstrativ betonten Einheit ist es legitim anzunehmen, dass Adam seiner Eva sein gesamtes Vorwissen (V.20) mitsamt dem einzigen Gesetz und dem Zusammenhang mit dem Baum mitgeteilt hatte. Eva kannte offensichtlich den Zusammenhang mit der bestimmten Frucht sehr gut.(3,2-3)

Dem Kontext der klimatischen Einordnung des Paradieses und der sozialen Einordnung der Ehe entsprechend war nackt sein nicht nur durchaus möglich, sondern auch natürlich und selbstverständlich.

Daraus folgt ebenso die Selbstverständlichkeit, dass sie sich nicht schämten (2,23). Scham hat hier also nicht nur den körperlich-sexuellen Aspekt, der bei allen Menschen aller Kulturen bis heute erkennbar ist. Sie entwickelt sich natürlicherweise in jedem sozialen Kontext der Menschen und wird nur in der Eheeinheit überflüssig, aber nicht aufgehoben.

### These 203

**Gott war durch den absoluten Vertrauensbezug in diese Einheit eingeschlossen, denn das Fehlen der Scham bezog sich auf die gesamte Lebensgemeinschaft im Paradies: Gott, Adam und Eva. Die Harmonie, der Friede, der hier herrschten, waren absolut.**

Jeder hatte die Stellung des anderen bedingungslos anerkannt und gegenseitig die Ehre zugestanden.

Selbst das Tier war offensichtlich für Eva ein respektabler Ansprechpartner; das wurde aber weder von Gott noch von Adam beachtet als gültiges Argument für Ungehorsam. Es galt das gesprochene Wort Gottes. Damit ist auch klar, dass sich der Mensch nicht auf Einreden oder Versuchungen Satans durch irgendwelche Mittel, derer sich Satan bedient, entschuldigend berufen kann.

Scham war in dieser vollkommenen Beziehung nicht vorhanden. Das Potenzial dafür kann jedoch in diesem Kontext bereits vorausgesetzt werden. Aber es bestand kein Grund, sie auszulösen.

Im dritten Kapitel der Genesis beschreibt der „Fall" die intellektuelle Auseinandersetzung mit dem Verbot und die destruktiv-kritische Infragestellung der Autorität Gottes, indem die Wahrheit seines gesprochenen Wortes hinterfragt wurde.

### These 204

**Eine fremde Autorität erhebt sich selbst zu einer solchen und schiebt sich zwischen Eva und Gott. Eva lässt diese Autorität und deren Argumente zu und erkennt dann nicht mehr den fremden Zusatz „ihr werdet sein wie Gott" als synkretistisches Element (V.5).**

Diese Bemerkung stimuliert das Ehrgefühl der Eva: Der Unterschied zwischen Mensch und Gott bestand in der höheren Autoritätsstellung, die mit größerer Ehre verbunden war. An dieser Stelle ist der Damm gebrochen: Die Differenz der Ehre war eine kleine soziale Schande, die zuvor durchaus und selbstverständlich erträglich gewesen war. Aber jetzt wird die Hemmschwelle überschritten: Es wird hinterfragt, ob diese Differenz toleriert werden soll.

## These 205

**Das Bedürfnis, der Wunsch nach Gleichstellung mit Gott in der Ehre wird zum Auslöser der ersten sozialen Scham.**

Die „Augenweide" und „Gaumenweide" werden durch „gut zu essen", „Lust" und „verlockend" beschrieben mit der fremden Interpretation von „Erkenntnis des Guten und Bösen" (2,17) als „klug sein" (3,6). Dann ging alles vollends schnell. Auch Adam, der die Auseinandersetzung vielleicht schweigend beobachtet hatte, hatte keine Hemmungen mehr, ungehorsam zu sein. Der Schritt von der Abweichung der Gedanken zur Norm und dem praktischen Vollzug der Abweichung (des Ungehorsams) war klein.

Das Empfinden der Ehre wurde von Gott in den Menschen „eingebaut", es war bei beiden „eingefleischt". Sie „beherrschte" sozusagen die ungebrochene Beziehung des Friedens – so wie der Mensch die ganze Erde und die Tiere kontrollierte, über sie herrschte. Das war durchaus eine intelligente Aufgabe des Willens, zu der Adam die Initiative ergreifen konnte und musste. Diese Freiheit hatte ihm Gott eingeräumt – mit dem Risiko, sie zu missbrauchen. Die Beziehung mit Gott war die Kraft des Willens, die Kontrolle im Sinne Gottes zu wahren. In dieser Beziehung hat auch die Denkstruktur funktioniert. Der Mensch konnte Gottes Gedanken über den Sinn der Schöpfung gedanklich nachvollziehen und praktisch vollziehen.

Mit der Bereitschaft zum Ungehorsam wurde zuerst die Ehre Gottes hinterfragt, damit seine Autorität untergraben, wodurch sein Gesetz entwertet wurde. Die soziale Einheit bekam einen Riss, durch den weitere Einflüsse dringen konnten. Der Riss entstand durch die willentliche Entscheidung, Gott hinterfragen zu lassen. Die Beziehung wurde für einen Moment unterbrochen und nicht mehr geschlossen. Damit war auch die Kraft des Willens zur Kontrolle über die Beziehung gestört. Fremdgedanken wurden willentlich zugelassen, drangen in die Denkstruktur ein und wurden darin integriert.

Die erste Auswirkung war, dass ihnen „die Augen geöffnet wurden" – die Erkenntnis wurde verliehen. Die Folge davon: sie sahen sich „mit anderen Augen" als vorher. In ihrer Beziehung zueinander fehlte plötzlich Gott als Autorität. Dann erkannten sie, dass sie nackt waren. Sie wollten ihre Genitalien voreinander und vor Gott nicht mehr entblößt sehen und verwendeten Blätter als Kleidungsstück. Hier ist sowohl die soziale als auch die körperlich-sexuelle Scham angesprochen. Obwohl dieser Begriff nicht fällt, ist er durch Gen.2,25 impliziert.

## These 206

**Der Bruch in der Einheits-Beziehung mit Gott lenkte ihre Blicke, ihre Gedanken, ihre Werte auf sich selbst: sie hatten nur noch sich als Vergleich.**

*Adam und Eva hatten keinen Grund, sich vor jemand anderem zu schämen. Die Sünde löste mit der Schuld sofort auch die Scham aus, und diese wurde körperlich empfunden und intuitiv an der Sexualität festgemacht. Das Empfinden von Scham erzwang intuitiv gleichzeitig den Drang nach bedecken und verstecken, d.h. sich nicht der – auch gedachten – Öffentlichkeit aussetzen zu wollen.*

## These 207

**Das gesamte Sein war von der Konsequenz der Sünde betroffen. Die Intuition war ein natürlichesVerhalten nach den Gesetzmäßigkeiten, in denen Gott beide Menschen gemacht hatte. Darin lag auch das Potenzial für die Gewissensentwicklung und -reaktion. Die Nacktheit findet deshalb ihre symbolische Parallele in der sozialen Scham.**

Für die Auswirkung ist es unerheblich anzunehmen, ob sich die soziale von der sexuellen Scham ableitet oder umgekehrt. Das Verstecken vor Gott (V.8) ist ein deutlicher Hinweis auf den Zusammenhang der sozialen und der sexuellen Scham. Dieser Zusammenhang wird anhand von 2,22-25 deutlich.

### These 208

**Die Scham war so überwältigend, dass die innere Harmonie und der Friede mit sich selbst und mit anderen definitiv beeinträchtigt waren, was eine sofortige Schutz-maßnahme erforderte.**

Eindeutig jedoch ist im Dialog mit Gott (2,8-13) der Bezug auf Fakten: Die Frage „wo bist du", das Nacktsein als Begründung für das Versteck, die Berufung auf die Eindeutig-keit des Gesetzes und deren Übertretung. Der Versuch, die Begründung für den Ungehor-sam von sich weg auf die von Gott gegebene Frau als Ursache zu verlagern fand kein Echo. Auch derselbe Versuch von Eva mit der Schlange – hier ohne Verweis auf den Ursprung, misslang. Eindeutig ist, dass Gott jeden Versuch, die Schuld abzuwälzen, in dieser kohärent-verantwortlichen Gemeinschaft nicht akzeptierte. Eindeutig ist dann auch, dass Gott den Menschen die Verantwortung für den Kontrollverlust über ihren Willen nicht abnahm. Er hatte sie nach seinem Vorbild geschaffen – er wusste, was sie leisten konnten.

### These 209

**Wer Verantwortung trägt, kann diese nicht abwälzen, wenn er ihr nicht gerecht wird. Die Abweichung vom Gesetz ist als Sünde zu verstehen. Das brachte den Men-schen in den Zustand der Schuld vor Gott.**

Diese Begriffe werden hier noch nicht verwendet, aber sie sind eindeutig impliziert . Erst in Kap.4,7.13 wird beim Namen genannt, was hier seinen Anfang nahm.

Es ist nicht logisch, so wie Adam zu versuchen, Gott die Schuld für das Chaos zu geben, da er den Menschen die Freiheit, den Willen, die Möglichkeiten und den Anstoß zur Sünde ermöglicht habe. Denn der Mensch als Gottes Ebenbild (1,27) braucht einen freien Willen, sonst wäre er kein respektables Gegenüber für Gott, sondern ein Roboter, Sklave, seine Marionette. Sonst wäre selbst Gott nicht frei, denn nur wer frei ist, kann jemandem Freiheit geben. Der Mensch wird jedoch von Gott verantwortlich gehalten für seine freie Entscheidung – für oder gegen ihn.

Der Mensch wäre sonst eher auf der Ebene der Tiere anzusetzen, die einen Instinkt ha-ben, der aber auch ausgebildet werden muss. Dann sucht man nach der Linie, auf der Instinkt zum Gewissen und ein Tier zum Menschen wird – wie ein Ball auf dem Schei-telpunkt nach jeweils der anderen Seite rollt. Tiere können nicht sündigen; aber sie kön-nen lernen, was für sie gut und nützlich ist: Ihr Lebenswille entscheidet darüber. Der kann von Tieren nicht unterdrückt werden; sie können sich auch nicht freiwillig für den Tod entscheiden. Der Mensch jedoch kann das – z.B.auch aus intellektuellem Grund der Ehrenrettung.

### These 210

**Die Sünde betraf einmal den Bruch der Beziehung der Menschen zu Gott, zum an-deren den Bruch von Gottes Gesetz. Die gestörte Beziehung wirkte sich in Scham aus, die Gesetzesübertretung war eine Schuld.**

Diese Geschichte beschreibt mit allen Begriffen, wie wir heute die Funktion des Gewis-sens erkennen. Hier wurde das Gewissen geweckt, aktiviert; es war schon ausgebildet, sonst hätte es nicht spontan funktionieren können (s.o.). Es entstand in der sozialen Be-ziehung der drei Personen, und es wurde nicht vererbt, aber die Möglichkeit, es zu ent-wickeln, blieb im Grundansatz – es trat bei Kain und Abel unter völlig anderen Umstän-den wieder zutage. Ebenso blieb der Bruch in der Beziehung zu Gott: Sünde ist gesche-hen, die Tat kann nicht rückgängig gemacht werden, und die Auswirkungen sind ebenso unwiderruflich: Der Mensch lebt außerhalb des Paradieses im Zustand der Schuld, sein Geist hat die Möglichkeit zur Sünde eröffnet. Die Beziehung Gottes zu den Menschen ist gestört oder zerstört, der Mensch kann sie von sich aus Gott gegenüber nicht wieder herstellen. Es besteht kein Hinweis darauf, dass der Mensch das so beabsichtigt hatte.

## 2.2    Sprachliche Begriffe und Konzepte für Gewissen

### 2.2.1    Herz

#### These 211

**Mit dem Begriff für das Organ „Herz" wird im Alten Testament die rationale Person beschrieben.**

In beiden Formen (lēb-lēbab – לבב-לב) ist mit 858 Vorkommen das am häufigsten angewendete anthropologische Konzept. In den meisten Fällen (814) ist mit *lēb* das menschliche Herz gemeint, das dann aber auch Gefühle (1.Mo.34,3), Wünsche, Vernunft, Entscheidung des Willens bedeuten kann; ebenso wird der Begriff für das Herz Gottes als den eindeutigen Willen Gottes, gegen den der menschliche Wille gemessen wird, verwendet.

#### These 212

**Wie die anderen Konzepte repräsentiert Herz ebenso die ganzheitliche Person, daneben auch den Sitz und die Funktion der Vernunft – es umschließt alles, was wir auch mit Gedanken („mind") und Gehirn bezeichnen würden: Erkenntnis, Logik, Verstehen, Einsicht, Bewusstsein, Gedächtnis, Wissen, Nachdenken, Richten und Weisheit.**

*lēbab* ist abgeleitet von ‚verständlich sein', ‚Einsicht gewinnen', ‚die Sinne beieinander haben'. Ebenso ist das Herz der Sitz der künstlerischen Verständnisse und menschlichen Fähigkeit. Die Begabung selbst wird durch den Geist (רוּחַ-ruᵃh) Gottes gegeben. (Ex.31,3) Im Herzen werden die Kriterien von Plänen und Aktionen durchdacht. *In diesem Sinne erhält es auch die Bedeutung von Gewissen* (1.Sam.24,6,11-12), auch *weil Herzklopfen eine ethische Beurteilung des Gewissens anzeigt* (2.Chron.34,27; 1.Sam.24,6). Das Herz wird *weich*, wenn es *bewegt* ist – ein Zeichen der Demut unter dem Einfluss des Wortes Gottes. Ein *neues, reines Herz* orientiert sich gewissenhaft an seinem Gott (Ps.51,9;12;14). Der *willige Geist* ist bereit, anhaltend ein reines Gewissen zu behalten. Reine Hände und ein reines Gewissen signalisieren, dass Böses weder beabsichtigt noch getan wurde (Ps.17,3; 139,23; Spr.21,2). Sich *ein Herz fassen* ist eine Entscheidung aufgrund einer Einsicht (2.Sam.7,27) im Abwägen verschiedener Meinungen gegeneinander (Spr.6, 21, 23-27).

*Ein hartes Herz* ist unempfindlich und unbeweglich (2.Mo.4,21; 7,3, 15; 9,7; 5.Mo.2,30; Jes.6,10).

Die Ausdrucksweise ḏabar ⁹l leḇ (דבר צל לב) kann dem Kontext nach *zum Herz sprechen, das Herz überzeugen* bedeuten, was eine Bereitschaft zur Änderung des Willens voraussetzt, zu dem Gott den Menschen motiviert, um eine Bundes-Beziehung herzustellen (Hos.2,14-23); im übertragenen Sinn auch *zum Gewissen sprechen* (Ri.19,3; 1.Mo.50,20-21). Im Herzen. (1.Sam.14,6; Jes.10,7) soll eine Entscheidung stimuliert werden (Jes.40.2; 2.Chr.30,22; 32,6).

## 2.2.2   Nieren

Im Alten Testament sind die Nieren neben dem Herzen das wichtigste innere Organ; sie werden gelegentlich synonym verwendet, in englischen Übersetzungen wird *kelajot* auch mit „Lenden" übersetzt.

Bei 31 Erwähnungen stehen 18 Vorkommen für einen Teil des Tieropfers, 13 Mal für menschliche Nieren. Wenn Gott die Menschen straft, schießt er seine Pfeile in ihre Nieren, was große Schmerzen verursacht (Hiob 16,13). Oft sind die Nieren auch der Sitz des Gewissens. *Meine Nieren strafen mich* heißt dann *mein Gewissen korrigiert mich*. Wenn Gott von den Nieren entfernt ist, kann er deren Entscheidung nicht beeinflussen (Ps.16,7-9; Jes.12,1-2). Aber Gott *prüft* den Menschen *auf Herz und Nieren* (Ps.7,10; 26,2; Jer.11,20; 17,9-10; 20,12). Die Nieren sind wie das Herz sehr empfindlich für Schmerz (Ps.73, 1,21), aber auch für Freude, z.B. über ein gerechtes Urteil (Spr.23,16). So bilden die inneren Organe des Körpers die Quelle für geistliche und ethische Motivationen – sie übernehmen die Funktionen des Gewissens. Es reagiert wie bei Adam und Eva auf das Gesetz bei einem ungerechten Verhalten (1.Sam.24,6), es beschwert sich (Hi.27,6), beschuldigt oder spricht gerecht (1.Sam.25,31), kann desorientiert sein und sich selbst in die Irre führen (Jer.17,9), aber es ist dem gefallenen Menschen keineswegs verloren gegangen (Jer.17,1).

### These 213

**Wie Herz und Nieren im Körper ist auch das Gewissen in der Kultur des Alten Testaments abhängig von vielen verschiedenen Komponenten, es wirkt sich auch unterschiedlich im Leben aus.**

Zwei andere Faktoren können im Alten Testament nicht vom Gewissen getrennt werden: Sünde und Schuld, sowie Scham, Blamage oder Schande. Die ersten bewegen das Gewissen, die anderen sind deren Auswirkung. Wie der Wille, die Gefühle, das Verstehen und Bewusstsein Komponenten des Gewissens sind, so arbeiten sie auch zusammen, dass der Mensch durch sein Gewissen sich seiner Schuld bewusst wird und sich seines Verhaltens schämt.

### These 214

**Was immer einen stärkeren Einfluss hat, ist das entscheidende Element des Gewissens. Aus diesem Grund können wir wir auch im Alten Testament von einem scham- oder schuldorientierten Gewissen sprechen.**

## 2.2.3   Sünde und Schuld

Das Alte Testament kennt kein einheitliches Konzept für Sünde; vielmehr gibt es auch dafür eine Reihe von Begriffen, die sündhaftes Verhalten aus verschiedenen Perspektiven beleuchten, auch in profaner Verwendung.

**Eine häufige Verwendung für sündigen ist *ein Ziel verfehlen* (Ri.20,16; Spr.19,2) oder einfach *Verfehlung*.** Die unheilvolle Auswirkung eines Vergehens über die Tat hinaus ist im alten Orient sowie in Israel bekannt: Die Tat wirkt sich am Täter in Unheil, Krankheit oder Tod aus, auch noch später im Leben (Ps.25,7; Hi.13,26).

*Unbeabsichtigte und unbemerkte Sünde* ist gefürchtet, wird aber anders gewertet (Ps.19,13; 1.Sam.14,24-44; 3.Mo.4-5;4.Mo.15,22-30). Man kann ungewollt in die Sünde anderer hineingezogen werden, was aber nicht die Erkenntnis der Sünde relativiert (2.Sam.12,13; 24; 1.Mo.9,20ff; 2.Mo.29,5f; Jos. 7; 2.Kö.9f.). Bewusster Ungehorsam als Auflehnung gegen Gott wurde unterschieden von Taten, die unbewusst geschehen sind (4.Mo.15,22ff.; Jos.20).

Von einer durch Sünde gebrochenen Beziehung innerhalb der bestehenden Gemeinschaft können auch *nachfolgende Generationen* betroffen sein (1.Mo.12,17; Jos.7,1ff; 2.Sam.24,10ff.; Jona 1,4ff.). Diese Ahnung blieb in Israel erhalten und wurde auf die Zeit vor der eigenen Existenz zurückgeführt, die Bibelstellen sagen aber eher aus, dass es keinen Frommen auf Erden gibt, nicht von wann die Sünde stammt (1.Kön.8,46; Spr.20,9; Pred.7,21; Ps.51,7; 130,3;143,2) war aber auch im alten Orient weit verbreitet.

### These 215

**Die Verehrung fremder Götter gilt in Israel als Hauptsünde, die als Bundesbruch gewertet wird.**

**Dadurch wird Gott die absolute Autorität aberkannt, es wird ihm die Ehrerbietung verweigert. Das sind Schuld- und Schamvorgänge, die Vertrauensbasis ist zerstört und die Motivation des Gewissens zum Gehorsam ist stark eingeschränkt** (Hos.6,7; 10,4).

Erst im Nachhinein wurden das Exil und dessen tiefe Konsequenz verstanden (Neh.9; Dan.9; Esr.9). Staatsverträge schlossen auch im alten Orient immer Gottheiten als Autoritäten, Garanten und Wächter in die Formulierung ein. Der Bundesbruch war bei Israel Ungehorsam dem Wortlaut des Vertrags gegenüber und damit Missachtung der göttlichen Autorität.

ḥṭ² (חטא) bezeichnet Sünde als *verfehlen, verletzen* bzw. *schuldig werden*. Allgemein wird der Begriff im religiösen Sinn als *Sünde gegen Gott* verstanden und bedeutet *Übertretung eines bestimmten Gebots* (Ri.20,16; Hi.5,24; Spr.19,2; 2.Kö.18,14; 1.Mo.40,1; 43,9).

āwōn (צון) ist eine bewusste *Abweichung vom rechten Weg* oder als *Perversion des Rechts*, dabei *den falschen Weg einschlagend*. Als Perversion bedeutet das Schuld und die Strafe dafür (Hi.33,27; Jer.3,21; 1.Sam.25,24; 1.Mo.4,13).

pæša (פשע) ist ein stärkerer Ausdruck und charakterisiert eine Tat als *starrsinnige Abtrünnigkeit oder Rebellion*, auch gegen Gott (1.Kö.12,19; 2.Kö.3,5.7; Ps.36,2-3; Jes.1,20; Hos.14,1; Jos.22,16ff.).

rš' (רשע) bezeichnet Sünde als *ungerecht*, ra'ša als den *Schuldigen – den Gottlosen*. Nach der Zeit Jesajas wurde dieser Begriff am meisten für Sünde gebraucht (2.Mo.2,13; 3.Mo.35,31; Esra 9,27; Jer.14,20).

Ra'a (רצע) ist *Unglück, Übel, Boshaftigkeit*. 'Asham (אשמ) ist ein *Verbrechen*, worauf Bestrafung folgt (Ri.21,22; 1.Mo.42,21; 1.Sam.6,19; Jes.53,10). Schuld bringt schon Leiden mit sich (Jes.53,10).

Mit naḇal² (נבלה) kann *Dummheit* ausgedrückt werden (2.Sam.13,12; Jes.32,6; Jer.4,22; Spr.5,22).

ᶜāwōn kann den Charakter von *Unglück* oder die Nachricht davon oder das Übel selbst bezeichnen. Ebenso werden Verrat, Verdrehung der Wahrheit als Sünde erkannt.

Die stärkste Sprachform für Sünde הנף-ḥnp (pervertiert sein) ist *Bosheit* und *Rebellion gegen Gott*. Eine schwächere Form ist die Abwendung von Gott. Viele verschiedene Begriffe unterscheiden den Grad der Sünde.

Israel hat Gott nie mit Sünde in Verbindung gebracht (die Anfragen Hiobs an Gott grenzen allerdings an diesen Bereich) wie in der babylonischen Theodizee (Versuch einer gedanklichen Rechtfertigung Gottes in der Welt des Bösen – von *theos* für Gott und *dike* für Gerechtigkeit). Doch Gott setzte gelegentlich selbst gezielt Sünde ein, um durch deren Auswirkung die Menschen zu bestrafen (Pharao, David, 2.Sam.24).

Die Verletzung des kultischen Ritus ist Ungehorsam und muss mit der Todesstrafe rechnen, wie Verehrung anderer Götter und Götzen oder unautorisierter Kontakt oder Gebrauch von heiligen Geräten (1.Sam.6,19ff; 2.Sam.2,12; 6,6ff.; 2.Mo.19; 30,38; 3.Mo.10,1,ff.; 12,10), ebenso wie die Missachtung des Sabbats (4.Mo.15,32ff.).

## These 216

**Der Israelit sieht sich von Gott selbst konfrontiert als Herausforderung der Achtung seiner Autorität und Ehre und mit seinem Wort als Herausforderung für den Gehorsam. Diese beiden Seiten können nicht getrennt betrachtet werden.**

Der Wortstamm für Sünde, Schuld und Strafe kann in Hebräisch nicht immer eindeutig unterschieden werden. *Schuld und Sünde erscheinen als Synonyme.* ᶜāwōn kann für Sünde, Schuld und Strafe verwendet werden. *Ra'a* ist sowohl Sünde als auch Schuld, und ᶜāšām Verschuldung wie Buße.

## These 217

**Sünde bringt den Menschen in Schuld, was Strafe nach sich zieht. Dieser Zusammenhang ist absolut, so dass die Reihenfolge umgekehrt werden kann: Von Strafe kann auf Schuld und von ihr auf Sünde geschlossen werden (Jos.7; 2.Sam.21).**

Das führte auch zum Zusammenhang von Krankheit und Sünde (Ps.6,2ff.; 32, 3f.; 38,2ff.; 39,11-12), Die Strafe kann automatisch geschehen, folgt aber meist einer Entscheidung Gottes (Jes.7; 1.Sam.14). Strafe hat immer den positiven Sinn, etwas Neues zu bewirken; sie schmerzt manchmal Gott mehr als den Straftäter (Hos.11,8ff.). Eine Balance zwischen Sünde und Strafe ist deutlich erkennbar (1.Mo.12,3; Jes.5,8ff.; 20,16; Jer.2,5; Spr.11,25).

## These 218

**Auch wenn Sünde schon im Herzen erkannt war, wurde sie erst nach der Straftat bestraft (1.Mo.4).**

Diese Zusammenhänge meinen jedoch nicht das Leid oder Leiden, das jeder sündhaften Basis entbehrt – wie z.B. in der Diskussion bei Hiob.

*Scham bezieht sich auf Sünde* bei der Verehrung anderer Götter (Jes.42,17; 44,9-11; 45,16,f.; Jer.3,24f.; 11,13), Prostitution (Esr.16,36; 16,27), Diebstahl (Jer.2,26), Dummheit (Spr.18,13), Völlerei (Spr.28,1), Faulheit (Spr.10,5), Falschheit (Spr.13,5), Ungehorsam gegenüber den Eltern (Spr.19,26), Streitsucht (Spr.25,8-10), Vernachlässigung des eigenen Kindes (Spr.29,15).

Wer sündigt, fällt in Ungnade, auch wenn Ungnade verhindert werden soll (durch Sünde) (Jes.30,5; Hos.2,5; Jer. 2,26; 6,15; 8,12; 50,2)

Der Ausdruck *das Gesicht verbergen* kommt 29 Mal vor und ist oft verwendet in Verbindung mit Sünde als Ausdruck von Zorn, Hass, oder Schüchternheit. Der dahinter liegende Gedanke: *Sünde ist schandhaft*, Gott kann Sünde nicht sehen und verbirgt sein Gesicht davor.

*Sünde und Schuld wurden hier mehr von der sprachlich-technischen Perspektive als vom Kontext her beleuchtet.*

## These 219

**Die verschiedenen Wortbedeutungen zeigen, dass Sünde durch die gleichen Elemente entsteht, die auch das Gewissen bewegen.**

## 2.2.4 Scham und verwandte Begriffe

Das Gewissen im Alten Testament nimmt die falsche Tat wahr und bestätigt sie in Bezug zum Gesetz und Gebot Gottes als Norm. Ein wichtiger weiterer Faktor kommt an die Oberfläche und wird erst in Verbindung mit der ganzen Kultur erkannt: *Scham, Beschämung, Blamage oder Schande.* Das wurde im vorhergehenden Abschnitt schon angedeutet. Scham ist im Alten Testament oft in Verbindung mit Sünde als Prinzip und Verhaltensmuster gebraucht (Ps.35,26).

### These 220

**Scham ist im Alten Testament das Empfinden, das entsteht, wenn man sündigt.**

*Wenn jemand sündigt und sich nicht dafür schämt oder hat nicht das Empfinden, das Gesicht verloren zu haben, ist das die größte Schande – geradezu eine Sünde an sich. Wenn Sünde keine Scham hervorruft, werden Beobachter und Beteiligte beschämt, sogar Gott selbst. Man spricht dann von der Schande der Schamlosigkeit. Ein schamloser Mensch muss für seine Sünde und für seine Schamlosigkeit bestraft werden.* **Es wird erwartet, dass Scham mit der Sünde entsteht** (Jes.42,17; 44,9-11; 45,16f.; Jer.3,24f.; 11,13; Jer.2,26; Spr.18,13; 28,7; 10,5; 13,5; 19,26).

Die idealen Verhaltensmuster im Alten Testament waren die moralischen Leitlinien, die Gott für das persönliche und das gemeinsame Leben der Menschen gegeben hat. *Sünde und Schande* diesen Leitlinien gegenüber lässt einen Menschen *sein Gesicht verlieren.* Der gläubige Mensch setzt alles daran, sich den Leitlinien entsprechend zu verhalten, persönlich und in der Gesellschaft, damit er nicht in Schande gerät. *Ungehorsam gegen Gott kann in diesem Kontext bedeuten, vor Gott und vor Menschen das Gesicht zu verlieren.*

Wenn im Alten Testament von Sünde die Rede ist, liegt in der Regel ein komplexes System des Gewissens unter der Oberfläche. Wenn der Sünder im Bezug zu seinem Umfeld gesehen wird und man sich selbst in diese Situation hinein zu versetzen versucht, kann eine starke Schamorientierung festgestellt werden. Sünde geschieht gewöhnlich in Verbindung mit anderen Menschen. Das löst das Element Scham aus, die viel schmerzvoller empfunden wird als Schuld.

*Der Begriff* bôš hat die Tendenz zu Schamhaftigkeit aber bezeichnet ebenso eine finanzielle Verpflichtung aufgrund einer verursachten Schande. Die Erfüllung des Lebens ist gefährdet oder beschädigt bzw. verteidigt, um nicht beschämt zu werden. Ein Aspekt dabei ist durchaus auch die sexuelle Potenz oder die Verbindung zur sexuellen Scham. Der Begriff zeigt eher Passivität an, dass der Mensch unter dem Einfluss der Scham leidet. Die Wortwurzel selbst hat jedoch weniger mit sexueller Scham zu tun (1.Mo.2,25). Der Zusammenhang beim Sündenfall zeigt eher an, dass sich jemand in Bezug auf sein Nackt-Sein nicht schämt in der ungebrochenen Gemeinschaft mit Gott und einem anderen Menschen. Vordergründig bleibt die Bedeutung, dass sich jemand schämt für was er getan hat (Jes.1,29; 30,1-5; 20,5; Mi.1,11; 3,5-8; Hos.10,6; 4,13; Hi.6,20; 1.Sam.20,30).

bôš bedeutet allgemein sich schämen oder beschämen. Dabei ist kein Bezug zur sexuellen Scham festzustellen, eher eine Situation, in der sich jemand schämt, nackt vor einer anderen Person zu stehen. Das kann mit der Würde verglichen werden, ohne die niemand erhobenen Hauptes und im Bewusstsein seiner Persönlichkeit leben kann. Mit Würde ist Ehre verbunden, die einen qualitativen Zustand anzeigt, in dem man geehrt und anerkannt wird (Ri.9,50; Ps.7,6).

### These 221

**Die Begriffe Ehre, Leben und Seele stehen in engem Zusammenhang und können ausgetauscht werden; sie sind identisch mit der Existenz einer Person.**

**Ohne Ehre ist das Leben nicht lebenswert.**

Deswegen ist der Verlust der Ehre gleichwertig mit dem Verlust von allem, wofür sich lohnt zu leben, wiederum eine Parallele zum Gesichtsverlust, dem Verlust des Lebens oder des Seins (2.Sam.1,9-10). Die volle Würde oder Ehre wurde dem Menschen bei der Schöpfung gegeben und ging verloren beim Sündenfall. Erst im Neuen Testament bietet Gott dem Menschen die Möglichkeit, sie wieder ganz zu erhalten.

Beschämt werden oder in Ungnade fallen bzw. sich zu blamieren ist für den Menschen im Alten Testament ein ständige soziale Angst. Die Ausdrucksweise „bis zum Punkt der Scham" bedeutet soviel wie die ultimative soziale Isolation: „das spottet jeder Beschreibung" (engl. „beyond degree") (Ri.3,25; 2.Kön.2,17; 8,11).

Der biblische Begriff bōš kann auch mit dem (nicht nur) orientalischen Konzept des Gesicht Verlierens verglichen werden.

### These 222

**„Gesichtsverlust" ist die Erfahrung der Demütigung als Konsequenz des Prestigeverlusts durch bewusste oder unbewusste Missachtung der eindeutigen Gesetze der Gesellschaft.**

Scham wird beschrieben in Verbindung mit Gewissensbetroffenheit und Schuldschmerz (Esra 9,6; Dan.9,7; Jer.3,25), mit vergangenen Sünden, die im Licht der Gnade und des Gerichts Gottes gesehen werden (Hes.36,32; 2.Sam.13,13; Spr.15,20; Hes.39,7).

harap̄ gehört zu den Konzepten, die mit übler Nachrede, Verleumdung oder Rufmord beschrieben werden. Der säkulare und nachbiblische Gebrauch sowie die Septuaginta beschreiben damit den Zusammenhang von einander verursachen zu schimpfen, sich zu schämen oder zu blamieren, sodass das Ansehen der Person vor Dritten beschädigt wird. (Ps.44,15ff.). Scham verbindet eine äußere Erfahrung mit einer inneren Reaktion. Sie zeigt dass das Verhalten der Menschen im Alten Testament tiefe Wurzeln in der Seele hat und keinesfalls nur eine instinktive, gelernte, mechanische Reaktion ist. Scham aktiviert und beeinflusst den ganzen Menschen in seinem Denken, Wollen, Verstehen und Empfinden. Scham zeigt die emotionale Aktivität des Gewissens, das sich wesentlich dadurch äußert und den Willen zwingt zu reagieren, etwas zu tun. Scham lässt dem Gewissen keine Alternative, sondern verlangt eine sofortige und klare Entscheidung.

*Das Bewusstsein der Schuld ist durch die Scham unterdrückt; Sünde hat ein starkes Scham-Element, es ist nicht einfach zu unterscheiden welches der beiden die stärkere Rolle spielt, das Verhalten zu ändern oder aufzugeben. Nur die simultane und vergleichende Betrachtung beider Phänomene kann die Funktion des Gewissens beschreiben.*

## 3. Das Begriffsfeld Gewissen als individuelle und korporative Konzepte

### 3.1 Das Gewissen in individuellen menschlichen Beziehungen

Ein Mensch verliert sein Gesicht, wenn er sich in einer totalen Disharmonie mit seinem Umfeld befindet. Das geschieht, wenn sich die Person anderen gegenüber oder andere ihr gegenüber so verhalten, was die generelle Öffentlichkeit als unkorrekt und höchst unerwünscht bezeichnet. Das gesamte System, nach dem ein Mensch sein Gesicht verliert, hat nur Gültigkeit vor seinem eigenen speziellen kulturellen Hintergrund.

Das Gesicht ist ein wichtiges Instrument der interpersonellen Kommunikation – damals im alten Israel wie auch in unserer Gesellschaft heute. Menschen erkennen sich am Gesicht. Es zeigt Emotionen und zu einem gewissen Grad kann auch der Zustand des Gewissens vom Gesicht abgelesen werden: Ein schlechtes Gewissen lässt den Kopf hängen; wenn dagegen jemand von seiner Unschuld überzeugt ist, trägt er seinen Kopf hoch. Wer sein Gesicht verbirgt oder verdeckt, ist zornig, schämt sich oder ist zumindest unsicher.

Scham in Verbindung mit פָּנִים (p̄anim – Gesicht) bezeichnet die Schande, die auf ihm und seiner ganzen Person liegt, wie das für andere Menschen erscheint. In diesem Sinne kann *Scham des Gesichts* mit dem Begriff *Gesicht verlieren* verglichen werden (2.Sam.19,5; 2.Chr.32,21; Ps.34,4-5; 44,15-16; 69,7f.; Jer.51,51; Hes.7,18).

Das Volk Israel hatte eine korporative Persönlichkeit. Soziale, politische, religiöse und alle anderen Aspekte seiner Existenz wurden oft personifiziert in Form einer einzigen Person – eine bedeutsame Kombination des individuellen und des Lebens der ganzen Nation. *Die Sünde des Einzelnen wurde zur Sünde des Volkes. Die Schande eines Einzelnen musste vom gesamten Volk ausgelöscht werden, um die Einheit und Ganzheitlichkeit zu erhalten.*

Ein Einzelner wurde oft verantwortlich gemacht für das Unglück der ganzen Gesellschaft, in allen Generationen der Vergangenheit und Zukunft (Jos.7; 1.Kön.21,29; Ri.11,1ff.).

Deshalb standen die Kinder unter den Folgen der Sünde ihrer Eltern und einzelne Personen waren verantwortlich für die Sünden der Geschichte. Die Bevölkerung lebte in kleinen Dörfern, in denen jeder jeden kannte. Daraus lässt sich erklären, dass das Schamempfinden, wie es in der Bibel beschrieben ist, immer die Zweitbedeutung von Bloßstellung vor aller Augen hat. Um dieses Empfinden von Respekt, Ehre, Gesicht, oder den Namen zu verlieren selbst zu kennen, muss man in einer solchen Umgebung und Atmosphäre aufgewachsen sein. Solche Menschen – wie auch heute z.B. Asiaten – erkennen einen Unterschied in der negativen Erfahrung von Scham und einem positiven Aspekt von „Gesicht verlieren".

Der japanische Theologe Shin Funaki[9] zeigt den starken Effekt der Beziehung des Einzelnen zu anderen im Zusammenhang mit kleinen und geschlossenen Gesellschaften besonders in drei Gebieten: Prestige, Selbstrechtfertigung und Selbstverherrlichung.

### These 223

**Prestige ist die Ehre einer Person in den Augen anderer.**

*Ehrverlust ist simultan Verlust des Selbstrespekts – der in eigener Einschätzung dessen besteht, wie viel Respekt andere ihm zollen oder gewähren.* Das Bewusstsein von Prestige bestimmt ziemlich genau den Standard des Verhaltens. Hiob zum Beispiel versuchte sein Prestige in den Augen Gottes und bei seinen Freunden zu erhalten und sogar zu verteidigen – es war der letzte Wert, der ihm übrig geblieben war.

### These 224

**Prestigeverlust ist die Konsequenz aus dem Verlust der Ehre, die jemand meint in den Augen anderer zu haben. Gesicht verlieren ist das Resultat von Verlust des Prestiges oder der gedachten Ehre.**

Als Absalom seinen Vater David nicht sehen durfte, war das für ihn ein Prestigeverlust. Der König hatte ihm keine Ehre erwiesen. Ebenso respektierte Joab den Absalom nicht, indem er ihm den Gehorsam verweigerte. Beide Male empfand das Absalom als beabsichtigte Beschämung (2.Sam.14,24.29-33).

---

[9] Funaki, Shin: „The Significance of the Old Testament Concept of „Losing Face"." M.A.-Thesis, Wheaton College, 1957.

Ehre erhalten und Prestige pflegen geschieht nicht immer ohne Sünde, besonders wenn eine Person meint, ihr Prestige über das einer anderen steigern zu sollen. So verlor Saul sein Gesicht, als er unter Druck der Offiziere seinen unsensiblen Befehl zurücknehmen musste (1.Sam.24,14ff.).[10]

## These 225

**Selbstgerechtigkeit ist das Recht, das man sich selbst zuschreibt oder das man bei sich selbst erkennt.**

Als Ahab den König Benhadad von Syrien nach dem Sieg über ihn entließ, wollte er Respekt und Ehre in den Augen der Leute zurückgewinnen. Ahabs Selbstgerechtigkeit wurde in Schande verwandelt, als die Propheten dieses Verhalten rügten. Diese Aktion brachte ihn zur Erkenntnis seiner Sünde vor Gott (1.Kön.20,35ff). Der General Joab und seine Soldaten wurden nach deren Sieg über Absalom von König David nicht empfangen. Dadurch verloren sie ihr Gesicht, sie waren unsicher, denn auch die Bevölkerung verweigerte ihnen den verdienten Respekt. Der Grund für Joabs Verlangen nach Anerkennung war seine Selbstgerechtigkeit (2.Sam.19,1ff.).

## These 226

**Selbstverherrlichung ist das Bild, das eine selbstgerechte Person von sich hat – es lässt keinen Makel zu.**

Gideon rief die Männer von Ephraim nicht zum Kampf und gewann den Krieg auch ohne sie. Ephraim hatte eine Ehrenstellung in Israel in Bezug auf Krieg. Nun standen sie in Gefahr, diesen Platz zu verlieren: Man hatte gewonnen und sie noch nicht einmal gebraucht. Das machte sie wütend. Ihr hohes Image, das makellose Bild, das sie meinten in den Augen von Israel zu haben, war zerstört. Ihr sündhafter Drang war das Einfordern von Wiedergutmachung. Gideon verhielt sich weise, indem er sie an ihre Siege erinnerte (Ri.8,1-3).

Schamelemente sind in zwischenmenschlichen Beziehungen häufig anzutreffen. Sie sind auch im individuellen und dem Leben der Nation eingeflochten. Aktionen und Reaktionen erhalten ihre Impulse vom Bewusstsein der Scham. Das Gewissen fällt seine Entscheidungen nach dem jeweils stärkeren Element im psychologischen Vorgang.

## These 227

**Solange Ehre ohne Bezug zu Gott auf das Verhältnis zu Menschen begründet wird, muss das Konzept „Gesicht-Verlieren" in sündhaftes Verhalten führen, weil der Mensch mit unreinen Mitteln sein Gesicht wiedergewinnen möchte.**

Später in der Geschichte Israels hat Gott das kulturelle Kollektivempfinden des Bundesvolkes relativiert und die Schuldverantwortung des Einzelnen betont (Hes.18,20-24). Dabei wird deutlich, dass Gott im Umgang und in der Kommunikation mit seinem Volk dessen kulturelle Empfindungen berücksichtigt hat. Für Gott stand dabei aber immer auch das Verständnis von Schuld und Gerechtigkeit im Hintergrund. Die Propheten bezeugten immer wieder diese Seite des Bundes und der Beziehung des Volkes zu Gott. Dessen Verständnisraster jedoch hatte es schwer, diese Gedanken zu integrieren. Erst im Neuen Testament werden diese Zusammenhänge deutlich und sind nicht mehr zu verdrängen.

---

[10] Ähnlich ging es dem Präsidenten von Pakistan, Musharaf, der Ende November 2007 unter dem Druck der Westmächte den Oberbefehl über das Militär abgeben musste, bevor er sich zum Präsidenten wählen ließ. In seiner Antrittsrede konnte er nur mit Mühe aggressive Seitenhiebe dem Westen gegenüber zügeln, indem er sagte, die pakistanische Demokratie sei nicht nach westlichem Maßstab und Tempo durchführbar.

## 3.2 Das Gewissen in der individuellen Beziehung zwischen dem Einzelnen und Gott

Vor dem Fall spiegelte der Mensch das Bild Gottes – auch dem Wesen nach. Nach dem Fall verlor der Mensch diese Charakteristik und die Eignung dafür. In Gottes Augen war das Ursprüngliche tot. Der Mensch verlor auch den zentralen Punkt seines Daseins: Die Gemeinschaft mit Gott. Sie wurde zerstört und der Mensch verlor seine Sicherheit.

Sexuelle Scham war in der Gemeinschaft mit Gott nicht entstanden. Später wurde sie ein Zeichen der Trennung von Gott. Als Gott dann mit Israel einen Bund schloss, bot er eine neue Basis, auf der der Mensch wieder Gott ansprechen konnte. Vorher blieb die Beziehung individuell abhängig von jedem Einzelnen. Jetzt knüpfte Gott daran an, woran die Gemeinschaft zerbrochen war: Gehorsam Gott und seinen Geboten gegenüber (Ps.119,80.116 – ganzer Psalm).

Harmonisch mit seinen Mitmenschen zusammen zu leben bedeutete, dass auch die Beziehung der einzelnen Menschen zu Gott in Ordnung war und alle Gott respektierten. Das stärkte den Respekt und die Ehre des Einzelnen vor anderen. Auf diese Weise konnte der Einzelne sein Gesicht wahren. Andernfalls fiel er in Schande. Das Bewusstsein der Scham war die Kraft, die Beziehung zu Gott aufrecht zu erhalten. Gott arbeitete im Gewissen des Menschen, indem er dieses Bewusstsein wach hielt.

In den Psalmen ist Scham in vier verschiedenen Arten verwendet: Als *Beschwerde* (Ps.44,15f.), im *Ausdruck von Treue* (Ps.22,5-6; 44,7-8), als *Motivation einer Bitte* (13 mal, z.B. Ps.34,6) und als *Wunsch für den Feind des Beters* (17 mal, z.B. Ps.71,24).

Die Beziehung zu Gott ist die Grundlage für das Gebet. Wenn die Bitte nicht erfüllt wird, ist der Beter tief gedemütigt. Das ist der Grund, warum die Schreiber der Psalmen so oft um die Beschämung ihrer Feinde bitten: Nicht aus Rache, sondern damit Gottes Wahrheit zutage tritt. Die gute und reine Beziehung zu Gott wird durch die Erhörung des Gebets bestätigt (Ps.86,17; 31,18). Gott antwortet und reagiert so, dass der Beter versteht. Gott tritt dazu in das schamorientierte Denken, Empfinden und Verhalten des Beters und der israelitischen Kultur (Ps.44,8; 14,6; 53,6). Aus diesem Grund kann bestätigt werden, dass Gott das kulturelle System mit dem schamorientierten Gewissen anerkennt und in seinem Umgang mit den Menschen dieses Denksystems verwendet.

## 3.3 Das korporative Gewissen des Volkes Israel

Durch Gottes Offenbarung und seine persönliche Zuneigung war das Volk Israel auf ihre Väter und Vorfahren angewiesen: Der Bund Gottes mit Israel regelte die Beziehung des Volkes zu Gott, wodurch eine Gemeinschaft und Einheit entstand, die dem Einzelnen Bedeutung gab. Wenn in dieser Gemeinschaft ein Einzelner ein Gebot Gottes brach, war das nicht nur dessen Auflehnung gegen Gott, sondern der ganzen Nation.

### These 228

**Frieden bedeutete für Israel, dass es in Harmonie mit Gott lebte. Die Furcht des Einzelnen, dass er diesen Frieden gefährden und dadurch in Schwierigkeiten und Schande geraten könnte, war eine starke Motivation dafür, Gott recht zu dienen.**

Die Furcht vor Schande war eine starke moralische Kraft, die das Volk einte. Jeremia berichtet von dieser Beziehung zu Gott und ihrer Auswirkung auf den Menschen. Gott verlassen wurde ggf. mit einer schlechten Ernte beantwortet. Es war eine bedrückende Schande für die Menschen, die ihren Gott vergessen hatten und deren Leben „ein Haschen nach Wind" wurde (Jer.7,17-20; 3,24f.; 2,26ff.; 31,19). Die Menschen beschwerten sich, aber sie wollten nicht zurückkehren (Jer.9,18: 12,13; 14,4; 15,9; 31,19). Die Bauern repräsentierten ihren Gott durch die Früchte der Ernte; deshalb empfanden sie eine schlechte Ernte als Schande (Jer.17,18; 20,11; 15,15ff; Zeph.3,11; 2.Kön.19,20-28; Jes.37,27; 49,23; Joel 2,26f.; 1,1-12.17). Als der Tempel als heiliger Platz und Stolz des Volkes angegriffen und zerstört wurde, war das eine besonders harte Demütigung für die Identität Israels (Jer.51,51). Jeremia verwendete Scham und ähnliche Ausdrücke 42 Mal und weitere 32 Redewendungen, die mit Scham zu tun haben. Das Konzept Scham ist so vorherrschend, dass es die ganze Botschaft des Buches durchzieht. Das Beziehungsdreieck zwischen Gott, Volk und dem Einzelnen ist verbunden durch das Gesetz. Wurde es an einer Stelle unterbrochen, zerbrach die Gemeinschaft. So konnte eine Person ein ganzes Volk gefährden (Jos.7: Achan). Gott strafte und segnete das Volk durch Einzelne, die ebenso durch kollektive Schuld litten – sogar die Schuld anderer Generationen, auch wenn sie selbst unschuldig waren.

### These 229

**Der Bund Gottes mit Israel war Überlebensstrategie für alle. Diesen zu verlassen bedeutete nicht nur den Tod des Sünders, sondern auch des Volkes.**

*Eine Quelle der sozialen und religiösen Kohäsion neben dem Glauben waren Scham und die verschiedenen Formen ihrer Äußerung. Im Gewissen des Einzelnen war verankert, dass er Gott und dem Volk verantwortlich war.*

### These 230

**Die Beziehung innerhalb des Bundes war auf das Wort Gottes gegründet, dem Gehorsam geleistet werden musste; den zu verweigern, bedeutete Schuld. Dadurch war die Beziehung gestört, was Scham zur Folge hatte** (2.Chr.20,20; Jes.7,8b).

## 3.4 Das Volk Israel und die Nationen

Die Existenz Israels war mit dem Namen des Yahwe verbunden und auf den Bund mit ihm gegründet. Israel war Gottes erwähltes Volk, egal was geschah. Die „Kinder Israel" waren geeint in diesem Bewusstsein und konnten als eine Person handeln (Aspekt des korporativen Gewissens). Doch Yahweh war nicht ein Lokalgott in Jerusalem sondern „der Schöpfer des Himmels und der Erde". Israel wurde inmitten dieser Völker als Zeuge dieses Gottes. Das war Israels Missionsaufgabe. Die anderen Völker waren nicht verworfen, sondern sollten für ihn gewonnen werden durch Israel – sie sollten Yahweh durch Israel erkennen. Dieser rote Faden zieht sich durch die gesamte Geschichte Israels, von Abraham bis zur Gegenwart. Die Tore waren offen für die Heiden, und Israel war unter ihnen bekannt. Das Bewusstsein dieser Erwählung gab den einzelnen Menschen und Israel als Volk ein Prestige unter den Völkern, um das sie besorgt waren.

### 3.4.1 Gott verteidigt die Ehre seines Volkes

Als die Ammoniter die Bärte und den unteren Teil der Kleidung von Davids Botschaftern abschnitten, war das eine niederschmetternde Beleidigung. Die Männer waren nackt der Öffentlichkeit ausgesetzt: eine horrende Schande (2.Sam.10,1ff.; 3.Mo.14,9). Die Ehre der Männer war zerstört, da sie so – in den Augen der Israeliten – mit den Außenseitern der Gesellschaft gleichgestellt waren. Außerdem repräsentierten die Männer ihren König, ihre Nation und damit ihren Gott. Das verlangte eine sofortige Reaktion Davids: Die Schande konnte nur durch Krieg beseitigt werden. Auch sein Vorgehen nach dem Tod Sauls reflektiert diesen Zusammenhang (1.Sam.31,8ff.; 2.Sam.1,14ff.). Die Soldaten Israels wendeten sich ab vor der Schande menschlicher Opfer der Moabiter; sie hielten diesen Anblick nicht aus – vielleicht erwarteten sie Gottes direkte Intervention in dieser abscheulichen Tat (2.Kön.3,26f.).

Im Gedankenkonzept des alten Orients war Verleumdung oder Schmähung in sich selbst schon eine Degradierung und verursachte großes Leid für die Zielperson: Gegen einen frommen Menschen oder das ganze Volk gerichtet war das als Blasphemie gegen Gott verstanden, gegen die Gott auch selbst schnell reagieren würde. Deshalb hatte David auch den Mut, gegen Goliath anzutreten, und Hiskia breitete den verunglimpfenden Brief des Sanherib im Tempel vor Gott aus: *Dahinter stand die Gewissheit, dass Gott auf diese Beschämung reagieren muss und wird* (1.Sam.17; 2.Kön.18,22-30; 19,14). So riefen auch die ungerecht Leidenden Gott um Hilfe an (Jes.37,6,23; 50,4-9). Mose erinnerte Yahweh in der Wüste daran, dass er sein Volk zu seiner Ehre aus Ägypten geführt hatte. Wenn er jetzt das Volk aufgäbe und es vernichtete, würden die Heiden mit dem Finger auf ihn zeigen und spotten: „Yahweh führte sein Volk in die Wüste, um es dort zu vernichten!" (2.Mo.32,11ff) Gott reagierte wie Mose das erwartet hatte: **Gott denkt im gleichen System wie sein Volk.**

### 3.4.2    Gott bestraft die Sünden Israels durch Schande

Die größte Schande für Israel war, den Heiden ausgeliefert zu werden. Als Volk Gottes erwarteten sie die Kriege zu gewinnen; nur durch Siege konnten sie ihr Prestige erhalten. Diese Empfindsamkeit nutzte Gott, um sie zu strafen – dabei mussten sie darüber nachdenken, warum Gottes Name durch sie entehrt worden war (5.Mo.28,25ff.; 47f.). Weil Israel bei ihren Nachbarn rituelle Prostitution abschaute, kamen die Philister und verunglimpften sie für ihr unethisches Verhalten (Jes.42,17; 44,9,11; 45,14-17). Sie sanken sogar tiefer als die Heiden: Wenn ein Mensch oder das Volk den Sinn für Scham wegen Sünde verlor, ergriff Gott einschneidende Maßnahmen, um diesen Sinn wieder zu wecken (Jer.2,26,36; 6,14-16). Wenn das unwirksam war, bedeutete das nur noch das Ende der Nation (Esr.9,6-7). Die heidnischen Götter waren ein Inbegriff der Schande schlechthin; so wurde auch der Begriff bōšæt für Scham manchmal anstelle von Baal verwendet (Jer.3,24f). Falsche Propheten wurden als Schande empfunden (Jer.8,9,11f.). Gott empfand es als besonders große Schande, wenn sein eigenes Volk solchen Propheten folgte (4.Mo.15,30; 1.Sam.2,12-17; 3,13).

Die Grundlage für eine vertrauensvolle Beziehung zwischen Gott und seinem Volk war die charakterliche Einstellung.

**These 231**

**Wenn ein Volk die Scham verloren hat, ist jedes gegenseitige Vertrauen hoffnungslos.**

**Die Zusammenhänge können in einer bestimmten Reihenfolge gesehen werden:**
Gottes Gebote
Menschliche Moral
Volk/Nation
Übertretung/Vertragsbruch/Rechtsverletzung
Sünde
Angst, Strafe
**Auslösung von:**
Scham
Korrektur
Wiederherstellung der Ordnung
**Oder:**
Ethischer Niedergang
Organisatorische Vernichtung
Politischer Kollaps

### 3.4.3    Die Wiederherstellung Israels zur Ehre Gottes

Immer wieder brach die brennende Frage nach der Wiederherstellung des Staates Israel auf. Die Propheten nahmen Stellung dazu. Das schloss nicht nur das Land in Palästina ein, viel mehr noch, dass alle Völker Gott anbeten sollten in Zion. Der Verlust des Glaubens des Volkes führte nicht nur in Schande, sondern auch in die Gleichstellung mit den anderen Nationen – oder Israel wurde der Willkür anderer Völker überlassen (Jes.49,23; 54,4ff.; 41,11f.). Die endgültige Zerstörung Jerusalems und Zerstreuung Israels war nicht nur eine Schande, sondern auch ein Zeichen der Einzigartigkeit Yahwehs. Er muss in den

Augen der Welt als unzuverlässig erscheinen, von den Eingeweihten ist er jedoch anerkannt und als wahr bezeichnet (Jes.62-63). Israel wird seinen größten Triumph bei der
Wiederkunft des Messias erleben. Gleichzeitig wird das eine Schande für sie sein, wenn
sie erkennen, was sie ihrem Retter angetan und wie lange sie ihn ignoriert haben.

### These 232

**Wenn das Korrektiv Scham während oder nach der Sünde keine Wirkung zeigt,
tritt ethische Verwüstung ein.**

# 4.   Praktische Erscheinungsformen

## 4.1   Physische Nacktheit und Sexualität

### 4.1.1   Scham und Sexualität

Heute wird Scham oft in Verbindung mit Sexualität und ihren Charakteristiken verwendet. Manche sehen den gesamten Zusammenhang vor dem Hintergrund der Sünde. Aber
es gibt eine göttliche Ordnung und nur wenn diese Ordnung durchbrochen wird, haben
wir es – auch im Alten Testament[11] – mit Sünde zu tun.

Liebe ist ebenso im Wesentlichen als körperliche Anziehung gedacht. Scham als Pein-
lichkeit, Verlegenheit und Hemmung oder Blockade trat erst durch Untreue und Ungehorsam Gottes Wort gegenüber auf (1.Mo.3,7-11; 2,24). Ausländische Kulte und Initiati-
onsriten wurden von den Israeliten immer wieder praktiziert; beide waren begleitet von
wilder und leichtfertiger Sexualität (Hos.4,1-2,13-18). Untreue Gott gegenüber war begleitet von sexuellen Ausschweifungen. Gott verwendete auch das Bild der ungezügelten
Sexualität für Untreue – und zeigte, dass der Schein trügt: Schande bringt Leid für das
ganze Volk (Hos.2,1-13/3+9; 4,3-10/7.19). Physische Bloßstellung war eine große
Schande. Gott verwendete dieses Mittel, und das wurde als Strafe empfunden. Prostitution und bewusste Nacktheit waren schändlich, genauso wie die Verführung dazu (Spr.7,4-
27/21).

sur ṭaʾam *(מים סור)* für *schamlos* kann wörtlich besser übersetzt werden mit *bar aller
guten Empfindungen*. Das Zeichen für Verführung ist Scham. Bei Eva und Adam wurde
Scham durch Misstrauen ausgelöst und führte dazu, die Genitalien zu bedecken und sich
zu verstecken (1.Mo.2,25; 3,7-11). Das Schamempfinden beabsichtigt hier Begierden
abzuwehren und damit die ganze Person zu retten. Teil dieses Schutzes ist angemessene
Kleidung (1.Mo.9,22-25; 2.Mo.28,42; 44,18; Spr.11,22; Jes.62). Dazu gehört auch
Selbstdisziplin (2.Sam.13,1-15/12).

Mehr als Lust ist bei der physischen Vereinigung zu finden; Liebe, Ganzheitlichkeit,
volle Partnerschaft. Andernfalls kann die „Liebeserfahrung" in gegenteilige Empfindung
umschlagen (Amnon) oder sie zieht eine Reihe von Sünden nach sich (David) (2.Sam.11;
13). Unkontrolliertes lustvolles Verlangen und Ablehnung oder Widerwille sind enge
Partner: Außerhalb der Ordnung Gottes kann das zu dämonischer Abhängigkeit führen.[12]
Homosexualität wurde eindeutig als Schande gesehen (3.Mo.18,22).

Die Ehe ist ein ethisch guter Stand, ein göttlich geordneter Lebensweg; es war eine
Schande, nicht verheiratet zu sein, auch wenn ein Mann eine junge Frau verschmähte.
Jeremia war ein lebendes Zeichen einer aufgelösten Ehe-Beziehung zwischen Israel und

---

[11] Siehe auch Wolff, *Anthropologie des Alten Testaments*, 1974, 252-258.

[12] Karl Barth III/4, 148 in Wolff 1974, 256. „Koitus ohne Koexistenz ist ein dämonisches Unterfangen." (Rück-
übersetzung aus engl. Vorlage).

Gott (Spr.30,21-23; Jer.15,17; 16,1ff.). Störungen der ehelichen Beziehung waren immer auch Störungen der Beziehung zu Gott.

## 4.1.2 Sünde, Scham und Nacktheit

Nacktsein bedeutet durchgehend im Alten Testament die Entblößung durch Ablegen oder den Verlust der Oberbekleidung. Es ist anzunehmen, dass gegebenenfalls „Unterwäsche" die Haut bedecken konnte, der Mensch sich jedoch als nackt fühlte und das auch so bezeichnete.

Nacktheit als völlige körperliche Entblößung bzw. schutzlos den Augen anderer total ausgesetzt sein ist der höchste Inbegriff der Scham; die „Schamregionen" des Körpers werden deshalb sogar danach bezeichnet. Sie sind in jeder Kultur anders definiert, das Maß der notwendigen Bedeckung ist dabei unterschiedlich.

Scham betrifft die Geschlechtsteile des erwachsenen Menschen. In einem Stamm in Irian Jaya (West Papua) z.B. genügt den Männern eine Penishülse als Schutz, in einem anderen zeigt lediglich eine Schnur um den Bauch der Frau deren Tabuzone an. Die Blicke müssen jedoch entsprechend kontrolliert werden. Interessant ist, dass diese Menschen (auch Nichtchristen) unter den Blicken von Fremden das Bedürfnis entwickeln, sich mehr zu bedecken. Der Schutz, der Respekt, die Ehre ist gewissermaßen auch durch das traditionelle Gesetz und dessen Verhaltensmuster gewährleistet, der bei Fremden entfällt, die sich der Tradition nicht unterwerfen und fälschlicherweise diese karge geschlechtliche Bedeckung als sexuelle Freizügigkeit oder gar als Urgefühl ohne künstliche Scham interpretieren.

Anders ist die schrittweise Enthüllung in der modernen westlichen Welt zu werten, wobei eben dieser Schutz aufgelöst wird, werden soll und die Ehre vor allem der Frau durch die Entblößung vergewaltigt wird. Kein neues Verhaltensmuster schützt sie, im Gegenteil. Dadurch wird sie immer mehr zum tabulosen Gegenstand für das Verhalten der Männer, deren Empfindungen der Enthüllung schutzlos ausgeliefert sind. Als „unkulturell" kann diese Entwicklung bezeichnet werden, wenn sie sowohl von Männern als auch von Frauen provoziert wird und die „Ehre" darin gesucht wird, was alle Kulturen und Religionen, sowie auch die Bibel, als Schande bezeichnen.

Die Begriffe nackt und Nacktheit kommen in der Bibel 89 Mal vor. Nackt ist oft als Symbol für Scham verwendet oder in Verbindung mit verbotenen Arten des Geschlechtsverkehrs mit nahen Verwandten (3.Mo.18; 20). Da das Sünde ist, spielt Scham dabei immer eine Rolle. Die Juden betrachteten als extrem beschämend und peinlich, wenn sie gezwungen wurden, sich nackt zu zeigen. Im alten Hebräisch hat die Angst vor Nacktheit tiefe Wurzeln. Die Schande, nackt zu sein, war eine Beleidigung und Brüskierung Gottes. Physische Nacktheit löste keine physischen Schmerzen aus, aber wurde sehr intensiv als Leiden empfunden (Hes.16,37).

Scham und Nacktheit werden auch in einer Bedeutung verwendet. Sünde und Nacktheit haben eine enge Berührung mit Schande (Jes.20,3-5; Nahum 3,5f.). Adam und Eva konnten von niemandem gesehen werden, sie bedeckten sich nicht deshalb, weil sie fürchteten, was andere von ihnen hielten. Die sofortige Wirkung der Sünde war ihre Nacktheit voreinander. Der ganze Körper war in die Konsequenz ihres Verhaltens und ihrer Empfindungen eingeschlossen.

### These 233

**Scham war das überwältigende Gefühl, dass die innere Harmonie und der Friede mit sich selbst zerstört waren. Scham begleitet Sünde von Anfang an, und Scham muss sich verbergen. Scham ist zu stark, um sich vor der Öffentlichkeit zu zeigen.**

Deshalb ist es wichtig zu erkennen, dass die sofortige Bedeckung der symbolischen Nacktheit wichtig ist.

Damit ist die psychologische Bedeutung der Scham angesprochen. Viel mehr als nur der Körper ist damit gemeint: Der Mensch wurde als Körper mit einer Seele betrachtet, nicht eine Seele mit einem Körper, ggf. sogar als Seele. Körper, Seele, Emotionen, Wille, Gedanken, Gefühle sind nicht immer klar unterschieden. Der Mensch war das „Endprodukt".

## 4.1.3    Strafe und Erziehung

### 4.1.3.1    Strafe durch beschämen – ein interpersonales Element

Scham und seine Ausdrucksform als *Gesicht verlieren* – ob begleitet von innerem Unbehagen oder nicht – ist eine psychologische Reaktion in der sozialen Beziehung zwischen Menschen. Diese psychologische Gesetzmäßigkeit, nach der sich eine Person stark gemaßregelt fühlt, kann für eine andere Person verschiedenen Alters oder Herkunft keinerlei Bedeutung haben. Unter dem mosaischen Gesetz war Ausschluss aus der Gemeinschaft die schlimmste Strafe: „Abgeschnitten von seinem Volk".[13] Das hatte einen wesentlich stärkeren Effekt als nur inneres Unbehagen und Schande: die gesamte Persönlichkeit war zerstört. Wenn dieser Zustand nicht aufgehoben oder erleichtert wurde, verstärkte sich das Leiden immer mehr.[14]

Für die Israeliten war Strafe untrennbar mit der Sünde verbunden. Wenn sie ihr Vergehen erkannten, erwarteten sie die Strafe, von Gott oder einer menschlichen Autorität. Das innere Leiden bewirkte eine Veränderung des Verhaltens, Das schmerzhafteste Zeichen des Ehebruchs war, wenn die Sünde unter allen anderen bekannt gemacht wurde. Die Schande der Nacktheit bedeutete Gesichtsverlust, so als sei alles unter den Augen anderer geschehen. Wenn die Schande unentdeckt und die Scham geheim blieb, war sie noch erträglich. Aber im Moment der Aufdeckung wurde sie unerträglich, sogar Freunde und Verwandte waren von diesem sozialen Schmerz betroffen.

### 4.1.3.2    Strafe durch Gott

**These 234**

**Gott gebraucht psychologische Mittel für Strafe und geistliche, wo menschliche Gesetze nicht ins Innere des Menschen vorgedrungen sind.**

Die soziale Natur der inneren Empfindungen ermöglichte Strafe. Wenn Gott vergilt und sich gegen die Stolzen und Gottlosen stellt, bedeckt er sie mit Schande (Ps.55,13; 78,66; 132,18; Jes.20,5; 37,27; Jer.2,36).

Das Gesicht des Nachbarn erröten sehen hatte denselben ethischen Effekt wie Blutvergießen. Gott benutzte diese emotionale Reaktion, um Sünde zu bestrafen, auch mit Worten. So warnte er auch Salomo (2.Chr.7,19ff.). Gott zu verlassen brachte Gesichtsverlust sowie den Verlust von Eigentum und Ehre. In diesem Sinne konfrontierte Nathan auch den David nach dessen Sünde: Wenn er seine Frauen am „helllichten" Tag vor aller Augen mit anderen Männern schlafen sehen müsste, wäre das eine enorme Schande für ihn – mehr als körperliche Strafe; sein Ruf wäre ruiniert (2.Sam.12,11f.).

---

[13] Goldin 1952, in Funaki 1957, 66.

[14] Bei meiner Forschungsreise nach Südamerika 1999 stellte ich eine ähnliche Situation fest: Diese größte (psychologische) Strafe der totalen Entblößung jeglicher Ehre wird bei Indianern im Norden Brasiliens heute noch verhängt:Wenn z.B. jemand ein Mitglied seiner Ethnie umgebracht hat, muss die Person das Stammesgebiet verlassen und darf nie mehr zurückkehren; ihr Name wird ausgelöscht, wird nie mehr genannt und kein Kontakt darf mehr bestehen. Das bedeutet den langsamen, sicheren Tod des Betroffenen. Das ist gleichzeitig die Sicherung der Gemeinschaft und die Stärkung der Kohäsion. Aus meinen Forschungsreisen nach Südamerika. (Dieses Beispiel wurde auch schon in vorherigen Kapiteln erwähnt.).

Genauso war es eine Schande und Strafe für eine Frau, keine Kinder bekommen zu können (1.Sam.1,6; 2Sam.6,20-23). Sünde war nicht die Schande in sich, aber die Strafe als Folge der Sünde war beschämend (Ps.31,17; 35,4,26; Jes.49,23; Jer.2,35f.).

### 4.1.3.3    Strafe als prägendes Element

Das Phänomen Scham war im Zusammenhang mit den Geboten und Gesetzen Gottes im Alten Testament häufig ein Korrektiv für Sozialverhalten. Einzige Ehre und Prestige der Israeliten war Gott selbst. Nicht länger unter dem schützenden Schatten Yahwehs zu sein, von ihm verlassen zu sein brachte eine Person schnell zur Besinnung. Die Person wurde zumindest daran erinnert, dass sie die Gebote oder Erwartungen nicht erfüllt hatte. Ihr Selbstbewusstsein wurde zerstört, sie wurde total unsicher und beschämt, z.B. durch die Anbetung von Götzen oder anderes sündhaftes Verhalten (Jes.44,9-11; 42,17; 45,16f.). Wenn Gott sein Volk dann durch die benachbarten Heiden bestrafte, war die Korrektur sehr effektiv und erbrachte eine fühlbare Reaktion – mehr als wenn die Strafe innerhalb der eigenen Grenzen geschehen wäre (Hes.16,27).

Das Alte Testament gibt Richtlinien für die Erziehung von Kindern. So bringt ein unerzogenes Kind Schande für seine Mutter (Spr.29,15). Yahweh verurteilte Eli, der seine Söhne mehr ehrte als Gott (1Sam.1,22f.). Sie waren eine Schande für den Priester und für das Haus Gottes. Samuel dagegen entwickelte sich zu einem respektablen jungen Mann, geachtet von Gott und den Menschen. (1Sam.2,26).

*Die Erziehung der Kinder geschah im gleichen System, in dem Gott seine Leute geprägt hatte* und welches auch zwischen verschiedenen Menschen angewendet wurde: durch die Betonung auf Scham.

### 4.1.3.4    Strafe als Vergeltung für Unrecht

Schande und Scham verursachen starke Emotionen, alle Gefühle sind dabei beteiligt. Wenn das jedoch zu Unrecht geschieht, ist das Verlangen nach Vergeltung ebenso stark. In Hiobs Geschichte war deshalb wichtig, seine Schande auf eine Sünde zurückführen zu können. Andererseits wurde Schande als eine Vergeltung für eine ungerechte Person als gerecht empfunden (Zeph.2,8; Jes.51,7; Esra 5,12; Jes.43,28).

Die Menschen des Alten Testamentes litten lieber Hunger als Schande; viele zogen den Tod der Schande vor.

### 4.1.3.5    Krankheit und Leiden

Leiden als Folge von Krankheit wurde nicht als Strafe interpretiert . Psychologische Störungen wurden im Allgemeinen als Gericht Gottes verstanden, z.B. Aussatz.

### These 235

**Die eigentliche Strafe war dabei die psychologische Wirkung: Die Infizierten mussten außerhalb der Gemeinschaft anderer Menschen leben.**

Das hatte nicht nur hygienische und menschliche Gründe, sondern auch zeremonielle. Das Schlimmste für einen Leprakranken war, dass er in Sichtweite gesunder Menschen sofort rufen musste: Unrein! Unrein! Der Verlust ihrer Ehre und seines Gesichts war sehr wahrscheinlich schmerzhafter als der Verlust seiner Gesundheit.

König Usia erlitt den Fall von der höchsten Ebene der menschlichen Ehre zur tiefsten der menschlichen Existenz (2.Chr.26,19-21). Gehasi und Miriam empfanden die Schande der göttlichen Strafe (2.Kön.5,27; 4.Mo.12,10-16).

Väter und Mütter interpretierten ihre große Familie und viele Kinder als Segen (Ps.127,5). Ein Kind bedeutete nicht nur Sicherheit und Segen, sondern die wichtigste Aufgabe einer Mutter. Andererseits war die Schande der Kinderlosigkeit nicht immer durch Sünde oder Strafe verursacht, auch wenn dies die öffentliche Meinung war. Hanna hatte sehr unter ihren Rivalinnen zu leiden, aber es war offensichtlich weder Sünde noch Strafe im Spiel. Aber es wurde als Verlust von Segen und als Fluch empfunden, sogar als wäre die Frau selbst tot (1.Sam.1,8; Jes.4,1).

Das wurde besonders deutlich, wenn es nicht genügend Männer gab. Dass eine Frau nicht verheiratet oder verwitwet war, konnte – wie gesagt – nicht immer als Grund für Sünde und Strafe interpretiert werden. Trotzdem war dieser Stand eine öffentliche Schande (Jes.54,4f.). Durch diese Einstellung wurde der besondere soziale Stand vermieden. Ehe und Kinder wurden als von Gott gegeben betrachtet.

### 4.1.3.6    Tod

### 4.1.3.6.1    Sterben

#### These 236

**Würde und Ehre einer Person müssen nach dem Tod gewahrt und geschützt bleiben, denn: Der Tod ist die Fortführung des Lebens in der Erinnerung.**

Der Verstorbene hat keinen Einfluss mehr darauf, wie sein Leben bewertet wird. Darum ist er bis zu seinem Tod besorgt. Weil Leben und Ehre untrennbar sind, würde eine Person empfinden, sie sei tot, wenn sie ihre Ehre oder ihr Gesicht und damit ihre Persönlichkeit verloren hat. Die ultimative Konsequenz wäre der Verlust des Lebens – oder des Rechts zu leben.

Im Alten Testament wünschte sich jede Person einen ehrenvollen Tod: Im Kampf mit einem respektablen Feind zu fallen war ein solch ehrbarer Tod. Zumindest musste der Tod durch einen Mann verursacht werden; durch die Hand eines Kindes oder einer Frau zu sterben war eine unüberwindliche Schande auf dem Höhepunkt eines ehrenvollen Lebens. Abimelech starb durch eine Frau. Gott wollte diese Schande über ihn bringen. Solche Schande wurde Feinden bewusst zugefügt wie dem König der Midianiter durch Gideon (Ri.9,53-57; 8,20f.). Auch Saul wollte nicht durch einen einfachen, dazu unbeschnittenen Soldaten sterben, sondern so ehrenhaft wie das in dieser Situation noch möglich war. Saul stürzte sich selbst ins Schwert, um der Schande zu entgehen, war aber damit nicht sehr erfolgreich. Auch sein Waffenträger versagte und überließ den König den unreinen – weil unbeschnittenen – Feinden. Das war die kleinere Schande, die ebenfalls ruhmlose Folgen hatte (2.Sam.1,6-10; 2.Sam.1,14; 1.Sam.31,4). Der endgültige Todesstoß an Saul durch den Amalekiter war schließlich auch nicht ehrenhaft für ihn, denn er wurde von David dafür mit dem Tod bestraft. „Hast du dich nicht gefürchtet, den Gesalbten des Herrn umzubringen?" Der schandhafte Umgang mit der Leiche Sauls und anderer angesehenen Anführer war unerträglich für David. Das bisschen Ehre, das noch zu retten war, sollte gerettet werden; und das bisschen Ehre, das dem anderen noch geblieben war, wurde zerstört – jeweils mit hohem Risiko und für einen hohen Preis.

### 4.1.3.6.2    Tod

#### These 237

**Die größte Schande für einen Toten war, wenn sein Leichnam nicht bedeckt wurde. Nach dem Tod als Leiche den Augen der Öffentlichkeit ausgesetzt zu sein war eine Schande und ein Zeichen dafür, dass man „aus der Gnade Gottes gefallen" war.**

Nur Verbrecher, die Verdammten und deren Komplizen konnten so behandelt werden – und wer so behandelt wurde, war ein Mensch mit schlechtem Ruf – auch die letztmögliche Ehre wurde ihm genommen, indem man ihn nackt (oder in der Unterwäsche, was dem Nacktsein gleichgestellt war) und ohne zugescharrt zu werden auf der Erde liegen ließ – oder so ans Kreuz nagelte, weithin sichtbar für viele. Der Prophet Ahija sagte Jerobeam einen solchen Tod voraus; auch Ahab und Isebel wurden auf diese Weise verflucht (Ri.8,18ff.; 1.Kön.2,46; 14,11; 21,19.23; 22,38; 2.Kön.9,30-37; 2.Sam.21,8-14).

Die Verwandten waren ebenso von dieser Schande betroffen – aus der Gemeinschaft mit Gott heraus gefallen endete ihr Leben in Schande. Sie konnten das nicht ändern oder aufhalten. Die Erinnerung an sie blieb gebrandmarkt.

## 4.1.4 Die dynamische Kraft der Angst vor der Schande und der Versuch zur Wiederherstellung der Ehre

### 4.1.4.1 Dynamische Kraft für Motivation und soziale Kontrolle

#### 4.1.4.1.1 Der Sinn des Lebens und die Angst, diesen Sinn zu verlieren.

Die Kraft und die Erfüllung des Lebens werden durch bōš verletzt und gleichzeitig geschützt, damit sie nicht in Schande geraten.

### These 238

**Der Einzelne bewahrt seine Würde durch ein erhobenes Haupt im Bewusstsein seiner Persönlichkeit. Mit dem Gesichtsverlust hat der Mensch auch den Sinn seines Lebens verloren.**

Ehre „füllt" die Seele: Damit ist der Sinn des Lebens gegeben. Daraus ist verständlich, dass die Israeliten entsetzt waren bei dem Gedanken, beschämt zu werden und alles daran setzten, den Sinn ihres Lebens wieder zu gewinnen. Die Ehre zu retten bedeutete die Wiederherstellung des früheren ordnungsgemäßen Zustands, wodurch die Sicherheit des Einzelnen und die des Volkes gewährleistet werden konnte. Der Druck, das Gesicht zu wahren und die Ehre wieder herstellen zu müssen war gleichzeitig die Kraft, Schande zu vermeiden oder sie so schnell wie möglich wieder aufzulösen.

### These 239

**Scham schreit nach der Wiederherstellung der Ehre.**

*Dieser Druck ist nicht nur negativ:*

**Die menschlichen Kräfte der Scham und Energien, die durch die Ehre ausgelöst werden, sind positive, dynamische Elemente zur Erhaltung der Ordnung.**

Das Gewissen hat diese Kräfte in sich integriert. Diese Kräfte werden im ganzen Körper und in der Seele aktiviert und zeigen sich nicht zuletzt im Gesicht.

Der Mensch ist sich dieser seelischen Kräfte der Persönlichkeit und des Selbstbewusstseins nicht voll bewusst und hat deshalb nicht die totale Kontrolle über sich selbst. Deshalb kommt diese Dynamik großenteils auch unbewusst in Bewegung.

### These 240

**Diese Kräfte befähigen einen Menschen, Übermenschliches zu vollbringen.**

Sich selbst das Leben bewusst zu nehmen ist einerseits ein Ausdruck dafür; andererseits ist es erstaunlich, wie viel Demütigung und Strafe ein Mensch ertragen kann, wenn dadurch nur seine Schande gemindert oder gelöscht wird. Genauso werden übermenschliche Kräfte freigesetzt, wenn es einem Menschen um seine Ehre – oder um die Ehre seines Gottes geht. David und seine Helden sind ein Beispiel dafür, wie diese Kraft eingesetzt wurde (2.Sam.1,19; 25,27; 23,8; 9,16; 1.Chr.11,26; Ps.89,20ff.).

#### 4.1.4.1.2   Gott gebraucht die dynamische Kraft der Scham und Ehre

Gehorsam dem Wort Gottes gegenüber war eine Garantie für ein Leben in Sicherheit und Harmonie mit Yahwe. Das war der ideale Zustand.

### These 241

**Das Bewusstsein der Gegenwart Gottes war die Wurzel der sozialen Ordnung. Die Kräfte dafür lagen im Scham- und Ehrempfinden, derer sich Gott bediente und die er selbst einsetzte.**

Das war die effektivste Methode für soziale Kontrolle, die Herzen anzusprechen und das Gewissen zu aktivieren. Dadurch wurde entschieden, was richtig und gerecht war nach Gottes Geboten für das Leben jedes Einzelnen. Gehorsam war eine Frage, wie schnell und effektiv diese Kräfte aktiviert werden konnten – der Mangel an Gehorsam war ein Zeichen dafür, dass diese Kräfte gehindert wurden.

David wählte es, lieber in die Hände Gottes als in der Menschen Hände zu fallen – er vertraute Gottes Gerechtigkeit und Gnade mehr als der menschlichen Öffentlichkeit. Gott würde seine Schande wegnehmen können (2.Sam.24,14).

### These 242

**Die Angst vor Scham war in einem gewissen Sinne auch die „Furcht Gottes", oder sie war zumindest ein Mittel, die Furcht Gottes zu empfinden.**

Das Ziel der Wiederherstellung war der Gewissensfriede (Jer.6,16). Nur die Gläubigen und Gehorsamen wurden von Gott vor Schande bewahrt (Ps.25,3; Jes.54,4).

### These 243

**Scham war der beste Schutz vor Sünde, die Prävention sozialer Unordnung – Ehre die stärkste Kraft für die soziale und religiöse Kontrolle und Ordnung.**

#### 4.1.4.1.3   Die Möglichkeit zum Überleben für den Einzelnen und für das Volk

Der Gehorsam Gott gegenüber und die Vermeidung von Scham waren direkt miteinander verbunden. Das machte sich in allen Aspekten des täglichen Lebens bemerkbar. Der eigene Wert, die Ehre und damit verbunden die Möglichkeit zum Überleben waren garantiert durch gutes Verhalten den Normen der Autorität gegenüber (2.Kön.18,26). Niemand wollte je das Gesicht verlieren: Der moralische Standard hatte große Bedeutung für das Verhalten des Einzelnen – und des ganzen Volkes. *Das Gewissen der Autoritäten des Volkes und damit ihre Entscheidungen waren beeinflusst davon, wie schnell und wie stark sie Scham empfanden* .

## 4.2    Wiederherstellung der Ehre durch äußere Einflüsse

### 4.2.1   Strafe durch Gott

Scham wurde als mentales Leiden empfunden – wenn beabsichtigt, als Strafe. Strafe durch Gott sollte die Aufmerksamkeit auf die Fehler lenken und Sünde bestrafen. Nach dem Vollzug der Strafe sprach niemand mehr von der Schande, die durch Sünde und Strafe verursacht war. Auch nach der Korrektur des Fehlers und der Sünde war weder die Rede davon noch wurde Schande empfunden.

### These 244

**Strafe hatte rettenden Charakter, sie bedeutete auch das Ende der Scham.**

**Die Gemeinschaft mit Gott war die vollkommene Wiederherstellung der Ehre.**

### These 245

> Die Wiederherstellung geschah in dieser Reihenfolge:
>
> Sünde
> Strafe
> Scham
> Erkenntnis der Sünde
> Buße
> Wiedergutmachung der Schuld
> Gehorsam
> Wiedereingliederung
> Wiederherstellung

**Wenn die Scham, ausgelöst durch die Sünde, für die Korrekturmaßnahme genügte, lag die Strafe schon in der Scham.**

Dann war eine weitere Strafe überflüssig. Die öffentliche Meinung übte zusätzlich Druck aus, wenn sich der Ungehorsam auf das ganze Volk oder auch nur auf eine kleine Gruppe auswirkte.

## 4.2.2   Bestätigung durch Gott

Wenn bei einer Person durch unzulässiges Verhalten anderer Menschen oder sogar durch Satan Scham zugefügt wurde ,konnte sie die Wiederherstellung der Ehre durch Beweis ihrer Unschuld einleiten. So war das bei Hiob. Auch der Psalmist wandte sich an Gott, als er durch andere Leute unschuldig beschämt wurde. In solchen Fällen war die Schande der Feinde genügend Wiedergutmachung für den Geschädigten. Manchmal beantwortete Gott die Bitte um Wiederherstellung oder reagierte auf die ungerechte Schande mit entsprechender Strafe (2.Kön.2,23).

Hanna litt sehr darunter, keine Kinder zu haben – vielleicht noch mehr unter dem Vorurteil, dass der Grund eine geheime Sünde sein könnte. – Sie wurde von Gott daraus gerettet: Ihre Ehre war gleichzeitig ihre Rechtfertigung.

### These 246

**Der hohe Wert der Ehre ist an dem abzulesen, welch hohes Opfer sie dafür brachte** (1.Sam.1,5-7,20-25).

Die Wiederherstellung ihrer Ehre half ihr den Schmerz der Trennung von ihrem kleinen hilflosen Sohn zu ertragen, als sie ihn im fremden Land zurückließ. Sara erlebte ähnliches.

### These 247

**Scham und Ehre sind stärker als die Liebe einer Mutter.**

Die so genannten Rachepsalmen sind Bitten um die Bestätigung der Ehre Gottes und der Wiederherstellung der Ehre des Beters. Wenn die enorme Kraft der Scham verstanden wird, erscheinen diese Ausführungen für den modernen Menschen nicht mehr als unbarmherzig und rücksichtslos. Sie sind eine angemessene Strafe – auch im Bezug auf die Sünde.

Die Schande Israels, durch die heidnischen Nationen unterdrückt und zerstreut zu werden, wird von Gott bei der Wiederkunft Christi wieder in Ordnung gebracht werden; dann werden Israel wieder Ehre und Herrlichkeit zuteil – und die Strafe wird vollzogen.

---

**Die Reihenfolge von Scham zur Wiederherstellung der Ehre bei einem unschuldigen Menschen ist anders als wenn eigene Sünde vorliegt:**

Scham
Gebet
Strafe für den eigentlich Schuldigen
Gott identifiziert sich mit dem Leidenden
Aktion zur Wiederherstellung von Gerechtigkeit
Wiederherstellung der Ehre

---

## 4.2.3 Bestätigung durch Menschen

### These 248

**Je nach Autoritätssystem war es notwendig, dass sich die richtige Person für die Ehre einsetzte.**

Als Joab den Krieg gegen Absalom gewonnen hatte, erwarteten er und seine Soldaten vom König einen entsprechend ehrenvollen Empfang. Doch David erschien nicht, er trauerte nur über den Tod seines Sohnes. Dadurch verloren Joab und seine Männer das Gesicht vor dem Volk, sie stahlen sich in die Stadt wie Eindringlinge und hatten den Eindruck, etwas sehr schlechtes gemacht zu haben.

### These 249

**Die angemessene Ehre vorzuenthalten erzeugte Schande.**

Die Männer wurden unsicher über sich selbst, in Bezug auf den König und das Volk. Joab forderte sein Recht zur Wiederherstellung der Ehre des Heeres ein. Diese Haltung war eine Herausforderung der Selbstgerechtigkeit Joabs und seiner Soldaten – eine Sünde vor Gott. Aber die Schande war so groß, dass sogar die Loyalität der Soldaten auf dem Spiel stand. Schließlich gab David nach (2.Sam.19,1-9). *Qv.*: These 225

### These 250

**Ehre und Sicherheit wurden höher gewertet als Sünde und das Bewusstsein von Schuld – Grund für erneute Scham. Soziale Scham ist stärker als Schuldbewusstsein vor Gott.**

---

**Die Reihenfolge in diesem Fall:**

Ehrenvolle Tat
Vorenthaltung der Ehre
Scham
Sündhafte Einforderung der persönlichen Ehre
Bestätigung durch die Autoritätsperson

---

## 4.2.4    Selbst-Wiederherstellung

### 4.2.4.1    Verachtung/Verhöhnung und Entschädigung

Michal, die erste Frau Davids, versuchte auf eigenartige Art und Weise, ihr Gesicht zu
wahren: Sie war unfruchtbar und litt unter dieser Schande. Sie versuchte, die Anerkennung ihrer Ehre einzufordern, indem sie das unangebrachte Verhalten Davids kritisierte –
auf dessen Kosten (2.Sam.6,20-23). Diese Haltung ist sündhaft und verursacht neue
Scham.

> Ungerechtfertigter Status der Schande durch Kinderlosigkeit
> Mangel an innerem Loyalitätswechsel von alter zur neuen Familie
> Innerlich empfundene Scham aufgrund des Verlustes und ruhmlosen To-
> des ihrer alten Familie
> Verlust der eigenen Ehre: Erniedrigung zum Objekt der Männerehre
> Sündhaftes Verhalten, unehrenhaftes Verhalten
> durch Ehrvorenthaltung dem Ehemann gegenüber
> um die eigene Ehre und die ihrer Familie wieder zu gewinnen:
> Zeitbedingter und fragwürdiger Verlust der Schande
> Fortwährende Schande ohne Möglichkeit zur Wiedereingliederung
> Neue Schande durch Sünde

Zieht man die Vergangenheit und den größeren Kontext in Betracht, wird die Dynamik
mehr komplex. Michal hatte ihren Ehemann zweimal wechseln müssen – aus Gründen
der Ehre ihres Vaters und eben auch Davids (1.Sam.25,44). Ihr zweiter Mann liebte sie
sehr – Gegenseitigkeit ist nicht auszuschließen. Erst als David König wird und Abner zu
David wechselt, soll er als Zeichen seiner Hingabe Michal mitbringen. Als Königstochter
empfand sie diesen „Kuhhandel" mit ihrer Person als Objekt der Männerehre und Unterpfand der Loyalität des Gegnergenerals dienen zu müssen, auch als Ehrverlust, auch
wenn sie nun Frau (eine unter anderen) des Königs wurde und ihre gesellschaftliche Stellung wesentlich verbesserte. Ihre Loyalität zwischen Vater, geliebtem Mann und dem
Anspruch Davids war über die Grenzen der Gefühle einer Frau strapaziert. Ob sie zu der
alten ersten Liebe (1.Sam.18,20) zurückgefunden hat, ist fraglich. So hat sie wohl nicht
wirklich die Autorität ihres Gatten anerkannt und ihm so innerlich die Loyalität und Ehre
verweigert. Dann kam es zu diesem Eklat, nachdem David die Bundeslade zurückbrachte
– wohlgemerkt war die Lade wegen ihres Vaters Ungehorsam verloren worden und
brachte Schande über das Volk, die David nun wieder auslöschte. Michal verweigerte
ihrem Ehemann die Anerkennung für diese Tat und versuchte David vor dem gesamten
Volk zu beschämen: War das aufgestauter Zorn, Ärger, Frust? Die Schande ihrer Kinderlosigkeit kann evt. auch darauf zurückgeführt werden, dass sich David ihr (beleidigt –
oder aus Verlust der Ehre, nicht der einzige Mann zu sein) verweigerte (obwohl sie offenbar auch von Paltiel keine Kinder hatte.) David gab ihr eine scharfe Antwort, in der er
implizierte, dass sie weniger Verständnis habe als Sklavenmädchen und ihm die Ehre, die
er von diesen Mägden bekomme, wichtiger sei, als was sie ihm zu sagen hatte
(2.Sam.6,17-23).

*Qv.*: Kap. 6, 3.1    Zurück zum schon erwähnten Beispiel des Stammes Ephraims, der für Krieg
                     einen Ehrenplatz in Israel einnahm (siehe oben Gliederungspunkt
einsetzen!): Das Versäumnis, Ephraim seiner Stellung entsprechend einzusetzen, empfanden die Männer als eine große Beleidigung. Ihr Prestige war erschüttert und sie waren
sehr darauf bedacht, ihre Position, Popularität und Autorität zu verteidigen. Gideon si-
cherte ihnen ihre Ehre aufgrund der Geschichte zu und meinte, sie wären nicht auf eine
erneute Bestätigung angewiesen (Ri.8,1-3).

> Ehrenvolle Stellung, Prestige vom Volk
> Versäumnis der Ehrerbietung, das die Position eigentlich erwarten lässt
> Scham, Zorn, Sünde durch Einforderung der Ehrerbietung
> Erinnerung an die Vergangenheit und Geschichte als Entschädigung
> Verniedlichung der ehrenvollen Tat, die als Angriff auf das Prestige empfunden wurde
> Wiederherstellung der Ehre, Abkühlung des Zorns, Bestätigung von Prestige

**These 251**

**Das Verlangen nach Wiederherstellung der Ehre macht Menschen blind dafür, die Mittel richtig beurteilen zu können, die das bewerkstelligen sollen. Das Gewissen reagiert einseitig mehr schamorientiert und verliert dabei das Empfinden für Schuld.**

Der hebräische Begriff *bōšæ̠t* für Scham steht auch für die finanzielle Entschädigung, die einer Person bezahlt wurde, der Scham zugefügt wurde. In diesem Sinne ist der Brautpreis zu verstehen, der bei Sex vor der Ehe wie bei „normaler" Ehelichung bezahlt werden musste. Damit war die Ehre des Vaters wieder hergestellt. Die Ehre der betroffenen Frau war untergeordnet, obwohl sie die Leidtragende war. Die Wiederherstellung der Ehre der Männer ging auf Kosten der Ehre der Frau und über deren körperlicher „Beeinträchtigung".

> Verhalten, das Scham verursachte
> Bezahlung einer Entschädigung
> Wiederherstellung der Ehre der Verantwortungsträger

#### 4.2.4.2    Rache und Erwiderung/Vergeltung

Als David seine Frau Michal wieder zurück forderte, war das „Ehrensache" für ihn, denn sie war ursprünglich seine Belohnung für den Kampf gegen Goliath, dann erneut für die Ermordung von hundert Feinden – David wies sogar zweihundert nach. Saul hatte ihm seine Tochter gegeben, sie aber später wieder zurückgenommen und sie einem anderen Mann gegeben. Diese Schmach wollte David nicht auf sich sitzen lassen. Seine Autorität und Macht ermöglichten ihm, seinen verletzten Stolz zu rächen. Die Vergeltung für die verlorene Ehre war Michal. Dadurch zerstörte er deren Ehe mit Paltiel (1.Sam.17,25ff., 18,25-29; 25,44; 2.Sam.3,13ff.).

Auch hier ging es nicht ohne Sünde ab: Rache und Vergeltung geschahen auf Kosten anderer. *Qv.*: Siehe oben

Wichtig ist dabei auch der Aspekt, dass – übrigens ähnlich wie in vielen vorderasiatischen Gesellschaften – die Frau die Trägerin der Familienehre war. Diese hat durch Heirat zu wechseln und ab der Heirat hat die Frau die Ehre ihrer neuen Familie hochzuhalten. Die Schande Michals bestand darin, dass sie dazu offensichtlich nicht bereit war.

> Ehrenvolle Stellung durch Leistung und Geschenk
> Verlust des Symbols der Ehre
> Scham
> Einforderung und Wiedererstattung des Symbols
> Zerstörung eines Glücks
> Wiederherstellung der Ehre

Als Gideon seinem jungen Sohn befahl, den König der Midianiter zu töten, wollte er die Ehre seiner Familie wiederherstellen, die durch diese Könige umgekommen waren. Der

Tod durch die Hand eines Kindes war unehrenhaft für die Könige – sie wurden dadurch zu Verbrechern degradiert. Weil der Junge Angst hatte, vollzog Gideon den von den Königen eingeforderten ehrenhaften Tod (Ri.8,18-21).

David war gnädig gegenüber Simei, der den König beschämt, aber dann um Vergebung gebeten hatte. Doch David beobachtete Simei und als dieser die Einschränkung seines Aufenthalts brach, vollzog David die Rache. Er hatte die Schande nicht vergessen.

> Scham durch Mord
> Vergeltung durch Beschämen der Mörder
> Wiederherstellung der Familienehre

### These 252

**Zeit löscht Scham nicht aus.**
**Schande verleitet zur Sünde (Rache).**
**Scham kann durch Sünde nicht ausgelöscht werden.**
**Scham ist stärker als die Angst vor dem Tod.**

Genauso hinterlistig handelte Joab an Abner, der seinen Bruder Asael getötet hatte, als er die Gelegenheit dazu bekam. David stellte die Ehre Abners durch ein ehrenvolles Begräbnis wieder her (Ri.8,18-21; 2.Kön.14,5; 2.Sam.2,18-23; 3,7-12, 22-34).

Absalom rächte die Schändung seiner Schwester Tamar durch Amnon, um die Familienehre wieder herzustellen. Dabei verursachte die neue Sünde neue Scham (2.Sam.13,28f.).

Die Geschichte des Simson stellte eine ganze Serie von Versuchen dar, durch Racheakte Scham auszulöschen. Gott benutzte Simsons empfindlichen Sinn für Scham, um die Feinde Israels in Schach zu halten. Noch durch seinen ehrenhaften Tod erkannte Simson eine Möglichkeit, sich für seine Schande an den Philistern zu rächen (Ri.14,10-16,31).

> Zustand der Scham
> Racheakt als Strafe Gottes
> Scham ausgelöscht
> Ehre wieder hergestellt

#### 4.2.4.3    Linderung des Scham-Schmerzes

*Die Schuld auf jemand anderes oder auf bestimmte Umstände schieben zu können, auch nur zum Teil, kann die Intensität der Scham-Erfahrung reduzieren oder lindern.*

Adam beschuldigte Eva und indirekt Gott („die du mir gegeben hast"), während Eva der Schlange die Schuld gab. Das waren Versuche, die Verantwortung und Scham zu vermeiden. Gott akzeptierte diese teilweise wahren Ausreden nicht – wie die Strafe zeigt. Wenn eine Person von Mitverantwortlichen beeinflusst wird (Eltern, Freunde, Volk),

> Gemeinschaft
> Gebot
> Versuchung
> Sünde
> Scham
> Adams Verantwortung – Evas Verantwortung – die Verantwortung der Schlange
> Keine Einsicht / Erkenntnis der Sünde
> Strafe für alle drei Beteiligten - unterschiedlich in der Auswirkung
> Der Schuldstatus bleibt
> Die Scham bleibt

nimmt ihnen das die Verantwortung für ihr eigenes Leben nicht ab. Gott verwies Eva nicht allein aus dem Paradies und ent-Schuld-igte Adam, um mit ihm im Paradies weiter zu leben. Beide standen gleichermaßen unter der Schande ihrer Sünde.

#### 4.2.4.4    Bekenntnis und Buße

Im Alten Testament löst Sünde als Übertretung der Norm Gottes Schuld und Scham aus.

### These 253

**Schuld kann gelöscht werden im Glauben durch stellvertretende Sühne und vorlaufende Vergebung durch eine freiwillige Unterordnung unter den Willen und das Wort Gottes. Scham kann gelöscht werden durch die willentliche Veränderung der Einstellung von Selbstehre zur Anerkennung der größeren Ehre Gottes.**

Gerechtigkeit und Prestige des Menschen sind nur in der Abhängigkeit und Ableitung von Gottes übergeordneter Autorität möglich (Esra 9,6f.).

Dadurch werden Frieden und Ruhe möglich. Das ist der beste Weg, Scham zu vermeiden. David ist ein Beispiel dafür, wie wahre Buße und Bekenntnis Schande abwenden können, obwohl im Alten Testament Strafe unvermeidbar bleibt (2.Sam.11-12; Ps.51). Die gleiche demütige Haltung ist in den Bußpsalmen zu finden.

| |
|---|
| Sünde – auch für andere noch verborgene |
| Schande – auch für andere noch verborgene |
| Strafpredigt |
| Bekenntnis – Buße |
| Strafe |
| Vergebung der Sünde |
| Auflösung der Schande |
| Wiederherstellung der Gemeinschaft – Friede mit Gott |

## 4.3    Das Chaos des Verlorenseins

### 4.3.1    Symptom des Chaos: Schamlosigkeit

Als Isch-Boschet schamlos ermordet wurde, zögerte David nicht, die Mörder mit dem Tod zu bestrafen (2.Sam.4). Für eine schamlose Person gab es keine Hoffnung: Wenn sie keine Anzeichen von Buße zeigte, häufte die Person immer mehr Sünde und Schande auf sich (Jer.6,15; 8,12; 3,3). Die schlimmste Sünde war, wenn keine Scham mehr empfunden wurde. Das war wie wenn die Person Gott ins Gesicht spuckte. Totale Vernichtung war das Ende, damit die Auswirkungen von Scham und Schande ausgelöscht wurden (1.Sam.3,12).

### 4.3.2    Keine Flucht möglich: Angst

Wenn ein Mensch weder von Gott noch von Menschen ermahnt wird, sein Leben in Ordnung zu bringen, ist er aufgegeben: Der Mensch ist ein Ausgestoßener. Sein Leben hat seinen Sinn verloren, die Gemeinschaft mit Gott und anderen ist zerstört. Alle Freude am Leben oder an sich selbst ist ausgelöscht. Die unaufhörlich steigende Angst bringt die ganze Persönlichkeit des Menschen aus der Fassung, aus dem Gleichgewicht.

### 4.3.3    Lebendig tot: Unerträgliche Scham

Die ultimative Schande, der totale Gesichtsverlust war mehr als ein Mensch ertragen konnte.

### These 254

**Wenn keine Wiedergutmachung möglich war, hörte der Mensch auf, als Mensch zu existieren, er vegetierte dahin.**

Der Tod setzte schon ein, nur sein Körper bewegte sich noch. Er wusste, dass der Tod die einzige Zukunft war und fühlte sich wie ein Verdammter, der sich frei bewegen konnte und doch jederzeit die Todesstrafe erwartete. Gott hatte jede Möglichkeit der Versöhnung gestrichen, jedes Gnadengesuch abgelehnt. In solch einer Situation erschien Selbstmord als Verkürzung des Leidens und der Tod als Beschützer der restlichen persönlichen Ehre in der Abwendung der Schande, in die Hände von „Unbeschnittenen" zu fallen. So muss sich Saul gefühlt haben: Kein Ausweg möglich. Der Tod war die einzige Option (1.Sam.28,17-20; 31,4.).

#### 4.3.3.1    Das klassische Beispiel: Achan und seine Familie

Die Sünde Achans hatte Auswirkung auf die ganze Nation: Das Volk vergriff sich, denn Achan nahm von dem Gebannten. Es sollte entweder alles vernichtet oder alles dem Herrn „geheiligt", also für ihn allein reserviert sein. Achan vergrub den Schmuck in seinem Zelt – das konnte seiner Familie nicht verborgen bleiben. Sie schwiegen dazu. Gottes Zorn entbrannte über das Volk: Eine Familie versteckte Sünde. Sie schwiegen alle. Im ersten nicht erfolgreichen Kampf fielen dreißig Männer; Angst breitete sich unter den Leuten aus. Sie schwiegen. Als die erste Reihe der Stammesältesten antrat und Achans Stamm getroffen wurde, blieb er stumm. Als die Vertreter der Großfamilien antreten mussten und sich der Kreis enger schloss, schwieg er weiter. Und als er selbst in der Reihe der Familienväter stand: Achan, warum schweigst du? Dann war er getroffen. Das Chaos begann. Josua konfrontierte ihn: Gib Gott die Ehre! Bekenne die Sünde!

Achan wusste, dass die Übertretung des strikten Befehls keine Gnade finden konnte. Die Schande wurde unerträglich – sie setzte sich wie Wellen durch das ganze Volk hindurch fort.

Die Familie war eine geschlossene Einheit, Sünde und Schande betraf sie ebenso. Sie fühlten unzählige Augen auf sich gerichtet, die Auslöschung des Ursprungs der Schande des Volkes und dessen Vergeltung forderten. Die Spannung stieg. Als die gestohlenen Stücke vor ihnen ausgebreitet wurden, war ihr Leiden unerträglich – in den Boden zu versinken wäre nicht genug gewesen, die Schande wäre auszugraben gewesen wie der gestohlene Schmuck. Der schweigende Blick der Augen war erstickend. Es waren keine Worte nötig. Achan musste eliminiert werden. Jede Spur von ihm hätte eine Erinnerung seiner Schande hinterlassen. Kein Mitglied seiner Familie konnte – und wollte mehr weiter existieren. Sie wären vor Scham gestorben. Kein Leben, das dazu gehörte, hatte Existenzrecht mehr. Der stumme Zug des Volkes setzte sich zum Unglückstal in Bewegung. Josua sprach das erlösende Wort: „Du hast uns ins Unglück gestürzt, jetzt stürzt dich der HERR ins Unglück!"[15] Dann flogen die Steine. Ganz Israel, also auch die Verwandten, der eigene Stamm, steinigte die Familie mit Hab und Gut. Die Steine flogen immer weiter, bis ein Hügel über ihnen entstanden war. Sie blieben für immer stumm. Der Steinhaufen blieb sehr lange erhalten.

---

[15] Luther verwendet „betrübt" für „ins Unglück stürzen". Er wählte diesen Ausdruck, als er die Bannbulle gegen ihn verbrannte. „Weil du den Heiligen des Herrn betrübt hast, so verzehre dich das ewige Feuer!" Jubiläumsbibel, Württembergische Bibelanstalt Stuttgart, 1962. Jos.7,25.

**These 255**

**Psychologisch gesprochen war das Todesurteil für die ganze Familie nicht ein grausamer Racheakt, sondern eine natürliche Reaktion – vom Standpunkt der Israeliten gesehen eher ein Akt der Gnade.**

Der grimmige Zorn des Herrn kehrte sich daraufhin ab. Die Sünde war bestraft, das Unglück abgewendet, die Schande gelöscht, die Gemeinschaft mit Gott wieder in Ordnung. Angst und Verzagtheit hatten keinen Raum mehr; jetzt war der nächste Schritt nach der Anweisung Gottes wieder möglich (Jos.6,17-19; 7; 8,1).

Dieses Ereignis stand am Anfang der neuen Lebensgemeinschaft im verheißenden Land – in der neuen Heimat, am Beginn der neuen Lebensordnung Israels, und hatte deshalb einschneidende Bedeutung. Es wiederholte sich so nicht mehr. Der Präzedenzfall hatte seine Wirkung – wie etwa 1000 Jahre später die Geschichte des Hananias und der Saphira in der ersten christlichen Gemeinde in Jerusalem (Apg.4,32-37; 5,1-11). Die Gottesfurcht war geweckt.

# 4.4 Die dynamische Ellipse des schamorientierten Gewissens im Alten Testament

Scham war ein vitales Element im Leben, in der Kultur und der Religion der Menschen des Alten Testaments. Gott verwendete das Scham- und Ehrempfinden für das Gewissen seines Volkes.

**These 256**

**Scham war nicht nur ein Phänomen Israels und der Bibel: Sie war im gesamten alten Orient, wahrscheinlich in der gesamten damaligen Menschheit und ihren Kulturen, Sprachen und Religionen integriert.**

Davon zeugen auch religiöse Mythen und die Geschichtsschreiber – bis heute. Hier sollte ein Einblick in die Kultur, das Denken, das Empfinden der Menschen gegeben werden, mit denen Gott sein auserwähltes Volk gestaltete – herausgesondert aus der damaligen Welt, und doch total eingetaucht in sie.

Es war normal für die Menschheit, so zu empfinden, wie hier versucht wurde nachzuzeichnen.

**These 257**

**Der Umgang der Götter mit den Menschen und umgekehrt war eher auf der Schiene der Scham und Ehre. Die Bundesbeziehung Gottes zu seinem Volk hatte zusätzlich dazu die Elemente Schuld und Gerechtigkeit, da sich Gott als absolute und einzige Autorität nicht nur über sein auserwähltes Volk, sondern über alle anderen, die sich „Götter" nannten, darstellte und Gehorsam gegenüber seinem Wort einforderte.**

**Einzigartig in der Botschaft des Alten Testaments war das Phänomen Schuld und Gerechtigkeit.**

Schuld und Gerechtigkeit wurde durch Gottes Anspruch als Autorität neu definiert. Durch Gottes an einzelne Menschen geoffenbartes, von ihnen schriftlich fixiertes Wort wurde langsam deutlich, was damit gemeint war. Das „sickerte" in die Gewissen der Menschen in Israel ein und unterschied es von den Völkern, die dieses Phänomen vielleicht nicht oder nicht so deutlich kannten.

Erkennbar wird die Schuldorientierung an der Botschaft, die Gott selbst vermittelte –
immer deutlicher bei den Menschen, die durch die Berufung und Salbung, wie die Propheten, Priester und Könige, den Heiligen Geist erhielten und die Gedanken Gottes besser nachvollziehen konnten als das gewöhnliche Volk.

## These 258

**Die Schwierigkeit war immer, schuldorientierte Gedanken in ein schamorientiertes
Verstehensraster zu legen.**

Dazu ging Gott weite kulturelle Umwege und gebrauchte in vielen Situationen auch die
Denkstrukturen der Menschen, um verstanden zu werden.

## These 259

**Missverständnisse entstanden meist an der Schnittstelle zwischen Scham und
Schuld. Diese Spannung wurde vom Volk oft aufgelöst zugunsten der Scham.**

Das war auch das Problem der Psalmisten, die scheinbar von einer Seite zur anderen
wechselten.

## These 260

**Definitiv hatten die Propheten Mühe, die Gedanken Gottes im Verständnis des Vol-
kes zu interpretieren.**

Beispiele dafür blieben hier vernachlässigt. Vielmehr war beabsichtigt, den Kontext zu
beschreiben, auf dem sich auch die späteren Schriften zugetragen haben.

Auch andere Aspekte blieben hier unberücksichtigt: Z.B. das Opferritual als Auflösung
der Schuld. Auch der Begriff Schuld, als ein Zustand – neben der Scham – als Folge der
Sünde wurde hier untergeordnet behandelt. Sie stellt kein vordergründiges Problem im
Verständnis des Alten Testamentes dar – die Schuld wird ohnehin von westlichen Exegeten manchmal mehr hinein interpretiert, als dass die Scham erkannt wird.

Vom Neuen Testament und von der westlich-rationalen Kultur und Sprache her denkend
bleibt das Alte Testament selbst in manchen Auslegungen ein fremdes Terrain. Die Kon-
texte sind zu verschieden, um direkt und ungebrochen Bedeutungen, Werte, Rückschlüsse oder logische Folgerungen ohne kontextuelle Transformation übertragen zu können.
Individualismus, Demokratie, wissenschaftlich-rationales und kausal-logisches Denken
sind in dieser Kultur fremde Konzepte – und deshalb bleibt auch das Alte Testament für
manche westlichen Christen und Theologen wie ein Buch mit sieben Siegeln – eher verschlossen und unzugänglich.

Deshalb bleibt dem theologisch versierten Westen eher schleierhaft, warum die Menschen und besonders auch Gott damals so handelten. Unbedachte Vergleiche stellen Diskrepanzen fest, unüberbrückbare Unterschiede entstehen da, wo der Empfänger der
jeweiligen Botschaft als maßgebenden Kontext seine eigene Ausdrucksweise, Werte und
vor allem Verhaltensmuster zugrunde legt.

Fatal wäre es, damit auch die Botschaft abzulehnen oder dem westlich ausgelegten Filter
zum Opfer zu fallen.

## These 261

**Der Leser des Alten Testaments ist gefordert, seinen Verständnisrahmen zu verän-
dern; nicht er ist der Maßstab für die Interpretation, sondern die Menschen von
dort und damals.**

Für diese Leser wurde hier der Versuch unternommen, die Schamorientierung aus der
Sicht der Menschen des Alten Testaments nachzuzeichnen, ggf. mit einseitiger Markanz,

aber nicht verfälscht. Dadurch soll erschlossen werden, dass gerade dieser Teil der Bibel für Europäer ein Schlüssel zum Verständnis anderer Kulturen ist. Dagegen ist das Alte Testament für andere Kulturen die Schnittstelle zum Verstehen, und ohne das Alte Testament muss auch vieles vom neutestamentlichen Evangelium unbegreifbar bleiben.

### These 262

**Scham war im Alten Testament eine dynamische Kraft für die soziale Kontrolle und für das gesamte religiöse Leben und Empfinden, sowohl für das Volk als Einheit als auch für den einzelnen Menschen.**

Krieg und Frieden, Harmonie und Chaos, Gut und Böse waren abhängig von der Erkenntnisfähigkeit und Empfindsamkeit der Menschen für Scham.

### These 263

**Im harmonischen sozial-religiösen System war Scham die Balance zwischen den zentrifugalen und zentripetalen Kräften der Kultur:**

Wurde sie kultiviert, fügte die Dynamik alle lebensnotwendigen Elemente in ihre Ordnung ein. Fehlte sie, erlahmte die Dynamik und das Gefüge drohte auseinander zu fallen – das Chaos erhielt eine Eigendynamik.

Scham war die Korrektur für Sünde und steuerte den Menschen zurück auf Kurs.

### Grafik 44: Dynamische Ellipse des schamorientierten Gewissens im Alten Testament.

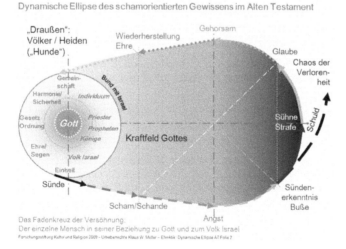

Die Grafik versucht die Ganzheitlichkeit des Denkens und Verhaltensmusters der Menschen im Alten Testament darzustellen. Scham ist unverzichtbar und das wichtige Element des Gewissens im Alten Testament. Dessen enormen Effekt und weitläufigen Einfluss nicht zu erkennen beraubt den Leser eines wichtigen Schlüssels zum Verstehen der Bibel, besonders des Alten Testaments. Selbst der Heilige Geist, der „in alle Wahrheit leitet" (Joh.16,31), bedient sich offenbar dieses Begriffs und Empfindens als Schlüssel zum Herzen der Menschen.

Die Sequenzen einzelner aufeinander folgenden und sich gegenseitig bedingenden Elemente sind ggf.variabel. Strafe und Buße sind dann austauschbar, wenn die Strafe zur Buße leiten soll und die Menschen nicht durch die Erkenntnis der Güte Gottes selbst zur

Umkehr kommen (Röm.2,4). Wenn Gott Chaos vermeiden wollte, traf die Strafe zuerst ein. Wenn der Sünder noch vor dem Chaos durch Scham zur Besinnung kam, blieben die Sequenzen erhalten. Sünde und Buße oder Strafe waren die entscheidenden Punkte. Schuld als Phänomen der Botschaft tritt vordergründig nicht in Erscheinung, spielt aber im Hintergrund des gesamten Ablaufs eine Rolle.

Im konzentrischen Kreis bildet Gott als absolute Autorität der ursprünglich beabsichtigten Theokratie das Zentrum. Der Bund mit seinem Volk gab diesem die Einzigartigkeit unter den Völkern. Die Männer Israels waren durch die Beschneidung gekennzeichnet für diesen Bund und trugen die Verantwortung, obwohl eine Gleichwertung der Frauen durchaus gegeben und auch geschützt war. Außerhalb dieses Bundes lebten die Heiden, die Völker, für die das Volk ein Zeichen des lebendigen Gottes sein und dazu ermutigt werden sollten, sich dem Volk Gottes als vollwertige Mitglieder anzuschließen. Vielfach ereignete sich das Gegenteil: entweder das Volk Israel wurde arrogant und erachtete die Völker als minderwertig („Hunde" Mt.7,6; 15,26), oder es übernahm deren Götter. Das hatte Folgen.

Gott berief sich Propheten, durch die er seinen Willen vermittelte. Priester hatten die religiöse und rituelle, Könige die politische Verantwortung, Koordination und Kontrolle. Auch der Strafmechanismus funktionierte über diese Dreiteilung. Die drei Instanzen arbeiteten unabhängig voneinander, ihre Funktionen griffen jedoch ineinander.

Die Gemeinschaft von Gott und Menschen war innerhalb des Bundes ungetrübt möglich, auch der direkte Zugang des Einzelnen zu ihm. Durch Gesetz und Ordnungen waren die Lebensgestaltung und Verhaltensmuster innerhalb der Gemeinschaft geregelt und geklärt. Das Gesetz war zum Schutz des Volkes gegen Synkretismus von außen und innen und zur Bewahrung des Bundes nötig.

## These 264

**Es gibt keine menschliche Gemeinschaft ohne Gesetze und ohne eine religiöse (oder philosophische) Autorität, an der sich die Gesetze und die Ordnung orientieren, funktioniert eine Gesellschaft nicht.**

Innerhalb dieser Ordnung besteht bei Gehorsam und Einordnung für jeden Einzelnen Harmonie und Sicherheit. Ehre ist für jeden gewährleistet und der Segen Gottes jedem garantiert.

Das Ausfallstor aus diesem Bund ist die Sünde: bewusster oder unbewusster, beabsichtigter oder unbeabsichtigter Ungehorsam gegenüber dem Wort und Willen Gottes und seiner Beauftragten. Letztere stehen wie jeder andere unter diesem Gesetz.

Als direkte Folge davon wird zuerst und heftig Scham und Schande empfunden: Gott, den Autoritäten und den Mitmenschen gegenüber wird Respekt verweigert und Ehrverlust zugefügt, Gesichtsverlust in Form von Beschämung oder Selbstbeschämung als Schande.

Daraus folgt zwingend Angst, denn ein Überleben außerhalb des Bundes ist für einen „Beschnittenen" nicht möglich: Er ist für das Volk Israel „reserviert" Er kann keiner anderen Gemeinschaft angehörig werden. Die Trennung vom Gesetz zieht sich durch die gesamte Gemeinschaft, und je weiter sich ein Mensch davon entfernt, umso intensiver wird die Trennung empfunden.

Diese Spannung wird unerträglich: Irgendwann kommt der Sünder zur Besinnung. Zumindest entscheidet sich jetzt, ob er der Anziehungskraft des Bundes nachgibt oder in seiner Einstellung bzw. auf seinem Verhalten beharrt. Er hat die Möglichkeit, wieder in die „Umlaufbahn" einzuschwenken, die zurückführt in die Gemeinschaft. Der entscheidende Punkt ist die Sündenerkenntnis: Normübertretung ist Ungehorsam gegen Gott. Diese Erkenntnis allein nützt nicht, denn das wissen auch die im Chaos Verlorenen: Die Buße als notfalls öffentliches Bekenntnis und die Abkehr von der Sünde sind notwendig.

Sünde ist Schuld vor Gott und vor Menschen, die gesühnt werden muss: Das geschah durch Opfer. Das war die Bereitschaft, die unausweichlichen Konsequenzen zu tragen als Wiedergutmachung, als eine Vorschussvergebung, bis der endgültige Sühnetod Jesu Christi die Versöhnung mit Gott vollzogen hat. Das ist der endgültige Wendepunkt für die Bundesbeziehung, jetzt beginnt die Umkehr in die offenen Arme Gottes.

Die natürliche Folge der Buße ist der Gehorsam, die Anerkennung der Normen Gottes und seiner Autorität, seine Beschämung wird aufgelöst. Die Linien deuten den Bezug zu den anderen Elementen an, die durch die Sünde ausgelöst worden waren.

Der Angst gegenüber liegt der Glaube, sie schließen sich gegenseitig aus. An diesem Punkt wird die Beziehung mit Gott wieder aufgenommen.

Jetzt beginnt der fast geradlinige Einlauf in die Gemeinschaft. Auf dem Weg dahin wird auch die Schande des Sünders aufgehoben, die Buße und das Bekenntnis der Sünde werden als Erwartung für das alte Verhaltensmuster gewertet. Die Ehre aller ist wieder hergestellt, das Gesicht ist gewahrt. Es bleibt kein Rest von Vorbehalt zurück, die Beziehung ist geheilt. Der Sünder wird nahtlos in die Gemeinschaft aufgenommen. Die Vergebung ist vollkommen und absolut.

Der Mensch ist jetzt wieder ein Teil des Bundes mit allen Rechten und Pflichten. Die Versöhnung ist vollzogen. Gott ist wieder im Fadenkreuz, im Zentrum, er ist wieder Gott, der HERR: Yahweh.

Der Bezugspunkt im gesamten Ablauf ist und bleibt Gott, in jeder Phase: Er ist das Zentrum seines Kraftfeldes. Er definiert sich selbst. Alle anderen Definitionen und Folgerungen sind davon abgeleitet; ohne diesen direkten Bezugspunkt sind sie letztlich weder verstehbar noch möglich zu glauben, sondern sie verlieren ihren Sinn.

Die einzelnen Elemente können nicht separat voneinander behandelt, erlebt oder definiert werden: sie stehen immer im Zusammenhang mit anderen Begriffen, die Voraussetzung bzw. Folge sind oder deren Auflösung bedeuten. Glaube ist die Folge der Sühne, löst Schande auf, Gehorsam die Angst. Gehorsam ist Folge des Glaubens, Wiederherstellung der Ehre Folge des Gehorsams. Die einzelnen Schritte können nicht übersprungen werden.

Schuld bezieht sich auf des Gesetz Gottes und erhält von dort ihre Tragik: Sie befindet sich an der Stelle der größten Entfernung von Gott; deren Konsequenz beginnt am äußersten Punkt außerhalb des Kraftfeldes Gottes – der Mensch hat sich bewusst der Anziehungskraft Gottes entzogen und verliert jede Bindung; er befindet sich sozusagen „im All" und wird zum Objekt der Anziehung jeder anderen Kraftwirkung, die dort besteht. Er ist in dieser unendlichen Weite verloren und jeder anderen Kraft ausgesetzt, die Einfluss auf ihn auswirkt; das ist Chaos der Verlorenheit.

### These 265

**Da die Strafe für Sünde Tod bedeutet, ist die Sühne für Sünde der Eintritt ins Leben im Kraftfeld Gottes (Röm. 6,23).**

Der Eintritt in die geordnete „Umlaufbahn" ist die Anerkennung, die Inanspruchnahme der Strafe oder der stellvertretenden Sühne. Friede ist Abhängigkeit innerhalb eines geordneten Kraftfeldes, innerhalb dessen Leben möglich ist.

# 5.    Das Alte Testament als Rahmenbedingung für die Verkündigung des Evangeliums

## 5.1    Der Kern des Evangeliums

In der Missionsgeschichte wird deutlich, dass die Theologie die Strategie bestimmt: Die Schwerpunkte der Theologie bilden die Hauptziele der Strategie. Je einfacher und prägnanter die Definition dessen ist, was man glaubt, umso geradliniger und kompromissloser ist die praktische Umsetzung. Die Theologie zeigt den Ausgangspunkt und das Ziel des Menschen aus der Sicht Gottes und beschreibt den Weg, den der Mensch gehen kann, mit allen möglichen Folgen und Korrekturen. Im Ausgangspunkt sind sich alle Menschen gleich.

### These 266

**Der bestmögliche Weg für das bestmögliche Ziel ist die beste Strategie, das menschliche Leben zu gestalten: Ein Leben mit Gott.**

In der evangelisch-reformatorischen Theologie stehen das Kreuz und die Auferstehung im Zentrum des Evangeliums. Jesus Christus bestätigte das selbst:

> So ist das geschrieben (Hos.6,2), dass Christus leiden musste und von den Toten auferstehen; und dass in seinem Namen Buße zur Vergebung der Sünden gepredigt werden muss unter allen Völkern (Lk.24,46f).

Paulus formulierte dieses Evangelium in Röm.1,1-6 und in 1.Kor.15,1-4: „Christus ist

*Qv.*: Grafik 6-5.1 auf CD: „Begründung und Notwendigkeit des Evangeliums"

gestorben nach der Schrift und begraben; er ist auferstanden am dritten Tage nach der Schrift." In allen Zusammenfassungen wird der Kern des Evangeliums in Bezug zum Alten Testament gebracht.

Durch den Sühnetod am Kreuz wird Jesus Christus zum Retter der Menschen; er eröffnet ihnen den Eintritt in das Leben im Kraftfeld Gottes. Durch Auferstehung und Himmelfahrt zeigt er sich als der Herr, dem „alle Macht gegeben ist, im Himmel und auf Erden" (Mt.28,18). Christus ist von Gott dem Vater und Gott dem Heiligen Geist gesandt, um die Menschheit mit Gott zu „versühnen" (Missio Die). Der Messias ist der Gottessohn, der als Mensch mit dem Namen Jesus geboren wurde.[16] Die Person des Gottessohns ist deshalb nur mit dem Doppelnamen vollständig und korrekt bezeichnet. Diese Botschaft ist in dieser Ganzheitlichkeit den Völkern weiterzugeben (Mission).

---

[16] Begriffslexikon zum Neuen Testament „Jesus Christus", S.757ff.

**Grafik 45: Der Verständnisrahmen des Evangeliums**

## 5.2  Das Evangelium ohne alttestamentlichen Rahmen: Gefahr des Synkretismus

Um das Wichtigste nicht zu versäumen, springen manche bei der Vermittlung der Botschaft mit beiden Beinen mitten in das Zentrum hinein. So sprechen auch Missionare mit Angehörigen anderer Religionen ohne Umwege über Jesus, ihren Retter. Das ist nicht falsch, doch das Evangelium wird vorschnell von seinem Kern her gepredigt, anstatt behutsam von außen zu beginnen und beim Kern anzukommen. Wie schon oben gesagt, finden wir bei Ethnien außerhalb Europas viel Verständnis für das Alte Testament und dieser Ansatz entspricht nicht nur den Gedanken Gottes, sondern auch dem Verständnis der Völker.

Das Bedürfnis, in der Mission direkt zum Kern der Botschaft zu kommen, spiegelt sich auch darin, dass früher fast generell zuerst das Neue Testament übersetzt wurde; vom Alten Testament vielleicht erst lange Zeit später noch einige Teile aus den Geschichtsbüchern. Umsichtige Übersetzer berücksichtigen heute Vorwissen und Vorbereitung einer Ethnie bei der Auswahl und Reihenfolge der zu übersetzenden biblischen Bücher. Allerdings spielt auch die Größe des Volkes eine Rolle, der gegenüber der immense Aufwand gerecht werden soll.

Die Sünde – und die Angst vor den Folgen – wird in der Theologie ohne Altes Testament die Anknüpfung für das Evangelium; das wird im Bewusstsein der Menschen vorausgesetzt.[17] Das war in den 50er und 60er Jahren in Deutschland noch eine reelle Anknüpfungsmöglichkeit, seither jedoch nicht mehr. Heute ist der Begriff „Sünde" höchstens noch im Straßenverkehr, im Zusammenhang mit Übergewicht und in Bezug zur Umwelt zu gebrauchen. Missionare und Evangelisten gehen von ihrem Verständnis und ihrer

---

[17] Z.B. beginnt das „wortlose Büchlein" mit der schwarzen Seite für Sünde, dann rot für den Sühnetod Jesu weiß für die Vergebung und die Reinheit vor Gott, grün für das Wachstum im Glauben. Warum Sünde gesühnt werden muss, wird dabei nicht erklärt, auch nicht was Sünde ist. Wenn die Vorstellung für Gott als Autorität fehlt und wenn der Mensch nicht aus der Sicht Gottes erkannt wird, ist Sünde im biblischen Sinne nicht erklärbar. Dadurch werden auch deren Folgen bzw. die Sühne dafür „sinnlos" und das Evangelium wird zu einer religiösen Weltanschauung; es verliert die ursprüngliche und vitale Beziehung Gottes zu den Menschen, die von Liebe getragen ist.

Theologie aus. Wenn trotz intensiver Verkündigung keine Sündenerkenntnis entsteht, erklärte man sich das mit „Verstocktheit", „hartem Boden" oder gar mit „okkulten Zusammenhängen". Die eigene Theologie wird selten hinterfragt.

### These 267

**Das Evangelium ist das Ziel, nicht der Ausgangspunkt der missionarischen Verkündigung.**

Die Sündenerkenntnis ergibt sich aus dem biblischen Gottesbegriff: Der Mensch muss sich aus der Sicht Gottes erkennen, um sich als Sünder sehen zu können. deshalb muss das Gottesbild zuerst nach seiner eigenen Definition werden. Das findet man in den vielen Geschichten des Alten Testaments veranschaulicht. Darin wird deutlich, wie Gott den Menschen sieht: als zweites muss das Menschenbild gelehrt werden.

### These 268

**In der Bibel definiert nicht der Mensch seinen Gott, sondern Gott definiert seinen Menschen.**

Die Betonung in der Evangelisation liegt deshalb nicht in erster Linie auf den Sünden der Menschen, sondern auf ihrer Gottesvorstellung. Dadurch erhalten sie einen Spiegel vorgehaltcn. Sünde kann dann erklärt werden, sie braucht nicht als Angstmethode dienen.

Wo der Verständnisrahmen fehlt, kann kein klares Bild entstehen. Im Gegenteil: Das Evangelium ohne biblische Einordnung führt zum Synkretismus; durch falsche Verkündigung können Menschen verstockt oder gegen das Evangelium immunisiert werden. Deshalb ist es wichtig, sich in jeder Kultur und Religion mit der Denkstruktur der Menschen zu befassen, die man mit dem Evangelium ansprechen möchte.

### These 269

**Wenn die Theologie ganzheitlich ist, ist auch die Strategie ganzheitlich; denn die Theologie bestimmt die Strategie.**

## 5.3   Missionarische Verkündigung: Langer „Anlauf" – sichere „Landung"

Einige alte Missionare fanden intuitiv – oder durch ihre ganzheitliche Theologie! – den rechten Einstieg für die christliche Botschaft: Die Insulaner von Mikronesien kannten Inhalte von Predigten des Missionars Wilhelm Kärcher (etwa 1930-1960) noch nach vielen Jahren. Fast ausnahmslos verwendete er alttestamentliche Texte oder Zusammenhänge.[18]

Christian Keyßer[19] prägte als Lehrer (in der Zeit von 1920 bis 1940) nach Erkenntnissen aus seiner eigenen Praxis in Neuguinea Neuendettelsauer Missionare, darunter Georg F. Vicedom.[20] Das Evangelium soll in langem Anlauf vermittelt werden: Nach einem gründlichen Sprach- und Kulturstudium begann Vicedom, durch alttestamentliche Geschichten

---

[18] Lothar Käser. *Licht in der Südsee. Wilhelm Friedrich und Elisabeth Kärcher. Leben und Wirken eines Liebenzeller Missionarsehepaares.* Bad Liebenzell: VLM, 2006. Das Prinzip seiner Lehre beschrieb er mir in langem Briefwechsel für meine M.A. Arbeit. Klaus W. Müller. *Evangelische Mission in Mikronesien (Trukinseln). Ein Missionar analysiert sein Missionsfeld.* Missiologica Evangelica 2. Bonn: VKW, 1989.

[19] Jürgen Stadler. *Die Missionspraxis Christian Keyßers in Neuguinea 1899-1920. Erste Schritte auf dem Weg zu einer einheimischen Kirche.* Edition afem, mission academics 21. Nürnberg: VTR, 2006.

[20] Klaus W. Müller. *Georg F. Vicedom as Missionary and Peacemaker. His Missionary Practice in New Guinea.* World Mission Scripts 6. Neuendettelsau: 2003. Erlanger Verlag für Mission und Ökumene.

den biblischen Gott zu erklären: Den allmächtigen Schöpfer der Welt und der Menschen. Dabei konnten die animistisch denkenden Menschen in Neuguinea den Vergleich zu ihren Mythen ziehen. Dann beschrieb er Gottes Beziehung zu seinen Geschöpfen als Vater und Richter mit dem Aspekt der Ewigkeit, also über das Leben hinaus. Das Verhalten der Menschen und deren Antwort auf Gottes Gedanken wurden damit verglichen. Diese biblischen Geschichten wurden weiter erzählt, der Sinn wurde durch anschauliche Vorführungen mit Rollenspielen verdeutlicht. Bei den Menschen entstand dadurch eine Ahnung von dem Begriff „Sünde" im biblischen Sinne und der Unterschied zu ihrer Vorstellung wurde klar. In diesem „Bild" erkannten sich die Menschen vor Gott dem Schöpfer, dem himmlischen Vater auch in vielen anderen Aspekten. Das weckte das Bedürfnis nach einer Lösung, denn die Folge der Sünde war inzwischen deutlich geworden. Jetzt erst gab das neutestamentliche Evangelium von Jesus Christus als Sohn Gottes eine in das Gesamtbild passende Erklärung. – Nach zwei Jahren Lehre brach eine Bewegung aus, die von den Häuptlingen selbst geleitet und bewusst gefördert wurde. Sie wurde durch den Ausbruch des zweiten Weltkrieges „erstickt".

Der „lange Anlauf" über das Alte Testament erscheint – wie gesagt – manchen ungeduldigen missionarischen Vertretern des Christentums als unnötig. Sie wollen schnelle Erfolge sehen. Ihre Kultur zwingt ihnen eine unbiblische Strategie auf. Das alte Sprichwort aus der Landwirtschaft hat auch im missionarischen Dienst seine Gültigkeit nicht verloren: „Das Dengeln der Sense säumt das Mähen nicht!" Die Schneide der Sense zu härten und zu schärfen lohnt sich. Der Bauer stand dafür früh auf; die hellen Töne von Hammer auf dem Amboß klangen durchs Dorf und weckten die Langschläfer auf. Diese Stunde Arbeit einzusetzen lohnte sich für den Verlauf der Arbeit des Tages.

Das Evangelium war in unseren Beispielen dann auch sicher „gelandet", es wurde verstanden und akzeptiert, gewollt und integriert. – Aber es hatte seine Zeit gebraucht: Erst die Sprache erforschen und lernen, parallel dazu und mit der Sprache die Kultur und Religion. Das schaffte eine Vertrauensgrundlage. Das Verhaltensmuster der Missionare war identisch mit der Lehre, die erst andeutungsweise und dann immer stärker verdeutlicht werden konnte.

In einer anderen Situation mag das länger dauern, aber diese Reihenfolge ist richtig. Die lutherische Theologie der Neuendettelsauer Missionare behielt die Dreieinigkeit zusammen und beachtete die biblische Botschaft in der Reihenfolge, wie sie – sicher nicht zufällig – in der Bibel vorgegeben ist.[21]

Trevor McIlwain machte in den Philippinen Erfahrungen wie viele andere an anderen Orten: Die Leute schienen nicht zu verstehen. Sie sahen keine Notwendigkeit, Christen zu werden. Sie verstanden etwas anderes als er ihnen sagte. Sie brachten das Evangelium nicht in ihre Welt. Dann ging er systematisch chronologisch vor, so wie die Bibel: Dadurch wurde er verstanden. Es entstand ein umfangreiches Lehrprogramm, das inzwischen erprobt und bewährt ist.[22] Das Konzept greift: Es wird von vielen Missionaren und Pastoren in verschiedenen Kulturen und mit unterschiedlichen theologischen Hintergründen erfolgreich angewendet.

## 5.4  Der alttestamentliche Rahmen und der Kern des Evangeliums

Durch die Reihenfolge und Anordnung der einzelnen Bücher der Bibel ist eine logische Abfolge und damit ein gewisser systematischer Aufbau erkennbar, der nur vom Ende her

---

[21] Georg F. Vicedom, „Der Weg zu den Anhängern einer primitiven Religion in Neuguinea." Referat beim ÖRK, 1946.

[22] Trevor McIlwain. *Auf festen Grund gebaut. In 50 Lektionen durch die Bibel.* Neuhausen-Stuttgart: Hänssler, 1998. Original: Firm Foundations – Creation to Christ. Sanford/FL.: New Tribes Mission, 1991.

gesehen verständlich ist. Im Alten Testament wird das Gottesbild durch den Bezug zu den Menschen in Israel und zu den Völkern in allen Perspektiven deutlich beschrieben. Auch die Person (Joh.14,9) und das Werk Jesu sind nur vom Alten Testament her wirklich verständlich. Die vielen alttestamentlichen Bezüge setzen dieses geradezu voraus. Wer sie weglässt, unterschlägt, abwertet oder gar als lästig empfindet, beraubt sich und seine Zuhörer des Bezugsrahmens, durch den alles erst sinnvoll erscheint und Konturen gewinnt (1.Kor.13,12).

### These 270

**Das Alte Testament ist die soteriologische Voraussetzung für das Evangelium.**

Das Gottesbild wird in seinen Funktionen und Attributen als Schöpfer, Vater, Richter, Herrscher usw. gezeichnet. Gott ist die Liebe und Gnade in Person, aber auch geradlinig und gerecht; so erscheint er auch in seinen Eigenschaften als gut, heilig, gerecht, treu, ewig. Das ist nicht kontrovers, sondern konsequent. Die Absolutheit Gottes wird dadurch deutlich und die Zehn Gebote erhalten ihren Sinn in der Abhängigkeit vom ersten Gebot: „Ich bin der Herr, dein Gott; du sollst keine andern Götter neben mir haben!" (2.Mo.20). Die Heiligkeit Gottes duldet keine Sünde – das wäre kontrovers, ebenso wäre das kein Gott, der nicht heilig wäre und Sünde duldete. Nicht Gott trennt die Menschen von sich durch Sünde, der Sünder trennt sich durch sie von Gott. Nur daraus ergibt sich die soteriologische Forderung oder Konsequenz des Kreuzes. Für wen Gott nicht absolut ist, für den ist das Kreuz nicht notwendig.

### These 271

**Viele Kulturen in der Zwei-Drittel-Welt identifizieren sich mit dem Alten Testament, sie fühlen sich darin schnell zuhause und verstanden. Das ist ihre Welt. Es kommt ihnen entgegen, erleichtert ihnen das Verständnis. Ihr Gewissen wird vorbereitet und angesprochen, denn es findet die gleichen Elemente in den alten Geschichten.**

Durch den alttestamentlichen Rahmen entsteht das biblische Gottesbild und das biblische Menschenbild, die im Neuen Testament aufgegriffen und deren Linien verfeinert werden. Eingebettet im neutestamentlichen Umfeld liegt das Evangelium. Wenn es so angenommen und verstanden wird, entsteht darüber die Kreuzform als Sinnbild des Evangeliums in der rechten Dimension: Die große Vertikale zwischen Gott und Mensch, daraus folgend die Horizontale, Mensch zu Mensch. Die Vertikale muss zuerst entstehen, sie ist das Fundament. Daraus resultieren Glaube, Liebe, Hoffnung (1.Kor.13,13), Kraft, Halt, Zuversicht. Auf der Vertikalen wird der Mensch zum Christen, wenn er sein Leben und seine Ewigkeit in Gott verankert. Hier geschieht die Vergebung der Sünde durch die persönliche Annahme des Geschehens am Kreuz. Dann erst kann eine stabile Horizontale entstehen, die sich in der Diakonie, in zwischenmenschlichen Beziehungen auswirkt. Auf der Horizontalen liegt auch der Missionsauftrag; das ist die Ebene, wo der Glaube greift, sichtbar gelebt wird und Hände und Füße bekommt. Wer keine Vertikale hat, bleibt kraft- und wirkungslos auf der Horizontalen.

Gottesbild
Menschenbild
Sünde
Bedürfnis
Evangelium
Geistliches Heil
Diakonie

Nach diesen Ausführungen stelle ich mir die Frage, warum nur wenige asiatische oder afrikanische Auslegungen des AT diese schamorientierten Zusammenhänge berücksichtigen. Und warum westliche Missiologie solche Zusammenhänge aufzeigen muss. Ist der Standard für Theologie so stark vorgegeben, dass nur Theologie ist, was westlich und schuldorientiert ist? Oder hören wir westlichen Theologen diese Ansätze aus der „majority world" nicht? Es ist durchaus angebracht, dass z.B. asiatische oder afrikanische Autoren, die im Westen studiert haben, ihren schamorientierten Studenten die westliche Schuldorientiertheit erklären.

Vielleicht wurde die nicht-westliche Theologie erst nach ihrer „Hochschulfähigkeit" öffentlich – und war dann schon stark von der liberalen Theologie infiziert. Man erkennt das bei den Weltmissions- und Ökumenekonferenzen. Durch ihre Distanzierung von der westlichen Theologie versuchten sich manche nicht-westlichen Kontextualisierungs-Ansätze durch krasse Deformierungen des Evangeliums im Westen zu profilieren und „schütteten" dabei auch „das Kind mit dem Bade aus".[23]

# 6.    Der Begriff Gewissen in Texten des Neuen Testaments

Ausgewählte Texte mit συνείδησις (*syneidesis*) und ἐλεγχειν (*elenchein*) und deren kultureller Hintergrund.

## 6.1    Begriffs- und Bedeutungsstudien[24]

*Syneidesis* findet sich im NT 32 Mal.[25] Die Vorkommen beschränken sich auf die Apostelgeschichte, Paulusbriefe (Römer, Korinther, Pastoralbriefe) sowie Hebräer und 1.Petrus.

Der Begriff ἐλεγχος (*elengchos*),[26] von dem Elenktik abgeleitet ist, kann je nach Kontext verschiedene Schattierungen seiner Bedeutung spiegeln.

Es ist der Vorgang, bei dem Beweismittel für die Wahrheit über etwas vorgebracht werden, z.B. in Hiob 23,7; Hebr.11,1. Genauso können Anschuldigungen wegen fehlerhaftem Verhalten gegen eine Person gemacht werden, als Beschuldigung, z.B. Jos.6,6. Stärker ist der Ausdruck belegt als ausgesprochene Ablehnung, als Tadel, Rüge oder Korrektur; so ist das in 2.Tim.3,16 gemeint.

Die alten Griechen z.B. Aristoph und Herodian verwenden ἐλεγχος, wenn etwas gründlich und prüfend untersucht werden, ins Licht gebracht oder herausgebracht werden soll; so ist der Begriff auch in Eph.5,11.13 und Tit.2,15 zu verstehen. In Tit.1,9.13 ist das Wort zu verstehen mit: „Eine Person an den Punkt bringen, an dem er seine Fehler erkennt, davon überzeugt ist und deshalb als schuldig verurteilt wird." Judas 15; 22-23, Joh.8,9;46; 16,8; Apg.6,10; 1.Kor.14,24. Eine ausgesprochen starke Ablehnung eines Verhaltens, dessen Rüge und Korrektur; das ist in 2.Tim.4,2 und 1.Tim.5,20 gemeint,

---

[23] Detlef Kapteina. *Afrikanische Evangelikale Theologie. Plädoyer für das ganze Evangelium im Kontext Afrikas*. Edition afem. Mission academics 10. Nürnberg: VTR, 2001. Siehe die Reihe bei Vandenhoeck & Ruprecht, Göttingen: Choan-Seng Song. *Theologie des Dritten Auges. Asiatische Spiritualität und christliche Theologie.*1989; Thomas. *Christus im neuen Indien. Reformhinduismus und Christentum.* 1989. Miguez Bonino. *Theologie im Kontext der Befreiung.*1977. Byung-Mu Ahn. *Draußen vor dem Tor. Kirche und Minjung in Korea.*1986. T.B. Simatupang. *Gelebte Theologie in Indonesien.*1992. Justo L. Gonzalez. *Manana.*1994.- *Schwarze Theologie in Afrika. Dokumente einer Bewegung.* 1973. John S. Pobee. *Grundlinien einer afrikanischen Theologie.* 1981. John. S. Mbiti. *Bibel und Theologie im afrikanischen Christentum.*1987. Takizawa. *Das Heil im Heute.* Texte einer japanischen Theologie. 1987.

[24] Moo, *NICNT, The Epistle to the Romans*, 1996, S.151, sieht die Möglichkeit dafür gegeben: „`The work of the law` written on the heart [] of Gentiles could refer to love, the basic intention of the law … " Er verweist darauf, dass auch Michel diese Sicht vertritt. Michel, Otto. *Der Brief an die Römer; Kritisch-Exegetischer Kommentar*, Göttingen: Vandenhoeck & Ruprecht, *1978*. Schlatter *(Gottes Gerechtigkeit)* behandelt V. 15 auf S.91ff. Murray *(NICNT, The Epistle to the Romans, 1968)* sieht im Gesetz das mosaische Gesetz (S.74f). Dunn *(Word Biblical Commentary)*, S.100ff.: „The fact that `the law` is still the measure of what God requires is a further reminder that Paul's object in separating the law from its identification with Israel is not to discount the law but rather to free the whole understanding of God's concern for man from the narrowness of the prevailing Jewish perspective and presupposition."; Krimmer (Edition C, *Römerbrief*) verweist auf Gen 3,22.

[25] Das Wort σύνοιδα findet sich zweimal: 1.Kor.4,4 und Apg.5,2. Zusätzlich findet sich das Wort συνείδησις noch als eine Lesevariante im Apparat des Nestlé-Aland (Novum Testamentum Graece).

[26] Walter Bauer, Griechisch – deutsches Wörterbuch 2482, elengchos.

ebenso in Lk.3,19; Mt.18,15 und Tit.2,15. Die Bestrafung dafür und eine entsprechende Disziplinierung werden in Hbr.12,5 Offb.3,19 zum Ausdruck gebracht.

---

Generell kann der Begriff im Neuen Testament verstanden werden als jemandem zeigen, dass er etwas falsch gemacht hat, ihn zur Buße zu bewegen, ins Licht oder in die Öffentlichkeit zu bringen, ihn zu beschuldigen und dazu zu bringen, selbst seine Schuld einzusehen und einzugestehen, um ihn auf den rechten Weg zu bringen, zu bestrafen, um ihn zu korrigieren. (Matt.18,15; Lk.3,19; Joh.3,20; 8,46; 16,8; 1.Kor.14,24; Eph.5,11,13, 1.Tim.5,20; 2.Tim.4,2; Tit.1,9,13; 2,15; Heb.11,1; 12,5; Jak.2,9; 2.Pet.2,16; Jud.1,15; Offb.3,19). (**Friberg, BW 6.0**)

In der Septuaginta überwiegend für das Hiphil von יכח (jkḥ). Hier wird deutlich, dass dabei nicht die Bedeutung „tadeln" als „schmähen" mitschwingt oder „ihn in Schande zu bringen", sondern lediglich „überführen" von Fehler, Sünde (1.Kor.14,24, Jakobus 2,9; Joh.8,9; 46; 16,8.) Eine Sache soll ans Licht, an die Öffentlichkeit gebracht werden, Joh.3,20; Eph.5,11. So sollen z.B. falsche Lehrer des Christentums entlarvt und widerlegt werden Titus 1,9;13; 2,15. Fehler zu finden, und diese korrigieren durch Wort (ausgesprochen tadeln, rügen, schelten, zurechtweisen, warnen und ermahnen: Judas 1,22; 1.Tim. 5,20; 2.Tim. 4,2) und Tat (strafen, zum Nachdenken und zur Einsicht bringen: wie die Übersetzung von hebr. יכח in Ps. 38,2; Heb. 12,5, von Sprüche 3,11; Offb. 3,19.) (**Thayers Greek Lexicon 1748** ἐλέγχω)

---

## 6.1.1   Die Erkenntnis Gottes in der Natur nach Röm.1,19[27]

Der Schöpfer hat seine Handschrift in der Schöpfung hinterlassen. Daraus kann der verantwortlich denkende Mensch zwei Zusammenhänge erkennen: Dem Geschaffenen steht ein Schaffender, also ein Schöpfergott gegenüber („seine ewige ... Gottheit"); und: Diese Gottheit muss von ungeheurer Schöpferkraft sein, um all das zu schaffen („seine ewige Macht"). Im Kontext wird deutlich: Obwohl der Mensch aufgrund der (natürlichen) Offenbarung Gottes in der Schöpfung in der Pflicht steht, Gott zu erkennen, hat ihn so keiner wirklich erkannt; die Menschen haben den Schöpfer nicht als Gott geehrt, sondern die Gottesahnung zum Götzendienst verkehrt. In Röm.3,9ff. bringt Paulus sein Argument auf den Punkt: Da ist keiner, der nach Gott fragt, alle sind abgewichen!

### These 272

**In Kulturen und Religionen sind Reste dieser Gotteserkenntnis und lediglich pervertierte Anbetungsformen solcher durch menschliche Vorstellung definierte Gottheiten zu finden, die meist an Naturphänomenen anknüpfen und in die Vorstellung einer übernatürlichen Macht münden.**

Nach Paulus finden wir nirgends ein göttliches Naturrecht im Menschen in reiner Form. Für ein schlüssiges Ergebnis muss man sich auch bei Röm.2,14ff von der Mehrheit der Ausleger abgrenzen und die Verse mit Augustinus und Karl Barth so verstehen:

1. Es geht hier nicht um ein allen Menschen eingeschriebenes Naturrecht.

2. Es geht nicht um eine in den „Heiden" nachweisbare innere Gewissensreligion.

3. Schon der Kontext, der in Kap.3 auf das „alle sind abgewichen, alle sind Sünder, keiner ist gerecht, auch nicht einer!" zielt, würde übersehen, wenn man 2,14ff auf eine solch unbeschadete göttliche innere Gewissensnorm beziehen wollte.

4. Vielmehr gibt Paulus den Juden (um die es im Kontext von Kap.2 geht) zu verstehen: ‚Ihr habt das – äußere – Gesetz, aber ihr haltet es nicht und erweist euch damit als Sünder; ihr seid nicht besser als die Heiden (Kap.1) mit ihrer natürlichen Offenbarung, die sie zum Götzendienst pervertieren. Aber ich kenne Heiden, denen ist das Gesetz in

---

[27] Ausführungen nach Helge Stadelmann, privater Briefwechsel, 14.-15.11.2007.

ihr Herz geschrieben – und die lassen ihre Wertungen und Handlungen auch von da aus bestimmen!' – Mit diesen „Heiden" weist Paulus exkursartig auf die Heidenchristen hin: An ihnen ist die Verheißung des Neuen Bundes (Jer.31,33f) in Erfüllung gegangen. Was Paulus hier in Röm.2,14ff exkursartig andeutet, ist dasselbe, was er (wenige Wochen vorher) in seiner Korintherkorrespondenz in 2.Kor.3 ausführte: Dass die Diener des Neuen Bundes den großen Auftrag haben, nun das Gesetz Gottes nicht mehr auf steinerne Tafeln, sondern auf fleischerne Tafeln des Herzens zu schreiben. Es ist deshalb nicht schlüssig, von diesen Stellen abzuleiten, dass man in allen Religionen Wahrheit finden oder den (Kurz-)Schluss ziehen könne: Christen und Juden hätten die Bibel; die anderen aber die Wahrheit tief im Herzen – weshalb ein tolerantes und akzeptierendes interreligiöses Gespräch sinnvoller sei als Mission.[28]

## 6.1.2   Das Verb σύνοιδα[29]

Apg.5,2: Ananias gab nach dem Verkauf eines Stücks Land vor, alles Geld der Gemeinde zu schenken. Saphira wusste von dem Betrug (συνειδυίης καὶ τῆς γυναικός). Die Bedeutung liegt hier auf „Mitwissen", „Zeuge sein" im Sinn von *„Mitverschworen"* und damit *„Mitschuldig sein"*.

1.Kor.4,4: Paulus geht auf die Beurteilung des Dienstes der Boten Gottes ein. Paulus scheut keine Prüfung (οὐδὲν γὰρ ἐμαυτῷ σύνοιδα) und verteidigt damit seine Unschuld; er hat ein reines Gewissen. Die Betonung liegt auf „bewusst sein". Paulus sieht das Gewissen nicht absolut, es ist nicht die letzte Instanz: Gott wird gerecht richten. *Das Gewissen kann also nur ein Hinweis sein, nicht jedoch eine Garantie für Unschuld.*

---

[28] Hilfreich zu Röm 2,14f ist das Zitat von Karl Barth, /Kirchliche Dogmatik/ Bd. IV.1 (Zollikon-Zürich 1953), S.33f: „Von da aus stellt er dem Juden, der das äußerlich ist, den gegenüber, der es innerlich, in Wahrheit ist: `durch die Beschneidung, die am Herzen geschieht ...´ (Röm 2,29) – die zum Glauben an Jesus Christus gekommenen Heiden nämlich, die ohne das Gesetz zu haben, von Natur tun, was das Gesetz will ... (Röm 2,14f)." [Vgl. S.437]. Stadelmann würde – vom Griechischen her – den Ausdruck „von Natur" anders zuordnen als Barth: Nicht `Heiden, die „von Natur tun, was das Gesetz will"...´; sondern: `... die „von Natur Heiden sind", tun was das Gesetz will ...´. Syntaktisch ist vom Griechischen her das eine wie das andere möglich. Aber die von Barth übernommene Übersetzung setzt doch mehr den Naturrechtsgedanken voraus, während die andere gänzlich unkompliziert mit Paulus übereinstimmt: Von Natur, also von Geburt aus sind die einen Heiden, die anderen Juden. Umgekehrt sagt Barth (KD IV.1, S.408), das Gesetz werde nach „dem bekannten Mißverständnis von Röm 2,14f als das dem Menschen ins Herz geschriebene Naturgesetz verstanden, das dann von Mose nur wiederholt, neu und ausdrücklich proklamiert und interpretiert wird."; Barth äußert sich an folgenden Stellen in seiner *Kirchlichen Dogmatik* zu Röm.2,14f: KD I.2, S.332; KD II.2, S.266; KD IV.1, S.34, 408, 437; KD IV.2, S.635. (Helge Stadelmann, privater Briefwechsel, 14.-15.11.2007). Siehe auch Römerbriefkommentar von Wilckens (Reihe EKK).

[29] Zusammenfassung der einschlägigen Ausführungen in Eckstein von Andreas Hirsch. Hirsch verwendet außer Eckstein noch weitere Quellen, wobei alle Zitate und Aussagen nachgewiesen sind. Im vorliegenden Text sind diese in neue Formulierungen eingearbeitet und nicht mehr im Einzelnen nachgewiesen. Siehe vollständigen Text bei der Forschungsbibliographie. Eckstein, Hans-Joachim. *Der Begriff Syneidesis bei Paulus: Eine neutestamentlich-exegetische Untersuchung zum „Gewissensbegriff"*. WUNT, 2. Reihe, Nr. 10. Hg. Martin Hengel und Otfried Hofius. Tübingen: J.C.B. Mohr, 1983. Hahn, Hans Christoph u. Martin Karrer. „Gewissen" *Theologisches Begriffslexikon zum Neuen Testament*. Bd. 1, neubearbeitete Ausgabe. Hg. Lothar Coenen u. Klaus Haacker. Wuppertal: R. Brockhaus u. Neukirchen: Neukirchener, 1997. S.774-778. Maurer, Christian. „σύνοιδα κτλ" *Theologisches Wörterbuch zum Neuen Testament*. Bd. VII, 897-918. Hg. Gerhard Friedrich. Stuttgart: Kohlhammer, 1964. Reike, Bo. „Syneidesis in Röm. 2,15" Heft 2, Jg. 12, März-April. *Theologische Zeitschrift*. Basel: Friedrich Reinhardt, 1956. Entwicklung im Griechischen bzw. Lateinischen in Eckstein (S.35-71, 137-179, 199-213, 302) und ThBNT Bd. I, S.775; ThWNT, VII, 897-905. Zum „Gesetz" bei Paulus: „Paulus und die Heidenmission", In Oegema, *Für Israel und die Völker*, S.217ff. S.220 folgt die Aussage, dass das Gesetz in den Herzen der Heiden in Röm 2,15 das Nächstenliebegebot sein muss.

## 6.1.3   Das Substantiv συνείδησις

### 6.1.3.1   Die Syneidesis der Heiden in Röm. 2,15

Röm.2,15: *Syneidesis* als selbständige, „objektive" Instanz im Menschen.

*Eckstein*[30] sieht im Hintergrund des Verses die Argumentation, dass nicht nur die Heiden (Kap.1), sondern auch die Juden (Kap.2) unentschuldbar sind. Damit sind die Heiden gleich verantwortlich vor Gott wie die Juden. Im Gericht wird entscheidend sein, ob jemand das Gesetz tut, nicht kennt.[31] V.14+15 sind somit nicht als Ergänzung zu Kap.1, sondern als Anknüpfung zu V.1-13 zu sehen. Die Struktur der Argumentation der Verse 14+15: Die Heiden beweisen mit der Erfüllung des Gesetzes, das sie von Haus aus nicht haben, dass sie sich selbst Gesetz sind. Das exklusiv verstandene Unterpfand der Erwählung, das Gesetz, ist auch bei den Heiden vorhanden und damit der ‚Ruhm' der Juden ‚ausgeschlossen' (Kap.3,27). Weil die Heiden die offenbarte und schriftlich fixierte Thora nicht haben, sie jedoch befolgen, zeigen sie, dass die Forderung eben dieser Thora in ihr Herz geschrieben ist. In welchem Verhältnis steht für Paulus dieses Gesetz zur Thora der Juden? Ohne die Herkunft des Gesetzes bei den Heiden zu erklären, stellt er lediglich fest, dies bei den Heiden zu beobachten. Offensichtlich besteht bei den Heiden eine Übereinstimmung zwischen den Forderungen der Thora und denen des Gesetzes: Das Verhalten entspricht der Thora und dem Gesetz der Heiden. Das Gesetz der Heiden muss also zumindest in diesen angesprochenen Forderungen mit der Thora selbst identisch sein." Handelt es sich um das Sittengesetz, oder um die ganze Thora bzw. um deren Zusammenfassung?[32] Paulus geht auf diesen Punkt nicht ein. Ihn interessiert nur der funktionale Aspekt des Gesetzes – dabei geht er von der speziellen Bedeutung der Thora aus. Es geht nicht um die Verantwortlichkeit der Heiden; Paulus will die selbstsicheren Juden in ihrem Rühmen relativieren und sie sensibilisieren für die „universale Offenbarung der Gerechtigkeit Gottes." Das Gesetz der Heiden und die Thora sind von daher „in Hinsicht auf ihre Funktion als Unterpfand der Erwählung" identisch.

### These 273

**Die Forderung nach dem Verhaltensmuster ist in die Herzen geschrieben, das wird auch vom Gesetz gefordert.**

Das συμμαρτυρούσης in Röm.2,15 ist Bestätigung, nicht autoritative Bezeugung. Was bezeugt wird oder wem beigestimmt wird, ist die Frage. Die *Syneidesis* bezeugt hier nicht dem Heiden selbst, sonst wären ein zusätzliches αὐτοῖς und ein Dativobjekt unentbehrlich. Deshalb wird die Sache den Juden bezeugt. Damit ist das Phänomen *Syneidesis* bei den Heiden ein zusätzlicher Punkt in der Beweisführung des Paulus. Dem συμμαρτυρούσης sollte eigentlich die Sache folgen, die bestätigt werden soll. Daher ist es naheliegend, dass bestätigt werden soll: *Die Heiden sind sich selbst Gesetz, und die Forderungen des Gesetzes sind in ihr Herz geschrieben.* Es geht bei dem Bezeugen nicht darum, dass das Gesetz in den Herzen durch das Gewissen bezeugt wird. Dies würde bedeuten, dass bei den Heiden das Gewissen Ersatz für das jüdische Gesetz wäre. Die Entsprechung besteht nicht zwischen Thora und Syneidesis der Heiden, sondern zwischen Thora und τὸ ἔργον τοῦ νόμου γραπτὸν ἐν ταῖς καρδίαις. „Sonst würde die Syneidesis unpaulinisch in unmittelbarem Bezug zu Gott als Offenbarungs- und Normenträger verstanden, indem sie das Pedant zur Thora darstellte." Dagegen kann die *syneidesis* (neben der Tat als Beweis) als Hinweis für das Vorhandensein eines Gesetzes verstanden werden.

---

[30] Eckstein, S.137-179.

[31] Eckstein, S.137-146. Die Verse sind allerdings nicht als Argumentation für die Rechtfertigung der Heiden aus Werken zu werten. S.148.

[32] Luther hat in seiner Römerbriefvorlesung den Inhalt des Gesetzes im Liebesgebot gesehen. (Vorlesung über den Römerbrief, 1515/16, Lateinisch-Deutsche Ausgabe 1960, S.113.).

### These 274

**Das Einhalten des Gesetzes bei den Juden setzt das Gesetz und ebenso die Syneidesis voraus, die ohne eine Norm nicht denkbar ist.**

Daher muss die *syneidesis* in einer Beziehung zu einem Gesetz stehen, da sonst der Bezug auf dieses Gesetz nicht möglich wäre.

V.15 gehört logisch zu dem in V.14 begonnenen Argument. Die Heiden haben die Forderungen des Gesetzes in ihre Herzen geschrieben. „Der Beweis liegt in ihren Taten, die sich als ‚Befolgung' nur aufgrund einer vorhandenen, mit der Gesetzesforderung identischen Norm erklären lassen."

Wenn der Versteil 15c eine Erläuterung zu V.15b (d.h. die Funktion des Gewissens beschrieben und der Begriff *Syneidesis* erläutert) wäre, würde Paulus seine Argumentation unterbrechen, um den bekannten Begriff zu erklären. Dagegen spricht auch, dass das „καί, der Skopus des Abschnitts und auch die Wortstellung eine andere Zuordnung nahelegen." Sinnvoller ist, 15c als weitere Bestätigung zu sehen. 15c ist damit von Syneidesis und von συμμαρτυρούσης (wobei Zeugnis ablegt) abhängig. Die Partizipien in 15c sind attributiv aufzufassen: Mitzeuge sind das Gewissen der Heiden *und* ihre Gedanken, die sich untereinander verklagen und entschuldigen. Die Gedanken sind somit als ein Beweis für das Vorhandensein des Gesetzes bei den Heiden anzusehen. Gegenseitig anklagen oder verteidigen setzt eine Norm voraus. Damit sind die Gedanken nicht mit der Syneidesis identisch. Das ist wichtig für die Definition der *Syneidesis* an dieser Stelle.

### These 275

**Damit ist festzuhalten, dass Syneidesis nicht mit den widerstreitenden Gedanken und nicht mit den ins Herz geschriebenen Forderungen des Gesetzes gleichgesetzt werden kann.**

Weiter ist festzuhalten, dass „hier weder die Rechtfertigung der Heiden noch das Kriterium ihrer Verurteilung betont werden, sondern die Tatsache, dass die Heiden ebenfalls das Gesetz haben und damit der Besitz der Thora für die Juden nicht ausschlaggebendes Privileg im Gericht sein kann." Damit kann Röm.2,15 nicht als ein „locus classicus" einer paulinischen Gewissenslehre bezeichnet werden.

### These 276

**Die einzig eindeutige, positive und durch diese Stelle auch isoliert zu gewinnende Bestimmung ist, dass Paulus selbstverständlich die Syneidesis auch bei den Heiden als gegeben voraussetzt und sie somit als ein allgemeines anthropologisches Phänomen auffasst.**

„Wenn der Zusammenhang von νόμος und συνείδησις weiterhelfen soll, dann nur durch eine einander abgrenzende und ausschließende Bestimmung der Begriffe und nicht durch eine Identifikation, die vom Text her gerade zu bestreiten ist." *Es muss offen gelassen werden, ob die syneidesis die Instanz ist, die die wechselseitigen Gedanken anstößt, oder diese beurteilt.* Die Aufgabe des νοῦσ ist zu prüfen, was zu tun sei.

### These 277

**Die Aufgabe der Syneidesis ist dann die Übereinstimmung der Gedanken, des Wollens, Redens und Handelns mit bewusst oder unbewusst akzeptierten Normen zu überprüfen und dem Menschen betätigend oder anklagend zu bezeugen. Die Syneidesis ist somit eine neutrale Instanz, die anhand des νοῦς verändert werden kann. Ändert sich das Normbewusstsein, so ändert sich auch die Syneidesis. Die Syneidesis ist somit die reflektierende Instanz der Verantwortung.**

Taten als ‚Befolgung' sind ohne vorauszusetzende Norm nicht möglich; so ist auch das Beurteilen der Handlungen durch die Syneidesis ohne die ‚eingeschriebene' Norm nicht denkbar. Von daher ist auch das Phänomen ‚Syneidesis' für Paulus ein Beweismittel für das Vorhandensein des ‚Gesetzes'." Sein Anliegen war nicht, zu klären, was unter diesem ominösen „Naturgesetz" zu verstehen ist; eher war es ein rhetorisches Mittel, um deutlich zu machen, dass alle ohne Entschuldigung sind, mit oder ohne Thora.[33]

### 6.1.3.2    Die Syneidesis des Paulus in Röm.9,1[34] und 2.Kor.1,12[35]

Paulus beruft sich in seiner Argumentation auf seine eigene *syneidesis*. In Röm. 9,1 leitet er seine Beteuerung des Leidens um sein Volk ein. Dabei zeigt der Aufbau des Verses mehrere Doppelungen auf: Wahrheit reden und lügen; in Christus und im Heiligen Geist; Paulus als Subjekt und die Syneidesis des Paulus sowie Trauer und Schmerz sind synonym nebeneinander gestellt. Die Parallelstellung von Paulus und seiner *syneidesis* lässt darauf schließen, dass das Zeugnis der *syneidesis* nicht an Paulus gerichtet ist, sondern dass sie Paulus „in seiner Aussage beipflichtet und zustimmt." Durch die Parallelstellung wird weiter deutlich, dass sie zutiefst mit Paulus verbunden ist. *Die Syneidesis ist eine Instanz im Menschen. Das Anrufen der syneidesis setzt voraus, dass sie um „Verhalten in Gedanken, Worten und Taten" weiß und die Übereinstimmung zwischen diesem Verhalten und den verinnerlichten Werten und Normen zu beurteilen fähig ist.*

In 2.Kor. setzt sich Paulus gegen Angriffe der Korinther zur Wehr, die sein sittliches Verhalten und sein Apostolat betreffen. In 1,12 rühmen sich Paulus und Timotheus, dass ihr „Verhalten überall in der Welt und besonders bei euch [...] stets bestimmt von völliger Ehrlichkeit und Selbstlosigkeit", also in Übereinstimmung mit ihrem Gewissen war.[36] „Unser Ruhm ist – gemäß oder in Übereinstimmung mit dem Zeugnis unseres Gewissens – der, dass wir ..." – Das Folgende ist Entfaltung und Begründung des Rühmens von Paulus. Wie in Röm.9,1 geht es hier um ein Zeugnis, das die *Syneidesis* ablegt.

### These 278

**Damit ist die Syneidesis die Instanz, die redet, was bedeutet, dass sie eine im Menschen befindliche selbständige Instanz ist. Hier geht es dabei nicht um die anklagende, überführende oder verurteilende Instanz, sondern um eine neutrale: Es geht um „Mitwissen".**

Die mitwissende Instanz dient als Entlastungszeuge. „In Röm.9,1 und 2.Kor.1,12 fällt die Funktion des Beurteilens des Redenden mit der Bestätigung seiner Wahrhaftigkeit vor den anderen Menschen zusammen."[37] Bestätigt wird der Inhalt des Rühmens, also was mit dem (dass...) ὅτι-Satz folgt.

---

[33] Walter Hilbrands, private Korrespondenz, 15.11.2007.

[34] Vgl. Eckstein, S.179-190.

[35] Vgl. Eckstein, S.190-199.

[36] Die Übersetzungen „Dieser unser Ruhm ist das Zeugnis unseres Gewissens" als auch „unser Ruhm ist der: das Zeugnis unseres Gewissens" sind aus grammatischen Gründen nicht zu bestätigen, „weil man einerseits die Möglichkeit, αὕτη attributiv zum Subjekt zu ziehen, wegen des fehlenden Bezuges zum Vorhergehenden und wegen der Stellung im Satz ausschließen muss. Geht man andererseits von der prädikativen Zuordnung und von αὕτη aus, dann lässt sich wiederum der Sinn seiner Verwendung direkt vor V.12b als dem angenommenen Prädikatsnomen nicht einsichtig machen." (Eckstein) Damit ist der Satzteil (das Zeugnis unseres Gewissens) τὸ μαρτύριον τῆς συνειδήσεως ἡμῶν entweder als Apposition zu καύχησις (Ruhm, Subjekt) oder als Ergänzung zum gesamten Satz zu verstehen (Paulus rühmt sich auch nicht des Zeugnisse des Gewissens, was auch durch den folgenden ὅτι-Satz unterstrichen wird). Aufgrund dessen ergibt sich dieser Sinn.

[37] Eckstein, S.196.

### 6.1.3.3 Die jemand anderen beurteilende Syneidesis der Korinther in 2.Kor.4,2 und 5,11[38]

Paulus appelliert an die *syneidesis* der Korinther und schreibt ihr die Fähigkeit zu, andere zu beurteilen. In beiden Stellen verteidigt sich der Apostel und argumentiert mit seinem Lebenswandel. Dabei versucht er die Korinther argumentativ zu gewinnen. Paulus ist bereit, verantwortlich zu leben und meidet alles, dessen man sich schämen müsste. Seine Offenheit gibt ihm Anlass zu hoffen, dass die Gewissen der Korinther sie von der Wahrheit seiner Argumentation überzeugen werden. Paulus wendet sich also aus Gründen der Argumentation, der Überzeugung an die *Syneidesis* der Korinther.

Der deutsche Begriff beschreibt die Reflexion über das eigene Verhalten; deshalb kann an diesen beiden Stellen nicht mit „Gewissen" übersetzt werden. Dem Text kann man diese Verschränkung des Urteils der Korinther über Paulus und des reflektierenden Urteils über ihr eigenes Beurteilen durch ihr ‚Gewissen' nicht entnehmen.[39] Paulus befiehlt sich dem Urteil der *Syneidesis* der Korinther an und hofft bereits, ihr ‚offenbar zu sein' (5,11).

#### These 279

**Damit ist eine direkte Beziehung zwischen dem Urteil der Syneidesis und Paulus gegeben. Weiter wird an beiden Stellen eine prüfende Instanz angesprochen.**

(Zu beachten ist der Plural von *syneidesis* in 5,11, der ein einfaches ‚Mitwissen' ausschließt). Paulus „will um die freiwillige Zustimmung der Korinther werben und appelliert um der Zuständigkeit willen an die Instanz der Syneidesis." Aufgrund der Ausführungen (in 2,14-3,18 und später) von Paulus über das Amt des Apostels kommt Eckstein zum Schluss, dass in *der syneidesis noch kein Wissen und kein zuverlässiger* „Maßstab zur Beurteilung der Apostel und ψευδαπόστολοι" *vorausgesetzt ist.*

#### These 280

**Die Syneidesis soll nicht die Wahrheit der Verkündigung prüfen (das tut der νοῦς), sondern die Wahrhaftigkeit des Verkündigers.**

„Wer immer Paulus kennt und ihn in seiner Tätigkeit als Apostel beobachtet hat und um das von Paulus explizit nochmals erläuterte Verständnis der διακονία τῆς διακαιοσύνης weiß, kann ihm seine Lauterkeit als διάκονος bescheinigen. Mit der betonten Wendung πρός πᾶσαν συνείδησιν ἀνθρώπων schließt Paulus auch die sich ihm gegenüber distanziert Verhaltenden und sogar seine Gegner ein, deren sachgemäßes Urteil er durchaus nicht fürchtet."[40]

#### These 281

**Damit hat die Syneidesis als Bedingung, dass man die Person kennt, die beurteilt werden soll, und dass bei der Beurteilung gleiche Maßstäbe anerkannt werden.**

---

[38] Eckstein, S.214-232.

[39] Eckstein, S.224. Vgl. Pierce, S.62, 87. „Zwar könnte man einwenden, daß das ‚Gewissen' das lautere oder unwahrhaftige Urteil der Korinther über Paulus bestätigen oder rügend beurteilen soll, daß also dem ‚Gewissen' wiederum die Beurteilung der ‚eigenen' Lauterkeit zukomme, …".

[40] Eckstein, S.226, 229, 231.

### 6.1.3.4    Die Syneidesis der Schwachen in 1.Kor.8,7-13[41]

Bei den angesprochenen handelt es sich eindeutig um Heidenchristen. Nur sie können gewohnheitsmäßig mit Götzendienst zu tun gehabt haben. Die Gewohnheit der ehemaligen Heiden bedarf einer besonderen Behandlung. Sie haben einen schwachen Erkenntnisstand, und deshalb ist auf sie Rücksicht zu nehmen. Die Instanz *syneidesis* ist zwar allen Menschen in gleicher Weise gegeben, deren Urteile können jedoch stark differieren, da sie von der vorhandenen γνῶσις (Erkenntnis, V.7), d.h. vom Erkenntnisstand des νοῦς (Vernunft) abhängig sind. Weil dieses der Syneidesis vorgeordnete Normbewusstsein bei den Schwachen durch die συνήθεια von der vorchristlichen Vergangenheit her bestimmt ist, betrachten sie das ‚Opferfleisch‘ nicht wie die Starken einfach als κρέας (Fleisch V.13), sondern essen es unwillkürlich als ‚Götzenopferfleisch‘.

Paulus hat zwar kein Problem damit, dass jemand bei einem gesellschaftlichen Fest im Tempelbereich mitisst (V.10), doch bei der Assoziation mit dem Götzen warnt er davor, das Fleisch auch nur zu Hause zu essen. Denn dem Schwachen ist das Essen des Götzenopferfleisches Teil des Götzendienstes und damit Dienst an den Dämonen. Paulus geht es an dieser Stelle nicht um die Gewissensbisse, um die Glaubenszweifel oder das Schuldbewusstsein der Schwachen, sondern um die den Schwachen objektiv drohenden Konsequenzen des Umgangs mit der dämonischen Machtsphäre. Es geht also um die Beziehung zu Christus, die zu zerbrechen droht.

‚Schwach‘ ist die Syneidesis, wenn mit ihr die ganze Person schwach ist, d.h. leichter als die Starken zu Fall kommen kann und deshalb auf deren Rücksichtnahme angewiesen ist. Ihre Funktion ist aber nicht ‚schwach‘, da sie korrekt anzeigt, ob das Verhalten des Schwachen seinen Wertmaßstäben entspricht.

### These 282

**Syneidesis überwacht also nicht den Geber der Norm, noch die Norm selbst, sondern das Verhalten des Menschen zu dieser Norm.**

### 6.1.3.5    1.Kor.10,25-29:[42] διά τὴν συνείδεσιν

Paulus argumentiert im Korintherbrief für Rücksichtnahme gegenüber dem Schwachen. Es besteht kein Anlass für die Auslegung, dass die Starken wegen ihres Gewissens nachforschen sollen, woher das Fleisch kommt, das auf dem Markt angeboten wird: Sie haben ohnehin kein schlechtes Gewissen. Ebenso werden die Schwachen nicht angewiesen nachzuforschen; sie würden gerade dadurch annehmen müssen, das Fleisch sei Götzenopferfleisch und sie würden ihr schwaches Gewissen belasten. Mit V.25 räumt Paulus den Starken ein, dass sie ohne ihr Gewissen zu belasten Götzenopferfleisch einkaufen können. Allerdings soll ein starker Gläubiger nicht Götzenopferfleisch essen, wenn er bei einem Ungläubigen eingeladen ist und das – vielleicht auch von einem schwachen Bruder? – erfährt; er soll verzichten wegen des Gewissens des anderen. Dabei ist vorausgesetzt, dass der andere durch das Essen des Fleisches in die Gefahr des Götzendienstes gerät. Es kann sich nicht um einen Ungläubigen handeln, denn der Gläubige könnte gerade durch seine Vollmacht (und damit die Ohnmacht der Götzen) ein Zeugnis sein: Isst er in Anwesenheit des Ungläubigen nicht, bestätigt er die Macht der Götzen.

---

[41] Eckstein, S.232-255, 238-240, 243. Aufgrund einer textkritischen Variante in V.7 kommen viele Ausleger zu der Schlussfolgerung, dass *syneidesis* mit „Gefühl für …“ zu übersetzen sei (vgl. z.B. Bo Reike oben). Darauf entgegnet Eckstein: „Das weitverbreitete Verständnis der Syneidesis als ‚Bewußtsein‘ und speziell als ‚Gottesbewußtsein‘ kann sich für den paulinischen Gebrauch nur auf die auszuscheidende Variante von 1.Kor.8,7a stützen, da an allen anderen Belegstellen die der Syneidesis beigeordneten Genitivattribute jeweils den ‚Besitzer‘ (gen.poss.), nicht aber das ‚Objekt‘ oder den Inhalt (gen.obj.) der Syneidesis angeben, was allein die Bestimmung ‚Bewußtsein von‘, ‚Wissen um‘ rechtfertigen würde.“

[42] Eckstein, S.256-276, 290-320.

#### 6.1.3.6 Röm.13,1-7: διά τὴν συνείδεσιν

Deutlich erscheint, dass sich der Abschnitt nicht „für die theologisch-metaphysische Begründung einer christlichen Staatslehre verwenden" lässt.[43] Mit der Wendung „wegen des Zorns" deckt Paulus die Argumente ab, die er zum richtenden Staat gebracht hat.[44] Die Angesprochenen sollen also wegen der richterlichen Gewalt des Staates und διά τὴν συνείδεσιν sich dem Staat unterordnen. Vom „schlechten Gewissen" (Pierce: moral-bad-absolute) auszugehen, würde „ohne hinreichende Begründung eine vom sonstigen paulinischen Gebrauch völlig abweichende Bedeutung voraussetzen."[45]

Paulus ist am prinzipiell geistlichen, nur theologisch motivierten Gehorsam gelegen. Das Gewissen des Christen muss sich melden, wenn die staatliche Ordnung nicht eingehalten wird, da diese doch von Gott verordnet ist. Die zutreffende Definition muss als sinnvolle Ableitung vom erstgenannten Argument verständlich sein, die nicht am subjektiven Vor- oder Nachteil des einzelnen, sondern nur an der Gottheit Gottes orientiert ist und an der Verantwortung, die für den Menschen daraus entsteht.[46] Es handelt sich demnach um eine Instanz, die das Verhalten beurteilt – auf Grund der im νοῦς vollzogenen Einsichten und Entscheidungen in der Verantwortung Gott und seinem Gebot gegenüber.

#### 6.1.3.7 Syneidesis im übrigen NT

Auf dem Hintergrund der bisherigen Erkenntnisse der Untersuchung lassen sich die neutestamentlichen Belege für den Begriff ‚gutes Gewissen' einordnen:

#### These 283

**Das ‚gute Gewissen' ist der Bewusstseinszustand, der sich einstellt, wenn das Verhalten den eigenen Normen entspricht.**[47]

Die Pastoralbriefe verwenden entsprechend der Anwendung für gutes Gewissen auch das schlechte Gewissen; das passt auch zu Paulus.

Der Schreiber des Hebräerbriefes verwendet Syneidesis anders. In Hebr.10,2 handelt es sich um das ‚Bewusstsein von Sünden', doch in V.22 ist wieder der bekannte Gebrauch vorausgesetzt, wobei die Bedeutung ‚Inneres' mitschwingt.[48]

Schwierig ist lediglich der Begriff συνείδεσιν θεοῦ. Es wird hier nicht spezifisch gebraucht. Es handelt sich hier wohl um das Bewusstsein um Gott.

# 6.2 Die Einordnung von Gewissen im Neuen Testament

## 6.2.1 Verständnisse des Neuen Testaments und Erkenntnisse aus der Beobachtung der Kulturen

Indem die *Syneidesis* das Verhalten also nicht vorschreibt, sondern vielmehr nach bestehenden Maßstäben beurteilt, ist sie nicht als „Wissen um Gut und Böse", als „moralische Entscheidungsfähigkeit", als „Forderung und Neigung zum Guten" oder als „zu konkretem Verhalten anhaltende sittliche Instanz" zu bestimmen. Die Syneidesis ist bei Paulus

---

[43] Eckstein, S.278. Und zwar, weil Paulus z.B. u.a. das Phänomen Machtmissbrauch nicht behandelt. Zur Klärung des geschichtlichen Hintergrundes von 13,1-7 S.279.

[44] Eckstein, S.290. Bis S.290 Hintergrund zur Stelle und Exegese der vorangegangenen Verse.

[45] Eckstein, S.292. Seiten 292-293: Begründung, warum nicht schlechtes Gewissen gemeint sein kann.

[46] Eckstein, S.299.

[47] Eckstein, S.303-304. S.306 kurz zusammengefasst das ‚Innere'.

[48] Eckstein, S.307, 320 Definition.

nicht „vorausgehendes", sondern „nachfolgendes Gewissen", nicht *conscientia antecedens*, sondern *conscientia consequens*.[49]

Vor allem die Texte in Römer 1 und 2 sind für unsere Zwecke kritisch zu betrachten. Die allgemeine Meinung über diese Texte steht den Ergebnissen der interkulturellen Forschung z.T. diametral entgegen: Das Gesetz wird tatsächlich von vielen Christen als die Zehn Gebote verstanden; andere sehen darin das Gebot der Nächstenliebe. Wieder andere sprechen von „Samenkörnern" des ursprünglichen Gesetzes, wie immer das auch formuliert und vermittelt war.[50] Meist gehen Ausleger von angeborenen, also mental erblichen Substanzen aus.

Das einzige, was von Adam und Eva abgeleitet werden könnte, ist das Gebot, nicht von der Frucht des Baumes im Paradies zu essen. Diese Annahme ist obsolet.

Wenn aber das Gesetz Gottes, wie immer formuliert und in welcher Form auch erhalten, tatsächlich in die Herzen und Gewissen der Menschen geschrieben worden ist, dann war das schon seit Adam und Eva so, und es muss logisch gesehen heute immer noch so sein – und zwar bei allen Menschen auf dieser Erde. Konsequenterweise müssten dann alle Menschen zu dem Grad ein schlechtes Gewissen haben, zu dem bei ihnen das Gesetz erhalten ist, wenn sie diesem Gesetz nicht gehorsam sind. Dieses schlechte Gewissen müsste sich in Form von Schuld oder Schamempfinden äußern, und zwar der Autorität gegenüber, die hinter dem Gesetz steht. Auch Anzeichen von Angst oder „Versteckverhalten" müssten dann im Ansatz der ursprünglichen Autorität gegenüber erkennbar sein. Jedes Gesetz ist von einer Autorität gegeben; in diesem Fall ist diese Autorität der biblische Gott. Den kennen jedoch sehr viele Menschen nicht.

Die Erkenntnis Gottes durch die Schöpfung bzw. Natur müsste in allen religiösen Formen auf den biblischen Gott zielen, d.h. er müsste schemenhaft durch alle Vorstellungen hindurch erkennbar sein. Das anzunehmen führt letztlich zu der Annahme, in allen Religionen den gleichen Gott zu erkennen.

Gesichert ist in der Ethnologie, dass es keine religionslose Kultur gibt. Wird die Religion unterdrückt, bilden sich Philosophien, die religiöse Züge annehmen. So ist das z.B. im Kommunismus geschehen und ist heute noch in marxistischen Regierungsformen zu finden. Auch der blanke Atheismus ist eine Religionsform, d.h. er übernimmt die Funktion der Religion, wenn es um die Erklärung und Begründung von Sein und Sinn, um Ursprung und Zukunft, also um Kosmologie und Philosophie des Lebens, geht.

---

[49] H.-J. Eckstein, „Der aus Glauben Gerechte wird leben." *Beiträge zur Theologie des Neuen Testaments*, BVB 5, Münster u.a. 2003, S.73-77.

[50] Wertvolle zusammenfassende Hinweise darüber mit Zitaten von Johannes Calvin erhielt ich von Armin Baum, private Korrespondenz 12.12.2007. *1. Der von den Heiden befolgte Maßstab: Gewissen (2,14-16).* Es gibt Nichtjuden, die den Willen Gottes tun, ohne das mosaische Gesetz zu kennen (2,14). Dazu werden sie durch die Stimme ihres Gewissens angeleitet (2,15). Im jüngsten Gericht wird Gott sie daran messen (2,16). *2. Der von den Juden nicht befolgte Maßstab: Gesetz (2,17-24).* Es gibt Juden, die das Gesetz Gottes kennen (2,17-18) und daher Nichtjuden gegenüber als Lehrer des Willens Gottes auftreten (2,19-20). Indem diese Juden dieselben Gebote Gottes brechen, die sie andere lehren (2,21-23), machen sie Gott Schande (2,24). *3. Die wahre Zugehörigkeit zum Gottesvolk: Gehorsam (2,25-29).* Juden, die das Gesetz Gottes brechen, kann ihre Beschneidung im Gericht nichts nützen (2,25). Und Heiden, die das Gesetz Gottes halten, können auch ohne Beschneidung vor Gottes Urteil bestehen (2,26-27). Denn vor Gott zählt nur die innere Beschneidung des Herzens, nämlich die moralische Selbstdemütigung (2,28-29). „Auch den Heiden kommt ‚von Natur' ein Lichtstrahl der Gerechtigkeit in den Blick; dieser nimmt den Platz des Gesetzes ein, von dem die Juden erzogen werden; und so sind sie sich selbst ein Gesetz" (Calvin). „Kein Volk hat sich je so tief von der Menschlichkeit abgewandt, dass es sich nicht doch an bestimmte Gesetze gehalten hätte. Wenn nun also alle Völker aus eigenem Antrieb, ohne Mahner, dazu neigen, sich Gesetze zu geben, so gibt es unzweifelhaft einige Vorstellungen von Gerechtigkeit und Wohlanständigkeit, die dem Menschengeist von Natur angeboren sind" (Calvin). Den Heiden „sind nur gewisse Samenkörner ins Herz gesenkt. Sie finden sich darin, dass ausnahmslos alle Völker religiöse Einrichtungen schaffen, dass sie Ehebruch und Diebstahl und Mord unter Strafe stellen und bei Handelsgeschäften und Verträgen Treu und Glauben zu schätzen wissen" (Calvin).

Nicht gesichert ist die Annahme, dass alle Menschen an den gleichen Gott glauben, auch wenn das manchen gut in ihr religiöses Konzept passen würde. Ethnologen können den oberflächigen Optimismus mancher Religionswissenschaftler nicht nachvollziehen, dass alle religiösen Autoritäten in ein einziges Wesen münden. Auch religionswissenschaftlich gesehen sind die funktionalen Phänomene der einzelnen Religionen so differenziert, dass die religiösen Vorstellungen der meisten Menschen vergewaltigt werden müssten, wenn sie in ein Schema passen sollten. Das lassen die Mitglieder anderer Religionen nicht zu und wird den Religionen nicht gerecht, auch wenn die westlich aufgeklärte Wissenschaft dafür ein Raster zur Verfügung stellt.

Gesichert ist in der Ehnologie, dass jede Kultur Gesetze hat, Normen oder Maßstäbe bzw. Richtlinien für Verhaltensmuster für den Umgang mit wertmäßig unterschiedlich eingestuften Gruppen von Menschen untereinander und mit ihren Gottheiten, wie immer diese auch gestaltet sind.

Gesichert ist auch, dass jede Kultur Werte entwickelt hat, die sie durch die Gesetze schützt. Diese Werte sichern ihrerseits nach jahrhundertelanger Erfahrung das Überleben einer Ethnie; deshalb benennt der Ethnologe Lothar Käser *Kultur als Strategie zum Überleben*.[51]                                            *Qv.*:Kap. 3, 1.6.1.1

Sicher ist auch in jeder Kultur ein System von Judikative, Exekutive und Legislative zu finden. Denn ein Gesetz, das nicht eingehalten wird, schützt niemanden, und eine Autorität, die kein Gesetz stützt und durch entsprechende Machtstrukturen durchsetzt, ist nicht Autorität. Deshalb werden Autoritäten durch die Menschen einer Ethnie zu einer solchen notwendigen autoritativen Stellung erhoben, wenn sie sonst Chaos wittern – und fürchten. Die Erhebung zur Autorität geschieht durch eine willentliche Einheit, die hierarchisch, demokratisch oder erzwungen durch korrupte Ausübung von Macht entstanden ist; aber sie funktioniert, zumindest zu einem gewissen Grad, und ist *Qv.*:Kap. 3, 2.3.2.4 ebenso sehr unterschiedlich human.

Von den gesicherten Ergebnissen ausgehend sind einige volkstheologische Vorstellungen von Römer 1 und 2 nicht haltbar. Die vorgehenden Ausführungen zeigen jedoch, dass ein korrektes Verständnis der einschlägigen Stellen in ihrem jeweiligen Kontext und größeren Zusammenhang durchaus Ergebnisse erbringt, die natur- und geisteswissenschaftlichen Erkenntnissen nicht widersprechen, sondern diese eher erwarten. Deshalb gilt als biblisch gesichert, was in den vorhergehenden Kapiteln entfaltet wurde.

## 6.2.2    Thesen zum Gewissen aufgrund der alt- und neutestamentlichen Quellenlage

### These 284

**Nicht ein fertiges, einheitliches Gewissen ist in jedem Menschen und in jeder Kultur, sondern das Potenzial für ein Gewissen, das sich individuell und nach gesellschaftlichen Rahmenbedingungen entfaltet:**

❑ Jeder Mensch hat das *Potenzial, ein Gewissen zu entwickeln.* Es ist bei der Geburt weder ausgebildet noch vorgeformt, sondern noch nicht vorhanden. Deshalb sind auch weder Gesetze noch Verhaltensmuster vererbt oder sonst ursprünglich vermittelt. Das Gewissen entwickelt sich durch eine Reihe von notwendigen Gegebenheiten, die in jeder Kultur, menschlicher Gemeinschaft und Religion angelegt sind.

❑ Jede menschliche Gesellschaft hat das *Potenzial, für ihr Zusammenleben Normen und Gesetze zu finden und fest zu halten*, nach denen in dem gegebenen geografischen Gebiet das Überleben der Menschen gesichert ist. Jahrhundertelange Erfahrung zeigt den Menschen, nach welchen Gesetzmäßigkeiten das möglich ist:

---

[51] Lothar Käser, 1997,37.

❑ *Als Minimum für die Grundbedürfnisse des Menschen* muss gesichert sein
*Der Schutz des Lebens* bzw. der Gruppe – daraus entsteht die Verbindlichkeit der
Ethnie.
*Der Schutz der Fortpflanzung* in entsprechenden Formen von Ehe
*Der Schutz des Eigentums*, wobei Eigentümer auch die Gruppe sein kann
*Der Schutz der* Hierarchie bzw. der *Autorität*

❑ Jede menschliche Gesellschaft hat das *Potenzial, nach diesen Gegebenheiten Werte
zu entwickeln.*

❑ Jeder Mensch hat das *Potenzial, Angst zu empfinden.* Das ist ebenso eine mentale
Kraft, die aufgrund des Empfindens auf Vorgänge im Umfeld des Menschen reagiert, wenn bedrohliche Situationen erkannt werden.

❑ Jede menschliche Gesellschaft hat das *Potenzial, menschliche Autoritätsformen* zu
entwickeln, die über der jeweiligen Gruppe stehen und den Schutz garantieren. Die
Verbindlichkeit der Gruppe verpflichtet den Einzelnen zum Gehorsam der Autorität
und deren Gesetzen gegenüber.

❑ Jeder Mensch hat das *Potenzial, Empfindungen für Scham und Schuld, für Ehre
und Gerechtigkeit* in Bezug zu den gegebenen Gesetzen und zu der Gruppe zu wek-
ken. Durch werteorientierte Erziehung werden diese Empfindungen stärker oder
schwächer entwickelt und empfunden. Gruppenorientierte Ethnien reagieren stärker
mit dem Scham- und Ehrempfinden, normorientierte Ethnien stärker mit dem
Schuld- und Gerechtigkeitsempfinden.

❑ Jeder Mensch und jede Gesellschaft haben das *Potenzial für eine Religion*, die
übergesellschaftliche Funktionen und Autoritäten wahrnimmt. Durch sie werden
Kosmologie und Philosophie bestimmt. Jede Autorität wird mit Strukturen und
Vollmachten ausgestattet, um die Gesetzmäßigkeiten durchzusetzen und damit das
Überleben zu sichern. Strafmechanismen entwickeln sich entsprechend der Werte,
die mit den Gesetzen verbunden sind. Ebenso entwickeln sich Entlastungsmechanismen, durch die ein Mensch wieder in Einklang mit seiner Gruppe gelangen kann.

❑ Jeder Mensch und jede Gesellschaft haben das *Potenzial, Intelligenz* zu entwickeln,
logische Folgerungen zu reflektieren und Lehren daraus zu ziehen. Daraus entwikkeln sich Normen und Gesetze sowie entsprechende Verhaltensmuster, die in jeder
Generation gelernt werden und die für eine bestimmte Ethnie verbindlich sind, aber
auch verändert werden können.

❑ Jeder Mensch hat das *Potenzial, eine Kraft zur Eigeninitiative* freizusetzen, wenn
Normen und Muster eine Ausdrucks- und Reaktionsmöglichkeit mit den jeweiligen
Empfindungen erwarten. Das ist die Kraft des Gewissens.

### 6.2.3  Nachvollzug der Entstehung des alttestamentlichen Gewissens nach Röm.1+2

Im Alten Testament bildet Gott zusammen mit Adam und Eva die erste Gruppe, deren
Autorität mit nur einer Norm das Zusammenleben geregelt hat.

Als die Einheit dieser Gruppe zerbrach, reagierten die Menschen mit Scham, Angst und
Schuld. Vergebung und Entlastung wurden nicht gesucht, lediglich Sühnetod von Tieren,
um die äußeren Zeichen der Scham zu bedecken.

Die zweite Generation der Menschen lernte durch Erfahrung die ersten menschlichen
Grund-Schutz-Regeln unter den Augen Gottes (1.Mo.4,3-16).

Dann vollzog der Mensch bewusst die endgültige Trennung (1.Mo.6.16).

Auf sich selbst gestellt, waren bald viele Normen notwendig, die durch selbsternannte
Autoritäten z.T. inhuman und willkürlich waren (1.Mo.4,12-24; 6,1-6).

Die ersten Spuren menschlicher Kulturentwicklung sind erkennbar (1.Mo.4,17b, 21-22).

Die ersten Anzeichen einer Religion als Verbindung mit Gott und dem Versuch, ihn in die Gemeinschaft einzubinden, gelang nur einzelnen Menschen (1.Mo.4,26; 5,22).

Gott beobachtete die Entwicklung, in wie weit die Menschen ihr Potenzial nutzten, um eine Gesellschaftsordnung zu entwickeln. Die dann schon entwickelten Ethnien entfernten sich immer weiter von den ursprünglichen Gedanken Gottes mit den Menschen. Einige wenige standen in Verbindung mit Gott. Das Potenzial, von Gott zu wissen, war vorhanden, aber es wurde nicht genutzt (1.Mo.6,3.5).

Gott wollte einen Neuanfang mit den Menschen starten, die mit ihm in Verbindung standen. Nach der Vernichtung der übrigen Menschheit (1.Mo.6,1-8,19) ging er den ersten allgemeinen Bund mit allen Menschen ein, wobei er einige Lebens- und Verhaltensregeln mit auf den Weg gab (1.Mo.8,20-22; 9,1-17). Jetzt bildeten sich verschiedene Ethnien mit einer Sprache (1.Mo.9,18-10,32).

Die Menschen brachen den Bund mit Gott sinnbildlich durch den Turmbau zu Babel. Sie wollen sich einen Namen machen gegenüber Gott als religiöse Autorität. Gott sah die Gefahr für eine ähnliche Situation wie bei Eva (1.Mo.3,5//11,4-6).

Das Potenzial der Menschen war aus Gottes Sicht enorm groß, wenn sie sich einig waren. Er verhinderte die Eskalation durch die Sprachenverwirrung (1.Mo.11,7-9).

Jetzt begann die Entwicklung vieler verschiedener Kulturen mit eigenen Sprachen. Der Bezug zu Gott ging verloren. Der Bund wurde nur noch von Gottes Seite aufrecht erhalten.

Gott wählte sich einen Menschen, mit dem er einen persönlichen Bund schloss. (1.Mo,12,1; 15) Der Bund wurde durch weitere Gesetze verstärkt und verfeinert. Die Beschneidung als Pfand wurde eingeführt (1.Mo.17).

Die Verheißung des Gott-eigenen Volkes mündete schließlich in den neuen Sinai-Bund ein, nachdem das Volk Israel unter der Leitung des Mose die Gefangenschaft verlassen hatte und auf dem Weg in das Land war, das Abraham schon verheißen war. Das Gesetzbuch entstand (2.Mo.19-24).

Dann war das Volk unterwegs in das Alte Testament hinein. Die Struktur des alttestamentlichen Gewissens war gelegt. Darauf baut das Neues Testament auf.

## 6.2.4   Synthese für das Verständnis von Gewissen im Neuen Testament

Die Kulturen des Alten Testaments sind wie der Kontext ihres Umfeldes schamorientiert (Spannung: Ehre-Scham). Das entspricht der Natur jeder menschlichen Gemeinschaft. Weil Gott in seiner Eigenart in diese Gemeinschaft mit dem Menschen eintritt, nimmt er Teil an dieser Umgangsstruktur.

Gott geht einen Bund mit den Menschen ein; er gibt eindeutige Normen dafür, die er durch seine Autorität bekräftigt und erwartet von den Menschen Gehorsam. Daraus ergibt sich eine im Grunde schuldorientierte Botschaft (Spannung: Schuld-Gerechtigkeit). Gott reagiert im Umgang mit den Menschen jedoch immer wieder auch schamorientiert, damit sich die Menschen verstanden und angesprochen fühlen. Diese Spannung wird vor allem deutlich in den Psalmen und in der Botschaft der Propheten.

Im Neuen Testament wird dieser Akzent der Schuldorientierung noch deutlicher, ohne die Schamorientierung zu eliminieren. Für die zwischenmenschlichen Beziehungen erhalten beide Empfindungen gerade durch die neutestamentlichen Normen ihre Berechtigung und ihren Sinn.

Daraus ergibt sich die These:

## These 285

**Ehre vor Gott aufgrund der Gerechtigkeit vor Gott. Nicht beides gleichzeitig oder beides jeweils zur Hälfte. Umgekehrt: Schande vor Gott aufgrund der Schuld vor Gott.**

Weil Gott eine absolute und einzigartige Stellung beansprucht, ist diese Reihenfolge notwendig, wenn menschliche Gemeinschaft unter der Autorität Gottes funktionieren soll. Das wird deutlich in anderen Religionen, in denen diese Autorität korrupt erscheint – als ein Spiegelbild der Menschen: Es gibt keine letzte Autoriät in sich, zu der eine Beziehung des Menschen besteht; die Autorität ist lediglich abgeleitet, manchmal abstrakt, nebulös, projiziert, aber nicht wirklich real.

Dasselbe gilt für jede menschliche Gemeinschaft: Wenn der Bezug zu einer letztgültigen Autorität fehlt, wegbricht oder bewusst eliminiert wird, sind die Bezugspunkte Schuld und Gerechtigkeit obsolet und der Mensch gleitet lediglich in der Beziehung zu anderen hin und her zwischen Scham und Ehre, Schande und Prestige. Die Autorität als Bezugspunkt wird in die Gesellschaft, also den Menschen in seiner Beziehung zu anderen, hinein projiziert, und letztlich wird sich der Mensch selbst zur Autorität. Dann ist der Mensch sich selbst ausgeliefert, es fehlen Kontrolle und Grenzen, er kann sein Chaos nicht aufhalten.

In der Verkündigung, Seelsorge und Lehre unter nicht-westlichen Menschen muss der Aspekt Scham und Ehre stärker berücksichtigt werden als das im Westen notwendig ist, damit die Leute in ihren Empfindungen abgeholt werden können. Das erfordert eine viel stärkere Auseinandersetzung mit Scham und Ehre als das in theologischen und exegetischen Büchern und in der Theologie im westlichen Kontext zu finden ist. Andererseits kann das Abgleiten in haltlose Scham- und Prestigeorientierung durch die Darstellung eines eindeutigen, ganzheitlichen Gottesbildes als Autorität aufgehalten werden: Die Schuldorientierung mit dem Bezugspunkt Gerechtigkeit vor Gott durch menschlichen Gehorsam bzw. göttliche Gnade aufgrund des Sühnetods Jesu Christi.

Der alttestamtentliche Kult mit dem Opferdienst ist schuldorientiert. Im Umfeld von Israel scheint die Hauptfunktion der Opfer eher zu sein, die Gottheit manipulieren zu wollen. Das ist dem Gottesbild des Alten Testamentes völlig fremd. Die Propheten rügen immer wieder derartige Versuche des Volkes. Mit Nachdruck wird die Souveränität Gottes einerseits und seine Verlässlichkeit als Bundesgott andererseits, der zu seinen Bundessatzungen steht und mit Heil (= Bundessegen) und Gericht (= Bundesfluch) reagiert, hervorgehoben. Gottes Gerechtigkeit ist im Alten Testament sehr komplex und wird bis heute kontrovers diskutiert. Für viele ist das nur noch ein Verhältnisbegriff, also relational und sozial orientiert, während andere u.a. aufgrund des Bundeskontextes des AT den rechtlichen Charakter unterstreichen. Das AT widerspricht jeder Art von Werkgerechtigkeit, geht vielmehr von einem Bundesnomismus aus, d.h. das Bundesverhältnis und die Thora sind für das Volk konstituierend.[52] Erst im Neuen Testament werden die alttestamentlichen Linien durch Christus zu Ende geführt (Bund) bzw. neu gelegt (Gemeinde). Deshalb müssen in der Evangeliumsverkündigung und in der Lehre die Linien vom Beginn her gezeichnet und bis in die Zukunft der Wiederkunft des Herrn Jesus durchgezogen werden, wenn das Evangelium nicht kulturell korrumpiert werden soll.

Die Betrachtungen im Alten und Neuen Testament bestätigen im Wesentlichen die Prinzipien in den vorhergehenden Kapiteln, nach denen Gewissen funktioniert, auch wenn die Einzelelemente nicht explizit genannt werden: Eine Autorität und deren Normen sind grundlegend, dann ist der Mensch gefragt, diese Autorität zu respektieren und den Normen zu gehorchen. Übertretungen werden als Sünde geahndet, was sich auswirkt einmal als Schuld- oder Schamempfinden nach innen, zum anderen nach außen als Straferwartung und Strafe, die Angst auslösen. Belastungs- und Abwehrmechanismus sind erkenn-

---

[52] Walter Hilbrands, private Korrespondenz, 15.11.2007.

bar. Der Entlastungsmechanismus tritt deutlich zutage als Buße, Bußhandlung und Vergebung, denen die totale Entlastung durch den Gewissensfrieden folgt.

Im Alten Testament stand beim Verhalten der Menschen untereinander und in der Beziehung mit Gott das Schamempfinden deutlich im Vordergrund. Zumindest in der Zeit, die von den Evangelien beschrieben wird, stand dieses Empfinden noch stark im Vordergrund. Die These, dass die Botschaft des Alten Testaments eher schuldorientiert ist, muss sich dann in dieser Zeitspanne besonders feststellen lassen. Wenn das Wort Gottes im Alten Testament eher schuldorientierte Züge trägt, muss das im Neuen Testament deutlicher hervortreten, weil der hebräische Kontext nicht mehr von einer so stark kohärenten und homogenen Kultur geprägt ist, sondern zunehmend stark multikulturelle Züge aufweist. Obwohl die Kulturen des Orients ebenso eher schamorientiert waren, fehlt die Einheitlichkeit und die Ausrichtung auf den einen Gott.

Deshalb werden im Folgenden zunächst die schamorientierten Bezüge angedeutet, um dann den Spuren zu folgen, die das schuldorientierte Evangelium hinterlassen hat, auch in den Kulturen und Gesellschaften, in denen die neutestamentlichen Gemeinden entstanden sind. Als Beispiel sollen die ersten zehn Kapitel des Matthäus-Evangeliums genügen, das an hebräisch-aramäisch orientierte Menschen gerichtet ist. Wie schon beim Alten Testament bemerkt, entspricht diese Kultur eher dem Kontext der asiatischen und afrikanischen Kulturen.

## 6.3 Texte des Matthäus-Evangeliums – aus der Sicht schamorientierter Leser

Matthäus schrieb sein Evangelium für die Menschen seiner Zeit mit jüdisch-kulturellem und hebräisch-alttestamentlichem Hintergrund. Hier wird der Versuch unternommen, die Gedanken nachzuvollziehen, die sich sowohl bei den Menschen damals als auch bei Lesern anderer schamorientierter Kulturen heute aufdrängen. Gleichzeitig werden bei diesem Versuch Aspekte der Auslegung angedacht, für die schamorientierte Leser ansprechbar sind. Der Kontext des Gewissens, wie er bisher beschrieben wurde, kommt dabei zum Tragen.[53]

### 6.3.1 Mt.1,1-17 Ehrenvolle Abstammung

Seine eigene Abstammung auf den wehrhaften König David und den weisen Salomo zurückführen zu können, ist ehrenvoll, wenn davon auch keine soziale Sonderstellung mehr abzuleiten ist. Dass aber die Abstammung auch auf Abraham und sogar bis auf Adam zurück zu verfolgen ist, bedeutet nicht nur eindeutige menschliche Abstammung für Jesus Christus, sondern auch die Einordnung in den alten Bund – ein hohes Prestige für alle in der Linie, die sogar in drei gleichen Stufen nachgewiesen ist. Daraus lässt sich auch das höhere Prestige erklären, das die Juden sich gegenüber den Heiden zugeschrieben haben – draußen waren die „Hunde", im Haus die Menschen. (Mt.7,6; 15,26; Mk.7,27)

### 6.3.2 Mt.1,18-24 Verlobt – und schwanger

Maria, die vermutlich Teenager-Verlobte Josephs, ist schwanger. Die Verlobung ist eine rechtlich geschlossene, aber geschlechtlich noch nicht vollzogene Ehe. Vielleicht wird noch Rücksicht auf das Alter Marias genommen, oder die Mitgift muss erst noch aufgebracht werden. Aber sie ist Joseph zugehörig; niemand anders hat irgend ein Recht auf sie.

---

[53] Es empfiehlt sich, den jeweiligen Text parallel zu diesen Ausführungen zu lesen. Nach der Lektüre der vorhergehenden Kapitel erscheinen manche Ausführungen vielleicht schon als selbstverständlich. Die ersten zehn Kapitel müssen hier als Beispiel ausreichen. Notizen über alle vier Evangelien liegen vor.

Maria wird in dieser Verlobungszeit schwanger. Nach der Sitte der damaligen Kultur und der jüdischen Frömmigkeit nach dem Alten Testament ist das zunächst für sie höchst blamabel: Sexueller Kontakt vor und außerhalb der Ehe ist nicht nur unerlaubt, sondern nach dem Gesetz Sünde, die mit Strafe belegt ist. Die Last der Schande fällt auf die Frau. Die Schande des Joseph besteht darin, dass seine Verlobte schwanger ist; der Verdacht, dass er das verursacht hätte, ist dem gegenüber sehr gering. Dem Wort Josephs als Mann wird mehr Wahrheit zugesprochen als dem Marias – obwohl Maria keinen Anschein erweckt, das zu leugnen oder zu verbergen.

Joseph liebt Maria offensichtlich und sucht den besten Weg für beide, sich glimpflich aus der Affäre zu ziehen. Um seine eigene Ehre zu retten, hätte er sie öffentlich anprangern können, was bei strengen Juden den Tod Marias durch Steinigung bedeutet hätte (Joh.8,3-7). Das ist (jüdisch) wie die Kreuzigung (römisch) ein schändlicher Tod, wofür die ganze Verwandtschaft beschämt wird – man spricht nicht mehr darüber. Das wiederum bedeutet, dass der Name ausgelöscht wird, um die Schande der Familie zu mindern. Ganz zu schweigen davon, dass das noch ungeborene Kind ebenfalls getötet wird.

Joseph will seiner Verlobten und dem Kind wenigstens das Leben retten, wenn er schon nicht ihre Ehre retten kann. Wenn er sie verlässt, belässt er sie zwar noch mit der Schande eines unehelichen Kindes, aber er hätte seine Ehre gerettet. Das Kind wäre dann zeitlebens als würdelos gezeichnet gewesen: Ein Ehebruch-Kind. Wenn er sie heiratet, übernimmt er die Verantwortung für Schwangerschaft und Kind; dazu deckt er die schändliche Tat eines anderen Mannes.

Genau das erwartet Gott von ihm in der Erscheinung des Engels. Joseph nimmt Maria als seine Ehefrau zu sich, respektiert aber die Unberührtheit Marias als Jungfrau bis zur Geburt des Kindes. Ein ehrenvoller Verzicht auf sein Recht als Ehemann. Er hält das durch – viele Monate. Wenn das bekannt gewesen wäre, hätte er sich lächerlich gemacht.

Damit machte er sich verwundbar: Er kann bezichtigt werden, vorehelichen Geschlechtsverkehr mit seiner Verlobten gehabt zu haben. Unter Umständen hätte er aus der Synagoge ausgeschlossen werden können und damit alle legalen Privilegien als ein jüdischer Mann verloren, womit seine Lebenssituation, sein Ansehen und wirtschaftlichen Möglichkeiten extrem belastet worden wären.

Diese Zusammenhänge sind ein Hinweis darauf, dass Sex vor der Ehe, sowohl im Alten als auch im neuen Testament, nicht als selbstverständlich galten. Im Gegenteil: Die Vehemenz, mit der Joseph reagierte, zeigt die Zwänge, in der er geraten war, auch in seinem Bezug zu Gott als Mitglied des Bundesvolkes. Auch Gott nahm das ernst und erklärte Joseph den „Ausnahmezustand" – er wurde von Gott nicht verantwortlich gemacht für die Zeugung, auch kein anderer Mann! Joseph wurde von Gott gerechtfertigt; das gab ihm offensichtlich den Mut, sich der öffentlichen Blamage zu stellen,

### 6.3.3   Mt.2,1-3 Bedrohliche Nachricht

Der König Herodes wird von Fremden mit der Nachricht konfrontiert, dass es seinen Nachfolger gibt – außerhalb der Hierarchie seiner Familie: das ist politische Konkurrenz! Die Situation ist höchst beschämend für ihn und er versucht mit allen Mitteln, einmal die Schande seiner Ignoranz zu vertuschen, indem er sich schnell heimlich Rat holt und indem er Respekt vor dem Nachfolger vortäuscht. Er versucht sein Gesicht zu wahren.

### 6.3.4   Mt.2,11 Die Weisen bei Jesus

Die Weisen, reiche ausländische Herren, haben die Mühe einer weiten Reise auf sich genommen. Ihrer Vision und den Begleiterscheinungen folgend finden sie das Kind im Stall, gehen tatsächlich hinein, knien vor ihm, beschenken es. Die Eltern sind bestimmt außer sich vor Scham, da sie den Gästen keinen adäquaten Platz und einen entsprechenden Empfang bieten können. Die Situation ist äußerst peinlich für sie: Sie haben keine Möglichkeit, den nötigen Respekt und die würdevolle Begegnung erweisen zu können.

### 6.3.5 Mt.2,13-15 Flucht nach Ägypten

Fliehen zu müssen ist in jedem Volk zu jeder Zeit eine Schande. Flüchtlinge verlieren ihre Würde als Menschen, denn man entzieht ihnen das Heimat- und damit das Existenzrecht. Im fremden Land auf das Wohlwollen anderer angewiesen zu sein und weder Rechte noch Pflichten wahrnehmen zu können, ist ebenso beschämend. Wenn Joseph Diaspora-Juden gesucht und sich mit seiner Familie bei ihnen angesiedelt hat, mindert sich die Schande auf ein erträgliches Maß, aber die Fremdheit bleibt.

Der Kulturschock bzw. Kulturstress führt immer zu Schamsituationen. Weil man sich als Fremder nicht verständigen kann und die Verhaltensmuster nicht kennt, bleiben peinliche Situationen nicht aus. Minderwertigkeitskomplexe entstehen.

Jesus erlebt seine Enkulturationsphase (die ersten sieben Lebensjahre) außerhalb seiner elterlichen Kultur, ist dadurch stark auf seine Eltern fixiert, lernt vielleicht neben seiner Muttersprache eine Fremdsprache und erhält eine interkulturelle Kondition für sein Denken und sein Leben.

### 6.3.6 Mt.2,16 Emotionen des Herodes

Herodes war außer sich vor Wut, weil er sich hintergangen fühlte. Für ihn war das Respektlosigkeit seinem Amt, seiner Würde als König, ganz zu schweigen seiner Person gegenüber. Er fühlte sich in seiner Ehre angegriffen: Eine Frechheit der Ausländer, seinen Befehl und damit seine königliche Hoheit einfach zu ignorieren!

Menschen in dieser Situation des Ehrverlustes sind unberechenbar, reagieren irrational, sie verlieren „Augenmaß" und Kontrolle über sich selbst, überziehen die Strafe, wollen vergelten und können Rachegedanken nicht mehr zügeln. Darauf ist der unmenschliche Befehl zurück zu führen, alle Kinder in Bethlehem unter drei Jahren zu töten – blanker Hass führt zum vielfachen Mord. Das Mutterrecht wird schändlich missachtet. Viele Mütter verlieren ihr Kind, vielleicht das einzige, und bleiben kinderlos – neben dem tiefen, anhaltenden Schmerz eine Schande fürs Leben.

### 6.3.7 Mt.2,20-22 Der Mörder ist tot

Die Schande, auf der Flucht zu sein, nimmt ein Ende: „Die nach dem Leben des Kindes trachteten, sind tot!" Manchmal muss ein Ehrverlust auf diese biologische Entlastung warten. Jetzt kann der Vater wieder tags durchatmen, nachts durchschlafen, aufrecht gehen. Er muss sich nicht mehr verstecken und misstrauisch um sich blicken.

Joseph kehrt sofort zurück, visiert Judäa an, vielleicht Bethlehem, aber hört noch rechtzeitig, dass der Sohn des Herodes König ist: der nachfolgenden Macht in der Hierarchie wurde die gleiche Schandtat zugetraut. Für den wäre Jesus der direkte Konkurrent und es ist anzunehmen, dass Archelaus mit derselben Vehemenz vorgehen wird, sobald er von dem einzigen Kind dieser Altersspanne aus Bethlehem hört. Das wäre das Ende seiner Familie – man würde später über Jesus spotten: Er ist dem Vater entflohen und dem Sohn ins Messer gelaufen!

Joseph sieht sich in der Falle. Gott meldet sich im Traum durch einen Engel und dirigiert ihn zurück in die alte Heimat Nazareth (Lk.2,4). Vielleicht wollte Joseph den vielen unangenehmen Fragen aus dem Weg gehen, die dort auf ihn warten, wenn er nach Jahren zurückkommt und seine Existenz wieder aufbaut. Es ist leichter, die Vergangenheit unter Fremden als unter Bekannten zu bewältigen. Nun muss er sich der unangenehmen Situation stellen.

### 6.3.8    Mt.2,23 / Joh.1,46 Zurück nach Nazareth

Auf Nazareth liegt eine sprichwörtliche Schande: „Was kann aus Nazareth Gutes kommen?" Jedes Sprichwort hat einen wahren Ursprung, der bei Nazareth darauf zurück geführt wird, dass da nichts Gutes geschehen ist. Diese Wurzel sitzt tief und alle Bewohner sind davon angesteckt , ob sie wollen oder nicht (ähnlich wie die Nazizeit und die Verfolgung der Juden auf den Deutschen durch die Geschichte hindurch auch auf „unschuldigen" Generationen lasten wird). Die Schande klebt dauerhaft in der Geschichte, am Ruf, an Menschen.

Die Schande hängt dem Namen der Nazarener an. So hängt es auch der Menschheit an, was durch Adam und Eva im Paradies geschehen ist – nur dass diese Sünde biblisch gesehen tatsächlich als menschliche Substanz erblich übertragen wird und als solche Schande und Schuld bewirkt – zumindest vor Gott, und der ist bei dieser Substanz die entscheidende richterliche Instanz.

Genau dort hin lenkt Gott die Wege des Joseph nach der Rückkehr aus Ägypten. Jesus sollte unter dieser menschlich-geschichtlichen Schande stehen: „Er wird ein Nazarener genannt werden!" Das soll ihn nicht mehr loslassen – er hat sich von Jugend an daran gewöhnen müssen, unter der Schande fremder Sünde zu stehen.

### 6.3.9    Mt.3,1-10 Johannes am Jordan

Johannes der Täufer hat nur eine Botschaft, nur ein Thema: Buße tun! Das bedeutet, dass man die Sünde als solche erkennt, vor Gott und in bestimmten Fällen auch vor Menschen bekennt, sie hasst und sich von ihr trennt, um ein neues Leben mit Gott beginnen zu können. Das ist das Ziel der Predigt des Johannes: Das Reich Gottes ist nah' – zeitlich und physisch. Damit stellt er Gott als die Autorität vor, der sich niemand entziehen, vor der man sich nicht verstecken kann. Hier gelten seine Gesetzmäßigkeiten, er gibt Ratschläge für neue Verhaltensmuster, auf Sünde steht Strafe. Buße wendet sie ab, Taufe bestätigt die Vergebung und die neue Verbindlichkeit Gottes Gesetz gegenüber.

Aber: Scham-empfindsame Menschen wissen, was das bedeutet: Es ist eine höchst beschämende Angelegenheit, wenn ein falsches Verhalten aufgedeckt wird, das man sich selbst und vor anderen eingestehen muss, und Johannes nennt das sogar beim Namen. Auch die Würdenträger denunziert er schonungslos öffentlich und er warnt sie, sich nicht auf ihren ehrenwerten Urgroßvater Abraham zu berufen, dessen Glauben sie ohnehin nicht nachahmen. Er belegt sie sogar mit Schimpfnamen. Gesichtsverlust pur! Woher nimmt er bloß die Autorität? Aber offensichtlich stellt ihn niemand in Frage. Für ihn ist es eine Ehre, dass sogar angesehene Leute zu ihm kommen – ein weiter Fußmarsch.

Neues kann nur entstehen, wenn das Alte in Ordnung gebracht wurde, wenn mit dem Alten aufgeräumt ist. Gott baut neues Leben nicht auf Chaos auf. Eine hochgradig heikle Situation braut sich da am Jordan zusammen. Der Mann in Prophetenkleidung hat keine religiöse oder politische Lobby. Er beansprucht nur, ein Prophet zu sein und lebt von diesem Ansehen der Propheten der Vergangenheit. In wie weit die Verheißungen aus der Zeit vor seiner Geburt bekannt sind, ist unsicher. Er beruft sich allein auf das Wort Gottes. Die Menschen spüren die Autorität hinter ihm. Trotzdem ist er menschlicher Macht hilflos ausgeliefert. Vielleicht gerade deswegen hat er Zulauf, gewinnt einen guten Ruf, der die Pharisäer vor Neid erblassen lässt – sie greifen nicht ein, denn sie fürchten, den Rest ihrer Ehre vor dem Volk vollends zu verlieren.

### 6.3.10   Mt.3,11-17 Taufe Jesu

Johannes verweist auf seine richterliche Autorität als Prophet, der ohne Rücksicht auf Ehre und Prestige Klarheit und Ordnung schaffen wird. Ansatzweise hat Jesus das später so durchgeführt (21,12-14), um gleich anschließend Wunden zu heilen. Er greift die Gesetzmäßigkeit des Johannes auf: Zuerst aufräumen, dann heilen. Johannes fühlt sich Jesus gegenüber kleiner, unscheinbarer, jedenfalls nicht würdig, Jesus zu taufen. Sich das anzumaßen, ist beschämend für ihn, dass ihm Jesus gegenübersteht, gleichzeitig ist es eine hohe Ehre, dass er sich von ihm taufen lässt. Jesus stellt sich in dieser Situation am Jordan, jetzt noch als der, dem als Nazarener die Sünde der Menschen anhängt, was Johannes noch nicht durchschaut.

### These 286

**Jesus beruft sich auf Gerechtigkeit, nicht auf Ehre, aufgrund derer er sich der Sünde stellen muss.**

Darin bestätigt ihn die Stimme Gottes, dass er als sein Sohn unantastbar gerecht und Autorität ist und als solcher die Verbindlichkeit der Taufe eingeht. Für die Beobachter ist das nicht nachvollziehbar, aber der Eindruck ist eindeutig: Hier geschieht etwas Würdevolles, etwas Ehrerbietendes, etwas Unantastbares. Die Stimme – als Donner wahrgenommen – bestärkt den Eindruck für die Beobachter.

## 6.3.11 Mt.4,1-11 Versuchung

Die drei Wellen der Versuchung – physisch, psychisch, geistlich – sollen Jesus jeweils im Zentrum der Existenz treffen. Hunger ist unehrenvoll, auch wenn das freiwillig geschieht, und macht „weich" für Anfechtungen. Die Versuchung, von der Macht eigennützig Gebrauch zu machen, zielt auf die Ehre, die sich Jesus dadurch selbst anmaßen – zumessen – würde. Falsche Anwendung von Bibelzitaten würde das stützen. Jesus richtet alle Zitate auf die Unantastbarkeit der Ehre Gottes aus, wodurch die anderen entwertet und entlarvt werden. Die Ehre, die Gott-Vater dem Sohn durch die Dienste der Engel zukommen lässt, ist legitim.

## 6.3.12 Mt.4,12-17 Basis für die Öffentlichkeitsarbeit

Die beschämende und erniedrigende Tatsache der Festsetzung des Johannes (14,3), auch für dessen Eltern (vermutlich lebten sie nicht mehr) und Verwandten, ist das Signal für Jesus, in die Öffentlichkeit zu treten und sich selbst diesen Situationen zu stellen. Der Start ist nicht Nazareth mit dem menschlichen Vorbehalt, sondern Kapernaum. Die Botschaft knüpft bei Johannes nahtlos an – bestärkt diese, bestätigt sie, gibt Johannes Ehrerbietung und Identifikation.

## 6.3.13 Mt.4,18-22 Berufung der ersten Jünger

Wie lange Jesus schon seine Tätigkeit aufgenommen hatte, bevor er den Anspruch an reife Männer erhebt, von ihm zu lernen, ist unbekannt. Eindeutig ist, dass die Männer ohne Zögern Folge leisten. Sie geben Jesus damit höchste Priorität in Autorität und Ehre.

## 6.3.14 Mt.4,23-25 Erste öffentliche Ehre und Autorität

Basis seiner Tätigkeit war die „Predigt vom Reich", wobei Gott als absolute Autorität herausgestellt wurde. Darauf aufbauend bzw. davon ableitend geschahen die Wunderheilungen. Das steigert das Ansehen Jesu weit über die des Johannes hinaus – auch über die Grenzen des damaligen Israel.

## 6.3.15 Mt.5, 1-12 Seligsprechungen

Seligkeit ist die Beheimatung bei Gott: Die höchste Ehre bei Gott wird erworben durch Situationen, die nach menschlicher Einordnung wenig prestigevoll sind, sogar Schande über sich gebracht haben. Es ist die Einstellung der Autorität Gott gegenüber, die diese Verschiebung der Werteprioritäten verursacht.

### 6.3.16  Mt.5,13-16 Lebenswerte

Salz und Licht sind physisch unverzichtbare Werte zum Überleben des Menschen – sie gehören zur Lebensstrategie und werden nicht in Frage gestellt. Für die Seligkeit als Ziel sind die Werte für den Weg dorthin eindeutig: Sie zu missachten oder ihnen nicht zu entsprechen ist Schande (zertreten, verstecken), die Verantwortung liegt in der rechten Nutzung und soll die Verehrung Gottes verursachen. Sich verstecken müssen/wollen oder Unbrauchbarkeit für die Gemeinschaft ist immer eine Schande.

### 6.3.17  Mt.5,17-20 Wort und Wahrheit

„Ein Mann, ein Wort" – war Jahrhunderte lang die Grundlage für Verträge, die mit Handschlag besiegelt wurden. Für die Verlässlichkeit dieses Ehrenworts sind Männer auch gestorben. Schriftlich fixierte Gesetze als unverbrüchliche Wahrheit sind nur einlösbar „auf Heller und Pfennig" – in allen Einzelheietn und Kleinigkeiten, erst dann haben sie ihren Zweck erfüllt. Alles andere wäre schandhaft – und ungerecht. Es ist Ehrensache, sich daran zu halten. Pharisäer sind ein Beispiel für Un-Gerechtigkeit und für Gott eine Schande. Gott ist das Ursprungs-Wort der Wahrheit und Gerechtigkeit in Person (Joh.1,1). Sie sind unvereinbar.

### 6.3.18  Mt.5,21-26 Der Anfang entscheidet über die Richtung oder: was ein Häkchen werden will, krümmt sich beizeiten

Eingeständnis einer Beziehungsschwierigkeit ist schon schwierig, weil eine gestörte Beziehung immer beschämend ist. Ein Beziehungsbruch öffnet alle Schleusen der Hemmungslosigkeit bis zum Mord. Dazwischen liegen lediglich Beschleunigungselemente, die die Schande verstärken. Persönliche, klärende Gespräche oder Vermittlungen für solche Gespräche können den Abwärtstrend aufhalten – sie halten den Gesichtsverlust auf und helfen, das Gesicht zu wahren. Sie sind entlastend, wenn sie ehrlich und sachlich sind, wenn die Probleme nicht „vergeistlicht" werden. Allein der Prestigegewinn oder die Vermeidung von Ehrverlust können Motive für solche Schritte sein. Frühe Korrekturen vermeiden späte Schande.Die rechtliche Klärung muss der Heilung der Beziehung vorangehen, sonst bricht das dünne Eis unter der Belastung der Scham und man geht „sangund klanglos" unter. Die Schuldorientierung entscheidet über den letzten Zustand; Beziehungen helfen nicht mehr, d.h. Schande (Gefängnis, Strafe) kann nur durch wiederherstellen der Gerechtigkeit vermieden werden.

### 6.3.19  Mt.5,27-32 Unerlaubte Beziehungen

Alles beginnt damit, sich Empfindungen für eine unerlaubte Beziehung zu genehmigen, für die es klare Rahmenbedingungen gibt. Daraus ergibt sich ein „Rattenschwanz" voller schamhafter Probleme bis zum totalen Untergang in „Schimpf und Schande". Die Abwehr wird im Vergleich mit physischen Konsequenzen gewertet. Die Verstümmelung ist schon eine Schande für sich, die weitere Eskalationen der Beschämung verhindern soll. Die Dinge im Nachhinein wieder zusammen stricken zu wollen bewirkt erneute Beziehungsknoten, die weiteres Unrecht und damit Scham verursachen. Sich der kleineren Schande zu stellen, um eine große zu verhindern, ist die Herausforderung.

## 6.3.20  Mt.5,33-37 Wahrer als Wahrheit?

Wer Wahrheit steigern will, vertraut ihr nicht. Vertrauensentzug ist beschämend. Wahrheit braucht immer eine Autorität – die Person, die sie ausspricht. Wenn bei ihr Wort und Tat übereinstimmen, stimmt die Wahrheit und Vertrauen entsteht. Alles andere ist beschämend. Bei Unbekannten sichert man sich im AT mit der souveränen Autorität Gottes ab, was im NT mit Menschen, in denen der Heilige Geist wohnt, nicht mehr nötig ist, sogar abschwächend wirkt und damit Gottes Autorität in beschämender Weise untergräbt.

## 6.3.21  5,38-42 Rache, Vergeltung, Vergebung

Dem Verhaltensmuster einer uneingeschränkten Rache aus dem Umfeld von Israel wird im AT eine Grenze gesetzt: der Schaden wird mit der Vergeltung als Strafe gleich gewertet. Damit soll auch die Beschämung eingegrenzt werden, die bei Maßlosigkeit emotionale Vernichtung bedeutet. Nicht mehr wie Lamech (1.Mo.4,23-24) emotional überzogen Mord für eine Verletzung, sondern sachliche Wertung des Zahns gegen Zahn, auch nicht Zahn gegen Auge oder Ohr oder gar Kopf. Auch Beschämung unterliegt der Gleichwertigkeit. Die Würde des anderen, auch des Schuldigen, wird dabei gewahrt. Der Wert des Verhaltensmusters, das durch eine Norm gesetzlich festgelegt ist, wird durch die Höhe der Strafe bestimmt. Strafe soll das Gesetz aufrechterhalten und ein Verhaltensmuster bewirken. Wenn das schmerzfrei durch ein Verhaltensmuster der Liebe geschehen kann, ist das am effektivsten.

Wer beschämt wird, soll nicht versuchen, die eigene Ehre zu retten, indem er andere beschämt. Dieser Kreislauf wird durch Vergebung unterbrochen. Wer geschlagen wird – über das Maß des Vergehens oder ohne Vergehen, wird tief beschämt; wer sich nicht adäquat bekleiden kann, schämt sich. Für andere (Besatzung durch Römer, z.B. Simon von Kyrene in Lk.23,26) gezwungenermaßen arbeiten zu müssen, ist eine auferlegte Schande. Dagegen mit Gewalt anzugehen, löst weitere emotionale Reaktionen aus. Freiwilligkeit signalisiert Vergebungsbereitschaft. Das ist eine neue Gesetzmäßigkeit der Liebe, die durch Jesus eingeführt und im NT für die Gemeinde bestärkt wird. So entsteht dauerhaft Friede (1.Kor.6,7; Jer.18,20; Hos.12,15). Christen vertreten Christus in Verhaltensmustern der Liebe, sonst wird er beschämt. Andererseits reagiert Christus auf Beschämung seiner Christen, als ob er selbst beschämt wurde. Nur Gottes Ehre dürfen Christen „retten", nicht ihre eigene. Gottes Heiligkeit wird *Qv.*: Kap. 2, 2.4.1.1 durch Ehrerbietung geschützt. Deshalb können Christen die „Rache" ihrem Gott überlassen (Röm.12,17.19). Ehre ist schwerlich auf Kosten der Ehre anderer zu halten und ist schon gar nicht biblisch legitim.

## 6.3.22  Mt.5,43-48 Kinder der Liebe

Die Norm der Liebe grenzt Feinde nicht aus. Hass ist immer tiefe Entwertung und Beschämung, die dem anderen das Lebensrecht abspricht, ihn denunziert, auch in Gegenseitigkeit. Christen haben keine Berechtigung für Hass, sie tragen durch den Heiligen Geist die Wesensart ihres Schöpfers in sich, die durch sie geäußert werden soll. Nur Liebe kann nicht „heimgezahlt" werden – so wenig wie Zeit.

Früher: Wer dich beschämt, den beschäme – im gleichen Grad; damit sind die Fronten klar. Jetzt: Wer dich beschämt, den liebe; damit werden Fronten aufgelöst.

## 6.3.23  Mt.6,1-4 Echte Frömmigkeit

Wer durch den Ausdruck seiner Frömmigkeit Ehre von Menschen sucht, verliert seine Ehre vor Gott. Er gibt Liebe ohne den Anspruch von Erkenntnis, dass das seine Liebe ist (5,45).

### 6.3.24  Mt.6,5-15 Beziehungspflege aufgrund von Sühne

Wer liebt, redet. Nicht zwingend umgekehrt. Ehre vor Gott entsteht im ersten Fall, im zweiten vor Menschen und eher Schande vor Gott.

Christen pflegen ihre Beziehung zu Gott durch Reden, das von Liebe und dadurch auch von Vertrauen getragen ist; sie zeigen Ehrerbietung sowie Sehnsucht nach Gemeinschaft und Einheit. Die gegenseitige Hochschätzung und Freude dieser Beziehung wird ausgedrückt. Diese Beziehung zeigt sich im Umgang mit anderen, was sich besonders in der Vergebung äußert. Vergebung ist immer Wertschätzung und Ehrerbietung. Ehrerbietung respektiert die Würde des anderen, nimmt nichts für selbstverständlich, erkennt Autorität an und ordnet sich zweifelsfrei unter. Vergebung birgt das Risiko, nicht geschätzt zu werden, wenn man sich der Tragik seiner Sünde nicht bewusst ist. Vergebung ist dann möglich, wenn man sich bewusst ist, dass die Sünde fremdgesühnt ist, ohne darauf Anspruch erheben zu können. Das spricht gegenseitig unverdiente Ehre zu.

### 6.3.25  Mt.6,16-18 Ehrlichkeit sucht keine Ehre

Die grundsätzliche Verwechslung der eigenen mit der Ehre Gottes ist die eigentliche Sünde, die dabei vertuscht oder geleugnet wird. Gott lehnt diese Unehrlichkeit ab, weil der Mensch Gottes Ehre ablehnt. Vorgeben zu sein, was man nicht ganzheitlich ist, ist beschämend, denn Gott sieht hinter die Fassade, und auch Menschen gegenüber kann eine Fassade nicht lange vorgetäuscht werden.

### 6.3.26  Mt.6,19-24 Werte sind nur so viel wert wie ihre Autoritäten

Schätze erarbeiten und nicht gleichzeitig dafür sorgen, dass sie erhalten bleiben, ist egoistisch, eine Schande, denn man legt zweierlei Maßstäbe an. Ehre hat der, dem der Schatz erhalten bleibt. Den Blick dafür und diese Einstellung zu haben ist ehrenvoll. Schätze raffen aus unehrenhaften Gründen verfinstert den Blick für ewige Werte und krallt sich an Kurzfristigem fest.

Verhaltensmuster erhalten ihre Werte von den Autoritäten, denen man dient; zeitbedingte Werte erfordern kurzgreifende Strategien, ewige erfordern Geduld. Daraus ergeben sich unvereinbarliche Handlungsweisen, deren Ziel durchschaubar ist. Wer und was überlebt, hat die Ehre; „wer zuletzt lacht, lacht am besten". Gute Autoritäten werden an deren langfristigen Werten erkannt. Ihnen gebührt die Ehre.

### 6.3.27  Mt.6,25-34 Beziehungsstörungen führen zu Sorgen

Wer sorgt, will sich nicht schämen müssen – und umgekehrt. Aber: Verhaltensmuster und Einstellungen der Menschen verraten die Autorität, der sie dienen. Zeitbedingte Autoritäten erzwingen kurzfristige Handlungsweisen und enden mit dem Tod. Eine ewige Autorität wertet von ihrer Außenschau, wodurch Zeitbedingtes eine andere Relevanz erhält. Dadurch werden zeitbedingte Handlungsweisen nicht überflüssig, aber sie werden in die rechten Maßstäbe (Rechtmäßigkeit) Gottes eingeordnet. Die Gerechtigkeit Gottes (was Recht ist bei Gott), nicht die Ehre des Menschen, ist der Maßstab für die Prioritäten. Falsche Prioritäten für Sorgen und übervorsorglich sein ist beschämend.

### 6.3.28  Mt.7,1-6 Subjektive Werte

Wer sich nach unten – mit zu niedrigen – Maßstäben vergleicht, schneidet immer gut ab. Erst der Vergleich mit höheren Werten, wenn auch nur Idealen, beschämt. Die eigene Unvollkommenheit ist der Auslöser sozialer Scham. Wer aber die Maßstäbe abwertet, um sich nicht mehr schämen zu müssen, sinkt immer tiefer in Schande – und merkt es nicht. Das Heilige ist unantastbar. Auch wenn Menschen daran manipulieren wollen, damit die

Verfehlung (Sünde = gr. Zielverfehlung) nicht mehr Schuld dem Heiligen gegenüber ist – es verändert sich nicht um der Sünde willen. Wer die Heiligkeit Gottes – sein Wort in Person soweit entwertet, bis es für sündige Menschen erreichbar ist, tastet Heiliges an: der kann sich nicht mehr schämen, weil er die Schande in Person geworden ist. Wer die Sünde liebt, für den ist nichts mehr heilig, dem ist Ehre nichts wert, der spürt keine Schande mehr.

### 6.3.29  Mt.7,7-12 Wertschätzende Hilfe

Hilfestellung und Dienstleistung ist unabhängig von Rang und Namen, von Prestige und Ehre, von oben und unten, wenn gegenseitige Wertschätzung gegeben ist. Der Wert des anderen in der Einstellung des anderen bestimmt, ob und wie er reagiert. Die Bitte des Bedürftigen ist eine Wertschätzung dem Helfer gegenüber. Der Helfer, der den Bittenden respektiert, kann auch einschätzen, was dieser wirklich braucht und wird entsprechende Werte vermitteln, sachlich oder ideell. Das ist echte Wertschätzung des Bittenden. Die Einschätzung des Wertes des jeweils anderen bestimmt die Tiefe und Belastbarkeit der Beziehung zwischen den beiden. Schätzt man den anderen höchstens so hoch ein wie sich selbst, wird die Dienstleistung entsprechend sein. Phil.2,3 zeigt, warum Jesus Christus sogar sein Leben für Sünder gegeben hat: „Durch Demut achte einer den anderen höher als sich selbst."

### 6.3.30  Mt.7,13-23 Das Ziel entscheidet über die Ehre, nicht der Weg

Nicht jede Frucht hat Wert und ist wert, bewahrt zu werden. Der Wert der Frucht bestimmt den Wert des Weges. Der Weg wird nach der erkannten, dahinter liegenden Autorität gewählt. Wer den schwierigen Weg scheut, unterschätzt den Wert oder erkennt nicht die Autorität hinter dem Wert. Welche Schande, wenn diese Täuschung auffliegt. Werte ohne Autorität sind wertlos, manipulierbar, sie geben keine Ehre. So auch, wenn man den Wert will, aber nicht die Autorität dazu. Eine weise Entscheidung ist auf Fakten des Rechts aufgebaut, nicht auf brüchige Beziehungen zu vielen. Die Mehrzahl gibt Prestige, so lange man auf dem Weg ist. Entscheidend ist, ob man am Ziel ankommt. Das entscheidet die Autorität und deren Recht. Dann hat auch die Ehre Bestand. Besser ewige Ehre und kurze Scham als kurze Ehre und ewige Schande.

### 6.3.31  Mt.7,24-27 Gehorsam durch Erkenntnis der Autorität des Wortes

Nur wer den Wert und die Autorität der Person kennt, wird ihrem Wort entsprechendes Gewicht geben und ihm Verlässlichkeit zumessen. Dabei wird eine hohe Ehre gegeben – und der Gehorsame ist geehrt, weil sich das Vertrauen in schwierigen Situationen ausbezahlt hat. Ohne Krisen kann jedes Wort tragfähig sein. Erst die Belastung zeigt die Wahrheit. Es ist eine Schande, „billig" schnellgläubig zu sein, ohne den Grund, den Wert und die Autorität dahinter zu prüfen. Bei Gott bleibt nur der Glaube, das Vertrauen auf sein Wort für die Prüfung, aber gerade darauf reagiert Gott mit Sicherheit in Krisen. Wenn der Glaube zunächst als unehrenhaft erscheint, dann erweist er sich in der Krise ehrenhaft. Beim Unglauben ist es gerade umgekehrt. Späte Ehre beruht auf langfristigem Recht. Schnelle Ehre riskiert das Recht.

### 6.3.32  Mt.7,28-29 Echte Autorität

Die bisherige Autorität für ideale Werte ist aufgeflogen: Schande pur. Die Menschen sind getäuscht, weil sie sich falsche Maßstäbe setzten, die nicht dem Recht der Autorität entsprachen. Die echte Autorität wird erkannt, sie hebt sich deutlich ab. Der Unterschied ist Macht – voll oder hohl. Auf die falsche Macht gesetzt zu haben, macht Angst. Angst ist der Abwehrmechanismus des Gewissens: Sich gegen die falsche Macht zu stellen; Entlastung ist, sich unter die echte Autorität zu stellen. Durchgreifend und tragfähig ist Ehre nur aufgrund der Vollmacht hinter dem Wort.

### 6.3.33 Mt.8,1-4 Die Krankheit der Schande

Aussätzig zu sein bringt die größte Schande mit sich, denn sie schließt aus der Gemeinschaft mit Menschen und mit Gott aus, verbannt den Kranken in die Einsamkeit, die Scham muss sich die Leute buchstäblich „vom Leib halten". Wer zu nahe tritt, muss Steinigung fürchten.

Nun kommt dieser Mensch mitten in die große Menge von Leuten, die bestimmt wie eine Gruppe aufgescheuchter Hühner auseinanderstieben; was wiederum die Schande des Kranken erhöht. Er schafft es bis zu Jesus – vielleicht gab es nicht mehr viele, die ihn hätten aufhalten können. Jesus greift sofort ein, als er diesen Glauben, Todesmut und festen Willen erkennt. Dann schickt er ihn dem Gesetz entsprechend „schnurstracks" zum Priester, der seine Gesundheit feststellen und ihn in die Gemeinschaft aufnehmen kann – diese Priorität darf nicht aufgehalten werden. Gerechtigkeit ist die Bestätigung der Wiederherstellung der Ehre.

### 6.3.34 Mt.8,5-13 Ehre ist kein Hindernis

Der Kommandant der Besatzungsmacht kommt – beschämend für einen Mann seiner Macht – persönlich, in aller Demut, doch durchaus im Bewusstsein seiner Stellung, die er auch Jesus zuschreibt und aufgrund derer er lediglich das Wort Jesu zur Heilung seines Sohnes erbittet. Das Wort der Autorität wird von Untergebenen ausgeführt – ohne Zweifel, es hat seine Wirkung. Diese Vollmacht Jesu wird ihm von seinen eigenen Leuten nicht zuerkannt. Glaube erkennt die Autorität an der Vollmacht. Wo Wunder Prestigegewinn (ich wurde geheilt!) sind, entsteht kein Glaube. Wenn Wunder Gerechtigkeit bestätigen, entsteht tragfähiger Glaube daraus. Die Ehre wird dann zurückgegeben (Er hat mich geheilt!).

### 6.3.35 Mt.8,14-17 Geheilt zum Dienst

Die Heilung erscheint hier schon selbstverständlich. Dass die Schwiegermutter sofort der Gruppe dient – vielleicht mit einer Mahlzeit, zeigt eine Selbstverständlichkeit in ihrer Einstellung, eine Dankbarkeit und Demut in ihrem Verhaltensmuster, das von diesen Werten bestimmt ist. Dienst ist die Demut, der Geringere zu sein, Autorität anzuerkennen und Aufgaben anzunehmen. Die Autorität wird deutlich demonstriert durch den Gehorsam der Dämonen, was einerseits große Ehre für Jesus, andererseits Schande für die Dämonen bedeutet, als machtlos entlarvt zu sein. Die Dämonen kennen die rechte Autorität, anderen sind sie überlegen (vgl. Apg.19,15-16).

Krankheit ist Hilflosigkeit, Ausgeliefertsein, Schwachheit, Angewiesensein – beschämend für den Betroffenen; die Gemeinschaft nimmt die Verantwortung wahr. Jesus nimmt diese Beschämung mit der Krankheit der Menschheit auf sich, mit der Heilung gleichzeitig auch die Verantwortung und Autorität, verbunden mit Demut und Dienst.

Recht lässt sich durch das autoritative, sich erfüllende Wort bestätigen, Ehre ist auf die derzeitige Beziehung angewiesen.

### 6.3.36 Mt.8,18-22 Anerkennung der Autorität ist spontaner, verbindlicher Gehorsam

Nachfolger Jesu zu sein hat Konsequenzen, die in der Gesellschaft nicht ehrenhaft sind: Kein Dach über dem Kopf – weniger als ein Tier gesichert zu sein. Die Priorität des geistlichen Dienstes über menschlich gerechtfertigte Traditionen wird deutlich, auch wenn es um die ehrenhafte Sorge für die Eltern geht – diese Schande muss sich ein Nachfolger antun. Nachfolge hat keine Garantie für Vorschussehre, nur auf Rechtfertigung im Nachhinein (Mt.19,29). Das ist garantierte Ehre, die auf Vertrauen beruht.

### 6.3.37  Mt.8,23-27 Unehrenhafter Tod in Gegenwart des Herrn?

Jetzt schon auf diese Weise unter zu gehen, als gerade die durchaus als ehrenhaft angesehene Karriere mit dem großen Meister begonnen hat, wäre für Tote, Überlebende und den Herrn selbst Schande pur – zudem der Herr selbst dabei war! Die Zurechtweisung richtet sich aber gegen den Unglauben, nicht gegen die Furcht vor Schande. Um so mehr bricht das übermenschliche Prestige durch, dass die Macht des Meisters auch über Naturgewalten besteht. Angst kommt auf, wenn man sich vom Herrn getrennt oder verlassen fühlt. Wenn schon die Natur dem Wort des Herrn gehorcht, kann das auch keine Schande für Menschen sein.

### 6.3.38  Mt.8,28-34 Eigene Schande durch Verlust wiegt mehr als die Ehre des anderen durch Heilung

Besessene sind auf der untersten Ebene des Menschen – dazu willenlose Objekte unmenschlicher Mächte, die in der Gegenwart der Macht Jesu entlarvt werden, ihr angebliches Recht auf Menschen wird ihnen genommen und sie sind tief beschämt. Ihre schändliche Macht wollen sie bis zum Ende des Möglichen auskosten: Prestigeerhalt durch minimierte Macht. Nur eine Allmacht kann die Zügel locker lassen, ohne dass sie ihr aus der Hand gleiten. Die Menschen erkennen Jesus nicht an, sie haben wie die Dämonen Angst vor ihm, er wird in die gleiche Kategorie gesteckt und ist ihnen unheimlich (Mt.12,24). Die Befreiung der Männer und deren ehrenvolle Rückkehr in die menschliche Gemeinschaft ist für sie beschämend unwichtig – der Verlust der Schweine ist Schande für sie, wiegt deshalb mehr als die neue Wertstellung der beiden Männer.

### 6.3.39  Mt.9,1-8 Machtbeweis über Sünde durch Heilung

Dass Krankheit letztlich auf die Trennung des Menschen von Gott – angefangen mit der Vertreibung aus dem Paradies – zurückzuführen und deshalb immer auch grundsätzliche Schande ist, erkennen die Religionsführer nicht. Dass Jesus am Grundsatz ansetzt, noch weniger. Dass die Heilung die Beweisführung seiner Autorität über Sünde ist, muss für die Menschen noch unverstanden bleiben. Die Ehre richtet sich auf die Macht über Krankheit. Sie sind darauf angewiesen, ihre Ehre zu retten – indem sie die ihres überlegenen Gegenübers denunzieren.

### 6.3.40  Mt.9,9-13 Schande der Ausgestoßenheit in Gerechtigkeit verwandelt

Einen Kollaborateur mit der verhassten Besatzungsmacht, der zudem seine fremdmächtige Stellung schamlos an den eigenen Leuten ausnützt, als Nachfolger zu berufen ist ein Verhalten, das hochgradig unverständlich sein muss für Beobachter. Zöllner und Sünder sind Synonyme für Ausgestoßene aus der jüdischen Gemeinschaft. Mit einem solchen Menschen Tischgemeinschaft zu haben und diesen dadurch als Gleichwertigen zu ehren, ist völlig unakzeptabel und zudem höchst schändlich, da man sich damit dessen Sünde teilhaftig macht. Jesus stellt sich als – durchaus ehrenhaft anerkannter – Arzt vor, der seiner Berufung gerecht wird, menschlich und geistlich unheilbar Kranke zu heilen; er erklärt sie damit vor Gott als gerecht, nimmt sie in die Glaubensgemeinschaft auf und spricht ihnen Ehre zu. Das anzunehmen hat Matthäus im Glaubenssprung weg von seiner Steuerkasse „geschafft" er hat das sogar physisch vollzogen, was er glaubte, die Pharisäer konnten das noch nicht mal geistig nachvollziehen. Die Logik ist ihnen zu hoch: Gerechtigkeit ist bei ihnen unter ihrer Ehre, bei Jesus die Basis der Ehre.

## 6.3.41  Mt.9,14-17 Unehrenhaftes Verhalten vermeiden

Fasten und Hochzeiten sind entgegengesetzte Pole wie Scham und Prestige, ebenso Dynamik und Statik. Diese zu vereinigen wäre eine Schande, denn das war logisch nicht tragfähig und haltbar. Hier gilt wieder: Recht vor Ehre. Fasten aus Prestigegründen hat keinen rechtlichen Grund.

## 6.3.42  Mt.9,18-26 Beschämung verstummt vor überwältigender Ehre

Ein Kind verloren zu haben ist keine ehrenhafte Erinnerung. Das unbändige Vertrauen in die Macht und Autorität Jesu ehrt jedoch den Schriftgelehrten, der andererseits die Demut dazu aufbringen muss. Er riskiert seine Ehre vor den Menschen als Leiter, indem er bei jemand unter seiner Stellung Hilfe sucht. Die angestellten Trauerfrauen beschämen Jesus direkt durch ihre Redensarten. Gleich anschließend sind sie tief beschämt über ihre Frechheit der Autorität Jesu gegenüber. Das lässt alle Beschämungsversuche verstummen. Ein enormer Ehrgewinn für Jesus, der rechtmäßig ist, da das Trauerritual unrechtmäßig war.

Die kranke Frau wagt sich nur von hinten in die Nähe Jesu – eigentlich ist sie nach dem Gesetz unrein, eine Schande, der jede Frau regelmäßig und sie dauerhaft unterworfen war; sie darf schon gar nicht einen Mann anfassen. Ihre letzte Rettung ist, sich selbst zu aller bisherigen und dazu noch ihm diese Schande anzutun. Ihr Glaube führt zu ihrer Ehrenrettung: Sie kann sich wieder unter die Leute wagen – sie hat wieder eine Berechtigung für einen Mann und damit Aussicht auf ein Kind – die Frauenehre steht ihr wieder offen.

## 6.3.43  Mt.9,27-31 Fehlende Außenschau ist beschämend – Ehrgewinn überwältigend

Blindheit ergibt eine äußerst schandbare Erscheinung: Man kann sich nicht kontrollieren, verliert jegliche „Außenschau", ist der Sicht der Sehenden ausgeliefert, auf deren verbale Kommunikation angewiesen, ohne deren nonverbale Signale aufnehmen zu können. Die wieder gewonnene Ehre ist so stark, dass sie den Ungehorsam dem Wort Jesu gegenüber überwiegt – zudem ist ihnen die Autorität Jesu nicht voll bewusst.

## 6.3.44  Mt.9,32-34 Gezielte Beschämung, um eigenes Gesicht zu wahren

Stumm sein – dazu durch Besessenheit – wird von Pharisäern auf Sünde zurückgeführt: verdiente Schande. Durch die Heilung erhält er sein Gesicht zurück. Das lässt die kalt, die nur auf ihre eigene Ehre bedacht sind. Die Unverfrorenheit ihres logischen Rückschlusses auf die Machtverhältnisse ist eine gezielte Beschämung sondergleichen für Jesus. Er hat Macht über die Dämonen bewiesen. Als Oberdämon seine eigenen Untergebenen zu verjagen wäre eigentlich eine Schande, die sich selbst die Pharisäer nicht antun würden. Sie empfinden es auch als Schande, wenn sie Jesus anerkennen, deshalb tun sie alles, ihn öffentlich zu beschämen, um ihr Gesicht zu wahren. Diese gezielte Beschämung muss selbst Jesus tief verletzt haben, da sie damit auch die richtige Autorität hinter und über ihm in blanker Arroganz ignorierten. Deshalb reagiert er anderswo so hart, weil er dabei für die Ehre Gottes einsteht und klare Linien der Gerechtigkeit zieht (Mt.23,33).

### 6.3.45 Mt.9,35-37 Ehre durch Mitverantworlichkeit

Warum muss der Bauer gebeten werden Erntearbeiter anzuheuern? Hat er nicht ein ureigenes Interesse daran, den Höhepunkt seiner Arbeit zu organisieren? Ist das nicht beschämend für ihn? Dass er seine Mitarbeiter, die er durch seine Gnade berufen hat, soweit in die Verantwortung für seine Ernte nimmt, dass er ihren Blick dafür abwartet, gibt diesen seine volle Ehre und Anerkennung, seiner Stellung nahe zu kommen. Dann werden sie auch wie er die schamvolle Situation ihres Volkes erkennen: hilfsbedürftig, verschmachtet, zerstreut, ohne Führung, und die Behandlung dieser Symptome der Trennung von Gott durch Lehren und Heilen, durch Rückführung in das Reich Gottes.

### 6.3.46 Mt.10,1-3 Ehren- oder Leidensstellung?

Die Namensnennung ist durchaus Ehrensache – sie sind nun schon 2000 Jahre überliefert. Charakterisiert sind nur wenige: Ehrenhaft ist Simon der „Fels"; Brüder und Väter beugen eher der Verwechslung vor, stehen aber mit ihrer Ehre auch für Sohn und Bruder. Der Freundesverrat bleibt als ewige Schande mit Judas verbunden. Wie der Fels und die anderen Jünger belastet werden sollten, war noch nicht abzusehen. Die eigentliche Ehrenstellung ist die Vollmacht über der Ebene der Geistwesen und über der Auswirkung der Trennung von Gott.

### 6.3.47 Mt.10,4-15 Ehrenhafter Auftrag in Autorität

Die Symptome des Reiches Gottes sind Machtdemonstrationen in der Autorität Gottes. Nur im Bezug dazu können die Heilungen zur Ehre Gottes richtig verstanden und eingeordnet werden, sonst sind sie Selbstläufer zur eigenen Ehre.

Innerhalb der eigenen Kultur gelten Verhaltensmuster aufgrund des Gesetzes, das Leben schützt und garantiert. Am fehlenden Glauben sollte diese Tradition auch nicht scheitern. Wohl aber hat ihrerseits die Toleranz Grenzen: Wer trotz sozialem Autoritätsbeweis die Botschaft ablehnt, die zuerst diesem Volk gilt, fällt aus dem Mindestwert des Bundesvolkes: die Kohäsionslinien werden neu definiert. Die Ablehnung der Botschaft ist eine Blamage für die Autorität hinter ihnen. Die Verletzung der Ehre der obersten Autorität hat Folgen.

### 6.3.48 Mt.10,16-25 Kohäsion mit wem?

„Wie der Herr, so's Gescherr" – ein Sprichwort bringt es auf den Punkt: Alles wird am Herrn fest gemacht, andererseits zeigt das Material, wie der Herr ist – ordentlich, sauber, zuverlässig: Hat er etwas zu sagen, wird er respektiert? Oder schlampig, schmutzig: Wird ihm die Autorität abgesprochen? Dann fehlt allen jeglicher Schutz, die sich auf ihn berufen. Die Zugehörigkeit zu einer Organisation oder Person ergibt den ersten Eindruck, die erste Einstufung, das ist die „Visitenkarte", die z.B. bei Japanern intensiv diskutiert wird, nach der eine Rangreihenfolge und das adäquate Gegenüber festgelegt wird. Das bestimmt die Tiefe der Verbeugung vor dem anderen – oder ob keine nötig ist. Die Angestellten werden nach ihrem Chef eingestuft – nach dessen Ruf und Autorität. Dem entsprechend erwartet dieser Verhaltensmuster und Loyalität. Den Menschen ausgeliefert zu sein, die nach solchen Maßstäben urteilen und handeln, hat oft fatale Folgen. Die Werte, nach denen sie urteilen, hinterfragen sie nicht. Schon gar nicht lassen sie sich durch den Herrn solcher Nachfolger beeindrucken oder korrigieren, der kampflos Erniedrigungen seiner selbst und seiner Leute zulässt. Der verdient keinen Respekt. Diese sogar als Schafe unter Wölfen zu bezeichnen deutet auf die Waffen, die dabei zur Verfügung stehen: Nicht scharfe Zähne, sondern einen scharfen Verstand, oder zumindest Eindeutigkeit, Einfältigkeit und Transparenz Nicht List und Tücke, auch nicht „tarnen und täuschen", sondern offenes Visier: Blanke Wahrheit, tiefe Weisheit – die Gedanken werden vom Heiligen Geist eingegeben.

Ob das für die Verteidigung reicht? Es kommt darauf an, wer sich letztendlich vor wem verantworten muss: „Wer zuletzt lacht, lacht am besten." Es mag die Nachfolger Freiheit und Leben, Ehre und Namen kosten. Aber die Ehre Gottes wird dadurch nicht angetastet, wenn das auch beabsichtigt ist; deshalb ist auch Angst nicht angebracht. Denn der Herr überlebt sie alle, auch seine Autorität und Ehre. Sie kann durch den Dreck gezogen werden: Sie geht mit Glanz und Gloria daraus hervor. Das Leben, menschlich langsam aber sicher unter Häme und Stolz der Beobachter ausgehaucht, geht unverletzt aus dem Tod hervor. Es kommt darauf an, zu wem man gehört, ob die Ehre auch schamvolle Situationen durchsteht.

### 6.3.49  Mt.10,26-33 Wer sieht durch den Horizont?

„Wie ein Ochs' vor dem Berg stehen" bedeutet absolut null Ahnung haben. Wer nur den Berg sieht, für den geht – je nach momentaner Stellung – alles nur bergauf, oder bergab. Andere den Abhang runter zu lassen, weil sie nun gerade mal den Kürzeren gezogen haben nach den Werten des derzeitigen Lebens, ist vielleicht eine momentane Genugtuung. Die „am Seil runtergelassen werden" haben wirklich nichts zu lachen: sie werden ausgelacht, sind tief beschämt, weil sie sich auf eine Autorität berufen, die nicht „in" ist, keinen Platz im gängigen System hat. Wer sich trotzdem dazu bekennt, schaut durch den Horizont, auch wenn er gerade ganz unten ist, wo der Berg am dicksten ist. Diese Autorität kann buchstäblich „durchgreifen", für sie ist auch der Tod des menschlichen Körpers kein Schlusspunkt. Wohl aber kann sie den „end-gültigen" Schlusspunkt für Seele und Leben setzen – auch denen gegenüber, die meinten, sie könnten mit ihm und seinen Christen „Schindluder[54] treiben". Das kann man mit Gott nicht. Den Glauben an Ihn aufzugeben heißt sich selbst keine Hoffnung mehr zu geben. Dabei hat nur der Glaube den rechten Durchblick, behält ein ehrenhaftes, rechtmäßiges Verhalten durch den Berg voller Hass, Falschheit, Täuschung, Fassade und Einbildung. Sie sind auf der Schattenseite des Lebens, auch alle, die sich davon beeindrucken lassen. Spott und Überlegenheit der Feinde Gottes wird in Scham und Schande enden. „Recht muss doch Recht bleiben." (Ps.94,15).

### 6.3.50  Mt.10,34-39 Konsequenzen der Wertstellung

Trennungen geschehen durch verschiedene Wertstellungen. Daraus folgen Verhaltensmuster, die auffallen – gegensätzlich oder unpassend zu dem, was das Leben nur einseitig angenehm und bequem halten will, ohne Opfer, Zurückhaltung, Grenzen. Der Wert wird gewogen in einer Währung, die keiner Inflation unterworfen und keinem metrischen System angemessen ist. Es schmerzt tief, wenn sich Blutsverwandte zu hoch bewerten, wenn die eigenen Kinder Werte falsch bemessen. Nicht die Christen trennen durch das Schwert – sie werden getrennt. Das Schwert ist der Unwert derer, die sich der Wertung Gottes entziehen wollen. Es zerreißt dem Christen die Seele, wenn er von den eigenen Leuten verraten wird. Das ist für alle tief beschämend – wenn jeder an den Werten festhält und sich auf jeweils seine Autorität beruft. Wohin führt dieser Gedankengang? Ist der eigene Wille letzte Autorität? Selbst menschliches Leben darf sich letztlich nicht daran messen lassen. Der konsequente Gedankengang endet hier noch nicht: Ein Leben mit Gott geht nicht unter, wenn der Leib getötet wird; (Kol.3,3) kein Mensch kann es zu niedrig werten. Der Wert des Lebens wird von Gott bestimmt, und seine Werte sind beschämungssicher; nur: sie treten erst in der neuen Welt zutage. So lange muss man daran glauben. Nachfolge gibt es nicht ohne Schamsituationen. Das Kreuz in sich ist das Symbol der Schande. Doch für Schande gibt es totale Entlastung: Ehre, von Gott gestützt und der Wert garantiert.

---

[54] Verächtlich behandeln. Ursprünglich von „schinden" für enthäuten, schälen; übertragen: „ausrauben, misshandeln, quälen", daraus wurde „erpressen durch schändliches Verhalten", Schund.

### 6.3.51  Mt.10,40-42 Werte hoch verzinst durch Ehre

Jesus identifiziert sich mit seinen Leuten. Wer sich mit Christen identifiziert, identifiziert sich direkt mit Christus. Die Verzinsung dieser Identifikation wird von dem, der die Aktien bewertet, festgelegt – sie steigen, sie können nur an Ehre gewinnen. Der Kurs steigt nur da, wo Jesus den Wert festlegt. Das ist Prestige an der Börse, das hebt die Stimmung: Der den Markt beherrscht, lenkt die Wirtschaft. Kleine Einsätze beim richtigen Fond erbringen hohe Dividenden.

# 7. Die Entwicklung des neutestamentlichen Gewissens: Veränderung der Orientierung von Scham zu Schuld unter dem Einfluss des Evangeliums.

## 7.1  Einführung

### 7.1.1  Ethnologische Reflexion

In den vorhergehenden Kapiteln wurde festgestellt, dass westliche Kulturen eine eher stärkere Schuldorientierung, nicht-westliche eine eher stärkere Schamorientierung hervorbringen. Der Grund liegt u.a. in der unterschiedlichen Erziehung und in den Umständen, die diese bedingen: Schuldorientierung entsteht eher in Basisfamilien, in denen Vater und Mutter, also nur wenige Personen die wichtigen Bezugspersonen sind. Scham dagegen eher in Großfamilien, wobei eine bestimmte Gruppe von Erwachsenen das Sagen hat über das Kind, nicht unbedingt oder ausschließlich die direkten Eltern.[55]

### 7.1.2  Schamorientierung

Die Motivation hinter der Erziehung liegt bei Scham darin, vor den Augen anderer nicht „das Gesicht zu verlieren", sich zu „blamieren" oder einfach schämen zu müssen. Das ist sehr peinlich, schmerzhaft und demütigend für die Betroffenen und deshalb gefürchtet. Um diese Angst einzudämmen oder auf einem notwendigen Minimum zu halten, haben sich bestimmte Verhaltensnormen der Gruppe oder Gesellschaft entwickelt. Diese sind so markant, dass sich ein schuldorientierter Mensch sehr schwer darin zurecht findet.

Sünde ist dabei definiert als Zuwiderhandlung gegen diese Normen. Dabei ist – gesellschaftlich gesehen – wirklich nur das Sünde, was einem anderen tatsächlich das Gesicht nimmt, was ihn letztendlich beschämt sein lässt. Zum Gesicht verlieren gehören wenigstens zwei: Einer, der das Gesicht verliert, und einer, vor dem das Gesicht verloren wird. Nur wenn eine Zuwiderhandlung gegen Normen geschieht, die das auslöst, ist eine Sünde geschehen, und zwar ist der Sünder immer der, der die gefürchtete Situation auslöst.

#### These 287

**Man ist also nicht eigentlich beschämt, wenn man etwas entsprechend schamvolles getan hat, sondern wenn diese Tat in die Öffentlichkeit geraten ist, diese Tat also**

---

[55] Diese grundlegende Theorie geht auf verschiedene Autoren zurück wie Ruth Benedikt, Melford E. Spiro, Gerhart Piers & Milton Singer. Spätere Autoren haben deren Thesen aufgegriffen und z.T. weiter geführt. Diese Ausführungen sind für das Verständnis der folgenden Ausführungen wichtige Zusammenfassungen aus den vorhergehenden Kapiteln.

**geahndet wird oder von den entsprechenden Bezugspersonen werden kann, die die Autorität dazu besitzen.**

Solange also eine potentiell beschämende Tat unentdeckt bleibt, ist auch keine Schande zu fürchten, und die betreffende Person lebt ganz gut damit, obwohl ihr die Tat-Sache bewusst ist. Wurde sie jedoch dabei beobachtet und der Beobachter zeigt das den Bezugspersonen an oder erzählt es irgendjemand weiter, so dass die Sache ihre Kreise ziehen kann und schließlich bei den Autoritätspersonen landet, dann ist Gefahr im Verzug: Spannung entsteht. Der Täter kann den Beobachter vielleicht noch abfangen, bevor er es weitersagen kann und mit ihm aushandeln, unter welchen Bedingungen er die Sache für sich behält. Hier beginnt Korruption: ein eigener Vorteil wird ausgehandelt auf Kosten der Wahrheit, auf die alle ein Recht haben. Das kann funktionieren; aber der Täter sieht trotzdem immer eine potentielle Gefahr darin, der Beobachter könnte eines Tages von einer anderen Seite mehr erhalten, die an der Wahrheit interessiert ist., vielleicht um sich selbst vor dem Täter zu schützen. Dann nimmt das Unglück seinen Lauf. Unterschwellig bleibt die Angst. Ist inzwischen schon einige Zeit darüber hinweggegangen, wird die Bewertung der Tat-Sache entsprechend abgemildert. Trotzdem wird der Täter den Beobachter als potentiellen Ursprung seiner Scham bezeichnen, denn ohne ihn würde es ja nicht so weit kommen.

### These 288

**Sünder wird man in einer solchen Kultur, indem man etwas tut, was einen anderen beschämt.**

**Sünde ist das Anzeigen, das Weitersagen der Beobachtung, wobei die Tat-Sache ins öffentliche Gerede kommt und schließlich zur Bestrafung des Täters führen kann.**

Was der Täter ursprünglich wirklich Schändliches getan hat, spielt dabei keine, zumindest eine sehr untergeordnete, Rolle beim Täter, obwohl er vielleicht letztlich doch dafür die Strafe erhält. Im Gegenteil: Er sieht sich bestraft, weil der Beobachter gepetzt hat. Die Strafe, die verhängt wird, hat meist Öffentlichkeitscharakter und ist wiederum eine große Schande in sich selbst.

## 7.1.3  Schuldorientierung

Anders bei einem Menschen, der von seinen direkten Eltern erzogen wurde. Er lernt, dass die eine übertretene Norm, Ungehorsam gegen ein Verbot zum Beispiel, ihn dem Gesetz gegenüber schuldig macht. Dieses Wissen allein löst schon das Schuldempfinden aus, unabhängig von Beobachtung oder von Bezugspersonen. Die Norm hat in sich so viel Autorität, dass sich der Täter sofort der Konsequenz bewusst ist und die Strafe erwartet. Wird er beobachtet und angezeigt, verstärkt das sein Schuldempfinden, verändert aber seine Haltung zu der Tat im Grunde nicht. Er fühlt sich selbst als Sünder. War ihm die Norm nicht bewusst oder hat er sie bis dahin unterdrückt, die er mit seiner Tat übertreten hat, und er wird von jemand darüber belehrt, tritt sofort das Schuldempfinden ein. Er ist dem Beobachter vielleicht sogar dankbar, ihn erinnert oder belehrt zu haben, denn dadurch kann er eine weitere Straftat vermeiden und die Wiedergutmachung selbst einleiten, wodurch die Strafe abgewendet oder zumindest gemildert werden kann.

## 7.1.4  Anwendungen der Theorie in Kulturen

Marc J. Swartz wendete diese Prinzipien auf eine Inselgruppen-Gesellschaft an. Er fand diese Reaktionen einer Schamorientierung bei den Insulanern von Chuuk in Mikronesien. Ihre Logik von Tat, Täter und Beobachter brachten sie dazu, sogar eine ausländische politische Autorität anzuerkennen, da sie weder Gesetze noch Autoritäten hatten, die außerhalb der Grenzen ihrer gesellschaftlichen Struktur gültig gewesen wären. Ganze Inseln, Inselgruppen oder Klans standen deshalb immer in der Gefahr des Kriegs oder

Angriffs, vielleicht weil jemand etwas Nachteiliges oder Beschämendes über einen ihrer wichtigen Personen gesagt hatte. Ein Gerücht darüber hätte schon gereicht, sich von solchen Außenseitern beschämt zu fühlen und einen Angriff auf sie auszulösen. Hier kam nun die übergeordnete Autorität außerhalb der betreffenden Person bzw. Gruppe zum Tragen, die vorher gefehlt hatte.

Melford E. Spiro untersuchte dieses Scham-Phänomen, seine Ursachen und Zusammenhänge in einem Kibbuz in Israel. Seine Frage war, ob die Voraussetzung für die Entstehung der Schamorientierung in jeder Kultur gegeben war. Dann müsste es auch dort auftreten, wo Kinder bald nach ihrer Geburt in einem Kindergarten betreut werden, die Mutter nur gelegentlich zum Stillen erscheint und die Familie erst abends eine gemeinsame Zeit miteinander verbringt. Im Übrigen gingen die Eltern ihren Aufgaben im Kibbuz nach, während sie ihre Kinder von den eingesetzten Erziehern und Lehrern versorgt wussten. Die beengten Verhältnisse ließen nicht zu, dass ältere Kinder in der Wohnung der Eltern schliefen; sie waren also auch in der Nacht bei anderen Aufsichtspersonen, die im Laufe der Zeit die eigentlichen Bezugspersonen für die Kinder wurden. Die Eltern traten in ihrer Autorität deutlich hinter diesen zurück. Spiro fand also die Theorie bestätigt.

## 7.1.5 Anwendung der Theorie in biblischen Zusammenhängen

Diese Erkenntnisse über das Prinzip für Scham- und Schuldempfinden wurde nun auch auf Menschen der Bibel in deren kulturellem Umfeld angewendet. Die Frage ist, ob sich diese Orientierung vom Alten zum Neuen Testament von Scham zu Schuld verändert hat. In den Ausführungen zu Anfang dieses Kapitels wird festgestellt, dass sich die Menschen der alttestamentlichen Kulturen mehr schamorientiert verhalten, während die Beziehung von Gott zu diesen Menschen eher schuldorientiert war; das äußert sich vor allem in der Botschaft Gottes durch seine Propheten.

## 7.1.6 Alttestamentliche Zusammenhänge

Shin Funaki hat als Asiate einen anderen Blick für Zusammenhänge der Kulturen, die hinter dem Geschehen des Alten Testaments über etwa ein Jahrtausend hinweg liegen. Er griff das Konzept „Gesicht verlieren" auf und fand überaus viele Beispiele, die unseren westlichen Augen verborgen bleiben – wir haben gewissermaßen eine „Decke vor unseren Herzen" (2.Kor.3,14-16). Funaki sieht das vorherrschende Element Scham in der Kultur des Alten Testaments, das an „Gesicht verlieren" oder „Ehrverlust" festgemacht wird. Gottes Botschaft durch die Propheten legt zwar eindeutig den Schwerpunkt auf Gerechtigkeit und Schuld in Bezug auf die Gebote Gottes, die Kommunikation Gottes geht jedoch auf das Denkmuster der Leute ein und enthält dadurch auch starke Scham-Elemente. Das geht so weit, dass Gott bewusst die Israeliten vor den Augen der umliegenden Völker beschämte – anders hörten und sahen sie nicht! Die Furcht davor, beschämt zu werden, war ein starker Motivator, den Geboten Gottes gehorsam zu sein.

Martin Klopfenstein kommt in seiner Habilitationsschrift über Scham und Schande im Alten Testament zu dem Schluss: „...ob im AT Scham mit Schuld gekoppelt sei oder nicht, ist eindeutig positiv zu beantworten." „Es bleibt dabei, dass ‚Scham' und ‚Schande' Schuld anzeigen und dass insbesondere subjektives Sichschämen Schuldbewusstsein und damit Reue impliziert." „Der Israelit schämt sich nicht vor sich selbst bzw. vor einem von ihm verletzten abstrakten ethischen Prinzip. Vielmehr schämt er sich vor dem Nächsten und vor Gott. Entsprechend ist widerfahrene Schande allemal öffentliche Schande, ja, sie empfängt ihren Stachel gerade von der Öffentlichkeit her."[56]

Mit diesen Feststellungen sind wir mitten in unserer Diskussion über Gewissen, denn die wesentlichen Elemente werden dabei in Zusammenhang gebracht, ohne dass das so bei

---

[56] Klopfenstein 1972, S.208-209.

Klopfenstein benannt wird. Bei Übertretungen von Geboten und Verboten geht es um Schuld, die sich durch Scham äußert, und zwar den Menschen gegenüber, die durch die Normverletzung betroffen sind, und Gott gegenüber, der die Autoriät für das Gebot ist.

Der Anthropologe Lowell L. Noble erkennt aus dem Blickpunkt seiner Wissenschaft die Konturen von Scham und Schande deutlich, bringt sie jedoch nicht in Zusammenhang mit Schuld oder Gewissen. Dass die Kultur des Alten Testaments vom Konzept Scham und Schande durchsetzt ist, bleibt für ihn jedoch außer Frage.

## 7.2 Gebot und Interpretation: Denkmuster Gottes

### 7.2.1 Scham und Schuld als Äußerungen des menschlichen Denkmusters

Für unsere Diskussion ist wichtig zu erkennen, ob für Menschen im Alten Testament das Schamempfinden die Motivation ist, die Gebote Gottes einzuhalten. Die andere Frage wäre, ob Scham und Schande die Folge von Ungehorsam sind. Wir nehmen beides an, weil sich das gegenseitig bedingt: Die Angst vor Schande aufgrund von Konsequenzen aus dem Ungehorsam gegenüber Gottes Gebot hemmt den Ungehorsam selbst. Damit bleibt der Mensch vor der Sünde bewahrt, ein Gebot zu übertreten, was ihn Gott gegenüber schuldig macht.

Wenn Scham vor Menschen oder vor Gott auftritt, liegt also auch Schuld vor, die sich auf die Sünde bezieht, gegen Gottes Gebot ungehorsam gewesen zu sein. Demgegenüber muss für die Entlastung auch Ehre verliehen werden, wenn die Schuld durch Opferhandlungen gebüßt und der Mensch wieder gerecht ist vor Gott. An der Oberfläche reagiert der alttestamentliche Mensch stark auf das Motiv Scham und Ehre, darunter liegt aber, mehr oder weniger bewusst, der Bezug Norm und Sünde, wodurch der Mensch im Status der Schuld vor Gott steht. Durch die Sühnehandlung wird also beides wieder hergestellt.

**These 289**

**Durch Gerechtigkeit auch Ehre; nicht umgekehrt, denn das Opfer bezieht sich auf die Schuld dem Gebot gegenüber. Erst daraus folgend wird die Scham vor Menschen und vor Gott wirksam.**

Dieses Verständnis hatten die Menschen in den Evangelien zur Zeit des Lebens von Jesus Christus, und auf dieses Raster fiel die neutestamentliche Botschaft, z.B. die Bergpredigt. Dort nimmt Jesus unter anderem direkt Bezug auf die alte Handhabung eines Gebots und definiert es so, wie Gott das ursprünglich gemeint hat. Diese „neue" Bedeutung lag also schon immer dem Gebot zugrunde. Die Menschen interpretierten es jedoch aufgrund ihrer Schamorientierung, dadurch erhielt die Ausführung einen Überhang, der sogar noch durch ein von Gott abgetrotztes Zusatzgebot gewissermaßen sanktioniert werden konnte.

### 7.2.2 Neutestamentliche Interpretation der alttestamentlichen Gesetze

Jesus griff in Mt.5 ab V.21 verschiedene dieser Zusammenhänge auf:

*Qv.*: Kap. 6, 6.3   Mord bringt vor das Gericht, das nach dem Grundsatz handelt: Auge um Auge, Zahn um Zahn, also Leben für Leben (2.Mo.21,24/ 3.Mo24,20/ Mt.5,38). Bei unbeabsichtigtem Mord, also Totschlag, hatte der Täter noch eine Chance in den sogenannten Freistädten. Hier liegt eindeutig Schuld zugrunde. Aber die Todesstrafe war in jedem Fall eine Schande. Jesus zieht den Kreis enger: Ungerechtfertigte verbale Aburteilungen, die als Beschimpfung dem anderen die Ehre nehmen, unterliegen bei Gott schon harten Strafen durch die bestehende Gerichtsbarkeit und durch Gott selbst.

Die Ehre des anderen ist genau so geschützt wie sein Recht. Daraus folgert Jesus, dass die Versöhnung mit Kontrahenten immer Vorrang hat, sogar vor religiösen Handlungen, die sich auf Gott beziehen. Segen ist durch Gottes Gebote gewährleistet. Wer sie verlässt, muss sich selbst um Rückkehr zur Ordnung bemühen. Das alttestamentliche Gebot bewahrt den Täter vor emotionalen Reaktionen, wenn der Geschädigte sich beleidigt fühlte und dem anderen über die Maßen heimzahlen wollte. Das Gebot wehrt einer ungezügelten menschlichen Rache, um die eigene Ehre wieder herzustellen.

Bei Ehebruch (V.27-32) wird der Ring, außerhalb dessen die Sünde beginnt, wesentlich enger gezogen. Um nicht in die Gefahr der Konsequenzen zu geraten werden sogar Gliedmaßen (Auge, Hand) dagegen gewertet. Der Scheidungsakt, der Ehemännern zugestanden hat, wird eindeutig auf die „Herzenshärte" (Mt.19,8; Mk.10,5) zurückgeführt; die Männer hatten für sich ein einseitiges Recht durchgesetzt, das Mose gebilligt hat. Das war eine deutliche Missachtung des Mitspracherechts der Frau, der dadurch Ehre vorenthalten wurde. Hier spricht Jesus indirekt die Gleichwertung von Mann und Frau an, die beide dem Gebot Gottes unterstellt sind. Und *er setzt das Gebot Gottes eindeutig als Maßstab für alle menschlichen Gebote bzw. Interpretationen* (Mt.15,3-7).

Der Schwur (V.33-37) brauchte zur Bestätigung der Wahrheit eine Autoriät außerhalb und über dem Menschen – ein „significant other". Sie wurde an Gott oder am Himmel festgemacht. Nun soll aber die Wahrheit im Wort selbst liegen, das gesprochen wird, d.h. der Mensch trägt die Autorität für sein Wort in sich, er ist Autorität für sein Wort, indem er sich daran hält: „Das Wort gilt" oder „du kannst dich auf mein Wort verlassen" sind Ableitungen in unserem Sprachgebrauch. Das ist ein Hinweis auf Schuldorientierung, wobei Norm und Autorität verinnerlicht sind und für die Gewissensreaktion nicht auf äußere Umstände angewiesen ist.

Selbst das „Auge um Auge"-Prinzip (V.38-42) erhält eine völlig neue Dimension: Jedem Bösen, also jeder Art von Sünde von Grund auf widerstehen, sogar der Sünde des anderen nicht durch eine neue Sünde begegnen oder sie einzudämmen versuchen; vielmehr soll der neutestamentliche Mensch sie zum Anlass nehmen, dem „Sünder" Gutes zu tun.

## These 290

**Hier wird kein neues, utopisches Verhaltensmuster propagiert, sondern eine neue Einstellung, wobei Gottes Denkmuster die Grundlage für das Verhalten gibt: Gottes Normen sanktionieren die Sünde anderer nicht, sie sanktionieren aber auch nie, dem andern gegenüber als Autorität aufzutreten, ihn zu verurteilen – und ihn zu beschämen.**

Die eigene Autorität hat also Grenzen, und wenn es um die Sünde anderer geht, tritt die Autorität der Norm in Kraft, die übertreten wurde. Der neutestamentliche Mensch kann lediglich den anderen an das Gebot Gottes erinnern und hoffen, dass der andere beides, Gebot und Autorität, anerkennt. Wenn nicht, muss der „Sünder" der Autorität Gottes überlassen bleiben: „Mein ist die Rache, ich will vergelten, spricht Gott." (5.Mo.32,35; Röm.12,19; Heb.10,30). Das entbindet aber nicht von der Erinnerung und Ermahnung, vielleicht auch nicht vom Vollzug der Strafe, wenn das von Gott so an Verantwortliche delegiert und ggf. klar abgegrenzt wurde, z.B. den Staat oder den Gemeindeleiter (Röm.13,4; 1.Tim.5,1 – hier wird die Belehrung mit Respekt vor der Ehre des andern eingegrenzt: sie darf nicht beleidigend sein. 2.Tim.4,14 – hier überlässt Paulus den Alexander dem Urteil Gottes. In 1.Tim.1,20 übergibt Paulus den Hymenäus und Alexander sogar der Strafe durch Satan).

Die Vollkommenheit gipfelt im Gebot der Feindesliebe (V.43-48), die dem anderen die Faust öffnet, die Kraft nimmt, das Messer zu halten, mit dem man erstochen werden soll. Hier treten völlig neue Gesetzmäßigkeiten zutage, nach denen Gott in seiner Gemeinschaft mit den Menschen ursprünglich handeln wollte. Erst nachdem Sünde geschehen war, mussten die einzelnen Facetten beim Namen genannt und durch Gebote und Verbote geregelt werden. Dahin wollte Jesus zurückkehren, dafür war aber auch das neue „Herz" (Hes.11,19; 36,26) notwendig, ein neues Gewissen also, das nach den eigentlichen Gesetzmäßigkeiten Gottes funktioniert – und nur dieses kann so funktionieren.

Im Alten Testament war lediglich der Gehorsam den Geboten Gottes gegenüber erwartet, eine vertrauensvolle Beziehung zu Gott, nicht jedoch die Gesinnung, die hier angesprochen wird. Die ist mit dem Verlassen des Paradieses verloren gegangen. Dazu waren die Menschen offensichtlich nicht fähig, und wie es sich herausstellte, noch nicht einmal zum Gehorsam selbst, weil dieser die Anerkennung der Autorität hinter den Geboten voraussetzt. Diese wurde immer wieder in Frage gestellt; das wurde bei der ersten Sünde und beim Turmbau zu Babel deutlich. Die Ernsthaften unter den alttestamentlichen Menschen machten daraus einen verkrampften Versuch, mit neuen Normen ihrem Gewissen eine Hilfestellung zu geben, um wenigstens die Blickrichtung zu der erahnten ursprünglichen Gedankenstruktur zu erhalten.

Vor allem in der Zeit zwischen den beiden Testamenten – in den ca. 400 Jahren vor Christi Geburt – entstand ein Wust von Gesetzen, die keiner mehr durchschaute und den sie selbst versuchten auszutricksen, weil das Leben so nicht ordentlich funktionieren konnte. Viel mehr: Sie versperrten letztlich den Blick für den eigentlichen Sinn der Gebote Gottes, eine vertrauensvolle Beziehung zu ihm und damit ein ehrenvolles Leben sowie eindeutigen Gehorsam dem verständlichen Gebot gegenüber zu ermöglichen. Jesus prangert das in Mt.23 und vor allem in der Bergpredigt (Mt.5,27.33.38.43 „Ihr habt gehört, dass zu den Alten gesagt ist … Ich aber sage euch") öffentlich an.

## 7.3    Denkmuster Gottes

### 7.3.1 Das Doppelgebot der Liebe

Das größte und wichtigste Gebot (Mt.22,34-40) bezieht sich einerseits eindeutig auf die absolute Autorität Gottes und die totale Beziehung zu ihm, die Sinne, Verstand und Wille einschliessen. Hier sind beides, Schuld und Recht, Schande und Ehre angesprochen, wobei sich die Beziehung in Liebe äußert. Liebe ist nicht nur Gefühl, sie ist auch ein willentlicher Akt, aber sie unterliegt nicht dem Willen allein, kann also weder willentlich ausgelöst noch unterbunden werden. Aber der Wille öffnet die Tür für die Liebe; sie ist auf Gegenseitigkeit angewiesen. Die Autorität des Gegenübers ist der Gott der Liebe (1.Joh.4,7-12), der diese ebenso in Ordnungen und Grenzen den Menschen gegenüber lebt.

**These 291**

**Liebe wird ausgelöst und erwidert, sie führt zu Unterordnung und zu Gehorsam, zu Anerkennung der Autorität ohne Angst. Aus dieser Beziehung heraus ist auch das zweite Gebot möglich.**

**Mitmenschen zu lieben bedeutet nicht, ohne Ordnung und Grenzen zu leben, sondern in Bezug zu der gemeinsamen Autorität und seinen Vorgaben in respektvoller Haltung dem Mitmenschen gegenüber.**

### 7.3.2    Das Grundmuster

Auch die weiteren Ausführungen in der Bergpredigt zeigen eindeutig, dass Gott selbst im Herzen und Gewissen der Menschen die Autorität und die Interpretation seiner Normen sein möchte. Eigentlich braucht der Mensch nur dieses Denkmuster; alle Normen sind an der Autorität Gottes festgemacht, nicht an den Funktionären des Judentums; es entsteht der Eindruck, dass sie sich als Hüter der Gesetze zu viel Autorität zumuten, vor allem was dessen Interpretation betrifft. Je mehr das neue Denkmuster verankert ist, umso weniger Orientierung an Gesetzen und Funktionären braucht der Mensch, denn alle Gesetze leiten sich aus diesem zentralen Denken ab. Sehr vereinfacht gesagt:

**These 292**

**Wenn ein Mensch Gott ehren, also Ehrfurcht ihm gegenüber zeigen möchte, stellt er seine Gerechtigkeit nicht in Frage und verhält sich entsprechend respektvoll. Ohne Gehorsam der Autorität Gottes gegenüber kann keine Liebe entstehen, kann Liebe nicht gelebt werden.**

Dieses Grundmuster, durch das alles interpretiert werden muss, zieht sich durch die ganze Lehre Jesu, der auch Petrus ausgesetzt ist. Es ist deutlich anders als was die alttestamentlichen Menschen angenommen, definiert und gelebt haben.

Die Wertmaßstäbe werden eindeutig an Jesus fest gemacht, menschliche Verpflichtungen und emotionale Bindungen (Mt.10,32f; 37ff) müssen dahinter zurückstehen.

Als sich Johannes der Täufer vergewissert (Mt.11), dass Jesus der Messias ist, beurteilt Jesus den Dienst des Johannes und die Vorstellung der Leute darüber nach dem prophetischen Wort Gottes, in das er selbst eingeordnet ist. Den Pharisäern gegenüber (Mt.12) betont er ebenso dieses Wort, wie es eigentlich gemeint ist, und setzt damit ihre Autorität, in der sie es auslegten, außer Kraft. Seine Vollmacht über Dämonen führt er auf seine eigene, eine andere Autorität zurück als die Hierarchie dieser Mächte (12,22ff) und warnt davor, diese zu verwechseln (12,31ff).

**These 293**

**Die Unantastbarkeit der Heiligkeit der Dreieinigkeit Gottes und damit dessen absolute Ehre werden deutlich. Die Autorität des Wortes ist von dieser Absolutheit (nicht Ehre) abgeleitet. Vor diesem Hintergrund sind auch die Gleichnisse über die Herrschaft Gottes zu verstehen (Mt.13).**

Um festzustellen, ob die Verhaltensmuster in der Botschaft des Neuen Testaments eher schuldorientiert sind ist es notwendig, eine Person zu untersuchen, die im alttestamentlichen Umfeld aufwuchs und durch direkte und indirekte Einflüsse im Neuen Testament „umgepolt" wurde. Diese Person sollte sich möglichst auch selbst deutlich geäußert haben und ihr Verhalten beobachtbar gewesen sein. Deshalb soll hier Petrus als Beispiel dienen.

# 8. Veränderung von Scham- zur Schuldorientierung am Beispiel des Petrus

## 8.1 Erlebnisse des Petrus im direkten Zusammenhang mit Jesus Christus

### 8.1.1 Orientierung

In Mt.4,18-20 spricht Jesus den Petrus und seinen Bruder Andreas an, ihm zu folgen mit der Herausforderung, Menschenfischer aus ihnen machen zu wollen. Offensichtlich spontan ließen sie ihre Netze liegen und gingen mit ihm. Das forderte eine Entscheidung aufgrund einer empfundenen Autorität, die ein Ziel vorgab und von erwachsenen Männern Gehorsam erwartete.

Nach der Bergpredigt (siehe oben) finden wir Jesus wieder im Haus des Petrus (Mt.8,14-15), der dessen Schwiegermutter heilte. Hier begegnet Petrus der Autorität Jesu wieder deutlich.

In Mt.10 sendet Jesus die zwölf Jünger, die er sich namentlich berufen hat; Petrus wird zuerst genannt. Er hat offensichtlich eine Ehrenstellung in der Gruppe. Wovon sie abgeleitet ist, bleibt zunächst unklar. Sie erhalten nun selbst Vollmachten über Mächte und Krankheit. Petrus lernt jetzt, an der Autorität Jesu teilzunehmen. Der Dienst soll kostenlos geleistet werden; die Jünger treten im Namen Gottes auf und überlassen ihm, auf beschämende Ablehnung ihrer Person und ihrem Dienstangebot gegenüber zu reagieren. Sie dürfen nicht versuchen, ihre Ehre retten. Die letzte Autorität liegt nicht bei ihnen, sondern bei Gott. Sie müssen damit rechnen, aufgrund der Denkmuster der Leute misshandelt zu werden. Das wird bald auch durch den Tod des Täufers deutlich (Mt.14). Ihren Verstand (Klugheit) einzusetzen ist wichtig, damit müssen die Normen Gottes erkannt und eingehalten werden; sie dürfen keine Hintergedanken hegen (ohne Falschheit). Überhaupt sind sie nur Botschafter, die Überzeugungskraft liegt im Heiligen Geist. Sie brauchen und dürfen keine menschliche Überredungskunst oder emotionale Manipulation anwenden bzw. autoritäre Maßnahmen ergreifen. Ihr Erfolg ist nicht mit ihrer Ehre oder ihrem Ansehen verknüpft. Sei müssen lernen, dass ihre Identität unabhängig von der Reaktion der Menschen auf die Botschaft ist.

## 8.1.2   Autorität

Die Vollmacht Jesu über die Natur erkennen die Jünger durch die Beschwichtigung des Sturms (Mt.8,23ff) und die Vermehrung von Nahrung (Mt.14), wobei Jesus immer wieder zum Vertrauen in ihn ermutigt. Petrus hat bis dahin aufmerksam gelernt und tritt aus dem Boot, als Jesus ihn ruft, merkt aber:

### These 294

**Die Absolutheit Jesu forderte auch eine Ganzheitlichkeit des Vertrauens und des Gehorsams bei ihm,**

Dazu war er noch nicht fähig. Doch eine starke Ahnung dessen, wer Gott ist, erfasst die Jünger (Mt.14,22-33). Die Ehre und Würde der offenbaren Autorität wird deutlich. Davor verblasst das bisschen Ehre, das Petrus von den übrigen Jüngern abheben könnte und die Schande seines kläglichen Untergangs.

Wie wenig tief das verwurzelt ist, zeigt sich im Test über die Grundbedürfnisse des Lebens. Das Denkmuster der Jünger ist noch nicht grundsätzlich verändert (Mt.16,5-12), zeigt jedoch deutlich Ansätze dafür, besonders bei Petrus (Mt.16,13-20). Das Bekenntnis von Mt.14,33 wird von ihm wiederholt, und diesmal bestätigt ihm Jesus, dass Gott selbst das in seinem Denkmuster verankert hat. Wie schwierig das jedoch in aller Konsequenz umzusetzen ist, wird gleich anschließend deutlich, als ihm Jesus Erkenntnis-Lücken nachweist und sogar deutlich macht, dass sich auch andere Mächte seiner Logik bedienen können (Mt.16,21-23). Diese Zurechtweisung ist in sich eine Schande, für Petrus, da das nicht verborgen bleiben konnte.

### These 295

**Es bleibt notwendig, dass die Kontrolle über sich selbst von einer Autorität über ihm ausgeübt wird.**

Petrus ist aus sich selbst heraus nicht dazu fähig. Die Tiefenstruktur seines Gewissens-Bewusstseins ist noch nicht verändert.

### 8.1.3 Herrschaft

Der Blick über die Welt und Zeit hinaus in Mt.17 verwirrt Petrus noch dermaßen, dass er noch lange braucht, das richtig einzuordnen. Deshalb sollen die drei Jünger vorläufig noch nicht darüber reden. Wiederum: Ihr Denkmuster ist noch nicht genügend erweitert, um die geistlichen Zusammenhänge richtig einordnen zu können. Viele Erlebnisse sind dazu notwendig, Enttäuschungen, Selbsterkenntnis und Wiederholungen, bis alles erst nach der Auferstehung Jesu langsam auf einer neuen Erkenntnisebene Sinn und Ordnung findet. Bis dahin waren auch die letzten Reste einer eventuell vorhandenen Ehrenstellung der drei vor den anderen Jüngern durch die Sonderoffenbarung verschwunden.

Petrus wird immer wieder dazu herausgefordert, sich Gedanken zu machen (Mt.17,24-27), wie sich das Diesseitige und Jenseitige, die Herrschaft Gottes und die Herrschaft der Menschen zueinander verhalten. Dass sich Gottes Autorität und seine Art zu denken auf der menschlichen Ebene durch die Jünger auswirken soll, macht Jesus in Mt.18 deutlich. Projektionen von der menschlichen Ebene auf Gottes Ebene sind nicht zulässig, wie Mt.18,1ff und 20,20ff zeigen. Herr ist nur Einer.

### 8.1.4 Berechenbarkeit

Noch verwirrender wird es für die Jünger, als Jesus die Berechenbarkeit und den bewussten Beitrag zum Eintritt ins Reich Gottes zerschlägt: Nicht pure Gesetzeserfüllung, blinder Gehorsam, sondern Veränderung der Einstellung, aus der heraus Gehorsam entsteht, sind maßgebend (Mt.19,16ff). Auch Petrus versucht Klarheit in seine Gedanken zu bringen (19,27ff). Jesus weist wieder auf die anderen Gesetzmäßigkeiten hin, die bei Gott herrschen. Es ist tatsächlich ein neues logisches System, das gelernt, verinnerlicht und eingeübt werden muss. Es ist unvermeidlich, dass Menschen, die mehr am Rand der Lehre stehen, Zusammenhänge verwechseln (20,20-21 vor dem Hintergrund von 19,28). Vielleicht haben die Söhne des Zebedäus ihrer Mutter von den zwölf Thronen erzählt, die Jesus den Jüngern in Aussicht stellte, und sie fügte dies in ihr Denkschema ein. Lässt das Alte Testament noch Ehrenstellungen von Gesalbten und Erwählten zu, verschwindet dieses Denken aus dem Neuen Testament, vielleicht mit Ausnahme von 1.Tim.5,17; hier liegt jedoch der Wert im Wort und in der Lehre.

### These 296

**Nicht Autorität haben, sondern unter Autoriät stehen, in Liebe und Hingabe zu jedem Dienst bereit – das geht gegen jede menschliche Logik.**

Im letzten Lebensabschnitt Jesu geraten die Gedankenstrukturen bei Petrus noch einmal kräftig durcheinander.

### 8.1.5 Konsequenzen

Zunächst der triumphale Einzug (Mt.21,1ff); von dieser Ehre bekommen die Jünger wohl kräftig ab. Dann die Demonstration der Autorität und der Anspruch auf Ordnung im Tempel im Sinne Gottes (Mt.21,12ff); dabei wird der ursprünglichen Interpretation des Wortes Gottes Gehorsam abverlangt. Keine eventuelle Entschuldigung einer unzureichenden Erkenntnis schimmert durch die Konsequenz, mit der Jesus handelt. Anschließend werden die Gesetzmäßigkeiten deutlich, unter denen Jesus steht, die er durch Beispielsgeschichten und -handlungen demonstriert. Das alles war vielleicht noch auf einer logischen Denklinie nachvollziehbar.

Dann aber rechnet Jesus mit den Pharisäern als autokratische Funktionäre ab – er weist sie in Schranken, außerhalb der Gerechtigkeit Gottes. Sie erhoben ihre Logik zum Maßstab für das Volk, weil sie sich nicht die Mühe machen, das Wort Gottes des Alten Testaments, vor allem der Propheten im Zusammenhang zu studieren und konsequent an

Gottes Autorität fest zu machen. Sie leiten durch den Sumpf der Gesetzes-Gesetze das Volk in die Irre und werden dafür zur Rechenschaft gezogen (Mt.21,23-27; 23,1ff). Sie versagen als Vorbilder für das fromme Volk. Sie sperren sich bewusst gegen eine neue Erkenntnis und akzeptieren seine Autorität nicht.

Jesus hat den Pharisäern die Autorität über das Wort Gottes aberkannt, die sie sich anmaßten. Diese Entthronung vor dem Volk war Schande pur. Nach den vorherrschenden menschlichen Maßstäben sprach Jesus damit schon das Todesurteil über sich. Da sie die Autorität Gottes missachteten, wurden sie zu menschlichen Autoritäten, die letztlich den Tod Jesus einleiteten und veranlassten. Das macht Jesus sehr deutlich, bevor er diesen Weg bewusst weiter geht.

Die Jünger befanden sich in einem Wechselbad aus Bewunderung und Angst und vielleicht sogar Panik. Ihre Reaktionen werden nicht mehr beschrieben, das war alles sehr komprimiert.

Die Endzeitprognosen und die Konsequenzen, die gefordert sind, können nur vor dem Hintergrund der bisherigen gesamten Lehre einigermaßen verständlich gewesen sein:

### These 297

**Absolute Autorität Gottes, der Vollzug seiner Herrschaft, der Einbezug von Menschen, die sich in dem Prozess selbst willentlich entscheiden können und müssen, wobei jede Entscheidung ihre Konsequenzen hat** (Mt.21-25).

Dann die Zielgerade (Mt.26):

## 8.1.6    Die große Täuschung

Der Verrat des Judas – ein scharf berechneter Vorgang, ein großes Missverständnis der Lehre Jesu oder Panik-Reaktion? Das spätere Urteil und die Erkenntnis, die bei ihm anschließend eintraten, spricht für die Vielschichtigkeit des Vorgangs. Das Denksystem des Judas ist bis dato jedenfalls am wenigsten umgestellt. Daraus resultiert die Selbsttäuschung, der er unterliegt. Vielleicht wehrte er sich bis zuletzt dagegen, alte Maßstäbe aufgeben zu müssen und versuchte immer noch, alles Neue in die alten Formen zu gießen. Die Denksysteme geraten bei ihm in Konflikt, sie ergeben keinen Sinn, sein Harmonisierungs-Gewaltakt geht nicht auf.

### These 298

**Synkretismus ist letztlich tödlich für den Glauben – und für die Funktion des Gewissens.**

Hier kommt jede Erkenntnis zu spät; die Linie ist überschritten.

## 8.1.7    Das große Erwachen

Der Verrat des Petrus: Zunächst das hochheilige, ehrenvolle und bestimmt auch ehrliche Versprechen, mit Jesus sterben zu wollen. Jesus durchschaut dessen dünne Basis und warnt ihn. Jetzt trägt nur noch purer Glaubensgehorsam. Er behält trotzdem die drei Jünger näher bei sich, als er sein größtes emotionales Tief erlebt; er bittet um Gebetsunterstützung, und obwohl Petrus die Verzweiflung Jesu erkannt haben muss, sind die menschlichen Bedürfnisse größer. Die neue Kraft in ihm hatte noch nicht endgültig gegriffen. Er erkennt die Tragik der Situation nicht. Die Erkenntnisse sind noch nicht vernetzt. Wahrheit und Gerechtigkeit sind in ihrer Tiefe nicht erfasst.

Dann: zuerst die Panik, der Adrenalinstoß, der spontane Griff nach dem Schwert. Wieder brechen reflexiv alte Verhaltensmuster bei ihm durch. Jesus braucht nicht viel zu sagen; dann kann Petrus die Gewaltanwendung wieder richtig einordnen. Nach der anschließenden Fluchtreaktion wird er schnell zum teilnehmenden Beobachter. Noch ist der „Groschen" bei ihm nicht „gefallen".

Petrus folgt mit Abstand, kommt näher zum Schauplatz, will etwas sehen und sich vielleicht auch am Feuer wärmen. Dort wird er erkannt und muss Farbe bekennen. Das kommt zu plötzlich, vielleicht ist er irritiert, von einer Frau so autoritär angesprochen zu werden; er hat nichts mehr entgegen zu setzen als wiederum Flucht, diesmal in die Lüge. Er ist hoch emotionalisiert und offensichtlich nicht unter Kontrolle seines Willens. Dann müssen sich seine Augen mit den Augen Jesu getroffen haben: Die Autorität erhält wieder ihren Platz; der Hahn kräht, die Orientierung zur Autorität ist hergestellt. Er wacht wie aus dem Koma der alten Orientierung auf. Dann brechen bei ihm die letzten Sicherheitsstrukturen, die er noch als Reserve in seinem Denken und Glauben bewahrt hatte, endgültig zusammen.

### These 299

**Gottes Gedanken sind nicht durch menschliche Willenskraft und logische Erkenntnis im Gewissen wirksam nachvollziehbar; ein Paradigmenwechsel ist notwendig.** *Qv.:* Kap. 4, 1.8.1

Darauf hatte Jesus ihn schon angesprochen (Lk.22,32).

## 8.1.8    Die Konsequenz der Liebe

Im Bericht über die Hinrichtung Jesu wird Petrus nicht erwähnt. Die Beobachtung aus Abstand sowie die kommenden zwei Nächte und der Tag dazwischen – der Sabbath – müssen eine seelische Tortur für ihn gewesen sein. Seine Selbstsicherheit war bestimmt inzwischen zu Scherben zerbrochen; sein Schamempfinden am äußersten Anschlag – nur wem gegenüber?

Am Sonntagmorgen – Frauen wagten sich zuerst wieder unter die Leute – springt Petrus auf, als sie die Nachricht von der Auferstehung zu den Jüngern bringen. Er ist im Grab, erkennt eine klare Ordnung. Ob sie die Frauen für verrückt erklärt haben? Ob die neue Erkenntnis doch so langsam bei Petrus dämmerte? (Joh.20) Wir wissen nicht, wann er seinen Kollegen alles erzählte. Er war seinem eigenen Anspruch nicht gerecht geworden.

Er muss mit den anderen bis zum Abend warten. Nun trifft er Jesus – und er wird wieder nicht erwähnt. Den Friedensgruß und den Auftrag muss er wahrgenommen haben – was geht in ihm vor? Seine Ehrenstellung ist in ihren Grundlagen erschüttert.

Erst als sie sich in Galiläa am See treffen (Joh.21), kommt es zur Konfrontation. Das Kriterium der Unterhaltung ist Liebe und die Verantwortung, die sich aus der Liebe ergibt.

### These 300

**Liebe ist auch hier nicht ein Gefühl, sondern eine Einstellung. Sie ist ein Zeichen von geheilten Verhältnissen und eindeutiger Stellungnahme zur neuen göttlichen Autorität.**

Petrus kann annehmen, dass ihm Jesus seine Ehre wieder verlieh; diesmal mit dem Ziel, letztendlich durch seinen Tod Gott zu ehren. Darin kann er sich nicht überschätzen. Auch hier ist wieder eine Denkweise erkennbar, die allem Natürlich Menschlichen widerspricht.

## 8.2 Die Auswirkungen des Heiligen Geistes bei Petrus in der Apostelgeschichte

### 8.2.1 Funktion auf altem Hintergrund: Neuer Auftrag

Apg.1,6-8. Bei der Beauftragung der Jünger, sukzessiv in der ganzen Welt als Botschafter Jesu aufzutreten, fällt diesen ein, dass er früher schon etwas über ihre Autoritätspositionen unter seiner Herrschaft gesagt hatte. Das relativiert er deutlich mit Hinweis auf die souveräne Macht Gottes, der sie unterstehen. Aber er spricht ihnen die Befähigung zu, die sie für ihren Dienst brauchen. Der Heilige Geist wird „zu ihnen kommen". Noch wissen sie nicht, dass das genau die Kraft ist, die ihnen bisher in dem Maße gefehlt hat, um die Gedanken Jesu und seine Denkstruktur umzusetzen. Sie umfasst die Heilige Schrift und das gesprochene Wort Jesu, an das sie sich erinnern. Sie hatten einen „Vorschuss von Heiligem Geist" erhalten (Mt.10,1), der sich auf eine eingegrenzte Aufgabe bezogen hatte. Jetzt sollte sich das in voller Kraft auswirken, die sie „erhalten". Petrus ist immer noch schweigend dabei, vielleicht ist ihm am meisten bewusst, was damit gemeint ist.

Apg.1,15-22. In der Liste der 120 Jünger, die sich regelmäßig zum Gebet treffen (V.13), nennt Lukas den Petrus zuerst. Nun ergreift Petrus zum ersten Mal die Initiative, bezieht sich auf die Schriften des Alten Testaments, in denen ihm Zusammenhänge in Bezug auf Judas klar geworden waren (Ps.41,10). Sie hatten sich offensichtlich mit ihrem Kollegen „schriftlich" auseinander gesetzt, die Ereignisse verarbeitet und sich vielleicht ein Stück weit in ihm wieder erkannt. Nun leitet Petrus seiner neuen Erkenntnis entsprechend definitive Schritte ein, einen Ersatzapostel zu wählen. Der Heilige Geist hatte offensichtlich nun die Erinnerung, die Empfindungen, die Einstellung des Petrus übernommen und erste neue „Synapsen" als Erkenntniszusammenhänge zwischen gelernten Informationen oder „Daten" gebildet. Sie vermehrten sich in der nahen Zukunft – wie selbstverständlich treten jetzt die logischen Verbindungen zutage.

Die Erwähnung in Ps.41,10 als Prophetie auf Judas zu erkennen ist die erste von einer Reihe von solchen neu erkannten Zusammenhängen. Daraus leitet er einen notwendigen Ersatz (V.20) ab, bei dem die gleichen Bedingungen herrschen sollen wie für die ursprünglich ernannten Zwölf. Für den Modus der Entscheidungsfindung greifen sie auf alttestamentlichen Methode und Anweisungen und der daraus folgenden jüdischen Tradition zurück. Sie anzuwenden unterliegt ihrem Verstand, die letzte Entscheidung wird allerdings ihrem erhöhten Herrn überlassen, dessen Willen sie nicht mehr verbal, sondern durch Mittel erkennen wollen. Nur messen sie sich jetzt den Gebrauch selbst zu – was vorher nur den Priestern zuerkannt war. (In 3,1 verwenden die Jünger ebenso wie selbstverständlich die alten Ordnungen für die neue Gruppe, die erst in 5,11 Gemeinde – *ekklesia*, die Herausgerufene – genannt wird.)

Der Umgang mit Jesus Christus als dem Herrn wird durch persönliche Ansprache als Gebet aufgegriffen – so als wäre der Herr unter ihnen gegenwärtig. Das wird im Alten Testament im Allgemeinen nur von „gesalbten" Männern berichtet, die ebenso wie die Jünger für ihren bestimmten Auftrag die Befähigung durch den Heiligen Geist erhielten.

Die Wurzeln der Formen und Inhalte der neutestamentlichen Gemeinde liegen deutlich in den Alten Schriften, die weiterhin gelten, wo sie nicht durch die neue Entwicklung des Heiligen Geistes (Essensvorschriften) relativiert sind. Petrus nennt mutig und offen aufgrund der Erkenntnis aus dem Wort Gottes die Sünde des Judas, wodurch dieser noch nach seinem Tod zusätzlich mit Schande belegt wird. Für Petrus ist weder dies ein Hindernis noch seine eigene Verleugnung. Er ist offensichtlich unabhängig von dem kulturellen Gesetz, niemanden beschämen zu dürfen und geht sogar die Gefahr der eigenen Beschämung ein – auf derselben Grundlage.

**These 301**

Autorität und Maßstab sind jetzt der Herr Jesus Christus und das geschriebene Wort. Darin erkennt Petrus die Berechtigung seines Verhaltens: er löst sich ein Stück weit von der Scham- und entwickelt eine Schuldorientierung.

## 8.2.2 Verändertes Leben nach geistlichen Normen: Neue Kraft

Apg.2,14-41. Jesus hatte keine Zeit genannt, wann er den Heiligen Geist senden würde. Das jüdische Pfingstfest ist dann der Stichtag, und das Geschehen ist eindeutig und unübersehbar von Gott bewirkt. Als Zweifel daran aufkommt, ergreifen die zwölf Jünger unter der Leitung des Petrus die Initiative. Spontan nimmt er Stellung zu den Vorgängen, dabei sind ihm die 40 Tage Meditation und Gebet eine weitere Quelle seiner Ansprache. Dabei nennt er deutlich die Sünde der Zuhörer beim Namen (V.23+36), bringt die Kreuzigung jedoch in Zusammenhang mit den alten Schriften (Ps.16,8-11). Er nennt die Wahrheit schonungslos, ohne Einschränkung der Schuld, die damit verbunden ist (V.23+36) und ohne Rücksicht auf Folgen für sich selbst – nach der alten Einstellung stand er in derselben Gefahr für Sünde. Zum ersten Mal wird Jesus öffentlich „Herr und Retter der Welt" genannt (V.36). Der anschließende Aufruf zur Buße bezieht sich auf diesen deutlichen Nachhall im Herzen der Zuhörer.

Ins Herz „gestochen" sind die Zuhörer, im Gewissen getroffen, von ihrer Sünde überführt; sie stellen sich öffentlich dazu, sind aber noch hilflos damit. Sie bitten um Weisung und erhalten sie von Petrus als Wortführer, er „ermahnt" und „bezeugt" die Wahrheit der Schriften Gottes und verspricht, dass auch sie den Heiligen Geist erhalten.

**Die Reihenfolge:**

| |
|---|
| Botschaft relevant, verständlich verkündigen |
| Sündenerkenntnis |
| Umkehr (Buße) |
| Neuer Anfang |
| Taufe auf den Namen Jesus Christus |
| Sündenvergebung |
| Heiligen Geist empfangen |
| Gott löst sein Versprechen ein |
| Erkennbarer Effekt |

Etwa 3000 Menschen („Seelen") vollziehen dies aufgrund „seines Wortes", das offensichtlich durch die Wirkung des Heiligen Geistes zu Gottes Wort wurde.

Die Wahrheit bezieht sich eindeutig auf den Herrn Jesus Christus, die Autorität. Keinerlei Rücksicht auf soziale Stellung wird erwähnt, wie das noch bei Johannes dem Täufer der Fall gewesen ist. Auch er hatte in schonungsloser Offenheit seine Zuhörer schockiert, ohne Rücksicht auf seine Person, was ihn das Leben kostete (Mt.3,7;11,2; 14,4-10; Lk.3,10-18). Das führte damals zu einer Bußbewegung, der sich Jesus selbst durch seine Taufe anschloss – seinem Stand gemäß unter seiner Würde, wie Johannes das gemeint hatte. Damit reihte er sich in die Wertgleichheit aller Menschen vor Gott ein.

**Die inneren Vorgänge:**

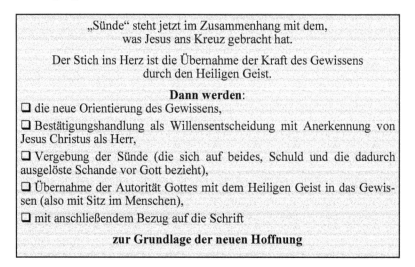

„Sünde" steht jetzt im Zusammenhang mit dem,
was Jesus ans Kreuz gebracht hat.

Der Stich ins Herz ist die Übernahme der Kraft des Gewissens
durch den Heiligen Geist.

**Dann werden:**

❑ die neue Orientierung des Gewissens,

❑ Bestätigungshandlung als Willensentscheidung mit Anerkennung von
Jesus Christus als Herr,

❑ Vergebung der Sünde (die sich auf beides, Schuld und die dadurch
ausgelöste Schande vor Gott bezieht),

❑ Übernahme der Autorität Gottes mit dem Heiligen Geist in das Gewissen (also mit Sitz im Menschen),

❑ mit anschließendem Bezug auf die Schrift

**zur Grundlage der neuen Hoffnung**

### These 302

**Hier wird ein grundlegender Paradigmenwechsel vollzogen, der einer Eingliederung
in die Gruppe, die später Gemeinde genannt wird, vorangeht.**

*Die Menschen sind überzeugt in ihrem Verstand, überführt in ihrem Gewissen und tief
bewegt in ihrem Herzen.*

### These 303

**Ein neuer Standard, eine neue Orientierung bzw. Ausrichtung auf eine neue Autori-
tät werden angeboten und angenommen.**

*Das wirkt ansteckend und überzeugend – eine öffentliche Schande allein wäre kontra-
produktiv gewesen.*

Apg.2,42-47. Die neue Zugehörigkeit wird von den Leitern gestärkt durch Lehre, wobei
die Normen und Zusammenhänge verstanden und zusammen mit ihrer Autorität verinnerlicht werden. Die Beziehung zu Gott wird im gemeinsamen Mahl und Gebet gestärkt. Die
Werte verändern sich, was deutlich wird in der Eigentumsfrage. Beide Gewissensebenen
sind hier angesprochen, wobei die Grundlage die Sündenvergebung ist.

Apg.3,1-10. Petrus und Johannes erkennen die Not und handeln aufgrund ihrer Autorität.
Sie helfen dem Lahmen aus seinem Status der Schande der durch sein körperliches Leiden verursacht war. Dies wird zum Anlass für Ehrfurcht vor Gott.

Apg.3,11-26. Petrus benutzt die Offenheit der Menschen und konfrontiert sie wieder mit
der Wahrheit über Jesus Christus: Sünde ist Sünde, auch wenn sie nicht bewusst ist. Das
war neu und in der Schamorientierung vorher hatte er das nur sehr sporadisch unter dem
Einfluss des Heiligen Geistes erkannt (vgl. Ps.51; 19,12). Er gibt klare Anweisungen zur
Ausrichtung auf Gottes schriftliche Gedanken, fordert zur Veränderung der Einstellung
auf und lädt ein, sich zu Gott zurückbringen zu lassen. Die Beschämung führt zur Erkenntnis.

Apg.4,1-4. Die Pharisäer sind aufgebracht und blamiert, weil ihre Theorie, Jesu Leib sei
gestohlen worden, (Mt.28,11-15) durch Petrus glaubhaft untergraben wird, damit auch ihre
Autorität. Der Heilige Geist bestätigt die Wahrheit des Wortes, das zur Überzeugung führt.

Apg.4,5-20. Die erste Frage des Verhörs dreht sich um die Kraft für das Heilungswunder und die Autorität, die dahinter steht. Petrus gibt klare Aussagen über Jesus und stellt die Ratsangehörigen in direkten Zusammenhang zu ihm, nicht ohne deutlich zu machen, dass sie ihn gekreuzigt haben. Durch seine Auferstehung machte ihn Gott zum Retter der Menschen auf der ganzen Welt. – Die Sicherheit des Petrus überrascht sie, auch ist nicht zu übersehen, dass der Heilige Geist Erkenntnisse gibt, die nicht auf ein Studium zurückzuführen sind. Die Fakten sind eindeutig. Sie erkennen, dass nur die Unterdrückung der Botschaft die Bewegung eindämmen kann. Petrus und Johannes dagegen stellen die Autoriät ihres Herrn über die des Rats und lassen sich auch nicht durch Drohungen einschüchtern.

### These 304

**Weder Beschämung noch ihre äußere Autorität („significant other") greifen: Die innere Autorität ist stärker, die Verbindlichkeit (Gerechtigkeit) und der Gehorsam ihr gegenüber übertrifft jedes Verlangen nach eigener Ehre.**

Die Ratsmitglieder können diese Rede als einen direkten Angriff interpretiert haben. Sie erscheinen ratlos, wollen sich in der Öffentlichkeit keine Blöße geben, merken jedoch, dass ihr Einfluss deutlich geringer wird. Sie handeln und urteilen schamorientiert.

Für Petrus spielt sich dieser Vorgang auf der Schuld-Gerechtigkeit-Ebene ab. Wieder nimmt er keine Rücksicht auf die Beschämung, die er bewusst auslöst, lädt aber zumindest indirekt dazu ein, die Autorität Jesu anzuerkennen. Die Maßstäbe der Handlungsweise sind die Anweisung der Autoriät der Apostel, die deutlich stärker ist als die – nicht zum Tragen kommende – Schande durch die Gefangennahme. Mehr noch, sie fühlen sich nicht beschämt, sondern wissen sich im Recht. Das macht sie standhaft.

### These 305

**Petrus zeigt eine eindeutige Verhaltensweise und Einstellung aufgrund von Schuld und Recht und ist nicht abhängig oder beeinflusst von Scham und Ehre. Sogar sein Verstand ist von diesen neuen Elementen bestimmt.**

## 8.2.3   Die Gemeinde formiert sich: Neue Richtlinien

Apg.5,1-11. Die „Versammlung der Herausgerufenen" (gr. εκκλεσια) wird erst ab jetzt Gemeinde genannt. Sie hat sich unter der Autoriät des Herrn Jesus Christus formiert (Gebet) und ihre Identität gefunden, wobei alttestamentliche Strukturen noch deutlich erkennbar sind (Zeit und Ort für Treffen). Neue Strukturen werden durch veränderte Einstellungen und Werte (z.B. Eigentumsrechte), Zusammengehörigkeitsbewusstsein (Mahlfeiern) und religiöse Verfolgung deutlich. Dabei haben die neuen geistlichen Rechtsverhältnisse eindeutig Priorität über menschliche Abhängigkeiten.

Eine neue Möglichkeit für das Bedürfnis nach Ehre eröffnet sich in der Gemeinde und wird zur Versuchung, öffentliches Ansehen innerhalb der neuen Struktur zu erhalten. Dieser Versuchung fällt ein Ehepaar zum Opfer. Die Gegenwart des Heiligen Geistes ist erkennbar, der die einzig gültige Ausrichtung der Ehre für Christen drastisch deutlich macht (eigene Ehre ist von Gottes Ehre abgeleitet, der Christ sucht und erhält Ehre von Gott aufgrund der Beziehung zu ihm, nicht umgekehrt. Joh.5,41.47; 7,18; 8,50.54; 9,24; Lk.17,18). Er setzt diese Ordnung mit einer solchen Konsequenz durch, die an die Folgen der Sünde gegen den Heiligen Geist erinnert (Mt.12,32).

### These 306

**Damit sind die Fronten und die Prioritäten in der Gemeinde in Bezug auf Ehre und Gerechtigkeit geklärt.**

Hier wird das Zentrum des neuen Gewissens berührt: Ehre, die allein Gott gehört, sich selbst zuzuschreiben, ist tödlich, hier als einzigem berichteten Fall in der Bibel wirkt sich das sogar sofort physisch aus. Das bezieht sich auf den geistlichen Tod, was den ewigen Tod zur Folge hat; bei dem betroffenen Ehepaar ist das letztlich als Präzedenzfall nur ein vorgezogenes Urteil. Die Ehre als Motivation des Menschen wird durch dieses Geschehen deutlich unter die Rechtmäßigkeit des Verhaltens gestellt. Das Verhalten wird mit „Lüge" bezeichnet, als den „Heiligen Geist versuchend". Darüber war Einigkeit bei dem Ehepaar entstanden, sie hatten das also wissentlich und willentlich so vollzogen. Das Verhalten wird als Sünde gewertet und Gott urteilte entsprechend .

### These 307

**Obwohl sich die Tat-Sache auf der Scham-Prestige-Ebene abspielt, wird die Sünde auf der Schuld-Gerechtigkeit-Ebene behandelt. Das Herz bzw. das Gewissen ist nicht eindeutig auf die geistlichen Werte umgestellt, oder es gab einen Rückfall in menschliche Werte.**

Werte und Normen sowie Autoriät des Gewissens der Gemeinde werden neu formiert. Die Schande als Folge der Sünde war zusätzlich abschreckend.

*Qv.*: Kap. 6, 4.3.3.1    Dadurch wird für die neue Gemeinde ein Beispiel, ähnlich wie bei Achan (Jos.7) im neu formierten Volk Israel, statuiert. Dabei erhält die Ehrfurcht der Gemeinde vor Gott eine Komponente der menschlichen Angst aufgrund von Sünde. Es darf sich kein Verhaltensmuster einschleichen, das Synkretismus und eine Verschiebung der geistlichen Ausrichtung im Gewissen zur Folge haben könnte. Die Sünde zeigt zuerst ein Schuldverhalten an, worauf Gott reagiert. Die daraus folgende Schande ist lediglich eine Konsequenz.

An der Person des Petrus als Leiter baut sich die Sache auf. Vielleicht ist er selbst von dieser Wirkung des Heiligen Geistes überrascht. Mit seiner neuen Ausrichtung auf den Herrn steht er wie ein Fels in der Brandung. Er nimmt wieder keine Rücksicht auf die bevorstehende Schande der Betroffenen, sondern ist in seinem Gewissen an die Erkenntnisse durch den Heiligen Geist gebunden. Es funktioniert mit Priorität auf der Schuld-Gerechtigkeit-Ebene als Basis für das, was sich parallel dazu auf der Scham-Prestige-Ebene abspielt. Die Einordnung und Handhabung der Ehre auf der Beziehungsebene, (wobei dem Christen durchaus von Gott Ehre zugesprochen wird), erfordert ein weitaus sensibleres Empfinden, eine eindeutigere Einstellung des Gewissens als das auf der Sachebene der Fall ist. Für Ehre und Recht ist in der Gemeinde der Herr die Autortität, nichts und niemand anderes.

Petrus erscheint am Ende dieser Handlung nicht als jemand, der Ehrverlust zufügt, sondern als ein geradliniger, nicht korrumpierbarer Leiter, als ein Mann unter Autorität, wodurch er selbst zur Autorität für die Gemeinde wird.

## 8.2.4   Dienst und Leben der Leiter: Unter neuer Autorität

### 8.2.4.1   Autorität über physische Vorgänge

Apg.5,12-16. Wie schon in 3,5-7 eingeleitet, dient Petrus unter den Aposteln offensichtlich als erster unter Gleichen auch darin, wie er vom Heiligen Geist auch für Heilung eingesetzt wird. Er hat den Mut, aufgrund seiner neuen Einstellung den Auftrag ganzheitlich umzusetzen. Die Botschaft hat dabei Vorrang, dennoch werden Gelegenheiten zur aktiven Liebe nicht ausgelassen. An der Auswirkung wird deutlich, dass das Ziel ist, die Menschen in Verbindung mit dem auferstandenen Jesus Christus zu bringen.

Die Sonderstellung des Petrus wird in V.15 deutlich. Er nimmt sich offensichtlich nicht jedes Kranken an und geht an vielen vorbei – auch darin ist die Priorität seines Dienstes erkennbar. Deshalb legen die Angehörigen der Kranken diese dem Petrus so in den Weg, dass er nicht gehindert ist, aber sein Schatten wenigstens einige streift. Vermutlich hofften sie dadurch auf Heilung, die aber nicht berichtet wird. Es wird auch nicht von weiteren Episoden erzählt (erst später geschieht Ähnliches bei Paulus, Apg.19,12). Hinter dieser Haltung kann ein hartnäckiger Rest von animistischen Vorstellungen liegen, wobei die „Schattenseele", ein „spirituelles Doppel"[57] der Person, die sich im Traum auf die Reise machen kann oder im Schatten immer in der Nähe des Körpers ist, als Einheit der Person gesehen wird und deshalb eine Berührung diesselbe Wirkung haben kann wie z.B. eine Handauflegung.

Petrus lässt das gewähren; das muss keine Billigung bedeuten. Jedenfalls verleiht er dieser Vorstellung kein Gewicht und verbindet damit nicht Prestige für die Gemeinde oder für sich selbst. Vielleicht überlässt er es dem Heiligen Geist, was er daraus machen will; oder er weiß, dass diese Menschen in Berührung mit der Botschaft kommen müssen, um die Wirkungen des Heiligen Geistes einordnen zu können. Offenbar bedeutet das keine Stärkung der animistischen Vorstellungen, sondern führt die Menschen zur Gemeinde. Petrus lässt sich nicht dazu verführen, sich dadurch Ehre anzumaßen. Er ordnet das auf der Sachebene als Tatsache ein, die er vielleicht selbst nicht erklären kann, und erkennt die Auswirkung auf der Beziehungsebene, wodurch Vertrauen für die Botschaft entsteht.

Apg.9,32-43. Petrus findet Möglichkeiten, in Not zu helfen, auch wird er gerufen – so wie Jesus. Er nimmt die Herausforderung an. Jedes Mal stellt er sich hinter die Autorität seines Herrn Jesus Christus. Der Bezug ist eindeutig, denn die Zuwendung zu Jesus ist die Konsequenz. Berichtet werden auch nur die Wunder durch Petrus, weniger die anderer Apostel, obwohl auch anderen die Vollmacht zugedacht war (Mk.16,17-18).

### These 308

**Der soziale Dienst bleibt also auf der Sachebene, Emotionen werden nicht geweckt oder „hochgeschaukelt", wenn auch Respekt vorhanden gewesen sein muss, der aber nie explizit erwähnt wird.**

### 8.2.4.2    Autorität gegenüber menschlicher Autorität

### 8.2.4.3    Religiöse Autorität

Apg.5,17-42. Da dieser Bericht direkt auf den vorhergehenden (5,12-16) folgt, ist anzunehmen, dass Petrus selbst betroffen war, obwohl er nicht genannt wird. Lediglich V.29 ist ein direkter Hinweis dafür. Wie viele Apostel eingesperrt wurden, wird nicht gesagt.

Die Apostel genießen ein hohes Prestige im Volk, deshalb ist es auch für die Ratsvorsitzenden und Pharisäer äußerst schwierig geworden, die Bewegung in Jerusalem einzudämmen; das würde Gesichtsverlust für sie bedeuten. Die Solidarität mit den Aposteln ist stärker als die Angst vor der Tempelpolizei (V.26); diese fürchtet sogar, im Falle eines unangemessenen Vorgehens angegriffen zu werden. Hier wird ein allgemeiner Eindruck vom Volk gespiegelt, nicht nur von der neuen Gemeinde. Jedenfalls sind auch rationale Auswirkungen des Enthusiasmus erkennbar, wenn Menschen es nicht für rechtens empfinden, wie die Polizei vorgeht.

Die Sadduzäer veranlassen diesmal die Gefangennahme; sie sind voller Eifersucht den Aposteln gegenüber, darunter der Hohepriester.[58] Sie sehen ihre Ehre in Gefahr und gehen zum direkten Angriff über. Ein rationales Denken ist nicht erkennbar, sonst hätten sie sich mit den Fakten der Auferstehung auseinander setzen müssen. Sie bleiben bei der

---

[57] Weil die Esoterik die Begriffe „spirituell, Spiritualität" anders definiert und sie mit einem Vorverständnis belegt hat, bezeichnet die Ethnologie das heute mit „geistartiges Wesen". Siehe Käser, *Fremde Kulturen* 1998 und *Animismus* 2003.

[58] In Kap.4,5-6 wird die Zusammensetzung des Rats genannt, z.T. namentlich. Es ist anzunehmen, dass es sich jetzt um dasselbe Gremium handelt, da es sich bis zur Sitzung Zeit lassen kann.

Sicherung ihrer prestigevollen Position. Sie sind also durchweg schamorientiert. Ihre Ratlosigkeit (V.24) wird verstärkt durch die Nachricht, dass die Apostel genau das weiterführen, was unterbunden werden sollte, wodurch sie einen so starken Einbruch ihres Prestiges erleiden. Sie pochen auf die Autorität durch ihr Amt, die Gehorsam verlangt (V.28). Sie fürchten eine weitere Minderung ihres Einflusses im Volk, was zusätzlichen Ehrverlust bedeutet. Zudem ist eine Angst erkennbar, dass sie als Verursacher des Todes Jesu völlig falsch geurteilt haben könnten; damit würde ihre Urteilsfähigkeit als religiöse Autoritäten in Frage gestellt und ihre Ehre vollends aufgelöst. Die Wahrheit der Vorgänge der Auferstehung und das Recht der Kreuzigung werden durchweg nicht angesprochen, lediglich Argumente, die sich auf die Stellung und damit die Ehre der religiösen Führer beziehen. Als Petrus die Tatsachen dagegen stellt, werden sie „zornig" (V.33.) was wieder ein emotionales Element ist. Ihre Ehre lässt es ihnen nicht zu, nachzugeben.

Der Rat des Gamaliel (V.34-39) zeigt dagegen rationales, kausales Denken. Er zieht Konsequenzen aus der Geschichte und rät dazu, die Entwicklung selbst entscheiden zu lassen. Hinter seiner Logik steht die Vorstellung, dass gegen Gottes Autorität kein menschliches – auch nicht auf offizieller religiöser Ebene – Vorgehen Sinn macht. Von den Ratsmitgliedern jedoch ist anzunehmen, dass sie auf diese Weise ohne Kampf letztlich ihre Ehre wiedergewinnen.

Gott greift in die materielle Welt ein durch einen Engel, dem Schlösser kein Hindernis sind, der diese aber auch nicht gewaltsam beschädigt. Die materielle Ordnung bleibt hergestellt (V.19+23) und die Auseinandersetzung dadurch auf der geistlichen Ebene.

Petrus ist der Sprecher, die Apostel schließen sich ihm an. Zuerst wird die Autoritätsfrage geklärt: Gott steht über dem Rat. Das war ein direkter Angriff auf dessen Ehre. Dann wird die Person der Autorität benannt: Petrus nennt jetzt ohne alttestamentliche Umschweife den auferstandenen Jesus, hinter dem der Gott steht, den sie als den ihren beanspruchen. Als Verursacher der Kreuzigung benennt er den Rat, dabei wird eindeutige Schuld zugesprochen. Dann die Funktion und Auswirkung der Auferstehung „Herrscher und Retter", der die bisherigen religiösen Führer von Israel ablöst und die Notwendigkeit der Rettung herausstellt. Worauf sich die Rettung bezieht, wird durch den Aufruf zur Buße und Vergebung der Sünden deutlich. Die politische Selbständigkeit ist durch diese Rettung nicht zu erwarten; damit auch nicht mehr die ehrenvolle Stellung der religiösen Führer. Vielmehr sind sie Sünder, bei denen ein Paradigmenwechsel vollzogen werden muste. Petrus argumentiert auf der Sachebene, bleibt bei Tatsachen, die Schuldempfinden auslösen müssen. Zuletzt nennt er kognitiv nachvollziehbare Beweise, die Apostel und den Heiligen Geist, dessen Auswirkungen die Ratsmitglieder vorher schon eingestehen mussten (4,7.13.14.16). Ausweichen ist nicht möglich, die Fakten, denen sich der Rat stellen muss, waren eindeutig. Sie treten die Flucht nach hinten an. Das ist schamorientiertes Verhalten.

Die Apostel stehen die Folter (und öffentliche Schande) der Geißelung durch. Es ist für sie eine Ehre, das zu tun, was sie ihrem Herrn versprochen hatten (Mt.26,35). Es ist anzunehmen, dass sie dadurch nicht von der Gemeinde Ehre suchen, obwohl diese bestimmt Respekt und Achtung dafür entgegen bringt. Der Gehorsam ihrem Herrn gegenüber lässt sie ohne Zögern ihre Aufgabe weiterführen. Das ist schuldorientiertes Verhalten.

Die religiösen Autoritäten sind überzeugt, dass sie – ihren Gesetzmäßigkeiten entsprechend – richtig handeln. Sie hegen nicht den leisesten Zweifel, dass die Tötung Jesu falsch war. Sie sind sich selbst und für das Volk die Autorität, die sie aber nicht im Wort Gottes begründen, sondern in ihrem Amt. Deshalb sehen sie sich auch im Recht, den Aposteln den Mund zu verbieten. Diese maßen sich an, den hohen Rat nicht als ihre Autorität anzuerkennen, sondern berufen sich auf Gott selbst – und als Richtlinie sein schriftliches Wort im Alten Testament; was provozierend für den hohen Rat sein musste. Die Apostel berufen sich auf den Sohn Gottes als ihren Herrn Jesus Christus und auf dessen Wort – in ihrer Erinnerung; durch den Heiligen Geist wird dieses „wach" und erhält für sie den gleichen Wert wie das Alte Testament, wie die wenig später schriftlich aufgezeichneten Evangelien. Die beiden Parteien haben verschiedene Autoritäten und Werte bzw. unterschiedliche Richtlinien, die sich von den jeweiligen Autoritäten ableiten. Daran wird die verschiedene Orientierung ihres Gewissens, noch mehr: die grundlegende Verschiedenartigkeit ihrer Gewissensstruktur und -funktion deutlich.

### 8.2.4.4    Politische Autorität

Apg.12,1-19. Herodes mischt sich – ziemlich spät – in das Geschehen ein. Misshandlung ohne Angabe von Ursache ist ein übles Machtgehabe. Auch bei Jakobus ist nicht von einer Gerichtsverhandlung berichtet. Die Sachebene wird total vernachlässigt. Vielleicht ist das jetzt wieder ein politischer Schachzug wie bei der Verhandlung mit Jesus, wobei Freundschaft mit Pilatus entstanden war (Lk.23,6-12). Hier macht er sich Freunde mit den Juden (und deren Vetretern) auf Kosten des Lebens von Jakobus. Ein Verhaltensmuster der Korruption. Er handelt rein schamorientiert.

Dieses Spiel mit dem Leben der Apostel will er sofort weiterführen, vielleicht ist er wieder auf die Gunst und den Einfluss bestimmter Leute angewiesen. Dann käme noch Korruption ins Spiel, die auf der Scham-Prestige-Ebene, also über Beziehungen funktioniert. Diesmal greift Jesus wieder direkt durch einen Engel ein.

Hier – wie schon in 5,18-19 – ergreift Jesus selbst die Autorität über physische, materielle Hindernisse und hinterlässt keinen Schaden, keine Veränderung. Diese Vollmacht verlieh er keinem Menschen.

Die Gemeinde reagiert auf die Hinrichtung und Festnahmen mit Gebet. Sie ist dermaßen schockiert, dass der Gedanke an eine mögliche Befreiung, wie sie schon einmal geschah, solide blockiert war. Die Maßstäbe ihres Gewissens waren zwar umgestellt, sie hatten jedoch eine solche Absolutheit erhalten, dass selbst frühere geistliche Erfahrungen sie nicht aufbrechen konnten und sie sich beharrlich dagegen wehrten. Erst die Erscheinung des Petrus taute diese Norm auf.

### These 309

**Ein neu geformtes Gewissen tendiert dazu, neue Erkenntnisse sofort absolut zu setzen. Gesetzlichkeit ist die Folge. Ein Zeichen eines unreifen Gewissens ist, wenn es keine Flexibilität zulässt.**

Petrus berichtet – und bittet darum, Jakobus und den anderen Bescheid zu sagen. Petrus hatte offensichtlich inzwischen die Leitungsposition der Gemeinde abgegeben. Er war schon viel unterwegs gewesen und zog sich auch nach diesem Geschehen zurück: Rationale Entscheidungen, die keine Anzeichen von Neid durch Prestigeverlust hinterliessen.

*Qv.*: Paradigmenwechsel: Neue Flexibilität

Die Verwirrung bei den Soldaten des Herodes ist groß – die Schande, ihren Dienst nicht richtig versehen zu haben, steht im Vordergrund. Die rationale Folge war, dass Herodes sie abführen lässt. Nach römischem Recht erhalten sie die Strafe, die der entkommene Gefangene erhalten sollte. Unschuldige müssen für die Befreiung des Petrus sterben. Jakobus war selbst unschuldig und ohne Gerichtsverhandlung gestorben; das war ebenso ein unehrenhafter Tod.

### These 310

**Gottes Werte sprengen den bisher möglichen Verstehenshorizont ihres Gewissens.**

## 8.2.5    Die geistliche Einstellung setzt sich durch: Neue Struktur

Apg.6,1-7. Petrus wird im weiteren Verlauf der Apg. immer weniger namentlich erwähnt. Soziale Unterschiede treten auf, die sich auf den kulturellen Hintergrund der Gemeindeglieder zurückführen lassen. Ungerechtigkeit ist die Folge. Die angewendeten Richtlinien werden revidiert, indem Männer mit einer definierten geistlichen Einstellung mit der Aufgabe betreut werden. Dabei sind die Ehre von Menschen (Ruf, Beziehungsebene) ebenso wichtig wie Verstand (rationale Ebene) und Heiliger Geist (beide Ebenen). Die Gemeinde wird einbezogen in die Beurteilung und Auswahl. Die Folge ist eine Bestätigung der Botschaft durch weitere Überzeugung. Schuldorientierung aufgrund von verstandenen Normen stehen hinter der Handlungsweise. Die Überzeugung greift auf die Priester über, die ihre Schamorientierung überwinden.

**These 311**

**Die Gemeinde denkt durch die Botschaft schuldorientiert, wobei ihre durchaus noch vorhandene Schamorientierung einen neuen Bezug erhält.**

## 8.2.6    Unterscheidung der Geister: Neue Herausforderungen

Die Elemente der Botschaft des Petrus werden von der Gemeinde als das neue Evangelium aufgegriffen. Die Wirkung des Heiligen Geistes liegt in der Botschaft, nicht bei den Aposteln. Auch der Auftrag wird von der Gemeinde aufgegriffen und bleibt nicht auf die Apostel begrenzt. Die Rede des Stephanus (7,1-53) hat einen noch eindeutigeren Bezug auf das Alte Testament. Genau dafür aber meint der Rat den Anspruch der Alleinvertretung zu haben. Stephanus versteht, die Botschaft mit den Schwerpunkten zu versehen, die für den Verstand der Zuhörer am überzeugendsten sind. Die Reaktion ist dadurch noch heftiger und führt zum Hinauswurf des Diakons aus der alttestamtentlichen Synagogen- oder Tempelgemeinschaft: Er muss gesteinigt werden. Die Verfolgung wird systematischer, was zur Flucht von Mitgliedern der Gemeinde führt, zunächst ohne Apostel.

Apg.8,4-25. Die Botschaft ist nun Wesens-Eigentum der Gemeinde. Die Flüchtigen reden darüber, weil sie nicht anders können. Sie müssen sich erklären, wenn sie an einem anderen Ort Fuß fassen wollen.

Durch Philippus entsteht in Samarien eine Bewegung, ähnlich der in Jerusalem. Von der Botschaft des Philippus wird berichtet, dass sich die Menschen der Botschaft zuwandten, wobei auch die Machtdemonstrationen über Geistmächte eine wichtige Rolle spielten. Die Geistmächte werden als unrein, unsauber erkannt, ihre lauten Schreie deuten auf negativ empfundene Auswirkungen, wogegen die Botschaft Freude auslöst. *Die Wirkung der Botschaft geschieht auf der Ebene der Fakten, die nachvollziehbar sind. Die Symptome schließen die emotionale Schiene ein.*

Am Zauberer Simon werden die Unterschiede deutlich: Anscheinend gibt er sich als göttliche Manifestation aus; er wird als personifizierte Macht respektiert, eher gefürchtet. Seine religiösen Handlungen haben die Menschen in seinen Bann gezogen – sie sind auf ihn fixiert und offensichtlich genießt er dieses Prestige. Dabei wird die Schamorientierung erkennbar. Er übt auf dieser Ebene eine gewisse Macht über sie aus. Die Mächte, mit denen er es zu tun hat, sehen sich konfrontiert und müssen weichen. Der Einflussbereich des Simon verringert sich enorm, Prestigeverlust ist die Folge.

Im Animismus gilt das Gesetz des Stärkeren: Man ruft den Geist an, der spontan hilft und seine Macht durch Heilung oder übernatürliche Kräfte demonstriert. Wenn er die Hilfe mehrfach verweigert, wird sie als schwach angesehen und vom Bittsteller verworfen; er wendet sich einem anderen, stärkeren zu. Simon hat Petrus um diese Vermittlung gebeten. Geistwesen sollen auch durch Opfer, die ein Vermögen kosten können, zur Hilfe bewegt werden. Selbst Simon erkennt, wo hier die Überlegenheit liegt und schließt sich – scheinbar widerstandslos – der Bewegung an und lässt sich sogar auf den Namen der Autorität des neuen Glaubens taufen. Nun kommt er nicht aus dem Staunen heraus, als er die Wirkungen Gottes erkennt; offensichtlich unterscheiden sich diese in angenehmer Art und Weise von seinen früheren Zaubereien: Die Angst fehlt!

Erst in der Konfrontation mit Petrus und Johannes wird deutlich, wie oberflächlich der „Glaube" des Simon war. Die beiden Apostel durchschauen die unveränderte, vorherrschende Denkstruktur: Jesus Christus ist an die Stelle der bisherigen Mächte getreten, auf der gleichen metaphysischen Ebene. Aber man geht mit ihm um wie mit den Geistmächten: Sie sind manipulierbar und korrupt – ein Spiegelbild der natürlichen Welt. Er ist in der Orientierung und Ausrichtung lediglich zu einer weiteren externen Bezugsperson („significant other") geworden, nicht die ausschließliche Autorität. Das Evangelium wurde in die Kategorien des Verstehensrasters Animismus einsortiert. Jetzt geschieht die Verinnerlichung der Autorität der Botschaft durch den Heiligen Geist. Die Verankerung des Wortes Gottes im einzelnen Gläubigen und die grundlegende Sinnesänderung werden dadurch möglich.

*Qv.*: Autorität über physische Vorgänge; Kap. 8, 8.2.4.1

Simon beobachtet die Veränderung, nimmt die Stellung des Petrus wahr und erkennt darin wieder für sich eine Chance des Prestigegewinns. Der Weg dazu ist Bezahlung als Opfer, wie er das von seinen früheren Autoritäten gewohnt ist, womit deren Wirksamkeit manipuliert werden kann. Ebenso empfindet er die Konsequenzen, die Petrus ihm androht, als Fluch einer über ihm stehenden Autoriät, der jederzeit eintreten kann. Simon dachte und handelte noch in animistischen Erkenntnisstrukturen. Die neue Erkenntnis ist lediglich als Verhaltensmuster angelernt, sie veränderte noch nicht das Gewissen .

Petrus durchschaut diese Oberflächlichkeit und nennt beim Namen, was zur Umsetzung des Glaubens gehört: Gott ist nicht manipulierbar. Niemand hat Anspruch auf den Heiligen Geist und die Art und Weise, wie er verliehen wird. Der Heilige Geist beansprucht Ganzheitlichkeit. Zum Glauben an ihn gehören Gewissenserneuerung, Gesinnungsveränderung (Herz als Zentrum des Glaubens), Sündenerkenntnis, Buße (Einsicht und Bereitschaft zur Verwerfung des Bösen) und Bitte um Vergebung. Simons „bittere Galle" ist ein Hinweis auf Neid, „gefesselt in Ungerechtigkeit", auf die Schuld, in der er sich befindet. Petrus spricht das Gewissen des Simon deutlich auf der Schuldebene an. Hier müssen offensichtlich grundlegende Veränderungen geschehen, die sich dann erst auf der Beziehungs-Schiene mit Ausrichtung auf die neue Autorität auswirken können. Weitere Schritte des Simon werden nicht berichtet.

## 8.2.7   Chronologischer Einschub: Der Paradigmenwechsel bei Paulus: Neue Flexibilität

**Paradigma** – gr.: παράδειγμα, lat.: *exemplum* – für Muster, Modell. Ein exemplarisches Modell für die wissenschaftliche Arbeit. Ein System von Annahmen und Denkmustern, das im entsprechenden Wissenschaftsmodell allgemein anerkannt ist. *Ein Paradigmenwechsel ist hauptsächlich eine „Bekehrung" von einer Weltsicht zu einer anderen*, die auf holistischen, subjektiven und ästhetischen Überlegungen beruht und ganze Forschergemeinschaften mit einschließt. Verschiedene Paradigmen beruhen auf je spezifischen Annahmen und allgemeine Theorien für ihren Wahrheitsanspruch.

Fundamentaltheologie: In der Reformation vollzog sich ein Paradigmenwechel, indem Paradigmen der Substanzontologie aufgegeben werden, sich ein neues, relationales Paradigma nur zögernd konstituiert. Im christlichen Offenbarungsgeschehen: Mit der Erschließung Jesu Christi als Messias ist gleichursprünglich ein Referenzwechsel (Jesus statt des persischen Herrschers Kyros), ein Wechsel der Intention (Messias ist kein politischer Erlöser mehr) und der Wahrheitsgewißheit (Jesus ist der Christus) verbunden. – Die Geschichte wird in einem neuen Paradigma gedeutet, indem z.B. das AT christlich gelesen wird. RGG[4] 2003.

Apg.9,1-18.22.26-31. Saulus führte die Christenverfolgung durchund begegnete dabei dem auferstandenen Christus. Das veränderte seine Autorität, sein Denksystem (Gottes-/Menschen-/Weltbild), seine Werte (Wahrheitsbezug) und seine Orientierung (Heilige Schrift) innerhalb kurzer Zeit. Zum Zeichen des Paradigmenwechsels, einer „tiefgreifenden, existenziellen Umorientierung" (RGG) wechselt er seinen Namen von Saulus (Apg.13,9; Saul, hebr.: von Gott *erbeten*, Gott zum Dienst *geliehen*) in Paulus (lat.: der Kleine, Geringe, Niedrige).[59]

Nun verwendet er seinen scharfen Verstand und sein enormes Wissen als Pharisäer und setzt sich für die Botschaft von Christus mit einer Vehemenz ein, die den Juden den Atem verschlägt und für sie nicht nachvollziehbar ist. Zwei Versuche der Juden, ihn zum Schweigen zu bringen, schlagen fehl. Als er in seine alte Heimat Tarsus (heute südöstliche Türkei) zurückreist, beenden sie die Verfolgung.

Auch die Gemeinde samt den Aposteln hat Mühe, dem radikalen Paradigmenwechsel bei Saulus zu vertrauen. Bisher waren die Vorgänge noch nachvollziehbar gewesen. Saulus hatte sich intensiv mit Jesus Christus und seiner neuen Gemeinde auseinandergesetzt, er weiß im Detail, was vorgegangen ist, bleibt aber auf der anderen Seite mit derselben Konsequenz wie die anderen Schriftgelehrten. Doch er wechselt die Seiten , während sich die Leiter der Juden immer tiefer in die Opposition manövrieren. Saulus hatte alle Beweise der Auswirkung der Auferstehung, nur dem Auferstandenen selbst war er nicht begegnet.

Dieser rationale Nachvollzug, den auch der Jünger Thomas einforderte (Joh.20,25.27.29), ist normalerweise nach der Himmelfahrt nicht mehr möglich. Dieser Schritt muss seither im Glauben vollzogen werden, wenn die Symptome der neuen Beziehung erkennbar werden sollen. Jesus ist mit Saulus einen Sonderweg gegangen, der uns in der Missionsgeschichte immer wieder begegnet, wenn eine „Einflugschneise" für die Erkenntnis in ein verschlossenes Volk oder in das Herz einer besonders einflussreichen Person „geschlagen" wird: Eine Offenbarung, die nicht übersehen und nicht missverstanden werden kann. Manchmal geschieht das durch Naturereignisse oder einschneidende geschichtliche, politische Vorgänge, die als Wirkungskraft des Wortes Gottes erkannt werden.[60] (Jes.23,29) Jesus begegnet dabei Nichtchristen und jungen Gemeinden in ihren gewohnten Gedanken- und Erkenntnismustern. Wenn sie den Heiligen Geist erhalten haben, vollzieht sich der Paradigmenwechsel schnell oder langsam, und reife Christen werden immer unabhängiger von äußeren Vorgängen in ihrer Beziehung zu ihrem neuen Herrn: Der Glaube wird auf der rationalen Ebene gefestigt, ohne die emotionale Ebene zu verlassen.

Jesus Christus gewährte Saulus diese Begegnung – sie ist physisch und psychisch so radikal, dass er davon erblindet und Zeit zur Verarbeitung braucht. Saulus bleibt drei Tage blind. Als intellektueller junger Mensch erhält er in dieser Zeit für die Logik seiner Gedankenmuster eine Außenschau – die Sicht der Dinge von Seiten des auferstandenen Jesus. Danach nimmt ihn Jesus Christus, der sich Saulus gegenüber zweifelsfrei als Autorität erwiesen hat, in seinen Dienst.

Bisher war seine Logik von ihm selbst, von seiner Theologie, Geschichte und Kultur bestimmt. Im Vergleich mit der Elektrizität gesprochen: Jetzt ist er „umgepolt", der (Gleich-)Strom fließt in die entgegengesetzte Richtung, Informationen sind plus, die vorher minus waren; es bildeten sich neue Synapsen zwischen den Informationen und Daten seines Gedächtnisses und lassen nun neue Erkenntnisse zu. Deshalb kann er immer noch in der Logik der Pharisäer und Schriftgelehrten argumentieren, aber mit dem neuen Paradigma, dem diese nichts mehr entgegen zu setzen haben. Ihre Logik ist immer noch durch ihr Prestige-System gepolt, ohne Glaubensbegegnung mit Christus gelingt die Verlagerung zur Schuld nicht, sie erkennen Jesus als Autoriät nicht an und orientieren sich nicht an seiner Botschaft.

---

[59] Rienecker, Lex. zur Bibel, 1964. Andere Erklärung (L.Käser): Er hatte als Jude und Römer schon beide Namen, erklärte aber dann „Paulus" zu seinem (internationalen) „Rufnamen".

[60] Die Erweckung im Hochland von Neuguinea in den 1930er Jahren wurde durch eine Dürre eingeleitet, die wie in 1.Kön.17,1; 18,18 als Zeichen Gottes verstanden wurde. Müller, *Georg F. Vicedom as Missionary and Peacemaker*. 2003. 4.Kapitel.

## These 312

**Wenn der Wille blockiert, reichen auch rationale Argumente nicht für diesen Glaubensschritt aus.**

Die Apostel misstrauen nicht dem Herrn, sondern dem Menschen Paulus – dem Tempo seiner Veränderung. Das ist weder emotional noch rational für sie zu verstehen. Ihr Gewissen ist noch zu rigide, um solche Toleranzen zu verkraften. Das Vertrauen wächst jedoch, und später anerkennt selbst Petrus den Paulus als vorbildlichen Lehrer der neutestamentlichen Theologie unter dem Einfluss des Heiligen Geistes (2.Pet.3,15-16), obwohl Petrus sich und anderen zugesteht, nicht alle Gedankengänge des Paulus „auf Anhieb" verstehen zu können. *Auch langsame Entwicklungen sind keine Garantie für einen vollständigen oder gründlichen Paradigmenwechsel.* Paulus bekommt aber noch etwa sechs Jahre Zeit in Tarsus, um aufgrund seiner alttestamentlichen Erkenntnisse seine neutestamentliche Theologie gedanklich zu entwickeln, die sich später durch die Praxissituationen in seinen Briefen entfaltet. *Auch eine radikale Wende braucht Zeit, damit das Gewissen den Paradigmenwechsel im Einzelnen nachvollziehen und sich ein neues logisches Netzwerkdenken bilden kann.*

*Hinweis*: zu den Etappen der Treffen des Paulus mit den Aposteln vergleiche Gal.1,15-24

## 8.2.8 Der Paradigmenwechsel bei Petrus: Neue Erkenntnis

### 8.2.8.1 Vorbereitung für einschneidende Veränderungen – das Gewissen „erweichen"

Apg.10; 11,1-18. Cäsarea liegt im Nord-Westen von Jerusalem – außerhalb des Bereichs des damaligen „reinen Gottesvolks" Israel. Dort war der römische Offizier stationiert. Sein Einfluss innerhalb der Truppe war deutlich, denn offensichtlich waren einige Soldaten ebenfalls „fromm". Wodurch die Frömmigkeit entstanden ist, wird nicht berichtet – vielleicht eine Auswirkung des Dienstes Jesu, der Jünger bei ihrer Sendung, oder der geflohenen Gemeindeglieder von Jerusalem. Jedenfalls bestätigt sogar der Engel (Gesandter, Bote), dass Gott seine Art und Weise der Frömmigkeit anerkennt – als Suche nach Gott, auf die dieser nun reagiert. Die Hilfe soll durch Petrus geschehen.

Gleichzeitig bereitet Jesus den Petrus auf diese Begegnung vor. Der hatte offensichtlich noch feste (jüdische) Gebetszeiten. Jesus benutzt seinen Hunger am Abend, ihm eine wichtige neue Erkenntnis zu geben. Im Tuch, das Petrus sieht, sind lebendige Tiere, die für einen Juden unrein und verboten zu essen sind. Er wird direkt und unmissverständlich aufgefordert, die Tiere zu schlachten und zu essen. Er muss sie also anfassen, sie töten und zum Essen zubereiten. Seine Maßstäbe als Jude sind so tief im Gewissen eingraviert, dass er spontan, ohne Zögern und Nachdenken negativ reagiert. Er kommt auch nicht auf den Gedanken, dass das die wirkliche Absicht seines Herrn ist, hatte sich dieser doch während seiner Zeit auf der Welt ebenso an diese Vorschriften gehalten. Es kann sich also nur um einen Test des Gehorsams handeln. Die Erklärung sickert nur sehr langsam in den Verstand des Apostels: Was Gott für rein oder heilig (für Gott ab-/ausgesondert) erklärt hat, das darf er nicht für unrein oder unheilig erklären. Er darf nicht richtig für falsch, gerecht für schuldig erklären: ein Paradigmenwechsel steht an.

### 8.2.8.2 Radikales Umdenken – das Gewissen verändern

Jesus spricht in erster Linie die Autoriät des Gewissens an: Der gleiche Gott, der diese Tiere im Alten Testament für unrein erklärt hat, gibt offensichtlich jetzt ein neues Gesetz heraus, das sich auf die Essensvorschriften und auf die Reinheit bezieht. Die zweite Linie ist das Gesetz, die Norm, die sich auf die Autorität bezieht: Im Zusammenhang des Geschehens wird deutlich, dass nicht nur die Essensvorschriften, sondern das gesamte Konzept von rein und unrein, von heilig und unheilig und damit vom Volk Gottes selbst in Bezug zu den anderen Völkern, den „Heiden", betroffen ist. Es handelt sich also um eine

Grundsatzänderung, die in aller Deutlichkeit (zweimalige Wiederholung mit Wortlaut) eingeführt wird. Dadurch wird zu „richtig" was seither „falsch" war, aber nicht umgekehrt; es ist eine Erweiterung der bisherigen Anwendung, nicht eine Einschränkung. Was vorher vom Gewissen als „schlecht" eingestuft wurde, soll jetzt als „gut" anerkannt werden.

Die Wertung, die damit vorgenommen wird, bezieht sich auf die Aufwertung der Heiden auf die Ebene des Volkes Israel, das damit aber selbst nicht abgewertet wird. Diese Umwertung geschieht auf der gleichen Grundlage wie der Paradigmenwechsel bei Paulus und der Gemeinde in Jerusalem. Die Form, die Art und Weise dieses Wechsels waren verschieden. An Pfingsten gab es eine Wunder-volle Erscheinung durch den Heiligen Geist, nachher waren vielfach die Wunder der Apostel ein Anstoß dazu, bei Saulus war es Jesus Christus selbst als Lichterscheinung – immer spielte die gesprochene Botschaft des Evangeliums in Bezug auf das schriftliche Wort Gottes eine Rolle.

Dieser Vorgang braucht Zeit; bei Petrus wird der Zusammenhang erst später klar. Eine Verstärkung entsteht, als der Heilige Geist den Petrus auf die Gäste vorbereitet (V.19) und er die Geschichte des Kornelius hört. Petrus hat jetzt gelernt, auf die Stimme des Heiligen Geistes sofort zu reagieren. Sie war ihm wie ein direktes Wort seines Herrn selbst. Es ist anzunehmen, dass er sich die Geschichte am Abend im Detail wiederholt erzählen lässt und seine starken Prinzipien über Nacht vom Heiligen Geist aufgeweicht, umgepolt werden: Weg vom Gesetz, das erfüllt ist, hin zur neuen Kraft, die in Jesus-Leuten wohnt.

### These 313

**Der Heilige Geist bewegt sich auf der Basis der alttestamentlichen Botschaft, stellt das erfüllte Gesetz in den Hintergrund und öffnet den Verstand und das Gewissen für die weiten Gedanken Gottes, die die Welt umschließen.**

Das hat Jesus mehrfach durch die sog. Missionsbefehle deutlich ausgesprochen. Aber die Begriffe „Welt" und „Völker" endeten in der Vorstellung der traditionellen Juden an der Grenze des eigenen Volkes. Draußen waren die Hunde (Mt.15,26-27).

### 8.2.8.3   Der Heilige Geist lässt alle Erwartungen übersteigen – das Gewissen festigen

Petrus nimmt die Ehrerbietung des Offiziers Kornelius nicht an. Er ordnet sich eindeutig auf die gleiche Ebene wie Kornelius selbst ein: „Ich bin auch nur ein Mensch" (V.25-26) – also nicht als Offizier unter Offizieren, auch nicht als Jude einem „Untermenschen" oder „Hund" (Mt.15,26) gegenüber. Weder sein Selbstbewusstsein noch sein Ehrempfinden sind geschwächt, aber er nimmt nicht an, was nur Gott gebührt.

Petrus hat über Nacht die erste Lektion gelernt: Nach dem jüdischen Gesetz darf er als jüdischer Mann keinen Umgang mit einem „Andersstämmigen" haben (V.29). Er hatte die Soldaten schon unter dem gleichen Dach untergebracht (V.23). Die zweite Lektion war nicht weniger gravierend, hier aber leichter zu lernen: Vor Gott haben alle Menschen ein „Gesicht" (V.34 Grundform: jemandes Gesicht heben), nicht nur die Juden. Gott anerkennt diese Menschen nicht nur mit den Juden gleichwertig , sondern auch als wert, in seine Gemeinde aufgenommen zu werden. Die Grundlage ist die Anerkennung der Autorität Gottes und seiner Wertordnung, daraus folgt die Ehrfurcht vor Gott.

### These 314

**Der Heilige Geist ist das Kriterium der Zugehörigkeit zur Gemeinde (V.44), nicht die Beschneidung. Die geschichtliche Reihenfolge gab den Juden und den Aposteln einen zeitlichen Vorsprung, nicht ein Vorrecht.**

Die gläubigen Juden gerieten (wieder, wie an verschiedenen Stellen über das, was Jesus gesagt hat, Mt.7,28;12,23; 19,25; Apg.2,7) außer sich (vor Staunen). Es hat sie „kalt erwischt" – sie waren nicht wie Petrus vorbereitet worden. Selbst die Zungensprache setzte ein, unzweifelhaft, wie an Pfingsten in Jerusalem; auch das blieb kein Privileg der Judenchristen. Die Taufe (im Alten Testament für „Heiden" – Proselyten –, die sich der Synagogengemeinde anschließen wollten) wird von Petrus als berechtigt – nachdem sie den Heiligen Geist erhalten haben – erkannt. Die bis dahin „zementierten" Prinzipien werden vom Heiligen Geist verändert, um dann wieder durch die Lehre gefestigt zu werden. Petrus bleibt dafür extra länger bei den jungen Gläubigen.

Das Lauffeuer erreicht die Apostel in Jerusalem: Petrus stellt sich den Anschuldigungen aus dem Urteil der noch unveränderten Gewissen. Rational und systematisch rollt er die Sache auf (11,3-4), und die anderen sind von den Tatsachen überzeugt, die der Heilige Geist geschaffen hat (V.17-18): Die „Metamorphose zum Leben" ist auch den „Heiden" möglich. Jetzt erst wird die dritte Stufe der Ausführung des Auftrags von Kap.1,8 in den Köpfen und Herzen der Apostel möglich:

*Jerusalem war schon „umwerfend", Judäa/Samarien war emotional und intellektuell herausfordernd, aber noch zu verkraften; aber nun sollen die Menschen der gesamten Welt, alle Heiden, freien Zugang haben zu „ihrem" Gott, ohne Beschneidung und Zugehörigkeit zur Synagoge.*

### These 315

**Dass Gott die „Heiden" als mit den Juden gleichwertig anerkennt, das ist nun der Gipfel der Erkenntnis.**

**Es geht um das Gottesbild schlechthin, das revidiert werden muss.**

**Nur aus der richtigen Gotteserkenntnis kann ein Missionsverständnis abgeleitet werden.**

Menschen lernen zu staunen und anzubeten, sie geben Gott die Ehre: Es geht darum, welche Menschen von Gott gerecht gesprochen werden.

#### 8.2.8.4    Paradigmenwechsel: Das Gewissen ist befreit für Weltmission

Dieser Paradigmenwechsel wird bei Petrus systematisch eingeleitet und durchgeführt, durch ihn erscheinen die folgenden Konsequenzen vertrauenswürdig. Das Denken wird neu gepolt. Die Erkenntnis ist im Gewissen auf beiden Ebenen gespeichert, eingraviert. Das Denkmuster hat eine wichtige neue Komponente erhalten. Der Weg zur Welt ist nun frei für die Botschaft des Evangeliums.

### These 316

**Dieses Geschehen ist so gravierend, dass daran die „Bekehrung" festgemacht werden kann, den Paradigmenwechsel also, von dem Jesus in Lk.22,32 mit Petrus gesprochen hat.**

„Wenn du dann umgekehrt und zurechtgekommen bist, wenn du dich einst bekehrt haben wirst, dann stärke deine Brüder!" (umschrieben).

### These 317

**Ohne diese Umstellung im Denken und Gewissen wäre Weltmission für die Apostel nicht möglich gewesen. Eine rationale, am Recht Gottes orientierte Gewissenseinstellung war notwendig.**

Wie tief die jüdischen Gesetze im Gewissen der Judenchristen verwurzelt sind, zeigt einige Zeit später die Auseinandersetzung mit Paulus und das theologische Grundsatzgespräch zwischen den Aposteln in Jerusalem. Menschlich gesprochen: Ohne den Paradigmenwechsel bei Petrus hätte der „Völker"missionar Paulus vermutlich dabei wenig Chancen gehabt.

Die Chronologie der Apostelgeschichte beginnt jetzt endgültig mit der Weltmission, die wieder – wie die Mission außerhalb von Jerusalem – nicht von den Aposteln eingeleitet wird. Die Flüchtlinge von Jerusalem geraten über Phönizien, Zypern und Kyrene zurück nach Antiochien; sie überschreiten die kulturelle und religiöse Grenze und sprechen nur mit den dortigen Griechen über das Evangelium. Ihre Botschaft wird vom Heiligen Geist überraschend stark bestätigt. Wieder läuft die Nachricht darüber nach Jerusalem, die Apostel schicken Barnabas los, der das Potenzial der Bewegung erkennt und die Gemeinde durch Lehre festigt. Unter dem Druck der Notwendigkeit erinnert er sich an Paulus, sucht ihn in seiner Heimat Tarsus und führt ihn in seine neue Aufgabe ein: Die Griechen hatten keine alttestamentlichen Grundkenntnisse, sie mussten den gesamten Zusammenhang des Evangeliums erfassen. Dafür waren die Kenntnisse des Schriftgelehrten Saulus angebracht. Ein volles Jahr nahmen sich die beiden Mitarbeiter Zeit für die Lehre.

Die neue Orientierung an Jesus Christus als dem Herrn führte zur Bezeichnung „Christen" für die Gemeindeglieder, sie sahen ihren einzigen Bezugspunkt und ihre Berechtigung in Christus (V.26). Zum ersten Mal übersprang die Entwicklung des Evangeliums die Vorstufe „Juden".

### These 318

**Man muss nicht mehr zuerst Jude sein, um Christ werden zu können; aber am Alten Testament geht kein Weg vorbei: Das Gottesbild wird hier geformt. Eine neue, direkte Beziehung zu Gott wird aufgebaut, die neue Gemeinde tritt neben die jüdische Gemeinschaft.**

Jetzt existieren Jesus-orientiertes Judentum und christliche Gemeinde nebeneinander; der gleiche Herr, aber verschiedene Traditionen. Die Orientierung darf nicht nur auf der Gefühlsebene geschehen, sondern auf einem soliden Wissen über Gott, dem Ursprung der Mission.

## 8.2.9 Die neutestamentliche Gemeinde: neue Prinzipien

### 8.2.9.1 Wertung alttestamentlicher Gesetze

Gal.2,1-10/Apg.15. Schon nach Antiochien waren jüdische Christen gekommen, die aus den Heidenchristen Judenchristen machen wollen – vollständigkeitshalber. Deren Gewissen war noch nicht befreit von den jüdischen Normen, die nun für alle zum Gesetz erhoben werden sollten. Es kam zum Eklat, wobei Paulus und Barnabas ihre neutestamentliche Haltung energisch und ohne Kompromisse vertraten.

Paulus und Barnabas werden von Antiochien – nicht Jerusalem! – in die Gebiete Kleinasiens ausgesandt. Die Mission nimmt ihren Lauf. Es gibt immer mehr Gemeinden, die nicht aus der jüdischen Tradition entstehen, die der Beschneidung und anderen jüdischen Grundgesetzen keine Bedeutung zumessen. Die Bergpredigt Jesu und deren Tendenz, zu den Grundgedanken Gottes zurück zu kehren, gewinnt größere Bedeutung als für die Gemeinde in Jerusalem.

Paulus hat inzwischen einen griechischen Mitarbeiter, der nicht beschnitten ist, aber einen wertvollen Dienst leistet. Die ersten Gemeinden in Kleinasien, die nicht der neuen Gesetzlichkeit ausgeliefert werden dürfen, sind gegründet.

### 8.2.9.2 Respekt vor der menschlichen Autorität der neuen Gemeinde

Paulus respektiert trotzdem die Apostel, er möchte Bericht erstatten an sie, da sie letztlich nicht viel über ihn wissen, aber sich über ihn freuen (Gal.1,23-24). Um Missverständnissen vorzubeugen und auch auszuräumen reist er nach Jerusalem und hat dort zum ersten Mal intensive Gespräche besonders mit der Leitung – zu der auch Petrus gehört, jetzt und hier Kephas, „der Fels" genannt (Joh.1,42); er ist zu dem geworden, als das ihn Jesus bezeichnet hatte. Zunächst verläuft das Gespräch auf mehr persönlicher Basis. Dabei wird alle Information weitergegeben, die zur Verständigung notwendig ist. Die Aufgabenteilung zwischen Paulus und Petrus kann ohne Neid und Eifersucht geklärt werden.

Bei den jüdischen Aposteln gilt der Handschlag als Besiegelung der Vereinbarung und als Versprechen, sich daran zu halten (Gal.2,9): „Das Wort gilt".

Petrus hat die junge Gemeinde und seine Apostelbrüder gestärkt und auf den neuen Weg geleitet. Jetzt tritt er langsam in den Hintergrund. Er war weiterhin der *„primus inter pares"*, der Erste unter Gleichen aber Jakobus übernahm die Leitung der Gemeinde von Jerusalem.

### 8.2.9.3    Eine neue Gesetzgebung tritt in Kraft

Eine grundsätzliche Übereinstimmung über die theologischen Fragen kommt zustande, bei der alle Apostel anwesend sind. Ehemalige Pharisäer sind in ihrem Gewissen noch ganz an das Alte Testament gebunden. Paulus ist ein vehementer Vertreter der Befreiung vom jüdischen Gesetz. Er hat wie Petrus den Paradigmenwechsel in seinem Gewissen gründlich vollzogen. Ihr Gewissen ist in dem Urteilsprozess darüber, was zur Gerechtigkeit vor Gott führt, den Gedanken ihres Herrn am nächsten. Auch die Einheit der neutestamentlichen Gemeinde wird demonstriert: Unter einer Autorität soll eine Gemeinde auf einer Basis bestehen. Diese Einheit ist nur möglich, wenn das Gewissen geistlich orientiert ist und sich keine menschlichen Elemente einschleichen können (Gal.2,4).

**These 319**

**Uneinheit und Trennung sind vorprogrammiert, wann immer die Ehre einzelner Menschen oder die einer Theologie oder Organisation in der Auseinandersetzung eine Rolle spielt und die Botschaft nicht mehr Grundlage für Recht und Ordnung sein kann.**

Die Gemeinde hatte noch keine systematischen Stellungnahmen, wie sie die kleinasiatischen Gemeinden durch die Briefe des Paulus nach und nach erhielten. Die Normen ihres Gewissens waren noch überstark im Alten Testament verankert, die Stimme des Heiligen Geistes in ihrem Denken und Gewissen erhielt erst langsam Gewicht und Geltung.

*Qv.*: Kap. 4: Paradigmenwechsel im Gewissen

### 8.2.9.4    Die Situation

Gal.2,11-14.[61] Paulus war auch aufgrund einer direkten Offenbarung, nicht nur wegen der Notwendigkeit der Klärung theologischer Fragen, nach Jerusalem gereist (Gal.2,2). Er stand selbständig unter der Autorität seines Herrn Jesus, fühlte sich nicht der menschlichen Autoriät unterworfen, sondern war ein ebenbürtiger Verhandlungspartner.

Alle Gemeinden haben die „verbriefte" Beschlussfassung an die Gemeinde in Antiochien zu respektieren. Judenchristen sind nicht gezwungen, sie für sich einzuhalten, so wenig wie den Heidenchristen das jüdische Gesetz aufgezwungen wurde. Gegenseitiger Respekt ist möglich, wenn sich niemand zur Autorität für den anderen erhebt und keiner seine eigene Gewissenstruktur als Maßstab für andere anlegt. Dass dies nicht ohne innere und auch äußere Spannungen möglich ist, zeigt die nachfolgende Episode.

---

[61] Ben Witherington, Acts of the Apostles, 1998, 444; Schnabel, Urchristliche Mission, 2002, 942-986). Friedemann Knödler, Die Beschneidung des Sundanesen. Nürnberg: VTR, 2006, 71ff.

### 8.2.9.5    Die kritische Episode

Aus welchem Grund auch immer Petrus und später auch Jakobus, der Bruder Jesu, nach Antiochien reisen – jedenfalls ist das ein Zeichen der Solidarität; damit wird dem Galaterbrief ein persönlicher Nachdruck verliehen.

Petrus kommt mit den Heidenchristen zurecht und – wie von Kornelius gewohnt – isst mit ihnen an einem Tisch. Wenn die Situation eindeutig ist, gerät das Gewissen nicht in Konflikt. Erst als Judenchristen aus der Gemeinde des Jakobus, der für sich als Leiter der Gemeinde in Jerusalem bei der alttestamentlichen Gesetzestreue geblieben ist, dazustoßen, wird die Situation ambivalent. Petrus ist solidarisch mit beiden Seiten und kann den Wechsel gut vollziehen; die Spannung tritt auf, als er beiden Seiten gerecht werden will: Die Solidarität mit Jakobus verleitet ihn dazu, sich von den Heidenchristen weg und an den Tisch der Judenchristen zu setzen, wo *koscher* gegessen wurde bzw. die Gemeinschaft alttestamentlich „rein" erhalten blieb. Diese Handlung war mehr als nur ein Wechsel der Solidarität: eine einzige Gemeinde Jesu lässt keine verschiedenen Solidaritäten (Denominationen?) zu.

### These 320

**Das ist der Test des Gewissens, in der es über die höchste Autorität und den größten Wert entscheiden muss und leichte Gradunterschiede eine grundsätzliche Entscheidung verlangen.**

Petrus setzte in einem Moment die menschliche Autorität über die des Herrn, das alte Gesetz über die neue „schriftliche" Richtlinie. Ob das im Affekt, unter innerer Spannung, oder aus einer rationalen Überlegung heraus geschah, ist nicht ersichtlich.

Paulus erkennt mit seinem scharfen Verstand sofort die Schieflage, die in den Augen der Heidenchristen entsteht: Eben erst haben sie den Brief von den Aposteln erhalten, wendet sich der Apostel von ihnen ab, der die meiste Erkenntnis und Erfahrung mit genau dieser Angelegenheit hat. Der Grund war die Angst, das Gesicht vor seinen Leuten zu verlieren, die Konsequenz Heuchelei (Gal.2,12-13). Die Schamorientierung bricht bei Petrus durch und überlagert die Schuldorientierung.

### 8.2.9.6    Die Korrektur aufgrund der neuen Schrift

Paulus entscheidet nach richtig und falsch, nicht nach Ehre und Schande. Er nimmt keine Rücksicht auf die Schande, in die er Petrus bringt. Er hält die Auseinandersetzung bewusst öffentlich.

Das Argument: Nach jüdischem Gesetz hat er vorher heidnisch gehandelt; durch sein Vorbild zwingt er den Heidenchristen nun jüdisches Gesetz auf. Diesen Widerspruch erträgt ein ungereiftes Gewissen nicht.

Petrus hätte als Bestätigung des Paradigmenwechsels bewusst bei den Antiochenischen Heidenchristen am Tisch sitzen bleiben sollen, als die Jerusalemer Judenchristen dazu stießen.

*Hinweis*: Paulus greift diesen Zusammenhang in seinen Korintherbriefen wieder auf. 1.Kor.8-9

Mit der Zurechtweisung ist für Paulus die Sache abgeschlossen. Er hat das nie mehr (für uns heute nachvollziehbar) thematisiert. Petrus nimmt offensichtlich die Korrektur an. Dadurch wird Verwirrung und Belastung des noch schwachen Gewissens der Antiochien-Gemeinde vermieden.

### These 321

**Junge Christen brauchen genau so Zeit, ihr Gewissen zu festigen und belastbar werden zu lassen, wie traditionelle, die grundsätzliche Änderungen in ihrem Gewis-**

sen vornehmen müssen, bis die neuen Normen ihren Platz gefunden haben und die Person lernt, darauf zu reagieren.

Deshalb tendieren junge Christen auch eher dazu, gesetzlich konsequent zu sein. Die geistliche Flexibilität, die auch Gefahren in sich birgt, entsteht erst durch den gefestigten Glauben im reifen Gewissen.

## Deutlich wird an dieser Episode:

### These 322

Selbst gereifte Leiter dürfen sich nicht auf ihr Gewissen als Maßstab für die Gemeinde verlassen. Kein Gewissen ist absolut. Jeder Christ braucht die Gemeinde, andere Christen, die wachsam beobachten und wenn nötig auch spontan direkt eingreifen, um synkretistische Ansätze zu vermeiden.

Ein christlich geprägtes Gewissen ohne Einbindung in eine Schrift-orientierte Gemeinde steht in großer Gefahr, abgestumpft, unempfindsam und selbst synkretistisch zu werden. Die Verbindlichkeit innerhalb einer Gemeinde ist für das Gewissen überlebenswichtig.

### 8.2.9.7    „Der Heilige Geist und wir" – der neue Bund

In Übereinstimmung mit dem Heiligen Geist geht die neue Richtlinie an die Gemeinde in Antiochien und darüber hinaus zu den Heidenchristen, die sich am alten Gesetz anlehnt, aber keine Bedingungen zur Rechtfertigung vor Gott enthält. Die Übereinstimmung gelingt an dem Punkt, an dem man sich auf die ursprünglichen Gedanken Gottes besinnt – nicht auf Gesetze, die aufgrund der Sünde anderer Menschen entstanden.

### These 323

Die Autorität ist der Herr, das Neue Testament, der neue Bund mit der Gemeinde wird an seinem Kreuz und seiner Auferstehung festgemacht. Auf dieser rechtlichen Grundlage entsteht eine neue Beziehung, die gegenseitige Ehre und Respekt ermöglichen.

Die Regelungen ermöglichen eine Gemeinsamkeit beim Essen, in der Gemeinde, bei der Gestaltung gemeinsamen Lebens: Was sich bei den Juden als absolut tabu so tief eingraviert hatte und worüber sie sich deshalb nicht hinwegsetzen konnten, wurde als Rücksichtnahme von den Heidenchristen erwartet. Das war ein kleiner Weg gegenüber der Strecke, die die Judenchristen zurücklegen mussten, um ihnen entgegen zu kommen. (Apg.15,22-29) Der Minimumfaktor wurde gefunden an der Schnittstelle vom Juden- zum Heidenchristentum. Die Juden durften ihre Gesetze weiter halten, ohne Gefahr für ihren Glauben – aber das blieb eine Herausforderung.

### These 324

Das Gewissen muss jetzt unterscheiden lernen zwischen alttestamentlicher Gesetzlichkeit und den Richtlinien des Neuen Testaments für die Gemeinde.

# 9.    Die Briefe des Petrus

## 9.1    Der erste Brief

### 9.1.1    Die Empfänger

Die Ausbreitung des Evangeliums wurde durch verschiedene Leute betrieben und vom Heiligen Geist begleitet. Paulus war nach Apg.16,6 vom Heiligen Geist verwehrt worden, im nördlichen Teil Kleinasiens zu arbeiten. Petrus erwähnt jetzt gerade dort Gemeinden. Es gab offensichtlich viele Juden in der Diaspora des römischen Reiches (Apg.16,3), die in der ersten Ausbreitungszeit oft als Brücke für das Evangelium dienten, auch für Paulus. Petrus ist offensichtlich dorthin gereist, hat er doch gerade bei den Juden seinen Auftrag gesehen (Gal.2,9).

Die Zeit der Abfassung wird Anfang der 60er Jahre datiert, noch vor der ersten großen Verfolgung durch Cäsar Nero, die aber schon abzusehen war. Petrus befand sich wahrscheinlich in Rom, wo er die Entwicklungen beobachten konnte. Das beeinflusst auch den Inhalt seines Briefes.

Petrus bezieht sich auf das Alte Testament, inhaltlich sind Parallelen zu den Briefen des Paulus und Jakobus zu finden. Die Empfänger waren vermutlich juden- und heidenchristliche Gemeinden, wobei Petrus von seinem Hintergrund ausgeht, aber die christliche Gemeinde als das neue Volk Gottes sieht. Judenchristen müssen vom alttestamentlichen Gesetz gelöst werden, denn sie wurden durch Christus erfüllt und leben in der neuen Glaubensbeziehung zu Christus. Heidenchristen brauchen den starken Bezug zum souveränen Gott und sollen dem Weg der Erlösung durch Christus vertrauen.

### 9.1.2    Der Inhalt

Petrus blieb auch in seiner Theologie ein Praktiker ; bei ihm hat der Glaube mit dem Leben zu tun.

#### 9.1.2.1    Das Gottesbild

Die Dreieinigkeit klingt in der Einleitung 1,1.2 deutlich an. Gott ist souverän, deshalb kann man ihm vertrauen (4,19). Er ist heilig, deshalb sind auch die Christen heilig und sollen sich entsprechend verhalten (1,15.16). Gott ist Vater, deshalb tragen alle Kinder seinen Namen, deshalb ist ihm die Ehre zu geben und sein Vorbild soll sich im eigenen Leben widerspiegeln (1,7). Gott hat sein Volk ausgewählt, das gibt dem Glaubenden Gewissheit und Geborgenheit (1,2).

*Hinweis*: Alle Bibelstellen beim jeweiligen Satz

Jesus Christus ist das Vorbild seiner Gemeinde in Sündlosigkeit, Gehorsam und Leidensbereitschaft (2,21.24). So wie er gestorben und auferstanden ist, soll auch die Gemeinde für die Sünde wie gestorben sein, dagegen soll sie in der Kraft seiner Auferstehung leben (2,14; 4,1). Um den Menschen wieder die Gemeinschaft mit Gott zu ermöglichen (1,20-21), hat er die Versöhnung und das Opfer für Sünde erbracht (1,18-19; 3,18). Glaube und Hoffnung greifen dadurch nicht ins Leere; sein Leben ist Motivation für ein geheiligtes Leben (1,21-22). Der Heilige Geist ist das heiligende Element (1,2), der das Wort Gottes inspiriert (1,11) und den Botschaftern Vollmacht zu ihrem Auftrag gibt (1,12).

#### 9.1.2.2    Die Heilige Schrift

Petrus beruft sich zur Bestätigung seiner Lehre immer wieder auf das Alte Testament und bezeugt damit die Einheit, Kontinuität und Autorität (1,23.25) des Wortes Gottes auch für das neue Volk Gottes (1,24f; 2,6-8; 3,10-12). Der Heilige Geist steht hinter den Verfassern (1,11). Die heilige Schrift bewirkt durch den darin wirksamen heiligen Geist die „Neu"geburt (1,23) bei denen, die sie annehmen.

### 9.1.2.3   Die Gemeinde

Durch die „Wieder"geburt wird man Mitglied in der neuen Gemeinschaft, die nicht zu unterschätzen ist (2,2-5. Identisch mit „Neu"geburt.). Jesus ist der Grundstein, auf den die Mauern der Gemeinde als neuen Tempel Gottes zurückgehen (2,5-8) und dort ihren Anfang nehmen. Sie zeigt der Welt durch ihr Leben, wer Gott ist (2,9). Das ist ihre Verantwortung in der Welt (5,1-4).

Diese Gemeinde lebt in der Gegenwart, aber ihr Herr ist unsichtbar bei ihr. Sie hat eine (nahe) Zukunft: Bei der Rückkehr Jesu wird die Gemeinde an seiner Ehre Anteil haben und ihr Erbe antreten (1,5).

Der Glaube und das Durchhalten in Treue, auch in Schwierigkeiten, lohnen sich (1,7; 4,13), denn erst dann wird das Ausmaß dessen klar, worauf sie sich jetzt verlassen (1,13), und sie werden an der Herrlichkeit ihres Herrn teilhaben (5,1). Diese Erwartungshaltung im Glauben motiviert zu einem geheiligten Leben und zur Treue im Kleinen (4,7-11.17f).

Petrus stellt sich selbst auf die Ebene der Verantwortlichen der Gemeinde, erhebt sich also nicht über sie (5,1-3). Der Ernst ihrer Aufgabe wird deutlich.

Man könnte vermuten, dass Petrus in 1,22 den Hintergrund von Gal.2 anklingen lässt, wo es um „Heiligung durch Gehorsam der Wahrheit gegenüber" geht „in ungeheuchelter Bruderliebe und reinem Herzen", wobei Beharrlichkeit in der Liebe, das unvergängliche neue Leben durch das lebendige und bleibende Wort Gottes die Grundlage ist.   *Qv.*: Siehe oben, 8.2.9.4

Ganz praktisch wird Petrus, wenn es um das zeugnishafte Leben der Christen im Alltag geht, also um die auch für andere verständliche Umsetzung der Gedanken Gottes. Christen sollen in der Gemeinde nicht soziale Ordnungen aufheben, sondern sich in ihnen und durch sie als Zeugen Christi bewähren, dabei haben ethische Werte Vorrang (2,11-3,17; 4,1-6); Auflehnung gegen menschliche Autoritäten sind nicht grundsätzlich berechtigt und es ist besser, Unrecht an sich geschehen zu lassen als Unrecht zu tun (3,13-14.17). Die Gemeinde ist letztlich Gott gegenüber verantwortlich, und das gute Gewissen (3,21) soll sich auf ihn beziehen.

## 9.1.3   Wichtige Aspekte

Hier werden inhaltliche Aspekte zusammengefasst und auf den Punkt gebracht, die für das Gewissen bedeutsam sein können.

1,1 Unter dem Auftrag des Herrn. Empfänger befinden sich in schamorientierten Kulturgebieten.

1,2 Heiligung des Geistes zum Gehorsam (der Autorität gegenüber).

1,3 Ehre für Gott. Autorität, und Wiedergeburt mit dem Effekt „Hoffnung aufgrund der Auferstehung."

1,4 Das Erbe im Himmel ist sicher.

1,5 Bewahrung durch Gottes Macht durch den Glauben.

1,6 Freude nach Leid für Gehorsam, Anfechtungen aufgrund von Gehorsam.

1,7 Echtheit durch Läuterung. Die Ehre gehört Christus.

1,8 Glaube ohne Schauen aufgrund der Auferstehung.

1,9 Ziel des Glaubens: Seligkeit.

1,10-12 Propheten suchten und forschten aufgrund der Offenbarung

## These 325

**Grundlage ist eine Orientierung an durch den HERRN gesicherte Fakten und Gehorsam gegenüber der bekannten Autorität.**

**Ehre gehört Gott; Freude und neue Beziehung entsteht durch Gehorsam.**

1,13 Gemüt umgürten (Festigung, Bereitschaft), nüchtern sein, Hoffnung aufgrund von Gnade.

1,14 Gehorsam: Kinder stehen in enger Beziehung; menschliche Gefühle sollen kontrolliert werden.

1,15-16 Heilig sein heißt: unter Autorität stehen. Das wirkt sich praktisch aus.

1,17 Der Vater ist die Autorität, er richtet ohne Rücksicht auf Prestige nach Taten, deshalb ist Ehrfurcht geboten.

1,18-19 Versöhnung mit Gott ist nicht menschlich bezahlbar, sondern nur aufgrund der Schuldlosigkeit des Opfers möglich.

1,20-21 Gottes Plan wird im Glauben angenommen und entzündet Hoffnung.

1,22 Reinigung durch Gehorsam der Wahrheit gegenüber ist die Grundlage der Liebe.

1,23-25 Wiedergeburt aufgrund des beständigen Wortes Gottes

## These 326

**Die neue Beziehung entsteht nur aufgrund von Gerechtigkeit.**

2,1 Sünde (namentlich) bewusst willentlich ablegen.

2,2 Neues Bedürfnis entwickeln, das Wachstum bewirkt.

2,3 Die Freundlichkeit der Autorität wird praktisch realisiert.

2,4-8 Den hohen Auftrag bewusst annehmen und realisieren unter entsprechenden Opfern im totalen Zusammenhang mit der absoluten Autorität, deren Ablehnung Untergang bedeutet.

2,9-10 Ehrenvolle Zugehörigkeit durch Berufung aufgrund von Gnade mit dem Auftrag zur Verkündigung der radikalen Veränderung.

## These 327

**Zugehörigkeit zum neuen Bund aufgrund der Fakten radikaler Neuorientierung an der Autorität.**

2,11-12 Ermahnung in familiärer Verbundenheit trotz derzeitiger Fremdheit zur Kontrolle sündhafter Bedürfnisse und rechtmäßigem Verhaltensmuster als Beweis der Autorität Gottes.

2,13-17 Respekt vor menschlicher Ordnung und Autorität als Zeichen der Unterordnung unter Gott.

2,18-20 Rechtlose Sklavenchristen beweisen ihre veränderte Gewissenseinstellung, die sich an Gottes Gerechtigkeit orientiert, durch Unterordnung unter jegliche menschliche Autorität.

2,21-25 Ungerechtfertigtes Leiden ist durch Christus begründet, der sich unter unsere Sünde stellte, um für uns Gerechtigkeit und Heil zu bewirken, die durch Bekehrung angeeignet werden.

### These 328

**Menschliche und göttliche Autoritäten sind berechtigt; das Gewissen ist (trotzdem) an Gottes Gerechtigkeit orientiert, auch wenn menschliche Unterschiede bestehen, die nicht gewaltsam aufgelöst werden sollen.**

3,1-6 Das Verhaltensmuster (Recht und Ehre) für Frauen orientiert sich an der Autorität der Ehemänner und am Vorbild heiliger Frauen durch unbeirrbaren Gehorsam.

3,7 Das Verhaltensmuster der Gemeinde orientiert sich an der Lehre Christi und untersteht seiner Kontrolle.

3,13-17 Wie für Sklaven (2,18-20) gilt Leiden vor eigener Rechtfertigung, da Recht von Gott gesprochen wird und das Gewissen sich nicht an Scham oder Ehre, sondern am Recht orientiert.

### These 329

**Gewissensorientierung am Recht Gottes als Autorität.**

3,18-22 Der Tod Christi, dem jetzt allmächtigen Herrn, im Gehorsam gegenüber Gott dem Vater ist ein Beispiel für ungerechtfertigtes Leiden, das durch die Auferstehung Versöhnung und Rettung auch für vorige Generationen brachte und Grundlage für die Taufe und ein gutes Gewissen ist.

4,1-2 Die Einstellung Christi übernehmen bedeutet durch Leiden der Sünde abzusagen und dem Willen Gottes zu entsprechen.

4,3-6 Die Menschen wundern sich über die Möglichkeit eines neuen Lebens in Gottes Sinn und der Überwindung der Sünde, für die selbst die Toten Gott gegenüber zur Rechenschaft gezogen werden.

4,7-10 Das Ende der Welt ist abzusehen, deshalb: Besonnenheit und Gebet, Gott gegenüber verantwortlich handeln in Liebesdiensten und Aufgaben, um ihn zu ehren.

### These 330

**Im Zusammenhang mit einem guten Gewissen stehen Gehorsam, geistliche Einstellung, Besonnenheit und Handlungsweisen, die Gott ehren.**

4,11-16 Leiden um Jesu willen ist normal und ein Zeichen der geistlichen Einstellung; sich deswegen nicht schämen, sondern freuen, denn Leiden um Jesu willen ehrt Gott; Leiden für Sünde jedoch nicht.

4,17-19 Das Gericht greift hart: Die Gemeinde kann froh sein, gerettet zu werden; das ist bei allem Leiden wichtig; im Gegensatz zu Sündern.

### These 331

**Gottes Gericht muss sich jeder stellen; selbst Leiden bringt keine Rechtfertigung in sich.**

5,1-4 Petrus, wie die anderen Verantwortlichen, dienen der Gemeinde aus freiem Willen als Vorbild ohne Hintergedanken von Ehre, Gewinn oder Macht; sie unterstehen dem Herrn der Gemeinde, der den Lohn gibt.

5,5-11 Die menschliche und geistliche Ordnung muss sich letztlich der Macht Gottes unterstellen; Gottes Ordnung muss Satan wachsam Widerstand leisten, ohne dass Leid erspart bleibt. Die Gemeinde wird umsorgt, denn sie ist zur Herrlichkeit berufen.

5,12-14 Ermutigung und Mahnung soll das Bewusstsein der Gnade festigen, wodurch alle Gemeinden und Mitglieder in Liebe verbunden sind.

**These 332**

**Eindeutige Fakten und Richtlinien gelten für die willentliche Entscheidung für die eigentliche Autorität.**

# 9.2   Der zweite Brief

## 9.2.1   Die Empfänger

Der Brief wurde vermutlich einige Jahre nach dem ersten (Ende der 60er Jahre?) in Rom geschrieben. Die Verfolgung hatte eingesetzt, denn Petrus wusste, dass er nicht mehr lange zu leben hat (1,14). Das gibt dem Brief einen besonderen Nachdruck. Nach 3,1 sind auch die Empfänger die gleichen geblieben, vielleicht ist sich Petrus auch bewusst, dass seine Briefe größere Kreise ziehen. Andere Briefe werden in den Gemeinden weiter gereicht (hier offensichtlich Paulus untergeschoben: 2.Thess. 2,2; 3,17), vielleicht sind auch schon einzelne Evangelien bekannt.

Petrus will offensichtlich gnostischen Irrlehren begegnen, die sich in Kleinasien ausbreiteten. Ein Teil von Judas 4,18 ist hier enthalten, nur weiter ausgeführt.

## 9.2.2   Der Inhalt

Petrus ist sich bewusst, dass das Ende seines Lebens abzusehen ist. Er schärft seinen Lesern ein,

1. ihrer Berufung entsprechend in praktischer Heiligung zu leben (1,3-11). Gott stellt die Mittel zum geistlichen Wachstum bereit (1,3-4), deren Ziel die überzeugende Jüngerschaft ist (1,5-8). Sich des eigenen Standes bewusst zu sein ist dabei wichtig (1,9) und das Ergebnis ist das vollkommene Heil (1,10-11).

2. sie sollen der falschen Lehre mit allen Auswirkungen standhaft gegenüber sein. Das ist wichtig, denn

    a) sein Leben geht zu Ende, er kann ihnen dann nicht mehr persönlich helfen (1,12-15);

    b) der Glaube gründet auf geschichtlichen Tatsachen (1,16-18);

    c) die Verheißungen gehen gewiss in Erfüllung (1,19-21) und

    d) die falschen Propheten sind entlarvt (2,1-22).

3. Der Blick auf die Wiederkunft des Herrn soll ihr Leben bestimmen. Petrus appelliert daran, sich auf die Verheißung der Propheten und auf das Wort des Herrn zu verlassen (3,1-2), die Spötter nicht ernst zu nehmen (3,3-4), dagegen die geschichtlichen Tatsachen zu bedenken, die auf Gott zurückgehen (3,5-7), denn er wartet mit der Einlösung seiner Verheißung, damit noch viele die Chance haben, gerettet zu werden (3,8-9). Die Wiederkunft Jesu wird in Macht und Gerechtigkeit geschehen (3,10-13), deshalb ist wichtig, ein untadeliges, unbeschmutztes Leben nach dem Rat auch der Briefe des Paulus zu führen (3,14-16).

Das Wissen um diese Zusammenhänge verpflichtet zur Wachsamkeit gegenüber den Irrlehrern, dagegen ist wichtig, in der Gnade und Erkenntnis des Herrn zu wachsen (3,17-18).

Das erste und dritte Anliegen sind schon im ersten Brief angesprochen worden. Das zweite ist wohl der Anlass des Briefes und erhält von den beiden anderen die Rahmenbedingungen.

### 9.2.3 Wichtige Aspekte

1,1-2 Petrus ist dem Herrn unterstellt. Glaube durch Gerechtigkeit von Gott, der Gnade und Frieden durch Erkenntnis gibt.

1,3-4 Erkenntnis führt zur geistlichen Einstellung mit Hilfe der Kraft Gottes, der an seinem Wesen aufgrund seiner Versprechen teilhaben lässt.

1,5-7 Eigener Wille ist angebracht für die Entwicklung Glaube – Charakterfestigkeit – Erkenntnis – Selbstbeherrschung – Standhaftigkeit – Frömmigkeit – Bruderliebe – Gottesliebe; wodurch echtes Leben und Erkenntnis wachsen.

1,8-11 Fehlen dieser Eigenschaften und des Willens ist Rückfall und Verfehlung des Ziels.

#### These 333

**Der Wille ist unerlässlich im Wachstum von der rationalen zur emotionalen Beziehung mit dem Herrn.**

1,12-18 Erinnerung zur Wachsamkeit für Wahrheit des Wortes Gottes und menschliche Bestätigung sind angebracht angesichts des Todes.

1,19-21 Achtsamkeit für das zuverlässige Wort und Eindeutigkeit in dessen Interpretation durch den Heiligen Geist, dem der Verstand unterstellt ist.

#### These 334

**Verstärkung durch Erinnerung – Verdichtung der Erkenntnis durch den Heiligen Geist.**

2,1-8 Unkorrigierte menschliche Erkenntnis ist irreführend und ansteckend, aber unterliegt dem Gericht Gottes.

2,9-19 Gott rettet, die ihn ehren. Fehlende Korrektur führt bewusst in Blindheit, Überschätzung, tierische Verhaltensmuster, Schande, Lust zur Sünde, Selbsttäuschung, – totale Hemmungslosigkeit, Orientierungslosigkeit, Gesetzlosigkeit, Nutzlosigkeit und deshalb in Strafe: Gefangen in eigenen Verhaltensmustern, ihr eigener Sklave.

2,20-22 Wird eine Anfangserkenntnis gefälscht weitergeführt, lässt dies hinter die Ausgangssituation zurückfallen.

#### These 335

**Korrektur und Vertiefung der neuen Erkenntnis ist wichtig, sonst geschieht fataler Wildwuchs und Selbstzerstörung.**

3,1-2 Kontinuierliche Erinnerung und Ermahnung im Wort Gottes hält die Sinne wach.

3,3-7 Menschliche Triebe beschämen den Herrn, verfälschen sein Wort, unterdrücken die Wahrheit, widerstehen der Erkenntnis, sind abgestumpft für geschichtliche Tatsachen; diese gottlosen Menschen verfallen der Erfüllung des Wortes Gottes.

3,8-9 Das Wort Gottes und seine Einstellung sind auf die Rettung der Menschen ausgerichtet.

**These 336**

Gottes Wort ist die verlässliche Norm, Unabhängigkeit davon ist zerstörend. Gottes Normen sind nicht immer nachvollziehbar für den Verstand, aber sie sind zuverlässig.

3,10-13 Vom Ende dieser Welt her denken und handeln spornt zu heiligem Verhaltensmuster an, wodurch der verheißene Welt-Neuanfang unter ungetrübter gerechter Regierung Gottes beschleunigt wird.

3,14-18 Ein kognitives geistliches Denkmuster sieht Zusammenhänge im Sinn Gottes, hilft richtig zu interpretieren und bewahrt vor tödlicher Irrlehre. Wachsamkeit bewahrt vor Irreführung, verlagert den Willen auf die Gnade und vertieft in der Erkenntnis Gottes.

**These 337**

Christen denken und handeln nach Gottes Normen und Gedanken, die nur im Glauben durchschaubar sind. Sünde der Menschen hindert die Ausübung der Gerechtigkeit Gottes.

# 9.3    Auswertung

## 9.3.1    Das Leben des Petrus

### 9.3.1.1    Das Gewissen verändert sich langsam aber sicher in der gesamten Struktur

Die bewusst von Jesus beabsichtigte und von Petrus zugelassene Einflussnahme hat die Grundstruktur des Denkens und Gewissens des Petrus zunächst in Frage gestellt (aufgeweicht) und in großen Linien neu geformt (verändert). Das geschah durch eindeutige Lehre, Wiederholung, praktische Demonstration durch Jesus und eigene Übung des Petrus in Frage und Antwort, selbst formulierte Stellungnahmen sowie Handlungsweisen. Gefestigt und belastbar war diese neue Denkweise noch nicht. Durch Überschätzung und eingefahrene Verhaltens- und Denkmuster versagte er im entscheidenden Moment. Das hatte Jesus vorausgesagt. Der Wille des Petrus war zwar vorhanden, aber zu schwach.

Durch die schmerzhafte Erfahrung kam er zur Einsicht und Bereitschaft, nahm demütig den neuen Auftrag an und begann neu mit guten Ansätzen. Der Durchbruch der geistlichen Erkenntnis geschah mit der Verleihung des Heiligen Geistes. Von da an waren definitiv die Linien erkennbar, von denen Jesus vorher gesprochen hatte: Leitung, Festigkeit, Mut, Kraft, Fähigkeit und vor allem Erkenntnis. Es war erkennbar, dass ihn der Heilige Geist bestimmte, aber sein eigener Wille war nicht ausgeschaltet. Die persönliche Grundstruktur seines Gewissens hatte Mühe, die Veränderungen nachzuvollziehen. Der eigentliche durchgreifende Paradigmenwechsel geschah durch die Erscheinung und persönliche Ansprache durch Jesus und die anschließende Erkenntnis, dass sich Gott nun wirklich ein neues Volk aus der ganzen Welt zusammenstellte. Das Kriterium dafür war der Heilige Geist, das Ergebnis die Gemeinde mit einer neuen normativen Grundstruktur, die um der Einheit willen auf die Judenchristen Rücksicht nahm. Die Auseinandersetzung mit der Welt durch die Botschaft erbrachte kognitive Bestätigungen durch Gott, aber auch einschneidende Feindschaft mit Leid und Tod. Der Mut und die Bereitschaft dazu waren jetzt echt und dauerhaft. Die Herausforderungen zwangen zu tief greifendem neuen Denken in Besinnung auf das vorhandene und entstehende Wort Gottes unter der direkten Beeinflussung des Heiligen Geistes.

### 9.3.1.2    Der endgültige Paradigmenwechsel im Gewissen des Petrus

Petrus war in seiner Gewissensstruktur eindeutig und einseitig schamorientiert. Er hatte große Mühe, die Gedanken Jesu in dieses Raster einzusortieren, vor allem wenn es um die Gerechtigkeit ging, wie Jesus sie darstellte. Was immer ansatzweise verstanden wurde, veränderte einzelne Erkenntnisse. Vor allem erhob er Jesus zu seiner Autorität und er erkannte bei ihm ein anderes Grundmuster für Denken und Verhalten, das er nachahmte und z.T. unreflektiert übernahm. Das war aufgesetzt auf seinem bisherigen Raster und voller Diskrepanzen, die ab und zu an die Oberfläche durchbrachen.

Mit dem Heiligen Geist erhielt sein Gewissen eine neue Kraft, eine Kontrolle, die ihm die Ausrichtung auf die Autorität des Herrn enorm erleichterte. Die neuen Denk- und Verhaltensmuster formierten und verdichteten sich, ersetzten die alten, darunter liegenden jedoch noch nicht. Die Prioritäten wurden immer klarer, für die Umsetzung wurde aber immer wieder eine Willensentscheidung von Petrus notwendig.

Deutlich wurde das daran, dass die Umsetzung des großen Auftrags, die Botschaft von Jesus in die ganze Welt zu tragen, nicht geschah, auch noch nicht in der Verfolgung, als viele Christen auf ihrer Flucht wie selbstverständlich von dem erzählten, was sie bewegte. Erst als aus dieser Bewegung Menschen außerhalb des jüdischen Volk-Gottes-Bereichs an Jesus Christus glaubten, prüften die Apostel das nach. Bis dahin hatte Petrus die Doppelschichtigkeit seines Gewissens einigermaßen harmonisieren können. Aber der Heilige Geist hatte ihn nicht gegen diese harte tief sitzende Prägung leiten können; hier wurde der Heilige Geist durch das Gewissen des Petrus gehindert, über dessen Grenze zu führen. Petrus hatte Ansätze des Heiligen Geistes bis dahin gar nicht wahrgenommen.

### These 338

**Tiefliegende, traditionelle Gewissensstrukturen verändern sich auch bei Christen nur langsam, manche nicht und nur selten sehr schnell (wie bei Paulus) und nie ohne die Einwirkung des Heiligen Geistes; eine sich wiederholende Lehre, die praktische Ausführung neuer Prinzipien, Werte und Maßstäbe und das intellektuelle Verstehen sind die Basis für Veränderung.**

Jetzt verlangte Jesus von ihm die endgültige Ablösung seiner alttestamentlichen Orientierung und Gesetze. Petrus wurde über die Grenze des bisher möglichen geführt. Die Autorität Jesu setzte die alttestamentlichen Normen außer Kraft, die Petrus hinderten, den Auftrag Jesu durchzuführen. Jesus gab Petrus sofort so viel Bestätigung, dass er von einem Erkenntnisdurchbruch, der so gründlich war, dass Petrus zum ersten Mal sagte: „Jetzt erkenne ich!", überrascht wurde Es wurden ihm also die Augen geöffnet. Jetzt sah er die Menschen und die Welt aus der Perspektive seines Herrn: Der Heilige Geist bringt alle in die Gemeinde, die an Jesus glauben; das zählt. Die „Heiden" sind gleichwertig mit den Juden. Der alte Bund wurde durch einen neuen abgelöst, ohne dass sich Gottes Denkmuster verändert hatten. Das Denken und Empfinden des Petrus hatte sich verändert; er war nun fähig, die letzten Diskrepanzen zu überwinden.

Das war der wichtige Paradigmenwechsel, bei dem sein ganzes Gewissen endgültig und eindeutig auf die Gerechtigkeit im Sinne Gottes und seine Ehre umgestellt wurde. Offenbar hat er dabei seine alte Prägung nicht verloren, und ab und zu brach auch diese durch.

Es wurde deutlich:

### These 339

**Der Mensch wird aufgrund des Glaubens vor Gott gerecht; dann kann er auch Gott die Ehre geben.**

Dieser Paradigmenwechsel wurde von allen Aposteln im Detail diskutiert und konnte von allen rational nachvollzogen, aber nicht von allen emotional umgesetzt werden; bei einigen blieb die Blockade bestehen. Das „epistemologische Fenster" (Erkenntnisdurchbruch) war erst einseitig durchbrochen worden. Die Einheit mit dem Heiligen Geist geschah in der Befreiung der Heidenchristen vom alttestamentlichen Gesetz. Beim Empfang der Leute um Jakobus kam es zur Gegenüberstellung der beiden Haltungen und machte die Kriterien deutlich: Selbst Petrus hatte Schwierigkeiten, sein Schamempfinden von seinem Rechtsempfinden kontrollieren zu lassen und ein epistemologisches Fenster auch auf der emotionalen Ebene endgültig zu durchbrechen. Paulus half hier rational nach. Dann war auch Petrus endgültig bekehrt. Von da an konnte er seine Brüder stärken und die Gemeinde richtig weiden.

## 9.3.2 Die Theologie des Petrus

Die zwei Briefe sind zu kurz, um daraus eine vollständige theologische Struktur formulieren zu können. Die Linien sind jedoch einigermaßen erkennbar und zeigen die Gedanken des Petrus am Ende seines Lebens. Seine Lebensgeschichte ist in der Apostelgeschichte abgebrochen und kann durch die Briefe nur erahnt werden.

Eindeutig sind die Linien der Gerechtigkeit vor Gott durch Glauben. Der menschliche Wille ist durch den Heiligen Geist nicht ausgeschaltet, sondern erhält von diesem Impulse und spielt eine wichtige Rolle für den Reifeprozess des Christen.

Die klaren Anweisungen zeugen von eindeutigen Normen, die sich auf Recht bzw. Unrecht beziehen, weniger, aber auch, auf Ehre und Schande.

Auch der Verstand hat seinen Platz, ist aber dem Heiligen Geist untergeordnet. Er darf kein Selbstläufer werden, sondern alle Erkenntnisse im Gesamtzusammenhang mit Gott, der Schrift, dem Heiligen Geist und der Gemeinde halten. Falls nicht, geschehen fatale Verirrungen. Die eindringliche Ermutigung und Ermahnung, Lehre und Warnung sind ein Hinweis auf die notwendige, anhaltende Vorsorge für die Gemeinde auf der rationalen sowie der emotionalen Ebene, wobei die Ratio eindeutig Priorität hat, damit die Beziehung zu Jesus auch auf der emotionalen Ebene gelingt und gefestigt wird.

Die Normen Gottes manifestieren sich aus seinen Gedanken, Gehorsam bewahrt vor Verirrung und Sünde, die unweigerlich das Gericht Gottes nach sich ziehen.

Der Heilige Geist stärkt den Willen, verstärkt die Normen und hält innerhalb der Gedankenstrukturen Gottes. Die Autorität ist der Herr, der eine persönliche, tragfähige Beziehung zu den Christen im Zusammenhang mit der Gemeinde aufbaut, wünscht und dadurch Hoffnung und Zuversicht vermittelt, vor allem im Blick auf die schon deutlich spürbaren Leiden, im Blick auf den Tod und auf das Ende der Welt bzw. die Wiederkunft Jesu.

Die Gewissensstruktur lässt auf eine Schuld-Gerechtigkeits-Orientierung schließen, auf deren Grundlage die Schamorientierung ihre Einordnung und Berechtigung erhält, vor allem in ihrer Ausrichtung auf die Ehre Gottes; zu ihr darf das eigene Ehrempfinden nie in Konkurrenz treten, aber es befähigt den Menschen erst dazu, Gott gebührend die Ehre zu geben. Das ergibt sich aus den Prioritäten, die von der Autorität Jesu her gesetzt sind.

### These 340

**Juden- sowie Heidenchristen haben natürlicherweise eine stärkere Schamorientierung, die durch die genannten starken Bezüge zu einer Schuldorientierung hin umgewertet wird, ohne das Ehrempfinden zu schwächen oder zu unterdrücken; aber es wird in der Reaktion und Wertung der Schuldorientierung nachgeordnet.**

# 10. Die intentionelle Prägung des Gewissens durch Paulus bei seinen Mitarbeitern

Das Ziel dieses Abschnitts ist, der Frage nachzugehen, wie Paulus das Gewissen seiner erwachsenen Mitarbeiter bewusst und absichtlich formte und welchen Einfluss das durch ihren Dienst auf die Gemeinde nahm.

## 10.1 Zur Methode

Den Hintergrund für Gewissen bildet das Konzept des Paradigmenwechsels im Gewissen, das schon intensiv diskutiert wurde. Dabei lag die Prämisse zugrunde, dass sich die *Form* des *Qv.: Kap. 4; Paradigmenwechsel im Gewissen* Gewissens in der Bekehrung einer Person so wenig wie möglich verändern sollte, damit sich der junge Christ nicht seiner Kultur entfremdet. Was sich jedoch garantiert ändert, sind die Normen oder Maßstäbe des Gewissens. Wir hatten jedoch festgestellt, dass die *Maßstäbe* von deren *Autorität* bestimmt werden, und diese wird auch die Form des Gewissens bestimmen. Die Form erhält ein neues wichtiges Element: den Bezug zu Gott. Die Intensität von Schuld- bzw. Schamempfinden verändern sich, die Form wird eindeutig auf Gott ausgerichtet, und der Heilige Geist wird zunehmend zur bestimmenden *Kraft*. Der *Standard* ist die allgemeine Qualität, die Verlässlichkeit des Gewissens.

Es wird angenommen, dass sich das Gewissen eines verbindlichen Christen von dem eines anderen Menschen im gleichen soziologischen Umfeld unterscheidet. Unterschiede zwischen Christen in unterschiedlichen Kulturen werden dann immer noch deutlich erkennbar sein. Die Überführung von Sünde (2.Tim.3,16) – wie immer diese auch definiert wird – muss erkennbar anders sein als bei einem Gewissen, bei dem sich keine Veränderungen vollzogen haben.

Paulus als der Teamleiter nahm Einfluss auf seine Mitarbeiter, indem er sie anleitete und ihnen klare Anweisungen gab, so dass sie dann selbständig im neuen Muster funktionierten und auch die Gemeinden diese Muster lehrten. Welche Rolle spielte jedoch Paulus als Person? Wie kommunizierte er? Übte er Druck aus, wie wurde seine Autorität dargestellt und wahrgenommen? Wiederholte er Anweisungen?

Zunächst wurden die *Prinzipien* des Paulus gesucht,[62] die er für die Veränderung der Persönlichkeit und speziell des Gewissens der Mitarbeiter Timotheus und Titus anwandte. Dann waren Hinweise über den *„Agenten der Veränderung"* selbst interessant. Wie stellte er seine Rolle, seine Autorität dar? Persönlichkeitselemente, die sich auf das Gewissen beziehen und die Verantwortung, die damit verbunden ist, sollten Aufschluss darüber geben: Womit forderte Paulus die beiden jungen Mitarbeiter heraus, um seine Gedanken und Überzeugungen zu übertragen? Sollten sie permanent sein Denksystems übernehmen und wie?

Es können *direkte* und *indirekte Herausforderungen* unterschieden werden, wobei Paulus Behauptungen und Beispiele verwendete, ebenso Vergleiche und Folgerungen. Das jeweilige Verb und die Ausdrucksweise entscheiden über direkt und indirekt. Diese Herausforderungen können entweder einen positiven oder negativen Inhalt haben.[63]

---

[62] Für die Untersuchung wurden ursprünglich zwei Auslegungen zu Rate gezogen und die Texte selbst mehrfach bearbeitet. Kelly, J.N.D. *A Commentary on the Pastoral Epistles*. Grand Rapids/Mich.: Baker Book House, 1963/1981. Kent, Homer A., jr. *The Pastoral Epistles*. Chicago: Moody Press, 1982.

[63] Die Einteilung in die verschiedenen Kategorien ist Ermessenssache des Lesers. Solche weiteren Untersuchungen werden hiermit angeregt. Die Untersuchung wurde nicht mit dem griechischen Text, sondern mit verschiedenen Übersetzungen durchgeführt. Deshalb kann die Anzahl der gefundenen Vorkommnisse bei einer neuen Untersuchung differieren. Die Untersuchung wurde teilweise von einem M.A.-Studenten (David Flacke, AMG 2004) aufgrund des griechischen Texts nachgeprüft und bestätigt. In ihrer Wissenschaftlichen Hausarbeit

Für das *Ziel* ist zu lernen, wie die Botschaft formuliert, in welchen sprachlichen Formen sie ausgedrückt werden kann, damit das Gewissen der Hörer bzw. Leser verändert und geprägt wird nach dem *Vorbild*, das Paulus als dem Urheber der Botschaft vor Augen stand : Die höhere Ehre und Autorität Jesu Christi als Haupt der Gemeinde. Paulus war es wichtig, dass die äußere Erscheinung der Gemeinde ihren Herrn ehrt. Das geschieht nur, wenn das Gewissen aller Christen auf dieses Ziel ausgerichtet ist und wenn es die entsprechende Kraft hat, dieses Ziel erreichen zu wollen. Damit ist erstens die notwendige *Form des Gewissens angesprochen: Der Bezug zu Gott und zum Umfeld.* Zweitens kommt es auf die *Funktion* an: *Die Maßstäbe werden vom Wort Gottes bestimmt.* Und drittens die *Orientierung: Mit welchen Sinnen der Christ auf diese Zusammenhänge reagiert und in welcher Intensität* – d.h. wie stark jeweils das Scham- und Schuldempfinden ist, um das Gewissen zu aktivieren und den Christen dadurch auf der Linie zu halten, die auf das Ziel ausgerichtet ist.

*Qv.:* „Manueller Computer Siehe Kap. 7, 2.1   Folgende Ergebnisse wurden durch ein System erarbeitet, das erst im nächsten Kapitel erklärt wird. Diese Methode erübrigt sich heute in unseren Breitengraden durch den Einsatz von Computern und entsprechender „soft ware". In extremen Situationen wie Feldforschungen bei sehr armen Menschen, in schwierigen klimatischen und geografischen Verhältnissen, bei denen ein PC nicht eingesetzt werden kann, bietet das „manuelle Computersystem" mit gelochten Karteikarten noch eine gute Möglichkeit zur systematischen Erfassung und Auswertung von Informationen. Zur intellektuellen Redlichkeit des Nachweises über die Ergebnisse wird hier darauf hingewiesen.

Die hier vorgestellten Ergebnisse sind nicht als absolut gültig anzunehmen, sondern als Motivation, eine ähnliche Untersuchung vorzunehmen und als Grundlage zum Vergleich mit eigenen Einsichten. Es empfiehlt sich, die jeweiligen grammatikalischen Formen in Griechisch zu berücksichtigen, wodurch genauere Ergebnisse erzielt werden.

Wichtig ist zu erkennen, dass die Briefe des Paulus hier nicht zu pädagogischen Lehrtexten erhoben werden. Paulus dient als Beispiel für einen Lehrer, der junge erwachsene Mitarbeiter durch Vorbild und Lehre erfolgreich auf seine neue Theologie einstellte. Welche Verstärker und Motivatoren setzte er ein?

## 10.2   Die Ergebnisse:

### 10.2.1   Der erste Brief des Paulus an Timotheus

#### 10.2.1.1   Das natürliche Gewissen des Menschen (kein Christ)

Die Kriterien sind Form, Standard, Orientierung (Scham/Schuld) und Autorität des Gewissens.[64]

Die Beschreibungen zeigen Tendenzen, dass die Person selbst-zentriert ist und auf der Suche danach, wie das Leben im jeweiligen Umfeld am einfachsten zu gestalten ist; mit einem Wort: *angepasst.*

Wenige Hinweise deuten darauf hin, dass diese Person auf ihr Gewissen achtet, indem sie z.B. bessere Maßstäbe mit einem höheren ethischen Standard sucht oder die Funktion verbessern möchte.

---

unternahm Bianka Josi 2005 an der FTA Gießen eine Paralleluntersuchung mit anderen Schwerpunkten; sie widersprechen meinen Ausführungen nicht.

[64] Nach unserer Untersuchung 35 Zählungen.

Es besteht eine nur geringe Wahrnehmung der Existenz des Gewissens überhaupt. Die Beschreibungen werden vom christlichen Standpunkt und von solch einem Stand der Erkenntnis gemacht.

Es bestehen Hinweise darauf, dass es diesem Gewissen möglich ist, Sünde zu erkennen bei einer direkten Konfrontation mit der Botschaft sowie durch Beispiele, die durch Christen mit einem neuen Gewissen gesetzt werden.

Das natürliche Gewissen wird auf Gott und sein Wort aufmerksam gemacht, wenn Christen darüber reden und entsprechend leben.

Kein Hinweis darüber wurde gefunden, dass das Gewissen diese Personen dazu leiten kann, sich zu bessern oder näher zu Gott zu kommen bzw. Gott zu Ehre leben zu wollen. Im Gegenteil: Es wird von selbst immer schlechter (Tendenz in 1.Tim.6,10.20).

Scham- und Schuldempfinden erscheinen gleich stark. Das kann jedoch auch auf nicht zu vermeidende Interpretationsfehler des einseitig geprägten Lesers zurückzuführen sein.

Offensichtlich ist der Standard des Gewissens wichtig; es gibt doppelt so viele Vorkommnisse wie bei einem der anderen Elemente.

Ein Schlüsselsatz für die Charakteristik des natürlichen Gewissens könnte 1.Tim.4,1-2 sein. Eine externe Macht beeinflusst den Willen und die Sinne der Person und drückt dem Gewissen ihre Autorität auf.

### 10.2.1.2  Das neue Gewissen

### 10.2.1.2.1  Die Form[65]

Der zentrale Fokus ist eine Art Liebesbeziehung mit Gott; alle Aktivitäten des Gewissens deuten auf einen extern erkennbaren Wunsch, Gott zu ehren, dabei werden der Respekt und die Liebe zum Umfeld ebenso deutlich.

Der Charakter des Christen nimmt zunehmend geistliche Element an; der Christ denkt und handelt mehr in Gottes Gedankenmuster. Gott diktiert das Gewissen nicht, er gibt Beispiele und lässt viel Freiheit, sich individuell zu gestalten. Die Persönlichkeit ist gewahrt, aber „geheiligt". Das Umfeld nimmt wahr, dass das Gewissen des Christen drei Elemente hat – und Gott dabei die Priorität einnimmt.

Das Gewissen versucht nicht, den Menschen zu Gefallen zu sein. Es ist eigenständig, aber an Gott orientiert – der Fokus für Prestige. Dadurch erwirbt der Christ Respekt, Anerkennung und echtes Vertrauen.

Durch den Fokus wird die Lebensart des Christen zu einer Gegenkultur, die sich gegen den Trend der externen Einflüsse stellt. Das hält die Menschheit auf einem ethischen Überlebensstandard, wirkt als Korrektur für das Umfeld und verlangsamt deren Trend zur ethischen Selbstzerstörung.

In allen Beziehungen zu anderen Menschen spielt Gott eine Rolle, nicht notwendigerweise indem über Gott gesprochen wird, doch durch die geistliche Art der Beziehungen. So konzentrieren sich Christen auf Gott und sie wirken glaubwürdig. Das wirkt sich am besten im Umgang mit andern Christen aus.

Diese Beziehungen müssen gepflegt werden, sie werden nicht aufgebaut durch asketische Handlungen, sondern indem Beziehungen eingeübt werden. Die Beziehung zu Gott hält das Gewissen wach.

Das Gewissen ist fehlbar, aber Gott nicht. Der Bezug zu Gott ermutigt das Gewissen in schwierigen Situationen wie delegieren von Verantwortung, oder wenn ein gutes Beispiel für eine sichtbare Demonstration des Glaubens notwendig ist.

---

[65] Nach unserer Untersuchung 33 Hinweise.

In der Bekehrung ändert sich nicht das Umfeld, sondern die Haltung dazu. Dieses Gewissen ist standhafter, weniger abhängig von äußeren Umständen und ausgewogen; es schätzt das Umfeld realistischer ein.

### 10.2.1.2.2 Der Standard

Der Standard ist das wichtigste Element des Gewissens. Inhalte beziehen sich so oft darauf, dass die Vorkommen in Kategorien eingeteilt werden müssen. Bei einigen Vorkommen[66] können mehrfache Hinweise festgestellt werden, ein Viertel davon zeigen eindeutig die Wichtigkeit des Wortes Gottes als Basis für den Standard des neuen Gewissens. Sehr wenige Vorkommen nehmen Bezug auf einen Menschen, der den Standard vorgibt; eher als Interpretation im Zweifelsfall. Das ist deutlich sekundär. Etwa ein Drittel der Hinweise machen die Verantwortung anderer Menschen gegenüber deutlich und bei einem weiteren Drittel stehen die Normen in einer Beziehung zu einer Person der Dreieinigkeit, die zur Ehre Gottes dienen. Die beiden letzten Kategorien sind offensichtlich die stärksten Motivatoren und unterstützen die Notwendigkeit für einen Christen, solide Standards für sein Gewissen zu haben. Das bestätigt, was weiter oben schon erwähnt wurde: Die Form des Gewissens wird von Gott bestimmt und wirkt sich auf die Beziehung zum Umfeld aus. Deutliche Hinweise zeigen, dass das Gewissen mit den Normen und wegen der Normen richtig funktioniert. Das zeigt auch den hohen Standard. Ebenso deutlich werden biblische Normen in Gegensatz zu anderen gestellt, um Überlappungen und Synkretismus zu vermeiden. Das macht die Notwendigkeit von speziellen Normen für einzelne Situationen deutlich.

### 10.2.1.2.3 Orientierung

Die Hinweise für den Einsatz von Scham und Schuld im Gewissen eines Christen sind fast gleich. In der Art und Weise, wie Paulus mit Timotheus und mit der Gemeinde in Ephesus umgeht, überwiegt sogar die Schamorientierung. Wichtig ist die Erkenntnis, dass bei Schuld und Scham der Bezug zu Gott weitaus stärker ist als der Bezug zu einem Menschen. Der Entlastungsmechanismus des Gewissens ist nicht erkennbar, vielleicht weil die angesprochenen Situationen bei Timotheus selbst das nicht notwendig erscheinen lassen; das kann jedoch auch ein Schwachpunkt der Untersuchung sein. Wichtig erscheint das Bewusstsein und die Vermeidung von Sünde durch Scham- und Schuldempfindungen mit einer leichten Tendenz zur Schuld. Ebenso überwiegt das Rechts- und Schuldempfinden aufgrund von Sünde. Die Unterschiede sind jedoch zu klein, als dass daraus eine höhere Schuldorientierung bei Paulus erkennbar wäre.

### 10.2.1.2.4 Autorität

In den meisten Fällen[67] ist die Autorität mit einer Person der Dreieinigkeit definiert, oder mit dem Wort Gottes. Sie sind eindeutig die absolute Priorität für das Gewissen von Christen. Der eigene Wille oder andere Quellen sind deutlich untergeordnet, aber vorhanden und vielleicht auch notwendig.

Auch nichtchristliche Autoritäten sind erwähnt. Nur selten erscheint es notwendig, der Autorität durch eine besondere Offenbarung oder Berufung Nachdruck zu verleihen.

Die Hälfte der Hinweise zeigt, dass die Autorität eine starke Kraft des Gewissens darstellt. Die schwächste Kraft liegt in der menschlichen Autorität.

Einige Hinweise deuten darauf hin, dass die Autorität die ganze Persönlichkeit veränderte; die Autorität wird gleichmäßig stark als angenehm und als gegen den eigenen Willen und Bedürfnis empfunden. Es ist ebenso gleich wichtig, ob die Autorität gegen oder mit dem eigenen Willen aktiv ist. Die Autorität des Gewissens ist unabhängig von den Wünschen und Bedürfnissen eines Christen. Das Ziel ist, dass ein Christ in seiner ganzen

---

[66] Nach unserer Untersuchung 51 Hinweise. Die Prozentzahlen sind gerundet.

[67] Nach unserer Untersuchung 33 Hinweise.

Persönlichkeit, mit seinen Wünschen und Bedürfnissen vom Heiligen Geist bestimmt und verändert wird.

### 10.2.1.2.5 Prinzipien der Veränderungen

Nach den bisherigen Unterscheidungen werden die Prinzipien[68] der Veränderungen, die Paulus angewendet hat, deutlich erkennbar. Die häufigen und starken Hinweise geben den Eindruck, dass Paulus wirklich seine Botschaft vermitteln wollte, permanent und genau so, wie er es meinte, und ohne Aufschub. Er gebrauchte hier mehr positive direkte Aufforderungen (Gebote), eindeutige, stark betonte Instruktionen, mehr als doppelt so viele wie negative direkte Herausforderungen (Verbote). Ebenso sind die positiven indirekten Aufforderungen doppelt so häufig wie negative. Paulus gebraucht Behauptungen und Beispiele, um Veränderungen zu bewirken.

Das gibt Einsicht in die Strategie des Paulus. Die direkten Herausforderungen repräsentieren mehr die direkte Konfrontation, womit das Gewissen geweckt und zu einer schnellen Änderung bewegt werden soll. Die indirekte Art wird mehr für die Lehre und Erklärung gebraucht, wobei die Gedanken und Sinne auf der mehr unbewussten Ebene durchtränkt werden; das stimuliert permanente Änderung und Stärkung.

Das bedeutet, dass Paulus in seinen Argumenten den Willen und die Vernunft des Menschen anspricht. Viel hängt von der Art der Autorität des Gewissens ab, ob die Mittel überzeugend genug sind, akzeptiert zu werden.

Menschliche Mittel, die Agenten der Veränderung, sind ebenso sehr wichtig. Sie zeigen die Notwendigkeit der Beziehungen und des Vertrauens zu Menschen. Gott selbst und andere geistliche Mittel wie das Wort Gottes sind die Überzeuger. Das ist besonders auffallend für geistlich gegründete Christen. Paulus verwendet eine breite Art von Mitteln; er ermutigt, argumentiert, beweist, beschämt und zeigt den fatalen satanischen Einfluss bei Menschen, die sich nicht verändern lassen wollen.

### 10.2.1.2.6 Agenten der Veränderung

Die meisten Agenten, die in der Veränderung gebraucht werden, sind menschlich; geistliche Agenten sind etwa gleich viel. Viel mehr positive als negative Beispiele werden verwendet, ebenso ist die direkte Einflussnahme stärker als die indirekte. Vielleicht hat das mit der Natur des 1. Timotheusbriefes zu tun. Insgesamt stehen diese Charakteristiken für eine gesunde psychologische Sicht in der Strategie des Paulus.

## Grafik 46: Prinzipien des Paulus

Prinzipien des Paulus in der Veränderung und Prägung des Gewissens seiner erwachsenen Mitarbeiter in den Pastoralbriefen \

*Angaben sind Tendenzen, keine absoluten Werte.*
*Hinweise im 1.Timotheusbrief sind in dieser Konsequenz unvollständig erfasst.*

| Prinzipien der Prägung 1.Tim. | 2. Tim. / | Titus / | Summe / |
|---|---|---|---|
| Vorkommen insgesamt 147 | 87 | 234 | 90 |
| **Positive direkte** Aufforderungen (Gebote) 40 | 20 | 60 | 38 |
| Negative direkte Aufforderungen (Verbote) 15 | 11 | 2 | 13 |
| Aufforderungen (Rat) 66 | 49 | 115 | 27 |
| Negative Indirekte Aufforderungen (Warnung) 31 | 17 | 48 | 14 |

| **Agenten der Veränderung (Mittel)** | | | |
|---|---|---|---|
| Beweggrund/ Mittel göttlich/geistlich 54 | 34 | 88 | 32 |
| menschlich 25 | 8 | 33 | (29)40 |
| Beispiel positiv 101 | 66 | 167 | 22 |
| negativ 43 | 22 | 65 | 6 |
| Einflussnahme direkt/primär 55 | 33 | 88 | 28 |
| indirekt/sekundär 89 | 55 | | 144 |

Forschungsstiftung Kultur und Religion 2009 - Urheberrecht Klaus W. Müller - Einblick Kurzskizze zur Forschung - Folie 10

---

[68] Nach unserer Untersuchung 90 Hinweise.

## 10.3 Zweiter Brief des Paulus an Timotheus und der Brief an Titus

### 10.3.1 Prinzipien der Veränderung

Die Untersuchung in 2.Timotheus und Titus zeigt ähnliche Resultate, außerdem keine wesentlichen Differenzen zum ersten Brief an Timotheus. Für unsere Zwecke sind lediglich Tendenzen, nicht absolute Zahlen wichtig.

Paulus gebraucht hier meistens die positiv indirekte Aufforderung (Rat), in zweiter Linie die positiv direkte (Gebot), zum dritten die negativ indirekte (Warnung) und zuletzt, sehr selten, die negativ direkte Herausforderung (Verbot). Im Unterschied zu 1.Timotheus gebraucht er hier weniger Gebot und wesentlich mehr Rat. Wiederum mag das in der Natur des Inhalts der Briefe liegen, da der zweite Brief mehr persönlich gehalten ist und weniger für die Gemeinde relevante Anweisungen enthält. Auch das könnte ein Hinweis dafür sein, dass eine persönliche Kommunikation weniger direktiv ist als das die Verantwortung für eine größere Gruppe verlangt. Viele der Prinzipien ließen sich vielleicht auch einfach mit „Liebe zum Nächsten" auf den Punkt bringen.

Das zeigt die Weisheit des Paulus im Umgang mit seinen Mitarbeitern; seine Methode ist durchaus mit heutigen Leitungsprinzipien vergleichbar. Für unsere Zwecke ist wichtig, seinen Ansatz zur Prägung des Gewissens von Christen bzw. Mitarbeitern der Gemeinde zu kennen: Paulus formuliert seine Aufforderungen auf jeden Fall immer mehr positiv als negativ, und eher als Ratschlag als ein Gebot.

Das Ergebnis kann ebenso als eine gesunde Strategie für die missionarische Verkündigung gesehen werden: Die Menschen sollten positiv direkt angesprochen werden, um zum Nachdenken anzuregen und um das Gewissen zu wecken. Dann aber darf der Verkündiger die Hörer indirekt durch Rat und begründete Lehre der Wirkung des Heiligen Geistes im und durch das Wort Gottes überlassen, indem er alle Elemente des Gewissens anspricht und sie durchdringt.

### 10.3.2 Agenten der Veränderung

Paulus verwendet außer geistlichen und menschlichen eine Reihe von Mitteln, um zu den Gedanken und Sinnen der Menschen durchzudringen. Bei den Menschen sind sowohl Christen gemeint, die schon im geistlichen Veränderungsprozess ihres Gewissens stehen und andere, die in keiner Weise von der christlichen Botschaft berührt sind oder die nur das aufnehmen, was ihnen angenehm erscheint. Es bleibt noch offen, in wie weit Gefühle, Wille, Vernunft, bis zu negativen religiösen oder sogar satanischen Beeinflussungen eine Rolle spielen.[69]

Deutlich wurde jedoch, dass Paulus hauptsächlich positive Beispiele verwendet und die Tendenz auf indirekter Einflussnahme liegt. Das Gewissen der Christen braucht laufend Korrektur und richtungsweisende Informationen, wobei die direkte Konfrontation durchaus, aber wesentlich sparsamer, ihren Sinn hat. Beide Ansätze zusammen waren für Paulus offenbar notwendig, um die nötigen Änderungen in Ephesus und Kreta zu stimulieren. Impliziert wird dabei, dass Veränderungen in der Gemeinde nur durch ein verändertes Gewissen der einflussreichen Leiter initiiert werden können.

---

[69] Dieses Gebiet ist hier nicht gründlich behandelt und wartet ebenso wie anderes schon erwähntes auf weitere Forschung. Interessant und wichtig wären auch nach dieser Art und Weise strukturierte Untersuchungen anderer Briefe, damit ein Vergleich möglich ist.

## 10.4 Ergebnis

Ausgehend vom Modell „Uhr" für den Paradigmenwechsel im Gewissen konnte aus der Sicht des neutestamentlichen Theologen Paulus wenigstens ansatzweise Klarheit in Zusammenhänge des Gewissens gebracht werden. Vor allem ging es um die Veränderung des Gewissens und es wurde deutlich, dass dabei immer verschiedene Einflüsse gleichzeitig wirksam sind. *Qv.*: Kap. 4, 1.5.1.1

Bavinck gab durch sein Verständnis von *elengchein* den Impuls, dass eine Einsicht der Sünde immer auch mit Buße zu tun hat. Wenn diese signalisiert wird, ist der Anstoß zur freiwilligen Veränderung gegeben, damit Sünde in Zukunft schneller und empfindsamer erkannt und abgewehrt wird. Dafür ist eine Veränderung des Gewissens notwendig, die von außen herbeigeführt werden kann und muss, aber eine Bereitschaft der betreffenden Person voraussetzt. Alte Funktionsmuster im Gewissen werden dabei zu neuen verändert. Dazu braucht die Person Informationen, die unter bestimmten Bedingungen kommuniziert werden sollten. Dabei sind der Wille der Person und die Möglichkeit, die Auswirkungen nachvollziehen zu können, wichtig. Sonst geschieht Manipulation und das Vertrauen bricht ein. Es geht dabei um die ganze Persönlichkeit des Menschen, einschließlich seines Unterbewusstseins. Wenn die Vertrauensbasis gegeben ist, sind Gewissen und Persönlichkeit veränderungsfähig, auch bei Erwachsenen, in deren Unterbewusstsein Denkstrukturen eingraviert sind; deren Spuren werden unter Umständen noch lange nach den abgeschlossenen Veränderungsprozessen erkennbar sein oder tauchen in bestimmten Situationen urplötzlich wieder auf. Wichtig wurde das Ziel der Veränderung, das nicht in einem Menschen liegen darf, sondern in der höheren Ehre Gottes. Damit bleibt die Ausrichtung für alle Vorgänge permanent eindeutig.

Wie anfangs erwähnt, erhebt das Ergebnis nicht den Anspruch der Absolutheit oder Vollkommenheit, möchte aber zu weiteren Forschungen dieser Art motivieren, um Vergleiche, Korrekturen und weitere Erkenntnisse zu ermöglichen. Einestatistische Erfassun von biblischen Aussagen ist kein allgemein gültiger Maßstab und die nach eigenen Erkenntnissen erstellten Definitionen sind nicht empirisch übertragbar. Das Ergebnis bietet jedoch eine Diskussionsgrundlage, eine Hilfestellung für anwendbare Werkzeuge und Methoden für ein Forschungsgebiet, das bisher weitgehend unangetastet blieb.

## 11. Die Priorität der Schuldorientierung vor der Schamorientierung in biblischen Zusammenhängen

Hannes Wiher setzt sich in seiner Dissertation (2003) vehement für die Gleichberechtigung (meine Definition) von Scham und Schuld in biblischen Zusammenhängen ein. In der Tat hat er wichtige Zusammenhänge vor allem im Römerbrief des Paulus und in einem Überblick über die gesamte Bibel nachgewiesen, die den westlich orientierten Theologen die Augen öffnen wollen für die paulinische und jesuanische Schamorientierung in ihrer soteriologisch orientierten Theologie. Das soll – neben vielen anderen Erkenntnissen Wihers – hier gewürdigt werden. Die Graphik greift sein Konzept (S.176 und Kapitel 3) auf und führt die Gedanken darin weiter.

## 11.1 Die soteriologische Folgerung

Die nach oben führenden Linien symbolisieren die Gedanken und die Wege Gottes mit den Menschen auf dieser Welt. Sie beginnen im Paradies in Frieden, Einheit und Ganzheit; das Heil ist vollkommen, Ehre und Gerechtigkeit für alle sind durch die Ordnung des Schöpfers gesichert.

Mit der Sünde beginnt die Trennung des Menschen von der Gegenwart Gottes, die Sünde verursacht seinen neuen Status: Durch den bewussten Ungehorsam seinem Wort gegenüber geschieht der Zerbruch der Beziehung mit Gott mit der anschließenden Ausweisung aus dem Paradies. Das führt einerseits zur Schande des Menschen vor Gott, andererseits bringt es ihn in den Zustand der Schuld vor ihm. Beidem hat der Mensch nichts entgegen zu setzen.

## Grafik 47: Scham und Schuld im Römerbrief

Scham und Schuld
im Römerbrief
nach Hannes Wiher 2003:178

Zustand des Heils
Vollkommenheit-Ehre-Gerechtigkeit
Frieden-Einheit-Ganzheit

Geistliche Strukturen: Gemeinde
– Annahme des Heils im menschlichen Kontext

Ehre/Prestige / (Herrlichkeit) — Heil / Gerechtigkeit / Frieden / Gnade — Recht / Gerechtigkeit

Versöhnung / Erlösung — Gerechterklärung / Sünd-, Sühnopfer / Liebe + Hoffnung / Glaube — Glaube / Rechtfertigung / Schuldopfer

Menschliche kulturelle soziale und religiöse Strukturen: Heilsbedürftig –
Angebot des Heils

Scham/ Schande ←→ Sünde ←→ Schuld

Frieden–Einheit–Ganzheit–Ehre–Gerechtigkeit–Heil
Zustand vor Sünde

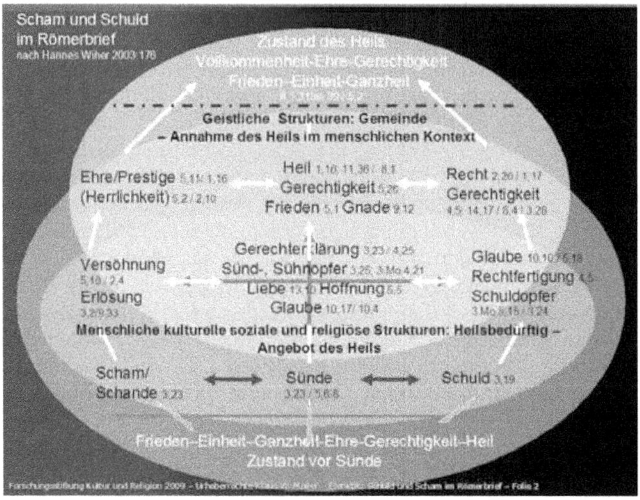

Für den Menschen besteht keine Möglichkeit der Rückkehr, auch nicht durch Einsicht oder Buße. Sündlosigkeit war in diesem Sinne einmalig und Schuld unumkehrbar. Damit war die Ablehnung oder zumindest Infragestellung seiner Autorität angesprochen, wodurch Gott die Ehre genommen wird. Die Heiligkeit Gottes ist der Schlüssel zum Verstehen des Vorgangs: sie ist unantastbar, unangreifbar, unteilbar. Wer sie nicht respektiert, wird schon im Ansatz abgewiesen. Der neue Zustand folgt nun eigenen Gesetzmäßigkeiten, sowohl sozial als auch rechtlich.

In der Darstellung ist die Mitte die Grundlage des Geschehens, die Flanken sind die Auswirkungen. Diese sind auf allen drei Ebenen miteinander verbunden und können nicht unabhängig voneinander verfolgt werden.

Der Mensch lebt außerhalb des Beziehungsbereichs Gottes, Ehre und Prestige sind ihm von Gott aberkannt. Das Bedürfnis danach ist jedoch vorhanden und wird gesucht und eingefordert. Recht und Ordnung sind genau so wichtig wie Ehre und Ansehen. Die Menschen arrangieren sich miteinander, lernen sich Gesetze und Verhaltensmuster zu geben: Kulturen, soziale Strukturen und Religionen bilden sich dafür. Andernfalls ist ein gemeinsames Leben nicht möglich, denn der Mensch ist auf die Gemeinschaft mit anderen angewiesen und hat allein keine Überlebenschance.

Aber auch wenn sich der Mensch innerhalb dieser menschlichen Strukturen den Normen entsprechend verhält, hebt das den Zustand vor Gott nicht auf. Gott hat den Menschen in seinem Ebenbild geschaffen und empfindet selbst auch dieses Gemeinschaftsbedürfnis, das von Liebe geprägt ist. In der Dreieinigkeit ist diese vollkommene Einheit vorhanden, an dem Gott den Menschen teilhaben lassen möchte. Dafür hat Gott die Menschen und für sie die Erde als Ausübungsfeld dieser Gemeinschaft geschaffen. In verschiedenen Ansätzen, bei denen Gott die Eigeninitiative des Menschen motivieren wollte, die Gemeinschaft mit Gott zu suchen, wird die totale Verlorenheit des Menschen deutlich. Ebenso seine Unfähigkeit, auch nur den Willen zur Rückkehr aufzubringen.

Eine neuer Ansatz des Schöpfungsgeschehens ist als Initiative Gottes notwendig: der Mensch braucht ein neues Herz. Eine Metamorphose muss in ihm ausgelöst werden. Der Sohn Gottes wird dazu ganz Mensch, ohne dabei seine Göttlichkeit zu verlieren. Jesus Christus unterstellt sich dem alten Gesetz Gottes (Hebr.9,22). Blut muss für Sünde fließen. Jesus übernimmt die Rolle des Sünd- und Sühnopfers, wodurch die Gerechterklärung gewährleistet werden kann. Das soll und kann Glaube, Liebe und Hoffnung wecken – die Grundelemente für eine funktionale menschliche Gemeinschaft.

Der Mensch kann sich diesen Vorgang zueigen machen und durch Einsicht der Schuld das Opfer für sich in Anspruch nehmen, er wird dadurch vor dem Vater gerechtfertigt und der Glaube wird entzündet. Der Vorgang wird durch den Heiligen Geist eingeleitet und begleitet, der infolgedessen dann im Menschen wohnt, ihn dadurch als Kind Gottes adelt und weitere Veränderungen, nach dem Maß der Erkenntnis und der Willensbereitschaft, in das Bild Gottes bewirkt. Der Mensch wird wieder in die Gemeinschaft mit Gott hineingenommen, verliert seine Schande vor Gott und wird versöhnt mit ihm, die Erlösung von dem Zustand der Sünde ist vollzogen. Der Tod hat seine Macht über den Menschen verloren, die Erneuerung seines Herzens führt ihn in die Familie Gottes zurück.

### These 341

**Die geistlichen Strukturen der Gemeinde sind ein Ansatz, eine Ahnung des Zustands, den sich Gott mit den Menschen wünscht: Frieden von innen auf Grund von Gnade; Gerechtigkeit ist damit als Zustand zugesprochen und das Heil gewiss. Diese göttlichen Grundlagen reichen über Kultur und menschliche Gemeinschaft – sogar über die Zeit dieser Welt hinaus.**

Neue Lebensgrundlage ist die Gemeinde in der Welt, in der der Ansatz von Recht und Gerechtigkeit nach göttlichem Vorbild auch Ehre, Prestige und eine Vorschau der Herrlichkeit bietet. Sie deutet den paradiesischen Zustand an – kann diesen aber noch nicht umsetzen : Die Grenze ist noch gesetzt, trotz Heil ist der Mensch noch der Erde als dem Platz der Sünde verhaftet. Der physische Tod ist erst der Übergang in das schon begonnene ewige Leben mit Gott.

Die Wiederkunft des Herrn wird den Frieden, die Einheit und Ganzheit des menschlichen Lebens in Verbindung mit Gott auf dieser Erde einleiten und durchführen, bis sich der Sinn dieser im Paradies begonnenen Einheit erübrigt und in die supra-Welt im Bild der endlosen Vollkommenheit des himmlischen Jerusalems hineinführt.

## 11.2    Biblische Priorität der Schuld über die Scham

Die Grafik versucht die Thematik abzuschließen, welchen Einfluss die Bibel auf Christen verschiedener kultureller Hintergründe nimmt und ob dieser das Empfinden des Gewissens solcher Menschen beeinflusst.

Jedes Land hat seine eigenen kulturellen und religiösen Gegebenheiten, die sowohl das Gewissen des Einzelnen als auch der Gruppe, der soziologischen Einheit, wesentlich bestimmen. Diese Zusammenhänge sind im 2. Kapitel näher erklärt. Es gibt wenige Kulturen, die einen ausgewogenen Einfluss sowohl von Schuld und Schamorientierung gewährleisten. Die meisten tendieren jedoch zu einem bestimmten Schwerpunkt und geben diesem Priorität. Das bedeutet dann, dass die Denk- und Verhaltensmuster und damit auch Ordnungen und Gesetze diesen Schwerpunkt reflektieren. Die Auswirkungen dieser Einseitigkeiten wurden in anderen Kapiteln ausführlich diskutiert.

In diesem Kapitel stellte sich die Frage, welche Schwerpunkte in den Zusammenhängen der Bibel vordergründig und hintergründig zu finden sind. Ordnungen und Normen sind immer gegeben, es ist aber wichtig zu erkennen, ob diese eher vom Schuldempfinden bestimmt sind – dann werden dadurch die Verhältnisse geklärt. Der Mensch wird dadurch geordnet, er erhält einen bestimmten Handlungsspielraum, fördert die kreative Aktivität.

Das Schamempfinden bestimmt eher das Verhaltensmuster, das sich daraus ergibt, bestimmt also eher die Reaktion darauf. Welches Empfinden zuerst vorhanden war und welches dadurch stimuliert wurde, ist eine Frage ähnlich der, ob zuerst die Henne war oder das Ei.

## Grafik 48: Biblische Priorität der Schuld über die Scham

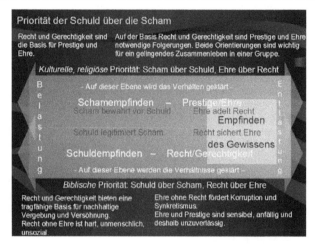

Nach den bisherigen Ausführungen wurde deutlich, dass Gott durch die Schöpfung zunächst die Verhältnisse geklärt und vorgegeben hat. Darin konnte sich das Verhalten der Menschen entfalten, in dem der Mensch und seine Ehre im Vordergrund stand.

### These 342

**Im Alten Testament sind schamorientierte kulturelle Normen erkennbar, die auch auf das Umfeld des Volkes zurück zu führen sind. Diese Linien ziehen sich durch die kulturellen Hintergründe des Neuen Testaments. Gott verwendete diese Muster, um mit den Menschen verständlich kommunizieren zu können.**

**Das Denkmuster der Botschaft des Alten Testaments, das Gott den Menschen durch persönliche Offenbarung oder Inspiration vermittelt hat, trägt die Kennzeichen von Schuld und Gerechtigkeit.**

Diese werden bei einigen Propheten sehr deutlich und noch mehr im Gedankengut der Botschaft des Neuen Testaments. Deutlich wird das auch besonders in den Mechanismen von Vergebung und Versöhnung. Aber in der Beziehung Gottes zu seinen Menschen – im Alten Testament durch den Bund mit Israel, im Neuen Testament in der Gemeinde der Geretteten und mit Gott Versöhnten als Träger des Heiligen Geistes sind die schamorientierten Impulse nicht zu übersehen.

### These 343

**Die Natur der Botschaft zeigt deutlich, dass die Grundlage des Lebens mit Gott der Opfertod Jesu Christi ist, der nach dem Gesetz als Sühne für die Schuld vollzogen werden musste.**

Gott hat sich seinen einzigen Sohn vom Herzen gerissen und bewusst in die Hände des Feindes fallen lassen. Auch der Sohn hätte sich gerne diesen bitteren, körperlich und seelisch äußerst schmerzhaften Weg erspart (Mt.26,39.42; Lk.22,42). Das Gottesgesetz von Sünde und Sühne für die Gerechtigkeit, die bei und vor Gott gilt (Röm.1,17; 3,21.25.26;10,3; 2.Kor.5,21) oder zählt, erforderte dieses Opfer von ihm selbst, denn die alttestamentlichen Tieropfer waren lediglich ein Hinhalten, ein Verschieben des Gerichts auf das vollkommene und end-gültige Opfer (Hebr.9-10). Das ist die tragfähige, verlässliche Grundlage der Gemeinschaft mit Gott, in der Gott alle Ehre gebührt und die Menschen von dieser Ehre zehren, weil Gott sie nach seinem Ebenbild geschaffen hat, als sein Gegenüber, das er respektiert.

Das ist die stabile Basis für die Gemeinschaft Gottes mit den Menschen in seiner Gemeinde. Deshalb ist auch die Schuld ernst zu nehmen als Element der Zerstörung, des Bruchs, der Vernichtung und des Todes. Die Scham ist die Folge davon.

### These 344

**Die Schuldorientierung erhält ihre Stabilität durch den Bezug zum heiligen Gott als absolute Autorität.**

Fehlt diese Autorität, bricht auch die Stabilität in sich zusammen, zumindest was die christlichen Werte des Gewissens betrifft. Werte, Maßstäbe oder Normen erhalten von der Autorität ihren Sinn und Wert. Auch die Forderung nach Gehorsam ist nur an einem Gott fest zu machen, der den Anspruch erhebt, Autoriät für alle Menschen aller Zeiten zu sein. Ein schuldorientiertes Gewissen lebt durch dieses Zentrum, auf das der Mensch keinen Zugriff hat. Der biblische Gott hat sich dem Menschen völlig geöffnet, sich durchschaubar gemacht. Er gab auch eindeutige Vorgaben und ist dadurch auf sein Wort zurückzuführen – festzunageln sozusagen. Gleichzeitig gibt sich dieser Gott in einer bedingungslosen Liebe, jedoch nicht, ohne klare Grenzen für die Beziehung zu setzen.

### These 345

**Die Versöhnung, die Gott schuf und die Liebe, mit der Er sich in uns Menschen investierte, sind beispiellos unter allen Religionen. Nur daraus kann auch ein Anspruch der Loyalität erwachsen, die freiwillig bleibt und darin den Menschen als Gegenüber respektiert.**

Die Prädestinationslehre kann in dieses Raster nicht oder nur mit Mühe eingeordnet werden. Ein Gewissen, für das Gott diese Struktur zulässt, ist für Gott ein Risiko, das er bewusst eingeht. Er baut dabei auf ein Vertrauensverhältnis durch Glauben auf, für den er wiederum alle Voraussetzungen geschaffen hat und auf die Entscheidung des Menschen wartet. Diese Entscheidung duldet keine Vorbestimmung, wenn das Gewissen in dieser göttlichen Ebenbildlichkeit nicht völlig obsolet werden soll.

### These 346

**Die Spur der Konstellation des Gewissens führt zurück zur Schöpfung.**

Kulturelle und andersreligiöse Schwerpunkte geben dem Scham- und Ehrempfinden die Priorität. Das hat Vorteile; das Gewissen funktioniert auch, aber es ist nicht stabil. Es bleibt abhängig von der Kohäsion mit einer Gruppe, innerhalb der es verschiedene Bezugs-Autoritäten geben kann. Das heißt, einer Gottheit fehlt entweder die absolute Autorität, oder sie beansprucht diese nicht. Dann wird sie manipulierbar, zumindest bleibt sie unberechenbar und damit unzuverlässig. Die Struktur kann sich nur reflektiv aufbauen, d.h. die Gesetzmäßigkeiten sind nicht durch eine externe Autorität vorgegeben, sondern ergeben sich durch die Gruppe nach den jeweiligen Bedürfnissen, die wiederum die Autoritäten dafür selber stellt. Diese Struktur ist Entwicklungen unterworfen, wie sie die vergleichende Religionswissenschaft kennt und von manchen Ethnologen vertreten wird: Religion und ihr „Gott" entsteht aus den Bedürfnissen und Gegebenheiten, denen auch die Entstehung einer Kultur unterworfen ist.

### These 347

**Das schamorientierte Gewissen deutet eher auf eine evolutionäre Spur.**

# 11.3 Fazit der theologischen Zusammenhänge

Wir haben dieses Kapitel mit dem Verständnis begonnen, dass für eine vollständige Darstellung eigene und weitere Forschungen erforderlich sein werden und diese Reflexionen nicht erschöpfend sind. Die Zusammenhänge deuten darauf, dass das Gewissen eine menschliche Struktur ist, in der göttliche Spuren erkennbar sind. Obwohl die Bibel keinen Anspruch erhebt, weder psychologisch-pädagogische noch soziologisch-ethnologische Lehrsätze zu erhärten, sind doch gerade in ihr die Spuren des menschlichen Gewissens bis zu einer möglichen Urform deutlich nachzuzeichnen. Die verschiedenen biblischen Autoren der unterschiedlichen Zeit- und Kulturepochen bestätigen, dass es sich jeweils um die gleichen Spuren handelt, die verfolgbar sind. Der Vergleich mit den Ergebnissen der neueren Forschung gibt diesen Spuren recht. Rückschlüsse daraus sind legitim, denn das Wesen des Menschen ist offenbar unverändert geblieben. Je länger die Entwicklung auch angesetzt wird: der Mensch war in diesen Spuren immer gleich.

Es hat keinen anderen Anfang des Gewissens gegeben als den Anfang des Menschen unter einer Bezugsautorität. Der Mensch konnte nicht anders funktionieren. Ebenso ist die Autorität des Gewissens, die sich in der Bibel als Gott in seiner dreifachen Erscheinungsform darstellt, damals wie heute unveränderlich erlebbar geblieben – zumindest für einen Menschen, der Impulse seines Gewissens als überrational oder superegozentral deutet, eben als Über-Ich bzw. Super-Ego erkennt.

Vor diesem Hintergrund halten wir folgende Thesen fest:

### These 348

**Gott ist die Autorität des menschlichen Gewissens.**

**Im Alten und Neuen Testament werden alle Bezüge auf das Gewissen beider Prägungen letztlich an Gott als oberster Autorität festgemacht.**

**Kein Mensch, auch nicht in hoher Position oder Verantwortung im Reich Gottes, darf an diese Stelle treten, auch nicht nur teilweise, sonst macht er sich schuldig, Gott die Autorität und Ehre zu nehmen.**

2.Mo.20,2-3. Der einzige Gott.

1.Kön.18,21,39. Eindeutiges Bekenntnis zu Gott wird gefordert.

Ps.81,12-13 Par. zu Röm.1,21-22.26. Der eigene Wille darf sich nicht zur Autorität und zum eigenen Ratgeber erheben. Losgelöst von der **Autorität** Gottes verirrt sich der Mensch in eigene Maßstäbe.

Joh.7,45-49. Die Leute richteten sich nach den Pharisäern, die ihre Autorität schamlos ausnutzten und Druck ausübten auf das Volk, das sich in der Auslegung des Gesetzes auf sie verlassen hatte.

Hebr.13,8. Ewigkeitscharakter der Autorität Jesu Christi.

Offb.22,13. Der Erste und der Letzte, Anfang und Ende.

### These 349

**Das Wort Gottes ist Norm, deren Verletzung ist Sünde,
auf Sünde liegt Strafe**

**Das Wort Gottes ist Wahrheit, steht für die Gerechtigkeit und Ehre Gottes, weil es untrennbar mit Gott selbst identisch ist und in Jesus Christus personifiziert wurde. Jedes menschliche Wort muss sich daran messen und sich darauf berufen, wenn es Wahrheit, Gerechtigkeit und Ehre beansprucht.**

Missachtung, Ungehorsam und Übertretung des Wortes und damit der Gerechtigkeit Gottes ist Sünde.

Das Wort Gottes ist als Norm Gottes für jede menschliche Gemeinschaft mit ihm und für die Gemeinde schuldorientiert.

Aber Gott geht mit menschlichen Empfinden und Bedürfnissen entsprechend auch schamorientiert um. Gott kann schamorientiert empfinden, kommunizieren und handeln.

1.Mo.4,7.13; Röm.5,12.17, 1.Kor.15,56; 1.Joh.1,8. Der Mensch ist Sünde in Person.

Joh.1,1; 14,6. Am Anfang war das Wort – und Gott war das Wort. Wort und Person sind nicht trennbar. Weil Jesus die Wahrheit in Person ist, ist das inspirierte Wort unfehlbar. Apg.17,11. In Beröa prüfte die Gemeinde die Verkündigung an der ihr zugänglichen Heiligen Schrift.

Apg.23,1-5 Paulus sagt die Wahrheit und er sieht sich gerecht vor Gott. Das bedeutet aber für ihn nicht, dass er die Position des Hohenpriesters nicht respektieren müsste; er akzeptierte die Beschämung und entschuldigte sich – nach dem Wort Gottes.

Röm.3,23. Strafe für Sünde ist letztlich der Tod.

1.Joh.1,8. Sünde nicht erkennen und eingestehen ist Selbstbetrug.

### These 350

#### Buße und Vergebung

Gott reagiert auf Buße als Einsicht von Sünde, ist verbunden mit Bereitschaft zum Gehorsam.

Vergeben werden Sünde und Schuld, nicht Scham und Schande. Letztere lösen sich auf, wenn keine Schuld mehr besteht.

Bedingungslose Vergebung ermöglicht kreatives Wachstum.

Daniel 9. Scham durch Ungehorsam. Ehre wiederhergestellt durch Gehorsam.

Neh.10,1.2.29

Esra 9-10 /Neh.1 Gebet

Mt.6,12; 18,35. Vergeben wie Gott.

Röm.3,24. Erlösung durch Gnade heißt gerecht sein vor Gott.

2.Tim.3,16. Das vom Heiligen Geist inspirierte Wort Gottes überführt von Schuld.

1.Joh.1,9. Sündenbekenntnis nach der Gerechtigkeit vor Gott führt zur Gerechtigkeit.

### These 351

#### Recht/Gerechtigkeit und Schuld

Ehre und Gerechtigkeit Gottes sind in seiner Heiligkeit begründet.

Recht steht in unauflöslichem Zusammenhang mit dieser Gerechtigkeit.

Schuld ist der Zustand des Menschen vor Gott, der durch die Sünde ausgelöst wurde.

Gerechtigkeit vor Gott geschieht durch den Opfertod des Sohnes Gottes Jesus Christus als Mensch.

**Damit ist der Rechtszustand als Basis für die Gemeinschaft mit Gott wieder hergestellt.**

**Dieser Rechtsstatus des Menschen vor Gott ist die Motivation für Gehorsam.**

Recht, Gerechtigkeit beruht auf bestehenden Normen und löst Schuld auf.

1.Mo.3,17; 1.Kor.15,22. Schuld ist im Fluch des ersten Adam begründet. Die „Nullstellung" vor Gott wurde im Alten Testament durch Opfer als Sühne gewährleistet.

1.Joh.1,7.9. Durch Sünde ausgelöste Ungerechtigkeit vor Gott wird durch Jesus Christus, den zweiten Adam, dauerhaft gesühnt.

2.Kor.8,9. Lk.15,24. Durch seine Armut (kenosis/Menschwerdung) werden wir reich vor Gott – wie der verlorene Sohn in den Status des Erben wieder aufgenommen wurde: Sein „Konto" wurde nicht nur ausgeglichen von minus auf null (AT), sondern erhielt eine Plusstellung – Überfluss!

### These 352

#### Ehre und Scham/Schande

**In der Bibel sind Ehre und Scham bzw. Schande Gegensätze auf derselben Linie, deren Ausrichtung und Ziel allein der Dreieinige Gott ist. Die Ehre Gottes ist unantastbar durch seine Heiligkeit.**

**Menschliche Ehre ist abgeleitet und gewährleistet durch den Status des Geschöpfes Gottes. Sie ist für jeden Menschen gleich. Das ist die Motivation für Gehorsam Gott gegenüber.**

**Gott die Ehre nicht zu geben ist Sünde und kann mit Ehrentzug bestraft werden.**

**Scham und Schande werden ausgelöst durch die Sünde. Durch Bereinigung der Sünde wird die Ehre Gottes und des Menschen vor Gott wieder hergestellt.**

**Eigene Ehre ist gerechtfertigt wie Ehre, die anderen zusteht – sie löst Scham auf. Das ist die Beziehungsbasis der menschlichen Gemeinschaft.**

2.Mo.10,3. Wie lange weigerst du dich, dich vor mir zu demütigen?

Röm.12,10; 1.Petr.2,17. Einer komme dem andern mit Ehrerbietung zuvor. Jedem die Ehre!

2.Kor.6,8. In allen Dingen beweisen wir uns als die Diener Gottes... in Ehre und Schande...

1.Tim.5,17; 1.Petr.3,7. Der Dienst in der Gemeinde wird besonders geadelt, wie auch die Frau.

2.Thess.3,14; Nahum 3,5. Strafe durch Beschämung.

1.Joh.2,2. Lk.15,21-23. Durch Jesus Christus ist die Versöhnung mit Gott wieder hergestellt. Wie der verlorene Sohn nach seiner Wiederanerkennung als Erbe auch mit voller Ehre (Ring) ausgestattet wurde.

### These 353

#### Angst und Frieden

**Mit der Sünde kam Angst als Zeichen der Feindschaft mit Gott in die Welt. Angst dient als Abschreckung vor Sünde.**

**Angst ist der Zustand der verlorenen Gerechtigkeit und Ehre vor Gott und vor Menschen.**

**Durch Christus ist der Friede mit Gott hergestellt – durch den Glauben in der Gotteskindschaft, in der Welt durch Gesinnung Jesu Christi.**

1.Mo.3,10. Adam hatte Angst vor Gott nach der Übertretung des Gebots Gottes. Daraus entsprang auch soziale Angst.

Jes.53,5. Röm.5,1. Friede mit Gott ist durch Jesus Christus wieder hergestellt.

Joh.16,33. Die Angst in der Welt wird durch die Gemeinschaft mit Christus aufgelöst.

Röm.5,1. Durch Gerechtigkeit ist der Friede mit Gott gewährleistet.

1.Tim.5,20. Diejenigen, die sündigen, weise zurecht vor allen (öffentlich), damit sich auch die anderen fürchten (Angst bekommen).

## These 354

### Gewissen unter Autorität

**Der Mensch entwickelt im Zusammenhang mit seinem Umfeld ein Gewissen und lernt es willentlich am Wort Gottes zu schärfen.**

**Das Gewissen ist nicht absolut; es ist den menschlichen Empfindungen Scham und Schuld sowie der gebrochenen Erkenntnis unterworfen.**

**Die Autorität des Gewissens ist Gott.**

**Gott gibt dem Menschen seinen Heiligen Geist; dieser übernimmt die Kraft, die Empfindsamkeit, die Wachsamkeit des Gewissens.**

Jer.31,33. Ich will mein Gesetz in ihr Herz schreiben.

Jer.8,11-12. Kein Schamempfinden

Zef.3, 3-8. Der Frevler kennt keine Scham. Diese Leute haben kein Gewissen – sie schämen sich nicht. Krankes, schwaches, nicht ausgeprägtes Gewissen. Mehrheiten entscheiden. Maßstab, Autorität und Korrektur soll der Herr sein. Konsequenz: Ausrottung, Zerstörung, Gericht.

Zef.3,9-11. Reine Lippen, dem Herrn dienen. Zu der Zeit brauchst du dich all deiner Taten nicht zu schämen. Reinigung, Ausrichtung, Wiederherstellung, Autorität.

Apg.1,8. Ihr werdet die Kraft des Heiligen Geistes empfangen.

1.Kor.6,19. Euer Leib ist ein Tempel des Heiligen Geistes.

1.Kor.13,9. Unser Wissen und unsere Erkenntnis sind Stückwerk.

Kol.1,9. Erfüllt mit der Erkenntnis des Willens Gottes.

## These 355

### Schuld geht vor Scham – Scham wegen Schuld

**Beziehungen zu Gott werden gestört durch Ungehorsam gegen sein Wort. Diese Sünde ist ein Zeichen der Missachtung seiner Heiligkeit und Autorität. Sie bringt den Menschen in den Zustand der Schuld. Die Folge ist Scham: Schande vor Gott und Menschen wegen Sünde und Beschämung Gottes und von Menschen durch die Sünde.**

**Verweigerung der Ehrerbietung Gottes ist Sünde der Beschämung wegen Nichtan-erkennung seiner Autorität und Heiligkeit.**

**Strafe trifft die Schuld. Schuld wird bestraft, aber auch Beschämung anderer.**

**Unrecht wird auf der Schuldebene begegnet.**

Esra 9,2-15 + Kap.10. Treuebruch (V.4) aufgrund von Normverletzung: Mischehen.

Jer.8,24. Schuld ist wichtiger als Scham: Bestrafung wegen Schuld.

Jer.31,19. Scham wegen Schuld.

Hes.36,33. Wenn ich euch von eurer Schuld rein gewaschen habe...

Dan.9,4-7ff. Ungehorsam ist der Grund für Schande. Gerechtigkeit ist Grund für den Bund mit Gott.

Ps.106. Geschichte Israels: **Strafe wegen Schuld**, Ehre nur aus Gnade.

Joh.4,18,41f. Frau am Jakobsbrunnen: Wahrheit vor Vermeidung der Schande. Glaube aufgrund des Wortes Jesu.

Röm.14,13-22. Gerechtigkeit führt zum Frieden und zur Erbauung.

1.Kor.4,4.14; 14,24. Nichtwissen ist keine Entschuldigung. Scham wird in Kauf genommen bei Ermahnung zum Gehorsam. Überzeugung durch Wahrhaftigkeit.

Phil.1,9-10; 3,19. Liebe äußert sich in Erkenntnis und Gerechtigkeit.

1.Tim.1,9; 4,6. Richtschnur.

Tit.1,15f.;2,14. Reines Gewissen durch Gehorsam. Reinsein heißt gerecht sein.

### These 356

#### Gerechtigkeit geht vor Ehre

**Gerechtigkeit vor Gott beruht auf Gehorsam seinem Wort gegenüber. Der Glaube ist das Vertrauen, die Hingabe, die Treue an seine Autorität.**

**Vergebung und Versöhnung beginnen bei der Auflösung der Schuld. Dadurch werden Scham und Schande die Basis entzogen.**

**Ehre und Prestige werden wieder hergestellt aufgrund von Gehorsam als Zeichen des Glaubens und geordneter Verhältnisse.**

**Recht ist die Grundlage für Ehre. Ehre ohne Recht ist „brüchig", dünnes Eis, delikat, empfindlich.**

Ps.11,7. Der Herr ist gerecht und hat Gerechtigkeit lieb.

Ps.94,15. Recht muss doch Recht bleiben.

Ps.135,4. Der Herr schafft Recht seinem Volk und wird seinen Knechten gnädig sein.

Jes.48,18. Gerechtigkeit durch Gehorsam, daraus entsteht Friede.

Jer.5,3. Doch dir, Herr, kommt es auf Treue und Zuverlässigkeit/Wahrhaftigkeit an.

Lk.18,7-8. Sollte Gott nicht Recht schaffen seinen Auserwählten, die zu ihm Tag und Nacht rufen...? Ich sage euch: Er wird ihnen Recht schaffen in Kürze.

Amos 5,24. Sorgt lieber dafür, dass jeder zu seinem Recht kommt. – Recht und Gerechtigkeit sollen das Land erfüllen wie ein Strom, der nie austrocknet.

Eph.5,9. Die Frucht des Lichts ist lauter ... Gerechtigkeit

Offb.15,4. Deine gerechten Gerichte sind offenbar geworden.

Hes.37,11.12. Gerechtigkeit lernen durch Gericht.

Dan.6,23. Schutz wegen Unschuld vor Gott und Menschen.

Jer.9,23. Ich bin der Herr, der Barmherzigkeit, Recht und Gerechtigkeit übt auf Erden.

Ps.89,15.31-33; 79,8-9; (74) Schande in Kauf genommen: Unrecht bestrafen!

Röm.5,1 Friede mit Gott durch Gerechtigkeit, die im Glauben angenommen wird.

Apg.23,1-5. Verhalten nach Ehre! Streit durch theologische Differenzen provoziert.

# 11.4 Elenktik:
# Von der Erkenntnis der eigenen Schuld überführen

Die Spannung bei der Verkündigung und Lehre des Evangeliums in fremden Kulturen liegt zwischen 1.Kor.9,19-23 und Apg.17,23-28a: Den Schamorientierten wie ein Schamorientierter zu werden, aber den Gott, den Herrn und Schöpfer des Himmels und der Erde zu verkündigen. Gleichzeitig ist genau diese Kombination der Schlüssel – nicht um diese Spannung aufzulösen, sondern um sie als Kraft zu halten und zum Ziel zu führen. Die legitime Kontextualisierung der biblischen Botschaft findet ihre Werkzeuge in dieser selbst. Der griechische Begriff *elengchos* zeigt eine Eigenschaft des vom Heiligen Geist inspirierten Wortes Gottes, seine Hörer und Leser von ihrer Schuld vor Gott überführen zu wollen. Die Überzeugungskraft liegt in der Botschaft selbst, nicht im Verkündiger.

Der Ansatzpunkt (Anknüpfung) ist die Situation, die angetroffen wird. Es besteht kein Zweifel: Vor allem im Alten Testament gibt es Gelegenheiten dazu. Das haben schon die alten deutschen Missiologen Gustav und Johannes Warneck, Christian Keyßer, Georg Vicedom und Bruno Gutmann entdeckt, auch Missionare wie Wilhelm Kärcher, weil sie sich die Mühe machten, die Empfindungen der Menschen, unter denen sie lebten, nachvollziehen zu wollen. Schon Jahrzehnte vor Trevor McIlwain und Donald McGavran oder Paul Hiebert. In vorhergehenden Kapiteln wurden solche Ansätze immer wieder angesprochen. Das Wort Gottes, in der angemessenen Auswahl und Reihenfolge präsentiert, ist für die meisten Menschen verständlich. Dafür hat Gott selbst schon gesorgt.

Das Problem – zumindest für unsere Zusammenhänge – liegt nicht in der Botschaft, sondern im Botschafter. Pastoren, Lehrer, Exegeten und Systematiker, dazu Missionare – allesamt westliche Theologen, denken mehrheitlich schuldorientiert und sind damit eigentlich auf der rechten Spur. Das ist ihr Ziel, nicht ihr Ausgangspunkt. Sie sind alle gründlich ausgebildet auf dieser Spur, die so tief eingefahren ist, dass es ihnen nicht gelingt, über die Spurrillen ihrer Theologie herauslenken zu wollen – denn es besteht dabei Schleudergefahr. Es gibt sehr viele Möglichkeiten, die Bibel im schamorientierten Verständnis zu lesen und zu lehren. In vielen Fällen würde es genügen, sie einfach vorzulesen – oder sie diesen Menschen zu überlassen.

### These 357

**Die westliche Theologie ist von der neutestamentlichen Tendenz und durch die jahrhundertelangen christlich beeinflussten europäischen Weltanschauung schuldorientiert geprägt.**

Weil westliche Theologen Mühe haben, schamorientiert zu denken, finden sie diese Spur nur schwer in der Bibel. Solche theologischen Lehrer haben Missionare und andere Christen nur auf diese Spur gesetzt. Deshalb wird das Evangelium so einseitig präsentiert, und total schamorientierten Situationen und Aussagen werden schuldorientierte Exegesen aufgedrängt und damit unverständlich gemacht, was für sie verständlich wäre. Westliche

Lehrer finden den Ansatz nicht, sie können nicht im Denken der Menschen anknüpfen, die auf die Spur des Wortes Gottes kommen sollen.

## These 358

**Die meisten Menschen dieser Welt denken auf der schamorientierten Spur. Wie effektiv man dabei aneinander vorbei reden und denken kann, dafür gibt es in der Missionsgeschichte bis zur aktuellen Asylantenmission beredte Zeugen.**

Der Anspruch des Evangeliums bleibt, er kann nicht verändert werden: Die Versöhnung mit Gott geschieht durch die Annahme des Opfertods Jesu Christi für die Schuld. Das ist und bleibt das Zentrum des Evangeliums (Lk.24,46-47; 1.Kor.15,1-4; Röm.1,1-6). Die Schuld vor Gott zu erkennen ist das Ziel der Verkündigung und Lehre.

Aber der Weg dahin kann und muss auf der schamorientierten Spur begonnen werden, und sie braucht nicht verlassen zu werden.

## These 359

**Das Wort Gottes läuft auf beiden Spuren.**

Der Heilige Geist legt die andere Spur – wie z.B. bei Petrus. Bei manchen dauert das länger, andere werden sich immer stärker auf ihre Spur stützen.

## These 360

**Wie viel und wie stark bei einem schamorientierten Menschen die schuldorientierte Spur ausgebildet sein muss, dass Gott einen solchen Sünder annehmen kann, bleibt seine Verantwortung und seiner Gnade überlassen. Aber sie muss gelegt sein. Der Heilige Geist erspart ihm diese Erkenntnis nicht.**

Auch für westliche Theologen ist wichtig zu erkennen, was technisch leicht nachvollziehbar ist: Auf nur einer Schiene fährt kein Zug stabil. Die Schamorientierung gibt der schuldorientierten Theologie biblische Spursicherheit, theologische Stabilität, menschliche Bodenständigkeit, soziale Überzeugung und geistliche Balance.

## These 361

**Elenktik als Überzeugungskraft für Schuld im Gewissen findet in der Bibel ihre starke Ausdrucksform.**

# 12. Verwendete und weiterführende Literatur

Archer, G.I. *Einleitung in das Alte Testament*. Band 1. Bad Liebenzell: VLM, 1987.

Barth, Karl. *Kirchliche Dogmatik*. Zollikon-Zürich 1953.

Beale, G.K. Ed. *The Right doctrine from the Wrong Texts. Essays on the Use of the Old Testament in the New*. Grand Rapids, Mich.: Baker Books, 1994.

Bonino, Miguez. *Theologie im Kontext der Befreiung*. Göttingen: Vandenhoeck & Ruprecht 1977.

Botterweg, J.G. (Begr.), Heinz-Josef Fabry (Hg.). *Theologisches Wörterbuch zum Alten Testament* (ThWAT). 10 Bände. Stuttgart: Kohlhammer, 1975-2000.

Bruce, F.F. *Commentary on the Book of the Acts*. Grand Rapids, Mich. Wm. B. Eerdmans Pbl. Co., 1981.

Byung-Mu Ahn. *Draußen vor dem Tor. Kirche und Minjung in Korea*. Göttingen: Vandenhoeck & Ruprecht 1986.

Choan-Seng Song. *Theologie des Dritten Auges. Asiatische Spiritualität und christliche Theologie.* Göttingen: Vandenhoeck & Ruprecht, 1989;

Dodds, Eric R. *Die Griechen und das Irrationale.* Darmstadt: Wissenschaftliche Buchgesellschaft, 1970 = 1991².

Eckstein, Hans-Joachim. „Der aus Glauben Gerechte wird leben." *Beiträge zur Theologie des Neuen Testaments,* BVB 5, Münster u.a. 2003.

Eckstein, Hans-Joachim. *Der Begriff Syneidesis bei Paulus: Eine neutestamentlich-exegetische Untersuchung zum „Gewissensbegriff".* WUNT, 2. Reihe, Nr. 10. Hg. Martin Hengel und Otfried Hofius. Tübingen: J.C.B. Mohr, 1983.

Funaki, Shin. *The Significance of the Old Testament Concept of „Losting Face".* M.A. Thesis, Wheaton: Wheaton College, 1953/57.

Gonzales, Justo L. *Schwarze Theologie inAfrika. Dokumente einer Bewegung.* Göttingen: Vandenhoeck & Ruprecht,1973.

Gonzalez Justo L. *Manana.* Göttingen: Vandenhoeck & Ruprecht 1994.

Hahn, Hans Christoph u. Martin Karrer. „Gewissen" *Theologisches Begriffslexikon zum Neuen Testament.* Bd. 1, neubearbeitete Ausgabe. Hg. Lothar Coenen u. Klaus Haakker. Wuppertal: R. Brockhaus u. Neukirchen: Neukirchener, 1997.

Homer A. Kent. *Jerusalem to Rome. Studies in Acts.* Winona Lake, Indiana. BMH Books. 1972.

Jenni, Ernst, Claus Westermann (Hg.). *Theologisches Handwörterbuch zum Alten Testament* (THAT). 2 Bände. Gütersloh: Gütersloher Verlagshaus. 1971, 1975.

Kapteina, Detlef. *Afrikanische Evangelikale Theologie. Plädoyer für das ganze Evangelium im Kontext Afrikas.* Edition afem. Mission academics 10. Nürnberg: VTR, 2001.

Käser, Lothar. *Fremde Kulturen. Eine Einführung in die Ethnologie.* Bad Liebenzell/Neuendettelsau: VLM/Erlanger Verlag, 1977.

Kasper, Walter (Hg.) *Absolutheit des Christentums.* Freiburg, Basel, Wien: Herder, 1977.

Kelly, J.N.D. *A Commentary on the Pastoral Epistles.* Grand Rapids/Mich.: Baker Book House, 1963/1981.

Kent, Homer A., jr. *The Pastoral Epistles.* Chicago: Moody Press, 1982.

Klaus W. Müller. *Georg F. Vicedom as Missionary and Peacemaker. His Missionary Practice in New Guinea.* World Mission Scripts 6. Neuendettelsau: Erlanger Verlag für Mission und Ökumene, 2003.

Klopfenstein, M.A. Scham und Schande nach dem Alten Testament. Eine begriffsgeschichtliche Untersuchung zu den hebräischen Wurzeln bôš, klm u. ḥpr. AThANT 62. Zürich: Theologischer Verlag, 1972. [semantische Wortuntersuchungen];

Knödler, Friedemann. *Die Beschneidung des Sundanesen.* Nürnberg: VTR, 2006.

Lessa, William A., Evon Z. Vogt. *Reader in Comparative Religion. An Anthropological Approach.* 3ʳᵈ ed. New York u.a.: Harper & Row Publ., 1972.

Lowell Noble: Naked and not ashamed.

Luther, Martin. Vorlesung über den Römerbrief, 1515/16, Lateinisch-Deutsche Ausgabe 1960.

Matthews, Victor H. (Ed.) *Honor and Shame in the World of the Bible.* Semeia 68. Atlanta/GA: Scholars Press, 1996.

Maurer, Christian. „σύνοιδα ktl" *Theologisches Wörterbuch zum Neuen Testament.* Bd. VII, 897-918. Hg. Gerhard Friedrich. Stuttgart: Kohlhammer, 1964.

Mbiti, John S. *Bibel und Theologie im afrikanischen Christentum.* Göttingen: Vandenhoeck & Ruprecht 1987.

McIlwain, Trevor. *Auf festen Grund gebaut. In 50 Lektionen durch die Bibel.* Neuhausen-Stuttgart: Hänssler, 1998. Original: Firm Foundations – Creation to Christ. Sanford/FL.: New Tribes Mission, 1991.

Michel, Otto. *Der Brief an die Römer;* Kritisch-Exegetischer Kommentar, Göttingen: Vandenhoeck & Ruprecht, 1978.

Moo, Douglas. *NICNT, The Epistle to the Romans,* 1996.

Müller, Klaus W. *Peacemaker. Evangelische Mission in Mikronesien (Trukinseln). Ein Missionar analysiert sein Missionsfeld.* Missiologica Evangelica 2. Bonn: VKW, 1989.

Noble, Lowell. *Naked and not ashamed.* Jackson (MI), 1975.

Packer, J.I. *Knowing God.* Downers Grove, Ill.: IntervarsityPress, 1973.

Pobee, John S. *Grundlinien einer afrikanischen Theologie.* Göttingen: Vandenhoeck & Ruprecht 1981.

Reike, Bo. „Syneidesis in Röm. 2,15" Heft 2, Jg. 12, März-April. *Theologische Zeitschrift.* Basel: Friedrich Reinhardt, 1956.

Rengstorf, Karl Heinrich. „Jesus Christus", in *Theologisches Begriffslexikon zum Neuen Testament.* Wuppertal: R.Brockaus, 1971.

Schirrmacher, Thomas / Ulrich Eibach. *Scham- oder Schuldgefühl? Die christliche Botschaft angesichts von schuld- und schamorientierten Gewissen und Kulturen.* Bonn: VKW, 2005.

Schnabel, Eckhard J. *Paul the Missionary. Realities, Strategies and Methods.* Downers Grove, Ill., IntervarsityPress, 2008.

Schnabel, Eckhard J. *Urchristliche Mission.* TVG. Wuppertal, R.Brockhaus Verlag, 2002.

Simatupang, T.B. *Gelebte Theologie in Indonesien.* Göttingen: Vandenhoeck & Ruprecht 1992.

Stadler, Jürgen. *Die Missionspraxis Christian Keyßers in Neuguinea 1899-1920. Erste Schritte auf dem Weg zu einer einheimischen Kirche.* Edition afem, mission academics 21. Nürnberg: VTR, 2006.

Stiebert, Johanna. *The Construction of Shame in the Hebrew Bible. The Prophetic Contribution.* JSOT.S 346. London: Sheffield, 2002.

Takizawa. *Das Heil im Heute.* Texte einer japanischen Theologie. Göttingen: Vandenhoeck & Ruprecht 1987.

Thomas, M. M. *Christus im neuen Indien. Reformhinduismus und Christentum.* Göttingen: Vandenhoeck & Ruprecht 1989.

Vicedom, Georg F. „Der Weg zu den Anhängern einer primitiven Religion in Neuguinea." Referat beim ÖRK, 1946.

Wight, Fred H. *Manners and Customs of the Bible Lands.* Chicago: Moody Press,1953. 23.Printing 1977.

Witherington, Ben. *The Acts of the Apostles.* Carlisle: Paternoster, 1998.

Wolff, Hans Walter. *Anthropologie des Alten Testaments*, München: Kaiser, 1990[3].

# Kapitel 7

# Elenktik verstehen:
# Das Gewissen in Anwendung

In diesem Kapitel werden bisherige Erkenntnisse auf völlig verschiedene Situationen angewendet. Dabei soll das selbständige Denken und Urteilsvermögen getestet und gestärkt werden, um auch weitere Situationen des Lebens in Kultur, Gesellschaft und Religion richtig einschätzen und ggf. ein verändertes Verhalten einleiten zu können. Zu Beginn sind eine Reihe von Diskussions- und Prüfungsfragen, die nach der Lektüre des Lehrbuches beantwortbar sein sollten. Sie decken einen großen Teil aller behandelten Themen und viele praktische Situationen ab. Hinweise und Hilfestellung zur Forschung in diesem Themenbereich sind eingefügt, auch vor allem in schwierigen sozialen und kulturellen Situationen. Die Arbeit an der eigenen Gewissenskonstellation steht dann im Fokus der Ausführungen. Wertewandel und Kultur, krankhafte Ausprägungen bzw. Folgen im Gewissen nach schwierigen Kindheitsjahren und Erziehungsphasen werden kurz behandelt. Zum Schluss sind verschiedene Hinweise für den missiologischen Dienst ausgeführt. Weitere, jedoch unkommentierte Beispiele sind im nächsten Kapitel zusammen gestellt.

Bisherige Erkenntnisse werden nun auf völlig verschiedene Situationen der Religion und Kultur angewendet. Dabei soll das selbständige Denken und Urteilsvermögen des Lesers getestet und gestärkt werden, um auch weitere Situationen des Lebens in Kultur, Gesellschaft und Religion richtig einschätzen und ggf. ein verändertes Verhalten einleiten zu können. Gleichzeitig dient dieses Kapitel als Anreiz zur weiteren Forschung.

Der Fokus ist Elenktik, die Überführung des Gewissens von Schuld. Deshalb stehen hier auch christlich-biblische Perspektiven im Vordergrund. Die Diskussionen beinhalten auch solche Werte und deren Autorität, weil anders eine Konzentration auf Schuld im wahren Sinne des Wortes nur schwer und nur ungenügend möglich ist. Es gibt psychologische Wege mit philosophischen Inhalten, die dem nahe kommen, aber sie bleiben eine Krücke. Das zeigt vor allem die Auseinandersetzung mit der Postmoderne und mit dem kranken Gewissen, ebenso die politische Einflussnahme auf Kulturen und der Zusammenhang von Status, Rolle und Prestige. Kultur, Religion und Gesellschaft sind als Einheit zu sehen, die nicht aufgelöst werden kann, ohne für den Einzelnen Schaden zu verursachen. Andererseits kommt es auf das Gewissen des Einzelnen an, ob diese drei Einheiten funktionieren. Die Basisfamilie, bestehend aus Vater, Mutter und Kind(er) reflektiert diese Einheit. Was immer in der Familie beobachtbar ist, wird sich in den großen Einheiten spiegeln – und umgekehrt. Immer wieder führt die Spur zurück zur Autorität des Gewissens. Wenn der Mensch und seine Gesellschaft, die Kultur und ihre Religion bzw. Philosophie zum autoritativen und durchaus intelligenten Selbstläufer werden, verlieren alle Einheiten die Kohäsion, die Kraft, die alles zusammenhält. Die Aussagen des Neuen Testaments in Eph.2,10; 3,9(-12); 4,23-24(21-25); Kol.1,16; Offb.4,11 sind die Schlüsselerkenntnisse für die christliche Sicht, die in ihrem Kontext hier nicht untersucht werden können, aber der Diskussion sicher standhalten. Andere Erkenntnisse von Elenktik werden sich daran messen lassen müssen.

Zuerst werden eine Reihe von *Diskussions- und Prüfungsfragen* aufgeführt, die nach der Lektüre des Lehrbuches beantwortbar sein sollten. Sie decken einen großen Teil aller behandelten Themen und viele praktischen Situationen ab.

Gezielte *Forschung* und beobachtende Teilnahme unter Menschen anderer Kulturen und Religionen brauchen spezielle Werkzeuge. Weil es beim Gewissen um sensible Zusammenhänge geht, müssen auch das Vorgehen und das Verhalten bei der Aufnahme von Informationen angemessen sein. Der Autor führt in die Verwendung eines *manuellen Computers* ein, den er vor allem bei seinen Feldforschungen erfolgreich verwendet hat.

Dann bildet die Arbeit an der *eigenen Gewissenskonstellation* den Fokus der Ausführungen. Konkrete Hilfestellungen für die Persönlichkeitsanalyse und -entwicklung werden angeboten, z.B. durch ein *Lebensscript*, das jeder für sich erstellen kann. Der Leser kann für sich als wertvoll erkannte Prinzipien in seine Gewissensstruktur übernehmen und sich dabei bewusst analysieren und korrigieren. Das Gewissen wird in einen weiteren soziologischen Zusammenhang gestellt, in dem Beeinflussungen möglich sind.

Diese gesellschaftlichen Einflüsse sind in jeder Generation verschieden. Das Gewissen verändert sich unter dem *Wertewandel oder Werteverlust* einer Generation; deshalb vermisst die ältere Generation bestimmte Gewissensfunktionen bei der jüngeren.

Hinweise für den Umgang mit einem *kranken Gewissen* und dessen Ursachen sind nicht als abschließend oder absolut zu betrachten. Dieser Bereich ist sehr vielfältig und muss ganzheitlich von psychologischen Fachleuten behandelt werden. Die Ausführungen deuten jedoch an, dass ein Gewissen nicht oder nur fragmentät funktioniert, wenn Störungen bei der frühkindlichen Entwicklung oder bei gewaltsamen Eingriffen vor allem in eine junge Persönlichkeit vorliegen.

Zum Schluss sind verschiedene Hinweise speziell für den *missiologischen Dienst* angefügt mit Beispielen für die Vermittlung von christlichen Prinzipien. Damit kann die Diskussion in Gesprächsgruppen oder durch Vorträge in Gang gesetzt werden.

Prinzipiell dienen diese Hilfestellungen auch der *Vermittlung von säkularen Einsichten* in der Praxis, Lehre und Diakonie. Dabei wird wichtig sein, eine Autorität anzubieten, die das Gewissen des Einzelnen, aber auch die Gesellschaft, Kultur und Religion als Einheit über sich akzeptiert.

# 1. Diskussions- und Prüfungsfragen zu Elenktik

## 1.1 Definitionen

- ❏ Worin sehen Sie den Unterschied der Definition von Sünde in der Elenktik im Vergleich zur neutestamentlichen Definition?
- ❏ Worin liegt der eigentliche Unterschied im Belastungs- bzw. Entlastungsmechanismus bei Scham/Prestige im Gegensatz zu Schuld/Gerechtigkeit?
- ❏ Warum ist Angst ein so starkes Element? Welchen Hinweis erkennen Sie dabei für die christliche Erziehung?
- ❏ In welchem Fall kann man auch von einem angstorientierten Gewissen sprechen?
- ❏ In wie weit wirkt Friede für die Entlastung als starker Motivator? Wie kann dieser Einfluss gestärkt werden?
- ❏ Erkennen Sie in der Bezeichnung für Gewissen aus Psychologie und Anthropologie einen anderen Schwerpunkt der Bedeutung als in der Theologie? Welche Bedeutung ist brauchbarer für die theologisch-missiologische Praxis bzw. bei Entwicklungshilfeprojekten oder politischen Verhandlungen?
- ❏ Warum erscheint eine neutrale Definition dieser Begriffe notwendig?
- ❏ Wie, wo und was spüren Menschen anderer Kulturen, wenn sie ein schlechtes Gewissen haben?
- ❏ Darf man das spüren, oder wird dieses Empfinden in sich schon als falsch oder überflüssig gesehen?
- ❏ Wie sieht man jemandem in unserer Kultur ein schlechtes Gewissen an, wie in einer anderen?
- ❏ Wie werden diese Grundmuster manipuliert?
- ❏ Wer oder was initiiert die inneren und äußeren Merkmale?

## 1.2 Grundstruktur des scham/schuld-orientierten Gewissens

### 1.2.1 Zur Grafik und ihrer Anwendung:

- ❏ Erscheint eine Korrektur eines extrem scham-orientierten Gewissens notwendig? Wenn ja, warum? Wenn nein, warum nicht?
- ❏ Sollte ein schuld-orientiertes Gewissen korrigiert werden? Begründung?
- ❏ Wenn eine Veränderung der Funktion des Gewissens angestrebt wird: Welche Elemente werden in Mitleidenschaft gezogen? Womit sollte eventuell begonnen werden?
- ❏ Wenn die Sprache einer Kultur kein Wort für Gewissen kennt: Wie kann man dann über diese Zusammenhänge reden?
- ❏ Wie kann man an der Sprache erkennen, welche Art von Gewissen in der betreffenden Kultur vermutlich zu finden ist?

❑ Was würde geschehen, wenn man eines der Elemente aus der Grafik herauslösen würde? (Z.B. Sünde, Angst, gutes Gewissen, Bußhandlung). Versuchen Sie, ohne dieses Element ein funktionierendes Gewissen zu erklären.

❑ Warum sind so viele Begriffe zur Darstellung notwendig? Versuchen Sie eine einfachere Darstellung vorzuschlagen!

## 1.2.2  Zur Unterscheidung scham- und schuldorientiertes Gewissen

❑ In der lutherischen Theologie geschieht ein Zuspruch der Vergebung beim Hl. Abendmahl: Wie empfindet ein junger Christ, der in einer schamorientierten Kultur lebt, diesen Zuspruch für die Entlastung seines Gewissens im Gegensatz zu den Vorgängen im Mechanismus eines mehr schuldorientierten Gewissens?

❑ Bei „Rot" über die Kreuzung: Wie reagiert ein schamorientierter Mensch auf die Normübertretung vorher und nachher im Gegensatz zu einem schuldorientierten Fahrer?

❑ Wie wird eine schamorientierte Person Buße und Strafe erleben im Unterschied zu einer schuldorientierten? Welche biblischen Begründungen finden Sie jeweils dafür? Wie erklären andere Religionen diese Vorgänge?

❑ Worin ist der Friede in einer schamorientierten Gemeinde / Firma / Regierung / Religion gewährleistet gegenüber einer schuldorientierten Struktur?

❑ Wie reagieren die beiden Arten von Gewissen auf eine Predigt, in der die Angst vor dem Endgericht herausgestellt wird? Wie auf Leistungsdruck in einer Firma?

## 1.2.3  Fallbeispiele für Problemstellungen

❑ Die Chuuk-**Sprache** in Mikronesien weist (nach Lothar Käser) ca. 120 verschiedene Begriffe auf, die Emotionen mit verschiedenen Hierarchie-Ebenen sehr differenziert beschreiben; dagegen eine Sprache irgendwo anders nur ca. 70 solcher Wörter mit nur geringen Wertabstufungen. Wie erklären Sie sich das?

❑ Wie wirkt sich das vermutlich im gesellschaftlichen Zusammenleben aus?

❑ Was vermuten Sie, wenn sich der emotionale Sprachgebrauch in der Jugendkultur verändert?

❑ Welche Begriffe deuten auf eine Veränderung der Gewissensstruktur?

❑ Worin liegen vielleicht die Ursachen für die sprachlichen Veränderungen?

❑ **Ein leitender Mitarbeiter** einer theologischen Schule in einem ostasiatischen Land sollte eigentlich anders eingesetzt werden: Er ist zwar ein guter Lehrer, aber kein guter Administrator. Das soll so „lautlos" wie möglich „über die Bühne gehen". Welche Überlegungen stellen Sie dafür an? Was schlagen Sie vor? Worin liegt der Unterschied zu entsprechenden Maßnahmen in Deutschland?

❑ **Ein einheimischer Mitarbeiter** hat eigenständig eine Kasse zu verwalten, mit der die laufende Versorgung einer Missionsstation gewährleistet sein soll (Energiekosten, Ersatzteile, Instandhaltung, Bereitstellung von Materialien, Geräten und Maschinen, Porto, …). Er leiht einem Verwandten für einen Notfall Geld, wodurch der reibungslose Ablauf des Missionsbetriebs nachhaltig gestört und auf Dauer nicht mehr sichergestellt werden kann. Der Mitarbeiter wird entlassen, nachdem festgestellt wird, dass er Geld unsachgemäß ausgegeben hat. Warum empfindet der Mitarbeiter, dass ihm Unrecht geschehen ist? Warum bestanden die Missionare auf einer Entlassung? Mit welchen Argumenten wird dieser Vorfall im Heimatort des Mitarbeiters diskutiert?

❑ **Ein Mitarbeiter entwendet** aus Kisten Küchengegenstände, die eine Missionarin während des Heimataufenthaltes verwahrt hatte. Nachdem sich herausgestellt hat, wer die Geräte gestohlen hat, erwartet die Missionarin die Rückgabe. Wie sollte sie vorgehen? Wie geht der Mitarbeiter vor? Wie könnte die Sache abgewickelt werden,

ohne dass die Beziehung zwischen Mitarbeiter und Missionarin belastet wird? Warum will der Mitarbeiter das allein regeln? Welche Argumente wird er vermutlich
verwenden, um die Gegenstände wieder zurück zu bekommen? Wie sollte die Missionarin reagieren, wenn er nicht mehr alles auftreiben kann?

❑ Zum **Einleitungsbeispiel** in Kapitel 2: Diskutieren Sie folgende Fragen im Zusammenhang des ganzen Kapitels und begründen Sie Ihre Haltung:

   a. Welche Elemente der Geschichte werden auch in Deutschland zunehmend akut?

   b. In welcher Beziehung hat sich die geschädigte Person grundsätzlich falsch verhalten?

   c. Wie müsste die geschädigte Person in einer scham-orientierten Kultur vorgehen?

   d. Ist es gleichgültig, ob die geschädigte Person ein Ingenieur eines Entwicklungs-
hilfeprojektes, ein Missionar oder ein Einheimischer ist?

   e. War der Rat des Rechtsanwaltes / der Polizei „falsch"?

   f. Wie müsste man sich verhalten, wenn auch dem Nachbarn daran gelegen ist,
dass:

     – die Scheibe gar nicht erst eingeschlagen wird?

     – der Schaden sofort in aller Stille bereinigt wird?

     – die Sache nicht in die Öffentlichkeit gerät?

## 1.3    Entstehung und Funktionsablauf des scham- und des schuldorientierten Gewissens (Kapitel 3).

### 1.3.1   Entstehung und Entwicklung

❑ Wo liegt das wichtigste Kriterium für die Unterschiede in der Entstehung und wie
lässt sich das nachweislich verifizieren?

❑ Definieren Sie „sozial abhängig" und „sozial unabhängig" und erklären Sie, warum
das gravierende Folgen haben kann.

❑ Warum verkörpert eine Art von Gewissen die Normen für Verhaltensmuster und die
andere nicht?

❑ Ist ein Gewissen bei der Geburt schon fertig ausgeprägt? Was bringt jeder Mensch
als Erbanlage dafür mit auf die Welt?

❑ Erklären Sie den Unterschied zwischen einer internalisierten und einer externen Autorität und wie sie zustande kommt.

### 1.3.2   Tatbestand „Sünde"

❑ Wie definiert ein schuldorientierter Mensch vermutlich „Sünde"?

❑ Was ist „Sünde" bei Menschen mit einem schamorientierten Gewissen?

❑ Was sind dabei die ausschlaggebenden Kriterien?

❑ Welche Folgen kann es haben, wenn ein Pastor in der Predigt auf der Sünde „her-
umhämmert" und die Konsequenzen deutlich heraus stellt?

❑ Wie wirkt sich die Kritik eines Ausbilders in einer Werkstatt an Fehlern seiner erwachsenen afrikanischen „Lehrlinge" aus, der „pingelig" und „kleinkarriert", dazu
noch sehr distanziert ist und autoritär wirkt?

### 1.3.3   Öffentlichkeitscharakter des Tatbestandes

❏ Warum wirkt sich der Öffentlichkeitscharakter für das eine Gewissen gravierender aus als für die andere Art Gewissen?

❏ Worin besteht der Zwang der Öffentlichkeit bei den beiden verschiedenen Arten von Gewissen?

❏ Warum kann die Geheimhaltung eines „sündhaften" Tatbestandes die Belastung fördern bzw. mindern?

### 1.3.4   Mechanismen: Abwehr, Belastung, Entlastung

❏ Worin besteht die Kraft des natürlichen Gewissens?

❏ Welches Element dient vor allem als Abwehrmechanismus? Was soll dabei abgewehrt werden?

    a. Warum wirkt sich die Straferwartung manchmal schon als Strafe aus?

    b. Was geschieht, wenn die Straferwartung stark ist, die Strafe aber nicht vollzogen wird? – Bei welcher Art von Gewissen?

❏ Hat jede Kultur und jede Religion einen Belastungsmechanismus? Warum?

❏ Warum und wie kann eine Strafe die Belastung verstärken?

❏ Was geschieht, wenn weder Religion noch kulturelle Strukturen eine vollständige Entlastung bieten?

❏ Welches Gewissen weist eine höhere Ausfallquote auf im Streben nach Gewissensfrieden? Worin unterscheidet es sich von der anderen Art?

❏ Welche Funktion und Motive kann Selbstmord haben bei Menschen mit einem

    a. … schuldorientierten Gewissen?

        – Welche Kriterien sind dabei vordergründig?

        – In wie weit sind andere Gesellschaftsmitglieder mitbeteiligt?

        – Wie könnte ein bestimmter Selbstmord vermieden werden?

    b. … schamorientierten Gewissen?

        – Welche Kriterien spielen hierbei eine Rolle?

        – In wie weit sind andere Gesellschaftsmitglieder mitbeteiligt?

        – Wie könnte ein bestimmter Selbstmord vermieden werden?

❏ Welche Anforderungen werden an eine Religion gestellt, dass die Belastung nach einer „Sünde" eine korrektive Reaktion hervorruft?

❏ Welche Bedingungen muss eine kulturelle, gesellschaftliche und religiöse Struktur aufweisen, wenn der Gewissensfriede der Menschen nach der Entlastung für eine Straftat dauerhaft und absolut sein soll?

### 1.3.5   Fallbeispiele

❏ Ein deutsches **Volkslied** besingt, dass „ein ruhiges Gewissen" den „Schlaf versüßen" soll: Welche Volksweisheit steckt hinter dieser Dichtung?

❏ In **Mikronesien** begehen auffallend häufig junge Menschen **Selbstmord**, obwohl die Regierung anstrebt, die alte Kultur wieder aufleben zu lassen und zu stärken, was auch den animistischen Gewohnheiten wieder öffentliche Anerkennung verleiht. Andererseits sind viele Jugendliche durch Satellitenfernsehen, Videos, Literatur und ausländische Lehrer für ihren „High School"-Abschluss (amerikanisches Abitur) über die ethisch-moralische Entwicklung im Westen informiert. Welche Zusammenhänge könnten bei den häufigen Selbstmorden für ein schuldorientiertes bzw. für ein schamorientiertes Gewissen wichtig sein?

❑ In einem kleinen Dorf in **Südwales** haben in jüngster Vergangenheit innerhalb eines Jahres (2007) 17 junge Menschen auf die gleiche Art und Weise **Selbstmord** begangen – ohne Ankündigung und Abschiedsbrief. Polizei und Psychologen sind ratlos, Eltern sind verzweifelt. Stellen Sie qualifizierte Vermutungen an mit wenn/dann-Behauptungen.

❑ In Asien wird ein **Strafgefangener** zum Wegebau gezwungen. Im Westen bleiben die Strafgefangenen hinter so genannten „schwedischen Gardinen" (Gittern) und hohen Mauern. Welche Konzepte für Strafe stehen dahinter?

❑ Wenn ein **afrikanischer Straftäter** wählen könnte, in welchem Land ihm der Prozess gemacht werden sollte: Was würde er vielleicht wählen? Warum?

❑ Was ist der Sinn der **Strafe** in Asien und im Westen? Wie empfindet die jeweilige Bevölkerung diese Art der Bestrafung?

❑ Bis ins späte Mittelalter wurden in deutschen Städten Menschen an den **„Pranger"** gestellt: „Streithähne" (bzw. streitende Frauen) wurden in ein Doppeljoch gespannt, andere Straftäter an einen dafür vorgesehenen Pfosten mitten auf dem Marktplatz gebunden und ein Schild mit ihrer Straftat um ihren Hals gehängt. – Auf Puluwat, einer zentralkarolinischen Insel Mikronesiens, band man früher junge Männer, die sich der Autorität der älteren Generation nicht unterordnen wollten und sich auffällig gegen das vorherrschende Muster verhielten, tagsüber an einen Pfosten des Inselversammlungshauses. – In den USA verurteilten vor wenigen Jahren Richter die Angeklagten bei geringfügigen Straftaten dazu, mit einem Schild mit der Bezeichnung ihrer Straftat um den Hals hängend drei Stunden an der Staße vor dem Gerichtsgebäude auf und ab zu gehen.

  a. Worin besteht die Strafe jeweils wirklich?

  b. Wird das in allen Kulturen gleich stark empfunden?

  c. Worin könnten die gemeinsamen oder ähnlichen Denkstrukturen und/oder Gewissensstrukturen bestehen?

  d. Warum empfanden die Richter vor wenigen Jahren in den USA ähnlich wie die in Europa vor langer Zeit?

  e. Warum wurde wohl in den Kulturen diese Art die erzwungene soziale Kontrolle abgeschafft?

  f. Wie wirksam waren diese Maßnahmen vermutlich in der jeweiligen Gesellschaft? Warum?

  g. Welche Nebenwirkungen wurden in Kauf genommen?

  h. Welche Langzeitwirkungen hatten wahrscheinlich solche Erlebnisse bei den Betroffenen?

❑ Einige Schülerinnen einer Bibelschule in Asien verstoßen gegen die **Schulordnung**. Der einheimische Schulleiter schlägt dem Vorstand drei verschiedene, graduell in der Schwere abgestufte Strafen vor. Dem einzigen Missionar im Vorstand kommen alle Vorschläge zu wenig durchgreifend vor; er meint, dass alle drei Strafen verhängt werden sollten. Da ihm niemand widerspricht, übernimmt der Schulleiter diese Meinung und gibt entsprechende Anweisungen. Analysieren Sie den Vorgang:

  a. Was wollte der Schulleiter ursprünglich bezwecken?

  b. Was war das Motiv des Missionars?

  c. Warum schwiegen die anderen Vorstandsmitglieder?

  d. Wie empfanden die Schülerinnen vermutlich die Strafen?

  e. Wie könnte sich das auf ihre Einstellung zum geistlichen Dienst ausgewirkt haben?

❑ Zunehmend verweisen bei unseren Gerichtsverhandlungen Verteidiger auf die Erziehung, die seelische Verfassung und die gesellschaftlichen Einflüsse bei einem Straftäter und fordern dementsprechend **Strafmilderung**.

a. Welche Gedanken stehen dahinter?

b. Wer müsste bei einer Milderung den „Rest" der eigentlichen, vollen Strafe „abbüßen"?

c. Ist die Forderung der Strafmilderung gerechtfertigt?

❑ Die Hintergründe für die **Bildung eines schamorientierten** Gewissens sind vielfältig und manchmal nicht eindeutig durchschaubar.

a. Wo liegen die Kriterien bei der Autorität des Gewissens?

b. Warum braucht ein Gewissen eine höhere Autorität?

c. Wie wirkt sich die Autorität auf die Normen im Gewissen aus?

d. Erklären Sie den Unterschied zwischen internalisierter und externer Autorität.

e. Welche Familienverhältnisse sind verantwortlich in der Gewissensbildung?

f. Welche Werte sind verantwortlich für die Entwicklung eines schamorientierten Gewissens, und welche Werte fehlen?

g. Welche weiteren Verhältnisse können verantwortlich sein für die Bildung eines schamorientierten Gewissens, z.B. in der Erziehung?

h. Wie entstehen Werte in der Gesellschaft, wer oder was ist deren Autorität und wie gelangen sie in das Gewissen eines Individuums in einer schamorientierten Kultur?

# 1.4 Soziologische Auswirkungen des Gewissens (Kapitel 5.)

## 1.4.1 Die Unterscheidung der Modelle A und B mit der Palme („Form")

❑ Welcher Darstellung der beiden Beispiele würden Sie den Vorzug geben? Warum?

❑ Welche Darstellung entspricht eher einer schamorientierten Kultur?

❑ Woran wird man bei der Erklärung des Entstehens des Gewissens feststellen können, dass eine der beiden Darstellungen angewendet wird?

## 1.4.2 Der „Mutterboden"

❑ Wie entsteht ein „Mutterboden" für die Gewissensprägung und woraus besteht er?

❑ Welche Elemente sind variabel innerhalb einer Gesellschaftsgruppe, welche konstant?

❑ Warum erscheint eine Veränderung nach der grundlegenden Prägung schwierig?

## 1.4.3 Die Beeinflussung der Form

❑ Warum erscheint in dieser Darstellung die Beeinflussung eines Gewissens als nur langfristig möglich?

❑ Wie könnte die Beeinflussung beschleunigt werden?

❑ Welche Gefahren bestehen bei einer starken Beschleunigung?

❑ Was geschieht, wenn bei Kindern keine bewusste Beeinflussung und Stärkung der Form des Gewissens geschieht?

❑ Diskutieren Sie diesen Zusammenhang mit dem Prinzip der antiautoritären Erziehung.

## 1.4.4    Die Funktion

❑ Die vielfältige, gravierende, unterschiedliche Auswirkung des Gewissens im sozialen Umfeld wird in Frage gestellt: Das Gewissen sei einerseits von vorne herein festgelegt, andere behaupten, es sei völlig relativ. Argumentieren Sie für und gegen diese Einstellungen.

❑ Welchen Einfluss hat die Gesellschaft auf das Gewissen des Individuums?

❑ Wie wirkt sich das in einer Gesellschaft vordergründig und dann anhaltend aus, wenn das Gewissen der Mitglieder dieser Gesellschaft nicht bis zu einem gewissen Grad zuverlässig funktionieren würde?

❑ Wie, wenn überhaupt, entsteht ein Gemeinschaftsgewissen, ein Kulturgewissen, oder ein Religionsgewissen?

## 1.4.5    Fallbeispiele

❑ **Ein Mann stellt sich** 10 Jahre nach einem Mord der Polizei. Die Kriminalpolizei hatte den Fall schon lange als unlösbar abgeschlossen und das auch bekanntgegeben. Der Mann kann beweisen, daß er tatsächlich der Mörder ist und bittet um eine angemessene Bestrafung.

*Qv.*: Kap. 8 für weitere Bsp.

    a. Welche Elemente seines Gewissens haben den Mann dazu veranlaßt, sich zu stellen?

    b. Welche Art von Gewissen hat dieser Mann? Woran erkennen Sie das?

    c. Wie würde sich ein Mensch mit einer anderen Art Gewissen vermutlich verhalten?

    d. Warum war das Verhalten des Mörders für die Polizei so unglaubhaft?

❑ Ein Wald wird regelmäßig als **Müllkippe** verwendet. Kein Verbot, kein Hinweis auf die Strafbarkeit dieser groben Umweltverschmutzung hat bisher genützt, auch konnte nie jemand beobachtet werden. Entwerfen Sie mindestens drei Texte für neue, wirksame Schilder, die an der Straße entlang aufgestellt werden sollen.

❑ In einer **Firma** sind **deutsche Ingenieure** und – aus Kostengründen – viele **ausländische Mitarbeiter** angestellt, die ein großes Projekt durchzuführen haben. Es kommt dabei auf absolut genaue und verlässliche Durchführung der einzelnen Aufgaben an, die nicht im Einzelnen kontrolliert werden können. Diskutieren sie die Auswirkung in der Firma, wenn

    a. … das Projekt in Deutschland durchgeführt wird.

    b. … das Projekt in einem arabischen Land durchgeführt wird, wo auch die Arbeiter angeworben wurden.

    c. … im Nachhinein gravierende Fehler festgestellt werden, die nicht in der Planung liegen.

    d. … Reklamationen vom ausländischen Auftraggeber, der auch die meisten Arbeiter gestellt hat, bei der Firma eingehen.

❑ Auf der Insel Yap in Mikronesien findet ein **Sportfest** statt. Ein Läufer ist den anderen weit voraus. Er schaut zurück und mindert seine Geschwindigkeit, bis die anderen aufgeholt haben und geht mit einem kleinen Vorsprung ins Ziel.

    a. Wie lässt sich dieses Verhalten erklären?

    b. Wie wirkt sich eine solche Einstellung auf die Leistungsbereitschaft einer Gesellschaft aus?

    c. Wie würde ein solches Verhalten in einem westlichen Land von den Sportskameraden gewertet?

    d. Was würde geschehen, wenn sich ein solcher Läufer bei der Auswahl für die Olympia-Qualifikation eines westlichen Landes befindet?

e. Wie verhalten sich vermutlich afrikanische Freunde, die gemeinsam an einer solchen Auswahl teilnehmen?

f. Diskutieren Sie dieses Verhalten im Zusammenhang mit der Olympiade.

❑ In der westlichen Ellenbogen-Gesellschaft nimmt im Kampf um Arbeitsplatz und Einfluss die **Rücksichtslosigkeit** immer mehr zu. Auch **Mobbing** ist an der Tagesordnung, um die eigene Stellung zu sichern. Immer häufiger ist solches Verhalten auch in christlichen Werken erkennbar, wenn auch noch geistlich verbrämt.

a. Welche Gewissensdynamik steht dahinter?

b. Was ist bei Christen dabei möglicherweise falsch verstanden?

c. In welcher Beziehung stehen Individuum und Gesellschaft, und wie beeinflussen sie sich gegenseitig?

d. Welche Langzeitfolgen könnten diese Verhaltensmuster für Individuum und Gesellschaft haben?

# 1.5    Grundverständnisse über das Gewissen

❑ Sie sollen einem Kandidaten für eine interkulturelle Leitungsaufgabe die *Funktion des Gewissens* erklären: Versuchen Sie, eine Darstellung für ihn zu zeichnen und beschreiben Sie, wie und warum Sie dabei die westlich-herkömmliche Vorstellung des Gewissens von dem eines Asiaten unterscheiden. Weisen Sie das anhand von Beispielen mit *geschichtlichen* und/oder *ethnologischen* Werkzeugen nach.

❑ Eine *religiöse „Bekehrung"* als *Paradigmenwechsel* in der Persönlichkeit eines Menschen: Skizzieren Sie die Vorgänge der einschneidenden Veränderungen beim schuldorientierten Gewissen bei einem Religionswechsel eines deutschen Atheisten zum Islam.

❑ *„Das Gewissen treffen"*: Warum ist das Gewissen das Ziel der christlich-evangelistischen Verkündigung in jeder Kultur? Wie „trifft" man in der Verkündigung ein scham-orientiertes Gewissen? Argumentieren Sie *missiologisch*.

❑ Die *christliche „Bekehrung"* ist ein radikaler Eingriff in die Persönlichkeit eines Menschen: Skizzieren Sie die Vorgänge der einschneidenden Veränderungen in einem schamorientierten Gewissen. Belegen Sie Ihre Ansicht *biblisch-theologisch*.

❑ Sie versuchen anhand der *Sprache* herauszufinden, ob Sie es mit einer scham- oder schuldorientierten Kultur zu tun haben. An welchen Begriffen kann man das erkennen und warum? Wie würden Sie vorgehen? Verwenden Sie *linguistische* Werkzeuge (inkl. biblische Sprachen).

❑ Unterscheidung *Paradigmenwechsel religiös* und *säkular*: Worin besteht der Unterschied zwischen der Veränderung zur stärkeren Schuldorientierung bei einer christlichen „Bekehrung" und einem Jurastudium (bzw. einer wissenschaftlichen, auch technischen Disziplin)? Argumentieren Sie *soziologisch*.

❑ Bei welcher Art *Paradigmenwechsel* gehieht wahrscheinlich eine Verstärkung der Schamorientierung? Argumentieren Sie – wenn möglich – *psychologisch*.

❑ *Konsequenzen* der Gewissensorientierung für interkulturelle Arbeit: erklären Sie die verschiedenen Gewissensfunktionen in deren Einfluss auf Integration, Verantwortung, Leitung, Zusammenarbeit (Team).

❑ *Paradigmenwechsel* in einem schamorientierten Umfeld: Beschreiben Sie einen fiktiven Fall. Erklären Sie, ob, wie und warum sich das Emfinden für Schuld und Scham verändern und welche Auswirkungen das für das Umfeld haben wird.

❑ Im Dezember 2008 wird im deutschen Fernsehen eine sog. *„blackbox"* (wie bei Flugzeugen üblich) propagiert, das vor allem Führerschein-Anfänger in ihrem Fahrzeug freiwillig installieren können. Es funktioniert wie ein Navigationsgerät, zeichnet jedoch alle Bewegungen des Fahrzeugs auf und im Nachhinein können z.B. im

Falle eines Unfalls Eltern, Versicherung und sogar Rechtsanwälte Einblick in das Fahrverhalten nehmen. Das Gerät kostet ca. € 400,– ; bei konsequenter Verwendung gewährt die Versicherung eine Präminenreduktion von ca. € 1000,–.

a. Welche vordergründige Logik steht dahinter?

b. Welche Art von Gewissen wird hier vorausgesetzt?

c. Welche Art von Gewissen reagiert wie auf diese „blackbox"?

d. Warum wird ein solches Übewachungssystem als notwendig erachtet?

e. Welche hintergründige, längerfristige Veränderungen sind in der deutschen Gesellschaft vor sich gegangen, die eine solche Maßnahme als wichtig erscheinen lassen?

## 1.6    Zum Schluss noch ein Test

Bei diesem Test erkennen wir, welche Art von Gewissen wir haben:

Wir sind nachts um zwei Uhr unterwegs auf den Straßen, mutterseelenallein. Die Ampelanlage an einer Kreuzung erscheint völlig überflüssig, und sie schaltet auf Rot. Was tun Sie? 1. Anhalten und Grün abwarten? Oder 2. kurz in die Spiegel schauen und Gas geben? Im ersten Fall liegt die Autorität ihres Gewissens in Ihnen selbst; Sie haben ein schuldorientiertes Gewissen. Im zweiten Fall machen Sie Ihr Verhalten von anderen abhängig, die Sie sehen könnten. Es war aber keiner da. Die Autorität Ihres Gewissens liegt also außerhalb. Sie sind schamorientiert.

*Qv.*: Kap. 4
Veränderung der
Empfindungen

Das merken Sie aber erst, wenn Sie nach der nächsten Kurve von zwei Polizeibeamten angehalten werden und einen Strafzettel bekommen. Wenn Sie sich dann in Ihrer Ehre gekränkt fühlen, sich über die Beamten ärgern und sie gar noch beschimpfen, machen sie diese zu „Sündern", die Ihren Prestigeverlust verursachten.

# 2.    Forschung zum Thema Gewissen

Erkenntnisse wachsen langsam, vor allem, wenn sie vorhandenen Denkstrukturen diametral entgegenstehen. Manche kristallisieren sich erst im Zusammenhang nach der Sondierung in allen Himmelsrichtungen, bis sich ein „Steinbruch" zeigt, in dem eine „Ader" entdeckt wird und weiter verfolgt werden kann – manchmal tage- und wochenlang „unter Tage". Andere Erkenntnisse finden sich wie Goldkörner im Berg, der durchgesiebt werden muss. So erscheint auch der Ertrag von einer Woche intensiver Interview-Arbeit unter schwierigen äußeren Umständen manchmal recht kärglich. Archive tendieren dazu, eine schier unergründliche Fülle von Material bereit zu halten; anfangs ist man nicht sicher, ob die Exzerpte überhaupt relevant sein werden. Die Ausbeute kann oft erst später evaluiert werden.

Jedes Thema, dessen Hintergrund und Zusammenhang, verlangt geeignete Werkzeuge, mit denen Informationen erarbeitet werden können, die nachweisbar und so eindeutig sind, dass sich auch noch spätere Generationen darauf verlassen, aber auch nachprüfen können. Diese Arbeit blieb zwar für die Erkenntnisse in diesem Buch nicht erspart, jede Information in jedem Fall nachzuweisen wäre nach drei Jahrzehnten eine Überforderung für Forscher und Leser. Verschiedene Erkenntnisebenen haben sich gebildet, wobei frühere Ergebnisse als selbstverständlich für nachfolgende Fragestellungen vorausgesetzt wurden. Begonnen wurde noch vor dem Zeitalter des Personal-Computers, abgeschlossen ist die Forschung nie: Sie ist so unergründlich wie der Mensch und seine Psyche, so weitläufig wie alle Kulturen, die der Mensch hervorgebracht hat, so vielfältig wie seine Gesellschaften und so tief wie seine Religionen.

Das System, das sich bei der Forschung heraus kristallisiert und bewährt hat, soll jedoch hier in aller Kürze vorgestellt werden. Es kann heute leicht in modernen Computerprogrammen umgesetzt, aber dann nicht mehr so einfach erklärt werden – so wenigstens erscheint das dem Autor.

## 2.1    Manueller Computer als Forschungswerkzeug

Dieses Werkzeug hat sich vor allem bei Feldforschungen mit beobachtender Teilnahme, bei geplanten Interviews in schwierigen klimatischen Situationen, bei der Arbeit in Archiven, bei Literatur-Exzerpten unterwegs auf Schlaglochstraßen und bei heiklen Gesprächen gegenüber dem elektronischen Computer als vorteilhaft bewährt. (Sandsturm in Ägypten, sehr arme Verhältnisse in den Slums von Khartum, schlechte Reiseverhältnisse und Fußmärsche im Urwald Nordbrasiliens und anderen Ländern Südamerikas mit Platzregen, Sicherheitsrisiko in Tempeln in Indien, irregulären oder nicht vorhandener Stromversorgung,...). Das System kann leicht adaptiert und vor allem recht unauffällig und unaufdringlich verwendet werden. Es funktioniert auch für die Auswertung sehr effektiv dort, wo ein elektronischer Computer nicht eingesetzt werden kann, vor allem, wenn dieser ein wirksames Hindernis für die Kommunikation (arme Verhältnisse, Misstrauen, Vorurteile usw.) ist.

Für jeden Forschungszweck können schnell neue Karten eingesetzt und unter verschiedenen Leitkarten eingeordnet werden. In einem Ringbuch verstaut entsteht auch kein Chaos, wenn die Tasche herunterfällt. Solange die Zusammenhänge noch nicht überschaubar sind, können keine Schlagwörter oder Sammelbegriffe vergeben werden. Alle Beobachtungen werden dann erst auf leere Karten geschrieben, jeweils mit breiten Seitenrändern. Das ist in jeder Lage und Situation möglich. Sobald die Situation das zulässt und man sich einen ersten Überblick über die Ergebnisse verschaffen kann, werden den Notizen Schlüsselbegriffe am oberen Rand einer Leitkarte geschrieben und diese mit einer zugehörigen Nummer dem Text zeilenweise zugeteilt. Es ist ratsam, diese Auswertungen so bald wie möglich vorzunehmen, um noch vor Ort eventuelle Informationslücken aufarbeiten zu können. Deshalb sollte während der Feldforschung nach Möglichkeit Zeit eingeplant werden, um die Notizen sichten und auswerten zu können. Oft genug drängen Zeit und Finanzen dermaßen, dass die Gründlichkeit der Vorbereitung darüber entscheidet, wie hoch der Ertrag ist.

Die [] sind gestanzte Löcher am langen oberen Rand der Karten (mit Stanzgeräten für Spiralbindungen können schnell und einfach gleichmäßige Lochungen angebracht werden). Rechts und links können weitere Löcher angebracht werden. Jedes Loch steht für einen Schlüsselbegriff bzw. ein Schlagwort. Mit bis zu 35 Begriffen gleichzeitig zu arbeiten erfordert einen sehr guten Überblick über das Forschungsgebiet und große Vorkenntnisse. Es ist ratsam, zunächst mit 10-15 Begriffen zu beginnen und davon 3-5 Löcher als Reserve für erst später auftretende Begriffe frei zu halten.

Die leeren Erfassungskarten enthalten also zunächst nur die Löcher, aber alle bibliographischen Angaben und eigene Nummerierung. Das kann schon zuhause vorbereitet werden. Für eine Reise von einem Monat reichen 300-500 Karten, die nur einseitig beschriftet werden: Exzerpte, zusammenfassende Mitschriften von Interview und Gesprächen (ggf. erst nach einem Gespräch). Wichtig ist, die Mitschrift vorher anzukündigen und um Genehmigung zu bitten. Wenn der Gesprächspartner einen Auszug haben möchte, können die Karten kopiert, gescannt oder abgeschrieben werden.

Die Leitkarte gilt jeweils für ein bestimmtes Projekt und enthält nur die Schlagwörter, die dabei erwartet werden oder die sich durch die Inhalte ergeben.

Sind die Schlagwörter gefunden und in der Leitkarte bei einem Loch eingetragen und damit mit einer Nummer versehen, werden in den Rand rechts neben den handschriftlichen Aufzeichnungen die Nummern der Begriffe zugeteilt. Dabei kann ein Satz auch zwei oder drei Nummern erhalten.

Alle Löcher am oberen Rand, deren Begriffe auf der Karte *nicht* zugeteilt wurden, werden ausgeschnitten. Damit bleiben nur die Löcher stehen, die auf der Karte ihnen entsprechende Informationen enthalten. Für die Auswertung schiebt man eine Stricknadel durch das entsprechende Loch im ganzen Stapel und zieht alle Karten hoch, bei denen dieses Stichwort belegt ist. Jetzt kann der Vorgang chronologisch und systematisch bearbeitet und Erkenntnisse in den PC übertragen werden.

Für die meisten Forschungsprojekte heute kann ein transportabler Computer (Laptop) eingesetzt werden. Das Prinzip, nach dem man Erkenntnisse erfassen und systematisch bearbeiten kann, ist jedoch im Grunde dasselbe. Das System ist leicht in ein Computerprogramm übertragbar.[1]

Die Abbildungen zeigen als Beispiel Karteikarten, die als ein solcher „manueller Computer" für die Erfassung der Quellentexte für die Pastoralbriefe verwendet und hier weiter entwickelt wurden. Die in Power Point Präsentationen umgesetzten Schlüsselkarten zeigen die Begriffe und ihre inhaltliche Zuordnung, die in den zu untersuchenden Texten erkennbar sind.

**Die Schlüsselkarte I** erfasst die Elemente des Gewissens nach unserem System.

Die Erfassungskarten dazu enthalten nur die Löcher und die bibliographischen Quellenangaben.

*Qv.*: Kap. 6, 10

---

[1] SIL, das Summer Institut for Linguistics, hat entsprechende Software zur Erfassung von grammatikalischen Formen entwickelt, das ggf. auch für andere Zwecke umprogrammiert werden kann.

**Die Schlüsselkarte II** unterscheidet bei den Texten das natürliche und das neue
Gewissen mit der jeweiligen Untergliederung.

**Die Schlüsselkarte III** unterscheidet bei den Texten das natürliche und das neue
Gewissen mit der jeweiligen Untergliederung.

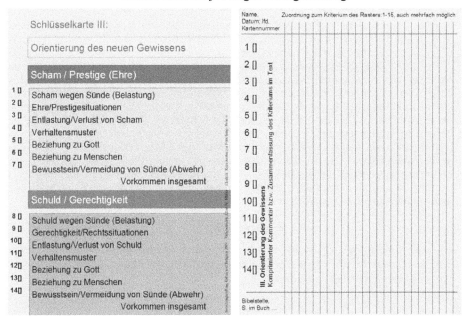

**Die Schlüsselkarte IV** konzentriert die Auswertung der Texte auf die Autorität des jeweiligen Gewissens und auf die Herausforderungen, die an das Gewissen gestellt werden.

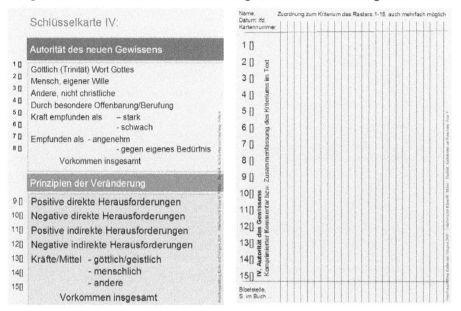

## 2.2    Lebensscript

*Qv.*: Grafiken
„Lebensscript"
Auf der CD

Um ein realistisches Bild von seiner eigenen Prägung oder der anderer Menschen zu erhalten, kann ein *Lebensscript* erstellt werden. Dazu ist jede Phase des Lebens, vor allem die frühkindliche bis zur Festigung des Gewissens, aus der eigenen Erinnerung und zur Kontrolle dafür aus der Sicht von den Personen zu beschreiben und zu analysieren, die das junge Leben begleitet haben. Das ergibt tiefe Einsichten in die Quellen der eigenen Persönlichkeitsstruktur, erklärt Empfindlichkeiten und Stärken, potentielle Schwachstellen und Fähigkeiten. Dabei lassen sich Zwänge erkennen, in denen die betreffende Person selbst oder nahe stehenden Menschen gestanden haben. Versöhnung mit Situationen und Menschen wird leichter und man findet vielleicht auch den Mut, die Fäden zerbrochener Beziehungen wieder aufzunehmen. Allein das Interesse an der Vergangenheit bringt den Menschen näher, mit denen es Berührungsflächen gab. Allerdings sollte man sich dabei nicht dazu verleiten lassen, alte Familienzwiste auszugraben – eher sollten dessen Wurzeln bloßgelegt werden, um sie zu entkräftigen.

### These 362

**Das Lebensscript ist ein wichtiger Versuch, den Grundaufbau des eigenen Gewissens zu rekonstruieren – bzw. die Bedingungen dafür, die andere Menschen bewusst und unbewusst vorgegeben haben.**

## 2.2.1 Familiäre Prägungen und Auswirkungen: Familienatmosphäre

### 2.2.1.1 Familienmythos

Ein **Familienmythos** erhellt die Atmosphäre, in der man aufgewachsen ist; sie sind vielleicht als Lebensprinzip erkennbar, das sich durch die Familie in der eigenen Persönlichkeit eingenistet hat. Familienmythen entstehen durch Rücksichtnahmen, Tabuisierungen, oder Peinlichkeiten.

Zum Beispiel entstand durch die körperliche Schwäche der Mutter der Mythos, dass man auf Mütter Rücksicht nehmen muss, dass man sie nicht belasten darf.

Oder: Der Vater hatte einen Unfall unter Alkoholeinfluss – die Familie spricht darüber als vom „Verkehrsunfall".

Noch schwieriger: Ein Familienmitglied hat Selbstmord begangen – die Familie spricht später nur noch von dessen „Sterben".

### 2.2.1.2 Familienmotto

Ein Motto umschreibt die Grundeinstellung, Grundüberzeugung, die Denkstruktur in der Familie. Das Familienmotto prägt entscheidend den Lebensstil der Familienmitglieder.

**Beispiele:**

| | | |
|---|---|---|
| Das gibt's bei uns nicht! | Das braucht's nicht. | Auf einen groben Klotz gehört ein grober Keil. |
| Wir sitzen alle im Glashaus. | Mann kann nichts erwarten, ohne etwas dafür getan zu haben. | Wir sind was Besseres. |
| Da muss man d'rüberstehen. | Wir sind die kleinen Leute. | Was sollen da die Leute denken! |
| Alles kleine Fische. | Wir machen uns nicht zum Affen. | My home is my castle. |
| Ein Mädchen läuft einem Jungen nicht nach. | Was man macht, macht man gründlich. | Das passiert mir nicht! |
| Entweder ganz oder gar nicht. | Bei uns wird pariert! | Der Vater hat immer recht. |
| Den Eltern widerspricht man nicht. | | |

### 2.2.1.3 Externe Prägungen und Auswirkungen – Externe Impressionen aus der Kindheit:

| | | |
|---|---|---|
| Was wissen andere noch über mich? | Was weiß ich noch von ihnen? | Was war mir eindrücklich? |
| Was ärgert mich? | Woran erinnere ich mich gern? | Was verdränge ich? |

Eindrückliche Erlebnisse / Unfälle / Übergriffe / schwierige Situationen

### 2.2.1.4 Geeignete Informanten

| | | |
|---|---|---|
| Eltern | Geschwister | Erzieher/in (Kindergärten) |
| Lehrer: Grundschule, weitere Schulstufen | Verwandte: Onkel, Tante, Vettern, Cousinen | Freunde der Eltern |
| Nachbarn | Eigene Freunde | Schulkameraden |

### 2.2.1.5    Auswertung: Informationen skizzieren, vergleichen, werten

| Was wiederholt sich? | Was verstärkt sich? | Wie werten die Informanten? |
|---|---|---|
| Was hat sich relativiert? | Was drängt sich immer wieder zuerst auf? | Welche meiner Charakteristiken erkenne ich darin? |
| Was macht mir heute noch Mühe? | Was ist mir zum positiven Beispiel geworden? (So hätte ich das auch gerne!) | Was ist mir zum negativen Beispiel geworden? (Bloß so nicht!) |
| Wofür brauche ich Hilfe? Wo sitzt ein Stachel? | Was kann ich selbst bewältigen? | Was hindert meinen Glauben? – meine soziale Kompetenz? |

### 2.2.1.6    Informationen reflektieren

Um das Leben und die damit verbundene Gewissensentwicklung bis in die Gegenwart ehrlich reflektieren zu können, braucht man einen „Spiegel", eine andere Person. Die ist normalerweise in der Ehe gegeben. Das wurde schon sehr früh in der Menschheitsgeschichte deutlich: „Es ist nicht gut, dass der Mensch allein sei – er braucht eine Hilfe!" („Gehilfin" ist in hebr. geschlechtsneutral). Ein psychologischer Test mit persönlicher Beratung hilft ebenso.[2] Dadurch werden Defizite oder besser das Entwicklungspotenzial erkennbar und Gewissensurteile offen gelegt. Das eigene Empfinden ist immer subjektiv und das Urteil über sich selbst unsicher, deshalb sollten Auswertungen so eingeleitet werden: „Ich empfinde das so."

Bei persönlichen Beziehungen müssen Konflikte „auf den Tisch". Hilfreich ist, ein Mal in der Woche für eine Stunde Zeit zu nehmen für „Ich-Botschaften": „Ich empfinde dich …" Dabei sollte man in Kauf nehmen, dass der andere „sauer" ist. Das ist ein schmerzlicher Prozess. Nicht zulässig dabei ist der Einwand: „Stimmt doch nicht, das ist ganz anders!" Denn jeder darf die Dinge anders sehen: Das Gespräch sollte beharrlich fortgesetzt werden.

Auch eine Reflexionsgruppe kann helfen, in der offen die Frage gestellt wird: Wie erlebt ihr mich? Alle sollten sich dazu äußern. Die Person darf erst am Schluss Stellung nehmen, sich aber nicht verteidigen oder rechtfertigen. Nicht hilfreich ist diese Methode, wenn die Person beleidigt ist. Dann empfiehlt es sich eher, die Meinung anonym aufzuschreiben.

Eph.4,23f;    Für Christen geben Eph.4,23-24 und Röm.12,2 die Basis für solche
Röm12,2       Reflexionen, denn auch Jesus hat einige Leute direkt konfrontiert: Petrus wegen
              Verrat, die Frau am Jakobsbrunnen auf ihre Männerbeziehungen, die Pharisäer mit ihrer Gesetzlichkeit. Er hat ihnen einen Spiegel vorgehalten. Er hat persönliche, subjektive Scham erzeugt. Dahinter steht die Frage: Sieht Gott das auch so? Es ist weniger schmerzhaft, sich vor einer vertrauten Gruppe zu schämen als vor der Öffentlichkeit. Schuld und Verdrängungen treten zutage, vielleicht erst im anschließenden Nachdenken über die Argumente, die durchaus auch falsch sein können. Dann sollte das vorsichtig und gut begründet korrigiert werden.

Diese Methoden sind eine Hilfe für eine Gewissensreflexion. Wichtig ist, dass dadurch ein Wachstumsprozess eingeleitet wird, dann wächst Vertrauen, Hilfe kann in Anspruch

---

[2] Zum Einstieg machte der Verfasser bei Persönlichkeitsbildungs-Seminaren gute Erfahrungen mit dem Persolog / DISG Test. Für vertiefte Analysen ist der „16PF-R" (16 Persönlichkeits-Faktoren, revidiert) hilfreich. Wichtig ist, dass der Test geeicht ist und der Berater geschult in der Anwendung.

genommen werden und man lernt, andere ehrlich zu korrigieren, ohne zu verletzen. Ein wichtiger einleitender Satz ist dann auch: „Ich wünsche dir …".[3]

Wenn die Liebe und das Vertrauen fehlen, ergibt diese Methode eine Abrechnung, sie erzeugt Aggressionen. Gutes sagen ist wichtig, darf aber keine Lobhudelei sein oder eine weiche Landung für einen schweren Schlag. Die Wahrheit soll in Liebe gesagt werden. Das ist das Bild einer christlichen Gemeinde – dort sollte dieser „Liebesdienst" so möglich sein. Das schärft das Gewissen.                Eph.4,15

# 3.  Erziehungsphasen für das Gewissen

Einem jungen Familienvater tanzten seine drei noch recht jungen Kinder (um fünf Jahre alt) auf dem Kopf herum – er wurde ihrer nicht Herr. In der Familie herrschte Chaos. Zudem war seine Frau nachgiebig, ruhig, weich und liebte ihre Kinder über alles. Selbst perfektionistisch und selbstbewusst, sich überschätzend, fand er zu keiner Struktur in seiner Erziehung. Natürlich beobachtete er an anderen Familien, dass das auch anders möglich war. Er wandte sich an einen Vater und nahm dessen Rat an, nicht an allen Fronten gleichzeitig zu kämpfen und viele Vorschriften zu machen, die weder er noch sonst jemand in der Familie einhalten konnte. An einer Stelle anzusetzen mit zwei klaren Normen, z.B. beim Essen „ordentlich" am Tisch zu sitzen und das Besteck nicht wie einen Hammer anzufassen – das war für die ersten Wochen genug Stoff, Konsequenz zu üben und vorher klar kommunizierte Strafen einzuhalten, die sofort durchgeführt wurden, wenn das nicht so klappte.

### These 363

**Selbstüberwindung und Selbstkontrolle ist für beide Eltern wichtig.**

Sie waren bis dahin durch das Leben scheinbar geschwommen, ohne dass es ihnen viel abverlangt hatte. Jetzt in der dritten oder vierten Erziehungsphase wurden sie von ihrer Prägung eingeholt.

Das geschieht Eltern auch noch in der Pubertät ihrer Kinder manchmal sehr vehement. Die Eltern stellen dann entsetzt fest, dass sie keine Autorität mehr für ihre Teenies darstellen. Die Gruppe, und dabei bestimmte Leitfiguren oder die erste Liebe – erwidert oder nicht – übernehmen die Orientierung. Manche Eltern sind verzweifelt: sie haben keinerlei Zugang mehr zu ihren Kindern, die völlig fremdgesteuert erscheinen.

### These 364

**Vermutlich hatten die Eltern in den Jahren vorher zu viel Freiheit gegeben, in der sich die Kinder verloren fühlten. Die Eltern waren zu wenig konsequent.**

Versprochene Strafen oder auch positive Zusagen wurden schnell relativiert. Die Kinder erlebten wenig Grenzen, innerhalb derer sie sich zu bewegen hatten. Respekt vor Autorität konnte sich so nicht bilden, auch keine Rücksicht und Gemeinschaftlichkeit. Leidensbereitschaft um anderer willen konnte so nicht wachsen.

## 3.1  Erste Erziehungsphase: Eltern

Deren Einfluss reduziert sich ab dem 10. Lebensjahr langsam, gleichzeitig sollte aber die Eigenverantwortlichkeit konsequent zunehmen. Dafür müssen Autorität, Werte und Normen durch eine konsequente, aber liebevolle Haltung verinnerlicht worden sein. Diese Grundlagen bleiben für jede weitere Prägung.

---

[3] Volker Kessler. *Kritisieren ohne zu verletzen*. Gießen: Brunnen, 2005.

## 3.2 Zweiten Erziehungsphase: Schulkameraden und Freunde

Diese Phase ist nicht zu unterschätzen. Nicht umsonst hat sich das Sprichwort gebildet: „Sage mir, wer dein Freund ist und ich sage dir, wer du bist!" Diese Phase hat umso größeren Einfluss, je stärker die Kohäsion in der Gruppe ist und umso weniger gefestigt die eigene Gewissensstruktur.

### These 365

**In dieser Zeit kann scheinbar alles zunichte gemacht werden, was Eltern in das Kind investiert haben.**

Ein Trost bleibt: Vieles scheint verloren, doch eine Grundlage bleibt, wenn sie auch überlagert wird. Oft kommen die Kinder einige Jahre später wieder darauf zurück, wenn die Enttäuschungen das eigene Lebensbild realistischer werden ließen. Doch eine Garantie gibt es nicht.

## 3.3 Dritte Erziehungsphase: Bezugsperson Freund oder Freundin

Diese Person ist vor allem wichtig, wenn die Liebe in eine Ehe mündet. In dieser Zeit geschehen viele scheinbar radikalen Veränderungen an der Oberfläche, auf der Ebene der Wesenszüge, wo sich Verhaltensmuster bilden. Wenn die Veränderungen nicht tiefer in der Persönlichkeitsstruktur hineinreichen, halten sie vielleicht gerade mal bis in die ersten Ehejahre. Deshalb scheitern viele jungen Ehen. Die größte Chance für dauerhafte, bleibende, tragfähige Veränderung nach der Kindheit ist eine vertrauensvolle Ehe, in der sich die Partner gegenseitig respektieren, ohne sich zu dominieren. Hier können täglich neue Denk- und Verhaltensmuster eingeübt werden, die – verstärkt durch die Liebe – zum gemeinsamen Besitz werden.

### These 366

**Gemeinsam eingeübte Denk- und Verhaltensmuster lassen ein Ehepaar nach außen und im Normalfall auch nach innen immer mehr als eine Person erscheinen – in der Persönlichkeit ihrer Ehe, wie auch unter einem gemeinsamen Nachnamen.**

Hier sollte jedoch keine Erziehung mit Strafe mehr stattfinden, die den anderen zum Kind degradiert, sondern aus Respekt und Liebe stellt sich der eine auf den anderen ein oder sie einigen sich auf eine gemeinsame Linie, die den gemeinsamen Herausforderungen des Lebens entspricht und gerecht wird. Vergebung und Rücksicht auf gegebene Grenzen ist dafür eine wichtige Voraussetzung, genauso wie der grundsätzliche Wille für den gesamten Vorgang. Das ist auch die beste Voraussetzung für Einigkeit, besser Gemeinsamkeit in der Erziehung der Kinder. Der Partner bleibt jedoch oft die Autorität für diese Veränderungen, und sobald dieser wegbricht durch längere Trennung oder Tod, brechen auch alte Muster wieder durch. Das kann sogar noch im Alter geschehen.

## 3.4 Vierte Erziehungsphase: Arbeitsplatz

Dazu gehört auch schon das Studium oder die Ausbildung. Sie verläuft oft parallel zur dritten Erziehung und kann diese ergänzen, fördern oder hindern. Hier herrschen oft harte Prinzipien des Arbeitskampfes, zum Erhalt der Arbeitsstelle, um die Konkurrenz auszuschalten oder mit der Entwicklung Schritt zu halten. Eine hohe Leistungsbereitschaft, eine gewisse Härte sich selbst und anderen gegenüber werden als Resultat daraus gefordert, auch Selbstdisziplin und Eigenverantwortlichkeit. Wenn diese Eigenschaften nicht innerhalb kurzer Zeit entstehen, besteht die Gefahr, den Arbeitsplatz zu verlieren oder von anderen überrundet zu werden – und oft genug nicht weil die Kollegen ein besseres Wissen vorzuweisen haben. Grad und Grenze der notwendigen Leidensbereitschaft gegenüber einer mehr oder weniger rücksichtsvollen Durchsetzungsfähigkeit müssen sorgsam gegeneinander abgewogen werden.

### These 367

**Dabei entscheiden die verinnerlichten Werte, die als unaufgebbar im Gewissen veranlagt sind und die man nicht aufgeben kann, ohne seine Persönlichkeit zu verleugnen.**

Die doppelte Persönlichkeit entsteht bei Doppelmoral oder „Gumminormen", wobei Wahrheit und Gerechtigkeit flexibel gehandhabt werden. Das Gewissen erträgt diesen Stress nur, wenn es in der Kindheit und Jugend sowie in der Partnerschaft nicht eindeutig auf entsprechende Werte und Normen geeicht und die höhere Autorität entweder schwach oder nicht internalisiert wurde oder nicht vorhanden ist. Das Gewissen wird dabei bis zur Unbrauchbarkeit manipulierbar.

Verantwortung am Arbeitsplatz oder die Position im Beruf prägt den Menschen. Manche Personen sind durch die Herausforderung ihrer langfristigen Tätigkeit zu der Persönlichkeit geworden, als die sie bekannt wurden. Hohe Verantwortung und vielseitige Belastung hinterlassen ihre Spuren: Die einen wachsen daran, auch ihr Gewissen wird stabil und sicher.

### These 368

**Ein Mann unter Autorität ist Autorität – er ist sich seiner Verantwortlichkeit einer höheren Instanz gegenüber bewusst. Andere haben kein Reservepotenzial und kompensieren mit Macht – eine angeeignete Autorität.**

## 3.5   Fünfte Erziehungsphase: Erziehung der eigenen Kinder

Dabei wird offenbar, was bisher in das Gewissen investiert wurde. Dementsprechend wird der Erwachsene nicht lasch, inkonsequent oder überreagierend erziehen, sondern – in Übereinstimmung mit dem Ehepartner und den Anlagen jedes Kindes entsprechend – geradlinig und konsequent.

### These 369

**Eine bewusst und richtig eingesetzte Belastung des jungen Gewissens durch sinnvolle und emotionsarme Strafen, aber auch durch gezielte Entlastung durch Vergebung bewirkt ein „gesundes" Gewissen.**

Neue Bewährungen brauchen eine jeweils höhere Selbstverantwortung, damit sich das Gewissen der Folgen des jeweils konformen oder nonkonformen Verhaltens bewusst wird. Vertrauen und Aufarbeitung von Fehlern sind eine wichtige Basis für die Stabilisierung des Gewissens. Wenn das Kind z.B. nach einem selbst erkannten Fehler zu den Eltern kommt und um Hilfe bittet, ist das eine stärkere Motivation für Verantwortlichkeit als jede Strafe.

Jede Trennung von den Eltern, jede Unregelmäßigkeit und jeder Eingriff von außen in die Beziehung wird vor allem beim Kleinkind als Angst empfunden und kann an sich schon eine Strafe sein. Angst darf nie manipulativ eingesetzt werden. Der Gewissensfrieden muss durch geklärte, starke Beziehungen und Bindungen innerhalb der Familie untermauert sein. Dann entsteht die Fähigkeit für Vertrauen, das nicht blind ist, jedoch belastbar. Um ein solch starkes und verlässlich funktionierendes Gewissen zu prägen braucht es zwei Eltern, die sich einig sind und in ihrem Leben und in ihrem Umgang miteinander diese Prinzipien reflektieren. Fehler durch falsche Einschätzung der Situation oder durch emotionale Überreaktion können dann von Eltern und Kindern aufgefangen werden und dienen der realistischen Einschätzung der „unperfekten Zuverlässigkeit" des Gewissens. Die laufende Verständigung zwischen den Eltern und das Vertrauen, die Entscheidungen des anderen anzuerkennen und konstruktiv darauf aufzubauen, selbst wenn sie nach eigener Sicht falsch waren, stärkt die Beziehung der Partner zueinander, wodurch die Ehe um so belastbarer wird auch für andere Herausforderungen des Lebens.

**These 370**

**Erziehungsarbeit ist erziehende Arbeit an sich selbst.**

# 4. Ratio, Emotionen und die epistemologischen Fenster

### Grafik 49: Der Pendel-Effekt in der Kirchengeschichte

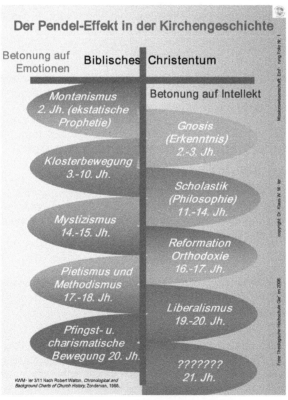

Kultur, Religion, Gesellschaft, Ideologie und persönlicher Glaube und damit auch das persönliche wie auch ein Kollektivgewissen der Gruppe, zu der sich ein Mensch zugehörig weiß, bewegen sich mehr oder weniger auf den beiden Ebenen der Emotionen und der Ratio (Intellekt). Beide habe ihre Berechtigung und brauchen einander, damit Mensch, Gesellschaft, Kultur und Religionen „funktionieren". Keine darf zugunsten der anderen missachtet, vernachlässigt oder überbetont werden. Kultur und Religion ergeben eine Balance, meist sind jedoch beide auf beiden Ebenen angelegt.

Diese beiden Ebenen ziehen sich durch die Geschichte, die abwechslungsweise ihre Schwerpunkte wechselte. Der Wechsel zur jeweils anderen Ebene geschah, wenn Widerstände auftraten, die bei einem logischen Fortschritt der Gedanken oder der Emotionen keine Lösung für das aufgetretene Problem ergaben. Diese Widerstände sind Blockaden, die einen besonderen Kraftakt brauchen, wenn sie überwunden werden sollen. Manchmal kann diese Blockade auf der anderen Ebene umgangen werden. Diese Umleitung des Fortschritts erhöht den Druck und führt zum eventuellen Durchbruch.

## Grafik 50: Ratio, Emotionen und epistemologische Fenster

Ratio, Emotionen und epistemologische Fenster in Geschichte und Gegenwart
nach Gedanken von Lothar Käser

...in Kultur, Religion, Glaube, Theologie, Weltanschauung, Persönlichkeitsstruktur, ...
Erkenntnisblockaden (Tradition, Macht, Vernunft, Überzeugung, Gefühl) für Fortschritt / Entwicklung, Technik, Wissenschaft, Glaube>>> „Epistemologische Fenster" auf beiden Ebenen durchbrechen!

z.B. Kreuzzüge  Ketzerprozesse      30-jähriger Krieg  Endzeitenthusiasmus  Schwärmertum  Esoterik

**Emotionale Ebene**
Renaissance    Die Spannung halten für    Aufklärung usw.    Postmoderne
Balance!
Reformation
**Rationale Ebene**                                      Erkenntnisdurchbrüche
z.B. Bilderstürmer „Bundschuh"    Marxismus/Kommunismus    HKM    Säkularismus

Wenn epistemologische Fenster nicht durchbrochen werden (können):
Extremistische Auswirkungen der Einseitigkeiten - rational und emotional!
Gegenseitige Korrektur als Bewahrung vor
Einseitigkeit und als Hilfe für Erkenntnisdurchbruch

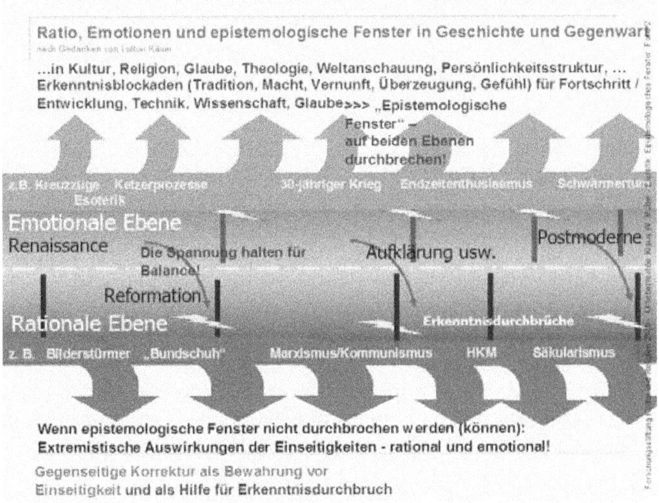

### These 371

**Blockaden ergeben sich, wenn eine Ebene keine Lösung für ein auftretendes Problem findet oder die sich anbietende Lösung nicht angenommen werden kann.**

Eine Blockade endet dann oft in traditioneller Gesetzlichkeit, die unter Umständen vehement verteidigt wird, vor allem, wenn ein bestimmtes Prestige oder eine Vormachtstellung damit verbunden sind (z.B. Musik, Kleidung, Formen, Stile; logische Folgen aus Kriegen oder Naturkatastrophen, aber auch wissenschaftliche Erkenntnisse der Medizin oder Astronomie). Die Erkenntnis, dass etwas anders werden oder sein kann, ist solide blockiert: „Was nicht sein darf, das nicht sein kann."

Auf der anderen Ebene ergibt sich eine Lösung, und je mehr Menschen geneigt sind, diese anzunehmen, um so mehr werden die überkommenen Vorstellungen und Gesetzmäßigkeiten in Frage gestellt, herausgefordert, durchbrochen und schließlich aufgegeben. Der Widerstand ist meist um so stärker, je mehr jemand nicht gewillt ist, Hilfe von der anderen Ebene als gültig anzunehmen. Die Lösung wird als ungeistlich, irrational, emotional oder einfach unannehmbar bezeichnet, jeweils begründet von der eigenen Ebene. Es tut sich weder ein Fenster noch eine Türe auf, auch kein Spalt, durch den ein Licht eindringen könnte. Es fehlt auch die Bereitschaft, ein solches „epistemologisches Fenster" zu öffnen.

## These 372

**Diese Blockade entsteht oft im Gewissen, denn die Menschen, die sie vertreten, sehen sich in ihrem Gewissen gebunden, ihren Maßstäben und Autoritäten verbunden.**

Sie lassen dann „mit bestem Wissen und Gewissen" andere „über die Klinge springen" als dass sie ihr Gewissen hinterfragen. So ist das in den sog. Hexenprozessen im Mittelalter geschehen, oder bei einem Ordalen (lat.: *ordalium* – Gottesurteil), die jeder Vernunft widersprachen (wenn z.B. als Zeichen der Unschuld die Hand in kochendes Öl getaucht werden musste).

Wenn bei Verständnisblockaden auf einer Ebene kein Ausgleich, keine Korrektur oder Hilfestellung von der jeweils anderen Ebene geschieht, staut sich die Ideologie auf und wird zum Extrem, zum Selbstläufer. So entstanden Sekten, überzogener Enthusiasmus wurde zur Verirrung. Die Idee, besser die Ideologie wurde zum Gefängnis und führte zu Gewalt oder Rücksichtslosigkeit. Besteht kein Widerstand mehr, kann sie sich auch auflösen oder sie bricht in sich zusammen (z.B. der Kommunismus im 20. Jahrhundert).

Blockaden wurden auch schon in gut gemeinter Intention von der Kirche aufgestellt (z.B. das Weltbild als quadratische Erdscheibe). Galileo Galilei hat sie rational durchbrochen, die Kirche konnte emotional nicht folgen und hat die Blockade für die Wissenschaft aufrecht erhalten. Erst nach langer Zeit konnte auch die Kirche rational folgen. Der Reformation Martin Luthers dagegen hat die katholische Kirche als Ganzes erfolgreich widerstanden: sie hat sich seine Erkenntnisse nicht zu eigen gemacht. Auch die Umleitung auf der rationalen Ebene wurde nicht nachvollzogen. Religiöse Schwärmer in Geschichte und Gegenwart entbehren rationaler Korrektur und brechen zu Sektierertum und zur Esoterik aus. So haben Bilderstürmer blindlings Kunstwerke zerstört und der Widerstand der Bundschuh-Bauern wurde in ihrem Blut erstickt. Die Täufer wurden grausam verfolgt – auch aufgrund der neuen Lehre und Erkenntnis: Korrektur hätte durch jeweils rationale oder emotionale Überzeugungsarbeit geschehen können.

Verschiedene Zeitepochen waren Reaktionen auf vorhergehende Einseitigkeiten, bewegten sich mehr auf einer Seite und verursachten entsprechende Extremreaktionen.

Durch die Aufklärung und die Folgen der Napoleonkriege verloren die Kirche und damit weitgehend das Christentum ihre emotionalen Blockade-Monopole. Die Freiheit der Vernunft entwickelte sich weitestgehend ohne emotionale (bzw. christliche) Korrektur und führte zu Verirrungen wie Kommunismus und *H*istorisch-*K*ritische *M*ethode.

Jeder Mensch ist mehr oder weniger einseitig angelegt durch Erbanlagen, Erziehung, Ausbildung und äußere Anforderungen wie Studium und Beruf. Manche Berufe sind insgesamt fast ausschließlich einseitig angelegt, z.B. sind Juristen durch und durch rational. Ohne Korrektur und Streben nach Balance leiden Verständnis, Kommunikation und Verhalten – sie werden mehr auf einer Ebene empfunden, erwartet und gelebt. Auch der empfundene und erlebte Glaube erhält von der persönlichen Ebene starke Impulse und sucht sich Bestätigung.

Für theologische Sichtweisen ist wichtig zu erkennen: Der Heilige Geist arbeitet auf beiden Seiten, er hält die Balance – er bleibt „im grünen Bereich". Durch die sog. „Berliner Erklärung" 1909 der Gemeinschaftsbewegung[4] entstand eine solide Blockade, die erst durch die Kasseler Erklärung des Hauptvorstandes der Evangelischen Allianz in Deutschland (EAD) und dem Präsidium des Bundes Freikirchlicher Pfingstgemeinden (BFP) 1996[5] in bewusster Erkenntnisarbeit einen Durchbruch schaffte. Dazwischen litt die Lehre vom Heiligen Geist empfindlich unter Ignoranz und Verdrängung bis hin zur Leugnung bestimmter Gaben. Ebenso ist die Bibel als Wort Gottes auf beiden Seiten angelegt.

---

[4] Vgl. http://de.wikipedia.org/wiki/Berliner_Erkl%C3%A4rung_(Religion) (März, 2009).

[5] Vgl. http://de.wikipedia.org/wiki/Kasseler_Erkl%C3%A4rung (März, 2009).

Für die einen bleibt sie rein rational ein Forschungsobjekt, für die anderen eine emotinale Verteidigungsstrategie. Nur die bewusste Zulassung und Annahme beider Ebenen lässt Wort und Geist ganzheitlich erscheinen und wird dabei nicht widersprüchlich. Deshalb sollte auch die Theologie beide Ebenen abdecken, was ein Ausdruck der Ganzheitlichkeit des christlichen Glaubens ist.

Aus solchen menschlichen rationalen und emotionalen Einseitigkeiten ergeben sich Schwerpunkte in Denominationen und Gemeinden, die letztlich nicht ganz vermeidbar sind, weil die persönliche Präferenz wie ein Filter wirkt. Jeder Christ sucht sich seine Gemeinde auf seiner Ebene – und lehnt die Ausdrucksweisen des Glaubens auf der anderen ab. Die evangelische Allianz strebt nach Ergänzung und empfiehlt den Kontakt zu und die Gemeinschaft mit der jeweils anderen Ebene, um nicht extrem einseitig zu werden.

### These 373

**Das Gewissen übernimmt die Einseitigkeiten und integriert Blockaden; Erkenntnisfenster sind sehr schwer durchzubrechen, vor allem, wenn Glaube mit Gesellschaft und Religion mit Kultur verwechselt bzw. vereint werden.**

Persönliche Freundschaften sollten Menschen beider Ebenen enthalten. Wenn in der Ehe gemeinsame Einseitigkeiten vorhanden sind, werden Kinder u.U. noch extremer – oder sie brechen aus; bewusster Umgang und Auseinandersetzung mit Menschen der anderen Ebene hilft zur Korrektur.

### These 374

**Falsch ist, seinen Schwerpunkt zum Maßstab für andere zu erheben. Noch schwieriger ist, den Glauben und die Theologie auf nur eine Ebene beziehen zu wollen. Dann werden auch das Gottesbild einseitig, die Bibel als Wort Gottes, die Auslegung und die Umsetzung als christliche Ethik – und die Kommunikation zwischen den jeweiligen Lagern ist solide blockiert.**

Dadurch bleiben Fragen offen, die schwierig zu beantworten sind, es kommt zu Überbetonungen und zur Vernachlässigung von bestimmten Aussagen. Auch im christlichen Glauben ergeben sich Blockaden, durch die epistemologische Fenster gebrochen werden müssen. Eine geistliche Balance hilft zum Wachstum, zur Erkenntnis und zur Stabilität.

Die größte Chance, epistemologische Fenster durch Erkenntnisblockaden aufzubrechen besteht dann, wenn sich der Mensch auf beiden Ebenen bewegt.

### These 375

**Blockaden müssen auf ihre Haltbarkeit und Berechtigung in jeder Generation neu überprüft und ggf. durch neue Erkenntnisse aufgrund von Wort und Geist durchbrochen werden, ohne das Wort zu brechen.**

Jede Generation muss neue Ausblicke, neue Lösungen, neue Antworten finden auf die Gegebenheiten und Fragestellungen in Kultur und Gesellschaft. Wie in der Wissenschaft und Wirtschaft gilt auch für den christlichen Glauben: Stillstand ist Rückschritt. Erforschung der Bibel ist die Grundlage dafür, denn neue Fragen können sich nicht mit alten Antworten zufrieden geben.                    Apg.17,11

In der Missionsgeschichte wurden schon viele epistemologischen Fenster geöffnet. Die Mission war vielfach Anstoß für ethnologische und linguistische Forschung. Die Evangelisation und der Missionsauftrag heute erwarten neue Fenster, durch welche die Menschen mit Gottes Augen gesehen und mit dem Wort Gottes angesprochen werden können. Solange sich die Welt verändert, müssen sich Methoden und Strategien verändern.

# 5.    Ein schamorientiertes Gewissen ansprechen

## 5.1    Beispiel: Die christliche Botschaft für geschlossene Stammesgesellschaften

Elenktik ist die Lehre von der Überführung des Gewissens von Schuld. Es wurde deutlich, dass es schwierig ist, in einem schamorientierten Gewissen ein Empfinden von Schuld zu wecken. Deutlich wurde auch,, dass am Anfang jeder Kommunikation mit diesem Ziel immer die Autorität stehen muss, von der das Gewissen Werte und Maßstäbe erhält. Durch die Werte erhalten Normen, die Motivation (Gehorsam) und die Strafe (bei „Sünde") ihr Gewicht.

Das bedeutet: Eine Normübertretung wird bei einem Menschen erst zur Sünde, wenn sie in Bezug zu Gott als Autorität gebracht wird. Wer Gott keine Autorität zuerkennt, wird weder Werte von ihm ableiten noch seine Normen als autoritativ anerkennen. Dann wird auch Sünde nicht als „schlimm" erkannt, also keine Strafe dafür erwartet – oder nicht so gedeutet. Genau so ist auch der Drang nach Entlastung sehr gering und wird nicht in Zusammenhang mit der Gerechtigkeit Gottes oder mit seiner Ehre gebracht. Im Mittelpunkt bleibt allenfalls die eigene Ehre, oder die „Gerechtigkeit", die der Mensch selbst als solche definiert.

**Grafik 51: Die Verkündigung in Stammesgesellschaften nach G.F. Vicedom**

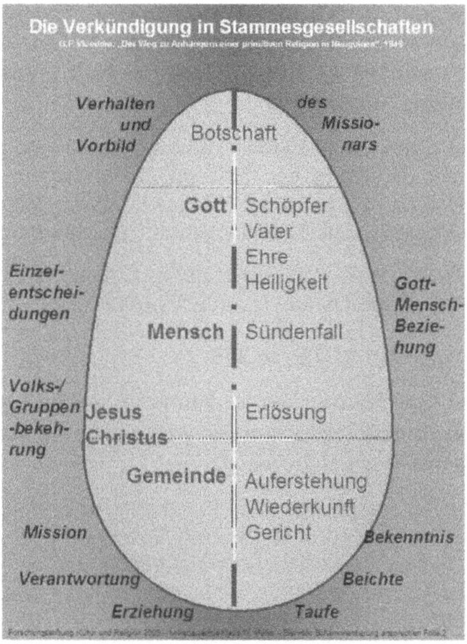

Für die Darstellung greifen wir zurück auf einen informierten Missionar, der in den 30er Jahren des vergangenen Jahrhunderts im Hochland von Papua Neuguinea eine Erweckung unter zehn von den zwölf Stämmen der Einwohner erlebte und später die Zusammenhänge analysierte.[6]

---

[6] Georg F. Vicedom. „Der Weg zu den Anhängern einer primitiven Religion in Neuguinea." 1946.

Das Verhalten und das Vorbild des Missionars sind die ersten Berührungspunkte mit den Menschen, die interpretiert werden – zunächst noch nach dem Verständnisraster der vorherrschenden Religion. Dabei bleibt noch vieles missverständlich, z.B. dass er keine Rache für zugefügtes Unrecht wie Diebstahl übte.

Die Neuguineer hätten in seinem Fall erwartet, dass er von seiner Schusswaffe Gebrauch machen würde, die er als Auflage von der damaligen australischen Regierung zum Schutz seiner einheimischen Mitarbeiter mit sich führen musste. Deswegen lachten sie ihn aus: „Du bist eine Frau, die ist schwach, mit der können wir machen, was wir wollen!" Dann aber schoss Vicedom in einem solchen Fall in die Fußspuren des Diebes: der kam kurze Zeit darauf zitternd mitsamt dem gestohlenen Schwein zum Missionar und bettelte um sein Leben. – Er hatte verstanden, dass in seinen Spuren seine Seele zurückgeblieben und die nun verletzt oder zerstört war. Damit hing auch das Leben seines Körpers zusammen, denn ohne Seele hatte der keine Überlebenschance. Natürlich „schenkte" der Missionar dem Dieb das Leben, indem er ihm das ausdrücklich zusprach: „Anutu", der große (biblische) Schöpfergott, will, dass die Menschen leben, aber sich untereinander kein Leid antun.

Der Anknüpfungspunkt für die christliche Botschaft ist die Schöpfung, Leben und Tod, Naturkatastrophen oder besondere Machtbeweise Gottes. Aufgrund dieser Autorität kann die erste Verkündigung über Gott mit seinen Funktionen für Welt und Menschheit geschehen.

### These 376

**Das christliche Gottesbild wird vom Missionar „neben" das vorherrschende Gottesbild gestellt, ohne jegliche Polemik, Diskriminierung, Falsifizierung oder „Verniedlichung" der bestehenden Vorstellungen.**

Die Erklärung geschieht in den vorhandenen sprachlichen Begriffen und religiösen Vorstellungen. Dabei werden vom Zuhörer zunächst die neuen Erkenntnisse in das alte Gottesbild eingefügt. Weil das dann nicht „passt", wird entweder das vorhandene Bild erweitert oder das neue Bild so verändert, dass es dem Verständnis der Menschen entsprechend erklärbar ist.

Je mehr Informationen gegeben werden, die in sich schlüssig sind, umso deutlicher wird, dass es zwei nebeneinander stehende Gottesvorstellungen sein müssen, die nicht miteinander vereinbar sind.

### These 377

**Wenn zu wenig eindeutige und nachhaltige Erklärungen über Gott gegeben werden – am besten durch alttestamentliche Geschichten – bleibt das Gottesbild verzerrt und es entsteht ein Synkretismus, der sich dann über Generationen hinweg zäh erhalten kann.**

Missionare sind in einem solchen Fall selbst schuld am verzerrten Bild, das die Leute von Gott haben; das verhindert, dass das neutestamentliche Evangelium nicht verstanden werden kann. Das christliche Gottesbild beweist sich selbst. Es muss nicht verteidigt, als einzig richtig oder überlegen dargestellt werden. Es ist durchaus möglich, dass dabei sprachliche Begriffe abgegrenzt, neu gefüllt und erklärt werden müssen. Die vielen alttestamentliche Geschichten, in denen die Begriffe oder z.B. der Gottesname eindeutig erscheinen, eignen sich hervorragend dafür.

### These 378

**Biblische Geschichten vor allem des Alten Testaments sind die beste Grundlage für neutestamentliche Definitionen.**

Dafür muss sich der Missionar viel Zeit lassen – die meisten sind viel zu ungeduldig und wollen so schnell wie möglich zum Zentrum des Evangeliums gelangen: Zur Botschaft von Jesus Christus, Kreuz und Auferstehung. Das ist das Ziel der missionarischen Verkündigung, nicht der Anfang, und es muss sorgfältig vorbereitet werden. Wenn sich das Gottesbild nicht im Laufe der Zeit herauskristallisiert, wurde es nicht in einheimisch verständlichen Begriffen und Vorstellungen erklärt, zu abstrakt, oder nur vom Neuen Testament her dargestellt. Synkretistische Verständnisse werden durch viele Geschichten korrigiert, in denen das Gottesbild zwar in unterschiedlichen Perspektiven, doch in einem einheitlichen Rahmen erscheint.

### These 379

**In dieser Phase können schon erste Paradigmenwechsel geschehen, z.B. aus dem Bedürfnis heraus, auf der Seite des Stärkeren zu stehen, oder um Gott einfach mal ausprobieren zu wollen.**

Vgl. 1.Kön.17    Bei Missionar Vicedom trat das ein, als eine Hungersnot ausbrach und die Leute das selbst (!) nach der Geschichte des Propheten Elia deuteten: Hungersnot wegen Ignoranz dem großen Gott gegenüber. Dann begannen die animistischen Priester den Gott des Elia anzusprechen, ihm Opfer zu bringen und reihten ihn in die Liste der Ahnengeister ein; sie baten um Vergebung, dass sie ihn seither ignorierten, da sie ja nicht von ihm wussten. Das war noch während des Sprachstudiums des Missionars, der als Übung die alten Geschichten erzählt hatte. Jetzt wurde ihm klar, dass er die Lehre von Gott systematisch aufgreifen musste.[7]

Dadurch werden die Vorstellungen geschärft, das Bild wird deutlicher. Wenn dann Stellung bezogen wird, indem sich jemand auf eine Seite stellt und die andere aufgibt, weil sie unvereinbar sind, kann ein „Power Encounter" entstehen, eine Herausforderung oder Gegenüberstellung der Mächte. Dabei wird Synkretismus eindeutig korrigiert. Diese Phase kann lange dauern. Sie ist grundlegend und sollte nicht zu früh als abgeschlossen betrachtet werden. Wie gesagt, ist es viel besser, einige Jahre an dieser soliden Grundlage zu arbeiten als voreilig zum Kern der neutestamentlichen Botschaft zu gelangen. Das Verständnis und der junge Glaube stehen dann dauerhaft auf schwachem Fundament, die Gemeinde hat jahrzehntelang mit Synkretismus zu tun und biblische Verständnisse sind ungenügend verstanden – das führt zu schwachen Glaubensbeziehungen und zu geistlichen Abhängigkeiten.

In Neuguinea hatte man diese Eindeutigkeit bald verstanden: Die alten Häuptlinge erkannten, dass damit alles neu bedacht werden müsste, was im Zusammenhang mit ihrer Religion stand. Das wollten sie nun doch nicht und sie beschlossen, dem Missionar fette Schweine zu schenken, ihn in Ehren zu entlassen und ihn zu bitten, seinen Gott doch bitteschön auch wieder mitzunehmen. Da standen die jungen Männer in dieser Versammlung auf – eine Provokation in sich, die den Alten das Recht einräumte, sofort die Speere fliegen zu lassen. Doch sie blieben stehen: „Bevor ihr mich speert, hört mir zu. Ihr könnt den Missionar bitten zu gehen; aber seinen Gott kann er nicht mehr mitnehmen. Der sitzt bei uns schon auf der Stirn!" Damit wollte er sagen, dass sie schon verstanden hatten, dass „Anutu" ihr Gott war und sie eine Beziehung zu ihm aufgebaut hatten. Der Missionar hatte mit ihnen an der Sprache gearbeitet, jede Woche eine Geschichte erklärt, sie sich zurück erzählen lassen, sie korrigiert – bis keine synkretistischen Elemente mehr enthalten waren. Am Wochenende gingen die jungen Männer in die Dörfer, in denen sie schon gespannt erwartet wurden mit ihrer neuen Geschichte.

Die Häuptlinge hatten ein Problem: Die jungen Männer töten? Dann konnten sie weder jagen, noch Kriege führen, noch schwere Arbeiten verrichten; dazu brauchten sie die kräftigen Arme und schnellen Beine. Sie gewähren lassen? Das hätte unabsehbare Fol-

---

[7] Klaus W. Müller. *Georg F. Vicedom as Missionary and Peacemaker. His Missionary Practice in New Guinea.* Word Mission Scripts 6. Neuendettelsau: Erlanger Verlag für Mission und Ökumene. Chapter IV.

gen, so viel Ahnung hatten sie schon von „Anutu", dass der „kein Federlesen machte", der war nicht zu manipulieren, der hatte Macht! Er wusste, was er wollte und zeigte, wo seine Werte lagen. Und was er sagte, das betraf sie.

Wenn das christliche Gottesbild in einer befriedigend umfassenden Form entstanden ist, kann das Menschenbild aus der Sicht dieses Gottes dargestellt werden. Dabei werden der Mensch in seiner Sündhaftigkeit und die Beziehung zu „seinem" Gott in Unversöhnlichkeit erkannt. Dieser Durchbruch kann dann relativ schnell und sogar überraschend geschehen.

## These 380

**Nur bei einem gesunden, klaren biblischen Gottesbild entsteht ein richtiges Verständnis von Sünde.**

Die einheimischen Evangelisten, die Assistenten Vicedoms, gingen von Dorf zu Dorf, an denen die wöchentlichen Geschichten ihre Runde gemacht hatten. Sie stellten einen hohen Pfosten auf und hängten oben dran einen *Qv.*: Grafik Nr. 4 „Schnittmengen"
Sack, den sie vor aller Augen mit begehrenswerten Gegenständen gefüllt hatten: Buschmesser, Werkzeuge, Schmuck, Nahrungsmittel, Stoffe, … Den ganzen Tag hing der Sack am hohen Pfosten, die Leute saßen am Boden darum herum und palaverten, wie sie wohl an die Sachen kommen konnten: die Spannung stieg. Am Abend erklärten die Evangelisten das Spiel: „Anutu" – den kannten sie jetzt schon – hat die Menschen gemacht und ihnen eine Menge guter Sachen geschenkt: Einen Garten, in dem alles gewachsen ist, …

Die Leute stellten den Bezug zum Inhalt des Sackes fest. – Nun hatte „Anutu" nur einen einzigen Wunsch an die Menschen für die vielen guten Sachen, die er für ihren eigenen Sack schenkte: Sie sollten nicht von dem einen Baum pflücken! Das sollte das Zeichen dafür sein, dass sei ihn respektierten.

Abgemacht! Aber sie entschieden sich dann doch anders und sammelten sich in ihren Sack anstelle der schönen Sachen schwere Sündensteine ein: Ungehorsam, Hass, Zorn, Neid, Mord, … und der Sack wurde immer schwerer. Tja und da ist nun der Sack, der den Menschen auf den Rücken gebunden ist und in den sie die schönen Sachen da oben hineinlegen wollen. Wer hochkommt, bekommt sie! – Die Männer probierten es, wetteiferten darum, wurden angefeuert, und ausgelacht, als einer nach dem anderen aufgeben musste: Der Steinsack war einfach zu schwer. Wenn man es nur ohne die Steine …? Sie berieten sich. Kann man die Steine leichter machen? Einige einfach verschwinden lassen? Wer kennt einen Zauber dafür? Sie blieben ratlos und wandten sich wieder an ihre Gäste. – Dann stand einer der Evangelisten auf, erklärte, dass es jemand gibt, dem er die Sündensteine überlassen kann, der das dann mit Anutu für ihn klärt. Er vertraut dem, verlässt sich darauf, dass ihn die Steine nicht wieder einholen. Er hielt den Sack am unteren Ende fest, schüttete ihn aus, band sich ihn um, kletterte mit Leichtigkeit den Pfosten ganz hoch und holte sich die Sachen aus dem Sack. Unten angekommen, waren die Männer ganz aufgeregt: Können wir das auch? Wer ist das, dem die Steine jetzt gehören? – Die Nacht am Feuer war noch lang. Als es Morgen wurde, wusste jeder, wer ihnen die Sündensteine abnehmen kann.

Aus Sündenerkenntnis entsteht das Bedürfnis nach Erlösung, für das die Botschaft von Kreuz und Auferstehung Jesu Christi eine einleuchtende Antwort ist.

Jetzt sind grundlegende Bekehrungen zu erwarten. Sie haben Konsequenzen, die sich im sozialen Bereich auswirken und dadurch motivierend sind.

## These 381

**Vielfach werden Paradigmenwechsel in sozialen Netzen stimuliert und stoßen Gruppenbekehrungen an. „Power Encounter" als Machtkampf ist dann zu erwarten – er darf aber nicht vom Missionar provoziert oder ausgelöst werden, sondern**

**geschieht durch die verstandene Botschaft und durch die Erkenntnis aufgrund der Gegenüberstellung der verschiedenen Gottesbilder.**

Dieser Vorgang geschieht in den meisten Kulturen der Welt nur in Gruppen, weit weniger als individuelle Entscheidung. Deshalb ist in solchen Kulturen – grundsätzlich immer in schamorientierten Kulturen – eine Gruppenbekehrung richtig, wichtig, solide und dauerhaft. Schuldorientierte Missionare hindern den Paradigmenwechsel einer ethnischen Gruppe, wenn sie nur Einzelbekehrungen anstreben und zulassen.

Vicedom beobachtete jetzt eine Bewegung unter den Samol: Einer von ihnen hatte schon länger engeren Kontakt mit dem Missionar und den Evangelisten, hatte sich die Geschichten und ihre Zusammenhänge immer wieder erzählen lassen. Er wurde jetzt zum Katalysator für das Verständis des Evangeliums und mischte sich in das Gespräch ein. Der Missionar stand eher an der Seite, half bei Verständnisblockaden und staunte über den Beschluss, der daraus reifte: In einem Jahr wollten sie, die Samol, ein traditionelles Riesenfest veranstalten, dabei nach alter Väter Sitte ihre Ahnengeister in Ehren für immer aus ihrem Land verabschieden und „Anutu" allein an deren Stelle setzen: Sie waren für den Stärkeren!

### These 382

**Gruppenbekehrungen sind in schamorientierten Kulturen die Regel, Einzelbekehrungen die Ausnahme.**

Der Heilige Geist bewirkt eine neue Zusammengehörigkeit, die in die Sammlung einer Gemeinde – u.U. nur für diese homogene Gruppe – mündet. Systematische biblische Lehre und Delegieren von Aufgaben und Verantwortung führen zu einer Gemeindestruktur, die den Bedürfnissen und Gegebenheiten der jungen Christen entspricht und flexibel bleiben muss.

### These 383

**Die Gemeinde entwickelt sich mit ihren biblischen Grundlagen zur kontextualisierten, intrakulturellen Gegenkultur.**

Der erste Tag des Festes war die Verabschiedung der Geister: Alle Tänze und Rituale wurden noch einmal vollzogen und dann symbolisch von den Samol „weggeworfen". Etwa zehntausend Menschen nahmen daran teil; jeder wusste, worum es ging. Die inneren Kämpfe und harten verbalen Auseinandersetzungen waren diesem Ritual vorangegangen, man hat sich ein Jahr Zeit gelassen dafür. Jedes Detail wurde dabei geklärt. Am zweiten Tag banden sie symbolisch zehn Pfähle an einen großen Pfosten: Das war „Anutu" und die Stämme. Sie waren eine neue Einheit durch ihren Gott! Er war die Autorität, die über den Stammesgesetzen stand. Dann pflanzten sie einen langsam wachsenden Busch, der Jahrhunderte überdauern konnte. Das Ritual stand für einen Vertrag, der von nachfolgenden Generationen nicht gebrochen werden konnte. Der Busch an einem Handelsweg war jedem offensichtlich, jeder ging immer mal wieder daran vorbei. Seine Geschichte wurde immer wieder erzählt. Der Busch löste auch eine Erwartung aus: Wenn der Herr als Autorität auf der Erde war, die Versöhnung vollzogen hat und dann in den Himmel aufgefahren ist – sollte er dann nicht eines Tages von dort auch wieder zurück kommen?

Die Erwartung der Wiederkunft Jesu als Konsequenz der Himmelfahrt Jesu bewirkt einen Drang zur Evangelisation und Mission.

### These 384

**Wenn in einer Gemeinde der natürliche Drang zur Mission fehlt, sind vielleicht diese Grundlagen und deren Reihenfolge in der Präsentation des Evangeliums fehlerhaft, überzogen, oder nicht kulturgerecht vermittelt worden.**

## 5.2    Die Ansprechbarkeit des Menschen heute: Prinzip und Ansatz für die Verkündigung

Unsere Gesellschaft in Deutschland lebte in 50 Jahren Frieden in einem ständigen Aufwärtstrend: politisch, wirtschaftlich, schulisch, persönlich.

Alle elementaren *Bedürfnisse* wurden abgedeckt: Vordringlich physiologische, dann folgen Sicherheit, Geborgenheit und Liebe, Geltung, zuletzt die Selbstverwirklichung.[8] Die Erfüllung der Selbstverwirklichung hatte neben der feministischen Bewegung u. a. die Wohlfühlwelle *(Empfindungsebene)* als Folge.[9] Die Empfindungen der Menschen wurden zum Anlass, zum Ausgangspunkt und zum Ziel – zur Steuerung der Gesellschaft (bis zum „Wohlfühlhaus").

Davon wurden *Grundüberzeugungen* und Grundwerte und damit auch die Religiosität beeinflusst. Gefragt war zunehmend eine Kuschelreligion, die keine Anstöße gibt und keine Forderungen stellt. Weil dies keine der Hochreligionen bietet, wurden religiöse Synthesen erstellt. Man suchte Gott in sich selbst, einen manipulierbaren Gott. *Absoluta* wurden abgelehnt; Toleranz war das Stichwort für Religion geworden. Abgelehnt wurde, wer Absoluta erstellt oder behauptet. Die religiöse Toleranz lehnte absolute Aussagen oder Ansprüche ab – deshalb konnte sie von keiner Glaubensform akzeptiert werden, die sich selbst ernst genommen hat.

### These 385

**Religionstoleranz ohne göttliche Absoluta ist der Versuch der Quadratur des Kreises. Pluralistische Religionsvorstellungen sind ein Widerspruch in sich selbst.**

Anhaltspunkte für *Werte* bilden sich in einer solchen pluralistischen Gesellschaft der Postmoderne, in der „alles geht". Menschen suchen Gleichgesinnte – und wechseln die Gruppe oder Ansicht, wenn sie sich nicht akzeptiert fühlen, wenn sich etwas Besseres bietet, oder um einfach anderes auszuprobieren. Deshalb sind Werte im Fluss, sie verändern sich laufend inhaltlich und formal: Gesetzlich gehandhabt wird lediglich der Anspruch der Toleranz ohne Absoluta – wiederum ein Widerspruch in sich selbst.

Die *Maßstäbe* des Lebens – sofern sie nicht durch die Politik oder die Wirtschaft vorgegeben werden, entwickeln sich aus der Orientierung an Identifikationsgruppen. Die Geld-Wirtschaft diktiert Maßstäbe, denen man sich um des Überlebens willen (Arbeitsmarkt) unterwirft.

Daraus entwickeln sich *Verhaltensmuster*, die sich im Berufs- und Privatleben radikal voneinander unterscheiden können. Vielfach wissen Menschen nicht, warum sie sich so verhalten – sie übernehmen gedanken- und kritiklos Muster, die wenige andere Trendsetter zum Maßstab erheben, (oft hintergründig wiederum um der Geld-Wert-Wirtschaft willen. Manchmal treten die Hintergründe unverschämt offen zutage.)

Das stimuliert jedoch gezielt die *Bedürfnisse*, die ihrerseits zumindest vordergründig die *Empfindungen* hervorrufen, jetzt wieder etwas Gutes für sich selbst getan zu haben.

Die Folgerungskette: Autorität – Werte – Maßstäbe – Verhaltensmuster – Bedürfnisse – Empfindungen ist einzuhalten, wenn keine Manipulation geschehen soll. Das gilt sowohl für Glaubensdinge als auch für faktische Informationsvermittlung.

---

[8] Michael Dieterich, *Psychologie contra Seelsorge?* Neuhausen: Hänssler, 1984:33.
[9] Stephan Holthaus, *Trends 2000*. Gießen: Brunnen, 1998.

**Grafik 52: Die Tiefenschichten im christlichen Kommunikationsvorgang.**

Die Ansprechbarkeit des Menschen jeder Kultur und jeder Zeitepoche knüpft an den Ebenen oberhalb der „Wasseroberfläche" an; hier liegen die Empfindungen und Bedürfnisse, die aus Interessen, Werten, aus der gesamten Persönlichkeitsstruktur erwachsen. Hier gibt sich der Mensch auch zu erkennen – so weit er das möchte, wir sehen sein Gesicht. Die persönliche Kommunikation ist immer die eindrücklichste, sie weckt Vertrauen. Solange das nicht entstanden ist, geschehen Veränderungen nur durch Muss-Beziehungen, durch äußere Zwänge; sie sind in der Regel wenig dauerhaft und tragfähig.

**These 386**

**Wer einen Menschen nicht für sich gewinnen kann, kann ihn auch nicht für Gott gewinnen.**

Aufgrund dieser Anknüpfung kann die weitere Vermittlung geschehen: Das Gegenüber entwickelt nicht nur Interesse am Botschafter, sondern auch an dem, was ihn interessiert. Die Überzeugungskraft liegt in der biblischen Botschaft selbst (Heiliger Geist) und wird durch die relevant vermittelte und verstandene Kommunikation auf der untersten Ebene wirksam. Sie muss nicht bewiesen, sondern bezeugt werden. Sie braucht lebensbezogene Anschauungen und Beispiele. Veränderungen geschehen langsam, und auch hier ist Geduld die beste Methode. Nur wenn die andere Lebensphilosophie vergleichbar mit der eigenen wurde, kann eine Wertung vollzogen werden. Sie muss durchgehend überzeugend sein, um als Grundlage dienen zu können. Deshalb sind jüngere Menschen, bei denen diese Grundüberzeugung noch nicht gefestigt ist, offener als ältere, die mit ihrer Philosophie leben lernten.

Die neuen Einstellungen, die sich daraus für das Leben ergeben, bilden auch neue Werte, und alte Werte werden entwertet. Auch das braucht Zeit. Neue Informationen, detaillierter und funktional, sind notwendig: Wie funktioniert das Leben auf einer christlichen Grundlage?

**These 387**

**Glaube und Beziehung zu Gott wachsen auf der Grundüberzeugung, sie wirken sich jedoch sofort in differenzierenden Einstellungen zum Leben aus.**

Kommen die Werte den Bedürfnissen entgegen? Auch hier haben es junge Menschen leichter. Erst wenn dies geschieht ist der Mensch bereit, sein gewohntes Verhalten zu ändern.

### These 388

**Traditionen sind oft stärker als der Glaube.**

Die notwendige Zeit, bis bei älteren Menschen ein epistemologisches Fenster durchgebrochen ist, lässt manchen jungen Kommunikator verzweifeln. Neues Verhalten muss zum Muster werden. Vorbilder sind dafür unverzichtbar. Sie sollten nicht sich selbst, sondern den Grund ihres christlichen Lebensmusters in den Vordergrund stellen und zu größtmöglicher Toleranz motivieren. Erst die vertiefte Erkenntnis auf der unteren Ebene macht den Menschen bereit zu einer konsequenteren, geradlinigen Lebensführung.

So dringt die Botschaft unter Begleitung des Botschafters von der Überzeugungsebene im Menschen auf die jeweils nächst höhere Ebene, bis die Bedürfnisebene erreicht ist. Bedürfnisse ändern sich nicht durch die Mahnung, regelmäßig den Gottesdienst zu besuchen. Das kann höchstens eine Vorbildfunktion sein, bei der die Motivation erkennbar wird. Sonst wird das Christsein gesetzlich und erstarrt in Formen, es misst sich an christlichen Verhaltensmustern und wertet diese mit „Glaube".

### These 389

**Die Freiheit in der Gestaltung des christlichen Glaubens wird durch Verhaltensvorgaben sträflich eingeschränkt.**

Erst wenn der Mensch aus der eigenen Entwicklung heraus neue Bedürfnisse entwickelt, sind neue Ansatzmöglichkeiten gegeben. So wird das Gespräch direkter möglich, man kann „gleich zur Sache kommen". Diese Entwicklung ist ein vielfacher Kommunikationsdurchgang, wobei neue Informationen immer wieder neue Erkenntnisse entfachen. Nur was verstanden wird, wird zur Erkenntnis. Nur neue Erkenntnisse wirken sich im Glaubensleben aus. Autoritäre Einflussnahme von außen, die ein Verhaltensmuster stimulieren, ohne die Beweggründe dafür entstehen zu lassen, ist Manipulation.

Schuldorientierte Menschen haben es in diesem Kommunikationsprozess leichter, denn sie können individuelle Entscheidungen treffen.

### These 390

**Einzelne schamorientierte Menschen stehen in der Gefahr, manipuliert zu werden.**

Die Dynamik des Überzeugungsvorgangs in einer Gruppe ist weniger manipulationsanfällig, da die einzelnen Erkenntnisse zwar in unterschiedlicher Intensität wachsen, aber innerhalb der Gruppe zwangfrei diskutiert und übernommen werden.

## 6.    Status, Rolle und Prestige

In Mikronesien fanden sich Ausländer und Missionare für ihre Tätigkeit in verschiedenen Rollen. Sie waren zunächst meist willkommen und eine ideelle, manchmal auch materielle Bereicherung der Inselgesellschaft. Ihr Status war gering: Sie *Qv.*: Kap. 2; Prestige als Analogie zu Ehre und Diskussion in Kap. 3 mussten jedes Jahr eine Aufenthaltsgenehmigung beantragen und waren dabei abhängig von kirchlichen Leitern – den früheren religiösen Autoritätspersonen. Diese gesellschaftlichen Nischen für Missionare sind heute wesentlich kleiner; einmal, weil nur noch sehr wenige Missionare vorhanden sind, zum andern, weil ihre Funktionen von Einheimischen übernommen wurden (z.B. Lehrer) – was auch das Ziel des missionarischen Dienstes war. Ihre Rolle wurde (wieder) von den (christlich-)religiösen Autoritätspersonen übernommen.

Diese autokratische, meist auch autoritäre Funktion (in der Grafik unten als ein Winkel-segment dargestellt) stand früher den animistischen Autoritäten zu. Das christliche Ethos gestattete den Pastoren keine solche Machtposition, deshalb wurde ihr Stand nach bibli-schem Vorbild von den Missionaren als dienende Funktion definiert. Die Kultur, nach dem Empfinden der Menschen, jedoch war mit der religiösen Leitungsfunktion Macht verbunden. Weil die christlichen Leiter diese nicht hatten, entstand ein Vakuum, ein Bedürfnis. Durch eine Neuverteilung der gesamten Statusstrukturen wurde dieses zu-nächst anders geordnet: Die ausländischen Missionare erhielten einen Teil der Rolle, aber nicht den Status der Funktion. Frauen und Männer gewannen an Status: ihnen wurden mehr die oberen Segmente mit höherem Status zugestanden (in der Grafik mit dem länge-ren Radius bezeichnet). Ihr Stand wurde durch den Einfluss des Christentums auf die Kultur nachhaltig gehoben. Nachdem sich die Missionare aus der Verantwortung zurück-gezogen hatten, drängten die Pastoren in das empfundene Vakuum: Gleichzeitig sorgten sie dafür, dass nur hochstehende Klane (nur) männliche Kandidaten für dieses Amt stellen durften, auch wenn sie keine besondere Ausbildung dafür vorweisen konnten; ein gewis-ser Verwandtschaftsgrad innerhalb des Klans wurde höher gewichtet. Solange die Mis-sionare die Auswahl für diese geistliche Funktion trafen, war die Reife als Christ und biblische sowie pastorale Grundkenntnisse und Gaben ausschlaggebend. Die Verlierer der erneuten Veränderung waren jetzt wieder die Frauen und Männer, das „gemeine" Volk. Die christliche Struktur hatte für eine bessere Balance gesorgt.

## These 391

**Die Funktion der religiösen Autoritäten war zu tief in der Kultur verwurzelt, als dass in drei Generationen die neue Segmentverteilung mit biblischer Definition nachhaltig kontextualisiert werden konnte.**

Missionare waren schon immer in einer verschwindenden Minderheit, aber ihr Prestige war manchmal so stark wie das mancher Samol. Das war teils von den Kulturträgern zugeschrieben, teils hing das davon ab, wie ihr Einsatz von den Einheimischen gewertet wurde. In den meisten Fällen wurden Ausländern nicht mehr Status, Rolle und Prestige zugestanden als die Kultur das erlaubte und akzeptierte. Wenn sie Einfluss hatten, war dieser von den kulturellen Autoritätspersonen gewollt, motiviert, aber auch begrenzt und konnte jederzeit von der Kultur zurückgenommen werden.

## These 392

**Es ist deshalb sachlich unrichtig, den Missionaren zu unterstellen, sie hätten in je-dem Falle einen großen Einfluss geltend gemacht und kulturelle Veränderungen erzwungen.**[10]

In kolonialen Zuständen konnte der Einfluss mit vorgehaltener Waffe oder durch anderen politischen Druck erzwungen werden. Diese Mittel standen Missionaren nicht zur Verfü-gung, das hätte auch ihrer Botschaft widersprochen, sie wären unglaubwürdig geworden und hätten dadurch empfindlich an Prestige verloren. Wie immer bestätigen hier Aus-nahmen die Regel. Missionar Wilhelm F. Kärcher z.B. wurde durchaus der Status eines Chiefs zugesprochen; einmal weil er in einheimische Klane aufgenommen wurde, zum anderen weil er den Zweiten Weltkrieg auf den Inseln überlebt hatte und anschließend bei den Gemeinden geblieben war, um sie wieder aufzubauen und zu strukturieren.[11]

Pastor Aitel Bisalen kam von der Insel Paata (Chuuk) nach Puluwat, um dort die junge Gemeinde zu betreuen. Nach kulturellen Maßstäben hatte er einen geringen Status. Er erwarb sich durch sein nachhaltiges Vorbild, seine beharrliche Lehre und eindeutige

---

[10] Siehe K.W. Müller, „Stellungnahme zum Beitrag Obert, ‚Meister des Meeres'" in Sonntag Aktuell, 13.3.2005, S.21.

[11] L. Käser, *Licht in der Südsee.* Bad Liebenzell: VLM, 2006.

Stellungnahmen zu strittigen Kriterien aber auch durch seine demütige Haltung hohes Ansehen (Prestige). Seine Funktion als geistliche Autorität blieb unangetastet: Er blieb „Ausländer", aber seiner Person – und sicher auch durch seine vorbildhafte Frau – wurde ein wichtiges Segment der Inselstruktur vorbehalten, das keiner vor und auch nach ihm übernehmen konnte.

Taitos, ein unverheirateter Kirchenältester auf seiner Heimatinsel Puluwat erhielt zwar wegen seines „Single"-Standes einen niedrigen Status, aber durch seine klare Stellungnahme (ähnlich wie Aitel) zu kritischen Verhaltens- und Denkmustern in Bezug zum Animismus eine große Rolle zugeteilt. Timoti dagegen, ein junger, angesehener Klanältester und Pastor, hatte gleich zu Beginn seines Amtes einen relativ hohen Status und spielte eine große Rolle. Diese beiden ersetzten den alten Pastor Aitel.

Der Kirchenälteste Airis auf der Insel Oneop (Mortlock) war ein geistlich reifer Christ. Er war der Bootsmann von drei Missionaren und beobachtete auf den verschiedenen Inseln genau die Situationen – sein Urteil war unbestechlich und war mir als jungem Missionar damals eine große Hilfe für das Verständnis der kulturellen Zusammenhänge. Als im Zuge der Verselbständigung der Kirche Vertreter der Gemeinden gewählt wurden, blieb er trotz meiner deutlichen Hinweise auf die notwendigen geistlichen Qualitäten dieser Männer unberücksichtigt: Er war von einem wenig angesehenen Klan.

Der alte Chief Romalou war gleichzeitig Kirchenältester und genoss durch seinen kulturellen Status hohes Ansehen. Auch seine Rolle war relativ groß, jedoch litt sein geistlicher Stand darunter, dass er nicht lesen konnte. Er stellte Pastor Aitel immer wieder auf die Probe, dagegen bezeugte er, dass das Vorbild des Taitos für ihn bedeutsam war: „Wenn ich wissen will, was in der Bibel steht, schaue ich das Leben des Taitos an."

Wenn in einem Land eine fremde militärische Macht bestimmte Funktionen eliminiert hat, werden diese mit dem Abzug der Soldaten wiederbelebt. Deshalb werden auch heute noch in nicht-westlichen Ländern durch kolonialen Druck aufgesetzte demokratische Strukturen mit kulturell definierten Leitungsfunktionen besetzt. Ein früheres hierarchisches System wird sich auch innerhalb einer für die Außenpolitik notwendigen Demokratie durchsetzen – und es wird akzeptiert. Das Stammesdenken und ihr einheimisches Prestige-System bricht deshalb in Afrika auch in einem versuchten demokratischen System immer wieder durch.[12]

Es ist auch westliche Utopie anzunehmen, dass eine islamische Kultur demokratisch werden könnte. Alle Versuche bleiben künstliche Strukturen, die bei inneren und äußeren Krisen zusammenbrechen. Sie bleiben von äußeren politischen Einflüssen abhängig, z.B. von militärischer und ökonomischer Unterstützung, Überwachung und Bevormundung. Letzteres widerspricht dem Prestige der Macht und wird sich deshalb immer Möglichkeiten offen halten, suchen und wahrnehmen, die einheimische Struktur ohne fremde Abhängigkeiten aufzubauen. Das Volk wird dieser Entwicklung keine Widerstände entgegenbringen. An diesen Zusammenhängen scheiterte letztlich der gute Ansatz Gandhis[13] in Indien. Er löste die britische Kolonialmacht von innen her auf, gab der Religion wieder ihren gebührenden Platz, den ihr die Briten verwehrt hatten, – denn Demokratie funktioniert vom rationalen Denksystem der Aufklärung her a-religiös. Es war nicht möglich gewesen, den Religionen ein gebührendes Segment zu überlassen – britisch gesehen wäre es sehr untergeordnet gewesen; vom Anspruch her jedoch musste es die Hauptrolle spielen. Soweit war das neue Regierungssystem unter Gandhi als britischem Juristen funktional. Er versuchte mit allen Mitteln, Hindus und Muslime über dieses System zu versöhnen. Es ist ihm nicht gelungen: Nach seinem Tod brach das künstliche System auseinander. Sie hatten verschiedene Autoritäten und nahmen im Volksempfinden verschiedene Segmente ein, die sich nicht vereinigen ließen.

---

[12] Siehe Stammeskriege wegen Vorwurf der Wahlfälschung in Kenia 2007/2008.

[13] In Südafrika aufgewachsen, hatte er in Groß Britannien Jura studiert, kehrte nach Südafrika zurück, übernahm bei der Dekolonialisierung in Indien die Führungsrolle.

## Grafik 53: Status, Rolle und Prestige

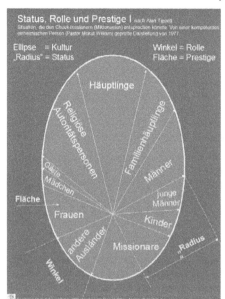

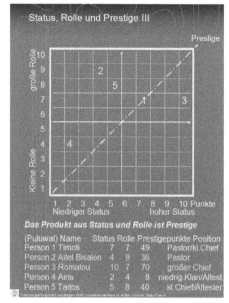

Ein anderes Beispiel ist die Türkei, die einerseits mit aller Macht (vor allem des Militärs, der Wissenschaft und der Ökonomie) die Mitgliedschaft in der Europäischen Union anstrebt. Andererseits sind sowohl ein Großteil des Volkes wie auch wesentliche Führungspersönlichkeiten „mit allen Fasern" der Kultur dem Islam verbunden – und dem christlich orientierten Westen innerlich abgeneigt. Das Prestige der Türkei lässt es deshalb nicht zu, sich zu dem Massenmord an den Armeniern zu Beginn des 20.Jahrhunderts als geschichtlichem Phänomen zu bekennen. Die Schande – vor allem nach so langer, vehementer Verteidigung der eigenen Wertung – wäre zu groß, denn gerade diese ginge wiederum in die Geschichte ein. Mit einer sachlichen Korrektur ist das nicht getan. Die unmenschliche Folter und der brutale Mord an den christlichen Buchverkäufern im Jahr 2007 wurden von der Öffentlichkeit heruntergespielt, über die Untersuchung und den Ausgang der Gerichtsverhandlung nur nebensächlich berichtet. Andere vorsätzliche Morde an Christen blieben im Dunkeln. Dagegen geriet 2008 der Brand in einem von Türken gemieteten Haus in Ludwigshafen, bei dem neun Menschen ums Leben kamen, auf höchste politische Ebene, bevor Hinweise auf die Ursache gesichert werden konnten. Dazu verwendete das türkische Staatsoberhaupt diese kulturell prekäre Situation zur Werbung für seine anstehende Wiederwahl. Das Prestige der islamischen Gemeinschaft in der türkischen Kultur ist so sensibel gegen Gesichts- und Ehrverlust, dass es sich auf allen anderen Gebieten der gesellschaftlichen und politischen Zusammenarbeit auswirken wird. Der Islam kann sich von seinem eigentlichen Sinn seiner Existenz (Unterwerfung) nicht in ein politisches System einordnen, in dem er nicht versuchen wird, die Oberhand zu gewinnen – mit allen zur Verfügung stehenden Mitteln und bei jeder sich bietenden Gelegenheit.

Zurück zum Beispiel Mikronesien: Die christlich-religiösen Autoritäten, wie Pastoren und Kirchenleiter, übernahmen die Rolle der Missionare, politische Autoritäten die der anderen Ausländer: Das Segment der früheren Religion bzw. Ideologie oder Weltanschauung (Zauberer, Schamanen usw.). Die Demut und Zurückhaltung, die den Pastoren und Gemeindeleitern vom christlichen Ethos auferlegt worden war, konnte sich nur so lange halten, wie die Missionare das selbst gelehrt und vorgelebt hatten. Sobald diese aus der Leitung der Gemeinden zurückgetreten waren, brach das alte Bedürfnis wieder durch: Die Einheimischen strebten nach dem Platz in der Kultur, den ihre Vorgänger hatten. Sie schrieben sich wesentlich mehr Prestige zu. Das wurde von der Volksgemeinschaft innerhalb der Kultur akzeptiert. Sie gewannen im Volk dadurch an Prestige. Sie nahmen dafür kulturelle Wege: Nur religiöse Autoritätspersonen (sog. „*Itang*") kamen für solche Positionen und Funktionen in Frage, auch ohne notwendige Qualifikation: Der Status ersetzt die Ausbildung. Andere, z.B. theologisch ausgebildete junge Männer und Frauen, die einem gesellschaftlich niedrigeren Rang angehören, werden seit Jahrzehnten beharrlich ignoriert. Das kostspielige Programm der Mission, das der Eigenständigkeit der einheimischen Kirche die dafür wichtige Fundierung geben sollte, wurde buchstäblich „in den (Südsee-)Sand gesetzt". Die alte Tradition war stärker als der christliche Einfluss.

Der rechte Teil obiger Gafik ist ein Versuch, den Wert von Prestige zu berechnen. Dabei erhalten Status und Rolle ihrer Definition entsprechende vergleichbare Werte. Das Produkt ergibt die „Prestigepunkte". Das ist eine Möglichkeit, den eigenen „Standpunkt" in einer fremden – oder der eigenen – Kultur zu „berechnen". Das kann auch eine Hilfe zur Erklärung dafür sein, warum bestimmte Menschen in ihrem Umfeld „keinen Fuß auf den Boden bekommen" – ihnen wird weder Status noch Rolle zugestanden. Dabei ist es wichtig, nicht nur von der eigenen Einschätzung auszugehen, sondern die Sicht anderer zum Vergleich heranzuziehen; die mögliche Differenz sollte diskutiert werden:

### These 393

**Die „Außen- und die Innenschau" (eigene Sicht und Sicht anderer der eigenen Situation) können beträchtlich differieren. Europäer schätzen ihre eigene Rolle und ihren Status wahrscheinlich höher ein als kompetente Einheimische. Dem entsprechend ist die Erwartung des Prestiges unterschiedlich und kann zu Spannungen führen.**

Diesem Vergleich sollten sich alle Ausländer für eine realistische Einschätzung ihrer Funktion stellen.

# 7. Politische Macht und das schamorientierte Gewissen

Eine Betrachtung des Verhaltens der Chuuk-Insulaner (Mikronesien) gegenüber einer fremden Macht mit dem Versuch einer Auswertung für die Missionsarbeit.

Zusammenfassung und kritische Weiterführung des Beitrags von Marc J. Swartz. „Personality and Structure: Political Acquiescence in Truk."

„Bevor die Ausländer kamen, waren wir überheblich und stolz. Dann besserten wir uns unter dem Druck des Kommandanten, der uns andernfalls ins Gefängnis steckte. Es ist gut, dass das ausländische Regime kam; wir werden wieder kämpfen und Streit haben, wenn die Ausländer gehen."

Über die Behauptung dieses Insulaners ließe sich diskutieren, doch zeigt die Geschichte, dass auf Chuuk jede ausländische Regierung verhältnismäßig reserviert aufgenommen wurde. Das kriegslüsternes Volk ergab sich dann doch scheinbar willenlos einer neuen Regierung. Auf dem etwa 700 km östlich davon gelegenen Pohnpei dagegen rebellierten die Insulaner gegen die deutsche Kolonialregierung im Jahr 1910.

Im 19. Jahrhundert waren die Chuuk-Insulaner bekannt und gemieden wegen ihrer Kriegslust. Handels- und Walfangschiffe und selbst die spanische Regierung auf Ponape ließen sie unbeachtet.

Die Erklärung dafür ist in der gesellschaftlichen und politischen Struktur der Chuuk-Insulaner und in der Struktur der Persönlichkeitsprägung zu suchen. Dazu müssen wir

1. uns mit der politischen Struktur beschäftigen, wie sie vor jeglichem Kontakt mit Weißen auf den Inseln herrschte,

2. sowie mit den Veränderungen der Reaktionen auf ausländische Regimes und danach,

3. einige psychologische Charakteristiken untersuchen sowie

4. uns mit dem derzeitigen System befassen.

Daraus lässt sich die fast problemlose Einfügung der Chuukleute in fremde Formen erklären.

## 7.1    Die Situation vor dem Fremdkontakt

Im Jahr 1881 war der Samol seiner Sippe durch sein Ansehen ermächtigt, Entscheidungen zu treffen. Doch eigentlich waren die religiösen Mächte einflussreicher und wurden von allen respektiert, deshalb war kein politischer Apparat für die Regierung notwendig.

Neben diesem Oberhaupt war keine Leitungsstruktur für eine ganze Insel oder eine Inselgruppe notwendig – die existierte zwar, sie hatte jedoch wenig Macht. Der Samol des angesehendsten, meist gleichzeitig auch nach den Mitgliedern zahlenmäßig größten „Stammes" (der Begriff „Stamm" wird hier der Einfachheit halber verwendet für eine erweiterte Verwandtschaftsgruppe, die in der Kultur eine feste gesellschaftliche Einheit darstellt) war nach einem ungeschriebenen Gesetz auch Chief der ganzen Insel.

1. Der Samol bestimmte, wann die Ernte zu beginnen hatte. Begann jemand schon früher, wurde das mit einer kurzen öffentlichen Missbilligung zur Kenntnis genommen.

2. Der Samol musste über Streitfragen innerhalb seiner Gruppe entscheiden, z.B. bei Landfragen, bei zwischenmenschlichem Streit oder bei Ehebruch. Die beteiligten Parteien erleichterten die Urteilsfindung durch Geschenke. Waren die Verlierer mit der Entscheidung nicht einverstanden – vor allem, wenn es offenkundig war, dass der Samol kein großes Interesse an dem Fall hatte – legten sie es auf eine Diskussion an; damit wollten sie dem Gesichtsverlust der Niederlage entgehen. Wenn die öffentliche Meinung auf der Seite des Samols war, brachte dieser seine Blutsverwandten „in Stellung" gegen die Unzufriedenen, denen sich diese beugen mussten, wenn sie keinen handfesten Streit heraufbeschwören wollten.

3. Die Machtstellung des Samol äußerte sich im Falle eines Krieges. Entscheidungen, Planungen und Verhandlungen waren seine Verantwortung, obwohl die Spezialisten (*Itang* – als eine Art religiöse Machtstellung für kritische Zeiten) für dieses Gebiet mehr Gewicht erhielten. Auch spielte die Übereinstimmung der Gruppe mit der Entscheidung seines Samols bzw. die Unterstützung der untergeordneten Samol eine Rolle.

Der übergeordnete Samol konnte das Land rebellierender Gruppen beschlagnahmen, musste dann jedoch einen Krieg zwischen diesen und seinem Stamm befürchten.

Somit war die Macht des übergeordneten Samol sehr beschnitten. Er verfügte jedoch über Land, das er verschenken konnte, um Streitfälle zu schlichten. Der Samol seiner Gruppe dagegen hatte Einfluss auf alles, was das tägliche Leben der Mitglieder betraf. Kaum jemand wagte seine Autorität anzugreifen.

Vor dem Fremdkontakt zur Außenwelt hatte die politische Macht auf Chuuk zwei Positionen:

1. Der Samol über zwei oder drei Stämme, der über allgemeines Land verfügte, und begrenzte, kontrollierbare Macht über andere hatte.

2. Der Samol hatte uneingeschränkte Macht innerhalb einer Gruppe und war kaum angreifbar.

## 7.2    Anerkennung ausländischer, politischer Änderungen

Unter der deutschen Kolonialregierung wurden Samol über eine oder mehrere Inseln eingesetzt und ihre Macht durch die Ausländer begründet und gestärkt. Zum Teil wurde diese Macht ausgebaut und vergrößert bis zur ‚Leiterschaft' über ein ganzes Atoll bzw. über eine Inselgruppe. Jetzt konnten Streitigkeiten zwischen Stämmen friedlich geschlichtet werden, was vorher nur handgreiflich möglich gewesen war. Auch Strafen und körperliche Züchtigungen wurden angewandt, was früher immer der Genehmigung anderer untergeordneter Samol bedurfte. Die Chuukleute lieferten ihre Waffen ab und erkannten die Deutschen als Besatzungsmacht an.

## 7.3    Reaktion

Früher (Anfang bis Mitte des 19. Jahrhunderts) mussten Ausländer bei Versuchen, auf die Insel zu kommen, unter Umständen ihr nacktes Leben retten.

Jetzt lieferten die Einheimischen ohne weiteres ihre Waffen ab auf den Zuruf, nicht zu kämpfen. Gefangene auf Urlaub kehrten pünktlich ins Gefängnis zurück. Streitigkeiten wurden vor den Distrikt-Samol gebracht.

Die Chuuk-Insulaner erkannten die Ohnmacht in ihrem eigenen System und übernahmen widerspruchslos das ausländische, das effektivere.

Bci der Übernahme der Kolonie „Karolineninseln" von den Spaniern lag noch einige Zeit ein deutsches Kriegsschiff in der großen Lagune von Chuuk. Es demonstrierte die Macht der Ausländer. Seine Anwesenheit war wesentlich mitbeteiligt daran, dass eine neue Ordnung friedlich akzeptiert wurde. Der Friede hielt auch noch an, als das Schiff die Chuuklagune verlassen hatte; die Insulaner rechneten mit der Möglichkeit der sofortigen Rückkehr. Doch auch ohne das sichtbare Zeichen der Macht lief später alles ordnungsgemäß.

## 7.4    Das innenpolitische System eines „Stammes"

Die Achtung vor einem Samol ist für die Leute mehr eine Sache des Respekts; sie ist weniger in seiner Autorität begründet, die er ausübt. Meistens bestimmt er nicht oder gibt Anweisungen, sondern er empfiehlt und fragt nach der Meinung anderer. Sonst würde er stolz und überheblich wirken. Nur ein älterer, arbeitsfähiger Mann des Stammes darf Anweisungen geben. Darüber hinaus ist und bleibt er auch als Samol abhängig von seinen Blutsverwandten, die ihn, sobald er arbeitsunfähig wird, pflegen müssen. Hierbei müsste er ein autoritäres Verhalten büßen.

Bereits lautes Sprechen, deutliches Klarlegen seiner Meinung und Anordnungen erlassen bedeutet, dass er „lamalamtekia" (stolz, überheblich, arrogant) ist. „Mosonoson" (demütig, bescheiden, angemessen) dagegen ist er, wenn er seine Macht und Stellung nicht voll ausnützt. Das ist gut für seine Altersversorgung. Reiche fühlen sich unabhängiger, sie können sich mehr erlauben. Die Defizite in der Leitungsfunktion, die dadurch in diesem System entstehen, werden von dem ältesten Mann in der mittleren Generation ausgefüllt. Das geschieht ohne Amt und Auftrag, doch mit verhältnismäßig viel Sicherheit und Erfolg.

Darüber hinaus sind es die Stammesgeister, die für Ordnung sorgen. Sie gelten als unbestechlich und unabhängig. Krankheit ist die Folge von Unfrieden. Sogar Tod wäre zu erwarten, wenn bei einem Streit nicht sofort Frieden geschlossen würde. Das Beharren auf Recht (oder Unrecht), wobei keine Einigung zustande kommt, schließt die Streitenden aus der Gemeinschaft aus.

Die ausländische Macht stärkte das politische Stammessystem der Insulaner nicht. Dieses wiederum erleichterte die Übernahme und Anerkennung des ausländischen Systems nicht. Eher das Gegenteil war der Fall.

## 7.5    Das politische System zwischen „Stämmen" einer Insel

Beispiel aus der jüngeren Vergangenheit: Eines Tages lärmten Betrunkene um vier Uhr morgens vor dem Haus eines Amerikaners. Der Samol kam dazu und erinnerte die Männer nicht an das Gesetz und die Strafe, sondern an die Schlafenden (auch den Amerikaner), die sie durch ihr Verhalten störten und aufweckten. Die Betrunkenen verschwanden daraufhin in verschiedenen Richtungen. Am anderen Morgen war Inselversammlung. Der Samol saß zwischen den Männern. Normalerweise übernahm der Sekretär die Leitung, doch dieses Mal hatte sie der Samol selbst. Er fragte die Leute, ob sie das Trinkverbot kennen. Dies wurde bejaht. Ebenfalls kannten alle die Strafe, die auf Übertretung des Verbotes stand. Nachdem der Samol bekannt gab, dass letzte Nacht einige das Gesetz übertraten („puri" – mit Füßen getreten), schlug er vor, die Strafe von 25 auf 50 $ zu erhöhen. Das wurde nickend angenommen, auch von den beiden, die die Nacht vorher betrunken gewesen waren.

Auf die Frage, warum er nicht deutlich die Namen genannt habe, meinte er: „Was hätte das für einen Zweck?" und: Warum er dann die Strafe verdoppelt habe, was doch das Vorrecht anderer Instanzen sei? – „Das ist es vielleicht richtig", gab er zurück, „aber bei 50$ Strafe wird sich niemand mehr betrinken."

Der politische Samol einer Insel wird im neuen, amerikanischen System demokratisch in geheimer Wahl gewählt; meist kommt dafür ein traditioneller Samol eines Stammes in Frage. Er wird von seinen eigenen Leuten beobachtet, wie er mit den Angehörigen der anderen Stämme umgeht. Entsprechend ist sein Ansehen im eigenen Stamm.

Die ausländische Regierung verleiht diesem übergeordneten Samol die Macht für die Insel, also auch über andere Stämme. Dadurch erst kann er auch in seinem eigenen Stamm durchgreifen. Für die Beziehung zwischen den Stämmen erhält der Samol zwar auch mehr Macht, aber er wurde nicht vom kulturellen Hintergrund und Anspruch seiner Stellung befreit. Auch wenn der älteste Mann (noch nicht arbeitsunfähig) des höchsten Stammes „High Chief", also übergeordnete Samol, wird, bleibt es für ihn schwierig, seine Macht zu gebrauchen.

## 7.6    Psychologische Eigenschaften oder Besonderheiten

Das dritte Element in der Frage, warum sich die Insulaner so schnell mit den ausländischen Regierungen abfanden, lag im psychologischen Bereich.

*Qv.*: Kap. 3; Entstehung und Funktion des Gewissens   Vorausgehend dazu eine These, die von Melford E. Spiro 1961 aufgestellt wurde, und die hier noch einmal in seiner eigenen Darstellung kurz zusammengefasst werden soll:

Die Funktion des Gewissens wurde von Spiro in verschiedenen Fällen untersucht. Er definierte:

### These 394

**Das Gewissen ist eine Zusammenfassung der Straferwartungen, die sich in Angst äußern (bewusst oder unbewusst), welche durch eine mitbeteiligte Kraft einer inneren Norm hervorgerufen wird.**

Dazu muss die zur Strafe bewegende Kraft (strafende Kraft, Gewalt) unterschieden werden: Er spricht vom „significant other" oder „the agent of punishment", von dem man ursprünglich die Strafe (als Liebesentzug) erwartete.

„The significant other" ist soviel wie „der bedeutsame, der bezeichnende Andere" oder „das bedeutsame, bezeichnende Etwas" (oder: das verurteilende „Etwas"). Es ist das, was eine Rolle spielt, „der bezeichnende Faktor" etwa.

Zwei Arten von Gewissen zeichnen sich ab, die dem bestimmenden Faktor, der zu erwartenden Strafe, zugrunde liegen.

Dieser Faktor kann außerhalb des jeweiligen Menschen liegen, oder innerhalb. Die Hypothese besagt, dass in Gesellschaften, in denen ein Kind von nur wenigen (z.B. Eltern) Vertretern der Gesellschaft erzogen wird, sich Individuen entwickeln, die nicht nur die Norm der sozialen Struktur in sich selbst verankern, sondern die auch die Norm der sozialen Struktur selbst verkörpern. (Nach der Übertretung eines Gesetzes liebt man sich selbst nicht mehr, ist nicht mehr zufrieden mit sich selbst, der innere Friede und das Gleichgewicht sind gestört.) Die Strafe wird – nach der ausgeführten Übertretung – als Schuld-Gefühl empfunden und als „Gewissensbisse" festgestellt. Diese Art von Gewissen wird mit „*schuldorientiert*" bezeichnet.

In Gesellschaften, in denen das Kind von vielen verschiedenen Vertretern seiner Kultur oder Gesellschaft erzogen wird, oder in denen die Erzieher dem Kind drohen, dass es von einem anderen die Strafe erhalten wird, entwickeln sich Individuen nicht mit einem schuld-orientierten Gewissen. Denn diese Kinder nehmen zwar die Norm der sozialen Struktur auf und verankern sie in sich, verkörpern aber diese Norm nicht in sich selbst. Das „significant other", oder der bestimmende Faktor für die Strafe bleibt außerhalb des Menschen. Es ist die Entziehung der Liebe anderer, das die zu erwartende Strafe ausmacht.

Weil die Strafe, wenn sie eintrifft, als Blamage (Schande) erlebt wird, die das Schamgefühl anspricht, wird diese Art von Gewissen „*schamorientiertes* Gewissen" bezeichnet.

Es besteht kein Zweifel, dass auf Chuuk das „schamorientierte Gewissen" vorherrschend ist. Großfamilien wohnen und leben zusammen in den großen Bootshäusern oder in kleineren Häusergruppen, und alle Erwachsenen und älteren Kinder erziehen die kleineren Kinder.

Strafe wird oft so angekündigt, dass dem Übeltäter gesagt wird, ein anderer außerhalb der Gruppe werde ihm zusetzen. Dazu bieten sich zunächst Geister an, dann – wenn vorhanden – Ausländer. Mit der Drohung, die Ausländer würden „beißen", werden Kinder eingeschüchtert.

Bestimmt herrschte bei der Ankunft der ersten deutschen Schiffe dasselbe Denksystem und wirkte sich in der raschen Intergration der Insulaner in das neue Regime aus.

Die zwei Arten von Gewissen arbeiten unter gleichen Gegebenheiten verschieden. Ein schamorientiertes Gewissen arbeitet nicht weniger gut als ein schuldorientiertes. Die aufkommende Angst vor der zu erwartenden Strafe informiert in beiden Fällen den Menschen, dass sein Verhalten falsch ist, und beide Arten von Gewissen halten ihn vom Übertreten der Norm zurück, ob andere Beobachter anwesend sind oder nicht. Aber die beiden Arten von Gewissen reagieren anders, *nachdem* die Übertretung vollzogen ist.

Eine Person mit einem schuldorientierten Gewissen bekommt Schuldgefühle schon während der Übertretung, auch wenn er nicht beobachtet wird, denn der „significant other", der Agent der Strafe ist immer in und damit mit ihm.

Ein Mensch mit einem schamorientierten Gewissen schämt sich im Moment der Übertretung (oder der gesellschaftlichen Norm entgegenstehenden Handlung) nicht, denn kein Agent der Strafe, oder das verurteilende Etwas, ist bei ihm oder ist sichtbar. Anstatt Scham zu fühlen, steht er in der Erwartung der Strafe: Er hat Angst.

Diese Angst kann so groß werden, dass Menschen, die in Gesellschaftsformen mit schamorientierten Gewissen leben, in Selbstmord getrieben werden, wenn sie erkennen oder empfinden, sie hätten „ihr Gesicht verloren", d.h. ihre Ehre oder ihr Ruf sind in Gefahr, auch in Abwesenheit anderer Zeugen.

Angst ist also auch ein Produkt des schamorientierten Gewissens. Die Chuuk-Insulaner leben in dieser Angst, weil ihre kulturelle Norm Verhaltensweisen verachtet, in denen sie sich jedoch bewegen (z.B. dass ein Vater mit seiner Tochter schläft).

Es ist nun zu verstehen, dass die Samol der Gruppen und Inseln auch unter diesem Gewissensdruck standen, der ihnen oftmals die Handlungsfreiheit versagte. Demütig, ruhig, zurückhaltend zu sein war deshalb weit mehr geboten als Überheblichkeit und Stolz.

Obwohl dabei wieder Unterschiede zu machen sind. Wenn sich ein jüngerer Bruder einem älteren gegenüber frech und überheblich benimmt, ist das schlimmer als umgekehrt. Wenn gegen Leute auf einer anderen Insel gekämpft wird, ist das nicht so tragisch als wenn man sich gegen ein Mitglied des eigenen Stammes stellt; und weniger schlimm, als wennn man fremde Leute auf der eigenen Insel bekämpft.

So empfinden Insulaner manchmal gegensätzliche Gefühle über Aggressionen. Je nachdem auf welchen Anlass sie sich beziehen, kann das als gut oder schlecht empfunden werden. Bei aller Ambivalenz tritt das Negative immer stark hervor.

Das Gewissen klärt nun die Gefühle, aber es bleibt trotzdem beim immerwährenden Abwägen der guten und schlechten Motive und damit bei der Verdrängung der Aggressionen überhaupt.

## 7.7　　Auslieferung an eine politische Herrschaft

Es gibt viele Anlässe für einen Insulaner, aggressiv zu reagieren. Dass dies jedoch verhältnismäßig selten geschieht, zeigt, dass es etwas geben muss, das ihn zurückhält oder seine Gefühle unterdrückt.

Wenn eine Übertretung geschah, lässt ihn sein Gewissen wissen, dass er jetzt eine Strafe verdient hat. Dieses Gefühl verlässt ihn erst, wenn er die Strafe bekommen hat.

Frechheit gegen einen Stammesangehörigen wird mit Abbruch der Kommunikation bestraft, Liebesentzug also. Genügt das nicht, um aggressives Verhalten zurückzudrängen, treten die Geister in Aktion: sie sind gewissermaßen die Hüter der Ordnung und melden sich zur Sache, korrigieren durch Strafe, die den Stamm trifft, nicht unbedingt den Straftäter. Der Samol erkennt die Zusammenhänge und hat dann für weitere Folgen zu sorgen. Durch den starken Zusammenhang innerhalb des Stammes trifft die Strafe immer auch alle Mitglieder. Schlimmer noch: Die eigentlichen Straftäter sehen sich verantwortlich dafür, wenn die Strafe andere getroffen hat.

## 7.8　　Die beiden Funktionen der Geister

Das Wissen, dass die Geister durch Missbilligung auf Nichtbeachtung der Verhaltensnorm reagieren, hilft dem Einzelnen, sich zu beherrschen. Wenn die Versuchung so groß ist, dass es zu bösen Taten kommt, werden die Geister diese bestrafen. Der Schuldige hat also immer die Faust im Nacken oder das „Damoklesschwert" über sich, und wenn die Strafe tatsächlich eintritt, fühlt er sich erlöst und erleichtert.

Die Samol können sich nicht in den Status der Unabhängigkeit und Unantastbarkeit der Geister versetzen, deshalb auch nicht einmal Verbrechen bestrafen, ohne selbst in Gewissenskonflikte zu geraten. Die Geister brauchen ihre Aggressionen nicht zurückhalten und können so wirksame Kraft des Moralsystems auf Chuuk sein. Es steht ihnen frei zu handeln, ob sie eventuell den „Bösen" in einem Kampf verwunden oder ihn fallen lassen – was nicht so sehr befürchtet wird.

Auseinandersetzungen mit Leuten außerhalb des Stammes sind seltener, denn es fehlen die Anstöße dazu, da man mit diesen nichts zu tun hat.

### These 395

**Es gibt keine ebenbürtige Instanz zu den Geistern, um die Ordnung auf einer Insel zu erhalten.**

Der übergeordnete Samol kann wohl seine Meinung sagen, aber sie hat kein großes Gewicht und macht wenig Eindruck auf den Einzelnen. Man braucht keine Strafe von ihm zu befürchten. Bei einem Fall von ausgespielter Aggression innerhalb eines Stammes arbeitet die allgemeine Verurteilung der Mitglieder mit den Geistern zusammmen, das Gewissen des Übertreters anzusprechen und ihn zur Besinnung zu bringen. Innerhalb eines Stammes kommt die Angst kaum zum Ausdruck, da die Schuld schnell bestraft und missbilligt wird. Bei Fällen außerhalb des Stammes hat das Gewissen wenig mobilisierende Kräfte, die eine Aggressivität zurückdrängen würden. Die Geister sind nicht daran interessiert, denn sie wachen nur über den eigenen Stamm. Den Samol sind die Hände gebunden. Dazu kann ein solcher Fall kaum friedlich gelöst werden. Außenstehende greifen mit dem Einzelnen gleich den ganzen Stamm an. Verletzende Kräfte von Geistern des anderen Stammes können durch Gegenzauber wirkungslos gemacht werden. Für solche Fälle gilt dann das Sprichwort: „Wenn du das Böse tust, wird es zu dir zurückkommen."

Es wurde natürlich immer wieder gekämpft, gestohlen und getötet, manchmal gab sogar das Verbot erst den Antrieb dazu. Das Motiv schloss jedoch den Täter vom Bestraftwerden nicht aus.

Die Kultur der Insulaner bot vor dem Kontakt mit Ausländern nur ein wirksames Kontrollsystem innerhalb eines Stammes, während diese Normen für Beziehungen zwischen den einzelnen Stämmen nicht verwirklicht werden konnten. Als die deutsche Kolonialmacht kam, brachte sie durch ihre politische Vorherrschaft ein wirksames System für das Verhältnis zwischen den Stämmen, mit einer Hilfe für das Gewissen, Kräfte gegen aufkommende Aggressivität außerhalb des Stammes zu mobilisieren.

## 7.9   Ausländer und Geister: Das Zentrum der Auslieferungsbereitschaft

Wie die Stammesgeister innerhalb des Stammes herrschten und dabei unabhängig blieben, so traten nun die Ausländer auf, die außerstammliche Vergehen unabhängig bestrafen konnten.

Der Ausländer war eine Parallele zu den Stammesgeistern. Sie konnten nicht angezweifelt oder angegriffen werden. Sie waren auf jeden Fall die Stärkeren, saßen am „längeren Hebel" und straften so lange und immer härter, bis die Aufständischen aufgaben.

Die Ausländer passten in das System des schamorientierten Gewissens, das in diesem Fall noch nicht wirksam war. Sie befreiten solche von dem Druck ihrer Schuld durch Bestrafung, die noch keinen Rächer gefunden hatten.

So konnte ein Ehebrecher von dem hintergangenen Ehemann ins Gefängnis gebracht werden, anstatt ihn tätlich anzugreifen und damit eine ungute Situation heraufzubeschwören. Beide Seiten fanden dabei Befriedigung. Das Gefängnis als die Reaktion, die Folgerung auf die Straftat, und als solches war das Gefängnis auch vom Täter betrachtet, was ihn auch dazu bewegen konnte, sich selbst der Polizei zu stellen.

## 7.10   Funktion der Deutschen: Sie wurden sofort und kampflos anerkannt

Das Kriegsschiff, das die deutsche Kolonialmacht bei der Übernahme des Gebietes vor den Inseln ankern ließ, zeugte von einem mächtigen Herkunftsland. Das Schiff war aus Metall und viel größer als die Boote der Insulaner; es konnte nicht auf Chuuk gebaut worden sein.

Die Deutschen ließen sich nicht in einen Kampf ein. Sie gaben Befehle, und wer sich ihnen widersetzte, „verschwand" sofort – vor den Augen der Leute. Es wurden keine langen Verhandlungen geführt und die Leute wurden nicht befragt; es geschah etwas. So etwas kannte man bisher nur von den Geistern.

Die Handels- und Walfangschiffe anderer Ausländer vermittelten diesen Eindruck nicht. Sie waren nur wenige, ihr Schiff war kleiner und vielleicht aus Holz. Die Herkunft erschien nicht so machtvoll und diese Ausländer ließen sich in Kampfhandlungen ein. Deshalb wurden sie als Menschen wie die Insulaner selbst eingestuft.

Deutschland verlor seine Kolonialgebiete bei Ende des Ersten Weltkrieges. Die Karolineninseln wurden als Treuhandgebiet des Völkerbundes an Japan übergeben. In dieser Zeitspanne diente das Gebiet als Militärbasis zur Kontrolle des westlichen Pazifik, was zum Kampf gegen die amerikanische Navy führte. Die Japaner erlebten auf Chuuk, was sie zum Einstieg in den Zweiten Weltkrieg den Amerikanern in Pearl Harbor auf Hawaii angetan hatten: Ihre gesamte Flotte wurde in der Chuuk-Lagune versenkt.

Nach dem Zweiten Weltkrieg übernahmen die USA ganz Mikronesien als „Trust Territory", bauten die Infrastruktur auf und übergaben die Regierungsverantwortung am 1.8.1980 in einheimische Verantwortung. Die Beamten waren auf ihre Aufgabe durch Studium und Praktikum im Ausland vorbereitet worden.

Durch das neu eingeführte Gerichtswesen wurden Aggressionen abreagiert, ohne andere dabei zu verletzen und damit neue Schwierigkeiten herauf zu beschwören. Man hatte es mit Ausländern und mit ihrer Macht zu tun.

Jedes ausländische politische System war von den Insulanern sofort anerkannt worden. Auch die Japaner und Amerikaner hatten das geboten, was im kulturellen System von Chuuk gefehlt hatte.

Einheimische Beamte hatten es seit der Übernahme der Regierung von den USA schwerer: Sie kamen zwar durch demokratische Wahlen zu ihrer Macht, waren dabei jedoch von ihren Stämmen abhängig, die sie in dem Wahlkampf nach westlichem Muster unterstützten. Dabei traten die alten Stammesstrukturen wieder zutage; der Korruption konnte wenig entgegen gesetzt werden.

Wirtschaftliche und finanzielle Zwänge waren jetzt der Druck, der von außen auf die Infrastruktur der Inselkultur einwirkte. Obwohl Gerichte von einheimischen Juristen besetzt sind, hat doch nur ein ausländischer Richter in seiner rigorosen, unbestechlichen Handlungsweise das Ansehen eines Geistes.

## 7.11 Zusammenfassung

Die Übernahme und Anerkennung von ausländischen politischen Mächten bei den Chuuk-Insulanern ist zu verstehen als eine Konsequenz der Struktur und Funktion ihrer eigenen kulturellen Organisation in ihrer Auswirkung auf die Persönlichkeit und Gewissensstruktur jedes einzelnen Insulaners.

Der Ausdruck oder die Verhinderung von Aggressivität ist nicht der zentrale Konflikt in der Persönlichkeit der Chuukleute. Weil ihre kulturelle Norm Aggressivität kategorisch ächtet, leiden sie unter Angst vor der Strafe nach einer Straftat. Diese Erwartung von

Strafe ist eine Folgerung aus dem schamorientierten Gewissen, das auf Chuuk vorherrscht, jetzt und früher, was in der Erziehung der Kinder ihren Ursprung hat. Diese Art von Gewissen trägt wesentlich und schneller zur widerstandslosen Anerkennung einer ausländischen Herrschaft bei, als dies bei einem schuldorientierten Gewissen der Fall wäre, da ein schamorientiertes Gewissen den Übertreter in Angst leben lässt, bis die Strafe äußerlich an ihm vollzogen ist.

Vorher war ein wirksames System des schamorientierten Gewissens nur durch die Mobilisierung außermenschlicher Kräfte – die der Geister – bei einem Fall von Übertretung innerhalb eines Stammes gegeben. Wobei der Übertreter mit sicherer Strafe rechnen musste.

Diese Versicherung ist wichtig für die Erleichterung und Abwendung der Angst vor der Strafe und für die Beherrschung aggressiver Gefühle. Über den Stamm hinaus gibt es keine solche Hilfestellung für das Gewissen des Einzelnen. Eine politische Persönlichkeit von Chuuk (Samol) ist im kulturelle Kontrollsystem befangen; Strafe kann deshalb nur eine formelle Zurechtweisung sein.

Diese notwendige Hilfestellung für den Samol, der sich sonst der Gefahr weiterer Aggressivitäten aussetzen würde, kann nur von außerhalb des Systems kommen. Die Stammesgeister stehen in diesem Sinne außerhalb des sozialen Systems; ebenso die Ausländer, deren Einfluss parallel zur Autorität der Geister liegt. Das sichert ihnen die Akzeptierung ihrer Herrschaft.

## 7.12 Hinweis für Auswertung und Anwendung für die Missionsarbeit

Die Inselgruppe der Karolinen wurde nach dem spanisch-amerikanischen Krieg 1899 von Spanien an Deutschland verkauft. Damit wurde Chuuk deutsches Kolonialgebiet. Die letzten deutschen Missionare bereiten sich im ersten Jahrzehnt des 21.Jahrhunderts auf den Rückzug vor. Die evangelische Missionsarbeit hatte im Jahr 1872 begonnen. Die erste Generation der amerikanischen Missionare wurde 1907 von deutschen Missionaren abgelöst: Die deutsche Kolonialbehörde verlangte, dass in den Missionsschulen die deutsche Sprache gelehrt werden musste.

Unterbrochen durch den Ersten Weltkrieg konnten die Arbeit deutscher Missionare erst in den dreißiger Jahren des zwanzigsten Jahrhunderts weitergeführt werden. Dann war auch die katholische Mission aktiv. Auch japanische evangelische Missionare hatten in der japanischen Treuhandzeit das Inselgebiet übernommen, da der Völkerbund dort die Religionsfreiheit gewährleistet sehen wollte.

Nach dem zweiten Weltkrieg teilten sich deutsche und amerikanische Missionare den Aufbau der einheimischen Gemeinden. Die evangelische Kirche von Chuuk ging aus der deutschen Missionsarbeit hervor und wurde 1975 ihrer einheimischen Leitung übergeben. Seither nahm der Einfluss der ausländischen evangelischen Missionare systematisch ab und war im neuen Jahrhundert nur noch auf Lehrtätigkeit in der theologischen Ausbildungsstätte beschränkt. Durch dieses Jahrhundert der missionarischen Tätigkeit wurde der Einfluss der animistischen Religion und damit auch die Funktion der Geistwesen reduziert, vor allem in den letzten Jahrzehnten.

Grundsätzlich ist seit der christlichen Mission das Phänomen des *funktionalen Religionsersatzes* zu klären. Vor allem ist die Frage zu stellen, wer oder was speziell die Funktion der Geister in Bezug auf die übergeordnete politische Macht übernommen hat. Missionare treten als Parallele zu den militärisch-politischen Offizieren der Kolonial- bzw. Treuhandsregierungen als ausländische Macht-Persönlichkeit in den Blickpunkt des Vergleichs. Die einheimische Kirche als Ergebnis der Missionsarbeit bildet die dritte Ebene des Klärungsbedarfs. Die Zusammenhänge spielen sich auf der psycho-sozialen Ebene ab.

## 7.12.1 Funktionaler Ersatz

### These 396

**Jede gelungene Kontextualisierung des Christentums enthält einen funktionalen Ersatz aller religiösen Funktionen der abgelösten Religion.**

Die Untersuchungen von Marc J. Swartz und anderen auf dem säkularen kulturellen Gebiet auf Chuuk zeigen, dass dies in den 50er und 60er Jahren des vergangenen Jahrhunderts noch nicht gelungen war. Sie machten sich jedoch offensichtlich auch nicht die Mühe, das zu untersuchen. Vielleicht mieden sie den Kontakt mit Missionaren und den christlichen Gemeinden sogar, um „reine" kulturelle Elemente untersuchen zu können. Es ist auch nicht nachgewiesen, ob sich die Untersuchungen lediglich auf frühere Funktionen bezogen haben.

Jedenfalls ist als sicher anzunehmen, dass die Funktion der Geistwesen für das politische System noch nicht funktional von einem christlichen Gott oder seinen „Funktionären", den Missionaren, übernommen worden war.

Ebenso ist anzunehmen, dass der Einfluss der Geistwesen in den vergangenen Jahrzehnten nicht mehr in dem Maß bestand wie früher. In wie weit jedoch der Vorgang der Übernahme der Funktion der Geistwesen durch den christlichen Gott in den christlichen Gemeinden fortgeschritten war, muss offen bleiben. Das muss Gegenstand einer eigenen Untersuchung sein. Dass jedoch eine demokratische Regierung in Mikronesien – bei allen zu monierenden Unzulänglichkeiten – funktioniert, die nicht nur Stämme, Inseln und Inselgruppen umfasst, sondern auch verschiedene Sprachen und mikronesische Kulturen, ist ein eindeutiges Phänomen des christlichen Einflusses. Auch das individuelle Gewissen funktioniert ohne die Machtfunktion der Geister und/oder einer ausländischen übergreifenden Macht. Das Gewissen dieser Menschen und damit auch zu einem großen Teil die Kultur hat Gott als oberste Autorität angenommen. Nur ein Phänomen fehlt dabei: die Angst ist nicht die treibende Motivation, sondern die christliche Ethik als Auswirkung des Glaubens. Sie ist auch in der – durchaus vom amerikanischen Vorbild übernommenen – Verfassung des neuen Staates niedergeschlagen.

### These 397

**Überall, wo diese christliche Grundlage fehlt, auch an anderen Orten in der Welt, gelingt Demokratie nicht.**

## 7.12.2 Missionare als Macht-Persönlichkeit, Mission als ausländische Macht.

Es ist als sicher anzunehmen, dass Missionare und auch die Mission als Institution in eine Rolle geraten sind, die ihnen von der Ethik ihrer Botschaft her nicht zustehen. Sie sind zum „Meister", zur Machtfunktion im Gewissen der einheimischen Christen geworden – oft genug ob sie wollten oder nicht. Einmal ist das ihrer unzulänglichen Kenntnis von Kultur und Sprache, vor allem der durchaus schon früh vorhandenen missionswissenschaftlichen Erkenntnisse über Kontextualisierung, zuzuschreiben. Andererseits bot sich das für die jungen Christen und Gemeinden geradezu an: Ihre Kultur hatte hier ein funktionales Defizit, das die Ausländer idealerweise ergänzten. Deshalb war es auch so schwierig für die Missionare, die Pastoren von der Notwendigkeit der Selbständigkeit der einheimischen Kirche noch vor der politischen Selbständigkeit zu überzeugen und sie dahin zu führen.

Eine Beobachtung soll dies unterstreichen: Missionar Wilhelm Kärcher fertigte beglaubigte Zeichnungen aller früheren Missionsgrundstücke an, die an die Kirche bei deren Selbständigkeit übergeben wurden. Etwa ein Vierteljahr nach der Eigenständigkeit des Staates eröffnete ein Beamter allen Vertreter der Missionen und Kirchen, dass keine Ausländer Grundbesitz haben dürfen und alles frühere Eigentum innerhalb einer bestimmten Frist an den ursprünglichen Besitzer zurückgeführt werden muss. Die evangelische Kirche war die einzige, die für diese zu erwartende Maßnahme vollständig vorbereitet war. Der Leiter der Kirche drückte mir als damaligem Feldleiter gegenüber sein Erstaunen etwa so aus: „Jetzt erst verstehe ich, warum ihr gegen unseren Willen und gegen unsere Einsicht die Selbständigkeit unserer Kirche so vehement vorangetrieben habt. Ich danke euch dafür. Die Missionare waren für uns die integrativen Leiter. Das müssen wir jetzt selbst übernehmen."[14]

### 7.12.3 Einheimische Kirche und interne Kontrollfunktion.

Mit obigem Zitat ist angesprochen, was nur in einem langen Prozess vor sich gehen kann. Wie lange es in Deutschland dauerte, bis die Korruption einigermaßen aus staatlichen und kirchlichen Funktionen zurückgedrängt war, ist eher mit Jahrhunderten anzunehmen. Einheimische Kirchen und Staaten müssen nicht alle Fehler der westlichen Länder wiederholen.

### These 398

**Den einheimischen Institutionen muss eine notwendige Zeit zugestanden werden, bis der christliche Ersatz in Form von christlicher Ethik und Menschenrechten funktionale Wirkung in ihren Institutionen zeigt.**

Der christliche Gott muss die oberste Autorität für das Gewissen der Menschen und für die Grundlagen aller Institutionen zum Wohl der Menschen sein und bleiben, wenn alle menschlichen Guppen und Kulturen eine übergreifende Friedenskontrolle haben sollen und wollen.

## 7.13 Literatur:

Caughey, John L. *Fa'a'nakkar. Cultural Values in a Micronesian Society.* Philadelphia, PA. Department of Anthropology, University of Pennsylvania, 1977.

Gladwin, Thomas, and Seymour B. Sarason. *Truk: Man in Paradise.* Viking Fund Pb. Anthropology No. 20. New York: Wenner.Gren, 1953.

Gladwin, Thomas. *East is a Big Bird. Navigation and Logic on Puluwat Atoll.* Cambridge, Mass.: Harvard University Press, 1970.

Goodenough, Ward H. *Property, Kin, and Community on Truk.* Hamden, Conn.: Archon Books, 1966.

Käser, Lothar. *Licht in der Südsee. Wilhelm Friedrich und Elisabeth Kärcher. Leben und Wirken eines Liebenzeller Missionarsehepaares.* Bad Liebenzell: VLM, 2006.

Koskinen, Aarne A. *Missionary Influence as a Political Faktor in the Pacific Islands.* Helsinki, 1953.

Lingenfelter, Sherwood Galen. *Yap: Political Leadership and Culture Change in an Island Society.* Honolulu: the University Press of Hawaii, 1975.

Müller, Klaus W. *Evangelische Mission in Mikronesien. Ein Missionar analysiert sein Missionsfeld.* Bonn: VKW, 1987(?).

Piers, G. and M.B. Singer. *Shame and Guilt.* Springfield: Charles C Thomas. 1953.

Spiro, Melford E. With the assistance of Audrey G. Spiro. *Children of the Kibbutz. A Study in Child Training and Personality.* A Harvard Paperback. Cambridge, Mass. and London, England: Harvard University Press, 1975.

Swartz, Marc J. „Personality and Structure: Political Acquiescence in Truk." In Roland Force, Ed. *Induced Political Change in the Pacific.* A Symposium. Honolulu, Hawaii: Bishop Museum Press, 1965.

---

[14] Aus der Erinnerung und in freier Wiedergabe des Gesprächs zitiert.

# 8. Wertewandel und Gewissen

## 8.1 Gewissensrelevante Entwicklungen in Europa und eine christliche Stellungnahme (nicht nur) zur Postmoderne

Es ist festzuhalten: Beide Empfindungen, Schuld und Scham, sind wichtig und richtig für die Gewissensfunktion. Sie erfüllen in Kulturen, menschlichen Gesellschaften und allen Religionen eine unersetzbare Funktion.

Wenn Kulturen – wie immer wieder festgestellt – eher Ehre und Scham oder Recht und Schuld als Wertsystem betonen, hat das seine jeweilige Entwicklung; die ist nie abgeschlossen. Die Ethik im gesamten Christentum sickerte schon seit dem ersten Jahrhundert durch die neutestamentlichen Schriften, die sich in ethischen Fragen auch auf das Alte Testament berufen, in den Bevölkerungsgruppen des Römischen Reiches durch. Nach der offiziellen Anerkennung des Christentums als Staatsreligion im vierten Jahrhundert wurden mit den christlichen Werten auch solche jüdischen Ursprungs in der Gesetzgebung verankert. Bis dahin hatten sich schon vor allem altgriechische philosophische Erkenntnisse durchgesetzt und waren in der römischen Staatsführung verankert. Durch die vielfachen Einflüsse neuer Völker in den Wirren des Mittelalters und auch bei militärisch überlegenen Kulturen ist erstaunlicherweise festzustellen, dass diese Werte immer wieder an die Oberfläche des politischen Bewusstseins gerieten. Sie gingen bis heute nicht total verloren – ihre Spuren sind bis in unsere Legislative nachvollziehbar. So setzten die jüdisch-christlichen Werte in der Geschichte deutlich positive Impulse und haben wesentlich zur humanen Denkstruktur in Europa beigetragen.

### These 399

**Die mitteleuropäische Kultur erhielt vor allem durch die evangelische Theologie und Philosophie starke Impulse zur Schuldorientierung.**

Durch die Verlagerung der Autorität des Gewissens weg von der Kirche, zurück zu Gott und zur Bibel als verschriftlichtem autoritativem Wort Gottes war dieser Prozess einige Jahrhunderte lang aktiv.

Diese Erkenntnisse waren schon lange vor Luther artikuliert (z.B. von Jan Hus, dem Theologieprofessor von Prag), konnten sich aber in der damaligen kirchenpolitischen Struktur nicht durchsetzen. Der Durchbruch gegen die theologisch-ethischen Missstände unter Luther und Calvin geschah durch die schnelle Verbreitung der Gedanken durch die Printmedien, durch eine allgemein verständliche deutsche Sprache und den politischen Druck zur militärischen Einheit für den Krieg gegen die Türken vor Wien, wofür die Papst-Hörigkeit des Kaisers zurückgestellt wurde. Der 30-jährige Krieg (1618-1648) relativierte die konfessionsgebundene Politik auf beiden Seiten enorm; im Westfälischen Frieden wurde der Augsburger Religionsfrieden (1555) wieder hergestellt („Wes das Land, des der Glaube"); deshalb blieb genügend politisch-religiöser Zündstoff erhalten. Getroffen hat das jeweils das evangelische Volk, dem oft die Flucht aus der Heimat als einzige Chance blieb.

## 8.2 Aufklärung

Reformatorische Ideologien gärten unter der Ideologie der Aufklärung vor allem im vollständig katholischen Frankreich unter den wirtschaftlich-sozialen Missständen sozialpolitisch weiter und explodierten politisch korrumpiert in der französischen Revolution (1789-1799). Die Forderung nach Einheit, Gleichheit, Brüderlichkeit sind hinüber gerettete biblische Prinzipien und Werte. Damit wurde die katholische Kirche als lange größte und mächtigste Körperschaft des „Ancien régime" vollends entmachtet und die Feudalrechte annulliert. Die Revolution war säkular motiviert, hatte aber religiösen Charakter und setzte sich in der neuen Philosophie der Vernunft als Priorität und Maßstab für Denken und Handeln zunehmend in der Wissenschaft durch. Ungelöste Probleme hatten um die Jahrhundertwende Napoleon zur Macht verholfen; nach dessen militärisch erzwungenen politischen Einheiten wurde Europa neu formiert. Dann waren weitere starke Widerstände gebrochen. Erkenntnisse der „Aufklärung" setzten sich endgültig in ganz Europa durch. Mitte des 19. Jahrhunderts hatte sie die universitäre Theologie unter Kontrolle.

Der Begriff „Aufklärung" entstand im 18. Jahrhundert für den Erkenntnisprozess, der auf die Befreiung von Traditionen, Institutionen, Konventionen und Normen gerichtet war, die nicht vernunftsgemäß begründet werden konnten. Immanuel Kant (1724-1804) definierte die Aufklärung als „Ausgang des Menschen aus selbstverschuldeter Unmündigkeit". Die Kritik ist das Instrument der Vernunft, die Freiheit der Meinungsäußerung und Toleranz gegenüber anderen Meinungen fordert. Religiöse Züge nahm die danach benannte ganze Epoche an, als der Glaube an die Vernunft sich mit dem Glauben an den Fortschritt verband. Die gesellschaftsverändernde Bewegung setzte sich in den Wissenschaften sowie in der Politik durch und erfasste auch die Kirchen. Die Lösung des Denkens aus den Bindungen der tradierten Religion hinterfragte deren Weltbild mit seiner Staats- und Gesellschaftsordnung. Sie wurde zur Erkenntniskritik, indem sie die Offenbarungsreligion durch eine natürliche Religion abzulösen versuchte. Damit erhielten Rationalismus und Vernunft starken Einfluss auf Gesellschaft und Politik, was auch zu bedeutenden Neuansätzen auf nahezu allen Gebieten der Wissenschaften führte. Das Ringen zwischen alten und neuen Ansätzen des Glaubens führte zu Erweckungsbewegungen, in der katholischen Kirche zum Reformkatholizismus. Trotz der Einleitung unverzichtbarer humanitärer, sozialer und politischer Reformen scheiterte die Aufklärung an der Überschätzung der menschlichen Vernunft, der es nicht gelang, ihre Kritik und ihre Programme in politisches Handeln umzusetzen.[15]

Darin wird überzogen, was Luther mit der „Freiheit eines Christenmenschen" in die Denkstrukturen Europas unumkehrbar eingeführt hatte: Die menschliche Vernunft setzte jedoch viele christlich-ethisch-soziale Gedanken in politisch-gesellschaftliche Strukturen um: Einigkeit, Recht und Freiheit konnten sich als politische Werte seit der deutschen Revolution (um 1848) unter schmerzvollen Rückschlägen erst seit einem halben Jahrhundert endgültig durchsetzen.

Die Demokratie als altgriechische Idee der Verantwortlichkeit und Gleichheit aller Menschen erhielt erst jetzt eine Basis zur Umsetzung. Der 100-jährige Aufstieg und Niedergang der kommunistisch-marxistischen Idee (20.Jhdt.) bestätigt die Demokratie mit ihrem humanistischen Gedankengut als den biblisch-ethischen Grundsätzen nächststehend.

Die Würde und der Gleich-Wert aller Menschen, ihre Verantwortlichkeit für eine Autorität zum Wohl der menschlichen Gemeinschaft, gesichert durch Recht und Gerechtigkeit in Gesetz und Strafe für eine optimale individuelle Freiheit als Werte, sind deutliche Linien der Schuld-Gerechtigkeit-Orientierung. Sie setzte sich in den vergangenen Jahrhunderten vor allem auch durch die religiös verbrämte Aufklärung systematisch in den europäischen Kulturen durch. Diese Entwicklung ist auf die immer noch vorhandenen jüdisch-christlichen Grundwerte zurückzuführen und erhielt durch die christlichen Kirchen, bei allen Missverständnissen und Fehlern, verstärkende Impulse. Die Schuld-Recht-Orientierung kann jedoch – überzogen – ein Selbstläufer werden, wobei der Mensch zum Objekt des Gesetzes wird und dann eben die Freiheit verliert, die er dadurch sichern wollte.

Die Scham-Ehre-Orientierung wurde durch die katholische Kirche und den Feudalismus mit den Prinzipien der Ungleichheit der Menschen in Würde, Verantwortlichkeit und

---

[15] Meyers Grosses Taschenlexikon.

Freiheit einseitig gefördert und hindert heute noch dort die Umsetzung in human-soziale Strukturen, wo sie einseitig und unkorrigiert vorherrschen kann; aber sie fördert unersetzbar zwischenmenschliche Beziehung. Beide Orientierungen, zusammengehalten und parallel strukturiert, sind ein gegenseitiges notwendiges Korrektiv.

### These 400

**Die menschliche Vernunft, so wichtig und richtig sie ist, wird ohne doppelte Orientierung an Ehre und Recht zum Feind des Menschen.**

Ebenso brauchen Empfindungen für Scham und Schuld eindeutige Orientierungen an Werten, die sich in Maßstäben und Gesetzmäßigkeiten für zwischenmenschliche Verhaltensmuster festmachen lassen, wenn sie sich nicht gegen den Menschen richten sollen. Diese Orientierungen sind in biblischen Ordnungen human und suprakulturell zu finden. Die Würde des Menschen findet in der Gemeinschaft mit Gott als höchste Autorität ihre letzte Garantie.

## 8.3     Politisch-gesellschaftsrelevante Entwicklungen

Welche Orientierung Priorität vor der anderen erhalten sollte, ist weder soziologisch noch theologisch schnell oder einfach zu beantworten. Jede Seite würde ihrer Orientierung selbstverständlich und unreflektiert Priorität verleihen. Besser erkennbar ist das bei einer radikale Einseitigkeit, wenn die Korrektur nahezu ganz entfällt.

*Qv.*: Grafik 50: Emotionale und rationale Ebenen.   Schamorientierung wäre dann fast ausschließlich durch Emotionen bestimmt, die individuelle Ehre geht in der Gemeinschaftsehre auf. Autoritäten sind in der Gesellschaft hierarchisch entweder durch Geburtsrecht oder durch Machthäufung oder Einflussnahme über Beziehungskanäle bestimmt; die Vermeidung ihrer Schande (Gesichtsverlust) geht fast ausschließlich zu Lasten der weniger angesehenen Gruppen und wird vehement unterdrückt und versucht zu vermeiden, wofür jedes Mittel gerechtfertigt erscheint.

### These 401

**Die Würde des Menschen wird in der Schamorientierung durch die Gemeinschaft geschützt, nimmt aber deutlich mit den Hierarchieebenen nach oben zu.**

Der Willkürlichkeit der Autoritäten steht nur der Gemeinschaftssinn der großen Gruppe gegenüber, die jedoch in sich keine Macht besitzt. Der Korruption solcher Autoritäten ist so gut wie keine Korrektur innerhalb des Systems entgegen zu setzen. Fatalität als Einstellung ist die Folge, die individuelle Eigeninitiative unterer Gesellschaftsgruppen wird wirksam unterdrückt. Das beste noch aktuelle Beispiel ist die indisch-hinduistische Kastenstruktur. Andererseits ist die Gemeinschaft in sich ein starkes Korrektiv, meist sind wenig Gesetze formuliert, dafür Traditionen und oral weitergegebene Moral stark betont. Kohäsion und Identifizierung mit der Gruppe ist stark und absolut verlässlich durch die Abhängigkeit des Einzelnen von anderen. Diese Orientierung wird deshalb als „warm" empfunden. Mit gewissem Vorbehalt ist anzunehmen, dass sich Schamorientierung eher in kleineren, überschaubaren Gruppen positiv bewährt und bestätigt, in größeren Gruppen jedoch „umkippen" kann.

Als Beispiel dienen Machthaber in afrikanischen Staaten, die durch Stammeszugehörigkeiten Mehrheiten und dadurch Macht eigennützig gegen jede schwächere Gruppe einsetzen, Menschenrechte brutal missachten und nur von außen militärisch in Schach gehalten werden können. Als positives Beispiel dienen kleine Inselbevölkerungsgruppen, die schon Jahrhunderte aufeinander angewiesen sind und dadurch überlebt haben. Kriege und Vernichtung der Schwächeren zur Sicherung der Eigenexistenz gehören auch hier zur Strategie der Lebensgestaltung.

**These 402**

**Schuldorientierung ohne Korrektur mündet in eine kalte, individuelle Gesell-schaftsform.**

In solch einer Gesellschaftsform wird das Leben durch Gesetz und Strafe geregelt, aber – wenn die Gesetze das bestätigen – zumindest eine Gleichschaltung des Wertes aller Menschen gewährleistet ist. Das sichert auch die Würde rein gesetzlich für alle. Individualität und Unabhängigkeit werden praktiziert und eingefordert und bis zur Schmerzgrenze anderer durchgesetzt. Gerichte und Polizei sind deshalb stark ausgelastet. Innovationen sind an der Tagesordnung, wodurch der eigene Vorteil gesucht und nach Möglichkeit verfolgt wird. Grauzonen der Verhaltensmuster erfordern differenzierte Ordnungen und Gesetze. Die Kohäsion und Identifizierung mit der Gruppe ist schwach und nicht verlässlich. Deshalb wird diese Orientierung als sozial „kalt" und distanziert empfunden. Die erzwungene Gleichstellung unter dem Gesetz kann auch zu einem Missbrauch der geballten Macht für Kriege führen.

Als positives Beispiel kann die deutsche Demokratie mit ihrer starken sozialen und humanistischen Betonung mit der Würde des Menschen als Ausgangspunkt dienen. Dem Individualismus werden größtmögliche Freiheiten zugestanden. Die Gleichheit ist im Gesetz verankert, Gerichte sind unabhängig und haben in sich hierarchische, begrenzte Korrektive mit dem Bundesverfassungsgericht als höchster Instanz der sozialen Gerechtigkeit, das wiederum der Politik korrektive Impulse gibt. Negative Auswirkungen sind soziale Kälte, Distanziertheit, Kampf gegen Ordnungen für individuelle Vorteile und anhand von Gesetzen, die gegeneinander ausgespielt und deshalb immer differenzierter formuliert werden.

Im Vergleich der beiden Orientierungen in politischen Gesellschaftsformen ist erkennbar, dass Innovationen, Wohlstand und Gesundheit, Arbeit und Ausbildung und damit Sinnerfüllung mit Werten, die sich daraus ergeben, sowie gesunder Wettbewerb als Lebensgestaltung mit einer grundlegenden Schuld/Gerechtigkeitsorientierung bessere Chancen haben. Kleinere Gruppen dagegen profitieren deutlich mehr von einer Scham-Ehre-Orientierung. Deren Werte liegen in der Gemeinschaft, in der gemeinsamen Lebensgestaltung, vor allem mit und durch die Großfamilie, die gleichzeitig als wirksame Kranken-, Arbeitslosen- und Altersversicherung dient, wo dafür keine offiziellen staatlichen oder sozialen Strukturen vorhanden sind. Diese Orientierung ist in westlichen Ländern eher in ländlichen Gegenden und vor allem nicht-industriellen Kulturen zu finden, während die Auswirkungen der Schuld-Gerechtigkeit-Orientierung in westlichen Städten deutlich stärker erkennbar sind. Die Urbanisierung der Weltbevölkerung würde dementsprechend eine deutliche Tendenz zur Schuldorientierung erzwingen, aber erst, wenn die Bevölkerung ganzheitlich von den neuen sozialen Strukturen erfasst ist. In den Slums bzw. Satellitenstädten der Megastädte sind noch deutlich schamorientierte Strukturen erkennbar.

**These 403**

**Die Aufklärung hat in der nicht-westlichen Welt geschichtlich nicht stattgefunden, sie wurde dort nie vollständig philosophisch, d.h. im Denksystem, nachvollzogen.**

Durch die Globalisierung der Wirtschaft, Kommunikation, Politik und vor allem durch den universitären Bildungsaustausch in Forschung und Lehre übernehmen viele Länder jedoch – meist notgedrungen – die westlichen Denkstrukturen: Logik, Vernunft, Individualismus, Leistung, Reichtum, Sicherung des Lebens in Unabhängigkeit von den eigenen sozialen Kohäsionen, aber in geordneten (bzw. verordneten) sozialen Strukturen. Sie funktionieren im „Westen" jedoch nur durch eine (staatlich geordnete) „Not"gemeinschaft einer großen sozial-kulturellen oder staatlichen Gemeinschaft – weil die Vernunft dieser Logik als notwendige Basis dafür vorhanden ist; aber sie muss durch Erziehung und Bildung erst vermittelt werden. Sie funktioniert nur insoweit, wie sie gelernt wurde, sich eine Überzeugung durch Erkenntnis gebildet hat und durch eigenen Willen auch eine Bereitschaft dafür vorhanden ist, sich in diese Strukturen einzuordnen. Eine langwierige, systematische, komplizierte Gewissensprägung ist dafür notwendig. Wenn die Grundlage dafür in der Kindheit und in der Schule nicht vermittelt wurde, werden immer Defizite in der praktischen Durchführung erkennbar sein. Die Gesellschaft ist dann auch kein Korrektiv mehr (außer durch Strafmaßnahmen, die aber wiederum gesetzlich geregelt sein müssen), wie das dagegen in der Schamorientierung immer der Fall sein wird. Schuldorientiernug hat deshalb eine diffizile Gesetzesstruktur, Schamorientierung kommt mit weniger Gesetzen aus, ist aber dadurch viel anfälliger für Korruption.

Das wird z.B. in der neuen Generation in den neuen Bundesländern deutlich. Die Erwachsenengeneration wurde durch die strikte sozial-politische Bildung für das DDR-System vorbereitet – und es hat (abgesehen von der wirtschaftlichen Auswirkung) auch funktioniert: Neue soziale Kohäsionsstrukturen hatten sich gebildet – Seilschaften in Politik und Wirtschaft, aber auch Notgemeinschaften in der Bevölkerung. Das waren eindeutig Scham-Orientierungen, bei denen die Autoritäten außerhalb des Egos blieben.

Die junge Generation wurde offensichtlich von den Lehrern und Eltern der vorigen Generation nicht adäquat auf die neuen westdeutschen Denksysteme und westlichen sozialwirtschaftlichen Strukturen vorbereitet. Zudem wurde durch gravierendes egoistisches wirtschafliches Verhalten vieler westlicher Firmen ostdeutschen Betrieben die Existenzmöglichkeit untergraben; sie tragen Mitschuld an der Arbeislosigkeit und Perspektivlosigkeit, die dort heute herrscht – das darf nicht übersehen werden. Andererseits war die Denkbasis für die z.T. schnell übergestülpten neuen Strukturen noch nicht in ausreichendem Maße gebildet, was jetzt soziale Auswüchse bewirkt (z.B. rechtsradikale Gruppen), die so in der DDR nicht möglich gewesen wären.

# 8.4    Drastischer Werteverfall

*Qv*.: Bsp. in Kap. 8, 1 Veränderung von Schuld zu Schamorientierung

Unabhängig von Ost und West in Deutschland sind starke Tendenzen erkennbar – auch von säkularen Kritikern, dass die Werte, die sich bis dahin immer noch erhalten und durchsetzen konnten, rapide und wie es scheint ersatzlos auflösen.

**Beispiel 104**

Das bezeichnende Bekenntnis des zur Zeit regierenden Bürgermeisters von Berlin, Wowereit, wurde in einem Spot der Fernsehnachrichten übertragen: „Ich bin schwul – und das ist auch gut so!" Offensichtlich brauchte er nicht um Wählerstimmen in der Hauptstadt und um Unterstützung seiner Patei(en) zu bangen. – Schwulen- und Lesbenhochzeiten erhalten in den Medien große Aufmerksamkeit. „Gleichwertung aller geschlechtlichen Neigungen", wird das genannt und ist auch unter evangelischen Pfarrern nicht tabu.

Das Wahrzeichen eines der letzten evangelischen Kirchentages – eine aufgeblasene nackte Figur, die imitierte Christusfigur von Rio de Janeiro – wird lediglich von einem katholischen Geistlichen als „geschmacklos" bezeichnet. Die evangelischen Kirchenvertreter fanden das Symbol „werbeträchtig". Die Frage bleibt offen, wofür diese Figur werben sollte.

Nachrichten über Missbrauch von Kindern, auch Mord durch deren Mütter reißen nicht ab. Die 8-jährige Julia aus unserem Ort wurde vor wenigen Jahren entführt. Dann kam die Nachricht über einen verkohlten Kindeskörper, der sich nach DNA-Tests als das entführte Kind bestätigte. Der Mörder war ein unauffälliger Ortsansässiger.

Für die Verkehrsordung mussten in den vergangenen Jahren massive Maßnahmen ergriffen werden, um dem „Mobbing" auf der Autobahn zu begegnen. Ab 2009 sind erneut drastisch erhöhte Strafen für Verkehrsdelikte in Kraft getreten.

Die Veränderungen der Maßstäbe und Normen, nach denen die deutsche Gesellschaft lebt und reagiert, nimmt drastisch zu. Was von den Eltern übernommen ist, wird aus dem Bewusstsein verdrängt. Das nimmt weit größere Ausmaße an als der übliche und eigentlich konstruktive Generationenkonflikt. Die christliche Einstellung wird selbst von der älteren Generation zunehmend als veraltet gewertet, ganz zu schweigen von der Jugend.

Es gibt offensichtlich wenige, die sich dagegen stemmen und offen dagegen Stellung nehmen – oder diese schwachen Stimmen werden übertönt – sie werden lächerlich gemacht, d.h. sie werden öffentlich beschämt. Demjenigen wird gedroht, der es wagt, solche Verhaltensmuster falsch zu nennen. Sich zu ducken und zu arroganten Machtmenschen besser zu schweigen, wird als Reaktion empfohlen – man würde alles sonst nur noch schlimmer machen. Das bedeutet: Freie Bahn der korruptiven Schamorientierung – eine egoistische Ehrsucht ohne gesellschaftliche Korrektur.

### These 404

**So schweigt sich eine Gesellschaft zu Tode: Zivilcourage muss wieder eingefordert werden, hinsehen ist wichtig. Die Dinge müssen beim Namen genannt werden!**

Das betonen selbst die Medien wieder mehr. Gewaltverbrechen, bewusstes Fehlverhalten, Schwulenhochzeiten, propagierter Ehebruch und Mord werden sonst immer selbstverständlicher. Irgendwann trifft es dann auch den, der schweigt, oder meint, keine anderen Werte dagegen stellen zu sollen. Verzweifelt werden heute Familien gefördert, weil der natürliche, konservative Drang danach, eine geschützte Situation für Kinder durch stabile, verbindliche Ehen zu bilden, der jungen Generation offenbar abhanden gekommen ist.

Ein-Eltern Familien bleiben eine Krücke in der Gesellschaft; den Kindern fehlen das Vorbild und die Orientierung für die Entwicklung eines gesunden schuldorientierten Gewissens. Kein Gesetz und keine soziale Maßnahme ist ein wirksamer Ersatz dafür.

Dieses Beispiel ist nicht das einzige, aber wahrscheinlich das gravierendste, das die zunehmende Schamorientierung in unserem Land aufzeigt und mitverantwortlich dafür ist – mit allen gesellschaftlichen Konsequenzen. Um positiv funktionieren zu können, fehlt es unserer Gesellschaft am wichtigen Korrektiv der Kohäsion und am Respekt jeglicher Obrigkeit gegenüber. Individualismus und Schamorientierung vertragen sich nicht gegenseitig. Setzt sich die Schamorientierung weiter durch, dann nur auf Kosten des Individualismus und der Toleranz. Beides ist bisher undenkbar. Deshalb werden Konflikte entstehen, für deren Lösung unsere schuldorientierte Gesetzgebung bisher keine Werkzeuge zur Verfügung hat; sie müssen jedoch entwickelt werden, wenn die Gesellschaft nicht aus den Fugen geraten soll.

Jüdisch-christliche Werte, die seit etwa tausend Jahren für unsere Kultur maßgeblich waren, lösten sich innerhalb weniger Jahrzehnte auf. Bezeichnend dabei ist, dass das von vielen nicht als Verlust erkannt wird. Das Gewissen registriert das nicht mehr als gesellschaftsfeindlich.

## 8.5 Toleranz und Relevanz der Werte

Wie Werte entstehen, wurde schon mehrfach dargestellt. Erfahrungen, nach denen vorgehende Generationen überlebten, auch Prinzipien der vorherrschenden Religion oder Weltanschauung sind verantwortlich dafür. Verändert sich eine Komponente, sind die anderen in Mitleidenschaft gezogen. Werte werden verteidigt, wenn sie erkennbar dem Überleben der Gesellschaft dienen. Sie werden schriftlich fixiert und in Gesetzen verankert. Sie verändern sich nur langsam – denn neue Werte erhalten ihren Wert erst durch die Bewährung in der Erhaltung des Lebens und der Kultur – zum Wohl der Menschen.

Menschen verinnerlichen die Werte. Sie denken und entscheiden entsprechend, sie handeln und gestalten ihr Leben danach. Das bringt Sicherheit und Zuverlässigkeit für das Zusammenleben der Menschen – die Handlungsweise anderer wird dadurch berechenbar.

Veränderte Situationen wie Klimawandel, politische oder wirtschaftliche Entwicklungen beeinträchtigen oder verbessern Werte schleichend oder radikal. Fortschritt und Wohlstand motivieren Veränderungen. Neue Wertungen der vorhandenen Werte und gleichzeitig die Formulierung neuer Werte werden notwendig. Kulturen verändern sich dadurch; der Staat muss die bestmöglichen Chancen zur Gestaltung des Lebens nutzen.

Werden alte Lebenserfahrungen aufgegeben, müssen sich neue Erfahrungen bewähren. Regeln für das Zusammenleben der Menschen sind damit immer im Fluss; es bestehen immer mehrere Gruppen von Werten nebeneinander. Religionen werden darauf abgeklopft, ob sie mit der Entwicklung Schritt halten; denn die Einstellung der Gesellschaft entscheidet, ob Religion, Kirche oder persönlicher Glaube „fortschrittlich" sind. Was nicht mithalten kann oder will, wird bestenfalls als intolerant ignoriert, abgelehnt oder im Extrem als fundamentalistisch bekämpft. Wenn die Religion als solche noch anerkannt bleibt, wird deren Diskrepanz zum öffentlichen Denken immer größer und die alte Theologie erscheint als irrelevant.

## These 405

**Die Folgen des derzeitigen Verfalls von ethischen und moralischen Werten in Ehe, Gesellschaft, Wirtschaft und Politik – auch in bezug zu Wahrheit und Respekt vor dem Eigentum anderer – sind noch nicht abzusehen.**

Unsere Gesellschaft wurde in den vergangenen zwanzig Jahren merkbar rücksichtsloser und egoistischer. Die Gesetze wurden dementsprechend verfeinert. Polizei und Gerichte mussten deutlich verstärkt werden – wenn die Mittel dafür zur Verfügung standen. Gleichzeitig weckt die neue Schamorientierung ein Bedürfnis nach Gemeinsamkeit, nach Wärme. Die zwei Systeme reiben sich aneinander, sie erzeugen Stress und Spannung, die Menschen kommen an ihre psychischen Grenzen.

Auch die Werbung hat sich darauf umgestellt, die Emotionen anzusprechen: „Mit dieser Zahnpasta fühlen sie sich wohl … ." – „Tun Sie sich was Gutes; Sie sind es sich wert!" Die Geschlechtlichkeit, die persönliche Lust und der eigene Gewinn gerieten in den Mittelpunkt der Entscheidungsprozesse. Dafür sind Menschen ansprechbar, sie reagieren darauf, sie brauchen andere Motive als ihre Vorgängergenerationen in den 50er Jahren. Sie wollten Effektivität, Verbesserung ihres Status für ihr gutes Geld und ließen sich so motivieren: „Strom kommt sowieso ins Haus – nutz ihn auch zum Kochen aus!"

Eine Religion verändert sich – wenn überhaupt – nur langsam. Sind Werte darin schriftlich fixiert wie in Bibel und Koran, müssen sie neu interpretiert werden, wenn vorherrschende Verhaltensmuster gerechtfertigt werden sollen. Da sich der Koran nicht kontextualisieren lässt und sich genügend Menschen finden, die dessen Prinzipien durchsetzen, hat inzwischen einige Großsprecher verstummen und sich verstecken lassen; ihr Leben war ihnen lieber als Medienrummel. Da das Neue Testament Feindesliebe propagiert, aber ihre Prinzipien trotzdem nicht passen, führt das zu einer freizügigen Neuinterpretation der betreffenden Aussagen, gegebenenfalls werden sie durch Infragestellung der Quellen ausgehöhlt. Fernöstliche religiöse Elemente werden in das Vakuum übernommen, die den persönlichen Neigungen besser entsprechen; vor allem solche, die keine Verbindlichkeit fordern.

Andererseits wurde es notwendig, überkommene Prinzipien endlich aufzulösen. Die Gleichberechtigung der Frau ist gerade mal hundert Jahre alt. Erst zu Beginn des vergangenen Jahrhunderts erhielten Frauen in Deutschland das Wahlrecht, in der Schweiz erst etwa zur Mitte des Jahrhunderts. Dann begann in Deutschland konsequent auch der Gedanke, dass Mädchen einen Beruf lernen und den Führerschein machen sollten. Im Kampf um einen Arbeitsplatz haben sie es immer noch schwerer als Männer, trotz Antidiskriminierungsgesetz. Mädchen wurden jetzt auch junge Frauen genannt, die offizielle Anrede „Fräulein" für eine ledige Frau wurde wie die Anrede der Verheirateten zu „Frau". Feministinnen fielen auf der anderen Seite vom Pferd; sie forderten eine Gleichstellung der Frau auf allen Gebieten. Dadurch verloren sie jedoch die Achtung der Männer vor dem „schwächeren" Geschlecht: Frauen werden jetzt gleich behandelt, ohne Rücksicht auf ihre körperliche und psychische Konstellation. Sie bekommen nicht mehr selbstverständlich einen Platz angeboten. Kein Mann steht auf, wenn Frauen zur Türe hereinkommen. Ausdrücke und Redeweisen werden rücksichtslos auch ihnen gegenüber verwendet, die gleiche Leistung wird erwartet. Frauen haben einerseits endlich gewonnen, was ihnen das Neue Testament zugesteht: sie sind gesellschaftlich gleichwertig geworden. Durch die Gleichberechtigung haben sie gleichzeitig verloren: Das Recht auf Respekt und die Rücksicht, die Ehrenstellung als Frau und Mutter, die ihnen die Bibel zugesteht. Das Neue Testament als Norm des christlichen Lebens darf nicht selektiv angewendet werden. Diese wertet die Geschlechter gleich, ordnet sie aber ihrer Beschaffenheit entsprechend verschieden ein. Das ist ehrenhaft und recht. Alles andere wäre biologisch nicht nachvollziehbare Gleichmacherei.

1.Petr.3,7

So hat sich auch das Bild des Christentums drastisch verändert, und manche Theologen sind eifrig bemüht, dem noch kräftig nachzuhelfen, um attraktiv und gesellschaftsfähig zu bleiben. Glaube wurde zur Spiritualität, in die andere religiöse Erfahrungen integriert werden können; das Christentum, das Jahrhunderte lang Europa prägte – auch als Grundlage für Demokratie und Wirtschaft, wurde zu einer flexiblen, verfügbaren Religion. Es verlor an Wert, weil herausfordernde Inhalte entfernt wurden. Christ sein wurde zu einer überholten westlichen Lebensanschauung.

## 8.6    Erhaltung der Werte

Die Bestärkung von gesellschaftlichen Werten geschieht durch Erfahrungen – die sich über Generationen hinweg als Verhaltensmuster zum Wohl der Bevölkerung bewährt haben – wie oben festgestellt gab es dabei auch noch manches zu verbessern: Generationen haben damit überlebt, wenn es dabei auch Leidtragende gab, wie viele Frauen im Islam noch lange auf die Gleichwertung warten. Die Verhaltensmuster dienten der Sicherheit, der Erhaltung des Lebens, des Friedens und der Gesundheit. Zum Schutz und zur Verteidigung dieser Werte und Gesetze wurden Strafen eingeführt.

Je empfindlicher die Strafe, umso wirksamer ist durch die gedankliche Straferwartung die soziale Selbstkontrolle innerhalb der Gesellschaft. Angst vor der Strafe veranlasst einen Verkehrsteilnehmer, bei roter Ampel anzuhalten, oder auch die Angst vor einem möglichen Unfall, der bei Nichtbeachtung der Ampel entstehen könnte. Besser und effektiver ist die intellektuelle Erkenntnis, dass eine geordnete Verkehrsregelung Sicherheit und gleiches Recht für alle bedeutet. Letzteres ist die freiwillige soziale Selbstkontrolle. Sie wird von den Mitgliedern einer Gesellschaft gegenseitig eingefordert, die diese Erkenntnis haben.

Die vorherrschende Religion kann entweder die Grundlage der Werte stellen oder zur Verstärkung und Stütze der Gesetze dienen. Sie muss sich immer daran messen lassen, ob sie dem Wohl der Menschheit dient – über Jahrhunderte hinweg, wie die Vertreter die Prinzipien interpretieren und in die Praxis umsetzen. Alle Gruppen innerhalb der Menschen müssen das beurteilen dürfen, freiwillig, ohne Zwang und Angst.

### These 406

**Die biblische Ethik fordert Respekt und Liebe für jeden Menschen, jedes Geschlecht, alle Rassen, sogar für die Angehörigen anderer Religionen und für Feinde.**

Das ist einzigartig. Diese Ethik fördert die Wahrheit und Gerechtigkeit, den Frieden, das Verantwortungsbewusstsein wie keine andere Religion. Der Gewissensfriede und damit die absolute Vergebung können gewährleistet werden durch die persönliche Beziehung zu Gott. Die Sühne ist von Gott selbst geleistet und die Gewissheit des Glaubens trägt über den Tod hinaus.

Verirrungen gab es dabei leider immer wieder – auch im Namen des Christentums. Auch musste die Anwendung der aus der Bibel abgeleiteten ethischen Prinzipien immer wieder überprüft und neuen Forschungsergebnissen angepasst werden. Diese Prinzipien dürfen jedoch nicht grundsätzlich übersehen, entwertet oder ersetzt werden ohne Gefahr, dass die Ganzheitlichkeit zerfällt und bedeutungslos wird.

Andere Religionen kommen mit ihren ethischen Forderungen den christlichen Werten nahe, ihnen fehlen jedoch die Beziehungsschiene und die Freiwilligkeitsebene zwischen Mensch und Gottheit. Deutlich wird das meist zuerst an Zwängen und an der Diskriminierung der Frau. Auch wenn das für die westliche Ideologie versucht wird zu kaschieren – die Diskriminierung bleibt.

## 8.7 Kein Wert ohne Autorität und Willensfreiheit

Die Autorität des Staates hinter den Verkehrsregeln veranlasst die Verkehrsteilnehmer, die Regeln und Gesetze ernst zu nehmen. Denn sie wissen, dass die Strafe folgt – zumindest wenn die Fotokontrolle mit „Blitz" funktionierte; die Angst sitzt ihnen dann im Nakken. Die freiwillige Anerkennung der Autorität veranlasst bis jetzt noch die meisten Menschen unserer Gesellschaft, sich einigermaßen gesetzmäßig zu verhalten – vielleicht ist es auch lediglich eine Art Selbstschutz, der sie veranlasst, bei Rot anzuhalten.

Respekt vor anderen Personen, deren Ehre, Eigentum und Meinung sind christliche Werte. Selbst Gott respektiert alle Menschen – er manipuliert sie weder zum Guten noch zum Schlechten, sondern bietet seine Beziehung jedem Einzelnen an. Sein Respekt beruht auf *Qv.: Kap.6;* seiner Liebe zu den Menschen, die in seinem Sohn Jesus *Theologische Reflexionen* Christus deutlich wurde; er hat stellvertretend die Strafe für deren Übertretung der Gebote Gottes auf sich genommen. Die Menschen wären an der Strafe zugrunde gegangen. Die Heiligkeit Gottes lässt Sünde nicht zu. Darin war und ist Gott konsequent. Jeder ist frei, sich für oder gegen Gott zu entscheiden – mit den jeweiligen Konsequenzen, die jedoch bekannt sind. Der christliche Glaube „passt" in das Gewissenssystem des Menschen.

### These 407

**Ethische Konsequenzen der Gebote Gottes können nicht durch eine allgemeine Kulturveränderung relativiert werden.**

Im Gegenteil: wenn Wohlergehen, Fortbestand und bewährte Erfahrungen darauf beruhen, können zwar Formen angepasst, Inhalte aber nicht ohne Konsequenzen für Sicherheit und Frieden aufgegeben werden.

## 8.8 Ansätze für ein scham-orientiertes Gewissen in unserer Gesellschaft

Ein scham-orientiertes Gewissen bildet sich vorrangig in einer sozial abhängigen Situation. Vater und Mutter bilden keine Einheit als Autorität für das Kind, sondern sind ihrerseits abhängig von anderen Autoritäten, z.B. von Geldgebern. *Qv.: Kap.3; Entstehung des schamorientierten Gewissens* Kinder, die von nur einem Elternteil erzogen werden, sind in einer ähnlichen Situation.

Wenn im Extremfall eine solche Mutter-Kind-Familie z.B. auf die finanzielle Hilfe des Großvaters angewiesen ist oder darauf, dass die Großmutter das Kind hütet, während die

Mutter bei der Arbeit ist, dann entwickelt das Kind eine Orientierung an einer Person außerhalb der engen Mutter-Kind-Beziehung. Ist noch der Vater im Spiel, der bestimmte Ansprüche geltend und seine Hilfestellung davon abhängig macht, dass seine Vorstellungen durchgeführt werden, entsteht eine Beziehung zu zwei völlig verschiedenen Autoritäten. Das Kind lernt, sich der jeweiligen Autorität entsprechend zu verhalten, wenn diese Personen sichtbar sind oder in Kraft treten. Sein Verhaltensmuster orientiert sich also nach außen; die Autorität seines Gewissens liegt außerhalb seiner Person – irgendwo in der Gesellschaft, bei bestimmten Personen.

Die starke und stete Rücksichtnahme auf andere Menschen, auf die man angewiesen ist, legt die Autorität des Gewissens nach außerhalb – zu solchen Personen, die jeweils gerade relevant und wichtig sind. Das hat zur Folge, dass das Gewissen immer in Bezug auf solche Autoritäten anspricht, und nur dann, wenn diese in Erscheinung treten. Das ergibt völlig verschiedene Handlungsweisen, jeweils um die geltenden Ordnungen der gerade gegebenen Autoriät zu befolgen. Aufsicht und Beobachtung sind zunehmend wichtig für die soziale Kontrolle – Kameras sind geheime Beobachter, die externe Autorität. Handwerker nehmen die Arbeit genauer, wenn der Hausherr in der Nähe ist. Das Verantwortungsbewusstsein des modernen Menschen ist zunehmend auf eine externe Autorität fixiert.

Manchmal kann eine solche Person nicht mehr exakt definieren, wer genau das ist. Die Gruppe oder die Gesellschaft als Ganzes bildet die Autorität für sein Gewissen.

Eine Verfehlung nach den Ordnungen der jeweiligen Autorität ist dem Kind zwar bewusst, wird jedoch nur dann als solche empfunden, wenn die Person in Erscheinung tritt – wenn die Großmutter anruft oder wenn der Vater feststellt, dass eine Entscheidung nicht nach seinen Vorgaben gefällt wurde.

Wenn das dann wie in einer afrikanischen Großfamilie allen bekannt wird, schämt sich der Betroffene, die Beziehung ist empfindlich gestört. Die Sache kommt für ihn nur so in Ordnung, indem die Beziehung wieder hergestellt wird – wenn ihm wieder von außen die Ehre zuteil bzw. sein Prestige zugestanden wird und das Verhältnis zu ihm normalisiert ist.

Im Mittelalter – bis in die Neuzeit hinein – bewirkte die Schamorientierung eine effektive soziale Selbstkontrolle. Niemand liebte es, der Öffentlichkeit ausgesetzt zu sein.

Heute reagieren viele, vor allem junge Menschen so, dass sie wie unter einem Zwang stehen, das zu tun oder sich z.B. so zu kleiden, wie es gerade „in" ist, was die Gesellschaft vorschreibt. Anders traut man sich nicht unter die Leute, man schämt sich. Man fühlt sich nur akzeptiert, wenn man die Verhaltensmuster übernommen hat.

Das gilt andererseits auch für den Wertewandel. Wenn die Gesellschaft eine Ehescheidung sanktioniert, Ehebruch akzeptiert und Homosexualität propagiert, dann traut sich auch der Einzelne, sich entsprechend zu verhalten. Er braucht keine Beschämung zu fürchten. Im Gegenteil: Wer nicht so denkt, ist „out", ist nicht tolerant, nicht zeitgemäß.

Anfang des vergangenen Jahrhunderts wurde in meinem schwäbischen Heimatdorf einer jungen Frau bei ihrer Hochzeit vor der Kirche der weiße Schleier vom Kopf gerissen, wenn sie schwanger war. So lieb- und taktlos das auch war: Die Gesellschaft tolerierte nicht, dass ein falsches Verhalten unter dem Zeichen der Reinheit stand. Vor allem hätte damals auch der entsprechende Mann beschämt werden sollen. Heute spielt diese ethische Vorgabe für die Ehe in der Gesellschaft keine Rolle mehr – auch nicht in christlichen Gemeinden. Die Schande folgte damals dieser Frau auf Schritt und Tritt. Sie war gebrandmarkt für ihr Leben. Das war nach christlichen Maßstäben unbarmherzig, und unberechtig war, die Sünde anderer schützend vor die eigene zu schieben.

*Qv.*: Zusammenfassende Darstellung der Ausführungen in Kap.2; Grafiken dort

Heute werden Leute wie der Vorsitzende der Deutschen Post, Klaus Zumwinkel, im Fernsehen angeprangert – manche dieser „Steuersünder" schauen trotzdem offen in die Kamera. Andere Angeklagte halten bei Aufnahmen in Gerichtssälen schützend ihre Kleidung vor ihr Gesicht. Sie sind den Blicken von Tausenden ausgesetzt: Die Fernsehkamera ist der moderne „Pranger": Wehe dem, auf den es die Medien abgesehen haben! Berti Vogts hatte deshalb als Fußballbundestrainer keine Chance mehr: „Solange der dran ist, berichten wir nicht mehr" – „positiv" war dabei gemeint. Ich brauchte damals nicht viel Phantasie für die Berechnung der Zeit, die ihm noch blieb. Bis heute hängt ihm diese Berichterstattung an.

Die Gesellschaft lässt sich von den Medien ihre Meinung bilden, leiten, motivieren, gängeln. Interessant und berichtenswürdig ist „Mann beißt Hund!" – deshalb wird mancher „Mann" zum „Hundebeißer" gemacht. Die Verantwortung zur Selbstkritik ist groß. Jeder Redakteur lebt von der Autorität, die den Medien heute zugeschrieben wird. Er hat Macht, die er keiner anderen Autorität unterordnen möchte. Er wird für ein schamorientiertes Gewissen zur externen Autorität.

## 8.9    Ein funktionales Gewissen

Das Gewissen funktioniert also aufgrund dieser vier Elemente: Schuld und Gerechtigkeit als Gegenpole auf der einen Seite; Scham und Ehre als Parallelen dazu auf der anderen. Schuld bzw. Schamempfinden reagieren auf eine Normübertretung mit einem sog. „Gewissensbiss". Das Gewissen ist dann belastet, es hat Angst vor der Strafe – vor den Folgen der „Sünde". Der Mensch hat dann ein sog. „schlechtes Gewissen".

Die Kraft des Gewissens drängt den Menschen zur Entlastung: Buße und Vergebung ist der biblische Weg zur Gerechtigkeit – auch wird dabei die Ehre vor Gott und vor Menschen wieder hergestellt. Der Staat hat ebenso Mechanismen: Die Wiedergutmachung, die „Ent-Schuldigung" durch eine – notfalls vom Richter – vorgeschriebene Form. Wir versuchen auch eine Sache in Ordnung zu bringen, indem wir uns „ent-schuldigen" – zu unserer Schuld stehen und die anderen bitten, von einer Strafe oder einem weiteren Nachtragen abzusehen. So empfinden noch viele Christen, sie haben ein schuldorientiertes Gewissen.

Vergebung wird dann zugesprochen oder sie tritt ein, wenn die „Sünde" bereinigt ist. Im christlichen Verständnis sühnt Jesus Christus für Sünde gegen Gott durch seinen stellvertretenden Tod – wenn der Mensch das für sich in Anspruch nehmen möchte, weil er Sünde erkennt und „Buße tut". Bei Übertretungen dem Staat oder der Gesellschaft gegenüber muss der „Sünder" selbst dafür einstehen, auch in anderen Religionen. Wenn das Gewissen so wieder in Ruhe kommt, sprechen wir von einem „guten Gewissen".

Ein Mensch mit einem scham-orientierten Gewissen empfindet keine oder sehr wenig Schuld, wenn sein Verhalten nicht einer gesellschaftlichen Norm entspricht. Er empfindet überhaupt sehr wenig, so lange die Sache bei ihm bleibt und nicht bekannt wird. Wenn das Fehlverhalten in der Öffentlichkeit geschieht, die das Verhalten nicht sanktioniert, schämt er sich, aber erst dann. Wir entdecken das bei Fernsehübertragungen, wenn sich Angeklagte vor der Kamera das Gesicht verdecken. Diese Schande hält so lange an, bis die Beziehung zu den anderen wieder in Ordnung gebracht ist, indem sich der Mensch wieder angenommen fühlt. Die Schande seines Verhaltens liegt auf ihm – das ist unerträglicher als eine Körperstrafe. Die Angst davor, dass er so beschämt werden könnte, hält ihn vor manchem Fehlverhalten zurück. Damit tritt sein Gewissen in Kraft, das funktioniert und den Menschen wirksam die Forderungen der Gesellschaft befolgen lässt. Die soziale Kontrolle ist gewährleistet. Auch ein scham-orientiertes Gewissen funktioniert, nur mit anderen Komponenten.

### These 408

**Ein funktionales Gewissen führt den Menschen zum Frieden mit sich selbst, mit seinem Umfeld und mit seiner Religion.**

## 8.10    Fehlende und veränderte Komponenten im Gewissen unserer Gesellschaft

Wenn sich ein junger Mann weder schuldig fühlt noch Scham empfindet, wenn er aggressiv und offensiv Verkehrsregeln missachtet und andere bewusst in akute Gefahr bringt, dann sind ihm weder Gesetze noch die Sicherheit anderer Menschen wichtig – sie sind ihm nichts wert. Wenn er zusätzlich und vorsätzlich die von ihm Geschädigten durch Signale entehrt, die von der Gesellschaft eindeutig als Beleidigung interpretiert werden, dann sprechen wir von einem „skrupellosen" Menschen. Jemand, der ein Kind entführt, es vergewaltigt und umbringt, ist im höchsten Grad „gewissenlos": Dem Gewissen fehlen die wesentlichen Komponenten, die es als solches funktionieren lassen können: Scham- und/oder Schuldempfinden, Akzeptanz von Gesetzen oder Maßstäben und deren Verhaltensmuster, dann bleibt die Kraft des Gewissens nicht wirksam; sie kann dadurch bewusst geschwächt und unterdrückt werden.

Eine „Phantom-Gruppe" junger Menschen warf (Ende März 2008) einen Holzklotz von einer Autobahnbrücke. Eine Mutter wurde dadurch getötet. Die Medien wurden diesmal nicht müde, das Bewusstsein der Bevölkerung durch ein Phantombild für die Suche nach den Tätern wach zu halten. Diese meldeten sich nicht freiwillig. Ihr Schuldempfinden überführte sie nicht, um sich zu stellen. Dagegen fürchtete ihr Schamempfinden den enormen Druck der Öffentlichkeit durch die Medien. Sie wären garantiert gefilmt worden – bekannt als Mörder in ganz Deutschland.

Die Mechanismen funktionieren nicht, wenn die Normen nicht beachtet werden – die eigene Macht hat bei dem einen jungen Mann einen hohen Wert, die perverse Lust bei dem andern. Die Empfindungen reagieren nicht, weil die Werte bewusst entwertet wurden – sie wollen provokativ anders sein und verhalten sich auf Kosten anderer Menschen, auf die sie nicht angewiesen zu sein scheinen. Und vor allem: Sie missachten jegliche Autorität, die hinter den Verhaltensregeln, Gesetzen und Geboten steht. Sie sind letztlich gesellschaftsverachtend, egoistisch und fühlen sich autonom.

*Qv.*: Zusammenhänge in Kap.4: Paradigmenwechsel im Gewissen

### These 409

**Unserer Gesellschaft ist das Schuldempfinden abhanden gekommen. Damit ist unsere Gesellschaft in Selbstdiagnose unheilbar gesund.**

Man fühlt sich nicht schuldig, auch bei klarer Beweisführung. Die Umstände haben dazu geführt.

### These 410

**Wer keine Schuld fühlt, kennt keine Sünde und braucht weder Buße noch Vergebung.**

**Dem Gewissen fehlen wichtige Komponenten, um funktionieren zu können: Die Schuld, wahrscheinlich sogar auch das Schamempfinden.**

**Gewissenlose Menschen sind gesellschaftszerstörend. Wertevernichtende Menschen ebenso, nur geschieht diese Zerstörung langsamer, unterschwelliger.**

Wir sind nicht mehr weit entfernt von der Philosophie des Dritten Reiches: „Das Gewissen ist eine Erfindung der Juden. Aufgeklärte Menschen haben kein Gewissen," propagierte Adolf Hitler. Einem solchen Menschen ist alles möglich: auch Kindesentführung, Vergewaltigung und grausamer Mord sind nicht Sünde, auf die das Gewissen reagieren könnte. Man fragt sich, wozu dann noch der Vertuschungsversuch durch Verbrennen? – Ein letzter Rest von Belastungsmechanismus, von Angst vor Strafe? Dann sind auch noch Reste von Normen und Maßstäben vorhanden.

# 8.11 Uminterpretierung von Werten und Gesetzen

Bei schamorientierten Menschen ist es also wichtig, dass sie im Einklang mit der Gesellschaft stehen, die gewissermaßen die Autorität über ihr Gewissen übernommen hat. Wenn man sich wieder angenommen oder akzeptiert fühlt, scheint alles in Ordnung zu sein. Ob die „Sünde", die hinter dem Verhalten liegt, als solche erkannt und bereinigt wurde, ist dabei nicht entscheidend. Oft setzen sich sogar Leute für einen „Sünder" ein, dass er nicht bestraft wird, weil sie vielleicht Mitleid mit ihm in seiner Bloßstellung haben, oder weil sie sich in ihm wiedererkennen; die Tat wird dann verharmlost. Das wird z.B. bei der Beurteilung von außerehelichen geschlechtlichen Beziehungen deutlich. Wer das nicht akzeptiert, wird als rückständig, hilflos veraltet, oder zumindest als nicht aktuell bezeichnet; er gilt vielleicht sogar als nicht gesellschaftsfähig: D.h. er ist der eigentliche „Sünder", der die „Normen" der Gesellschaft nicht beachtet. Das sind deutliche Hinweise dafür, dass sich unsere Gesellschaft verändert hat – weg von der Schuldorientierung.

Neutestamentliche Werte wie Wahrheit, Gerechtigkeit, Keuschheit, Treue, Verantwortungsbewusstsein, Respekt vor anderen und ihrem Eigentum werden immer mehr vom Blickwinkel der Gesellschaft gesehen: Tut das jemandem weh, wenn ich das „stehle"? Wobei stehlen schon als unakzeptabel harter Ausdruck erkannt wird dafür, dass ein Kind im Supermarkt ein kleines Spielzeug in der Tasche verschwinden lässt, während die Mutter lächelnd zuschaut – oder ein Erwachsener eine Schachtel Zigaretten. Warum soll ich mir das antun, dass der Chef zornig wird, wenn ich sage, wie es war? Lügen helfen zur „Harmonie". „Warum soll das falsch sein, was alle tun?", fragen sich junge Menschen, die vielleicht vom Biologielehrer dazu ermuntert werden, den Unterrichtsstoff selbst am „life object" auszuprobieren – an der Schülerin. „Ich muss selbst schauen, wo ich bleibe!", sagt sich der Buchhalter und bedenkt sich selbst, wenn sich die Gelegenheit dazu bietet. Falls eine Sache auffliegt, halten alle zusammen: „Das ist doch nur selbstverständlich." „Zu dumm nur, wer sich erwischen lässt." „Das nächste Mal soll er besser aufpassen." „Wer das aufgedeckt hat, ist ein Spielverderber." Selbst unser Altbundeskanzler Helmt Kohl fand die Beträge nicht erwähnenswert, die er auf schwarzen Konten verwahrte. „Recht ist, was mir selbst nützt", ist die neue Definition für ein angemessenes Verhaltensmuster. Und die Gesellschaft schweigt dazu, auch Christen wagen nur noch zaghaft, Sünde beim Namen zu nennen. Sie werden von der Öffentlichkeitsmeinung ignoriert.

### These 411

**Wir sind zu einer scham-orientierten Gesellschaft geworden, die darauf achtet, dass Sünde nicht gebranntmarkt wird.**

Was früher „Sünde" war, wird verniedlicht, abgeschwächt, verdrängt, verharmlost, bis „es" nicht mehr als solche erkannt werden kann. Damit wird auch ein „Sünder" nicht mehr schuldig oder durch öffentliche Blamage bloßgestellt. Es gibt „ihn" nicht mehr.

### These 412

**„Sünde", oder zumindest „falsch" ist geworden, sich gegen die Meinung der Gesellschaft zu stellen.**

Jemanden zu blamieren, die Situation noch schwieriger zu machen als sie schon ist – „das tut man nicht".

Christliches wird entweder nicht mehr erwähnt, gemieden, oder uminterpretiert: „Das kann man doch heute *so* nicht mehr sagen!" Die Autorität über die Gültigkeit und Richtigkeit eines Verhaltens liegt in der Gesellschaft, nicht mehr bei dem, der hinter der Bibel steht.

# 8.12 Fehlende Autorität – die Gesellschaft wird zur Autorität

Vor allem wird deutlich, dass in unserer Gesellschaft und Kultur, leider auch in vielen Kirchen und Gemeinden die letzte Autorität für die Maßstäbe, die Lebensregeln, Gebote und auch staatlichen Gesetze, nicht mehr der lebendige Gott ist. Die meisten Kabinetts-Angehörigen der SPD-Regierung schworen ihren Amtseid ohne Bezug auf die Bibel oder auf Gott. Immer wieder werden Gesetzentwürfe eingebracht, die noch am Grundgesetz und vor allem am ersten Artikel scheitern: „Die Würde des Menschen ist unantastbar." Die Löschung der Präambel des Grundgesetzes, der Bezug zu Gott als oberster Autorität des Staates, war auch schon im Fadenkreuz einer Partei.

Gott wurde „altmodisch" in der Gesellschaft. Wie schon erwähnt: Im gleichen Maße nahm die Attraktivität fernöstlicher Religionselemente zu. Und die anonyme Autorität der Gesellschaft.

Wer sich noch auf einen absoluten Gott beruft, wer noch autoritative Maßstäbe für das Zusammenleben der Menschen propagiert und wer noch Verhaltensmuster einfordert, die sich darauf zurückführen lassen, der gilt als extrem, als fundamentalistisch, intolerant und inakzeptabel – schlicht als untragbar für die Gesellschaft. Geht die Entwicklung weiter in diese Richtung und infiziert sie unsere Justiz, greift die Korruption der Gesellschaft offiziell: Das Gesetz wird so interpretiert, dass „Sünde" gerechtfertigt wird. Deutlich wird der Ansatz dieser Entwicklung daran, dass immer mehr Gesetzentwürfe vom Bundesgerichtshof in Karlsruhe geprüft werden müssen und aufgrund des Rechtsstandes auch schon zurückgenommen werden mussten. Die Alternative zur Ordnung wäre Chaos.

Vertreter von Gesetzesreligionen wie der Islam nehmen diese Schwachpunkte unserer Gesellschaft wahr. Weil vor allem die junge Generation in dieser Entwicklung nach Orientierung fragt, wird der Islam mit seinen unbeugsamen Gesetzen geradezu eingeladen, die Orientierung zu geben. Das wird überraschenderweise sogar von vielen säkularen Menschen als vorbildlich propagiert; gleichzeitig wagen sie auch nicht, eine negative Bemerkung über den Islam zu machen. Sie fürchten die Konsequenzen: Nach dem islamischen Gesetz ist das Blasphemie und wird unbarmherzig bestraft. So geriet der Journalist Salman Rushdie mit seiner Veröffentlichung „Satanische Verse" unter lange anhaltende Morddrohung.

Die Kirche der Reformation hat weitgehend dessen Ergebnisse verraten – die Ergebnisse der Orientierung am „Wort Gottes" wurden relativiert. Für viele Theologen ist Gott scheinbar verfügbar geworden. Seitdem die Bibel „entmythologisiert" werden kann, kann sich jeder selbst sein Bild von ihm machen, nach dem Muster seiner Spiritualität. Dementsprechend ist aufgeweicht, was auf seine Autorität zurückgeht. Dagegen ist den meisten Katholiken Gott noch mehr heilig.

## These 413

**Unserer Gesellschaft fehlt die tragende Unterstützung der Religion für die Gültigkeit der Gesetze in unserer Kultur.**

Der Staat wird umgangen und hintergangen, wo immer das möglich ist. Einzelne ziehen ihren Nutzen aus den Strukturen, die für das Gemeinwohl entstanden sind; manche Politiker sind den Bürgern darin ein Vorbild. Gott ist keine Autorität mehr, die dem Staat Autorität verleihen könnte.

2.Tim.1,3
2.Petr.3,1

## These 414

**Unserer Gesellschaft ist die Autorität abhanden gekommen. Sie ist sich selbst Autorität geworden.**

## 8.13    Festigung des Gewissens

Nach den Vorgaben des christlichen Glaubens müssen sich Christen heute wieder neu bewusst werden, dass ihr Gott den Anspruch erhebt, die einzig-gültige normgebende Autorität zu sein. Die Vorstellung, die Christen von ihrem Gott haben, darf nur von seinem eigenen Wort her definiert werden: Sie müssen Gott mehr gehorchen als den Menschen.

Apg.5,29

Gott ist der himmlische Vater, der heilige Gott, der unantastbare Richter, der Sünde nicht dulden kann. Sünde ist, seine Ehre zu beeinträchtigen in jeder Form, ihn in Frage zu stellen und ihm den Gehorsam und den Glauben zu verweigern.

Für den christlichen Glauben ist die Wahrheit der Bibel unantastbar für Kritik durch die menschliche Vernunft. Der Verstand wird eingesetzt, um die Bibel in ihren Zusammenhängen und in ihrem Ursprung zu verstehen, so weit das möglich ist. Was dabei unklar, unverständlich und für andere unglaubwürdig bleibt, muss auf ein abschließendes Urteil warten. Durch die Bibelwissenschaft wurden in den letzten 100 Jahren viele Fragen geklärt. Es bleibt zu hoffen, dass in den kommenden Jahrzehnten beantwortet werden kann, was heute noch nicht erklärbar ist. Die meisten dieser Fragen sind zudem nicht heilswichtiger Natur. Sie schränken die Relevanz der christlichen Werte und Normen für die Funktion des Gewissens nicht ein. Deshalb bleibt die Bibel als Gottes Gedanken, auch mit noch offenen Fragen, die christliche Norm.

## 8.14    Schärfung des Gewissens

Für Christen weckt der Heilige Geist die Empfindungen für Schuld und Gerechtigkeit, für Scham und Ehre durch Gehorsam dem autoritativen Maßstab gegenüber. Jeder Mensch ist fähig zu allen diesen Empfindungen. Sie brauchen diese Empfindungen, um gesellschaftsfähig zu sein und sollten sich darin üben, sie anzuwenden, zu spüren, sie hervorzubringen und ihre Reaktionen darauf einzustellen. Das Gewissen wird dadurch „geschäft".

Sir.41, 16-42,1

Das Schamempfinden hat Präventivwirkung – es hindert den Vollzug der Sünde. Die fragende Aufforderung „schämst du dich denn nicht?" sollte sowohl in der Erziehung als auch als Korrektiv bei Erwachsenen wieder öfter geäußert werden. So wird geübt und gelernt, sich zu schämen, wo das in einer entsprechenden sozialen Situation angebracht ist – nicht als aufgedrückte Selbsterniedrigung oder Demütigung, nicht als künstliche Schwächung des Selbstwertes oder des Selbstbewusstseins. Sondern als gesundes Empfinden für die Ehre der Mitmenschen und der eigenen. Das Ehrempfinden lässt sich durch den Heiligen Geist auf die Ehre Gottes ausrichten; Menschen dürfen nicht mehr Ehre annehmen als der Ehrerbietung Gott gegenüber dienlich ist.

1.Tim.1, 5.19; 1.Tim.3,9

Das Schuldempfinden zeigt die Diskrepanz zwischen den autoritativen Werten und der gesellschaftlichen Wirklichkeit. Das Rechtsempfinden orientiert sich am offengelegten, schriftlichen Willen Gottes. „Das ist nicht recht!" sollte in begründeten Fällen laut geäußert werden, wenn ethische Werte missachtet werden und andere Menschen darunter zu leiden haben. „Du bist schuld!" darf dann auch vorsichtig geurteilt werden, wenn die Gerechtigkeit offensichtlich bewusst oder auch nur versehentlich mit Füßen getreten wird.

2.Tim.3,16

Für Christen ist das Wort Gottes eine soziale, kulturelle und geistliche Messlatte, eine Richt-Linie, sie besitzt Relevanz für ihr menschliches Umfeld. Da sich Lebenssituationen laufend ändern, bleiben Christen für diese Relevanz herausgefordert: Sie erkennen Abweichungen und gegenläufige Tendenzen, sie lernen neue Anwendungen. Deshalb ist auch die Auslegung für die Lehre und Predigt gefordert, praxis- und lebensrelevant zu sein und zu bleiben. Eingeschliffene Fehler zu verlernen ist schwer. Das gesamte Verhaltensmuster für die betreffende Norm muss neue Bezüge erhalten, das setzt auch ein neues Denken und Verstehen voraus. Das ist die Reinigung des Gewissens – eine Übung, die neue Erkenntnisse braucht. So bleibt das Gewissen transparent.

### These 415

**Der Wille des Menschen ist verantwortlich für sein Gewissen.**

Es liegt an ihm, ob, wie und wo er Gott in sein Gewissen eingreifen lässt. Röm.12,1.2
Der Heilige Geist reinigt und verstärkt damit das natürliche Gewissen und
stimuliert es, aber er manipuliert es nicht, auch gibt er ihm kein Diktat. Es bleibt die Aufgabe eines Christen, sein Gewissen nach Inhalt und Funktion in diesen Zusammenhängen
laufend zu prüfen. Dazu sind auch andere Christen wichtig, die korrigieren können. Sonst
besteht die Gefahr, dass ein Christ den Stand seines Gewissens für neue Situationen und
für andere Menschen zum Maßstab für Recht und Unrecht, für Schande und Ehre macht.
Er wird zum Gefangenen seines eigenen Gewissens.

### These 416

**Das Gewissen bleibt Teil des durch die Sünde infizierten Wesens, Teil der Kultur,
des Denkens und der Vernunft; deshalb ist es nicht absolut in seinen Entscheidungen und Reaktionen.**

**Das Gewissen muss laufend selbst geprüft, geschärft, erweitert und korrigiert wer-
den, weil sich das Umfeld des Menschen ständig ändert.**

**Die christliche Gemeinde ist das Übungsfeld des Gewissens.**

Von dort aus geht der Christ in die Auseinandersetzungen seiner Kultur und Gesellschaft
und stellt sich den Herausforderungen. Er nimmt die Fragen, die sich dort ergeben, zurück in die Gemeinde und klärt sie anhand der biblischen Lehre und den vom Heiligen
Geists geprägten Gewissen anderer Christen.

Die Gemeindedisziplin ist deshalb effektiv als Präventiv-Maßnahme. Dabei wird das
Gewissen geschärft, ohne durch korrektive Strafen verletzt zu werden. Wenn das Gewissen unter dem Druck von Anfechtungen und Versuchungen versagt hat, braucht es Heilung. Das benötigt Zeit. Die Belastungs- und Entlastungsmechanismen 2.Kor.4,2; 5,11
werden in der Gemeinde simulativ und reell durchgeführt, d.h. der Christ Gal.6,1-2
lernt durch Beispiele, Beobachtungen und eigene Erfahrungen.

Eigene Gewissensentscheidungen dürfen nicht über die der anderen Christen gestellt
werden und sind keine Vorgabe für das Verstehen der Bibel. Gewissensreaktionen müssen verglichen werden mit denen anderer Christen, wenn für bestimmte Situationen
direkte Hinweise in der Bibel fehlen.

Das christliche Gewissen setzt den Christen weder unter Druck, noch ist es für ihn eine
Zwangsjacke. Ein Christ ist nicht Sklave seines Gewissens, vielmehr genießt er die Freiheit, die der Geist Gottes auch für die Gestaltung des Gewissens gibt. Dabei werden Erkenntnisse und Empfindungen nach eigenem Willen und Verstand entfaltet. Der Christ ist
selbst verantwortlich für sein Gewissen. Ein christliches Gewissen ist von störenden
Einflüssen von außen (Umfeld) und innen (Sünde) laufend bereinigt und an Kol.2,16
Gott orientiert.

## 8.15  Vorbild und Widerstand

### These 417

**Das christliche Gewissen trägt die Werte und die Normen für Verhaltensmuster und
durch den Geist auch die Autorität Gottes in sich. Damit funktioniert das Gewissen
überall und immer unabhängig von Gesellschaftsformen und Situationen. Es kann
die Würde anderer wahren und gesteht ihnen Ehre zu.**

Die Mechanismen des christlichen Gewissens funktionieren so, dass ein harmonisches Zusammenleben der Menschen seinerseits möglich ist – das bewirkt eine effektive soziale Selbstkontrolle.

Ein vorbildliches Verhalten von Christen und das Bild der Gemeinde in der Welt fallen auf, wo Richtlinien ihres Gottes in Gegensatz zu den Maßstäben der Kultur und Gesellschaft treten.

2.Kor.1,12; 4,2; 5,11

## These 418

**Christen bieten den Menschen ihrer Zeit Wegweisung und Zurechtweisung. Sie äußern sich zu gesellschaftlichen Tendenzen, verweisen auf biblische Alternativen und sind ein Vorbild in der Umsetzung.**

Falsche Entwicklungen und Fehlverhalten der Menschen und der Gesellschaft kennzeichnen sie aufgrund der Bibel als ihr Maßstab, sie fordern Änderungen ein, wann und wo immer das möglich ist. Alles soll im Sinne, in der Liebe ihres Herrn Jesus Christus und in der Demut vor ihm geschehen, damit Menschen nicht verprellt werden, sondern sich für ihn interessierten.

Nach Möglichkeit, innerhalb ihres Einflussbereichs und ihrer Verantwortung, leisten sie Widerstand gegen sündhafte Trends, auch auf Kosten ihrer Ehre und ihres Ansehens. Dabei sollen jedoch Beziehungen zu den Menschen möglichst nicht Schaden leiden.

In allen Gewissensentscheidungen halten sie die Kommunikation zu anderen Menschen offen, erklären und bezeugen den Grund ihres Verhaltens.

# 8.16   Ausgewählte Literatur:

Alt, Franz. *Liebe ist möglich. Die Bergpredigt im Atomzeitalter*. München, Zürich: Piper,1990. 10.Aufl.

Evangelisches Kirchenamt für die Bundeswehr, (Hg.) *Gewissen im Dialog*. GTB Siebenstern. Gütersloh: Gerd Mohn, 1980.

Falcke, Heino. *Hat das Gewissen noch eine Chance? Vom Guten und Bösen im 20. Jahrhundert*. Südwestfunk, S2 Kultur, 26.Juni 1992.

Jaeger, Hartmut, Ralf Kaemper, (Hg.) *Ohne Werte sind wir wertlos. Mit Werten leben in Politik, Gesellschaft und Erziehung*. Dillenburg: Christliche Verlagsgesellschaft. Idea Dokumentation 5/2002.

Kettling, Siegfried. *Das Gewissen*. Wuppertal. Brockhaus, 1985.

Kubsch, Ron. *Die Postmoderne. Abschied von der Eindeutigkeit*. Neuhausen-Stuttgart: Hänssler, 2007.

MacArthur, John. *Das verlorene Gewissen. Klare Grenzen in einer Welt, in der persönliche Schuld geleugnet wird*. Bielefeld: Christliche Literaturverbreitung, 2002.

Nelson, C. Ellis (Ed.) *Conscience. Theological and psychological Perspectives*. New York, Paramus, Toronto: Newman Press, 1973.

Pfützner, Robert (Hg.) *Gewissen – was ist das?* München: Verlag für Gemeindepädagogik, 1981.

Roß, Jan. „Die verlorene Schuld." *FAZ* Nr. 192, 19.8.1995.

White, Jerry. *Honesty, Morality & Conscience*. Colorado Springs, Colorado: Navpress, 1978.

Wicker, Ulrich. *Der Ehrliche ist der Dumme. Über den Verlust der Werte*. München: Wilhelm Heyne Verlag, 1996.

# 9. Das kranke Gewissen

## 9.1 Gesundheit und Krankheit als psycho-sozial-religiöse Begriffe

Dieses Thema muss leider fragmentarisch bleiben. Das hat zwei Gründe:

In den vorhergehenden Kapiteln sind immer wieder Anomalitäten angesprochen worden: Ein fehlendes Gewissen, nicht gut funktionierendes Gewissen, Gewissen mit „Hornhaut" als Metapher für Unempfindlichkeit, ein „Gummi-" oder beliebig flexibles Gewissen, ein übersensibles oder ein überreagierendes Gewissen, ein unreifes oder fehlgeleitetes Gewissen. Dort sind jeweils auch im richtigen Zusammenhang die Erklärungen gegeben. Weiter oben in diesem Kapitel sind die Defizite der Gewissensfunktion in der Postmoderne angesprochen worden. *Qv.*: Kap. 4; Paradigmenwechsel

Der Ansatz in vorliegendem Werk ist das gesunde Gewissen, das „normal" funktioniert, agiert oder reagiert. Es empfiehlt sich, die Kapitel nach der Lektüre zu „scannen" mit der Fragestellung: Was ist, wenn die Entwicklung nicht so verläuft?

Der andere Grund ist, dass bei einem kranken Gewissen Zusammenhänge zutage treten, die in die Bereiche der Ethnologie, *Qv.*: Kap. 3, 1.6.1.2 Soziologie, Pädagogik, und vor allem jedoch der Psychologie und Psychiatrie greifen, für die einschlägige Fachkenntnisse notwendig sind. Der Autor kennt seine Grenzen für Ratschläge, Maßnahmen oder Therapien und warnt auch den Leser davor, sich zu viel zuzumuten, auch in der Seelsorge und ganz besonders im Dialog mit dem Gewissen eines Menschen einer anderen Kultur oder Religion.[16] Die Grenzen zu überschreiten würde vermutlich einem Mandanten mehr Schaden zufügen als Hilfestellung geben.[17] Falsche Vorverständnisse verleiten dazu, gesetzlich zu sein, sich selbst zur Autorität für einen anderen Menschen zu erheben oder dessen Gewissen zu manipulieren. Das gilt vor allem für die „Behandlung" eines kranken Gewissens.

Hier wird auch nicht ein Krankheitsbild gesucht oder dargestellt. Die Ausführungen zielen immer darauf, dass das Gewissen einer Person gesund, stark, belastbar und gut funktionsfähig ist – in ihrem jeweiligen kulturellen und religiösen Kontext.

Das Neue Testament verwendet verschiedene Bezeichnungen für Krankheitssymptome; in diesem Zusammenhang wird auch eine Behandlung oder zumindest eine Erklärung für mögliche Gründe angeboten. Darauf möchte der Autor verweisen. Auch hier wird ein solcher Versuch unternommen. Bleiben Fragen offen, tritt der Autor jedoch gerne in den kritischen Dialog, auch mit Fachpersonen. Hier ist noch ein weites Feld zur interdisziplinären Forschung. Jede wissenschaftliche Disziplin gerät früher oder später an ihre Grenzen, die jedoch nicht absolut sein müssen, wenn man über den „akademischen Tellerrand" schaut – wozu der Autor ermutigt. Weitere Forschungsarbeiten, disziplinär und interdisziplinär, sollen hiermit angeregt und Studenten motiviert werden, sich solchen Herausforderungen zu stellen.

Die negativen gesellschaftlichen Auswirkungen zum Beispiel der antiautoritären Erziehung, angeregt durch die sog. „Frankfurter Schule", werden auch von Fachleuten nicht mehr geleugnet. Damit wurde in den vergangenen Jahrzehnten eine Lawine losgetreten, deren Abwärtstrend kaum mehr aufzuhalten ist. Zunehmende Unfähigkeit von Eltern und

---

[16] Durch die Erfahrungen in unterschiedlichen Persönlichkeitsbildungs-Seminaren, u.a. mit Anwendung des Persolog-Persönlichkeitstests (DISG) sowie des „16PF-R" (geeichter psychologischer Test). Gerade daraus ergeben sich für ihn als informiertem Laien die Grenzen.

[17] Deshalb halten sich auch die Literaturangaben für dieses Gebiet bewusst im begrenzten Rahmen. Die genannten einfachen, jedoch effektiven Werkzeuge helfen jedoch, frühzeitig Tendenzen zu erkennen und Mandanten an eine geschulte Fachperson weiter vermitteln zu können.

Verantwortungsträgern zur Erziehung und für Beziehungen resultieren ein großes Stück weit daraus. In der Folge davon finden sich schwierige Familienverhältnisse, überforderte Eltern, kaputte Ehen, psychisch geschädigte Personen vom Kind zum Erwachsenen. Es wurde ein Prinzip überzeichnet, das korrigiert werden muss.

**These 419**

**Fatal ist, wenn weitestgehend nicht erkannt wird, dass ein Großteil der deutschen Bevölkerung, vor allem der jüngeren, schamorientiert geworden ist. Viele Probleme resultieren aus schamorientierten Situationen, die mit schuldorientierten Werkzeugen und Methoden behandelt werden.**

Zum Beispiel erleben russlanddeutsche Immigranten der zweiten oder dritten Einwanderungswelle starke Werteverluste – das sind vor allem Menschen, die nicht in christlichen Gemeinden aufgefangen wurden. Sie integrieren sich ähnlich schwer wie türkische Einwanderer, allerdings müssen die Gründe dafür differenziert werden.

# 9.2    Prä- und postnatale Gewissensbasis: Der Übercode

Die Psyche des Menschen entwickelt unter normalen Bedingungen die Fähigkeit zur Selbststeuerung und Selbstbeherrschung – eine gesunde Gewissensbasis.

Pränatale traumatische Erlebnisse sind darauf zurückzuführen, was mit den Eltern, vor allem der Mutter, noch vor der Geburt geschieht, auch in ihrem Umfeld. Trennungserfahrungen nach der Geburt des Kindes, Deprivation (*lat.* Beraubung) als Verlust etwa der Bezugsperson oder ein Beziehungsabbruch, mangelhafte Kommunikation mit nahe stehenden Erwachsenen wirken sich ebenso negativ auf die psychische Entwicklung aus.

Die Reaktion darauf kann bei überdurchschnittlicher Intelligenz positive Kräfte freisetzen. Wenn sich der junge Mensch „freischwimmen" kann, besteht die Möglichkeit, ein positives Selbstkonzept und eine funktionierende Selbststeuerung zu entwickeln. Das gelingt jedoch nicht vielen jungen Menschen.

Die neuere Forschung rechnet eher mit einem sogenannten „Übercode", der sich der Psyche bemächtigt und die Gene nachhaltig verändern kann. Diese „epigenetischen" Beeinflussungen der vorhandenen Veranlagungen wirken sich in sozialen und emotionalen schwierigen Verhaltensmustern aus, die sich unter diesem Übercode bilden. Normale Entwicklungen werden gehemmt, unterdrückt, oder fehlgeleitet. Die Folgen sind fast ausschließlich negative Verhaltensmuster wie mangelnde Impulskontrolle, Bindungsprobleme und ein unsicheres Körpergefühl. Wenn dem nicht schon im frühen Kindesalter entgegen gesteuert werden kann, sind bleibende Störungen zu erwarten. Vor allem bleibt eine schwache Bindung, das heißt dass die Beziehungsfähigkeit und das sozialverhalten wie Zuverlässigkeit, emotionale Stabilität, Freundlichkeit, die natürliche Neugier usw. deutlich gestört bleiben. Die Manipulation dieses Übercodes ist noch in der Experimentierphase. In wie weit genetische Entwicklungen medikamentös gesteuert bzw. korrigiert werden können, bleibt abzuwarten.[18]

---

[18] Ethan Watters „Was den Menschen prägt, Epigenetik: Der Übercode" GEO 4/07 www.geo.de/GEO/ mensch/medizin/53101.html. 2007-10-18 und Irmela Wiemann „Zusammenleben mit seelisch verletzten Kindern" Weinbach 24.4.2007 Inge Krens /Hans Krens Hg., Risikofaktor Mutterleib. Zur Psychotherapie vorgeburtlicher Bindungsstörungen und Traumata. Reihe Das pränatale Kind. Hg. Heiner Alberti, Hans u. Inge Krens. Göttingen: Vandenhoek & Ruprecht, 2006. Karl-Heinz Brisch, Theodor Hellbrügge. Kinder ohne Bindung. Deprivation, Adoption und Psychotherapie. Stuttgart: Klett-Cotta, 2006. Michael Rutter: Bindung und Trennung in der frühen Kindheit. München: Juventa, 1978.

### Grafik 54: Prä- und postnatale Gewissensbasis I: Übercode

## 9.3 Prä- und postnatale Gewissensbasis: Sichere oder unsichere Bindung

Die Gehirnforschung kann seit etwa zehn Jahren durch bildgebende Verfahren Veränderungen sichtbar machen.[19] Das Gehirn ist bei der Geburt nicht voll entwickelt, erst nach der Pubertät kann es seine vollständige Funktion übernehmen. Bis dahin sind Veränderungen durch Einflussnahme von außen möglich. Bei Erwachsenen ist sozusagen das Baugerüst endgültig in die Gehirnfunktion übergegangen.

**These 420**

**Wichtig zur Funktion des Gewissens ist die Frage, ob ein Mensch in den entscheidenden Phasen der Einflussnahme „sicher" oder „unsicher gebunden" worden ist.**

**Dementsprechend ist der Sinn für „not-wendige" Autorität, für nachhaltige Werte und die nötigen Normen für Verhalten bzw. Verhaltensmuster ausgebildet – oder diese sind fragmentarisch geblieben.**

Das Grundvertrauen im Menschen, die „sichere Gebundenheit", entsteht durch eine einfühlsame Mutter. Wenn einem Kind und Heranwachsenenden Grenzen gesetzt werden, lernt ein Mensch sich darin zu bewegen, er wird stabilisiert und sicher im Umgang mit sich selbst und mit anderen Menschen, er wird belastbar und ist eher gewappnet für die Anforderungen des Lebens.

Eine Mutter, die mit sich selbst und mit den Widerwärtigkeiten des Lebens beschäftigt ist, bringt Unsicherheiten für das Kind. Wenn sie ihre Forderungen an das Kind mit der Drohung durchzusetzen versucht, dass andernfalls der (geschiedene) Vater oder ein bestimmter Onkel das Kind bestrafen wird, ist die Schamorientierung vorprogrammiert. Oder sie lässt dem Kind in gutem Willen und vielleicht auch aus schlechtem Gewissen heraus eine große Handlungsfreiheit, meint damit zur Toleranz, Meinungsfreiheit und Selbständigkeit zu erziehen. Damit ist jedoch ein Kind und auch noch ein Jugendlicher völlig überfordert –

---

[19] Dr. Eberhard Ried, 13.4.2007, Janz-Team-Mitarbeiterfreizeit. Zusammengestellt nach der Nachschrift des Vortrags. Empfehlung des Redners: Michael Lukas Moeller (Psychotherapeut), Die Wahrheit beginnt zu zweit. Das Paar im Gespräch. Rororo.

obwohl besonders letzterer gerade diese Elemente einfordert. Die Basis dafür muss zusammen mit den Verantwortungsbereichen wachsen, die langsam erweitert werden und auf das Leben vorbereiten. Einsicht dafür kann in diesem Alter nicht erwartet werden: Das Gehirn kann noch nicht alle logischen Vorgänge nachvollziehen. Auch wenn ein Kind zwischen zwei Elternteilen hin- und hergerissen ist oder sich tagsüber an mehreren betreuenden und erziehenden Bezugspersonen orientieren muss, ergibt das letztlich eine unsichere Bindung. Das äußert sich dann auch noch bei Erwachsenen im „wild um-sich-schlagen", unrealistischen Forderungen, Machtgehabe und anderen unsozialen Verhaltensmustern.

Eine sichere Bindung ist die beste Basis für die Entwicklung eines gesunden Gewissens. Die sichere Bindung zu Eltern und auch zu Geschwistern gibt dem Kind die Voraussetzung für eine gesunde Gewissensbildung.

## These 421

**Nur wer einen festen Standpunkt hat, kann sich weit aus dem Fenster lehnen.**

**Deshalb sind Konsequenz, Wahrheit und Liebe als Einheit die beste Erziehungsmethode.**[20]

Unsicher gebundene Menschen empfinden, dass Nähe, Gefühle oder Wärme eher gefährlich sind. Kinder lernen ihre Überlebensstrategie, sie werden in der Familie programmiert auf das Gegenüber. Dadurch sind auch die für das Gewissen wichtigen Empfindungen nicht ausgeprägt. Ambivalent gebunden sind Kinder, wenn die erwachsenen Bezugspersonen nicht durchgängig zuverlässig sind, wenn die Sicherheit phasenweise oder dauernd unbefriedigend ist für das Kind. Es fühlt sich nicht geborgen. Vermeidend gebunden sind Kinder, wenn die Erwachsenen stark verunsichernd wirken. Keine oder eine orientierungslose Bindungsstruktur entsteht bei misshandelten Kindern. Sie wirken wie ein Tier im Käfig mit stereotypen Verhaltensmustern, dissoziativ, orientierungslos und losgelöst von anderen Menschen, zu denen sie keine strukturierte Beziehung aufbauen können. Gefühle wirken wie eingefroren und können deshalb auch nicht ausgedrückt werden, schon das Vokabular fehlt dafür. Diese Entwicklung ist mit dem Wachstum sozusagen in das Gehirn eingebaut und kann nur mit großen Schwierigkeiten korrigiert werden.[21]

## Grafik 55: Prä- und postnatale Gewissensbasis II: Bindung

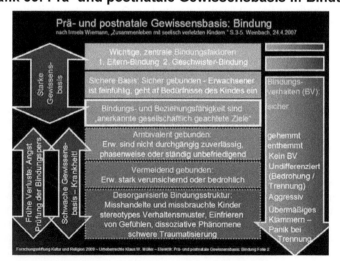

---

[20] Reinhold Ruthe. *Konsequenz in der Erziehung*. Meran: ERF-Verlag Südtirol, 2007.

[21] Irmela Wiemann „Zusammenleben mit seelisch verletzten Kindern" *Weinbach 24.4.2007*. Siehe weitere Quellen oben.

40% der Deutschen sind unsicher gebunden; das führt zu Beziehungsschwierigkeiten und ist z.B. auch für Ehescheidungen verantwortlich. Watzlawick meinte vielleicht aus diesem Grund lapidar: „Man kann bei der Auswahl seiner Eltern nicht vorsichtig genug sein."[22]

Die ersten 12 bis 18 Lebensmonate sind zunächst entscheidend. In dieser Zeit sollte das Kind nicht aus der Hand gegeben werden: Beide Elternteile und vor allem deren Einheit sind wichtig für die Grundlage einer sicheren Bindung. Gefühlsmäßige Irritationen führen zu depressiven „Brillen", durch die das Leben erfahren wird: Das Muster, die innere Kondition, ist festgelegt. Die Schaltung der Gehirnzellen durch sog. „Synapsen" ist für die Gefühle entscheidend. Die „synaptischen Bahnungen" bzw. „neuronalen Schaltungen" bilden sich mit zunehmendem Alter immer langsamer. Erwachsene müssen neue Muster drei Jahre lang oder 700 bis 900 Mal bewusst einüben, damit diese Schaltungen endgültig vollzogen werden.

> Eph.4,23f
> Röm.12,2

Ein Lebensscript zeigt, was in dieser Zeit geschehen ist, als das Gehirn noch nicht entwickelt war. Dadurch bekommt man ein Gespür für sich selbst, für seine Entwicklung, für seine Persönlichkeit und nicht zuletzt für sein Gewissen. Dabei wird meist auch deutlich, ob fachlicher Rat und kompetente Hilfe notwendig sind. Jedenfalls ist bei Auffälligkeiten wichtig, die Heilung konkret einzuleiten.

Zur weiteren Selbsterkenntnis und auch Heilung dienen andere Menschen als „Spiegel".[23] Der Mensch hat ein „Defizit", das er nur in kleinen (Ehe) und großen Gemeinschaften ergänzen kann. Tatsächlich kann ein Mensch allein nicht überleben. Der Mensch erkennt jedoch sein Defizit selbst nicht leicht; sein Empfinden ist subjektiv und sein Urteil unsicher. Für gute Beziehungen ist deshalb wichtig, dass Konflikte „auf den Tisch" kommen, d.h. offen und ehrlich angesprochen werden: Der andere hält gewissermaßen den Spiegel vor und reflektiert ehrlich, wie er den Partner sieht, wie dieser auf andere wirkt. Das kann auch in einer Gruppe geschehen, in der sich die Teilnehmer gegenseitig gut kennen.

Christen sollten sich bei diesem Vorgang fragen: Sieht Gott mich auch so? Jesus hat auch einige Leute direkt konfrontiert: Petrus wegen Verrat, die Frau am Jakobsbrunnen wegen ihrer Männerbeziehungen, die Pharisäer frontal wegen ihrer korrupten Lebensführung. Er hat ihnen einen Spiegel vorgehalten und dabei persönliche, subjektive Scham provoziert.

Nur durch ehrliche Außenreflexion (Spiegel) erhält eine Person eine sogenannte „Außenschau" – wie sie auf andere wirkt. Daraus lassen sich Rückschlüsse ziehen auf die Beweggründe und Motivationen, die im Gewissen verankert sind: die „Innenschau".

> Eph.4,15

Solche Methoden sind nicht immer erfolgreich, auch nicht für Christen. Wachstumsprozesse können nur eingeleitet werden, wenn eine Vertrauensbasis vorhanden ist, die dadurch noch wachsen kann. Der andere darf nicht nach persönlichen Werte und Maßstäbe beurteilt werden; die Orientierung geschieht an Gottes Autorität. Nur so ist die Korrektur annehmbar. „In Liebe einander die Füße waschen ist die Devise,

> *Qv.*: Grafiken
> *„Gewissen mit*
> *Hornhaut"*
> auf der CD

---

[22] Z.B. Paul Watzlawick. *Anleitung zum Unglücklichsein.* München/Zürich: Piper, 1983, Taschenbuchsonderausgabe 2007.

[23] Dr. Eberhard Ried, ehemaliger Leiter der Fachkliniken Ringenhof und Höchsten. Er arbeitete vor allem mit Alkohol-Suchtkranken. Vortrag am 13.4.2007 bei Janz-Team-Mitarbeitern über „Beziehungen – Frust oder Geschenk?" Hier einige Gedanken zusammengestellt aus meiner Nachschrift. Um Beziehungen wachsen zu lassen und zu stärken, empfiehlt Ried, dass sich Partner ein Mal in der Woche 90 Minuten Zeit nehmen sollten, um sich „Ich-Botschaften" zu geben: „Ich empfinde dich…" Dabei kann bewusst in Kauf genommen werden, dass der andere „sauer" ist. Das ist ein schmerzlicher Prozess, wobei jeder die Dinge anders sehen darf. Nicht erlaubt ist bei diesem Gespräch, sich zu wehren oder Anschuldigungen klein zu reden: „Stimmt doch nicht, das ist ganz anders!" In einer Gruppe stellt sich eine Person zur Diskussion: „Wie erlebt ihr mich?" Dann sollten sich alle offen äußern – auch das ist schmerzhaft und heilsam zugleich. Die Person im Fokus darf erst am Schluss Stellung nehmen, sich aber nicht verteidigen und sich nicht rechtfertigen. Gefährlich wird diese Methode, wenn die Person beleidigt ist. Dann ist es eher ratsam, die Argumente anonym aufzuschreiben.

nicht den Kopf", rät Ried. Die Wahrheit muss Liebe und die Liebe Wahrheit enthalten. Christen sind nicht vollkommen, sie sollen in der Gemeinde einander dienen und helfen; ihr Vorbild ist Christus.

## 9.4    Das unempfindliche Gewissen

### 9.4.1    Unempfindlichkeit gegenüber Autorität, Normen und Werten

Paulus beschreibt ein „gebrandmarktes Gewissen", auch „Brandmal im Gewissen" oder – nach einer englischen Übersetzung: „Einige werden vom Glauben abfallen … aufgrund der Heuchelei von Lügenrednern. Sie haben Hornhaut[24] auf ihrem Gewissen, …".

**1.Tim.4,2; Tit.1,15**    Dabei weist das Gewissen abgestumpfte oder keine Empfindungen auf: Scham und Schuld werden nur noch schwach wahrgenommen, man schämt sich nicht, und man fühlt sich auch nicht schuldig, was immer geschieht und wie immer auch andere reagieren. Dadurch werden Ent-Schuldigung und Strafen zu einer unbegründeten Zumutung. Auch die Ehre und Gerechtigkeit anderer ist solchen Personen nicht wichtig. Ein Mensch mit einem unempfindlichen Gewissen kann andere auslachen oder bewusst ignorieren, ihnen bewusst Unrecht zufügen – ohne jedes Mitgefühl. Die Empfindungen sind jedoch meist nur scheinbar stumpf: Sobald diese Personen selbst beleidigt oder ihnen die Rechte verwehrt werden, wachen Aggressionen auf; Angriffe gegen andere werden dann unverhältnismäßig und rücksichtslos.

Dabei wird deutlich, dass die Empfindungen extrem egozentrisch orientiert sind, vielleicht bestehen noch Empfindungen für eine kleine, begrenzte Gemeinschaft von Gleichgesinnten, worin eine klare Machthirarchie herrscht. Unter sich tun sich diese Leute kein Leid an. Zum sozialen Umfeld jedoch besteht kein Bezug, keine Kommunikation. Krank ist dann nicht die Empfindung, sondern die Orientierung dafür: Man ist und bleibt sich selbst der Nächste. Die gravierenden Beziehungsfehler sind in der Kindheit entstanden und können nur sehr schwer geheilt werden. Die Krankheit äußert sich in enormen Beziehungsproblemen mit jedem anderen Menschen, vor allem mit solchen, die der Person gegenüber Autorität beanspruchen.

Fehlen diese Grundempfindungen für Ehre und Recht auch sich selbst gegenüber, waren vermutlich Bezugspersonen so defitiär oder überhaupt nicht vorhanden, sodass sich die Gefühle nicht entwickeln konnten. Den menschlichen Bedürfnissen für Ehre und Gerechtigkeit, vor allem für Liebe und Zuneigung wurde immer unbefriedigend und enttäuschend begegnet. Die Person fühlt sich ungeliebt, unwert und lehnt sich letztlich selbst ab, sie entwickelt keine Beziehung zu sich selbst. Das führt an den Rand der Selbstzerstörung und die Person muss nicht selten vor sich selbst geschützt werden.

**These 422**

**Christen mit einem schwachen Gottesbild haben ein unempfindliches Gewissen.**

Sie erkennen weder Autorität noch Werte oder Normen für sich als gültig an. Leiter erscheinen für sie als Bedrohung, Werte sind egozentrisch orientiert und Normen werden als einengend oder gesetzlich empfunden. Es ist möglich, dass solche Personen in ihrer Kindheit keine oder eine gestörte Beziehung zu ihrem Vater hatten, was sie dann auf Gott übertragen. Eine unausweichliche Konfrontation mit einer starken Autorität (Arbeitgeber, Lehrer, Pastor)[25] oder eine länger anhaltende teilnehmende Beobachtung in intakten Familien könnte eine heilsame Erkenntnis stimulieren.

---

[24] Luther übersetzte 1.Tim4,2 mit „Brandmahl".

[25] Zur Nachahmung nicht empfohlen: Ein schwacher Vergleich könnte als Hilfe zum Verständnis dienen. Wenn eine Autobatterie kaum mehr reagiert, kann sie durch starke Wechselstromstöße vielleicht wieder dazu gebracht

## 9.4.2   Die Konsequenz

Unempfindliche Gewissensstrukturen sind mitverantwortlich für die Zunahme von Machtmenschen (selbsternannte Autoritäten), Korruption (man ist sich selbst Autorität), Zerfall von z.B. Ehestrukturen (keine Verbindlichkeit und keine Rücksicht auf den anderen), rücksichtslose Selbstverwirklichung und egoistische Begegnung von Bedürfnissen (sog. „wilde Ehen", freizügige Sexualität, Homosexualität). Auch solche ethische Normen, auf denen Demokratie und Wirtschaftsethik aufgebaut sind (Ehrlichkeit, Verantwortungsbewusstsein, Achtung des Eigentums usw.), werden dadurch beeinträchtigt. Letztlich werden Gesellschaftsstrukturen untergraben und im Endeffekt aufgelöst. „Sünde" wird dann weder religiös noch sozial oder kulturell empfunden.

## 9.5   Das überempfindliche Gewissen

Wenn ein Mensch sehr stark und empfindlich auf die Verletzung von Normen reagiert, auch schon in Gedanken oder als Vermutung, ist sein Gewissen überreizt. Die Person hat immer ein schlechtes Gewissen, sie muss sich dauernd entschuldigen, auch mehrfach und ist sich nie sicher, ob die Sache dann auch erledigt ist; sie ist nie zufrieden und erlebt keine Entlastung.

Die Empfindungen für Schuld und Scham sind stark ausgeprägt durch eine strenge Erziehung mit vielen Gesetzen und Vorschriften, die eigentlich nie zu erfüllen waren. Überhöhte Srafen waren die Folge. Vor allem mussten Normverletzungen abgearbeitet, ersetzt oder wieder gut gemacht werden. Für Vergebung und Liebe waren besondere Leistungen zu erbringen.

Bei Christen generiert dies eine künstliche Angst vor Missfallen, Unzulänglichkeit vor einem gesetzlichen Gott mit erhobenem Zeigefinger, der überhöhte Strafen verhängt, seine Liebe vorenthält und sich seine Liebe durch die Menschen verdienen lässt. Dieser Art von Gewissen liegt eine gesetzliche Theologie zugrunde, die Freude und Lob nicht zulässt. Glaube und Gnade werden weitestgehend mit Gesetz verbunden.

### These 423

**Ein überempfindliches christliches Gewissen kann nur Gottes Gnade annehmen, wenn es sich selbst gerecht gesprochen hat – ein Widerspruch in sich selbst.**

## 9.6   Das schwache Gewissen

Hier liegen unverhältnismäßige Normen und falsche, zumindest unzulängliche Verständnisse im Gewissen vor: Werte und Normen stimmen nicht überein, und vor allem besteht die Autorität wahrscheinlich mehr im eigenen Ego als in der reellen Verantwortung für den jeweiligen Bereich. Das Gewissen kann deshalb das Verhalten nicht richtig einordnen und dessen Konsequenzen nicht entsprechend werten.

### These 424

**Unsicherheit ist die Folge von unzulänglichen Erkenntnissen, die durch Einengung und Reduzierung der Normen des Gewissens auf einige wenige, durch eine starke Vergröberung bzw. Vereinfachung der Zusammenhänge entsteht.**

---

werden, ihre eigenen Magnetfelder aufzubauen, um dann langsam wieder Gleichstrom „laden" zu können. Ist die Batterie jedoch „verschlammt", bildet sich dadurch sofort wieder ein Kurzschluss, sobald sie an ein Ladegerät angeschlossen wird.

So etwa beschreibt Paulus die Christen, für die das Götzenopferfleisch, das günstig angeboten wurde, nicht akzeptabel war. Sie hatten den Zusammenhang nicht verstanden und
verwechselten die Machtverhältnisse. Das dahinter liegende animistische Verständnis
erklärt, dass das „Mana", sozusagen der Nährwert des Fleisches von den Götzen entnommen wird, das Fleisch selbst aber unberührt bleibt. Wer das glaubt, sieht einen Zusammenhang zwischen Götzen und Fleisch. Christen wissen sich durch ihre Verbindung
mit ihrem Gott geschützt und genießen das Fleisch – mit Nährwert, wohlgemerkt. Chri-

1.Kor.8 sten mit einem schwachen Gewissen schreiben den animistischen
Zusammenhängen noch so viel Kraft zu, dass sie lieber die Finger davon

lassen. Sie verstehen allerdings auch das animistische Konzept „Macht" nicht, nach dem
immer die stärkere Kraft „recht" hat und ist: Demnach stehen sie unter der größeren
Macht Gottes und haben erst recht keinen Einfluss von den Götzen zu befürchten. Erstens
hatten die schwachen Christen einen kleines Bild von ihrem Gott, zweitens standen sie

*Qv.*: Beispiel „Uhr" dem animistischen Verständnis noch recht nahe, hatten sich also noch
Kap.4; 1.5.1.1 nicht davon gelöst und hatten deshalb Angst, dass ihnen etwas
geschehen könnte. Drittens verstanden sie weder die animistischen

Vorstellungen noch das Evangelium richtig. Das war schwach an ihrem Gewissen: Autorität, Werte und Normen. Das übertrugen sie auf die Christen mit „starkem" Gewissen
und bezeichneten als Sünde bzw. als Schuld, was eigentlich ein korrektes, geistlich-
verantwortliches Verhalten war. Paulus konnte deshalb nur von den starken Christen
Rücksicht erwarten, aber er er bezeichnete die Haltung der schwachen Christen damit
nicht als „richtig" – sie hatten noch ihre Hausaufgaben zu machen, damit ihr Gewissen
ebenfalls stark werden konnte.

## 9.7 Gewissen unter Stress

Normalerweise zeigt uns das Gewissen nur die wichtigsten Normen an, um die es bei
unserem Verhalten geht. Meistens wird nur eine einzige Norm angezeigt, bei der sozusagen die „rote Lampe" blinkt. Doch jede Belastung hat ihre Grenze: Der psychische
Schmerz wird unerträglich und verlangt Entlastung. Diese Entlastung wird auch im Vollzug der Strafe gesehen, weswegen sich „Sünder" auch noch nach Jahren der zuständigen
Autorität zur Verantwortung stellen kann, um den Schmerz zu lindern.

Ist die empfundene Sünde jedoch so komplex, dass mehrere oder gar eine Vielzahl von
Normen angesprochen werden, führt das zu einer Überreaktion im Gewissen. Im Bild der
Uhr gesprochen: Der Winkel, der den Status „schlechtes Gewissen" anzeigt, ist größer als
das Feld, in das die Enden der Zeiger (Gutes Gewissen) weisen. Durch den Zusammenhang von Schuld und Scham-Reaktionen auf die einzelnen Normübertretungen „addie-
ren" sich die Empfindungen nicht nur, sie „multiplizieren" sich, es kommt zu einer Art
Kettenreaktion, die willentlich kaum aufzuhalten ist. Das Gewissen wird sozusagen zu
einem Selbstläufer, es bewegt sich wie in einer Spirale immer tiefer bis zur Verzeiflung,
zum Nervenzusammenbruch oder Suizid. Die Angst überlagert alle Funktionen.

Die Mechanismen des Gewissens funktionieren nicht mehr nach der gelernten Ordnung,
ihre Steuerungen sind sozusagen aus den Fugen geraten. Die Kraft des Gewissens ist zu
schwach, um die Verhältnismäßigkeit der Empfindungen auf die Normverletzungen zu
regulieren, auch die Zuständigkeit der Normen für Verhaltensmuster ist überreizt.

Hier fehlt eine der Kräfte des Gewissens; die religiöse, soziale oder kulturelle Kraft ist
außer Gefecht gesetzt, weil z.B. Religion generell abgelehnt oder der Staat als Autorität
nicht angenommen wird und die Gesellschaft bzw. andere Menschen kein Gegenüber
darstellen, auf das man sich einstellen müsste. Wenn nur noch eine Dimension übrig
bleibt, ist sie vielleicht zu schwach, um die Steuerung sicherstellen zu können; sie wird
strapaziert, überbeansprucht und reagiert unverhältnismäßig.

Gal.5,22 Das ist auch bei Christen der Fall, die jede säkulare Autorität ablehnen
und für die jeder Kontakt zur „Welt" zur „Sünde" wird. Dem Pastor

wird dann überhöhte Autorität zugesprochen, die Gemeinde wird autoritär geleitet und die Christen entmündigt – eigentlich werden sie nur noch manipuliert und sind unfähig, sich eine eigene fundierte Meinung zu bilden. In ihrer säkularen Umgebung reagieren sie abweisend, befremdend, gesetzlich – das Gegenteil von den Eigenschaften, die ihnen durch den Heiligen Geist gegeben sind.

Dieses Gewissen braucht Hilfe von außen; es muss zeitweise eine fremde Autorität annehmen, die dann langsam reduziert werden kann, bis die eigene Kraft wieder regeneriert ist. Personen, die zu solchen Überreaktionen tendieren, suchen sich gerne externe Strukturen, an die sie sich anhängen oder in die sie sich einklinken können.

Sekten werden dann zum Religionsersatz, auch fernöstliche Religionen in Formen der Esoterik. Sie zeichnen sich meist aus durch klare Strukturen, strenge Normen und einer absoluten Autorität.

Für solche Menschen wird auch der Islam attraktiv. Sie suchen und finden dort eindeutige, starke Orientierung, da er Elemente bietet, die dem Christentum in unserem Land verloren gehen.

Medien können sich zu einer solchen Einzelkraft als Autorität hochstilisieren – sie werden zur Autorität für Normen und Werte im Volk; sie üben Druck auf Politiker und andere menschlichen Ziele aus, die so zu Reaktionen gezwungen werden, die dann unverhältnismäßig sein können – zu schwach, um einen Sachverhalt herunter zu spielen, oder zu stark, um ihn mit Argumenten zu überlagern.

Medien haben die Aufgabe der Kirchen und Gemeinden übernommen, sich normgebend in der Öffentlichkeit zu Wort zu melden. Weil Kirchen und Gemeinden ihre ihnen ureigenen Werte entwertet haben, verloren sie ihren Einfluss auf die Gesellschaft an die Medien.

Wenn das Statusfeld „schlechtes Gewissen" größer ist als das Segment „Gutes Gewissen", dann hat das Gewissen ein Problem: Es sind sehr viele Normen, die ein falsches Verhalten signalisieren, und es wird sehr schwierig, das Gewissen zu entlasten. Der Mensch gerät von vielen verschiedenen Seiten unter Druck – ob ihm das nun eingeredet *Qv.*: Kap.2 + Kap.3; Belastungs- und Entlastungsmechanismus wurde, aufgepresst von der Meinung anderer, oder ob sein Gewissen tatsächlich selbständig so reagiert.

Entweder es ist tatsächlich so:

      Der Mensch übertritt laufend und bewusst viele Normen.

Oder:    Sein Gewissen ist sehr sensibel.

Oder:    Die Autorität der Normen ist unverhältnismäßig stark.

Oder:    Das Gewissen ist krank, es reagiert falsch.

Diesen „Sonderfall" gibt es leider häufiger als viele annehmen. Diese Menschen sind vielleicht religiös einseitig geleitet und geprägt worden, oder sie haben eine psychisch schwache Konstellation. Oder das Gewissen wurde umgeprägt und ist noch nicht stabil – noch nicht vollständig.

Wie groß das Segment des schlechten Gewissens sein kann, so dass die Belastung psychisch noch „tragbar" ist, bleibt abhängig davon, wie „scharf" oder „abgestumpft" das Gewissen ist. Ein empfindsames *Qv.*: Kap.6; Theologische Reflexionen Gewissen erträgt wenig Belastung. Ein „stumpfes" Gewissen kann eine höhere Belastung ertragen – es empfindet die Belastung nicht. Das Gewissen reagiert dann nicht mehr oder nur sehr schwach. Von einem Menschen wird nach einem bestimmten Verhalten vergeblich eine Gewissensreaktion mit Schuld und Scham erwartet.

Ein abgestumpftes Gewissen „erträgt" eine starke Belastung, wenn die einzelnen Normen ihren Wert verloren haben. Auch wenn die „Zeiger" verkürzt, d.h. das Scham- und Schuldempfinden verkümmert sind. Damit hängen auch fehlender Gerechtigkeitssinn und das Bewusstsein der Ehre zusammen. Das sind deutliche Anzeichen von Krankheit, wie auch eine übergroße „Elastizität", die auf inkonsequente Erziehung, fehlendes gutes Vorbild und andere negative direkte und indirekte Beeinflussungen zurückzuführen sind.

Dabei sind entweder die Normen nicht so stark ausgeprägt wie bei anderen, oder die Reaktionsfähigkeit der Zeiger ist eingeschränkt. Oder der Mensch erkennt keine höhere Autorität für sein Gewissen an: Ein unempfindliches Gewissen, ein Gewissen mit Hornhaut sozusagen.

### These 425

**Ein Gewissen ist krank oder krankhaft, wenn seine wesentlichen Elemente nicht genügend ausgereift sind, um gesellschaftsrelevant reagieren zu können.**

## 9.8 Alternative Heilmethoden

### 9.8.1 Heimerziehung

Störungen im Sozialverhalten zeigen sich oft schon im Kindesalter; Kindergarten und Schule können nicht ersetzen, was durch eine unvollständig funktionierende Familie oder durch eine inkonsequente Erziehung nicht aufgebaut werden konnte. Eine „sichere Bindung" ist nicht mehr nachzuholen. Gravierend wird die Störung, wenn die Schule (wenn überhaupt) abgeschlossen ist und eine Arbeitsstelle gebraucht wird. Wenn Erziehungsberechtigte entweder „mit ihrem Latein am Ende" oder mit dem Produkt ihrer Lebensführung hilflos überfordert sind, bleibt noch das staatliche Jugendamt. Das tritt normalerweise erst in Kraft, wenn entweder ein Elternteil selbst um Hilfe bittet oder wenn der Jugendliche durch eine gerichtliche Anweisung „in Obhut" genommen werden muss – oft genug nach einer staatlichen „Verwahrung". Das Ziel ist, die Jugendlichen gesellschaftsfähig zu machen und sie auf dem Weg zur Selbständigkeit durch eine Ausbildung und Anstellung zu begleiten. Die Heimerzieher sollen dabei etwas leisten, wofür ihnen die Eltern und die Gesellschaft die Basis entzogen haben.[26]

### These 426

**Störungen in der Beziehungsfähigkeit resultieren aus gesellschaftlichen Veränderungen, wobei populär gewordene Ehescheidungen und freizügige Sexualausübung in „Patchwork"-Familien münden.**

Für Jugendliche mit einem krankhaften Verhalten ist die Hoffnung auf eine dauerhafte Integration gering. Nach unserer Gesetzgebung sind Zwang und Strafen bei der Umerziehung so gut wie ausgeschlossen, außer bei Straftaten. Erklärungen der kulturellen Vernunft und Logik greifen nicht, da die Gewissensgrundlage dafür fehlt.

Staatliche Unterstützung dieser „Maßnahme" ist an die Verpflichtung zur areligiösen Betreuung gebunden. Die Frage drängt sich auf: woran soll dann dabei „Maß genommen" werden? Den jungen Menschen fehlt jeder Bezug zu und jede Anerkennung einer Autorität. Werte, wofür sie leben sollten, wurden nicht vermittelt: Meist verwöhnt durch Geld und Geschenke als Ersatz für menschliche Gemeinschaft hielten sich die Erziehungsberechtigten ihre Kinder effektiv „vom Leib". Sie haben selten Liebe und nie Grenzen erlebt, geschweige denn Konsequenz. Normen als Leitlinien bestanden ebenso nicht.

---

[26] Beispiel aus der Praxis meines Sohnes als Heimerzieher. Über € 5.000 pro Monat lässt sich der Staat diese Maßnahme kosten, die u.U. ein Jahr und länger dauern kann. Um Lust auf Arbeit zu bekommen, werden zusätzlich kostspielige Erlebnisurlaube im Ausland gewährt. Schon allein die Logik der Vernunft verbietet diese Schlussfolgerung. Viele Arbeitnehmer müssen dafür ihre Steuern zahlen, bis ein solcher Jugendlicher in unserer Gesellschaft wieder selbständig lebensfähig werden kann: Bei einem Durchschnittsgehalt von € 2.000 und hoch gerechnet bis 20% Steuern arbeiten 15 Menschen monatlich für einen „unerzogenen", gesellschaftlich nicht integrierten Jugendlichen. Falls der Jugendliche dann eine feste Anstellung bekommt und behält, wird er fast sein Leben lang dem Staat zurückzahlen, was er diesen gekostet hat. Wer ist verantwortlich dafür? Der Jugendliche, seine Eltern oder die Gesellschaft?

Durchsetzungsvermögen bildete sich durch illegale Methoden wie Gewalt, Diebstahl, Trotz, Frechheit – was sich nicht als „falsch" festgesetzt hat. Empfindungen wie Schuld und Scham bildeten sich deshalb nicht, auch nicht Angst. Dagegen entwickeln sie Zorn und Widerstand gegen alles, das sich ihrer Freizügigkeit in den Weg stellte. Diese Jugendlichen sind ausnahmslos schamorientiert, ihr Gewissen funktioniert – wenn überhaupt – nach eigenen, undurchschaubaren Mechanismen. – Das ist eine komprimierte Darstellung vieler socher Situationen.

Vielen Heimerziehern geht es wie Lehrern: Entweder sie brauchen „Nerven wie Drahtseile", dann können sie schwerlich „Beziehung" vermitteln, oder sie investieren ihre Gefühle und die „Nerven" reißen. Es ist bezeichnend, dass sich viele Lehrer aus solchen Gründen vorzeitig pensionieren lassen (müssen). Dabei liegt das Unverständnis noch eher bei uneinsichtigen Eltern als bei den Jugendlichen selbst.

Eine solche Heimerziehung gelingt in dem Maße, in dem zunächst ein Sinn für eine höhere Autorität, für gemeinsame Werte in der Gesellschaft, Normen (mit Möglichkeiten und Grenzen) und eine gewisse Logik der Vernunft für deren Notwendigkeit vermittelt werden kann. Gleichzeitig müssen Empfindungen für Schuld, Scham und Angst sowie die Bedürfnisse für Gerechtigkeit und Ehre und ein Leben in Frieden mit sich selbst und mit anderen geweckt werden. Belastungsmechanismen haben sie meist kennen gelernt; jetzt müssen sie noch die Entlastung praktizieren: Einsicht der Schuld, Entschuldigung, Bereitschaft zum Gehorsam, Einüben von Zuverlässigkeit und Verantwortlichkeit.

Areligiöse Maßnahmen machen letztlich den Staat zur Religion und den Erzieher zu Gott. Was dabei ausgeklammert wird, kann keine andere Autorität ersetzen. Ohne Religion werden der Staat und dessen Repräsentanten zur höheren Autorität, doch gerade diese wird bei den meisten dieser Jungendlichen abgelehnt; Werte ohne Vernunft werden als übergestülpt und Normen ohne Logik als einengend empfunden. Eine Gewissenstruktur wird von ihnen erwartet, wofür gleichzeitig die Grundlagen entzogen werden. Der logische Schluss aus Autorität, Werte und Normen und der nötige Gehorsam als Einordnung in dieses System kann von den Jugendlichen nicht vollzogen werden. Wenn ihr das Verhalten nicht die Rechte anderer Menschen verletzen würde, könnte man fast den Schluss ziehen, dass eigentlich solche Maßnahmen gegen das Menschenrecht stehen. Das soziale System steht sich selbst im Wege, weil an keiner Stelle des Kreislaufs wirklich nachhaltig eingegriffen werden kann. Der Staat würde sich nicht schaden, wenn wenigstens in diesem Fall der Bezug zur Präambel als historisch gewachsene Lebensphilosophie und zu den Zehn Geboten des Alten Testaments als Grundstruktur der Lebensstrategie mit Gott als höherer Autorität gestattet oder empfohlen wird.

## 9.8.2 Erziehungslager („boot camps"): Versuch eines freiwillig-erzwungenen Paradigmenwechsel bei Jugendlichen

Zugegeben ein gefährlicher Vergleich, aber eine bedeutsame Parallele sei hier erlaubt: Rechtsextreme Gruppen gab es in der DDR nur schwach wahrnehmbar unter der gesellschaftlichen Oberfläche. Sie traten erst nach der Einführung der freiheitlich und selbstverantwortlich ausgelegten Gesetzgebung der Bundesrepublik in die Öffentlichkeit. Die DDR war eine starke, eng kontrollierende, inhumane Autorität mit einer Ideologie, die vom Kindergarten an alle DDR-Bürgern 40 Jahre lang effektiv vermittelt wurde. Klare, enge Richtlinien und ein schnell reagierendes, alles einebnendes System unterdrückten jede Lust auf Anomalität oder den Versuch, den Kopf aus der Masse zu heben. Der „Friede" bestand aus staatlichem Zwang und Kontrolle aus den eigenen Reihen, einem engen Korsett mit gleicher Größe für (fast) alle. Die Gesellschaft funktionierte, wie der Staatsmechanismus funktionierte.

Der gefährliche Vergleich: Immer häufiger wird auf **Erziehungslager** in den USA und auch in Deutschland hingewiesen. Nicht umsonst wurden sie in den USA erfunden, dort

„bootcamps"[27] genannt. Schon beim Einstieg hinkt der Vergleich: In der DDR hatten die Menschen keine Wahl; bei den „camps" nehmen jedoch nur Freiwillige teil, auch die Erziehungsberechtigten sind einverstanden und wissen in etwa, was auf die Teilnehmer wartet. Wenn jedoch unterschrieben ist, untersteht der Jugendliche der bestehenden Struktur – aus der er nur bedingt wieder aussteigen kann. Heimerziehung dagegen kann vom Jugendamt erzwungen werden, auch für Aussteiger aus den bootcamps. Wie gesagt, die Vergleiche hinken; sie werden hier auf einige Disziplinarmaßnahmen reduziert kurz dargestellt.

Die **erste** Maßnahme ist die Darstellung der **Autorität**: Die Campleiter sind schuldorientiert; die Gruppe ist eine schamorientierte Verstärkung der Autorität, die aber erst dazu werden muss. Dann aber ist sie recht effektiv. Die Leiter sind hierarchisch strukturiert, freundlich, aber unnachgibig stark, sie kennen ihre Techniken in Kommunikation und Körperbeherrschung. Vor allem: Sie sind konsequent. Eine Anweisung wird nicht zurück genommen, deshalb nur bedacht gewählt und verständlich für alle ausgegeben. Gnade wird nicht gewährt, aber die Anforderungen sind auch erfüllbar. Die Autorität erwartet nicht wirklich Anerkennung, sie setzt sich aus eigener Kraft durch.

Die **Anweisungen** sind die **zweite** Maßnahme. Wie gesagt: eindeutig, erfüllbar, unbeugsam. Sinn, Zweck und Ziel werden erklärt, die Logik dafür nach den Regeln der vorherrschenden Vernunft entsprechend vermittelt, wenn sie auch nicht eingeordnet werden kann. Ebenso greift hier unweigerlich die erste Reaktion der Teilnehmer auf das System: Absoluter **Gehorsam**. Die Regeln geben die Möglichkeit zu einer einfachen Lebensgestaltung.

Der **dritte** Schritt: Jede Regel hat auch eine eindeutige **Grenze**; diese zu überschreiten löst sofort einen Belastungsmechanismus aus: Eine **Strafmaßnahme**, die weh tut, je länger je mehr, aber nicht lebensbedrohlich ist. Zurückgehen geht auch nicht, und bei durch Ungehorsam verursachten Verzögerungen ist die ganze Gruppe in Mitleidenschaft gezogen. Das erhöht den Druck, setzt den Einzelnen immer in Beziehung zu anderen, die auf dem gleichen Weg sind.

Das **Vierte** ist der **Erfolg**, der ebenso spontan mit einer besseren, etwas bequemeren Lebensgestaltung **belohnt** wird. Autorität, Regeln und **Eigenverantwortlichkeit** werden in Verbindung zueinander gebracht, Logik und **Vernunft** deutlich ins Spiel gebracht. Der Erfolg wird jedoch mit jedem Ungehorsam gefährdet. Durchhaltevermögen und **Nachhaltigkeit** dagegen zahlen sich aus.

Die **Gruppe** ist das **fünfte** Element. Sie ist anfangs eher untergeordnet, weil jeder noch stark mit sich selbst beschäftigt ist. Wird jedoch ein Etappenziel nur mit Hilfe anderer erreicht, ist **Kooperation** gefordert, wird der einzelne in die **Pflicht** genommen. Der Druck wird stärker und ersetzt zum Teil die höhere Autorität. Die Teilnehmer lernen, dass sie auf die Gruppe angewiesen sind und nur gemeinsam weiterkommen. Andererseits leidet die ganze Gruppe unter der Intoleranz Einzelner.

**Eigenständigkeit**, **Selbstmotivation** und **Selbstverantwortung** werden als **sechste** Disziplin geübt. Aufgaben sind allein zu meistern, wofür die eigenen Kraftreserven für körperliche und geistig-seelische Herausforderungen mobilisiert werden müssen. Möglichkeiten für Abkürzungen sind bewusst gegeben, die aber vermieden werden sollen, um ganze Sache zu machen, Gründlichkeit und Genauigkeit aus eigenem Antrieb anzustreben.

Röm.13,4    Die Bootcamps sind auf eine bestimmte Zeit angesetzt, in der Erfolge erzielt werden können, wenn der **Wille** dafür gestärkt und durchgehalten wird. Für manche der Teilnehmer ist diese Zeit zu kurz. Sie können nicht die Kräfte und Eigenschaften in sich mobilisieren, schon gar nicht unter Druck. Sie fallen sofort in ihre alten

---

[27] „Boot" für Stiefel, ein notwendiges Kleidungsstück für die körperlichen Herausforderungen, wodurch geistige Fähigkeiten entwickelt werden sollen; „Camp" steht für das Lagerleben in freier Natur in großer Entfernung von der Zivilisation, von wo es keine Möglichkeit der Flucht gibt.

Muster zurück, wenn die äußere strikte Hilfestellung fehlt. Heimerziehung ist auf eine längere Zeitspanne angesetzt, wendet weniger Druck an, setzt mehr auf die Entwicklung von Logik und Vernunft und vor allem, lässt mehr Übung zu. Trotzdem: Die Erfolgsquote ist etwa gleich hoch (bzw. gering), hat aber bei der Heimerziehung durch den längeren Kontakt mit Betreuern und der stufenweisen Verselbständigung wahrscheinlich eine bessere Chance.

Der Vergleich eines Bootcamps mit den Maßnahmen in der DDR, denen sich Jugendliche ausgesetzt fühlten, ist bei aller Ähnlichkeit nur bedingt möglich. Hier eine kurze, freiwillige, total herausfordernde Angelegenheit für eine bestimmte Gruppe, die große gesellschaftsrelevante Defizite hat. Dort waren alle Jugendlichen ohne Ausnahme unfreiwillig dem System ausgeliefert, aber sie wuchsen darin auf, sie hatten viele Vorgänge schon unbewusst akzeptiert. Der gruppendynamische Zwang war deutlich, und Gehorsam wurde mit Beförderungen als Erfolg belohnt – oder mit nicht auferlegten Hindernissen für einen erhofften Erfolg.

Diese Überlegungen beziehen sich auf die Entwicklung der Elemente, die zur Gewissensbildung und -prägung notwendig sind. Der Vergleich soll zeigen, welche Dynamik notwendig ist, um ein Gewissen nachträglich zu prägen. Dabei müssen die meisten Vorgänge, die bei einem Kind unbewusst ablaufen, mühsam erst bewusst gemacht und dann auf dieser schwachen Grundlage in Kleinarbeit aufgebaut werden:

**These 427**

**Bootcamp und Heimerziehung sind inszenierte Paradigmenwechsel unter ungünstigen Voraussetzungen.**

Hier kann von Überstülpen einer anderen, wenn auch sozial wichtigen Überzeugung gesprochen werden. Manipulation und andere Methoden, *Qv.: Kapitel 9, 8.5* die früher in diesem Kapitel für einen freiwilligen Paradigmenwechsel ausgeschlossen worden sind, werden hier an die Grenze des Möglichen und Erträglichen geführt. Dabei wird deutlich:

**These 428**

**Was in der Kindheit an konsequenter Erziehung zum sozialen Verhalten versäumt wurde, ist, wenn überhaupt, nur durch eine Überhöhung der Methoden und Prinzipien nachzuholen.**

# 9.9   Krankheitssymptome

Die weitaus mehr verbreitete Krankheit des Gewissens in unserer Gesellschaft ist Abgestumpftheit, nicht Überempfindlichkeit.

Wie im psychischen und physischen Empfinden, kann auch der Krankheitszustand des Gewissens an Symptomen festgestellt werden.

❑ *Unwohlsein* – irgendetwas scheint nicht in Ordnung zu sein, man hat auch eine Ahnung davon, was was das ist. Die Umstände lassen es jedoch nicht zu, aktiv zu werden. Man arrangiert sich mit seinem Gewissen. Die Flexibilität des „angeschlagenen Gewissens" wird gestresst.

❑ *Leicht schmerzhaft / beeinträchtigend*: Es funktioniert noch in den meisten Fällen, aber der Zustand ist nicht auf Dauer zu ertragen. Das Gewissen bricht an einigen Stellen ein: Es wird vergewaltigt, d.h. übergangen oder unterdrückt, aber es tritt anschließend umso heftiger auf. Normen werden übergangen, die Schuld wird unterdrückt: „Alle machen das so!" Das „Angepasste Gewissen" meldet sich noch, wird aber bewusst beruhigt.

❑ *Schmerzhaft / schädigend*: Bei physicher Krankheit geht man jetzt zum Arzt. Der Mensch wendet sich mit seiner Beinträchtigung des Gewissens an Freunde und Ratgeber, er beobachtet andere in ähnlichen Situationen. Wenn von dort Ermutigungen kommen, sich gesellschaftsrelevant zu verhalten, werden die Normen neu gewertet: Ein „Schwarzmarkt-Gewissen" entsteht.

❑ *Unerträglich:* Starke Minderung der Lebensqualität bis zu chronischen Symptomen – physisch ist der Mensch in diesem Stadium langfristig auf andere und auf Medizin angewiesen. Gewissensmäßig ist der Mensch fremdgesteuert und „vergiftet". Der Mensch muss sich entscheiden, entweder seine eigenen Werte zu regenerieren und zu protestieren, dabei seine Existenz zu riskieren oder in den Untergrund zu gehen, oder er flieht. Wenn er dazu nicht mehr die Kraft hat, übernimmt er die gängige Gewissensart, vergewaltigt seine ursprüngliche Prägung und hält sie unter Verschluss. In geschwächtem Zustand kann sein „Untergrund-Gewissen" als Blockade auftreten. Menschen können nicht sterben, weil sich ihr Gewissen meldet, aber sie haben keine Möglichkeit mehr, das Leben in Ordnung zu bringen. Sie vegetieren sich zu Tode.

❑ *Lebensbedrohlich:* Physisch wird der Mensch dann nur noch von Maschinen am Leben gehalten. Das Gewissen funktioniert nicht mehr aus eigener Kraft, empfindet keine Regungen, kann auch keine Impulse mehr aufnehmen. Das „zu Tode programmierte Gewissen" der Nazischergen im Nürnberger Prozess zeigte diesen Status.

# 9.10 Behandlungshinweise

## 9.10.1 Autorität stärken.

Durch antiautoritäre Erziehungsprinzipien ist das Autoritätsempfinden in unserer Gesellschaft unterentwickelt: Die Autorität der Eltern, Lehrer und Vorgesetzten muss wieder gestärkt werden; dabei sollte man aber nicht wieder auf der anderen Seite vom Pferd fallen, wie das in der ersten Hälfte des vergangen Jahrhunderts der Fall gewesen war.

Der Autorität muss eine maßvolle Macht zugestanden werden. Ohne Macht ist sie ein zahnloser Tiger oder wird zur Farce. Respekt ist nicht nur Achtung vor der höheren sozialen Einstufung, sondern auch eine gewisse Angst vor der Anwendung der Macht.

## 9.10.2 Würde garantieren

Die Würde jedes Menschen muss in jedem Stadium und in jedem Defizit seiner Entwicklung gewahrt bleiben. Sie muss sich darin äußern, dass auch die Würde aller anderen Mitmenschen und der Autorität geschützt bleibt, nicht nur die eigene.

## 9.10.3 Dienende Werte

### These 429

**Werte müssen Würde sichern.**

Sie werden den Bedürfnissen der Menschen entsprechend formuliert und empfunden, müssen aber die Gewähr erbringen, langfristig anwendbar und dauerhaft wertvoll für alle Menschen zu sein und zur Stabilisierung der Gesellschaft. Sie werden idealerweise von Religion, Kultur und Gesellschaft gleichermaßen gestützt. Sie dürfen nicht aufgeweicht, sondern müssen gelehrt, gelebt, eingefordert und geschützt werden. Wenn „alles geht" – wenn alles gleich viel wert ist, ist nichts mehr wert. Werte sind Prinzipien für das jahrzehnte- und jahrhundertelange Überleben einer Kultur in ihrer jeweiligen Situation (Geographie, Geologie, Klima, Geschichte, Nachbarn). Werte verlieren ihren Sinn, wenn sie nicht mehr nachhaltig dem Wohl der Gesellschaft dienen.

Die kurze Standzeit der Kulturen durch die Globalisierung überlagert Werte mit neuen Werten, die keine Zeit haben, sich zu bewähren. Eine kritische Wertung der Werte nach den Überlebensprinzipien und nach einem hohen humanen Standard muss laufend durchgeführt werden von Menschen, die geschichtlich, human, kulturell und religiös langfristig denken. Die Wissenschaft ist hier gefordert.

### 9.10.4  Angemessene Gesetze und Gebote

Eine Autorität muss Gesetze erlassen und durchsetzen können, die allen nützen, nicht nur einer elitären Gruppe. Gemeinschaftlich erarbeitete Gesetze sind gut, aber sie müssen das Ziel erreichen: Gemeinschaftlichkeit! Für die Not-Wendigkeit des Gesetzes muss die Begründung der Not beschrieben sein.

Maßstäbe, Regeln, Gesetze oder Normen bilden sich aus Werten, die sich bewährt haben und notwendig sind für das Zusammenleben von Menschen in der Verantwortung füreinander und für die Erde. Umwelt, Tiere, Bodenschätze sind gemeinsames Eigentum und dienen dem Wohl der Menschheit, nicht umgekehrt.

„Schlupflöcher" werden von egoistischen, korrupten, verantwortungslosen Menschen gesucht. Davor muss sich die Menschheit schützen.

### 9.10.5  Alternative Strafmethoden

Maßnahmen müssen ergriffen werden können, wenn die Gemeinschaftlichkeit in Gefahr steht. Ziel und Sinn der Strafe ist die Eingliederung in die Gemeinschaft.

Strafen sind wichtig, um den Willen dafür zu motivieren, die Normen anzuerkennen. Wenn der Staat nicht als Autorität wahrgenommen wird, greifen auch die Gesetze nicht. Die Gesellschaft darf nicht die bewusste Ignoranz seiner Bürger mit Steuergeldern bezahlen müssen (teure Erziehungseinrichtungen), egal welcher Erziehungshintergrund auch vorliegt.

#### These 430

**Strafen müssen wieder greifen: Sie müssen die Werte schützen.**

Keine Kultur kommt ohne Strafmaßnahmen aus, wenn sie nicht ihre Werte verlieren will. Gerichte müssen Strafen nach der Gewissenskonstellation verhängen: Schamorientierten Menschen muss ihr Prestige, das sie von der Gesellschaft genießen, in Frage gestellt oder genommen werden durch eine angemessene Beschämung. Schuldorientierte Strafen greifen nur, wenn der Gerechtigkeitssinn stimuliert werden kann.

### 9.10.6  Sünde/Normübertretung erkennen und namentlich benennen

Wenn Sünde nicht definierbar ist, kann sie auch nicht erkannt und empfunden werden. Durch Minderung und Beeinträchtigung der Autorität und Werte wird sie kaum wahrgenommen. Sünde wendet Gerechtigkeit zu Schuld, Ehre zu Schande. Schuld und Schamempfinden muss durch vorbildhafte Verhaltensmuster geweckt, gelehrt und geächtet werden durch Maßnahmen, die Angst auslösen.

### 9.10.7  Freiheit/Frieden für alle

Diese hohen menschlichen Bedürfnisse sind wichtige Elemente der Würde.

## These 431

**Frieden und Freiheit sind von Würde abgeleitet, durch Werte gestützt, durch Gesetze geschützt und durch Strafen gesichert.**

Sie müssen ggf. auch verteidigt werden durch Maßnahmen, bei denen anderen die Grenze zur eigenen Freiheit aufgezeigt wird, denn die Freiheit und der Frieden des anderen bilden die Grenze der eigenen. Freiheit und Frieden sind nicht überwältigend oder einnehmend, sondern gegenseitig respektierend.

Röm.13,7

### 9.10.8 Verantwortung einfordern

Menschen müssen ihre Mitverantwortung für die Gesellschaft und Kultur sowie deren Werte erkennen und wahrnehmen. Freiwilligkeit und Gemeinsamkeit stehen gegen den individualistischen Egoismus. Verantwortung erfordert immer auch Opferbereitschaft, deshalb kann selbstverständlich Respekt und Gehorsam erwartet werden.

### 9.10.9 Funktionierende Mechanismen

Die Mechanismen sind kulturell verschieden und verändern sich wie jede Kultur und Generation, aber sie müssen leicht funktionieren, durchschaubar, nachvollziehbar, verständlich und angemessen sein. Mechanismen dienen dem Menschen, nicht der Mensch den Mechanismen. Vor allem religiöse Mechanismen tendieren dazu, den Menschen zu manipulieren anstatt ihn zu fördern.

## These 432

**Der Belastungsmechanismus muss schnell, sicher und angemessen greifen, vor allem präventiv.**

Angst ist dabei nur so weit zu generieren, bis der Mensch zur Einsicht kommt. Angst darf nie manipulativ eingesetzt werden.

Wie alttestamentlich Gott zu „fürchten" ist (Ehrfurcht gepaart mit Angst vor Strafe), so spricht das Neue Testament vom Staat, wenn es um die Durchsetzung der Ordnung zum Wohl des Menschen geht. Genau so wie Gott zu lieben ist[28] (z.B. für ganzheitliche Vergebung und Heilung), so kann auch der Staat Respekt und Einsatz aus eigener Einsicht erwarten. Jede Macht kann nur von Gott abgeleitet und verliehen sein. Macht ist nie eine Institution in sich selbst. Wenn Gott als oberste Autorität fehlt, maßen sich Menschen eine Stellung zu, an der sie auf Dauer nur zerbrechen können.

Der *Entlastungsmechanismus* muss sicher, vollständig, dauerhaft und absolut zum Frieden führen, sowohl des Gewissens als auch des Zwischenmenschlichen. Wenn er das nicht gewährleistet, ist er fehlerhaft und nicht gerechtfertigt. Die Ehre des Menschen hat das Recht, das von einer Religion, einem Staat oder Gesellschaftsordnung einzufordern.

### 9.10.10 Grenzen des Gewissens

Sich destruktiv auf das Gewissen auswirkende Informationen und Einflüsse von außen und innen müssen zum Schutz des Menschen unterbunden werden. Einflüsse, die schon Gesetz geworden sind, brauchen nicht befolgt zu werden. Begründeter und offener passiver Widerstand ist ein Zeichen eines gesunden, gut funktionierenden Gewissens und sollte innerhalb einer Gesellschaft ansteckend wirken. Aktiver Widerstand liegt im Ermessen des individuellen Gewissens, da dieser nicht ohne andere Sünde geschieht. Hier ist Sünde mit den dahinter stehenden Werten und der Verantwortung dafür abzuwägen.

---

[28] Luthers Katechismus verwendet wiederholt die Formulierung: „Wir sollen Gott fürchten und lieben, …".

Keinen Widerstand zu leisten kann ebenso Sünde sein. Verantwortung führt zu menschlichen Zwängen. Wer meint, sich diesen entziehen zu können, denkt utopisch. Er wird zum Opfer dieser Gewissensschwäche. Hier gerät das menschliche Gewissen an seine Grenzen – so oder so.

## 9.11 Arbeitsfragen

Beschreiben Sie die Symptome:

Was ist krank, wenn …

- … wenn jemand nur noch hardcore Sex- und Gewaltfilme sieht?
- … wenn jemand immer oder in bestimmten Situationen oder einzelnen Menschen gegenüber Minderwertigkeitsgefühle hat?

Was ist in einer Kultur/Gesellschaft/Religion krank, wenn Korruption entsteht, geduldet wird, im System eingebaut ist?

Was kann in einer christlichen/religiösen Gemeinschaft verändert werden, wenn man nicht weiß, wer hier wofür verantwortlich ist?

Wie wirkt es sich in einer Firma aus, wenn Arbeitszeiten und Löhne nicht transparent geregelt sind?

Welche Probleme wird ein demokratisch denkender Mensch in einer gewachsenen hierarchischen Regierungsstruktur haben?

Was ist krank bei …

- … „Rasern" und „Dränglern" auf der Autobahn? (Erinnerung auf Plakaten: [Mann/Frau, die kleinen Abstand zwischen Zeigefinger und Daumen zeigen]: Raser sind so cool. …so sexy.)
- … Dieben?
- … Mobbing?
- … Korruption?
- … Chefs, die durch Angstmacherei leiten?
- … Arbeitern, die sich durch ihre Firma illegal bereichern?

# 10. Spursicherheit des Gewissens: Geradlinige Lebensführung durch Profil

## 10.1 Das Gewissen als Profil: Anwendungen und Vergleiche

Wie jede Darstellung, so sind auch folgende Vergleiche nicht universal anzuwenden oder zu interpretieren. Es geht vielmehr jeweils um einen Gedanken, der auch hier vielleicht sogar nur andeutungsweise angerissen ist.

## 10.2 Spursicherheit in der postmodernen Gesellschaft: Gedanken zu einem christlichen Ethos

Römer 1,18-25; 2, 1-(11)16; Jer. 31,33. Gal.2,11-14.

Hebr.13,9+20-21: „Lasst euch nicht durch alle möglichen fremde Lehren verführen." – „Gottes Gnade wird euch innerlich fest machen."

*Qv.*: Kap.6; Theologische    1.Kor.16,13-14: „Wachet, steht im Glauben, seid mutig und seid
Reflexionen                   stark! Alle eure Dinge lasst in der Liebe geschehen!"

1.Petr.2,21(25) „Ihr wisst doch: Christus hat für euch gelitten und euch ein Vorbild gegeben. Bleibt auf dem Weg, den er euch voranging; folgt seinen Spuren!"

In diesen Sätzen liegen Aufforderungen zu einem eindeutigen, vielleicht sogar (im wahren Sinne des Wortes) ein-fältigen Leben:

Menschen, deren Leben geradlinig ist, nach denen man sich richten kann, die Vorbilder sind, auf deren Wort man sich verlassen kann, die nicht enttäuschen: nennen wir sie „markante" Menschen, die wissen, was sie wollen und dafür auch den Grund kennen.

Wir sind längst in der Postmorderne angekommen. Es ist schwieriger geworden, sich seine eigene Meinung zu bilden. Im Internet und den großen Supermärkten der Ansichten ist die Auswahl aus solchen Ansichten zu den gleichen Situationen groß. Dabei bleibt Meinung neben Meinung stehen. Die Toleranz ermöglicht das nicht nur, sie erwartet das. Andererseits ist die Manipulation der Meinungen stärker geworden. Gruppen formieren sich, die Einzelne auf ihre Seite ziehen wollen, um den Einfluss der Gruppe zu stärken: Die Mehrheit, die Quantität zählt für den Wert einer Meinung in der Öffentlichkeit.

Schwierig wird es, wenn einer als falsch benennt, was die anderen tun oder sagen, und wenn er seine Meinung zum Maßstab erhebt. Nicht weil er eine andere Meinung hat, sondern weil er damit intolerant erscheint. Eine Meinung zu haben ist gut, aber absolut braucht man deshalb nicht sein. Ausschließlichkeit verträgt sich nicht mit Toleranz. So denkt die schamorientierte Gesellschaft der Postmoderne.[29]

Die Tendenz geht in diese Richtung: Derjenige blamiert sich, der sich nicht dem Trend anschließt. Das beginnt bei der Mode und hört bei der Religion noch nicht auf. Alles ist erlaubt; die augenblickliche Situation entscheidet darüber, was man will und tut, so wie man gerade empfindet.

So ähnlich war das schon bei Konfuzius, der schon vor lange Zeit sagte, ein kluger Mann entscheide sich für das, was er im Moment für richtig halte. Dieser Mann kann sich dann am nächsten Tag für das Gegenteil entscheiden, und das wäre dann wieder richtig. Heute so, morgen so. Wie es gerade reinpasst. Man passt sich an, man geht den Weg der geringsten Schwierigkeiten. Man schaut auf den eigenen Gewinn. Wer denkt denn sonst an mich, wenn nicht ich selbst?

Die Wahrheit spielt dabei eine untergeordnete Rolle. Ehrlichkeit ist, was mir selber nützt. Nur das Eigentum zählt, nur mit dem eigenen Konto kann man rechnen. Woher Geld kommt und wie auf das Konto, ist nebensächlich.

Wenn sich alle so verhalten, dann fällt das eigentlich nicht mehr auf. Damit rechtfertigt man das eigene Verhalten: Jeder macht das so. Anders geht es überhaupt nicht mehr. Selbst den Vorteil davon haben – ohne Rücksicht auf andere, auf die Wahrheit, oder auf die Gerechtigkeit. Sonst kassiert der andere. Gewissermaßen gewissenlos.

Wo ist die Linie im Leben? Wo ist das Ziel, der Maßstab, die Norm? Braucht man das noch? Die junge Generation wünscht sich solche Vorbilder. Sie beobachtet die ältere genau.

Wir suchen Leute mit „Profil". Ein gutes Profil macht sich nicht nur bei Reifen auf der Straße bemerkbar: um nicht durchs Leben zu schlittern, sondern mit einer sicheren Linie zu fahren. Bei der Geschwindigkeit des Lebens heute ist es leicht, aus der Spur zu gera-

---

[29] Walter Wittmann. *Countdown 2000. Chancen einer nachhaltigen Gesellschaft*. München: Wirtschaftsverlag Langen Müller / Herbig, 1997. Ron Kubsch. *Die Postmoderne. Abschied von der Eindeutigkeit*. ‚Kurz und bündig'. Neuhausen/Stuttgart: Haenssler-Verlag, 2007. 96 Seiten.

ten. Profilierte Persönlichkeiten sind gefragt, in der Politik, in der Wirtschaft – und in der christlichen Gemeinde.

Nur derjenige kommt an ein Ziel, der eines hat und darauf zusteuert, kompromisslos, aber nicht rücksichtslos. Geradlinig, aber nicht lieblos. Empfindsam, aber nicht manipulierbar.

An Personen mit Profil „eckt" man an, sie werden angegriffen, verletzt. Sie müssen „einstecken" können, belastbar sein, anhaltend lange. „Nachhaltigkeit" ist gefragt.

Wie ein solches Profil zustande kommt und wie es sich auswirkt, sollen folgende Beispiele erklären.

## 10.3   Beispiel Segelboot:

Der wichtigste Teil eines Segelbootes ist nicht das Segel, sondern der Kiel. Aber nun der Reihe nach:

### 10.3.1  Das Segel

Man kann die Segel in den Wind setzen. Es gibt dabei optimale Stellungen, damit das Boot wenig kippt und der Wind den größten Kraftansatz hat. Wenn der Wind nicht gleich bleibend stetig ist, muss der Segler im Gefühl haben, wie er die Segel setzt, damit er am schnellsten vorwärts kommt, die Böen auffangen kann und das Risiko auf einem Minimum hält.

Man kann die Segel aus dem Wind nehmen. Damit fängt man Böen auf, wenn man sie auf dem Wasser früh genug erkennt. Man kann aber auch einfach eine ruhige Fahrt haben wollen und lässt sozusagen den Wind, der einem um die Ohren bläst, nicht an sich heran kommen – das Segel flattert im Wind, aber das Boot macht keine Fahrt; ein Zeichen für einen bequemen Segler. Eigentlich gar kein Segler. Wozu segelt er überhaupt?

**Grafik 56: Geradlinige Lebensführung durch Profil I**

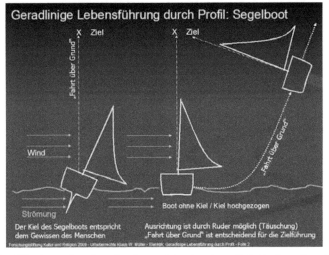

Man kann den Wind aus dem Segel nehmen. Das ist eigentlich der korrekte Ausdruck für „die Segel aus dem Wind nehmen". Der Wind steht nicht unter Kontrolle, aber das Segel. Dabei befiehlt man nicht dem Wind, sondern man korrigiert die Segelstellung. Damit trifft man die Entscheidung, wie viel Wind dem Boot optimal zugemutet werden kann.

Oder, ob man den Wind überhaupt möchte. Die Kraft ist vorhanden, aber sie wird nicht genutzt, nicht in Bewegung umgelenkt.

So geht es den Christen, die „eine ruhige Kugel schieben" wollen in ihrem Leben, in ihrer Gemeinde, in der Welt. Sie könnten vieles tun, manches in Bewegung setzen, aber sie lassen alles an sich vorbeirauschen. Sie sitzen beschaulich neben der Arbeit und freuen sich an dem Schauspiel, wie sich andere damit mühen. Vielleicht kommentieren sie die Vorgänge, sie wissen ganz gut, wie die anderen das besser machen sollten oder könnten.

## 10.3.2 Der Kiel

… schneidet das Wasser auch quer zur Strömung, zu Wind und Wellen – aber nur wenn das Boot in Bewegung ist. Ein „stehendes" Boot wird bewegt – trotz aller Ausrüstung, trotz eingebauter Fähigkeiten.

Der Kiel hält das Boot in der Richtung, die durch das Ruder „angeschnitten" wird. Der Kiel nimmt den Druck vom Segel auf und „verwandelt" ihn in Bewegung – wie geschrieben – auch gegen die Strömung, gegen Wind und Wellen.

Der Langkiel zieht sich über die gesamte Länge des Bootes. Der Schwertkiel wird von oben eingesteckt oder herausgeklappt. Kleinere Boote können dann auch in flachem Wasser manövrieren, allerdings nur mit Motor oder Paddel. Wenn der Schwertkiel nicht eingesteckt oder der Klappkiel ausgefahren ist, treibt das Boot mit Wind und Strömung, auch wenn das Ruder richtig steht. Jollen haben einen leichten Klappkiel – aber sie kentern leicht. Jachten sind stabil durch einen Gewichtskiel. Je tiefer und breiter und schwerer der Kiel ist, umso mehr Druck hält das Boot aus. Es ist besser lenkbar und unter großer Beanspruchung durch Wind und Wellen schlägt es um so weniger um.

Der Kiel entspricht bei einer Person dem Gewissen, das gibt ihr „Profil". Das Gewissen hilft auch einem Christen, zielstrebig und charakterfest zu sein, wenn die Strömung der Umwelt, die Wellen der Meinungen und Ansichten, der Wind der Situationen „quer" liegen. Ein Christ hält diese Belastungen umso besser aus, je tiefer und je breiter sein Gewissen gewissermaßen in die Umwelt „schneidet". Je größer die Belastung, umso größer die Geschwindigkeit dem Ziel entgegen, das erst lässt Zielstrebigkeit zu. Die Belastung durch den Winddruck bringt das Boot an seine Grenze: Jollen brauchen dann großes Geschick des Seglers, um nicht zu kentern. Sie sind besonders bei plötzlichen Böen gefährdet. Aber sie können auch leicht wieder aufgerichtet werden. Jachten legen sich zur Seite, bis der Wind Segelfläche verliert. Nur schwere See, also Wellen, die quer an den Rumpf schlagen, können sie dann zum Kentern bringen. Sonst haben sie ihre größte Effektivität in einer bestimmten Neigung – dafür sind sie gebaut. Böen neigen sie bis an die Grenze zum „geht nicht mehr" – bis das Wasser ins Boot schlagen will.

Mt.10,16

Wenn der Kiel fehlt, kann man das Boot mit dem Ruder zwar in die Richtung stellen, aber der „Weg über Grund" geht dahin, wohin der Wind und die Strömung wollen.

Christen können den Kiel ihrer Persönlichkeit hochziehen, wenn ihnen der Druck zu stark wird. Wenn sie nicht standhalten können oder wollen. Dann machen sie mit, wo die anderen lachen, sie melden sich nicht, wenn etwas falsch ist. Sie schauen weg, sie bleiben stumm, sie fühlen sich nicht verantwortlich. Sie lassen sich treiben, bis sie wieder in ruhigeres Wasser kommen.

Jak.3,4

## 10.3.3 Das Ruder

Um das Ruder richtig setzen zu können, muss die Richtung auf das Ziel bestimmt werden: Zuerst das Ziel, dann die Richtung, dann das Ruder. Es ist erstaunlich, wie schnell und effektiv ein Boot auf ein so kleines Ruder reagiert. Jakobus vergleicht es mit der Zunge eines Menschen: richtig kontrolliert, kann sie verbal Wegweisung, Trost und Hilfe geben. Unkontrolliert aber durch einen Funken „einen Wald anzünden". Die Ruderstellung muss laufend am Ziel kontrolliert werden. Es ist nicht ein für alle Mal gesetzt. Die Größe ist so berechnet, dass der große Rumpf darauf reagiert: Je größer die Geschwindigkeit, umso besser die Reaktion.

Christen müssen wissen, was sie wollen. Sie richten sich täglich auf das Ziel aus: Das große Ziel im Leben, das Teilziel für den Tag. Werden fremde Ziele eingeschoben, muss anschließend der Kurs neu berechnet werden. Kleine Abweichungen genügen, um das Ziel zu verfehlen: das ist „hamartia" (griech.), so wird in der Bibel Sünde erklärt.

Nur grobe Sünden fallen auf. Die kleinen Abweichungen jedoch summieren sich, dass man das Ziel aus den Augen verlieren kann. Dann stimmt der Kurs nicht mehr, das Boot fährt parallel dazu und verfehlt das Ziel.

Die „kleinen Füchse verderben den Weinberg"; die kleinen „Sünden" sind dafür verantwortlich, wenn ein Christ oder eine Gemeinde vom richtigen Kurs abtreiben. Sie bewirken die gefährlich kleinen Abweichungen, weil man es „nicht so genau nehmen" darf, weil es „darauf doch nicht ankommt". Deshalb der tägliche „Check", die dauernde Korrektur des Kurses; und laufend die Ruderstellung kontrollieren!

### 10.3.4  Die Bauart (Konstruktion)

Eine gut konstruierte Jacht kentert nicht – bei normaler See. Wenn sie sich „auf die Seite legt", findet der Wind weniger Angriffsfläche im Segel, und das Gewicht des Kiels richtet das Boot wieder auf – bis zu dem Punkt, wo der Wind wieder in die Segel drückt.

Ein völlig geschlossenes Boot kann sich bei schwerer See sogar um die Längsachse drehen und richtet sich durch den schweren Kiel wieder auf – es darf aber an keiner Stelle Wasser eindringen. Die Luftkammern und der Kiel als Schwerpunkt bringen das Boot wieder „ins Lot".

Christen sind „versiegelt" durch den Heiligen Geist. Dadurch sind sie „dicht". Gott kann ihnen auch eine schwere See zumuten. Sie können unter Wasser sinken, aber nicht untergehen.

Gott dichtet durch seine Gnade Schadstellen, die durch „Kontaktsünde" mit der Welt entstehen. Christen sind im Wasser der Welt. Da gehören sie hin, nicht auf Dock; auch eine Gemeinde ist nicht für das Trockendock konstruiert. Dort werden nur ab und zu die Rostschäden behoben, die durch das Salzwasser entstanden sind.

Ein Boot gehört ins Wasser – aber das Wasser nicht ins Boot. An Land ist ein Boot eine unbewegliche Masse. Bestenfalls ein Museumsstück, ein Relikt aus der Vergangenheit, an dem die Zeit vorüberging. Schönwetterboote konstruiert man nicht.

Christen können sich Kräften ihrer Umwelt nicht entziehen. Sie dürfen nicht den Kontakt mit Menschen meiden, die ihnen Schwierigkeit machen, ihren Glauben testen. Sie sind für diese Welt gebaut, Allwetterboote, fürs Wasser, für die raue See, für Wind und Wellen, für schlechtes Wetter, für alle Eventualitäten. Sie sind wie Schafe – unter die Wölfe geschickt.

Die Gemeinde ist gebaut, um diese Welt zu „bestehen". Wenn sie ihre Prüfungen nicht besteht, liegt es nicht am Baumeister, am Ingenieur. Dann nutzt sie nicht ihre Fähigkeiten.

### 10.3.5  Der Wind

Segeln ohne Wind macht nicht nur keinen Spaß, es hat auch keinen Wert. Man kann den Wind nicht kommandieren, vor allem nicht die Stärke des Windes. Das kann nur ein Gott. Bei der nächtlichen Sturmfahrt auf dem See Genezareth ging es ordentlich zur Sache. Der Wind peitschte das Wasser auf, die See war „unruhig"; wenn sich Wind und Strömung frontal begegnen, sind Wellen erbarmungslos.                    Hoh.2,15

Wir machen den Wind nicht selbst. Er entsteht durch die unterschiedliche Erwärmung von Luftschichten. Die erwärmte Luft steigt hoch, durch den Sog fließt kältere nach. Je größer der Temperaturunterschied, umso stärker ist der Wind.

Genauso ist es bei den verschiedenen religiösen, weltanschaulichen Strömungen und Meinungen in dieser Welt. Ein Sog entsteht, der den mitreißt, der keinen Halt hat. In die Auseinandersetzungen gerät hinein, wer will und nicht will.

Der Wind drückt gegen das Segel, an der anderen Seite entsteht ein Sog. Der Mast leitet den Druck durch die Wanten an den Rumpf, an dem der Kiel befestigt ist. Die rechte Segelstellung entscheidet, ob und wie stark die Kraft in Bewegung umgelenkt wird, die dann gesteuert werden kann. Die Segelstellung wird reguliert, ständig nachjustiert.

Ein Christ kommt nicht vorwärts in seinem Glauben, wenn er den Wind aus dem Segel lässt, d.h. jedem Druck ausweicht, den er durch die Auseinandersetzung mit seinem Umfeld bekommt. Das Umfeld macht mächtig Druck. Gott hat die Christen so konstruiert, dass sie gerade dadurch in Bewegung geraten, dass sie vorwärts kommen im Glauben, dass sie stark werden.

*Eph.1,13; 4,30*
*2.Kor.1,22*

## 10.3.6 Die Strömung

In jedem Wasser gibt es eine Strömung. Entweder durch Zu- und Abfluss, oder durch Ebbe und Flut, oder wie beim Wind durch Temperaturunterschiede. Manche Strömungen kann man kaum messen, andere sind deutlich erkennbar.

Strömungen sind unterschwellig. Das ist das, was im Hinter- oder besser Untergrund unserer Gesellschaft vor sich geht. Es gibt auch solche unterschwelligen Strömungen in der Gemeinde, man weiß da nicht gleich, was das ist, aber man gewinnt den Eindruck, dass sich irgendetwas bewegt, das nicht zu fassen ist. Ideologische Strömungen aus der Gesellschaft ziehen auch durch Gemeinden, sie dringen durch alle Ritzen und Risse. Man muss sie beim Namen nennen und dazu Stellung nehmen.

Im Unterschied zum Wind kann man sich die Strömung beim Segeln nicht zunutze machen. Aber man muss sie spüren, auch berechnen. Es sei denn, man möchte genau dahin, wohin die Strömung treibt; aber sie ändert sich auch und man kann abgetrieben werden. Für die Verfolgung eines Ziels jedenfalls ist eine Strömung unbrauchbar, aber sie kann meist nicht abgestellt, nicht gebremst werden. Sie ist meistens vorhanden – Einflüsse des Umfelds, die den Kurs, die Geradlinigkeit eines Christen beeinflussen, beeinträchtigen wollen. Die Wirkung der Strömungen kann nicht vermieden werden. Doch ihr Einfluss auf den Kurs ist kalkulierbar, man braucht nicht daran scheitern, sie muss nicht zur Zielverfehlung führen. Vor allem ist Wachsamkeit wichtig, und ständige Kontrolle des Kurses zum Ziel – nicht zum Ausgangspunkt.

Man muss wissen, wohin man will, um nicht von Strömungen im Untergrund erfasst zu werden. Die „Fahrt über Grund" ist entscheidend für das Ziel, nicht die Bewegung im Wasser.

## 10.3.7 Das Profil

*Kol.2,18*
*Phil.3,12.14*

Bei einem Segelboot ist keines dieser Teile verzichtbar, am wenigsten der Kiel. Der macht das Boot steuerbar. Der gibt Linie ins Leben.

Die Ganzheitlichkeit des Christen ergibt sein Profil. Das ist, was andere erkennen, beobachten, was sie nachvollziehen können – wenn auch nicht alles erklärbar ist. Denn einige Elemente sind verborgen, wie der Kiel und das Ruder – sie sind unter Wasser. Sie halten bei Fahrt den Druck aus. Oberhalb des Wassers sieht man nur die Segelstellung, die Ruderstellung, und das Kippmoment – wie weit sich das Boot in den Wind legt. Man merkt es einer Gemeinde an, ob sie „unter Segel" ist, unterwegs „im Meer der Zeit"[30] Ein Boot hat eine Toleranzgrenze für Belastung. Da wird es unangenehm. Aber nur wenn sich das Segelschiff der Belastung aussetzt, macht es Fahrt, geht es vorwärts. Auf das Ziel zu. Danach „jagt" ein Christ – unter Einsatz aller Fähigkeiten, mit „voller Kraft voraus". Christen können sich das zumuten, denn sie sind von Christus „ergriffen" – sie stehen unter seinem Kommando.

Christen ohne Profil sind Segelboote mit hochgezogenem Kiel, sie fahren lieber in flachem Wasser oder mindern den Druck – sie wollen ihren Glauben nicht herausfordern lassen. Sie führen ein beschauliches, angepasstes Leben. Die äußere Ausrichtung ihres Bootes in bezug auf das Ziel stimmt – sie haben Gott im Blick, sie sehen ihren Auftrag, sie tun auch was. Aber sie treiben mit der Strömung und mit dem Wind in eine andere Richtung. Die „Fahrt über Grund", die tatsächliche Bewegung in Bezug auf das Ziel, stimmt nicht mit der Fahrtrichtung überein. Die Ausrichtung wird zwar laufend korrigiert, die Ruderstellung stimmt. Man sieht ihnen äußerlich nicht an, wohin sie treiben; wer nicht in sie hineinschauen darf, erkennt nicht die Stellung ihres Kiels. Die „Fahrt über Grund" verfehlt das Ziel – trotz „richtiger" Ausrichtung, trotz Mitgliedschaft in Kirche oder Gemeinde, vielleicht trotz Mitarbeit und Verantwortung. Nicht die Ausrichtung ist entscheidend, sondern die „Fahrt über Grund". Der Unterschied liegt im Profil des Gewissens.

## 10.4   Beispiel Kanu

Segelkanus in Ozeanien haben eine gemeinsame Form: Der Einbaum ist so behauen, dass er gleichzeitig einen Langkiel hat. Weil er deshalb keine Stabilität besitzt, haben die Kanus einen massiven Ausleger. Er ist mit zwei Stangen mit dem Rumpf verbunden und ist gleichzeitig das Gegengewicht zum Segel, das immer auf der gegenüberliegenden Seite ausschwenkt. Größe und Gewicht des Auslegers sind danach berechnet. Seltener ist ein Doppelrumpf, bei dem der Mast in der Mitte angebracht ist.

Mt.4,19-20;
Röm.12,1-2;
1.Petr.2,21;
Hebr.13,17;
Phil.3,17

Die Eigenart eines gut gebauten Kanus z.B. der Puluwat-Insulaner ist, dass der Rumpf asymmetrisch behauen ist – eine Seite der Kiellinie ist mehr gewölbt als die andere. Beim fahrenden Kanu und fließendem Wasser teilt der Bug das Wasser vorn, das dadurch auf die mehr gekrümmte Bugseite drückt. Am Heck, wo das Wasser wieder zusammenfließt, entsteht ein Sog. Diese Kraft ist genau so stark wie der Wasserwiderstand und Gewicht des Auslegers. Dadurch fährt das Kanu, auch einseitig gepaddelt, selbst auf der in Fahrtrichtung rechten Seite (Backbord), gerade aus. Auch wenn das Segel auf der gegenüberliegenden Seite des Auslegers (Steuerbord) zieht. Ein gut gebautes Kanu hat diese Eigenschaft. Die Ausgewogenheit von Größe des Kanus, Größe des Auslegers und Segels beruht auf der fachlichen Intuition des Kanubauers. Taitos auf Puluwat[31] baute solche Kanus, und beim Wettsegeln in der Lagune gewannen seine Fahrzeuge immer.

Andere Kanus sind symmetrisch gebaut. Der Ausleger bildet eine Last, die durch Paddeln auf der Auslegerseite und ständige Kurskorrektur durch das Ruder (das Paddel wird zeitweise als Ruder verwendet) ausgeglichen werden muss. Dadurch ist keine geradlinige Fahrt möglich. Ein ständiger „Drall" kostet Kraft, die für die Vorwärtsbewegung verloren geht; sie kann nicht korrekt und dauerhaft korrigiert werden. Zeit- und Kraftverschleiß sind größer, zudem herrscht eine ständige Unruhe in der Steuerung und in der Fahrt über Grund. Eine Ziellinie ist schwer erkennbar.

Im Vergleich zum christlichen Gewissensprofil ist Symmetrie beidseitige Angeglichenheit an die Umwelt. Es entsteht wenig Widerstand. Das Gewissen des Christen ist angepasst, es gleitet leicht durch alle Lebenssituationen und bietet in sich keinen merklichen

---

[30] Nach dem Lied: „Ein Schiff, das sich Gemeinde nennt, fährt durch das Meer der Zeit" *Text und Melodie:* Martin Gotthard Schneider Gustav Kassel: Bosse Verlag, 1962.

[31] Taitos war später etwa 20 Jahre Pastor in der Gemeinde. Er starb am 28.3.2008.

Gegensatz in seinen Berührungsflächen. Das Kanu erscheint schlank und attraktiv – wie im Modekatalog. Dadurch sind aber auch die Steuerung und Bewegungsrichtung unkoordiniert, es ist Unruhe im Leben, in der Meinungsbildung und in den Entscheidungen des Christen. Der Lebensstil ist leichtfertig, aber aufwändig. Eine klare, eindeutige Linie ist nicht erkennbar. Er verwendet oft einen Einwand „ja, aber ...", argumentiert viel mit „Liebe zum Nächsten" und will „keinen Anstoß" geben. Er führt ein unauffälliges Glaubensleben, das überall passend und angemessen ist. Fortschritte in der Erkenntnis geistlicher Zusammenhänge sind zwar theoretisch vorhanden, aber werden nicht praktisch nachvollzogen. Ein symmetrischer Christ gleitet leicht über die Linie hinaus, er kann gelegentlich extreme Ansichten haben, „um der Gemeinschaft willen" bei Verhaltens- und Ausdrucksweisen teilnehmen oder sie tolerieren, die ihm eigentlich widersprechen und in einer kritischen Situation auch das Ziel aus den Augen verlieren. Letztlich verliert er durch seine Anpassung Glaubwürdigkeit.

Ein „unsymmetrischer" Christ zeichnet sich dadurch aus, dass er weiß, was sein Umfeld erwartet; er hält sich an gegebene Vorschriften und Ordnungen. Das ist die eine „Krümmung", die notwendige Anpassung an Kultur und Gesellschaft. Aber er kennt auch deren Grenzen, lässt seine Meinung nicht davon bestimmen und hat eigene, begründete Werte. Er kritisiert Überzogenheit und stellt sich auch der Kritik anderer, wenn er für sich Grenzen zieht. Er kann Verhaltensmuster werten nach dem, ob sie den Menschen abtreiben lassen, ob sie vom guten Kurs abweichen. Er hat Druck auszuhalten und spürt gelegentlich selbst deutlich den Sog zu sündhaften Gedanken und verführerischem Verhalten. Das ist die andere „Krümmung" seines Gewissensprofils, die Form, Stabilität und Werte aus seiner geistlichen Orientierung und Ausrichtung an der Bibel erhält. Das bringt ihn immer wieder, eigentlich laufend zu Auseinandersetzungen und Herausforderungen, da andere dauernd etwas von ihm erwarten, das zwar einfacher wäre, ihn aber von seiner Linie ablenken würde. Er trägt die Spannung in sich und verarbeitet sie nicht wie in einem „symmetrischen" Boot durch Paddel und Ruder, indem er Druck auf sein Umfeld ausübt. Diese Anforderungen stärken seinen Willen, sein Verstehen, da er sich seiner Meinung immer wieder vergewissern muss. Er ist vielleicht als unbequem bekannt, aber auch als geradlinig – was gelegentlich bewusst getestet wird. Er löst Ärger, aber auch Bewunderung aus, und Neid, weil er offensichtlich sein Ziel nicht aus den Augen verliert – und deshalb letztlich weniger Kräfteverschleiß aufweist.

Seine Zielstrebigkeit erfolgt aus dem Vorbild, dem er nachfolgt, das er nachahmt, durchaus mit Abweichungen, aber erkennbar.

## Grafik 57: Geradlinige Lebensführung durch Profil II

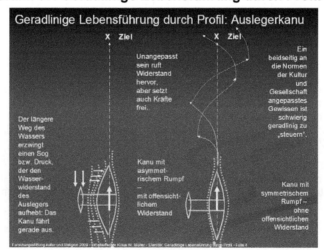

### 10.4.1 Fragen:

1. Wie wirkt sich die Gewissheit des Heils auf die Beschaffenheit des Gewissens aus?
2. Wie wird das Verantwortungsbewusstsein im Gewissen bewirkt?
3. Was gibt dem Gewissen Sicherheit in seiner Reaktion?

## 10.5 Form: Normen und Werte

Für die Anforderungen im Sommer und im Winter sind verschiedene Profile und Härtegrade des Materials im Angebot. Allwetterreifen empfehlen sich nur im ausgeglichenen Klima. Nur in extremen Verhältnissen sind „Spikes“ in den Reifen erlaubt, nur auf Schnee und Eis. Auf Asphalt fräsen sie tiefe Spurrillen – gefährlich: wenn sich darin Wasser sammelt, beginnt das Fahrzeug bei 80 km/h „Wasserski“ zu fahren. Deshalb gibt es Normen für die Reifen, die nach bestimmten, berechenbaren und bewährten Werten ausgegeben werden. Dadurch werden rutschen, schleudern, durchdrehen und steckenbleiben verhindert – zumindest in den Fällen, die im klimatischen Erfahrungsrahmen sind. Unfälle werden selbstverantwortlich verursacht, wenn sie diese Normen nicht beachten, und sie sind strafbar.

Das Gewicht und die Leistung des Fahrzeugs bestimmen diese Normen, daraus entwikkeln sich auch spezielle Profile. Verschiedenen Fahrzeugen werden für bestimmte Einsatzzwecke besondere Profile vorgeschlagen; Traktoren und Hochgeschwindigkeitsfahrzeuge unterscheiden sich grundlegend – sie unterliegen verschiedenen Normen und Werten; aber die sind vorhanden, sie können studiert, abgefragt und gelernt werden. Bestimmte Profilformen haben zu wollen, die sich nicht für den jeweiligen Einsatz eignen, kann gefährlich sein. Es empfiehlt sich dringend, die Werte zu übernehmen, den Normen zu gehorchen. Änderungen empfehlen sich nicht, solange sie nicht Härtetests unterzogen und von Autoritäten freigegeben wurden. Kontrollen sind angebracht, sie bewahren vor Leichtsinn und überhöhtem Selbstvertrauen.

**Grafik 58: Sichere Lebensführung durch Profil I**

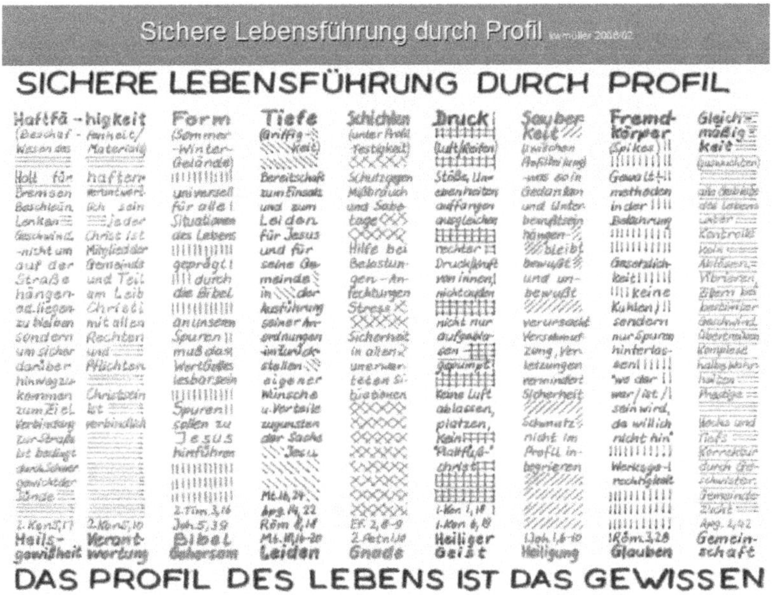


2.Kor.6,1-18
Phil.3,7-11
Apg.8,26-40
2.Tim.3,16
Joh.5,39
1.Sam.15,22
Röm.5,19,22-23
2.Kor.3,3; 6,9-10;
Hebr.5,8.

Das sind direkt auf das Gewissen übertragbare Vergleiche. Gehorsam den Normen Gottes gegenüber ist eine freiwillige Willensentscheidung, die sich aber als effektiv und leistungsfördernd erweisen. Ungehorsam zieht Konsequenzen nach sich, für die der Christ selbst verantwortlich ist, auch für die Strafe nach einer Kontrolle.

Jeder Christ hinterlässt eine Spur, sie ist wie beim Reifen nur in bestimmten Situationen sichtbar. Aber sie sollen in jedem Fall eine klare Richtung weisen, nachverfolgbar sein. Es zeigt sich den Nachfolgern schnell, wie zielstrebig der Fahrer war.

Neuerdings sind auch alle Reifen richtungsbedingt zu montieren. Ein Christ muss richtungsweisend „montiert" sein, sonst ist sein Gewissen falsch orientiert. Menschen dürfen zwar erkennen, woher der Christ kommt in seinem Leben, was er alles hinter sich hat, aber sie müssen vor allem die Richtung sehen, in die er geht. Fehlfahrten und Umwege sollten korrigiert sein. Für Schlaglöcher sind sie nicht verantwortlich, aber sie dürfen nicht daran scheitern. Ein Reifen kann geplatzt sein, aber dann muss er ausgewechselt werden. Nicht bessere Straßenverhältnisse zeichnen Christen aus, sondern das Ziel, das sie erreichen.

## Grafik 59: Sichere Lebensführung durch Profil II

## Fragen:

1. Normen und Werte eines Christen: Wie definiert er sie?
2. Gehorsam und freier Wille: Wie passen sie zusammen?
3. Reparaturen und Umwege des Gewissens: Welche Notwendigkeiten stehen dahinter?

### 10.5.1  Profiltiefe: Zuverlässigkeit und Leidensbereitschaft

Laufende Kontrolle ist hier besonders wichtig: Dieser Sicherheitsfaktor ist nicht zu unterschätzen. Die „Walkarbeit" des Reifens entwickelt Hitze.

Je tiefer das Profil, umso besser „greift" der Reifen – in Kurven, beim Beschleunigen und vor allem beim Bremsen. Auch auf unebenen Oberflächen, Gelände, aber vor allem eben auch auf glatter Straße, bei Nässe, und Glätte – in allen Situationen des Lebens, von denen die Extremfälle nur selten eintreten, aber gerade dann greift nichts mehr außer dem Profil, dann beweist es sich.

„Lahme Enten", „Schleicher", „Sonntagsfahrer" – solche Fahrer versuchen zu vermeiden, wofür das Profil gut ist. Sie fahren völlig ohne Belastung, versuchen jede Kurve zu meiden: Sie tun so, als ob sie nicht in ihr Umfeld gehören, sie sind sich zu schade für die Welt. Sie hindern den täglichen Umgang mit den Menschen durch ihre übervorsichtige Art, durch die Vermeidung von Kontakten erwecken sie die Meinung, sie seien sich zu gut für diese Welt. Sie verursachen Ärger und Unwillen. Sie wollen Unfälle vermeiden, indem sie langsamer sind als alle andern, übervorsichtig – sie trauen sich und ihrem Profil, auch dem anderer nichts zu. Sie haben kein Vertrauen in andere Menschen. Das sind Christen, die anderen im Wege stehen, wenn etwas getan werden muss. Sie wollen berücksichtigt und betreut werden, sie treffen nicht gerne Entscheidungen und fragen lieber noch einmal nach, obwohl sie jedes Mal die gleiche Antwort erhalten. Sie fallen auf, wo immer sie sind, sie schreien auf bei jedem Steinschlag, ein Schlagloch ist für sie ein Desaster. Jeder Überholvorgang, jeder Regen ist eine potentielle Gefahr. Sie meinen, weil sie Christen sind, müsse jeder Rücksicht auf sie nehmen. Sie haben kein tiefes Profil.

Zuverlässigkeit unter Belastung zeugt von Profiltiefe. Diese Christen wissen zwar um die Gefahr, aber sie scheuen sich nicht davor, wenn es um ihren Auftrag geht: Sie wissen, warum sie in dieser Welt sind, und sind auch bereit, dafür zu leiden; sich einzusetzen, wenn es weh tut; sich zu belasten, wenn es schwer wird. Das hat ihnen ihre Autorität versprochen: Es wird ihnen nicht besser gehen als ihr. Sie werden identifiziert mit ihr und so behandelt. Angst? Durchaus möglich, aber nicht immer vermeidbar. Aber die Qualität ist verbürgt: „Wenn's drauf ankommt, merkst du, dass ich dabei bin. Sonst vielleicht weniger. Also freue dich, wenn du mich spürst."

**Fragen:**

1. Worunter leidet ein Gewissen?
2. Worin zeigt sich seine Profiltiefe?
3. Was ist, wenn ein Christ sein Gewissensprofil schonen will?
4. Was hat Liebe mit Profil zu tun?

### 10.5.2  Die Karkasse (Unterbau): Stabilität und Tragfähigkeit

**Grafik 60: Sichere Lebensführung durch Profil III**

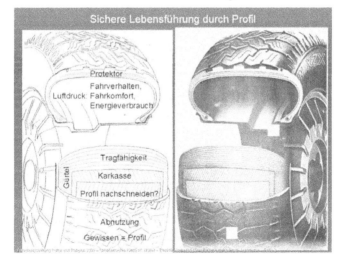

„Ply-Rating" steht für Festigkeit, Stabilität, Tragfähigkeit des Reifens. Das kostet richtig Geld. Die Einsatzfähigkeit hängt davon ab, die Höchstgeschwindigkeit. Das Profil wird „getragen" vom „Gürtel", der aus verschiedenen Schichten besteht, darunter auch eine aus Stahl. Das sorgt für eine optimale Aufliegefläche auch bei hohen Geschwindigkeiten. Je mehr es davon gibt (z.B. 5-Ply), umso mehr Belastung hält der Reifen aus.

Diese Schichten halten starke Schläge aus – Schlaglöcher machen ihnen nichts aus; sie schützen auch vor Sabotage und gezielter Demontage. Härtetests fürchten sie nicht. Wenn auch das beste Profil nichts mehr ausrichten kann: die Karkasse lässt den Reifen nicht im Stich.

Mt.10,16-26, 34-39
Mt.16,24; 28,18-20
Apg.14,22
Röm.8,18
2.Kor.1,4; 4,1-18
2.Kor.11,23-33
2.Kor.12,6-10
1.Petr.4,12-16

Das letzte, worauf sich ein Christ verlassen und das erste, das er nicht selbst machen kann, was ihn aber eigentlich zum Christen macht, ist die Gnade Gottes. Darauf fällt auch das Gewissen zurück, wenn alle Prägungen, alles Wissen, auch der beste Wille nicht mehr tragen. Unerwartetes und Unbegreifliches, Untragbares und Unannehmbares im Leben bringen auch das Gewissen an die letzte Grenze.

Die Schichten bilden sich, wenn der Christ die Grenzen seiner Menschlichkeit erfährt, wenn er erkennt, dass ihm trotz allem, was sein Gewissen stabilisiert, die Absolutheit fehlt: Er ist nicht Gott. Der Christ ist sich nicht selbst Autorität, er ist nicht seine eigene Kraft, er bleibt angewiesen auf seinen Gott, der ihn auch in den dunkelsten Stunden seines Lebens hält. Dann trägt die Gnade, die sonst so wenig in Erscheinung tritt – zu wenig. Ein Christ, der die Grenzen seines Gewissens immer wieder spürt, traut ihm nicht. Er bittet Gott um Gnade, um ein „tabula rasa", um reinen Tisch. Jede solche tiefe Erfahrung mit der Gnade Gottes bildet eine neue Schicht, auf die er sich verlässt, damit er nicht verlassen ist.

### These 433

**Wer Gnade selbst erfahren hat und sich darauf angewiesen weiß, wird anderen gegenüber gnädig, ohne Sünde zu verschweigen.**

Aus eigener Kraft hält keiner durch im Leben und im Sterben. Die Selbstgerechten brechen ein, sie haben sich durch ihre „Walkarbeit" von den Schichten abgelöst, der Reifen wurde heiß, die Fetzen fliegen: höchste Gefahr für sich und andere!

Die Gnade hat noch niemandem weh getan. Aber sie hat schon vielen letzten Halt gegeben.

### Fragen:

1. Warum ist die Gnade so wenig populär?
2. Welche Rolle spielt sie bei der Gewissensbildung?
3. Warum behält sich Gott diese Stabilisierung des Gewissens vor?
4. Wie lernt das Gewissen die Gnade schätzen?

## 10.5.3  Druck: Versiegelung und Geist Gottes

Das gibt es: Die Luft lässt nach, der Druck ist plötzlich weg. Ein spitzer Fremdkörper hat die Versiegelung des Reifens durchbrochen. Luft hat die Eigenschaft, komprimiert zu werden und bleibt dabei elastisch. Sie dehnt sich gleichmäßig aus zum größtmöglichen Raum, der ihr zur Verfügung steht. Der richtige Reifendruck ist verantwortlich für das Fahrverhalten, für den Komfort, für die Balance zwischen Belastung und Eigenschaft des Materials, und für den geringsten Energieverbrauch.

Mt.3,11; 28,19
Mk.3,29; 13,11
Lk.11,(9-)13; 12,12
Joh.4,24; 13,10
Joh.14,26; 15,3
Joh.16,13; 20,22
Apg.2,4, 38; 7,51
Röm.1,16
1.Kor.1,18; 6,19-20
2.Kor.11,(1-)16-33
12, (1-)6-10

Schlaglöcher, Steine, Unebenheiten – man merkt sie erst, wenn sie vorüber sind, wenn man sich davon erholt, wenn der Schmerz nachlässt. Manches Gewissen fängt die Schläge nicht mehr auf, die von irgendwo unversehens kommen, ein Loch entsteht – die Kraft zum Gegenhalten weicht. Nicht der Druck ist schuld daran, das Material hat einen Schaden.

Gott gibt dem Christen seinen Geist – entsprechend der Beschaffenheit, wie viel Druck von innen es braucht, um den Stress von außen auszuhalten; so viel Gegendruck kann aufgefangen werden. Das ist die Kraft, die das Gewissen braucht, um die Form zu halten, um das Gewicht zu tragen, das ihm zugemutet wird, für das die Bauart vorgesehen ist.

Manche wollen keine Kraft von Gott, sie verlassen sich auf ihr Material: Sie überschätzen es. Keine noch so systematische Theologie ist in sich stark, sie bricht zusammen, wenn sie der Geist nicht stützt.

Auch ist jeder Christ nicht nur aufgeblasen. Er behält nur seine Form, wenn der Geist in ihm wohnt – auf seine Art. Das Gewissen ist der Druckraum des Heiligen Geistes. Der Druck ist angemessen, durch das Ventil wird aufgetankt: Wer sich Gott öffnet und sein Wort auf sich wirken lässt, wird von ihm erfüllt. Dadurch wird geheilt und auch versiegelt. Man kann auch darum bitten – das wird erhört. Aber dann will Gottes Geist auch den ganzen Leib, den ganzen Geist, die ganze Kraft und den ganzen Willen durchdringen. Die das erlauben, laufen leichter.

> Mt.18,23-35;
> 2.Kor.7,1-16; 12,1-
> 21; Gal.6,1-2;
> Eph.2,8-9;
> 2.Petr.1,10

Der Heilige Geist bewirkt, dass es keinen Materialschaden durch den inneren Druck im Gewissen gibt. Auch entstehen keine besonderen „Ausdrücke" im Profil. Das Rad bleibt rund, auch unter Fahrt und mit Belastung. Er gibt auch nicht nach, wenn sich das Gewissen lieber einmal nicht Problemen stellen will. Er ist der Tröster, der Stellvertreter, die Dynamik, die jeden Tag noch vorhanden ist. Er braucht sich nicht auf, der Druck wird ihm nicht zu viel. Er schafft das rechte Maß von Energie und Arbeit.

### Fragen:

1. In wie weit bestimmt ein Christ, was der Heilige Geist in seinem Gewissen bewirkt?

2. Wie entsteht ein „Materialschaden" im Gewissen, durch den er den Geist „verliert"?

3. Was muss man tun, um den Heiligen Geist nicht zu bekommen?

## 10.5.4 Sauberkeit: Reinigung und Heiligung

Das Profil des Reifens ist so konstruiert, dass es bei der „Walkarbeit" einen „Pumpeffekt" bewirkt: Das Profil arbeitet sich selbst frei von allem, was dazwischen geriet – besonders beim Winterreifen. Das Gewissen nimmt auf, mit was es sich auseinander setzen muss. Manches übt auch eine Anziehungskraft auf Christen aus. Was durch Augen und Ohren aufgenommen wird, kann das Gewissen nicht immer alles filtern: Triebe und Begierden, Wünsche und Bedürfnisse bleiben immer offen.

Was immer bewusst oder unbewusst aufgenommen wird: Durch den Gebrauch des Gewissens wird vieles wieder abgestoßen. Anderes bleibt, hartnäckig wie es ist, auch stecken. Mancher Schmutz setzt sich so fest, dass er nicht mehr vom Profil unterschieden werden kann. Dann wird Sünde selbstverständlich und normal, weil das Gewissen nicht mehr differenzieren kann. Das fällt vor allem dann nicht auf, wenn das Gewissen anderer Christen die gleichen Eigenarten hat. Es nimmt dann umweltfreundliche Charakterzüge an. Was in der vorigen Generation noch Sünde war, ist dann lediglich altmodisch geworden und ist mit modernem Denken nicht vereinbar – so denkt ein Christ, der sein Gewissen nicht „sauber" hält.

Manche Ordnungen sind tatsächlich lange, vielleicht Jahrhunderte, eigentlich nur menschliches Gesetz gewesen. Wenn gründliche Exegese und Forschung das entlarven, muss das Gewissen davon auch gereinigt und darf die neue Generation davon nicht belastet werden.

Anderes wird in die Theologie integriert, und durch die Lehre geraten Normen in das Gewissen, die mit der christlichen Natur nicht vereinbarlich sind. Die Gabe der Unterscheidung ist dann wichtig. Das christliche Gewissen muss differenzieren lernen, was seiner Eigenart entspricht und was unbemerkt oder plötzlich von einem oder vielen aufgenommen wird. Heiligung differenziert „Weltliches" von „Heiligem" – von dem, was Gott ehrt und ihm die Ehre nimmt. Auch Christen können sich beschmutzen und den Schmutz lieben, wenn das der menschlichen Natur entgegenkommt.

Röm.12,1-2
2.Kor.1,12-14(-24)
2.Kor.2, 5-11; 4,1-6;
2.Kor.6,11-18
Gal.5,12-21
Hebr.12,14
1.Joh.1,5-10
1.Petr.1,14-19.

Das christliche Gewissen ist so konstruiert, dass es sich selbst befreit von dem, was es gefangen halten kann. Luthers „Freiheit eines Christenmenschen" ist kein Alibi für Toleranz und Sünde. Heiligung heißt sauber bleiben. Manches Stück Dreck muss mühsam und mit Hilfe eines Werkzeugs herausgewuchtet werden. Seelsorgerliche Analyse kann dabei an ihre Grenzen stoßen. Vor allem wenn der Schmutz schon seit der Kindheit steckenblieb. Manches wird erst deutlich, wenn das Gewissen wie ein Reifen an einer ganz bestimmten Stelle schleift, durchdreht, oder gar platzt. Dadurch werden geistliche Früchte gehemmt, Wachstum behindert, die Freude gehemmt und der Glauben schwindet.

Es gibt Heilung auch für hartnäckige Sünden, auch schmerzhafte geistliche Operationen wirken sich wohltuend aus. Beim ersten Aufbau des Gewissens wird nicht jedes Teil erfasst, das schon zur Charaktereigenschaft geworden war. Vieles bleibt Aufgabe der lebenslangen Heiligung, unter der das Gewissen langsam ihr Profil entwickelt und dann erst Unterschiede sieht.

## Fragen:

1. Wie lässt sich die steigende Tendenz der Christen zur „Umwelfreundlichkeit" erklären?

2. Wie wird das Gewissen schmutzabstoßend, selbstreinigend?

3. Warum und wie ist hartnäckiger Schmutz zu identifizieren und manchmal auch zu operieren?

4. Wie entscheidet das Gewissen, welche Substanz zu ihm gehört?

### 10.5.5  Fremdkörper: Gesetz und Glaube

Früher gab es Nägel im Reifenprofil, die nach außen schauten: Sei griffen sicher bei Eis und Schnee, aber nicht auf der blanken Straße – die wurde dadurch aufgerieben. Das Gewissen ist nicht für solche „Spikes" ausgelegt: Christen wenden nicht Gewaltmethoden an, um sich durchzusetzen. Auch in der Verkündigung und Lehre sind solche „Hartmetalle" nicht geignet, Menschen zu gestalten: sie werden eher davon aufgerieben.

Christen sind nicht Wölfe unter Schafen, sondern Schafe unter Wölfen. Sie setzen sich mit Liebe durch, nicht indem sie andere verletzen. Die Welt soll nicht vergewaltigt werden, sondern gerettet und geheilt. Niemand soll gezwungen werden, nicht einmal zu seinem Heil.

Gesetz zerstört, der Glaube rettet. Das Evangelium verwendet das Gesetz nur um die Grenzen aufzuzeigen und den Glauben, um zu werben. Das Vorbild der Funktionen des christlichen Gewissens soll sie motivieren, nachzuahmen, selbst Glaubensschritte zu unternehmen. Gesetzliche Verkündigung und Lehre, ein solcher Lebenswandel stößt ab,

Mk.16,16
Röm.3,21-28; 10,17;
2.Kor.3,1-21; 5,16-21;
2.Kor.7,8-11; 10,12-18;
2.Kor.12,11-21
Hebr.10,19-23; 11,1-3,6;

hinterlässt Spuren, denen keiner folgen will. Auch ein Christ als Supermensch ist nicht überzeugend.

Fremdelemente in der Theologie, im Glauben und im Gewissen machen eher Angst als Freude. Das sind selbstgemachte Elemente, aus Vernunft und Illusion geformt, gefährlich passend und fast nahtlos eingefügt ins Evangelium. Sie weisen nicht auf Gott, sie gebrauchen Jesus Christus nur als Alibi, um Menschen an sich selbst zu binden. Dann wird Theologie zum perpetuum mobile, zum Selbstläufer ohne Korrektur, und die Sekte ist perfekt.

Versöhnung mit Gott geschieht durch Jesus Christus, der Christ weist darauf hin, sein Gewissen ist das Beispiel, wie sich ein Mensch dadurch verändert. Das geistliche Profil ist eindeutig genug. Es braucht keine Ergänzungen, auch Reduktionen sind gefährlich. Wenn Jesus Christus alles vollbracht hat, was nötig war, um ein erneuertes Gewissen zu erhalten, darf niemand noch etwas Zusätzliches für den Glauben verlangen, aber auch nicht weniger erwarten, als das Notwendige im Glauben anzunehmen.

**Fragen:**

1. Worin liegt der Reiz für das Gewissens, eher Gesetze anzunehmen als „nur" zu glauben?

2. Wie wird ein Gewissen davor bewahrt, gesetzlich und einseitig zu sein, ohne dabei zügellos zu werden?

3. Wie wird ein gesetzliches Gewissen geistlich entlarvt?

## 10.5.6 Wuchtung: Gemeinschaft und Intuition

Jeder Reifen muss ausgewuchtet werden. Er bekommt ein Gegengewicht für jede überstarke Stelle. Dann läuft er rund und ruhig bei jeder Geschwindigkeit. Manche Christen merken ihre Unwucht nicht – solange sie in den kleinen Gängen bleiben, alles unter Kontrolle zu haben scheinen, wenn sie jeden Schritt überlegen können.

Die „Unwucht" eines Reifens macht sich erst bei einer bestimmten Geschwindigkeit bemerkbar. Menschen, die jede Entscheidung in Ruhe bedenken können, merken nicht, dass sie einseitig ein etwas höheres Gewicht hat, dass sie etwas mehr betonen als das was notwendig oder richtig ist. Erst wenn ihr Gewissen intuitiv und schnell Entscheidungen treffen muss, kann die Unwucht zutage treten. Dann geschieht die Kontrolle nicht mehr durch den Willen und Verstand – sie kommen nicht mehr mit, sie können sich die Dinge nicht mehr lange genug überlegen, sie geraten unter Druck.

Sicherheit in der Reaktion des Gewissens muss im Übungsfeld Gemeinde vielfach ausgetestet werden. Mit nur einmal Hören ist gar nichts erreicht. Die Theorie muss in der Praxis, und in immer schnellerer Geschwindigkeit abgerufen werden können, ohne dabei zu zittern und zu beben. Die Gegengewichte, die das Gewissen braucht, werden in der Gemeinschaft mit anderen Christen ausprobiert. Viele Menschen haben durch Erlebnisse in ihrer Vergangenheit gewisse Ansichten und Eigenarten, die sie so stark betonen, dass sie nicht mehr unter Kontrolle sind, wenn alles unter Stress gerät. Dann werden solche Christen überraschend zornig, ausfällig, oder überfreundlich, manipulierend. Das fällt den anderen auf. Sie machen ihn dann hoffentlich darauf aufmerksam und korrigieren ihn, sie zeigen ihm die Zusammenhänge, in denen er zu rotieren droht.

Ohne diese Maßnahme wird auch das beste Profil-Gewissen nicht eindeutig rund. Ein Christ, der meint, er könne alles ganz allein, erkennt die Unwucht nicht, die in ihm steckt. Selbst ein Ehepartner kann das Gegengewicht nicht bilden, das er braucht. Er muss es selbst im Gewissen integrieren. Aber er braucht andere, um das einzuüben, bis es sein Eigentum geworden ist. Dann kommt es auf weitere Übungen an, bis andere ihm bestätigen, dass die Anzeichen verschwunden sind. Bei macher Unwucht braucht das Jahre und es empfiehlt sich, sich bis ans Lebensende einer Gemeinde verbindlich anzuschließen, sie als korrektives Gegenüber anzusehen. Das Unterbewusstsein muss durchdrungen werden von der Lehre, vom Geist Gottes. Dazu ist die Gemeinde gut – unter anderem. Sonst wird ein solcher Christ zum Risiko, wenn er um sich schlägt, in bestimmten Situationen seines Lebens den Halt verliert, die immer wiederkehren und ihm zum Verhängnis werden können.

*2.Kor.12,7; 13,1-13; Apg.2,42; 5,1-11; Gal.2.11-14*

Gefühle sind eine gute Gabe, aber auch sie müssen, genauso wie der Verstand, eingebettet sein in der Lehre und in der Gemeinde. Sie brauchen die Kontrolle durch den Geist Gottes, der in der Gemeinde herrscht.

Weil auch keine Gemeinde vollkommen ist, braucht sie die Gemeinschaft mit Christen aus anderen Verbänden, Denominationen, auch aus anderen Kulturen. Hier liegt die Korrektur für alle, hier lebt auch der Heilige Geist, und hier ist Jesus Christus auch der Herr.

**Fragen:**

1. Warum ist das einzelne Gewissen in Gefahr, einseitig zu werden?

2. Wie wird eine Gemeinde zum Übungsfeld des Gewissens?

3. Gibt es ein Gemeindegewissen?

4. In wie weit können Christen und Gemeinden aus anderen Ländern und Kulturen ein Korrektiv für eine einzelne Gemeinde sein?

### 10.5.7 Das Profil biblischer Lebensbilder

Wenn jemand „profiliert" ist, dann hat er entweder im Beruf oder in der sozialen Gesellschaft Rang und Namen, durch seine Ausbildung, durch Leistung, durch sein Verhalten und durch seine Haltung. (Einstellung, Unbeirrbarkeit, Werte, „Gleichgewichtigkeit", Ziel usw.). Das Gewissen einer profilierten Persönlichkeit ist erkennbar ausgeprägt.

Solche Leute sind oder waren nicht fehlerlos, aber sie haben aus ihren Fehlern gelernt, sie haben Fehler nicht wiederholt, sondern korrigiert.

Für einen Christen sind Rang und Namen der Menschen weniger wichtig als das Profil, das sie aus der Verbindung mit Gott erhalten haben.

Als Beispiel werden Profile zweier biblischer Lebensbilder nach den vorhergehenden Kriterien vorgestellt. Danach können andere Menschen im Umfeld des Lesers beurteilt werden, von denen sein Gewissen bewusst und unbewusst beeinflusst wird. Zum Schluss sollte der Leser selbst versuchen, die gleichen Kriterien möglichst objektiv an sich selbst anzulegen.

#### 10.5.7.1 Daniel (Daniel 1-6)

##### 10.5.7.1.1 Haftfähigkeit (Dan.1, 8)

Er blieb nicht „auf der Strecke", er blieb den Normen seines Glaubens treu. Er und seine Freunde halfen zusammen, fühlten sich füreinander verantwortlich, hielten sich auch in der Fremde an die Richtlinien für ihr Leben – bis zum „täglichen Brot".

##### 10.5.7.1.2 Form (Dan.1,8; 2,28; 2,46-47; 3,28-30)

Die Spur, die Daniel (und seine Freunde) mit seinem Leben hinterließ, führte eindeutig zu Gott, nicht auf sich selbst. Die Einstellung und die Werte Daniels waren vom Wort Gottes geprägt.

##### 10.5.7.1.3 Tiefe (Dan.6, 8-12)

Er gab auch unter Androhung der Todesstrafe seinen Glauben nicht auf.

##### 10.5.7.1.4 Schichten (Dan.6, 1-6)

Er ließ sich von den Anfeindungen seiner Kollegen nicht einschüchtern.

##### 10.5.7.1.5 Druck (Dan.6, 11,17,22)

Das Geheimnis seiner Standfestigkeit und seiner Sicherheit war sein Gebet. Er hat sich nicht verteidigt, aber er hat seinen Gott verherrlicht und geehrt.

##### 10.5.7.1.6 Sauberkeit (Dan.1, 3-20)

Viele Leidensgenossen Daniels nahmen es nicht so genau mit den Essensvorschriften und verunreinigten sich nach dem Gesetz ihrer Religion. Daniel hielt sich sauber, auch wenn er dabei Risiken einging. Er wagte zu reden und zu bekennen. Gott lohnte seine saubere Haltung mit besonderem Segen.

##### 10.5.7.1.7 Fremdkörper (Dan.2, 12-16; 6, 3-6)

Daniel nahm nicht seine Macht in Anspruch, um andere zu seinem Glauben zu bekehren. Er überzeugte durch sein Leben.

##### 10.5.7.1.8 Gleichmäßigkeit (Dan.5,17; 1,1,4,30-34; 5,30-6,1)

Im ganzen Lebenslauf des Daniel ist keine Ermüdung festzustellen, kein Zornausbruch, keine Rachegedanken, keine Ehrsucht. Er behielt sein Profil durch vier Regierungen hindurch.

### 10.5.7.2  David

#### 10.5.7.2.1  Haftfähigkeit (1.Sam.17)

Sein Glaube und die Gewissheit, dass Gott bei ihm ist, gaben ihm Mut und Standfestigkeit, gegen Goliath antreten zu können. Er fühlte sich verantwortlich, die Sache und Ehre Gottes zu vertreten und auszuführen.

#### 10.5.7.2.2  Form (Ps.23;1.Sam.16,1-13)

Gott hat David schon als Junge auf der Weide geformt, er bekam die Erziehung von seinem gottesfürchtigen Vater. Sein Gewissen wurde für die große Aufgabe vorbereitet, deren er sich noch nicht bewusst war.

#### 10.5.7.2.3  Tiefe (1.Sam.18,17-27; 19,1+18; 21,11; 23,6-14)

David wurde vor Übernahme seiner Lebensaufgabe tief geprägt; er wurde gedemütigt und lernte, von Gott abhängig zu sein, auf Gott zu vertrauen und von Gott geführt zu werden, d.h. sein Leben und Geschick Gott zu überlassen. Er blieb demütig.

#### 10.5.7.2.4  Schichten (2.Sam.17-19,9;1.Sam.16,1-14;24,1-23;26,1-25)

Gott befähigte David durch die Salbung (Zeichen der Verleihung des Heiligen Geistes), Demütigungen und Leiden durchzustehen.

#### 10.5.7.2.5  Druck (1.Sam.25,1-39; 2.Sam.15,30-37; 16,5-14)

David ließ sich davon abhalten, sich zu rächen, er hatte die innere Stärke und Größe, sich korrigieren zu lassen und dem heiligen Geist Platz zu gewähren. Er konnte harte Stöße gegen seine Ehre auffangen.

#### 10.5.7.2.6  Sauberkeit (Ps.51; 2.Sam.11-12,1-25)

David kam auf Abwege, als er sich nicht im Einsatz befand. Er nahm die Disziplinierung an und reinigte sich, und Gott heiligte ihn wieder zum Dienst.

#### 10.5.7.2.7  Fremdkörper (2.Sam.9; 1,1-16; 21,1-14)

David ließ nichts zu, was den Segen Gottes für Israel blockieren könnte.

#### 10.5.7.2.8  Gleichmäßigkeit (Ps.69)

David wurde nie unsicher in seinem Glauben an Gott. Es ging ihm um Gottes Sache und Ehre. Er überwand „Tiefs" und ließ sich von „Hochs" nicht im Glauben beirren.

# 11.  Verwendete und weiterführende Literatur:

Brisch, Karl-Heinz; Theodor Hellbrügge. *Kinder ohne Bindung. Deprivation, Adoption und Psychotherapie*. Stuttgart: Klett-Cotta, 2006.

Campbell, Paul; Peter Howard. *Die Kunst, Menschen zu ändern*. 5.Aufl. Bern: Paul Haupt, 1963.

Clyde M. Narramore. *The Psychology of Counceling. Professional Technics for Pastors, Teachers*, Youth Leaders and All Who Are Engaged in the Incomparable Art of Counceling. 22nd printing. Grand Rapids, Mich.: Zondervan, 1976.

Dieterich, Michael (Hg.). *Wenn der Glaube krank macht. Psychische Störungen und religiöse Ursachen*. Wuppertal/Zürich: Brockhaus, 1991.

Dieterich, Michael. *Psychologie contra Seelsorge?* Neuhausen: Hänssler, 1984.

Holthaus, Stephan *Trends 2000*. Gießen: Brunnen, 1998.

Käser, Lothar. *Licht in der Südsee.* Bad Liebenzell: VLM, 2006.

Kessler, Volker. *Kritisieren ohne zu verletzen.* Gießen: Brunnen, 2005.

Kevin Leman. *Geschwisterkonstellationen. Die Familie bestimmt ihr Leben.* 5.Aufl. München: Goldmann Verlag Mvg, 2002.

Klaus W. Müller. *Georg F. Vicedom as Missionary and Peacemaker. His Missionary Practice in New Guinea.* Word Mission Scripts 6. Neuendettelsauf: Erlanger Verlag für Mission und Ökumene.

Krens, Inge,Hans Krens (Hg.). *Risikofaktor Mutterleib. Zur Psychotherapie vorgeburtlicher Bindungsstörungen und Traumata.* Reihe Das pränatale Kind. Hg. Heiner Alberti, Hans u. Inge Krens. Göttingen: Vandenhoek & Ruprecht, 2006.

Kubsch, Ron. *Die Postmoderne. Abschied von der Eindeutigkeit.* ,Kurz und bündig'. Neuhausen/Stuttgart: Haenssler-Verlag, 2007.

Rohrbach, Hans. *Unsichtbare Mächte und die Macht Jesu.* Wuppertal: Brockhaus, 1985.

Ruthe, Reinhold. *Konsequenz in der Erziehung.* Meran: ERF-Verlag Südtirol, 2007.

Ruthe, Reinhold. *Wenn die Seele schreit. Macht der Glaube psychisch krank?* Brendow Ratgeber. Moers: Brendow, 1991.

Rutter, Michael. *Bindung und Trennung in der frühen Kindheit.* München: Juventa, 1978.

Vicedom, Georg F. „Der Weg zu den Anhängern einer primitiven Religion in Neuguinea." 1946.

Watters, Ethan. „Was den Menschen prägt, Epigenetik: Der Übercode" *GEO* 4/07. (www.geo.de/geo/mensch/medizin/53101.html).

Watzlawick, Paul. *Anleitung zum Unglücklichsein.* München/Zürich: Piper, 1983, Taschenbuchsonderausgabe 2007.

Wiemann, Irmela. „Zusammenleben mit seelisch verletzten Kindern". *Weinbach* 24.04.2007.

William Backus, Marie Chapian. *Befreiende Wahrheit. Praxis kognitiver Seelsorge.* Hochheim/Main: Projektion J GmbH, 1980.

Wittmann, Walter. *Countdown 2000. Chancen einer nachhaltigen Gesellschaft.* München: Wirtschaftsverlag Langen Müller / Herbig, 1997.

# Kapitel 8

# Beispiele

In diesem Kapitel ist eine Fülle von verschiedenen Beispielen zusammengestellt, die zum Teil schon in den vorhergehenden Kapiteln verwendet wurden; einige sind hier diskutiert, mit Kommentaren oder Fragen versehen. Die Verwendung in den jeweiligen Kapiteln ist nicht immer vermerkt. Viele unkommentierte Beispiele, kurze Hinweise und längere Ausführungen sind angefügt, die als Anregung zur Diskussion oder als Grundlagen für Prüfungen verwendet werden können – wie das im ersten Teil des 7. Kapitels als „Anwendung" schon formuliert wurde. Die Beispiele sollen dazu dienen, selbständig gedanklich an Lebenssituationen zu arbeiten, um die Zusammenhänge und Herausforderungen für jede Art von Gewissen zu erkennen und entsprechend urteilen und reagieren zu können. Außerdem sollen sie ermutigen, noch einmal in den betreffenden Kapiteln nachzuschlagen und sich den Zusammenhang in Elenktik bewusst zu machen.

Jedes Beispiel ist in der Überschrift mit einem Stichwort versehen. Die Gruppierungen orientieren sich nach den Schwerpunkten in den vorhergehenden Kapiteln. In der Literatur, vor allem bei Hannes Wiher, Ruth Lienhard, Martin Lomen und Lothar Käser, sind weitere, auch kommentierte Beispiele zu finden. Wenn nicht anders vermerkt, sind die Beispiele dem realen Leben entnommen, zum Schutz der Personen verändert, aber dem Autor persönlich bekannt; bei den übrigen sind Quellenangaben vermerkt.

# 1.    Veränderungen von Schuld- zur Schamorientierung

Ein Christ hat das Recht, auf sein Recht zu verzichten 1.Kor.6,7.

Man kann sein Recht gewinnen – und dabei einen Freund verlieren.

## 1.1    Gerechtigkeitssinn in den 1950er Jahren

Die Lehrerin erwischte bei einem Klassenkrach der 9. Klasse mit der Ohrfeige den verkehrten Schüler. Als das festgestellt wurde, sagte sie: „Das tut mir jetzt aber sehr leid. Was machen wir denn jetzt?" Der Geohrfeigte: „War schon in Ordnung. Ich war schon so oft frech, wofür ich eine verdient hätte. Jetzt nehme ich die dafür!" (Olive Kappertz, pensionierte Lehrerin, 93, Hamburg 22.7.2007).

## 1.2    Holzklotzwerfer

Ein junger Mensch (zunächst wurde von einer „Phantom"-Gruppe ausgegangen) warf (Ende März 2008) einen Holzklotz von einer Autobahnbrücke, eine Mutter wurde dadurch getötet. Die Medien wurden diesmal nicht müde, das Bewusstsein der Bevölkerung durch ein Phantombild wach zu halten. Der Täter meldete sich nicht freiwillig. Offenbar scheute er die Öffentlichkeit; sein Schuldempfinden überführte ihn nicht. Es ist anzunehmen, dass er die Nachrichten verfolgte, aber die Konsequenzen des späten Geständnisses fürchtete und darauf hoffte, doch nicht gefunden zu werden. – Wenn das eine Gruppe gewesen wäre: Welche Dynamik ging unter ihnen vor? Wenn einer petzte, hätte das alle betroffen – je länger sie warteten, um so stärker. Der Familienvater erwartete „Gerechtigkeit" – eine Strafe, die der Tat gerecht wird. Mehr als 20 Beamte waren auf den Fall angesetzt.

## 1.3    Werbung mit Hinweisen für ein schamorientiertes Gewissen

Wer hier **Müll** ablädt, ist ein Schwein.

> (anstelle von: Müll abladen ist bei Strafe verboten!)

Saubere Entsorgung beweist guten Geschmack!

> (anstelle von: Bitte Reste in den bereitstehenden Abfallbehälter werfen!)

Schmutzfinken stehen nicht unter Naturschutz.

> (anstelle von: Bitte Schuhe reinigen, oder: Bitte Einrichtung nicht beschmutzen.)

> (McDonalds, Quickborn/Schleswig Holstein, 13.8.2003)

**Autobahnplakate** mit Darstellung Frau/Mann, der Zeigefinger und Daumen mit kleinem Abstand zeigt, meint: sehr klein, unscheinbar, geringfügig, mit Text:

> „Raser sind *so* cool".

> „Raser sind *so* sexy".

> „Raser haben *so* viel Grips".

> (für: Geschwindigkeitsbegrenzungen einhalten, gemäßigt fahren).

## 1.4    Kontrolle statt Verbot

Ein Wald wird regelmäßig als Müllkippe verwendet. Kein Verbot, kein Hinweis auf die Strafbarkeit dieser groben Umweltverschmutzung hat bisher genützt, auch konnte nie jemand beobachtet werden. Verbotshinweise zeigen keine Wirkung. („Man darf alles, nur nicht sich erwischen lassen!") Die Schamorientierung reagiert auf Beobachtung, was in vielen Fällen nicht gewährleistet werden kann, aber deutlich zunimmt. Die Gesetzgebung hat dieser Notwendigkeit entsprochen und eine stärkere Kontrolle zugelassen. Das Ehrgefühl muss in Frage gestellt werden anstatt Schuldempfinden zu erwarten.

## 1.5    Attraktivität des Islam für postmoderne Menschen in Deutschland

Für viele postmoderne Menschen, die nach Orientierung suchen, wirkt der Islam attraktiv: Diese Religion hat einfache *Richtlinien* für Leben und Gemeinschaft und verständliche Gewissensstrukturen; auch klare *Autoritätsstrukturen*; z.B. Geistliche, Familienoberhaupt, Mann. Die Familie hat einen hohen Wert mit starker Kohäsion und ausgeprägtem Nationalbewusstsein. Die Betonung liegt auf *Ehre* und Prestige. Anstands- und Verhaltensregeln betonen Sitte und Respekt für jede *Gesellschaftsgruppe*; vor allem „zum Schutz" für Frauen (ledige Frauen ab der Pubertät), deshalb ist sexuelle Freizügigkeit nicht zulässig. Der Umgang ist stark vom Prestigedenken geprägt.

Rechte für Religionsfreiheit und ethnischen Minderheiten werden von westlichen Ländern, in denen sie wohnen, eingefordert, obwohl diese in ihrer Heimat nicht gewährleistet sind. Hier ist eine eher künstliche Schuldorientierung erkennbar.

Dagegen steht der Autoritäts- und Werteverlust in den USA und in Europa, besonders sichtbar bei der Werbung, Pornographie, in der Zunahme von Korruption und Machtmenschen; das geht parallel mit einer Tendenz zur Schamorientierung.

## 1.6    Geschichtliche Bezüge

Der Ehrverlust durch die Versailler Verträge und die Demütigung des deutschen Volkes durch Restaurationen (Erstattung der Kriegskosten an Siegermächte) hatte ein wachsendes Nationalbewusstsein zur Folge.

Ehre im Feudalismus und in totalitären Staaten (starkes Aufleben dieses Phänomens im „Dritten Reich"). Das trug zum überhöhten Nationalbewussten bei, das schließlich zu Völkermord führte. Würdeverlust löst Racheakte aus wegen empfundener Beschämung, so z.B. auch in Uganda/Ruanda.

Die Folterstrukturen mit Ehrentzug im Mittelalter (Ordal: Wer recht hat, den wird Gott beschützen! – z.B. wenn er seine Hand in kochendes Öl taucht.) Der „Pranger" war eine öffentliche Beschämung als Strafe.

Das Ehrempfinden war früher überzogen (Herausforderungen zum Duell um der Ehre willen), wurde in der Moderne zurückgedrängt (Gerichtswesen), aber gewinnt heute wieder stärker an Bedeutung. Erkennbar ist das bei staatlichen Gehorsamsstrukturen: Die schlechten Erfahrungen im Dritten Reich führten zur Ablehnung der Autorität des Staates in der demokratischen Nachfolgestruktur. Zunehmende Steuerhinterziehungen sind ein Zeichen dafür.

## 1.7    Gefängnisinsassen

In den USA sitzen 2,2 Mill. Menschen in Gefängnissen (Von 250 Mill. Bevölkerung, mit einer eher schuldorientierten, freiheitlich strukturierten Kultur).

In China sind 1,9 Mill. In Gefängnissen (Von 1 Mrd. Bevölkerung mit einer eher scham-orientierten, engen und kontrollierend strukturierten Kultur).

In Russland gibt es 0,9 Mill. Gefängnisinsassen. Hier gibt es strengere Gesetze; die staatliche Struktur ist eher schamorientiert, eng und kontrollierend (siehe Nachrichten WDR 28.6.2007/ 8:00 Uhr).

In der DDR gab es (offiziell) weniger soziale Probleme mit Jugend (rechtsradikal) als nach der Wende.     *Qv.*: Kap. 4, 1.9.3.5.2

## 1.8    Erziehung/Gewohnheit im Babyalter

Schon im Alter von vier bis sieben Jahren begreifen Kinder, dass es ein gutes Gefühl vermittelt, wenn man bestimmte Regeln einhält. Die Kleinen merken schnell: Noch besser ist das Gefühl, wenn man sich gut benimmt, ohne dazu aufgefordert zu werden. Das bedeutet einen großen Schritt in ihrer Entwicklung. Für ganz kleine Kinder heißt glücklich sein zunächst, sofort zu bekommen, was man gerade haben will – auch wenn man dabei nicht auf andere achtet. (Baby & Familie 08/2005:6)

Essgewohnheiten und Geschmacksvorlieben werden im Alter von zwei bis drei Jahren geprägt und ändern sich später nur wenig. (Baby & Familie 08/2005:49)

## 1.9    Homosexualität        *Qv.*: Kap. 7, 9

Hat angeborene Tendenz oder Potenzial, ist aber auch anerzogen: z.B. durch Erfahrungen der Ablehnung in der Kindheit, Minderwertigkeitskomplexe als Mann, sexuellen oder emotionalen Missbrauch. Veränderungen sind ein langer Prozess; Voraussetzung ist der eigene Wille und Entschluss, auf homosexuelle Praktiken zu verzichten, wenn sie als destruktiv oder als Sünde erkannt wird. Der Ablösungsprozess dauert etwa sieben Jahre, die Ehe ist kein Allheilmittel dafür. Schwierig ist ein liebloser Umgang mit homosexuell empfindenden Menschen in christlichen Gemeinden. Ursachen sind meist Unverständnis und Hilflosigkeit (Dr. Sven Carsten Müller, Peter Kehr-Fuckel. *Die Gemeinde* 9/2007:24).

Das Seminarthema „Hilfe für homosexuell Empfindende" beim „Christival" in Bremen 30.April-4.Mai 2008 wurde nach der Kritik des Geschäftsführers der „Grünen" Bundestagsfraktion Volker Beck (Ex-Vorsitzender des Lesben- und Schwulenverbandes in Deutschland) und nach einer kleinen Anfrage an den Deutschen Bundestag (24.1.2008) wegen mangelnder „Grundgesetzfähigkeit" vom Programm abgesetzt. Er hatte die „Evangelikalen" mit der NPD verglichen und behauptete, die Würde aller Lesben und Schwulen würden angegriffen. Der bayerische Landesbischof und der Leitende Bischof der Vereinigten Evangelisch-Lutherischen Kirche Deutschlands (VELKD) teilten diese Kritik „voll und ganz" (*Idea Spektrum* Nr.7, 13.2.2008: 2+6).

## 1.10    Spätes Bekenntnis

Das Bekenntnis von Günter Grass zu seiner Mitgliedschaft in der Waffen-SS in jungen Jahren ist in der Öffentlichkeit auf geteiltes Echo gestoßen: Das Eingeständnis käme „ein bisschen zu spät". Selbst der Grass-Biograph Michael Jürgs meinte, er sei „persönlich enttäuscht" und sprach vom „Ende einer moralischen Instanz" *(Sonntag Morgenmagazin,* Gießen, Jg. 28 / Ausgabe 32 / 13.8.2006:1).

# 1.11   Moderne Wirtschaftsethik

(Menschen bei Maischberger, ARD 19.2.2008, 23-24:00h. „Kapitalismus schamlos –
Politik machtlos". Exzerpierte, zusammenfassende Argumente verschiedener Diskussi-
onsteilnehmer: Die finnische Firma Nokia machte 7 Milliarden Reingewinn (67%),
schließt trotzdem das Werk in Bochum, weil in Rumänien mehr Gewinn zu erwarten ist.
Nach dem Effektivitätsprinzip muss sich ein Unternehmen jedes Jahr auf die bestmöglichen Gegebenheiten einstellen; wenn der Produktionsstand nach 10-15 Jahren noch
gleich ist, wurde es falsch geführt. Produktionsverlagerung ist betriebswirtschaftlicher
Alltag. 88 Millionen Euro Subventionen für den „schwierigen Standort" Bochum gaben
Zeit, aber keine Lösung. – Beobachter beurteilten die Entscheidung als eine „reine Art
von Gier."

Zur Steuerhinterziehung des Postbankchefs Zumwinkel über eine Bank in Liechtenstein:
„Er war dumm, weil er seine Gier in den Vordergrund gestellt hat – und weil er sich
erwischen ließ. Das war nicht eine Frage der Moral." „Eigennutz vor Gemeinsinn."

Die Bank in Liechtenstein beschwert sich über den deutschen Staat, der sich Informationen über die Geldanlagen beschafft, die als Steuerhinterziehung gelten. Der deutsche
Staat beschuldigt Liechtenstein, illegale Geldverschiebungen zum Zweck der Umgehung
der deutschen Gesetze zuzulassen. SPD-Parteivorsitzender Beck, 20.2.2008: Das sei eine
„moderne Form des Raubrittertums".

Der Staat ist ungerecht, weil er Steuern vom kleinen Mann einnimmt, die dieser rechtlich
gesehen nicht bezahlen müsste. Der kleine Mann wird dumm gehalten, er zahlt auf diese
Art 500 Millionen Euro zu viel. – Die Marktwirtschaft ist ein Funktionsprinzip, kein
Moralprinzip – das aber nur funktioniert, wenn es moralisch ist.

Die sog. Gammelfleisch- und weitere Korruptionsskandale sind mit solchen Entwicklungen zu vergleichen.

Manager im Tecdax genehmigten sich letztes Jahr 50% mehr Gehalt – mit Genehmigung
des Aufsichtsrats und der Gewerkschaft, die einen Teil davon bekamen. „Wer Geld hat,
hat die Macht." „Geld regiert die Welt."

> In welchem Zusammenhang sind diese Vorgänge (Korruption, Verantwortungsbe-
> wusstsein) ein deutliches Zeichen für eine verstärkte Schamorientierung unserer
> Gesellschaft?

# 1.12   Parteipolitik

Nach der Landtagswahl in Hessen im Februar 2008 entstand ein Patt der großen Parteien,
auch mit den möglichen Koalitionen. Eine Mehrheit für die SPD schien nur mit Hilfe der
Grünen und der Linken zu gelingen. Von der Letzteren setzte sich die Anwärterin Ypsilanti im Wahlkampf jedoch ausdrücklich ab. Der Parteivorsitzende Beck gab ihr eine
Steilvorlage für die Annäherung an die Linke; das löste parteiintern bei den Medien und
in der Bevölkerung eine heftige Diskussion aus. Die Grundsätze der betroffenen Parteien
(Einsatz der Bundeswehr, Energiepolitik) waren so gegensätzlich, dass für eine Zusammenarbeit auf beiden Seiten ein Paradigmenwechsel notwendig erschien. Die SPD-
Abgeordnete Frau Metzger distanzierte sich von dieser Politik und verweigerte ihre
Stimme, wodurch die Probeabstimmung für eine solche Koalition scheiterte. Frau Metzger geriet unter enormen parteiinternen Prestigedruck; sie wurde für die Schande der
eigenen Partei durch die Niederlage von Frau Ypsilanti sowie der Sanktionierung des
Parteivorsitzenden verantwortlich gemacht. Trotzdem wurde eine Abstimmung im Land-
tag angestrebt, der die erforderliche Mehrheit für rot/rot/grün wieder nicht erbrachte, weil
drei weitere SPD-Abgeordnete die Stellungnahme von Frau Metzger stützten. Bei der
daraufhin notwendigen Neuwahl am 18.1.2009 erhielt die CDU zusammen mit der FDP

die Regierungsmehrheit, die SPD stürzte auf ein Tief ab, wie noch nie zuvor. Frau Ypsilanti trat von ihren Parteiämtern zurück.

In welchem Zusammenhang sind diese Vorgänge (Wahrheit, Macht) ein deutliches Zeichen für eine verstärkte Schamorientierung unserer Gesellschaft?

## 1.13 Wertveränderung

Mitte vergangenen Jahrhunderts war es noch eine Schande und gleichzeitig ein soziales Vergehen, wenn eine unverheiratete Frau schwanger oder wenn eine Ehe aufgelöst wurde. Heute akzeptiert, schützt und stützt unsere Gesellschaft auch mit neuen Gesetzen Familien mit nur einem Elternteil, „Ehen ohne Trauschein" und Ehescheidungen sind durch ihre Häufigkeit keine Besonderheit mehr. – Andererseits konnte damals Müll ohne Strafverfolgung zu befürchten in den Wald gebracht werden, was heute als Umweltdelikt eine hohe Strafe nach sich ziehen kann – wenn der Täter dabei ertappt wird (siehe Kap.3)

## 1.14 Späte Reue

Ein Mann stellte sich 10 Jahre nach einem Mord der Polizei. Die Kriminalpolizei hatte den Fall schon lange als unlösbar abgeschlossen und das auch bekannt gegeben. Der Mann konnte beweisen, dass er der Mörder war und bat um eine angemessene Bestrafung.

## 1.15 Gastarbeiter

In einer Firma sind deutsche Ingenieure und – aus Kostengründen – viele ausländische Mitarbeiter angestellt, die ein großes Projekt durchzuführen haben. Es kommt dabei auf absolut genaue und verlässliche Durchführung der einzelnen Aufgaben an, die nicht im Einzelnen kontrolliert werden können. Die deutschen Ingenieure stehen für Schuldorientierung, die die erforderliche Qualität der Arbeit der Arbeiter sichern sollen. Sie sind die für das schamorientierte Gewissen der Arbeiter notwendige externe Autorität, die „significant other" für die vorgegebenen Normen.

*Qv.*: Kap. 3

## 1.16 Mobbing und Stalking

In unserer westlichen Ellenbogen-Gesellschaft werden im Kampf um Arbeitsplatz und Einfluss Rücksichtslosigkeit immer häufiger. Mobbing unter Anwendung von Lobby (eine Gruppe verwendet das gleiche diskriminierende Verhaltensmuster einer Person gegenüber) und Macht ist an der Tagesordnung, um die eigene Stellung zu sichern oder um unbequeme Menschen aus dem Umfeld zu entfernen. Immer häufiger ist solches Verhalten auch in christlichen Werken erkennbar, wenn auch noch geistlich verbrämt. „Stalking" verunsichert die intensiv und auch offen beobachteten Menschen dermaßen, dass sie sich nicht mehr sicher fühlen und vorziehen, in eine andere Gegend umzuziehen und anonym bleiben.

## 1.17 Schwul ist gut

Der zur Zeit regierende Bürgermeister von Berlin wird in einem Spot der Fernsehnachrichten übertragen: „Ich bin schwul – und das ist auch gut so!" Offensichtlich braucht er nicht um Wählerstimmen in der Hauptstadt und um Unterstützung seiner Patei(en) zu bangen. – Schwulen- und Lesbenhochzeiten erhalten in den Medien große Aufmerksamkeit. „Gleichwertung aller geschlechtlichen Neigungen" wird propagiert. Auch unter Pfarrern ist das Thema nicht tabu und einige Kirchen ermöglichen die Segnung von homosexuellen Paaren ähnlich der traditionellen Hochzeit.

## 1.18   Christliche Werte

Ein pietistischer Prediger, Vater erwachsener Kinder, verließ seine Frau, um mit einer anderen verheirateten Frau aus seiner Gemeinde zu leben. Alle Versuche, ihn auf sein Verhalten anzusprechen, misslangen. Er war weder mit Schuld noch mit Schande ansprechbar.

# 2.   Veränderung von Scham- zur Schuld-orientierung

## 2.1   Gestohlene Kokosnuss

Auf der Insel Oneop in Mikronesien: Eine junge Frau bringt den Missionaren eine Kokosnuss. Das war eigentlich nicht außergewöhnlich, deshalb bedankte sich der Missionar und wollte sie zu anderen Nüssen legen, die sich so schon angesammelt hatten. Aber die junge Frau zögerte: Sie wolle eine Geschichte dazu erzählen, im Haus, im Beisein der Ehefrau. Sie war uns schon länger als regelmäßige Kirchgängerin aufgefallen, auch beteiligte sie sich eifrig am Gemeindeleben. Sie hatte als kleines Mädchen eine Kokosnuss gestohlen; die Bestohlenen leben nicht mehr, auch deren Familie hat keine Nachkommen auf der Insel. Sie war verzweifelt, da sie niemandem die Kokosnuss zurückbringen konnte. Da kam ihr der Gedanke, sie dem Missionar zu bringen – sie wollte das gestohlene Gut loswerden! Nachdem sie ihre Geschichte erzählt und ihre Schuld vor Gott und den menschlichen Zeugen bekannt hatte, hatte sie inneren Frieden in dieser Sache.

Eine reife Kokosnuss zu stehlen war durchaus gang und gäbe und nicht nachzuweisen. Man nahm vom eigenen Grundstück einige Nüsse in einem Korb mit; auf dem Weg nach Hause auf fremden Grundstücken spießte man im Vorbeigehen mit dem Buschmesser in eine herumliegende Nuss und legte sie zu den anderen. Eine Nuss hatte keinen großen Wert. Trotzdem hatte ihr Gewissen den Diebstahl als Sünde registriert.

Das Beispiel zeigt ein zur Schuld-Orientierung verändertes Gewissen unter dem Einfluss der neutestamentlichen Prinzipien und der Einwirkung des Heiligen Geistes – ein christlicher Paradigmenwechsel war geschehen.

## 2.2   Diebstahl – beobachtet oder nicht?

1. Likour, eine der ersten Christinnen von Puluwat, entschuldigt sich nach Wochen für die „gestohlenen" Kokosnüsse, nachdem sie erfahren hatte, dass die betreffende Kokospalme ihr nicht mehr gehörte.

Hier kann berechtigterweise (aus der Erfahrung im Umgang mit dieser Frau) davon ausgegangen werden, dass für Likour dieser Sachverhalt Diebstahl und damit Sünde im biblischen Sinne war, obwohl sie zur Zeit des Diebstahls noch davon ausgehen konnte, die Kokosnüsse seien ihre eigenen. Hier ist eine Veränderung der Gewissensstruktur zur Schuldorientierung beobachtbar: Die Autorität war nicht ein „significant other" oder ein Beobachter, sondern Normen und Autorität waren integriert in ihrem Gewissenssystem.

Falls bei ihr noch der Verdacht vorherrschte, eventuell doch gesehen worden zu sein und damit Mitwisser zu haben (die wussten, dass die Palme ihr nicht gehörte), läge ihrer Entschuldigung lediglich eine vorsorgliche Beichte zugrunde. Das wäre dann kein Hinweis auf ein verändertes Gewissen.

2. Ein Prediger von Lukunor auf den Mortlockinseln erzählte in seiner Predigt eine Geschichte: Eine Frau befand sich mit ihrem Sohn im Garten und war im Begriff, vom

Nachbar eine Frucht zu stehlen. Sie schaute vorsichtig nach allen vier Seiten, um sicher zu sein, nicht beobachtet zu werden. Ihr Sohn fragte sie: „Warum schaust Du nur nach allen Seiten und nicht nach oben?"

Hier liegt das Verständnis zugrunde, dass Gott in der Rolle der Geister gesehen wird. Der „significant other" fand einen funktionalen Ersatz, das Gewissen war damit nicht verändert wie bei Likour, sondern funktionierte schamorientiert mit dem ausgetauschten Element.

## 2.3    Schlechtes Gewissen: Wofür?

Im Lauf meiner Forschungsarbeit auf Puluwat versuchte ich, alte Leute aus ihrem Leben erzählen oder mir eine bestimmte Situation erklären zu lassen. Ich stellte jedoch fest, dass sie sich gehemmt fühlten, wenn ich vor ihnen saß, mir Notizen machte und sie immer wieder durch Verständnisfragen unterbrach. Ich kam auf die Idee, die Enkel mit einem Kassettengerät zu ihren alten Verwandten zu schicken. Dabei gab es keine mentalen Hindernisse, Radios mit Kassettenteil waren sie gewöhnt. Den Enkeln gab ich außer einem kleinen essbaren Geschenk für Opa die Fragen mit, und ich bekam eine Stunde Erzählung zurück. Mein Problem war, dass ich die alten Leute kaum verstehen konnte; sie hatten meist keine Zähne mehr und sprachen einen alten Dialekt. Deshalb bat ich eine junge Frau, die Kassetten abzuhören und Satz für Satz zu tippen. Die war hoch erfreut, denn erstens erfuhr sie so die alten Geschichten, zweitens konnte sie ihre Schreibmaschinenkenntnisse üben, drittens war es für sie eine Ehre, für den wissenshungrigen Missionar arbeiten zu dürfen, und nicht zuletzt erhielt sie einen Dollar für ein vollgeschriebenes Blatt. Sie brachte meist eine Freundin mit und sie unterhielten sich angeregt. Sie war viele Stunden beschäftigt, und mein Ordner füllte sich mit wertvollem Forschungsmaterial. Wochen nach Abschluss des Projekts suchte sie mich mit ihrer Freundin auf und wollte mir Geld geben. Ich war verwirrt, konnte mir nicht denken, wofür. Dann meinte sie, sie hätte viel zu viel Geld bekommen für ihre Arbeit und wolle es mir zurückgeben. Ich war mir sicher, dass ich mich bei der Bezahlung nicht geirrt hatte. Meinerseits hatte ich den Eindruck, dass ein Dollar für eine Seite zu wenig war, auch gemessen an der Zeit, die sie dafür gebraucht hatte. Wir einigten uns schnell, dass keiner ein schlechtes Gewissen zu haben brauchte. Jeder hatte nach seinem Wertesystem geurteilt. Aber sie hatte es nicht gewagt, die Sache alleine mit mir zu besprechen, da sie ein „schlechtes" Gewissen hatte. Sie war rehabilitiert und freute sich darauf, ein anderes Mal wieder für mich arbeiten zu dürfen.

# 3.    Ehre und Prestige – Scham und Schande

## 3.1    Prestige-Symbole

Die Symbole für den Pastoren-Status in Mikronesien waren festgelegt: Bei der Ordination ein großes Fest mit vielen Gästen und viel (zuviel) Essen; für jeden Gast ein großes Geschenk. Ein dunkler Anzug (z.T. auch Talar – in den Tropen!), Aktenkoffer und Motorboot waren ebenso unverzichtbar. Um dieses Prestige zu wahren, haben sich die Geistlichen oft hoch verschuldet.

## 3.2    Scham anerzogen oder angeboren?

Ein Professor behauptete, dass Kindern Scham anerzogen sei; sie würde sich nach der Unsicherheit in den Pubertätsjahren mit dem Erwachsenwerden von allein wieder verlieren. Wissende und aufgeklärte Eltern könnten zumindest dafür sorgen (Helmut Kentler, „Das tut man (nicht)!", *spielen und lernen* 8/1979, S. 72-75. Dagegen vertritt eine Pädagogin die Ansicht, das Schamgefühl gehöre zur Grundausstattung des Menschen, es korreliere mit der Entfaltung der Person und diene ihrem Schutz, darüber hinaus sei es sogar ein Stimulans zur Kultivierung (Christa Meves, *Plädoyer für das Schamgefühl* und weitere aktuelle Beiträge. Verlag Weißes Kreuz, Vellmar-Kassel, 1985.)

## 3.3    Gute Noten gegen Schamempfinden

An der School of World Mission in Pasadena wurde eines Tages (1977) die niedrigste Grenze der Noten auf „befriedigend" festgelegt: Ein ansehnlich großer Teil der Studenten aus der Zweidrittelwelt, allesamt Pastoren und kirchliche Mitarbeiter, hatten sich über „ausreichend", „mangelhaft" oder gar „unbefriedigend" in ihren Arbeiten beschwert. Das sei beschämend für sie und sie könnten sich bei ihren Kirchen und Sponsoren damit nicht sehen lassen. Die Schulleitung kam ihnen entgegen und teilte die Noten eins bis drei neu ein: Drei minus stand in der Kartei für mangelhaft, nach außen hatten alle gute Noten und ein gutes Gewissen. Die schamorientierten Studenten wahrten ihr Gesicht vor ihren Leuten.

*Qv.*: Kap.2

## 3.4    Schulnoten

Gute Schulnoten sind wichtig für das Ansehen der Familie, das ist die Motivation zum Lernen. Bei schlechten Noten ist man beleidigt und zornig auf den Lehrer, der die Familie beschämt. Deshalb können nur Leute mit einem hohen gesellschaftlichen Status Lehrer werden, die nicht angreifbar sind.

## 3.5    Einheimischer Schulleiter und promovierter Lehrer

Der einheimische Leiter einer Schule brauchte dringend Lehrer; einen sollte er aus dem Ausland erhalten. Er brauchte nur noch den Antrag für die Einreisegenehmigung unterschreiben. Der zuständige Gebietsleiter fuhr mehrfach zu ihm, um das Dokument abzuholen und wurde jedes Mal vertröstet. Schließlich bekam er Druck von der Basisleitung in der Heimat – den er umgehend an den Rektor weitergab. Denkbar schwierig war die „Unterhaltung". Der Rektor zog sich hinter seinem Schreibtisch bis an die Wand zurück; der Gebietsleiter rückte nach und folgerte nach westlicher Logik: „Du willst ihn nicht. Du hast Angst vor ihm, weil er promoviert ist. Stimmt's?" Der Rektor fühlte sich ertappt und beschämt – er hatte vergleichsweise vielleicht noch nicht einmal einen B.A. Der Gebietsleiter versicherte ihm, dass sich der junge Lehrer ihm unterordnen würde – und erhielt die Unterschrift.

Nach einigen Wochen waren die beiden, der neue Lehrer und der Rektor, schon gute Freunde, sie verstanden sich menschlich hervorragend. Aber der begabte Lehrer war mit den zwei Fächern bald nicht mehr ausgelastet. Deshalb lernte er nebenbei die einheimische Sprache; er konnte mit den Schülern bald neben der Schulsprache die Wortbedeutungen in ihrer Mentalität nachvollziehen. Das war dem Rektor suspekt, der von einem anderen Sprachgebiet des Landes kam und die hiesige Sprache nicht kannte: Worüber redeten die? Die Beziehung kühlte seinerseits zunehmend ab.

Die ausländische Familie musste nach einiger Zeit zur ärztlichen Behandlung kurzzeitig weiter entfernt. Dort erhielt der Lehrer mit dem nächsten Flugzeug einen Brief vom Rektor mit der Nachricht, er hätte die Lehrerwohnung für Besucher gebraucht; sie könnten im Moment nicht zurückkommen. Er würde sich wieder melden. Nach einigen Wochen kam der Bescheid, da er nun so lange nicht mehr in der Schule war, hätten sie seine Fächer auf die Kollegen verteilt, er bräuchte eigentlich nicht mehr zurückkommen.

Schließlich zurück in der Heimat hoffte er, seinen Frust aufarbeiten zu können. Nach dem ersten Satz wurde er vom Basisleiter unterbrochen: „Hast du nichts Positives zu sagen?" – Der junge Lehrer drehte sich auf dem Absatz herum und verließ das Büro.

Welche Dynamik spielte sich zwischen den Beteiligten ab (Lehrer, Gebietsleiter, Basisleiter, Rektor)? Hatte sich der Gebietsleiter „richtig" verhalten? Was hätte getan werden können, um den Lehrer in der Schule zu halten? Welche Einsichten und Verständnisse wären dafür notwendig gewesen?

## 3.6    Zornig wegen Missachtung der Ehre?

Ein Pastor fuhr mit dem Schiff zur nächsten Inselgruppe. Zusammen mit seinem Mitarbeiter, dem Missionar, wollte er den Passagieren auf Deck einen Film zeigen. Der Pastor suchte nach einem Stück Schnur, um das Leintuch fest zu zurren, das als Projektionswand dienen sollte. Er fand das Ende eines dünnen Nylonseiles, mit dem die Zeltplanen des Schiffes befestigt waren. Es war aufgedreht, so dass die einzelnen Strähnen lose herunter hingen. Er nahm eine davon in die Hand, betrachtete sie kurz und überlegte laut: „Werden sie zornig sein, wenn ich sie abschneide?"

Der Missionar wunderte sich über diese Frage: Zornig worüber? Warum? – Nicht die Besitzverhältnisse stehen im Vordergrund. Der Pastor würde damit in die Befugnis des Kapitäns eingreifen und ihm damit Ehrverlust zufügen.

# 4.    Ethnische Minderheiten – Integration und Anpassung

## 4.1    Ethnische Gemeinde in Deutschland

Wann kann man Sünde nicht mehr mit „Kultur" entschuldigen? Beispiele aus einer ethnischen Gemeinde in Deutschland:

1. Ein Verantwortlicher gibt einem anderen eine Ohrfeige, weil er dessen Verhalten nicht akzeptiert.

Sünden, die eindeutig in der Bibel als solche dogmatisch und empirisch gültig bezeichnet werden, sind nie mit Kultur zu entschuldigen. Probleme gibt es eigentlich nur bei Fällen, die in der Bibel nicht so vorkommen und auch dogmatisch schwierig zuzuordnen sind.

Wenn der ältere von den beiden Verantwortlichen in der Gemeinde ihrer ethnischen Tradition entsprechend höher steht als der andere, sieht er sich zwar dazu gerechtfertigt; die Bibel kennt jedoch andere Wege der Zurechtweisung. Die sollten eingeübt werden. Eine Korrektur darf nicht durch eine Sünde gerechtfertigt werden, oder man darf keine Sünde begehen, um eine andere aufzudecken oder zu korrigieren. „Alle Dinge lasset in der Liebe geschehen." Empfindet der andere die Ohrfeige als Liebeshandlung oder als Beschämung, will sich der Täter dadurch vielleicht selbst Ehre zuschreiben? Selbst Kinder sollten wenn irgend möglich nicht öffentlich gestraft und beschämt werden. Mt.7,12 wurde zum Sprichwort: „Was du nicht willst, das man dir tu', das füg auch keinem andern zu!" Die Frage ist, ob der Ältere auch so von einem noch höher gestellten korrigiert werden möchte. Gal.6,1-2 ist bei der Korrektur sehr wichtig – vor allem in schamorientierten Situationen.

2. Streit zwischen Christen, der jahrelang unterschwellig vorhanden ist, blockiert die Gemeindearbeit. Gespräche wurden geführt, aber es änderte sich nichts.

War der Streit eine persönliche Beziehungssache? Oder Materiell-finanzielles? Was wird als „Sünde" erkannt, was nicht? Steht vielleicht Materielles im Hintergrund? In welchem Zusammenhang steht das zu Gal.5 (Früchte des Fleisches und Frucht des Geistes)? Die Reihenfolge Sachliches – Menschliches – Geistliches ist hilfreich in der Problemlösung, umgekehrt wird die Lösung immer schwieriger oder unmöglich. Wie wird in richtig und falsch geteilt? Viele sind betroffen und blockieren sich selbst: Analysieren! Manches ist so verhärtet, dass nichts mehr in Bewegung kommt. Kann jeder einen Strich unter die Sache ziehen, jeder vergeben bekommen? Ist auch nicht nachgeben „Sünde". Warum erscheint die eigene „Sünde" „leichter" als die des anderen? Verantwortliche dürfen nicht mit Groll oder Zorn ihren Dienst tun.

3. Ein Repräsentant der Gemeinde tritt als Musiker bei Missionstagen auf. Zuhause hat er den schlimmsten Streit mit seinem Schwiegersohn.

Man kann nicht wegen jedem Streit suspendieren, aber was anhält, verhärtet sich. Eph.4,26: Beziehungen sollen möglichst noch am gleichen Tag in Ordnung gebracht werden. Der Versöhnungsprozess sollte bald eingeleitet werden; das muss der andere als solchen empfinden und das dann auch ohne moralischen Druck signalisieren. Für die Beilegung des Streits sollte ein Zeitziel gesetzt und angestrebt werden.

Bei allen Streitfragen ist ein neutraler, höhergestellter Mediator hilfreich, mit dem beide Seiten einverstanden sind – nicht notwendigerweise jemand, der nicht der ethnischen Gruppe angehört. Vorschläge müssen auch ablehnbar sein, ohne dass jemand dadurch beschämt wird, weder der Abgelehnte oder der Ablehnende. Außenseiter können höchstens beobachtende Teilnehmer sein und Fragen stellen, aber nur vorsichtig Vorschläge unterbreiten. Manchmal braucht man zwei – je einen von einer Seite, die die Sache unter sich besprechen und eine Lösung vorschlagen, die dann bindend ist. Jede Kultur hat Wege, wie das geregelt werden kann. Sogar alte Geschichten beinhalten diese Wege, wie Märchen, Mythen oder die alte Geschichte – vielleicht gibt es sogar moderne Gesetze dafür.

Solche Situationen müssen in einer schamorientierten Kultur durch die richtige Person angesprochen werden. Gemeindedisziplin muss angemessen sein – wiederum durch die richtige Person. Die Belastung durch Scham darf durch die Korrektur nicht größer sein als der Schaden durch den Streit. Ethnische christliche Gemeinden sind keine Kulturvereine, aber eben auch nicht deutsch. Manchmal muss für die Arbeit an einer Antwort Zeit gewährt werden. Es dauert immer sehr viel länger als das Deutschen lieb ist, denn emotionale Blockaden sind stark und rationale Argumente greifen kaum.

## 4.2    Wertekonflikt

Wenn junge türkische Frauen den deutschen Lebensstil übernehmen und sich damit konträr zu den Werten ihrer muslimischen Eltern verhalten, ist ein Konflikt unvermeidlich. Die junge Frau lässt sich von ihren sichtbaren Eigenschaften (z.B. Attraktivität, äußere Erscheinung, intellektuelle Herausforderungen), die Eltern von sozialen und religiösen Gefühlen motivieren. Dazu sind die Werte und deren Autoritäten grundverschieden: Die junge Frau gibt sich säkularer Selbstbestimmung, die Eltern können ihr religiöses Denk- und Verhaltenssystem nicht verlassen und setzen ihre darin begründete Autorität durch, indem sie ihrer Tochter einen konservativen muslimischen Mann verordnen. Die freiheitliche Einstellung der Tochter wird dadurch ausgebremst. Je nach dem, in wie weit sie sich lösen kann von ihrer sozialen inneren Abhängigkeit, kann sie die Flucht nach vorne ergreifen und verliert ihren sozialen Halt, ist aber selbständig genug für eine eigenständige Lebensführung; oder sie knickt ein und fügt sich zumindest äußerlich in ihr Schicksal. Die bestimmende Kraft der Eltern ist die Ehre vor der muslimischen Gesellschaft. Um diese zu retten, bleibt oft nur die „Beseitigung" des Objekts der Schande. Diese Kraft ist stärker als die Elternliebe und die Wertung von Mord als Sünde.

# 5.    Gruppenkohäsion

## 5.1    Gesellschaftseinheiten

Noch bis zur Mitte des vergangenen Jahrhunderts bildeten drei Gruppenformen der Chagga am Kilimanjaro wichtige Einheiten, durch die das Leben gemeistert werden konnte: Die Schildschaften (Altersklassen), Nachbarschaften und Sippschaften.[1] Sie wurden wegen ihrer nachhaltigen integrativen Kohäsionskraft durch Missionar Bruno Gutmann in die christliche Kirche übernommen. Die Entwicklungen der Globalisierung löste diese Solidargemeinschaften wieder auf.    *Qv.*: Kap.3, Beispiel 18

## 5.2    Dorfstruktur

Heute noch finden wir in kleinen, traditionellen Dörfern eine leichte Anlehnung an solche Strukturen. Meine Eltern prägten ihren Kindern ins Gedächtnis ein: „Was sagen da die Leute?" Dieses Denken drängt sich mir in solchen Situationen auf. Das Verhalten des Einzelnen, auch der eigenen Kinder, wurde am Denkmuster der Gruppe, des Dorfes gemessen.

Das war mit ein Grund dafür, dass mir der Besuch des Gymnasium trotz dringender Empfehlung meines Lehrers verwehrt geblieben ist. Mein Vater stammte aus einer armen, nicht angesehenen Familie, und dem entsprechend mussten auch die Entscheidungen fallen: Das Abitur anzustreben war für ihn schon der Ausbruch aus der Gruppe, der er sich zugehörig fühlte. Seine Söhne sollten „anständige" Handwerker sein, nicht mehr und nicht weniger, und sich durch ihrer Hände Arbeit redlich ernähren. Als ich später die Möglichkeit hatte, im Ausland zu studieren, war das für ihn mein endgültiger Bruch mit der Familie. Er konnte nicht in sein Denksystem integrieren, dass sein Jüngster nun mit der akademischen Welt zu tun haben sollte – für ihn war das ein Verrat an der Familientradition.

*Qv.*: Kap.3, Beispiel 38

# 6.    Selbstmord

## 6.1    Ein Dollar für Selbstmord

Ein junger Erwachsener, unverheirateter Sohn erbat von seinem Vater „einen Dollar", um mit seinen Freunden zusammen „fröhlich" sein zu können. Der Vater kannte die Zusammenhänge und verwehrt seinem Sohn das Geld; er wusste, dass es nicht bei „einem Dollar" bleiben würde. Der Sohn wurde zornig und drohte seinem Vater: „Du wirst noch mehr für mich zahlen müssen als nur einen Dollar!" – ging in den Wald und erhängte sich. Die Beerdigung war aufwändig und großzügig. Manche Familien verschuldeten sich bei solchen Anlässen auf Jahre hinaus.

„Ein Dollar" meinte in diesem Zusammenhang so viel, dass man sich Alkohol, meist Bier, kaufen konnte. „Fröhlich sein" wurde von dem Vater richtig als Trinkgelage vermutet, das meist in Gesetzesübertretungen endete; er wollte seinen Sohn davor bewahren. „Alkohol", „Alkohol trinken" und „betrunken sein" wird in der Chuuksprache mit „sakau" ausgedrückt. Das bedeutete, dass Alkohol nur zum Betrinken verwendet wurde und man z.B. Bier trank bis man betrunken war – vorher gab es keine Grenze.

---

[1] Fiedler, Klaus, Christentum und afrikanische Kultur. Konservative deutsche Missionare in Tanzania, 1900 bis 1940. Missionswissenschaftliche Forschungen Band 16, Gütersloher Verlagshaus Gerd Mohn, 1983. S.46 u.a.

Der Sohn war vor seinen Altersgenossen beschämt, dass er seinen Beitrag zum Gelage nicht leisten konnte. Er wurde dadurch aus der Gruppe zumindest für diesmal ausgeschlossen und er wusste, dass über ihn geredet wurde. Diese Beschämung, für die er seenen Vater verantwortlich machte, war zu viel für ihn. Er rächte sich, indem er seinen Vater beschämte: er hatte ihm das wenige Geld vorenthalten, nun musste er eine aufwändige Beerdigung finanzieren, auch um seine Ehre – und die seines Sohnes wieder herzustellen.

## 6.2    Selbstmord und Beschämung

Ein Mann begeht Selbstmord. Einige Zeit vorher war er vom Missionar aus dem Ältestenamt der Kirche entlassen worden.

Der Selbstmord kann mindestens zwei Motive haben: Hier liegen vielleicht beide vor, obwohl der erste wahrscheinlicher erscheint.

1. Der ehemalige Kirchenälteste fühlte sich durch die durchgreifende Disziplinierung mit Öffentlichkeitscharakter dermaßen beschämt, dass er sich nicht mehr unter die Augen der Menschen traute. Er hatte das Gesicht verloren. Dabei spielte der Grund seiner Entlassung keine Rolle. Nur die Tatsache der Beschämung war das Motiv.

2. Der ehemalige Kirchenälteste wollte sich am Missionar rächen, indem er sich selbst *Qv.*: Kap.7, 1.3.5   das Leben nahm, was ursächlich auf den Missionar zurückzuführen war, und wollte dadurch den Missionar in der Öffentlichkeit beschämen.

## 6.3    Selbstmordserie

In einer kleinen Gemeinde in Südwales begingen 17 Jugendliche im Alter zwischen 15 und 17 Jahren innerhalb eines Jahres Selbstmord – alle nach dem gleichen System: Erhängt, ohne Ankündigung, kein Abschiedsbrief. Es waren völlig „normale" integrierte Menschen. Fachleute untersuchten dieses Phänomen und kamen bis dato zu keinem logischen Schluss. (mdr, 21.2.2008, 1:15Uhr).

Die Parallele zu der hohen Suizidrate in Chuuk/Mikronesien (eine der höchsten in der Welt) ist nahe liegend, dort aber deutlich auf Zusammenhänge mit der schamorientierten Kultur zurück zu führen.

Ein ähnliches Phänomen war bei Indianern in Ostparaguay zu beobachten. Junge Menschen erhängten sich ohne Vorankündigung in hockender Stellung im Haus ihrer Eltern. Hier sind okkulte Zusammenhänge nicht auszuschließen; bei manchen war beobachtet worden, dass die jungen Leute kurz vorher von einem alten Mann angesprochen worden waren.

## 6.4    Selbstmord durch drohende Entwürdigung

Ein promovierter Chemiker hatte es sich durch seine arroganten Macho-Allüren gründlich mit seiner Frau verdorben. Während er auf Geschäftsreise war, zog sie mit den Kindern aus. Sie hatte das lange gründlich vorbereitet. Beruflich ging es bei ihm bergab, er erhielt weder Status noch Stellung, die er sich wünschte. Er bunkerte sich in seiner Wohnung ein, ließ die Rollläden unten und riegelte sich von der Außenwelt hermetisch ab. Nach einigen Wochen wagte ein Nachbar, ihn anzurufen und war erstaunt, einen gesprächsbereiten, kollegialen Mann zu sprechen. Sie entwickelten in kurzer Zeit eine anscheinend erfolgreiche Gesprächstherapie. Die Verhandlung mit der Ehefrau kam in Gang. Er war zu allen Zugeständnissen bereit, bis zu einem bestimmten Punkt: Sie erwartete von ihm eine längere psychotherapeutische Behandlung durch einen Fachmann. Erst wenn diese Frucht zeigen sollte, wollte sie sich überlegen, wieder zurück zu kommen.

Der Mann erlitt einen tiefen seelischen Rückfall. Er konnte sich nicht dazu durchringen, sich einzugestehen, dass er die Hilfe eines Psychologen brauchte. Alle Versuche, ihm den großen Werts seiner Familie dem gegenüber aufzuzeigen, blieben erfolglos. Es war als Akademiker in hoher Stellung unter seiner Würde, psychologische Hilfe annehmen zu müssen.

*Qv.*: Kap.3, Beispiel 44

Als er nicht zu den abgesprochenen Mahlzeiten bei den Nachbarn erschienen war, alarmierten diese die Polizei. Die Haustür war abgeschlossen, der Schlüssel steckte innen. Schließlich kam die Polizei mit Hilfe eines Handwerkers ins Haus. – Der Akademiker hatte sich im Treppenhaus erhängt.

# 7.  Mord

## 7.1  Vater erdrosselt Tochter

Fernsehnachrichten berichteten vor einigen Jahren von einem türkischer Vater in Deutschland, der seine jung erwachsenen Kinder unter dem Vorwand zu einer Fahrt einlud; er habe am Bodensee ein Grundstück gekauft und wolle das mit ihnen besichtigen. Unterwegs auf einem einsamen Autobahnparkplatz schickte er den Sohn als Wache zur Einfahrt. Er setzte sich zu seiner Tochter auf den Rücksitz und erdrosselte sie mit eigenen Händen. Sie hatte sich der deutschen Kultur in Kleidung und Verhalten angepasst und damit der Familie Schande bereitet. Bei der Gerichtsverhandlung vor einem deutschen Richter zeigte er keine Reue. Im Gegenteil: „In der Türkei wäre ich dafür gelobt worden."

> In diesem Beispiel wird deutlich, dass der Vater nach seinem Ehrempfinden handelte, das anderen Maßstäben unterworfen ist als dem deutschem Recht. Hier wurde er auf Mord verurteilt, er hatte dagegen nur seine Schande von sich abgewendet. Für ihn war das kein Mord, auch empfand er vermutlich wenig Empathie seiner Tochter gegenüber. Das Urteil musste für ihn völlig „unrecht" sein. (Siehe auch Ayse Önal, *Warum tötet ihr? Wenn Männer für die Ehre morden*.)

## 7.2  Ehrenmord in Berlin

Im Jahr 2006 erschossen drei türkische Brüder ihre Schwester in Berlin auf offener Straße. Sie hatte sich in die moderne deutsche Kultur integriert und ein entsprechendes Verhaltensmuster angeeignet. Die Brüder wollten mit der Tat die Ehre der Familie retten. Der jüngste Bruder schoss mit der Pistole; er war noch nicht volljährig. Die anderen begleiteten ihn. Das deutsche Gericht verurteilte ihn mit einer Jugendstrafe. Er bekam 9 Jahre und 3 Monate Haft. Die älteren Brüder wurden mangels Beweisen freigesprochen; bei der Urteilsverkündung lachten und klatschten sie.

Ein Jahr später wurde der Fall von der deutschen Justiz wieder aufgegriffen. Die Presse berichtete sehr verhalten darüber.

Im Jahr 2005 wurden in Deutschland aus islamisch-religiösen Gründen mehr als 40 Frauen getötet: Weil sie nicht den Mann heiraten wollten, der ihnen zugeordnet wurde. (ZDF 13.4.2006, 8:12h)

> Welche Dynamik spielte sich dabei ab? Warum wurden die Eltern nicht erwähnt? Nach welchen Werten urteilte das deutsche Gericht? Warum griff der Staatsanwalt den Fall wieder auf?

Ein Angeklagter des Attentats vom 11.9.2001 äußerte: „Ich würde es wieder tun" – „Ich schlage alle Amerikaner tot!" (ZDF Nachrichten 14.4.2006, 0:25).

## 7.3 Mord an Frère Roger / Taizé

Ein Jahr nach dem Mord kommen mehr Jugendliche nach Taizé mit gleicher Energie und Dynamik als vor einem Jahr. Roger Schutz war am 16.8.2005 von einer vermutlich geistig verwirrten Frau während des Gebets erstochen worden. Sein Prestige hatte nach seinem Tod verstärkte Anziehungskraft. (*Sonntag Morgenmagazin,* Gießen, Jg.28/Ausgabe 32/13.8.2006:1)

> Er hatte offensichtlich an Prestige gewonnen. (Siehe auch Märtyrer- und Heiligenberichte und -legenden.)

## 7.4 Missbrauch von Kindern, Entführung und Mord

Die 8-jährige Julia aus unserer Stadt wurde entführt. Wir hörten die Sirenen beim Ausrücken der Feuerwehren und konnten Polizeibeamte bei ihren Einsätzen beobachten. Dann kam die Nachricht von einem verkohlten Kinderkörper, der sich nach Tests als das entführte Kind bestätigte. Die Großmutter gehört zu unserer Gemeinde.

Nachrichten über Kindsmisshandlung bis zum Tod, auch durch ihre eigenen Mütter oder Väter haben sich in der jüngsten Vergangenheit gehäuft.

> Der Wert des Lebens und der zwischenmenschlichen, auch sehr persönlichen Beziehungen wird damit zur Diskussion gestellt. Scham und Schande bilden keine Hemmschwelle, Schuld greift offensichtlich ebenso nicht mehr. Was ging in solchen Gewissen vor?

# 8. Todesmut und Todesstrafe

## 8.1 Todesmut junger Männer in Neuguinea

In den dreißiger Jahren des letzten Jahrhunderts erdreisteten sich junge Männer im Hochland von Neuguinea, sich gegen ihre Häuptlinge aufzulehnen: Sie wagten, sich aufrecht vor die sitzenden angesehenen Männer zu stellen und von ihnen zu erwarten, ihnen zuzuhören. Die alten Männer hatten eben beraten, den weißen Fremden (Missionaren) ein angemessenes Geschenk zu geben – jeder ein großes Schwein – und sie damit zu veranlassen, ihr Land wieder zu verlassen. Die jungen Männer dagegen hatten verstanden, was die Missionare ihnen erklärt hatten. Die Häuptlinge hatten schon nach ihrem Speer gegriffen, den sie immer neben sich in den Boden steckten, wenn sie sich setzten. Der Sprecher der jungen Männer machte seine Brust frei und deutete darauf: „Allein dass ich wage, mich vor Euch zu stellen, berechtigt Euch, den Speer zu nehmen und in meine Brust zu schleudern. Ihr könnt den Missionar fortschicken. Aber sein Gott bleibt hier. Er sitzt uns schon auf der Stirn." Die Häuptlinge ließen die Speere sinken. Hätten sie die jungen Männer umgebracht, wäre ihnen keine Jagd und kein Krieg mehr möglich gewesen. Sie waren auf ihre junge Mannschaft angewiesen.

Ein anderer Häuptling, der sich viel mit dem Missionar Vicedom unterhalten hatte, erklärte ihnen den Zusammenhang. Sie hatten die Wahl, entweder die jungen Männer zu verlieren, die eine neue Gruppe bilden würden, oder sich mit dem Evangelium auseinander zu setzen, es anzunehmen und Häuptlinge der Männer zu bleiben. Jetzt konnte Vicedom auch ihnen die christliche Botschaft erklären. Zwei Jahre später leiteten neun von zehn Häuptlingen eine Erweckung ein, die das ganze Hochland erfasste.[2]

---

[2] Klaus W. Müller, *Georg Vicedom as Missionary and Peacemaker. His Missionary Practice in New Guinea.* World Mission Scripts 6. Neuendettelsau: Erlanger Verlag für Mission und Ökumene, 2003. S.227ff. – Darin

Der Sprecher der jungen Männer war sich durchaus bewusst, dass ihn die Strafe für den Prestigeverlust, den er den Chiefs zufügte, das Leben kosten konnte. Die Kohäsion ihrer Stämme zu erhalten war für die Häuptlinge schließlich eine Motivation, sich mit der „Sache" zu befassen. Sie wurden belohnt; das Motiv ihrer Annahme des christlichen Glaubens war jetzt nicht mehr, den Verlust der jungen Männer abzuwenden, sondern ihre eigene Überzeugung, worin sie später ihrer jungen Generation ein überzeugendes Vorbild wurden.

## 8.2    Todesurteil bei Surui-Indianern

Ein Ausschluss aus der sozialen Einheit ist für Surui-Indianern Nordbrasiliens[3] der qualvollste Tod. Bei den Surui wird ein Mord an einem Stammesangehörigen als direkter Angriff auf die Gemeinschaft gewertet und mit Ausschluss aus der Gemeinschaft bestraft. Der Name des Täters wird nie mehr genannt, er darf nie mehr Stammesgebiet betreten und darf sich nicht mehr mit der Gruppe identifizieren. Er ist zwangsweise individualisiert, vegetiert ohne Rückhalt einer Verbindlichkeit ihm gegenüber *Qv.*: Kap.3, Beispiel 17 dahin und geht physisch und vor allem psychisch zugrunde.

## 8.3    Galgen

Die Todesstrafe durch Erhängen am Galgen, auch Schandpfahl genannt, galt – unabhängig von der Straftat selbst – als ein schändlicher Tod. Der „Galgenberg" war meist weit weg vom Dorf.

## 8.4    Kreuzigung

Die Kreuzigung von Jesus Christus, eine Tötungsweise der Römer, war neben dem qualvollsten zusätzlich noch der schändlichste Tod, auch weil die Verurteilten völlig nackt (vielleicht noch in Unterwäsche) an das Kreuz genagelt wurden. Zudem war dieser Hinrichtungsplatz außerhalb der Mauern Jerusalems – sinnbildlich außerhalb der engen jüdischen Solidargemeinschaft; der Gekreuzigte war damit ausgestoßen. Mehr Schande konnte man einem Menschen nicht zufügen.

# 9.    Strafe

## 9.1    Pranger

Heute noch sind an traditionellen Marktplätzen, Stadtmauern oder Rathäusern Ringe zu finden, an die im Mittelalter einen Tag lang diejenigen angebunden wurden, die sich etwas „zu Schulden kommen ließen": Sie wurden „an den Pranger gestellt". Der Bäcker hatte zu kleine Brötchen gebacken, der Kaufmann ein zu leichtes Gewicht für die Waage, der Küfer ein falsches Maß oder der Zimmermann eine zu kurze oder zu lange „Elle" verwendet. Der Grund ihrer Strafe wurde auf ein Schild geschrieben und hing an ihrem Hals. Der „Pranger", als freistehender Pfosten auch „Schandpfahl" genannt, schaffte

---

sind zahlreiche weitere Beispiele der Schamorientierung enthalten.

[3] Interview mit Ibjaraga (neuer Name Ürpapem), einem Christen, der vor seiner Sinnesänderung 1991 Angehörige anderer Stämme umgebracht hatte, was damals als Sicherung des Überlebens seines Stammes galt. Auch wenn ein Surui in den „Himmel" kommen wollte, musste er vor seinem Tod einen Angehörigen eines anderen Stammes töten, der ihm dann einen freien Durchgang durch die Hölle schaffte und ihn im Himmel bediente. Übersetzer Martin Bleck, Pimenta Bueno/Brasilien, Karteikarten 4-6, 15.8.2001.

Ordnung im Geschäftswesen. Streitsüchtige Frauen wurden – wie Kühe – in ein Doppeljoch gespannt, worin sie stundenlang den anderen Marktfrauen und der ganzen Stadt ausgesetzt waren. Jeder, auch Kinder, konnte die Leute am Pranger beschimpfen und sich über sie lustig machen. Es konnte sich auch zeitlebens jeder merken, wer schon mal „am Pranger gestanden" hatte. Man erzählte sich das noch Generationen später, und die Familien und Nachkommen der Geschändeten fühlten den Spott. In Deutschland war diese Strafe seit etwa 1400 allgemein verbreitet und wurde erst im 19. Jh. abgeschafft. Die sprichwörtliche Ausdrucksweise „anprangern" oder „an den Pranger stellen" hat sich bis heute erhalten.

## 9.2    Moderner „Pranger"

Die Bestrafung durch öffentliche Bloßstellung wurde vor kurzem in den USA wieder eingeführt: Die Täter mussten eine bestimmte Anzahl von Stunden vor dem Gerichtsgebäude auf- und abgehen. Um den Hals hatten sie ein großes Schild mit der Aufschrift: „Ich habe im Supermarkt gestohlen!"[4]

## 9.3    Traditioneller Pranger: Respekt vor Autorität

Romalou, der alte Chief von Puluwat, beschwerte sich in den 70er Jahren des vergangenen Jahrhunderts über die Frechheit der jungen Männer ihm gegenüber, die von der Regierungsoberschule auf ihre Heimatinsel zurückgekehrt waren. Sie hatten dort amerikanisches Recht und westliche Philosophie kennen gelernt, z.B. dass vor dem Gesetz alle Menschen gleich seien. Nun fehlte ihnen der Respekt vor dem Alter, vor den traditionellen Autoritäten, auch gewissermaßen vor der Geschichte. Er hatte keine „Handhabe" mehr, die Jugend zu Respekt und Ordnung zu zwingen. Früher (damit meinte er die Zeit vor dem amerikanischen Einfluss) hätte er mit solchen „Flegeln" „kurzen Prozess gemacht". Wenn junge Männer z.B. gegen die Anweisungen des Chiefs den frisch gezapften Palmwein fermentieren ließen (was innerhalb eines halben Tages möglich war) und betrunken waren, wurden sie kurzerhand einen Tag und eine Nacht an Pfosten des Inselversammlungshauses angebunden. Da sich das schnell herumsprach und sowieso die meisten auf ihrem Weg an ihnen vorbeikamen, waren sie den Blicken, auch denen der jungen Frauen, und den Bemerkungen der Leute ausgesetzt. Romalou versicherte mir, dass dies einem jungen Mann höchstens ein Mal passierte.

## 9.4    Strafversetzung von Offizieren

Japanische Offiziere, die sich nicht bewährten oder sich einer Straftat schuldig gemacht hatten, wurden als Bewacher in Gefangenenlagern eingesetzt. Sie hatten keine Chance mehr, sich durch Leistung zu bewähren oder wieder zu Ehre zu kommen. Oft genug wurden sie schon durch diese Demütigung zu grausamen, „schändlichen" Soldaten, die ihre verletzten Gefühle Gefangene unbarmherzig spüren ließen.[5] Als die Gefangenen durch amerikanische Soldaten befreit wurden, rächten sich einige an ihren japanischen Peinigern. Es kam zum Handgemenge zwischen den Gefangenen, da einer die Rache als Straftat sah und den Mord verhindern wollte. Ein Japaner konnte fliehen, ein anderer, der Verantwortliche, bekam während des Kampfes seinen Degen zu fassen und erstach sich. Der Übersetzer und der verantwortliche amerikanische Gefangene trafen sich Jahrzehnte später auf dem Soldatenfriedhof, auf dem Amerikaner und Japaner beigesetzt waren.

Welche Empfindungen hatten sie?

---

[4] ZDF, 8.?April 2004.

[5] Z.B. dargestellt im Film „Die Brücke am Kwai", der eine Geschichte im Zweiten Weltkrieg nachspielt.

## 9.5    Strafe – Interpretation westlich und einheimisch

Einige Schülerinnen einer Bibelschule in Ostasien verhielten sich gegen die Schulordnung. Der einheimische Schulleiter schlug dem Vorstand drei verschiedene, graduell in der Schwere abgestufte Strafen vor. Dem einzigen Missionar im Vorstand kamen alle Vorschläge zu wenig durchgreifend vor; er meinte, dass alle drei Strafen verhängt werden sollten. Da ihm niemand widersprach, übernahm der Schulleiter diese Meinung und gab entsprechende Anweisungen.

Was waren die Kriterien der betreffenden Personen?

## 9.6    Schamorientierte Strafgefangene

Eine Strafe im Gefängnis zu verbüßen, wo man nicht arbeiten muss, die Behandlung menschenwürdig ist und man genügend zu essen bekommt, ist für manche schamorientierte Straftäter gut auszuhalten, sogar angenehm. Sie sind der Gesellschaft entzogen. Niemand aus ihrer Gruppe sieht sie, und sie sehen niemand, außer ihren Bewachern und Genossen. Bringt man sie jedoch in ihren Sträflingsanzügen in die Öffentlichkeit und lässt sie Müll sammeln oder Straßen kehren, dazu noch in ihrer eigenen Stadt, empfinden sie das als unter ihrer menschlichen Würde – eine totale Beschämung. Die Fluchtrichtung wird eher zum Gefängnis sein als unter die Leute, da sie durch ihre Kleidung „gebrandmarkt" sind. Sind solche Methoden beabsichtigt und werden provoziert, können die seelischen Schäden beim Straftäter unter Umständen größer sein als der Erziehungseffekt.

# 10.   Autorität

## 10.1   Kulturell verstandene Demokratie

Bei der Vorbereitung der einheimischen Leitungsstruktur für die gesamte „evangelical Church of Chuuk" im Jahr 1973 leitete ich die Wahl der Vertreter der Inselgruppe Mortlock. Bei den Vorschlägen verhielt ich mich neutral, zögerte jedoch einen Moment, die Liste abzuschließen. Das wurde bemerkt.

Als die Wahl durchgeführt worden war, wollten die Anwesenden wissen, wen ich noch gerne auf der Liste gesehen und wen ich gewählt hätte. Ich zögerte wieder. Auf ihr Drängen nannte ich Airis[6], einen Kirchenältesten, der die Missionare schon in ihrer dritten Generation auf ihren Bootsfahrten zu den Inselgemeinden begleitete. In manchen Gesprächen hatte er auch mich (dritte Generation) auf Hintergründe und Zusammenhänge bei den Gemeinden aufmerksam gemacht und mich bei Gesprächen mit manchen Personen gewarnt. Er empfahl mir, bestimmte Themen anzusprechen, damit ihr Gewissen angesprochen wird („pwe epwele ku letiper"). Ich erkannte in ihm einen reifen Christen, der die Fassade durchschaute. Als ich seinen Namen nannte, entstand kurz eine erstaunte Stille, dann ein lautes Gelächter. Airis war Mitglied eines kleinen, unbedeutenden Stammes.

Im Gegenzug wagte ich dann zu fragen, nach welchen Grundsätzen sie denn nun ihre Wahl getroffen hätten. Wieder herrschte kurz verhaltene Stille, bis sich ein junger Prediger meldete: „Wer den Ausländern widersprechen („palueni"!) kann!" In der wochenlangen Vorbereitung hatte ich mit ihnen die biblischen Merkmale von Leitungspersonen nach den Pastoralbriefen und die demokratischen Verantwortlichkeiten für eine menschliche Gemeinschaft durchgesprochen, da sich die Missionare aus den kirchlichen Ämtern zurückziehen wollten, um die Kirche genuin einheimisch zu gestalten.

---

[6] Airis ist inzwischen verstorben.

Der Missionar oder auch der katholische Priester war früher für die jeweilige Kirche eine dem Stamm und einer Insel übergeordnete Autorität. In seiner Gegenwart funktionierte das schamorientierte Gewissen in der Gemeinde, die Berufung auf die oberste Autorität überschritt Stammesgrenzen. Die zunächst von den Missionaren eingeführte und mit den einheimischen Verantwortungsträgern zusammen ausgearbeitete Leitungsstruktur wurde als Autorität, eher als Machtstellung, verstanden und funktionierte auch bei Abwesenheit des Missionars.

Die Autoritätsstruktur gestaltete sich

1. zunächst noch nach der übergeordneten ausländischen Überlegenheit, der man sich nicht widersetzte, da keine eigene Struktur dafür vorhanden war

2. nach politischem Vorbild einer parlamentarischen und demokratischen Wahl, also ebenso nach ausländischen Strukturen; demnach wurden von den einzelnen Gemeinden Pastoren, Prediger oder Kirchenälteste als Abgeordnete für das „Distrikt-Council" gewählt, aus dessen Mitte die Vertreter im Gesamtkirchenrat demokratisch gewählt wurden

3. in der Kirche qualitativ nach biblischen Maßstäben, die bekannt und anerkannt waren (durch die Auswahl geeigneter Männer für die Gemeindeämter) und für die bevorstehende Wahl noch einmal gelehrt worden waren (die Kirchenzucht wurde nach diesen Prinzipien von den Missionaren an den Amtsinhabern durchgeführt)

4. nach einer Mischung einheimischer und vom Ausland gelernter und übernommener Einstellung, indem man die Herausforderung der eigenen Autorität in den neuen Strukturen annahm; dazu waren ihrer Ansicht nach jedoch auch weitere Qualitäten notwendig, die über die biblischen hinausgingen und diese sogar eher zweitrangig erscheinen ließen. Der Begriff „palueni" für „den Missionaren widersprechen können" kann durchaus auch als „ebenbürtig, gleichberechtigt" verstanden werden.

5. für Airis nachteilig, da seine Stammeszugehörigkeit von vorne herein eine Nominierung ausschloss; die alte Autoritätsstruktur war also noch den gefragten biblischen Qualitäten übergeordnet, d.h. man suchte letztere nur aus den traditionell in Frage kommenden Gruppen. Vielleicht hatte man auch Bemerkungen in Predigten des Missionars auf Informationen von Airis zurück geführt und wollte sich keinesfalls der Gefahr einer Beschämung aussetzen, indem die „wunden Punkte" in ihren eigenen Reihen angesprochen werden konnten.

> Letzteres ist jedoch eher unwahrscheinlich. Jahre später, 1996, war John Robert gewählter Präsident der Kirche. Er hatte eine Bibelschule auf den Philippinen besucht und auf der Regierungsinsel eine neue Gemeinde gebaut. Er legte großen Wert auf biblische Lehre und deren Umsetzung in der Gemeinde- und Kirchenstruktur. Ich selbst hörte ihn anlässlich einer Schulung, bei der ich selbst über die Funktion des Gewissens lehrte, vor ca. 80 Pastoren, Predigern und Kirchenältesten in einer für mich überraschenden Offenheit ebensolche „wunden Punkte" der Amtsinhaber ansprechen. Er hatte durch die konsequente geistliche Qualität seiner Persönlichkeit eine Autorität gewonnen, die anerkannt wurde und der nicht „widersprochen" werden konnte. Er war den Missionaren nicht nur ebenbürtig, sondern übertraf diese sogar in der Autorität für die Kirche.

## 10.2  Autorität des älteren Bruders

Ein Vater leugnete, der Erzeuger seiner Tochter zu sein und missbrauchte sie deshalb „mit gutem Gewissen" regelmäßig: Die Kultur missbilligt geschlechtlichen Umgang von Vater und Tochter offiziell, trotzdem kam das immer wieder vor, vor allem bei adoptierten Töchtern. Die Tochter war Christ und konnte und wollte den Missbrauch eines Tages nicht mehr ertragen. Sie kam zur Missionarin und erklärte ihr die Situation. Mit ihrem Einverständnis wurde der Missionar eingeweiht und der Pastor konsultiert, der den Missionaren riet, das Mädchen als Hausangestellte aufzunehmen. Das sei unverfänglich und allgemein akzeptiert, außerdem sei damit die Sache nicht öffentlich angesprochen – der Vater sei nicht bloßgestellt. Dieser kam bald darauf zum Gespräch mit dem Missionar, wobei er die Vaterschaft leugnete; trotzdem war er damit einverstanden, dass seine Tochter bei den Missionaren wohnte und im Haushalt half. (Bis dahin hatten sie bewusst keine einheimische Hausangestellte, um nicht den Eindruck zu erwecken, gesellschaftlich übergeordnet zu sein.) Die Missionare standen vor dem Heimataufenthalt und mussten eine Lösung finden. Nach weiteren Gesprächen – immer auch mit dem Pastor und dessen Frau – einigten sie sich, dass das Mädchen die Oberschule der Mission besuchen sollte. Der Vater bezahlte den Flug und das Schulgeld, das auch für einen Lehrer nicht unerheblich war. Sie organisierten die Aufnahme in der Schule und die Reise. Kurz vor der Abreise mit dem Schiff kam der älteste Bruder des Vaters zum Missionar und machte ihm heftige Vorwürfe, dass er das Mädchen ohne seine Erlaubnis mitnehmen – gewissermaßen entführen wollte. Er war sehr zornig und verlangte, dass sie zuhause bleibe. Er sei der älteste Bruder der Familie und zuständig für alle Familienangehörigen des Klans. In der ungewohnt sehr heftigen Auseinandersetzung widerstand der Missionar der Versuchung, ihm den Grund für den Plan zu sagen, verwies ihn jedoch auf seinen jüngeren Bruder. Er ging dorthin und nach etwa einer halben Stunde in sein Dorf zurück. Die Tochter reiste mit der Missionarsfamilie ab und kam schließlich in der Schule an. – Zurück aus dem Heimataufenthalt erfuhren die Missionare, dass das Mädchen nach einem Jahr für die Ferien nach Hause gekommen war, dann aber nicht mehr zurückgekehrt sei. Die Hintergründe dafür wurden ihnen vorenthalten; Heimweh wurde als Grund vorgeschoben.

Um sein Gesicht nicht zu verlieren, d.h. nicht der Schande ausgesetzt zu sein, unmoralischen Umgang mit seiner Tochter zu haben, hatte der Vater

1. sich dem Vorschlag gebeugt, seine Tochter als Hausangestellte zu arbeiten zu lassen,
2. einen hohen finanziellen Einsatz erbracht, um einigermaßen „heil" aus der Geschichte heraus zu kommen,
3. bei der Abwesenheit der Missionare vermutlich starken Druck auf seine Tochter ausgeübt, nicht mehr in die Schule zurück zu kehren. Damit war die Geschichte auch auf der Insel abgeschlossen.
4. sich ungewöhnlicherweise gegen die Autorität seines älteren Bruders durchgesetzt (vielleicht mit finanziellen Versprechungen?),
5. sein älterer Bruder den Missionar (zähneknirschend) als höhere Autorität anerkannt, die über der Familienverpflichtung steht, aber eine Lösung für das Problem anbot.

## 10.3   Der Missionar als übergeordnete Autorität

Das Pastorenehepaar wollte ihrer zweijährigen Tochter die Mutterbrust abgewöhnen. Sie erklären der Kleinen: „Wenn du trinkst (un oupw), ist der Ausländer böse („aa soong")."

Die eigene Autorität genügte nicht, das Kind zur Verhaltensänderung zu bewegen. Angst wurde gezielt eingesetzt, denn „böse sein auf" bedeutete immer auch negative Konsequenzen für die Zielperson. Für den Pastor standen Geister für diese Autorität nicht mehr zur Verfügung, deshalb nahm er eine neuzeitliche übergeordnete Struktur

## 10.4   Status der Pastoren

Pastoren mit einem niedrigen Status haben einen schweren Stand: Nennen sie in der Seelsorge die Sünde beim Namen oder weisen sie gar einen angesehenen Menschen zurecht, beschämen sie ihre Gemeindemitglieder und haben mit Regress zu rechnen. So geschehen in der Anfangszeit der Missionsarbeit in Mikronesien, als Qv.: Kap.3, Beispiel 24 einheimische Lehrer zum Gemeindebau eingesetzt waren. Führten sie konsequent Gemeindedisziplin durch, mussten sie damit rechnen, dass ihnen niemand mehr Essen bringen durfte. Sie waren auf die einheimische Bevölkerung angewiesen und hungerten nicht gern, vor allem nicht lange. Die „itang", angesehene Klanangehörige und traditionelle Leiter, wurden in die Ämter der entstehenden Kirchen berufen – und blieben. Nur die wirtschaftlich und ideell unabhängigen Missionare konnten dem begegnen – bis zur Selbständigkeit der Kirche.

## 10.5   Gottesbild

In den 1970er Jahren verwendete ein junger Pastor auf der Insel Lukunoch in seiner Predigt folgendes Beispiel: Eine Mutter war mit ihrem Sohn im Garten. Die Grenzen zu den Nachbargärten sind nicht durch Zäune, sondern weniger deutlich durch Stöcke, Bäume, Steine usw. gekennzeichnet. Zwischen den Markierungen musste man eine Luftlinie ziehen, um ‚mein' und ‚dein' zu trennen. Die Mutter schaute nach allen vier Himmelsrichtungen, dann überschritt sie die „Grenze" und schnitt sich von drüben eine Frucht ab. Zufrieden steckte sie diese in ihre geflochtene Tasche. Man sah es der Frucht nicht an, von welchem Garten sie kam. Der kleine Junge hatte das beobachtet und fragte: „Mama, warum schaust du nicht nach oben?"

Hier liegt das Verständnis zugrunde, dass Gott in der Rolle der Geister gesehen wird. Der „significant other" fand einen funktionalen Ersatz, das *Qv.*: Kap.3, Beispiel 22    Gewissen war damit nicht verändert wie bei Likour, sondern funktionierte schamorientiert mit dem ausgetauschten Element.

Synkretistisches Denken und defizitäre Vorstellungen im Gottesbild treten auch als Warnung in einem deutschen pietistischen Kinderlied zutage: „Pass auf, kleines Auge, was du siehst! (3 Wiederholungen) Denn der Vater in dem Himmel schaut herab auf dich! Pass auf, kleines Auge, was du siehst!" (Entsprechend: Ohr – hören, Fuß – gehen, Hand – tun, Mund – sprechen, Herz – denken)

## 10.6   Verhandlungsebenen

Als die Kirche von Chuuk organisatorisch selbständig geworden war, erwartete der „President", der leitende Vorsitzende des Vorstandes, mit dem Leiter der Mission in Deutschland direkt verhandeln zu können. Ich als Feldleiter, der die Verhandlungen führte und auch entsprechende Vollmachten hatte, war dann „unter seiner Würde", obwohl wir bis dahin gut zusammen gearbeitet hatten.

## 10.7   Hierarchie von Amt und Vollmacht

Die Hierarchie der Ämter – von oben nach unten: „Missionar – (ordinierter) Pastor (Wanparon) – Prediger (Assistent, Sounpatak) – (männlicher) Kirchenältester (soungoa) – (weibliche) Kirchenälteste (finalisi) – ‚einfacher' Christ (souläng)" wurde vor allem in der Erwartung für die Erhörung des Gebets deutlich. Man betete in einem bestimmten Notfall zunächst selbst; wenn sich keine Änderung einstellte, bat man die nächst höhere Instanz darum. Wenn selbst nach dem Gebet des Missionars keine Erhörung eintrat, wurde der Fall als gottgewollt – oder Schicksal – angenommen.

Dem Ausländer wurde die größte geistliche Autorität unter Gott zuerkannt.

Als ich mich mit meiner Familie auf der Insel Puluwat nieder ließ, nannte mich der dortige Pastor seinen „Chef". Auch nachdem ich bei einer Inselversammlung und im Gottesdienst deutlich gemacht hatte, dass ich nicht der Gemeindeleiter sei, sondern mich dem Pastor unterstellt sähe und ich alle meine Aktivitäten mit ihm abstimme, hatten die Leute Mühe, diese Einordnung zu verstehen. Erst mein Verhalten gab dem Pastor seine Autorität zurück. Wenn ich zu Kranken gerufen wurde, um für sie zu beten, bat ich immer den

Pastor, mit zu kommen und zumindest auch, wenn nicht alleine zu beten. Ob dieses Verhalten letztlich verstanden und wie es eingeordnet wurde, entzieht sich meiner Einsicht.

*Qv.*: Kap.3, Beispiel 20

## 10.8 Autoritäten für Funktionsgruppen

In den Karolineninseln treten Chiefs für bestimmte Situationen in Kraft; einer ist zuständig für Krieg, ein anderer für bestimmte handwerkliche Arbeiten wie der Bau von großen Versammlungshäusern, bei denen alle Männer und andere Chiefs dann auf dessen Anordnungen hören. Für jede Situation und jeden Lebensbereich gibt es bestimmte Autoritäten, die auch nur zeitweise auftreten können.

## 10.9 Kibbuzim

In den Kibbuzim in Israel werden Kinder sehr bald nach der Geburt tagsüber in die Pflege von Betreuungspersonal gegeben. Die Mutter kommt zunächst von der Arbeit nur zum Stillen, später sehen die Eltern ihre Kinder erst zu den normalen Mahlzeiten – vielleicht sogar erst am Abend. Ältere Kinder sind dann sogar Schlafsälen zugeordnet, Kleidung und Tagesablauf werden von verschiedenem Aufsichtspersonal geregelt. Die Kinder lernen, dass sie unterschiedliche Bezugspersonen haben, für bestimmte Lebensbereiche verschiedene Autoritäten. Auch Lehrer übernehmen diese Funktion. Die Kinder erkennen Lehrer für den Wissensbereich als Autorität an, die Eltern für einen bestimmten Privatbereich. Diese Autoritätspersonen können sich durchaus widersprechen, es gelten verschiedene Regeln für die Bereiche, die sich auch wieder unterscheiden. Im Umfeld der Eltern gelten andere Verhaltensmuster als in der Schule, im Schlafsaal bestehen andere Regeln als bei der Freizeitgestaltung.

# 11. Normen

## 11.1 Kommunismus und Eigeninitiative

Im „Kommunismus" mancher Stammeskulturen wird das reziproke (gegenseitige Hilfeleistung) Verhaltensmuster relativiert: Dabei gehört alles der Familie, dem Stamm (oder Volk), selbst die Kinder. Der „Eigentümer", der (z.B.) die Maschine bezahlt hat, verwaltet, repariert und sie unterhält, hat sie gewissermaßen für die Gruppe erworben; alle profitieren davon; Man kann sie ausleihen (Bitten zu erfüllen ist dann Traditionspflicht) und bei sich behalten, bis sie jemand anders braucht. Durch diese gegenseitige Abhängigkeitspflicht kann sich wenig Eigeninitiative bilden. Das lähmt den Wunsch nach Eigentum und die private Vorsorge durch Rücklagen. Deshalb muss ein Häuptling darauf achten, dass jeder für alle und auch für sich selbst arbeitet; er muss notfalls durch sein Eigentum die Versorgung von Säumigen gewährleisten. Die Unterdrückung dieser Eigeninitiative hat auch den modernen staatlichen Kommunismus geschwächt.

## 11.2 Sportfest – wer gewinnt?

Auf der Insel Yap in Mikronesien findet ein Sportfest statt. Ein Läufer ist den anderen weit voraus. Er schaut zurück und mindert seine Geschwindigkeit, bis die anderen aufgeholt haben und geht mit einem kleinen Vorsprung ins Ziel. Die Norm für Gewinnen ist nicht in erster Linie die Leistung, sondern die Gemeinsamkeit.

# 12.  Angst

## 12.1  Kontrolle als Angstfaktor

Bei den Lebensmittelskandalen der vergangenen Jahre („Gammelfleisch") wurde festgestellt, dass Kontrolleure fehlten, die regelmäßig und flächendeckend die Betriebe inspi-
zieren.

Der neue Chefmanager des Autoherstellers Renault führte strikte Qualitätskontrollen ein.
Schon bei der nächsten Serie rangierten (nach ADAC-Zeitschrift) ein Typ von Renault
unter den besten der Welt. Keine Qualität ohne Kontrolle!

## 12.2  Angst als soziales Phänomen

*Qv.*: Kap.3, Beispiel 29    Angst ist in manchen Kulturen ständig stark vorhanden. In manchen
Gebieten, vor allem bei den Mbya-Guarani Ostparaguays erscheint
die Angst sogar als übermächtig und allgegenwärtig. Besonders ein ehemaliger Zauberer
erklärte mir, dass das soziale Leben ohne Angst nicht funktioniere, und es gäbe keinen
Zeitpunkt im Leben, keinen Tagesablauf, der nicht davon bestimmt oder zumindest betroffen wäre. Es sei für Menschen anderer Herkunft nicht zu begreifen, wie stark dieses
Phänomen auch im Bewusstsein und Unterbewusstsein der Indianer verankert ist. Auch
ein Indianer selbst wisse nicht von der Absolutheit dieser Gefangenschaft, solange er
nicht davon befreit sei. Eine tiefe Sehnsucht nach Freiheit sei vorhanden, doch es gäbe
keinen Ausweg von innen. Er selbst habe die Befreiung erst durch das Angebot von außen, durch seine Orientierung an dem Gott, der über allem stehe, wahrnehmen können.
Vor dessen Macht hätte die Macht der Angst dauerhaft schwinden müssen.

Insulaner in Mikronesien haben Angst, eine Insel zu betreten, auf der ihr Klan nicht vertreten ist. Sie haben kein Recht auf Gastfreundschaft; ohne die Anerkennung christlicher
Ethik mussten sie früher damit rechnen, auf einer solchen Insel keine Unterkunft zu finden oder Nahrung verwehrt zu bekommen. Im schlimmsten Fall war sogar Misshandlung
zu erwarten. In einigen Stämmen von Neuguinea entspräche die Auslieferung an einen
fremden Stamm einem gewaltsamen Tod.

## 12.3  Angst-Symbole als Erinnerung an Autorität
##          und Strafen

Die deutsche Polizei stellte ein ausgedientes Dienstauto an einer unübersichtlichen Kurve
an den Straßenrand, um die Autofahrer an die Geschwindigkeitsbegrenzung zu erinnern.
Da das Auto in der Kurve für die Fahrer plötzlich auftauchte, traten manche vor Schreck
dermaßen in die Bremse, dass dadurch Unfälle entstanden. Sie waren tatsächlich zu
schnell gefahren und gerieten durch den plötzlichen Bremsvorgang ins Schleudern. Die
Polizei stellte daraufhin den Wagen an eine übersichtlichere Stelle.

In Österreich wurden an besonders unfallgefährdeten Stellen lebensgroße Bilder von
Polizisten aus Pappe aufgestellt; sofort verringerte sich die Durchschnittsgeschwindigkeit
auf diesen Strecken.

In der Schweiz soll es Verleihfirmen geben, die Sportwagen stundenweise an Fahrer
vermieten, die auf deutschen Autobahnen einmal ungehindert rasen wollen. Es war bekannt, dass Strafanzeigen nicht über die Grenze hinweg geschickt werden. Ein Geschäft,
das darauf baut, dass keine Strafe zu erwarten ist.

# 13. Werte/Würde

## 13.1 Täuschung als Wert

Bei den Sawi in Irian Jaya hatte der heimtückische Verrat an Angehörigen aus einer anderen Gruppe, zu dem mit List eine vertrauensvolle Freundschaft aufgebaut wurde, eine hohe Wertstellung. Deshalb wurde in der biblischen Geschichte Judas bewundert: Er, der exzellente Lügner, der Jesus so hinters Licht führen konnte, dass der Verrat als voller Erfolg erschien.[7]

## 13.2 Wilde Ehe

Ein Rentnerpaar lebt ohne Trauschein zusammen, damit jeder die volle Rente bezieht. Von Jugendlichen auf die Diskrepanz betr. ihrer Mitarbeit in der Gemeinde angesprochen, verlassen beide die Gemeinde: „Sie fühlten sich nicht mehr wohl."

Zu Besuch in einer Freikirche in München: Eine junge Frau und ihr Freund werden als Mitglieder aufgenommen. Sie seien von verschiedenen Städten beruflich bedingt her gezogen und hätten hier nun eine gemeinsame Adresse.

## 13.3 Nackte Figur

Das Wahrzeichen des evangelischen Kirchentags – eine aufgeblasene nackte Figur, imitiert nach der Christusfigur von Rio de Janeiro – wird von einem katholischen Geistlichen als „geschmacklos" bezeichnet. Die evangelischen Kirchenvertreter fanden das Symbol werbeträchtig.

## 13.4 Korruption

Der Vorstandsvorsitzende der Deutschen Post A.G., Dr. Klaus Zumwinkel schrieb für seine Angestellten in einer internen Zeitschrift eine Aufforderung, Werte in der Firma aufrecht zu erhalten. Zwei Wochen später wurde er selbst wegen Korruption und Veruntreuung festgenommen.

## 13.5 Werteverfall in Deutschland

Freitag, 29.6.2001: A6 auf der Höhe von Darmstadt. Ich setze mit anderen Pkw bei einigermaßen dichtem Verkehr zum Überholen eines Lkw an. Ein BMW prescht plötzlich rechts von mir vor, zieht knapp vor mir nach links in meinen Sicherheitsabstand. Ich muss bremsen. Ich ärgere mich und zeige das dem jungen Fahrer durch Lichtzeichen und Hupe. Darauf hatte er vermutlich gewartet: Sofort zeigt er deutlich in der Mitte der Scheibe seinen gestreckten Mittelfinger. Bad darauf ist er im Verkehr verschwunden. Meine Frau mahnt, mich nicht aufzuregen, die Pädagogik im Straßenverkehr sei anderen Gesetzen unterworfen; solche Leute ließen sich nicht erziehen.

## 13.6 Mobbing auf der Autobahn

Freitag, 29.6.2001: A6 auf der Höhe von Darmstadt. Ich setze mit anderen Pkw bei einigermaßen dichtem Verkehr zum Überholen eines Lkw an. Ein BMW prescht plötzlich

---

[7] Don Richardson, *Das Friedenskind*. Bad Liebenzell: VLM, 1974/1976.

rechts von mir vor, zieht knapp vor mir nach links in meinen Sicherheitsabstand. Ich muss bremsen. Ich ärgere mich und zeige das dem jungen Fahrer durch Lichthupe und Horn. Darauf hatte er vermutlich gewartet: Sofort zeigt er deutlich in der Mitte der Scheibe seinen gestreckten Mittelfinger. Bad darauf ist er im Verkehr verschwunden. Meine Frau mahnt, mich nicht aufzuregen, die Pädagogik im Straßenverkehr sei anderen Gesetzen unterworfen; solche Leute ließen sich nicht erziehen.

Samstag, 30.6.2001: B 27 Richtung Stuttgart. Wieder ein schwarzer BMW. Er verursacht einen Stau auf der rechten Spur und rechnet damit, dass ich ihn irgendwann überhole. Dann zieht er vor mir nach links, bremst mich aus, zeigt mir wieder den gestreckten Mittelfinger. Ich versuche, ruhig zu bleiben, ordne mich rechts ein. Er bleibt auf meiner Höhe. Ich schaue nicht zu ihm hinüber, notiere mir jedoch seine Nummer und zeige ihm den Zettel. 10 Kilometer lang geht das Spiel nun weiter: Er treibt sein Spielchen mit mir. Überholen, ausbremsen, überholen lassen, hupen, sogar deutliches Abdrängen von der Fahrbahn. Schließlich biege ich zur Autobahneinfahrt nach rechts; er fährt gerade mal wieder vor mir, schwenkt plötzlich ebenso nach rechts und bringt sein Fahrzeug mitten auf der Einfahrt abrupt zum Stehen. Vollbremsung! Dann versuche ich links an ihm vorbeizukommen, mit den linken Rädern auf dem Gras. Wieder kein Blickkontakt – aber mit dem festen Vorsatz, den jungen Mann anzuzeigen. – Er bekam DM 3000,- Strafe.

## 13.7 Schamorientierte Rechtsprechung?

Autobahn Hamburg-Hannover. Ich überholte mit dem Wohnmobil bei ca.100 km/h mit Mühe einen Sattelschlepper und behielt die Geschwindigkeit bei. Der junge Fahrer telefoniert mit dem Handy am Ohr. Bald danach versucht er mich zu überholen – zuerst links, dann zieht er rechts auf die Überholspur und fährt dicht auf, hupt, bedrängt mich, betätigt seine Lichthupe, … und immer noch telefonierend. Dieser Vorgang wiederholt sich ca. eine halbe Stunde. Zuletzt zog er den Vorhang an seinem Türfenster vor; so konnte er den Rückspiegel nicht mehr sehen. Er setzte aber immer wieder zum Überholen an, rechts und links, mit beängstigend geringem Abstand. – Bei der Gerichtsverhandlung werde ich vom Verteidiger als anti-jugendlich angeprangert, die Fakten hinterfragt (Tacho geeicht?) und Nebensächliches überbetont (Personenbeschreibung) – um mich emotional herauszufordern. Ich fand mich schnell in der Rolle des Angeklagten. Auch die Richterin wertete meine Anschuldigungen offensichtlich als Bagatelle: Der junge Mann bekam eine Verwarnung wegen Telefonierens am Steuer.

# 14.  Seelsorge/Gemeindedisziplin

## 14.1  Kirchenältester in Mikronesien

Auf der Insel Oneop kam ein Kirchenältester einige Zeit nicht mehr zu den Veranstaltungen. Als junger Missionar handelte ich meiner deutschen Ausbildung entsprechend und beschloss, ihn in seinem Haus aufzusuchen. Unterwegs wurde ich von immer mehr Kindern begleitet. Der alte Mann war völlig verblüfft, mehr: Er empfand meinen Besuche aufdringlich, unhöflich und unpassend. Er war nicht darauf vorbereitet: die Kleidung, die Ordnung im Haus stimmten nicht, auch hatte er nichts anzubieten. Schnell gab er Anweisung, eine Trinknuss von der Kokospalme zu holen – um das Minimum an Gastfreundschaft zu wahren. Alle Nachbarn beobachteten die Szene. Nach einigen Minuten „small talk" wollte er die unangenehme Situation hinter sich bringen. „Du hast mir etwas zu sagen," forderte er mich auf. Ich kam zur Sache, redete leise. Die Kinder wichen nicht von der Stelle. Die Nachbarn zogen sich beobachtend zurück. Sie wussten, worum es ging. Ab und zu gab er bestätigende Laute von sich, stand sichtlich gehemmt mit gequältem Lächeln die Standpauke durch. Am nächsten Sonntag war er wieder in der Kirche.

Ich meinte, Seelsorge zu treiben und brachte den armen Mann unter starken Zwang. Ich meinte, auf ihn zugehen zu sollen und blamierte ihn bis auf die Knochen. Ich meinte, seine Motivation zu stärken und ließ ihm keine Wahl.

Schon auf dem Heimweg hatte ich den starken Eindruck, ein anderes Konzept für Seelsorge entwickeln zu müssen. Das war nicht leicht. Bat ich die Leute, zu mir zu kommen, mussten sie anschließend Rede und Antwort bei ihren Nachbarn stehen. Ging ich zu ihnen, musste das angemeldet sein. In keinem Fall konnte ich ausschließen, dass andere dabei waren oder davon erfuhren. Nur die kirchliche (Pflicht-)Beichte einige Tage vor dem Abendmahl war eine seelsorgerliche Oase und hatte deshalb auch kulturelle Bedeutung und Berechtigung. Meist warteten so viele Leute, dass ausführliche und tiefgehende Gespräche kaum möglich waren. Trotzdem empfand die einheimische Kirche das als hilfreich, wichtig und unverzichtbar. Ihrem Verständnis entsprechend wollten die Leute „sündlos" das Abendmahl einnehmen und erst kurz vor dem Gottesdienst die Beichte ablegen, wobei sie die Absolution erwarteten. Auch diese Form der Seelsorge war höchst unbefriedigend.

Schließlich fand ich einen Weg, der zwar nicht immer zufrieden stellend war, aber doch recht effektiv. Als Schreiner konnte ich Werkzeug schärfen. Ich demonstrierte das, indem ich mir mit meinem Buschmesser Haare an Armen und Beinen rasierte oder die Fingernägel schnitt. Die Männer waren begeistert. Jetzt konnte ich bestimmte Personen einladen, ihre Messer schärfen zu lassen. Währenddessen entwickelte sich ein intensives Gespräch. Niemand fragte nachher, was gesprochen wurde, denn „er hat nur mein Messer geschärft – willst du es mal ausprobieren?" – Schwierig blieb immer die Gegenwart von Kindern. Eltern können ihnen nicht abschlagen, sie zu begleiten. Dann sind auch Väter befangen.

## 14.2   Gemeindedisziplin oder Hunger

Die ersten Lehrer und Evangelisten für die Mortlockinseln wurden in der Missionsschule auf Pohnpei ausgebildet. Auf der jährlichen Rundfahrt des Missionsschiffes „Morningstar" brachten die Missionare diese Lehrer mit ihren Familien zu Inseln, zu denen sie neu Kontakt aufgenommen hatten. Die Pohnpei-Leute waren darauf angewiesen, von der lokalen Bevölkerung versorgt zu werden. Verstand es der Lehrer mit dem Häuptling, fehlte es ihnen an nichts. Musste der Lehrer den Häuptling aufgrund der christlichen Ethik zurecht weisen, verweigerte der Häuptling die Hilfe und verbot, dass seine Leute den Gästen Nahrungsmittel brachten. Die Lehrer tendierten dazu, angesehenen Persönlichkeiten gegenüber wenig Kirchenzucht anzuwenden, ihnen dagegen Kirchenämter anzubieten. Das war ein wesentlicher Grund für die synkretistische Theologie, die von den später dort stationierten Missionaren angetroffen wurde.

# 15.   Sünde

## 15.1   Wer ist der Sünder?

Trotz wiederholter Warnung warf der Insulanerbursche einen etwa faustgroßen Stein auf das dünne Aluminiumblech der Missionsschule. Der Rektor, ein Europäer, reagierte diesmal empfindlich: Er benachrichtigte die Polizei, und der junge Mann wurde kurzfristig hinter Schloss und Riegel gesetzt. Am nächsten Vormittag zog die dicke Mutter des Jungen keifend vor der Schule auf. Sie beschuldigte lauthals den Schulleiter der Sünde, für sie und ihre Familie diese Schande verursacht zu haben. Der Europäer fragte sich: Wer war denn jetzt der eigentliche Sünder? – Folgen der Sünde waren nicht die Löcher im Dach, sondern die Schande, in die der Ausländer die Familie gebracht hatte.

## 15.2  Die gestohlenen Fleischdosen

Die junge Generation der Insulanerpastoren war zur Weiterbildung in der Missionsschule. Eines Tages fehlten vom Speisevorrat einige Dosen Fleisch. Der Schulleiter hatte den Diebstahl beobachtet, der Dieb selbst glaubte, ungesehen gewesen zu sein. Der Leiter gab am nächsten Tag bekannt, dass einige Dosen Fleisch fehlten. Niemand meldete sich zur Sache. Er wartete einige Tage, dann deutete er in einer Bemerkung über den Fall an, dass er wisse, wer der Dieb sei. Am nächsten Tag fehlte einer der Prediger; er hatte sich eine *Qv.: Kap.3, Beispiel 28* Mitfahrgelegenheit zur Regierungsinsel gesucht. Zurückgekehrt auf seine Heimatinsel, einige Wochen später, erklärt er den Abbruch seiner Studien mit dem für Insulaner einsichtigen Vorwand, er hätte nicht genügend zu essen bekommen.

Der Gewissensbiss war erst eingetreten, nachdem der Dieb annehmen musste, er sei erkannt. Dann entzog er sich „nach Zeit und Raum" der Schande, öffentlich angesprochen zu werden.

## 15.3  Größere Sünde?

Was ist die größere Sünde: Kinder hungern lassen, weil die eigenen Vorräte nicht reichen – oder Groll gegen Nachbarn, weil er zu wenig angebaut hat und bettelt, wodurch die eigenen Vorräte nicht mehr reichen. Für Indianer ist Groll die größere Sünde! – Die Werte liegen auf einem anderen Gebiet als das von Ausländern erwartet wird.

## 15.4  Wertung der „Sünde"

In einer südeuropäischen Gemeinde hatte sich ein Gemeindeleiter aufgrund seiner Stellung einen Vorteil geschaffen, den der Missionar nicht hinnehmen konnte. Zur Rede gestellt, zog sich der Pastor verletzt zurück, ohne Einsicht zu zeigen. Der Missionar war auf diesen Leiter angewiesen und holte sich schließlich Rat aus der Heimatzentrale. Sie bestätigte sein Urteil, er blieb unnachgiebig, ebenso der Pastor. Der Riss zog sich daraufhin durch die ganze Gemeinde und führte zur Spaltung.

## 15.5  Strafe für Sünde wird vererbt

Ein junger Mann betrinkt sich wiederholt. Er wird von Angehörigen seines Klans (erweiterte Familie, Blutsverwandte) unter Druck gesetzt: „Wenn du nicht aufhörst, kommt die Strafe für deine Sünde auf dein Kind!" *(„Liwinin ttipisumw aa feyttiw wóón nowumw!")*

Die Strafe für eine „Sünde" trifft nicht notwendigerweise den Täter, sondern jemand seiner nächsten Familienangehörigen – auch noch in der nächsten Generation, der evt. noch nicht geboren ist. Hier könnte eine Mischung alttestamentlicher Gedanken der ungesühnten Sünde, die innerhalb der Generationen bleibt, und der animistischen (stammesreligiösen) Vorstellung der Geister, die über die Familie wachen, zugrunde liegen.

Ohne Bezug zum Alten Testament würde die Erklärung mit Geistern funktionieren. Jedenfalls wird das AT aus der Vorstellungswelt der Animisten recht gut verstanden.

# 16.  Beispiele aus fremden Kulturen

## 16.1  Prototyp des christlichen Gewissens

*Qv.: Kap.3, Beispiel 21*  Angaur (Taufname Kalep) war Tanzmeister und *Itang* (politischer Priester), dem schon die Muskel zuckten, wenn er nur das rhythmische Stampfen der Männerfüße im Tanz spürte oder den Singsang mit rhythmischen Betonungen hörte. Das hatte eine dermaßen starke Macht über ihn, dass er nicht widerstehen konnte. Auch wusste er den Ursprung mancher Tänze (drei Arten: religiös – um sich in Trance zu versetzen, um Geister zu befragen; geschichtlich – um Ereignisse der Geschichte durch die Generationen weiter zu geben; sozial – zur Unterhaltung, zum sexuellen Reiz, wobei in der Nacht die Leute paarweise im Dunkel verschwanden).

Deshalb strich er das Tanzen grundsätzlich von der Liste der möglichen Traditionen, die für die junge Gemeinde erlaubt sein konnten. Erst in der dritten Generation konnten die jungen Christen darüber wieder differenzierter nachdenken und urteilen. Den Tanz haben sie jedoch nicht wieder aufgegriffen.

Kalep war der Prototyp des Gewissens für die Gemeinde, das nach drei Jahrzehnten noch danach geprägt war.

## 16.2   Behinderung ist Schande für die Familie

Ein etwa 8-jähriger Junge auf Puluwat hatte einen angeborenen Hörfehler und konnte dadurch nicht sprechen lernen. Er zeigte Verhaltens-Symptome, die seine Integration in die Gemeinschaft erschwerten. Wir beobachteten, dass er sich auffällig verhielt, um Aufmerksamkeit zu gewinnen, andererseits entdeckten wir eine künstlerische Begabung bei ihm. Unsere Bemühungen, ihm zu helfen (ein ärztliches Attest hatte den Hörfehler bestätigt und eine Erfolg versprechende OP in Aussicht gestellt), scheiterten am Autoritätssystem der Großfamilie, die keinen Sinn darin erkannte. Bei einem Besuch einige Jahre später war er nicht mehr aufzufinden. (Kap.3 /4.3)

## 16.3   Behinderung bewirkt veränderte Gewissensstruktur

Ein erwachsener Mann auf Oneop in den Mortlockinseln hatte ein missgebildetes Bein, er konnte nicht gehen. Obwohl es Gehhilfen gegeben hätte, blieb er am Rand des Dorfes in einer Hütte und wurde notdürftig versorgt. Er war auf Informationen von Besuchern angewiesen. Seine Integration in die Gesellschaft war nicht gewährleistet. Er starb relativ jung. Bei gelegentlichen Besuchen stellte ich von der sozialen Norm abweichende Gewissensreaktionen bei ihm fest, was ich auf diesen eingeschränkten Sozialkontakt zurückführte. (Kap.3 /4.3.)

## 16.4   Sprech-Erziehung

Die Insulaner von Chuuk (Mikronesien) meinen, eines ihrer Kinder, von z.B. Missionaren adoptiert und in Deutschland erzogen, werde ganz bestimmt zuerst die Sprache der biologischen Eltern sprechen. Diese Vorstellung entspringt dem Verständnis, dass die Sprachbeherrschung als Erbgut in der „Seele" des Menschen liege und sich entsprechend deren „Entfaltung" von selbst entwickelt. Deshalb werden in der Erziehung auch keine bildenden Maßnahmen ergriffen, wodurch das Kind sprechen lernen soll. Vielmehr sind die Eltern der Meinung, das Kind verstehe nur so viel, wie es selbst sprechen kann und verwenden im Umgang mit ihm dessen Wortschatz. Sie waren deshalb sehr erstaunt, dass unsere Kinder Anweisungen sofort befolgten, obwohl sie noch nicht sprechen konnten. Als unsere Tochter auf dem Weg gefallen war, schaute sie sich zuerst um, ob sie dabei beobachtet wurde; sie hatte sich offensichtlich nicht weh getan. Erst als sie begründet annehmen konnte, dass andere sie gesehen haben, begann sie laut zu weinen, um damit Aufmerksamkeit und Trost einzufordern. Die Insulaner wollten sofort zu ihr laufen, ich rief sie zurück und bat Simone laut, aufzustehen und zu mir zu kommen. Die Leute hielten inne, warteten ab, Simone erkannte das, hörte auf zu weinen und kam zu mir.

## 16.5   Trunkenheit und Konsequenzen

Ein Betrunkener dringt auf das Gelände von Airis auf der Insel Oneop ein und wird von diesem verwiesen. Nicht klar ist, wie dies geschehen ist, ob es dabei Zeugen gab; davon wird hier ausgegangen. Die Frau von Airis hat nun Angst, während dessen Abwesenheit (als Bootsmann des Missionars) wieder betrunkenen Besuch zu bekommen, diesmal aus Rache für die Bloßstellung. Unklar ist, ob der Betrunkene einem anderen Stamm angehört.

Trunkenheit senkt die Schwelle der empfundenen Schande und wird auch entschuldigend von der Gesellschaft für begangene Straftaten gesehen.

Wenn jemand eine Straftat vorhat, diese jedoch im nüchternen Zustand nicht wagt, betrinkt er sich vorher bewusst. Damit wird die Autorität in der Beurteilung der Straftat gewissermaßen „bestochen".

## 16.6   Katholische Sühne

In der katholischen Theologie wurde auf Chuuk für gebeichtete „Sünde" (als soziales Vergehen gegen die Norm Gottes) vom ausländischen Priester eine Sühnehandlung auferlegt. Wenn diese „Strafe" abgeleistet war, trat Erleichterung und
*Qv.: Kap.3, Beispiel 14*   Entlastung ein.

Damit war die Sünde mit allen Folgen aufgehoben, eine weitere Konsequenz wurde nicht erwartet. Die Integration in das soziale System war (zumindest) beim „Sünder" gewährleistet. Es bestand dann weder Scham- noch Schuldempfinden über die begangene Sünde als Tat.

Bis zur vollständigen Ableistung der Sühne blieb die Angst vor anderen unvorhersehbaren Folgen bzw. Konsequenzen.

Ähnlich waren die Zusammenhänge vermutlich bei folgendem Beispiel aus der deutschen Kirchengeschichte: Die Felsenkirche in Idar-Oberstein wurde Ende des 15.Jahrhunderts von einem adligen Mörder erbaut. Der Mann hatte seinen Bruder von der darüber liegenden Burg herabgestürzt; der blieb auf dem Felsvorsprung liegen. Der Mörder erhielt als Sühnehandlung die Aufgabe, an dieser Stelle eine Kapelle zu bauen.

Eine andere Version der Überlieferung: Ein Mönch hatte sich mit einer Frau eingelassen und legte sich selbst als Sühnehandlung die Erbauung einer Kapelle auf dem schwer zugänglichen Felsenvorsprung auf.

Die fertige Kapelle signalisierte das Ende der Angst, das Ende der zu erwartenden Konsequenz für die Straftat.

## 16.7   Evangelische Beichte

In der evangelischen Theologie wurde auf Chuuk für eine gebeichtete „Sünde" vom ausländischen Missionar vor allem die Bußhaltung (bereuen) und Bußhandlung als Wiedergutmachung der Straftat erwartet, worauf die Vergebung zugesprochen wurde: Zurückbringen der gestohlenen Ware bzw. deren Ersatz, wahrheitsgemäße Schilderung bei einer Lüge, jeweils mit Entschuldigung, Versprechen des normgerechten Verhaltens bei nicht wieder gut zu machenden Vergehen mit entsprechender Probezeit ggf. ohne kirchliche Funktionen.

In der evangelischen Kirche war in der dritten Generation die Pflichtbeichte vor dem Abendmahl in manchen Gemeinden zu einem (katholisch anmutenden, vor allem, wenn
*Qv.: Kap.3, Beispiel 34*   auf derselben Insel beide Konfessionen vertreten waren) Ritual geworden. Dabei wurden die „Sünden" von jedem Beichtenden in

einem gelernten Spruch heruntergesagt, manchmal so schnell, dass der Missionar in seinen ungenügenden Sprachkenntnissen keine Einzelheiten verstehen, aber eben den Spruch erkennen konnte. Fragte er zurück, kam der Beichtende in größte Schwierigkeiten – das Ritual sah diese Intervention nicht vor. Erwartet wurde eine Generalabsolution und damit die Zulassung zum Abendmahl.

Die Macht des Missionars bestand in dieser Zulassung zum Abendmahl (nach der Feststellung in Joh.20,23 „Welchen ihr die Sünden erlasset, denen sind sie erlassen; welchen ihr sie behaltet, denen sind sie erhalten"), das als Reinigung von Sünde vor Gott und damit als Beendigung der Angst vor einer göttlich verordneten Strafe gesehen wurde.

Daraus erklärt sich auch das Bedürfnis einiger „Christen", erst kurz vor dem Abendmahl zur Beichte zu gehen, um „sündlos" die Elemente Brot und Wein empfangen zu können. Eine eventuell dazwischen begangene Sünde wäre nicht in der Absolution enthalten und der Fluch Gottes (1.Kor.11,27 „Wer aber unwürdig von diesem Brot isst...") würde sie als Strafe einholen, trotz oder gerade wegen der Teilnahme am Abendmahl.

## 16.8   „Schülervertretung"

Lothar Käser erzählte aus seinem Schulalltag in Mikronesien, dass er die Schüler wie gewohnt aufforderte, Fragen zu beantworten. Er stellte fest, dass manche nur recht leise und undeutlich sprachen und bat sie, doch lauter und deutlicher zu reden. Wieder war nur ein unverständliches Stammeln zu vernehmen. Schließlich bat er den Nebensitzer zu wiederholen. Der wiederholte laut und deutlich die Antwort des ursprünglich gefragten Schülers.

Der Schüler war sich offensichtlich nicht sicher, ob seine Antwort richtig war und wollte sich nicht vor der Klasse mit einer falschen Antwort blamieren. Deshalb blieb er undeutlich, wobei er vielleicht hoffte, der Lehrer würde sich die richtige Antwort zusammenreimen. Da dieser darauf bestand, verstärkte sich bei dem Schüler die Befürchtung, seine Antwort sei falsch, worauf er sich verbal noch mehr zurückzog., Dies äußerte sich auch in seiner Körperhaltung . Der Nebensitzer verstand ihn jedoch gut, der sprach frei, denn, wenn es richtig war, hatte er die Ehre, wenn nicht, keine Schande, denn die Antwort stammte nicht von ihm. Auch der gefragte Schüler war gerettet, denn er hatte ja die Antwort nicht gegeben.

# 17.   Auseinandersetzung westlicher mit nicht-westlichen Verständnissen

## 17.1   Der Missionar als ausländische, übergeordnete Autorität

Aitel und Iteko, Pastorenehepaar auf Puluwat, wollen ihrer zweijährigen Tochter die Mutterbrust abgewöhnen. Sie erklären der Kleinen: „Wenn du trinkts (un upw), ist der Ausländer böse („Miiler – für Müller – a soong")." *Qv.*: Kap.3, Beispiel 32

Die eigene Autorität genügt nicht, das Kind zur Verhaltensänderung zu bewegen. Angst wird gezielt eingesetzt, denn „böse sein auf" bedeutet immer auch negative Konsequenzen für die Zielperson. Für den Pastor stehen Geister für diese Autorität nicht mehr zur Verfügung, deshalb nimmt er eine neuzeitliche übergeordnete Struktur.

## 17.2   Küchengeräte gestohlen

Ein einheimischer Mitarbeiter einer Mission hatte die Kisten einer Missionarin, die sich gerade im Heimataufenthalt befand, aufgebrochen und Küchengeräte entwendet. Das wurde erst entdeckt, als die Missionarin wieder zurückkam. Der Verwalter konnte sich nur diesen Mitarbeiter denken, da nur er Zugang zum Lagerraum hatte. Zur Rede gestellt, gestand er die Tat und entschuldigte sich. Das war der Missionarin zu wenig; sie wollte ihre Küchengeräte wieder haben. Sie fuhren zusammen in sein Dorf. Noch außerhalb bat der Mitarbeiter den Verwalter und die Missionarin, zu warten, er wolle selbst die Sachen holen. Schließlich kam er wieder. Er brachte einen Teil der Sachen mit. Die anderen seien nicht mehr aufzufinden. Die Missionarin war zufrieden.

Der Mitarbeiter hatte die Geräte offensichtlich unter Angehörigen der Großfamilie verteilt, die sie ihrerseits wieder weiter gaben. Deshalb waren einige schließlich nicht mehr aufzufinden. Er wollte seine Familie selbst ansprechen, denn die Begleitung der Weißen hätte sie als Autoritäten erscheinen lassen, die Sache wäre schnell eskaliert: Die ganze Familie hätte ihr Gesicht verloren. So blieb alles unter ihnen und sie versuchten, so glimpflich wie möglich weg zu kommen. Vielleicht hat der Mitarbeiter die Missionarin vor seinen eigenen Leuten sogar beschuldigt, ihm zuerst die Sachen „geliehen" zu haben während ihres Urlaubs, sie jetzt aber zurück fordere.

Sollte der Mitarbeiter weiterhin beschäftigt werden? Er hatte monatelang nach dem Diebstahl zuverlässig mitgearbeitet, erst die Entdeckung der Tat brachte diese Frage auf. Eine Weiterbeschäftigung hätte ihm signalisiert, dass die Sache in Ordnung sei, und seine Erklärungen hätten seiner Familie genügt, um entlastet zu sein.

## 17.3   Schulleiter

Ein einheimischer Lehrer übernahm die Leitung der Schule von dem Missionar, der wieder in seine Heimat zurückkehrte. Er erhielt die gleichen Rechte und Pflichten, er verwaltete die Boote, die Häuser, die Kasse, die Mitarbeiter. Schon nach wenigen Wochen erhielten die Missionare ihre Post nicht mehr regelmäßig, ihre Bestellungen konnten nicht mehr erledigt werden, auch Die Essensvorräte für die Schüler wurden knapp: Es sei nicht mehr genügend Benzin vorhanden, um zur Regierungsinsel zu fahren. Die Missionare hatten aber beobachtet, wie ihr Chef mit dem Schulboot an Wochenenden mit seiner Familie Ausflüge machte und Verwandte besuchte. – Der Gebietsleiter der Mission sprach den Schulleiter an und bat ihn, eine Abrechnung über das Geld der Mission vorzulegen, wie das üblich war. Er versprach das immer wieder, brachte aber nur Ausflüchte vor. Schließlich wurde mit ihm abgesprochen, dass eine Missionarin die Abrechnung erstellen und künftig auch die Kasse für die Schule führen solle. Schon am ersten Tag kam die Missionarin frustriert aus dem Leitungsbüro. Sie hatte weder Kasse noch Belege erhalten. Der Schulbetrieb war zudem durch Missmanagement erheblich gestört. Niemand durfte mehr ohne Genehmigung des Leiters in seinem eigenen Bereich eine Entscheidung fällen.

Es war sehr schwierig, den Mann wieder aus seinem Amt zu entfernen. Der Prestigeverlust wäre immens gewesen, undenkbar für ihn und seine Familie. Trotzdem war der Zustand nicht mehr tragbar und die Missionare forderten die Missionsleitung auf, keinen kulturellen Unterschied zu machen: Sie müssten über Heller und Pfennig Rechenschaft ablegen, er dürfe Dollars zu Hunderten verschwenden und die Mission drückte beide Augen zu. Die Beziehungen waren aufs äußerste gespannt.

Bei der Missionsleitung wurde ein Ausweg diskutiert: Man wolle den Mann nach Amerika schicken zum Studium, zusammen mit seiner (großen!) Familie. Die Missionare gaben zu bedenken, dass er dann nach seiner Rückkehr zumindest Anspruch auf den gleichen Posten erheben würde. Man könne ihn nicht für viel Geld studieren lassen und ihm dann keine Arbeit mehr geben. Das war einsichtig, löste jedoch das Problem nicht. Man versuchte, eine andere Stellung woanders für ihn zu finden – es musste eine höhere Stellung sein. Doch seine Familie wollte nicht.

Er musste ertragen werden, und viel Spendengeld floss ins Meer...

## 17.4   Konferenzteilnehmer

Ich hatte eine Konferenz aller Missionare und englisch-sprachiger einheimischer Mitarbeiter organisiert. Um Kosten zu sparen, einigten wir uns mit der Missionsleitung gleich zu Beginn der Planung darauf, dass jeder einen Beitrag zum Essen leisten solle, während die Mission für die Flüge und die Unterkunft für die Familien aufkommen würde. Als ich während der Konferenz die Beiträge einsammeln wollte, erhob sich ein Sturm der Entrüstung bei den einheimischen Mitarbeitern: Das sei völlig gegen ihre Kultur. Sie seien gewohnt, Gastrecht in Anspruch zu nehmen, wozu auch das Essen gehöre. Alle Versuche, mich auf ihr Wort und auf die Abmachung zu berufen, scheiterten. Selbst der Missionsleiter knickte ein und gab nach: Die Missionare zahlten anstandslos, die Einheimischen nicht. Ein leitender einheimischer Mitarbeiter bemerkte während der hitzigen Diskussion, dass sie gerne ihre Kultur vorschieben, wenn ihnen etwas nicht passe.

## 17.5   Einkaufskasse (fiktiv)

Ein einheimischer Mitarbeiter hatte jahrelang die Einkaufskasse verwaltet. Er erhielt einen bestimmten Betrag, wofür er alles Nötige regelmäßig besorgte. Eines Tages fehlte Geld in der Kasse, die er zu verwalten hatte. Der Mitarbeiter wurde nervös, versuchte sich heraus zu reden. Schließlich erzählte er, dass ihn sein Onkel dringend um Geld gebeten hatte, damit er einen kranken Angehörigen ins Krankenhaus bringen konnte. Natürlich wolle er den Betrag so bald wie möglich wieder zurückbringen – was nicht geschah. Der Mitarbeiter hatte nicht genug Geld, die Einkäufe rechtzeitig zu erledigen. Die Sache kam ans Licht. Der verantwortliche Missionar hatte Nachsicht, bat aber darum, bei der notwendigen engen finanziellen Kalkulation doch recht bald das Geld zu besorgen. Der Mitarbeiter erzählte das dem Onkel, der nicht bereit war, seinem Neffen das geliehene Geld zu geben; zudem sei das von den Ausländern, die sowieso viel Geld hätten und auf den kleinen Betrag gut verzichten könnten. Die Einkäufe stockten. Der Missionar erklärte, er wolle das Geld in Raten vom Lohn des Mitarbeiters abziehen. Der protestierte, denn er habe das Geld nicht für sich verwendet, sondern seiner Familie in einer Notlage geholfen.

Der Fall eskalierte; der Mitarbeiter wurde entlassen. Gerechtigkeit musste sein. Mit der Stelle verlor er auch sein Ansehen im Dorf. Die Leute aus dem Dorf waren zornig auf den Missionar. Der gab ihm zu verstehen, dass er sofort wieder anfangen könne, wenn er das entwendete Geld wieder zurückbringen würde. Das wurde als Beleidigung aufgefasst, dass nun die Hilfestellung als Diebstahl bezeichnet wurde.

Schließlich lenkte der Missionar ein und holte den Mitarbeiter zurück. Die Geldschuld sollte aber freiwillig bezahlt werden, wozu der Mitarbeiter sofort bereit war. Er verhielt sich jetzt wieder so wie immer. Aber das Geld kam nie zurück.

Der Mitarbeiter erkannte in der Rehabilisierung in seiner Aufgabe zuerst und vordergründig die Wiederherstellung seiner Ehre. Das war entscheidend für ihn. Die Ursache der Auseinandersetzung, das entwendete bzw. „geliehene" Geld, spielte jetzt keine Rolle mehr. Zudem hatte er das Geld seiner Meinung nach auch nicht gestohlen, sondern für seinen Onkel geliehen. Da dieser für ihn eine höhere kulturelle Autorität war als der Missionar, war er sogar dazu verpflichtet; er hatte keine Sekunde gezögert. In seinen Augen war das richtig, wie er sich verhielt! Er brauchte keine Entlastung. Er verstand die Missionare nicht, die eine erledigte Sache zum Kriterium der Beziehung erhoben, immer noch zwischen ihrer Beziehung zueinander stand und diese störte.

# 17.6   Berufung von Kirchenältesten

Der Pastor von Oneop verkündete mir eines Montags freudestrahlend, dass nach seiner Predigt sechs Männer aufgestanden waren – ein Zeichen der inneren Betroffenheit. Sie bestätigten ihm nach dem Gottesdienst, dass sie mit ihrem Glauben neu ansetzen wollten. Ich freute mich herzlich mit ihm, hatten wir uns doch schon lange um einige dieser Männer bemüht. Er berichtete weiter, dass sie die Ernsthaftigkeit ihrer Entscheidung durch ihre Bereitschaft signalisierten, als Kirchenälteste mitarbeiten zu wollen. Sie baten ihn darum, sie bald einzusetzen und zu segnen, denn sie erhofften sich dadurch die Kraft Gottes, um nicht rückfällig zu werden. Karel erhoffte sich seinerseits von mir eine freudige Zustimmung. Ich versuchte ihn daran zu erinnern, dass unsere Kirchenordnung für Kandidaten jedes Amtes eine einjährige Probezeit vorsähe, die ja jetzt beginnen könne. Die Kandidaten arbeiten ab diesem Zeitpunkt mit, sie sollen durch ihre Einstellung, ihr Verhalten und das ganze Leben zeigen, dass sie die Kriterien des angestrebten Amtes auch durchhalten können, die sich in ihrem Glauben beweist. Karel wartete ein Wochenende ab, an dem ich wieder zu Diensten in Gemeinden auf anderen Inseln unterwegs war, um den Männern ihren Wunsch zu erfüllen. Ein Jahr später war nur noch einer der Männer in Amt und Würden. Die anderen waren wegen Verfehlungen ausgeschieden. Natürlich durfte ich Karel nicht an unser Gespräch erinnern. Das hätte ihn tief beschämt und sein Verhältnis zu mir wäre erschüttert gewesen. Er war sich ohnehin dieser Zusammenhänge bewusst.

Kirchenälteste genossen eine hohe Ehrenstellung in der Gemeinde und auf der Insel. Sie galten als vertrauenswürdig, zuverlässig, ehrlich. Sich einer Bewährung auszusetzen ist eine demütigende Angelegenheit. Die Kandidaten haben das Gefühl, man traue ihnen das Amt eigentlich nicht zu und sie müssten sich erst beweisen. Sie werden kritischer beobachtet, man spricht über sie. Die besagten Kandidaten waren sich ihrer Schwächen bewusst.

Ihr mystisches Verständnis von Kraft und Befähigung beruhte auf dem animistischen Konzept von *Mana und Tabu*. Ein Tabu ist ein Ritual („Meidungsgebot"), das nach bestimmten Regeln durchgeführt wird. Meist ist dieser Vorgang mit besonderen Opfern und auch mit sexueller Enthaltsamkeit verbunden. Dadurch soll Mana vermittelt werden, wobei eine übernatürliche Kraft von den Geistern zu den betreffenden Menschen fließt, was bei diesen eine besondere Befähigung bewirkt.

Dieses Konzept übertrugen die Kandidaten auf die Einsetzung in Kirchenämter unter dem Zuspruch des Segens Gottes. Die Männer wollten so schnell wie möglich auch die Ehre erhalten, die mit dem Amt verbunden war. Diese Ehre ist natürlich auch eine Verpflichtung. Der westliche Begriff „Verantwortung" war auf den Inseln nur im Zusammenhang mit einem Amt verständlich.

Karel wollte sich nicht der Kirchenordnung unterstellen, sondern ebenso schnell die Ehre haben, von diesem geistlichen Erfolg seines Dienstes berichten zu können.

Meine vorsichtige Zurückhaltung musste für ihn als Beleidigung, als Beschämung wirken, denn ich stellte damit einerseits sein Urteilsvermögen, andererseits seinen Prestigegewinn in Frage.

Er war der Kirchenordnung unterstellt, die außer ihm nur ich kannte. Der Ungehorsam war nur mir bekannt. Die Öffentlichkeitswirkung hielt sich in Grenzen. Ich war aber als Missionar gleichzeitig die Autorität, die für die Kirchenordnung zuständig war. Er nahm dieses Risiko der möglichen Beschämung in Kauf um des Prestigegewinns willen, der dadurch in Aussicht gestellt war.

Zuletzt war es für ihn ein unausgesprochener Ehrverlust, dass fünf Männer rückfällig wurden. Hätte unser Gespräch in der Öffentlichkeit stattgefunden, wäre das eine größere Schande gewesen; nun musste er nur damit rechnen, dass ich mich erinnerte und hoffte, ich würde ihn nicht an seine Missachtung der Kirchenordnung erinnern.

## 17.7   Mikronesische Matrosen auf deutschem Schiff

In den 70er Jahren fuhr ein deutsches Schiff die Routen durch Mikronesien. Die Reederei hielt den Kapitän an, billige Arbeitskräfte von den Inseln anzuheuern. Die deutschen Matrosen flogen in die Heimat zurück, sobald sie ersetzbar waren. Die mikronesischen Mitarbeiter genossen die gleichen Rechte und Pflichten wie ihre deutschen Kollegen. Schon nach wenigen Tagen waren sie betrunken. Der Kapitän erlaubte ihnen nur 1 Bier am Tag – nach Feierabend. Das empfanden die Insulaner als Bevormundung, als Beleidigung, da man sie wie Kinder behandelte. Zudem hatten sie eine andere Einstellung zum Alkohol. Sie meuterten gegen den Kapitän. Das ist an Bord eines Schiffes, wo alle eine unverzichtbare Solidargemeinschaft bilden, ein Verbrechen, da sie das Leben auf dem Schiff und das Schiff selbst in Gefahr bringen. Kurzerhand wurden sie im nächsten Hafen allesamt ausgemustert.

## 17.8   Verlassenes Eigentum

Aufgelaufene Boote, deren Eigentümer Hilfe holt, werden von Einheimischen manchmal scheinbar grundlos zerstört, bevor die Hilfe eintrifft.

Wir waren mit unserem Hochseeboot in Mikronesien kurz vor Sonnenaufgang bei heftigem Tropenregen nur 50 Meter neben der Einfahrt auf das Riff gelaufen. Die Ebbe setzte ein und wir konnten aus eigener Kraft nicht mehr in tiefes Wasser gelangen. Als wir nach nur einer Woche mit einem Schiff unser Boot retten wollten, war es durch Einheimische schon mutwillig zerstört, obwohl wir den Chief der nahegelegenen Inseln eindringlich darum gebeten hatten, seine Leute davon abzuhalten.[8] (Siehe Kapitel „Das Gewissen im sozialen Umfeld" bei „Bodenbeschaffenheit")

## 17.9   Land für Flugplatz

Die japanische Marine hatte im zweiten Weltkrieg auf Älley, der großen unbewohnten Insel im Puluwat-Atoll, eine vollständige Verteidigungsfestung eingerichtet mit Leuchtturm, riesigen Wassertanks und fließendem Wasser in allen Gebäuden, Elektrizität durch große Generatoren und vor allem mit Fahrzeugen, Panzer und Luftabwehrkanonen, Straßen und Flugplatz. Nachdem die Amerikaner Mikronesien eingenommen hatten, war die Insel von der Versorgung abgeschnitten. Schließlich wurden die Soldaten als Gefangene abgeholt, ohne dass ein Schuss abgegeben wurde. Die Insulaner kamen von der Internierung auf einer entfernten Insel zurück und übernahmen das Erbe der japanischen Marine: Sie machten sich einen Spaß daraus, eingeschaltete Lichter der Fahrzeuge mit Gewehren auszuschießen. Die gesamte Anlage wurde innerhalb weniger Tage funktionsuntüchtig. 1974 kam ich nach Puluwat und erkundete auch die nun völlig überwucherte Insel Älley. Es tat mir leid für die Insulaner, als ich erkannte, in welchem hohen Lebensstandard sie hätten leben können, wenn sie den Wert erkannt und den Gebrauch erlernt hätten. Vor allem die guten hygienischen Verhältnisse hätten viele Krankheiten verhindern können.

Ich baute mit den Männern auf Puluwat eine Anlegestelle für die Insel. Wir verwendeten dazu einzelne Kanonenrohre als Pfosten. Durch einen großen Wassertank hatte die Bevölkerung genügend sauberes Trinkwasser und ich konnte sogar eine Toilette mit Wasserspülung in meinem Haus einrichten. Jetzt erst erkannten die Insulaner den Gebrauch und den Wert solcher Einrichtungen. Der Adoptivsohn des Chiefs war Lehrer und ließ sich von mir die technische Einrichtung erklären, da er vor allem die hygienischen Vorteile der Toilette erkannte. Er wollte das in seinem neuen Haus übernehmen (das scheiterte jedoch später an dem Tabu, Exkremente innerhalb des Hauses zu entsorgen. Technische und hygienische Neuerungen müssen von einem Netzwerk von Tabus und Werten

---

[8] Klaus W. Müller, *Kurs 330 – Südseemissionare unterwegs*. Bad Liebenzell: VLM, 1977.

zugelassen sein!). Der alte Chief setzte alles daran, wenigstens den Flugplatz auf Älley wieder herzurichten. Es ist uns nicht gelungen, da einige Eigentümer ihre Grundstücke nicht frei gaben, die für die Einflugschneise gebraucht wurden.

## 17.10 Toleranz: Geringfügigkeit oder Fahrlässigkeit?

Jede Kultur erlaubt eine bestimmte Toleranz auf bestimmten Gebieten: Bei Geschwindigkeitsbegrenzungen werden 3% Toleranz berechnet wegen möglicher technischer Abweichungen der Radargeräte vom Tachometer. In den *Qv.*: Kap.4, Beispiel 52 kommerziellen Tachometern ist eine gewisse Ungenauigkeit eingebaut, um den Fahrer vor Geschwindigkeitsübertretung zu bewahren. Dabei ist Toleranz beabsichtigt. In Navigationsgeräten kann die Toleranz eingegeben werden, nach der es den Fahrer vor überhöhter Geschwindigkeit warnt. Dabei ist Toleranz im Ermessen des Fahrers. In Kaufhäusern sieht man immer häufiger den Hinweis, dass jeder entdeckte Diebstahl angezeigt wird: Null Toleranz! Überwachungskameras, elektronische Signalgeber in den Gegenständen wie z.B. der Bekleidung erhöhen das Risiko der Entdeckung und stärken den Abwehrmechanismus.

## 17.11 Rüge mit Prestige

Ein US-amerikanischer Entwicklungshelfer auf Puluwat, ein „Peace corps", der den leitenden Männern Prinzipien der Gemeindeverwaltung („community development") beibringen sollte, brüstete sich damit, dass er zur Zeit einen großen Einfluss auf die Leute habe. Wegen der feuchten Hitze hatte er einen juckenden Ausschlag an den Stellen des Körpers, wo Haut auf der Haut scheuerte. Er kratzte sich unkontrolliert, auch oft in Gegenwart anderer Leute. Als das nächste Schiff kam, bedankte sich der Bürgermeister bei ihm und erklärte, sie hätten nun genug von ihm gelernt, er könne mit dem Schiff wieder zurück reisen. – Er hatte keine Außenschau von sich und merkte nicht, dass nur er diese Angewohnheit hatte, die selbst unter Männern als tabu galt. Der Häuptling sagte ihm die unangenehme Entscheidung in einer Art und Weise, die für ihn nicht beleidigend war.

## 17.12 „Maukennest"

Eine Studentenfrau von Paraguay mit deutschem Pass zog in einem hessischen Dorf ein. Sie wurde von hilfreichen Nachbarfrauen angewiesen, wie „man" einen Putzlappen mit zwei Händen auswringt – die hessischen Frauen nahmen an, sie wisse das nicht und fürchteten, dass sich ein „Maukennest" (schwäbisch für einen Platz, in dem sich allerlei Dinge sammeln, für die man keinen Platz findet und der sich dadurch auch ausbreiten kann) in ihrer Nachbarschaft bilden könnte. Die junge Frau fühlte sich brüskiert, ertrug aber stillschweigend diese soziale Kontrolle. Wenig später durfte sie ihren Nachbarinnen zeigen, wie man paraguayische Spezialitäten backt.

# 18.  Kommentierte Beispiele

## 18.1  Gegenüberstellung Scham- und Schuldorientierung

Beispiele von Lothar Käser

❑ Ein junger Mann, der in Deutschland aufgewachsen ist, fährt „Essen auf Rädern" aus und benützt dazu einen kleinen Lieferwagen. Nach seinem Besuch in einem Haus, in dem er eine Altenwohngemeinschaft zu beliefern hatte, beschädigt er beim Zurückstoßen aus Unachtsamkeit einen Müllcontainer. Er vergewissert sich kurz, ob er dabei beobachtet wurde. Dann fährt er davon, so schnell und unauffällig, wie dies unter den gegebenen Umständen möglich ist.

Zunächst ist er froh, dass für ihn alles gut gegangen ist. (Der Kratzer an der Stoßstange ist kaum zu sehen.) Die Sache aber lässt ihm keine Ruhe, ein paar Tage später eröffnet er sich dem Geschädigten und erklärt sich bereit, den Schaden wieder gutzumachen.

❑ Ein junger Mann, der in einer nichteuropäischen Kultur (Afghanistan, Mozambique?) aufgewachsen ist, lebt mit einigen seiner Familienangehörigen seit einigen Monaten in Deutschland und arbeitet als Aushilfsfahrer bei der Auslieferung von Waren. Eines Tages passiert ihm ein ähnliches Malheur wie dem jungen Mann im obigen Beispiel. Auch er vergewissert sich, ob man ihn gesehen hatte, und er fährt davon, weil er annimmt, dass für ihn alles gut gegangen ist. Zwar lässt auch ihm die Sache keine Ruhe, aber er stellt sich nicht, auch dann nicht, als er erfährt, dass im Stadtteil ein Gerücht kursiert, er könnte der Täter gewesen sein wegen der Kohlenstaubspuren.

Nach längerer Zeit taucht unbekannter Besuch bei den Geschädigten auf. Der Betreffende sagt, er sei der Onkel des jungen Mannes, der den Müllcontainer kaputtgemacht habe. Er wolle sich entschuldigen und den Schaden bezahlen.

**Leitfragen für die Diskussion**

1. Kann man behaupten, einer von den beiden jungen Männern habe kein Gewissen?
2. War beiden klar, dass sie gegen einen Kodex ethischer Normen verstießen? Wenn ja, woraus ist das zu schließen?
3. Welche Gefühle haben in beiden Fällen eine Rolle gespielt?
4. Gab es unter diesen eines, das dominierte?

❑ Ein Junge, 13 Jahre alt, in der 7. Klasse ist viel zu dick. Seine Klassenkameraden nennen ihn „Piggy". Beim Weitsprung in der Sportstunde schaffen die anderen ohne weiteres Sprünge von mehr als 3 m. Nur Piggy landet immer nur bei 1,50 m in der Sprunggrube.

1. Welches Gefühl empfindet Piggy in dieser Situation?
2. Warum empfindet er so?
3. Hat dies etwas mit seinem Gewissen zu tun?

# 18.2 „Michael Kohlhaas" – Novelle von Heinrich von Kleist

## 18.2.1 Geschichtlicher Hintergrund

Im Jahr 1532 geriet der Bauer Hans Kohlhase in Streit mit dem kursächsischen Junker Günther von Zaschwitz, der dem Bauern zwei Pferde beschlagnahmte. Da Kohlhase vor Gericht nicht zu seinem Recht kam, schrieb er 1534 einen Fehdebrief gegen Zaschwitz und eröffnete im März 1535 die Fehde. Nach einem Überfall auf einen kurmärkischen Landsmann wurde er von der Behörde in Berlin ergriffen und zum Tode verurteilt, das am 22.3.1540 vollstreckt wurde. Heinrich von Kleist (1777-1811) griff den Stoff im Jahr 1810 in seiner Novelle „Michael Kohlhaas" auf. [9]

---

[9] Meyers Großes Taschenlexikon, Bd.12, Mannheim: B.I.-Taschenbuchverlag, 1992: 49. Im Folgenden nach eigenen, bewusst gewählten Schwerpunkten zusammengefasst. Vor einiger Zeit wurde die Novelle verfilmt.

## 18.2.2  Novelle

Der Bauer Michael Kohlhaas fühlte sich zurecht von dem Junker ungesetzlich behandelt. Er kämpfte vor Gericht, das jedoch auf der Seite der Adligen stand, also nichts unternahm, das der Ehre der Herrschenden schaden würde. Der Richter handelte nach dem Spruch: „Wer die Macht hat, hat das Recht!" Dadurch hatte der Bauer keine Chance für Gerechtigkeit, er rannte sozusagen gegen die Wand, als er „auf sein Recht pochte". Sein Gerechtigkeitsempfinden schlug dadurch hoch wie Wellen in der Brandung: „Jetzt erst recht!" Auch seine Ehre war verletzt, was die Wucht verstärkte, die ihn nun über die Grenzen der Gesetzmäßigkeit trug. Seine Empfindungen steigerten sich zur blinden Wut. Dann ging „Gewalt vor Recht!" Die Adeligen brauchten nur eine Gelegenheit abwarten, bei der sie ihn fassen konnten; sie waren die Stärkeren, sie saßen am längeren Hebel. Aber „Das Recht des Stärkeren ist das stärkste Unrecht" (M. von Ebner-Eschenbach). Kohlhaas verhielt sich ungesetzlich, indem er gegen einen Angehörigen des Grafen tätlich wurde. Nun spielten in der Verhandlung die beschlagnahmten Pferde keine Rolle mehr, sondern der Überfall auf einen Bürger. Anders war Kohlhaas nicht auszuschalten gewesen, da er „auf dem Boden des Rechts stand"; das wussten die Adligen, die dieses Recht letztlich nicht beugen konnten. Durch den verletzten Stolz der Adligen wurde schließlich das Strafmaß für das unrechte Verhalten dermaßen überhöht, dass darüber das Todesurteil gesprochen wurde. In der Novelle Kleists spielt die Kirche dabei eine klägliche Rolle; sie verhielt sich indifferent, d.h. sie stärkte das Recht nicht durch die biblischen Gebote, obwohl die Rechtsprechung eindeutig auf der christlichen Ethik beruhte. Aber sie hatte nicht die notwendige Autorität. Kleist lässt den Junker unter dem Druck der Öffentlichkeit die Pferde des Bauern zurückgeben, als dieser schon auf dem Rad liegt, auf dem er zu Tode gefoltert wird. „Gleiches Recht für alle?" „Recht muss doch Recht bleiben!" Der Bauer war also noch im Tode gerechtfertigt worden, verlor aber das Machtspiel.

*Qv.*: Kap.4, Beispiel 53

# 18.3   Selbstmord wegen homosexuellen Missbrauchs

(Vergröberte Darstellung) Der etwa 15-jährige Sohn eines verantwortlichen Mitarbeiters eines christlichen Werkes wurde vom betreuenden Mitarbeiter der Gemeinde über längere Zeit hinweg sexuell missbraucht. Der Junge hatte nicht den Mut Hilfe zu suchen, da ihn der Mitarbeiter durch Drohungen zum Schweigen verpflichtete. Die Eltern bemerkten, dass sich ihr Sohn immer mehr zurückzog, bis sie eines Tages den Abschiedsbrief entdeckten. Sie kamen zu spät in den Wald; er war „freiwillig" aus dem Leben geschieden. Die Eltern wollten den Mitarbeiter anzeigen, um Wiederholungen zuvorzukommen. Der entschuldigte sich bei der Familie und bei den Ältesten. Daraufhin erwarteten die Ältesten, dass die Familie den Fall nicht der Polizei meldete und erlaubten dem Mitarbeiter weiterhin seinen Dienst in der Gemeinde zu tun. Die Eltern hatten Mühe damit und wollten den jungen Mann einer gerechten Bestrafung aussetzen. Die Ältesten übten nun ihrerseits Druck auf die Familie, vor allem auf den Vater, aus und erwarteten, dass er dem jungen Mann sofort vergeben solle. Das Risiko eines Rückfalles schlossen sie aus. Die Familie war dazu bereit, erbat sich aber Zeit, um verarbeiten zu können. Die Sache eskalierte: Der Vater des missbrauchten Jugendlichen wurde seines Dienstes enthoben: Er sei nicht geistlich, da er nicht zur sofortigen Vergebung bereit war.

Obwohl diese Geschichte in einer schuldorientierten Kultur geschah, trägt sie schamorientierte Züge:

❑ Der Druck der Gemeinde auf die Familie den Fall nicht an die Öffentlichkeit zu bringen – nicht nur die Familie des Täters, sondern die ganze Gemeinde wäre in Verruf geraten.

❑ Der Druck des Täters auf den Jungen, mit dem die Ehre und Stellung gewahrt bleiben sollte. Hier spielt auch die Angst vor der Strafe eine Rolle.

❑ Die „geistliche" Begründung der Gemeinde für ihre Forderung zur Vergebung; Die Ältesten beriefen sich damit auf eine höhere Autorität und erhoben sich zur Autorität über die

Familie. Sie machten sich zum Anwalt des jungen Mannes, verteidigten schließlich seine Haltung, weder eine Anzeige der Familie noch eine Selbstanzeige zu erlauben.

❑ Der junge Mann hätte durch eine Gerichtsverhandlung sicher soziale Ehre verloren. Durch den Schutz der Gemeinde blieb seine Stellung erhalten, eigentlich wurde sie gehoben, da sich die Verhandlung nun auf die Familie konzentrierte und der junge Mann untergeordnet behandelt wurde. Er behielt seine Stellung trotz belastendem Verhalten.

Solche schamorientierten Elemente sind immer wieder bei pietistisch geprägten Christen anzutreffen. Wenn religiöse Argumente verwendet werden, ist es sehr schwierig, schuldorientierte Einsichten zu erwarten. Hier wird angenommen, dass der junge Mann imstande ist, durch die geistliche Betreuung seine Triebe zu kontrollieren.

Nach deutscher Rechtslage wäre die Gemeinde verpflichtet gewesen, den jungen Mann sofort aus dem Dienst zu entfernen und den Fall der Polizei zu melden, um einer Eskalation durch Wiederholungen oder Rückfälle zuvorzukommen. Die Betreuung des jungen Mannes darf nicht nur geistlich-religiös geschehen, sondern muss tiefer greifen – zumindest gleichzeitig mit der geistlichen Betreuung. Wenn psychologische Betreuung theologisch nicht akzeptierbar erscheint, bleiben wichtige Aspekte der Heilung unberücksichtigt.

# 18.4   Synkretistische Theologie

Mikronesien, Mitte der 70er Jahre. Bei einer Schulung von Pastoren hatte ich mir vorgenommen, zwölf synkretistische Elemente der einheimischen Theologie zu analysieren und zu korrigieren. Zur Vorbereitung hatte ich die Pastoren gebeten, Stellung zu nehmen zu Behauptungen auf einem Blatt Papier, das an alle verteilt worden war. Diese Behauptungen waren Predigten, Seelsorgegesprächen und Liedern entnommen – und sie waren alle theologisch falsch. Dahinter war die Möglichkeit gegeben, sie als richtig oder falsch einzustufen und Belegstellen dafür anzuführen. Vor der Schulung erbat ich die Blätter zurück: Etwa die Hälfte der Behauptungen waren als „richtig" angekreuzt und sogar Bibelstellen dafür angegeben. Im Laufe der Schulung wollte ich zwölf Begriffe besprechen.

Eine Woche lang diskutierten wir einen einzigen Begriff, analysierten dessen Bedeutung in der früheren Religion sowie dessen Einordnung in der Kultur und Theologie. Wir unterschieden dabei vor allem Verständnisse, die im Kontext der Bibel deutlich, aber nicht in die Theologie übernommen wurden. Die älteren Pastoren gaben mir zu verstehen, dass ich der einzige Missionar sei, der das so lehren würde; alle anderen, älteren Missionare hätten das noch nie so gesagt. „Du bist der jüngste aller Missionare und der einzige der das so sagt. Wir sind älter an Dienstjahren als du an Lebensjahren. Wie kannst du behaupten, wir kennen die Bibel nicht richtig? Das gibt es nicht bei uns nach 40 Jahren christliche Gemeinde." Da ich Feldleiter war, hatte ich Zugang zu den Schulungsunterlagen der vergangenen Jahre. Alle Missionare waren aus der gleichen theologischen Schule hervorgegangen. Ich konnte den Vorwurf der Einseitigkeit vorsichtig zurückweisen. Ihr kultureller Filter hatte bestimmte Erkenntnisse nicht durchsickern lassen, obwohl diese vermutlich oft gelehrt worden waren.

Schwieriger wurde es, als ich nachwies, dass animistische Verständnisse in die Theologie der Kirche übernommen worden waren. „Wir sind hier aufgewachsen, du bist erst wenige Jahre hier. Wie kannst du meinen, wir hätten heidnische Elemente in unserer Theologie?" Das war eine glatte Ablehnung meiner Lehre. Ich stellte ihnen Fragen nach einem amerikanischen Ethnologen, der wenige Jahre zuvor auf diesen Inseln (Hall-Inseln, Chuuk, Mikronesien) seine Forschung in einheimischer Medizin durchführte. Sie kannten ihn noch gut. Was er erforscht habe, beantworteten sie nur sehr zögernd. Seine Informanten waren noch deutlich zurückhaltender. Dann zeigte ich ihnen ein Buch: Seine Forschungsergebnisse, eine Dissertation. (F. J. Mahony. *A Trukese Theorie of Medicine.* Ann Arbor/Michigan: University Microfilms. 1970.) Ich benannte „Ross und Reiter". Der Nachweis für die animistischen Zusammenhänge stammte von alten Leuten, die den Pastoren durchaus persönlich bekannt waren und vielleicht sogar ihre Gottesdienste besuchten.

Jetzt baute sich massiver Widerstand gegen mich auf. Ich hatte zwar recht, aber meine „Schüler" tief beschämt. Nun versuchte ich durch Geschichten im Alten Testament deutlich zu machen, dass damals schon die Propheten alle Mühe hatten, den Glauben und die Beziehung zu Gott rein zu halten von den Einflüssen der Religionen der Nachbarvölker Israels. Das relativierte zwar die Probleme nicht, die wir zu lösen hatten; aber es wurde akzeptabel, dass sie vorhanden waren. Die Pastoren konnten sich mit einem Volk identifizieren, das ihnen durch ihre Theologie nahe stand. Und sie lernten aus den Kontexten des Begriffs, dass verschiedene Bedeutungen zumindest möglich waren. Sie akzeptierten, dass meine Behauptungen weder auf mein Alter noch auf meine Hautfarbe zurück zu führen waren, sondern auf Zusammenhänge in der Bibel. Am Ende der Schulungswoche war ich total erschöpft – und mir bewusst, wie tief und hartnäckig religiös-kulturelle Elemente im Denken verwurzelt sind.

## 18.5   Disziplinierung von angesehenen Pastoren

Ich war 1972 als junger Missionar verantwortlich für acht Inselgemeinden. Die Kirchenstruktur war noch in der Vorbereitungsphase. Bei den regelmäßigen Besuchen kam ich mit meiner Frau wieder einmal zu einer Gemeinde, die uns immer wieder Sorgen gemacht hatte. Das Motorboot wurde schon früh gesichtet. Schon bei der Ankunft stellte ich fest: Hier ist etwas nicht in Ordnung. Der Pastor kam nicht wie üblich zur Begrüßung. Später entdeckte ich ihn unter dem Brotfruchtbaum vor der Kirche mit einer Gruppe seiner Gemeindeglieder beim „Bingo" (Glücksspiel, bei dem für den Spielleiter immer Geld übrig blieb). Er ließ sich durch meine Gegenwart nicht stören, auch nicht durch die „Glocke" (eine ausgediente Gasflasche, die mit einem Stück Metall angeschlagen wurde), die zum Gottesdienst rief.

Meine Frau kam weinend von der Frauenstunde zurück: Sie war zunächst allein, dann kamen nur wenige, die allesamt passiv blieben. Gemeindemitglieder gaben mir Hinweise darauf, dass dieser Zustand schon Wochen dauerte. Für den Sonntag-Gottesdienst meldeten sich einige Eltern zur Taufe ihrer Kinder – zum Teil waren diese schon einige Monate alt; die Eltern wollten ihr Kind nicht von ihrem Pastor taufen lassen. Noch kurz vor dem Gottesdienst baten mich weitere Eltern, ihr Kind zu taufen. Normalerweise überließ ich Amtshandlungen dem örtlichen Pastor und half nur nach Bitten des Verantwortlichen mit. Diesmal musste ich den Pastor ersetzen – auf Bitten einiger Kirchenältesten. Ich machte mir Notizen für ein ernsthaftes Gespräch mit dem „Wanparon", das ich am Montag führen wollte. Er erschien jedoch wieder nicht zur Morgenandacht.

Danach bat ich ihn zum Gespräch. Er saß mir sehr reserviert gegenüber. Alle anderen Personen hatten das Haus verlassen. Ich war jedoch sicher, dass sich viele in Hördistanz aufhielten. Ich hatte mir 10 Punkte aufgeschrieben, die mir aufgefallen waren. Ich sprach leise. Schon beim ersten Punkt wurde er ärgerlich, ging nicht auf die Sache ein, sondern griff mich an: Was ich mir einbilde, ihn zu kritisieren, wo er doch mehr Jahre im Dienst stehe als ich alt wäre. Vorsichtig wies ich ihn auf die Stelle im 1.Timotheusbrief hin, wo Paulus das Alter relativierte. Beim zweiten Punkt war die Explosion noch stärker, als ich sein Verhalten in direkten Zusammenhang mit einer Bibelstelle brachte: Das wäre nicht gültig für ihn, denn Paulus hätte das sicher ganz anders geschrieben, wenn er auf den Inseln gelebt und gearbeitet hätte – mehr so, wie er das sähe. Nun, meinte ich, die Ausführungen würden auch die deutsche Kultur betreffen und ich müsste mich auch den biblischen Ansprüchen beugen. Ich begann innerlich zu zittern. Der dritte Punkt brachte ihn zum Höhepunkt seines Zorns: Was ich mir als Ausländer einbilde, ihm solche beschämenden Vorwürfe zu machen. Spätestens jetzt konnten alle Nachbarn jedes seiner Worte verstehen. Meine Hände zitterten, als ich ihm deutlich machte, dass wir beide unter dem Ordinationsgelübde als Pastor stehen und Gott verantwortlich sind. Das war die Aggressionsphase.

Nun begann die Resignationsphase. Er wurde distanzierter, neugierig, welche weiteren Punkte ich zur Anklage vorbringen würde. Schließlich gab er zu, nicht nach Dienstvorschrift gehandelt zu haben. Danach fragte ich ihn, was er zu tun gedenke. Er hatte keine Vorschläge. Ich machte ihm deutlich, dass er nach den vorliegenden Gemeinderegeln eigentlich ein Jahr vom Dienst suspendiert werden müsse. Das wollte ich ihm aus Rücksicht auf sein Alter nicht zumuten und bat ihn, sich im Gottesdienst vor der Gemeinde zu entschuldigen und sich dann zu den Männern in den Sand zu setzen, einen Monat nicht zu predigen und in dieser Zeit nicht seinen gewohnten Platz auf dem betonierten, erhöhten Altarraum einzunehmen. Er war damit einverstanden.

Die passive Widerstandsphase setzte sofort ein: Als ich die Kirche betrat, saß er mit untergeschlagenen Beinen auf seinem Platz, und als er aufgerufen wurde, begab er sich zur „Kanzel", dem Rednerpult, von dem nur Ordinierte predigten, und „entschuldigte" sich in etwa so: „Ihr wisst, dass ich mit dem Missionar gesprochen habe; und ihr wisst auch, dass die Ausländer gescheiter sind als wir. Ich habe gegen ihn verloren. Er trug mir auf, ich solle mich entschuldigen und sagte, ich dürfe nicht mehr predigen." Dann setzte er sich zurück auf „seinen" Platz auf der Bank neben dem Altar. Jetzt kam ich an die Reihe – mit der Predigt.

Nach unserer Rückkehr nach Oneop konsultierte ich den alten Pastor Karel. Der war bestürzt. Ich bat ihn, eine Woche lang mit mir nach Satawan zu reisen, damit wir miteinander die Gemeinde wieder ins Geleise brächten, und er solle sich vor allem seines Kollegen annehmen. Karel war sofort einverstanden. Wir wollten täglich abwechslungsweise eine erweiterte Morgenandacht halten und dabei die Probleme behandeln, die in der Gemeinde vorlagen. Danach sollten die Familien in ihren Häusern besucht werden.

Wie besprochen begann Karel. Er predigte laut und gestikulierend, aber sein Thema und sein Text waren weit von dem Problem entfernt, das er behandeln sollte. „Ich kann das nicht so direkt ansprechen", meinte er, als ich ihn fragte. Dann besannen wir uns auf eine andere Strategie, mit der er wieder sofort einverstanden war. Um die Probleme dezent und mehr in der privaten Sphäre zu behandeln, wollte Karel täglich einige Hausandachten halten, ich sollte die öffentlichen Ansprachen in der Kirche übernehmen. Ich bereitete mich vor, um möglichst vom biblischen Text her den Zugang zu den Leuten zu erhalten. Dabei hörte ich die Andachten Karels, wie gewöhnlich sehr laut predigend, aber vor den Häusern, und wieder über völlig unverfängliche Themen und Texte.

In dieser Woche berief ich eine Sitzung der Kirchenältesten ein, wobei ich die Sachlage „besprach", so schonend und doch so klar wie mir das mit meinen einfachen Sprachkenntnissen möglich war. Sie saßen mit hängenden Köpfen, kaum einer äußerte sich. Anschließend nahm mich einer von ihnen zur Seite und machte mir heftige Vorwürfe; wie ich den alten Pastor behandle, sei nicht richtig.

In der Konsolidierungsphase – von meiner Sicht her war das mehr Resignation – kam die Gemeinde sehr langsam zur Besinnung. Nachdem die offiziellen Vertreter für die Gesamtkirchenleitung, das „Mortlock-Council", gewählt waren und die Verantwortung übertragen, bereiteten wir uns auf unser neues Einsatzgebiet auf Puluwat vor.

Knapp zehn Jahre später. Wir standen vor unserer endgültigen Rückkehr in die Heimat, wo ich in der Ausbildung für Missionare eingesetzt werden sollte. Die Kirche war organisatorisch schon einige Jahre selbständig. Als Feldleiter hatte ich noch dafür gesorgt, dass die Kirchenverfassung geändert wurde: Die Missionare hatten bis dahin noch Recht und Stimme; das sollte jetzt nicht mehr gelten. Jetzt waren wir lediglich Berater der Kirche. Unser Einsatz musste von der Kirchenleitung beschlossen und genehmigt werden. Pastor Mokut William war „Präsident", ich arbeitete in meinem Literaturprojekt mit ihm zusammen und verstand mich recht gut mit ihm; ich würde unsere Beziehung sogar als Freundschaft bezeichnen. Das kam so: Nach einer Auseinandersetzung mit ihm war ich die zwei Stunden mit dem Motorboot zu seiner Insel gefahren – er hatte mich erwartet. In seiner Kirche besprachen wir unsere Differenzen leise. Ich bat ihn um Verzeihung. Uns standen die Tränen in den Augen und hielten uns gegenseitig die Arme – eine sehr ungewöhnliche Geste bei Insulanermännern. Er entschuldigte sich seinerseits.

1981 erhielt ich einen Brief von den Kirchenältesten der Insel, auf der ich die schwierigen Erfahrungen gemacht hatte, in dem sie mich baten, zu ihnen zu kommen, um in ihrer Gemeinde Ordnung zu schaffen: sie hätten das gleiche Problem wie damals. Sofort fuhr ich zu Pastor Mokut und bat ihn um Anweisung. Spontan sagte er: „Fahr hin! Du hast das offensichtlich schon einmal gemacht, sie vertrauen dir." Ich zögerte: „Das war noch in der Zeit, als Missionare noch die Verantwortung hatten. Jetzt habe ich keine Vollmacht mehr dafür. Das ist Sache der Kirchenleitung. Wenn Du mich beauftragst, gehe ich. Aber: Könntest Du bitte mitkommen?" Als er ablehnte, bat ich ihn, mir einen offiziell von der Leitung beauftragten Pastor zur Seite zu stellen. Er bräuchte nicht reden, aber er solle bestätigen, dass ich im Auftrag der Kirchenleitung handle und als Zeuge dienen. „Ich wüsste nicht, wer mitkommen wollte." Meinte er. „Dann fahre ich auch nicht," verweigerte ich. „Das kann ich als Missionar jetzt nicht mehr alleine."

Eindeutig war ich 1972 noch im Status des „agent of punishment" – der übergeordnete Ausländer, dem jedoch vom Alter her und vom eingeleiteten Umbruch schon nicht mehr die Autoriät zugesprochen wurde wie meinem Vorgänger. Ich hatte mich schon bewusst von dessen Umgangsform mit den Insulanern deutlich distanziert, dadurch verzichtete ich auf ein Verhalten, das eine übergeordnete Autorität signalisierte. Den Insulanern gegenüber wirkte sich das als Autoritätsverlust aus.

Ich war mir nicht sicher, ob ich Mokut gegenüber richtig entschieden habe: Ich hatte mich der (mündlichen, inoffiziellen) Anweisung oder Bitte des Leiters der Kirche widersetzt mit der Begründung, dass ich als Missionar nicht mehr als „agent of punishment" auftreten dürfe. Keinesfalls hätte ich ohne schriftliche Beauftragung durch die Kirchenleitung handeln dürfen. Diese zu erhalten, hätte Wochen dauern können – bis zur nächsten Sitzung des Vorstandes.

Das persönliche Vertrauen des Leiters mir gegenüber konnte nicht ohne Weiteres auf den Vorstand übertragen werden. Wäre ich gefahren, hätte ich vielleicht von der Gemeinde eine gewisse Vertrauensstellung gehabt, um als „agent of punishment" zu fungieren, auch hätte ich mir der Rückendeckung des Kirchenleiters einigermaßen sicher sein können. Das wäre bei einer gelungenen Lösung die Basis gewesen. Hätte sich jedoch innerhalb der Gemeinde (wie beim ersten Mal der eine Kirchenälteste, vermutlich ein Angehöriger des gleichen Stammes oder sogar des Klans) Widerstand gegen die Lösung oder gegen mich als Person geregt, hätte die Aktion „auffliegen" und sich nachträglich negativ auswirken können.

❑ Diese Möglichkeit kann von einem anderen Fall bestätigt werden: Als Feldleiter hatte ich einen einheimischen Prediger (er hatte einige Jahre im Ausland studiert) in der Öffentlichkeit gerügt, der sich selbst und einen unserer Missionare in Lebensgefahr gebracht hatte, weil er – gegen jeden gesunden Menschenverstand und gegen meine Anweisung – weder Ersatzteile noch einen zusätzlichen Kanister Benzin auf der Fahrt übers Meer innerhalb der großen Lagune von Chuuk mitgenommen hatte.

Etwa ein halbes Jahr später, als ich mich schon in Heimataufenthalt befand, löste dieser junge Pastor den Präsidenten Mokut ab; eine seiner ersten Aktionen war, einen Brief an die Missionsleitung zu schreiben, in dem er mich denunzierte und meine absolute Unterordnung unter Missionare und Kirchenleitung als Bedingung für meine Rückkehr stellte. Dies war völlig unverständlich, da ich die letzten Schritte der Loslösung der Mission von der Kirche vorgenommen hatte und die Kirche nicht nur als Partner, sondern als der Missionsarbeit vorgesetzte Institution eingeführt hatte. Zudem wurde mir später von Mokut bestätigt, dass der Brief an die Missionsleitung weder in einer Sitzung des Kirchenvorstandes besprochen noch in einem Protokoll vermerkt worden sei; es war die persönliche Meinung des Leiters, der den Brief jedoch im Namen der Kirche schrieb.

Die Heimatleitung nahm meine Erklärungen mit den möglichen Hintergründen für den Brief nicht ernst. Sie hat auch nicht nachgefragt, ob der Brief von der Person oder vom Kirchenvorstand stammte und aufgrund eines Protokolls geschrieben wurde, konnte vielleicht auch diesen Unterschied durch Unkenntnis der kulturellen Situation nicht feststellen. Im Gegenteil: Ich hatte den Eindruck, dass mein erwartetes „falsches" Verhalten im

Nachhinein noch dokumentiert werden solle, da der Missionsleiter meine Antwort mit einem Diktiergerät aufnahm, das er in der aufgezogenen Schreibtischschublade in diesem Moment einschaltete. Er hatte das zu verheimlichen versucht.

15 Jahre später besuchte ich die Inseln wieder und bei einer Schulung für die Verantwortlichen aller Gemeinden entschuldigte sich der betreffende Pastor öffentlich bei mir vor allen anwesenden Pastoren, Predigern und Kirchenältesten für sein Verhalten von damals.

Das weitere Verhalten des neuen Kirchenleiters bestätigte diesen Stil, die Missionare nun tatsächlich unter Kontrolle der Kirche zu halten. Kein Missionar durfte mehr ohne Erlaubnis andere Gemeinden besuchen oder irgendwelche Dienste durchführen, die ihm gegenüber nicht angeordnet wurden. Mein Nachfolger auf der Station und wartete wochenlang untätig auf Erlaubnis für die Anträge, die er gestellt hatte. Nun war die Kirchenleitung der „agent of punishment" für die Missionare. – Als sich dieser Umschwung schon früher angedeutet hatte, meinte der damalige amerikanische Missionsleiter lapidar: Früher war das Pendel auf der einen Seite, es darf jetzt auch auf die andere Seite ausschlagen! Unbeachtet dabei blieb die von den Insulanern erwünschte Notwendigkeit, eine übergeordnete Struktur zu schaffen; sie wurde sogar gegen den Widerstand der Gemeinden aufgelöst.

## 18.6   Ungeheilte Verletzungen …

… sind umso nachhaltiger, je jünger die Person ist. Deshalb sind vor allem Kinder und auch Jugendliche tief verletzbar. Sexueller Missbrauch hinterlässt tiefe Spuren in der Seele der jungen Menschen, auch in Kulturen, wo das gang und gäbe zu sein scheint. Auf den Chuuk-Inseln werden öfters Kinder von kinderreichen Familien an Verwandte zur Adoption überlassen, die keine oder wenige Kinder haben. Weil Kinder der Großfamilie oder dem Klan gehören, ist das offiziell auch kein Verlust für die Eltern. Allerdings leiden sie stillschweigend, wenn sie beobachten, dass es ihrem Kind nicht gut geht und nur mit großen Schwierigkeiten, wegen des drohenden Gesichtsverlustes können sie auch ihr Kind zurückfordern. Inoffiziell ist es an der Tagesordnung und auch bekannt, dass es wohl keine einzige adoptierte Tochter gibt, die nicht von ihrem Pflegevater, von „Brüdern" und Vettern regelmäßig sexuell missbraucht wird. Diese Mädchen haben keinen Anwalt, an den sie sich wenden können, vor allem, wenn die Eltern in der sozialen Rangordnung niedriger gestellt sind als die Adoptiveltern. Aus diesem Grund konnten sie schon deren Bitte nicht abschlagen. Die Mädchen leiden tief und sind vielleicht nicht mehr sexuell empfindungsfähig oder entwickeln Blockaden für Beziehungen zu einem Mann. Manche Beobachter mögen diese „Tradition" auf der Verhaltensebene einer Kultur ansiedeln; bei den Betroffenen geht die Empfindung garantiert bis in ihre Tiefenstruktur.

*Qv.*: Kap.4, Veränderte Empfindungen

# 19.   Versöhnung nach Art des Häuptlings von Puluwat

## 19.1   Vorgeschichte

Die Linie des Samol(Häuptling)-Klans „Sowuwefeng" von der Insel Puluwat in Mikronesien vermerkt einige markante Persönlichkeiten, die für den Beginn des Christentums auf dieser traumhaft schönen Karolinen-Insel bedeutsam waren.[10]

---

[10] Genealogie des Häuptlingsstammes auf Puluwat mit einer lückenlosen Liste der Häuptlinge der Dörfer Relong, Rewu und Lugaf von etwa Beginn des 19.Jahrhunderts nach *Ergebnisse der Südsee-Expedition 1908-1910*, Hg. Dr. G.Thilenius, II. Ethnographie: B. Mikronesien, Band 6, 2. Halbband: *Polowat, Hok und Satowal*, nach den Aufzeichnungen von Prof. Dr. Hambruch und Dr. Sarfert, bearbeitet von Dr. Hans Damm. Hamburg:

Die Geschichte begann Ende des zweiten Weltkrieges, als der Samol Ikepi und der Tanzmeister Angaur (sein Taufname Kalep) bei einem Besuch auf der Insel Nomwin (Hall-Inseln) von der Sauberkeit der Inseln, von der Gesundheit der Menschen und den vielen Kindern überrascht waren – das wollten sie auch: Kinder! Sie waren von Puluwat anderes gewohnt: Viel Krankheit, hohe Kindersterblichkeit, Schmutz und Unordnung – was ihnen erst im Vergleich mit Nomwin aufgefallen war. Der Hinweis, dass die Nomwinleute die christliche Religion angenommen hätten und das der Grund sei für die Veränderungen, führte Ikepi zu dem einzig übriggebliebenen deutschen Missionar Wilhelm Kärcher[1] auf Chuuk – ca. 100 km südwestlich von Nomwin.

Doch Kärcher konnte weder einen Missionar senden, noch hatte er einen Pastor, der bereit gewesen wäre, auf diese einsame Insel 300 km westlich von Chuuk zu gehen zu Menschen, die noch als „unzivilisiert" galten. Schließlich machte er einen Pastor von Pohnpei ausfindig – ca. 500 km östlich von Chuuk; der war bereit, als Missionar zu den „Western-Inseln" („Fanuen fan" bedeutet die „Inseln im Westen", genau die dem Sonnenuntergang zu „unten" liegend). Ikepi war zufrieden und erwartete ihn auf Puluwat.

Ikepi und Angaur, ein „Itang", nahmen als erste die christliche Botschaft an, sie waren die ersten Christen – sie erlebten eine Veränderung, wie sie das auf Nomwin festgestellt hatten. Sie brachen mit Traditionen ihrer Kultur, die dem christlichen Ethos offensichtlich entgegenstanden und die Entwicklung hinderten.

Angaur kannte als Tanzmeister und „Itang" (religiöser Kriegshäuptling) die Ursprünge und die Versuchungen der traditionellen Tänze. Die Männer tanzten in Gruppen für die Frauen und umgekehrt. Angaur riet der entstehenden Gemeinde, grundsätzlich davon Abstand zu nehmen und auch nicht nur als Beobachter dabei zuzuschauen: Der Rhythmus der stampfenden Füße der Männer, der die kleine Koralleninsel in spürbaren Schwingungen fortsetzte, erregte unwiderstehliche Gefühle.

Erst die dritte Generation der Christen sollte sich unvoreingenommen mit diesem Kulturphänomen wieder auseinandersetzen können. Im Laufe meiner Tätigkeit als Missionar auf Puluwat entdeckte ich drei Arten von Tänzen: Geschichtstänze, Unterhaltungstänze und erotische Tänze, wobei nur die letzteren für die Christen tabu blieben. Sie behielten eine unverkrampfte Haltung dem Tanzen gegenüber; Angour hatte den Christen geraten, bei keinen Tänzen teilzunehmen, auch nicht als Zuschauer. Das galt auch noch zwei Generationen später. Damit wurde dieses Kulturgut hauptsächlich im katholischen Dorf Relong gepflegt, während sich die vorwiegend evangelischen Dörfer Rewu und Lugaf auf den vierstimmigen Chorgesang als funktionalen Ersatz konzentrierten.

## 19.2　„Apworo" – der Bruch mit einem animistischen Tabu

Ikepi als traditioneller Samol begegnete in Folge seiner neuen Erkenntnisse dem alten Verhaltensmuster „apworo": Diese Tradition verlangte von Frauen nach der Pubertät, den Männern ihrer Blutsverwandtschaft in Sichtweite nur tief gebückt, in Rufweite sogar auf den Knien zu begegnen. Er erklärte nach dem Gottesdienst, dass Männer und Frauen vor Gott gleichwertig seien und deshalb keine unterwürfigen Verhaltensmuster von den Frauen erwarteten. Als pointiertes Zeichen dafür verlangte er von seiner Schwester, in der Kirche vor allen aufzustehen und aufrecht an ihm vorbei hinaus zu gehen. Der psychologische Stress war enorm: Einerseits durfte sie sich den Anweisungen ihres Bruders und Samol nicht widersetzen, andererseits konnte sie nicht vor den Augen aller das Tabu brechen, mit dem sie aufgewachsen und das ein Teil ihres Empfindens geworden war. Die Spannung war groß: Schließlich sprang sie heftig auf und rannte – tränenüberströmt

---

Friederichsen, De Gruyter & Co.m.b.H., 1935, Seite 174-175; hauptsächlich jedoch nach Angaben des Informanten Tawailuk auf Puluwat. Fertiggestellt am 10.1.1980.

[11] Lothar Käser, *Licht in der Südsee. Wilhelm Friedrich und Elisabeth Kärcher. Leben und Werk eines Liebenzeller Missionarsehepaars.* Bad Liebenzell: VLM, 2006.

– aus der Kirche. Der Bann war gebrochen. Die Frauen folgten ihrem Beispiel. Die Männer lernten das zu akzeptieren; ihr Vorbild war Ikepi.

Nach dem Tod Ikepis wurde dessen Großonkel[12] Romalou zu seinem Nachfolger in der Funktion des Samol gewählt. Er war zwar Christ, nahm es jedoch mit der Abschaffung des „apworo" nicht so genau. Die Männer erwarteten die unterwürfige Demutshaltung der verwandten Frauen wieder, und diese hatten keine Wahl. Längst war ein neuer Pastor gekommen, um die Gemeinde zu betreuen. Er wurde in dieser Sache einfach übergangen.

Noch zu seinen Lebzeiten beobachtete er einen interessanten Vorgang: Die jungen Männer der Gemeinde erkannten eines Tages die Diskrepanz dieser Tradition mit der Forderung des Evangeliums, alle Menschen als Geschöpfe Gottes zu respektieren und zu ehren. Als Christen gehörten sie zu einem Klan, der diese Demutshaltung vor Gott allein und von den Geschwistern erwartete, dass einer den andern höher achtet als sich selbst. Sie kamen überein, mit dieser Tradition zu brechen, bestellten die jungen Frauen der Gemeinde zu sich und erklärten ihnen, sie sollen in Zukunft nicht mehr das „apworo" einhalten – sie würden das nicht mehr erwarten und wollten die Frauen wie die Männer ehren. Sie stellten ihnen jedoch frei, sich an die Tradition den anderen Männern gegenüber zu halten, die keine Christen waren oder nicht ihre Haltung teilten, um keine unnötige Unruhe unters Volk zu bringen. Der Verzicht auf dieses Element der Kultur verlangte ein hohes Maß an Gottvertrauen, das jeder aus freier Entscheidung aufbringen und niemand dazu gedrängt werden sollte.

Eines Tages kam Ersin Ikea als Sprecher der Gruppe der jungen Männer zu mir und erklärte ihren Beschluss. Ich war „hoch erfreut" – vielleicht wie die Weisen aus dem Morgenland, als die den Stern wieder sahen, der ihnen bei ihrer Orientierungssuche in Jerusalem beim König Herodes aus den Augen geraten war. (Mt.2,10)

Bei mir herrschte in dieser Sache undurchdringliche Dunkelheit: Jahrelang hatte ich versucht, hinter die Kulisse dieser Tradition zu sehen und das Geheimnis zu lüften. Immer hatte ich Ausflüchte zu hören bekommen; das sei eben ihre Tradition, das hätte keine tiefere Bedeutung, oder, man wisse es nicht. Als wir für eine bestimmte Zeit ein etwa sechzehnjähriges Mädchen bei uns im Haus aufgenommen hatten, um es vor Missbrauch durch ihren eigenen Vater zu schützen (der die leibliche Vaterschaft leugnete und deshalb sicher war, dabei kein Inzest-Tabu zu brechen), fragte ich auch sie, warum sie diese demütigende Tradition einhielt. „Anen?!" hörte ich auch zunächst von ihr, etwa für „wer weiß das?" Nun wollte ich wissen, was denn wohl geschähe, wenn sie sich weigern würde, den bestimmten Männern gegenüber diese Ehrerbietung zu erweisen. Das wusste sie genau: „Sie wären zornig auf mich!" – und warum? wollte ich weiter wissen. „Sie hätten dann Angst, dass ihnen ein Unglück geschieht." Ah! – Jetzt waren mir die Zusammenhänge klar.

Die alte religiöse Vorstellung der Insulaner ist der Animismus, der Glaube an die Existenz und Wirksamkeit von geistartigen Wesen, die sich u.a. auch in Verstorbenen (Ahnen) manifestieren und über Wissen, Macht und Fähigkeiten verfügen, die der Mensch nicht besitzt. Die Ahnen wohnen im unteren Teil des Himmels, der gleich über den Baumwipfeln beginnt und somit direkten Einblick in das tägliche Leben ihrer Nachkommen haben. Sie wachen über die Traditionen, denn davon hinge das Glück der Menschen ab und sie bestrafen Missachtung durch Krankheit oder Unglück. Das muss nicht die betreffende Person treffen, sondern kann sich im Klan auswirken, dem sie angehört. Somit trägt jeder Erwachsene Mitverantwortung für das Wohl der ganzen Verwandtschaftsgruppe. Also müssen die Männer befürchten, dass sie als Verantwortliche des Klans die negativen Folgen zu tragen hätten, wenn sie die traditionellen Ordnungen missachteten und den Frauen eine Lockerung ihres strengen Verhaltensmusters zuließen.

---

[12] Romalou war zwei Generationen älter, doch an Jahren jünger als Ikepi. Siehe Klaus W. Müller, Genealogie des Häuptlingklans Sowuwefeng, Puluwat 1980.

Ersin, ein intelligenter junger Mann, hatte keine Angst vor dem Zugriff der Ahnengeister. Er hatte sein Leben unter die Herrschaft Jesu Christi gestellt und wusste sich unter seinem Schutz. Damit hatte er auch seine Kameraden überzeugt. Um den jungen Frauen ihre Ernsthaftigkeit deutlich zu machen, hatten sie noch weitergehendes Verhalten beschlossen: Dieses traditionelle Zeichen der Demut und Unterwürfigkeit wollten sie nun, die Männer, selbst für sich anwenden, wenn sie das Gotteshaus beträten. Sie wollten in Zukunft gebückt durch die Tür bis zu ihrem Platz gehen, aus Ehrerbietung vor Gott. Und wenn die jungen Frauen wollten, könnten sie das ebenfalls in Bezug auf Gott tun. Gesagt, getan. Ich war davon so beeindruckt, dass ich mich spontan ihrem Verhalten anschloss – auch andere Männer, die als Christen den Zusammenhang verstanden, sahen wir in gebückter Haltung die Kirche betreten.

Ersin besuchte später die Bibelschule und wurde anschließend Pastor auf seiner Heimatinsel; er war so hoch angesehen auf seiner Insel, dass er in dieser Zeit als Nachfolger des alten Häuptlings gewählt wurde.

Romalou bereute seine Inkonsequenz als Christ erst kurz vor seinem Tod im Jahr 1981 und mit seinem Gott bereinigt.

## 19.3   Kokospalme oder Brotfruchtbaum?

Zunächst aber hatte er noch das Sagen. Zum Beispiel nach dem Gottesdienst: Bevor die Gemeinde die Kirche verließ, hatte er das letzte Wort – nach Predigt und Segen. Er pflegte seine Meinung deutlich zum Ausdruck zu bringen. Einmal stellte er eine Frage an die beiden Prediger des Gottesdienstes, den Pastor und mich: „Welcher Unterschied besteht zwischen einer Kokospalme und einem Brotfruchtbaum?" „Brotfrüchte" wuchsen auf Bäumen, die riesig werden konnten, und man brauchte lange Stangen, um sie zu pflücken, und ein Seil, um sich auf die hohen, ausladenden Äste hinauf zu ziehen. Ich dachte also eher an die Mühe beim Pflücken, während die Kokosnüsse von alleine herunterfielen. Doch Aitel, der Pastor, kannte das richtige Kriterum und antwortete dem Häuptling: „Brotfruchtbäume haben bestimmte Erntezeiten; Kokospalmen dagegen tragen immer Frucht." – „Ja, richtig," bestätigte Romalou. „Ikenai ämi oua wewe ngeni mai. – Ihr wart heute Brotfruchtbäume." Stand auf und verließ die Kirche.

Er hatte mir schon erzählt, wie sie, die Männer von Puluwat, früher Prediger des Evangeliums kurzerhand mitsamt ihrem Hab und Gut auf eines ihrer Hochseekanus gepackt und auf deren Heimatinsel zurückbrachten, wenn ihr Leben nicht mit ihrer Predigt übereingestimmt hatte.

## 19.4   Taitos – die lebende Bibel

Der alte Romalou war Analphabet. Sein ältester Sohn Urak führte ihm die Hand, als ich mit ihm einen kleinen Vertrag ausgehandelt hatte, bei dem es um entlohnte Arbeit und zu fällende Kokospalmen ging. Ich baute damals die Missionsstation auf. Aber Romalou beobachtete scharf und war ein hervorragender Menschenkenner. Eines Tages erklärte er mir, dass er die Bibel nicht lesen könne. Wenn er wissen wolle, was darin steht, beobachte er einen Mann aus der Gemeinde, Anfang dreißig: Taitos. „Was er tut und wie er sich verhält, das ist für mich die Bibel." Danach richte er sich in seinem Leben. Offensichtlich hatte Romalou gemerkt, dass Taitos wie eine Kokospalme war.[13]

---

[13] Taitos starb am 28.3.2008 auf Puluwat.

## 19.5   Die geistliche Kraftprobe – das Geisterblut

Taitos hatte die Missionsoberschule besucht und bewährte sich auf Puluwat als konsequenter Christ. Das wurde besonders deutlich, als er eines Tages wieder aus dem Stamm
eines Brotfruchtbaums ein Segelkanu baute. Außen und innen bearbeitete er sorgfältig
das Holz, bis der schlanke, dünnwandige Rumpf herausgehauen war. Dann passierte es:
Unter seinem Haubeil traten Blutstropfen aus dem Holz, sammelten sich zu einem dun-
kelroten Fleck und rannen schließlich ab. Entsetzen packte ihn. Da auf der Insel niemand
unbeobachtet bleibt, rannten andere besorgt zu ihm, ebenfalls vor Angst erstarrend. Das
kam selten vor, doch wusste jeder Bescheid. Er hatte einen Geist verletzt, der in dem
Baum seinen Wohnplatz hatte, sich immer weiter zurückzog und schließlich doch vom
Beil verwundet wurde. Ja, natürlich: Taitos hatte auch – bewusst – versäumt, vor dem
Fällen des Baumes durch eine rituelle Opfergabe das eventuell in dem Brotfruchtbaum
wohnende Geistwesen zum Umzug zu bewegen. Taitos wurde nun von seinen Verwandten hart bedrängt, das Kanu „poutaala" – weg zu werfen, die Finger davon zu lassen, es
dem Meer zu übergeben oder im Busch verrotten zu lassen. Sonst würde garantiert ein
Unglück geschehen. Er war hin und her gerissen, entschied sich jedoch schließlich dazu,
das Kanu zu bauen. Man behielt ihn im Auge. Auch seine Angehörigen standen in Gefahr. Wie aufgeregt die Ahnengeister jetzt sein mussten! Taitos blieb ruhig, vollendete
die Arbeit am Kanu, setzte Mast und Segel und probierte es aus. „Seine" Kanus waren
die schnellsten auf Puluwat. Wird dieses nun die Tradition fortsetzen? Angelzeug, Speer
und Köder waren dabei. Viele Leute der Insel gaben nicht mehr viel für sein Leben: Jetzt
würden die Geister „beißen", er käme bestimmt nicht mehr lebend vom Meer zurück. Als
die Sonne unterging, erschien sein Segel am Horizont. Den Rumpf voller Fische zog er
das Kanu auf den Sandstrand, warf sein Paddel hinein und rief: „Ua manaw! – Ich lebe!"
Die Kraftprobe war im Vertrauen auf den neuen Gott bestanden.

Das hatte Eindruck gemacht. Auch Romalou war überzeugt.

## 19.6   Der gravierende Fehler

Das geschah zwei Jahre vor der Zeit, als meine Frau und ich als Missionare nach Puluwat
kamen.[14] Die Kirche war sonntags gepackt voll. Die Hitze strahlte von oben durch das
Wellblechdach. Die schwüle, schweißgetränkte Luft füllte in den windstillen Monaten
den Innenraum; die mitgebrachten „Saipö", die aus Kokosblättern geflochtenen Fächer,
wirbelten die träge Luft um die Besucher. Hemden und Blusen klebten an der schweiß-
nassen Haut.

Bald war klar, dass das Gebäude vergrößert werden musste. Ich sollte die Bauleitung übernehmen. Ich nahm meine Verantwortung ernst, besprach die nächsten Schritte mit Romalou
und gab klare Anweisungen. Für den Montag war abgemacht, dass zunächst sechs Männer
sorgfältig die Fundamente ausheben sollten, nachdem ich sie vermessen hatte. Nicht zu tief
durfte man stechen, da dann der sandige Untergrund wieder weicher wurde.

## 19.7   Der erste Spatenstich

Dann hörte ich, dass nach der Morgenandacht alle Männer aufgerufen wurden zu helfen und ihre Spaten mitzubringen. Helle Begeisterung war ausgebrochen. Jeder wollte den ersten Spatenstich
vollziehen.

*Hinweis:* Vollständige
Fassung in Kap.3, 4.6

---

[14] Siehe Klaus W. Müller. „Versöhnung á la Puluwat" in *evangelikale missiologie* 2000:3, Seite 82-87. Hier
erweiternd bearbeitet.

Ich wusste: Das würde ein Chaos geben. Eine ordentliche Vermessung wäre nicht möglich. Ich wäre unter Druck, und Qualitätskontrolle wäre ausgeschlossen. Ich war sauer. Warum konnten die nicht auf mich hören?

Nach dem Frühstück wäre es für mich Zeit gewesen, zu den Männern zu gehen. Ich blieb. Mein Stolz war gekränkt. Zorn mischte sich darunter. Meine Frau merkte das, mahnte mich zu gehen. Ich blieb. Ich schimpfte. Ich hatte meine Gefühle nicht mehr unter Kontrolle. Unmöglich, diese Leute! Missachtung meiner Autorität und Kompetenz! So kann man doch nicht zusammenarbeiten! So lasse ich nicht mit mir umgehen. Es muss von vorne herein klar sein, wer der Chef ist. Ich muss ein Exempel statuieren. Wenn ich mich jetzt unterkriegen lasse, werde ich manipuliert, dann bin ich deren Handlanger! Nein, nicht mit mir. Ich weiß, was ich will.

Schließlich kam Urak, der älteste Sohn Romalous, betont freundlich. Ich hatte mich immer gut mit ihm verstanden und wir waren so gut wie Freunde geworden. „Was ist, kommst du nicht? Wir warten alle." – „Wer – alle?" brummte ich zurück. „Alle Männer der Gemeinde, an die zwanzig oder dreißig, jeder mit Spaten. Wir wissen nur nicht, wo anfangen. Kommst du?" – Ich ließ ihn meinen Unmut spüren: „Hatte ich nicht gesagt, ich wolle nur sechs? Warum könnt Ihr nicht hören?" – Es war, als ducke er sich unter meinen Worten. „Sie wollen alle helfen. Jeder will dabei sein." Der Blick meiner Frau genügte jetzt. Ich musste nachgeben. Ich schickte Urak zur Baustelle, holte mein Werkzeug und trottete langsam hinterher. „Jetzt Rückgrat zeigen!"

Die Wolke über meinem Gesicht zog vor mir her und hatte die Männer längst erreicht, als ich zu ihnen stieß. Einige versuchten, den Prestigeverlust zu überspielen, mich umzustimmen. Es gelang nicht gut. Sie zeigten mir, wo sie schon angefangen hätten. – Das konnte ich gerade noch gebrauchen! Sie wichen zurück, standen in Gruppen zusammen und drehten ihren Spaten in den Händen.

Schließlich stand das Schnurgerüst. Die Größe der Erweiterung war damit abgesteckt. Mit Stichproben bestimmte ich die Tiefe des Fundaments. Urak assistierte mir dabei. Jetzt erst gab ich die Arbeit frei. Dreißig Männer vollzogen gleichzeitig den ersten Spatenstich. In einer Stunde war die Arbeit abgeschlossen.

Romalou hatte die ganze Zeit unter dem kleinen Dach gestanden, an dessen Pfetten tagsüber die Hemden und die Hosen der Männer hingen, die sich diese beim Kirchgang hier erst überstreiften, um sie nachher wieder abzuhängen. Sonst genügte ihnen das schmale Tuch um ihre Hüften. Sie hatten für sich selbst beschlossen, in die Kirche „moderne" Kleider anzuziehen – längst bevor die ersten Missionare kamen.

## 19.8   Der Gesichtsverlust

Da stand er nun, der alte Samol, zwischen den Hosen und den Hemden. Er wirkte unsicher und nervös. Ich hatte mich inzwischen leicht beruhigt, meine Fassung wieder gewonnen. Die praktische Arbeit war dabei hilfreich gewesen. Doch jetzt kam es darauf an, die Grenzen zwischen uns abzustecken. Einige Jungen drängten sich heran, sie bildeten einen Kreis um uns. Die Männer wurden still, arbeiteten jedoch weiter, ohne aufzublicken.

Ohne Umschweife kam ich zur Sache: „Hatte ich nicht gesagt, ich wolle nur sechs Mann!?" Das war mehr ein Befehl als eine Frage. Romalou trat von einem Bein aufs andere. Ich erwartete keine Antwort. „Wenn ich die Bauleitung habe, dann will ich auch sagen, was geschieht. Und ich erwarte, dass meine Anweisungen befolgt werden."

Ich ließ ihn einfach stehen, den alten Mann. Die Jungen sahen ihn an. Ihre Blicke mussten ihn stechen. Er sagte nichts. So, das war geschafft. Der Rest der Arbeit – kein Problem. Ich hatte gewonnen.

## 19.9  Distanz

Doch Freude hatte ich nicht an dem Triumph. Ich hielt Distanz zu Romalou. Wir sprachen nur das Nötigste. Noch immer hatte ich meine Gefühle nicht im Griff. Noch immer saß der Groll.

„Du solltest die Sache mit Romalou in Ordnung bringen", wagte meine Frau zu mahnen. Ich wollte nicht. Inzwischen war der Zorn einer tiefen Scham gewichen: Was hatte ich angerichtet?

Das missionarische Tagesgeschäft nahm mich gefangen. Vorbereitungen für Bibelabende, Predigten; Auslegungen schreiben, Einsätze vorbereiten, und Stille Zeit. Der Gedanke an Romalou dominierte in allen Überlegungen.

Der Groll machte einer Hilflosigkeit Platz. Der Stolz, der Eigensinn – ich erkannte ihn jetzt als nicht mehr gerechtfertigt. Der Grund meiner Haltung verlor an Festigkeit. Ich merkte, dass eigentlich ich jetzt wieder die Initiative ergreifen sollte.

„Rede doch mit Romalou." Meine Frau litt mehr als ich an dieser Situation. Ich wollte nicht auch noch an meine „Sünde" erinnert werden.

Nach Wochen war ich schließlich weich. Doch da fehlte mir der Mut. Ich hatte ihn blamiert, ihm das Gesicht genommen. Vor seinem Männern, vor den Kindern. Ich hatte mich ihm gegenüber als Boss aufgespielt.

Soll ich zu ihm hingehen? Soll ich ihn rufen? Ich war feige. Natürlich konnte ich mir das nicht eingestehen. Also – warten. Vielleicht wächst ja auch Gras darüber.

Ich sortierte meine Empfindungen: Natürlich war ich im Recht. Doch wie hatte ich es eingefordert? Auf Kosten seiner Ehre. Mein Triumph wurde mir zur Last. Ich gewann mein Recht – zerstörte jedoch die Beziehung zwischen uns.

Ich hatte mir Genüge getan – und ihn dabei tief verletzt. Ich hatte mein Recht eingefordert, meine Autorität. Ich war arrogant. Ich hatte den Samol, den alten angesehenen Mann, bis auf die Knochen blamiert, beschämt, ihm sein Gesicht genommen. Das lässt sich nicht mit Worten ausbügeln.

Was hatte mich getrieben? Was waren die Motive? Natürlich Recht. Und die klare Trennung von der Schuld. Die Sünde war benannt. Jetzt war die Sache klar.

Hat mein Gewissen nicht gut reagiert? Es funktionierte doch richtig. Aber trotzdem ging alles daneben. Gibt es vielleicht noch etwas anderes als Recht?

Was ist mit Liebe? Aber das Argument ist doch abgegriffen. Sie deckt nur zu, sie greift nicht auf. Sie wickelt ein. Ich wehrte mich gegen diese Gedanken, denn damit – redete ich mir ein – kann man keine Probleme lösen. Das macht nur mundtot. Die Wahrheit darf nicht schweigen. Man darf sie nicht unterdrücken. Wo kämen wir denn hin?

Ehre? Seine Ehre? Als Samol, als alter Mann? Ich als Ausländer, Fremder, „Reingeschmeckter" habe sie ihm genommen. Darf Ehre so hoch gewertet werden? Spielt sie eine so große Rolle?

Ich blieb im Kampf mit mir selbst. Ich wusste zwar, dass die Sache in Ordnung kommen musste, aber ich bekam die „Kurve" nicht. Ich merkte intuitiv: das lässt sich nicht mit „Entschuldigung" oder „Verzeih mir bitte" verbal abhaken. Hier wurden fundamentale Verhaltensmuster gebrochen.

## 19.10  Versöhnung nach Art von Puluwat

Wochen vergingen, ich weiß nicht mehr wie viele. Ich weiß auch nicht, was in Romalou inzwischen vor sich gegangen war. Ich traute ihm in dieser Sache nicht viel zu.

Dann stand er eines Tages unter meiner Tür. Immer noch sehr ruhig, fast schüchtern. Ich merkte zu spät, dass er es war, sonst hätte ich vielleicht meine Frau hinausgeschickt.

Jetzt war es soweit: Seine rechte Hand griff tief in die Kiemen eines großen Fisches, fast einen halben Meter lang. Ich hatte einen solchen noch nie gesehen. Die linke umklammerte seinen Stock, auf den er sich stützte. Seine Knöchel waren weiß. Er hielt sich krampfhaft fest.

Zunächst schwiegen wir uns an. Dann ergriff er das Wort. Stockend kam ein kurzer Satz, Pause. Dann der zweite.

„Ich erzähle Dir eine Geschichte. Die Geschichte von dem Fisch. Er heißt Arou, der Grüne.[15] – Dieser Fisch gehört dem Samol, allein dem Samol. – Jeder dieser Fische, die da draußen im Meer schwimmen, gehört mir. – Wer ihn auch fängt, darf ihn nicht essen. Er muss ihn mir bringen. – Er gehört nur mir, dem Samol. – Der Arou ist der Samolfisch."

Jetzt machte er eine längere Pause. Es fiel ihm offensichtlich schwer, weiter zu reden. „Hier, das ist dein Fisch. Er gehört dir." Und, als ob er ahnte, dass ich schwer von Begriff war, fügte er hinzu: „Wer den Fisch isst, der ist ein, der ist in meinem Rang, der ist mir gleich. Hier, das ist jetzt dein Arou."

Dann hielt ich ihn in meiner Hand. Der Fisch war schwer. Ich brachte kein Wort über meine Lippen. Wir sahen uns in die Augen. Nur mit Mühe hielt ich die Tränen zurück. Dann machte ich mir die Mühe nicht mehr.

Wir standen uns gegenüber, der alte Ramalou, und ich, der Missionar, der Ausländer, der ihn tief verletzt hatte.

Um sich mit mir zu versöhnen, hatte er mich in seinen Stand versetzt. Er, der Samol, mich, den Fremdling. Er hatte die Initiative ergriffen, weil er mein Unvermögen erkannte, weil er wusste, dass mir die Worte fehlen, die Handlungsweisen, die Weisheit, um die Situation zu retten, die Beziehung zu heilen.

Alles, was ich selbst unternommen hätte, wäre zu kurz gegriffen gewesen. Ich hätte seine Ehre, die des Samols, nicht durch einen banalen Akt der Entschuldigung wieder herstellen können.

Ich war mir des Ausmaßes meines Verhaltens dem Samol gegenüber nicht bewusst gewesen. Jetzt erst ahnte ich den abgrundtiefen Bruch, den mein Verhalten verursacht hatte.

Wer war ich, dass ich ihm die Ehre zurückgeben könnte? Er hatte mich in seinen Stand gehoben, ich sollte ihm jetzt ebenbürtig sein. Mein Recht verblasste, das ich gewonnen hatte. Es spielte keine Rolle mehr.

Er stellte die Verbindung her, er heilte die Beziehung. Nicht durch Recht, sondern durch Ehre – die er mir erwies, die ich ihm schuldig war.

Das war Vergebung eines Samols, Versöhnung nach der Art des Häuptlings Romalou. Das Recht von Puluwat siegte hier. Ich hatte in ihm meinen Meister gefunden.

Als ich langsam wieder zu mir kam, fand ich auch meine Worte wieder – andere als die, die mir früher leicht von den Lippen kamen. Stammelnd versuchte ich nun selbst auch, die Sache zu bereinigen. Es wäre nicht mehr nötig gewesen. Das Verhalten Romalous sprach lauter, war überzeugender. Er brauchte keine Worte mehr.

Ich konnte auf dieser Basis die gerissenen Fäden der Beziehung wieder aufgreifen, die Verbindung wieder mit ihm aufnehmen. Mein Verhaltensmuster erforderte jetzt den Respekt, den er mir zollte: Den von Samol zu Samol.

---

[15] ...oder Blaue, wenn man will. Es gibt in der Chuuksprache nur ein Wort für blau und grün. Die Unterscheidung wird am Vergleich festgemacht. Das hört sich für uns dann so an: das Blau des Grases, oder das Grün des Meeres.

Ich wollte mich erinnern können. Ich bat ihn, ihn fotografieren zu dürfen – mit dem Fisch. Dann war er weg.

## 19.11 Der zweite Fehler

Ich machte noch einmal einen Fehler.

Ich war gewohnt zu teilen. Aisao, mein Mitarbeiter, bot sich an, den Fisch für meine Frau auszunehmen, die Schuppen abzuschrubben und ihn zurecht zu schneiden. Und weil ich wusste, dass der Kopf für ihn eine Delikatesse war, schenkte ich ihm diesen. Er freute sich darüber, schnitt ihn ab – und wurde dabei von Leuten der Familie Romalous beobachtet. – Sie waren außer sich: Der Arou – für profane Leute!

Das war nicht recht. Ich hatte nicht der Ehre entsprechend gehandelt, die mir zuteil geworden war. Ein anderer Fisch wäre angebracht gewesen, aber nicht der Arou. Der war nur für Samole gedacht. Ich hatte nicht das Recht, andere in den Stand zu heben, die nicht dafür geadelt waren. Ich hatte in den Augen Romalous sein Geschenk gering geachtet und die Ehre, die mir zuteil geworden war die ich dadurch erhalten hatte, nicht wert geschätzt.

Romalou meldete sich nicht mehr deswegen. Sicher war er noch einmal enttäuscht gewesen. Aber nun war die Sache doch in Ordnung.

Als Romalou wenige Jahre später den Tod vor Augen hatte, ließ er mich rufen, um seine Lebensbeichte abzulegen. Dann war er bereit, seinen Versöhner zu treffen.

## 19.12 Die Lehre von der Versöhnung

Viele Lektionen lehrte mich der große Samol. Ich fand sie in der Bibel wieder.

Wir dürfen Probleme nicht vergeistlichen, aber wir müssen sie geistlich handhaben, damit sie dauerhaft lösbar sind.

Wenn Recht und Wahrheit greifen sollen, dürfen sie nicht von der Liebe getrennt werden. Eph.4,15 („Die Wahrheit in Liebe sagen" nach einer engl. Übersetzung).

Den Konflikt im kleinen Kreis halten, sonst wird er immer komplexer. Den Kreis nur in unbedingt notwendigen Schritten erweitern, um die Versöhnung nicht durch einen Öffentlichkeitscharakter zu erschweren (Mt.18,15.

Rechthaberei zerstört Beziehungen. Ich kann vielleicht mein Recht gewinnen, aber werde den Bruder dabei verlieren (Eph.4,25+32).

Je länger ein Konflikt anhält, umso schwieriger wird die Versöhnung. Eph.4,26 (Die Sonne nicht über dem Zorn untergehen lassen).

Ich muss mich eher selbst übervorteilen lassen (1.Kor.6,7).

Der erste Schritt zur Versöhnung ist unabhängig von der Schuldfrage (Röm.5,8).

Ich muss selbst die Initiative ergreifen, darf nicht auf den anderen warten (Mt.18,15).

Versöhnung wird nicht durch spätere Rückfälle aufgehoben (Mt.18,21-22).

Heftige Wortwechsel mit starken Emotionen erschweren die Versöhnung (Spr. 14,29).

Versöhnung nach tiefen Verletzungen braucht Zeit, sie muss reifen, um dauerhaft zu sein, aber sie muss geschehen.

Versöhnung darf nicht aus leichtfertigen Emotionen heraus geschehen, sondern muss auf einer intelligenten, klaren, durchdachten Entscheidung beruhen. Biblische und kulturell-ethische Prinzipien müssen beachtet werden.

Versöhnung ist unabhängig vom geistlichen Stand der Beteiligten. Der reifere Christ sollte den ersten Schritt unternehmen. Aber er darf sich auch von einem geistlich einfachen Christen beschämen lassen, der das Wesentliche des christlichen Glaubens begriffen hat.

Geistliche Dienste sollten nicht durchgeführt werden, solange die Versöhnung nicht vollzogen ist (Mt.5,24). Es ist die Gnade Gottes, wenn er den Dienst der Christen im Zustand der Unversöhntheit annimmt und durch Segen bestätigt. Dieser Segen ist nicht eine Bestätigung des Rechts des einen und des Unrechts des anderen (Mt.7,3), sondern eine Bestätigung der Gnade Gottes.

Versöhnung ist weniger anfällig für Rückfälle in den Groll und seelischen Verletzungen heilen gründlicher, d.h. mit weniger empfindlichen psychischen „Narben", wenn die unempfindsame Person auf das Fehlverhalten aufmerksam gemacht werden kann; die Erkenntnis der Notwendigkeit der Versöhnung ist entscheidend – und die Bereitschaft, die Initiative dafür zu ergreifen, auch wenn wenig Einsicht dafür vorliegt.

Bereitschaft und Vollzug der Versöhnung können auch bei einseitiger Erkenntnis der Sünde und bei einseitigem Bedürfnis geschehen. Man braucht nicht zu warten, bis die andere Seite die Erkenntnis bekommt und das Bedürfnis dafür entwickelt; man braucht diese Erkenntnis auch nicht stimulieren.

Ein Christ muss für Versöhnung selbst das Opfer bringen, auch wenn er sich im Recht fühle, vielleicht gerade deswegen. Er darf nicht vom anderen den „Gang nach Canossa"[16] erwarten (2.Kor.5,19-21).

Versöhnung hebt den anderen hoch, sie zieht ihn nicht nach unten. Demut achtet den anderen höher als sich selbst (Phil.2,3). Ich habe kein Anrecht auf den Adelsstand bei Gott; nur Er kann diesen verleihen (Offb.1,5b-6; 5,9-10; 20,6 – Er hat uns zu Königen und Priestern gemacht, uns in seine Familie aufgenommen).

---

[16] Dreitägige Bußübung und Demütigung des Kaisers Heinrich IV zur Lossprechung vom Bann durch den Papst im Jahr 1077 im sog. Investiturstreit.

# Verzeichnisse

## 1. Stichwortverzeichnis

Dieses Stichwortverzeichnis ist ein Auszug aus dem ausführlichen Stichwortverzeichniss auf der CD. Das Stichwortverzeichnis gibt Gliederungspunkte an. Bei manchen Stichworten wurden nur die Gliederungsüberschriften erfasst. Kursiv gesetzte Gliederungspunkte beziehen sich auf Überschriften.

Die Abkürzung ‚f‘ bedeutet: „und folgender Gliederungspunkt" (auf der selben Gliederungsebene, d.h. „V.1.2**f**" = und „V.1.3").

‚**ff**‘ bedeutet: „und folgende Gliederungspunkte" (auf der selben Gliederungsebene, d.h. „V.1.2**ff**" = und „V.1.3", „V.1.4" usw.).

‚U' bedeutet: „Untergliederungspunkt(e)".

# 2. Bibelstellenverzeichnis

## Altes Testament

## Sprüche

# Apokryphen

# Neues Testament

# 3.   Verzeichnis der Namen und Orte

www.ingramcontent.com/pod-product-compliance
Ingram Content Group UK Ltd.
Pitfield, Milton Keynes, MK11 3LW, UK
UKHW031649191224
452606UK00006B/145